Herbert Rittmann, Deutsche Geldgeschichte seit 1914

Herbert Rittmann

Deutsche Geldgeschichte seit 1914

Klinkhardt & Biermann · München

CIP-Kurztitelaufnahme der Deutschen Bibliothek:

Rittmann, Herbert:
Deutsche Geldgeschichte seit 1914 / Herbert Rittmann. –
München : Klinkhardt und Biermann, 1986.
  ISBN 3-7814-0267-3

Umschlaggestaltung: Evi und Hansjörg Langenfass, Ismaning
Herstellung: Friderun Thiel, Ismaning

Reproduktion: FBS Fotolithos, Martinsried
Herstellung: Ernst Kieser GmbH, Neusäß
Printed in Germany

Inhalt

Vorwort

Mit seiner »Deutschen Geldgeschichte 1484–1914«, die 1975 im Ernst Battenberg Verlag in München erschien, wagte der Verfasser den Versuch, im zeitlichen Anschluß an Suhles »Deutsche Münz- und Geldgeschichte von den Anfängen bis zum 15. Jahrhundert« (4. – westdeutsche – Auflage, München 1970) die Münz- und Währungsentwicklung im deutschen Raum vom Aufkommen der talergroßen Münze an darzustellen; der Umfang des Vorhabens (das Buch wuchs auf mehr als tausend Seiten) zwang dazu, beim Ausbruch des Ersten Weltkriegs und dem Abgehen des Deutschen Reiches von der Goldwährung den Schlußpunkt zu setzen. Das Buch wurde für die Sammler und Freunde der deutschen Münzen und anderen Geldzeichen geschrieben, doch fand diese Darstellung der Geldgeschichte, die Hilfswissenschaft der politischen wie der Volkswirtschaftsgeschichte ist, weit über den Kreis der Numismatiker hinaus ihre Freunde. Die »Deutsche Geldgeschichte 1484–1914« war in kurzer Zeit vergriffen.

Dieses Buch führt die Darstellung bis nahe an die Gegenwart weiter. Die Numismatiker, an die es sich in erster Linie wendet, sind die Freunde und Kenner der sogenannten Reichsmünzen, des numismatischen Bereichs der Gepräge auf dem Boden des Deutschen Reiches, von 1871 an bis heute, wie sie Jaeger in seinem – inzwischen von Günter Pusback weiterbearbeiteten – Katalog zusammengefaßt hat, also unter Einschluß der Kolonien, der Besetzungs- und anderer Nebengebiete in und nach den beiden Weltkriegen, der Bundesrepublik Deutschland und der Deutschen Demokratischen Republik.

Da die Geschichte der Zahlungsmittel auch das Papiergeld umfaßt, ergibt sich für den räumlichen Bereich der Darstellung die Aufnahme des einen oder anderen Gebiets, für das Münzgeld nicht ausgegeben wurde, zumal für die Zeit der beiden Weltkriege darauf Bedacht genommen wurde, auch alle Bereiche zu erfassen, die vorübergehend unter deutscher Herrschaft standen.

Damit – wie mit dem Einschluß der deutschen Kolonien und der Rücksicht auf Umlaufgebiete deutschen Geldes außerhalb deutschen Herrschaftsgebietes – kommt der Verfasser auch Wünschen von Freunden der Postgeschichte entgegen, auch eines Wissensgebietes, das die Geldgeschichte als Hilfswissenschaft braucht.

Die Spanne der behandelten Zeit vom Jahre 1914 bis zur Gegenwart und der Umstand, daß die literarischen Quellen sich zum größten Teil mit Teilbereichen des Stoffes befassen, ließen es zweckmäßig erscheinen, die Literaturhinweise in die Anmerkungen zu den einzelnen Kapiteln aufzunehmen. Jeweils bei der ersten Benützung im Kapitel sind die Quellenwerke mit den erforderlichen Angaben zitiert, in den folgenden Anmerkungen im Kapitel und zuweilen auch später gegebenenfalls unter Hinweis auf diese Anmerkung. Das Literaturverzeichnis beschränkt sich auf die Werke, die für weite Bereiche des Buches Bedeutung haben. Da Währungsgeschichte in erheblichem Umfang – jedenfalls in der Neuzeit – die Geschichte auch der rechtlichen Grundlagen des Geldwesens ist, wurde Bedacht genommen, dem Leser, der sich etwa in Teilbereichen näher unterrichten will, durch Hinweise auf die Fundstellen der behandelten Vorschriften in Gesetzblättern und Gesetzessammlungen wo immer möglich Gelegenheit zu geben, den Rechtsquellen selbst nachzugehen. Weitgehende Hilfe geben insoweit die Sammlungen von Karl-Dieter Seidel, Die deutsche Geldgesetzgebung seit 1871 (München 1973) und, freilich auf das Münzwesen beschränkt, von Walter Grasser, Deutsche Münzgesetze 1871–1971 (München 1971). Im übrigen werden öffentliche und auch Behördenbibliotheken weiterhelfen.

Was die Zahlungsmittel des behandelten Zeitraums selbst angeht, ohne deren Anschaulichkeit Geldgeschichte ein zu trockener Stoff bleibt, muß vorausgesetzt werden, daß dem Leser gängige Katalogwerke zur Verfügung stehen; für das Münzwesen sei vor allem auf die Werke von Kurt Jaeger (zuletzt: Jaeger/Pusback, Die deutschen Münzen seit 1871, 12. Auflage, Basel 1976) und für das Papiergeld auf Albert Pick/Jens-Uwe Rixen, Papiergeld-Spezialkatalog Deutschland 1874–1980 (München 1982; bis heute vollständig) hingewiesen. Der Bildteil konnte sich daher auf die Wiedergabe typischer Beispiele und einiger anderer Abbildungen beschränken. Im Tabellenanhang sind die zum Verständnis unerläßlichen statistischen Übersichten zusammengefaßt.

In der Einleitung seiner »Deutschen Geldgeschichte 1484–1914« konnte der Verfasser sagen, der Versuch einer solchen zusammenfassenden Darstellung angesichts der Zersplitterung des deutschen Münzwesens – ungeachtet der wichtigen Arbeiten zur Münzgeschichte einzelner Münzherrschaften und Territorien des alten Deutschen Reiches – sei seit des Freiherrn von Praun »Gründlicher Nachricht von dem Münzwesen insgemein, insbesondere aber von dem Teutschen Münzwesen älterer und neuerer Zeiten« von 1739 in seiner dritten, von Johann Friedrich Klotzsch bearbeiteten Auflage von 1784 nicht gewagt worden. Auch die geldgeschichtliche Periode vom Ende der deutschen Reichsgoldwährung von 1871 mit Ausbruch des Ersten Weltkriegs im Jahre 1914 über den Zerfall der Währungseinheit Deutschlands mit dem Entstehen von zwei deutschen Staaten und bis heute ist noch nicht zusammenfassend so beschrieben worden, daß dem an den Münzen und Geldscheinen des deutschen Raumes Interessierten die Darstellung des allgemein- und geldgeschichtlichen Hintergrundes greifbar wäre. Auch dieses Buch ist daher ein Versuch, der sicher mit Mängeln behaftet ist und dem profunden Kenner von Teilbereichen des Stoffes, vielleicht auch denen, die zeitgeschichtliche Episoden miterlebt haben, Blößen nicht verbergen kann. Hinzu kommt, daß trotz der Zeitnähe für abseitige Teilbereiche die Quellen manchmal keineswegs offen liegen. Andererseits mag mancher etwas vermissen, was wegen der Grenzen des Umfangs einer solchen Arbeit wegbleiben mußte. Der Verfasser bittet deshalb seine Leser um Nachsicht; er dankt im voraus allen, die ihm Ergänzungen und Berichtigungen zukommen lassen.

Für freundliche Auskünfte sei Herrn Dr. Hermann Maué, Nürnberg, Herrn Gilles Hennequin, Paris, Herrn Raymond Weiller, Luxemburg, und Herrn Wolfgang Schweitzer, Frankfurt, für Bildvorlagen Herrn Dr. Alexander Persijn, Germersheim, gedankt, für die Erlaubnis zum Abdruck der Hemingway-Übersetzung in Kapitel 3a Herrn Michael Trocha, Villingen-Schwenningen-Pfaffenweiler. Besonderer Dank gebührt Herrn Prof. Wilhelm Seuß von der Wirtschaftsredaktion der Frankfurter Allgemeinen Zeitung, der sich die Zeit nahm, das Manuskript kritisch durchzusehen und wertvolle Anregungen zu geben.

Karlsruhe, im Herbst 1985

Herbert Rittmann

Captatio Benevolentiae

Una fides, pondus, mensura,
Moneta sit una,
Et status illaesus totius orbis erit.

(Hätten wir alle einen Glauben,
Gott und Gerechtigkeit vor Augen,
Ein Elln, Gewicht, Maß, Münz und Geld,
So stünd es wohl in dieser Welt.)

> Spruch aus dem 16. Jahrhundert, nach:
> Leonhard Willibald Hoffmanns
> Alter und Neuer Münzschlüssel,
> Erster Teil (Schlußblatt), Nürnberg 1715

Außer der Sittenlehre sind Sprache, Schrift, Geld und Post
die vier größten Kulturmittel des Menschengeschlechts.

> Johann Ludwig Klüber: Das Münzwesen
> in Deutschland (Vorrede), Stuttgart und
> Tübingen 1828

Dem Staat das Vertrauen entgegenbringen, er könne und werde
die Kaufkraft des Geldes sichern, heißt, einem mehrfach vorbe-
straften Dieb in voller Kenntnis seiner Vergangenheit sein letztes
Hab und Gut zur Bewachung zu übergeben.

> Hugo Ritter

1. Die Reichsgoldwährung von 1871

a) Das Münzwesen

Im Dezember 1870 kam es nach den gemeinsamen Siegen im Deutsch-Französischen Krieg zum Anschluß der süddeutschen Staaten an den Norddeutschen Bund. Er erweiterte sich damit zum zweiten Deutschen Bund (der erste war der mit der Wiener Kongreßakte von 1815 begründete, der im Krieg von 1866 mit seinem Mitglied Preußen das Ende gefunden hatte). Mit der Ausrufung des preußischen Königs Wilhelm I. zum Deutschen Kaiser am 18. Januar 1871 im Spiegelsaal des Schlosses von Versailles und der Reichsverfassung vom 16. April 1871 wurde dieser zweite Deutsche Bund zum ›Deutschen Reich‹.[1]

Das Deutsche Reich zögerte nicht, für sein Gebiet die Münzeinheit zu vollenden, die sich mit den Münzverträgen von München (1837), Dresden (1838) und Wien (1857) angebahnt hatte und die die preußischen Gebietserwerbungen von 1866 weiter gefördert hatten.[2] Im Geldwesen der Vergangenheit bis zum 19. Jahrhundert bestimmte die Münze den Charakter der Währung; Geldscheine, seien es Banknoten, seien es Scheine des Staatspapiergeldes, wurden als Wertpapiere betrachtet, als Anweisungen auf Münzgeld. Sie waren für den Charakter der Währungen ohne Bedeutung, sieht man von Ländern und Perioden ab, in denen auch schon in früheren Jahrhunderten einem Papiergeld der Zwangskurs beigelegt wurde – im Gebiet des Deutschen Reiches von 1871 hatte es derartiges zum ersten wie zum letzten Mal in der Zeit der Napoleonischen Kriege gegeben.[3] So wichtig die Reform der verworrenen Papiergeldverhältnisse im Deutschen Reich auch war, die Münzreform war grundlegend, und die Reform des Papiergelds folgte nach.

Als der Erste Weltkrieg am 28. Juli 1914, dem Tag der Kriegserklärung Österreich-Ungarns an Serbien, ausbrach, lag dem Münzwesen des Deutschen Reiches das Münzgesetz vom 1. Juni 1909 zugrunde.[4] Dieses Münzgesetz hatte indessen lediglich die früheren Vorschriften zusammengefaßt, ohne das Münzsystem zu verändern. Es beruhte auf den Münzgesetzen vom 4. Dezember 1871,[5] das die Reichswährung als Goldwährung begründet hatte, und vom 9. Juli 1873,[6] mit welchem das Münzsystem voll ausgestaltet und die Münzreform, die Ersetzung der früheren Münzen durch die neuen Reichsmünzen, vorbereitet worden war. In der Folge gab es nur Änderungen, die das System der Goldwährung unberührt ließen und einzelne Münznominale veränderten, ja (im Falle der Außerkurssetzung der alten Vereinstaler) einen kleinen theoretischen Schönheitsfehler der Goldwährung behoben.[7]

Die Münzbezeichnung »Mark« war in einem Akt der Höflichkeit gegenüber den Hansestädten Hamburg und Lübeck gewählt worden. Ihre Größenordnung beruhte darauf, daß man eine Münzeinheit in der ungefähren Größe des britischen Shilling, des französischen Franc und der – etwas später eingeführten – skandinavischen Krone haben wollte; bei der gewünschten Dezimalteilung in 100 Pfennig kam man so zu einer kleinsten Münze, die nach den Verkehrsbedürfnissen nicht weiter unterteilt werden mußte. Der Wert der Mark als der Einheit der Reichsgoldwährung ergab sich daraus, daß sie im ›rekurrenten Anschluß‹ an die maßgebende Einheit des vorherigen Münzsystems, den Vereinstaler preußischen Ursprungs nach dem Wiener Münzvertrag von 1857, dessen rechnerisches Drittel darstellte (noch lange verstand man daher unter einem ›Taler‹ den Betrag von 3 Mark). Nach dem Wiener Münzvertrag bestand Silberwährung, in der das Pfund Feinsilber (500 Gramm) 30 Talern entsprach. Beim Übergang zur Goldwährung legte man das damalige Wertverhältnis der Edelmetalle Gold und Silber von 15½ zu 1 zugrunde und errechnete, daß damit – 30 Taler oder 90 Mark gleich 1 Pfund Feinsilber – 1 Pfund Feingold 1395 Mark (90 mal 15½) entsprechen mußte. Die Mark der Reichsgoldwährung hatte somit eine Parität von 0,358423 Gramm Feingold; bei der Feinheit der Goldmünzen vom 900/1000 hätte sich für eine Goldmünze zu 1 Mark ein Rauhgewicht von 0,398248 Gramm ergeben.

Eine solche Goldmünze wäre für den Verkehr viel zu klein gewesen, erachtete man doch seit dem 19. Jahrhundert Münzen für zu unpraktisch (weil sie sich zu leicht verlieren), die kleiner sind als die Hautflächen, die sich berühren, wenn man Daumen und Zeigefinger leicht zusammendrückt.[8] So gab es die Mark der Reichsgoldwährung als ›Nominalmünze‹ (die die Münzeinheit als solche im Währungsmetall dargestellt hätte) nicht. Die Goldwährung verkörperte sich – schon mit dem ersten der Reichsmünzgesetze, dem erwähnten Gesetz, betreffend die Ausprägung von Reichsgoldmünzen, vom 4. Dezember 1871[9] – in Stücken zu 20 und zu 10 Mark, die 900/1000 fein waren und

	20 Mark	10 Mark	
rauh	7,96495	3,98248	Gramm
fein	7,16846	3,58423	Gramm

wogen.[10] Diese Goldmünzen sollten ›Doppelkronen‹ und ›Kronen‹ heißen, doch setzten sich diese Bezeichnungen nicht durch und waren 1914 vergessen.[11] Man gewöhnte sich an das 20-Mark-Stück; das 10-Mark-Stück verlangte der Verkehr weit weniger, so daß von den Reichsgoldmünzen bis 1914 etwa neun Zehntel in 20-Mark-Stücken ausgeprägt wurden. Nach dem Münzgesetz von 1873 gab es noch eine kleine Goldmünze zu 5 Mark (279 Stück auf das Pfund Feingold). Es bewährte sich aus den angegebenen Gründen nicht, so daß die Prägung 1878 aufgegeben wurde.[12] 1900 wurden die Stücke außer Kurs gesetzt; für die Sammler sind sie heute die teuersten der Reichsgoldmünzen. Gern wurden sie in Schmuckstücken verarbeitet.

Was die Goldprägungen im einzelnen anlangt, muß auf die Münzkataloge[13] und die folgenden Ausführungen über die Gestaltung der Silbermünzen verwiesen werden. Gedenkprägungen gab es bei den Goldmünzen nicht.

Bei den Silbermünzen machte den Unterschied zum vorherigen System der Silberwährung nach dem Wiener Münzvertrag aus, daß sie unterwertig waren, mithin

Scheidemünzen. Ihre Ausprägung war im Münzgesetz von 1873 geregelt. Die kleinste Silbermünze war danach ein 20-Pfennig-Stück (1,111 Gramm rauh, Durchmesser 16 Millimeter). Sie bewährte sich ebensowenig wie das 5-Mark-Stück in Gold und wurde schon 1876 faktisch aufgegeben.[14] Ab 1887 prägte man statt ihrer eine Nickelmünze dieses Nominals,[15] aber sie war mit ihrer Markstückgröße offenbar zu groß und bürgerte sich nicht ein, sodaß die Herstellung 1892 eingestellt wurde. Das Änderungsgesetz von 1900 beseitigte sie wieder und ermächtigte auch zur Einziehung der silbernen 20-Pfennig-Stücke. Einen letzten Versuch, ein Nominal zwischen dem 50-Pfennig-Stück und dem 10-Pfennig-Stück durchzusetzen, machte man 1909 bis 1912 mit der Prägung eines 25-Pfennig-Stücks[16] aus Nickel; auch diesmal lehnte die Bevölkerung die Münze ab. Zu einem Nominal zwischen der halben Mark und dem Groschen kam es erst wieder 1969, als die Deutsche Demokratische Republik ein 20-Pfennig-Stück einführte.[17]

An Silbersorten, die bis in den Ersten Weltkrieg blieben, führte das Münzgesetz von 1873 ein:

	rauh	fein	Durchmesser
5 Mark	27,7778 Gramm	25 Gramm	38 Millimeter
2 Mark	11,1111 Gramm	10 Gramm	28 Millimeter
1 Mark	5,5556 Gramm	5 Gramm	24 Millimeter
50 Pfennig	2,77778 Gramm	2,5 Gramm	20 Millimeter

Sie waren auch 900/1000 fein, und 90 Mark in solchen Münzen wogen ein Pfund. Aber anders als beim Münzfuß der Vereinstaler war dies ein Pfund legiertes Silber, sodaß sie beim Wertverhältnis von Gold und Silber zu Beginn der Münzreform mit 10 v. H. unterwertig waren. Man glaubte damals, bei Scheidemünzen dieser mittleren Wertstufen auf einen ansehnlichen Stoffwert nicht verzichten zu können. Als sich dann das Silber entwertete,[18] spielte der Metallwert der Stücke für die Bevölkerung keine Rolle mehr, verbilligte aber ihre Herstellung. Erst im Ersten Weltkrieg wurde man sich ihres Metallwerts wieder bewußt. Scheidemünzen aus unedlem Metall waren ab 1873 die Nickelmünzen zu 10 und zu 5 Pfennig sowie die Kupfermünzen zu 2 und zu 1 Pfennig.

Hinsichtlich des Münzbildes hatte schon das Münzgesetz von 1871 für die Goldmünzen bestimmt, daß die »eine Seite (Revers)« den Adler als Reichswappen, Wert, Jahreszahl und die Bezeichnung ›Deutsches Reich‹ aufzuweisen hatte, die »andere Seite (Avers)« »das Bild des Landesherrn bzw. das Hoheitszeichen der Freien Städte mit einer entsprechenden Umschrift«; da alle Reichsmünzen kraft der Münzhoheit des Reichs ausgegeben wurden und die staatsrechtlich wichtigere Seite einer Münze stets als Vorderseite anzusprechen ist, ist bei den Reichsmünzen immer die Seite mit Reichsadler und ›Deutsches Reich‹ die Vorderseite.[19] Hergestellt wurden die Münzen in den Münzstätten der Bundesstaaten, die sich dazu bereiterklärten; die Einzelheiten regelte der Bundesratsbeschluß vom 7. Dezember 1871.[20] Danach waren die Münzzeichen Großbuchstaben des Alphabets, die den Münzstätten in der Reihenfolge zugeordnet wurden, wie sie sich aus der rangmäßigen Aufzählung der Bundesstaaten in Artikel 6 der Reichsverfassung ergab. Die Münzzeichen sind in den Münzkatalogen erläutert und beginnen mit ›A‹ für Berlin; sie enden mit ›J‹ (eigentlich ›I‹) für Hamburg. Es sind diese Münzbuchstaben, die die vier Münzstätten der Bundesrepublik, die aus deren damaligem Kreis noch bestehen, bis heute verwenden (›D‹ für München, ›F‹ für Stuttgart, ›G‹ für Karlsruhe und ›J‹, eigentlich ›I‹, für Hamburg); ebenso verwendet Berlin in der heutigen Deutschen Demokratischen Republik bis heute das ›A‹, und Dresden, 1953 geschlossen, prägte noch mit ›E‹.

Die Regelung bewirkte, daß bei den Münzen bis herab zum 2-Mark-Stück (später auch beim 3-Mark-Stück, ab 1908) die von den Münzstätten für den Massenbedarf geprägten Stücke den Kopf des jeweiligen Landesherrn zeigen und im Falle von Hamburg das Stadtwappen. Alle kleineren Bundesstaaten wollten in den Münzreihen aus Repräsentations- und numismatischen Gründen aber gelegentlich auch erscheinen, und so ließen sie zuweilen in den Münzstätten das eine oder andere Nominal in kleinerer Auflage prägen. Während die Massenprägungen für die Münzensammler heute im allgemeinen erschwinglich sind und insbesondere die Goldmünzen heute die sogenannte Bankware darstellen, sind die Prägungen mit Kopfbildern der kleineren Bundesstaaten ohne Münzstätte und der zwei anderen Hansestädte Bremen und Lübeck die Gepräge numismatischer Wertschätzung. Die Kleinmünzen vom Markstück abwärts hatten den Adler auf der Vorderseite und die Wertbezeichnung auf der Rückseite. Die Münzbilder änderten sich beim einen oder anderen Nominal gelegentlich, wie den Katalogen zu entnehmen ist; insbesondere wurde die halbe Mark bis 1903 mit der Wertbezeichnung ›50 Pfennig‹ und ab 1905 mit ›½ Mark‹ ausgebracht.

Von den Änderungen bei den Münzen bis zum Ersten Weltkrieg, die, wie gesagt, das Wesen des Münzsystems der Goldwährung nicht berührten, sei im übrigen nur erwähnt, daß die alten Vereinstaler, die noch als Dreimarkstücke umliefen, ab 1. Oktober 1907 außer Kurs gesetz wurden. Da die Bevölkerung sich an dieses Münznominal aber gewöhnt hatte, brachte ein Änderungsgesetz von 1908 das 3-Mark-Stück,[21] das 16,667 Gramm wog, 15 Gramm Feinsilber enthielt und 33 Millimeter Durchmesser hatte. Zu den Münzbildern hatte schon ein Änderungsgesetz im Jahr 1900[22] erlaubt, die Silbermünzen zu 2 und zu 5 Mark auch »als Denkmünzen in anderer Prägung« herzustellen (wovon hauptsächlich für dynastische Anlässe Gebrauch gemacht wurde). Dies galt dann auch für die Dreimarkstücke.

1873 war der Betrag an Scheidemünzen, die ausgeprägt werden durften, auf 10 Mark für den Kopf der Bevölkerung beschränkt worden. Diese Quote erhöhte man 1900 auf 15 Mark und 1908 auf 20 Mark. Damit entsprach das Reich dem wachsenden Münzgeldbedarf der Industriegesellschaft. Davon abgesehen waren seit 1873 die Preise und Löhne leicht gestiegen; die Kaufkraft der Mark war entsprechend gesunken – geringfügig, wenn man ihre Entwicklung mit dem heutigen Währungsgeschehen vergleicht.

b) Das Papiergeld

Wenn es auch das Münzwesen war, das im 19. Jahrhundert den Charakter einer Währung bestimmte, so hatte die Zeit des Papiergelds als eines wichtigen, unter Umständen gefährlichen Zahlungsmittels doch schon begonnen. Auf der einen Seite hatte es schon im 18. Jahrhundert Inflationen gegeben, in denen ein Papiergeld das Münzgeld verdrängte und sich entwertete; um die Wende zum 19. Jahrhundert gab es im deutschen Raum solche Erscheinungen in Preußen, in Sachsen und im österreichischen Kaiserreich.[23] Ja, Österreich war das abschreckende Beispiel, denn es hatte sich seit der Zeit der Wiener Stadt-Banco-Zettel vom Papiergeld über weite Jahrzehnte des 19. Jahrhunderts nicht lösen können. In diesem Jahrhundert hatten auch viele süd- und mittelamerikanische Staaten keine besseren Währungsverhältnisse als heute. Es waren die wirtschaftlich fortgeschrittenen westeuropäischen Staaten, Großbritannien an der Spitze, die die stabilen Edelmetallwährungen des 19. Jahrhunderts entwickelten und auf ihre Einflußgebiete übertrugen; sie wurden dann aber auch gegen Ende des Jahrhunderts zum Vorbild für die Währungen etwa Österreich-Ungarns, Rußlands, der Balkan-Staaten und manchen überseeischen Staates.[24]

Zu Beginn der deutschen Geldreform hatten 21 der 25 Bundesstaaten des neuen Deutschen Reichs Staatspapiergeld im Umlauf, 33 Notenbanken hatten Banknoten ausgegeben, so daß es im ganzen 54 Ausgabestellen für Papiergeld gab.[25] Die Reform des Papiergelds war schwieriger als die des Münzwesens: Während das Münzregal seit jeher dem Staat zustand und das Reich bei der Neuregelung frei war, konnte der Gesetzgeber in die »wohlerworbenen« Notenausgaberechte der 33 Notenbanken nicht enteignend eingreifen, und auch auf die finanziellen Interessen der Bundesstaaten war Rücksicht zu nehmen, die Staatspapiergeld in Umlauf hielten.[26]

Immerhin war die Reform des Staatspapiergeldes leichter zu bewerkstelligen und ging daher der Notenbankreform voraus. Sie geschah mit dem Gesetz betreffend die Ausgabe von Reichskassenscheinen vom 30. April 1874.[27] Die Bundesstaaten verloren das Recht, Staatspapiergeld auszugeben, wurden dafür aber entschädigt. Der Reichskanzler erhielt die Befugnis, durch die Reichsschuldenverwaltung (Teil der Preußischen Hauptverwaltung der Staatsschulden) ein neues Staatspapiergeld, die Reichskassenscheine, in Scheinen zu 5, 20 und 50 Mark in der Gesamtsumme von 120 Millionen Mark ausfertigen und an die Bundesstaaten nach Maßgabe ihres Anteils an der Reichsbevölkerung verteilen zu lassen. Das bedeutete, daß auf den Kopf 3 Mark dieses Staatspapiergeldes kamen.[28] Die Reichskassenscheine waren rechtlich ein uneinlösliches, auf unbegrenzte Zeit ausgegebenes Staatspapiergeld, das schließlich – nach Vermehrung vor und im Ersten Weltkrieg – erst in der Inflation unterging. Der Besitzer hatte keinen Anspruch auf Einlösung in Münzgeld an das Reich oder auf Rückzahlung gegen die Empfänger-Bundesstaaten, aber da die Reichskassenscheine »bei allen Kassen des Reiches und sämtlicher Bundesstaaten nach ihrem Nennwert in Zahlung genommen und von der Reichshauptkasse (Teil der späteren Reichsbank) für Rechnung des Reichs jederzeit auf Erfordern gegen bares Geld eingelöst« werden mußten, hatten sie den sogenannten Kassenkurs (An-

nahmepflicht der öffentlichen Kassen), was ihren Umlauf in der Bevölkerung sicherte. Effektiv waren sie auch in Gold einlösbar; ihre Bedeutung lag darin, daß –
angesichts der schweren Silbermünzen – ein Papiergeld in kleineren Nominalen zur
Verfügung stand, als dann die Reichsbank ausgeben durfte, deren Noten jahrzehn-
telang auf die hohen Werte von 100 Mark und 1000 Mark beschränkt waren. Den
unbaren Zahlungsverkehr gab es für den einfachen Mann noch nicht, und so waren
die Reichskassenscheine etwa für den Postversand sehr gesucht; obwohl »im Privatverkehr ein Zwang zu ihrer Annahme nicht« stattfand, waren nicht genug im
Umlauf. Der Charakter dieses Staatspapiergelds entsprach zwar nicht dem »reinen« System einer Goldwährung mit einlöslichen Banknoten. Der Betrag der
Reichskassenscheine im Umlauf war bis 1914 jedoch so unbedeutend, daß sie für
das System keine Gefahr darstellten.

Die Neuordnung des Banknotenwesens war nicht so einfach. Die 33 Notenbanken übten ihre Notenausgaberechte aufgrund landesherrlicher Privilegien aus, waren durchwegs Aktiengesellschaften des privaten Rechts und brauchten sich in ihren rechtlichen Befugnissen nicht ohne weiteres beeinträchtigen zu lassen. Zudem
war die Preußische Bank, die bedeutendste Notenbank, die zwei Drittel des Notenumlaufs nach der Zahl der Noten wie nach deren Wert beherrschte, Eigentum des
preußischen Staats, der sich seines Einflusses nicht begeben wollte. So kam es zwischen dem Bundesrat und dem Reichskanzleramt einerseits und dem Reichstag andrerseits zu einem Konflikt, in dem sich der Reichstag durchsetzte. Während Bismarck ein System vorschlug, in dem die Preußische Bank unberührt blieb und die
kleineren Notenbanken »unter ein verwickeltes System von Normalstatuten« zu
stellen waren, bestand der Reichstag auf einer Zentralnotenbank für das Deutsche
Reich, neben der die ›Privatnotenbanken‹, wie die kleineren fortan hießen, nur
noch eine Nebenrolle spielen sollten – man konnte sie einengen und ihnen jede Erweiterung oder Verlängerung ihrer zum Teil befristeten Notenrechte versagen, aber
nicht sogleich ihr Notengeschäft unterdrücken.[29]

So beruhte das Notenbankwesen des Deutschen Reiches bis 1914 auf dem Bankgesetz vom 14. März 1875, das – wie das Münzwesen – bis zum Kriegsausbruch
1914 nur geringe Änderungen erfuhr, die seine Grundsätze nicht berührten.[30] Danach ging die bedeutendste der bisherigen Notenbanken, die Preußische Bank, in
der neuzugründenden Reichsbank auf. Die Privatnotenbanken, die verbleibenden
Institute, wurden in ihrer Notenausgabe so eingeengt, daß das Übergewicht der
Reichsbank sicher war.[31] Im Laufe der nächsten Jahrzehnte gaben sie nach und
nach das Notengeschäft auf, freiwillig oder weil ihre landesrechtlichen Notenprivi-
legien nicht verlängert wurden; 1914 bestanden nur noch vier, die sich als Notenbanken letztlich bis 1935 hielten.[32]

Man hatte mit den Münzgesetzen von 1871 und 1873 die Goldwährung als eine
Goldumlaufswährung gewollt – Goldmünzen sollten tatsächlich als Währungsmünzen umlaufen; Banknoten, die man noch immer eher als Wertpapiere ansah, sollten
die Goldmünzen nicht ersetzen oder verdrängen und nur den größeren Verkehr erleichtern. So bestand nach dem Bankgesetz für keine Note ein Annahmezwang unter Privaten; nicht einmal für Staatskassen durfte er durch Landesgesetz begründet

werden. Nur durch widerrufliche Verwaltungsanweisungen, die keinerlei Rechte der Banknotenbesitzer begründeten, ordneten Reich und Bundesstaaten in der Folge an, daß ihre Kassen bei Einzahlungen auch Reichsbanknoten anzunehmen hätten. Tatsächlich war es natürlich so, daß die Reichsbanknoten so gut wie Gold waren und nie zurückgewiesen wurden.

Zum anderen wurde der Goldmünzenumlauf dadurch gesichert, daß die Reichsbank Noten nur in Werten von 100 Mark und höher ausgeben durfte; tatsächlich gab es bis 1906 nur Reichsbanknoten zu 100 und zu 1000 Mark. Für die Privatnotenbanken galt das gleiche; zwei von ihnen hatten auch 500-Mark-Scheine im Umlauf, die anderen begnügten sich mit 100-Mark-Scheinen.[33]

Im übrigen braucht aus dem Bankgesetz hier nur erwähnt zu werden,[34] daß jede Notenbank ihre Noten am Hauptsitz sofort und unbedingt in Reichsgoldmünzen einzulösen hatte, bei Zweiganstalten nach Maßgabe der Barbestände. Jede Note war von der Notenbank, die sie ausgegeben hatte, im Nennwert in Zahlung zu nehmen. Der Bundesrat bestimmte über den Aufruf einzelner Notensorten und schützte das Publikum vor zu kurzen Einlösungsfristen. Die Notenbanken hatten sich riskanter Bankgeschäfte zu enthalten und waren im Geschäftskreis eingeschränkt; sie hatten viermal im Monat ihren Notenbankausweis zu veröffentlichen. Die Notendeckung war genau geregelt und beruhte auf dem Grundsatz der »indirekten Kontingentierung der Notenausgabe«. Danach konnten Noten in dem Betrag ausgegeben werden, der dem ›Barvorrat‹ der Bank entsprach (kursfähiges Geld aller Metalle, Reichskassenscheine, Noten anderer deutscher Notenbanken, Barrengold, ausländische Goldmünzen), dazu in Höhe des »Kontingents«, eines zugewiesenen Betrags, der sich am Geschäftsumfang der Notenbank bei der Bankreform orientierte, und hinsichtlich weiterer Beträge unbeschränkt, wenn die Notenbank dafür eine Notensteuer von 5 v. H. auf das Jahr für die Reichskasse zu zahlen bereit war.

Bei den damaligen Zinssätzen nahm die Notensteuer der Bank, deren Umlauf die Summe von Barvorrat und ›Kontingent‹ überstieg, jeden Gewinn aus dem überschießenden Betrag und war daher ein wirksames Hemmnis gegen ungedeckte Notenausgabe, auch wenn es im geschäftlichen Spitzenbedarf immer wieder vorkam, daß die Banken Notensteuer zahlten, damit sie dem Banknotenbedürfnis der Geschäftswelt genügen konnten. Das kam bei der Reichsbank häufig vor, aber auch bei größeren Privatnotenbanken.[34]

Die Reichsbank stand unter Aufsicht und Leitung des Reiches und war rechtsfähig, juristische Person mit Hauptsitz in Berlin und Zweiganstalten wie Zweigstellen im ganzen Reich. Ihre Noten wurden von der Reichsdruckerei hergestellt und unter Kontrolle einer besonderen Reichsbehörde, der Reichsschuldenkommission, ausgegeben. Gedeckt sein mußten sie zu einem Drittel durch deutsches Geld, im übrigen durch reichsbankfähige Wechsel. Sie war keine Aktiengesellschaft, hatte aber bei einem Grundkapital von 120 Millionen Mark, ab 1899 von 180 Millionen Mark, Anteilseigner, die aber auf die Geschäftsführung des Reichsbankdirektoriums unter dem Reichsbankpräsidenten keinen Einfluß hatten. Bis zum Ersten Weltkrieg waren Reichsbankpräsidenten[35] Hermann von Dechend (1876–1890; hatte vorher der Preußischen Bank vorgestanden), Dr. Richard Koch (1891–1908; früher Justiziar

der Preußischen Bank) und Dr. Rudolf Havenstein (1908–1923), der die Reichsbank in Krieg und Inflation führte. Die Bediensteten der Reichsbank waren
Reichsbeamte. Den Namen ›Deutsche Reichsbank‹ erhielt die Bank erst 1939.

c) Das Währungsgebiet der Mark: Die Währungsverhältnisse in den Kolonien

Mit dem Abschluß der Münzreform, mit dem Ersatz der früheren Münzen durch
die Reichsmünzen, der 1878 abgeschlossen war,[36] hatte das Deutsche Reich den homogenen Münzumlauf erreicht, den Zustand, in dem nur noch Münzen des gültigen inländischen Münzsystems den Münzumlauf darstellten. Zum ersten Mal überhaupt im deutschen Raum spielten ausländische Münzen, Gepräge fremder Münzherren, keine Rolle mehr.[37] Es ist unter diesem Gesichtspunkt ohne besondere Bedeutung, daß die Vereinstaler österreichischen Gepräges erst später aus dem Umlauf gezogen wurden[38] und daß sich das Reich gelegentlich einzelner ausländischer
Sorten erwehren mußte, die sich einschleichen wollten;[39] andrerseits bedrohte es
den homogenen Münzumlauf nicht, wenn im Laufe der Jahre in Grenzgebieten für
bestimmte Zwecke, etwa an Bahnhofskassen im Interesse des kleinen Grenz- und
Touristenverkehrs, Münzen der Nachbarstaaten zugelassen wurden.

Beim Papiergeld war ein ausländischer Angriff abzuwehren. Das Großherzogtum
Luxemburg war seit 1842 Mitglied des Deutschen Zollvereins[40] und nach der Gründung des Deutschen Reiches Teil des deutschen Zollgebiets, ein Zustand, der erst
mit dem Friedensvertrag von 1919 (Artikel 40) endete. Der Handel Luxemburgs
war daher hauptsächlich nach Deutschland ausgerichtet, auch wenn im Großherzogtum nach Francs gerechnet wurde. Bezahlt wurde aber hauptsächlich in deutschem Geld, und daran änderte sich auch nichts, als im Deutschen Reich die Markwährung eingeführt wurde.[41] 1873 wurde nun in Luxemburg die Großherzoglich
Luxemburgische Nationalbank gegründet, die zunächst Noten zu 5 und 10 Taler,
merkwürdigerweise im Vierzehntalerfuß, ausgab und 1876 versuchte, mit Noten auf
5, 10, 20 und 50 Mark im Deutschen Reich das Notengeschäft aufzunehmen; es war
ihre ausgesprochene Absicht, mit diesen kleinen Notennominalen die Lücke zu
schließen, die sie darin sah, daß die Reichsbank nur Noten zu 100 Mark und mehr
ausgeben durfte. Mit Recht sah das Reich damit sein System der Goldumlaufswährung bedroht, dazu noch durch eine ausländische Bank, und unterband diesen Notenumlauf im Reich.[42]

Sieht man davon ab, daß die Zahlungsmittel der Reichswährung auch das Großherzogtum Luxemburg faktisch beherrschten (es gab darüber keine Vereinbarung
zwischen dem Großherzogtum und dem Reich oder der Reichsbank), so deckte sich
das Währungsgebiet der Mark in Europa mit dem Reichsgebiet. Die kleinen erwähnten Abweichungen in Grenzbezirken waren ohne Bedeutung.[43]

Als das Deutsche Reich aber 1884 mit dem Erwerb von Kolonien begann, kamen
zum Währungsgebiet der Mark die meisten dieser »Schutzgebiete«. In zweien von

ihnen, wo man ein brauchbares Münzwesen vorfand, blieb es dabei: im Schutzgebiet Deutsch-Ostafrika und im Pachtgebiet Kiautschau. In Deutsch-Ostafrika hatte sich die indische Rupie seit langem durchgesetzt, und Kiautschau hatte das chinesische Geldwesen; in beiden Fällen blieben die wirtschaftlichen Beziehungen zur Nachbarschaft so eng, daß man an grundsätzliche Änderung nicht denken konnte.

Auch in den anderen Schutzgebieten begann die Geldgeschichte nicht erst mit der deutschen Besitznahme. Der europäische und amerikanische Handel hatte seit Jahrhunderten Münzen europäischer Art in die Küstengegenden gebracht, und die ostafrikanische Küste war die Domäne arabischer Händler schon lange, bevor die Europäer kamen. Das Sultanat Sansibar hatte in der Herrscherdynastie von Maskat und Oman am Persischen Golf seinen Ursprung, und soweit der Einfluß der arabischen Händler reichte, ging im 19. Jahrhundert auch das Umlaufgebiet des Maria-Theresien-Talers, in Westafrika übrigens bis in das Hinterland der Guineaküste und damit in der deutschen Zeit bis in den Norden von Togo und von Kamerun.[44] In der Natur der Sache lag, daß an den Küsten britische und französische Münzen überall gängig waren, und solange der Sklavenhandel der Südstaaten der Vereinigten Staaten an der Ostküste Afrikas bestand, hatten hier sogar amerikanische Goldmünzen ihren festen Platz.[45]

Die politischen Verhältnisse Deutschlands standen bis 1871 einer Kolonialpolitik entgegen. Noch Bismarck hielt davon nichts, und sein Nachfolger General von Caprivi meinte, »je weniger Afrika, desto besser für uns«. Aber deutsche Kaufleute, meistens aus den Hansestädten, und Missionare waren insbesondere dort zahlreich, wohin dann das Reich ab 1884 seine Aufmerksamkeit richtete, und so kam es unter dem Einfluß privater Bestrebungen, etwa des Deutschen Kolonialvereins, und dem Druck der Öffentlichkeit zu den kolonialen Erwerbungen. Nicht alle Vorhaben gelangen, einiges mußte wieder aufgegeben werden. Uganda und Kenya wurden im Sansibarvertrag von 1890 Großbritannien überlassen, der Erwerb von Somaliland und der Komoren gelang nicht; in der Südsee konnte man sich auf den Salomonen und auf Tonga nicht festsetzen, Samoa war nur zum Teil festzuhalten. Mit den Marokko-Krisen kurz vor dem Ersten Weltkrieg mußte Nordwestafrika den Franzosen überlassen werden.

Das deutsche Kolonialreich war von kurzer Dauer und politisch wie finanziell für das Reich eine Belastung. Zum deutschen Außenhandel hatten die Schutzgebiete nur mit 1 bis 2 v. H. beigetragen. Nur Togo trug sich ab 1900 finanziell selbst, die anderen waren Zuschußgebiete bis zum Ende. 1913 hatten alle zusammen nur etwa 29 000 weiße Einwohner, die Beamten und Soldaten eingeschlossen und von den Siedlern bei weitem nicht alles Deutsche; der Kolonialgedanke der Siedlungskolonien war Illusion geblieben. Anfangs waren überall Kolonialgesellschaften mit der Verwaltung unter Aufsicht von Reichsbeamten beauftragt – sie versagten durchwegs. Den Deutschen fehlte es an Erfahrung im Umgang mit den Eingeborenen, wie die klassischen europäischen Kolonialmächte sie seit Jahrhunderten gesammelt hatten; Ungeschicklichkeiten waren die Folge und unter hohen Kosten mußten wiederholt Aufstände niedergeschlagen werden. Als gut verwaltet durfte man nur Togo und die Südseebesitzungen bezeichnen.

Das Schutzgebietsgesetz von 1886 und 1888[46] unterstellte die Schutzgebiete dem Auswärtigen Amt; das nach dem Boxerkrieg erworbene Pachtgebiet Kiautschau war Marinestation und unterstand dem Reichsmarineamt, wie der Anker unter dem Reichsadler auf den Münzen von 1909 in chinesischer Währung deutlich macht.[47] Gouverneure, Landeshauptleute und Reichskommissare regierten und erließen Verordnungen; die einheimische und die weiße Bevölkerung hatte keine Mitwirkung. Die Schutzgebiete waren, wie das Reichsgericht 1897 aussprach, nicht »Teil«, sondern »Zubehör« des Reiches. Das Reichsrecht galt daher nicht von sich aus, sondern nur soweit es besonders in Kraft gesetzt wurde. Das galt auch für das Münzrecht.[48]

Sieht man von den erwähnten Verhältnissen in Deutsch-Ostafrika und in Kiautschau ab, so fanden die Deutschen, abgesehen vom Primitivgeld der Eingeborenen,[49] hauptsächlich britische und französische Münzen[50] vor. Sie brachten natürlich deutsches Geld mit, und man war bestrebt, das deutsche Geld durchzusetzen und zur alleinigen Währung zu machen. Man konnte und brauchte aber nicht daran zu denken, das System der Reichsgoldwährung in den Schutzgebieten in seiner ganzen Reinheit durchzusetzen. Es genügte bei den einfachen Verhältnissen, die notwendigen Münzsorten in ausreichendem Maß in Umlauf zu setzen; auf großen Goldmünzenumlauf legte man keinen Wert. Man mußte auch ausländische Münzen dulden, und so wurde in keinem Fall das System der Reichsmünzen vollständig eingeführt. Die Gouverneure gaben mit ihren Verordnungen jeweils nur den wichtigsten Sorten gesetzlichen Kurs und ließen je nach den örtlichen Handelsverhältnissen auch ausländische Münzen mit festem Kurs für die öffentlichen Kassen zu. Zuweilen wurden diese fremden Münzen auch unterbewertet, womit man sie fernhalten wollte. Besonders die ausländischen Scheidemünzen suchte man so oder durch Umlaufsverbote auszuschließen. Wo der Maria-Theresien-Taler eine Rolle spielte, wurde er bekämpft; er war eine Silbermünze von schwankendem Wert. Besondere Notenbanken für die Schutzgebiete mit Mark-Währung gab es nicht; Reichsbanknoten wurden überall angenommen, zumal man Goldmünzen nicht einführte. Was davon umlief, hatten Kaufleute, Beamte, Siedler und Besucher mitgebracht.

Eine einheitliche und umfassende Regelung brachte erst die Verordnung des Reichskanzlers vom 1. Februar 1905. Sie erklärte alle Reichsmünzen, einschließlich der damals noch umlaufenden Vereinstaler, zum gesetzlichen Zahlungsmittel, und zwar – entgegen ihrem Scheidemünzencharakter im Reich – die Silbermünzen für jeden Betrag, die Nickelmünzen und die Kupfermünzen bis 5 Mark. Die Reichsbanknoten und die Reichskassenscheine waren von den öffentlichen Kassen anzunehmen. Die Gouverneure der Schutzgebiete durften ausländischen Münzen Kurs geben und sie tarifieren. Vereinzelt ergingen solche Bestimmungen, die zwar nichts Neues brachten, aber zeigen, daß die Homogenität des Zahlungsmittelumlaufs nicht voll erreicht wurde.[51]

Die Besonderheiten der einzelnen Schutzgebiete im Geldwesen werden in Kapitel 8 geschildert.

2. Das deutsche Geld im Ersten Weltkrieg

a) Die finanzielle Rüstung

Mit den ersten Tagen des Ersten Weltkriegs brach das damalige Weltwährungssystem, die internationale Goldwährung, zusammen, das Geldsystem, das aus den Goldwährungen der Industriestaaten und vieler anderer Länder bestand und sich nach dem Vorbild Großbritanniens und der Lateinischen Münzunion von den siebziger Jahren des 19. Jahrhunderts an auf Deutschland, die Niederlande, Skandinavien, Österreich-Ungarn, Rußland, Indien, Japan, die Vereinigten Staaten und dazu auf viele von diesen Ländern wirtschaftlich und politisch abhängigen Gebiete ausgedehnt hatte.

Der Erste Weltkrieg kam nicht unerwartet. Die Zeitgenossen rechneten schon Jahre vor der Jahrhundertwende mit einem neuen europäischen Krieg. Sein Keim ist letztlich im Frankfurter Friedensvertrag vom 10. Mai 1871 zu sehen, der den Deutsch-Französischen Krieg beendete und (nach dem Präliminarfrieden von Versailles)[1] die Abtretung von Elsaß-Lothringen an das Deutsche Reich bekräftigte – ein Verlust, den Frankreich nicht verwinden konnte. Dies führte zu den Bündnissen der Vorkriegszeit: Zweibund von Deutschland und Österreich (1879), Erweiterung zum Dreibund durch Beitritt Italiens (1882); Rückversicherungsvertrag zwischen Deutschland und Rußland (1887), der 1890 von Nachfolger Bismarcks als Reichskanzler, General von Caprivi, nicht verlängert wurde, als Folge davon die Russisch-Französische Militärkonvention (1892); Bündnis zwischen Großbritannien und Japan (1902), Entente cordiale zwischen Frankreich und Großbritannien (1904), die 1907 zur Triple-Entente unter Beitritt Rußlands erweitert wurde. Die Krisen und Konflikte, die dem Weltkrieg den Boden bereiteten, können hier nur angedeutet werden: Erste Marokkokrise (1905/06), Annexion Bosniens und der Herzegowina, Daily-Telegraph-Affäre (1908), Zweite Marokkokrise (›Panthersprung nach Agadir‹; 1911), Zwischenfall von Zabern, Erster Balkankrieg (1912), Zweiter Balkankrieg (1913). Hand in Hand damit gingen die Flottenrüstungen (die vor allem Großbritannien und das Deutsche Reich verfeindeten) und die Heeresvermehrungen der Großmächte. Sie verschlangen gewaltige Summen. Die Wirtschaftskraft der Großmächte war jedoch so groß, daß die Währungen bis zum Kriegsausbruch keinen Schaden nahmen.[2]

Als »in Europa die Lichter ausgingen«,[3] sah niemand voraus, daß der Weltkrieg die politische Ordnung Europas völlig umgestalten, die Stellung der europäischen Mächte erschüttern und einige von ihnen in tiefe Krisen stürzen würde. Niemand sah auch voraus, daß er dem Aufstieg der Vereinigten Staaten von Amerika zur Weltmacht den Weg bereiten und auch die Weltwirtschaft umgestalten würde, ebensowenig, daß er das Ende des damaligen Weltwährungssystems bedeutete. Niemand sah voraus, daß er vier Jahre dauern und von den Kriegführenden finanzielle Anstrengungen verlangen würde, wie sie noch kein Krieg einem Volk auferlegt hatte. So, wie die Großmächte nach Kräften ihre Rüstungen betrieben hatten, waren auch finanzielle Vorbereitungen getroffen worden. Sie erwiesen sich rasch als völlig unzureichend. Die des Deutschen Reiches sollen im folgenden geschildert werden, soweit sie auch geldgeschichtlich von Belang sind.

Hauptsächlich waren es das Scheitern der deutsch-britischen Bündnisverhandlungen im Jahre 1901, das Großbritannien an die Seite Frankreichs drängte, und die Marokko-Krise mit dem Besuch von Kaiser Wilhelm I. in Tanger am 31. März 1905, die zur Algeciras-Konferenz (1906) führte, womit die Kriegsfurcht in Europa begann. Im monetären Bereich hielt man es von den Jahren um 1900 an für wünschenswert, vom Grundsatz der Goldumlaufswährung abzugehen und die Goldmünzen in ihrer Masse aus der Hand des Volkes in die Tresore der Reichsbank zu bringen, zumal sich die Bevölkerung längst an die Banknote als Zahlungsmittel für größere Beträge gewöhnt hatte. Im Falle des Krieges sollte das Gold so weit wie möglich der Reichsregierung zur Verfügung stehen.[3a] Das war zu erreichen, wenn die Reichsgoldmünzen in ihrer großen Masse in den Tresoren der Reichsbank als Notendeckung gehalten werden konnten; im Umlauf konnten sie durch das praktischere Papiergeld ersetzt werden. So kam es zum Gesetz vom 20. Februar 1906,[4] das es der Reichsbank erlaubte, fortan auch Noten zu 20 und zu 50 Mark auszugeben. Bei den Reichskassenscheinen hatte dies zur Folge, daß die Stücke zu 20 und zu 50 Mark entbehrlich wurden; ein Gesetz vom 5. Juni 1906[5] beseitigte diese Nominale und ersetzte sie durch den Reichskassenschein zu 10 Mark, so daß es dieses Papiergeld jetzt zu 5 und zu 10 Mark gab.

Da die Reichsbank damit durchaus auch den Bedürfnissen des Verkehrs entsprach, trat der gewünschte Erfolg ein, und es gab keine Schwierigkeiten, die kleinen Noten in den Umlauf zu bringen. Den nächsten Schritt machte das Gesetz betreffend Änderung des Bankgesetzes vom 1. Juni 1909.[6] Der Leser erinnere sich, daß die Reichsbanknoten – wie die Reichskassenscheine – keine gesetzlichen Zahlungsmittel waren und mithin im privaten Verkehr von Rechtswegen nicht genommen zu werden brauchten; anders als die Reichskassenscheine hatten sie nicht einmal gesetzlichen Kassenkurs.[7] Artikel 3 des Gesetzes erklärte die Noten der Reichsbank jetzt zum gesetzlichen Zahlungsmittel und führte damit für sie nichts anderes als den Zwangskurs ein. Dazu kam, daß Artikel 4 für die Notendeckung beim Münzgeld nur noch »deutsche Goldmünzen« zuließ, nicht mehr jegliches »kursfähige deutsche Geld«, also nicht mehr die (unterwertigen) Scheidemünzen der Reichswährung. Das war insofern sachgerecht, als es die silbernen Vereinstaler als – systemwidriges – gesetzliches Zahlungsmittel nicht mehr gab und der Materialwert der Silbermünzen mit dem Verfall des Silberpreises so gering geworden war, daß sie sich zur Notendeckung längst nicht mehr eigneten.[8] Aber auch diese Maßnahme stärkte für die Reichsbank die Tendenz, die Goldmünzen in ihren Tresoren zu sammeln. Auch die Befugnis, neben reichsbankfähigen Wechseln solche Schecks zu diskontieren (Artikel 5 des Änderungsgesetzes), erleichterte die Notenausgabe.

Den zeitlichen Zusammenhang mit den politischen Ereignissen der Vorkriegszeit läßt auch das Gesetz über Änderungen im Finanzwesen vom 3. Juli 1913 erkennen. Es stand im Zusammenhang mit einem Gesetz über den Wehrbeitrag, eine Sonder-Vermögensteuer im Hinblick auf den Krieg, den man jetzt als unvermeidlich betrachtete.[9] § 7 dieses Gesetzes verfügte, daß weitere 120 Millionen Mark dem Reichskriegsschatz »in gemünztem Golde« zuzuführen seien; aufzubringen war der Betrag durch entsprechende Vermehrung der uneinlöslichen Reichskassenscheine – es wurden also 120 Millionen Mark in Goldmünzen dem Umlauf entnommen und durch Staatspapiergeld ersetzt. Was die Menge der umlaufenden Zahlungsmittel betrifft, hatte diese Maßnahme vorläufig keine Auswirkung, denn man ersetzte in diesem Betrag nur ein Zahlungsmittel durch das andere; sobald aber im Kriegsfall die Goldmünzen dem Reichskriegsschatz entnommen und ausgegeben wurden, vermehrte dies den Umlauf und mußte inflationär wirken, gleich als ob man dann das ungedeckte Staatspapiergeld drucken und ausgeben würde. Nach § 6 des Gesetzes war ein Betrag von weiteren 120 Millionen Mark in – unterwertigen – Reichssilbermünzen auszuprägen und als »ein zur Befriedigung eines außerordentlichen Bedürfnisses dienender Bestand« zu verwahren; damit war die Summe von 20 Mark nach § 8 des Münzgesetzes von 1909 beiseitegeschoben, die als Scheidemünzen pro Kopf der Bevölkerung hergestellt werden durften. Der Reichskriegsschatz, den man hiermit verstärkte, war mit einem Gesetz, betreffend die Bildung eines Reichskriegsschatzes, vom 11. November 1871[10] begründet worden, indem das Reich 120 Millionen Mark der französischen Kriegsentschädigung[11] entnahm und im Juliusturm der Festung Spandau bei Berlin niederlegte.

Eine Bekanntmachung vom 16. Juli 1913 befaßte sich mit der Verwaltung dieses Reichskriegsschatzes.[12] Er war nicht mehr im berühmten Juliusturm, sondern »in besonderen Tresoren der Reichsbank für Rechnung des Reiches verwahrlich niedergelegt«, das Gold in 20-Mark-Stücken in Berlin; die Silbermünzen befanden sich auch bei den Zweiganstalten der Reichsbank. Man sah offensichtlich den großen Bedarf an kleineren Münzen in der Zeit einer Mobilmachung voraus. Die Bekanntmachung regelte genau, daß die Türen der »unbedingt sicheren« Tresore mit »mindestens zwei Schließvorrichtungen zu versehen« waren und wer die Schlüssel zu verwahren hatte.

Das Bestreben der Reichsbank, ihren Bestand an Gold in Barren und Münzen zu erhöhen, hatte Erfolg. Der Goldbestand bewegte sich zwischen 1890 und 1907 in der Größenordnung von 500 bis über 600 Millionen Mark, stieg dann aber bis Ende 1913 auf 1170 Millionen Mark an;[13] am 31. Juli 1914 belief er sich auf 1356,8 Millionen Mark.[14] Sicher spielte dabei auch eine Rolle, daß sich der Giroverkehr der Reichsbank immer mehr erweiterte: ihre Umsätze im Giroverkehr mit Privaten, zu Beginn ihrer Tätigkeit 1876 nur 16,7 Milliarden Mark, erreichten 1896 erst 98,2 Milliarden Mark und stiegen dann aber schon 1906 auf 194 Milliarden und 1913 auf 287 Milliarden Mark.[15] Zudem gab das Reich mit der Einführung des Postscheckverkehrs im Jahre 1908[16] der Wirtschaft eine neue Möglichkeit, sich anstatt des »Handgeldes« der Scheine und Münzen des Buchgeldes zu bedienen, wobei auch das private Bankgewerbe nicht untätig blieb. Da das Buchgeld der Giroguthaben, soweit durch Überweisung für einen Zahlungsvorgang verwendet, die Benutzung von Geldzeichen entbehrlich macht, statistisch aber sehr schwer zu erfassen ist, kann hier nur allgemein gesagt werden, daß auch die Entwicklung des Giroverkehrs dazu beitrug, den Goldbestand der Reichsbank zu erhöhen.

Selbstverständlich entsprachen die geschilderten Maßnahmen zur finanziellen Kriegsvorbereitung den Absichten der Reichsleitung; die Reichsbank bereitete nicht nur die Gesetzentwürfe vor, die der Reichstag dann jeweils verabschiedete,[17] sie befand sich auch im Einklang mit dem Bankgewerbe. Der Dritte Deutsche Bankiertag von 1907 befaßte sich unter anderem mit Fragen der Kriegsbereitschaft des Reiches in finanzieller Hinsicht und der Finanzierung des kommenden Krieges. 1920 meinte der Bankier Max Warburg, vieles sei im Weltkrieg so gehandhabt worden, wie damals geplant,[18] besonders was die Anleihefinanzierung anging. Auch die Finanzgesetze vom 4. August 1914, die im folgenden zu schildern sind, waren von der Reichsbank vorbereitet.

Die Entwicklung der Einnahmen des Reiches aus Zöllen und Steuern bis zum Kriegsausbruch kann hier nur angedeutet werden. Die wachsenden Ausgaben des Reiches für die militärische Rüstung in Gestalt der Flottenbauprogramme und Heeresvermehrungen erforderten entsprechende Einnahmen, und das Reich, zunächst mit den Matrikularbeiträgen der Bundesstaaten und mit seinen Zöllen wenig leistungsfähig und nur ›Kostgänger‹ seiner Mitglieder, verschaffte sich bis zum Kriegsbeginn mit einer Mehrzahl von Verbrauchssteuern und Verkehrssteuern, 1913 auch mit einer außerordentlichen Vermögensteuer, dem Wehrbeitrag, die Mittel zur ›Stärkung seiner Wehrkraft‹.[19]

b) Das Ende der Goldwährung

Die Kriegserklärungen, mit denen der Krieg zunächst zu einem europäischen wurde, begannen mit der Österreich-Ungarns an Serbien am 28. Juli und schlossen mit denen Frankreichs und Großbritanniens an Österreich-Ungarn am 11. und 12. August. Für das Deutsche Reich begann der Kriegszustand mit der Kriegserklärung am 1. August an Rußland; am Vortag war der ›Zustand drohender Kriegsgefahr‹ erklärt worden. Am 3. August erklärte Deutschland Frankreich den Krieg und fiel in Belgien ein; die Verletzung der belgischen Neutralität gab Großbritannien den Anlaß, am 4. August dem Deutschen Reich den Krieg zu erklären.

An diesem 4. August 1914 trat der Reichstag zu seiner ersten Sitzung im Krieg zusammen. Sie begann am frühen Nachmittag im Weißen Saal des Berliner Schlosses – die sozialdemokratische Fraktion war nicht erschienen – mit einer Thronrede des Kaisers, in der er sinngemäß wiederholte, was er schon am 1. August gesagt hatte: er kenne keine Parteien mehr, nur noch Deutsche. Die Sitzung wurde dann im Reichstagsgebäude mit der Rede des Reichskanzlers von Bethmann Hollweg fortgesetzt, in der er den Rechtsbruch des Einfalls in Luxemburg und Belgien als Unrecht bezeichnete, das durch Notwehr entschuldigt sei. Hier nahmen die Sozialdemokraten teil, und zum Abschluß wurden die vorbereiteten Kriegsgesetze beschlossen, von denen die für das Geldwesen einschneidenden im folgenden behandelt werden.[20]

Im Reichsgesetzblatt begann der Krieg mit kaiserlichen Verordnungen vom 31. Juli 1914 über das Verbot der Ausfuhr kriegswichtiger Gegenstände: von Tieren und tierischen Erzeugnissen, Verpflegungs-, Streu- und Futtermitteln und Kraftfahrzeugen.[21] Eine zweite Nummer vom selben Tag enthielt die Verordnung mit der Erklärung des Kriegszustands, eine Verordnung über die Paßpflicht für Ausländer und Verordnungen gegen Ausfuhr und Durchfuhr von Kriegsbedarf, Eisenbahn-, Fernmelde- und Luftschiffergerät sowie von Fahrzeugen, kriegswichtigen Rohstoffen, Sanitätsmaterial und Tauben. Nach weiteren Verordnungen zum militärischen Bereich (Aufruf des Landsturms, Prisenordnung und anderes) brachte die Nummer vom 4. August die Kriegsgesetze, die der Reichstag an diesem Tag verabschiedet hatte – Beispiel auch für die präzise gesetzestechnische Vorbereitung des Krieges. Unter den 16 Gesetzen dieser Nummer finden sich nun die Vorschriften, die mit wenigen Federstrichen die ›gute alte Zeit‹ der Goldwährung für Deutschland beendeten und die Reichsbank von der Kreditquelle des Landes im Interesse der Wirtschaft zur ›Kriegsbank‹ machten.[22]

Das Gesetz, betreffend Änderung des Münzgesetzes,[23] erlaubte den Reichs- und Landeskassen, bei Einlieferung von Scheidemünzen statt Goldmünzen bis auf weiteres Reichskassenscheine und Reichsbanknoten zu »verabfolgen«; das Gesetz, betreffend die Änderung des Bankgesetzes,[24] enthielt den Kern der Änderungen, die nach offizieller Angabe[25] nur das Ziel hatten, die nationalen Goldbestände zu schützen und zu stärken. Für Noten, die ungedeckt waren und über ihr Kontingent hinausgingen, brauchte die Reichsbank keine Notensteuer mehr zu entrichten; Schatzanweisungen des Reiches und Wechsel, die allein das Reich verpflichteten, waren fortan als bankmäßige Notendeckung zugelassen – damit die weitestgehende Kreditgewährung an das Reich; die unbegrenzte Notenausgabe war rechtlich möglich. Solche Reichswechsel überhaupt auszustellen war nach der Reichsschuldenordnung gar nicht zulässig gewesen; das Gesetz, betreffend die Ergänzung der Reichsschuldenordnung[26] schob dieses Hindernis beiseite. Das Gesetz, betreffend die Reichskassenscheine und die Reichsbanknoten[27] erklärte jetzt auch die Reichskassenscheine zum gesetzlichen Zahlungsmittel und befreite die Reichshauptkasse von der Pflicht, sie gegen Goldmünzen einzulösen; zugleich entfiel auch die Einlösungspflicht der Reichsbank für ihre Noten, und die vier Privatnotenbanken durften gegen ihre eigenen Noten Reichsbanknoten abgeben.

Aus Kriegsnotwendigkeit endete damit die Reichsgoldwährung von 1871. Die Mark änderte ihren Charakter; sie war jetzt die Einheit einer ›manipulierten Papierwährung‹, wie man Währungen bezeichnet, die im Wert ihrer Einheit und im Umfang ihres Zahlungsmittelumlaufs nicht mehr vom Wert eines Münzmetalls abhängig sind, sondern vom Staat und seinen Emissionseinrichtungen gestaltet werden.

Ein neues Papiergeld kam hinzu. Das Darlehenskassengesetz vom 4. August 1914[28] brachte die ›Darlehenskassenscheine‹. Nach einem Vorbild im Deutsch-

Französischen Krieg von 1870/71, das beim damaligen günstigen Kriegsverlauf keine Bedeutung erlangt hatte, schuf das Gesetz Darlehenskassen als rechtlich selbständige Einrichtungen, die jedoch von der Reichsbank verwaltet waren und in der Folge faktisch lediglich als eine ihrer Abteilungen für die Ausgabe eines besonderen Papiergeldes auftraten. Die Darlehenskassen sollten in ihren Scheinen Kredite auszahlen und sie somit in Umlauf setzen, die die Reichsbank selbst nach der Änderung des Bankgesetzes nicht gewähren durfte, nämlich auf Verpfändung von allen erdenklichen Waren und Wertpapieren sowie gegen Schuldverschreibungen des Reiches und seiner Bundesstaaten. Die Darlehenskassenscheine wurden insofern den Reichskassenscheinen gleichgestellt, als sie der Reichsbank selbst zur Notendeckung dienen konnten – eine weitere technische Möglichkeit der kaum beschränkten Ausgabe von Reichsbanknoten. Die Darlehenskassenscheine sollten auf Beträge von 5, 10, 20 und 50 Mark lauten; aber sehr rasch führte der Scheidemünzenmangel zu Anfang des Krieges (vgl. unten) zur Ausgabe auch der Scheine zu 1 und 2 Mark, mit denen diese Kleingeldkrise bewältigt wurde.[29] Die Darlehenskassenscheine wurden nicht zum gesetzlichen Zahlungsmittel erklärt, sondern erhielten nur Kassenkurs, was ihren Umlauf natürlich nicht beeinträchtigte. Mit ihren sechs Nominalen behielten sie bis zum völligen Wertverlust in der Inflation ihre Bedeutung.[30]

Von den übrigen Gesetzen vom 4. August 1914 seien hier nur erwähnt die Vorschriften über Einfuhrerleichterungen, ein Gesetz über Höchstpreise und – für die Innenpolitik des Reiches im Verlauf des Krieges bedeutsam – das erste Gesetz über die Bewilligung eines Kriegskredits (Gesetz, betreffend die Feststellung eines Nachtrags zum Reichshaushaltsetat für das Rechnungsjahr 1914),[31] dem – wie den anderen Gesetzen dieses Tages – auch die Sozialdemokraten zustimmten und von dem später die Unabhängige Sozialdemokratische Partei Deutschlands nichts mehr wissen wollte.

Übrigens hatte die Reichsbank die Goldeinlösung ihrer Noten »aus freien Stücken« schon am 31. Juli 1914 eingestellt, am Tage der Erklärung des Kriegszustands, nachdem die Bank in der letzten Woche des Juli Gold für mehr als 100 Millionen Mark hatte abgeben müssen.[32]

c) Der Münzumlauf

Am 1. August 1914 gegen 17 Uhr unterzeichnete Kaiser Wilhelm II. im Berliner Schloß den Mobilmachungsbefehl an dem Schreibtisch, der aus Holz von Admiral Nelsons Schiff »Victory« gefertigt war. Sonntag, der 2. August, war der erste Mobilmachungstag;[33] nach Lexikondefinition war die Mobilmachung »die Überführung des Heeres aus der Friedens- in die Kriegsformation, und zwar durch Ergänzung der Feldtruppen durch Reserven und Beschaffung von Pferden, Aufstellen von Neuformationen (Proviant-, Munitionskolonnen), durch Aufstellung von Ersatztruppen (Abgaben von aktiven Truppen und Einziehen von Reservisten, Ersatzreservisten und Rekruten), durch Aufstellen von Besatzungstruppen (Landwehr, Fußartillerie, Pioniere) für den Etappendienst, durch Aufstellen der Feldverwaltungsbehörden (Intendanturen, Proviantstellen, Feldpostämter) und durch Bildung stellvertretender Behörden in der Heimat zur Kommandoführung über die Ersatztruppenteile und zur Leitung des Ersatzgeschäfts«.[34] Die Mobilmachung lief nach dem sorgfältig vorbereiteten und immer wieder überarbeiteten Mobilmachungsplan ab, setzte Millionen von Soldaten in Bewegung und verschlang für die Beschaffung von Pferden, Fahrzeugen und Materialien verschiedenster Art ungeheure Summen. An der Westfront marschierten 1,6 Millionen Mann auf, im Osten gegen Rußland 250 000 Deutsche.[35] Lassen wir zu den finanziellen Folgen des Kriegsbeginns Karl Helfferich sprechen:[36]

»Schon seit dem Attentat von Serajewo lag ein dumpfes Unbehagen über den finanziellen Märkten der Welt. Das österreichisch-ungarische Ultimatum an Serbien und die ungenügende Antwort der serbischen Regierung, dazu die Stellungnahme Rußlands, das erklärte, ›nicht indifferent bleiben zu können‹, brachten das Ungewitter zum Ausbruch. Alles, was bisher an Werten fest und sicher galt, geriet ins Schwanken. Bares Geld, womöglich blankes Gold, erschien als der einzig feste Pol in der Erscheinungen Flucht. Die Börsen wurden von allen Seiten mit Verkaufsaufträgen überschüttet; die Kreditinstitute wurden mit Kreditanträgen und Wechseleinreichungen bestürmt: Kredite wurden gekündigt, bei den Banken und Sparkassen drängte sich die Kundschaft, um Guthaben und Einlagen zurückzuziehen ...

Auch dem gewaltigen Andrang nach baren Zahlungsmitteln hat das deutsche Bankwesen – abgesehen von einem vorübergehenden Mangel an Kleingeld – zu erträglichen Bedingungen genügen können. Die Reichsbank, unterstützt von den für den Kriegsfall vorgesehenen und alsbald in Wirksamkeit tretenden Darlehenskassen, zeigte sich allen Ansprüchen gewachsen. In den beiden Wochen vom 23. Juli bis 7. August 1914 stellte sie dem Verkehr für mehr als 2 Milliarden Mark Zahlungsmittel zur Verfügung ...

Ein Vorfall, der sich in den Tagen der ersten großen Aufregung bei der Deutschen Bank abspielte, zeigt, daß in solchen Lagen auf das große Publikum nichts beruhigender wirkt als ein festes und zuversichtliches Verhalten der Stellen, auf die sich die verängstigten Augen richten. Aus der Hauptdepositenkasse wurde nach der Direktion gemeldet, der Andrang des Publikums zu den Auszahlungsschaltern sei ungeheuer und geradezu lebensgefährlich; es müsse etwas geschehen, um für die Aufrechterhaltung der Ordnung zu sorgen. Der Bescheid, der gegeben wurde, ging dahin, es seien alsbald zwei weitere Schalter für die Auszahlung zu öffnen und das dem Publikum bekanntzumachen. Die Wirkung war durchschlagend. Viele gingen beruhigt nach Hause, weil ihnen die Öffnung neuer Auszahlungsschalter die Sicherheit gegeben hatte, daß die Bank imstande und gewillt sei, jede Auszahlung zu leisten.

Schon vor der Beendigung der Mobilmachung[37] und vor den ersten Siegesnachrichten fing das Publikum an, die in den Tagen der Panik abgehobenen Gelder wieder zu den Banken und Sparkassen zurückzubringen. Auch die gewaltigen Summen, die das Kriegsministerium im Laufe der Mobilmachung für die Beschaffung von Heeresgerät und Heeresrüstung aller Art verausgabte, fanden bald ihren Weg zurück zu den großen Sammelbecken des Geldverkehrs. An die Stelle der Geldklemme der ersten Wochen trat bald eine große Geldflüssigkeit, die es möglich machte, die Begebung einer ersten Kriegsanleihe schon für den Monat September ins Auge zu fassen . . .«

Allein an den ersten sechs Tagen der Mobilmachung gab die Heeresverwaltung rund eine Dreiviertelmilliarde Mark aus.[38] Besonders groß war der Bedarf an kleinen Zahlungsmitteln, hauptsächlich auch an Scheidemünzen vom silbernen Fünfmarkstück abwärts, deren Kaufkraft gemessen an der heutigen Währung dem Fünfzehnfachen des Nennwerts in Deutscher Mark entsprochen haben mag. Die Soldaten rückten mit vollem Geldbeutel ein; soweit der Bedarf an großen und mittleren Zahlungsmitteln wuchs, konnte ihm die Reichsbank ohne weiteres entsprechen. Der Notenumlauf der Reichsbank stieg vom 24. Juli bis zum 7. August von 1890,9 Millionen Mark auf 3897,2 Millionen Mark, also auf mehr als das doppelte.[39] Nicht voll zu befriedigen war der Bedarf an Scheidemünzen. Die Münzstätten arbeiteten mit allen Kräften; dazu kamen Reichskassenscheine und die ersten Darlehenskassenscheine. Bis 31. August gingen so – 77,5 Millionen Mark an Scheidemünzen inbegriffen – rund 165 Millionen Mark an kleinen Zahlungsmitteln in den Umlauf. Es genügte nicht. So kam es zur Ausgabe von Darlehenskassenscheinen zu 1 und 2 Mark,[40] und in den Aufmarschgebieten im Westen und im Osten des Reiches hatten Städte, Gemeinden, Landkreise und andere Stellen eilig hergestelltes Notgeld ausgegeben, von dem im übernächsten Abschnitt die Rede sein wird. Bis 31. Oktober 1914 stieg die Summe der neuen kleinen Zahlungsmittel im Verkehr auf 683 Millionen Mark.

Dabei war nicht zu beobachten, daß die Bevölkerung etwa die Silbermünzen wegen ihres Metallwerts gehortet hätte; auch die Goldmünzen blieben im Umlauf, weil es trotz der Geldschwemme vorläufig kein Mißtrauen in die Stabilität der Markwährung gab.

Im weiteren Verlauf des Krieges ging der Bedarf an kleinen Zahlungsmitteln nicht zurück, hauptsächlich wegen der großen Beträge, die man für die Löhnung der Truppen brauchte. Die Scheidemünzen aus Silber und den unedlen Metallen wurden knapp, zumal das Metall der Kupfer- und Nickelkleinmünzen zunehmend für Kriegszwecke gebraucht wurde. So ging man für die Stücke zu 5 und zu 10 Pfennig zu Eisenprägungen über, die ab 1915 bzw. ab 1916 erschienen;[41] die Prägung der kupfernen Zweipfennigstücke gab man 1916 auf und begann, die Kupferpfennige durch Aluminiumpfennige zu ersetzen;[42] ab 1917 prägte man das Zehnpfennigstück aus Zink.[43] Die Nickel- und Kupfermünzen wurden soweit wie möglich stillschweigend eingezogen, aber nicht außer Kurs gesetzt.

Das Silber war nicht so kriegswichtig, und so beließ man es im Umlauf. Da es aber an Stücken zu ½ Mark besonders fehlte, begann man, die Zweimarkstücke aus dem Verkehr zu ziehen und in Stücke zu 50 Pfennig umzuprägen; ihre Herstellung hielt bis 1919 an.[44] Auf Ende 1917 wurden die Zweimarkstücke außer Kurs gesetzt.[45] Diese Stücke sind in Sammlerhand heute relativ weniger häufig anzutreffen als die anderen Silbermünzen des Kaiserreichs. Schließlich versuchte man noch, das Metall der Nickel-Fünfundzwanzigpfennigstücke nutzbar zu machen,[46] die von 1909 bis 1912 geprägt worden waren.

Alle diese Maßnahmen konnten nicht verhindern, daß es gegen Ende 1916 wegen des anhaltenden Mangels an Kleingeld zur zweiten Notgeldperiode kam, für die ebenfalls auf den übernächsten Abschnitt verwiesen wird.

Anders zeichnet sich die Geschichte der deutschen Goldmünzen im Ersten Weltkrieg. Die Reichsbank unternahm es, dem deutschen Volk seinen ganzen Goldbesitz mit größtem propagandistischem Aufwand zu entziehen, zuerst die Goldmünzen der Reichsgoldwährung im privaten und öffentlichen Eigentum und dann soviel wie möglich an Goldgegenständen und Goldschmuck, und zwar mit beträchtlichem Erfolg. Lesen wir in der Festschrift der Reichsbank von 1926:[47]

».. . war es der Reichsbankverwaltung gelungen, den Goldbestand der Reichsbank so zu erhöhen, daß er sich am 23. Juli 1914 auf 1 356,8 Millionen Mark stellte. An den folgenden Tagen führte die starke panikartige Erregung, die sich weitester Kreise der Bevölkerung vor Ausspruch der Mobilmachung bemächtigt hatte, zu starken Goldabhebungen, so daß der Bestand bis auf 1 253,2 Millionen Mark am 31. Juli 1914 heruntergedrückt wurde.

Durch die Einstellung der Noteneinlösung in Gemäßheit des oben erwähnten Gesetzes, betreffend die Reichskassenscheine und die Banknoten, durch die Übernahme des Reichskriegsschatzes (120 Millionen Mark Gold) und der auf Grund des Gesetzes vom 3. Juli 1913[48] geschaffenen Goldreserve des Reiches (85 Millionen Mark Gold) in die Bestände der Reichsbank sowie durch Heranziehung von Gold aus dem Auslande gelang es, den Goldbestand bis zum 7. August 1914 auf 1 477,5 Millionen Mark zu bringen.

Inzwischen hatte sich die Panik, die Ursache der starken Goldabhebungen, gelegt, und nun trat eine denkwürdige Erscheinung ein, die sich ebenbürtig den Waffentaten der deutschen Krieger an die Seite stellen konnte: Das freiwillige Goldopfer des deutschen Volkes angesichts einer Welt von Feinden, ein Vorgang, der in der Münz- und Währungsgeschichte aller Länder und Völker ohne Beispiel war und ist. Den im Verkehr reichlich vorhandenen Goldumlauf suchte die Reichsbank nach Möglichkeit in ihre Tresore zu leiten und dort festzuhalten. In allen Schichten und in immer größeren Kreisen der Bevölkerung erwuchsen ihr hierbei verständnisvolle Helfer. Die öffentlichen Kassen, insbesondere die Kassen der Post- und Eisenbahnverwaltung tauschten Gold gegen Noten um und führten das bei ihnen einlaufende Gold an die Reichsbank ab. Ein besonderes Verdienst um das Goldsammelwerk erwarb sich die Geistlichkeit durch ihre unermüdliche Mithilfe sowie durch Anregung und Belehrung. Nicht minder anzuerkennen war auch die Tätigkeit der Schulen, die sich im Einvernehmen mit der Unterrichtsverwaltung und unter Mitwirkung der Standesorganisationen der Lehrer mit glänzendem Ergebnis der Einsammlung von Goldmünzen gewidmet haben. Auch die gesamte Presse stellte sich hervorragend in den Dienst der vaterländischen Arbeit. Nicht nur Beamte, sondern auch Privatpersonen weckten und vertieften durch Verbreitung leichtfaßlicher Schriften und durch Vorträge das Verständnis für die Bedeutung der Zusammenfassung unserer Goldvorräte in der Reichsbank. Eisenbahnverwaltungen,

Klein- und Straßenbahnen, Gemeindeverwaltungen, Sparkassen und Banken, industrielle Unternehmungen und Lichtspielbühnen, Ärzte pp. waren in besonderem Maße für die Verstärkung des Goldvorrats der Reichsbank tätig und haben durch Gewährung von Vorteilen wirtschaftlicher und ideeller Art zum Teil aus eigenen Mitteln zur Goldablieferung angeregt. Recht erhebliche Beträge wurden durch freiwillige Sammlungen der Angehörigen des Heeres und der Marine sowohl im Felde wie in der Heimat aufgebracht.

Zur Unterstützung der Goldsammeltätigkeit und aus juristischen wie wirtschaftlichen Gründen wurden im weiteren Verlauf des Krieges einige wichtige gesetzliche Maßnahmen notwendig. Zunächst schien die Aufhebung der bisher im Rechtsverkehr vereinbarten Goldklauseln[49] geboten, deren Aufrechterhaltung nach Einstellung der Noteneinlösung in Gold im Zusammenhang mit der zunehmenden Entgoldung des Verkehrs zu unerträglichen Verhältnissen geführt hätte. Insbesondere waren in dem Hypothekenverkehr ausdrückliche Vereinbarungen getroffen worden, nach denen die Zahlung der Zinsen und die Rückzahlung des Kapitals in Gold erfolgen sollte. Die Außerkraftsetzung solcher Goldklauseln hatte vor allem den Zweck, den Schuldner gegen schikanöse Ausübung des Gläubigerrechts zu schützen. Mit Rücksicht hierauf erließ der Bundesrat beim Herannahen des Vierteljahresschlusses die durch Bekanntmachung vom 28. September 1914[50] verkündete Verordnung, welche die vor dem 31. Juli 1914 getroffenen Vereinbarungen, nach denen eine Zahlung in Gold erfolgen sollte, bis auf weiteres für unverbindlich erklärte.

Des weiteren wurde am 23. November 1914[51] eine Verordnung erlassen, welche jeden Agiohandel mit Reichsgoldmünzen ohne Genehmigung des Reichskanzlers unter Androhung von Gefängnis- und Geldstrafen verbot. Sie hat bis zum Ende des Jahres 1919 gegolten.[52] Wenn auch nach dem Sinne und Zwecke dieser Verordnung die freiwillige Einsammlung von Goldmünzen für die Reichsbank unter Gewährung von Vorteilen oder Vergünstigungen auf Kosten des Sammlers (sic!) nicht beeinträchtigt werden sollte, erschien es doch ratsam, dem in einer besonderen Bekanntmachung vom 25. Januar 1915[53] Ausdruck zu geben.

Inzwischen hatten sämtliche an Deutschland angrenzenden, ja fast alle wichtigen Staaten Europas, so Frankreich, Rußland, Dänemark, Norwegen, Holland, die Schweiz und Österreich-Ungarn ein Goldausfuhrverbot erlassen und auch in England war die Goldausfuhr tatsächlich unterbunden. Damit fielen die Bedenken fort, die sich bis dahin gegen den Erlaß eines sich auf das neutrale Ausland miterstreckenden Goldausfuhrverbots geltend machen ließen. Für Deutschland ergab sich nun die Notwendigkeit, die Goldausfuhr zu verbieten. Dies geschah durch die Bekanntmachung des Reichskanzlers vom 13. November 1915 betreffend Verbot der Ausfuhr und Durchfuhr von Gold.[54] Der Reichsbank, die von dem Verbot ausgenommen wurde, blieb vorbehalten, die im allgemeinen Interesse nötigen Goldausfuhren zu bewirken. Der Reichskanzler wurde ermächtigt, in besonderen Fällen andere Ausnahmen zuzulassen. Eine wirksame Ergänzung dieser Verordnung enthielt die Bekanntmachung betreffend Verbot der Ausfuhr von Goldwaren vom 13. Juli 1916,[55] welche ebenfalls den Reichskanzler zu Ausnahmen in besonderen Fällen ermächtigte . . .

Die Bekanntmachung bedeutete einen starken, aber im öffentlichen Interesse unerläßlichen Eingriff in die Absatzverhältnisse der Gold- und Schmuckwarenindustrie. Fortan überließ die Reichsbank der Industrie in der Hauptsache Gold nur zur Anfertigung von solchen Exportwaren, durch welche fremde Valuten in einem den Wert des verarbeiteten Goldes wesentlich übersteigenden Umfange erworben wurden. Im übrigen erhielt die Industrie durch die Reichsbank Gold fast ausschließlich zur Herstellung unentbehrlicher Gegenstände, namentlich für technische Zwecke des Heeres und der Flotte. Zur Anfertigung von Luxuswaren für den Absatz im Inlande gab die Reichsbank Gold nur insoweit ab, als es zur Erhaltung eines für die Zukunft des Gewerbes unbedingt erforderlichen Stammes gelernter Arbeiter geboten erschien. Infolgedessen lenkte sich die Nachfrage der Industrie auf das noch im freien Verkehr befindliche gemünzte und ungemünzte Gold. Hierdurch wurden erhebliche Preissteigerungen für Gold in jeder Form herbeigeführt, die den Bestrebungen der Reichsbank starken Abbruch taten.

Die Regierung schritt deshalb zur Einführung eines Goldhöchstpreises, die durch die Bekanntmachung über die Goldpreise vom 8. Februar 1917[56] erfolgte. Die Verordnung setzte einen absoluten Höchstpreis von 2790 Mark für das Kilogramm fein für alle die Warengruppen fest, die im Produktionsgang als Rohwaren zu kennzeichnen sind ...[57]

Mit den zunehmenden Schwierigkeiten der Beschaffung der notwendigen Rohstoffe gingen die Gold verarbeitenden Betriebe im weiteren Verlauf des Krieges immer mehr zur Herstellung von Kriegsbedarf über. Die Arbeiterschaft solcher Unternehmungen, deren Umstellung auf die Anfertigung von Kriegswaren nach ihrer Eigenart nicht angängig erschien, wurde in andere kriegswichtige Unternehmungen überführt.

So konnte (!) die Reichsbank schließlich die Abgabe von Gold zur Herstellung von echten Goldwaren für den inländischen Bedarf einschließlich der Trauringe vollkommen einstellen. Auch die Goldabgabe für Doublee- und vergoldete Waren wurde sogleich bei der Aufnahme des Goldsachenankaufs auf einen kleinen Bruchteil der im Frieden abgegebenen Mengen, später noch weiter erheblich herabgesetzt. Die Verabfolgung von Gold für zahnärztliche Zwecke, soweit nicht die Behandlung Kriegsverletzter in Frage kam, wurde um mindestens 25% eingeschränkt.

Die freiwillige Ablieferung von Goldmünzen seitens der Bevölkerung hatte zur Folge, daß die Verkehrsreserven an Gold bis auf geringfügige Reste sich in den Tresoren der Reichsbank konzentrierten. Die andauernde Zunahme der Goldbestände, die im Reichsbankausweis ersichtlich wurde, erregte überall großes Aufsehen und zeitigte im feindlichen Auslande die seltsamsten Auffassungen, die bis zum Zweifel an der Glaubwürdigkeit der Veröffentlichungen der Reichsbank gingen. Trotzdem kam der tatsächliche Rückfluß von Goldmünzen in den Ausweisziffern nicht einmal voll zum Ausdruck, da – ganz abgesehen von den Abgaben für ärztliche und industrielle Zwecke – häufig erhebliche Goldbeträge aus den Eingängen vorweg entnommen werden mußten, um durch die Reichsbank zur Bezahlung notwendiger Einfuhren ins Ausland versandt zu werden.

Von Beginn des Krieges an machte sich aus weiten Kreisen der Bevölkerung der

Wunsch geltend, auch durch Ablieferung von Goldsachen dem Vaterland Opfer zu bringen. Die Reichsbank sah zunächst davon ab, diese Bestrebungen zu fördern. Als aber mit der zunehmenden Entgoldung des Verkehrs die Zuflüsse an Goldmünzen schwächer wurden, mußte sie darauf Bedacht nehmen, auf anderem Wege die Mittel zur Finanzierung unentbehrlicher Einfuhren ohne wesentliche Schwächung des Währungsgrundstocks in die Hand zu bekommen. Sie ging daher im Jahre 1916 selbst zum Ankauf von Goldsachen über. Sie hatte umso mehr Veranlassung, sich dieser Aufgabe zu unterziehen, als sich bereits allenthalben inoffizielle Goldsammelstellen gebildet hatten, die, wenn auch meist vom besten Willen beseelt, doch keine volle Gewähr dafür bieten konnten, daß das von der Bevölkerung geopferte Gold an die richtige Stelle gelangte. Nun wurde nach den bei der Goldmünzensammlung gewonnenen Erfahrungen die Sammeltätigkeit von Goldsachen unter der Leitung der Reichsbank planmäßig organisiert. Im ganzen Lande bildeten sich Ehrenausschüsse aus angesehenen Männern und Frauen. In größeren Städten wurden Goldankaufsstellen, an kleineren Plätzen und auf dem platten Lande Goldankaufshilfsstellen errichtet. Bei der deutschen Presse fanden die Bestrebungen der Reichsbank allgemeine Unterstützung. Auch Kirchen und Schulen stellten ihre wertvolle Mitarbeit erneut zur Verfügung. Die Bemühungen der Reichsbank wurden ferner in dankenswerter Weise durch geeignete Maßnahmen der verschiedensten Behörden des Reichs und der Bundesstaaten unterstützt.

Die Abschätzung der bei den Goldankaufsstellen eingelieferten Schmuckstücke wurde sachverständigen Goldschmieden anvertraut; den Einlieferern wurde der Goldwert (!) vergütet. Ein Gewinn ergab sich aus dem Ankauf nicht, da eine Weiterveräußerung der abgegebenen Goldsachen an Private oder Händler selbstverständlich ausgeschlossen war, die erworbenen Goldsachen vielmehr eingeschmolzen und als Goldbarren gegen Erstattung des Goldwertes an die Reichsbank abgeliefert wurden. Den Goldankaufsstellen waren Kunstsachverständige zur Beratung beigeordnet, welche dafür Sorge trugen, daß Goldsachen, denen ein Kunst- oder kultureller Wert innewohnte, nicht eingeschmolzen wurden. Um den eisernen Gedenkstücken, welche die Reichsbank neben dem Geldersatz des Wertes den Ablieferern goldener Schmuck- und Gebrauchsgegenstände gewährte, ihren ideellen Wert zu erhalten und sie als bleibendes Erinnerungszeichen vor Entwertung durch Nachahmung und Handel zu schützen, verbot die Bekanntmachung zum Schutze eiserner Gedenkstücke der Reichsbank vom 3. August 1916[58] grundsätzlich jede Vervielfältigung und Nachbildung dieser Stücke.

Ende Dezember 1917 nahmen die Goldankaufsstellen auch den Ankauf von Silbermünzen in den Kreis ihrer Tätigkeit auf, da die Silberpreise auf dem Weltmarkte einen hohen Stand erreicht hatten und durch Silbersendungen ebenso wie durch Goldsendungen die Bezahlung von Einfuhrgütern bewirkt werden konnte.

Durch die regelmäßigen Zuflüsse von Goldmünzen und durch den Ankauf von Gold vermehrte sich der Goldbestand der Reichsbank seit dem 7. August 1914 von 1477,5 Millionen Mark ununterbrochen auf 2533,3 Millionen Mark am 15. Juni 1917 ... Am 7. November 1918 konnte die Reichsbank den höchsten in ihrer Geschichte verzeichneten Goldbestand mit 2550,3 Millionen Mark ausweisen ...«[59]

Diese aufschlußreiche Darstellung in schwülstigem Kanzleideutsch bedarf einiger Anmerkungen. Nach den Berechnungen der Deutschen Bundesbank belief sich der Umlauf im Deutschen Reich vor dem Ersten Weltkrieg bei den

Reichsbanknoten	auf	2 574 Millionen Mark,
Privatbanknoten	auf	147 Millionen Mark,
Reichskassenscheinen	auf	148 Millionen Mark,
Goldmünzen	auf	2 755 Millionen Mark und bei den
Scheidemünzen	auf	928 Millionen Mark,
insgesamt auf		6 552 Millionen Mark (Ende 1913)[60].

Andererseits werden die Ausprägungen der Goldmünzen abzüglich der Einziehungen auf Ende 1913 mit 4 413 Millionen bei den Zwanzigmarkstücken und mit 706 Millionen Mark bei den Zehnmarkstücken beziffert, insgesamt auf 5 119 Millionen Mark.[61] Der Unterschied zur vorstehenden Schätzung des Umlaufs ist damit zu erklären, daß erhebliche Mengen an Goldmünzen industriell, etwa für Schmuck und Goldgegenstände, verbraucht, aber auch im Weltwährungssystem der Goldwährungen mit freier Einfuhr und Ausfuhr mit oder ohne Einschmelzung in Perioden mit passiver Handelsbilanz in das Ausland verbracht worden waren. Trifft die Schätzung des Umlaufs zu Ende 1913 auch nur einigermaßen zu, so gelang es der Reichsbank im Weltkrieg in der Tat, den größten Teil des Umlaufs an Goldmünzen in ihre Tresore zu ziehen, selbst wenn man in Betracht zieht, daß der Goldbestand auch die Barren aus dem Ankauf von Goldsachen und zuletzt die Goldzahlungen Sowjetrußlands aufgrund des Friedensvertrags von Brest-Litowsk enthielt.[62]

Seit dem 4. August 1914 war die Mark, wie ausgeführt, die Einheit einer ›manipulierten Papierwährung‹, deren Wert nicht länger durch den Wert einer Edelmetallmenge bestimmt war, sondern sich aus der Geldpolitik der Währungsbehörde, der Reichsbank, ergab. Für den Wert einer Währung gibt es im Grundsatz zwei Maßstäbe: einmal den Vergleichswert im Verhältnis zu anderen Währungen, hauptsächlich im Verhältnis zu einer stabilen Währung als Wertmesser (Devisenkurs) oder zum früheren Goldwert ihrer Einheit, zum andern das Maß ihrer Kaufkraft, das man aus der Entwicklung der Preise für Waren und Dienstleistungen ableiten kann. In Abschnitt f) dieses Kapitels wird ausgeführt, wie sich der Wert der Mark im Verlauf des Krieges unter beiden Gesichtspunkten wesentlich verminderte und wie – sinkender Wert der ›Papiermark‹ ausgedrückt in ›Goldmark‹ – demgemäß die Goldmünzen der Reichgoldwährung in ihrem Wert in ›Papiermark‹ nach und nach ›stiegen‹.

Als die Regierung des Reiches und die Reichsbank als ihr Organ nun, wie von Karl Helfferich anschaulich geschildert, mit beträchtlichem Erfolg daran gingen, die Eigentümer von Goldmünzen zu bewegen, ihre Stücke gegen Reichsbanknoten als Zahlungsmittel der »Papiermark« umzuwechseln und ihre Goldsachen an die Reichsbank zu verkaufen, wurden jeweils Reichsbanknoten, also Scheine der »Papiermark«, in dem Wert abgegeben, der dem Wert der Münzen und Gegenstände[63] vor dem Krieg entsprach. Münzen und Gold wurden vom Reich mithin, je weiter die Geldentwertung fortschritt, umso tiefer unter ihrem Wert erworben; jede Veräußerung war ein freiwilliger Finanzbeitrag an das Reich.

Dies wurde freilich mit Eifer verschleiert. Helfferich beschreibt, mit welchem Propagandaaufwand an das vaterländische Gefühl appelliert wurde; das Schlagwort »Das Gold gehört in die Reichsbank« stand für die amtliche Auffassung der Regierung und der Reichsbank, der Wert der Mark sei stabil, und es seien lediglich die Außenhandelserfordernisse des Krieges, die verlangten, das Gold der Bevölkerung in die Verfügung der Reichsbank zu geben. Es wird noch zu schildern sein, mit welchen Mitteln die aufkommende Inflation ›gestaut‹ und die Illusion von der stabilen Mark so lange wie möglich gewahrt wurde.

d) Die Vermehrung des Papiergeldes

Wie sich der Notenumlauf während des Krieges erhöhte, war kein Geheimnis, denn man hatte ›nach reiflicher Erwägung‹ davon abgesehen, mit den Gesetzen vom 4. August 1914 die Notenbanken auch von ihrer Pflicht zu befreien, ihren Wochenausweis zu veröffentlichen, den Stand ihrer Aktiven und Passiven. »Die Geheimhaltung des Status wäre nur geeignet gewesen, ein jeder tatsächlichen Begründung entbehrendes Mißtrauen zu erwecken.«[64] Das Darlehenskassengesetz schrieb solche Veröffentlichungen nicht vor. Dabei spielten die Darlehenskassenscheine, wie sich aus der später veröffentlichten Entwicklung ihres Umlaufs ergibt,[65] eine wesentliche Rolle für den inflationären Prozeß, und der Umlauf an Reichskassenscheinen war durch Gesetz festgelegt und daher bekannt. Das Notgeld der beiden Notgeldperioden der Kriegsjahre fiel nicht ins Gewicht.

Der Umlauf an Reichsbanknoten und Darlehenskassenscheinen entwickelte sich in den Kriegsjahren wie folgt:[66]

	Reichsbanknoten	Darlehenskassenscheine		Reichsbanknoten
	in Millionen Mark am Jahresende			in Millionen Mark im Jahresdurchschnitt
1914	5 046	446	(= 5 492)	2 918
1915	6 918	972	(= 7 890)	5 409
1916	8 055	2 873	(= 10 928)	6 871
1917	11 468	6 265	(= 17 733)	9 010
1918	22 188[67]	10 109	(= 32 297)	13 682

1913 betrug der Jahresdurchschnitt bei den Reichsbanknoten 1 958 Millionen und der Umlauf am Jahresende 2 574 Millionen Mark, 1914 der Durchschnitt der sieben Friedensmonate 2 022 Millionen Mark.

Diese Zahlen belegen die enorme Aufblähung des Bargeldumlaufs, bei dem die Münzprägungen nicht ins Gewicht fielen.[68] Zunächst bewegte sich die Kurve eher langsam aufwärts, und bis 1916 blieb das gewohnte Bild, nach dem der Umlauf zu den Vierteljahresschlußtagen stieg und dann wieder abschwoll; 1917 zeigte sich diese Bewegung nur noch schwach und 1918 stieg sie immer steiler an. Von den 24,5 Millionen Mark, die die Reichsbank in den fünf Kriegsjahren für den Druck ihrer Noten aufwenden mußte, fielen allein 13,6 Millionen Mark im Jahr 1918 an.[68a]

Das Bild dieser Noten der Reichsbank änderte sich nicht; die ganzen Kriegsjahre über wurden die Noten mit ihren letzten Ausgabedaten der Vorkriegszeit weitergedruckt; man geht wohl mit der Annahme nicht fehl, daß man ihre Vermehrung nicht auf den Scheinen selbst augenscheinlich machen wollte. Eine Ausnahme machte die Note zu 20 Mark,[69] die mit Datum 4. November 1915 in einem neuen Jugendstilmuster erschien, was sich zwanglos mit dem erhöhten Bedarf dieses Nominals als Folge des Verschwindens der Zwanzigmarkstücke erklären ließ. Der Siegelstempel der Reichsbank, auf den Noten ein oder zweimal zu sehen, war bislang rot gewesen. Nach einer Bekanntmachung vom 18. Dezember 1918,[70] also schon nach dem Waffenstillstand, wurden die Noten zu 100 und 1000 Mark mit grünen Stempeln ausgegeben; man wollte damit Versuchen entgegentreten, Noten aus dem Ausland einzuschmuggeln und zum Vorkriegskurs zur Einlösung vorzulegen. Mit diesem Ziel wurden Noten dieser Nominale auch mit einem Stempel »Im Ausland ungültig« versehen. Doch dies hängt schon mit der Devisenbewirtschaftung zusammen.

Bei den Darlehenskassenscheinen blieb das Bild der Nominale zu 1, 2 und 50 Mark bis Kriegsende unverändert, der Schein zu 5 Mark erschien mit Datum 1. August 1917 in einer neuen Jugendstilgestaltung, der zu 20 Mark mit Datum 20. Februar 1918. Von den Reichskassenscheinen änderte sich keiner, ungeachtet der Vermehrung, die auch sie erfuhren.[71]

e) Notgeld

Seit dem Altertum gehört das Münzregal – heute spricht man von Münzhoheit – zu den Bestandteilen der Staatsgewalt, ist es ein Attribut der Souveränität des Staates. In der neuesten Zeit ist es auch ein Merkmal für die Unterscheidung von Staatenbund und Bundesstaat: Die Eidgenossenschaft war ein Staatenbund, solange die Kantone die Münzhoheit hatten, und sie wurde mit der Verfassung von 1848 zum Bundesstaat, die dem »Oberstaat« die Münzhoheit zusprach;[72] auch der Deutsche Bund von 1815 und der Norddeutsche Bund von 1867 waren Staatenbünde, die ihren Mitgliedern das Münzrecht nicht streitig machten, und erst der Bundesstaat des Deutschen Reiches nahm die Münzhoheit in Anspruch.

Das Mittelalter kannte den Begriff der Landesherrschaft noch nicht; die Rechte des Lehensherren im abendländischen Raum waren Bündel einzelner Rechte, bei denen ein öffentlich-rechtlicher von einem privatrechtlichen Bereich nicht abzugrenzen war – zu ihnen gehörte oft auch das Münzrecht. Als sich in der Neuzeit mit der Fürstenherrschaft in Deutschland die Landeshoheit herausbildete, wurde das Münzrecht dem staatlichen Bereich zugeordnet.[73] Aber das bedeutete noch nicht,

daß der Staat sich verpflichtet gefühlt hätte, auf seinem Gebiet für ein geordnetes
Geldwesen im heutigen Sinne zu sorgen und sich dies auch etwas kosten zu lassen,
im Interesse der Bürger und der Wirtschaft. Vielmehr prägten die Münzherren bis
in die Epoche der Französischen Revolution und der Zeit Napoleons, bei aller Sorge für ein brauchbares Münzsystem im Einzelfall, nur wenn es sich lohnte, weil das
Münzmetall gerade ›billig‹ zu erhalten war; vielfach waren es die Münzstände im
Besitz von Edelmetallvorkommen (das heißt für Deutschland: von Silbergruben),
die mehr als den Landesbedarf ausprägen ließen und damit zum eigenen Nutzen
auch die Nachbarterritorien mit Münzen versorgten.[74] Bei dem »gemischten Münzumlauf« der Jahrhunderte in Deutschland bis zur Einführung der Reichsgoldwährung – Währungsgebiete über mehrere Territorien hinweg mit Münzen eines Münzfußes von den Stempeln der verschiedenen Münzherren des Bereichs, dazu oft ausländische Münzen als Handelsmünzen – war dies im Grundsatz auch tragbar. Im
19. Jahrhundert bekannte sich dann der Staat zum Grundsatz, er habe für ein geordnetes Geldwesen zu sorgen, zuerst im Bereich der Münzen, später auch für das
Papiergeld, und im Interesse von Handel und Wirtschaft müsse dies auf Kosten des
Staates, das heißt der Allgemeinheit geschehen. In Deutschland begann diese Periode für die Münzen mit den Münzverträgen von München und Dresden (1837,
1838); der Grundsatz konkretisierte sich mit den Regelungen, nach denen es Aufgabe des Staates war, untergewichtig gewordene Münzen auf seine Kosten einzuziehen und zu ersetzen.

Aber selbst Zentralstaaten, die in der Gestaltung des Münzwesens weit voraus
waren, sind dieser Aufgabe, teils über längere Zeiten, teils in Krisenperioden, nicht
immer gerecht geworden. Und so kam es schon lange vor dem Notgeld in Deutschland im und nach dem Ersten Weltkrieg zu Notgeldausgaben, wenn andere Institutionen als der Staat es mit oder ohne seine Zustimmung oder Duldung unternah-
men, für Zahlungsmittel zu sorgen. Unter diesem Gesichtspunkt gehören die Belagerungsmünzen[75] zum Notgeld, doch geldgeschichtliche Bedeutung erlangten andere Beispiele. So überließ Großbritannien im 17. und 18. Jahrhundert die Versorgung des Verkehrs mit Kupferkleinmünzen im wesentlichen privaten Unternehmern, die die als Token bekannten Münzen herstellten und in Umlauf setzten.[76] In
vielen britischen Überseegebieten dauerte die Token-Prägung bis weit in das
19. Jahrhundert. In der Französischen Revolution wurde die Inflation durch das
staatliche Papiergeld der Assignaten ausgelöst, die die Goldmünzen und die Silbermünzen verdrängten. Da es die Assignaten anfangs nur in großen Nominalen gab,
fehlte es bald an Kleingeld. 1791 und 1792 bildeten sich die »Caisses de Confiance« zu Hunderten im Land und gaben Notgeldscheine in kleinen Nominalen aus,
im ganzen gegen 6000 verschiedene Arten. Als Notmünzen auch von Privatfirmen
wurden die »médailles de confiance« bekannt. 1848 und 1849 führte im österreichischen Kaiserstaat die Papiergeldinflation dahin, daß die Scheidemünzen überwertig und aus dem Verkehr gedrängt wurden; eine Welle von Firmen- und Stadtausga-
ben an kleinen Noten zu 3, 6, 10 und 20 Kreuzer überschwemmte hauptsächlich
Böhmen, Ungarn und Teile Österreichs. Auch der polnische Aufstand von 1863 war
von Notgeldausgaben begleitet, vielfach durch jüdische Händler. Italien hatte zur

Zeit seiner Einigung, etwa von 1866 bis 1875, eine Fülle von städtischen Notgeld-scheinen. Der Deutsch-Französische Krieg brachte auf der französischen Seite viel Firmen- und Städtenotgeld. Im Russisch-Türkischen Krieg von 1877/78 kam das türkische Geldwesen herunter, und hier waren es hauptsächlich die armenischen und griechischen Kirchen sowie die Moscheen, die als Emittenten auftraten.

Im Ersten Weltkrieg gab es Notgeld nicht nur in Deutschland, sondern auch in Frankreich und Belgien (darüber unten) sowie in Österreich-Ungarn, in den – neutralen – Niederlanden und in Portugal.

Das deutsche Notgeld des Ersten Weltkriegs und das der Nachkriegsperiode ist von Dr. Arnold Keller in zehn Katalogbänden bearbeitet worden. Das Vorwort des Bandes für die Ausgaben von 1914[77] gibt eine eingehende Darstellung. Von den acht Notgeldperioden, die Keller für die Jahre 1914 bis 1923 in Deutschland unterscheidet, fallen zwei in die Kriegsjahre.

Die erste ist die des Notgelds des Kriegsausbruchs, der ersten Monate des Krieges mit Nachzüglern bis in das Jahr 1915. Kleingeldmangel zeigte sich vor allem in den Aufmarschgebieten der Armeen und in ihrem Hinterland; dazu mag Hortung von Silberscheidemünzen in den Gebieten getreten sein, die feindliche Einfälle befürchten mußten. Jedenfalls waren es die Scheidemünzen der Silbernominale, die fehlten, und während es im Inneren des Reiches gelang, dem Mangel mit der Auflösung von Tresorvorräten der Reichsbank, mit den Darlehenskassenscheinen und mit Neuprägungen abzuhelfen, kam es in den Randgebieten zu den ersten Notgeld-scheinen. Sie lauteten meistens auf 50 Pfennig, 1, 2, 3 und 5 Mark und wurden mit den größten Summen von Städten, dann von Privatfirmen und in dritter Linie von Gemeinden, Ämtern und Kreisen, weniger von Sparkassen und von anderen Behörden ausgegeben. Die Hauptausgabegebiete waren Niederschlesien, das unbesetzte Oberelsaß, Oberschlesien, Posen, die Rheinprovinz, Westfalen und Westpreußen. Die Festschrift der Reichsbank[78] spricht von 207 Gemeinden, 119 Privatausgabestellen und der Gesamtsumme von 11 050 646,56 Mark; Keller ermittelte[79] nur den Betrag von 8 640 974,62 Mark, dafür aber 451 Ausgaben mit 1 630 ›Grundscheinen‹ (Nominalen; ohne von Sammlern beachtete Abarten). Für die Scheine bestand angesichts des Bankgesetzes keine Rechtsgrundlage; auch als Inhaberschuldverschreibungen nach § 795 des Bürgerlichen Gesetzbuches waren sie mangels staatlicher Genehmigung rechtswidrig; doch sie wurden geduldet und nur in Einzelfällen hatten die Ausgeber Schwierigkeiten, zumal die Scheine in ihrer Masse schon ab September wieder eingezogen wurden. Immerhin wurde auf den Scheinen das Wort ›Geld‹ vermieden; ›Notgeld‹ findet sich nur dreimal. Meist nannten sich die Scheine ›Gutschein‹, ›Anweisung‹, ›Garantieschein‹, ›Spareinlage‹ oder ›Wechselschein‹, oder aber sie waren ›Gut für‹.

Als der Silbergeldmangel der ersten Kriegswochen behoben war und die Ausgeber ihre Scheine von sich aus oder auf Weisung der Aufsichtsbehörden wieder einzogen, war der Geldwert des einzelnen Scheines in der Regel so beträchtlich, daß die Besitzer, sofern sie der ausgebenden Kasse nahe waren, sie meistens einlösten; nur ein kleiner Teil blieb uneingelöst und bis heute möglicherweise in Sammlerhand, so daß die Scheine heute im allgemeinen als selten anzusehen sind. Dazu trug bei, daß die Scheine – anders als die späteren Notgeldausgaben – in aller Eile gestaltet und durchwegs auf einfachem Papier in gewöhnlichem Druck hergestellt wurden. Die Auflagen waren so klein, daß die Scheine meistens von Hand, sei es auch mit Paginierstempel, numeriert, mit Dienststempel oder Firmenstempel versehen und unterschrieben wurden. Von den meisten Ausgaben sind Stückelung und Stückzahl sowie Stückelung und Wert der nichteingelösten (ausstehenden) Scheine bekannt.

Gleichwohl hat man schon im Kriege begonnen, diese Scheine zu sammeln, und es entstand eine erste Katalogliteratur. Man suchte und fand Abarten (nach Keller gegen 2 600 Abarten zu den 1 630 Grundscheinen) und ging daran, sich an die Ausgeber um Sammlungstücke zu wenden. So kamen auch Reststücke, etwa nicht ausgegebene, unvollständig gedruckte oder ausgefertigte Scheine in Sammlerhand, und 75 Ausgabestellen sollen sich bereitgefunden haben, zur Befriedigung der Sammlerwünsche »Neudrucke« herzustellen.

Die zweite Notgeldperiode nach Keller begann im Sommer 1916 (mit Vorläuferausgaben noch im Jahre 1915) und hatte einen ganz anderen Charakter;[80] über das Kriegsende hinaus war ihr Übergang zu den weiteren Perioden fließend. Seit dem Sommer 1916 fehlte es in Deutschland immer mehr an Kleingeld, und zwar an den Kleinmünzen vom Pfennig bis zum Fünfzigpfennigstück, wogegen die Marknominale der Silbermünzen zunächst ausreichend durch die Darlehenskassenscheine ersetzt waren, soweit das Silber inzwischen langsam aus dem Verkehr verschwand. Manches an Kleinmünzen mag in die besetzten Gebiete hauptsächlich im Osten geflossen sein, der Silberpreis war gestiegen, so daß die Silberscheidemünzen im Wert ihres Metallgehalts über den Nennwert stiegen und gehortet wurden; die Reichsbank meinte, der Mangel an Facharbeitern in den Münzstätten beeinträchtige die Herstellung der Kleinmünzen, hauptsächlich der Fünfzigpfennigstücke, die weitergeprägt wurden, aber im Verkehr kaum mehr zu sehen waren. So mußten die Nikkelmünzen im Kleinverkehr an ihre Stelle treten, und davon gab es zu wenig, zumal sie auch langsam aus dem Verkehr gezogen wurden, weil man ihr Metall brauchte. Die Zink- und Eisenprägungen zu ihrem Ersatz reichten nicht aus. Vor allem auf dem Land hortete man auch die Kleinmünzen. 1917 sollen in Berlin Aufkäufer schon 5,30 Mark für 5 Mark in Kleinmünzen gezahlt haben. Schließlich gingen Firmen, Städte und Gemeinden dazu über, Kleingeldersatz herzustellen.

So kam es zur Prägung von Notmünzen und zum Druck von Kleingeldscheinen hauptsächlich in Pfennignominalen; auch Scheine zu 1 und 2 Pfennig erschienen, denn selbst die Kupfermünzen waren knapp geworden. Technisch bereiten die Münzprägungen keine Schwierigkeit, denn im Grunde ist die Münzprägung nichts anderes als die Herstellung von Kleinmetallteilen; Prägepressen gab es nicht nur in den Münzstätten, sondern auch in Fabriken für Knöpfe und andere Kleineisenteile; dazu bestanden – wie heute – private Prägeanstalten für Medaillen, Abzeichen und dergleichen, deren Namen sich auf vielen Notmünzen finden. Notgeldscheine konnte jede Druckerei herstellen.

Anders als in der ersten Notgeldperiode von 1914 nahm man sich für die Gestaltung jetzt mehr Zeit. Die Scheine wurden sorgfältig, zunächst aber einfach und doch würdig gestaltet, mit geschmackvollem Satz und Symbolen wie Wappen und Firmenmarken. Zuweilen vereinbarten benachbarte Städte, ihre Scheine in den gemeindlichen Kassen wechselseitig anzunehmen, so Frankfurt, Hanau und Offenbach oder Solingen und Remscheid, Stuttgart und Ludwigsburg oder Solingen, Barmen und Elberfeld. 1918 änderte sich das Bild der Scheine. Auch jetzt suchten Sammler zunehmend die Stücke zu erwerben, und die Ausgeber erkannten, daß ein Schein in Sammlerhand nie zur Einlösung gegen Staatsgeld präsentiert werden würde, mithin seine Ausgabe Gewinn bringe. Man trug den sammlerischen Belangen insofern Rechnung, als man sich auf den Versand auf Bestellung einrichtete, die Scheine sorgfältiger und gefälliger gestaltete und mit Bildschmuck aus dem örtlichen Umfeld oder patriotischen Charakters versah. Langsam suchten die Städte einander in der reizvollen Ausführung der Scheine zu übertreffen, und jetzt kam es zur Ausgabe der sogenannten Serienscheine, mit denen man die Sammlerschaft unmittelbar ansprechen wollte. Dies waren Scheine desselben Nominals in gleichartiger Gestaltung mit unterschiedlichen, zusammenpassenden Bildmotiven, etwa mit historischen Szenen, Personen-, Gebäude- und Landschaftsabbildungen. Oft bestand die Serie aus sechs Scheinen; um den Gewinn zu erhöhen, erhöhte man den Nennwert, erst zurückhaltend etwa auf 75 Pfennig (ein Nominal, für das im Verkehr kein Bedarf bestand), bald auf niedere Markbeträge, dann bis zu 10 Mark. Manchmal gab man nur eine Ausführung aus der Serie mit höherer Druckauflage in den Verkehr, die zudem an der Numerierung oder am einfacheren Papier zu erkennen war, wodurch Abarten entstanden. Auch schlug man den Bestellern die Versandkosten auf und verkaufte die Scheine für mehr als den Nennwert. Es gab Unternehmer, die solche Scheine gleichsam als Verleger für Gemeinden herstellten und gleich auch vertrieben. So muß man die ›Verkehrsausgaben‹ aus echtem Bedarf von den Sammlererzeugnissen der ›Serienscheine‹ unterscheiden, und dementsprechend haben die Katalogverfasser, zuletzt die maßgebenden Arbeiten von Keller, sie getrennt erfaßt.

Bei den Notmünzen gab es diese Entartung nicht. Sie waren zu wenig ansehnlich, auch wenn man sich mit der Gestaltung viel Mühe gab; viele sind sehr geschmackvoll. Bis Mitte 1917 waren sie fast immer aus Zink, dann aus Eisen und nach Kriegsende wieder aus Zink. Auch bei ihnen war zu vermeiden, daß sie mit dem Reichsgeld verwechselt wurden, und so waren sie oft achteckig und trugen Bezeichnungen wie ›Kriegsgeld‹, ›Notgeld‹, ›Geldersatz‹, ›Gut für‹ und ›Kleingeldersatzmarke‹; auf den Bildseiten herrschen die Wappen vor. Zuweilen waren sie vernikkelt, vermessingt oder verkupfert. Nach Menzel kamen drei Fünftel aller Prägungen aus der Medaillenprägefabrik L. Chr. Lauer in Nürnberg und der Rest aus etwa 40 anderen Fabriken. Oft wurde eilig gearbeitet, so daß Prägefehler, Schrötlingsfehler, Schrötlingsunterschiede und Stempeldrehungen nicht selten sind.[81]

Rechtlich hatte das Notgeld keine Grundlage; es widersprach natürlich dem Grundsatz der Homogenität des Umlaufsgeldes. Es wurde vom Staat aber geduldet, da man es wegen des Mangels an staatlichen Zahlungsmitteln einfach nicht verbieten konnte. Mit Verwaltungsanweisungen[82] suchte man Mißbräuchen zu begegnen. Preußen verbot Banken und Sparkassen die Ausgabe von Notgeld; im übrigen wurden ausdrückliche Genehmigungen abgelehnt. Doch schrieb man vor, daß der Gegenwert vom Ausgeber bei der Reichsbank zu hinterlegen sei; so war eine Art Deckung gegeben. Bayern ließ die staatlichen Kassen Stadtnotgeld annehmen, wenn die Einlösung gesichert war. Sachsen-Weimar erlaubte die Ausgabe ausdrücklich gegen Hinterlegung von Sicherheit bei der Reichsbank. Sachsen verbot kleinen Gemeinden die Ausgabe (nicht mit vollem Erfolg) und schrieb den Städten und Amtshauptmannschaften (Landkreisen) einheitliches Muster vor. Kleine Bundesstaaten wie Lippe-Detmold, Anhalt und Schwarzburg-Sondershausen gaben selbst kleine Scheine aus.

Die Festschrift der Reichsbank 1901–1925[83] spricht von 2251 öffentlichen und privaten Ausgabestellen und Notgeldzeichen von 5 Mark bis 1 Pfennig in der Summe von 292,8 Millionen Mark. Im Keller-Katalog der Verkehrsausgaben 1916 bis 1922 kommen die Bearbeiter der Ausgabe von 1975 mit Einschluß der Orte in den abgetretenen und Abstimmungsgebieten sowie der Ausgabestellen des Heeres und der Marine (zum Teil in den Währungen der Besatzungsgebiete und verbündeter Staaten) auf 2967 Ausgabestellen. Der Band der Serienscheine weist 1365 Ausgabestellen aus. Den Gesamtbetrag schätzen die Bearbeiter auf grob 400 Millionen Mark. Ob 293 oder 400 Millionen: Schätzt man den Scheidemünzenumlauf im verkleinerten Reichsgebiet von 1929 auf etwa 240 Millionen[84] oder mit der Deutschen Bundesbank[85] für das Ende 1918 bei den staatlichen Scheidemünzen noch auf 170 Millionen Mark, so ist deutlich, daß der Notgeldumlauf den Umlauf an vergleichbaren staatlichen Zahlungsmitteln bis zum Kriegsende immer mehr überwog.

f) Kriegsfinanzierung:
  Verfall der Mark, Devisenbewirtschaftung und
  Preiskontrolle

Kriegskosten und Kriegsfinanzierung

Drei Dinge seien zum Kriegführen nötig: Geld, Geld und nochmals Geld, meinte Graf Raimund Montecuccoli,[86] und drei Wahrheiten sind Schlüssel zum Verständnis aller finanziellen Probleme der Rüstung und Kriegsfinanzierung vom Trojanischen Krieg bis zum Kalten Krieg unserer Tage:
  diese Weisheit Montecuccolis,
  das Wissen um das Wesen des Geldes als des Trägers von Kaufkraft und
  die Tauschgleichung $G \cdot U = P \cdot H$ aus der Geldlehre.
  Zusammen beleuchten diese Erkenntnisse den Begriff der Staatsquote des Sozialprodukts, den Anteil, den der Staat normalerweise und im Krieg erhöhtermaßen in Anspruch nehmen muß.

Anders als noch im 18. Jahrhundert war der moderne Staat, wie er sich im 19. Jahrhundert gefestigt hatte, in der Lage, seine Grenzen gegen fremdes Geld abzuschließen und die Handelsströme über die Grenzen zu kontrollieren. Erst damit war der Staat, genauer das Zollgebiet, das er darstellte oder zu dem er gehörte, zum

Wirtschaftsgebiet geworden, dessen Handels- und Geldverhältnisse statistisch erfaßt und wissenschaftlich gewürdigt werden konnten. Im 20. Jahrhundert und damit für die Zeit des Ersten Weltkriegs bereitet es daher keine Schwierigkeiten, die Geldwirtschaft der Kriegführenden in Beziehung zu den wirtschaftlichen Produktions- und Dienstleistungsverhältnissen zu setzen und damit die Währungsentwicklung für den einzelnen Staat zu erklären.

Dabei ist von der Quantitätstheorie der Geldlehre auszugehen.[87] Seit Jean Bodin, John Locke, David Hume und anderen, letztlich seit dem 16. Jahrhundert ist erkannt, daß in einer geschlossenen Volkswirtschaft die Menge des vorhandenen Geldes als Element der Nachfrage der Summe des Angebots an Waren und Dienstleistungen gegenübersteht und sich danach Geldwert und Waren- wie Dienstleistungspreise richten. Wenn man bei der Geldmenge dahin verfeinert, daß auch die Umlaufsgeschwindigkeit eine Rolle spielt (die bei gehortetem Geld gleich Null ist und in Inflationszeiten mit geringer Sparneigung sehr hoch sein kann), dann ergibt sich als Grundformel der Quantitätstheorie die sogenannte Tauschgleichung:[88]

$$G \cdot U = P \cdot H$$

(G: Geldmenge, U: Umlaufsgeschwindigkeit, P: Preis- und Lohnniveau, H: Handelsvolumen als Summe der angebotenen Waren und Dienstleistungen).

Daraus ist abzulesen, daß bei gleichbleibender Produktion die Preise und Löhne umso mehr steigen müssen, je mehr sich die Geldmenge erhöht, was auch – etwa aus psychologischen Gründen – schon durch eine höhere Umlaufsgeschwindigkeit bewirkt werden kann, und daß die Preise und Löhne in ihrer Tendenz sinken müssen, wenn die Geldmenge bei gleichbleibendem Angebot an Waren und Dienstleistungen sinkt. Bei allen Verfeinerungen, die diese Geldwerttheorie durch Aufgliederung ihrer vier Grundfaktoren gefunden hat, und bei allen Angriffen, denen sie ausgesetzt war: nach wie vor ist sie die »unabdingbare Faustregel aller Währungspolitik«;[89] ohne sie sind die Erscheinungen von Inflation und Deflation in Krieg und Nachkriegszeit nicht zu verstehen.

Wenden wir uns dem Grundproblem der Kriegsfinanzierung zu. Die Summe des Angebots an Waren und Dienstleistungen bezeichnet man heute als ›Sozialprodukt‹. Dem Sozialprodukt als Ergebnis der produktiven Arbeit steht im Grundsatz der Verbrauch gegenüber, der sich geldwirtschaftlich als Nachfrage darstellt. Nun gibt es Personen und Institutionen, die ›verbrauchen‹, aber sich an der Warenproduktion und den Dienstleistungen nicht beteiligen: es ist in der Hauptsache der Staat, auf dessen Rolle wir uns hier beschränken können. Der Staat muß sich für seine Bedürfnisse Kaufkraft verschaffen, und er tut es seit jeher durch Erhebung von Steuern und Abgaben in den verschiedensten Formen. Die Summe dieser Einnahmen, die er für Sachausgaben und für die Besoldungen seiner Bediensteten auch wieder ausgibt und die als Teil der Geldmenge mit deren anderem Teil dem Sozialprodukt gegenüberstehen, ist die ›Staatsquote‹ des Sozialprodukts.

In Friedenszeiten sorgten die Münzverfassung des Deutschen Reichs und die Deckungsvorschriften bei der Notenausgabe der Reichsbank und der anderen Notenbanken für das Gleichgewicht zwischen Sozialprodukt und Geldmenge, mithin

auch für stabilen Geldwert und – was auf dasselbe hinausläuft – für stabile Preise
und Löhne, die sich lediglich durch die Entwicklung der Gesamtwirtschaft seit 1871
im Sinne einer unmerklichen Geldentwertung verändert hatten.[90] Wegen der erläu-
terten Deckungsvorschriften konnte nur Steigerung der Produktion zur Geldvermehrung führen; Reich, Bundesstaaten, Gemeinden, Kirchen usw., kurz: die öffentliche Hand, konnten im Rahmen der so beschränkten Geldmenge nur die
Staatsquote in Anspruch nehmen. Das war der Sinn der Vorschriften, ›ungedeckte‹
Geldausgabe nicht zuzulassen.

Zu den Staatsausgaben, die auf diese Weise, nämlich durch Steuern oder – in geringerem Maße – auch durch geliehene Ersparnisse anderer, durch Anleihen, finanziert wurden, gehörten auch die Kosten des Militärs und der Rüstung; diese Kosten
(hauptsächlich des Reiches) waren, vom Begriff des Sozialprodukts aus betrachtet,
unproduktiv, denn Militärs wie Rüstungsarbeiter verbrauchten nur, ohne etwas zu
produzieren – ihr Lebensbedarf mußte als Teil der Staatsquote vom Sozialprodukt
abgezweigt werden.

Sobald ein Krieg den Umfang annimmt, daß er mit Hilfe des stehenden, laufend
unterhaltenen Militärs und seines laufenden Sachbedarfs nicht mehr geführt werden kann, verschiebt sich das Verhältnis zwischen Staatsbedarf und Sozialprodukt.
Die kleinen Auseinandersetzungen, an denen das Deutsche Reich zwischen 1871
und 1914 beteiligt war – Kolonialkonflikte, Chinaexpedition –, hatten diese Wirkung nicht, und die steigenden Rüstungslasten vor dem Krieg finanzierte man mit
neuen Reichssteuern, also indem man die Staatsquote des Sozialprodukts geringfügig erhöhte.

Als der Krieg nun ausbrach, sprengte er alle Erwartungen und alle Berechnungen, die man hinsichtlich der Kosten eines solchen Weltkonflikts angestellt hatte.
Die Kriegsmaschine beanspruchte Waren, Rohstoffe und Arbeitskräfte, die zum
Sozialprodukt nicht mehr beitragen konnten; die Arbeit in jeglicher Rüstungsindu-
strie war unproduktiv, weil ihre Erzeugnisse in der militärischen Auseinandersetzung verbraucht, die Löhne der Arbeiter aber als Kaufkraft beim zivilen Bedarf
wirkten. Gleiches galt für die Besoldungen der Soldaten und der Kriegsbehörden.
Löhne für die Dienstleistungen zugunsten der Streitkräfte verloren ihren Charakter
als Teil des produktiven Sozialprodukts. Über den normalen Reichsbedarf hinaus
betrugen die Kriegskosten[91] des Deutschen Reiches

im August 1914	2047 Millionen Mark
im September 1914	970 Millionen Mark
im Oktober 1914	1262 Millionen Mark
im Dezember 1914	1603 Millionen Mark
im März 1915	2036 Millionen Mark;

dann hielten sie sich bis Herbst 1916 bei 2 Milliarden, um bis 1918 steil anzusteigen.
Insgesamt beliefen sie sich bis 1918 auf fast 164 Milliarden Mark. Dazu sei bemerkt, daß sich die Gesamtausgaben des Reiches im Rechnungsjahr 1913/14 auf
2376 Millionen Mark belaufen hatten, die von Reich, Ländern, Gemeinden und
Hansestädten auf 7178 Millionen Mark.[92]

Die Leistungen der Volkswirtschaft sanken im Verlauf des Kriegs als Folge des Material- und Arbeitskräftemangels immer mehr, der Anteil der Kriegslasten am Sozialprodukt nahm immer mehr zu, also die Staatsquote. Hätte das Reich dies bei stabilem Geldwert bewerkstelligen wollen, so hätte es von Kriegsjahr zu Kriegsjahr im exakten Verhältnis von Kriegskosten und jeweiligem – sinkenden – Sozialprodukt die Steuerlast der Bevölkerung entsprechend dem Anteil der Kriegs- (und sonstigen Staats-)Kosten anpassen müssen oder anders ausgedrückt: Man hätte von jedem Einkommen soviel wegsteuern müssen, daß nur die Kaufkraft verblieben wäre, die dem entsprach, was an zivilem Bedarf überhaupt noch befriedigt werden konnte.

Eine derart ›saubere‹ Kriegsfinanzierung ausschließlich durch Steuereinnahmen hat kein Staat zustande gebracht, der am Ersten Weltkrieg teilnahm; kein Staat konnte derartige Steuerlasten seiner Bevölkerung zumuten. Gleichwohl mußten die Staaten die kriegserforderliche Staatsquote des Sozialprodukts in Anspruch nehmen. Wie war das möglich?

Die Lösung bestand in der Aufnahme von Anleihen durch den kriegführenden Staat, und zwar in zwei Formen. Einmal eröffnete sich das Deutsche Reich – bei dem wir bleiben wollen, obschon die Verhältnisse bei den anderen Kriegführenden im Grunde gleichlagen und auch die Finanzierungsmethoden einander glichen – mit dem Gesetz, betreffend Änderung des Bankgesetzes, und dem Darlehenskassengesetz vom 4. August 1914[93] den Weg zum unbeschränkten Notenbankkredit, der der Sache nach nichts anderes war als der nicht mehr durch das Sozialprodukt im Ausmaß beschränkte Notendruck, dem als Sicherheit nur die Rückzahlungspflicht des Staates gegenüber der Reichsbank gegenüberstand. Zum anderen lieh sich das Reich Geld bei seinen Bürgern: durch die Auflage von Kriegsanleihen, die das Deutsche Reich zwischen September 1914 und September 1918 neu begab und die etwas mehr als 98 Milliarden Mark einbrachten. In dieser Höhe war zwar private Kaufkraft abgesogen, doch bestand die Pflicht des Reiches, diese Beträge zu verzinsen und zurückzuzahlen.

Eine dritte Anleiheform kann hier außer Betracht bleiben, da sie im Ersten Weltkrieg dem Deutschen Reich kaum zur Verfügung stand: die Aufnahme von Anleihen im Ausland, mit denen Kriegsbedarf aus dem Ausland bezahlt werden konnte. Solche Anleihen, hauptsächlich in den Vereinigten Staaten aufgenommen, dienten der Kriegsfinanzierung hauptsächlich Frankreichs und Großbritanniens – das Deutsche Reich, von den internationalen Finanzmärkten abgeschnitten, mußte dagegen eher noch seinen eigenen Verbündeten – Österreich-Ungarn, dem Türkischen Reich und Bulgarien – mit Krediten unter die Arme greifen.

Der Schuldenstand allein des Reichs bei Kriegsbeginn betrug etwa 4,9 Milliarden Mark, bei Kriegsende belief er sich auf fast 89 Milliarden Mark aus den Kriegsanleihen und auf 55 Milliarden Mark bei der Reichsbank.[94] Der Bargeldumlauf im Deutschen Reich war von 6552 Millionen Mark Ende 1913 auf 33,1 Milliarden Ende 1918 gestiegen. Der Umlauf an Giralgeld ist nicht zu erfassen, doch wird er sich ähnlich erhöht haben. Diese Geldvermehrung bei Fallen des Sozialprodukts mußte nach der Tauschgleichung der Quantitätstheorie zur Erhöhung des Preis- und

Lohnniveaus führen und damit zu sinkendem Geldwert. Im folgenden soll gezeigt werden, wie das Reich dem zu begegnen suchte und welches der Erfolg war.

Soweit der Geldvermehrung technisch Kredite der Reichsbank an das Reich zugrunde lagen, war sie rückgängig zu machen, wenn das Reich diese Kredite zurückzahlte. Soweit das Reich den Teil der Bareinkommen, dem als Kaufkraft keine zivilen Güter und Leistungen gegenüberstanden (also den ›Kaufkraftüberhang‹), sich im Wege der Kriegsanleihen von Bürgern und Firmen lieh, hatte es sich zur Rückzahlung von Geld für die Zeit nach dem Krieg verpflichtet, von Geld, das dann für zivile Güter und Leistungen brauchbar sein sollte. Inzwischen – im Krieg – war dieses Geld verdient worden durch Arbeit für Kriegsbedarf, dem derartiges nicht gegenüberstand. Rückgezahlt werden konnte also an sich nur aus der Staatsquote der Friedenszeit – oder aus Reparationen der besiegten Feinde. Das setzte voraus, daß man den Krieg gewann und mit den Kriegsgegnern so umgehen konnte, wie es das junge Deutsche Reich 1871 mit Frankreich als Sieger getan hatte.

Preiskontrolle und Warenbewirtschaftung

Zu den Gesetzen vom 4. August 1914 gehörte auch das Gesetz, betreffend Höchstpreise.[95] Damit war die Grundlage für Eingriffe in die Preisbildung jedenfalls auf den legalen Warenmärkten gegeben: Das – im Laufe des Krieges wiederholt verschärfte – Gesetz erlaubte, für die Dauer des Krieges und für alle Gegenstände des täglichen Bedarfs, aber auch für alles andere Höchstpreise festzusetzen, den Verkauf zum Höchstpreis anzuordnen und jegliche Ware oder Gegenstand gegen Vergütung des Höchstpreises zu enteignen. Damit war die Grundlage für eine umfassende Bewirtschaftung des Lebensbedarfs der Bevölkerung und aller anderen Wirtschaftsgüter gegeben. Mit Lebensmittelkarten und ähnlichen Bezugsberechtigungen konnte der Grundbedarf der Bevölkerung zwar zu kontrollierten Preisen gesichert werden, aber daneben entwickelte sich unter dem Einfluß der Geldvermehrung, der beginnenden Inflation, der illegale ›Schleichhandel‹, der Markt, auf dem das Geld des Kaufkraftüberhangs nach der Tauschgleichung die Preise trieb.

So folgten weitere Bemühungen. Man versuchte »unzuverlässige Personen vom Handel« fernzuhalten[96] und machte den legalen Handel von einer Zulassung abhängig. Die Bewirtschaftungsbürokratie wuchs, als Preisprüfungsstellen eingerichtet wurden und man die Überwachung der legalen Händler verstärken mußte.[97] Alles nützte nichts; als ›ausgesprochene Kampfmaßnahmen‹ bezeichnet Elster Verordnungen über die Sondererlaubnis für den Lebensmittelhandel,[98] gegen den Schleichhandel[99] und gegen Preistreiberei.[100] Im Februar 1918 gab es Preisbindungen für 939 Waren.[101]

Die Preise im legalen Handel waren also im Krieg künstlich niedrig gehalten und ihre statistische Entwicklung sagte wenig über die Kaufkraft der Mark. Die Preise des Schleichhandels hielt niemand verwertbar fest; sie waren auch nicht Ausdruck eines normalen Wirtschaftslebens.

Wie Preiskontrolle und Warenbewirtschaftung einander bedingten, ist bei Hardach nachzulesen.[101a] Da man mit einem kurzen Krieg gerechnet hatte, war für beide Bereiche nichts vorbereitet. Bei den Einziehungen zum Militär wurden Bauern und Landarbeiter nicht geschont. An ihre Stelle traten Frauen, Jugendliche und Arbeitslose, dann zunehmend Kriegsgefangene. 1918 waren mit etwa 900 000 Gefangenen so viele beschäftigt, wie man vor dem Krieg ausländische Saisonarbeiter – vorwiegend aus dem Osten des Reiches und aus Osteuropa – beschäftigt hatte. Die landwirtschaftliche Erzeugung ging zurück. Je nach der Gestaltung der amtlichen Höchstpreise wandten sich die Landwirte jeweils den Erzeugnissen zu, die ihnen am meisten einbrachten. Anfängliche Überschüsse verwandelten sich rasch in Mangel; Hardach zeigt es am Beispiel des Zuckerrübenanbaus für den Zucker. Lenkende Eingriffe mit Anbauverboten und Anbaugeboten blieben oft ohne Erfolg, ja waren vielfach schädlich. Das galt auch von den Höchstpreisfestsetzungen. Zunächst waren sie den Städten und Landkreisen überlassen. Orte, wo die Höchstpreise am niedrigsten festgesetzt wurden (im vermeintlichen Interesse der Verbraucher), wurden vom Großhandel umgangen. Als man die Getreidepreise als erste band, wichen die Landwirte auf die Fleischproduktion aus. Meistens wurden die Preise erst fixiert, wenn sie schon gestiegen waren. Bis 1916 waren so gut wie alle wichtigen Lebensmittel preisgebunden, auch die Futtermittel und mit ihnen sogar die Roßkastanien und Eicheln. Im Laufe der Kriegsjahre wurden die Höchstpreise immer wieder heraufgesetzt. Zuletzt wurden Vieh und Fleischprodukte reguliert. Jede Preisfestsetzung führte auch dazu, daß ein Teil der Ware in den Schleichhandel ging.

Die Rationierung begann mit Lebensmittelkarten für Brot und Mehl im Januar 1915 und ergriff bis 1916 alle wichtigen Lebensmittel. Die Rationen lagen schon damals unter dem Existenzminimum, aber am schlimmsten wurde es im ›Steckrübenwinter‹ von 1916 auf 1917, als nach schlechter Ernte und Verkehrsschwierigkeiten die Versorgung der Großstädte völlig zusammenbrach. Die Qualität der Lebensmittel verschlechterte sich immer mehr. Es entstand eine Versorgungs- und Bewirtschaftungsbürokratie mit ›Reichsstellen‹ für bestimmte Produkte (z. B. Reichsgetreidestelle) und Ankaufsstellen in der Form der GmbH (z. B. Kriegsgetreidegesellschaft); als Spitze entstand 1916 das Kriegsernährungsamt. Eine Mitursache der Not war die zunehmende Verschärfung der alliierten Blockade der Häfen der Mittelmächte und des gleichgerichteten Drucks auf die Neutralen. Weitgehend unberührt von allem blieb die Landwirtschaft, die man nicht scharf kontrollieren wollte und konnte. Gartenfrüchte zum Beispiel waren unkontrollierbar, aber selbst die offiziellen Rationen der ›Selbstversorger‹ waren höher als die der Nichtlandwirte. Zudem ließen die laxen Kontrollen schätzungsweise ein Siebtel oder Achtel des Getreides, Mehls und der Kartoffeln, ein Viertel oder ein Drittel von Milch, Butter und Käse und ein Drittel oder die Hälfte der Eier, des Fleisches oder des Obstes im Schleichhandel oder bei den städtichen Verwandten und Bekannten der Landwirte gegen Überpreise oder im Tausch gegen Wertsachen verschwinden. Die Schonung der Landwirtschaft hat in Deutschland Tradition. Die materielle Verarmung des Bürgertums hatte auch hier einen Ansatz.

Devisenbewirtschaftung

Sollten Preiskontrolle und Warenbewirtschaftung den Wert der Währung im Inneren sichern, so bemühte man sich mit Methoden der Devisenbewirtschaftung, wozu auch die Kontrolle des Goldpreises gehörte, darum, den Wert der Mark im Verhältnis zu den ausländischen Währungen nicht sinken zu lassen.

Für den inneren Zahlungsverkehr war eine Verordnung von Bedeutung, die am 28. September 1914 verkündet wurde und »die vor dem 31. Juli 1914 getroffenen Vereinbarungen, nach denen eine Zahlung in Gold zu erfolgen hat, ... bis auf weiteres« für »nicht verbindlich« erklärte.[102] Damit galt im Zahlungsverkehr nur die (Papier-)Mark; es war vermieden, daß sich für Goldmünzen ein Agio im Zahlungsverkehr bildete. Anders als im Preußen der Napoleonischen Zeit,[103] in der es für jede Ware drei Preise gab (in Silberkurant, in Groschen Nominalmünze und in Tresorscheinen), ja sogar vier, wenn man die Rechnung in Talern Gold hinzunimmt, oder in den Vereinigten Staaten von Amerika im Bürgerkrieg[104] und danach, wo die Preise in Papierdollars und daneben in Golddollars ausgedrückt wurden, war für die Kriegszeit in Deutschland vermieden, daß sich Preise in Goldmark und – höhere – Preise in Papiermark für die gleiche Ware oder Leistung bildeten und daß so die Entwertung der Papiermark offenbar wurde. Dem entsprach, daß Gold nach der Goldsammelaktion der Reichsbank im Zahlungsverkehr auch nicht mehr vorhanden war.

Aber offensichtlich kam es nun vor, daß Leute mit zu viel Papiermark und weniger Vertrauen in die Geldwertstabilität versuchten, Goldmünzen aufzukaufen und dabei mehr als den Nennwert, nämlich zusätzlich zu diesem ein ›Agio‹ boten. Hier fand die Entwertung der Papiermark für das Inland einen ersten Ausdruck. Die Verordnung vom 23. November 1914[105] verbot den Agiohandel. Ein Jahr später wurden Ausfuhr und Durchfuhr von Gold verboten, dann auch noch die Ausfuhr von Goldwaren (Juli 1916).[106] Für die Goldverarbeitung wurde Gold dem Höchstpreis von 2790 Mark, der der alten Goldparität entsprach, unterworfen.[107]

Was die ausländischen ›Valuten‹ anlangt (später sprach man von ›Devisen‹ und ›Devisenbewirtschaftung‹), so mußte sich der Wertverfall der Mark in ihren Kursen am ehesten ausdrücken, was selbst die Reichsbank der inflationistischen Vermehrung der Zahlungsmittel zuschrieb.[108] Die inländischen Börsen waren bei Kriegsausbruch geschlossen worden; langsam bildete sich ein nichtamtlicher Börsenverkehr. »Um Mißbräuchen vorzubeugen« wurde verboten, diese inländischen Kurse für Auslandsvaluten zu veröffentlichen.[109] Die Kurse an ausländischen Plätzen durften veröffentlicht werden, und wenn diese Kurse auch von der amtlichen Kriegspropaganda als verfälscht bezeichnet werden konnten – der Verständige konnte seine Schlüsse ziehen, zumal es ja auch den wöchentlichen Reichsbankausweis gab.

Da die Einfuhr – aus oder über neutrale Staaten, aus den verbündeten Staaten – im Kriege größer war als die Ausfuhr, andererseits die Deutschen im Hinblick auf die Beschlagnahmung von Feindvermögen bei den Kriegsgegnern aber ihre Auslandsvermögen nicht mehr für die Bezahlung des Einfuhrüberschusses nutzbar machen konnten, war die Regelung des Devisenhandels durch die Reichsbank, das heißt die Devisenbewirtschaftung, eine Notwendigkeit. Mit der Bekanntmachung über den Handel mit ausländischen Zahlungsmitteln vom 20. Januar 1916[110] erhielten die Reichsbank und einige Großbanken das Monopol hierfür. Betroffen waren zunächst nur Handel und Gewerbe; erst eine Bekanntmachung über den Zahlungsverkehr mit dem Ausland vom 8. Februar 1917[111] bezog den Privatbereich ein; schon die Auslandsgeschäfte, nicht erst die Zahlungen, wurden von der Reichsbank beaufsichtigt. Andere Vorschriften beschränkten nach der Revolution in Rußland den Handel mit Rubelnoten,[112] erzwangen die Verwertung ausländischer Wertpapiere[113] und die Anmeldung und Ablieferung von Devisen.[114] Damit war die Devisenbewirtschaftung vollständig. Die amtlichen Ankaufskurse wurden seit Anfang 1916 veröffentlicht.[115]

Die Kriegsanleihen

Einen Teil der Kriegskosten suchte das Reich durch die Kriegsanleihen aufzubringen. Die Bevölkerung wurde mit großem Aufwand an Werbung aufgefordert, Kriegsanleihen zu zeichnen. Dies bedeutete, daß ihr ein Teil ihrer Geldeinkommen entzogen wurde, ein Teil, der dem Geldeinkommen entsprechen sollte, dem kein Anteil am Sozialprodukt entsprach, ein Teil, der dem Anteil am Einkommen entsprach, das für Arbeit an Kriegsbedarf, für Dienste am und im Kriege erzielt wurde. ›Anleihe‹ bedeutete, daß das Reich Rückzahlung versprach, Rückzahlung nach dem Kriege in Geld, dessen Kaufkraft sich auf zivile Güter und Leistungen richten sollte. Rückzahlung war also aus der späteren Staatsquote versprochen, aus dem Steueraufkommen derselben Bürger, die dem Staat ihr Geld geliehen hatten. Anderes war – wie ausgeführt – nur aus Kriegsentschädigungen der besiegten Gegner möglich. Dazu mußte man den Krieg gewinnen.

Für die ersten Kriegsanleihen war eigentlich Werbung nicht nötig; sie warben in der patriotischen Kriegsstimmung für sich selbst: die Presse, der gesamte Bankenapparat und die Verwaltung, aber auch die »Stützen der Gesellschaft«, Lehrer, Geistliche, Gemeindevorsteher, Amtsvorsteher, Bankbeamte und Landwirte (worunter wohl die Großgrundbesitzer zu verstehen sind) stellten sich zur Verfügung, wie die Festschrift der Reichsbank schildert.[116] Es gab insgesamt neun Kriegsanleihen des Deutschen Reiches, die die Summe von 98 399 Millionen Mark erbrachten. Doch mit dem Verlauf des Krieges wurde es immer schwerer, die Anleihen unterzubringen. Ab November 1916, von der sechsten Anleihe an, ließ die Reichsbank eine zentrale Propagandastelle tätig werden, das »Nachrichtenbüro für die Kriegsanleihen«, nachdem man schon für die fünfte Anleihe mit Zeitungsanzeigen, Plakaten, Flugblättern und Werbefilmen hatte werben müssen. Vielfach beruhte die Zeichnung von Kriegsanleihe nur auf Umschichtung von Geldvermögen: man kündigte Sparanlagen und kaufte Kriegsanleihe, deren Verzinsung besser war, oder man tauschte eine frühe Kriegsanleihe mit schlechteren Konditionen (die zu bieten in der Anfangsphase des Krieges genügt hatte) gegen eine spätere um, die mehr einbrachte. Daher geben die folgenden Zahlen kein klares Bild über das Netto-Aufkommen der Anleihen, mit denen das Reich im wesentlichen seine schwebende Schuld bei der Reichsbank, also den nicht einmal formal gedeckten Notenumlauf, mit einer nominellen Deckung versah. Die Anleihepolitik begann mit einem Aufruf am 9. September 1914 in 2800 Zeitungen und endete mit der neunten Kriegsanleihe, die im September 1918 zu zeichnen war. Die Erfolge der Anleihen stehen mit dem Kriegsverlauf, das heißt mit dem Vertrauen der Bevölkerung in den – finanziellen – Kriegserfolg, in engem Zusammenhang, den Elster schildert.[117] Dabei ist noch zu beachten, daß mit der sinkenden Kaufkraft der Mark (vgl. im folgenden) die Nominalbeträge über den Erfolg der Anleihen täuschen:

1. September 1914	4481 Millionen Mark
2. März 1915	9106 Millionen Mark
3. Herbst 1915	12163 Millionen Mark
4. Frühjahr 1916	10768 Millionen Mark
5. Herbst 1916	10699 Millionen Mark
6. Frühjahr 1917	13122 Millionen Mark
7. Herbst 1917	12626 Millionen Mark
8. Frühjahr 1918	15001 Millionen Mark
9. September 1918	10433 Millionen Mark
insgesamt	98399 Millionen Mark[118]

Innere und äußere Kursentwicklung der Mark (Indexentwertung, Devisenkurse)

Alle diese Bemühungen der Reichsregierung, der inflationären Wirkung der Zunahme des Geldumlaufs Einhalt zu gebieten, blieben ohne nachhaltigen Erfolg. Der Wert der Mark sank im Verlauf des Weltkriegs erst langsam, dann aber schneller. Das Ausmaß des Wertverlustes ist auf der einen Seite aus der Entwicklung der Preise zu ersehen, auf der anderen aus der Entwicklung des Kurses der Devise ›Mark‹ an den ausländischen Börsen. Im einzelnen sei auf die Tabellen 3 bis 5 des Anhangs hingewiesen.

Nicht alle Währungen der neutralen Staaten eignen sich zum Maßstab der Entwertung der Mark. Einige dieser Währungen wurden mit der Störung aller Handelsverhältnisse selbst schwer erschüttert, so die Spaniens und Portugals. Die Skandinavische Münzunion zerfiel; die Kronenwährungen Dänemarks und Norwegens sanken beträchtlich, und nur die schwedische Krone konnte sich halten. Es zerfiel auch die Lateinische Münzunion. Stabil, nämlich bei der Goldparität der Vorkriegszeit, blieb der Franken nur in der Schweiz, auch wenn es dort ebenfalls durch Preis- und Lohnsteigerungen zu einem Kaufkraftverlust kam. Der Dollar der Vereinigten Staaten unterlag diesem Prozeß ebenfalls. Der Goldzufluß bei den Neutralen, bei denen die Kriegführenden nach Kräften einkauften und mit ihrem Gold bezahlen mußten, soweit sie ihre Einfuhren nicht durch Ausfuhren ausgleichen konnten – und solche Ausfuhren wurden im Kriegsverlauf immer schwieriger –, führte zur regelrechten Goldinflation etwa in Skandinavien, in den Niederlanden und in den Vereinigten Staaten; in Skandinavien und in den Niederlanden kam es darauf zu Goldeinfuhrverboten.[119] Wie die Umstände liegen, bleibt der Dollar in seiner Berliner Notierung die beste statistische Grundlage, auch wenn diese Notierungen durch die deutsche Devisenbewirtschaftung beeinflußt waren (vgl. Tabelle 3).

Trotzdem geben auch die Mark-Kurse bei den benachbarten Neutralen ein einheitliches Bild:[120]

	Höchster niederster Kurs im Jahr (1914: 3. und 4. Quartal)		Entwertung der Mark bei dem niedersten Kurs
Amsterdam (Parität: 100 M = 59,30 hfl)			
1914	59,17	52,45	11,60 v. H.
1915	54,25	42,35	28,60 v. H.
1916	46,05	38,87	34,50 v. H.
1917	45,35	30,55	48,50 v. H.
1918	47,55	26,40	55,50 v. H.
Zürich (Parität: 100 M = 123,45 sFr)			
1914	117,50	111,–	10,10 v. H.
1915	110,17	98,50	20,20 v. H.
1916	98,50	78,875	36,10 v. H.
1917	86,–	59,875	51,50 v. H.
1918	89,125	53,375	56,80 v. H.
Stockholm (Parität: 100 M = 88,89 sKr)			
1914	89,30	84,50	4,09 v. H.
1915	87,75	68,25	23,20 v. H.
1916	69,30	55,–	38,10 v. H.
1917	60,–	33,–	62,90 v. H.
1918	63,–	38,–	57,30 v. H.

Bei der Schwedenkrone kommen auch Eigenbewegungen dieser Währung zum Ausdruck. Was nun den Dollar anlangt, dessen ›klassische‹ Goldparität sich auf 4,20 Mark belief, so ergeben sich aus der Tabelle folgende Monatsdurchschnittskurse für Dezember:

1914 4,50 Mark
1915 5,16 Mark
1916 5,72 Mark
1917 5,67 Mark
1918 8,28 Mark

Soweit der Wertverfall der Mark nach außen sich nach diesen Zahlen 1917 verzögerte, war dies die Wirkung der deutschen Devisenbewirtschaftung. Aufhalten konnte sie den Prozeß nicht.

Für die ›Teuerung‹ im Inland geben die Tabellen 4 und 5 ein beredtes Bild. Die Teuerung bestand darin, daß die Preise und die Löhne stiegen, wobei die Lohnerhöhungen aber keineswegs ausreichten, um die Preissteigerungen auch nur einigermaßen aufzufangen – im Ergebnis sank die Lebenshaltung der zivilen Bevölkerung bis um fast die Hälfte. Der Index der Großhandelspreise stieg auf der Basis 1,0 für 1913 zu den Jahresenden auf

1914: 1,25,
1915: 1,49,
1916: 1,51,
1917: 2,03,
1918: 2,45.

Die Löhne zeigen ein differenziertes Bild: Während die niederen Einkommensgruppen – bei aller kriegsbedingten Mehrarbeit – sich einigermaßen geschont sahen, unterlagen die Beamten und Facharbeiter dem sozialen Niedergang, und zwar umso mehr, je qualifizierter sie waren. Bis 1918 stieg der Lohn nominal (1913: 1,0) und fiel real (1913: 100 Mark)

	auf das	auf
Gelernter Reichsbetriebsarbeiter:	2,6fache,	83,30 Mark,
Ungelernter Reichsbetriebsarbeiter:	3,1fache,	99,80 Mark,
Bergmann (Hauer und Schlepper):	2,0fache,	63,70 Mark,
Facharbeiter (Handsetzer):	1,7fache,	54,10 Mark,
Höherer Beamter:	1,47fache,	46,80 Mark,
Mittlerer Beamter:	1,72fache,	55,00 Mark,
Unterer Beamter:	2,18fache,	69,60 Mark.

g) Die Geldverhältnisse in den besetzten Gebieten

Belgien, Luxemburg

Am 3. August 1914 fielen die Deutschen, dem Schlieffen-Plan folgend, unter Verletzung der 1839 von den Großmächten garantierten Neutralität *Belgiens*[121] in dieses Land ein. Die Einnahme der Forts der Festung Lüttich (4. bis 16. August) zählten sie zu ihren großen Waffentaten; am 20. August zogen sie in Brüssel ein. Nach den ersten Kämpfen hatte sich die belgische Armee gegen Antwerpen und nach Westen zurückgezogen; Antwerpen fiel erst am 9. Oktober. Schließlich blieb ein schmaler Grenzstreifen der Provinz Westflandern an der französischen Grenze zur Nordsee hin in belgischer Hand. Die Regierung verließ das Land und etablierte sich bis zu ihrer Rückkehr nach dem Waffenstillstand im französischen Le Havre. König Albert (1909 bis 1934) blieb als Oberkommandierender seiner Armee auf belgischem Boden, meistens in De Panne an der Küste.

Das Königreich Belgien war Gründungsmitglied der Lateinischen Münzunion von 1865. Der belgische Franc war identisch mit dem Frankreichs und der Schweiz; Notenbank war schon damals die Banque Nationale de Belgique. Die Währung war eine ›hinkende Goldwährung‹: Kurantmünzen als gesetzliches Zahlungsmittel waren die Goldmünzen der Mitgliedstaaten der »Union Latine« (in der Hauptsache Stücke von Frankreich, der Schweiz, Belgien, Italien und Griechenland zu 100,

20 und 10 Francs bzw. Lire oder Drachmen), in denen auch die Noten der Nationalbank eingelöst wurden. Die silbernen Fünffrancstücke waren nach der geschichtlichen Entwicklung der Münzunion[122] noch immer ebenfalls gesetzliches Zahlungsmittel, doch hatte dies keine Bedeutung. Die kleineren Silbermünzen (2, 1 und ½ Franc) und die Kleinmünzen waren Scheidemünzen; den Vertragsstaaten gemeinsam war der Umlauf der Gold- und Silbermünzen. Die Kleinmünzen waren in den Vertragsstaaten unterschiedlich und in Belgien aus Kupfernickel (25, 10, 5 Centimes) und Kupfer (2 Centimes, 1 Centime). Mit Königlicher Verordnung vom 3. August und Gesetz vom 4. August 1914 wurde auch in Belgien die Noteneinlösung suspendiert. Die Nationalbank flüchtete ihren Goldbestand und die Druckplatten ihrer Noten nach Antwerpen, als Brüssel bedroht war, und dann nach Großbritannien; die Bank blieb aber auch nach der Besetzung in Belgien tätig.[123]

Als »Okkupationsverwaltung« richteten die Deutschen am 26. August 1914 das »Generalgouvernement Belgien« unter Generalfeldmarschall Freiherr von der Goltz ein, das Belgien, soweit es nicht Operationsgebiet des Heeres war, bis zum Rückzug 1918 verwaltete. Dabei konnte man sich auf die belgische Verwaltung und Justiz stützen, die intakt geblieben waren.[124]

Obwohl die Deutschen in Belgien gegen das Völkerrecht eingedrungen waren, fand sich unter ihren mehr oder weniger amtlichen Kriegszielen die Absicht, Belgien näher an das Deutsche Reich zu binden oder gar zu annektieren. Im Verlauf des Krieges wurde die Volkswirtschaft Belgiens der deutschen Kriegswirtschaft nutzbar gemacht; Hunderttausende von Belgiern wurden 1916 teils für die deutsche Kriegsindustrie angeworben, teils als echte oder vermeintliche Arbeitslose zur Entrüstung der Belgier, der Neutralen und des Papstes unter brutalen Umständen nach Deutschland abgeschoben, was 1917 auf internationalen Druck rückgängig gemacht werden mußte und dem Ansehen Deutschlands schwer schadete.[125] Die Deutschen unterstützten im Sinne ihrer ›Germanisierungspolitik‹ die separatistischen Bestrebungen in der flämischen Bevölkerung des zweisprachigen Landes, was zu einem schweren Konflikt mit der belgischen Justiz führte.[126]

Vor diesem Hintergrund der Besatzungspolitik ist es zu sehen, wenn schon mit Verordnung des Generalgouverneurs vom 3. Oktober 1914 das deutsche Geld – Münzen und Noten – neben dem belgischen zum gesetzlichen Zahlungsmittel erklärt wurde; eine Verordnung vom 15. November 1914 ergänzte dahin, daß abweichende Vereinbarungen verboten waren.[127] Der Kurs wurde mit 1,25 Francs für die Mark festgesetzt; die Rechnung in Francs blieb aber erhalten (und die Briefmarken der Post unter deutscher Leitung, deutsche Germania-Marken, trugen die Wertangabe in Francs und Centimes). Bald entstand Mangel an Münzen und Papiergeld. Die Goldmünzen und die Silbermünzen, derer man habhaft werden konnte, brachten die Deutschen in die Schweiz, wo letztere nach den Regeln der Lateinischen Münzunion in Gold umgetauscht werden konnten.[128] Dem Mangel an kleiner Scheidemünze suchte man durch die Prägung von Zinkmünzen zu 5, 10 und 25 Centimes abzuhelfen; später kamen Stücke zu 50 Centimes dazu.[129]

Dem Mangel an gröberer Münze half man mit Papiergeld ab. Zunächst sprang die Nationalbank ein. Sie hatte schon kurz vor Kriegsausbruch in dessen Erwartung erstmals Noten zu 5 Francs herausgegeben und setzte nach der Besetzung auch Scheine zu 20 Francs mit Datum 1. September 1914 in Umlauf. Dazu kamen – der König hatte das Land verlassen – Scheine zu 1 Franc und 2 Francs in einfacher Ausführung sowie zu 20, 100 und 1000 Francs, ebenfalls einfach gehalten, aber mit dem Bild des Königs Leopold I. (1831–1865).[130] Da die Bank ihre Gold- und anderen Deckungswerte, wie erwähnt, außer Landes gebracht hatte und Verhandlungen mit der belgischen Regierung in Le Havre über eine Rückführung ohne Erfolg blieben, suchte man eine formale Deckung in den Kundenguthaben und bezeichnete die Noten mit »Comptes courantes«. Wegen der fehlenden Deckung und des fortbestehenden Einflusses der Regierung in Le Havre nahm nun die deutsche Besatzungsbehörde Anstoß. Nach Verhandlungen, an denen auch Dr. Hjalmar Schacht, der spätere Reichsbankpräsident, teilnahm, übertrug der Generalgouverneur das Notenrecht auf die größte belgische Geschäftsbank, die Société Générale de Belgique (Verordnung vom 22. Dezember 1914). Die Bank richtete ein Notendepartement ein, und ihre Noten wurden durch Verordnung vom 9. Januar 1915 neben den weiter umlaufenden Noten der Nationalbank (und dem deutschen Geld) gesetzliches Zahlungsmittel. In der Folge wurden sie in den Nominalen 1 Franc, 2, 5, 20, 100 und 1000 Francs ausgegeben.

Als vierte Geldart hatte sich auch in Belgien seit Kriegsausbruch das Notgeld der Städte und Gemeinden entwickelt. Im August 1915 schätzte die Nationalbank, die mit Einschränkungen unter deutscher Aufsicht weiter arbeitete, seinen Umlauf auf etwa 57 Millionen Francs, der auf die Ausgaben von 258 Gemeinden entfiel. Dann suchte man ab Februar 1916 dieses Notgeld zu unterdrücken. Bis auf wenige Ausnahmen bei Gemeinden in den Provinzen West- und Ostflandern und um Tournai, wo es sich bis Kriegsende hielt, gelang dies auch. Notmünzen gab, soweit ersichtlich, nur die Stadt Gent aus.[131]

Auf die finanziellen Beziehungen zwischen der Besatzung und den beiden belgischen Notenbanken kann hier nicht näher eingegangen werden. Die Deutschen erzwangen – zu Zeiten unter scharfen Konflikten – große Kontributionen und Kredite für die deutsche Kriegführung und Kriegswirtschaft. Der Umlauf deutschen Geldes in Belgien nahm immer mehr zu und wurde zu Kriegsende auf 5250 Millionen Mark geschätzt. Zum 31. Oktober 1918 betrug der Umlauf an Noten der Banque Nationale 1250 Millionen Francs, der der Société Générale 1525 Millionen Francs (Banque Nationale am 30. Juni 1914: 1007 Millionen Francs).[132] So wurde auch Belgien in die Inflation gezogen. Der Index der Verbraucherpreise stieg von 1914 (100) bis 1920 auf das 4,5fache (455).[133]

Mit dem Großherzogtum *Luxemburg* fackelten die Deutschen bei Kriegsbeginn noch weniger als mit dem Königreich Belgien. Die Neutralität Luxemburgs hatten die europäischen Großmächte, Belgien und die Niederlande im Londoner Vertrag vom 11. Mai 1867 garantiert. Luxemburg wurde schon im Zuge der deutschen Mobilmachung in der Nacht zum 2. August 1914 ohne Kriegserklärung und ohne diplomatische Vorbereitung besetzt. Die Großherzogin Adelheid (1912–1919) fuhr, als sie von dem Grenzübertritt hörte, den deutschen Truppen mit dem Kraftwagen entgegen und protestierte persönlich, wobei sie den Wagen vor den Deutschen quer auf die Straße stellen ließ. Man schob ihn einfach auf die Seite. Großherzogin Adelheid blieb mit ihrer Regierung während des ganzen Krieges im Land. Die Deutschen rechtfertigten ihren Einfall damit, sie hätten nur die »dem Reich gehörenden« luxemburgischen Eisenbahnen sichern und den Franzosen zuvor kommen wollen.

Wie bereits geschildert,[134] wurde im Großherzogtum nach Francs und Centimes gerechnet und mit Mark gezahlt; die Reichswährung beherrschte also den Umlauf. Doch liefen auch die Noten der privaten Banque Internationale à Luxembourg um, die es bei Kriegsausbruch wahrscheinlich nur zu 20 und zu 50 Mark »Deutscher Reichswährung« gab.[135] Auch hier ergab sich schon in den ersten Kriegstagen nach der Besetzung ein Mangel an Münzgeld, der die BIL rasch veranlaßte, einfach gestaltete Banknoten zu 1, 2 und 5 Mark auszugeben.[136] Münzknappheit und Finanzbedarf veranlaßten dann den luxemburgischen Staat, aufgrund eines Gesetzes vom 28. November 1914 Staatsnoten auszugeben, die auf Francs und Mark lauteten und im Gegensatz zu den deutschsprachigen Noten der BIL auf der einen Seite deutsch, auf der anderen französisch beschriftet waren. Die Nominale waren

125 Francs	gleich	100 Mark,
25 Francs	gleich	20 Mark,
5 Francs	gleich	4 Mark,
2 Francs	gleich	1,60 Mark und
1 Franc	gleich	80 Pfennig[137]

Die Scheine zu 125 und zu 25 Francs wurden ab August 1915, die anderen erst ab März 1918 ausgegeben; die Gesamtsumme belief sich auf 9 Millionen Francs.

An eigenen Prägungen hatte das Großherzogtum vor dem Krieg nur Kleinmünzen in Nickel zu 2½, 5 und 10 Centimes im Umlauf.[138] Im Krieg gab es dann Stücke zu 5 Centimes (1915), 10 Centimes (1915) und 25 Centimes (1916) aus Zink, die in Brüssel geprägt wurden; von den Eisenmünzen zu 5 und 10 Centimes fallen die des ersten Prägejahres 1918 noch in die Kriegszeit.[139]

Sofern im Krieg nach Francs gerechnet wurde, waren diese luxemburgischen Francs als Währung wie als Zahlungsmittel nur die lokale Erscheinung der Reichswährung, zu deren Gebiet das besetzte Großherzogtum gehörte. Sie teilten daher deren Schicksal, was den Wertverlust bis zum Kriegsende anlangt; gegenüber den umlaufenden deutschen Zahlungsmitteln waren die luxemburgischen Münzen und Scheine ohne Bedeutung.

Auch im Großherzogtum gaben Gemeinden und andere Institutionen im Verlaufe des Krieges Papiernotgeld aus.

Frankreich

Für Belgien waren im Rahmen der Äußerungen über die »Kriegsziele« aus deutschem Mund immer wieder Annexionsabsichten zu hören; es war von vornherein beabsichtigt, im besetzen Belgien die Mark zum Umlaufsgeld zu machen und das Land schon dadurch wirtschaftlich dem Reich näher zu bringen. Im Falle der besetzten Gebiete Frankreichs bestanden solche Absichten nicht; nach dem Ende des Krieges waren sie wohl an Frankreich zurückzugeben. Daher bestand auch kein Interesse von deutscher Seite, Mark-Zahlungsmittel im besetzten Frankreich in Umlauf zu setzen.

Trotzdem war nicht zu vermeiden, daß Scheine und Münzen der Reichswährung in Umlauf gerieten. Die Deutschen rückten in Frankreich nicht so schnell vor, daß die Verwaltungsbehörden sich nicht hätten zurückziehen können; zwar blieb die Bevölkerung in ihrer Masse zurück, aber die Gemeinden insbesondere hatten alle Bücher und Werte jeglicher Art in Sicherheit gebracht wie auch die Filialen der Großbanken und die örtlichen Banken. Die Bevölkerung eines Landes, das wohlhabend war und in dem es eine lange Tradition der Edelmetallhortung und die Erinnerungen an frühere feindliche Besetzungen gab, verhielt sich ebenso. Andererseits hatten die Deutschen weite Teile von Nord- und Nordostfrankreich so rasch besetzt, daß sich die Kriegszerstörungen in Grenzen hielten und das Wirtschaftsleben weitergehen konnte. Zur Wüste wurden im Verlauf des Krieges die Operationsgebiete des Stellungskrieges.[140]

Was die Bevölkerung an Geld nicht wegbrachte, hortete sie, so daß die Deutschen im Umlauf in der Hauptsache nur 25-Centimes-Stücke aus Nickel, wenige Fünffrankenstücke und abgenützte und beschädigte Stücke zu 1 Franc und 2 Francs sahen. Die Kupfermünzen (hauptsächlich Stücke zu 10 und 5 Centimes, weniger 2 Centimes und 1 Centime) wurden zusehends seltener und in beträchtlichem Maß auch als Metall nach Deutschland gebracht. Viel Münzgeld floß für Lebensmittelkäufe nach Belgien.

Dagegen kam nun viel deutsches Geld; aber die fehlenden französischen Zahlungsmittel konnte es nicht ersetzen. Zwar blieb der Umlauf der Noten der Bank von Frankreich unangetastet; da aber die Bankbestände weggebracht worden waren und nichts aus dem unbesetzen Frankreich kommen konnte, blieb auch das große Geld knapp. Das französische Währungsgebiet spaltete sich aber nicht; der französische Franc wurde über den Krieg hinweg auch im besetzen Gebiet nach seinem Kurs bewertet, wie er sich an den internationalen Börsen ergab. Vom ›französischen‹ Franc zu sprechen war seit Kriegsbeginn berechtigt, denn auch Frankreich hatte – Gesetz vom 5. August 1914 – den Noten der Bank von Frankreich (der einzigen Notenbank des Landes) den Zwangskurs gegeben und ihre Einlösung in Gold aufgehoben.

Das deutsche Geld kam einfach dadurch ins Land, daß die deutschen Soldaten und Truppenteile ihre Käufe und Requisitionen mit mitgebrachten Zahlungsmitteln bezahlten; ein Besatzungsgeld war weder vorbereitet noch wurde es später eingeführt. Da man diesen Umlauf deutschen Geldes aber nicht wünschte, suchte man seine weitere Verbreitung zu verhindern, sobald man – nach der Marneschlacht (5. bis 12. September 1914) – erkannte, daß der Krieg so schnell nicht enden würde.

In dieser Lage begann nun das Notgeld seine Rolle zu spielen. Aus den gleichen Gründen wie in den Aufmarschgebieten der deutschen Armeen hatte Mangel an kleineren Nominalen auch in Frankreich schon in den ersten Kriegstagen dazu geführt, daß Gemeinden (wie im Krieg von 1870/71) Stadtscheine ausgaben. Dies setzte sich nun verstärkt fort, im besetzten wie im unbesetzten Frankreich, und im besetzten Teil ließ die deutsche Heeresverwaltung die Gemeinden gewähren. Bald folgten Gemeindeverbände, Privatfirmen, Sparkassen und Handelskammern. Vereinzelt kam es auch zu Notmünzen vor allem in den kleinen Nominalen von 5 und 10 Centimes.

Im besetzten Gebiet stellte die 6. Armee für ihren Etappenbereich Anfang 1916 205 Ausgabestellen fest, von denen 190 für 426 Millionen Francs Notgeld ausgegeben hatten. Zuweilen hatten größere Städte kleineren Gemeinden Darlehen in ihren Scheinen gegeben und so deren Umlaufsgebiet vergrößert. Gemeinsame Scheine mehrerer Gemeinden waren selten. Die Untersuchung war angeordnet worden, weil man das Geldwesen in den Griff bekommen wollte; wie das Etappengebiet der 6. Armee abgegrenzt war, ist kaum festzustellen, es umfaßte aber das am dichtesten besiedelte Gebiet. Man erkannte rasch, daß mit Befehlen nichts zu erreichen war. Am 30. Januar 1915 ordnete die 6. Armee an, daß jeder Notgeldschein überall gelten solle und von den Heereskassen anzunehmen war; sonst hätte man überhaupt kein Geld mehr von den Gemeinden bekommen können. Es kam zu einem Konflikt mit der Obersten Heeresleitung, und schließlich verblieb man so, daß die Soldaten ihr deutsches Geld in Wechselstuben in Stadtscheine umgetauscht erhielten und im zivilen Bereich nur noch damit zahlen sollten. Am 31. Oktober 1916 erließ dann die 6. Armee eine Stadtscheinverfügung, wonach neue Ausgaben nur mit Genehmigung zulässig und dann einheitlich nach Nominalen, Format und Druckfarben zu gestalten waren; Scheine unter 50 Centimes wollte man nur in Ausnahmefällen genehmigen.

Die Bevölkerung nahm deutsches Geld ungern. In den Wechselstuben konnte sie es gegen Stadtscheine umtauschen. Am 8. November 1915 kam dann eine »Wechselstubenvorschrift«. Deutsches Geld sollte nicht mehr in französische Hände kommen und herausgezogen werden, nichtdeutsche Goldmünzen und französische Banknoten sowie österreichisches und rumänisches Geld sollten durch Umtausch eingezogen und französisches Silber- und Kleingeld in Verkehr gebracht werden. Später begannen die Franzosen, auch deutsches Geld zu horten, und die deutschen Scheine erzielten gegenüber den Stadtscheinen ein Aufgeld, das in den Wechselstuben niederer war als im Freiverkehr. Ende 1915 betrug es nach den örtlichen Verhältnissen 10 bis 20 v. H. Das führte dazu, daß sich nun sogar Leute fanden, die den Wechselstuben Goldmünzen und französische Banknoten verkauften, bis Februar 1916 im Bereich der 6. Armee Gold für 6,9 Millionen Francs und Noten für 10,1 Millionen Francs.

Bei der 2. Armee wurde eigenes Notgeld hergestellt, die sog. Deichmann- oder Wirtschaftsausschuß-Bons. Es waren auf Geld lautende, notenähnliche Empfangsscheine für Requisitionen, die eine deutsche (»Deichmann«) Unterschrift und die einer französischen Gemeinde trugen, die oft erzwungen war. Rechtlich waren sie fragwürdig; nach einigem Hin und Her wurden sie von der Obersten Heeresleitung mißbilligt. Anfang September wurde die weitere Ausgabe verboten.

In anderen Etappenbereichen (Armeebezirken) ordneten die Deutschen die Ausgabe von Bons durch Gemeindeverbände an, deren Bildung sie erzwangen. Diese

Scheine betrachteten die Franzosen als Besatzungsgeld. Auch hier gab es Wechselstuben mit ähnlichen Funktionen und Schwierigkeiten und Mangel an deutschem
Geld. Bei der 1. Armee wurde ein Zwangskurs von 80 Pfennig gleich 1 Franc angeordnet. Die Scheine waren so einfach hergestellt, daß schon 1915 Fälschungen vor-
kamen.

Das Aufgeld der Münzen stieg immer mehr; schließlich sank der Kurs der Bons
gegen das deutsche wie das französische Staatsgeld. Im Dezember 1915 erreichte
das Disagio 24 v. H. Zum 1. Januar 1916 erließ dann der deutsche Generalquartier-
meister eine »Stadtscheinverordnung«, die für das ganze besetzte Frankreich galt
und Verhältnisse schuf, die bis zur Räumung des Landes bestanden. Die Ausgabe
der Bons bedurfte der Genehmigung der Heeresbehörde; sie mußten folgenden
Kriterien entsprechen:

Wert	Größe in cm	Papierfarbe	Aufdruckfarbe
25 Cts.	4 mal 6	hellbraun	schwarz
50 Cts.	5 mal 8	blau	schwarz
1 Fr.	6 mal 9	hellgrau	schwarz
2 Frs.	7 mal 10	rot	schwarz
5 Frs.	8 mal 12	weiß	rot
10 Frs.	8 mal 12	weiß	grün
20 Frs.	8 mal 12	weiß	blau
50 Frs.	10 mal 12	weiß	schwarz
100 Frs.	10 mal 12	weiß	lila

Kleinere Gemeinden erhielten keine Genehmigung mehr. Ein Anahmezwang wurde nicht angeordnet. Als bankähnliche Organisation bestanden nun die Wechselstuben, die auch die Aufgabe hatten, für die Reichsbank Devisen anzukaufen und
das Metall der Kupfer- und der Nickelmünzen nutzbar zu machen. Es gab eine
»Hauptwechselstube«, »Wechselstuben« und »Wechselkassen« (bei den Truppen
und in kleineren Orten). Bis zum Waffenstillstand konnte der Umlauf des deutschen Geldes bei der Bevölkerung nie ganz unterbunden werden, zumal die Hortung anhielt und schon die ständigen und im Kriege auch unvermeidbaren Requisitionen es mit sich brachten, daß Geld stets in die örtliche Wirtschaft floß, aber
kaum auch wieder – etwa für Investitionen – ausgegeben werden konnte.

Rußland: Baltikum, Kongreßpolen

Im Osten gelang den Deutschen und Österreichern die Besetzung weiter Gebiete
des Russischen Reiches nach allerlei Wechselfällen, die hier nicht nachzuzeichnen
sind, erst bis etwa September 1915. Erwähnt seien nur der Einfall der Russen in
Ostpreußen nach Kriegsbeginn und die Schlachten von Tannenberg und an den
Masurischen Seen (26. August bis 15. September 1914), die gleichzeitigen Niederlagen der Österreicher bei Lemberg und dann das Vorrücken der Deutschen ab Ende
April 1915 nach Litauen und Kurland und im Sommer mit den Österreichern in
Polen (Fall Warschaus am 5. August 1915) bis Brest Litowsk und Bialystok, im Sü-
den bis zur Bukowina. Im Oktober 1915 war auch im Osten Stellungskrieg; die Ge-

genangriffe der Russen (drei Brussilow-Offensiven im Jahre 1916) änderten wenig, und bis zur Russischen Revolution (März 1917) blieb die Front nahezu unverändert.

Im August 1915 wurde die Militärverwaltung dergestalt geordnet, daß in der Mitte, im nördlichen Kongreßpolen, ein deutscher Generalgouverneur eingesetzt wurde (Generalgouvernement Warschau); im Süden entstand das österreichische Generalgouvernement Lublin. Der nördliche Bereich blieb unter der Verwaltung des »Oberbefehlshabers Ost« (1. November 1914 bis 29. August 1916: Generalfeldmarschall von Hindenburg, dann Prinz Leopold von Bayern) und bestand aus dem Gebiet um Bialystok und Grodno, Litauen und Kurland mit etwa 3 Millionen Einwohnern. In diesem Gebiet wollte man von vornherein verhindern, daß sich das deutsche Geld ausbreitete. Der Oberbefehlshaber Ost hatte sich in Kowno niedergelassen, und von hier aus wurde das »Land Ober Ost«, wie man es kurz nannte, auch verwaltet.

Auch in Rußland war die Goldwährung der Vorkriegszeit, die des Rubels zu 100 Kopeken, bei Kriegsbeginn mit Ende der Goldeinlösung der Kreditbilletts der Russischen Staatsbank zur manipulierten Papierwährung geworden, deren Kurs im Kriegsverlauf sank. Die Goldparität des Rubels hatte 2,16 Mark betragen. Auch in den russischen Gebieten, die in deutsche Hand fielen, gab es weder eine geordnete Verwaltung, auf die die deutsche Besatzungsmacht sich hätte stützen können, noch eine geordnete Geldversorgung, da auch hier die Banken und die Filialen der Staatsbank ihre Geldbestände vor den Deutschen geflüchtet hatten.

Im »Land Ober Ost« blieb der Rubel in Gestalt der zaristischen Zahlungsmittel die Währung, aber zur Ergänzung wurde ein Besatzungsgeld geschaffen. Nach dem Muster der Darlehenskassen im Reich gründete man Mitte 1916 die Darlehenskasse Ost. Sie war die Tochter einer Privatbank, der Ostbank für Handel und Gewerbe in Posen. Die Darlehenskasse Ost mit Sitz in Posen (also außerhalb des besetzten Gebiets) gab Darlehenskassenscheine in Rubelwährung aus, die das Datum 17. April 1916 trugen und deutsch, polnisch, litauisch und lettisch beschriftet waren. Daraus kann man schließen, daß sie für den Umlauf im ›Land Ober Ost‹ bestimmt waren. Sie lauteten auf 20 und 50 Kopeken sowie 1, 3, 10, 25 und 100 Rubel; die Rubelnominale entsprachen den russischen Notennominalen, an die die Bevölkerung gewöhnt war.[141] Dazu gab die Militärverwaltung Eisen-Kleinmünzen zu 1 Kopeke sowie 2 und 3 Kopeken aus;[142] diese Nominale entsprachen ebenfalls dem Gewohnten. Diese Rubel wurden als »Darlehens-Rubel« oder als »Ost-Rubel« bezeichnet; zur Reichswährung wurde der feste Kurs mit 2 Mark gleich 1 Rubel bestimmt. Wie in Frankreich waren durch die Soldaten und militärischen Dienststellen Mark-Zahlungsmittel in die Bevölkerung gelangt, mit denen Einkäufe und Requisitionen bezahlt worden waren. Die Reichsbank hielt dies für unerwünscht, weil die Mark als Zahlungsmittel in besetzten Gebieten den Umlauf an Marknoten unnötig erhöhte, und so war es der Sinn dieser Ost-Rubel, mit ihrer Hilfe den Umlauf an Marknoten einzudämmen, was auch gelang. Eine Übersicht[143] weist den Umlauf der Darlehenskassenscheine zum 30. September 1916 mit rd. 20 Millionen Rubel und zum 31. August 1917 schon mit 102,5 Millionen Rubel aus.

1917 änderte sich die Währungssituation im ›Land Ober Ost‹. Am 8. März 1917 begannen die Streiks und Unruhen in St. Petersburg, die sich zur März-Revolution auswuchsen. Schon in den Kriegsjahren vorher hatte sich der Rubel relativ stärker entwertet als etwa die Mark;[144] bei Ausbruch der Revolution betrug der Londoner Kurs des Rubels nur noch 27 v. H. seiner Vorkriegsparität. Danach kam es in den revolutionären Wirren zur Ausgabe einer Vielzahl von Scheinen und zur immer mehr beschleunigten Inflation. Das Gebiet Ober Ost war viel zu groß und zu dünn besiedelt, als daß man die Grenzen hätte überwachen können, um sich gegen den Einstrom dieser Scheine zu schützen; so wirkte sich der rasante Verfall des Rubels ab 1917 auch hier aus. Dem trat man nun dadurch entgegen, daß man sich auf die – immer noch relativ stabile – Mark stützte, zwar nicht auf Marknoten der Reichsbank, aber doch auf ein neues Besatzungsgeld in Markwährung.

Mit Datum 4. April 1918 gab die Darlehenskasse Ost, die sich nun auch in Kowno eingerichtet hatte, Darlehenskassenscheine aus, die deutsch, litauisch und lettisch beschriftet waren und auf ½ und 1 Mark sowie auf 2, 5, 20, 50, 100 und 1000 Mark lauteten.[145] Diese Scheine wiesen nur noch auf die Darlehenskasse Ost als Ausgeberin hin, nicht mehr auf die Ostbank für Handel und Gewerbe, und enthielten den Satz:

Die Einlösung der Darlehenskassenscheine der Darlehenskasse Ost in Reichsmark zum Nennwert ist vom Deutschen Reich gewährleistet.

Hier erscheint zum ersten Mal die Bezeichnung ›Reichsmark‹, die nicht die amtliche der Einheit der Reichswährung von 1871 war und erst mit dem Münzgesetz vom 30. August 1924 (vgl. Kapitel 4) aufgegriffen wurde. Hier sollte sie offenbar die Darlehenskassenscheine für das ›Land Ober Ost‹ von den Zahlungsmitteln der Polnischen Mark, der Besatzungswährung im Generalgouvernement Warschau, unterscheiden.

Neben diesen Zahlungsmitteln gab es im Baltikum auch Notgeld von Städten, etwa von Libau und Mitau.

Die Besatzungswährung für polnische Gebiete hing mit der Vorgeschichte der Bildung des polnischen Staates zusammen. Die polnische Frage, die seit den drei Teilungen (1772, 1793 und 1795) nie zu schwelen aufgehört hatte, spielte beim Ausbruch des Ersten Weltkriegs keine Rolle. Aber kurz darauf sahen sich die Polen von den Kriegsparteien im Osten umworben. Der spätere Staatsgründer Josef Pilsudski durfte schon am 6. August 1914 im österreichischen Krakau die Polnische Legion gründen, die mit Erfolg gegen die Russen kämpfte. Rußland versprach den Polen der preußischen Ostprovinzen und des österreichischen Galizien die Freiheit, wenn auch nicht den eigenen Polen in Kongreßpolen. Das Deutsche Reich hielt sich vorerst zurück, bis Kongreßpolen besetzt war und die Generalgouvernements Warschau (deutsche Zone) und Lublin (österreichische Zone) eingerichtet waren. Mit der Zweikaisererklärung vom 5. November 1916 proklamierten die beiden Mittelmächte dann ein neues Königreich Polen, das aber nur aus russischen Gebieten bestehen sollte und wegen dessen Grenzen man sich nicht weiter festlegte; auch die Frage des Staatsoberhaupts (man dachte an einen deutschen oder österreichischen Fürsten oder Prinzen) blieb offen. Das genügte den Polen nicht. Sie benützten den

Warschauer Regentschaftsrat dieses Scheinkönigreiches zwar für erste Organisationsversuche und bildeten Untergrundbewegungen gegen alle drei Teilungsmächte, aber die politische Initiative ging auf die polnische Emigration in Frankreich und in den Vereinigten Staaten über. Pilsudski, dessen Polnische Legion den Eid auf das neue Königreich verweigerte, war von Juli 1917 bis zum Kriegsende Festungshäftling in Magdeburg.[146]

Während Deutschland, wenn auch ohne einheitliche Linie, den Umlauf von Mark-Zahlungsmitteln in seinen Besatzungsgebieten zu vermeiden und einzudämmen suchte und Besatzungszahlungsmittel schuf, hatte man auf österreichisch-ungarischer Seite keine Bedenken, auch in besetzten Gebieten Kronen-Zahlungsmittel auszugeben und die Kronenwährung einzuführen. Nur wo man als Besatzungsmacht gemeinsam mit dem Reich auftrat, schloß man sich dem deutschen Brauch an.[147] Im Generalgouvernement Lublin liefen daher unter der österreichischen Besetzung neben den bisherigen russischen Rubeln auch österreich-ungarische Kronen um.

Für das deutsche Generalgouvernement Warschau wurde kurz nach der Zweikaisererklärung, nämlich mit Gesetz vom 13. Dezember 1916, in Warschau die Polnische Landesdarlehenskasse gegründet. Ab 26. April 1917 wurde als neue Währung die der Polnischen Mark eingeführt, deren Noten die Landesdarlehenskasse ausgab. Sie lauteten auf $1/_2$, 1, 2, 5, 10, 20, 50, 100 und 1000 Polnische Mark und waren polnisch beschriftet; es gab von den einzelnen Nominalen bis zu drei Ausgaben mit geringfügig unterschiedlichen Beschriftungen und Gestaltungen.[148] Als Ausgeber waren die ›Verwaltung des Generalgouvernements Warschau‹ und die ›Darlehenskasse‹, später die ›Polnische Landesdarlehenskasse‹ (in polnisch) genannt. Die Polnische Mark war der Mark der Reichswährung gleich; die Rubel-Zahlungsmittel wurden zu 2,16 Mark für den Rubel umgewechselt.

Auch in den Generalgouvernements Warschau und Lublin kam es zu zahlreichen Ausgaben von Notgeldscheinen und von Notmünzen. Auch hier waren es Gemeinden und Landkreise, städtische Betriebe wie Gaswerke und Straßenbahnen, Privatfirmen und Landgüter. Nach Gumowski[149] ließ eine Handelsbank in Warschau mit ihrer Filiale in Tschenstochau 119 Papiergeldserien für Betriebe drucken, in Sosnowiec Scheine für 54 Handelsvereine. Das Notgeld lautete je nach den örtlichen Verhältnissen und der Ausgabezeit auf Rubel und Kopeken, Mark und Pfennig oder Kronen und Heller.

Im Generalgouvernement Warschau sorgte man auch für Kleinmünzen zur Währung der Polnischen Mark. Nach der Münzverordnung des Generalgouverneurs vom 16. Februar 1917 wurden mit den Jahreszahlen 1917 und 1918 Eisenmünzen zu 1 Fenig sowie 5, 10 und 20 Fenigów geprägt. Obwohl damit deutsches Besatzungsgeld, trugen sie auf der Wertseite die Aufschrift ›KRÓLESTWO POLSKIE‹ (Königreich Polen) und auf der anderen Seite den gekrönten polnischen Adler. Diese Münzen sind insofern technisch interessant, als sie durch ›Sherardisieren‹ einen Rostschutz erhielten. Dabei wurden die Plättchen zusammen mit Zinkstaub und Quarzsand erhitzt und in Trommeln bewegt, wodurch sich eine dünne Zinkschicht auf der Oberfläche bildete.[150]

Einen interessanten Einblick in die Geldverhältnisse im besetzten Polen gibt das Urteil des Obersten Gerichts der späteren Polnischen Republik vom 28. August 1919,[150a] das auch auf die rechtlichen Verhältnisse und die Rolle der russischen Zahlungsmittel eingeht und in der deutschen Veröffentlichung mit der Anmerkung eines sachkundigen Rechtsanwalts versehen wurde:

Oberstes Gericht in Warschau

Trotz der VO. des früheren Kaiserlich deutschen General-Gouverneurs von Warschau v. 14. April 1917, die die Ungültigkeit von Verträgen in Rubelwährung festsetzt, sind die in Rubelwährung während der Okkupation geschlossenen Verträge als gültig zu behandeln. Die polnischen Gerichte dürfen den Art. 7 der VO. nicht zur Anwendung bringen.

Die VO. betr. die Valuta im GenGouv. Warschau v. 14. April 1917 bestimmt, wie aus Überschrift und Inhalt hervorgeht, zum einzigen gesetzlichen Zahlungsmittel in dem von dem deutschen Heere besetzten Teile des Königreiches Polen die polnische Mark und verordnet die Beseitigung der früher im Umlauf befindlichen Rubelwährung und ihren zwangsweisen Ersatz durch die neu eingeführte polnische Mark oder eigentlich durch die Valuta des Okkupanten, die deutsche Mark, wie sich aus einer Vergleichung der Vorschriften der Art. 2, 5 und 9 ergibt. Die Einführung einer neuen Valuta an Stelle der vor dem Kriege gebrauchten russischen Valuta bezweckte, den Okkupanten die Durchführung der Finanzoperationen im okkupierten Lande in seiner Münze zu erleichtern. Es war mithin eine und vor allem auschließlich im Interesse des Okkupanten erlassene Vorschrift, da sie für die wirtschaftlichen Verhältnisse des Königreiches mit Rücksicht auf die Erschütterung, welche die Einführung einer neuen, den Bedürfnissen der Bevölkerung nicht angepaßten Valuta gewöhnlich und besonders auch während eines langdauernden Weltkrieges hervorruft, schädlich war. Sie verursachte eine Verwirrung in den Geldverhältnissen, die viel schädlicher war als die Valutaspekulationen, und indem sie den Wert der Rubelwährung herunterdrückte, brachte sie allen Schichten der Bevölkerung schwere materielle Verluste.

Zum Zwecke der Einführung der neuen Valuta für alle Gebiete des wirtschaftlichen Lebens des Landes enthielt die VO. v. 14. April 1917 Sanktionen, die den Zwangsgebrauch der neuen Geldzeichen im privatrechtlichen Verhältnisse sichern sollten. Insbesondere setzte sie fest, daß Verträge, die in Rubelwährung geschlossen würden, ungültig sein sollten (Art. 7), daß die Personen, die solche Verträge schließen, Geld- und Gefängnisstrafen und daß die den Gegenstand des Vertrages bildenden Werte der Konfiskation unterliegen (Art. 10). Diese Sanktionen, insbesondere das Verbot des Abschlusses von Verträgen in Rubelwährung bei Nichtigkeit, verstoßen gegen das in Polen geltende Zivilrecht, namentlich gegen seinen Hauptgrundsatz der Vertragsfreiheit im Privatverkehr (Art. 1108, 1128, 1129, 1134 C. c. und Art. 6 des polnischen ZivGB.). Durch die Beseitigung der früheren Valuta, die den Exponenten des gesamten Vermögens des polnischen Volkes in den okkupierten Landesteilen darstellte, erniedrigte sie den Gesamtwert dieses Vermögens.

Dieses Verbot steht auch im Widerspruch mit dem Grundsatz des Art. 43 IV der Haager Konvention v. 7. Okt. 1907 über die Rechte und Gebräuche des Landkrieges, der den Okkupanten zur Aufrechterhaltung des Landesrechtes in dem von ihm besetzten Gebiete, abgesehen von den Fällen unbedingter Unmöglichkeit, verpflichtet. Diese Unmöglichkeit war in bezug auf die Beibehaltung der russischen Währung augenscheinlich nicht vorhanden, was daraus hervorgeht, daß in dem südlichen Teile Polens, der von dem österreichisch-ungarischen Heere besetzt war, die bisherigen Geldzeichen freien Umlauf hatten und im Privatverkehr zugelassen waren.

Da das Verbot des Abschlusses von Verträgen in Rubelwährung gegen die Grundlage des bürgerlichen Rechtes verstößt und seine Einführung sich nicht mit der unbedingten Notwendigkeit einer Änderung der entsprechenden Vorschriften dieses Rechtes aus Anlaß des Krieges rechtfertigen läßt, da es außerdem für die Interessen der örtlichen Bevölkerung schädlich war, so konnte es, zumal es nicht von der rechtmäßigen Staatsgewalt, sondern von einem Okkupanten erlassen ist, die Bürger in Polen nicht beeinträchtigen und darf nach Aufhören der Okkupation nicht angewendet werden.

An der Grundsätzlichkeit der obigen Folgerung ändert nichts die Tatsache, daß die von Okkupanten eingeführten Geldzeichen nach Schaffung des polnischen Staates im Umlauf blieben. Da die VO. v. 14. April 1917 Bestimmungen zweierlei Art enthält, nämlich über die Einführung des zwangsweisen Umlaufes der Markvaluta und über Sanktionen zur Sicherung dieses Umlaufes, wobei die Festsetzung der Ungültigkeit der in Rubelwährung geschlossenen Verträge nicht ihrem Wesen nach eine unbedingt erforderliche Ergänzung der Vorschriften über den Umlauf der neuen Valuta bildet, so kann die Beibehaltung der neuen Valuta durch die polnische Regierung nach Aufhören der Okkupation keinen Beweis dafür bilden, daß die polnische Regierung sämtliche Vorschriften der VO. v. 14. April 1917 und im besonderen das Verbot des Abschlusses von Verträgen in Rubelwährung, aufrechterhalten habe. Im Gegenteil geht aus einer Reihe von Verordnungen der polnischen Regierung hervor, daß diese Bestimmung nicht in Kraft erhoben werden sollte.

Die Vorschriften, die das Verhältnis zwischen Privatpersonen regeln, sind erlassen zum Schutze des Lebens, der Ehre und des Vermögens der Staatsbürger, zur Sicherung der Ordnung und Sicherheit der Gesellschaft. Sie bestehen also im Interesse der Gesellschaft, während die VO. des Okkupanten, die die Ungültigkeit der in Rubelwährung geschlossenen Verträge festsetzt, ihrem Wesen nach gegen die Interessen der Gesellschaft gerichtet ist. Der Kl. kann sich deshalb vor polnischen Gerichten nicht wirksam auf sie berufen, und die Gerichte des polnischen Staates können nicht auf Ungültigkeit der unter Verletzung dieser VO. geschlossenen Verträge erkennen.

(Veröffentlicht in dem von dem Deutschtumsbund zur Wahrung der Minderheitsrechte, Posen, herausgegebenen ›Polnische Gesetze und Verordnungen in deutscher Übersetzung‹, Nr. 1, Jahrgang 1922).

Anmerkung:

Das Urteil wäre vermutlich anders ausgefallen, wenn es nach dem Erlaß des polnischen Valutagesetzes v. 29. April 1920 (GS. Nr. 38, 1920) gefällt worden wäre. Dieses Gesetz lehnt sich nämlich inhaltlich an die von dem Urteil so scharf mißbilligte Okkupationsverordnung v. 14. April 1917 gerade in dem hier in Frage kommenden Punkt an. Es verbietet in Art. 2 die Eingehung von Verbindlichkeiten in russischer Währung und bestimmt in Art. 8, daß Verträge, die diesem Verbote zuwiderlaufen, nichtig sind. Es erkennt damit die deutsche Regelung als sachgemäß an. Die deutsche Zivilverwaltung hat sich bei der Demonetisierung des Rubels nicht, wie das Urteil annimmt, von dem Interesse des Okkupanten, sondern in erster Linie von den Bedürfnissen der Bevölkerung leiten lassen, wie sie durch die eigenartigen Verhältnisse auf dem Rubelmarkt geschaffen worden waren. Durch die Abschneidung Polens von dem übrigen Rußland, die als Folge der Kriegsereignisse eintrat, richtete sich der Kurs des Rubels im Okkupationsgebiet naturgemäß nach den Notierungen der Berliner Börse, und es entstand eine verschiedene Bewertung des Rubels an dieser Börse, verglichen mit den Börsen der neutralen Länder. Der Berliner Kurs war wesentlich höher, als der neutrale, denn während letzterer durch die ständigen Niederlagen Rußlands ungünstig beeinflußt wurde, machte sich in Berlin und also auch im Okkupationsgebiet eine sehr wesentliche unnatürliche Steigerung des Rubelkurses geltend, hervorgerufen durch den starken Rubelbedarf der deutschen Okkupationsbehörden und der deutschen Lebensmittelaufkäufer in den besetzten Gebieten. Während im neutralen Auslande der Rubel immer tiefer unter die Friedensparität von 216 sank, stand er in den deutschen Einflußgebieten weit über dieser Parität und stieg dauernd, bis er im März 1917 den Stand von 260 erreichte. Die Folge dieser ungesunden Spannung war das Einsetzen einer umfangreichen Spekulation. Die Rubel aus dem neutralen Auslande drängten nach dem Okkupationsgebiet, woselbst hohe Valutagewinne zum Schaden der Bevölkerung erzielt wurden. Es kam hinzu, daß die in Polen im Umlauf befindlichen Rubelscheine bald abgenutzt und ergänzungsbedürftig wurden. Der private Verkehr ließ sehr bald eine unterschiedliche Bewertung der Rubelnoten eintreten. Je nachdem, ob diese gut erhalten oder in größerem oder geringerem Maße beschädigt waren, wurden die Rubel höher oder niedriger bewertet, was zu einer immer unerträglicher werdenden Unsicherheit im privaten Verkehr führte.

Um diese Unzuträglichkeiten auf dem Rubelmarkt und eine daraus damals drohende Zerrüttung des polnischen Zahlungsverkehrs zu verhindern, sah sich die deutsche Verwaltung genötigt, Gegenmaßregeln zu treffen. Sie ernannte eine polnische Sachverständigenkommission, die sich gleichfalls für die Abschaffung des Rubels aussprach. In welcher Form diese erfolgen sollte, wurde gleichfalls mit Vertretern der polnischen Bevölkerung erörtert. Diese aber konnten oder wollten keine positiven Vorschläge zur Behebung der allgemein anerkannten Kalamität machen, und so mußte schließlich die deutsche Verwaltung selbständig vorgehen. Sie gründete die Polnische Darlehenskasse und schuf die polnische Mark als polnische Währung, eine Regelung, die bis heute in Polen beibehalten worden ist. Sie beseitigte den Rubel als gesetzliches Zahlungsmittel und mußte, um klare Verhältnisse zu schaffen, die Eingehung neuer Rubelverbindlichkeiten verbieten, ebenso, wie es 3 Jahre später der polnische Staat mit Gesetz v. 29. April 1920 tat.

Wenn sich das Urteil zum Beweise dafür, daß der Rubel als Zahlungsmittel hätte beibehalten werden können, auf die Verhältnisse des österreichischen Okkupationsgebiets beruft, wo eine Abschaffung des Rubels nicht erfolgte, so widerspricht das nicht nur der Auffassung der polnischen Finanzkreise während der Okkupation, sondern es trägt auch nicht dem Umstande Rechnung, daß die Verhältnisse im deutschen Okkupationsgebiet wesentlich anders lagen, als im österreichischen. Das deutsche Okkupationsgebiet umfaßte die großen Industriegebiete Polens (das Bergwerksgebiet von Dombrowa und das gewaltige Textilzentrum Lodz), das österreichische Okkupationsgebiet dagegen hatte keine nennenswerte Industrie, sondern enthielt vorwiegend landwirtschaftliche Bezirke, in denen die Währungsfrage naturgemäß eine weit geringere Rolle spielte.

Es ist auch unrichtig, daß die Abschaffung des Rubels eine Senkung des Rubelkurses im Okkupationsgebiet und damit eine Schädigung der polnischen Volkswirtschaft hervorgerufen hätte. Vielmehr hielt sich der Rubel trotz seiner Demonetisierung noch bis zum August 1917 auf 250, also weit höher, als auf den neutralen Börsen oder auf den Börsen der Ententestaaten, wo der Rubel mit starken Disagio gehandelt wurde, und erst gegen Ende 1917 fand ein Sinken des Rubels auch in Polen statt, der erst im März 1918 die internationale Parität von 150 erreichte. Dieses Sinken des Rubels hatte lediglich in der Entwicklung der Verhältnisse in Rußland seinen Grund, nicht aber in der Demonetisierung durch die deutsche Verwaltung.

Wäre der Rubel in Polen nicht abgeschafft worden, so wäre er wohl eine zeitlang künstlich auf einer unnatürlichen Höhe gehalten worden. Dies hätte aber die polnische Bevölkerung spätestens beim Aufhören der deutschen Besatzung Ende 1918 geradezu in eine Valutakatastrophe verwickelt; denn das kleine Okkupationsgebiet wäre nicht imstande gewesen, gegen die Deroute des Rubels auf dem internationalen Markt anzukämpfen. Statt dessen hatte bei der Selbständigwerdung Polens dieses Land eine eigene von der russischen Währung unabhängige Valuta, und es konnte die musterhaft arbeitende Darlehenskasse übernehmen, so daß nicht mit Unrecht behauptet worden ist, daß die deutsche Regelung der polnischen Valutaverhältnisse für den polnischen Staat überhaupt erst die Möglichkeit geschaffen hat, ohne Erschütterungen eine selbständige Währungspolitik zu treiben.

Es kann also von einer Verletzung der Haager Konvention nicht die Rede sein, abgesehen davon, daß es sehr fraglich ist, ob dieses Abkommen auf die besonderen Verhältnisse des Generalgouvernements Warschau anzuwenden ist. Denn durch die Proklamation des Generalgouverneurs von Warschau vom 5. Nov. 1916 war bereits der Grundstein zu einem selbständigen Polen gelegt worden. Es wurden bereits eigene polnische Behörden gebildet (Regentschaftsrat und Staatsrat), und wenn auch die militärische Leitung und die Kontrolle der Verwaltung noch zum überwiegenden Teil in deutschen Händen blieben, so hatte die deutsche Verwaltung doch bereits den Charakter einer reinen Okkupationsverwaltung verloren.

Schließlich ist das Urteil auch aus formellen Gründen zu beanstanden. Bei der Aufhebung der deutschen Okkupation und der Gründung eines selbständigen Polens sind die Verordnungen der deutschen Verwaltung grundsätzlich in Kraft geblieben. Abänderungen fanden nur von Fall zu Fall statt und die deutschen Verordnungen wurden weiter angewendet, soweit sie nicht durch neue Gesetze des polnischen Staates aufgehoben wurden. Polen hat sich gesetzgeberisch wiederholt mit den Fragen der Valuta beschäftigen müssen, es hat aber bis heute die Verordnung v. 14. April 1917 nicht aufgehoben. Demnach müssen die deutschen Verordnungen auch weiterhin bis zu ihrer Aufhebung als Rechtsquelle Polens angesehen werden.

Das Urteil des polnischen Gerichts und die Anmerkung von deutscher Seite zeigen, wie diese Geldverhältnisse von beiden Seiten nach dem Krieg gesehen wurden.

Rumänien

Das Königreich Rumänien war seit 1883 mit Österreich-Ungarn und dem Deutschen Reich durch ein Geheimbündnis verbunden. Rumänien war 1913 im Zweiten Balkankrieg entscheidend an der Niederlage Bulgariens beteiligt und lag seit langem mit Ungarn wegen der rumänischen Minderheit in Siebenbürgen im Streit; als Verbündeter der Mittelmächte durfte es sich vom Eintritt in den Krieg wenig versprechen. Rumänien, wichtiges Getreide- und Erdölland, erklärte sich daher am 4. August 1914 neutral. In der Folge wurde Rumänien von den Mittelmächten wie von der Entente mit Versprechungen territorialer Erweiterungen jeweils auf Kosten der Gegenseite umworben. Im zeitlichen Zusammenhang mit der Ersten Brussilow-Offensive der Russen an der Ostfront im Sommer 1916 erklärte Rumänien an Österreich-Ungarn am 27. August den Krieg und begann am folgenden Tag den Vormarsch in das unverteidigte Siebenbürgen. Darauf erklärten Deutschland, Bulgarien und die Türkei Rumänien den Krieg. Im Herbst rangen zwei Armeen der Mittelmächte (unter General von Falkenhayn über Siebenbürgen, unter Generalfeldmarschall von Mackensen von Süden durch die Dobrudscha) Rumänien nieder; Bukarest wurde am 6. Dezember 1916 eingenommen. Rumänien wurde bis etwa zum Sereth besetzt. Die rumänische Regierung unter König Ferdinand (1914–1927) ließ sich in Jassy nieder; die rumänische Armee konnte sich in Anlehnung an die russische halten. Das rumänische Erdöl aber war im Besitz der Mittelmächte.[151]

1868 hatte Rumänien das Münzsystem der Lateinischen Münzunion angenommen, ohne ihr beizutreten; Münzeinheit war der Leu (Mehrzahl: Lei) zu 100 Bani. Die Notenbank, die Banca Nationala a Romaniei, hatte sich mit ihren Geldbeständen samt dem Goldschatz zusammen mit der Regierung nach Jassy zurückgezogen. So mußte auch in Rumänien Besatzungsgeld eingeführt werden. Die Militärverwaltung der 9. Armee unter Mackensen verfuhr ähnlich wie man in Belgien vorgegangen war. Eine Geschäftsbank, die Banca Generala Romana, erhielt eine Notenausgabestelle angegliedert, die Noten auf Bani und Lei ausgab, im Verlauf der Besetzung für insgesamt 2115 Millionen Lei. Der Kurs zur Mark wurde auf 80 Pfennig für den Leu festgelegt; die Noten wurden von der Bevölkerung gerne genommen.[152] Die Noten tragen kein Datum; nach der ersten der beiden Unterschriften wurden sie ›Lehmann-Geld‹ genannt. Ausgegeben wurden Scheine zu 25 und 50 Bani sowie zu 1 Leu und 2, 5, 20, 100 und 1000 Lei.[153] Die Noten sind als deutsche zu betrachten. Ihrer bedienten sich für ihre Requisitionen und Einkäufe sowie zur Entgegennahme von Kontributionen auch die österreichisch-ungarischen Truppen, die – hauptsächlich gegen Siebenbürgen – an der Besetzung Rumäniens teilhatten.[154]

Italien

Das Königreich Italien war mit dem Deutschen Reich und Österreich-Ungarn seit 1882 durch den Dreibundvertrag verbunden, einem Verteidigungsbündnis gegen Frankreich. Wegen der ungelösten Frage der italienischen Minderheiten in Südtirol und in Dalmatien erklärte sich Italien bei Kriegsausbruch mit der Begründung neutral, wegen des österreichischen Angriffs auf Serbien sei der Bündnisfall nicht gegeben, zumal bei Teilnahme Großbritanniens am Krieg die langen Küsten Italiens nicht zu verteidigen wären und das Land von der englischen Kohle abhinge. Obwohl Österreich-Ungarn auf deutschen Druck den italienischen Gebietsforderungen zu entsprechen bereit war, erklärte Italien am 23. Mai 1915 Österreich-Ungarn den Krieg. Die Kriegserklärung an Deutschland erging erst am 28. August 1916. Die österreichisch-italienische Front folgte am Isonzo, gegen Kärnten und Tirol trotz oft heftiger Kämpfe (u. a. der elf Isonzoschlachten) im wesentlichen dem Grenzverlauf, bis die Österreicher und die zu Hilfe gekommenen Deutschen im Oktober 1917 nach einem Durchbruch am oberen Isonzo bis zur Piave-Linie nördlich von Venedig vordringen konnten. Im Juni 1918 mußte man sich wieder zurückziehen.

Obwohl Österreich-Ungarn, wie ausgeführt, Besatzungswährungen für seine Besatzungsgebiete nicht für erforderlich hielt, kam es auf Betreiben der Deutschen für den besetzten Teil der damaligen Provinz Venetien zur Einrichtung der Venezianischen Darlehenskasse (Cassa Veneta dei Prestiti) durch die österreich-ungarische Heeresleitung in Udine.[155] Ihre Noten lauteten auf 10 und 50 Centesimi, 1 Lira sowie 2, 10, 20, 100 und 1000 Lire.[156] Sie waren italienisch beschriftet und hießen ›Buono di Cassa‹. Als fester Kurs wurde 100 Lire für 100 Kronen festgesetzt.

Italien war, wie erwähnt, Mitglied der Lateinischen Münzunion und hatte als Währungseinheit die Lira zu 100 Centesimi; in den Jahrzehnten zwischen der

Gründung der Union und dem Ersten Weltkrieg war die Lira jedoch jahrelang in den Zustand der Papierwährung zurückgefallen, doch hatte sie bei Kriegsbeginn die Goldparität so gut wie erreicht (Kurs der Krone in Mailand am 27. Juli 1914: 0,9575 Lira, in Paris: 0,9650 Franc). Nach Schwankungen in den Kriegsjahren, in denen sich die Krone zunächst rascher entwertete als die Lira, war die Entwertung gerade im Dezember 1917 und Januar 1918, als die Cassa Veneta dei Prestiti gegründet wurde, derart im Gleichmaß, daß beide Währungen zueinander so standen wie vor dem Krieg.[157]

Kriegsgefangenenlagergeld

Im Altertum und bis in das Mittelalter verfielen Kriegsgefangene der Sklaverei oder Leibeigenschaft, in der Neuzeit bis zum Dreißigjährigen Krieg mußte der Gefangene sich die Freiheit mit Geld (Lösegeld, Ranzion) zurückkaufen. Vom 18. Jahrhundert an war der Zweck der Kriegsgefangenschaft, den Gefangenen von der weiteren Teilnahme am Krieg abzuhalten; er verlor nur die Freiheit, nicht seine Rechte und war ›Sicherheitsgefangener‹. Im Ersten Weltkrieg galt die Haager Konvention über die Gesetze und Gebräuche des Landkriegs von 1899. Danach behielt der Kriegsgefangene als Staatsgefangener sein nichtmilitärisches Privateigentum, war standesgemäß und auskömmlich zu ernähren und anständig (nicht im Gefängnis) unterzubringen und im Grundsatz wie ein Soldat des ›Nehmestaats‹ zu behandeln. Er durfte Post und auch Geld empfangen und bezog weiter seinen Sold, den der Heimatstaat dem Nehmestaat zu ersetzen hatte.[158]

Im Ersten Weltkrieg hielten sich die Kriegführenden im allgemeinen an diese Vereinbarungen; alle kriegführenden Staaten, die Kriegsgefangene zu verwahren hatten, richteten Kriegsgefangenenlager ein, deren Insassen demnach Zahlungsmittel gebrauchten.

Das Kriegsgefangenenlagergeld hat eine lange Geschichte. Es ist kein Notgeld in dem Sinne, daß es aus Mangel an Zahlungsmitteln jeweils geschaffen worden wäre: Die Kriegsgefangenen sollten zwar Geld gebrauchen können (für Kantineneinkäufe, untereinander), aber kein Geld im Besitz haben, das außerhalb des Lagers galt und ihnen die Flucht erleichtert hätte. Es mag auch, wie Keller meint,[159] die Absicht bestanden haben, den Banknotenumlauf in Grenzen zu halten und der Verzinsung von Guthaben der Gefangenen in der Währung des Nehmestaats auszuweichen. Nach Keller[160] gibt es Nachrichten über Lagergeld zuerst aus dem Siebenjährigen Krieg, aus dem Amerikanischen Unabhängigkeitskrieg, den Napoleonischen und Befreiungskriegen, dem nordamerikanischen Bürgerkrieg, dem deutschen Krieg von 1866, dem Deutsch-Französischen Krieg von 1870/71 und dem Burenkrieg; Belegstücke haben sich freilich nur aus dem nordamerikanischen Bürgerkrieg erhalten.

Wie bei den Zahlungsmitteln für Besatzungsgebiete gab es für ein Kriegsgefangenenlagergeld bei den Mittelmächten zum Kriegsausbruch keine Vorbereitungen. Die ersten Beispiele sind von Anfang 1915. Offenbar entstanden die Ausgaben zuerst auf Anordnung einzelner Lagerkommandanten, dann der Armeekorps, in die

die Militärverwaltung in Deutschland wie in Österreich-Ungarn gebietlich aufgeteilt war. Daraus ergab sich die größte Vielfalt der Ausgaben, ihrer Ausführung und
der Materialien, wobei wie beim Notgeld große Druckereien für viele Auftraggeber
tätig wurden und für ihre Erzeugnisse auch warben. Einige Korps ließen das Lagergeld nach einheitlichem Muster, aber mit verschiedenen Lagernamen herstellen, andere hatten – jedenfalls später – einheitliche Ausgaben. Offenbar war daneben in
den Lagern noch lange Reichsgeld (oder auch das ausländische Geld der Gefangenen) in Gebrauch, denn erst am 15. Januar 1918 verfügte das preußische Kriegsministerium, daß jeder Bargeldverkehr in den Lagern verboten und nur noch Lagergeld zulässig sei; es wurde verboten, den Kriegsgefangenen Lagergeld in bares Geld
umzutauschen. Zuweilen war die Ausgabe des Lagergelds dem Kantinenwirt überlassen, und es gab auch Lagergeld privater Firmen, bei denen Arbeitslager für
Kriegsgefangene eingerichtet waren. Die Nominale gingen vom Pfennig und vom
Heller bis 20 Mark und 50 Kronen; die Ausführung der Scheine reichte vom primitiven Druck bis zur ansprechenden Gestaltung. Oft hatten die Scheine die Gestalt
von Marken, die im Blatt gedruckt waren und abgerissen werden konnten. Im einzelnen muß auf den Katalog von Keller verwiesen werden. Er führt nur das Papiergeld auf und nennt für Deutschland und Österreich-Ungarn 641 Ausgabestellen.
Unterschieden werden Scheine von militärischen Lagern einschließlich ihrer Kanti-
nenausgaben, Scheine für Formationen ohne Ortsangabe, Scheine von Industrie-
Gefangenenlagern und Arbeitskommandos einschließlich der Lager von Städten
und Kreisen sowie ›Scheckmarken‹.

Keller weist auch auf das Lagergeld der Kriegsgegner – Belgien, Frankreich,
Großbritannien, Italien, Rußland, Ägypten, Vereinigte Staaten – hin und darauf,
daß Nachrichten über solches Geld aus Bulgarien, Rumänien, der Türkei und Polen fehlen. Andrerseits gab es in den Niederlanden ein Lager für belgische Flüchtlinge, das Lagergeld ausgab.[161]

Das Kriegsgefangenenlagergeld in Form von Münzen ist bei Keller nicht aufge-
nommen. Für Materialien und Gestaltung gilt das für die normalen Notmünzen
Gesagte. Die Prägungen finden sich – leider ohne besondere Hervorhebung – bei
Menzel.[162]

Besetztes deutsches Gebiet

Zur Besetzung von Reichsgebiet kam es im Verlauf des Ersten Weltkriegs in zwei
Grenzbereichen. Zum einen fielen sofort nach der deutschen Kriegserklärung an
Rußland (1. August 1914) zwei russische Armeen in *Ostpreußen* ein und drangen bis
vor Königsberg und südlich davon bis zu einer Linie vor, die sich zwischen Königs-
berg, Allenstein und Soldau hinzog; Allenstein wurde besetzt. Die Schlachten von
Tannenberg und an den Masurischen Seen warfen die Russen zurück (26. August
bis 15. September 1914); anschließend kam Ostpreußen wieder ganz in deutschen
Besitz. Aber bis Februar 1915 drangen die Russen mit einer Armee von Osten ein
und erreichten eine Linie von Gumbinnen bis an die Masurischen Seen. In der
Winterschlacht in Masuren (4. bis 22. Februar 1915) wurden die Russen zum zwei-

ten Mal zurückgeworfen; von da an blieb das Reichsgebiet im Osten vom Krieg unberührt.

Die deutsche Bevölkerung war vor den Russen jedes Mal zu einem erheblichen Teil geflohen. Die beiden Besetzungen waren zu kurz, als daß sich ein Wirtschaftsleben unter der Besatzung und geldgeschichtlich Bemerkenswertes hätte entwickeln können.

Anders im Westen. Das wichtigste Kriegsziel der Franzosen im Ersten Weltkrieg war, *Elsaß-Lothringen* zurückzugewinnen. Schon am 7. August 1914 überschritten sie im Süden die Grenze und nahmen am 9. August Mühlhausen, mußten sich aber schon am nächsten Tag wieder zurückziehen. Ein neuer Vorstoß brachte die Franzosen am 14. August in den Besitz von Thann, das ihnen den Krieg über blieb, und des Münstertals. Mühlhausen wurde am 19. August wieder genommen und am 24. August erneut verloren. Dann verfestigte sich die Front im Stellungskrieg, der zwar heftige Gebirgskämpfe brachte (bekannt wurde der Hartmannsweilerkopf), aber die Franzosen im Besitz des südlichen Vogesenkammes ließ; ab Januar 1916 blieb die Front ruhig.

Besetzt blieben vom Reichsland Elsaß-Lohtringen das obere Münstertal, das Thurtal bis Sennheim, das Dollertal bis Oberburnhaupt und das anschließende Flachland des Sundgaus bis Dammerkirch. In den Vogesentälern gab es viel Industrie, im besonderen Spinnereien und Webereien. Die Verkehrs- und Elektrizitätsunterbrechungen legten die Industrie still; Bankbestände und Gemeindekassen waren nach Straßburg geflüchtet worden. So mußten die Gemeinden und viele Industriebetriebe Notgeld ausgeben, hauptsächlich zunächst, um Unterstützungen zu zahlen. Keller[163] widmet sich diesem Notgeld eingehend. Die Scheine wurden aus dem echten, eiligen Bedarf und mit der Erfahrung von 1870/1871 zum Teil sehr einfach hergestellt. Manchmal hatten sie den Charakter persönlicher, übertragbarer Anweisungen. Zunächst in deutscher Sprache gehalten, setzt sich später der französische Wortlaut durch. Anfangs auf Mark und Pfennig lautend, lassen spätere Nominale auf Francs und Centimes erkennen, daß sich das französische Geld durchsetzte. Anfangs wurden die Scheine mit den vorhandenen, deutschsprachigen Gemeindestempeln versehen, später verwendete man Gemeindestempel des einheitlichen französischen Musters – Zeichen, zweifellos, schleichender französischer Annexion. Von der alteingesessenen Bevölkerung waren die Franzosen als Befreier begrüßt worden. So ist es interessant, daß sich in zwei Gemeinden (Krüt und Moosch) noch die Dienststempel aus der Zeit Napoleons III. fanden, die man sogleich verwendete!

Als sich die Wirtschaftslage normalisierte, lösten die meisten Gemeinden ihre Scheine bis Mitte 1916 in der Hauptsache wieder ein. Inzwischen hatte man die Kohle- und Stromversorgung wie die Holzabfuhr nach dem französischen Gebiet hin ausgerichtet und war faktisch dem Währungsgebiet des Franc angeschlossen. Eingelöst wurde die Mark für 1,– bis 1,25 Franc.

3. Die Inflation

a) Kriegsende, Nachkrieg und Reichsfinanzen

›Die Inflation‹ – das war in Deutschland die fürchterliche Zeit nach dem Ersten Weltkrieg bis an die Jahreswende von 1923 auf 1924, in der sich die Markwährung mit wachsender Beschleunigung entwertete, bis das ganze Reich mit einer unvorstellbaren Menge von Mark-Noten in astronomischen Nennwerten überschwemmt war, die jeden Wert verloren hatten – jegliches Geldvermögen war vernichtet, jeder Sachbesitz, sei es an Produktionsmitteln, sei es an anderen Werten, machte seinen Eigentümer reich. Die Mark verlor weitgehend ihre Geldfunktion; in beträchtlichem Maß dienten ausländische Zahlungsmittel stabiler Währungen und Sondererscheinungen wie das ›wertbeständige Notgeld‹ als Tauschmittel, und als Wertmesser schied die Papiermark schließlich vollends aus und war durch die Rechnungseinheit der ›Goldmark‹ ersetzt.

Von da an war für die Generation der Deutschen, die diese Notzeit miterlebt hatten, ›die Inflation‹ der Inbegriff dieser Jahre, obschon diese Inflation weder die erste der Geldgeschichte, die erste in Deutschland noch die einzige in einem Land zu jener Zeit war. Läßt man Abwertungen außer Betracht, die den Geldwert um einen Bruchteil verminderten, und die ›schleichende‹ Inflation, die langsame Erosion des Geldwerts durch langsame Münzverschlechterung oder – heute – durch langsamen Wertverfall der Währungen, beschränkt man sich also auf die ›galoppierende‹ Inflation, wie sie meistens mit politischen oder kriegerischen Krisenzeiten verbunden war, so ist die erste aus der römischen Antike überliefert: Sie zog sich als Münzverschlechterung durch die zweite Hälfte des 3. Jahrhunderts und wurde mit einer Münzreform unter Konstantin d. Gr. beendet. Kämpfe im Hause Habsburg führten unter Kaiser Friedrich III. in den Jahren 1458 bis 1460 zur ›Zeit der Schinderlinge‹. In der Neuzeit hatte Spanien unter Philipp III. und Philipp IV. zwischen 1599 und 1660 eine Kupfermünzeninflation, und die ersten Jahre des Dreißigjährigen Krieges (1618–1623) brachten Deutschland die ›Erste Kipper- und Wipperzeit‹. 1715 bis 1723 hatte Schweden unter Karl XII. eine inflationäre Geldkrise, und die erste Papiergeldinflation war die der Lawschen Finanzexperimente in der Regentschaft Philipps von Orleans in Frankreich (1715–1720). Mit Münzverschlechterung finanzierte Friedrich II. von Preußen jedenfalls zum Teil den Siebenjährigen Krieg, und geldwertvernichtende Papiergeldinflationen hatten die Vereinigten Staaten von Amerika in ihrem Unabhängigkeitskrieg und ihre Südstaaten im Bürgerkrieg. Papiergeldinflationen gab es im 19. Jahrhundert in verschiedenen Staaten Süd- und Mittelamerikas, und lange Papiergeldperioden kennzeichnen die Geldgeschichte etwa Österreichs und Rußlands in dieser Zeit. Vernichtend war die Inflation der

Assignaten im revolutionären Frankreich, und Papiergeldprobleme unterschiedlichen Ausmaßes hatten in der napoleonischen Zeit Preußen, Sachsen und Dänemark.[1]

Vernichtende Papiergeldinflationen hatten nach dem Ersten Weltkrieg auch
Österreich, Ungarn und Rußland. Die deutsche Inflation wurde in der Höhe der
astronomischen Nominale nach dem Zweiten Weltkrieg von der Ungarns noch
übertroffen.

Wie kam es nun in Deutschland zu dieser Geldkatastrophe, die die Sozialstruktur
des Landes schwerer erschütterte, als der Weltkrieg selbst dies vermochte, und letztlich die wesentliche Ursache des Aufkommens der Nationalsozialisten und der Entwicklung zum Zweiten Weltkrieg hin wurde? In den Jahren vom Waffenstillstand
bis 1924 vollzieht sich die deutsche Geldgeschichte auf der Grundlage der politischen Geschehnisse in mehreren Ebenen.

Das Suchen nach stabilen politischen Verhältnissen brauchte Jahre. Die Reparationsforderungen der siegreichen Alliierten belasteten Staat und Volkswirtschaft
auf das schwerste, zumal die deutsche Industrie in den vier Kriegsjahren ihre Aus-
rüstungen verbraucht hatte und vor der Aufgabe stand, sich von der Kriegsproduk-
tion auf den Friedens- und Ausfuhrmarkt umzustellen. Dazu waren ihre Rohstoff-
vorräte erschöpft. Das besiegte Millionenheer mußte demobilisiert werden; Hunderttausende von Offizieren und jungen Soldaten waren ohne Beschäftigung und
ohne brauchbare Berufsausbildung, meistens auch ohne Wohnung, wenn sie jetzt
eine Familie gründen wollten. Die revolutionäre Unrast, die manchenorts schon
vor dem Waffenstillstand begonnen hatte, breitete sich aus und führte zum ›Nach-
krieg‹, der für die Reichsregierung alles noch schwieriger machte. Schwere Lasten
brachten die Gebietsabtretungen aufgrund des Friedensvertrags; man empfand es
als drückend, daß der Volkswirtschaft damit wichtige landwirtschaftliche Über-
schußgebiete verlorengingen (hauptsächlich in Posen und Westpreußen) und der
größere Teil des zweitwichtigsten Kohlen- und SchwerindustrIereviers, nämlich der
Ostoberschlesiens. Die Lebensmittel- und Rohstoffblockade der Alliierten wurde
nach dem Waffenstillstand noch lange aufrechterhalten.

Die Reichsregierung und ihre Währungsbehörde, die Reichsbank, erwiesen sich
diesen Schwierigkeiten nicht gewachsen. Das Deutsche Reich war, wie ausgeführt,
ohne ausreichende Vorbereitung in den Weltkrieg gegangen. Niemand hatte seine
Dauer und seine Kosten vorausgesehen. Niemand hatte aber auch mit der Niederlage gerechnet, und auf sie war man nicht gefaßt. Die Leiter des Geldwesens, die
führenden Kräfte der Reichsbank mit dem Präsidenten Havenstein an der Spitze
und die Beamten des Schatzamts und späteren Reichsfinanzministeriums waren
viel zu lange in den Auffassungen und Vorstellungen der Vorkriegszeit mit ihrer
Goldwährung und den Deckungsgrundsätzen für die Papiergeldschöpfung befan-
gen, als daß sie die Lage auf vernünftige Weise hätten bewältigen können. Die Finanzwissenschaft, mit der Geldlehre als Teil der Volkswirtschaftslehre, gab keine
Hilfe, denn auch die Gelehrten waren ratlos. Es ist eine Erfahrung der Wissen-
schaftsgeschichte, daß die Forschung das Geldwesen in Zeiten gesunder Währungsverhältnisse vernachlässigt, aber umso mehr leistet, je schlechter sie werden; die In-

flation brachte zwar bis zur Stabilisierung eine reichhaltige Pamphletliteratur voller wohlmeinender Ratschläge hervor, die aber wenig brauchbar waren oder zu spät kamen. Und wie es so ist, die Erfahrungen anderer Länder mit Inflationen oder Geldkrisen wie der Vereinigten Staaten oder Österreichs, die reichhaltigen Niederschlag in der dortigen Fachliteratur fanden, blieben unbeachtet.

So blieb die Geldpolitik in der Inflation ohne Linie, blieb ein Wursteln von Tag zu Tag unter dem Druck der äußeren Ereignisse (etwa der Ruhrbesetzung), bis die Reichswährung in ihrer Geldfunktion völlig versagte und Bürger wie Gewerbe und Gemeinden um des Überlebens willen ihre eigenen Wege suchten, indem sie darangingen, stabiles ausländisches Geld zu verwenden, geeignete Zahlungsmittel selbst zu schaffen (›Wertbeständiges Notgeld‹) und zur Indexrechnung der fiktiven Rechnungseinheit ›Goldmark‹ überzugehen. In der letzten Phase der Inflation, im Spätjahr 1923, mußte die Reichsregierung selbst zu diesen Mitteln greifen.

Am Ende war das Ansehen des Staates auf das schwerste beeinträchtigt – das deutsche Volk war ›inflationserfahren‹ und hatte jedes Vertrauen in das staatliche Geldwesen verloren. Der ›Staatsbankrott‹ war auf die denkbar unsozialste Weise vollzogen; das Reich und die anderen öffentlich-rechtlichen Schuldner wie Länder, Städte, Gemeinden und öffentliche Unternehmen und Institutionen aller Arten waren ihrer Schulden ledig, die ganze Kriegsverschuldung war verschwunden, jegliches Geldvermögen in Gestalt von Forderungen (Anleihen, Sparguthaben) war vernichtet, gleich ob vor dem Krieg in gutem Goldgeld oder während des Kriegs in teilentwerteter Mark angelegt. Das kam auch allen privaten Schuldnern zugute: Industrie und Gewerbe, Hausbesitz und Landwirtschaft waren zunächst schuldenfrei und damit bereichert, alle Gläubiger enteignet. Die Aufwertungsgesetzgebung von 1925 schuf nur schwachen Ersatz.

Erst mit dem Aufwertungsgesetz ging der Staat von dem Rechts- oder besser Unrechtsgrundsatz ab, der allen diesen Ungerechtigkeiten zugrunde lag: dem ›Nominalprinzip‹, dem Grundsatz ›Mark gleich Mark‹. Bis dahin war für das Rechtsleben die Geldentwertung unbeachtlich; die in ihrer Kaufkraft zunehmend beeinträchtigte und am Ende gänzlich entwertete ›Mark‹ war als gesetzliches Zahlungsmittel vom Gläubiger in gleicher Weise zur Schuldentilgung anzunehmen wie vor dem Krieg die Goldmünze oder die goldwerte Banknote. Noch in der Hochinflation hatte das Reichsgericht daran festgehalten.

Die hier vielzitierte Festschrift ›Die Reichsbank 1901–1925‹ bestätigt in ihrer ganzen Diktion das erschütternde Bild der Unfähigkeit von Reichsregierung und Reichsbank, den Nachkriegsverhältnissen im monetären Bereich gerecht zu werden. Unerschüttert war der naive Beamtenglaube der Verantwortlichen an die Macht staatlicher Anordnungen über eine müde, erschöpfte, aller Illusionen über den Staat beraubte Bevölkerung. In gekonntem Gesetzgebungsperfektionismus folgte Vorschrift auf Vorschrift, womit man der Reichsbank die schrankenlose Geldschöpfung ermöglichte, das Notgeld in Grenzen zu halten versuchte und mit ständig verschärfter Devisenpolizei dem Gebrauch von Auslandsgeld entgegentrat – letzteres ohne jeden Erfolg.

In *einem* Bereich des finanziellen Daseins schuf das Reich in den Inflationsjahren Bleibendes. Bislang hatte jedes Bundesland sein eigenes, geschichtlich gewachsenes Steuerwesen; in den Vorkriegsjahren und im Krieg hatte das Reich mit vielen Steuergesetzen zunehmend, jedoch von Notwendigkeit zu Notwendigkeit und ohne großes System seinen Anteil am Steueraufkommen erhöht. Die finanziellen Anforderungen nach dem Waffenstillstand zwangen zu einer radikalen zentralistischen Neuordnung, die sich in den Grundzügen in der Bundesrepublik Deutschland bis heute erhalten und bewährt hat. Mit der Erzbergerschen Finanzreform von 1919 zog das Reich das Steuerwesen an sich. Die Finanzverwaltungen wurden vereinheitlicht. Es entstand die Reichsfinanzverwaltung mit Finanzämtern und Landesfinanzämtern (heute Oberfinanzdirektionen), die nach der Abgabenordnung von 1919 verfuhren, und die auch die Zollverwaltung umfaßte. Einkommensteuer, Umsatzsteuer, Gewerbesteuer und Vermögensteuer wurden die wichtigsten Finanzquellen, neben denen zahlreiche weitere Steuern fortentwickelt oder neu eingeführt wurden. Umgekehrt waren jetzt die Länder des Reichs dessen ›Kostgänger‹ und von seinen Finanzzuweisungen abhängig.

Jetzt zur Entwicklung im einzelnen:

Im Osten entschied sich der Krieg vorläufig zugunsten der Mittelmächte, als Rußland nach der Märzrevolution (März 1917) und Bildung der provisorischen Regierung des Fürsten Lwow zwar noch die Kraft zur letzten Brussilow-Offensive (30. Juni bis 11. Juli 1917) hatte, dann aber militärisch zusammenbrach (Rückeroberung Galiziens durch Deutsche und Österreicher, Einnahme von Riga, Ösel und anderen Teilen Livlands; Juli bis Oktober 1917). Nach der Oktoberrevolution mit der Machtübernahme der Bolschewisten in Petrograd (wie St. Petersburg inzwischen hieß; 6. und 7. November 1917) kam es am 15. November zum Waffenstillstand und dann zu den Friedensverträgen von Brest-Litowsk, am 9. Februar 1918 mit der (vorübergehend selbständigen) Ukraine und am 3. März 1918 mit Sowjetrußland. Die Russen verzichteten auf das Baltikum, auf Polen, Finnland und die Ukraine; die Mittelmächte sollten sich erst nach dem allgemeinen Friedenschluß und nach der staatlichen Neuordnung des Raumes zurückziehen. In der Folge kam es am 7. Mai 1918 auch zum Friedensvertrag von Bukarest mit Rumänien, das den Deutschen die Ausnutzung seiner Ölvorkommen einräumen mußte.

Die Entlastung im Osten erlaubte den Deutschen, im Westen ab März 1918 die Entscheidung mit fünf Offensiven zu suchen (21. März bis 17. Juli 1918), die sämtliche ohne Erfolg blieben. Der Gegenoffensive der Alliierten ab 18. Juli 1918 hatten die Deutschen nichts mehr entgegenzusetzen. Von da an wurden sie von Stellung zu Stellung zurückgeworfen; entschieden hat den Krieg im Westen die zunehmende Überlegenheit der Alliierten an Truppenzahl und Material, insbesondere aber das Auftreten der amerikanischen Expeditionsarmee von zwei Millionen Mann unter General John Pershing.[1a] Beim Waffenstillstand standen die Alliierten vor Antwerpen und Brüssel; die Front zog sich von da in nahezu gerader Linie zur Reichsgrenze südlich von Metz (Antwerpen-Maas-Stellung, Michelstellung).

Als die Front sich dem Reichsgebiet näherte und eine Wende angesichts der Kräfteverhältnisse nicht mehr zu erwarten war, forderte Generalfeldmarschall Hindenburg als Chef des Generalstabs am 29. September 1918 ein sofortiges Waffenstillstandsangebot. Es erfolgte am 3. Oktober; die Verhandlungen in Gestalt eines Notenwechsels mit dem amerikanischen Präsidenten Wilson und von 8. bis 11. November 1918 in Compiègne mit Marschall Foch führten am 11. November 1918 zum Abschluß. Inzwischen hatten Bulgarien am 30. September, Österreich-Ungarn am 3. November und die Türkei am 30. Oktober die Waffen niedergelegt.

Schon bei Abschluß des Waffenstillstands von Compiègne stand fest, daß Deutschland seine Alleinschuld am Krieg werde anerkennen und »für alle durch seine Angriffe zu Wasser und zu Lande und in der Luft der Zivilbevölkerung der Alliierten und ihrem Eigentum zugefügten Schaden Ersatz leisten« müssen.[2] Im Vorgriff auf diese Reparationspflicht waren sogleich 5000 Lokomotiven, 150 000 Eisenbahnwagen und 5000 Lastwagen abzuliefern, von Kriegsmaterialien und den Werten der belgischen Notenbank sowie dem rumänischen und russischen Gold abgesehen.[3] Im Friedensvertrag von Versailles vom 28. Juni 1919[4] mußte Deutschland mit Artikel 231 anerkennen, für alle »Verluste und Schäden verantwortlich« zu sein, »die die alliierten und assoziierten Regierungen und ihre Staatsangehörigen infolge des ihnen durch den Angriff Deutschlands und seiner Verbündeten aufgezwungenen Krieges erlitten haben«, doch beschränkte der Vertrag die Reparationen auf die Schäden im zivilen Bereich, allerdings in einem sehr weiten Sinne (Artikel 232 und Anlage I).[5] Festgesetzt und angefordert wurden die Reparationsleistungen nach Artikel 233 durch die Reparationskommission. Dazu kamen die Kosten der Besetzung des Rheinlands und der Brückenköpfe von Köln, Koblenz, Mainz und Kehl (Artikel 428) und der Wert der Rücklieferungen von weggeführten, beschlagnahmten und sequestrierten Werten aus den besetzten Gebieten bzw. von Ersatzwerten sowie der Wert der zu zerstörenden Rüstungsanlagen (Artikel 238). Bis 1923 wurden diese Lasten auf 36 624 Millionen Goldmark geschätzt.[6]

Die Gebietsabtretungen nach Teil II und III des Friedensvertrags teils mit seinem Inkrafttreten, teils aufgrund von Volksabstimmungen, können hier als bekannt vorausgesetzt werden (Elsaß-Lothringen, das Gebiet der Freien Stadt Danzig, das Memelgebiet, Posen, Teile von Brandenburg, Westpreußen und Pommern, das Hultschiner Ländchen, Nordschleswig, Ostoberschlesien, Eupen-Malmedy, ferner das Saargebiet).

Diese Gebietsverluste minderten die Steuerkraft des Reichs. Weniger ein Verlust als eine Entlastung war der Wegfall der Kolonien (Artikel 119–127). Die Kosten der Besatzung wuchsen, als die Alliierten im Mai 1921 im Wege von ›Sanktionen‹ ihre Brückenköpfe rechts des Rheins erweiterten und ab 11. Januar 1923 das gesamte Ruhrgebiet besetzten. Zu den Besatzungskosten zählten auch die Kosten der Besetzung von Abstimmungsgebieten.[7]

Geldgeschichtliche Bedeutung hat Art 262 des Friedensvertrags: er enthält die Definition der ›Goldmark‹, der Währungseinheit, in der die Leistungen Deutschlands nach dem Friedensvertrag zu berechnen waren:

Jede Barzahlungsverpflichtung Deutschlands aus dem gegenwärtigen Vertrage, die in Mark Gold ausgedrückt ist, ist nach Wahl der Gläubiger zu erfüllen in Pfund Sterling zahlbar in London, in Golddollars der Vereinigten Staaten zahlbar New-York, in Goldfranken zahlbar Paris und in Goldlire zahlbar Rom.

Bei Ausführung des gegenwärtigen Artikels bestimmt sich Gewicht und Feingehalt für die obengenannten Münzen jeweils nach den am 1. Januar 1914 in Geltung gewesenen gesetzlichen Vorschriften.

Danach galt für die Goldmark die Parität in der alten Reichsgoldwährung.[8] Die Goldmark war auch in dieser Hinsicht eine Werteinheit, kein Zahlungsmittel.

Das Jahr 1919 war durch Rohstoff- und Kohlenmangel, durch Warenknappheit, Unruhen, Streiks und Teuerung gekennzeichnet. Die Blockade wurde erst zwei Wochen nach Unterzeichnung des Friedensvertrags aufgehoben, und dies machte möglich, für 1 Milliarde Goldmark Lebensmittel einzuführen. 1920 besserte sich wenig, doch lebten Industrie und Handel langsam wieder auf. 1921 war die Produktion noch immer gering; die politischen Wirren hemmten die Entwicklung. Dazu kamen die Lasten der ersten Sanktionen. Das Jahr 1922 brachte Niedergang und weitere Verarmung, doch das Jahr 1923 führte zum Höhepunkt des Elends und nach der Besetzung des Ruhrgebiets zur schlimmsten Krise. Wichtige Teile der Industrie lagen still; der ›passive Widerstand‹ brachte den Reichsfinanzen den völligen Ruin.

In der ganzen Zeit blieb der Geschäftsbetrieb der Reichsbank ungestört; die Unruhen im Berlin der Jahre 1918 bis 1920 blieben vor der Tür der Hauptbank. Nur im besetzten Rheinland kam es bei der ›Vollstreckung‹ von Reparationsforderungen nicht nur zu Beschlagnahmung von Privateigentum, sondern auch zu Übergriffen in Reichsbankstellen und sogar zur Aneignung von Druckplatten für Reichsbanknoten und von unfertigen Noten in einer von der Reichsbank beauftragten Privatdruckerei in Mülheim an der Ruhr, die die Franzosen fertigstellten und in Verkehr gaben.[9]

Die ungeheure Belastung der Reichsfinanzen in diesen Jahren mit den Lieferungen und sonstigen Leistungen für die Beseitigung der Kriegsfolgen im Inland (Sorge für die rückkehrenden Soldaten, Versorgungsleistungen für Kriegsgeschädigte, Entschädigungen für andere Kriegsbetroffene, etwa für rückkehrende Kolonial- und Auslandsdeutsche, für Beamte und andere Rückkehrer aus den abgetretenen Gebieten und vieles mehr) und im Ausland (Reparationen, mit denen der Wiederaufbau der kriegszerstörten Gebiete in Belgien und Nordfrankreich bestritten wurde und deren kriegsgeschädigte Bewohner entschädigt wurden) ist volkswirtschaftlich ebenso zu beurteilen wie Kriegskosten und mußte aus der Staatsquote des deutschen Sozialprodukts aufgebracht werden.[10]

Dazu waren die Reichsregierungen der Nachkriegszeit ebensowenig in der Lage wie die der Kriegsjahre. Man hätte die Steuern in einem Maße erhöhen müssen, bei dem man noch mehr an Unruhen und Aufständen, ja den bolschewistischen Umsturz fürchten zu müssen glaubte, und führte daher die Finanzpolitik der Kriegsjahre im Grundsatz insofern weiter, als man den Notenbankkredit weiter und in steigendem Maß beanspruchte. Die Reichsbank war darin weiter der Regierung willfährig; sie konnte nicht anders, und das hieß nichts weiter als die Fortsetzung der Geldvermehrung in Gestalt der Ausgabe von Banknoten, die durch nichts gedeckt waren als durch Versprechen des Reiches, die Notenbankkredite auch wieder zurückzuzahlen – Versprechen, die wertlos waren. Die Notenvermehrung war weiter ohne jeden Zusammenhang mit dem Sozialprodukt.

Die Geschichte der Inflation bis zur Stabilisierung Ende 1923 und Anfang 1924 ist im Kern nichts anderes als die Geschichte des Kurses des amerikanischen Dollars an der Berliner Börse. Die finanzgeschichtlichen Darstellungen des Inflationsgeschehens zeigen den Zusammenhang zwischen dieser Kursentwicklung und den politischen und finanztechnischen Ereignissen – ihnen folgte die Kursentwicklung. Diese Ereignisse können hier nur angedeutet werden;[11] hauptsächlich ging es um Verhandlungen mit den Alliierten um die Aufbringung der Reparationen. Bei seiner Lage konnte das Reich den Reparationsforderungen, wie sie die Reparationskommission festlegte, nicht entsprechen, weil seine Wirtschaft die erforderlichen Devisenbeträge nicht aufbringen konnte; hier versagten die Druckmittel der Alliierten weitgehend, auch als sie zu den ›Sanktionen‹ (hauptsächlich die Ruhrbesetzung) griffen. Sie mußten letztlich ihre Forderungen mäßigen, wollten sie Deutschland nicht im Bolschewismus untergehen sehen, worauf sie dann wohl überhaupt nichts mehr bekommen hätten. An Stichworten für diese Abläufe seien (nach Elster) lediglich genannt die Konferenzen von Spa und Brüssel, der Zahlungsplan der Pariser Beschlüsse vom 29. Januar 1921; der Zahlungsplan der Konferenz von London vom 5. Mai 1921, Bemühungen der Reichsregierung um ein Moratorium, die Konferenz von Genua (April 1922), weitere Verhandlungen und Bemühungen um ein Moratorium, Verhandlungen in Berlin im November 1922, die Besetzung des Ruhrgebiets durch die Franzosen und Belgier ab 11. Januar 1923 und die Einstellung der Sachleistungen durch das Reich mit dem ›passiven Widerstand‹ und der Selbsthilfe der Franzosen und Belgier und die Verhandlungen bis zur Einstellung des passiven Widerstands (26. September 1923).

Für die Markenwertung sei auf Tabelle 6 des Anhangs verwiesen. Anfang 1919 hatte die Mark noch mehr als die Hälfte ihres Vorkriegswertes, Ende 1919 nur noch ein Zwölftel (niedrigster Kurs am 11. Dezember 1919 mit 50,55 M für den Dollar). Dann schwankte der Kurs bis in die erste Hälfte von 1921 beträchtlich (103,65 M am 3. Januar 1920, am 17. Mai 1921 55,44 M). Dann sank der Kurs zum 8. November 1921 auf den Jahrestiefstand von 309,69 M, um sich bis 12. Dezember 1921 wieder auf 165,33 M zu heben. Ab Juni 1922 stürzte die Mark mit wenigen Erholungen auf 1972,53 M für den Dollar am 24. August, erreichte 9127 M am 6. September und hatte am 18. Dezember 1922 den Kurs von 6084,75 M.

Dann kam der tiefe Sturz. Ende Januar 1923 waren 50 000 M erreicht, am 14. Juni 100 000 M. Am 30. Juli brauchte man 1 Million Mark für einen Dollar, einen Monat später mehr als 10 Millionen, am 17. September mehr als 100 Millionen, am 9. Oktober 1 Milliarde, zehn Tage später 10 Milliarden und am 1. November 100 Milliarden Mark. Am 14. November war der Kurs von 1 Billion überschritten, und ab 20. November 1923 konnte der Dollar dann bei 4,2 Billionen Mark gehalten werden.[12]

Die Maßnahmen der Reichsregierung blieben dabei auf den zwei Gebieten ohne jeden Erfolg, auf denen man schon im Weltkrieg gescheitert war: bei der Steuererhebung und bei der Devisenbewirtschaftung.

Im steuerlichen Bereich war mit der Erzbergerschen Finanzreform zwar ein leistungsfähiger, reichseinheitlicher Behördenapparat entstanden, und auch die neuen

Steuergesetze waren brauchbar. Aber mit der Geldentwertung wurde die Steuerverwaltung nicht fertig. Zwar war man sich darüber klar, daß Steuern in einer nie zuvor dagewesenen Höhe eingeführt werden müßten, und schon die Weimarer Nationalversammlung zog die Steuerschraube scharf an. Nach dem Gesetz vom 21. Juli 1919 über die Erhebung der Zölle in Gold[13] wurden die Zollsätze der Vorkriegszeit zwar beibehalten, aber in indexähnlicher Weise waren die Zölle entsprechend der Markentwertung in einem mehrfachen Betrag in Papiermark zu erheben, zunächst im 3,40-fachen Betrag, der dann wiederholt stieg und am 23. November 1919 das 8,75-fache erreichte.[14] Der September brachte dann zahlreiche neue Steuern, u. a. eine außerordentliche Kriegsabgabe, eine Vermögenszuwachssteuer, die Erbschaftsteuer, die Grunderwerbsteuer, die Zündwarensteuer, die Spielkartensteuer, die Tabaksteuer; im Dezember kamen die Umsatzsteuer und ein Reichsnotopfer. Seit 1920 gibt es als Reichssteuern die Einkommensteuer, die Körperschaftsteuer und die Kapitalertragsteuer. Im April 1922 ersetzte man das Reichsnotopfer, eine einmalige Vermögensteuer, durch die bis heute bestehende laufende Vermögensteuer; die Steuern wurden immer wieder erhöht, und es gab auch eine Kohlensteuer. Das Jahr 1923 war voller solcher Erhöhungen. Der vielfache Betrag, mit dem die Zölle erhoben wurden, stellte sich im Mai bis auf 9920, im Juni bis auf 21 470, im August bis auf 871 000, im September bis auf 31 900 000 und im Oktober bis auf 15 000 000 000. Im November stieg er von 17 000 000 000 auf eine Billion. Bei den Ertragsteuern wurde im März 1923 angeordnet, daß die Steuer bei Zahlungsverzug indexartig erhöht würde, aber den Kaufkraftverlust zwischen Steuerfestsetzung und Fälligkeit trug das Reich. Im Juni 1923 kam eine ›Brotabgabe‹, die vom Roggenpreis abhängig war. Der August brachte eine »außerordentliche Abgabe aus Anlaß der Ruhrbesetzung« (Rhein-Ruhr-Abgabe). Im Oktober 1923 ging man dann allgemein für die Steuern zur Erhebung nach dem ›Goldumrechnungssatz‹ über – im Ergebnis verließ man die für das Steuerwesen die Reichswährung.

Die Papiermark verlor damit selbst für die Finanzen des Reichs ihre Bedeutung. Längst hatten sich Bürger und Wirtschaft von der Mark gelöst – die Mark als Werteinheit war nicht mehr vorhanden. Man bediente sich hier des Dollarkurses, dort des Großhandelsindex, anderswo des Index der Lebenshaltung.[15]

Wo immer möglich mieden Bevölkerung und Wirtschaft die Benützung des Reichsgeldes – die Währungshoheit stand, nicht verwunderlich, nur noch auf dem Papier der Reichsbanknoten. Seit der Aufhebung der Blockade kurz nach Unterzeichnung des Friedensvertrags konnte die Wirtschaft wieder exportieren, und aufgrund der niedrigen Lohnkosten und des Warenhungers in aller Welt geschah dies mit wachsendem Erfolg. Noch 1919 gingen viele Exportfirmen dazu über, ihre Ausfuhren in stabiler ausländischer Währung zu fakturieren und die Rechnungsbeträge in ausländischen Zahlungsmitteln einzuziehen. Trotz der zu schildernden Devisenvorschriften, die weitgehend versagten, kamen so Mengen von Auslandsgeld nach Deutschland, die auch zur Zahlung von Teilen der Löhne verwendet wurden. Anderes Auslandsgeld gaben die Angehörigen der Besatzungstruppen im Rheinland aus – ebenso, wie Markzahlungsmittel während des Krieges von den deutschen Truppen in die Kriegsgebiete gebracht worden waren.[16] Deutschland war damals

nicht nur ein Land niedriger Löhne, sondern auch niedriger Preise. In jeder Inflation steigen die Preise weniger rasch als der Außenwert des Geldes sinkt. Ausländer
konnten daher in Deutschland nicht nur billig bestellen, sondern auch auf das billigste einkaufen. Mit einer Brieftasche voll niederländischer Gulden oder schwei-
zerischer Franken konnte der Ausländer etwa auf Kunstauktionen oder im Antiquitä-
tenhandel – die Not zwang die alte Mittel- und Oberschicht, sich vielen Kulturguts
zu entäußern – zu lächerlicher Gegenleistung einkaufen.[17] Eine Flut ausländischer
Käufer ergoß sich über das Reich. Auch Beteiligungen an deutschen Betrieben und
deutscher Grundbesitz kamen so in großem Stil in ausländische Hand. Die Deutschen erkannten das Wesen der Inflation nur langsam. Weite Kreise hielten sich für
reicher als früher, wenn immer höhere Beträge durch ihre Hand gingen; bis 1922
setzte sich die Gold- oder Dollarrechnung nur langsam durch. Spekulationsmög-
lichkeiten, Geldraffen und leichtes Verdienen von Scheinwerten beherrschten Handel, Wirtschaft und auch den kleinen Mann. Da die Lebensmittelrationierung die
Ernährung der Familien nicht mehr sicherstellen konnte, war praktisch jeder gezwungen, Gesetze zu übertreten, um überleben zu können. Gesetzestreue und
Staatsbewußtsein der Deutschen gingen in die Brüche; Einkauf im Schleichhandel
wurde zur Lebensnotwendigkeit. Am schlimmsten ging es den ›Festbesoldeten‹,
den Beamten und Pensionären, deren Bezüge stets zu spät und unzureichend dem
Kaufkraftschwund angepaßt wurden. Bei Bahn und Post stiegen die Diebstähle von
Sendungen; die Bestechlichkeit der Staatsdiener wurde zum Problem. Die Bevölkerung, die sich zurecht vom Staat betrogen fühlte, verlor das Vertrauen in den Staat.
Not kannte kein Gebot mehr.[18]

Unter diesen Umständen mußten auch alle Versuche scheitern, die Deviseneinn-
nahmen von Wirtschaft und Bevölkerung in die Kassen der Reichsbank zu leiten,
um damit »die Währung zu schützen« (d. h. die Verwendung ausländischer Zahlungsmittel zu unterbinden und der Papiermark das ausschließliche Umlaufsrecht
zu sichern) und die erforderlichen Devisen für staats- und volkswirtschaftspolitisch
gebotene Auslandszahlungen in die Hand zu bekommen, in erster Linie für die Reparationszahlungen.

So wurden die Devisenvorschriften nach dem Waffenstillstand nach einer Unter-
brechung immer schärfer und immer wirkungsloser. Mit einer Verordnung über
Maßnahmen gegen die Kapitalabwanderung ins Ausland vom 21. November 1918[19]
wollte man die Ausfuhr von Wertpapieren nur noch über Banken zulassen. Die Bekanntmachung über den Zahlungsverkehr mit dem Ausland vom 18. Dezember
1918[20] sollte verhindern, daß Marknoten nach Belgien und Frankreich gebracht
wurden, wo man sie in den von den Deutschen geräumten Gebieten gerade zum
groben Vorkriegskurs (1,25 Fr gleich 1 Mark) umtauschte, zum Schutz der dortigen
Bevölkerung, die nicht darunter leiden sollte, daß sich die Mark relativ mehr entwertet hatte als der französische und der belgische Franc. In diesem Zusammenhang stand die Ausstattung der Noten zu 100 und 1000 Mark mit grünem statt wie
bisher mit rotem Siegelstempel.[21]

Die Einsicht, daß die Devisenvorschriften nichts mehr nützten, bewog die
Reichsregierung, am 23. Juli 1919 die bisherige Devisenordnung aufzuheben.[22] Sie

suchte nun, die für Auslandszahlungen benötigten Devisen auf dem freien Markt zu erwerben, was aber nur in Grenzen gelang und nach ihrer Meinung die Inflation förderte.[23] Besonders im besetzten Gebiet bemühte man sich um Ankäufe. Im Rahmen ihrer fortbestehenden Befugnisse, den Außenhandel zu überwachen, suchte die Reichsbank Teile der Exporterlöse an sich zu ziehen; in der Regel mußte der Exporteur kraft Auflage bei der Exportgenehmigung die Hälfte des Devisenerlöses der Reichsbank überlassen. Nach dem Londoner Ultimatum (31. August 1921) genügte das Devisenaufkommen nicht mehr. Als auch die Kreditaufnahme im Ausland versagte, griff das Reich wieder zur Devisenbewirtschaftung. Von Februar 1922 bis Ende 1923 ergingen nicht weniger als 44 Devisenvorschriften, deren Titel für sich sprechen und von denen es hier genügen muß, ihre Fundstellen aufzuführen.[24] Erwähnt sei nur die Verordnung des Reichspräsidenten (Notverordnung nach Art. 48 der Reichsverfassung) vom 7. September 1923, nach der die Behörde des »Kommissars für die Devisenerfassung« jegliche Zahlungsmittel und Forderungen in ausländischer Währung in Anspruch nehmen und dazu bei jedermann Auskunft fordern, Einsicht in Bücher nehmen, Durchsuchungen ausführen, jeden zur Erklärung vorladen und von ihm die eidesstattliche Versicherung der Richtigkeit der Erklärungen verlangen konnte. Gesetzwidrig erworbene Devisen waren dem Reich entschädigungslos verfallen, ebenso verschwiegene – und das alles galt auch für Edelmetalle, also auch für die noch vorhandenen Goldmünzen der Vorkriegszeit!

Übrigens hatte die Reichsbank am 4. Januar 1921 wieder begonnen, Goldmünzen des Reichs anzukaufen; die Ankaufspreise für das Zwanzigmarkstück wurden bekanntgegeben und entsprachen etwa der Markentwertung. Sie beliefen sich zum 4. Januar 1921 auf 308 M, erreichten am 5. Dezember 1921 720 DM und stiegen vom 23. Januar 1922 bis 6. November 1922 von 780 auf 20 000 M. Der letzte Ankaufspreis in Papiermark ist vom 29. Juli 1923 und betrug 3 Millionen Mark; ab 6. August 1923 legte man den Preis von 640 Dollar für ein Kilogramm Feingold zugrunde. Schacht[25] bemerkt, daß die Reichsbank damit, daß sie für Reichsmünzen, die in der Theorie noch immer gesetzliches Zahlungsmittel in ihrem Nennwert waren, ein Aufgeld zahlte, zum ersten Mal die Inflation anerkannt habe.[26]

In die Inflationszeit fallen einige Änderungen des Bankgesetzes von 1875, die hier nur beiläufig zu erwähnen sind, weil sie am Charakter der Markwährung als einer manipulierten Papierwährung nichts änderten und das Inflationsgeschehen in seinem technischen Ablauf der ungedeckten Papiergeldvermehrung als Folge des Notenbankkredits an das Reich lediglich erleichterten, indem unbedeutende letzte Schranken vor der Papiergeldflut beseitigt wurden. Ein Änderungsgesetz[27] vom 16. Dezember 1919 brachte Änderungen bei den Leitungsorganen der Bank. Es gab die Grundlage, daß die Reichsbank mit ihrer Hauptstelle in Danzig weiter tätig sein und den dortigen neuen Freistaatverhältnissen Rechnung tragen konnte, wo die Reichswährung erst 1923 durch den Danziger Gulden abgelöst wurde (vgl. S. 171). Sie durfte fortan Devisenhandel treiben. Ihre Besteuerung und die Gewinnabführung an das Reich wurden neu geregelt, nachdem es hier schon im Krieg neue Vorschriften gegeben hatte. Am wichtigsten war, daß die Drittdeckung der Noten aufgehoben wurde. Zum Kassenbestand der Reichsbank durften – der technischen

Entwicklung des internationalen Bankwesens entsprechend – auch Werte gerechnet
werden, die unter ihrer Verfügung in ausländischen Tresoren lagen. Die Leitung
der Bank lag seit dem ›Autonomiegesetz‹ von 1922[28] nicht mehr, was schon bisher
nur Theorie war, beim Reichskanzler, sondern beim Reichsbankdirektorium; dies
hatte die Reparationskommission verlangt.

Unberücksichtigt können hier die technischen Einzelheiten der Anleihegewährung der Reichsbank zugunsten des Reichs als Grundlage der Noteninflation bleiben. Im wesentlichen erhöhte sich die schwebende Schuld des Reiches;[29] die Steuereinnahmen wurden immer geringer. Was sank, war auch die fundierte Schuld des
Reiches, in Gestalt der älteren, langfristigen Anleihen, zu denen auch die Kriegsanleihen gehörten und die (wenn bei den Kriegsanleihen auch mit zunehmender
Kriegsdauer gemindert) das Reich seinerzeit in guter Münze aufgenommen hatte.
In Goldmark gerechnet betrug diese Schuld (jeweils Ende März)[29a] in Millionen

1913	4806	1920	5424
1914	4918	1921	5523
...			
1918	58515	1922	903
1919	33746	1923	11,92

Am 30. September 1923 war sie auf 2000 Goldmark (!) gesunken. Das bedeutete
nichts anderes, als daß das Reich sich allen seinen Bürgern gegenüber, den inländischen Anlegern, durch die Inflation aller Schulden entledigt hatte. Es bedeutete die
Vernichtung aller Ersparnisse in Form von Sparkassen- und Bankguthaben wie von
Reichs-, Länder- und Kommunalanleihen. Sie wurde durch die Aufwertung von
1925 auch nicht teilweise wiedergutgemacht.[30]

Im Tabellenanhang finden sich Übersichten der Preisbewegung bei den wichtigsten Lebensmitteln und Bedarfsartikeln in den Kriegs- und Inflationsjahren 1914
bis 1923 und bis in das Normaljahr 1924 (Tabelle 9) und – besonders interessant –
des Goldwertes der Geldscheine am Ausgabetag (Tabelle 10).

Im Toronto Daily Star vom 19. September 1922 berichtete der damals in Paris als
Journalist lebende Ernest Hemingway unter dem Titel ›German Inflation‹ über einen Besuch in Kehl:[30a]

Der Junge in dem Straßburger Reisebüro, in das wir gingen, um einige Auskünfte über den
Grenzübertritt einzuholen, sagte: »Oh ja. Es ist leicht, hinüber nach Deutschland zu kommen.
Sie brauchen bloß über die Brücke zu gehen.« »Ist denn kein Visum nötig?« sagte ich. »Nein.
Nur ein Passierstempel von den Franzosen.« Er zog seinen Paß aus der Tasche und zeigte uns
die vollgestempelte Rückseite. »Hier. Ich wohne jetzt drüben, das ist viel billiger. So macht
man Geld.«
Dieser Punkt wäre also geklärt.
Vom Zentrum Straßburgs hinaus zum Rhein ist es mit der Straßenbahn fünf Kilometer. An
der Endstation drängen alle aus dem Wagen und strömen in eine lange Gasse aus Stacheldraht, die zur Brücke führt. Ein französischer Soldat mit aufgepflanztem Bajonett schlendert
über die Straße hin und her und beobachtet unter seinem stahlblauen Helm hervor die Mädchen in dem Drahtverhau. Links von der Brücke steht ein häßliches Zollhaus aus Ziegelstein,

rechts ein Holzschuppen, in dem ein französischer Beamter hinter einem Schalter sitzt und Pässe stempelt.

Der Rhein fließt schnell und schlammgelb zwischen flachen grünen Ufern dahin und saugt gurgelnd an den Betonpfeilern der langen Eisenbrücke. Am anderen Ende der Brücke wird die häßliche kleine Stadt Kehl sichtbar, die wie irgendein trostloses Viertel von Dundas (Toronto) aussieht.

Wenn Sie französischer Staatsbürger mit einem französischen Paß sind, stempelt Ihnen der Mann hinter dem Schalter einfach »Sortie Pont de Kehl« hinein, und Sie gehen über die Brücke ins besetzte Deutschland. Wenn Sie Bürger irgendeines anderen alliierten Landes sind, schaut Sie der Beamte mißtrauisch an, fragt Sie, woher Sie kommen, warum Sie nach Kehl wollen, wie lange Sie zu bleiben gedenken und stempelt dann dasselbe »Sortie« in Ihren Paß. Wenn Sie zufällig ein Bürger von Kehl sind, der geschäftlich in Straßburg war und zum Abendessen nach Hause zurückkehrt – und da die Interessen Kehls mit denen von Straßburg verflochten sind, so wie alle Vorstädte mit ihrer Kernstadt, müssen Sie nun einmal geschäftlich nach Straßburg, wenn Sie überhaupt irgendwelche Geschäfte haben – dann werden Sie fünfzehn oder zwanzig Minuten in der Schlange stehengelassen, Ihr Name wird in einer Kartei gesucht, um festzustellen, ob Sie jemals ein Wort gegen die französische Regierung gesagt haben, Ihre Personalien festgehalten. Sie werden ausgefragt und endlich bekommen Sie das gleiche »Sortie« doch. Jedermann kann über die Brücke gehen, aber für die Deutschen machen es die Franzosen sehr unangenehm.

Wenn Sie endlich über den schlammigen Rhein sind, befinden Sie sich in Deutschland. Die deutsche Seite der Brücke wird von zwei der demütigsten und verschüchtertsten deutschen Soldaten bewacht, die Sie je gesehen haben. Zwei französische Soldaten mit aufgepflanzten Bajonetten marschieren auf und ab, und die beiden deutschen Soldaten lehnen unbewaffnet an einer Mauer und schauen zu. Die französischen Soldaten sind in voller Ausrüstung mit Stahlhelmen, aber die Deutschen tragen die alten weiten Umhänge und Pickelhauben aus der Friedenszeit. Ich fragte einen Franzosen nach den Aufgaben und Pflichten der deutschen Posten. »Sie stehen da«, antwortete er.

In Straßburg gab es kein deutsches Geld, der steigende Umtausch hatte die Banken schon vor Tagen geleert; deshalb tauschten wir etwas französisches Geld in Kehl im Bahnhof um. Für zehn Franken bekam ich 670 Mark. Zehn Franken waren ungefähr neunzig Cent in kanadischem Geld. Diese neunzig Cent reichten meiner Frau und mir einen ganzen Tag, an dem wir viel ausgaben, und am Ende des Tages hatten wir noch einhundertzwanzig Mark übrig!

Unseren ersten Einkauf machten wir an einem Obststand am Rand der Kehler Hauptstraße, wo eine alte Frau Äpfel, Pfirsiche und Pflaumen verkaufte. Wir suchten uns fünf sehr schöne Äpfel heraus und gaben der alten Frau einen Fünzig-Mark-Schein. Sie gab uns achtunddreißig Mark heraus. Ein sehr freundlich aussehender alter Herr mit weißem Bart sah uns die Äpfel kaufen und zog seinen Hut. »Entschuldigen Sie, mein Herr«, sagte er ziemlich schüchtern auf Deutsch, »wieviel haben die Äpfel gekostet?« Ich zählte das Wechselgeld ab und sagte: »Zwölf Mark.« Er lächelte und schüttelte den Kopf. »Das kann ich nicht bezahlen. Es ist zuviel.«

Er ging die Straße hinauf in der Art, wie weißbärtige alte Herren aus vergangenen Zeiten in allen Ländern laufen, aber er hatte die Äpfel ganz sehnsüchtig angeschaut. Ich wünschte, ich hätte ihm welche angeboten. Zwölf Mark waren an diesem Tag etwas weniger als zwei Cents. Der alte Mann, der die Ersparnisse seines Lebens wahrscheinlich wie fast alle, die keine Kriegsgewinnler waren, in deutschen Vorkriegs- und Kriegsanleihen angelegt hatte, konnte sich eine Ausgabe von zwölf Mark nicht leisten. Er gehörte zu den Leuten, deren Einkommen mit der fallenden Kaufkraft der Mark und der Krone nicht steigt.

In Kehls bestem Hotel, einem sehr gepflegten Haus, servierte man ein Tagesmenü mit fünf Gängen für 120 Mark, das sind ungefähr fünfzehn Cents in unserem Geld. Fünf Kilometer entfernt, in Straßburg, konnte man ein gleich gutes Essen nicht für einen Dollar bekommen. Da die Zollbestimmungen für Personen, die aus Deutschland kommen, sehr streng sind, können die Franzosen nicht nach Kehl herüberkommen und all die billigen Waren aufkaufen, was sie gern täten. Aber sie können herüberkommen und essen. Es ist schon sehenswert, wie der Mob jeden Nachmittag die deutschen Konditoreien und Cafés stürmt. Die Deutschen machen sehr gute Torten, wunderbare Torten, und bei der gegenwärtigen Talfahrt des Markkurses brauchen die Franzosen aus Straßburg für das Stück weniger zu bezahlen als einen Sou, die kleinste französische Münze. Dieses Wechselkurswunder führt zu einem schweinischen Schauspiel: Die jungen Leute aus der Stadt Straßburg strömen in die deutschen Konditoreien und schlagen sich bis zum Erbrechen voll mit luftigen deutschen Cremeschnitten, das Stück für fünf Mark. Binnen einer halben Stunde ist die Konditorei leergefegt.
Die Konditorei, in die wir gingen, schien einem Mann mit Schürze und Sonnenbrille zu gehören. Ihm half ein Deutscher mit kurzgeschorenem Haar, der wie ein typischer ›Boche‹ aussah. Der Ort war brechend voll mit Franzosen jeden Alters und Aussehens, die allesamt Kuchen in sich hineinschlangen, während ein junges Mädchen in einem rosa Kleid und Seidenstrümpfen, mit einem blassen hübschen Gesicht und Perlenohrringen, soviele von ihren Bestellungen für Frucht- und Vanilleeis entgegennahm, wie sie erledigen konnte. Es schien ihr ziemlich gleich zu sein, ob sie die Bestellungen ausführte oder nicht. Es waren Soldaten in der Stadt, und sie ging immer wieder hinüber, um zum Fenster hinauszusehen. Der Besitzer und sein Gehilfe waren mürrisch und schienen nicht besonders glücklich, als alle Kuchen verkauft waren. Die Mark fiel schneller, als sie backen konnten.
Inzwischen rumpelte draußen auf der Straße ein komischer kleiner Zug vorbei und brachte die Arbeiter mit ihren Eßgeschirren nach Hause in die Außenbezirke der Stadt. Die Autos der Schieber rasten vorbei und wirbelten eine große Staubwolke auf, die sich auf die Bäume und alle Häuserfronten niedersenkte, und in der Konditorei verschlangen französische Halbstarke ihre letzten Kuchen, und französische Mütter wischten ihren Kindern die klebrigen Münder ab. Das eröffnete einem eine neue Sicht des Geldumtauschs.
Als die letzten Kaffeetrinker und Kuchenesser über die Brücke Richtung Straßburg gingen, trafen schon die ersten Wechselkurspiraten ein, um wegen billiger Abendessen in Kehl einzufallen. Die beiden Ströme begegneten sich auf der Brücke und die beiden armselig aussehenden deutschen Soldaten schauten zu. Wie der Junge im Reisebüro sagte: »So macht man Geld.«

Anschaulicher ist schwerlich zu schildern, wie sich ein Ausländer damals in Deutschland fühlen konnte.

b) Die Reichsbanknoten und die Noten der Privatnotenbanken

Mit den Unruhen der November-Revolution um die Zeit des Waffenstillstands wuchs der Bedarf an Zahlungsmitteln ungemein; schon ab Oktober 1918 kam es zu massiven Guthabenrückzügen bei den Geldinstituten. Die Reichsbank war gegen die Bargeldhortung machtlos und ließ alle ihre Noten- und Münzreserven ausgeben. Das Bild des Handgeldumlaufs war das in Kapitel 2c, d und e geschilderte;

immer noch waren Aussehen und technischer Standard der Reichsbanknoten unverändert. Für den Augenblick konnte die Reichsdruckerei den Bedarf nicht mehr decken. So kam es zur Ausgabe einer 50-Mark-Note, die unter Aufsicht der Reichsbank in privaten Druckereien im Buchdruck hergestellt wurde und das Datum 20. Oktober 1918 trug. Wegen des Rahmens um den Text nannte sie der Volksmund ›Trauerschein‹ und ›Todesanzeige‹, wohl auch wegen des traurigen Kriegsendes.[31] Da es zu Fälschungen kam, wurde der Schein schon zum 10. September 1919 für ungültig erklärt. Da dies noch vor einer Entwertung geschah, wurden die Scheine zum größten Teil wieder eingeliefert und sind für den Sammler heute selten. Das Schicksal dieses Scheines teilte sein Nachfolger, der ›Bilderrahmen‹ oder ›Eierschein‹ mit Datum 30. November 1918, ebenfalls zu 50 Mark,[32] ebenfalls im Buchdruck von Privatdruckereien hergestellt und oft gefälscht und daher zum 31. Januar 1921 außer Kurs gesetzt. Zur gleichen Zeit ermunterte die Reichsbank die Städte zur Ausgabe von Notgeld bis zum 50-Mark-Schein, übernahm die Hälfte der Druckkosten und sagte die Annahme in ihren Kassen zu.

Offenbar fehlte hauptsächlich dieses Nominal. Für den dritten Nachkriegsschein zu 50 Mark kamen Bild und Druckverfahren von der Druckerei der Österreichisch-Ungarischen Bank in Wien, wo auch ein Teil der Noten hergestellt wurde. Dieser ›Wiener‹, wie man ihn nannte, trug das Datum 24. Juni 1919 und wurde im November in Verkehr gegeben. Die Auflage trug als Aufschrift ›Reihe 1‹, teils ›Reihe 2‹; die Reihen 3 und 4 kamen 1920 in Umlauf.[33]

In der Folge reichte die Kapazität der Reichsdruckerei für den Notendruck offenbar wieder aus; die anderen als die 50-Mark-Scheine wurden weiter hergestellt, insbesondere auch die 1000-Mark-Scheine mit Datum 21. April 1910. Nur der Hunderter wurde im Dezember 1920 durch eine einfachere Ausgabe ersetzt (Datum 1. November 1920);[34] der Fünfziger wurde erneut geändert (Datum 23. Juli 1920; Ausgabe ebenfalls Dezember)[35] und eine Reichsbanknote zu 10 Mark erstmals ausgegeben (Datum 9. Februar 1919; Ausgabe auch hier erst im Dezember);[36] letzteres Nominal war beim Papiergeld vorher nur durch einen Reichskassenschein vertreten.

Diese Scheine gehören zwar schon zur Inflation, aber noch nicht zur Papiergeldflut, die mit dem Kursverfall der Mark im dritten und besonders im vierten Vierteljahr 1922 einsetzte. Man sah diese Flut natürlich nicht voraus und suchte zunächst, mit den vorhandenen Mitteln der Notenausgabe auszukommen.[37] Die Leistungsfähigkeit der Reichsdruckerei wurde erhöht; wie Ende 1918 wurden wieder private Druckereien mit Aufträgen versehen. Man suchte das Druckverfahren zu vereinfachen, und das führte notgedrungen zu neuen Notenbildern. Man ging vom Tiefdruck zum einfacheren Buchdruck über und verzichtete zunehmend auf das bisherige teurere Notenpapier. Schon bei den Darlehenskassenscheinen der Kriegszeit war nur die Vorderseite im Tiefdruck, die Rückseite aber im Buchdruck ausgeführt; jetzt ging man ganz zum Buchdruck über.[38] Der Kupfertiefdruck wurde im Frühjahr 1922 aufgegeben; anstelle der Tiefdruckpressen traten Schnellpressen und Rotationsmaschinen. Die Sicherungen gegen Fälschung wurden immer dürftiger.

Im weiteren muß es genügen, die Nominale der Inflationsscheine anzudeuten.

1922 kamen Noten zu 500, 5000 und 10 000 Mark, die noch recht ansehnlich waren;[39] dazu traten im Herbst einfachere Scheine zu 100 und 1000 Mark.[40] Da die neuen Scheine nicht genügten, ermunterte der Reichsfinanzminister wieder zur Ausgabe von Notgeld, diesmal schon bis zum Nominal 1000 Mark. In der Hochinflation überschlugen sich dann die Ausgaben; sie wurden immer einfacher, ja primitiv, bis man mit der letzten Serie von Billionen-Nominalen schon zur Gestaltung des neuen, stabilen Papiergelds der Nachinflationszeit übergehen konnte. Folgende weitere Nominale treten meist mehrfach in immer weiter vereinfachter Gestaltung auf:[41]

20 000 Mark	1 Milliarde (1 000 000 000) Mark
50 000 Mark	2 Milliarden Mark
100 000 Mark	5 Milliarden Mark
200 000 Mark	10 Milliarden Mark
500 000 Mark	20 Milliarden Mark
1 000 000 Mark	50 Milliarden Mark
2 000 000 Mark	100 Milliarden Mark
5 000 000 Mark	200 Milliarden Mark
10 000 000 Mark	500 Milliarden Mark
20 000 000 Mark	
50 000 000 Mark	1 Billion Mark
100 000 000 Mark	2 Billionen Mark
500 000 000 Mark	5 Billionen Mark
	10 Billionen Mark
	100 Billionen Mark

Die erwähnte letzte Serie von 1924 umfaßte die Werte 5, 10, 20, 50 und 100 Billionen Mark.

Die Versorgung des Geldverkehrs mit diesen Noten war bei aller Absurdität der galoppierenden Inflation eine große technische Leistung. In der Reichsdruckerei waren zeitweise mehr als 7500 Kräfte mit der Papiergeldherstellung befaßt. 84 private Druckereien stellten für die Reichsbank Noten her, 60 weitere erbrachten Druckvorarbeiten für die Reichsdruckerei. Mehr als 30 Papierfabriken fertigten nur Papier für Banknoten. Im ganzen wurden in der Inflation 10 Milliarden Geldscheine im Gesamtnennwert von 3877 Trillionen Mark gedruckt. Dazu lieferten 29 Klischeeanstalten gegen 400 000 Druckplatten. Groß war auch die Organisationsleistung der Reichsbank bei den Aufträgen an die Druckereien, entwerteten sich die Nominale doch oft in Tagen zum Nichts und mußten durch neue ersetzt werden. Oft wurden ›kleine‹ Nominale in Industriegegenden für Lohnzahlungen noch gebraucht, als in ein Handelszentrum schon größere Scheine geliefert werden mußten. Die Herstellung der Inflationsnoten war auch nicht billig; die Reichsbank mußte nominal 1919 26 Millionen und 1923 32,8 Trillionen Mark dafür aufwenden.

Große Anforderungen stellten die Verteilung der Noten und das ganze Zählgeschäft, und zwar für die ganze Wirtschaft. In der Hochinflation benötigte eine Arbeiterin für den Wochenlohn einen Armkorb – meistens waren die größeren Scheine knapp. Demgemäß bedurfte es eines Lastwagens, um die Lohngelder eines Zahltags für eine kleine Fabrik von der Bank zu holen, und die Geldtransporte der

Reichsbank füllten ganze Eisenbahnwagen. 1919 und 1920 waren Jahre vieler Raubüberfälle auf Geldtransporte, aber 1923 fuhren die Geldwagen durch die Straßen, und das Geld darin zog niemanden an, sondern stieß eher ab: Jeder mußte es schnellstens wieder loswerden. Jeder Lohn mußte sofort ausgegeben werden, war er doch nach Maßgabe des Berliner Dollarkurses schon am nächsten Tag in seiner Kaufkraft auf einen Bruchteil entwertet. Nach der Lohnzahlung leerten sich Werkstätten und Büros, weil alles zum Einkauf eilte; später am Tag wurde der Ausfall durch Spätarbeit ausgeglichen. Die Lohnzahlungstage mußten immer schneller aufeinander folgen; zuletzt hatte man tägliche Lohnzahlung. Mittags kam der neue Dollarkurs heraus; dann wurden die Papiermarkpreise entsprechend heraufgesetzt, und bis dahin mußte das Geld ausgegeben sein.

Aufwendig war auch die Vernichtung zurückgeflossener, nicht mehr verwendbarer Noten. Früher hatte die Reichsbank solche Noten verbrannt. 1915 führte man ein chemisches Vernichtungsverfahren ein, das nun auch nicht mehr ausreichte. 1919 setzte man Papierzerfaserer ein, die aus den Noten ein Rohprodukt für die Packpapierherstellung fertigten. Als die rückströmenden Notenmassen alle Tresore überfließen ließen, lieferte man sie an Papierfabriken als Rohmaterial, gab sie als Heizmaterial ab oder verkaufte sie schließlich nur noch als Altpapier.[42]

Abschließend sei erwähnt, daß sich natürlich auch die vier noch bestehenden Privatnotenbanken an der Produktion der Papiergeldflut beteiligten. Für sie galt immer noch die Regelung des Bankgesetzes, daß sie über bestimmte Kontingente hinaus Noten nicht, bzw. nur gegen Entrichtung von Notensteuer im Umlauf halten durften.[42a] Die Kriegsgesetze vom 4. August 1914 galten auch für die Privatnotenbanken; auch sie konnten für die Notendeckung Darlehenskassenscheine verwenden, die dem Barvorrat zuzurechnen waren. Während das Gesetz vom 9. Mai 1921[42b] die Reichsbank von der ›baren Dritteldeckung‹ befreite, trug man für die Privatnotenbanken durch das »Gesetz, betreffend die Metallreserven der Privatnotenbanken« vom 13. Juli 1921[42c] den neuen Bedingungen Rechnung. Der Titel des Gesetzes war mißverständlich; § 1 unterwarf die Privatnotenbanken in der Verfügung über ihr Gold der Aufsicht der Reichsregierung, aber wichtiger war, daß die Notenausgaberechte der Banken wesentlich erweitert wurden. Diese Betragsgrenzen wurden dann 1923 mehrfach dem sinkenden Geldwert angepaßt, so daß auch die Privatnotenbanken Noten immer höherer Nominale ausgeben konnten. Hinsichtlich ihrer Ausgaben muß auf den Katalog von Pick/Rixen verwiesen werden.[42d]

c) Die Ersatzmünzen

Kürzer ist die Geschichte des Münzgeldes der Inflationszeit. Bei der geschilderten Wertentwicklung der Mark bestand im Kleinverkehr nur bis August und September 1922 Bedarf an Kleinmünzen unterhalb des Marknominals. Während die Silbermünzen zu 1, 2, 3 und 5 Mark im Kriege langsam verschwanden und die kleinen Darlehenskassenscheine an ihre Stelle traten, fuhr man mit der Prägung der Stücke zu ½ Mark[43] fort. Ab 1916 wurde hierzu das Silber eingeschmolzener Stücke zu 2, 3 und 5 Mark verwendet. Kriegsende und Ausrufung der Republik änderten daran nichts; die halbe Mark wurde bis 1919 mit unverändertem Münzbild – mit dem gekrönten Adlerwappen im Eichenkranz auf der Rückseite – in erheblichen Stückzahlen geprägt.

Schon im Weltkrieg war der Silberpreis gestiegen. Das Wertverhältnis von Gold und Silber, das bis gegen 1871 15½ zu 1 betragen hatte und sich dann zugunsten des Goldes derart verschoben hatte, daß im Durchschnitt der Jahre 1911 bis 1915 etwa 36½ Gewichtseinheiten Gold dem Wert einer in Silber entsprachen, änderte sich derart, daß sich der Durchschnitt der Jahre 1916 bis 1920 auf fast 20 zu 1 stellte. Der Londoner Unzenpreis in Silber, der sich bei dem klassischen Wertverhältnis, wie er auch der Doppelwährung der Lateinischen Münzunion zugrunde lag, auf etwa 60 Pence gestellt hatte; war bis Anfang 1920 auf 89½ Pence gestiegen. Er sank dann wieder, und zwar schon bis Ende 1920 auf knapp 39 Pence (später noch weiter, bis Ende 1932 z. B. auf 11,68 Pence).[44] Dies und der Wertverfall der Mark waren der Anlaß, die Prägung der Stücke zu ½ Mark im Jahre 1919 einzustellen. Auch in anderen Ländern, namentlich auch in solchen, in denen der Krieg als solcher das Münzwesen gar nicht beeinträchtigt hatte, führte dieser Preisanstieg des Silbers dazu, daß seine Verwendung für die Münzprägung eingeschränkt wurde. Beispielsweise verminderte Großbritannien den Feingehalt seiner Silbermünzen auf 500/1000.

So ging man für das Nominal zu einer Ersatzmünze aus Aluminium über. Das 50-Pfennig-Stück[45] mit dem Ährenbündel und dem Schriftband »Sich regen bringt Segen« wurde bis 1922, als es durch die Geldentwertung fast wertlos geworden war, in großen Mengen geprägt.

Das Bedürfnis nach einem Einpfennigstück bestand schon bei Kriegsende nicht mehr. Die kleine Münze aus Aluminium,[46] die erstmals 1917 zum Ersatz der bis 1916 geprägten Kupferpfennige hergestellt worden war, wurde schon 1918 nur noch in einer der sechs Münzstätten in bescheidener Stückzahl geprägt. Hingegen brauchte man Fünf- und Zehnpfennigstücke immer noch. Das Fünfpfennigstück aus Eisen,[47] seit 1915 hergestellt, wurde bis weit in das Jahr 1922 geprägt. Entsprechendes gilt für Zehnpfennigstücke. Die Prägung der Eisenmünzen von 1916[48] dauerte mit sinkenden Stückzahlen bis September 1922, ebenso die der Zinkstücke,[49] die seit 1917 und ab 1918 jedes Jahr in Hunderten von Millionen hergestellt und so zu den häufigsten Kleinmünzen dieser Jahre wurden. Als die Prägung dieser Kleinmünzen eingestellt wurde, waren die Prägekosten längst höher als der Nennwert, und die Bevölkerung hatte begonnen, auch sie zu horten.

Die Vorschriften der ersten Jahre der Republik über die Münzprägung finden sich, zum Teil mit ihren Begründungen, bei Seidel.[50] Zuerst erließ sie der Staatenausschuß, dann der Reichsrat, Nachfolgeorgane des Bundesrats als Vertretung der Länder. Hier findet der Leser auch die schon erwähnten Bekanntmachungen, mit denen das Verbot der gewerblichen Verarbeitung von Reichsmünzen (faktisch des Einschmelzens der Edelmetallmünzen) und das Verbot des Agiohandels mit Reichsgoldmünzen aufgehoben wurden.[51] Was die Reichsbank an Goldmünzen und an Silbermünzen nicht an sich gebracht hatte, hielt die Bevölkerung zurück; auch die bis 1919 ausgegebenen Silbermünzen zu ½ Mark wurden gehortet, sowie sie in Verkehr gegeben waren. Die Verordnung vom 13. April 1920[52] setzte sie alle außer Kurs. Vorher hatte man aber noch – ohne jeden Erfolg – versucht, die Restbestände der Bevölkerung mit Rechtszwang hervorzulocken: Die Verordnung über den Handel mit Gold, Silber und Platin vom 7. Februar 1920[53] erlaubte nur der Reichsbank den Ankauf von Edelmetallmünzen zu einem den Nennwert übersteigenden Preis und verbot Zeitungswerbung für solchen Ankauf; Platin war nur insofern betroffen, als zugleich jeglicher ambulanter Edelmetallhandel verboten wurde.[54]

Zur Ausgabe der eigentlichen Inflationsmünzen kam es erst ab 1922. Noch in diesem Jahr sah man ja die ›Hochinflation‹ des folgenden Jahres nicht voraus. Ein Motiv für die Prägungen soll auch gewesen sein, die Münzstätten zu beschäftigen, bis wieder die Münzprägung in einem normalen Münzsystem möglich sei.[55] Immer noch galt formell das Münzgesetz in seiner letzten Fassung von 1909. Daher sprach das »Gesetz über die Ausprägung von Ersatzmünzen im Nennbetrage von 1, 2, 3 und 5 Mark« vom 26. Mai 1922[56] von »Ersatzmünzen mit diesen Nennwerten in abweichender Gestalt und aus anderem Metall«, auf die das Münzgesetz und seine Ausführungsbestimmungen nur ›sinngemäß‹ angewendet werden sollten. Geprägt wurden daraufhin jedoch nur Aluminiumstücke zu 3 Mark[57] im Jahre 1922; sie verloren rasch jeden Wert. Ihnen zur Seite traten gleichartige Dreimarkstücke mit einem Gedenkgepräge: Nach Beschluß des Reichsrats vom 29. Juli 1922[58] sollten sie um den Adler die Umschrift »Verfassungstag 11. August 1922« tragen.

Anfang 1923 hatten diese Dreimarkstücke keinen Wert mehr. Mit Jahreszahl 1923 wurden nur die Gedenkprägungen noch kurze Zeit in Dresden geprägt; die Münchener Auflage von 1922 wurde schon gar nicht mehr ausgegeben und als Rohmaterial verkauft. Das Gesetz über die Ausprägung von Ersatzmünzen vom 2. Februar 1923[59] ermächtigte den Reichsrat, weitere Ersatzmünzen in Nennwerten bis 1000 Mark herstellen zu lassen. Mit Änderungsgesetz vom 23. August 1923[60] wurde diese Betragsgrenze auf 1 000 000 Mark erhöht. Geprägt wurden aber nur Aluminiumstücke zu 200 und 500 Mark[61] in riesigen Mengen. Als ihre Prägung jeweils angeordnet wurde, entsprach die Kaufkraft des 200-Mark-Stücks der von 4 Pfennig der Goldmark und die des 500-Mark-Stücks 6 Pfennig; als man die Prägung im August 1923 einstellte, waren sie mit 0,00025 bzw. 0,000625 Pfennig völlig wertlos. Jaeger/Pusback berichten, daß ein großer Teil dieser Münzen von vornherein als Altmetall verkauft wurde; in Hamburg verarbeitete man sie zu Hundesteuermarken. Für die Münzen, an die man dachte, zu deren Prägung es aber nicht mehr kam, liegen Entwürfe vor. Am Widerstand Hamburgs scheiterte ein Fünfmarkstück mit dem Durchmesser von 31 Millimeter; für das 1000-Mark-Stück war als Münzbild das Kopfbild Schillers vorgesehen.

In der Hochinflation, der letzten Phase der deutschen Inflation, spielten dann Münzen keine Rolle mehr. Vielleicht sind die Aluminiummünzen von Hamburg zu 200 000 Mark und zu ½ Million Mark[61a] von 1923 in der Annahme geprägt worden, einen echten Bedarf zu decken, doch die Inflation ging rasch darüber hinweg. Das bekannte »Notgeld der Provinz Westfalen« in Nominalen von 1 Mark bis 1 Billion Mark in verschiedenen unedlen Metallen aus den Jahren 1921 bis 1923, das die Landesbank Westfalen herstellen ließ, war nie im Umlauf und besteht aus »medaillenartige Erinnerungsstücken«,[61b] die für soziale Zwecke verkauft wurden. Restbestände verschenkte man in Schulen, und das große Stück zu 1 Billion Mark wurde erst 1924 hergestellt und für 2,50 Reichsmark verkauft.

Städtische Notmünzen in Millionen- und Milliarden-Nominalen, wie sie etwa Heilbronn am Neckar, Minden (Westfalen) und die Staatl. Sächsischen Hüttenwerke in Freiberg herausgaben,[61c] hatten Medaillencharakter und sind – schon nach Gestaltung und Aufschriften – eher den Hungertalern alter Zeiten zuzurechnen, wie die Inflation ja eine große Anzahl solcher anschaulichen Gepräge in Medaillenform hervorgebracht hat.

d) Das Notgeld

Bedarfsnotgeld

So, wie sich nach dem Waffenstillstand vom 11. November 1918 am umlaufenden Münzgeld des Reichs, wie es sich im Krieg gestaltet hatte, und an den Reichsbanknoten (und denen der Privatnotenbanken) vorerst nichts änderte, blieb auch das Notgeld in seinen Ausgabestellen, seinen Nominalen, seiner Gestaltung und seiner Vielfalt im Gebrauch, da mangels genügender staatlicher Zahlungsmittel daran echter Bedarf bestand. Das Sinken des Wertes der Mark führte aber dahin, daß sich die Nominale neuer Ausgaben langsam erhöhten. Wie man dem Keller-Katalog der Serienscheine[62] entnehmen kann, kam es in den Jahren 1921 und 1922 bei diesen Sammlererzeugnissen zunehmend zur Ausgabe von Markwerten bis 5 Mark; soweit man bei den kleinen Nominalen bis 75 Pfennig und 1 Mark blieb, wurden die Scheine an die Sammlerschaft und an die Händler, die beim Aufblühen dieses Sammelgebiets wie die Pilze aus dem Boden schossen, meistens mit erheblichem Aufgeld verkauft. Mit dem Jahre 1922 und dem Beginn der Hochinflation hörte das Geschäft mit den Serienscheinen auf. Das Gesetz über die Ausgabe und Einlösung von Notgeld vom 17. Juli 1922[63] verbot ausdrücklich auch die Ausgabe von Notgeld in Scheinen und Münzen zu Sammelzwecken (§ 2) und stellte Zuwiderhandlungen unter Strafe.

Anders verhält es sich mit den größeren Nominalen. Die schlechte Kriegslage im Westen seit Sommer 1918 beunruhigte die deutsche Bevölkerung. Es kam zu Bargeldhortung, Abhebungen von Spareinlagen und zu Hamsterkäufen, für die man Bargeld brauchte, und die Reichsbank kam mit der Herstellung insbesondere der Noten zu 50 Mark nicht mehr nach. Der Mangel nahm Anfang Oktober 1918 derart zu, daß die Reichsbank selbst den Anstoß für städtisches Papiernotgeld in Scheinen bis zu 50 Mark gab. Sie übernahm sogar die Hälfte der Druckkosten und des Fälschungsrisikos und behandelte dieses Notgeld in ihren Kassen wie die eigenen Scheine, alles ohne auch nur den Anschein einer förmlichen Rechtsgrundlage.[64] Die

Regierungen der Bundesstaaten unterstützten diesen Wunsch der Reichsbank; Keller gibt in seinem Katalog der Großgeldscheine 1918–1921 die ausführlichen Ministerialerlasse von Preußen, Sachsen und Württemberg wieder, die die Ausgabe bürokratisch genau regelten. Im allgemeinen sollten diese Scheine bis 1. Februar 1919 wieder eingezogen sein, doch wurde dies nicht überall eingehalten, wenn auch ihre Masse bis Februar 1919 wieder verschwunden war. 2 Milliarden Mark sollen auf diese Weise für den Zahlungsverkehr vorbereitet worden sein. Da manche nicht ausgegeben, andere vorzeitig eingezogen wurden, konnte die Reichsbank die Höchstumlaufsumme mit 1486,6 Millionen Mark (am 15. Januar 1919) angeben.[65] Am 31. Mai 1919 liefen immerhin noch 189,6 Millionen Mark an diesen Ausgaben um. Soweit man die Scheine einzog, vernichtete man sie nicht, wie es Preußen angeordnet hatte; die badische Regierung empfahl sogar sie aufzuheben, damit man bei neuem Geldmangel nach Unruhen, Streiks und weiterer feindlicher Besetzung darauf zurückgreifen könne. Davon wurde dann in vielen Fällen auch tatsächlich Gebrauch gemacht, teils 1921 und 1922, teils in der Hochinflation von 1923, in der man die Scheine mit dem Überdruck höheren Wertes ausgab, manchmal auch Scheine, die 1918 zwar vorbereitet, aber gar nicht ausgegeben worden waren.

Verschiedentlich gab es neue, lokale Anlässe für solche Notgeldausgaben sehr rasch. Keller kennt für die Scheine von Ende 1918 544 Ausgabestellen, denen in dem einschlägigen Katalogband acht Städte und Gemeinden (mit einer Ausnahme in Bayern) folgen, die während kommunistischer Wirren im April 1919 Scheine – in Einzelfällen bis 100 Mark – ausgaben. Dann gaben die Unruhen im März und April 1920 Anlaß im Rheinland sowie vereinzelt in Sachsen und Thüringen, wobei nicht auszuschließen ist, daß in diesen Gebieten und an anderen Orten Scheine von 1918 erneut ausgegeben wurden. Von Mai bis Herbst 1921 datieren die Ausgaben im Bereich des oberschlesischen Polenaufstands. Im ganzen zählt Keller 597 Ausgabestellen.

Inzwischen hatte die Reichsbank dem Papiergeldbedarf wieder selbst entsprechen können, und im Juni 1922 war man hinsichtlich der Reichswährung vorübergehend optimistisch, war der Dollar doch von 100 Mark auf 40 Mark gefallen. Dies führte zum Versuch, des Notgelds mit dem schon erwähnten Gesetz über die Ausgabe und Einlösung von Notgeld vom 17. Juli 1922 Herr zu werden. Es ordnete die Einlösung jeglichen Notgelds durch den Ausgeber zum Nennwert binnen drei Monaten an und verbot neue Ausgaben (wie erwähnt selbst zu Sammelzwecken).

Aber als dieses Gesetz verkündet wurde, gab es gerade einen Streik in der Reichsdruckerei, am 15. August 1922 überschritt der Dollar 1000 Mark und erreichte am Monatsende 1725 Mark. So konnte vom Vollzug des Gesetzes keine Rede sein; nach Keller[66] datiert die erste Neuausgabe nach dem Gesetz schon vom 25. Juli und so ging es allenthalben weiter. So gab die Reichsregierung schon am 18. September, also zwei Monate nach dem Gesetz, einen Notgelderlaß heraus,[67] der aussprach, der Reichsfinanzminister würde Bedarfsnotgeld auch weiterhin genehmigen; der Ausgabebetrag sei dann zur Sicherheit der späteren Einlösung auf einem Sperrkonto zu hinterlegen.

Praktisch war damit jede Sperre beseitigt; genehmigte wie ungenehmigte Notgeldausgaben in Markwährung überschwemmten das Reich. Keller katalogisiert im Band 1922 664 Ausgabestellen; die Nominalwerte reichen bis 1000 Mark. Gesondert führt er in diesem Band die Ausgaben mit Daten vom 1. Januar bis 30. Juni 1923 auf. Diese Ausgaben gehen bis zum Nominal 20 000 Mark, in einem Fall bis 100 000 Mark. Die Zahl der Stellen, die vom 18. September 1922 bis Mitte 1923 Notgeld ausgaben, gibt Keller mit 715 an und fügt hinzu, daß gar nicht alle bekannt geworden seien.[68]

In der Hochinflation von der Jahresmitte 1923 an war auch beim Notgeld kein Halten mehr. Gemeinden, Banken und alle Arten von Unternehmen in Handel und Industrie gaben hemmungslos Notgeld aus, entsprechend der galoppierenden Geldentwertung in immer höheren Beträgen, mit und ohne Genehmigung. Vielfach war es gar nicht anders möglich, die Löhne und Gehälter zu bezahlen. Die Scheine waren in der Regel von großem Format, aber für schöne und sorgfältige Gestaltung hatte man keine Zeit mehr. Es gab viele Fälschungen, zum Teil auch in Form von Phantasieausgaben, konnte doch niemand mehr einen Überblick über alle die Ausgaben haben. Zum Fälschungsschutz wurde zunehmend Wasserzeichenpapier verwendet. Jetzt kam es auch zu Überdrucken älterer Noten mit höherem Nennwert; war der Schein schon in ursprünglicher Form im Verkehr gewesen, war die Fälschungsgefahr besonders groß. Viele Notgeldscheine wurden in Form von Schecks ausgegeben. Noch am 26. Oktober 1923 erging eine Verordnung, die die Genehmigung für die Notgeldausgabe genau regelte.[69] Der Gegenwert der Scheine abzüglich der Druckkosten war bei einer Reichsstelle, der Reichskreditgesellschaft m.b.H. in Berlin, zu hinterlegen oder die Scheine waren einer Reichsbankstelle zur Ausgabe zu geben, die Reichsschatzanweisungen als Sicherheit zur Wiedereinlösung annahm. Die Strafbestimmungen gegen unbefugte Ausgabe wurden verschärft, aber nur vereinzelt wurden Pechvögel erwischt. Das Notgeld war ein viel zu gutes Geschäft; wie bei den Reichsbanknoten (und den Noten der Privatnotenbanken) gab der Emittent die Noten mit der Kaufkraft des Ausgabebetages aus und hatte sie, wenn überhaupt, mit dem gesunkenen Kaufkraftwert am Tag der Rückgabe wieder einzulösen – wie beim Reichsgeld hatte der Besitzer das Risiko der Entwertung, ein Risiko, das bis zur Stabilisierung für den Emittenten ein sicheres Geschäft bedeutete.[69a]

Für den 15. November 1923 erwähnt Keller[70] eine Schätzung des Umlaufs an Notgeld mit dem Wert von 988 Millionen Goldmark. An diesem Tag hatte der Umlauf an Reichsbanknoten den Goldmarkwert von nur knapp 155 Millionen Goldmark; der Notgeldumlauf war also fast 6,4 mal so hoch wie der Umlauf an Staatsgeld! Nach amtlicher Angabe und Schätzung war am 28. Dezember 1923 die Ausgabe von Notgeld für 7 632 369 Billionen Mark genehmigt, doch wurde der Umlauf im besetzten Rhein- und Ruhrgebiet auf 180 Trillionen und im unbesetzten Gebiet auf 12 Trillionen Mark geschätzt. Dazu kam Notgeld der Reichsbahn für 114 Trillionen Mark, doch ist in diesem Betrag auch wertbeständiges Notgeld enthalten. Zur Deckung all dieser Notgeldsummen waren nur Werte von 90 Millionen Rentenmark (gleich Goldmark) hinterlegt.[71]

Der Katalog von Keller für das Notgeld von 1923, der die Ausgaben von der

Mitte dieses Jahres an, soweit es ihm möglich war, erfaßt hat, umfaßt im Nachdruck[72] zwei Teile mit zusammen 1131 Seiten (ohne Bildtafeln). Aufgeführt sind die Scheine von 5848 Ausgabestellen. Da es kaum eine Gemeinde und kaum ein Unternehmen gab, das sich der Notgeldausgabe enthielt, meinte Keller ironisch, daß sein Katalog wohl auch einem Adressenregister der damaligen deutschen Industrie gleichkomme.

Das Notgeld besonderer Art

Bei der Vielfalt der Notgeldausgaben und dem Interesse einer Sammlerschaft, das schon zur Erscheinung der Serienscheine geführt hatte, ist es nicht verwunderlich, daß auch andere Besonderheiten an Notgeld zum Absatz an Sammler künstlich geschaffen wurden. Es haben aber auch Materialmangel, technische Schwierigkeiten und Gesichtspunkte der Werthaltigkeit zu Ausgaben geführt, die aus dem Rahmen des üblichen Notgelds aus Papier oder in Münzform (das in der Hochinflation keine Rolle mehr spielte) fallen. Geldgeschichtlich, d. h. nach der Menge solcher Ausgaben oder nach einer besonderen Funktion spielen diese Ausgaben keine Rolle. Es hat sich aber für diese Ausgaben der Begriff des »Notgelds besonderer Art« eingebürgert, und der Notgeldforscher Dr. Arnold Keller, dessen Sammeltrieb und Forschungseifer wir unser so gut wie ganzes Wissen über das Notgeld der deutschen Inflation verdanken, hat diesem Gebiet in der Reihe seiner Veröffentlichungen einen Katalogband gewidmet.[73]

Es soll genügen, hier die Arten des Notgelds besonderer Art aufzuführen, die Keller festhielt. So wurde von einigen Orten (bis auf eine Ausnahme erst in der Hochinflation), altes, zuweilen sehr altes Papier aus Akten für den Notgelddruck verwendet. Häufig verwendete man dazu die Rückseite anderweitig bereits einseitig bedruckten Papiers, etwa von Bildprospekten, Postkarten, Geschäftsdrucksachen, Plakaten, Tapeten, Vordrucken, Landkarten, Visitenkarten, Glanz- und Vorsatzpapier; man änderte Gebührenbelege wie Eintrittskarten, Marktgebührenzettel oder Rabattmarken in Notgeldscheine um. Es wurde an sich ungeeignetes Papier wie Packpapier, liniertes Schreibpapier und Notenpapier verwendet. Ganz vereinzelt hat man die Rückseite von Spielkarten bedruckt, weniger selten die Rückseite älteren, durch die Entwertung wertlos gewordenen Notgeldes oder von Anteilscheinen wertlos gewordener Kriegsanleihen. Ebenso verfuhr man mit Zins- und Dividendenkupons. In diesem Zusammenhang ist zu erwähnen, daß vom Reich während der oben erwähnten Zahlungsmittelknappheit im Oktober und November 1918 alle am 2. Januar 1919 fälligen Zinskupons der Kriegsanleihen des Reichs der Jahre 1915 bis 1918 vom 4. Oktober 1918 bis zum Fälligkeitstag die Eigenschaft des gesetzlichen Zahlungsmittels erhielten, und daß Bayern mit Landesverordnung vom 20. November 1918 mit allen bis 1. April 1919 fällig werdenden Kupons der Anleihen des Königreichs Bayern und verschiedener anderer staatlich garantierter Anleihen ebenso verfuhr.[74]

Überdruckt wurden vereinzelt Lotterielose; Oberpostdirektionen verwandten als Grunddruck von Notgeldscheinen Auszahlungs- und Überweisungsformulare der

Post; auch andere Postvordrucke wurden von Postbehörden und von Privaten in Notgeld verwandelt. Verschiedentlich griff man zu Eisenbahnfahrscheinen, Eisenbahnfahrkarten und zu Straßenbahnfahrscheinen ebenso wie zu Lebensmittelkarten.

Auch andere Materialien als Papier oder Karton wurden verwendet. Einige Orte und Firmen verwendeten Pergament oder Leder, andere bedruckten Aluminiumfolie, Gelatineblättchen oder Linoleum. Viel verwendet wurden Textilien. Bekannt wurden insbesondere die ›Bielefelder Seidenscheine‹; die Textilstadt Bielefeld verwendete aber nicht nur Seide, sondern auch Jute, Samt und Leinen; von einer Anfangzeit abgesehen handelte es sich um Erzeugnisse zum Absatz an Sammler. Kuriositäten waren Glas und – im Falle einer fränkischen Elektrodenfabrik – galvanische Kohle.

An keramischem Material fanden sich vereinzelt Ton und Steingut; häufig in Sammlerhand sind bis heute die seit 1920 hergestellten Münzen aus weißem und braunem Meißener Porzellan, wie sie der Freistaat Sachsen als Proben und zum Umlauf herstellte; auch Porzellanfabriken machten davon Gebrauch (in Selb, Oberfranken, schon 1917).

Bemerkenswert schienen Keller auch Notgeldscheine, die nach dem Druckbild zu zwei Scheinen des halben Wertes zerschnitten werden konnten. Als Fälschungsschutz wurden nicht selten Fingerabdrücke, absichtlich veränderte Dienststempel und – in zwei Fällen – chinesische Schriftzeichen angebracht. Einige Gemeinden gaben verzinsliches Papiergeld aus. Manches Papiergeld trug neben dem amtlichen Text private Werbung.

Zu Ende der Inflation war der Papierwert der ersten Inflationsscheine größer als die Kaufkraft ihres Nennwerts. Man machte sie deshalb oft als Papier nutzbar, indem man sie anderweitig verwendete. Bekannt ist der Gebrauch (mit Überdruck) als Eintrittskarten, als Mitgliederausweise, für Festtagsglückwünsche, für politische und geschäftliche Werbung, für Gebühren- und andere Quittungen von Behörden und Privaten.

Nicht zum Notgeld im eigentlichen Sinne gehört das »Briefmarkengeld«. Seit es Briefmarken gibt, sind bei Kleingeldmangel auch Briefmarken von Kleinhändlern als Wechselgeld gegeben worden und dann für ihren Nennwert von Hand zu Hand gegangen, bis sie der letzte Besitzer ihrem Zweck entsprechend verwendete. In vielen Ländern ist es nun vorgekommen, daß man den empfindlichen Papierchen zu solchem Gebrauch einen Schutz gab, in dem man sie in Zelluloidkapseln steckte, auf Kärtchen klebte oder in kleine, durchsichtige Papierhüllen schob. Zuerst ist Briefmarkengeld im amerikanischen Bürgerkrieg aufgetreten, und in der deutschen Inflation waren es kleine Händler, Gastwirte und andere Kleinunternehmer, die sich so einen Kleingeldersatz schufen und zugleich Werbung trieben, denn die Umhüllung, wie auch immer gestaltet, bot Raum für werblichen Hinweis auf den Ausgeber. Mit oder ohne Geldentwertung – dieses ›Geld‹ brauchte nicht eingelöst zu werden. Albert Pick hat das Briefmarkengeld aus aller Welt in einem Katalog erfaßt.[75]

Das wertbeständige Notgeld

Gegen Ende der Hochinflation, eigentlich schon zur Geschichte ihrer Überwindung gehörig, erschien eine neue Art von Ersatzzahlungsmittel, das ›wertbeständige Notgeld‹. Ein ›Geld‹, das jeden Tag an Wert verliert, kann seine Aufgabe nicht mehr erfüllen; es ist als Wertmesser von einiger Zuverlässigkeit nicht mehr geeignet, und so, wie die Israeli unserer Tage und andere inflationsgeplagte Völker zur Dollarrechnung greifen und der amerikanische Dollar erlaubt oder unerlaubt zur faktischen Nebenwährung wird, so halfen sich die Deutschen mit dem täglichen Blick auf den Dollarkurs, mit der Fakturierung in Dollar (wie die Reichsregierung für den Außenhandel ja auch wünschte), mit der Rechnung in der fiktiven Goldmark und mit der Verwendung der Zahlungsmittel ausländischer, stabiler Währungen, soweit man ihrer habhaft werden konnte, mit »Währungssubstitution«.

Bei aller Verbreitung fremden Geldes, wie sie bereits geschildert wurde, gab es davon aber nicht genug, und so fand sich auch dafür ein Ausweg – das ›wertbeständige Notgeld‹ kam auf, und es war nach Sachlage kein Ersatzzahlungsmittel für zu knappe Reichsbanknoten, sondern Ersatz für ausländisches Geld. Das ist angesichts der Nominale vieler seiner Ausgaben offenkundig.

Vorläufer wertbeständigen Notgelds sind in ›Sparmark‹-Scheinen zu sehen, die Sparkassen schon seit dem Frühjahr 1922 ausgaben und denen wertbeständige Anleihen zugrunde lagen; die ›Sparmark‹ entsprach 10 Cents des USA-Dollar. Doch diese Anleihen und Scheine erlangten keine Bedeutung.[75a]

Den Anstoß für diese Entwicklung gab die Reichsregierung selbst, unbewußt – wie ja nichts in dieser Inflation bewußt gewollt und geplant war, in der man sich mangels fundierter geldtheoretischer Kenntnisse und eigener Inflationserfahrung aus früherer Zeit von den Ereignissen treiben ließ. Die in der militärischen Niederlage begründete und im Friedensvertrag festgelegte Pflicht zur Zahlung der Reparationen konnte die Reichsregierung nur mit Hängen und Würgen erfüllen, und die Zahlungen – neben den Warenlieferungen, die sich Franzosen und Belgier mit dem Ruhreinbruch zum Teil selbst erzwangen – mußten in Devisen, in ausländischer stabiler Währung, erbracht werden. Neben dem Zugriff auf die Exporterlöse der deutschen Wirtschaft im Wege der Devisenbewirtschaftung machte die Reichsregierung auch davon Gebrauch, sich solche Werte im Kreditwege zu beschaffen. Im Inland begann man schon Anfang März 1923[76] Dollarschatzanweisungen in Nominalen von 5 bis 100 USA-Dollar auszugeben; eine neue Serie vom 25. August 1923 lautete auf Beträge von 1 bis 1000 Dollar.

Vorläufer des wertbeständigen Notgelds waren aber Gutscheine privater Unternehmen und von Banken, die nicht mehr auf Mark, sondern auf Warenmengen lauteten. Nach Keller begann damit die Oldenburgische Staatsbank mit Sachwertgutscheinen vom 1. November 1922 über 150 Kilogramm Roggen, die sich offenbar so gut einführten, daß die Ausgabe am 15. Juni 1923 wiederholt wurde; ab 26. Oktober 1923 gab es dann kleinere Teilstücke. Keller erwähnt verzinsliche Roggenpfandbriefe von Landwirtschaftsbanken und Gutscheine eines Kaufhauses über ein Pfund Speck oder Fett im momentanen Wert von 800000 Mark (14. August 1923).

Vom 31. August datiert die Ausgabe von Feingoldgutscheinen der Landesbank der Provinz Schleswig-Holstein in Kiel, die schon auf 1,05 Goldmark und damit auf ein Viertel des Dollar lauteten. Dann häuften sich solche Ausgaben, zu denen die Lederscheine der Stadt Pössneck gehören, die die Form von Schuhsohlen und Schuhabsätzen hatten und so ihren Wert in sich trugen. Die Stadt Bad Wildungen gab Gutscheine über »Festmeter Buchennutzholz mittlerer Güte« und Teilstücke bis zu ¹⁄₂₀ Festmeter heraus (der Festmeter soll 20 Goldmark wert gewesen sein). Andere Scheine lauteten auf Kartoffeln, Weizen, Zucker, Zündholzpakete, ›Nadelstammholz I. Klasse‹, Schmalz amerikanischer Qualität‹, Margarine und manches mehr. In der Wirtschaft, besonders im landwirtschaftlichen Bereich, breitete sich aus, daß man Verträge auf Sachgüter abstellte, besonders Pachtverträge auf einen Roggenwert.[77]

Im Oktober lenkte die Reichsregierung die Ausgabe von wertbeständigem Notgeld in geordnete Bahnen. Ein Erlaß vom 23. Oktober erlaubte Industriebetrieben die Ausgabe solcher Zahlungsmittel, die für eine erträgliche Lohnzahlung unerläßlich schienen. Schon am nächsten Tag erließ der Reichsfinanzminister Ausführungsbestimmungen, und am 26. Oktober 1923 ergänzte die »Verordnung zur Änderung des Gesetzes über die Ausgabe und Einlösung von Notgeld vom 17. Juli 1922«[78] dieses Gesetz mit einem Paragraphen 3a. Danach konnte der Reichsfinanzminister Notgeldausgaben genehmigen, wenn die Scheine auf Beträge oder Teilbeträge der wertbeständigen Anleihe des Deutschen Reiches lauteten, höchstens auf 8,40 (Gold-)Mark. Zur Deckung war eine solche Anleihe bei der Reichsbank zu hinterlegen; es genügte aber auch, gezeichnete oder deponierte Anleihestücke als Deckung zu bezeichnen. Der Wortlaut mußte auf die Genehmigung und die Deckung hinweisen und die Scheine waren als ›Notgeldschein‹ zu bezeichnen.

Davon wurde jetzt von zahlreichen Städten, Landkreisen, Banken, Industrieunternehmen usw. Gebrauch gemacht. Inzwischen waren bei den Marknoten der Reichsbank und des gewöhnlichen Notgelds bereits die Billionenwerte erschienen, und als man im Rahmen der Reform schon die Rentenmarknoten vorbereiten wollte, streikten wieder einmal die Buchdrucker der Reichsdruckerei und anderer Druckereien. So war die Welle dieses neuen Notgelds nicht aufzuhalten, und in der Tat war es die einzige Möglichkeit, den Zahlungsverkehr in dieser Schlußphase der Inflation überhaupt aufrechtzuerhalten. Zudem wirkte das wertbeständige Notgeld dahin, die Bevölkerung wieder an den Gedanken zu gewöhnen, daß auch inländisches Geld stabil sein könne.

Viele Ausgeber hielten sich nicht an die Bedingungen der Verordnung vom 23. Oktober 1923. Auch kleine und kleinste Betriebe traten als Ausgeber auf, was man nicht gewollt hatte. Genehmigt wurde die Ausgabe von etwa 200 Millionen Goldmark, wozu noch etwa 150 Millionen solcher Zahlungsmittel der Deutschen Reichsbahn traten. Dazu kamen rund 270 Millionen Goldmark in kleinen Stücken der Reichsgoldanleihe, die auch für den Gebrauch im Zahlungsverkehr gedacht waren; preußische Provinzen und Länder des Reiches werden gegen 50 Millionen Goldmark solcher Anleihestücke in Umlauf gesetzt haben.

Dazu traten private Goldwertemissionen: In Hamburg gab eine »Hamburger

Bank von 1923 Aktiengesellschaft«, in Kiel eine »Schleswig-Holsteinische Gold-
girobank Aktiengesellschaft« Goldzertifikate (Verrechnungsscheine) aus; der Umlauf erreichte in Hamburg 25 Millionen Goldmark, und für beide ›Goldwährungen‹, die durch Devisen voll gedeckt waren, gab es auch kleine ›Verrechnungsmar-
ken‹ bzw. ›Gutschriftsmarken‹ zu $\frac{1}{100}$, $\frac{5}{100}$ und $\frac{10}{100}$ Goldmark in Hamburg und zu
$\frac{5}{100}$ und $\frac{10}{100}$ Goldmark für Schleswig-Holstein.[79] Bremen brachte ähnliche Münzen
erst nach der Stabilisierung heraus, die nur kurz umliefen.[80] Im ganzen werden
gegen 700 Millionen Goldmark an wertbeständigem Notgeld im Umlauf gewesen
sein.

Keller zählt 497 Ausgabestellen, darunter 201 öffentlichrechtliche Körperschaften (Staat, Gemeinden, Kreise usw.); der Rest entfiel auf die Wirtschaft (einschließlich der Handels- und Landwirtschaftskammern, auch der Verkehrsunternehmen
und Banken). 64 Stellen gaben Sachwertscheine aus. Interessant sind die vorkommenden Stückelungen. Meistens lauteten die Scheine auf Goldmark oder Gold-
pfennige, doch häufig in Nominalen, die der Stückelung des Dollar (Parität 4,20
Goldmark) entsprachen, und oft war dieser Bezug durch eine zweite Wertangabe
auch erläutert. In der Pfalz hauptsächlich kamen auch Scheine in französischen
Francs oder Centimes vor. Keller hat das Vorkommen der Nominale nach Möglichkeit ermittelt, wobei er jedoch betont, daß das Ergebnis unvollständig sei und
immer wieder neue unbekannte Scheine auftauchten; er machte bei seinen Nach-
forschungen die Erfahrung, daß Ausgeber zuweilen ihre Ausgaben ableugneten,
wenn sie dazu keine Genehmigung gehabt hatten oder sonst Fehler unterlaufen waren. Kellers Übersicht:[81]

Mark-Reihe

Es kommen vor (nur die Grundscheine gerechnet ohne Nummer- oder Buchstabenvarianten)

1	Pfennig	92 mal		3,00	Mark	20 mal
1,5	Pfennig	1 mal		4,00	Mark	18 mal
2	Pfennig	60 mal		5,00	Mark	116 mal
2,5	Pfennig	1 mal		6,00	Mark	3 mal
3	Pfennig	2 mal		8,00	Mark	8 mal
4	Pfennig	2 mal		10,00	Mark	58 mal
5	Pfennig	153 mal		12,50	Mark	1 mal
10	Pfennig	214 mal		15,00	Mark	2 mal
15	Pfennig	1 mal		20,00	Mark	15 mal
20	Pfennig	83 mal		25,00	Mark	2 mal
25	Pfennig	27 mal		30,00	Mark	1 mal
40	Pfennig	7 mal		50,00	Mark	12 mal
50	Pfennig	248 mal		60,00	Mark	1 mal
80	Pfennig	2 mal		100,00	Mark	6 mal
1,00	Mark	293 mal		150,00	Mark	1 mal
1,75	Mark	1 mal		180,00	Mark	1 mal
2,00	Mark	136 mal				
2,50	Mark	1 mal		zusammen 1589 Scheine		

Dollar-Reihe

2,1	Pfennig	(½ Cent)	1 mal	2,10	Mark	(½ $)	187 mal
4,2	Pfennig	(1 Cent)	19 mal	2,94	Mark	(70 Cents)	1 mal
8,4	Pfennig	(2 Cent)	11 mal	3,15	Mark	(¾ $)	4 mal
21	Pfennig	(5 Cent)	44 mal	3,36	Mark	(80 Cent)	1 mal
10,5	Pfennig	(1/40 $)	1 mal	4,20	Mark	(1 Dollar)	173 mal
30	Pfennig	(1/14 $)	8 mal	8,40	Mark	(2 Dollar)	21 mal
35	Pfennig	(1/12 $)	6 mal	12,60	Mark	(3 Dollar)	3 mal
42	Pfennig	(10 Cent)	171 mal	21,00	Mark	(5 Dollar)	19 mal
52,5	Pfennig	(⅛ $)	2 mal	42,00	Mark	(10 Dollar)	13 mal
60	Pfennig	(½ $)	16 mal	84,00	Mark	(20 Dollar)	4 mal
70	Pfennig	(⅙ $)	9 mal	105,00	Mark	(25 Dollar)	3 mal
84	Pfennig	(20 Cent)	14 mal	210,00	Mark	(50 Dollar)	5 mal
1,05	Mark	(¼ $)	214 mal	420,00	Mark	(100 Dollar)	3 mal
1,10	Mark		2 mal	2100,00	Mark	(500 Dollar)	2 mal
1,40	Mark	(⅓ $)	2 mal	4200,00	Mark	(1000 Dollar)	2 mal
1,47	Mark	(35 Cent)	1 mal				
1,68	Mark	(40 Cent)	1 mal	zusammen 963 Scheine			

Franc-Reihe

5 Centimes	3 mal	50 Centimes	3 mal
10 Centimes	6 mal	1 Franc	2 mal
15 Centimes	2 mal	5 Francs	2 mal
20 Centimes	2 mal	10 Francs	2 mal
25 Centimes	2 mal	20 Francs	1 mal
30 Centimes	3 mal	50 Francs	1 mal
35 Centimes	1 mal	100 Francs	1 mal
40 Centimes	1 mal		
45 Centimes	1 mal	zusammen 33 Scheine	

Unbekannte Werte

10 Scheine

Bei 1589 Mark-Nominalen, 963 Dollar-Nominalen und 33 Franc-Nominalen sowie 282 Sachwertscheinen ergeben sich für Keller 2867 wertbeständige Scheine. Nach seiner Tabelle waren bei der Mark-Reihe die häufigsten Nominale 5, 10 und 50 Pfennig sowie 1, 2 und 5 Mark und bei der Dollar-Reihe 42 Pfennig, 1,05, 2,10 und 4,20 Mark. Die Wertstufen entsprachen in ihren Größenordnungen bei der Masse dieser Zahlungsmittel denen des Notgelds von 1914.

Die Verhältnisse im besetzten Gebiet

Wie geschildert, blieben nach Artikel 428 des Friedensvertrags die Gebiete besetzt, in die die Alliierten aufgrund des Waffenstillstands vom 11. November 1918 eingerückt waren. Das besetzte Gebiet umfaßte das ganze linksrheinische Reichsgebiet und geräumige Brückenköpfe um Köln, Koblenz und Mainz mit Halbmesser von etwa 30 Kilometern, dazu Kehl und die engere Umgebung. Die Interalliierte Rheinlandkommission mischte sich in die Belange der deutschen Verwaltung zunächst nicht ein. Als sich die Verhandlungen über die Aufbringung der Reparationen jedoch zuspitzten und die Konferenz von London (21. Februar bis 14. März 1921) die Alliierten nicht befriedigte, griffen die Alliierten am 7. März während der Konferenz zu ›Sanktionen‹ und besetzten zusätzlich Düsseldorf, Duisburg, Ruhrort, später auch Oberhausen und Mülheim, dann auch die Räume zwischen den drei Brückenköpfen. (Die sechswöchige Besetzung des Raumes von Frankfurt bis Darmstadt und Hanau schon im Mai 1920 als Reaktion auf den Einmarsch der Reichswehr in das Ruhrgebiet im Zusammenhang mit dem Kapp-Putsch blieb Episode.)

Der Mißerfolg der zweiten Londoner Konferenz um die Reparationsfrage (9. bis 11. Dezember 1922) führte am 11. Januar 1923 zum Einmarsch der Franzosen mit fünf Divisionen in das Ruhrgebiet, das bis 17. Januar (Dortmund) und 18. Januar (Hörde) vollständig besetzt war. Am 13. Januar verkündete Reichskanzler Cuno im Reichstag den ›passiven Widerstand‹. Der ›Ruhrkampf‹ dauerte bis 26. September 1923, als die Reichsregierung ihn aus finanziellen Gründen einstellte. Die Franzosen räumten das Ruhrgebiet erst Ende August 1925.

Die Eingriffe der Besatzungsmacht in die Tätigkeit der Reichsbank wurden bereits geschildert.[82] Während des Ruhrkampfs war die politische Verwaltung des besetzten Gebiets durch die Reichsregierung nahezu völlig ausgeschaltet; die Beamten waren von der Reichsregierung angewiesen, mit der Besatzungsbehörde nicht zusammenzuarbeiten, und viele, die sich daran hielten, wurden mit ihren Familien ausgewiesen, viele verhaftet. Die Unterstützungszahlungen belasteten das Reich ebenso wie Unterstützungen und Kredite für Firmen und Beschäftigte; viele Betriebe lagen still, andere produzierten auf Vorrat. Die Alliierten errichteten gegen das unbesetzte Gebiet eine Zollgrenze und setzten die Einfuhrzölle an der Westgrenze wesentlich herab. Der Warenverkehr mit dem unbesetzten Gebiet wurde von Lizenzen abhängig gemacht. Die Reichsbahn im besetzten Gebiet wurde von der französisch-belgischen Eisenbahnregie (Régie des Chemins de Fer des Territoires occupés) übernommen und minderte ihre Leistungen für den zivilen Bereich erheblich. Vorräte an Kohle, Stahl und Eisen, aber auch anderes wurden im Wege der ›Zwangsvollstreckung‹ der Reparationen beschlagnahmt und weggebracht; vielfach suchte man sich Zahlungsmittelbestände der Reichsbank anzueignen.[83] Da die Franzosen die Sanierung der deutschen Währung nicht zu fördern gedachten, legten sie ihr Steine in den Weg, in dem sie die Ausgabe wertbeständigen Notgelds vielfach verhinderten. Nach Keller[84] ließen sie auch die Rentenmark nicht zu, und es mußte über gemeinschaftliches wertbeständiges Notgeld aller Gemeinden des besetzten Gebietes und eine von den Franzosen gewünschte ›Rheinische Goldnotenbank‹ verhandelt werden, was auf eine eigene Währung für das besetzte Gebiet hätte hinauslaufen müssen. Beide Vorhaben scheiterten, als im unbesetzen Gebiet die Rentenmark zur Sanierung führte.

Nicht übersehen darf werden, daß mit den französischen Besatzungstruppen auch viel französisches Geld ins Land kam. Sein Kurs gegenüber dem Dollar

schwankte zwar noch (der Franc wurde erst 1926 stabilisiert), aber der Papiermark
war er auf jeden Fall vorzuziehen und daher auch bei der deutschen Bevölkerung
gerne gesehen.[85] Als Frankenzahlungsmittel in der Art einer Besatzungswährung
gab es neben den normalen französischen Zahlungsmitteln den ›Regiefranken‹, der
nach einer Verordnung vom 19. Oktober 1923 ausgegeben wurde.[86] Dann gab es Be-
förderungsgutscheine (Bons), die auf Beträge von 5 Centimes bis 100 Francs lauteten und die von den Eisenbahnkassen angenommen wurden, sich aber im kleinen
Verkehr allgemein großer Beliebtheit erfreuten. Einige hundert Millionen Franken
dieser Scheine dürften ausgegeben worden sein. Als die Bahnen des besetzten Gebietes aufgrund des Londoner Abkommens vom August 1924 wieder unter deutsche
Verwaltung kamen, wurden diese Scheine gegen Reichsmark eingelöst.

Bei den chaotischen Wirtschafts- und Finanzverhältnissen im besetzten Gebiet
und dem Umstand, daß die Absperrungsmaßnahmen die Versorgung mit Reichsbanknoten dort erheblich behinderten, ist es wenig erstaunlich, daß in diesem
Raum besonders viel an ungenehmigtem Notgeld, in Papiermark wie an wertbeständigen Scheinen, ausgegeben wurde. Am 28. Dezember 1923 war die Ausgabe
von Papiermarknotgeld für 7,632 Trillionen Mark genehmigt. Die Summe des ungenehmigten Notgelds im unbesetzten Gebiet, also im größeren Teil des Reiches,
hat man auf 12 Trillionen Mark geschätzt, die im besetzten Gebiet aber auf 180
Trillionen![87]

Angesichts der Absperrung und dieser unterschiedlichen Verhältnisse ging der
Dollarkurs an der Kölner Börse im Vergleich zum Berliner Börsenkurs in der letzten Phase der Inflation vorübergehend seine eigenen, durch die Dollarspekulation
bedingten Wege. Als der Dollar in der Phase der Sanierung seit dem 20. November
1923 in Berlin bei 4,2 Billionen Mark festgehalten wurde, war er in Köln vom
14. November bis zum 19. November von 6,85 auf 9,85 Billionen Mark gestiegen
und hielt sich bis 26. November bei etwa 11 Billionen Mark. Die Spekulation, auf
der diese Kursentwicklung beruhte, brach aber zusammen; der Kölner Kurs sank,
bis endlich am 10. Dezember der Berliner Kurs wieder erreicht war.[88]

Schließlich ist noch das ›Separatistengeld‹ zu erwähnen. Am 21. Oktober 1923
riefen Separatisten, die für das Rheinland eine bessere Zukunft abseits vom Deutschen Reich sahen, die »Rheinische Republik« mit freundlicher Duldung der französischen Besatzung aus; ähnlich war das Unternehmen, am 24. Oktober in Speyer
einen autonomen Pfalzstaat ins Leben zu rufen. Beide Vorhaben scheiterten. Mit
ihnen scheiterten die Projekte, für die abzutrennenden Gebiete einen ›rheinischen
Goldfranken‹ einzuführen oder eine rheinisch-westfälische Notenbank zu gründen,
die eine auf den Dollar gegründete »Rheinmark« (im Wert von 25 Cents) ausgeben
sollte. Die geldgeschichtliche Episode der »Republik Autonome Pfalz« erschöpfte
sich darin, daß ihr – mehrfach vorbestrafter – Finanzminister Nowack die pfälzi-
sche Notgelddruckerei und am 10. und 11. November 1923 die Reichsbanknebenstelle Speyer besetzen und die Geldbestände beschlagnahmen ließ. Von den wenigen Notgeldscheinen, die mit den Pfälzer Separatisten in Zusammenhang zu bringen sind, weiß man nicht genau, ob sie nicht nur Mache für Sammler aus späterer
Zeit sind. Interessant ist davon nur ein Scheinchen der »Rheinischen Republik Au-

tonome Pfalz« über 5 Rappen (datiert Speyer, 11. November 1923), das als einziger Notgeldschein in Schweizer Währung belegt, daß auch der Schweizer Franken als Ausweichwährung in Betracht kommen konnte.[89] Keller bezeichnet eine Anzahl von Scheinen, von denen dies nur ein Teil im Text erkennen läßt, als Separatistenscheine und nennt sie Fälschungen, weil sie nicht von den rechtmäßigen Behörden ausgegeben worden seien.[90] Nun, Geldfälschung im Sinne der Nachahmung eines ›echten‹, vom Staat oder mit seiner Zustimmung oder Duldung ausgegebenen Zahlungsmittels war es nicht, nur eben die unbefugte Ausgabe von Notgeld; doch die zeitgenössische Publizistik machte keinen derartigen Unterschied, wie zwei Beispiele zeigen sollen:

Die größte Sorge bereitete den Separatisten die Geldbeschaffung. Zunächst haben zweifellos die Franzosen größere Geldbeträge zur Verfügung gestellt, und zwar kam das Geld zum Teil aus amtlichen französischen Quellen, zum Teil wurde es durch private französische Organisationen gegeben. Die Franzosen halfen ferner noch in anderer Weise. Sie beschlagnahmten z. B. eine für die *Reichsbankstelle in Höhr* bestimmte Summe, stellten dann fest, daß diese Beschlagnahme infolge eines ›Irrtums‹ erfolgt sei, und übergaben das Geld der ›vorläufigen Regierung‹, die es natürlich nicht an die Reichsbank weitergab, sondern für sich behielt.

Ein junger französischer Zivilist Hocquel, der sich als Vertrauensmann der französischen vaterländischen Verbände beim Stabe des Dr. Dorten in Wiesbaden aufhielt, überfiel mit einigen Helfershelfern einen *Geldtransport der Reichsbank, der von Frankfurt nach Wiesbaden unterwegs war.* Von diesem Transport hatte er wohl durch den französischen Grenzposten bei Höchst, dessen Kontrolle das Auto passieren mußte, Kenntnis erhalten. Bei diesem Geldraub fielen den Separatisten große Summen in die Hände. Da die Täter erkannt worden waren, konnte General Mordacq in Wiesbaden, bei dem die Reichsbank die Rückgabe des Geldes und die Bestrafung der Täter verlangte, die Tat nicht offen decken. Er ließ daher den Hocquel notgedrungen vom Kriegsgericht mit einer kleinen Strafe belegen und ließ auch einen kleinen Teil des Geldes der Reichsbank wieder zustellen. Der Hauptteil der Summe blieb in den Händen der Separatisten.

Als weitere Geldquelle kam die Ausgabe von Notgeld in Frage. In der Inflationszeit hatten sich ja fast alle Städte und Landkreise genötigt gesehen, eigenes ungedecktes Notgeld zu drukken. Wie die Separatisten diese Geldquelle auszunutzen gedachten, zeigt folgendes Schreiben des separatistischen Ortsgewaltigen in Kreuznach:

»Rheinische Republik   Kreuznach, den 31. Okt. 1923.
    Aktionsausschuß.

        Firma Jung & Co.,   hier.

    Die Hohe Interalliierte Rheinlandkommission, mit ihr die neue Regierung, beauftragt die Firma Jung & Co., das Notgeld in der hiesigen Weise weiterzudrucken mit den bisherigen Unterschriften. Evtl. Gegenmaßnahmen, die von anderer Seite getroffen werden, um das oben Angeführte zu unterbinden, sind uns sofort zu melden.

Die neue Rheinische Republik
Der Bezirks-Oberkommissar
i. A. gez. Humbert.

Kreuznach, le 31 octobre 1923.   Autorisé en vertu de l'ordonnance 212

Le Délégué de la Haute Commission du cercle de Kreuznach
gez. de la Croix.«

Das, was hier geschah, war nichts anderes als Falschmünzerei. Denn die Separatisten waren zweifellos nicht berechtigt, Geld mit den Unterschriften der gesetzmäßigen Behörden ohne deren Einwilligung weiterzudrucken. Trotzdem hat der französische Kreisdelegierte dieses Münzverbrechen mit seiner Unterschrift gedeckt.

Im Kreise Mayen bei Koblenz hatte ein gewisser Schlich sich die Würde eines separatistischen Landrats beigelegt. Auch er ließ das ehemalige Kreisnotgeld weiterdrucken. Er ersetzte aber ehrlicherweise die Unterschrift seines ›Amtsvorgängers‹ durch seine eigene. Dieses Schlich-Notgeld wollte aber niemand in Zahlung nehmen. Da griff der französische Kreisdelegierte helfend ein. Er erklärte der Reichsbank, daß dieses Geld den Ordonnanzen der Rheinlandkommission entspreche und daher von der Reichsbank eingewechselt werden müsse.[91]

Im ersten Falle, dem des fortgesetzten Drucks bisherigen Notgelds, war sicher Geldfälschung durch Aufständische gegeben, nicht aber, wenn die Scheine als ›Separatistenscheine‹ zu erkennen waren. Ihr Kennzeichen ist in allen Fällen, daß der unterzeichnende Amtsträger als ›Kommissar‹ (›Gemeindekommissar‹, ›Kreiskommissar‹, ›Bezirkskommissar‹ und ähnlich) bezeichnet ist (dies gilt jedenfalls für die Pfalz).

Die Franzosen, ebenso wie die Belgier in Duisburg, haben vor allem auch niemals einzugreifen versucht, wenn ihre Schützlinge sich der Münzfälschung schuldig machten, bzw. ungedecktes Notgeld ausgaben. Dies ist u. a. in Andernach, bzw. dem Kreise Mayen, in Berncastel, Bingen, Düren, Ems, St. Goarshausen, im Kreise Groß-Gerau, in Kreuznach, Langenschwalbach und Montabaur der Fall gewesen. Oberst Fabry, der Minister für Kolonien im zweiten Kabinette Poincaré hat im Gegensatz zu der von dem letzteren in seinem Notenwechsel mit der Reichsregierung stets festgehaltenen Behauptung der »Neutralität« der Besatzungsbehörden am 25. März 1924 bei einer Kundgebung der Ligue Franco-Rhénane in Paris ausdrücklich erklärt: »Wir haben sie (die rheinischen Separatisten) preisgegeben, nachdem wir im vergangenen Sommer Züge zu ihrer Verfügung gestellt hatten, nachdem wir Säle für Versammlungen requiriert hatten, nachdem wir ihnen erlaubt hatten, Geld zu drucken und nachdem wir beschlossen hatten, daß dieses Geld zwangsweise unter Androhung von Sanktionen angenommen werde.« Die Sonderbündler konnten daher ruhig die Klischees bei den Behörden rauben oder die Druckereiangestellten mit vorgehaltenem Revolver zwingen, ihre Arbeit fortzusetzen. Die Scheine waren in solchen Fällen nicht oder kaum von den echten zu unterscheiden. Die Anhänger der Rheinrepublik gingen aber an anderen Orten auch dazu über, Geld in Verkehr zu bringen, das die Unterschrift ihrer eigenen Führer trug, so z. B. im Kreise Mayen die des Schlich, in Bingen die des Schorn. Der Volkswitz sprach daher von einem »Schorn-Stein-Geld«.

Die Sonderbündler wollten sich auf diese Weise nicht nur die nötigen Mittel für ihre eigenen Bedürfnisse verschaffen. Es lag auch ihrerseits hierbei der Versuch vor, der Anordnung der Reichsregierung, die allen in die Hand der Rheinrepublikaner gefallenen Orten die Reichs-Zuschüsse, insbesondere für die Erwerbslosenfürsorge, sperrte, entgegenzutreten. Die neuen Herren, die die Druckerpresse in Händen hatten, versuchten vielmehr überall, indem sie ihrerseits den Erwerbslosen Papierbeträge in bisher nie gesehener Höhe auszahlten, sich unter diesen neue Anhänger zu schaffen. Die Kaufleute wiesen jedoch regelmäßig die Bezahlung in solchen tatsächlichen wertlosen Scheinen zurück, genau, wie es in Duisburg der Fall gewesen war. Die Separatisten in der französischen Zone, wie ihre Gesinnungsgenossen in der belgischen, haben solche widerspenstigen Inhaber von Läden, häufig mit dem Revolver in der

Hand, zur Annahme des Geldes gezwungen. Der Kreiskommissar in Montabaur drohte sogar allen denen, die die Scheine zurückwiesen, mit Vermögenskonfiskation! Die Besatzungsbehörden haben hier, wie Fabry es offen zugegeben hat, die Anhänger der Rheinrepublik bei ihren Versuchen, ihren Landsleuten die wertlosen Scheine aufzunötigen, immer wieder unterstützt. Der Delegierte in Düren begnügte sich zwar damit, zu ›raten‹, das Geld anzunehmen, gab sogar später die Erklärung ab, es sei gestattet, Zahlungen darin zurückzuweisen. Sein Kollege in St. Goarshausen gab dagegen kund, Geschäftshäuser und Banken müßten die Scheine annehmen, sonst würden ihre Betriebe geschlossen. Die Haltung des Delegierten in Kreuznach war die nämliche. Er hat nicht nur, wie der letztere, die Annahme der Scheine durch Banken usw. zu erzwingen gesucht. Der Delegierte hatte vielmehr auch die Sonderbündler bei ihrem Bestreben, den Druck des Notgeldes fortzusetzen, unterstützt . . . Der gleiche Vertreter der Besatzungsbehörden wies auch den Protest der Unterzeichner des alten Kreisgeldes, des Landrates, der Bürgermeister usw. zurück, untersagte schließlich die Veröffentlichung einer Bekanntmachung, durch die alle Scheine von einer bestimmten Nummer ab (d. h. die widerrechtlich von den Sonderbündlern gedruckten) für wertlos erklärt wurden.

Die Buchdruckereibesitzer in Andernach, die gleichfalls von den Separatisten gezwungen wurden, Notgeld herzustellen, hatten sich beschwerdeführend nach Koblenz gewandt. Die Rheinlandkommission erteilte jedoch den Bescheid, sie seien verpflichtet, dieser Anordnung der neuen Machthaber sich zu fügen. Die Besatzungsbehörde dort verfügte sogar für den Kreis Mayen, die Reichsbank sei verpflichtet, das widerrechtlich gedruckte Kreis-Notgeld einzulösen. Die Zweigstellen des Institutes in verschiedenen Orten mußten daher geschlossen werden.

Kaffine hatte seinerseits auch in Ems Notgeld in riesigen Mengen gedruckt und die Scheine unter seine Anhänger und Erwerbslose verteilt, ihre Annahme mit den schärfsten Mitteln zu erzwingen versucht. Er wandte sich auch an die Rheinlandkommission mit dem Antrage auf Anerkennung seines Geldes als vollgültigen Zahlungsmittels. Kaffines Ersuchen wurde aber zurückgewiesen. Die Franzosen haben es zwar auch noch weiter versucht, für ihn und . . . sein Notgeld einzutreten. Ein Anwalt in Ems hatte für die Stadt und auch für einzelne Bürger einen Arrestbefehl gegen die Gebrüder Kaffine – es waren zwei, der andere trat jedoch weniger hervor – wegen Ersatzansprüchen aus der Falschgeldausgabe erwirkt. Er ließ am 5. Dezember ihr Bankguthaben sperren und erteilte einem Gerichtsvollzieher den Vollstreckungsauftrag. Dieser Auftrag konnte aber nur unter polizeilichem Schutze durchgeführt werden. Der Gerichtsvollzieher schickte daher den Vollstreckungsauftrag dem französischen Kommandanten, dem die Polizei unterstellt war, zu und ersuchte um Genehmigung der richterlichen Anordnung. Er erhielt jedoch den Vollstreckungsauftrag niemals zurück. Vier bewaffnete Separatisten erschienen dagegen in der Wohnung des mit dem Vorgehen gegen Kaffine betrauten Anwalts, wiesen einen Vorführungsbefehl vor und schleppten ihn vor Dorten. Dieser bedrohte ihn mit der Ausweisung. Diese erfolgte zwar nicht. Die Akten in der Angelegenheit wurden dagegen von der Rheinlandkommission eingefordert und nicht mehr zurückgesandt. Es konnte jedenfalls auf diese Art gegen Kaffine nichts mehr unternommen werden. Die in Koblenz eingereichte Beschwerde blieb auch ohne Erfolg.

Die Tatsache andererseits, daß die Rheinlandkommission die Anerkennung von Kaffines Geld verweigerte, dieses erste Abrücken von ihren bisherigen Schützlingen zeigte aber doch gleich seine Wirkungen. Es war der Anfang vom Ende des Separatistenunwesens in Ems . . .[92]

Eine Besonderheit des Notgelds im besetzten rheinischen Gebiet sind die ›Zonenstempel‹. Eine Anordnung der Alliierten Rheinlandkommission machte die Gültigkeit der ab 8. Oktober 1923 ausgegebenen Notgeldscheine davon abhängig, daß sie in einem weiteren Bereich als nur dem der ausgebenden Körperschaft oder Firma umlaufen konnten; so suchte man dem Ziel näherzukommen, letztlich ein von allen Gemeinden getragenes Notgeld zu bekommen, das dann in eine ›rheinische Währung‹ leicht hätte übergeleitet werden können. So mußten diese Scheine einen rechteckigen roten Aufdruck des Wortlauts »Umlauffähig in ... (Regierungsbezirk oder ähnlich) – Gültig bis 1. April 1924« tragen, der meistens senkrecht am linken Rand, aber auch waagrecht oder schräg aufgesetzt wurde. Bei Scheinen, die am Stichtag bereits ausgabefertig vorlagen, wurden dazu Gummistempel verwendet, ansonsten wurde der Vermerk mitgedruckt, oft auch in anderen Farben.[93]

4. Die Stabilisierung der Mark

a) Helfferich und Schacht

Mit der Inflation war es im Spätherbst 1923 so weit gekommen, daß von einem Geldwesen des Staates und von der bloßen Möglichkeit einer Währungspolitik in Deutschland keine Rede mehr sein konnte. Die Reichsregierung ließ sich treiben; jede Haushaltspolitik war unmöglich, solange man sich gehindert sah, die oben in ihrem Wesen beschriebene Staatsquote des Sozialprodukts mit geordneter Steuererhebung oder mit der Aufnahme vernünftiger längerfristiger Anleihen aufzubringen, und die Defizite der Haushalte von Reich, Gemeinden und Kommunen über die Notenpresse mit fortgesetzter Vermehrung der Geldmenge deckte. Das Verfahren hatte sich totgelaufen, als das deutsche Volk die Fluten der Papiergeldmassen nicht mehr als ›Geld‹ behandelte, sondern auf Tauschhandel und die Verwendung ausländischer und nichtstaatlicher wertbeständiger Zahlungsmittel auswich. Die Ministerialbürokratie war zwar in den Inflationsjahren in der Lage, mit eilig gestalteten Vorschriften zum Geld- und Notenbankwesen ihre Existenz zu zeigen, allein Geldpolitik war dies nicht mehr. In einem Staat, der früher in Krieg und Frieden für seine gute innere Verwaltung bekannt war, konnte z. B. nicht mehr verhindert werden, daß zu Ende der Inflation selbst an wertbeständigem Notgeld ein Mehrfaches von den Beträgen umlief, die genehmigt waren.

Nach der Inflation ist die Frage, wie es zu dieser Katastrophe kommen konnte und wer daran schuld war, zwar gestellt, aber nicht sehr deutlich beantwortet worden; jedenfalls setzte sich eine eindeutige Auffassung darüber nicht durch, und die Zeitläufte gingen über die Klärung hinweg. Es handelt sich um die Frage des Verhältnisses der Reichsbank, der eigentlichen Währungsbehörde des Deutschen Reichs, zur Reichsregierung. Es wurde erwähnt, daß die Reichsbank nach dem Bankgesetz vom 14. März 1875[1] »unter Aufsicht und Leitung« des Reichs stand (§ 12) und der Reichskanzler die Leitung mit Hilfe des Reichsbankdirektoriums »innerhalb der Bestimmungen dieses Gesetzes« ausübte (§ 26). Die ›Bestimmungen dieses Gesetzes‹ in Bezug auf die Notendeckung und die Notenausgabe wurden mit den Kriegsgesetzen vom 4. August 1914 und in der Folge noch weiter gelockert, so daß schließlich die Notenpresse dadurch unbeschränkt tätig werden konnte, daß die Reichsbank in unbegrenzbarer Höhe dem Reich Darlehen gewährte, gegen bloße Schuldverschreibung (Reichsschatzanweisungen), und – einfach ausgedrückt – in Papiergeld auszahlte. Die Kernfrage nach der Ursache der Inflation ist, weshalb die Reichsbank sich dagegen nicht wehrte und es zu irgend einer Zeit während der Inflation nicht unternahm, dem Reich weiteren Notenbankkredit zu verweigern oder ihn irgendwie zu beschränken. Dann hätte sich das Reich früher gezwungen gesehen, der Inflation Einhalt zu gebieten, indem es Haushaltseinnahmen und Haushaltsausgaben in Einklang gebracht, also die Einnahmen der notwendigen Staatsquote angepaßt hätte. Das Autonomiegesetz von 1922,[2] das der Reichsregierung rechtlich jeden Einfluß auf die Leitung der Reichsbank nahm, liest sich geradezu wie eine Ermunterung der Reichsbank hierzu, aber an der Politik der widerstandslosen Kreditgewährung an das Reich änderte sich nichts.

Holtfrerich[3] weist darauf hin, daß der Hauptteil der Korrespondenz zwischen Reichsregierung und Reichsbank in der DDR liegt; inzwischen sind diese Akten von Habedank[4] berücksichtigt worden. Er schildert, bei allen Zwischentönen seiner klassenkämpferischen Grundeinstellung, anhand dieser Akten sowie der Fach- und Memoirenliteratur zuverlässig, wie die Reichsbank zwischen den Interessen und Pressionen der Industrie, den außenpolitischen Nöten der Reichsregierung und den innenpolitischen Schwierigkeiten in Gestalt der Unruhen und Aufstände stand und sich bemühte, dabei behilflich zu sein, die Finanzen des Reiches zwischen der Erfüllung der Reichsaufgaben, der widerwilligen Befriedigung der Reparationsforderungen und den Interessen und Notwendigkeiten der Wirtschaft hindurchzulavieren. Dabei hat die Reichsbank immer wieder auf das Ende der Inflation hinzuwirken versucht, scheiterte aber vor dem Ruhreinfall wiederholt an den Kräften der Großwirtschaft. Es wurde schon darauf hingewiesen, daß die Inflation Deutschland – auch bedingt durch das raschere Sinken des Markkurses im Ausland im Vergleich zur Lohn- und Preisentwicklung im Inland, was für Inflationen typisch ist – zu einem ausgesprochenen Billiglohnland machte, was der Wirtschaft erlaubte, sehr rasch ihre alten Ausfuhrmärkte in aller Welt (durch den Warenhunger der Nachkriegszeit begünstigt) wiederzugewinnen und mit den Exporterlösen bei niederen Lohnkosten große Gewinne zu machen.[5] Was Habedank aber verschweigt ist, daß diese Gewinne die deutschen Kapitalisten nicht einfach ›bereicherten‹, sondern daß sie – insoweit kam das niedere Lohnniveau der Investitionsgüterindustrie ja der ganzen Wirtschaft zugute – in der Inflation die Möglichkeit fanden, ihre in der Kriegszeit heruntergewirtschafteten Anlagen zu erneuern, ihre erschöpften Lager zu ergänzen und sich so für die Blüte der Nachinflationsjahre zu rüsten.

Es ist daher sehr vordergründig, die Schuld an der Inflation nur der Reichsbank zuzuweisen. Reichsfinanzminister Erzberger plante schon 1919 eine Währungsreform mit Geldumtausch und Abstempelung der Wertpapiere: Die Noten zu 100 und 1000 Mark sollten für ungültig erklärt, von den Besitzern eingeliefert und auf später zu bereinigende Konten gutgeschrieben, die Noten zu 20 und 50 Mark umgetauscht werden. Eine solche Reform hätte den Zahlungsmittelumlauf drastisch beschränkt; zudem hätte sie bewirkt, daß der Zahlungsmittelumlauf im Reich hätte fixiert und die Notenbestände im Ausland (einschließlich der früher deutsch besetzten Gebiete) hätten unter Kontrolle gebracht werden können. Die Reichsbank lehnte mit der Begründung ab, dies sei technisch nicht durchführbar (und das, obwohl sie später mit der Papiergeldflut der Inflation durchaus technisch fertig wurde).[6] Dann scheint die Sanierung der Währung tatsächlich daran gescheitert zu sein, daß man mit ihr den Alliierten die wahre Leistungsfähigkeit der deutschen Wirtschaft hätte offenlegen müssen; die Währungslage wurde als Kampfmittel gegen die Reparationsforderungen eingesetzt und für die fruchtlosen Bestrebungen, den Friedensvertrag besonders hinsichtlich des Verlustes des Saargebiets und von Ostoberschlesien zu revidieren.[7]

Hinzu kam, daß man die Bedeutung der Geldmenge im Sinne der Quantitätstheorie[8] nicht erkannte oder erkennen wollte. Die Inflationszeit brachte eine umfangreiche »Traktätchenliteratur« zur Währungsfrage hervor, und die Reichsbank nahm alljährlich in ihrem Jahresbericht zur Währungslage Stellung. In der Debatte war umstritten, ob nach dem 4. August 1914 die steigende Geldmenge für den Verfall der Mark ursächlich gewesen sei oder ob sie nur die Folge einer passiven Handels- und Zahlungsbilanz war (›Zahlungsbilanztheorie‹).[9] Die Zahlungsbilanztheorie, der später der wissenschaftliche Charakter abgesprochen wurde, hatte jedenfalls rechtfertigenden Charakter und wurde nicht nur von der Reichsbank von Kriegsbeginn an vertreten, sondern auch von Helfferich schon 1897 und wieder 1923,[10] mit Nachdruck aber auch von der Reichsregierung gegenüber den Alliierten in der Reparationsfrage.[11]

Aber die Reichsbank wußte es besser. Im vertraulichen Briefwechsel mit der Reichsregierung vertrat sie die Quantitätstheorie und stützte darauf ihre Empfehlungen: Die Hauptgefahr für die Währung bestehe in der Finanzpolitik des Reiches und insbesondere in der schwebenden Schuld des Reiches; diese schätzte sie einige Monate vor Kriegsende auf 50 bis 60 Milliarden Mark und drängte auf schnellen Abbau, außer durch Ausgabeneinschränkung durch »Beschaffung so bald und stark fließender Reichseinnahmen, daß aus ihnen alle Ausgaben für Verzinsung der Reichsschuld, für Zahlung aller Renten an Hinterbliebene und Beschädigte, für sämtliche sonstigen Reichsbedürfnisse volle Deckung finden können«. Die Reichsbank zerstörte auch alle Hoffnungen, die schwebende Reichsschuld im Falle des Sieges mit Hilfe von Reparationen der Unterlegenen abtragen zu können und meinte, dies sei so höchstens für einen »mäßigen Teil jener 50 bis 60 Milliarden Mark« zu erwarten.[12] Nach dem Krieg fügte die Reichsbank ihren jährlichen Verwaltungsberichten jeweils vertrauliche Begleitberichte bei, die den Inhalt jener Berichte zusammenfaßten und »durch Mitteilungen ergänzten, die aus überwiegenden Gründen in den für die Öffentlichkeit bestimmten Verwaltungsbericht nicht wohl aufgenommen werden konnten«. In diesen Zusatzberichten beanstandete sie immer wieder »das Anwachsen der schwebenden Schuld«, das »unausgesetzte Wachsen des Papiergeldumlaufs« aufgrund der Defizitwirtschaft des Reichs. Dabei drohte sie auch, die unbegrenzte Diskontierung (Übernahme) von Reichsschatzanweisungen einzustellen, war aber außerstande, diesen Worten Taten folgen zu lassen. Erst im Verwaltungsbericht für 1920 (vom 14. Mai 1921) bekannte sie sich auch der Öffentlichkeit gegenüber dazu, daß die Defizitwirtschaft des Reichs die Ursache der Geldentwertung sei, bezeichnete sie aber als »unvermeidbar«[13] und als »Erfüllung von Staatsnotwendigkeiten«.[14]

Habedank zeichnet die Verhandlungen und Erwägungen, die zur Währungsreform führten, die Einwirkungen des Bankenverbands und des Reichsverbands der Deutschen Industrie, den Einfluß der Reparationsverhandlungen und schließlich den der Folgen der Unruhen der Nachkriegszeit und der Ruhrbesetzung auch anhand der Bestände des Zentralstaatsarchivs Potsdam nach,[15] mit ihren verschiedenen Schwankungen zwischen ›Erfüllungspolitik‹ und ›Katastrophenpolitik‹. Außerdem ist wieder auf das Werk von Elster und die Festschrift »Die Reichsbank 1901–1925« zu verweisen; Hjalmar Schacht hat 1927 »Die Stabilisierung der Mark« veröffentlicht.[16] Dieser Begriff hat sich in der Folge für die Währungsreform von 1923/1924 durchgesetzt. Doch er ist mißverständlich; es wurde nicht die ›Mark‹, die alte Münzeinheit von 1871, wiederhergestellt, sondern eine neue Währung geschaffen, deren Einheit »Reichsmark« mit der alten ›Mark‹ nur den Namen gemein hatte; zudem gab es als Zwischenstadium die Währung der ›Rentenmark‹, und selbst daß die Reichsbank die Währungsbehörde des Reiches blieb, war Ende 1923 keineswegs sicher.

Diese Stabilisierung der Mark ist mit den Namen von zwei Männern verbunden, von Karl Helfferich und von Hjalmar Schacht. Helfferich, 1872 in Neustadt an der Haardt aus wohlhabendem Elternhaus geboren, studierte ab 1893 Volkswirtschaft in Straßburg und wurde hier von Georg Friedrich Knapp, dem Begründer der »Staatlichen Theorie des Geldes«,[17] beeinflußt und zur Lehre von Geld, Währung und Geldgeschichte hingezogen, in der er dann selbst als Gelehrter Großes leistete: Sein Biograph Karl von Lumm[18] führt 21 Aufsätze und 72 selbständige Schriften auf.[19] 1899 wurde er Privatdozent in Berlin (bis 1906), 1901 trat er in die Kolonialabteilung des Auswärtigen Amtes ein und erhielt 1902 den Professorentitel. 1906 wurde er Direktor der Anatolischen Eisenbahn in Konstantinopel, der berühmten Bagdadbahn, die von einem Konsortium unter Leitung der Deutschen Bank gebaut wurde, und 1908 Mitglied von deren Direktorium. Von Februar 1915 bis Mai 1916 war er Staatssekretär des Reichsschatzamts, also de facto Reichsfinanzminister; als solcher scheiterte er daran, daß er zur Kriegsfinanzierung den Anleihen vor den Steuern den Vorzug gab. Anschließend war er bis Oktober 1917 Staatssekretär des Reichsamts des Inneren, also Reichsinnenminister, und zugleich – bis November 1917 – Vizekanzler; er mußte unter dem Druck der linken Mehrheit des Reichstags zurücktreten. Im August und September 1918 war er als Nachfolger des ermordeten Grafen von Mirbach Botschafter in Moskau, von wo aus er vergeblich versuchte, die Reichsregierung zu Schritten zum Sturz der bolschewistischen Regierung zu bewegen. Er wandte sich politisch nach rechts und wurde Führer der Deutschnationalen Volkspartei; er war der schärfste Gegner des Reichsfinanzministers Erzberger, dem er vorwarf, persönliche Geldinteressen mit politischer Tätigkeit vermischt und unwahrhaftig gewesen zu sein; ein aufsehenerregender Prozeß endete zwar mit der Verurteilung Helfferichs am 13. März 1920 zu 300 Mark Geldstrafe (was das Reichsgericht am 21. Dezember 1920 bestätigte), beendete aber die politische Wirksamkeit Erzbergers (der schon am 26. August 1921 in Bad Griesbach ermordet wurde).[20] Seit Juni 1920 war Karl Helfferich als Reichstagsabgeordneter einer der Wortführer der rechten Opposition gegen die ›Erfüllungspolitik‹ der Reichsregierungen Fehrenbach, Wirth und Cuno; unter Cuno und Stresemann wurde er dann, wie zu schildern, einer der Begründer der Rentenmark. Trotz einstimmiger Befürwortung durch das Reichsbankdirektorium unterlag er nach dem Tod von Reichsbankpräsident Havenstein in der Wahl durch den Reichsrat Hjalmar Schacht. Am

23. April 1924 kam er bei einem Eisenbahnunglück in der Nähe von Bellinzona ums Leben.

Dr. Hjalmar Schacht, 1877 geboren und etwas jünger als Helfferich, war ebenfalls Volkswirt und seit 1903 im Dienst der Dresdner Bank, für die er 13 Jahre tätig war; im Weltkrieg erschien er als Mitglied der Bankabteilung der deutschen Zivilverwaltung im besetzten Belgien.[21] 1916 wurde er Direktor der Nationalbank für Deutschland, die 1922 mit der Darmstädter Bank zur Darmstädter und Nationalbank verschmolzen wurde. Nach dem Krieg war er Mitbegründer der Deutschen Demokratischen Partei; er gehörte ihr bis 1926 an. Schacht galt als tüchtiger Bankmann; er hatte zwar nicht den wissenschaftlichen Rang Helfferichs, aber seine Partei gehörte zur Koalition der Kabinette Stresemann (13. August bis 4. Oktober und 6. Oktober bis 23. November 1923) und Marx (30. November 1923 bis 26. Mai 1924 und 3. Juni bis 15. Dezember 1924), in denen Reichsfinanzminister Dr. Hans Luther (von der zweiten Regierung Stresemann, 6. Oktober 1923, an) die Verantwortung auch für die Währungspolitik des Reiches hatte; in seine Amtszeit fielen die Endphase der Inflation und die Stabilisierung der Mark, an der sein Vorgänger, der Sozialdemokrat Dr. Hilferding (Reichsfinanzminister der ersten Regierung Stresemann, 13. August bis 4. Oktober 1923) gescheitert war. Dr. Luther folgte dem Zentrumspolitiker Dr. Wilhelm Marx nach dessen zweiter Amtsperiode als Reichskanzler vom 15. Januar bis 5. Dezember 1925 und vom 20. Januar bis 12. Mai 1926.

Als die Reform Gestalt annahm, beschloß die Reichsregierung, sich zu ihrer Durchführung eines Fachmanns mit Funktion und Titel eines »Reichskommissars für Währungsangelegenheiten« zu bedienen. Der Reichswährungskommissar war dem Reichsfinanzminister beigeordnet, nahm an den Kabinettsitzungen mit beratender Stimme teil und hatte bei allen Währungsmaßnahmen, von welchem Ministerium sie auch ausgingen, mitzuwirken. Die Wahl fiel auf Hjalmar Schacht. Luther bot ihm das Amt am 12. November 1923 an und ließ ihm keine Bedenkzeit. Am Nachmittag wurde Schacht ernannt.[22] Er nahm das Amt an, obwohl die vorliegenden Reformpläne Helfferichs, obschon inzwischen verändert, seinen Vorstellungen nicht entsprachen. Doch er führte die Reform maßgeblich zu Ende.

Der alte Reichsbankpräsident Dr. Rudolf Havenstein (seit 1908) hatte auf den Gang des Währungsgeschehens kaum mehr Einfluß genommen, galt als schwach und vielen als ein Hauptschuldiger der Inflation. Schacht[23] zitiert die Kölnische Zeitung vom 19. August 1923:

Niemand unter uns wird daran zweifeln, daß der alte Präsident, der Typus eines gewissenhaften preußischen Beamten, sein Bestes gab, um dem Reich und dem Volk zu dienen. Daß er aber den heutigen Verhältnissen nicht mehr gewachsen ist, hätte er vor Jahren bereits einsehen und sein Amt niederlegen müssen. Daß er dies nicht vermochte, war sein gröbster Fehler. Die Schuld trifft indes nicht ihn allein, sondern alle, die längst auf irgendeine taktvolle Weise ihm den ehrenvollen Abgang hätten nahelegen können.

Man wirkte zwar auf Havenstein ein, doch wollte er offenbar seinen Rücktritt hinauszögern, bis er auf Helfferich als seinen Nachfolger hoffen konnte, der im Hinblick auf die Reparationsverhandlungen den Alliierten nicht genehm sein konnte und aus parteipolitischen Gründen im Augenblick nicht in Betracht kam. Doch am

20. November 1923 starb Havenstein. Nun stellte sich die Frage seines Nachfolgers. Zur Wahl standen nur Schacht und Helfferich; trotz des einstimmigen, aber nur beratenden Votums des Reichsbankdirektoriums für Helfferich entschieden sich Reichsfinanzminister Dr. Luther und die Reichsregierung für Schacht, der vom Reichsrat auch gewählt wurde und sich trotz dieser Vorgeschichte im Reichsbankdirektorium schnell Achtung und Respekt verschaffte.[24] Er behielt das Amt bis 1930. In der Erinnerung der Deutschen hat Schacht »die Mark stabilisiert«. Aber die grundlegenden Gedanken kamen von Helfferich. Nach seinem Unfalltod im Tessin am 23. April 1924 konnte Karl Helfferich der Schacht-Legende nicht mehr entgegentreten.[24a]

b) Die Rentenmark

Abgesehen von der erwähnten populärwissenschaftlichen Traktätchenliteratur über die Währungsfrage in Broschürenform (und auf schlechtem Papier) sowie in zahllosen Zeitungs- und Zeitschriftenartikeln gab es von 1919 an auch ernstzunehmende Reformvorschläge, wie sie Schacht wiedergibt.[25] So nahm der Finanzschriftsteller Alfred Lansbourgh schon im Oktober 1919 den Gedanken der späteren ›Goldkernwährung‹, allerdings auf der Grundlage des momentanen Kursstandes der Mark, vorweg. Der berühmte Bankier Max Warburg lehnte eine solche ›Devalvation‹ (Abwertung) ab und verlangte letztlich die Rückkehr zu den alten Paritäten, was aber noch verfrüht sei. Der Erzberger-Plan wurde schon erwähnt.[26] Der namhafte Kölner Betriebswirtschaftler Prof. Eugen Schmalenbach riet der Wirtschaft schon 1921 zur Goldrechnung, was die Reichsbank ablehnte, weil es zur Einführung von auf Gold gegründeten Zahlungsmitteln führen und ihr die Währungsherrschaft aus der Hand schlagen würde, die sie in Wirklichkeit schon seit Kriegsausbruch gar nicht mehr hatte. Die Entwicklung ging dann über diese Einwände hinweg; die Wirtschaft half sich selbst, und erst im August 1923 ging die Reichsbank zögernd dazu über, selbst wertbeständige Konten einzuführen und Kredite zu gewähren. Schacht schildert,[27] daß sich zwei Gedanken der Wertsicherung durchsetzten. Zum einen stützte man sich auf den Goldwert der Mark, eben die Goldmark, zum anderen – und dies besonders im landwirtschaftlichen Bereich – richtete man sich nach Sachgütermengen, meistens von Roggen. Pachtverträge und Warenpreise legten das Pfund Roggen zugrunde; Ende 1922 begaben selbst die Länder Oldenburg und Mecklenburg-Schwerin Roggenwertanleihen. Dementsprechend gab z. B. die Oldenburgische Staatliche Kreditanstalt Roggenanweisungen aus, die auf 250 Pfund Roggen lauteten und versteckt verzinslich waren, in dem sie nach fünfjähriger Laufzeit mit 300 Pfund Roggen zurückzuzahlen waren. 1922 entstand eine Roggenrentenbank, die ab Dezember Roggenrentenbriefe ausgab. Das machte Schule und dehnte sich auf Koks, Kohle, Kali, Braunkohle und Kilowatt Strom aus; es kamen auch entsprechende Sachwerthypotheken vor (neben den Goldmarkhypotheken). Natürlich waren alle diese Sachwerte als Grundlage einer Währung – als Deckungsmittel – schon angesichts der Preisschwankungen ungeeignet, und gegen den Gedanken, hierfür Grund und Boden zu erwägen, wandte sich Max Warburg mit dem zutreffenden Bedenken, diese ›Deckung‹ hänge zu sehr von den Unwägbarkeiten der Rechtssicherheit im Lande und des Immobilienmarktes ab; Geld auf der Grundlage des Bodenwerts sei in der Geldgeschichte immer ein Fehlschlag gewesen (John Laws Papiergeld im Frankreich um 1720, Mandats territoriaux der Französischen Revolution, dänische Inflation der napoleonischen Zeit).

Und doch führte eine solche ›Hilfskonstruktion‹ in Deutschland zum Erfolg, wenn auch nur als ganz kurzfristige Übergangsmaßnahme und trotz des währungstechnisch Bedenklichen als massenpsychologische ›Eselsbrücke‹.

In den letzten Tagen des Reichskanzlers Dr. Wilhelm Cuno (22. November 1922 bis 12. August 1923), der den ›Ruhrkampf‹ führte (was der Mark den Todesstoß gab), legte Helfferich der Reichsregierung seinen Plan vor. Die Reichsbank schien angesichts des Vertrauensverlusts ungeeignet, die unumgängliche Reform zu tragen. Helfferich[28] schlug vor, die ›wirtschaftlichen Berufsstände Deutschlands‹ (Landwirtschaft, Industrie, Handel, Verkehrswesen und Banken) sollten eine neue Währungsbank gründen, deren Grundkapital in gesetzlich angeordneten erstrangigen Belastungen des landwirtschaftlichen Grundbesitzes (Hypotheken) und des Betriebsvermögens der anderen Berufsstände (Obligationen) in Höhe von 4 Milliarden Mark bestehen sollte. Hierfür sollten verzinsliche Rentenbriefe ausgefertigt werden, die die Deckung neuer Banknoten dieser Bank auf ›Roggenmark‹ sein sollten. Diese Noten sollten gegen solche Rentenbriefe einlöslich sein und gesetzliches Zahlungsmittel werden; zur Papiermark sollte es einen festen, gesetzlichen Kurs geben. Zugleich sei die Diskontierung von Regierungsschuldverschreibungen bei der Reichsbank einzustellen und so die Papiermarkvermehrung zu beenden. Die im August 1923 eingeführten Sondersteuern sollten nur noch dazu dienen, der Roggenwährungsbank Sicherheit zu geben für einen Kredit von 300 Millionen Roggenmark an Reichsregierung bzw. Reichsbank; damit sollten die Reichsbanknoten zu ihrem momentanen Wert in Roggenmark eingelöst und im Umlauf durch Roggenmarknoten ersetzt werden (denn diesen Kredit hätte die Roggenwährungsbank natürlich in ihren Noten zur Verfügung gestellt).

Um dieses Projekt entbrannte ein scharfer Meinungskampf, der hier nicht nachgezeichnet werden kann.[29] Hauptsächlich wurde der schwankende Wert der Deckungsgrundlage eingewandt und die Rückkehr zu einer wie auch immer gearteten Goldwährung gefordert. Auch spielte offensichtlich das Bestreben der Industrie eine Rolle, die Inflation wegen der geschilderten Wirkung auf die Reallöhne der Arbeiterschaft bis zum letztmöglichen Moment weitergehen zu lassen.[30] So erfuhr Helfferichs Vorschlag in mühsamen Verhandlungen, die bei Schacht, Elster und Habedank nachzulesen sind, Änderungen, die aber seinen Kern unberührt ließen: für eine Übergangszeit aus psychologischen und Haftungsgründen ein neues, von der Reichsbank gesondertes Noteninstitut auf der Grundlage einer im Grunde irrealen Notendeckung tätig werden zu lassen. So entstanden Entwürfe, deren einem die ›Roggenmark‹, deren anderem eine auf Gold gegründete ›Neumark‹ zugrunde lag. Man dachte an eine Goldnotenbank und in den Einzelheiten selbst darüber nach, daß ihre Goldbestände »möglichst in neutralen Bankanstalten« zu lagern seien. Als Sachverständige traten hauptsächlich Helfferich selbst, Friedrich Minoux (langjähriger Mitarbeiter des Industriellen Hugo Stinnes) und Schacht auf. Man änderte – neben anderen technischen Einzelheiten – den Namen der neuen Währungseinheit in ›Bodenmark‹ und zuletzt in ›Rentenmark‹. Schließlich wurde dem Reichstag am 1. Oktober 1923 der Entwurf eines Gesetzes über die Errichtung der Währungsbank vorgelegt,[31] der noch von ›Neumark‹ und ›Neupfennig‹ sprach, die Neumark mit dem Wert von $1/_{2790}$ Kilogramm Reingold definierte (also zur Vorkriegsparität zurückkehrte), im übrigen aber mit der Bodenbelastung im wesentlichen den Vorschlägen Helfferichs folgte, allerdings auf den land- und forstwirtschaftlichen sowie gärtnerischen Grundbesitz beschränkt. Die Neumark sollte gesetzliches Zahlungsmittel sein.

Über diesen Verhandlungen war das Kabinett Cuno zurückgetreten (12. August); sein Ernährungsminister, der starke Dr. Hans Luther, blieb in der folgenden Regierung Stresemann (bis 4. Oktober 1923) und wurde in der zweiten Regierung Stresemann (ab 6. Oktober) Reichsfinanzminister. Wie erwähnt war der Gesetzentwurf am 1. Oktober dem Reichstag zugeleitet worden. Die Not war so groß geworden, daß der Reichstag der Reichsregierung mit einem Ermächtigungsgesetz vom 13. Oktober 1923[32] aufgab, »die Maßnahmen zu treffen, welche sie auf finanziellem, wirtschaftlichem und sozialem Gebiete für erforderlich und dringend erachtet«. Es galt bis zum Ende der zweiten Regierung Stresemann (23. November); ihm folgte mit Wirkung ab 10. Dezember ein neues, in den Gegenständen erweitertes Ermächtigungsgesetz,[33] das bis 15. Februar 1924 galt. Diese Gesetze erklären, weshalb wichtige Währungsvorschriften in der Folge nun in Form von Verordnungen der Reichsregierung ergingen.

In den letzten Verhandlungen über die Zwischenlösung wurde der Name der neuen Währungseinheit in ›Rentenmark‹ geändert und ihr die Eigenschaft als gesetzliches Zahlungsmittel nicht mehr zuerkannt; sie sollte nur den Kassenkurs (Annahmepflicht bei allen öffentlichen Kassen) erhalten, was ihren Erfolg dann aber nicht beeinträchtigte. Am 17. Oktober 1923 wurde die »Verordnung über die Errichtung der Deutschen Rentenbank« vom 15. Oktober veröffentlicht.[34]

Die finanztechnischen Einzelheiten der Kapitalaufbringung für die Deutsche Rentenbank und ihrer Kreditbeziehungen zum Reich können hier beiseite bleiben.[35] Hier ist von Bedeutung, daß ihr durch § 14 der Rentenbankverordnung aufgegeben wurde, »unter der Bezeichnung Rentenbankscheine besondere Wertzeichen« auszugeben, die auf ›Rentenmark‹ lauteten; diese war in 100 ›Rentenpfennige‹ eingeteilt. Für die Scheine bestimmte der Verwaltungsrat die Stückelungen mit 1, 2, 5, 10, 50, 100, 500 und 1000 Rentenmark.[36] Dementsprechend waren die Rentenbankscheine mit Datum 1. November 1923 gestaltet.

Über die Kleinmünzen auf ›Rentenpfennig‹ vgl. Kapitel 5, S. 125.

Mit dem Beginn der Ausgabe von Rentenbankscheinen hörte bei der Reichsbank die Diskontierung von Reichsschatzanweisungen, das heißt der Gang der Notenpresse, auf (§ 19 der Rentenbankverordnung). Das Reich »glich seinen Haushalt aus«, das heißt es deckte seine Haushaltsausgaben – bis in die Jahre der Regierung Hitler – mit seinen Steuereinnahmen und mit ordentlichen Kreditaufnahmen.

Mit den Rentenbankscheinen erschien im deutschen Geldverkehr ein neues Zahlungsmittel neben den bisher umlaufenden Geldsorten, den Noten der Reichsbank und der Privatnotenbanken, dem Mark-Notgeld und dem wertbeständigen Notgeld. Elster[37] erinnert, daß ähnliches in der jüngeren deutschen Geldgeschichte wiederholt vorgekommen war: 1871/1873 erschienen die Münzen der Reichswährung neben denen der älteren deutschen Münzsysteme, bis diese in Stufen aus dem Verkehr gezogen wurden; ähnlich verhielt es sich 1874 mit den Reichskassenscheinen; mit anderer währungstechnischer Bedeutung ist auch an die Darlehenskassenscheine von 1914 an zu denken. Die Rentenbankscheine hatten mit dem wertbeständigen Notgeld des Reiches gemeinsam, daß sie auf eine andere Währungseinheit als die gesetzliche lauteten, und daß zur gesetzlichen, immer noch der Papiermark, kein festes Wertverhältnis bestand. Wertbeständiges Notgeld auf Goldmark- und Dollarbasis hatte mit der Rentenmark das gemeinsam, was man früher Münzfuß nannte, nämlich die Gewichtsdefinition der Goldmark, die sich auch in § 6 Absatz 2 der Rentenbankverordnung fand[38] und identisch war mit vielen Definitionen der Goldmark auf Scheinen des wertbeständigen Notgelds als 1/4,20 des Dollars der Vereinigten Staaten.

Mit diesen Maßnahmen war die Stabilisierung aber noch lange nicht abgeschlossen. Denn wenn die Notenpresse der Papiermark auch gestoppt war, so war doch das Wertverhältnis von Papiermark und Rentenmark, der ›rekurrente Anschluß‹ der neuen an die alte Währung, noch offen. Dieses Wertverhältnis mußte sich ›einpendeln‹. Die Mühen der Reichsregierung um den Ausgleich ihres Haushalts – die Länder, Gemeinden und anderen öffentlich-rechtlichen Körperschaften verfuhren ebenso – bestanden darin, daß man eine große Zahl von Bediensteten in der Verwaltung, bei Post und Bahn entließ, die Schadenersatzzahlungen aus Anlaß der inneren Unruhen, die Ausgaben für kulturelle Zwecke (Schulen, Bildungsanstalten, Museen, Bibliotheken) strich oder auf das äußerste einschränkte, öffentliche Bauvorhaben einstellte, die Erwerbslosenunterstützungen herabsetzte und sonst sparte, wo immer es ging. Die größten Lasten hatte der Reichsregierung der Ruhrkampf auferlegt. Er wurde auf elegante Weise abgebrochen. Das Reich gab selbst nicht nach, überließ es aber der Industrie im besetzten Gebiet, sich mit den Besatzungsbehörden zu arrangieren. Industrieverband für Industrieverband vereinbarte mit der »Mission Interalliée de Controle des Usines et de Mines« (Micum) Zahlungen und Lieferungen in bestimmtem Umfang; auf diese Weise wurden die Reparationslieferungen wieder aufgenommen, war produktive Arbeit im besetzten Gebiet wieder möglich und blieb das Reich vorläufig unbelastet, auch wenn die Unternehmen später entschädigt wurden.[39]

Am 15. November 1923 sollten die ersten Rentenbankscheine in Verkehr gegeben werden. Damit erst begann die Operation sozusagen nach außen. Eine so schwere Aufgabe konnte das überlastete Kabinett nicht auch noch übernehmen; so kam es zur Einsetzung eines befähigten Fachmanns, des Dr. Hjalmar Schacht, als Reichswährungskommissar.

Die Stabilisierung stellte sich in den nächsten Wochen dar als das glückliche Manipulieren des Kurses der Papiermark an den Börsen. In Dollar wurde die Mark in

Berlin am 12. November mit 630 Milliarden bewertet, was weit weniger war als an den ausländischen Börsen und in Köln. Erst zum 15. November mit der Ausgabe der ersten Rentenbankscheine erlosch die Möglichkeit, die Papiergeldmassen weiter zu vermehren. Je höher der Dollarkurs in Berlin war, höher auch als im Ausland, umso weniger war die Papiergeldmasse in stabilem Geld wert, um so eher konnte die Stabilisierung gelingen, denn den Bedürfnissen der Wirtschaft entsprechend gutes Geld in den Umlauf zu geben war leichter, als einen zu großen Bestand hinterher angemessen zu reduzieren; dies hätte die Gefahr mit sich gebracht, daß auch das neue Geld in inflationäre Gefahr geriet. So erreichte die Reichsbank durch weitere massive ungedeckte Geldschöpfung, daß der Dollarkurs vom 13. bis zum 15. November 1923 auf 4200 Milliarden Mark stieg; hierzu wurde die umlaufende Papiergeldmenge von rund 60 Trillionen Mark am 12. November auf 93 Trillionen Mark am 15. November gesteigert. Während aber die 60 Trillionen vom 12. November beim Dollarkurs dieses Tages einen Goldmarkwert von rund 400 Millionen darstellten, bedeuteten die 93 Trillionen Mark vom 15. November nur noch einen Umlauf von rund 156 Millionen Goldmark.[40] Dies war nichts anderes als ein Akt der kalten Teilenteignung aller Geldbesitzer zum Gelingen der Geldreform, denn einen geldwirtschaftlichen Grund für diese Papiergeldvermehrung gab es nicht.

Wie groß das Wagnis und wie unsicher die Aussicht auf Erfolg aller dieser Maßnahmen und Erwägungen war, ergibt sich daraus, daß in jenen Tagen eine Feststellung und Beurteilung des deutschen Geldumlaufs in seiner Menge im Sinne quantitätstheoretischer Betrachtungen überhaupt nicht möglich war. Denn niemand konnte wissen, welche Mengen ausländischen Geldes in Deutschland im Gebrauch waren, niemand wußte, wieviel im Augenblick an wertbeständigem Notgeld (der größere Teil ungenehmigt) ausgegeben war und wie die Bevölkerung sich zur Rentenmark verhalten würde. Die Zahlen des Umlaufs an Rentenbankscheinen und an Papiermarkscheinen, die man außer denen des genehmigten und des reichseigenen wertbeständigen Notgelds kannte, besagten wenig, denn – vgl. Kapitel 2, S. 30 – nach der Quantitätstheorie in ihrer Verfeinerung kommt es für die Beurteilung der Geldmenge ja nicht nur auf die umlaufenden Geldsummen an, sondern auch auf die Umlaufgeschwindigkeit; die war weder meßbar noch für die verschiedenen Zahlungsmittel gleich. Sie war für die Papiermark so hoch wie nur irgend denkbar, denn jeder suchte sich ihr so schnell wie möglich wieder zu entledigen, und sie war für die wertbeständigen Zahlungsmittel wahrscheinlich einigermaßen so normal, wie sie es in einer für die niederen Schichten armseligen und für die wirtschaftenden Kreise überdrehten Volkswirtschaft sein konnte. Bei den Unwägbarkeiten der Währungslage wird die Umlaufgeschwindigkeit des ausländischen Geldes relativ gering gewesen sein, denn es eignete sich am besten zum ›Sparen‹, zur Hortung, soweit man es erübrigen konnte, und sozusagen überhaupt keine Umlaufgeschwindigkeit mehr hatten die in der Bevölkerung verbliebenen und in ihrem Betrag unbekannten Goldmünzen, die, gleich welchen Gepräges, bei Gelegenheit wieder den Umlauf verstärken konnten. Die Goldmünzen der Reichsgoldwährung wurden mit dem Münzgesetz von 1924 ja wieder zum gesetzlichen Zahlungsmittel erklärt.[41]

Unter diesen Umständen ist es fast als Wunder zu bezeichnen, daß die Stabilisierung glückte. Die wichtigsten Maßnahmen der folgenden dramatischen Tage und Wochen seien erwähnt: Man bekämpfte nun das Notgeld. Sobald genügend anderes Geld da war, gaben die Zweiganstalten der Reichsbank es nicht mehr bei Zahlungen aus, sondern präsentierten es den Ausgebern systematisch zur Einlösung. Am 17. November wies die Reichsbank ihre Kassen an, kein Notgeld mehr anzunehmen und die Emittenten um Einlösung bis 26. November zu ersuchen. Damit endeten die Notgeldemissionen jeder Art. Nur das Notgeld der Reichsbahn nahm die Reichsbank weiter an, als die Reichsbahn eine Deckungssicherheit von 90 Millionen Rentenmark leistete.[41a] An den Börsen suchte die Reichsbank den Markkurs bei 4,2 Billionen Mark für den Dollar zu stabilisieren, was nach Tagen gelang: In New York stieg der Kurs noch bis 27. November auf 7,1 Billionen, in Köln bis 26. November sogar auf 11 Billionen Mark. Aber es gab nicht mehr genug Papiermarknoten, um diese Baisse-Spekulationen zu bezahlen. Das Notgeld hatte mit der Annahmeverweigerung der Reichsbank sozusagen seinen Kassenkurs verloren (gesetzliches Zahlungsmittel war es ja nie, nur geduldet) und war nicht mehr anzubringen. Die Rentenmarkscheine hatten die Besatzungsbehörden in das besetzte Gebiet nicht eingelassen; das war der Reichsbank für den Augenblick gerade recht, zumal sie die Ausfuhr in das Ausland mit der »Verordnung über Ausdehnung der Devisengesetzgebung auf Rentenmark, Goldanleihe und wertbeständiges Notgeld« vom 16. November 1923[42] hatte verbieten lassen, um der ausländischen Spekulation das Material zu verweigern.

So fiel der Kurs der Papiermark an den Börsen auf die 4,2 Billionen für den Dollar, die Reichsregierung und Reichsbank für die Stabilisierung wünschten. Er war in Berlin am 10. Dezember, in New York schon am 3. Dezember erreicht. Der Reichsbank, die mit ihren Interventionen fast ihren ganzen Devisenbestand geopfert hatte und diese Dollarstützung kaum hätte länger fortsetzen können, wurden nun von den enttäuschten Spekulanten, die ihre Dollarbestände abstoßen mußten, soviele Devisen angeboten, daß sie bis 31. Dezember 1923 davon für 200 Millionen Goldmark aufnehmen konnte.[43]

Daß die Reform nun auf der Grundlage 1 Billion Mark gleich 1 Rentenmark ausgeführt werden konnte, erleichterte Reichsregierung und Reichsbank die technische Abwicklung der Inflation, auch wenn nicht zu verkennen ist, daß die Regierung mit dem Drücken des Markkurses auf diesen Satz vom 15. November hin ein letztes Unredliches tat, um sich von ihren Verbindlichkeiten zu befreien. Denn bei diesem Umrechnungssatz war es ihr ein leichtes, bis Ende Dezember alle Reichsschatzanweisungen von der Reichsbank sozusagen für wenige Rentenmark zurückzunehmen. Im Ausweis der Reichsbank zum 31. Dezember 1923 fand sich keine derartige Forderung mehr an das Reich. So, wie alle Schuldner durch die Geldentwertung gewonnen hatten, war auch das Reich schuldenfrei – schuldenfrei auch hinsichtlich der Schulden, die es vor der Inflation in gutem Gelde und während des Krieges und vor der Hochinflation immerhin noch in mehr und später weniger, aber doch noch werthaltigem Gelde aufgenommen hatte. Es gelang, sogar den Staatsbankrott noch als eine finanzpolitische Großtat auszugeben!

In der letzten Phase ermannte sich die Rentenbank dann auch, dem Reich einen Kreditwunsch abzuschlagen. Für seine Ausgaben hatte die Rentenbank dem Reich nach § 17 der Rentenbankverordnung 300 Millionen Rentenmark zu leihen, und weitere 1200 Millionen, die korrekt kreditiert worden waren, hatte das Reich Ende Dezember fast völlig verbraucht. Eine Bitte um weitere 1200 Millionen lehnte die Rentenbank am 20. Dezember ab.[44] Dies blieb ohne nachteilige Folge, denn mit einer Reihe steuerlicher Maßnahmen konnte das Reich seine Einnahmen so steigern, daß sie für die Ausgaben reichten. So stellte man Steuerzahlungen auf den Goldwert um und zog eine Rate der ›Rhein-Ruhr-Abgabe‹ vor (Erste Steuernotverordnung, vom 7. Dezember 1923);[45] nach der Zweiten Steuernotverordnung vom 19. Dezember 1923[46] trat die Goldmark in den Steuergesetzen allgemein an die Stelle der Papiermark. Eine »Verordnung über Goldbilanzen« vom 28. Dezember 1923[47] verpflichtete die buchführungspflichtigen Unternehmen, Bilanzen, Inventuren und Buchführung nach Goldmark auszurichten, was mit Rentenmark gleichbedeutend war.

Die Bevölkerung nahm die Rentenmark mit ungeheurer Erleichterung auf; die Inflation war überwunden. Alles weitere war nur noch Abwicklung, war Bereinigung des Geldwesens, als sich der Kurs von 4,2 Billionen für den Dollar tagelang gehalten hatte. Am 23. November waren schon 300 Millionen Rentenmark im Umlauf und – in Goldmark gerechnet – nur noch 224 Millionen Mark in Reichsbank- und Privatnotenbanknoten. Am 31. Dezember 1923 waren es an Rentenbankscheinen 497 Millionen und an Papiermark (einschließlich des Notgelds) im Goldmarkbetrag 608 Millionen; dazu kamen die Summen wertbeständigen Notgelds, so daß der gesamte Umlauf sich auf 2273,6 Millionen Goldmarkwert belief.

Im Jahre 1913 waren im – größeren – Deutschen Reich im Durchschnitt schätzungsweise 6070 Millionen Mark umgelaufen.[48]

Die erwähnte Anordnung, das Notgeld spätestens am 15. Dezember 1923 aufzurufen, ist in der »Verordnung zur Änderung des Gesetzes über die Ausgabe und Einlösung von Notgeld« vom 26. Oktober 1923[49] enthalten, die vorerst noch das werbeständige Notgeld in geordnete Bahnen zu lenken versucht hatte. Aber die meisten Ausgeber hatten zur fristgerechten Einlösung nicht die Mittel, als dieser Termin nahte, an dem gerade die Rentenmark Wirklichkeit wurde. So war der Widerstand der Emittenten sehr groß. Man lief gegen die Regelung Sturm, und die Besatzungsmacht im Rheinland verbot die Erzwingung. Wie die Dinge in diesen Tagen lagen (Hjalmar Schacht war soeben Reichswährungskommissar geworden), konnte und sollte es den Emittenten auch nicht gelingen, zum Zweck der Einlösung Kredite aufzunehmen oder das Notgeld gar auf fundierte Anleihen zu gründen. Wo unumgänglich kam die Reichsbank mit kurzfristigen Krediten zu Hilfe; zuweilen ließ sie die ratenweise Tilgung zu. Faktisch lief die Beseitigung des Notgeldes so ab, daß von Ende Dezember 1923 bis etwa in den Juli 1924 hinein die Aufrufe der Notgeldemittenten einander folgten, ihr Notgeld einzulösen. Der Umlauf, Mitte November noch auf eine Milliarde Goldmark geschätzt, war Ende Januar 1924 schon auf die Hälfte gesunken und betrug Anfang April noch rund 250 Millionen. Mitte Juni waren es noch 100 Millionen, Mitte September weniger als 10 Millionen. Ende

Oktober 1924 spielte das Notgeld keine Rolle mehr[50] – außer in den Alben und Mappen der Notgeldsammler. Zwar war das Notgeld auf Papiermark zum Vorteil der Ausgeber entwertet, aber beträchtliche Mengen auch an wertbeständigem Notgeld blieben ebenfalls uneingelöst. Die Nominale von 50, 100 und 500 Milliarden Papiermark, jetzt mit 5, 10 und 50 Rentenpfennig einzulösen, und die wertbeständigen Scheine bis zu 1,05 und 2,10 Goldmark waren vielen Sammlern wert, sie zu behalten. Höhere Nominale wurden nicht so häufig aufgehoben.

c) Die Reichsmark

Vom Jahresbeginn 1924 an war die Rentenmarkwährung eingerichtet; die Gleichwertigkeit mit der alten Papiermarkbillion, die zuweilen als ›Billionenmark‹ bezeichnet wurde, war selbstverständlich. Da der Übergang zur Reichsmark im Laufe des Jahres vom Verständnis der Währung aus nur ein technischer Vorgang war, ist es gerechtfertigt, die Währungsentwicklung im Reich schon vom Jahresanfang 1924 an als Vorgeschichte der Reichsmark zu sehen.

Immerhin war diese Vorgeschichte nicht ohne Dramatik. Trotz des ebenfalls gebrauchten Begriffes ›Goldmark‹ hatte die neue Währung mit dem Währungsmetall außer im Hinblick auf ihre Goldgewichtspartität nichts zu tun; sie war eine manipulierte Papierwährung, die die Reichsbank mit Notenbankmitteln – Steuerung der Geldmenge, Beeinflussung auf den Devisenmärkten – bei dieser Partität zu halten suchte.

Das war am Anfang nicht einfach, hatte man doch die Geldmenge, den wichtigsten Faktor, insofern noch nicht im Griff, als der Umlauf im wesentlichen erst Ende Mai 1924 vom Notgeld bereinigt war, dessen Umfang unbekannt war (auch die kleinen Stücke der Goldanleihe waren bis dahin eingelöst).[51] Nun hatte sich der Geldumlauf in den ersten Monaten nur infolge der Kreditgewährung von Rentenbank und Reichsbank an die Wirtschaft ausgedehnt, gab es doch kein Sparkapital mehr, auf das die Wirtschaft durch Vermittlung von Banken und Sparkassen hätte zurückgreifen können.[52] Die Massenkaufkraft, in der Inflation auf dem Tiefststand, hatte sich schon mit der Durchsetzung des wertbeständigen Notgeldes wieder gehoben (was gleichbedeutend war mit dem Steigen der Reallöhne in den beiden letzten Inflationsmonaten und das Interesse der Industrie am Fortgang der Inflation nun doch schwinden ließ); die Nachfrage heizte die Produktion an, die Preise stiegen.

So kam es zu einer kleinen Währungskrise. Die ›Mark‹, vom internationalen Devisenhandel zu Recht als Währungseinheit gesehen (wie immer sie im Zahlungsverkehr sich darstellte), sank unter ihre neue Parität von 4,20 Mark für den Dollar:[53]

	Köln	New York
1. März 1924	4,515	4,56
10. März 1924	4,52	4,47
20. März 1924	4,40	4,42
1. April 1924	4,625	4,51

Dabei spielte die Spekulation in französischen Francs eine Rolle. Man sprach bereits von einer neuen Inflation, aber die Reichsbank trat ihr mit Entschlossenheit entgegen. Am 7. April griff sie zur Kreditbegrenzung, d. h. sie hielt ihre Kreditgewährung und damit den Geldumlauf auf der Höhe dieses Tages; sie entsprach nicht mehr allen Kreditwünschen. Die Folge war, daß viele kleinere, ohne Bankkredit nicht lebensfähige Unternehmen zusammenbrachen. Der Bereinigungsprozeß ließ die Zahl der Konkurse kleiner und mittlerer Unternehmen emporschnellen, wobei es nur bei 10 bis 15 v. H. der Konkursanträge zur Eröffnung des Verfahrens kam, weil es bei den anderen schon an einer die Kosten des Verfahrens deckenden Masse fehlte. Konkurse und Ablehnungen stiegen von 218 Fällen im Reichsgebiet im 1. Quartal 1924 auf 2886 Fälle im 4. Quartal.[54] So tragisch im Einzelfall, so notwendig war die Bereinigung für die Volkswirtschaft im ganzen, hatte die Inflation doch zahlreiche unseriöse, volkswirtschaftlich normalerweise nicht lebensfähige Unternehmen entstehen lassen. Die Folge war, daß die Preise wieder sanken und die Mark auf ihren Paritätskurs stieg.

Helfferichs Plan lag im Kern die Einsicht zugrunde, daß Geld und Geldwert vom Vertrauen der Bevölkerung und Wirtschaft, also der Geldbenutzer, abhängen – schwindet das Vertrauen, läßt das unkontrollierbare Steigen der Umlaufsgeschwindigkeit keine Geldwertsteuerung mehr zu, wenn der Währung keine Warendeckung, etwa Gold, zugrunde liegt. Das Vertrauen in Reich und Reichsbank war mit der Inflation auf Null gesunken, und deshalb war es richtig und hat es sich bewährt, mit Rentenmark und Rentenbank einen neuen Träger der Währung zu schaffen, unabhängig von den beiden Sündern der Vergangenheit. Daß es eine Übergangslösung war, wußten die Schöpfer dieser Konstruktion; wie lange sie vorhalten müßte, konnte man nicht voraussehen. Das Volk vergißt schnell. Zudem waren es die Reparationsgläubiger, auf deren Betreiben sich die Neuordnung beschleunigte. Die erwähnten Micum-Verträge im Rheinland waren ja keine Lösung der Reparationsfrage.[55]

Ab Januar 1924 befaßten sich zwei Sachverständigenkomitees mit der Reparationsfrage, die zugleich, wie sich auch für die Alliierten gezeigt hatte, die deutsche Währungsfrage war – als Vorfrage zur Leistungsfähigkeit der deutschen Wirtschaft. Die folgenden Lösungen beruhten weitgehend auf dem Gutachten und den Vorschlägen des Komitees unter dem Vorsitz des Amerikaners Charles G. Dawes, wie sie unter Mitwirkung des Reichsbankpräsidenten Schacht zustande kamen und von einer Konferenz in London am 16. August 1924 gebilligt wurden.[56]

Die Vereinbarungen zur Reparationsfrage brauchen hier nur angedeutet zu werden. Zum ersten Mal wurden die Reparationsverpflichtungen Deutschlands beziffert. Die Leistungen – Besatzungskosten im Rheinland inbegriffen – sollten betragen

1924   1000 Millionen Mark,
1925   1220 Millionen Mark,
1926   1200 Millionen Mark,
1927   1750 Millionen Mark

und ab 1928 jährlich 2500 Millionen Mark, bei besseren wirtschaftlichen Verhältnissen Deutschlands, die nach einem Index zu beurteilen waren, auch mehr, wie es dann tatsächlich auch eintrat. Die Alliierten verlangten und erhielten ›Sicherheiten‹ insofern, als für die Aufbringung der Reparationen z. B. der Gewinn der Reichsbahn dienen sollte, die dazu als ›Deutsche Reichsbahngesellschaft‹ rechtlich verselbständigt wurde. Ein erster Teilbetrag von 800 Millionen Mark für 1924 wurde durch eine internationale Anleihe, die Dawes-Anleihe, aufgebracht. Daß sie ohne Schwierigkeiten in den USA, in Großbritannien, Frankreich, Belgien, den Niederlanden, der Schweiz, in Italien und Schweden (und auch in Deutschland) gezeichnet wurde, beweist, wie schnell das Deutsche Reich seine Kreditwürdigkeit wiedererlangt hatte. Ebensogroß war das Vertrauen in die neuen, noch gar nicht voll gestalteten Währungsverhältnisse, denn abgesehen von einer Goldwertklausel, die sich von selbst verstand, war die Anleihe nur auf Mark gestellt. Artikel 262 des Friedensvertrags von 1919[57] war für die Reparationsleistungen aufgehoben. Außerdem wurde die deutsche Industrie mit einer Zwangsanleihe von Steuercharakter belastet; betroffen waren gegen 60 500 mittlere und große Betriebe, die für ein Aufbringungsvolumen von 5 Milliarden Mark laufende Zins- und Tilgungslasten erbringen mußten.[58]

Zu dem Paket gehörte auch die endgültige Neuordnung der Währung. Sie stellte sich – wie nach 1871 – als Neuordnung der Rechtsverhältnisse der Reichsbank und der Privatnotenbanken auf der einen Seite und des Münzwesens andererseits dar. Freilich waren die Reichskassenscheine in der Inflation untergegangen; sie und die Darlehenskassen blieben vergessen.

In den Verhandlungen über das Notenbankwesen im Februar und März 1924 in Paris wünschten die Sachverständigen unter Dawes zuerst eine neue Notenbank. Es wurde daran gedacht, in ihren Verwaltungsrat Ausländer zu delegieren und das Notendepartement – von der Kreditabteilung getrennt[59] – in ein neutrales Ausland zu legen. Dies und anderes hat Schacht abwenden können; in dieser Phase seiner Tätigkeit als Reichsbankpräsident und Verhandlungspartner der Alliierten liegen seine großen Verdienste und sein hohes Ansehen in den Folgejahren begründet.[60] So kam es zu den Währungsgesetzen vom 30. August 1924.

Eine Episode, ohne Zusammenhang mit dieser Entwicklung und ohne geldgeschichtliche Folgen, blieb die Gründung der ›Deutschen Golddiskontbank‹.[60a] Im zeitlichen Zusammenhang mit der Mark-Krise der ersten Monate des Jahres 1924 hielt es die Reichsbank zur Sicherung der Stabilisierung der Mark und um den Anschluß an die internationalen Kapitalmärkte zu gewinnen für notwendig, diese Bank, von ihr verwaltet, zu gründen.[61] Mit einem Grundkapital von 10 Millionen Pfund Sterling, teils in deutschem, teils in ausländischem Besitz, sollte sie im Ausland Kredite aufnehmen und an die deutsche Wirtschaft weitergeben. Diese Kredite erreichten im August und September 1924 mit etwa 14 Millionen Pfund ihren Höhepunkt. Sie kamen hauptsächlich aus Großbritannien; dort war man damals bestrebt, das Pfund Sterling wieder in den Vorkriegsrang einer Welt-Leitwährung zu erheben, einen Rang, den das Pfund teilweise an den Dollar verloren hatte. In den Verhandlungen hätten es die Amerikaner lieber gesehen, wenn die Golddiskontbank sich auf den Dollar gestützt hätte, doch Schacht meinte, «wenn es mir möglich gewesen wäre, ebenso schnell nach New York zu kommen wie nach London, hätten wir sicher den Versuch gemacht». Die Bank hatte das Recht, Banknoten auf Pfund Sterling auszugeben und bereitete solche Scheine zu 5 und 10 Pfund Sterling auch vor.[62] Es ist interessant, daß die Einlösung nach dem Notentext »durch Abgabe von Scheck auf London oder durch Überlassung Auszahlung London oder durch Abgabe von Noten der Bank von England« vorgesehen war, nicht durch Abgabe von Goldmünzen der Pfundwährung. Das Pfund Sterling hatte mit dem Ersten Weltkrieg nämlich selbst eine Entwertung erlitten und 1924 noch nicht wieder den Paristand, d. h. seinen Vorkriegs-Goldwert erreicht: die Goldmünze Großbritanniens, der Sovereign, hatte gegenüber der Pfundnote ein Agio. Erst 1926 kehrte Großbritannien zum Goldstandard zurück.[63]

Zur Ausgabe der deutschen Pfundnoten kam es nicht. Von vornherein war beabsichtigt, diese Bank mit der Errichtung der endgültigen deutschen Währungsbank wieder aufzulösen. Als das neue Bankgesetz in Kraft trat, verlor die Deutsche Golddiskontbank ihr Notenrecht wieder und sollte liquidiert werden. Die Reichsbank erwarb sämtliche Anteile und zahlte insbesondere den Kredit der Bank von England (5 Millionen Pfund) zurück. 1925 entschloß sich dann die Reichsbank, diese Tochter doch weiterbestehen zu lassen und für internationale Kreditoperationen einzusetzen.

Das Kernstück der Währungsgesetzgebung vom 30. August 1924 war das Bankgesetz.[64] Es regelte nur die Verhältnisse der Reichsbank, wogegen das Bankgesetz vom 14. März 1875[65] für alle Notenbanken galt und mithin auch die Privatnotenbanken betraf. Für diese erging am selben Tag ein besonderes Privatnotenbankgesetz.[66] Das dritte der Gesetze dieses Tages war das neue Münzgesetz.[67]

Förmlich eingeführt wurde die Reichsmark mit dem Bankgesetz. Anders als 1871 und 1873 war nicht mehr das Münzgesetz grundlegend, hatte sich die Währung doch vom Metall völlig gelöst und war zur notenbankverwalteten Papierwährung geworden. Die grundlegende Vorschrift war § 3 des Gesetzes. Mit ihr fand die neue Währungseinheit ›Reichsmark‹ ihre rechtliche und historische Definition, ihren ›rekurrenten Anschluß‹: Es wurde bestimmt, daß die Banknoten auf ›Reichsmark‹ zu lauten hätten und daß die Reichsbank ihre auf ›Mark‹ gestellten Banknoten aufzurufen und im Verhältnis von einer Billion Mark gleich einer Reichsmark in neue Noten umzutauschen hätte.[68] Die Reichsbanknoten wurden gesetzliches Zahlungsmittel, außer diesen die Goldmünzen der alten Reichsgoldwährung. Diese Bestimmung hatte keine praktische Bedeutung, aber symbolischen Charakter insofern, als sich die neue Währungseinheit nun auch nach dem Bankgesetz in ihrem Goldgehalt nach der Mark von 1871 richtete und die alten Goldmünzen diesem Münzfuß entsprachen. Das kam im Gesetz aber nur versteckt zum Ausdruck: § 22 Absatz 1 des Bankgesetzes verpflichtete die Reichsbank, »Barrengold zum festen Satze von 1392 Reichsmark für das Pfund fein gegen ihre Noten umzutauschen«. Kurios ist dabei, daß man zum ›Pfund fein‹ zurückging, obwohl das Pfund als Münzgrundgewicht mit dem Münzgesetz von 1909 vom Kilogramm ersetzt worden war.[69] Die Vorschrift entspricht wörtlich – nur steht »Reichsmark« statt »Mark« – § 14 des Bankgesetzes vom 14. März 1875 und sollte offensichtlich die Kontinuität des Münzfußes deutlich machen.

Nach § 1 des Bankgesetzes war die Reichsbank »eine von der Reichsregierung unabhängige Bank«. Nach den Vereinbarungen mit den Alliierten sollte sie absolut unabhängig sein; ihr ausschließliches Recht, Banknoten auszugeben, war nur durch die Rechte der Privatnotenbanken beschränkt. Demgemäß bestimmte § 2, daß die Deutsche Rentenbank weiterhin Rentenbankscheine nicht begeben dürfe und daß auch das Notenrecht der Deutschen Golddiskontbank aufgehoben sei.

Die Rentenbankverordnung hatte das Verhältnis von Papiermark und Rentenmark nicht festgesetzt und der Marktentwicklung überlassen; das Bankgesetz enthielt besagten ›rekurrenten Anschluß‹ von 1 Billion Mark gleich 1 Reichsmark, nach dem die alten Noten gegen neue umzutauschen seien. Das bezog sich aber nur auf die Geldzeichen, nicht auch auf eine Umstellung der Schuldverhältnisse. Das Bankgesetz ließ diese Frage offen: es war dies die Frage der ›Aufwertung‹, die im Folgejahr gesondert geregelt wurde und auf die unten einzugehen ist. Das Bankgesetz besagte, daß nun wieder mit der einheitlichen Werteinheit ›Mark‹, jetzt ›Reichsmark‹ zu nennen, zu rechnen sei; wenn es den Umtausch der ›Billionenmark‹ wie der Rentenmark in Reichsmark anordnete , so »hat es im wesentlichen nichts anderes getan, als für die Werteinheit und die sie repräsentierenden Zahlungsmittel einen neuen Namen zu statuieren«.[70]

Im übrigen können die Organisationsvorschriften und die Deckungsvorschriften des Bankgesetzes hier übergangen werden. Die Deckungsvorschriften (§§ 28, 29) brachten gegenüber den Vorschriften der Zeit vor dem Krieg keine grundsätzliche Neuerung. Die Noten im Verkehr mußten zu 40 v. H. durch Gold und Devisen gedeckt sein, drei Viertel davon (also 30 v. H.) mußten Gold sein. Die Währung hatte demnach einen ›Golddevisenstandard‹. Sie war keine Goldumlaufswährung; das Gold diente mit den ergänzenden Devisen der Sicherheit des Umlaufs, ohne daß der einzelne Notenbesitzer einen Anspruch auf Aushändigung des Goldgegenwerts seiner Note gehabt hätte. Nach § 31 konnte die Reichsbank bei dieser Gestaltung zur Einlösung ihrer Noten nach ihrer Wahl deutsche Goldmünzen, Goldbarren oder Schecks zur Auszahlung in ausländischer Währung verwenden. Aber selbst diese Vorschrift sollte nach § 52 erst später in Kraft treten.[70a] Wie früher durfte die Reichsbank auch ungedeckte Noten gegen Entrichtung einer Notensteuer ausgeben (§ 29), doch war die Notensteuer nach dem Maß der Überschreitung gestaffelt und betrug 3 bis 8 v. H., je nach dem Grad der Unterdeckung (früher einheitlich 5 v. H.). Im übrigen mußten die Noten sämtlich durch gute Handelswechsel und -schecks gedeckt sein. Weiter brauchen wir auf die Vorschriften über den Geschäftskreis nicht einzugehen. Immerhin sei erwähnt, daß die Reichsbank auch weiterhin den Kassenverkehr des Reichs wahrnahm.

Die Sachverständigen, auf deren Erörterungen die Gesetze vom 30. August 1924 beruhten, wußten von den vier deutschen Privatnotenbanken offenbar überhaupt nichts, und wenn Hjalmar Schacht als ihr Gesprächspartner nicht auf sie aufmerksam gemacht hätte, wären sie dabei einfach übergangen worden und hätten so ihre Notenrechte verloren. Obwohl Schacht als Reichsbankpräsident dies nicht ungern

sehen konnte, hielt er es doch aus innenpolitischen Gründen – Rücksichtnahme auf
die vier Länder, in denen sie tätig waren – für notwendig, für ihr Fortbestehen zu
sorgen. So wurden sie schon in § 2 des Bankgesetzes erwähnt; danach blieben ihre
Notenausgaberechte unberührt. Die Ausgabegrenze für sie zusammen wurde aber
auf 194 Millionen Reichsmark beschränkt, und es blieb für ihre Rechtsverhältnisse
ein gesondertes Gesetz vorbehalten, das dann als ›Privatnotenbankgesetz‹ erging.[71]
    Danach behielten die Bayerische Notenbank in München, die Sächsische Bank
zu Dresden in Dresden, die Württembergische Notenbank in Stuttgart und die Badische Bank in Karlsruhe ihre Notenausgaberechte »in dem durch dieses Gesetz bestimmten Umfang«, aber erstmals zum 1. Januar 1935, »alsdann von 10 zu 10 Jahren« konnten sie ohne Entschädigung aufgehoben werden (§ 1). Ihre Noten mußten
auf Reichsmark lauten; der genannte Gesamtbetrag verteilte sich mit je 70 Millionen Reichsmark auf die Bayerische Notenbank und die Sächsische Bank und mit je
27 Millionen Reichsmark auf die Württembergische Notenbank und die Badische
Bank, doch durften die Noten bis zum Ende der Liquidation der Deutschen Rentenbank zusammen nur 8,5 v. H. des Umlaufs der Reichsbanknoten ausmachen.
Die Noten durften nur auf 50 RM, 100 RM oder ein Mehrfaches von 100 RM lauten, und die Banken hatten ihre alten Ausgaben in Papiermark wie die Reichsbank
aufzurufen und umzutauschen. Ihre Noten waren kein gesetzliches Zahlungsmittel
und durften nicht einmal Kassenkurs (Annahmepflicht der öffentlichen Kassen) erhalten. Aber die der jeweils anderen Privatnotenbanken waren in Zahlung zu nehmen und durften nur der Ausgabebank zugeleitet oder in deren Land zu Zahlungen
verwendet werden. Die Deckungsvorschriften, die Vorschriften über den zulässigen
Geschäftskreis, die Notensteuer und die wöchentlichen Veröffentlichungen entsprachen etwa denen der Reichsbank. Die Reichsbank mußte die Privatnotenbankscheine annehmen und durfte mit ihnen nur ebenso verfahren wie eine
der anderen Privatbanken.
    In der Folge machten alle Privatnotenbanken von ihrem Notenausgaberecht Ge-
brauch (vgl. Kapitel 6b, S. 136).
    Noch ein viertes Gesetz trägt das Datum 30. August 1924: das »Gesetz über die
Liquidierung des Umlaufs an Rentenbankscheinen«.[72] Als Notenbank war die
Deutsche Rentenbank überflüssig geworden; sie hatte ihre Aufgabe erfüllt, als die
Reichsbank wieder die Hauptnotenbank des Reichs wurde. Mit dem Dawesplan
waren Industrie, Gewerbe, Handel und Banken für die Aufbringung der Reparationen derart belastet worden, daß sie aus den Grundschulden und Obligationen der
Rentenbankverordnung entlassen werden konnten. Die Belastung des land- und
forstwirtschaftlichen sowie gärtnerischen Besitzes bestand fort. Der Reichsbank
wurde aufgegeben, die ausgegebenen Rentenbankscheine zu liquidieren. Die Frist
hierfür sollte zehn Jahre betragen, wurde aber später verlängert.[73] In der Folge
wurde die Deutsche Rentenbank, der weiter die Grundschuldzinsen zuflossen, zu
einem zentralen Kreditinstitut für die Landwirtschaft. Sie fusionierte mit einer anderen Bank und wurde im August 1925 als Anstalt des öffentlichen Rechts zur
Deutsche Rentenbank-Kreditanstalt. Nach dem Zweiten Weltkrieg konnte sie infolge der deutschen Teilung nicht wieder belebt werden. 1949 wurde in Frankfurt die

Landwirtschaftliche Rentenbank gegründet, die ihre Geschäfte, soweit sie das Gebiet der Bundesrepublik betrafen, weiterführte und liquidierte. Im Oktober 1978 war ihre Liquidation abgeschlossen.[74]

d) Die Aufwertung

Mit der »Bekanntmachung über die Unverbindlichkeit gewisser Zahlungsvereinbarungen« vom 28. September 1914[75] wurde verordnet:

»Die vor dem 31. Juli 1914 getroffenen Vereinbarungen, nach denen eine Zahlung in Gold zu erfolgen hat, sind bis auf weiteres nicht verbindlich.«

Damit waren alle Goldklauseln aufgehoben. Das bedeutete, daß jede Geldzahlungsverpflichtung, die nach deutschem Recht zu beurteilen war, mit Mark-Zahlungsmitteln erfüllt werden konnte und daß der Gläubiger die Zahlung annehmen mußte, wollte er nicht in Gläubigerverzug geraten.[76] Und dies bei fortschreitender Geldentwertung mit Papiermark, deren innerer Wert dem der Schuld etwa bei Empfang der Gegenleistung immer weniger entsprach. Kein Gläubiger konnte mehr verlangen, bestimmte Münzen zu erhalten, auch wenn es ausdrücklich vereinbart war. Aus Gründen, die mit den früheren Münzverhältnissen zusammenhingen,[77] waren Gold- und Goldmünzenklauseln in Verträgen jeglicher Art nicht selten gewesen, und diese Vertragsklauseln – heute spricht man von ›Wertsicherungsklauseln‹ – galten nun nicht mehr. Kein Wunder, daß den Schuldnern die Bezahlung ihrer Schulden um so leichter wurde, je mehr die Mark in ihrer Kaufkraft (oder, was ungefähr dasselbe bedeutete, in ihrem Goldwert bzw. nach dem Dollarkurs) sank. Wie in jeder Inflation war durch die Geldentwertung also der Schuldner begünstigt und der Gläubiger benachteiligt, und darauf beruht es, daß die deutsche Inflation nicht nur die Besitzer von Papiermark völlig enteignete, sondern auch alle Gläubiger von Geldforderungen, seien es Hypothekengläubiger, Besitzer von Industrieschuldverschreibungen und Pfandbriefen, Inhaber von Sparkonten und anderen Bankguthaben, Berechtigte aus Versicherungen und Renten sowie alle anderen Geldgläubiger, seien es Lieferanten, Schadensersatzberechtigte und dergleichen. Alle standen bei der Stabilisierung der Mark mit leeren Händen da. Der Schuldner auf der anderen Seite, der mit dem guten Geld des Gläubigers Sachwerte erworben oder verbessert hatte, der Landwirt, der Hausbesitzer, der Industrielle, das Versicherungsunternehmen, alle waren ihre Geldschulden los und erfreuten sich vorerst ungestört ihres Sachbesitzes.

Diese Ungerechtigkeit ergab sich aus dem geltenden Zivilrecht, solange das Währungsrecht den Grundsatz ›Mark gleich Mark‹ hochhielt und für das Verhältnis von Gläubiger und Schuldner von der Geldentwertung keine Kenntnis nahm. Dieser Grundsatz entprach der herrschenden Auffassung, daß das Geld ein Geschöpf des Staates sei, der bestimme, was Geld sei, welchen Wert es habe und wie die Bürger sich damit zu verhalten hätten. Dies war der Kern der ›Staatlichen Theorie des Geldes‹ der von Georg Friedrich Knapp begründeten Straßburger Schule, der auch Helfferich angehörte.

Diese Geldtheorie war um 1900, in der Zeit stabiler Währungsverhältnisse in fast ganz Europa und in weiten Teilen der übrigen Welt, entstanden;[78] der Gedanke war Knapp fremd gewesen, daß es in Mitteleuropa je zu einer derartigen Geldkrise kommen könne. Auch im Zivilrecht des Deutschen Reiches, in der selben Zeit geformt,[79] war für das Verhältnis von Gläubiger und Schuldner für den Fall nichts ausgesagt, daß sich der Geldwert zwischen Begründung einer Geldschuld und Zahlung derart ändern würde. Mancher Gläubiger fühlte sich betrogen (von wem auch immer), und so wurden die Gerichte bald nach Kriegsende mit der Frage befaßt, ob der Gläubiger einer in gutem Gelde begründeten Forderung es sich gefallen lassen müsse, vom Schuldner mit mehr oder weniger entwertetem Gelde abgespeist zu werden. Diese Frage haben die Zivilgerichte bis weit in die Hochinflation hinein bejaht.

Je weniger die Papiermark wert war, je mehr Schuldner sich mit dem Wert eines Butterbrots ihrer Schulden entledigten und z. B. vom Hypothekengläubiger die Löschungsbewilligung verlangten, um so mehr wuchs die Erbitterung der Gläubiger, wuchs das Gefühl, daß hier Unrecht geschehe. Der Staat, genauer Reichsregierung und Reichstag, sahen untätig zu, war das Reich doch selbst der größte Schuldner, der sich zudem durch die Geldentwertung, die ja sein Werk war, selbst seiner Schulden entledigte. Als der Ruhreinbruch (ab 11. Januar 1923) der Mark den Todesstoß gab, geschah etwas Unerhörtes: die Justiz versagte der Geldpolitik der republikanischen Reichsregierung die Gefolgschaft und machte dem staatlichen Unrecht ein begrenztes Ende.[80] Dem Landgericht Darmstadt wird zugeschrieben, daß es mit Urteilen vom 29. März und 18. Mai 1923[81] als erstes Gericht mit der besagten Rechtsprechung brach und es als Verstoß gegen Treu und Glauben bezeichnete, wenn der Schuldner auf die geschilderte Weise die Inflation ausnutzte. Dieser Auffassung schloß sich das Reichsgericht in Leipzig, die Revisionsinstanz, in dem epochemachenden Urteil vom 28. November 1923[82] an.

Für den Juristen des ausgehenden 19. Jahrhunderts, einer selbstzufriedenen Zeit, gab es Recht nur in Gestalt der Gesetze des Staates. Daß ein staatliches Gesetz Unrecht enthalten oder zum Unrecht werden könne, war dem Denken der staatstragenden Juristen fremd. Es war diese Denkweise, der ›Rechtspositivismus‹, dem der Gedanke fremd war, jedes staatliche Recht müsse sich an höheren Rechtsgrundsätzen messen lassen, am Naturrecht, was immer die Rechtsphilosophen konkret darunter verstehen wollten.

Immerhin gab – und gibt – es im Bürgerlichen Gesetzbuch die Vorschrift

»Der Schuldner ist verpflichtet, die Leistung so zu bewirken, wie Treu und Glauben mit Rücksicht auf die Verkehrssitte es erfordern« (§ 242).

Diese Vorschrift, nur ein kleines Fensterchen aus dem Paragraphengebäude des Rechtspositivismus zum Himmel des Naturrechts und der höheren Gerechtigkeit und bislang nur selten in Fällen extremer Ungerechtigkeit bei Anwendung gesetzlicher Vorschriften angewandt, nahmen die Gerichte nun zum Anlaß, in wahrhaft

revolutionärer Weise den Rechtsatz ›Mark gleich Mark‹ aus den Angeln zu heben –
zum größten Mißvergnügen der Reichsregierung und ihrer amtlichen Währungspolitiker. Es wurde gesagt, daß der Abstand, um nicht zu sagen die Abneigung, der
monarchisch-konservativ geprägten Richterschaft zur republikanischen Regierung
der Weimarer Verfassung eine Rolle gespielt habe. Der Fünfte Senat des Reichsgerichts wußte, was er mit dem Urteil vom 28. November 1923 unternahm – er hatte
sich vorher der Zustimmung der anderen Senate des Gerichts versichert, was in der
Zivilprozeßordnung nicht vorgesehen war, und damit der Gefahr vorgebeugt, daß
andere Senate des Gerichts bei der alten Rechtsprechung blieben.[83] Das Reichsgericht hatte damit den tragenden Grundsatz des deutschen Währungsrechts über
Bord geworfen. Zahlungen mit entwertetem Geld galten nicht mehr als Tilgung der
Schuld.[84] In einer Unzahl von Fällen lebten erledigte Schuldverhältnisse wieder auf,
verloren Quittungen ihre Rechtswirkung. Weitere Urteile des Reichsgerichts scho-
ben Verzichtserklärungen,[85] Kontenbestätigungen,[86] Vergleiche,[87] rechtskräftige Urteile nach der früheren Auffassung,[88] Verwaltungsentscheidungen[89] und den Einwand der Verjährung auf die Seite.[90] Geldentwertung im Sinne dieser Rechtsprechung nahm das Reichsgericht von 1919 ab an.[90a]

Diese ›Richterrevolution‹ hatte zur Folge, daß nach der Stabilisierung eine un-
endliche Zahl von Streitigkeiten zwischen Gläubigern und Schuldnern aufloderte.
Dabei entwickelte das Reichsgericht aber keine Richtlinien für das Maß der ›Aufwertung‹, die der Gläubiger verlangen konnte; jeder Fall sollte von den unteren
Gerichten nach den besonderen Umständen entschieden werden.[91] Insbesondere
brauchte der Dollarkurs der Mark bei der Zahlung nicht maßgeblich zu sein. Im
Einzelfall konnte auf den Lebenshaltungsindex, den Großhandelsindex oder auf
private Indexberechnungen abgehoben werden. Auch die finanziellen Verhältnisse
von Gläubiger und Schuldner durften berücksichtigt werden;[92] die Parteien hatten
dazu ihre finanziellen Verhältnisse offenzulegen!

Diese sogenannte richterliche Aufwertung ohne feste Maßstäbe, nach freiem
Ermessen der Gerichte, ohne Berechenbarkeit der Urteile, zerstörte jede Rechts-
sicherheit und führte zu völliger Verwirrung. Viele Rechtsfragen waren geradezu
unlösbar. Schließlich sah sich das Reichsgericht selbst genötigt, Grenzen zu ziehen.
Es sprach den Aufwertungsanspruch ab, wenn die Aufwertung nicht angemessene
Zeit nach Bekanntwerden der Aufwertungsrechtsprechung verlangt worden war.[93]

Diese Rechtslage führte zu zahllosen Auseinandersetzungen vor Gericht. Die Gerichte mußten verstärkt werden, allein in Preußen bis 1926 um mehr als 3000 Richter und Justizbeamte, wohl um 5000 Kräfte im ganzen Reich. In Aufwertungsachen
fällte das Reichsgericht bis 1930 weit mehr als 2000 Urteile. Die Hälfte davon änderte Entscheidungen der Vorinstanzen, was die Unsicherheit der ›Rechtslage‹ be-
leuchtet.

Nun hatte es ›Aufwertung‹ schon nach mancher Inflation der Geldgeschichte gegeben. Nußbaum[94] erwähnt französische Regelungen des 15. Jahrhunderts und der
Zeit nach der Assignateninflation, die ›scaling laws‹ von Einzelstaaten der USA
nach dem Unabhängigkeitskrieg, das preußische Finanzedikt von 1764, eine dänische Regelung von 1813, österreichische Aufwertungsvorschriften von 1811 bis

1813 und ›scaling laws‹ von Südstaaten der USA aus der Zeit nach dem Bürgerkrieg. Aufwertung gab es auch schon in deutschen Territorien nach der Ersten Kipper- und Wipperzeit.[95] Auch die Reichsregierung war sich wohl im klaren, daß nach der Inflation eine Aufwertungsgesetzgebung kommen müsse. Sie wollte solche Vorschriften gründlich vorbereiten und vor allem das endgültige Gelingen der Stabilisierung abwarten. Als ihr die Rechtsprechung des Reichsgerichts zuvorkam, hielt sie dies für verfrüht und erwog gesetzliche Gegenmaßnahmen.

Dies führte nun zum zweiten Akt der Richterrevolution gegen die Reichsregierung. Die Vereinigung der Richter des Reichsgerichts, ein privater Verein, der aber sehr wohl für die Richterschaft des Reichsgerichts sprechen konnte, veröffentlichte am 8. Januar 1924 eine Erklärung des Protests gegen derartige gesetzgeberische Absichten und drohte offen damit, daß das Reichsgericht ein einschränkendes Gesetz als sittenwidrig, gegen Treu und Glauben verstoßend und verfassungswidrig betrachten würde. Die Erklärung trug die Unterschrift des Senatspräsidenten Lobe, eines hochangesehenen Juristen, und es fand sich kein Reichsgerichtsrat, der ihr widersprach:[96]

Nach Zeitungsnachrichten erwägt die Reichsregierung eine Maßnahme, durch die eine Aufwertung von Hypotheken (und wohl auch anderer Geldansprüche) verboten werden soll. Der unterzeichnete Vorstand des Richtervereins des Reichsgerichts würde glauben, gegen seine Pflicht zu verstoßen, wenn er es unterließe, seine warnende Stimme zu erheben.

Niemand wird dem Reichsgericht den Vorwurf machen, daß es vorschnell und unüberlegt die Gleichung Mark gleich Mark aufgegeben habe. Langsam und vorsichtig hat es zunächst auf einzelnen Rechtsgebieten die Notwendigkeit einer Aufwertung anerkannt. Aber immer entschlossener und allgemeiner hat sich die neue Auffassung durchgesetzt. Von besonderer Bedeutung ist die Entscheidung des 5. ZS. vom 28. November 1923, die im Grundsatz dem Schuldner die Befugnis abspricht, eine in besserem Geld begründete Schuld in entwerteter Papiermark abzutragen und die Löschung der Hypothek zu fordern. Die zurückhaltende Art, wie dieses Urteil begründet ist, ist ein Zeugnis davon, wie sehr sich der Senat seiner Verantwortung angesichts der Tragweite der Entscheidung bewußt gewesen ist.

Wenn der höchste Gerichtshof des Reichs nach sorgfältiger Erwägung des Für und Wider zu einer solchen Entscheidung gelangt ist, so glaubt er von der Reichsregierung erwarten zu dürfen, daß die von ihm vertretene Auffassung nicht durch einen Machtspruch des Gesetzgebers umgestoßen wird.

Gestützt ist die Entscheidung auf den großen Gedanken von Treu und Glauben, der unser Rechtsleben beherrscht, gestützt auf die Erkenntnis, daß ein ferneres Festhalten an der Vorstellung, Mark sei gleich Mark, zu einem höchsten Maße des Unrechts führen würde, unerträglich in einem Rechtsstaat. Von demselben Gedanken war aber zugleich die Auffassung des Gerichts über das Maß der gebotenen Aufwertung getragen: wonach die Folgen der Geldentwertung angemessen auf Gläubiger und Schuldner zu verteilen sind, dem Gläubiger also – wenigstens für die Regel – keine volle Umwertung auf dem Goldfuße zukommt.

Dieser Gedanke von Treu und Glauben steht außerhalb des einzelnen Gesetzes, außerhalb einer einzelnen positiv-rechtlichen Bestimmung. Keine Rechtsordnung, die diesen Ehrennamen verdient, kann ohne jenen Grundsatz bestehen. Darum darf der Gesetzgeber nicht ein Ergebnis, das Treu und Glauben gebieterisch fordern, durch sein Machtwort vereiteln.

Das ist der Gedankengang, der für das weite Gebiet der Geldentwertungsfrage beim Reichsgericht immer allgemeineren Eingang gefunden hat. Darum ist die Kunde von der geplanten gesetzgeberischen Maßnahme in den Kreisen des Reichsgerichts mit Befremden aufgenommen worden.

Auch in der Tages- und Fachpresse ist scharfer Widerspruch erhoben worden, zum Teil gestützt auf die Behauptung, starke Einflüsse eigensüchtiger Art seien die treibenden Kräfte. Es ist dem unterzeichneten Vorstand eine ernste Sorge, die Reichsregierung möchte solchen Einflüssen nachgebend eine Rechtslage herbeiführen, die gegen Treu und Glauben verstieße.

Eine gesetzgeberische Maßnahme, die die Betroffenen schädigt, kann sich vom Standpunkt des Ganzen nachträglich als unweckmäßig herausstellen. Der Gefahr solcher Mißgriffe kann kein Gesetzgeber entgehen. Aber ein schwerer Stoß nicht nur für das Ansehen der Regierung, sondern für das Rechtsgefühl im Volke und für den Glauben an das Recht wäre es, wenn es dazu kommen müßte, daß jemand, der sich im Rechtsstreit auf die neue gesetzliche Vorschrift beriefe, damit von den Gerichten mit der Begründung abgewiesen würde, seine Berufung auf die Vorschrift verstoße gegen Treu und Glauben.

Schon ist in der Öffentlichkeit mehrfach und eindringlich die Frage erörtert worden, ob nicht der geplante Eingriff selbst als ein Verstoß gegen Treu und Glauben, als unsittlich seiner unsittlichen Folgen wegen, als eine verfassungswidrige Enteignung, oder als eine dem verfassungsmäßig gewährleisteten Grundsatz der Allgemeinheit der Besteuerung Hohn sprechende Steuer rechtsunwirksam wäre. Die ernste Gefahr einer solchen oder ähnlichen richterlichen Beurteilung der geplanten Maßnahme – auch durch das höchste Gericht – besteht, und sie besteht auch dann, wenn die Regierung, unter dem Druck der aufgetretenen Widerstände die ursprünglich geplante Schroffheit mildernd, die im Recht begründete Aufwertung nur zum Teil verbieten sollte.

Der unterzeichnete Vorstand bittet, dieses Bild von der Stimmung beim Reichsgericht, so ernst, wie es geschildert ist, zu würdigen.

In der Folge kam es dann zu einer Aufwertungsgesetzgebung, die neben die richterliche, die ›freie‹ Aufwertung trat;[97] die Reichsregierung wagte es nicht, den Richtern des Reichsgerichts entgegenzutreten und etwa persönliche Folgerungen zu ziehen. Zwei Aufwertungsgesetze – mit 18 Durchführungsbestimmungen allein bis 1926 – regelten lediglich bestimmte Forderungen aus Vermögensanlagen und ließen für andere Forderungen die ›freie‹ Aufwertung unberührt. Das Aufwertungsgesetz vom 16. Juli 1925[98] brachte für die geregelten Forderungsarten grundsätzliche Aufwertungssätze, ließ aber richterliche Festsetzung im Einzelfall zu. So wurden Hypotheken regelmäßig mit 25 v. H. des Goldmarkwertes bei ihrer Bestellung aufgewertet, ebenso andere Grundpfandrechte, Schiffs- und Bahnpfandrechte. Für Obligationen belief sich der Aufwertungssatz auf 15 v. H., der sich für ›Altbesitzer‹, die in der Inflation nicht veräußert hatten, um 10 v. H. erhöhte. Die Aufwertung von Pfandbriefen lehnte sich an den Wert der ›Teilungsmasse‹ an, etwa der Grundstücke, die für sie hafteten; hier gab es je nach den Deckungswerten unterschiedliche Aufwertungssätze. Schuldverschreibungen öffentlichrechtlicher Unternehmen wie Gas-, Elektrizitäts- und Wasserwerke sowie Straßenbahnen waren mit 15 v. H. des Goldmarkbetrags aufzuwerten, Sparkassenguthaben entsprechend dem Wert einer ›Teilungsmasse‹, der Vermögensanlagen der Sparkasse, die mit den Sparguthaben erworben worden waren, mindestens aber mit $12^1/_2$ v. H. ihres Goldmarkwertes.[99] Ähnlich war bei Versicherungsansprüchen zu verfahren. Bei anderen ›Vermögensanlagen‹ waren 15 v. H. anzusetzen. Keine Aufwertung sollte es bei Kontokorrentforderungen und bei Bankeinlagen geben, wenn der Schuldner nicht das Geld wertbeständig anzulegen hatte. Keine Aufwertung gab es, wie das Reichsgericht auch bestätigte,[100] für Reichsbanknoten, Reichskassenscheine und Darlehenskassenscheine. Damit wurden alle die enttäuscht, die lange gehofft hatten, die alten Hundertmarkscheine und Tausendmarkscheine der Vorkriegszeit würden aufgewertet werden und sie daher aufbewahrten. Diese Erwartung soll der Grund dafür sein, daß diese Scheine in großer Zahl überkommen sind.

Daß das Papiergeld unberücksichtigt blieb, sprach das andere Gesetz, das Anleiheablösungsgesetz vom selben Tag,[101] auch ausdrücklich aus (§ 3). Dieses Gesetz ist sozusagen die amtliche Erklärung des Staatsbankrotts, den die Inflation darstellte, insofern sich mit ihr das Reich von seinen eigenen Schulden befreite. Das Gesetz ›regelte‹ die Mark-Anleihen des Reiches: Die Anleihen gingen in eine ›Anleiheablösungsschuld‹ des Reiches ein, die auf Reichsmark lautete. Dazu wurden im Grundsatz je 1000 Mark Anleihe (Goldmarkwert) in Anleiheablösungsschuld im Nennbetrag von 25 Reichsmark umgetauscht, und zwar für den einzelnen nur, wenn er wenigstens 12,50 Reichsmark beanspruchen konnte, und dies auch nur dann, wenn die Anleihe vor dem 1. Juli 1920 erworben und nicht veräußert worden war. Aber selbst in diesem Fall gab das Gesetz nur das Recht, an einer Tilgungsauslosung teilzunehmen; die Tilgung durch Auslosungen sollte sich bis 1956 hinziehen! Bedürftige Anleihegläubiger – solche, die ihre Alterssicherung in den Zinsen von Reichsanleihen gesehen hatten – konnten eine kleine Rente erhalten.

Mit dem Aufwertungsgesetz wurde die Prozeßlawine, die die Rechtsprechung des Reichsgerichts ausgelöst hatte, einigermaßen eingedämmt. Das Aufwertungsgesetz ordnete das richterliche Verfahren dergestalt, daß in erster Instanz ›Aufwertungsstellen‹ eingerichtet wurden, die bei den Amtsgerichten angesiedelt waren; faktisch war damit das Amtsgericht ohne Rücksicht auf den Streitwert in Aufwertungsfragen zuständig. Nußbaum gibt an, daß am 20. Januar 1928 in Preußen bei den Gerichten 2 864 217 Aufwertungssachen anhängig gemacht worden waren, von denen 2 773 595 erledigt waren; in Bayern waren am 31. Dezember 1927 mit 522 656 Fällen 98,17 v. H. der Aufwertungssachen abgeschlossen. Zu Aufwertung und Aufwertungsgesetzen gab es ein Dutzend Kommentare und drei Rechtsprechungssammlungen.[102] 1933 war die Aufwertung bewältigt. Die letzten Fälle wurden um 1936 von den Gerichten entschieden. Bemerkenswert ist, daß Hypotheken, die nach ihrer Aufwertung mit dem Aufwertungsbetrag wieder in das Grundbuch einzutragen waren, nach § 4 des Aufwertungsgesetzes auf Goldmark, nicht auf Reichsmark, zu lauten hatten. Damit wollte man die Gläubiger vor einer eventuellen neuen Inflation der Reichsmarkwährung schützen; der Eintrag des Goldmarkbetrags hatte also die Bedeutung einer Goldklausel. Soweit diese Aufwertungshypotheken noch 1948 in den Grundbüchern im Bereich der Bundesrepublik zu finden waren, hat es sie freilich nicht davor geschützt, mit der Währungsreform von 1948 auf ein Zehntel abgewertet und mit neun Zehntel für die Hypothekengewinnabgabe des Lastenausgleichs in Anspruch genommen zu werden.[103]

Die Erbitterung der Inflationsgeschädigten, sofern sie sich als ›Sparer‹ verstehen konnten, schlug sich schon während der Inflation in zahlreichen Vereinigungen zur Wahrung ihrer Interessen nieder. Sie vereinigten sich 1924 zum ›Sparerbund‹, aus dem 1926 eine politische Partei hervorging, die ›Reichspartei für Volksrecht und Aufwertung (Volksrecht-Partei)‹. Das Programm dieser Partei bestand nur aus einer Forderung, nämlich nach ›Sühne des Unrechts der Inflationspolitik‹, wie es sich bis in die Aufwertungsgesetzgebung des Reiches fortgesetzt habe.

Ihre Bestrebungen blieben ohne Erfolg. Bei der Reichstagswahl vom Mai 1928 errang sie für zwei angesehene Juristen, den erwähnten Senatspräsidenten des Reichsgerichts Lobe (inzwischen außer Dienst) und einen hessischen Oberlandesgerichtspräsidenten a. D., Mandate, verlor sie aber in den Septemberwahlen von 1930 wieder. In der Juli-Wahl von 1932 kam ihr Vorsitzender (seit 1926), ein schwäbischer Schulbeamter, in den Reichstag, aus dem er schon mit der Wahl im November dieses Jahres wieder ausschied.[104] Zu dieser Zeit war die schnellebige Geschichte mit den Urteilen des Reichsgerichts über die Reichsbanknoten und die Darlehenskassenscheine[105] endgültig über die Leiden der Sparer hinweggegangen. Die Weimarer Republik befand sich bereits in ihrer wirtschaftlichen und politischen Agonie, und im Jahre 1932 waren es die Millionen Arbeitslosen, deren Not den Staat bedrängte, und nicht mehr die mehr oder weniger bürgerlichen Sparer der Vorkriegs- und Kriegszeit.

Den zuletzt erwähnten Urteilen waren zur Frage der Aufwertung des Papiergelds schon andere vorausgegangen, aber diese letzten Urteile erledigten das Problem ausführlich und endgültig. Als Beispiel dieser Rechtsprechung soll das Urteil vom 20. Juni 1929 in seinen wesentlichen Teilen hier zusammen mit der Anmerkung des angesehenen Sachkenners Prof. Dr. Arthur Nußbaum, Berlin, in seinen wesentlichen Teilen wiedergegeben werden:

Das Reich und die Reichsbank haften nicht für die vor dem Gesetz v. 9. Mai 1921 ausgegebenen Reichsbanknoten, und zwar weder nach den Normen für eine Aufwertung, noch wegen einer Goldeinlösungspflicht, noch nach den Grundsätzen einer Schadensersatzpflicht für ihre Finanzgebarung.

Der Kl. ist Inhaber von Reichsbanknoten im Nennbetrag von 6000 M, die nach seiner Behauptung vor dem Kriege ausgegeben sind. Er will sie i. J. 1916 gegen Goldwerte erworben haben. Er verlangt mit der Klage gegen die Reichsbank ihre Einlösung in Reichsmark im Verhältnis von 1 M = 1 RM. Er stützt diese Klage auch auf unerlaubte Handlung, weil das Reichsbankdirektorium dabei mitgewirkt habe den zur Deckung der Vorkriegsnoten bestimmten Goldschatz der alten Reichsbank dem unmittelbaren Zugriff der alten Notengläubiger zu entziehen. Daneben nimmt er auch das Reich auf Schadensersatz in Anspruch, weil der Reichskanzler zum mindesten fahrlässig die Inflation herbeigeführt habe. Er habe unter Verletzung seiner Amtspflicht vor Inkrafttreten des Ges. v. 9. Mai 1921, durch das die Dritteldeckung der Banknoten beseitigt worden sei, die Ausgabe ungedeckter Noten durch die Reichsbank nicht verhindert, auch nicht für die entsprechenden Goldrücklagen zur Sicherstellung der alten Notengläubiger gesorgt und zugelassen, daß das Publikum durch Ausgabe von Nachkriegsnoten mit Vorkriegsdatum getäuscht worden sei.

Die Klage ist in allen Instanzen abgewiesen worden.

Der Kl. behauptet, daß ihm aus seinen über einen Betrag von insgesamt 6000 M lautenden Vorkriegsbanknoten, die er im Laufe des Jahres 1916 gegen Goldwerte erworben haben will, ein verbriefter Anspruch auf Einlösung in Gold im Verhältnis von 1 M = 1 RM gegen die Reichsbank zustehe.

Betrachtet man diesen Anspruch unter dem Gesichtspunkt der Aufwertung, so wäre er, wenn die Noten reine Geldzeichen sind, ohne weiteres unbegründet. Denn sie lauten auf einen Betrag der früheren – inzwischen untergegangenen – Markwährung und sind daher der Entwertung anheimgefallen. Mit Aufwertungsgrundsätzen läßt sich aber die Geldentwertung als solche nicht rückgängig machen. Nur die Geldschuld, nicht das Geld als solches wird aufgewertet (vgl. Mügel, Aufwertungsrecht S. 336).

Sind die Banknoten dagegen zugleich als Schuldverschreibungen auf den Inhaber aufzufassen, weil sie den Aufdruck enthalten: »Eintausend Mark zahlt die Reichsbankhauptkasse in Berlin ohne Legitimationsprüfung dem Einlieferer dieser Banknote«, so scheitert die Aufwertung, wie der erk. Sen. in RG. 114, 27 ausgesprochen hat, an der abstrakten Natur des Schuldversprechens.

Es kommt jedoch auf diese Fragen hier nicht weiter an, denn der Kl. verlangt nicht Aufwertung, sondern steht auf dem Standpunkt, daß es sich um Goldobligationen handle und daß es sich angesichts der von ihm behaupteten Verfassungswidrigkeit des BankG. v. 30. Aug. 1924 nur fragen könne, ob die prinzipiell bestehende Verpflichtung der Reichsbank zur Einlösung ihrer Vorkriegsnoten in Gold sofort zu erfüllen sei oder erst nach Aufhebung des Ges. v. 4. Aug. 1914, das die Einlösungspflicht bis auf weiteres aufgehoben habe, inzwischen aber nach seiner Auffassung ohne weiteres rechtsunwirksam geworden sei.

Das KG. ist der Auffassung, daß, soweit in dem Aufdruck der Noten der Hinweis auf die öffentlich-rechtliche Einlösungspflicht der Reichsbank nach Maßgabe des § 18 BankG. v. 14. März 1875 enthalten sei, ein im Rechtswege verfolgbarer Anspruch des Kl. ohnehin ausscheide. Wolle man aber mit dem Kl. die alten Reichsbanknoten als Schuldverschreibungen auf den Inhaber ansehen, so lasse sich doch die Goldeinlösungspflicht, die für die Noten als Geldzeichen angeordnet und später aufgehoben worden sei, nicht ohne weiteres auf die Schuldverschreibung des bürgerlichen Rechts ausdehnen. Letztere sei vielmehr, wenn und soweit sie neben dem Geldzeichen anzunehmen sei, ein Zahlungsversprechen gewöhnlicher Art ohne Goldklausel. Überdies sei die Goldeinlösungspflicht der Reichsbank durch Ges. v. 4. Aug. 1914 bis auf weiteres aufgehoben worden. Dies Gesetz sei bisher nicht außer Kraft getreten, seine Fortgeltung werde auch in § 52 des neuen Bankgesetztes erwähnt. Das BG. verneint sodann im Anschluß an RG. 114, 32 die Aufwertbarkeit der Noten und legt dar, daß infolge ihrer schon vor dem 30. Aug. 1924 eingetretenen Entwertung durch die in § 3 des neuen Bankgesetztes erfolgte Gleichstellung von 1 Billion M mit 1 RM dem Kl. keine Rechte entzogen seien und bejaht im übrigen auch die Gültigkeit des neuen Bankgesetzes. Schließlich hält es für unerheblich, in welchem Zeitpunkt und gegen Hingabe welcher Werte der Kl. seine Banknoten erworben habe.

Insoweit hat die Rev. irgendeine näher begründete Rüge nicht erhoben, sondern das Urteil nur zur Nachprüfung verstellt. Diese Nachprüfung konnte jedoch zu keinem anderen Ergebnis führen, als dem des BG.

Durch Art. 3 des Ges. v. 1. Juni 1909 (RGBl. 515) wurden die Reichsbanknoten als gesetzliches Zahlungsmittel erklärt, die Reichsbank war aber verpflichtet, ihre Noten dem Inhaber gegen deutsche Goldmünzen einzulösen (§ 18 BankG. v. 14. März 1875, RGBl. 177, i. d. Fass. des Art. 4 des Ges. v. 1. Juni 1909). Unter dem 4. Aug. 1914 erging sodann das Gesetz betr. die Reichskassenscheine und die Banknoten (RGBl. 347), das in § 1 auch die Reichskassenscheine bis auf weiteres als gesetzliches Zahlungsmittel erklärte und in § 2 bestimmte, daß bis auf weiteres die Reichshauptkasse zur Einlösung der Reichskassenscheine und die Reichsbank zur Einlösung ihrer Noten nicht verpflichtet seien, sowie in § 3, daß gleichfalls bis auf weiteres die Privatnotenbanken – die bisher zur Einlösung ihrer Noten in Gold verpflichtet waren – zu dieser Einlösung Reichsbanknoten zu verwenden berechtigt sein sollten. Gleichzeitig wurde durch das Ges. v. 4. Aug. 1914, betr. die Abänderung des Münzgesetzes (RGBl. 326) bestimmt, daß die Reichs- und Staatskassen bei Umwechslung von Silber- und Kupfermünzen statt der Goldmünzen Reichskassenscheine und Reichsbanknoten verabfolgen konnten. Die Folge dieser Gesetzgebung ist nach einer im Schrifttum vielfach vertretenen Meinung gewesen, daß die Reichsbanknoten nach Beseitigung ihrer Einlösbarkeit reine Geldzeichen geworden seien (Michaelis, Aufwertungsrecht, Einleitung S. 4; Lobe im RGRKomm. § 793a 1; Nußbaum, Das Geld S. 102; Knapp, Staatliche Theorie des Geldes, 3. Aufl., S. 119; Helfferich, Das Geld, 6. Aufl., S. 66; Walker, Internationales Privatrecht S. 385; vgl. auch Mügel, Aufwertungsrecht S. 336; RG. 103, 235). Auch Sontag vertritt in der DStZ. 1926, 184 den Standpunkt, daß die alten Reichsbanknoten in wirtschaftlichem Sinne nichts anderes wie Geld seien und sich daher über das Niveau der Mark nicht erheben könnten. Er sieht zwar die Goldeinlösungspflicht noch als vorhanden an, aber nicht im Verhältnis von 1 M = 1 RM, sondern nur für den winzigen Goldwert, den die alte Mark darstelle, also nicht einmal zu einem in Goldpfennigen ausdrückbaren Betrage.

Folgt man der letzteren Meinung, so käme von vornherein weder eine Aufwertung der auf Mark alter Währung lautenden Banknoten, noch ein Recht auf ihre Einlösung, sei es zu dem Goldwert, den sie zur Zeit ihrer Ausgabe hatten, sei es in Reichsmark, überhaupt in Frage. Unbegründet wäre der Anspruch aber auch, wenn die Banknoten sich neben ihrer Eigenschaft als Geldzeichen auch als Schuldverschreibungen auf den Inhaber darstellen. Wie der erk. Sen. in RG. 114, 127 ausgesprochen hat und wovon abzugehen kein Anlaß besteht, enthält der Aufdruck auf den Noten keine Goldklausel und gewährt daher keinen anderen Anspruch als den auf Zahlung des Nennbetrages in der zur Zeit der Ausgabe geltenden, inzwischen untergegangenen Währung. Auch kann die öffentlich-rechtlich begründete Goldeinlösungspflicht, selbst wenn sie noch bestände, nicht ohne weiteres auch für die bürgerlich-rechtliche Schuldverschreibung gelten.

Nimmt man indessen an – eine Ansicht, die von Neufeld in seinem Kommentar zum Bankgesetz S. 80a 1 jedenfalls für die Reichsmarkbanknote vertreten wird, vgl. auch für das alte Bankgesetz: Breit, Kommentar zum Bankgesetz 1911 S. 192 unter 2; Nußbaum, Das Geld S. 32 –, daß die Reichsbank zugleich privatrechtlich aus der Schuldverschreibung verpflichtet sei, dem Einlieferer die Noten in Gold einzulösen, so stünde doch, wie der öffentlich-rechtlichen Einlösungspflicht, so auch einem solchen privatrechtlichen Anspruch – von dem neuen Bankgesetz ganz abgesehen – nach wie vor der § 2 des Gesetzes betr. die Reichskassenscheine und die Banknoten v. 4. Aug. 1914 im Wege. Es wäre unrichtig, aus dem anfänglich provisorisch gedachten Charakter dieser Gesetzgebung schließen zu wollen, daß § 2 nur für die Zeit des Krieges oder für eine begrenzte Zeit nach Beendigung des Krieges (wirtschaftliche Demobilisation) Geltung beanspruchen könne und daher z. Z. ohne weiteres rechtsunwirksam geworden sei. Dieser Auffassung widerspricht das Gesetz selbst nachdrücklich, da in § 4 der Bundesrat ermächtigt worden ist, den Zeitpunkt zu bestimmen, zu welchem die Vorschriften der §§ 1–3 außer Kraft treten sollen. Die Gerichte sind daher weder befugt, das Gesetz nach ihrem Ermessen außer Anwendung zu lassen, noch die Zeit seiner Geltungsdauer zu bestimmen. Das Gesetz ist aber weder von dem Bundesrat noch von dem an dessen Stelle getretenen Staatenausschuß (vgl. §§ 2–4 ÜbergangsG. v. 4. März 1919 [RGBl. 285]) noch von der Reichsregierung außer Kraft gesetzt worden, die nach Art. 179 Abs. 2 RVerf. an Stelle des Staatenausschusses zum Erlaß einer solchen VO. zuständig gewesen wäre. Es kommt daher gar nicht darauf an, daß § 52 des neuen BankG., das Kl. als verfassungswidrig ansieht, die Fortgeltung des § 2 jenes Gesetzes v. 4. Aug. 1914 bis zum Inkrafttreten der neuen Goldeinlösungspflicht für Reichsmarkbanknoten bestimmt, während nach § 3 das. die alten Noten nach Aufruf überhaupt kraftlos werden sollen. Ob man nun aus der Fassung des Gesetzes, daß die Reichsbank bis auf weiteres zur Einlösung ihrer Noten nicht verpflichtet sei, zu folgern hat, daß es sich um eine Suspension, um eine vorläufige Maßregel unter Anerkennung des Gläubigerrechts handelt (Nußbaum, Das Geld S. 32a 1), oder ob man annimmt, daß das Recht des Gläubigers der Substanz nach beseitigt ist und daß die Worte bis auf weiteres ihre Erklärung darin finden, daß damals an die Wiederherstellung des früheren Zustandes gedacht war (so RG. 101, 145, 146), macht für die hier erhobene Zahlungsklage keinen Unterschied. Denn sicher ist, daß heute eine Goldeinlösungspflicht nach § 18 des alten BankG. infolge der Kriegsgesetzgebung nicht besteht und daß daher nach Maßgabe dieses fortbestehenden Rechtszustandes die Klage abgewiesen werden muß (so RG. 107, 123 unten).

Bei dieser Rechtslage käme es auf die Rechtsgültigkeit des neuen BankG. nicht einmal an. In RG. 114, 27 hat jedoch der erk. Sen. die Verfassungswidrigkeit des BankG. verneint. Er hat diesen Standpunkt in IV 370/26 v. 25. Nov. 1926 erneut vertreten und sieht sich auch angesichts der inzwischen im Schrifttum erhobenen Bedenken nicht veranlaßt, diesen Standpunkt aufzugeben. Nach § 3 dieses Gesetzes ist die Reichsbank verpflichtet, ihren gesamten bisherigen Notenumlauf aufzurufen und in Reichsmarknoten umzutauschen, wobei eine Billion Mark bisheriger Ausgabe durch eine Reichsmark zu ersetzen ist. Der Aufruf sämtlicher vor dem 11. Okt. 1924 ausgegebener, auf die alte Währung lautender Reichsbanknoten ist erfolgt durch Bekanntmachung des Reichsbankdirektoriums v. 5. März 1925 mit Frist bis zum 5. Juni 1925, nach deren Ablauf sie ihre Eigenschaft als gesetzliches Zahlungsmittel verloren haben. Zugleich ist in § 5, Abs. 2 MünzG. v. 30. Aug. 1924 bestimmt (RGBl. II, 235), daß, sofern eine Schuld in bisheriger Währung gezahlt werden kann, der Schuldner berechtigt ist, die Zahlung in den neuen gesetzlichen Zahlungsmitteln in der Weise zu leisten, daß eine Billion Papiermark einer Reichsmark gleichgesetzt wird. Dabei kommt eine unterschiedliche Behandlung der alten Noten, je nach ihrem Ausgabedatum, worauf schon in RG. 114, 33 hingewiesen worden ist, nicht in Frage. Es kommt auch nicht darauf an, gegen welche Werte der Kl. seine Noten erworben hat.

Ist aber das neue BankG. verfassungsmäßig, so hat es der Richter anzuwenden. Es liegt nicht in seiner Machtbefugnis, verfassungsmäßig zustande gekommene Gesetze daraufhin nachzuprüfen, ob sie mit Treu und Glauben oder mit den guten Sitten zu vereinbaren sind (vgl. RG. 107, 317).

Die Zahlungsklage ist daher auch aus diesem Gesichtspunkt unbegründet.

In zweiter Linie hat der Kl. seinen Anspruch mit einer Schadensersatzpflicht des Reichs begründet, weil der Reichskanzler schuldhaft seine ihm dem Kl. gegenüber obliegenden Amtspflichten verletzt habe. Denn er habe unter Vernachlässigung seiner Pflicht zur obersten Leitung und Beaufsichtigung der Reichsbank vor Inkrafttreten des Gesetzes betr. die Änderung des BankG. v. 9. Mai 1921 die Ausgabe von Reichsbanknoten über das gesetzliche, goldgedeckte Kontingent hinaus durch die Reichsbank nicht verhindert und nicht dafür gesorgt, daß vor Erlaß des Gesetzes die Rechte der alten Notengläubiger durch entsprechende Goldrücklagen sichergestellt worden seien, auch zugelassen, daß durch Täuschungshandlungen, nämlich durch Ausgabe von Banknoten in der Ausstattung der Vorkriegsnoten, dem Publikum der Umfang neuer Noten verschleiert und das Ansehen der Nachkriegsnoten in den Augen Unwissender erhöht worden sei. Durch alle diese Amtspflichtverletzungen soll nach Meinung des Kl. die Inflation, zum mindesten fahrlässig, herbeigeführt sein.

Für diesen Klagegrund erklärt das KG. den Rechtsweg insoweit für ausgeschlossen, als der Kl. das Reich wegen angeblicher Amtspflichtverletzungen des Reichskanzlers bei Ausübung der Finanzhoheitsrechte des Reichs verantwortlich machen wolle. Hierfür sei ausschließlich der Weg des Art. 59 RVerf. gegeben.

Mit Recht wird diese Auffassung von der Rev. bekämpft. Denn sie trifft in ihrer Allgemeinheit nicht zu. Der Art. 59 RVerf. regelt nur die verfassungsmäßige Verantwortlichkeit u. a. des Reichskanzlers und läßt, wie die Entstehungsgeschichte der Vorschrift (Bericht und Protokolle des achten Ausschusses über den Entwurf einer RVerf., Hagemannsche Ausgabe S. 305 ff., 461 ff.) klar ergibt, sowohl die Straf- wie die Schadensersatzklage vor den ordentlichen Gerichten unberührt, wenn die behauptete Verletzung der Reichsverfassung oder eines Reichsgesetzes zugleich eine strafbare oder zum Schadensersatz verpflichtende Handlung darstellt.

Wird daher, wie hier, geltend gemacht, daß ein Reichsbeamter in Ausübung der ihm anvertrauten öffentlichen Gewalt die ihm einem Dritten gegenüber obliegende Amtspflicht verletzt habe, so darf für die hierdurch begründete Verantwortlichkeit des Reichs der ordentliche Rechtsweg nicht ausgeschlossen werden (Art. 131, Abs. 1 RVerf.). Daß aber eine solche Amtspflichtverletzung auch bei Ausübung staatlicher Hoheitsrechte, mithin auch der Finanzhoheit vorliegen kann, ist anerkannten Rechts (RG. 103, 430; 106, 421; 111, 65, 66; JW. 1926, 2083).

Daß es sich hier lediglich um innerdienstliche, auf dem Gebiete des pflichtmäßigen Ermessens liegende Verwaltungsakte gehandelt habe, die der Nachprüfung der ordentlichen Gerichte entzogen sein möchten, kann angesichts der Behauptung schuldhafter Vernachlässigung der den Reichskanzler obliegenden Aufsichtspflichten und Nichthinderung einer Täuschung des Publikums nicht angenommen werden (RG. 118, 99, 327 ff.; 121, 232 ff.).

Dieser Mangel führt jedoch nicht zu einer teilweisen Aufhebung des Urteils, weil das KG. selbst sagt, daß insoweit, als die Klage auf die §§ 823, 826, 839 BGB., Art. 131 RVerf. gestützt werde, der Rechtsweg zulässig sei. So aber hat der Kl. seinen Schadensersatzanspruch begründet. Es ist daher unschädlich, wenn das KG. seiner Meinung von der Zulässigkeit des Rechtsweges eine Einschränkung gibt, die die freie sachliche Nachprüfung des klägerischen Vorbringens nicht beeinträchtigt.

Das KG. hat denn auch den Anspruch unter den von dem Kl. geltend gemachten Gesichtspunkten nachgeprüft und insoweit hat die Rev. sich darauf beschränkt, das Urteil zur Nachprüfung zu verstellen.

Einen Rechtsirrtum lassen jedoch die Ausführungen des KG. nicht erkennen.

Mit Recht hat das angefochtene Urteil substantiierte Behauptungen des Kl. in der Richtung vermißt, daß die Reichsbank vor Inkrafttreten des Ges. v. 9. Mai 1921 (RGBl. 177) – nur auf diese, nicht auf eine spätere Zeit erstrecken sich die Vorwürfe des Kl. – überhaupt unzureichend gedeckte Noten ausgegeben habe. Nach § 17 des BankG. v. 14. März 1875 in der Fassung des Art. 5 des Ges. v. 1. Juni 1909 war die Reichsbank verpflichtet, für den Betrag ihrer im Umlauf befindlichen Banknoten jederzeit ein Drittel in kursfähigem deutschen Gelde, Reichskassenscheinen oder Gold in Barren oder ausländischen Münzen und den Rest in diskontierten Wechseln mit einer Verfallzeit von höchstens drei Monaten oder in Schecks, beide mit mindestens zwei als zahlungsfähig bekannten Verpflichteten, in ihren Kassen als Deckung bereit zu halten.

Im Gegensatz zu den Deckungsvorschriften in § 28 des neuen BankG., der eine Deckung in Gold zu mindestens 30% vorschreibt, war in § 17 des alten BankG. nur die Drittelbardeckung vorgeschrieben, in der aber für den Umfang des effektiven Goldes eine bestimmte Quote nicht fixiert war.

Diese früheren Deckungsvorschriften wurden durch die Kriegsgesetzgebung sehr wesentlich abgeschwächt. In den Darlehnskassenscheinen wurde ein neues – wenn auch nicht gesetzliches Zahlungsmittel geschaffen, welches in bezug auf die Notendeckung den Reichskassenscheinen gleichgestellt, also als Bardeckung für die Reichsbanknoten zugelassen wurde (§ 2 Abs. 2 DarlKassG. v. 4. Aug. 1914 [RGBl. 340]), während der den Barvorrat in diesem Sinne übersteigende Notenumlauf auch durch kurzfristige Schatzanweisungen des Reichs gedeckt werden konnte (§§ 2, 3 des Ges. betr. Änderung des BankG. v. 4. Aug. 1914 [RGBL 327]. Zugleich wurden auch die die Notenausgabe beschränkenden Vorschriften der Notensteuer-pflicht, die sog. indirekte Kontingentierung der Notenausgabe der Reichsbank (§§ 9, 10 BankG. v. 14. März 1875) durch § 1 des Ges. betr. die Änderung des BankG. v. 4. Aug. 1914 außer Kraft gesetzt. Durch diese Gesetzgebung wurde eine nahezu unbegrenzte Erweiterung der Notenausgabe zur Deckung des für die Kriegsausgaben benötigten Geldbedarfs ermöglicht (vgl. Michaelis, Aufwertungsrecht, Einleitung S. 4 unten; Neufeld, Das Bankgesetz 1925 S. X unten; Koch-Schacht, Das Bankgesetz, Einl. S. 1; Helfferich, Das Geld S. 206). Nach Neufeld S. XI seines Kommentars soll der nicht mit Gold gedeckte Notenumlauf der Reichsbank am 30. Juni 1914 1,1 Milliarden Mark, dagegen am 31. Dez. 1918 19,9 Milliarden bei einem Goldbestande von 2,262 Milliarden betragen haben.

Für die hier zu entscheidende Frage kommt es sonach nur darauf an, ob bis zum Erlaß des Ges. v. 9. Mai 1921 die Vorschriften über die Notendeckung in ihrer durch die Gesetzgebung v. 4. Aug. 1914 wesentlich abgemilderten Fassung außer acht gelassen worden sind. Denn für diese Gesetzgebung selbst und ihre Folgen an sich ist das Reich dem Kl. gegenüber vor den ordentlichen Gerichten überhaupt nicht verantwortlich. Durch § 1 des Ges. betr. die Abänderung des BankG. v. 9. Mai 1921 (RGBl. 177) ist nun die Vorschrift des § 17 BankG. über die Dritteldeckung der im Umlauf befindlichen Reichsbanknoten – die, nachdem die Darlehns-kassenscheine als Bardeckung zugelassen waren, ohnehin im wesentlichen nur noch formale Bedeutung gehabt hat (vgl. Neufeld XII) – bis 31. Dez. 1923 außer Kraft gesetzt worden. Die Geltungsdauer dieses Gesetzes ist später bis 31. Dez. 1925 verlängert worden (Art. III der VO. v. 1. Nov. 1923 [RGBl. II, 408]).

In der Begründung, mit der dieses Ges. v. 9. Mai 1921 dem Reichstage vorgelegt worden ist (vgl. Verhandlungen des Reichstags I. Wahlperiode 1920 Bd. 366 Nr. 1822 S. 1521) wird auf das stetig steigende Mißverhältnis hingewiesen zwischen dem Notenumlauf und der Bardeckung, die schließlich nur mühsam auf der vorgeschriebenen Mindestgrenze habe gehalten werden können. Es heißt dann wörtlich: »Es ist daher unerläßlich, mit dem seitherigen Deckungssystem zu brechen, wenn nicht der Fall eintreten soll, daß die Reichsbank lediglich mit Rücksicht auf die formalen Deckungsvorschriften ihre weitere Notenausgabe einstellen muß.«

In Übereinstimmung mit dieser amtlichen Begründung hat das Reich in diesem Prozeß es als *frei erfunden* bezeichnet, wenn Kl. behaupte, vor dem 9. Mai 1921 seien die Notendeckungs-vorschriften nicht innegehalten worden (Bl. 67, 72 d. A.). Der Kl. hat diesen, zuerst in der Be-rufungsbegründung erhobenen Vorwurf jedenfalls nicht substantiiert, da er sich auf die Be-hauptung beschränkt hat, das *goldgedeckte* Kontingent sei überschritten worden, eine Be-hauptung, die außer acht läßt, daß seit 4. Aug. 1914 die Darlehnskassenscheine für die Drittel-deckung dem Golde gleichgestellt waren, und daß schon hierdurch allein eine ungeheure Ver-mehrung des Notenumlaufs bewerkstelligt werden konnte.

In Ermangelung solcher substantiierter Behauptungen ist daher die Schadensersatzklage ge-gen das Reich, soweit sie sich auf die Ausgabe von Banknoten ohne die vorgeschriebene Dek-kung gründet, von vornherein unbegründet, so daß ein Verschulden des Reichskanzlers oder eine Amtspflichtverletzung, für die das Reich schadensersatzpflichtig gemacht werden könnte, insoweit überhaupt nicht in Frage kommt.

Unter diesen Umständen kommt es auch nicht darauf an, ob, wie das KG. angenommen hat, der Reichstag anläßlich des Gesetzes v. 9. Mai 1921 das Verhalten des Reichskanzlers auf dem Gebiete der Währungspolitik ausdrücklich gebilligt hat und ob infolgedessen dem Reichs-kanzler die Unterlassung der Beseitigung eines Zustandes, der demnächst durch Gesetz gebil-ligt sei, nicht als schuldhafte Amtspflichtverletzung angerechnet werden könnte. Ebenso kann unerörtert bleiben, ob die von dem Kl. als verletzt bezeichneten Vorschriften der §§ 12–16, 25,

48, 50 des alten BankG. als Schutzgesetze i. S. des § 823 Abs. 2 BGB. zu betrachten wären, oder ob, wie das KG. im Anschluß an RG. 118, 328 angenommen hat, es sich insoweit nur um Vorschriften im Interesse des Reichs und der Allgemeinheit handelt, und ob es für diese Beurteilung erheblich sein würde, daß es sich in RG. 118, 325 um die Rechte eines Hypothekengläubigers gehandelt hat, hier aber die Rechte der Banknotengläubiger in Frage stehen.

In zweiter Linie macht der Kl. geltend, daß der Reichskanzler vor Inkrafttreten des Ges. v. 9. Mai 1921 dafür habe sorgen müssen, daß die Rechte der alten Notengläubiger durch entsprechende Goldrücklagen sichergestellt worden seien. Diesen Vorwurf, der sich mit dem bereits erörterten berührt, hat das KG. nicht besonders erörtert. Seine Darlegungen ergeben aber ohne weiteres, daß es ihn für unbegründet hält. Nach der Rechtslage ist ihm denn auch die Berechtigung abzusprechen.

Ist infolge des Mangels an substantiierten Behauptungen des Kl. über unzureichende Notendeckung davon auszugehen, daß die Deckungsvorschriften nicht erweislich verletzt worden sind, so ist nicht ersichtlich, aus welchen Rechtsvorschriften der Kl. die angebliche Pflicht der Reichsbank zu Goldrücklagen zur Sicherung der vor dem 9. Mai 1921 entstandenen Rechte der Notengläubiger herleiten will. Eine solche Pflicht bestand auch nicht, geschweige denn die des Reichskanzlers, für solche Goldrücklagen zu sorgen. Denn die Vorschrift, nach der die Reichsbank von der im Bankgesetz vorgesehenen Dritteldeckung der Noten gesetzlich befreit wurde, bezog sich auf die *im Umlauf befindlichen* Noten, also nach dem klaren Wortlaut und Sinn des Gesetzes auf ihren gesamten Notenbestand, mithin sowohl auf die damals bereits ausgegebenen, wie die später in Umlauf gelangenden Noten.

Es kommt daher auch insoweit eine Amtspflichtverletzung des Reichskanzlers überhaupt nicht in Frage.

In letzter Linie hat das KG. den Vorwurf, es sei bis zur Schaffung der neuen Noten stets der alte aus der Vorkriegszeit stammende Aufdruck verwendet worden, um im Publikum den Eindruck hervorzurufen, es erwerbe vollwertige Vorkriegsnoten, für unbegründet erklärt. Abgesehen davon, so meint das KG., daß in Wahrheit kein Wertunterschied zwischen den einzelnen Noten bestanden habe, sei auch nicht erkennbar, worin die arglistige Täuschung bestanden haben solle, durch welche der Kl. nach seiner Auffassung geschädigt worden sei.

Auch diese Darlegungen sind rechtlich in keiner Weise zu beanstanden. Richtig ist vor allem, daß die vor, während und nach dem Krieg auf Mark alter Währung lautenden Noten nicht unter zweierlei Recht stehen. Sie alle sind gleichmäßig, wie die erk. Sen. in RG. 114, 27 dargelegt hat, der Entwertung anheimgefallen. Es ist daher in der Tat nicht ersichtlich, inwiefern der Kl. dadurch, daß nach Kriegsausbruch Noten mit dem Vorkriegsdatum ausgegeben sind, in Irrtum versetzt und geschädigt sein könnte. Wenn er meint, das häufige Erscheinen der alten Tausender sei geeignet gewesen, im Publikum den Glauben hervorzurufen, als ob das Nachkriegsgeld wohl einmal dem Vorkriegsgeld gleichgestellt werden könnte, so ist dem entgegenzuhalten, daß i. J. 1916, als der Kl. seine Noten erwarb, von Nachkriegsgeld noch keine Rede war und daß damals weder das Reich noch sonst irgendwer im Verkehr anders als nach dem Grundsatz Mark = Mark gerechnet hat. Ob sonach seine Noten, wie er behauptet, vor dem Kriege ausgegeben sind, oder im Kriege, macht keinen Unterschied. In welchem Irrtum er sich daher bei ihrem Erwerb befunden haben könnte, ist sonach mit Recht als nicht erkennbar bezeichnet worden. Ob aber andere Personen nach dem Kriege durch die Ausgabe von Noten mit Vorkriegsdatum getäuscht sein könnten und welche Folgen dies hätte, ist für seinen auf arglistige Täuschung gestützten Schadensersatzanspruch unerheblich.

Hiernach ist der Schadensersatzanspruch gegen das Reich mit Recht abgewiesen.

Nicht anders liegt es mit dem Schadensersatzanspruch gegen die Reichsbank (§§ 826, 31, 89 BGB.).

Deren Verschulden erblickt der Kl. nach seinem Sachvortrage einzig und allein darin, daß das Reichsbankdirektorium entgegen der ihm obliegenden Verpflichtung dabei mitgewirkt habe, daß der zur Deckung der Vorkriegsnoten vorhandene und bestimmte Goldschatz in das Vermögen der neuen Reichsbank übergeführt und damit dem unmittelbaren Zugriff der alten Notengläubiger entzogen worden sei.

Dem ist schon das LG. mit der Begründung entgegengetreten, daß ein Unterschied der Rechtspersönlichkeit zwischen der alten und neuen Reichsbank nicht bestehe, da das neue BankG. mit den Worten eingeleitet werde: »Für die Rechtsverhältnisse der durch das BankG. v. 14. März 1875 errichteten Reichsbank gelten fortan die nachfolgenden Bestimmungen ...« Es sei daher nicht verständlich, inwiefern durch eine Überführung des Goldschatzes in das Vermögen der angeblich neuen Reichsbank dem Kl. ein Schaden zugefügt worden sein könnte.

Diese Begründung hat das KG. gebilligt und folgendes hinzugefügt: Wäre die Verwendung der vorhandenen Goldbestände der Reichsbank zur Deckung der Reichsmarknoten nicht erfolgt, so wäre zur Deckung dieser Noten ein Goldbestand der Reichsbank überhaupt nicht vorhanden gewesen. Daher könne der Gesetzgeber, indem er in § 3 des neuen BankG. das Verhältnis der Währungen zueinander festgelegt habe, nur an den bereits aus früherer Zeit im Besitze der Reichsbank vorhandenen Goldschatz gedacht haben, als er in § 28 Bestimmungen über die Deckung der Reichsmarknoten getroffen habe. Die Verwendung des Goldschatzes beruhe daher unmittelbar auf dem Gesetz und damit entfalle eine zum Schadensersatz verpflichtende unerlaubte Handlung der Reichsbank.

Was an diesen Darlegungen rechtsirrtümlich sein könnte, hat die Rev. zu begründen nicht unternommen. Es liegt auch kein Rechtsirrtum vor. Insbes. ist es rechtlich zutreffend, daß durch das neue BankG. nicht eine neue Zentralnotenbank mit einer von der alten Reichsbank verschiedenen Rechtspersönlichkeit errichtet worden ist. Die Rechtslage ist also die, daß zwischen der alten und der reorganisierten neuen Reichsbank Identität besteht (Neufeld a 1, 2 vor § 1). Sofern der Kl. aber geltend machen will, daß der Goldschatz zur Deckung der neuen Reichsmarknoten nicht habe verwendet werden dürfen, so ist das irrig. Denn dem steht der § 28 des neuen BankG. entgegen, der von der Deckung der Reichsmarknoten handelt, die nicht anders als aus dem gesamten Vermögensbestand der Reichsbank erfolgen kann, und die daher zufolge des Identitätsverhältnisses zwischen alter und neuer Reichsbank auch aus dem Goldschatz, soweit er schon vorhanden war, bereit zu halten ist, wie denn dieser Goldschatz in *gleicher Weise* nach § 49 zur Deckung der alten Banknoten dient, für die, solange die bisherigen Noten nicht zurückgezogen sind, die gleichen Deckungsvorschriften gelten, wobei eine Billion Mark bisheriger Ausgabe = 1 RM gilt. Die Rev. scheitert daher ohne weiteres daran, daß die Reichsbank gegen den erhobenen Vorwurf und demzufolge gegen den daraus hergeleiteten Schadensersatzanspruch durch die Gesetzgebung des Reiches geschützt ist.

Anmerkung:

Schon RG. 114, 27 = JW. 1926, 2069 hatte die Ansprüche der Besitzer alter Reichsbanknoten auf Zahlung des Goldwerts oder eines Aufwertungsbetrages zurückgewiesen. Das Urt. v. 25. Nov. 1926: GruchBeitr. 69, 360 gelangt hinsichtlich der Noten der Privatnotenbanken mit einer sachlich in der Hauptsache übereinstimmenden Begründung zum gleichen Ergebnis, ebenso das Urt. v. 18. Febr. 1929: JW. 1929, 1967 hinsichtlich der Darlehnskassenscheine. Aber die in öffentlichen Aufrufen, Volksversammlungen, Säulenanschlägen immer wieder aufgepeitschten Gläubigen, die den verdorrten Massen des alten Papiergeldes doch noch einen Goldstrom zu entlocken hofften, gaben keine Ruhe – und man muß sagen, begreiflicherweise, denn wenn die freie Aufwertung ohne Grenzen gepredigt und die gesetzlichen Bestimmungen diesem Axiom untergeordnet werden, so kann man sich über derartige Erscheinungen kaum verwundern. So hat denn das RG. sich in dem oben wiedergegebenen neuen Urteil (= RG. 125, 273) nicht damit begnügt, die Klage unter Bezugnahme auf die früheren Entsch. kurz abzufertigen, sondern es geht mit rührender Geduld weitläufig auf die Klagebehauptungen ein, namentlich auch auf die sonderbaren Versuche, eine Schadensersatzpflicht des Reiches und der Reichsbank aus unerlaubter Handlung zu konstruieren. Dieser Teil der Entsch. bewegt sich notgedrungen so sehr in Selbstverständlichkeiten, daß er ein wissenschaftliches Interesse nicht bietet, abgesehen allenfalls von der freilich auch kaum bezweifelbaren Feststellung, daß zwischen der ›neuen‹ und der ›alten‹ Reichsbank Identität bestehe. Interessanter ist, was das RG. zur Abwehr des schon in RG. 114, 27 abgelehnten Klagegrundes, daß die alten Banknoten den Charakter von Goldobligationen gehabt hätten, anführt. Das RG. sucht zum Teil mit neuen Argumenten darzulegen, daß die Banknoten einen privatrechtlichen Zahlungsanspruch, insbes. einen privatrechtlichen Anspruch auf Goldleistung gegen die Reichsbank nicht begründeten. Es handelt sich hier um ein Problem allgemeiner Art, das schon in anderen Ländern aufgetaucht und dort mehrfach in ähnlicher Weise wie vom RG. entschieden worden ist. Insbes. wird in dem führenden englischen Urteil Miller w. Race, gefällt von Lord Mansfield i. J. 1758 (Smith: Leading Cases 1, 525) – es handelte sich hier um den Schutz des gutgläubigen Erwerbers von Banknoten –, bereits die Theorie entwickelt, daß Banknoten nicht Schuldverschreibungen, sondern Geld seien:

»They are not goods nor securities nor documents of debts nor are so esteemed . . ., they . . . are never considered as security for money, but as money itself.«

Andererseits hat das Tribunal Turin in einem viel erörterten Urt. v. 9. Juni 1892 einen Kl., welcher die Bank von Neapel zur Bareinlösung der von ihr ausgegebenen Noten verurteilt wissen wollte, wegen des angeblich öffentlich-rechtlichen Charakters der Banknoten abgewiesen (Il diritto commerciale [Ztschr.] 1892, 695; deutsch übersetzt bei Frauz, Die Verfassung der staatlichen Zahlungsmittel Italiens, 1911, S. 124ff.). Auch der deutsch-tschechoslow. GemSchGH. hat sich unter dem 23. Febr. 1925 in der Sache Loy und Markus w. Deutsches Reich (Recueil des décisions des TAM. V, 551, 572) unter Berufung auf Fleiner, Schweizerisches Bundesstaatsrecht S. 705 Anm. 35, in gleichem Sinne ausgesprochen. Trotz dieser Präjudizien vermag ich der Ansicht des RG. nicht zu folgen, halte vielmehr daran fest, daß die Reichsbanknoten ursprünglich dem Inhaber einen rein privatrechtlichen, in Goldmünzen zu befriedigenden Zahlungsanspruch gegen die Reichsbank gewährten. Aber auch von diesem Standpunkt aus kann das Ergebnis kein anderes sein. Die Rechte aus den Banknoten unterliegen in jeder Hinsicht der Gesetzgebung des Währungsstaates. Werden durch die Gesetzgebung des Währungsstaates die Rechte aus Banknoten suspendiert oder aufgehoben, so muß sich jeder Besitzer der Banknoten dem fügen. Die deutsche Gesetzgebung hat aber sowohl eine Suspension, und zwar eine dauernde, wie auch eine gesetzliche Aufhebung der Gläubigerrechte verfügt, die erstere kraft Ges. v. 4. Aug. 1914 (RGBl. S. 347), die letztere kraft des BankG. v. 30. Aug. 1924. Es ist dem RG. vollkommen zuzugeben, daß schon das erstere Gesetz für sich ausreichen würde, die Ansprüche der Notengläubiger zu Fall zu bringen. Im übrigen steht Deutschland mit den Eingriffen in die Rechte der Banknotengläubiger nicht allein, vielmehr sind solche von fast allen kriegführenden Staaten verfügt worden, und eine ganze Reihe von Staaten ist bei ihnen dauernd verblieben. Diese Dinge sind so bekannt, daß darauf nicht näher eingegangen zu werden braucht.

Nur auf eine Nebenbemerkung des Urteils soll noch hingewiesen werden, nämlich auf den Satz, daß es »nicht in der Machtbefugnis des Richters liege, verfassungsmäßig zustande gekommene Gesetze daraufhin nachzuprüfen, ob sie mit Treu und Glauben oder mit den guten Sitten zu vereinbaren sind«. Schon der 3. ZivSen. hatte es in dem Urt. v. 25. Jan. 1924:

RG. 107, 317 = JW. 1924, 458 abgelehnt, »einem ordnungsmäßig erlassenen Gesetz seines Inhalts wegen die Anwendbarkeit abzusprechen«. Aber der jetzt entscheidende 4. ZivSen. hatte sowohl in dem ersten Urt. über die Reichsbanknoten wie in dem Urt. v. 6. Juni 1926: RG. 113, 327 = JW. 1926, 2067, welches die gesetzlich fixierten Vorzugspreiszuschläge für die süddeutschen Branntweinbrennereien erhöhte, eine starke Neigung zu der gegenteiligen Auffassung gezeigt, wie sie bekanntermaßen von dem Richterverein beim RG. (JW. 1924, 90) proklamiert worden war (vgl. meine Schrift »Bilanz der Aufwertungstheorie« S. 41 ff.). Vermutlich haben die bedenklichen Erscheinungen, die gerade der Kampf um die Aufwertung der Reichsbanknoten hervorgerufen hat, nunmehr auch den 4. ZivSen. veranlaßt, von dem Standpunkt des Richtervereins in klarer Weise abzurücken. Man muß hoffen, daß jene Entartung der Treu-und-Glauben-Theorie damit erledigt ist. Wenn das RG. sich entschließen könnte, auch die ähnlich wirkende Überspannung des Enteignungsbegriffes (Carl Schmitt: JW. 1929, 495, 2314) aufzugeben, so wären wir in der Wiedergewinnung der Rechtssicherheit, deren unser Rechtsleben so unsagbar dringend bedarf, ein gutes Stück weitergekommen.

Nachtrag. Leider bringt RG.: JW. 1929, 3382 einen neuen Rückschritt, indem es Gesetzen, die einem vom RG. a priori aufgestellten, keineswegs zwingenden Axiom nicht entsprechen, die ›Beachtung‹ versagen will.

Prof. Dr. A. Nußbaum

5. Weimarer Republik: Die Münzen

Die Einteilung der Münzprägungen in der Zeit zwischen dem Ende der Monarchie im Deutschen Reich im November 1918 und dem Beginn der Regierung Hitler (Ernennung von Hitler zum Reichskanzler am 30. Januar 1933) bedarf der Begründung. Weder die staatsrechtlichen Änderungen im November 1918 noch die Ereignisse der sog. Machtergreifung der Nationalsozialistischen Deutschen Arbeiterpartei – die mit der Ernennung Hitlers nur begann und sich bis zum Tode des Reichspräsidenten von Hindenburg (2. August 1934; Vereinigung der Ämter des Reichspräsidenten und des Reichskanzlers) hinzog – haben die Geldverhältnisse unmittelbar beeinflußt. In beiden Fällen blieb nicht nur die Währung dieselbe, es wurden auch die Münzbilder nicht sogleich verändert. Erst auf dem Aluminium-Dreimarkstück von 1922[1] findet sich der republikanische Wappenadler, und bis in das Jahr 1936 hinein ließ die Hitlerregierung das Bild der Kleinmünzen unverändert; bis 1938 wurde das letzte Fünfzigpfennigstück der Weimarer Republik weitergeprägt,[2] und das 1933 neugestaltete, bis Kriegsbeginn 1939 geprägte Nickelstück zu 1 Reichsmark[3] trug den Wappenadler der Republik. Ihn führte auch noch die Aluminiummünze zu 50 Reichspfennig,[4] die, schon 1935 geprägt, erst im Krieg zum Ersatz des gleichen Nominals in Nickel ausgegeben wurde.

So drängt sich auf, für die münzgeschichtliche Betrachtung die staatsrechtlichen Zeitgrenzen beiseitezuschieben. Die Reichsverfassung, die die Nationalversammlung in Weimar (wo sie wegen der Unruhen im Reich zusammengetreten war) beschlossen hatte, wurde am 11. August 1919 vom vorläufigen Reichspräsidenten Friedrich Ebert unterzeichnet und trat damit in Kraft. Es ist gerechtfertigt – auch für dieses Buch –, die Münzen der Inflationsperiode für sich zu betrachten und als Münzen der Weimarer Republik im engeren Sinne die der Zeit von der Stabilisierung an zu sehen.

a) Die Kursmünzen

Die Münzen der Rentenmarkwährung

Als die Rentenmarkwährung mit der Ausgabe der Rentenbankscheine begründet wurde, zögerte die Reichsregierung nicht, auch das Münzwesen wieder in die gewohnten Bahnen zu lenken. Als der Erfolg der Rentenmark bei weitem noch nicht feststand, erging bereits die »Verordnung des Reichspräsidenten über die Ausprägung von Münzen im Nennbetrag von 1, 2, 5, 10 und 50 Rentenpfennigen« (8. November 1923),[4a] eine Notverordnung nach Artikel 48 der Reichsverfassung »zur Wiederherstellung der öffentlichen Sicherheit und Ordnung für das Reichsgebiet«.

Anders als die Rentenbankscheine waren die Münzen, die nun sogleich – und schon in den letzten Wochen des Jahres 1923 – geprägt und in Umlauf gesetzt wurden, keine Ausgaben der Deutschen Rentenbank, sondern staatliche Münzen des Reiches. Denn der Reichsfinanzminister war es, der mit der Verordnung ermächtigt wurde, die im Titel der Verordnung bezeichneten Kleinmünzen »in von ihm zu bestimmender Gestalt und von ihm auszuwählendem Material herstellen zu lassen«. Allerdings sollte dies »im Einvernehmen mit der Deutschen Rentenbank« geschehen, und auch nur mit deren Zustimmung[5] durfte der vorläufige Betrag von 1 Rentenmark »für den Kopf der Bevölkerung des Reichs« überschritten werden (§§ 1, 2). § 3 der Verordnung war widersprüchlich. Satz 1 von Absatz 1 gab den Rentenpfennigmünzen nur den ›Kassenkurs‹, denn sie waren nur »an den öffentlichen Kassen als Zahlungsmittel anzunehmen«, aber Absatz 2 ließ »die Vorschriften über Geldzeichen entsprechende Anwendung« finden. War damit auch auf § 9 Absatz 1 des Münzgesetzes von 1909 Bezug genommen, wonach die Scheidemünzen in Grenzen auch unter Privaten gesetzliches Zahlungsmittel waren? Dafür konnte § 4 der Ausprägungsverordnung sprechen, wonach »bei Begleichung einer auf Rentenmark lautenden Schuld ... niemand verpflichtet« war, 50-Rentenpfennig-Stücke für mehr als 20 Rentenmark, die kleineren Stücke für mehr als 5 Rentenmark anzunehmen. Merkwürdig ist auch, daß die Deutsche Rentenbank, obschon nicht Ausgeber dieser Münzen, in voller Höhe Deckung in Gestalt der Hinterlegung von Rentenbriefen zu stellen hatte (§ 8).

Doch danach fragte niemand. Wie die Rentenbankscheine wurden auch diese Münzen zum anerkannten, stabilen Geld, das um so mehr in Umlauf kam, als der Umlauf an Inflationspapiergeld zurückging, das ja in der Umrechnung 1 Billion Mark gleich 1 Rentenmark vorerst das Kleingeld noch weitgehend ersetzen mußte; ein Schein zu 50 Milliarden Mark zum Beispiel vertrat ein Fünfpfennigstück! Demgemäß wurde schon im Februar der Kopfbetrag erhöht.[6] Zugleich wurden die Kupfermünzen der alten Markwährung den Rentenpfennigmünzen gleichgestellt. Die alten Stücke zu 1 und 2 Pfennig waren seit den Kriegstagen in erheblichem Umfang gehortet worden und konnten nun wieder zum Nennwert ausgegeben werden. Dies lief auf die Aufwertung dieser Zahlungsmittel im Verhältnis 1 Papiermark gleich 1 Rentenmark hinaus, denn ungeachtet ihres nicht zu verachtenden Materialwerts hatten sie rechtlich an der Geldentwertung teilgenommen und waren nur noch 1 bzw. 2 Billionstel Mark wert. Man kann dies als kleines Geschenk der Reichsregierung an die kleinen Leute nach gelungener Stabilisierung sehen.

Die Prägung der neuen Kleinmünzen beruhte auf der »Bekanntmachung« des Reichsministers der Finanzen »über die Ausprägung von Münzen im Nennbetrage von 1, 2, 5, 10 und 50 Rentenpfennigen« vom 13. November 1923.[7] Es entstanden die Pfennige und ›Zweier‹ mit dem Ährenbündel auf der Rückseite,[8] das in seinem Sinngehalt auf den Gedanken der Rentenbankverordnung zurückging, die Landwirtschaft zur formalen Deckung des neuen Geldes heranzuziehen. Das Material war Kupferbronze; in Größe und Gewicht glichen sie den gleichen Nominalen des Kaiserreichs. Aus Aluminiummessing waren die Stücke zu 5, 10 und 50 Rentenpfennig.[9] Die gekreuzten Ähren der Rückseite wandeln das Bildmotiv der Bronze-

münzen ab. Die Kleinmünzen wurden 1923 und 1924 in hohen Stückzahlen geprägt. Als die Prägequote pro Kopf der Bevölkerung erhöht wurde, strich man zugleich die Vorschrift über die Deckung durch Rentenbriefe.[10] Es waren eben ge-
wöhnliche Reichsmünzen.

Das war von Anfang an offensichtlich bei den Silbermünzen der Jahre 1924 und
1925 der Fall. Als das »Gesetz über die Ausprägung neuer Reichssilbermünzen«
vom 20. März 1924[11] erging, stand fest, daß die Stabilisierung gelungen war, doch
war die Währung der ›Reichsmark‹ noch nicht durch das neue Bankgesetz[12] begründet. In dieser Zwischenphase, in der indessen das Ende der Rentenmark als
Übergangswährung schon feststand und Mark-Nominale in Münzform wünschenswert schienen, sah das neue Gesetz Silberprägungen zu 1, 2 und 3 ›Mark‹ vor, von
denen jedoch nur die Prägungen zu 1 und 3 Mark verwirklicht wurden. Obwohl das
Münzmetall bei Münzen einer manipulierten Papierwährung für die Wertschätzung
keine Bedeutung mehr haben konnte, blieb man für diese Markwerte beim Silber,
doch wurden sämtliche Silbermünzen der Weimarer Republik in der Folge nur
noch 500/1000 fein ausgeprägt. Nach der Ausprägungsbekanntmachung vom
8. April 1924[13] war das Markstück 5 Gramm schwer, das Dreimarkstück 15 Gramm.

Beide Münzen zeigen auf der Rückseite den Reichsadler. Das Wappensymbol
des Kaiserreichs, wie es auch auf den Münzen der Reichsgoldwährung gebraucht
wurde,[14] wurde der monarchischen und der auf Preußen und die Hohenzollern be-
züglichen Attribute entkleidet. Übrig blieb eine modernisierte, frühgotische Form,
die sich an das Wappen der Hohenstaufen anlehnte.[15] Hierüber gab es eine »Bekanntmachung, betreffend das Reichswappen und den Reichsadler« vom 11. November 1919.[16] Bei den Gedenkmünzen wird darauf zurückzukommen sein.

Zum Fünfmarkstück dieser Serie kam es nicht mehr.

Die Münzen der Reichsmarkwährung

Denn schon im August 1924 verabschiedete der Reichstag das neue Münzgesetz,
das unter dem 30. August ausgefertigt wurde.[17] Das Gesetz war Teil des Pakets, mit
dem die Vereinbarungen des Dawes-Plans Gesetzesform erhielten.[18] Das Münzgesetz hatte unmittelbar mit der Aufbringung der Reparationen nichts zu tun und
sollte lediglich, was auch ohne die Lösung der Reparationsfrage hätte geschehen
müssen, das deutsche Münzwesen wiederherstellen; die Folge dieser Einbindung
war aber, daß das Münzgesetz nicht sogleich, sondern erst zu einem Zeitpunkt, welchen die Reichsregierung zu bestimmen hatte, in Kraft trat. Dies geschah dann am
11. Oktober 1924.[19]. Zugleich bestimmte die Erste Verordnung zur Durchführung
des Münzgesetzes,[20] daß »auf Mark bisheriger Währung lautende Banknoten« bis
zur Außerkurssetzung (drei Monate nach Aufruf) gesetzliches Zahlungsmittel mit
dem rekurrenten Anschluß 1 Billion Mark gleich 1 Reichsmark bleiben sollten; bislang war dies nur für die Rentenmark ausgesprochen worden. Nur für die ›Ge-
schäftsbereiche der Reichsbehörden‹ konnte die Verordnung anordnen, daß die
›Reichsmark‹ mit ›RM‹ und das Wort ›Rentenmark‹ mit ›Rent.M‹ abzukürzen sei.
Die erstere Abkürzung setzte sich sofort durch; ›Rent.M‹ wurde mit der Renten-

mark rasch vergessen. Währungsrechtlich war auch notwendig, in alten Gesetzen die Reichsmark an die Stelle der alten Mark der Reichsgoldwährung zu setzen, sofern die Mark mit ihrem Goldwert gemeint war; zahlreiche Gesetzte der Inflationszeit hatten auf die wertbeständige Goldmark abgehoben, die nun ebenfalls mit der neuen Reichsmark wesens- und wertgleich sein sollte.

Diese Bereinigung nahm mit einem Federstrich die »Zweite Verordnung zur Durchführung des Münzgesetzes« vom 12. Dezember 1924 vor.[21] Sie führte in drei Anlagen zahlreiche Gesetze und Verordnungen auf, in denen an die Stelle von Mark und Pfennig, Rentenmark und Rentenpfennig sowie Goldmark und Goldpfennig die neuen Begriffe Reichsmark und Reichspfennig traten. Ebenso wurde die Reichsmark diesen Währungseinheiten für den handelsrechtlichen Bereich, für Bilanzen und Steuern, gleichgestellt.

Für das Münzgesetz vom 30. August 1924 ist auch von Interesse, daß es im Grundsatz bis heute gilt: Soweit es nicht durch spätere Ausprägungsvorschriften überholt ist, wurde es nie aufgehoben und für den Bereich der Bundesrepublik in die Bereinigte Sammlung des Bundesrechts aufgenommen.[22]

In seiner Gliederung entsprach das neue Münzgesetz dem von 1909. Es bestimmte in § 1, daß im Deutschen Reich die Goldwährung gelte und die Währungseinheit die Reichsmark bilde, welche in 100 Reichspfennige[23] eingeteilt wird. § 2 schrieb als Goldmünzen die (altgewohnten) Nominale von 20 und 10 Reichsmark vor, wogegen die Bestimmung der Silbermünzen von 1 bis 5 Reichsmark dem Reichsfinanzminister vorbehalten blieb. Die Kleinmünzen wiederum von 1, 2, 5, 10 und 50 ›Reichspfennigen‹ legte das Gesetz selbst fest. Aufzahl und Feinheit der Goldmünzen regelte § 3 wie in den Münzgesetzen von 1871, 1873 und 1909; alles weitere – Gestaltung, für die Silbermünzen Mischungsverhältnis, für die Kleinmünzen Material und für beide Arten von Scheidemünzen Gewicht und Gestalt – sollte der Reichsfinanzminister mit Zustimmung des Reichsrats bestimmen. Als Reichsgoldmünzen galten die der alten Reichsgoldwährung fort; zu Reichssilbermünzen wurden die Silbermünzen zu 1 und 3 Mark der Rentenmarkwährung erklärt, und ›Reichsmünzen über Reichspfennige‹ sollten die Rentenpfennigmünzen und weiterhin die Kupfermünzen der alten Reichsgoldwährung sein (§ 4).

§ 5 bestimmte, was fortan ›gesetzliches Zahlungsmittel‹ war: die Reichsgoldmünzen und die Reichsmarknoten der Reichsbank unbeschränkt, die besagten Silbermünzen bis 20 Reichsmark und die Pfennignominale bis 5 Reichsmark (§ 9). Der ›rekurrente Anschluß‹ zur alten Papiermark kam auch hier wieder zum Ausdruck, wenn § 5 Absatz 2 berechtigte, alte Markschulden mit Reichsmark-Zahlungsmitteln nach dem Verhältnis 1 Billion Mark gleich 1 Reichsmark zu bezahlen.

Die übrigen Vorschriften entsprachen dem münzrechtlichen Herkommen der Reichsgoldwährung von 1871. Die Münzen wurden wieder, wie im Kaiserreich, »für Rechnung des Reichs in den Münzstätten derjenigen Länder, welche sich dazu bereit erklären, ausgeprägt« (§ 7). Die Münzpolizei (Außerkurssetzung, Behandlung ausländischer Münzen) und die technische Münzhoheit (§§ 6, 14) übte anstelle des alten Bundesrats jetzt der Reichsminister der Finanzen (mit Zustimmung des Reichsrats) aus. Die alten Münzvorschriften wurden aufgehoben.

Was nun die Prägungen anlangt, so setzte sich die Herstellung der Stücke zu 1 und 3 Mark der Übergangsserie bis in das Jahr 1925 fort, wenn auch nur in den Münzstätten Berlin und München für das Einmarkstück und für das Dreimarkstück in München.[24] Für die kleinen Münzen bis 50 Pfennig ordnete schon eine Bekanntmachung vom 4. November 1924[25] an, daß alle Nominale vom Pfennig bis zum Fünfzigpfennigstück unverändert in Metall und Münzbild weitergeprägt werden sollten, nur mit der Maßgabe, daß auf der Vorderseite das Wort ›Reichspfennig‹ an die Stelle von ›Rentenpfennig‹ trat. Die Rentenpfennigmünzen blieben im Umlauf, und die beiden Münzbilder bestimmten bis in den Zweiten Weltkrieg den Kleinmünzeninhalt der Geldbeutel der Deutschen mit.[26]

Mit Ausnahme des Fünfzigpfennigstücks wurden die Kleinmünzen bis 1936 in riesigen Mengen geprägt. Die ›Lebensdauer‹ des Fünfzigpfennigstücks jedoch war kurz. Mit ›Reichspfennig‹ ist es eine der teuersten deutschen Münzen der neuesten Zeit, wenn es der Sammler heute für seine Sammlung erwerben will. Zum einen wurden nur relativ wenige Stücke geprägt, 1924 weniger als eine Million in drei der sechs Münzstätten und 1925 1,8 Millionen nur in Dresden. Die Kaufkraft der Münze war, wenn man die Warenkörbe des privaten Verbrauchs vergleichen will, wohl mehr als zehnmal so hoch wie die eines heutigen Fünfzigpfennigstücks, und so lohnte es sich für die Fälscher, die Münze nachzumachen. Die Fünfzigpfennigstücke mit ›Rentenpfennig‹ und mit ›Reichspfennig‹ wurden so häufig gefälscht, daß man sich rasch entschloß, sie durch eine andere Prägung zu ersetzen. Es wird berichtet,[27] daß manchenorts (wie bei der Nürnberg-Fürther Straßenbahn) die Münzen gar nicht mehr angenommen wurden, weil man glaubte, bis zu 80 v. H. Fälschungen in den Einnahmen zu haben. So wurden die Stücke ab 1928 eingezogen und zum 1. Dezember 1929 außer Kurs gesetzt.[28] Jaeger/Pusback nehmen an, daß schon die Prägungen von 1925 zum größten Teil gar nicht mehr ausgegeben wurden, und die heutige Seltenheit der ›Reichspfennig‹-Version erklärt sich auch daraus, daß die Münzen 1929 für die Sammler zu unscheinbar waren, um sie – dazu in wirtschaftlich schwieriger Zeit – in mehreren Stücken beiseite zu legen.

Ersetzt für den Umlauf wurden die Stücke durch eine Nickelmünze im kleineren Durchmesser der Silbermünzen zu ½ Mark aus der Kaiserzeit.[29] Diese schönen Stücke wurden mit dem Reichsadler von Weimar bis 1938 geprägt. So, wie schon die Blattmuster der Münzbilder des 19. Jahrhunderts (Wert im Kranz) als guter Fälschungsschutz galten, mögen auch hier die Eichenzweige auf der Vorderseite unter dem Adler und auf der Rückseite über der Wertzahl Fälschungen erschwert haben.

Was nun die Silbermünzen anlangt, so entschloß man sich, zu den Nominalen des Kaiserreichs zurückzukehren und Stücke zu 1, 2, 3 und 5 Mark zu prägen. Dringlich, insbesondere zum Ersatz der Rentenbankscheine zu 1 und 2 Rentenmark, schienen Markstücke und Zweimarkstücke. Eine Bekanntmachung vom 17. April 1925[30] ordnete ihre Prägung an. Das Einmarkstück wurde bis 1927 geprägt, das Zweimarkstück ebenfalls und nochmals 1931. Wie alle Silbermünzen der Weimarer Republik waren sie 500/1000 fein. Beide Stücke waren in der Gestaltung von klassischer Solidität: Adler mit Umschrift ›Deutsches Reich‹ auf der Vorderseite, ›Wert im Eichenkranz‹ auf der Rückseite.

Als man daran ging, die Rentenbankscheine zu 5 Rentenmark durch eine Silbermünze zu ersetzen, fiel die Wahl auf reicher gestaltete Entwürfe. Dem Fünfmarkstück, ab 1927 ausgegeben,[31] ging eine Mehrzahl von privaten Entwürfen voraus.[32] Während die Vorderseite von Prof. Josef Wackerle, München, sich mit ›Deutsches Reich‹ und der Wertbezeichnung ›Fünf Reichsmark‹ um den Adler funktional gab, zeigte die Rückseite (Prof. Maximilian Dasio, München) eine Eiche »als Sinnbild deutscher Kraft und Standhaftigkeit« und die Umschrift »Einigkeit und Recht und Freiheit«. Im Gewirr der Äste und Blätter zeigt das Münzbild einige blätterlose Zweige, die nach der Volksmeinung und ihrer Bestätigung durch den Künstler die aufgrund des Friedensvertrags von 1919 verlorenen Gebiete symbolisieren sollten.[33]

Das Fünfmarkstück wog 25 Gramm und hatte einen Durchmesser von 36 Millimeter. Mit diesem Gewicht war sie für den Umlauf zu schwer. Die Zeit der Metallwährung war vorbei; für den Wert der Scheidemünzen hatte der Metallwert keine Bedeutung, und auch aus psychologischen Gründen brauchten die Stücke den Eindruck eines Metallwerts nicht mehr zu erwecken, hatte sich doch das Papiergeld für die Zahlung schon mittlerer Beträge längst als praktischer erwiesen. In der Industriegesellschaft, vor der Verbreitung des unbaren Verkehrs, war für die ›Akzeptanz‹ einer Münze entscheidend, ob sie für die Lohnzahlungen verwendet wurde. Die Arbeitgeber zahlten die Löhne lieber möglichst mit Papiergeld, und so flossen die Fünfmarkstücke immer wieder an die Kassen der Reichsbank zurück und waren in ihrer Masse nicht im Verkehr zu halten. Trotzdem glaubte die Reichsregierung während der Wirtschaftskrise in den Jahren 1931 und 1932 auf Steigerung ihrer Einnahmen aus Münzgewinn nicht verzichten zu können, machte der Unterschied zwischen den Herstellungskosten und dem Nennwert der Silbermünzen, zu dem das Reich diese Stücke der Reichsbank zur Ausgabe überließ, doch mehr als zwei Drittel des Nennwerts aus. So wollte die Reichsregierung 1931 420 Millionen Reichsmark in Fünfmarkstücken, 90 Millionen Reichsmark in Dreimarkstücken und 60 Millionen Reichsmark in Zweimarkstücken prägen.

Dieses Prägeprogramm erklärt die Wiederaufnahme der Zweimarkstücke im Jahr 1931 und die erstmalige Prägung von Dreimarkstücken, die man 1924 zwar ins Auge gefaßt, aber dann zunächst doch als Umlaufsmünzen für entbehrlich gehalten hatte. So kam es noch kurz vor dem Ende der Weimarer Republik zu den Dreimarkstücken der Reichsmarkwährung,[34] die 1931 in beträchtlichen und 1932 nur noch in bescheidenen Zahlen hergestellt wurden (1933 nur noch in einer Münzstätte in unbedeutender Auflage). Das Münzbild entsprach dem der Stücke zu 1 und 2 Reichsmark. Einem wirklichen Verkehrsbedürfnis dienten sie auch in diesen Jahren nicht mehr. Als sich öffentliche Kritik regte, brach die Reichsregierung den Vollzug dieses fiskalischen Prägeprogramms ab. Bei den Gedenkmünzen allerdings hatten Dreimarkstücke wie Fünfmarkstücke ihren festen Platz. Die Regierung Hitler ging bei den Silbermünzen dann andere Wege.

Episode der Weltwirtschaftskrise blieb – wie die Silbermünze zu 3 Reichsmark – auch der ›Brüning-Taler‹, ein Vierpfennigstück aus Kupferbronze und von 24 Millimeter Durchmesser, das nur 1932 mit 40 Millionen Stück hergestellt wurde.[35] Vierpfennigstücke waren im deutschen Münzwesen nicht ohne Tradition; zuletzt gab es sie im 19. Jahrhundert etwa im preußischen Münzsystem als Scheidemünze aus Kupfer als Drittel des Silbergroschen von 12 Pfennig ($\frac{1}{90}$ des preußischen Talers);[36] vielleicht hat deren Gestaltung als große Kupfermünze dem Brüning-Taler als Vorbild gedient. Aber dessen Sinn war ein anderer. Die Prägung war eine Maßnahme im Zusammenhang mit den wirtschaftspolitischen Anordnungen der Notverordnung vom 8. Dezember 1931, mit der Reichskanzler Dr. Heinrich Brüning (9. Oktober 1931–30. Mai 1932) Preis- und Zinssenkungen und ähnliches erreichen wollte. Da viele Kleinhandelspreise auf 5 oder 10 Pfennig gerundet waren, sollte das Vorhandensein dieser neuen Kleinmünze Preissenkungen um einen Pfennig erleichtern. Auch diese Münze war kein Erfolg. Die Bevölkerung lehnte sie ab; Banken und öffentliche Kassen riefen sie bei der Reichsbank nicht für ihre Schalter ab. So ordnete z. B. der Reichswehrminister an, daß bei jeder Lohn- oder Gehaltszahlung in seinem Geschäftsbereich der Empfänger 50 dieser Münzen (2 Reichsmark) annehmen müsse. Alles nützte nichts. Die immerhin ansprechend gestaltete Münze fand keinen Anklang, und schon weniger als ein Jahr später, zum 15. Oktober 1933, wurde sie wieder außer Kurs gesetzt.[37]

b) Die Gedenkmünzen

Sieht man von der Ersatzmünze zu 3 Mark aus Aluminium von 1922 und 1923[38] auf das dreijährige Bestehen der Reichsverfassung ab, beginnt im Jahre 1925 eine Reihe von Gedenkmünzen, deren letzte 1932 geprägt wurden. Es waren Stücke zu 3 und 5 Reichsmark, Nominale, die es bei den Kursmünzen bei Aufnahme dieser Gedenkprägungen noch gar nicht gab, wurde das Eichbaum-Fünfmarkstück doch erst 1927 und das Dreimarkstück gar erst 1931 als Kursmünze eingeführt. Die Gedenkprägungen nahmen diese Kursmünzen in Größe, Gewicht und Material – Silber, 500/1000 fein – vorweg.

Anders als die Gedenkprägungen der heutigen Bundesrepublik Deutschland, mit denen die Münzensammler jedenfalls seit 1969 jährlich durch zwei Ausgaben in gleichmäßiger Prägezahl beglückt werden, lassen die Gedenkprägungen der Weimarer Republik ein derartiges System nicht erkennen. Im ganzen wurden 19 Stücke zu 3 Reichsmark und 9 Stücke zu 5 Reichsmark geprägt, die sich auf die Jahre wie folgt nach Anlässen verteilen:

1925:	1	1929:	4
1926:	1	1930:	3
1927:	4	1931:	2
1928:	3	1932:	1

Dabei wurde bei sieben Anlässen von nationaler Bedeutung in allen sechs Münzstätten geprägt, wenn auch in ganz unterschiedlichen Prägezahlen, und bei 12 Anlässen nur in einer Münzstätte, davon neunmal in Berlin, zweimal in München und einmal in Stuttgart. Zu allen 19 Anlässen gab es Dreimarkstücke, zu 9 Anlässen auch Fünfmarkstücke (von denen also keines allein steht); mit Ausnahme der Fünfmarkstücke »450 Jahre Universität Tübingen« von 1927 und »1000 Jahre Burg und

Stadt Meißen« von 1929 stehen die Fünfmarkstücke für die Anlässe von nationaler Bedeutung.

Ganz unterschiedlich waren die Prägezahlen,[39] die hier mit den Motiven, den Nominalen und der Zahl der beschäftigten Münzstätten aufgeführt werden:

Anlaß	Jahr	Gesamt-prägezahl 3 RM	Gesamt-prägezahl 5 RM	Zahl der Münzstätten
Jahrtausendfeier der Rheinlande	1925	5 580 315	1 684 314	6
700 Jahre Reichsfreiheit Lübeck	1926	200 000		1
100 Jahre Bremerhaven	1927	150 000	50 000	1
1000 Jahre Nordhausen	1927	100 000		1
450 Jahre Universität Tübingen	1927	50 000	40 000	1
400 Jahre Philipps-Universität Marburg	1927	130 000		1
Albrecht-Dürer-Gedenkjahr (400. Todestag)	1928	50 000		1
900 Jahre Naumburg an der Saale	1928	100 000		1
1000 Jahre Dinkelsbühl	1928	40 000		1
200. Geburtstag Lessing	1929	400 000	160 000	6
Vereinigung Waldecks mit Preußen	1929	170 000		1
1000 Jahre Burg und Stadt Meißen	1929	800 000	120 000	1
10 Jahre Reichsverfassung	1929	3 000 000	600 000	6
Weltflug des ›Graf Zeppelin‹	1930	1 000 000	400 000	6
700. Todestag Walther von der Vogelweide	1930	300 000		6
Rheinlandräumung	1930	3 000 000	600 000	6
300. Jahrestag Brand von Magdeburg	1931	100 000		1
100. Todestag Freiherr vom Stein	1931	150 000		1
100. Todestag Goethe	1932	400 000	20 000	6

Wie die Gebrauchsspuren der Stücke in Sammlerhand zeigen, waren die Gedenkmünzen zu einem beträchtlichen Teil tatsächlich im Umlauf und wurden nicht, wie das heute üblich ist, sämtlich von der Sammlerschaft aufgenommen und gehortet. Die Auflagen werden der damaligen Aufnahmefähigkeit des ›Marktes‹ entsprochen haben. Bei der Ausdehnung der Sammlerschaft, wie sie seit den siebziger Jahren eingetreten ist, sind die Gedenkmünzen der Weimarer Republik teuere Sammlungsstücke geworden. Größte Raritäten sind die Fünfmarkstücke zu Goethes Todesjahr 1932, von denen geprägt wurden

in Berlin	10 838,	in Stuttgart	2 006,
in München	2 812,	in Karlsruhe	1 220 und
in Dresden	1 490,	in Hamburg	1 634 Stücke.

Eine Händlerpreisliste bietet heute (Herbst 1984) die Berliner Prägung für 5750 DM an; von den anderen Gedenkprägungen ist keine unter 100 DM zu haben.[40]

Für jede der Ausgaben (auf den Anlaß bezogen) erging eine Bekanntmachung des Reichsfinanzministers, die sich auf § 3 des Münzgesetzes von 1924 gründete.[41] Die Bekanntmachungen geben die technischen Daten der Stücke und beschreiben das Münzbild; die Auflagenhöhen hat man damals nicht angegeben. Da die Münzen sämtlich ohne Aufgeld zum Nennwert ausgegeben wurden, gehören sie zur Geschichte des deutschen Münzgeldes und haben nicht den Charakter von ›Medaillen mit Nennwertangabe‹ oder ›Pseudomünzen‹.[42]

Zu den Anlässen von nationaler Bedeutung gehören die Gedenktage Dürers (1928), Lessings (1929), des Freiherrn vom Stein (1931) und Goethes (1932). Die anderen großen Anlässe betrafen Anliegen der ganzen Nation und konnten allenfalls von Extremisten rechts oder links angefochten werden: Die Jahrtausendfeier der Rheinlande 1925 gedachte (etwas gesucht) der Unterwerfung Lothringens – und damit des Rheinlands – unter das Ostreich durch Kaiser Heinrich I. (919–936), doch war das Schicksal des besetzten Rheinlands allgemeines Anliegen der deutschen Politik, was auch die Münzen von 1930 auf die Räumung des besetzten Gebietes als Folge der Annahme des Young-Plans zum 1. Juli 1930 rechtfertigte. Eine unpolitische verkehrstechnische Großtat feierten die Münzen auf den Weltflug des Luftschiffs LZ 127 ›Graf Zeppelin‹ um die Welt. Das Luftschiff startete am 15. August 1929 in Friedrichshafen am Bodensee und umrundete über Berlin, den Ural, Sibirien, Japan, den Pazifik und die Vereinigten Staaten die Erde, um am 4. September 1929 nach einem Flug von fast 50000 Kilometern zurückzukehren. Angesichts der Vorbehalte von links und rechts gegen die Verfassungsordnung von 1919 hatten eigentlich nur die Gedenkmünzen auf das zehnjährige Verfassungsjubiläum von 1929 mit dem Kopfbild des Reichspräsidenten Hindenburg und der Schwurhand politischen Charakter.

Die anderen Gedenkmünzen, meist im Nennwert von 3 Reichsmark, wurden auf eher örtliche oder regionale Jubiläen oder Ereignisse geprägt. Für das Stück auf den 700. Todestag Walthers von der Vogelweide ist zu erwähnen, daß die gleiche Rückseite auf dem Gedenkstück der Republik Österreich zu 2 Schilling zum selben Anlaß erscheint.[43]

6. Weimarer Republik: Das Papiergeld

a) Die Noten der Reichsbank

Die Noten der Reichsbank auf Reichsmark tragen bis zum Ende der Reichsmarkwährung, genauer bis zum Ende der Tätigkeit der Reichsbank mit der deutschen Niederlage im Zweiten Weltkrieg, sämtlich den Hinweis auf das Bankgesetz vom 30. August 1924. Von den später zu erwähnenden Notausgaben kurz vor Kriegsende abgesehen gibt es nur zwei Serien, von denen die zweite das Papiergeld Deutschlands unter der Regierung Hitler vom Nominal 5 Reichsmark aufwärts darstellt, in den gestalterischen Anfängen aber bis in die Weimarer Zeit zurückreicht.

Die Scheine der ersten Serie tragen sämtlich das Ausgabedatum 11. Oktober 1924; es sei daran erinnert, daß auch das Bankgesetz vom 30. August 1924 förmlich erst mit der Annahme des Dawes-Plans in Kraft trat.[1] Mit dieser Serie fand die deutsche Papiergeldgestaltung zu dem Stil, den sie – heute in der Bundesrepublik – im Grunde bis zur Gegenwart behalten hat. Verschiedene Reichsbanknoten der Inflationszeit, etwa die 10 000-Mark-Noten vom 19. Januar 1922[2] und der Fünfhunderter vom 27. März 1922,[3] können als Vorläufer angesehen werden. Jedes Land mit eigener Papiergeldherstellung hat ja in bestimmten Währungsperioden seinen Stil; man denke an den pastellfarbenreichen, bildhaften Charakter der Scheine der französischen Staatsdruckerei für Frankreich, seine Kolonien und ihre Nachfolgestaaten, an den ebenso unverwechselbaren Stil der amerikanischen Banknotendruckereien oder an die Gestaltung und Drucktechnik der Scheine des britischen Bereichs in den verschiedenen Epochen der Papiergeldgeschichte.

Die neuen Reichsbanknoten waren gekennzeichnet durch ein abseits der Mitte stehendes Porträtmedaillon nach einem alten Gemälde, einen – rechts stehenden – Schaurand mit Blindprägung, im übrigen flächendeckendes Guillochenmuster und Beschriftung in Frakturschrift. Dem Herkommen bei Reichsbanknoten entsprach der Unterschriftenblock mit den Unterschriften aller Mitglieder des Reichsbankdirektoriums, als erste die des Reichsbankpräsidenten, in diesem Fall von Hjalmar Schacht. Die Nominale entsprachen den Zahlungsgewohnheiten vor dem Ersten Weltkrieg, der Zeit der Reichskassenscheine kleinerer Werte und der Reichsbank- und Privatnotenbankscheine für die höheren Nominale: es gab Scheine zu 10, 20, 50, 100 und 1000 Reichsmark. Die Serie ist als ›Holbein-Serie‹ zu bezeichnen: die Medaillons zeigen sämtlich Kopfbilder nach Gemälden von Hans Holbein dem jüngeren (1497–1543): 10 RM Kaufmann Dietrich Born, 20 RM Weibliches Bildnis, 50 RM Junger Mann, 100 RM Frauenbildnis und 1000 RM Kopfbildnis des Patriziers H. Hillebrandt Wedigh aus Köln.

Die zweite Serie von im Grunde ähnlicher Gestaltung[4] begann mit den Noten zu

10 und 20 Reichsmark vom 22. Januar 1929 und setzte sich mit dem Fünfziger vom 30. März 1933 sowie dem Hunderter vom 24. Juni 1935 und dem Tausender vom 22. Februar 1936 fort. Noch der Fünfziger vom 30. März 1933 weist kein national-sozialistisches Symbol auf, doch die beiden letzten Scheine zu 100 und 1000 Reichs-mark haben – als einziges solches Zeichen – ein Hakenkreuz im Guillochen-Unter-druck. Der Stil blieb unverändert, doch waren der Schaurand jetzt links und das Porträtmedaillon am rechten Rand; dazu erhielten auch die Rückseiten motivlich passende Darstellungen. Der Unterschriftenblock begann wieder mit der Unter-schrift des Reichsbankpräsidenten Hjalmar Schacht.[5]

Von den Bildmotiven der Vorderseiten und Rückseiten her kann man diese Scheine, die bis zur Währungsreform von 1948 gültig blieben, als Wirtschaftsserie bezeichnen. Der Zehnmarkschein zeigt Albrecht Daniel Thaer (1752–1828), den Begründer der rationellen Landwirtschaft in Deutschland (zunächst Arzt, Verfasser grundlegender Werke über Landwirtschaft, Gutsbesitzer, Gründer der ersten höhe-ren landwirtschaftlichen Lehranstalt, Professor in Berlin, Mitwirkender bei der Re-gulierung der bäuerlichen Verhältnisse im Rahmen der Stein-Hardenbergschen Re-formen in Preußen und als ›Generalintendant der königlichen Stammschäfereien‹ besonders Förderer der Schafzucht). Das Reliefbild der Rückseite bot dementspre-chend eine Allegorie der Landwirtschaft. Der Zwanzigmarkschein zeigt Werner von Siemens (1787–1892), der ursprünglich Artillerieoffizier war und nach zahlreichen Erfindungen im Telegraphen- und Kabelwesen zum Vater der deutschen Elektroin-dustrie wurde. Das Relief der Rückseite ist eine Allegorie der Industrie. Den Fünf-ziger ziert das Kopfbild von David Hansemann (1794–1864). Dieser berühmte Kaufmann, Bankier und Politiker war Gründer einer Feuerversicherungsgesell-schaft (1825), arbeitete 1836 bis 1844 für das Entstehen der preußischen Eisenbahn, war seit 1838 Handelsgerichtspräsident und als Politiker und Landtagsabgeordneter (seit 1845) im Jahre 1848 preußischer Finanzminister. Danach wurde er Chef der Preußischen Bank und der Seehandlung. 1851 gründete er die Berliner Diskontoge-sellschaft, die er zu einer der größten deutschen Banken machte. Die Rückseite des Fünfzigers schmückt eine Allegorie des Handels.

Die beiden Scheine mit dem Hakenkreuz seien hier vorweggenommen: Der – tra-ditionell blaue – Hunderter war Justus von Liebig (1803–1873) gewidmet, dem gro-ßen Chemiker und Professor in Gießen, wo er das erste Laboratorium für experi-mentiellen chemischen Unterricht einrichtete und damit die naturwissenschaftliche Experimentalforschung begründete. Seit 1852 in München, wurde er zum frucht-barsten Chemiker des 19. Jahrhunderts. Er widmete sich später besonders der Er-nährung des Menschen und der Tiere, und sein Wirken beeinflußte weite Teile des Wirtschaftslebens. Das Rückseitenmedaillon symbolisiert die Wissenschaft. Der höchste Wert der Serie weist auf Karl Friedrich Schinkel (1781–1841), der als maß-gebender preußischer Staatsarchitekt seiner Zeit (zuletzt Oberlandesbaudirektor) insbesondere Berlin das klassizistische Stadtbild gab. Entsprechend zeigt die Rück-seite die Allegorie der Baukunst.

Von den Hakenkreuzen der beiden letzten Scheine abgesehen war die Gestaltung der schönen Serie durchaus unpolitisch und unpathetisch, gehörten die Personen

doch sämtlich dem 19. Jahrhundert an und zum kulturell-wirtschaftlichen Aufschwung Deutschlands. Die solid-konservative Gestaltung des Papiergelds war damals selbstverständlich. Bei aller Bewegtheit der Kunstszene der Weimarer Republik war die Staatssymbolik, zu der die staatliche Papiergeldgestaltung sicher gehört, kein Tummelplatz moderner Künstler.

b) Die Noten der Privatnotenbanken

Wie erwähnt haben die vier Privatnotenbanken, deren Notenrechte mit dem Privatnotenbankgesetz vom 30. August 1924 erneuert worden waren, nur noch wenige
Noten ausgegeben. Solche Scheine sind heute von allergrößter Seltenheit; der Badischen Bank beispielsweise gelang es selbst zur Abbildung in ihrer Festschrift von
1970 auf das hundertjährige Bestehen[6] nicht mehr, einen Schein aufzutreiben.[7] Als
die Scheine zum 2. April 1936 ihre Eigenschaft als Zahlungsmittel verloren, waren
sie viel zu wertvoll, als daß man sie als Sammlungsstücke aufgehoben hätte, und da
das Sammeln von Papiergeld mit der Inflation erloschen war, hatte in der immer
noch schweren Zeit dazu offenbar niemand das Geld.

Alle diese Noten waren wie die Reichsbanknoten in der Reichsdruckerei hergestellt und entsprachen in ihrer Gestaltung im Grunde meist den Noten der Reichsbank: Schaurand auf der einen, Kopfbild auf der anderen Seite der Vorderseite innerhalb des Druckfeldes. Die Kopfbilder bezogen sich natürlich auf berühmte Personen des Ausgabelandes.

So zeigt der einzige Schein der Badischen Bank, datiert 11. Oktober 1924, das
Bild von Johann Peter Hebel (1760–1826), des alemannischen Dialektdichters und
Volksschriftstellers sowie evangelischen badischen Kirchenmannes. Der Schein
fällt dadurch auf, daß er die fehlerhafte Währungsbezeichnung ›Reichs-Mark‹ im
Textblock neben der richtigen ›Reichsmark‹ aufweist und als Sitz der Badischen
Bank Mannheim und Karlsruhe angibt, obwohl der juristische Sitz der Bank von
Anfang an Mannheim war und erst am 7. März 1932 nach Karlsruhe verlegt wurde.[8] Außerdem ist es der einzige dieser Scheine, bei denen das Bildmedaillon an
den – rechten – Schaurand grenzt. Die Scheine wurden in Baden so gerne genommen, daß der Bestand der umlaufenden Scheine in Höhe von 27 Millionen Reichsmark schon nach wenigen Jahren abgenützt war und man 1929 einen unveränderten Neudruck zum Austausch vornehmen mußte. Dabei wird auch eine Rolle gespielt haben, daß die vier Privatnotenbanken 1928 mit dem Sparkassen- und Giro-
verband ein Abkommen schließen konnten, wonach sämtliche Privatbanknoten –
über das Privatnotenbankgesetz vom 30. August 1924 hinaus – von den Mitgliedern
des Verbandes im ganzen Reichsgebiet angenommen oder kostenfrei in Reichsbanknoten umgetauscht wurden; hiermit wollte man den wachsenden Reiseverkehr
erleichtern.[9]

Die Bayerische Notenbank fällt insofern aus dem Rahmen, als ihre ersten Noten
zu 50 und 100 Reichsmark[10] vom 11. Oktober 1924 kein Kopfbild aufweisen und –

der Fünfziger mit Wappen und Löwen als Schildhalter in einer Jugendstildarstellung – in der Art ihrer Gestaltung keinen Abstand zu den ›eiligen Gestaltungen‹ der Inflationsnoten zeigen. Der Fünfziger vom 1. September 1925,[11] die letzte Note dieser Bank, entspricht dann wieder dem üblichen Stil und hat das Porträt des Nürnberger Patriziers Michael Holzschuher von Albrecht Dürer im Medaillon. Die ›Sächsische Bank zu Dresden‹ gab unter demselben Datum Noten zu 50 und 100 Reichsmark aus, den Fünfziger mit dem Kopfbild des Malers und Zeichners Ludwig Richter (1803–1884), des berühmten Illustrators aus Dresden, und den Hunderter mit Gotthold Ephraim Lessing.[12]

Die Württembergische Notenbank schmückte ihren Fünfziger vom 11. Oktober 1924 mit dem Kopfbild von Johannes Kepler (1571–1630), der aus Weil der Stadt stammte, und den Hunderter vom selben Tag mit Jörg Syrlin, dem Schnitzer des Chorgestühls im Ulmer Münster, der auch den Steinernen Brunnen auf dem Marktplatz in Ulm schuf, seit etwa 1450 in Ulm tätig war und um 1491 starb. Unter dem 1. August 1925 erschien der Fünfziger in neuem Muster, diesmal mit Christian Friedrich Daniel Schubart (1739–1791), dessen Ruhm als schwäbischer Schriftsteller hauptsächlich auf seiner Haft auf dem Hohenasperg (1777–1787) beruht. Ein drittes Muster mit dem Porträt des deutschen Nationalökonomen und Politikers schwäbischer Herkunft Friedrich List (1798–1846), des Anregers des Deutschen Zollvereins und des deutschen Eisenbahnnetzes, führte nicht mehr zu einem Umlaufschein.[13]

7. Weimarer Republik: Die Währung

a) Der Kurs der Reichsmark: Goldkernwährung

Als die kleine Krise der Reichsmark[1] von der Reichsbank mit Hilfe von Kreditrestriktionen behoben worden war und die Reichsmark sich im April 1924 wieder auf die gewünschte Parität von 4,20 RM für den Dollar gehoben hatte, war für die deutsche Währung der Zustand erreicht, den sie bis 1929 beibehielt. Die Jahre bis zur Weltwirtschaftskrise waren für Deutschland eine Zeit wachsenden Wohlstands und steigenden Lebensstandards. Die Währung war geordnet und gab keine Probleme auf, sowohl was ihre Steuerung durch die Reichsbank als auch die Zahlungsmittel anlangt. Die Spuren der Inflation, die alten Marknoten, und der Sanierung, die Rentenbankscheine, verschwanden. Die Goldkernwährung des neuen Bankgesetzes funktionierte. Der Bargeldumlauf[2] stieg von Ende 1923: 2274 Millionen Mark (darin Reichsbank-Marknoten für 497 Millionen Reichsmark und Rentenbankscheine für 1049 Millionen Rentenmark) und Ende 1924: 4274 Millionen Reichsmark (davon 1942 Millionen an Reichsbanknoten und 1835 Millionen an Rentenbankscheinen) bis Ende 1929 auf 6602 Millionen Reichsmark (darunter 5027 Millionen Reichsmark an Reichsbanknoten). Dies entsprach dem Bedarf des Zahlungsverkehrs bei stabilem Geldwert; es sei daran erinnert, daß der in der Sache geringe Umlauf an Zahlungsmitteln zu Ende 1923 deswegen genügte, weil die Umlaufgeschwindigkeit der Scheine in der Inflation ungeheuer groß war; ein Moment in der Tauschgleichung der Quantitätstheorie, das nur beschrieben, aber nicht gemessen werden kann und jetzt – bei vollem Vertrauen in die Währung – keine Bedeutung mehr hatte.

Zwar gab es auch in diesen guten Jahren einige Konjunkturschwankungen,[3] aber es waren Jahre eines kurzen, in der späteren Erinnerung gleichsam goldenen Zeitalters. Doch es stand auf schwankendem Boden. Mit der Neuordnung des deutschen Geld- und Finanzwesens als Folge des Dawes-Plans war Deutschland inter-, national kreditwürdig geworden. Schacht[4] sah die Lage so, daß auf der einen Seite die Steuerbelastung der Wirtschaft zu hoch war; in den Kassen des Reichs sammelten sich große Finanzreserven an. 1926 wurden die Steuern zwar geringfügig gesenkt, doch verleiteten die guten Einnahmen zu einer Ausgabenwirtschaft, die schwer wieder einzudämmen war. Schacht nennt staatliche, wenig gewinnorientierte Unternehmertätigkeit, künstliche Arbeitsbeschaffung, Ausweitung der Wohlfahrts- und Fürsorgetätigkeit mit Aufblähung der staatlichen und gemeindlichen Behördenapparate. Die Steuern mußten wieder erhöht werden, die Haushalte wuchsen; 1928 erhöhte sich die Staatsquote (bei Schacht: der Steuerdruck) auf 38,2 v. H., die 1913 nur 18,6 v. H. und 1925 erst 31,6 v. H. betragen hatte. Es wurden

Messehallen, Festhallen, Planetarien und Straßen gebaut, Grünanlagen und Sportstätten angelegt, Grundstücke gekauft und öffentliche Gebäude errichtet, Kultur-
stätten wie Theater und Museen gefördert und ähnliches mehr. Finanziert wurde
aber nicht nur aus Steuererträgen, sondern auch mit Auslandsanleihen, die zu erlangen selbst für Städte nicht schwer war und die nicht nur – der Art der Investitionen entsprechend – langfristig aufgenommen wurden, sondern auch kurzfristig in
der Hoffnung, sie jeweils bei Fälligkeit verlängert zu bekommen oder sie durch andere ersetzen zu können. Schacht schätzt die kurzfristige Auslandsverschuldung für
Ende September 1930 auf 10,8 bis 11,8 Milliarden Reichsmark und die langfristige
Verschuldung auf 9,3 Milliarden Reichsmark. Insgesamt waren damit mehr als 20
Milliarden Reichsmark zu verzinsen und irgendwie auch einmal zu tilgen. Dies
setzte eine weiterhin blühende Wirtschaft voraus und mußte zu schwerer Bedrängnis führen, wenn entweder die ausländischen Gläubiger in Schwierigkeiten gerieten
und ihre Kredite, soweit fällig, zurückverlangten, oder wenn die inländischen
Schuldner in einer Wirtschaftskrise ihren Verpflichtungen nicht mehr nachkommen
konnten. Dabei waren Schwierigkeiten nicht nur zu befürchten, wenn der einzelne
Schuldner nicht mehr zahlen konnte. Es handelte sich um ein Transferproblem: die
Reichsbank mußte, auch wenn der Schuldner die entsprechenden Reichsmarkbeträge aufbrachte, in der Lage sein, sie in Devisen, in ausländische Zahlungsmittel,
umzutauschen, und dies setzte voraus, daß die deutsche Volkswirtschaft entsprechende Ausfuhrüberschüsse erzielte. Dies war mit solchen letztlich unproduktiven
Investitionen aber nicht möglich. 1924 bis 1930 sind rund 48 Milliarden verbaut
worden, von denen mehr als zwei Drittel aus öffentlichen Mitteln aufgebracht wurden, und davon allein 17,5 Milliarden Reichsmark für den Wohnungsbau, hauptsächlich in den großen und größeren Städten.

Schacht erwähnt, daß die 20 Milliarden Reichsmark an Auslandsschulden in sieben Jahren etwa dem Betrag entsprechen, den die Vereinigten Staaten von Amerika
in den vierzig Jahren vor dem Ersten Weltkrieg aufnahmen, ein unerhört reiches
Entwicklungsland damals, und nur mit durchschnittlich 5 v. H. zu verzinsen hatten,
wogegen der Durchschnittszins für die deutschen Auslandsschulden 7 v. H. betrug.
Hauptgläubiger waren Banken in den Vereinigten Staaten, in Großbritannien und
in Frankreich, wobei viele britische und französische Kredite indirekt aus den Vereinigten Staaten kamen. Es kann hier nicht vertieft werden, daß die Vereinigten
Staaten mit dem Ersten Weltkrieg von einem Schuldnerland zum größten internationalen Gläubiger geworden waren.

Diese Umstände waren es dann auch, die in der Weltwirtschaftskrise zum Zusammenbruch des damaligen Weltwährungssystems führten und das Deutsche
Reich in eine Währungskrise stürzten, die von der Reichsmarkwährung des Jahres
1924 nur noch die Fassade stehen ließ.[5]

b) Die Wirtschaftskrise und die Devisenbewirtschaftung

Die Periode der Wirtschaftsblüte endete im Jahre 1929 mit dem Ausbruch der Weltwirtschaftskrise, die sich in Europa insbesondere in Deutschland und in Österreich verhängnisvoll auswirkte. Die Ursachen werden in den Erscheinungen des kapitalistischen Krisenzyklus gesucht. In den Vereinigten Staaten, von wo die Krise ausging, führten Überproduktion und Überspekulation zum Ende der Konjunktur. Der 24. Oktober 1929 wurde zum ›Schwarzen Freitag‹ der Wertpapierbörse von New York. Es kam zu zahlreichen Zusammenbrüchen von Firmen und Banken, zu großen Produktionsstockungen und zu riesiger Arbeitslosigkeit. Jetzt zeigte sich, wie verderblich die kurzfristige Auslandsverschuldung in Deutschland war. Es kam zu massenhaften Kreditrückforderungen ausländischer Gläubiger, und in den Schuldnerländern wurde die Lage schwierig. Marksteine im Bereich des Kreditwesens sind der Zusammenbruch der Österreichischen Credit-Anstalt am 11. Mai 1931 und der deutschen Darmstädter und Nationalbank (Danatbank), die eine besonders unbedenkliche Ausweitung ihrer Kredite betrieben und sich in hohem Maß im Ausland refinanziert hatte. Der währungspolitische Spielraum von Reichsbank und Reichsregierung war eingeengt; den Reparationsgläubigern und anderen Auslandsgläubigern durfte man den Glauben an die deutsche Zahlungsfähigkeit nicht nehmen, und die Zinsen mußten so hoch bleiben, daß den Auslandsgläubigern die Kapitalanlage in Deutschland weiter verlockend erschien.

Trotzdem verschlechterte sich die Situation immer mehr, zumal die Exporte in die Entwicklungsländer (damals ›Rohstoffländer‹) zurückgingen, die vielfach wegen des Zusammenbruchs der Rohstoffpreise kaum mehr aufnahmefähig waren.[6] Die Zahl der Arbeitslosen stieg von Ende Oktober 1929 mit 1,6 Millionen auf 3,3 Millionen ein Jahr später und auf 4,9 Millionen Ende Januar 1931. Zugleich geriet die Landwirtschaft durch den Verfall der Preise für Vieh und Getreide in Not. Der Reichshaushalt geriet in Unordnung; für die Stützung der Landwirtschaft waren riesige Summen aufzuwenden, die Arbeitslosen mußten unterstützt werden. Ende 1929 betrug das Kassendefizit des Reiches 1,7 Milliarden Reichsmark. Der Bestand der Reichsbank an Gold und Devisen sank bedrohlich. Für Ende 1930 stellte man die Auslandsverschuldung mit 25,3 bis 25,8 Milliarden Reichsmark fest, davon 14,5 bis 15 Milliarden Reichsmark kurzfristig. Die Währungsreserven der Reichsbank betrugen dagegen nur 2,7 Milliarden Reichsmark. Im Konflikt mit der Reichsregierung Hermann Müller (28. Juni 1928 bis 27. März 1930) trat Reichsbankpräsident Schacht am 7. März 1930 zurück; die Regierung stürzte kurz darauf über der Frage einer Beitragserhöhung bei der Arbeitslosenversicherung. Die neue Regierung unter Heinrich Brüning (30. März 1930 bis 7. Oktober 1931 und 9. Oktober 1931 bis 30. Mai 1932) bedeutete das Ende des parlamentarischen Systems; sie hatte keine Mehrheit im Reichstag und regierte mit Notverordnungen, deren erste (vom 16. Juli 1930[7] zur Auflösung des Reichstags führte: Als der Antrag der Sozialdemokraten, sie aufzuheben, eine Mehrheit fand, ließ Brüning den Reichstag vom Reichspräsidenten auflösen. Die Reichstagswahlen vom 14. September 1930 waren die, bei denen nicht nur die Kommunisten fühlbar zunahmen, sondern auch die bislang bedeutungslosen Nationalsozialisten von 12 auf 107 Mandate stiegen. Der Marsch in den Totalitarismus hatte begonnen. Vorläufig hatte man die »parlamentarisch tolerierte Präsidialregierung«.

Was die Reparationsfrage anlangt, wurde der Dawes-Plan eingehalten, und die Gläubigerländer erhielten die in diesem Plan vorgesehenen Zahlungen.[8] Aber entgegen der Absicht seiner Urheber wurden die Zahlungen nicht aus Überschüssen der deutschen Handels- und Leistungsbilanz aufgebracht. Sie wies in diesen Jahren Defizite von insgesamt etwa 6,2 Milliarden Reichsmark auf. Die Zahlungen waren letztlich mit den Kreditaufnahmen im Ausland finanziert, die es sogar ermöglicht hatten, die Währungsreserven der Reichsbank auf rund 2,2 Milliarden Reichsmark zu bringen.

Diese Umstände führten seit Ende 1927 zu Bestrebungen des Reparationsagenten, des Amerikaners Parker Gilbert, zu neuen Verhandlungen über die Reparationsfrage zu kommen und den Dawes-Plan zu revidieren. Im September 1928 erreichte Deutschland im Rahmen des Völkerbunds, daß neue Verhandlungen mit Frankreich, Großbritannien, Belgien, Italien und Japan vereinbart wurden. Deutschland wollte zumindest die vorzeitige Räumung des Rheinlands und eine abschließende, vor allem aber eine endgültige Bezifferung der Reparationen erreichen. Die Alliierten ihrerseits hatten inzwischen eingesehen, welche Grenzen die Leistungsfähigkeit des Deutschen Reiches hatte und wollten sich damit begnügen, wenigstens die Deckung der interalliierten Kriegsschulden zu erreichen, also der Verpflichtungen, die aus der Kriegszeit noch unter ihnen bestanden, hauptsächlich die der Europäer gegenüber den Amerikanern. Für Frankreich sollte dazu eine beträchtliche »indemnité nette« erreicht werden, ein echter Schadenersatz; kleinere Beträge dieser Art erhofften sich Belgien, Großbritannien und Italien. Insgesamt dachte man an jährliche Zahlungen von 2 Milliarden Reichsmark. Dazu dachte man daran, die Rolle des Reparationsagenten zu beschneiden; zur weiteren Abwicklung und als Organ für die künftige Zusammenarbeit der Notenbanken und als regelmäßiger Treffpunkt für die Notenbankleiter entstand der Plan, eine »Bank für Internationalen Zahlungsausgleich« zu gründen. Dazu kam es dann auch, und ihr Sitz wurde Basel in der neutralen Schweiz; sie besteht noch heute.

Die neue Sachverständigenkonferenz tagte zunächst in Paris. Vorsitzender wurde der Amerikaner Owen D. Young, der dem Ergebnis schließlich seinen Namen gab. Nach schwierigen Verhandlungen wurde am 7. Juni 1929 der Bericht der Sachverständigen unterschrieben. Die deutsche Delegation leitete Schacht, der den Gang der Verhandlungen und seine Schwierigkeiten mit der Reichsregierung in einem Erinnerungsbuch festhielt.[9] Der »Neue Plan«, wie er auch genannt wurde, sah jährliche Zahlungen von 2050 Millionen Reichsmark vor, die 59 Jahre laufen sollten, die letzten 22 Jahre davon nur an die Vereinigten Staaten zur Abgeltung ihrer Kriegskredite an die anderen Alliierten. Es waren Revisionsmöglichkeiten vorgesehen, insbesondere für den Fall, daß solche Kriegsschulden erlassen würden, und die Gründung einer Bank wurde vereinbart, die den Plan mit Kreditoperationen unterstützen sollte. Für Deutschland bedeutete der Plan eine erhebliche Entlastung.[10] Endgültig kam der Young-Plan jedoch erst nach weiteren Verhandlungen auf Regierungsebene und zwei weiteren Konferenzen in Den Haag im August 1929 und im Januar 1930 zustande.

Mit den Haager Vereinbarungen erzielte das Deutsche Reich auch den Nebenerfolg, daß die Reichsbank aus der internationalen Überwachung entlassen wurde, die der Dawes-Plan mit dem Einsitz von Ausländern in ihren Organen gebracht hatte. Entsprechend wurde das Bankgesetz vom 30. August 1924 durch das »Gesetz zur Änderung des Bankgesetzes« vom 13. März 1930[11] in zahlreichen Bestimmungen über die Organe der Reichsbank geändert. Damit stand auch die Bekanntmachung des Reichsbankdirektoriums über die Einlösung der Reichsbanknoten vom 15. April 1930[12] im Zusammenhang, nach der § 31 des Bankgesetzes in Kraft gesetzt, d. h. die Einlösbarkeit der Reichsbanknoten angeordnet wurde. Damit wurde die Reichsmarkwährung von einer manipulierten Papierwährung zur echten Goldkernwährung. Zugleich wurde die Reichsbahn von einem Teil der Auflagen des Dawes-Plans befreit.[13]

Es war der Gang der Haager Verhandlungen, der den Reichsbankpräsidenten Hjalmar Schacht bewog, am 7. März 1930 seinen Rücktritt zu erklären. Er fühlte sich von der Regierung Müller teils bevormundet, teils übergangen, besonders durch die Annahme der Verschlechterungen, die die Haager Konferenzen gegenüber dem Pariser Sachverständigenergebnis gebracht hatten. Aber der Reichsregierung war das Erreichte die neuen Verpflichtungen wert. Außenminister Stresemann konnte hauptsächlich auf die vorzeitige Räumung des besetzten Rheinlands verweisen, die zum 30. Juni 1930 abgeschlossen war.[13a] Zum Nachfolger Schachts wählte der Generalrat der Reichsbank auf Empfehlung der Reichsbank schon am 11. März 1930 den früheren Reichskanzler Dr. Hans Luther; man wollte wieder eine angesehene und starke Persönlichkeit an der Spitze der Reichsbank haben.

Der Young-Plan hatte nur ein kurzes Leben; die Weltwirtschaftskrise entzog ihm die Grundlage. Am 20. Juni 1931 schlug der amerikanische Präsident Herbert C. Hoover (1929–1933) ein Moratorium für alle internationalen Zahlungsverpflichtungen, auch für die deutschen Reparationen, vor, das ein Jahr dauern sollte. Schnell stimmten alle beteiligten Staaten, auch die Reichsregierung, zu, und das ›Hoover-Feierjahr‹ (in Anlehnung an den Begriff der »Bankfeiertage«) begann am 6. Juli 1931. Hoovers Vorschlag war Teil seiner Maßnahmen im Zusammenhang mit der Wirtschaftskrise der Vereinigten Staaten, die Steuervorlagen, Einsparungen, Bauprogramme und eine Dollarabwertung umfaßten. Hier von Interesse ist lediglich der Zusammenhang mit den Kriegsschulden der europäischen Alliierten an die Vereinigten Staaten: Sie sollten ja mit Hilfe der deutschen Reparationen beglichen werden, und da das Moratorium auch sie betraf, war man mit der Aussetzung der deutschen Reparationszahlungen einverstanden. Nicht einbezogen waren die privaten Schulden, und das bedeutete, daß die Kreditkündigungen der ausländischen Gläubiger weiter die deutsche Zahlungsbilanz belasteten, mit anderen Worten den Bestand der Reichsbank an Gold und Devisen.[14] In der Folge kam es zu neuen Verhandlungen.

Inzwischen war überall die Arbeitslosigkeit gestiegen, waren die Börsen wegen der Zusammenbrüche der Wertpapiermärkte kürzer oder länger geschlossen gewesen, hatte das Wirtschaftsleben in vielen Staaten »einen Tiefstand erreicht, auf dem es nur mühsam unter Kreditrestriktionen, scharfer Devisenregulierung und lähmenden Einschränkungen des internationalen Handels fortgeführt« wurde.[15] So kam es 1932 zu einer neuen Reparationskonferenz in Lausanne (16. Juni bis 9. Juli)[16] und zu einem Abkommen, welches das Reparationsproblem endgültig abschloß. Die deutsche Reparationsschuld wurde durch eine einmalige Abfindung von 3 Milliarden Reichsmark abgelöst, wozu noch einige kleinere Restzahlungen kamen; allerdings blieb es auch beim Dienst für die Anleihen aufgrund des Dawes-Plans und des Young-Plans. Dazu sollte die Reichsregierung der Basler Bank für Internationalen Zahlungsausgleich Schuldverschreibungen des Reichs zu 5 v. H. für 3 Milliarden Reichsmark übergeben, die die Bank unter bestimmten Voraussetzungen drei Jahre nach Unterzeichnung des Abkommens unterbringen sollte. Im ungünstigsten Falle waren bei 5 v. H. Zinsen und 1 v. H. Tilgung jährlich 180 Millionen Reichsmark für die Dauer von 37 Jahren zu zahlen. Bis 1935 waren jährlich nur kleinere Zahlungen aus Sonderabkommen aufzubringen, zusammen etwa 230 Millionen Reichsmark. Darunter waren die Zahlungen auf die Dawes-Anleihen und auf die Young-Anleihen sowie Zahlungen an Belgien und Zahlungen für amerikanische Besatzungskosten.[17] Für den Reichshaushalt war diese Belastung gering; im großen und ganzen konnte das Reparationsproblem damit – und dies mithin noch in der Zeit der Weimarer Republik und vor der Regierung Hitler – als abgeschlossen betrachtet werden.

Bis Januar 1932 hatte das Deutsche Reich nach Errechnung der Reichsbank insgesamt, einschließlich aller Sachleistungen, 53,155 Milliarden Goldmark bzw. Reichsmark an Reparationen bezahlt.

Die innenpolitische Entwicklung der Endphase der Weimarer Republik und die Verschärfung der wirtschaftlichen Situation mit dem Ansteigen der Arbeitslosigkeit und ihren Schwierigkeiten für die Haushalte des Reiches, der Länder und Gemeinden können hier nicht nachgezeichnet werden. Das politische Leben radikalisierte sich vom linken wie vom rechten Flügel des Parteienspektrums her immer mehr; es kam zu zahlreichen politischen Gewalttaten, und die Gegenmaßnahmen polizeilicher und gesetzgeberischer Art blieben ohne Erfolg.[18] Es war die Zeit der Regierungen Brüning, v. Papen (1. Juni bis 17. November 1932) und Schleicher (2. Dezember 1932 bis 28. Januar 1933), denen dann am berüchtigten 30. Januar 1933 die Regierung Hitler folgte.

Was nun die Reichsmarkwährung in dieser schwierigen Zeit anlangt, sahen Reichsbank und Reichsregierung keinen anderen Weg, als der drohenden Erschöpfung der Reserven der Reichsbank an Gold und Devisen mit Wiedereinführung der Devisenbewirtschaftung entgegenzuwirken.[19] 1924 waren die – zuletzt unwirksamen – Bestimmungen der Bewirtschaftung von Gold und Devisen aus der Kriegs- und Inflationszeit restlos aufgehoben worden;[20] jetzt kam es zu einer neuen, stetig vervollständigten Devisenordnung, die unter der Hitlerregierung fortgeführt und immer weiter verschärft wurde. Sie bestand länger als ein Vierteljahrhundert und endete nach Lockerungen in den Jahren nach der Währungsreform von 1948 letztlich erst im Jahre 1958.

Ausgangspunkt war der erwähnte Zusammenbruch der Darmstädter und Nationalbank am 13. Juli 1931, der das ganze Bankwesen erschütterte. Die Bank war 1922 durch Fusion der »Bank für Handel und Industrie« (»Darmstädter Bank«) mit der »Nationalbank für Deutschland« entstanden; es war die erste Fusion von Großbanken in Deutschland.[21] Die »Danat-Bank«, wie sie kurz genannt wurde, übernahm von der Nationalbank die Rechtsform der Kommanditgesellschaft auf Aktien und eine sehr aggressive, spekulative Geschäftspolitik, die ihr Verderben werden sollte. Nach dem Eigenkapital von 60 Millionen Reichsmark die viertgrößte private Geschäftsbank, hatte sie mit 2,6 Milliarden die zweitgrößte Bilanzsumme.[22] Der Zusammenbruch des Nordwolle-Konzerns, der dritte Zusammenbruch einer deutschen Großfirma in drei Wochen, gab den Anstoß. Er beschädigte das Vertrauen des Auslands in die deutsche Zahlungsfähigkeit; am 19. Juni 1931 sank die Gold- und Devisendeckung der Reichsmarknoten auf nur noch 100 Millionen Reichsmark über der nach dem Bankgesetz – und nach dem Dawes-Plan auch völkerrechtlich – vorgeschriebenen Deckungsgrenze. In dieser Situation, wo die Zahlungsunfähigkeit der Reichsbank in Gestalt des Unvermögens, Devisen für die Rückzahlung gekündigter Auslandskredite zur Verfügung zu stellen, unmittelbar bevorstand, kam es in der Nacht vom 20. zum 21. Juni 1931 zu Präsident Hoovers Moratoriumsvorschlag. Nach Tagen der Ruhe und des Taktierens nahte in den ersten Julitagen die entscheidende Krise. Unter dem Ansturm der Auslandsgläubiger gab es eine Panik, in der auch das inländische Publikum seine Einlagen und Spargelder zurückforderte. Born[23] weist darauf hin, daß nur die Berliner Handelsgesellschaft des legendären Bankiers Carl Fürstenberg völlig unerschüttert blieb, weil sie aus Prinzip keine Auslandsgelder mit Kündigungsfristen von weniger als sechs Monaten aufgenommen hatte. Davon abgesehen geriet der gesamte Bereich der Banken, Girozentralen und Sparkassen in Bedrängnis. Die Sparkassen litten besonders unter der Zahlungsunfähigkeit ihrer Großschuldner, der Städte und Gemeinden. Bemühungen der Reichsregierung seit dem 1. Juli um neue Auslandskredite und um privatwirtschaftliche Lösungen blieben ohne Erfolg. Die Danat-Bank mußte am 11. Juli, einem Samstag, mitteilen, daß sie am Montag ihre Schalter nicht mehr öffnen werde. Am 13. Juli setzte dann der große Sturm auf alle Banken und Sparkassen ein. Nach Stunden schon wurden allgemein nur noch 20 v. H. der verlangten Beträge ausbezahlt, was die Zahlungseinstellung bedeutete.

In dieser Lage übernahm das Reich faktisch die Danat-Bank. Die Reichsregierung erklärte die Bürgschaft für alle Forderungen gegen die Bank und stellte sie unter Treuhandschaft.[24] Am selben Tag wurden nach amerikanischem Vorbild Bankfeiertage verordnet,[25] zunächst zwei, der 14. und der 15. Juli 1931. Sie konnten nur einen Aufschub bringen; es mußte etwas geschehen. Da die Bankwelt sich völlig verausgabt hatte und keine »erstklassigen Handelswechsel« mehr besaß, wie sie die Reichsbank nur ankaufen konnte, kam Dr. Bernhard Dernburg[26] auf eine Idee, die das Ei des Kolumbus und mit der der Helfferichschen Rentenbank zu vergleichen war, in der Folge aber völlig vergessen wurde: Er schlug vor, eine neue Bank mit ausreichendem Kapital und ›reichsbankdiskontfähiger Unterschrift‹ zu schaffen. So entstand flugs die ›Akzept- und Garantiebank‹, deren Aktienkapital je zur Hälfte vom Reich und der Golddiskontbank, der Tochter der Reichsbank für besondere Zwecke,[27] sowie von verschiedenen anderen Banken gezeichnet wurde, aber nicht voll einbezahlt werden mußte. Mit diesem Trick war der Notenbankkredit wieder geöffnet; bis Ende 1931 konnten so 1,75 Milliarden Reichsmark unter formaler Wahrung der Deckungsvorschriften des Bankgesetzes an Krediten flüssig gemacht werden – eine Idee, die später Schacht unter Hitler mit den Mefo-Wechseln wiederholte.

So kam der Zahlungsverkehr nach den Bankfeiertagen langsam wieder in Gang. Die Reichsregierung ließ sich durch Verordnung vom 15. Juli 1931[28] zur Lenkung des Bankwesens ermächtigen und erlaubte zunächst[29] nur Auszahlungen für Zahlung von Löhnen, Gehältern, Renten, Unterstützungen und Steuern, dann[30] aber auch allgemein unbare Zahlungen bis 10000 Reichsmark. Auszahlungen für andere Zwecke wurden erst wieder am 20. Juli und nur bis 5 v. H. des Guthabens oder bis 100 Reichsmark, aus Sparguthaben nur bis 20 Reichsmark erlaubt (»die Auszahlung kann vom Nachweis eines Bedürfnisses abhängig gemacht werden«).[31] Nur langsam wurden diese Bestimmungen gelockert.[32] Erst ab 5. August 1931 war der Zahlungsverkehr wieder frei.

Damit war der Bankkrach eingegrenzt und bewältigt. Die Danat-Bank wurde übrigens später von der Dresdner Bank aufgenommen;[33] die anderen Großbanken wurden mit Hilfe des Reichs saniert.

Die Devisenbewirtschaftung begann am 15. Juli 1931, dem Tage der Wiederaufnahme des Zahlungsverkehrs nach den Bankfeiertagen. Mit Notverordnung von diesem Tag – wie ja alles, was die Reichsregierung in dieser Zeit unternahm, als Notverordnung des Reichspräsidenten nach Artikel 48 der Reichsverfassung erging oder auf Ermächtigung durch solche Notverordnungen beruhte – ließ sich die Reichsregierung ermächtigen, Vorschriften »über den Zahlungsverkehr mit ausländischen Zahlungsmitteln und Forderungen in ausländischer Währung« sowie »über die Veröffentlichung von Kursen von Wertpapieren und Metallen« zu erlassen.[34] Sofort, am selben Tag,[35] machte die Regierung davon Gebrauch. Mit der »Verordnung über den Verkehr mit ausländischen Zahlungsmitteln« verfügte sie die Zentralisierung des gesamten Handels mit ausländischen Zahlungsmitteln bei der Reichsbank. Vor allem hatte man Angst, der Kurs der Reichsmark könne zusammenbrechen; dies führte zum Verbot aller Termingeschäfte in Devisen und mit Forderungen in ausländischer Währung sowie in Edelmetallen. Es war verboten, solche Werte zu höherem als dem Briefkurs der Berliner Börse zu handeln, und damit sich kein Schwarzmarkt bildete, durften nur noch die Kurse der Berliner Börse veröffentlicht werden.[36]

Es sei schon hier bemerkt, daß es mit Hilfe der Devisenkontrolle bis zum Ende des Zweiten Weltkrieges gelang, den Kurs der Reichsmark in seiner amtlichen Notierung an der Berliner Börse stabil zu halten und so den Schein einer wertbeständigen Währung zu wahren. Aber wie es mit jeder Devisenbewirtschaftung so ist, das System wurde immer mehr vervollkommnet, alle erdenklichen Lücken wurden geschlossen, Umgehungsmöglichkeiten bekämpft. In der Zeit ab 1933 wurde das System weiter verschärft, wobei dann auf rechtsstaatliche Schranken keine Rücksicht mehr genommen werden mußte. Diesen Weg beschritt aber schon die Weimarer Republik. Schon drei Tage später folgte der Konzentration des Devisenhandels die ›Anbietungspflicht‹, die Erfassung des Devisenbesitzes von Wirtschaft und Bevölkerung durch die Reichsbank. Zusammen mit steuerrechtlichen Regelungen brachte die »Verordnung des Reichspräsidenten gegen die Kapital- und Steuerflucht« vom 18. Juli 1931[37] die entsprechende Anzeigepflicht und das Ankaufsrecht für die Reichsbank, die die Werte belassen konnte, wenn sie »zu Zwecken« gebraucht wurden, »die volkswirtschaftlich gerechtfertigt« waren. Die steuerliche Komponente bestand darin, daß aufgefordert wurde, verschwiegenes Vermögen und Einkommen bis 31. Juli anzuzeigen, wobei Straffreiheit zugesichert wurde. Dazu wurden die Aufsichtsbefugnisse der Finanzämter verschärft.

Zugleich[38] wurde der Reiseverkehr in das Ausland, der natürlich auch zu Abflüssen von Devisen in das Ausland führte, faktisch unterbunden. Ab 22. Juli 1931 wurde für jede Reise in das Ausland eine Gebühr von 100 Reichsmark erhoben, die vorher an die Paßbehörde zu zahlen war – ein Betrag, der in seiner Kaufkraft heute dem Wert von 1000 DM entspricht. Dies galt bis 25. August.

Es wurde erwähnt, daß die Reichsbank die Höhe der deutschen Auslandsschulden nur schätzen konnte. Wenn die Bedienung dieser Verbindlichkeiten in ihrer Hand geordnet werden sollte (was der Zweck der Devisenbewirtschaftung zunächst sein mußte), mußte die Reichsbank einen Überblick haben. So wurde die »Anmeldung von Zahlungsverpflichtungen gegenüber dem Ausland« angeordnet.[39] Am 1. August 1931 erging dann eine zusammenfassende »Verordnung des Reichspräsidenten über die Devisenbewirtschaftung«.[40] Von nun an waren »Stellen für Devisenbewirtschaftung« die Landesfinanzämter, die den heutigen Oberfinanzdirektionen entsprachen; es entstand eine umfängliche Devisenbürokratie. Nur mit ihrer schriftlichen Genehmigung konnten fortan Devisen erworben werden (für die Banken blieb die Reichsbank zuständig). Ausländische Wertpapiere wurden in die Maßnahmen einbezogen, Kredite an Ausländer (dem Ausland stand das Saargebiet gleich) wurden genehmigungspflichtig. Immerhin wurde eine Freigrenze von 3000 Reichsmark im Monat eingeführt, was aber nicht für die Anmeldepflichten galt. Ab 30. August 1931 betrug die Freigrenze nur noch 1000 Reichsmark und es wurde das Gold in Gestalt außer Kurs gesetzter Goldmünzen und in ungeprägter Form (also nicht die Reichsgoldmünzen) in die Anbietungspflicht einbezogen.[41] Die Beschränkung für Kursveröffentlichungen fiel am 9. September 1931 weg;[42] die Gefahr des Entstehens eines Schwarzmarkts bestand offenbar nicht mehr. Später durften dann nur noch die Wertpapier- und Reichsmarkkurse »anerkannter ausländischer Börsen und Märkte« veröffentlicht werden.[43] Ab 1. Dezember 1931 begann die Überwachung des Warenverkehrs in das Ausland; Ausfuhren waren jetzt anzumelden.[44] Am 18. Februar 1932[45] wurden u. a. Erlöse aus Grundstücksverkäufen und Erbschaftswerte in die Devisenbewirtschaftung einbezogen. Mit der Erfassung der »Einsendung von Reichsmarknoten« aus dem Ausland oder dem Saargebiet und der »Einreichung inländischer Zahlungsmittel durch eine im Ausland oder im Saargebiet ansässige Person im Inland« begann die Fernhaltung von deutschem Bargeld, das in das Ausland gelangt war. Inzwischen war das Devisenrecht so unübersichtlich geworden, daß man es in einer neuen »Verordnung über die Devisenbewirtschaftung« vom 23. Mai 1932[46] zusammenfaßte. Dabei wurde die Freigrenze auf 200 Reichsmark vermindert. Dazu kamen umfangreiche Richtlinien,[47] die im Reichsgesetzblatt 44 Spalten füllten. Dieses bereinigte Devisenrecht hinterließ die Reichsregierung des Generals von Schleicher, die letzte der Weimarer Republik, der folgenden Regierung Hitler.

Auf die wirtschaftslenkenden und steuerpolitischen Maßnahmen, auf die Deflationspolitik der Regierung Brüning, auf die umfangreichen Notverordnungen, mit denen angesichts der Paralyse des Reichstags regiert wurde, kann im Rahmen dieser geldgeschichtlichen Darstellung nicht eingegangen werden, auch nicht auf die politische Agonie, mit der die Weimarer Republik endete und sich mit dem Erstarken der radikalen Kräfte links und rechts, dem Versagen der demokratischen Regierungsform und schließlich mit sechs Millionen Arbeitslosen am 30. Januar 1933 dem Totalitarismus ergab. In den Schilderungen des Notverordnungsregimes Brünings wird gerne übersehen, daß die Reichsregierung mit ihren großen Notverordnungen, umfangreichen Gesetzeswerken, auf zahlreichen Rechtsgebieten Grundlagen legte, die für unsere alltägliche Rechtskultur bis heute ihre Bedeutung haben. So brachte die »Verordnung des Reichspräsidenten zur Sicherung von Wirtschaft und Finanzen« vom 1. Dezember 1930[48] die heutige Form der Grundsteuer und der Gewerbesteuer. Die »Dritte Verordnung des Reichspräsidenten« gleicher Bezeichnung[49] vom 7. Oktober 1931 regelte unter anderem das Sparkassenrecht, begründete das Konzessionssystem beim Personen- und Güterkraftverkehr. Die »Verordnung des Reichspräsidenten zum Schutze der Wirtschaft« vom 9. März 1932[50] regelte zum ersten Mal das Zugabewesen. Zahlreiche Vorschriften vereinfachten und strafften die gerichtlichen Verfahren. Daß der Reichstag ausgeschaltet war, erlaubte der Ministerialbürokratie eine Vielzahl von Rechtsvorschriften im Notverordnungswege durchzusetzen, die im ordentlichen Gesetzgebungsverfahren große Umstände gemacht hätten. Vieles davon hatte mit den Notlagen von Wirtschaft und Finanzen nichts zu tun.

Zurück zur Geldgeschichte. Die Reichsbank konnte den Kurs der Reichsmark also bei der bisherigen, gesetzlichen Parität (4,20 RM für den USA-Dollar) halten. Alle Devisenzahlungen an Ausländer wurden genehmigungspflichtig; soweit die Reichsbank dafür keine Devisen geben konnte und die Genehmigung versagte oder durch die neuen Devisenstellen versagen ließ, mußten die deutschen Schuldner entsprechend ihrer Verpflichtung auf ein inländisches Sperrkonto zahlen, über das der ausländische Gläubiger dann im Inland verfügen konnte. Damit begann der Zusammenbruch des freien Welthandels; in kurzer Zeit verfiel die Welt in Handelsprotektionismus in Gestalt von Kursmanipulationen, Behinderungen der Einfuhr, Förderung der eigenen Ausfuhr durch Mengenbegrenzungen und Zollerhöhungen. Allenthalben versuchte man so, Einfuhr und Ausfuhr in wertmäßigen Einklang zu bringen und so zu verhindern, daß die Handels- und Dienstleistungsbilanz passiv wurde und Gold und Devisen abflossen.[51] Im September 1931 löste Großbritannien das Pfund vom Gold. Nach geringer Entwertung im Ersten Weltkrieg war das Pfund 1925 wieder auf seine Vorkriegsparität gebracht worden; diese Aufwertung erwies sich in der Folge als nicht durchzuhalten und führte zu Deflation und einer Dauerarbeitslosigkeit von 1 Million Menschen. Der Pfundsturz betraf alle Gebiete des Sterlingblocks, der Länder also, die das Pfund unmittelbar als Währung hatten (die meisten Mitglieder des Commonwealth) oder ihre Währung an das Pfund angebunden hatten (u. a. Skandinavien). Die Abwertung des Pfunds führte dort keineswegs zu entsprechenden Preissteigerungen, so daß diese Gebiete im Außenhandel große Vorteile hatten. Dem traten ihre Handelspartner nun mit besagten Beschränkungen entgegen, auch Deutschland. Die Weltwirtschaftskrise verschärfte sich dadurch immer mehr; ihr Fortgang reicht weit in die Zeit nach 1933; letztlich endete sie erst mit dem Zweiten Weltkrieg. Es waren die Jahre der Zahlungsabkommen: Mit solchen Verträgen suchten die Staaten, auch das Deutsche Reich, ›bilateral‹, also jeweils nur im Verhältnis zu einem Handelspartner, den Handel dergestalt zu regeln, daß die Handelsgeschäfte wertmäßig ausgeglichen waren und der gesamte Zahlungsverkehr im Verrechnungswege über die Reichsbank abgewickelt wurde.[52]

8. Das Geldwesen in den geräumten und abgetretenen Gebieten

Mit den Kolonien und den Gebieten, die im Ersten Weltkrieg von deutschen Truppen besetzt wurden, hatte das Währungsgebiet der Mark in ihrer Gestalt von 1871/1873 sich weit über das Reichsgebiet hinaus ausgedehnt. Als Folge der Kriegsereignisse – das gilt für die Kolonien – sowie von Waffenstillstand und Friedensvertrag war das Gebiet der Markwährung wieder auf das Reichsgebiet beschränkt, nach dem Friedensvertrag alsbald auf das Reichsgebiet nach dem Vollzug der Abtretungen. Wenigstens in Kürze ist zu schildern, wie sich diese Währungsumstellungen vollzogen.

a) Die Räumungsgebiete nach dem Waffenstillstand

Belgien

Schon von 1916 an machten sich die belgische Regierung, die nach Le Havre ausgewichen war, und die Nationalbank in Brüssel Gedanken über die Wiederherstellung des Geldwesens in Belgien nach dem Kriege.[1] Man glaubte, die Last der Währungsreform könne voll dem unterliegenden Deutschen Reich aufgebürdet werden, das die belgischen Mark-Guthaben ausgleichen und im übrigen Reparationen leisten müsse. Für die Zeit der Befreiung des Staatsgebiets erklärte die Regierung schon mit Gesetz vom 8. April 1917 die deutschen Währungsmaßnahmen für nichtig; insbesondere wurde selbstverständlich das Notenprivileg der Nationalbank wiederhergestellt. Als die Regierung wieder in Brüssel amtierte, wurde das Notendepartement der Société Générale de Belgique zum 20. November 1918 liquidiert. Da die Belgische Nationalbank jedoch so schnell mit der Ausgabe eigener Noten nicht wieder beginnen konnte, gab die Société Générale bis Januar 1919 weiter Noten aus; ihr Umlauf erreichte Ende Januar 1919 1,9 Milliarden Francs.

Das Hauptproblem boten die deutschen Mark-Noten im Lande. Gegen Kriegsende wurde ihr Umlauf auf – umgerechnet – 2,6 Milliarden Francs geschätzt. Damit er sich nicht noch weiter erhöhe, verbot die belgische Regierung am 22. Oktober 1918 die Einfuhr allen Geldes des Deutschen Reiches und seiner Verbündeten. Nach einer Verordnung vom 9. November 1918 mußten alles Notgeld und das deutsche Geld angemeldet und auf Sperrkonten der Postscheckämter eingezahlt werden; es begann der Umtausch der Mark-Noten, wobei man den von der Besatzungsmacht festgesetzten Kurs von 1,25 Francs für die Mark beibehielt. Mit dieser ersten Aktion verschwanden deutsche Zahlungsmittel für 556 Millionen Francs aus dem Umlauf, doch waren noch nicht alle Gebiete befreit. Als dies dann der Fall war, wurde der Umtausch nach einer Anordnung vom 7. Dezember 1918 fortgesetzt und abgeschlossen. Beträge bis 1000 Mark tauschte man sofort in belgisches Geld um, für Mehrbeträge gab es Quittungen, mit denen Konten begründet werden konnten. Dies ging aber nicht so einfach, wie man es sich gedacht hatte. Die sechs Tage nach Aufruf, in denen dies jeweils geschehen sollte, konnten vielfach nicht eingehalten werden. Im Chaos, das die Deutschen bei ihrem Rückzug zurückließen, fehlte es zunächst an allem, was eine geordnete Verwaltung brauchte, an Transportmitteln, am Papier für Plakate, an Amtsblättern und Vordrucken und vor allem an den belgischen Noten für den Umtausch. So begann der Umtausch faktisch erst Ende Dezember und zog sich von Ort zu Ort meist bis Mitte Januar hin. Es kam zu verschiedenen Verlängerungen, und letztlich konnte der Umlauf deutschen Geldes Provinz für Provinz erst bis Ende Februar 1919 unterbunden werden.

Dies hatte schlimme Folgen für die belgische Währung. Angesichts des Verfalls des internationalen Kurses und der Kaufkraft der Mark war der belgische Umtauschkurs von 1,25 Francs für die Mark außerordentlich günstig geworden. Spekulanten brachten daher, zum großen Teil über die Niederlande, große Mengen an Mark-Noten nach Belgien, um sie in belgische Francs umzuwechseln. Man schätzt den Betrag, der auf diese Weise an belgischem Geld ›entstand‹, auf 2,386 Milliarden Francs; er fiel neben dem Mark-Umlauf bei Kriegsende, der auf 3,125 Milliarden Francs geschätzt wurde, erheblich ins Gewicht.

Im Ergebnis war zuviel Geld im Land, als daß man an die Rückkehr zu den Münzverhältnissen der Zeit der Lateinischen Münzunion hätte denken können. Das weitere gehört zur belgischen Geldgeschichte. Die Schulden des Deutschen Reiches gegenüber Belgien aus der Kriegszeit im Zusammenhang mit der Ausbeutung der belgischen Wirtschaft im Kriege konnten wegen des finanziellen Zusammenbruchs Deutschlands nicht befriedigend bereinigt werden. Es kam zwar in Berlin am 25. November 1919 zu einem Finanzabkommen, nach dem Belgien 5,5 Milliarden Mark erhalten sollte, doch ratifizierte der Reichstag es nicht, und es wurden nur Teilbeträge entrichtet. Die Frage blieb zwischen Belgien und dem Reich ungelöst, bis am 13. Juli 1929 ein neuer, für Belgien wenig befriedigender Vertrag zustande kam.[2] In der Weltwirtschaftskrise und der Vorkriegszeit mußte sich Belgien zurückhalten, um seine Beziehungen mit der Regierung Hitler nicht zu gefährden, und so wurden die Fragen, die der Friedensvertrag von 1919 nicht geregelt hatte, vergessen.

Es dauerte bis 1926, bis der Franc stabilisiert werden konnte. Als neue größere Einheit entstand die »Belga« zu 5 Francs, damals 58 Reichspfennig. Nach Abwertung im Jahre 1935 auf den Gegenwert von etwa 40 Pfennig ging das Land mit einem Franc im Wert von 8 Pfennig in den Zweiten Weltkrieg.

Luxemburg

Bei der Besetzung Luxemburgs[3] blieb die Großherzogin Marie-Adelheid im Land und arrangierte sich mit der deutschen Besatzungsmacht. Das brachte ihr manche

Gegnerschaft im Inneren, und als auch die einrückenden Franzosen ihr mit Kälte begegneten, dankte sie am 14. Januar 1919 zugunsten ihrer Schwester Charlotte ab. Nachdem die Luxemburger sich in einem Referendum für die Monarchie ausgesprochen hatten, eine neue Verfassung aber auch die Volkssouveränität, das allgemeine und das Frauenstimmrecht sowie das Verhältniswahlrecht und die parlamentarische Regierung einführte, waren die politischen Verhältnisse wieder gefestigt.[4]

Am Waffenstillstandstag, dem 11. November 1918, hatte die Front Luxemburg noch nicht erreicht. Dem Land blieben somit Kriegszerstörungen erspart, so daß sich die Frage deutscher Reparationen nicht stellte. Der Friedensvertrag enthielt über Luxemburg in Artikel 40 lediglich die Vereinbarung über das Ausscheiden des Großherzogtums aus dem Deutschen Zollverein mit Wirkung ab 1. Januar 1919, die Aufhebung der Neutralität und den Verzicht »auf alle Rechte bezüglich des Eisenbahnbetriebs« – man erinnert sich, daß die Sicherung der Preußen gehörenden Bahnen in Luxemburg 1914 den Vorwand für den deutschen Einmarsch abgab. Außerdem enthielt Artikel 41 eine Meistbegünstigungsklausel. Die französische Besatzung, die Luxemburg als Hinterland des besetzten deutschen Rheinlands sah, zog erst 1925 ab.

Bei dem Referendum stand auch zur Entscheidung, ob Luxemburg sich an Frankreich anschließen sollte, zumindest in wirtschaftlicher Hinsicht, und das hatten die Luxemburger in ihrer Mehrheit gewünscht. Frankreich ging darauf aber nicht ein, und so mußte sich Luxemburg für Belgien entscheiden. Der Vertrag über die Zoll- und Handelsunion vom 22. Dezember 1921 trat am 1. Mai 1922 in Kraft. Bei der Neugestaltung des Geldwesens verfuhr Luxemburg ähnlich wie Belgien. Schon der Beschluß vom 11. Dezember 1918 führte den »Luxemburger Franken« ein und ordnete den Umtausch der Mark-Zahlungsmittel zum Wert von 1,25 Franken für 1 Mark an. Deutsches Geld für rd. 252 Millionen Luxemburger Franken wurde eingeliefert.[5] Ausgegeben wurden Staatsnoten (›Bons de caisse‹, ›Kassenscheine‹; zweisprachig),[6] neben denen dann ab 1. Mai 1922 das belgische Geld umlief. Die Prägung der Kriegsmünzen ging bis 1922 weiter; 1924 kam es dann zu neuen Kleinmünzenprägungen.[7]

Nordfrankreich

Das System der Stadtscheine, wie es sich gegen Ende der deutschen Besatzungszeit ausgebildet hatte,[7a] ließ die herkömmliche Rechnung nach Francs in diesen Gebieten unberührt und bewirkte offenbar, daß die deutschen Zahlungsmittel für die geringe französische Bevölkerung bei Kriegsende keine Bedeutung mehr hatten; jedenfalls nicht mehr für den Zahlungsverkehr, allenfalls für Zwecke der Hortung, soweit man dazu in der Lage war. Nach dem Waffenstillstand konnten die Mark-Noten und -Münzen daher als ausländisches Geld für die französischen Behörden außer Betracht bleiben. Die Bereinigung des Zahlungsmittelumlaufs beschränkte sich daher darauf, daß die Stadtscheine ohne die Notwendigkeit, damit auch das Währungssystem zu ändern, langsam durch die französischen Zahlungsmittel des unbesetzten Gebiets ersetzt wurden.[7b] Das waren die Noten der Banque de France

und die Scheidemünzen des Münzsystems der Lateinischen Münzunion,[7c] soweit sie
in Frankreich noch im Umlauf waren. Denn auch hier waren insbesondere die Silbermünzen weitgehend teils gehortet worden, teils in das Ausland abgeflossen
(hauptsächlich in die Schweiz, in der sie als Scheidemünzen der nicht entwerteten
Schweizerwährung noch ihren vollen Wert hatten, wogegen sie in Frankreich an
dem Wertverfall des französischen Franc teilnahmen) und durch staatliches und
Städtenotgeld ersetzt wurden. Die nachrückenden Truppen brachten insbesondere
die Scheine der ›Trésorerie aux Armées‹ zu 50 Centimes, 1 Franc und 2 Francs mit,
die 1917 eingeführt worden waren.[7d] Mit diesen Scheinen anstelle von Silbermünzen sollte im Kampfgebiet auch verhindert werden, daß Silbermünzenbestände in
die Hand des Gegners fielen.

Im besetzten Gebiet soll es im ganzen zu mehr als 2000 Ausgaben von Städten,
Gemeinden und Gemeindeverbände mit mehr als 10 000 verschiedenen Scheinen
gekommen sein. Von Ende 1918 bis Januar 1924 haben die Finanzbehörden einein-
halb Milliarden Francs und mehr an solchen Scheinen gegen ›normales‹ Geld eingezogen. Doch gehören diese Vorgänge zur französischen Geldgeschichte.[7e]

Polen

Am 8. November 1918 wurde Josef Pilsudski, der Organisator der polnischen Legion von 1914, aus der Magdeburger Festungshaft entlassen und traf am 10. November mit einem Sonderzug in Warschau ein. Er übernahm den Oberbefehl über
die polnische Armee und erreichte am 11. November bei dem soeben gebildeten
deutschen Soldatenrat die Zusage der Räumung Kongreßpolens durch die Deutschen. Das »Generalgouvernement Polen« endete, als Pilsudski den deutschen Generalgouverneur, Generaloberst von Beseler, in ein Weichselschiff nach Danzig
setzte und abschob. Der Regentschaftsrat des Königreichs Polen löste sich am 14.
November auf.[8]

Die Grenzen der neuen Polnischen Republik waren nach jeder Richtung unbe-
stimmt und wurden erst in langen Kämpfen gezogen, für die die Stichworte Besetzung Posens, Grenzziehung nach den Friedensverträgen,[9] Abstimmungen in Oberschlesien und Süd-Ostpreußen, Korfanty-Aufstände, Kämpfe um Teschen und Wilna, Curzon-Linie und Krieg mit Sowjetrußland bis zum Frieden von Riga stehen.

Im Gebiet des neuen Staates gab es verschiedene Währungen: Das bisherige Generalgouvernement Warschau hatte als die deutsche Besatzungswährung die Mark
der Polnischen Landesdarlehnskasse, im österreichischen Besetzungsgebiet, dem
Generalgouvernement Lublin, war die österreichische Krone eingeführt worden;
was zum »Land Ober Ost« gehört hatte, hatte die Mark-Darlehnskassenscheine der
Ostbank für Handel und Gewerbe, und dazu gab es Rubelscheine jeder Art (auch
die der Ostbank für Handel und Gewerbe, vor der Einführung der Mark-Darlehnskassenscheine) und schließlich deutsches Geld. Die polnische Regierung stand vor
ungeheuren Finanzproblemen, fehlte es doch am Anfang an einer tauglichen Steuerverwaltung. Der Staat mit all seinen Behörden mußte erst einmal aufgebaut werden. So finanzierte man sich zunächst mit den verschiedensten freiwilligen und un-

freiwilligen Anleihen, auch mit Finanzhilfen der Alliierten. Dazu gehörte auch inflationäre Vermehrung der Zahlungsmittel.[10]

Im Geldwesen mußte der junge Staat zu einer eigenen, einheitlichen Währung kommen. Ein Dekret des Präsidenten vom 5. Februar 1919 bestimmte den ›Lech‹ zu 100 Groschen (grosz) zur Münzeinheit, ein Gesetz vom 28. Februar 1919 den ›Zloty‹, ebenfalls zu 100 Groschen.[10a] Die Verhältnisse – Kämpfe gegen die Deutschen, gegen Litauen und gegen die Sowjets – erlaubten vorerst aber nicht, die Währungsverhältnisse neu zu ordnen. Noch 1918, mit Gesetz vom 7. Dezember, wurde die Polnische Landesdarlehenskasse bis zur Gründung einer polnischen Notenbank als Notenbank übernommen und damit die Währung der Polnischen Mark zur Nationalwährung erklärt. Dann versuchte man, den Umlauf an Zahlungsmitteln im Staatsgebiet, soweit es schon feststand, zu erfassen. Ein Gesetz vom 26. März 1919 ordnete an, daß alle Zahlungsmittel zur Abstempelung einzuliefern seien; Beträge bis 2400 Mark, 1500 Rubel oder 3600 Kronen wurden abgestempelt und sogleich zurückgegeben, Mehrbeträge als Staatsanleihe einbehalten. Damit war zwar die Geldmenge in Privathand beschränkt, aber der Inflation nicht gesteuert, denn die als Anleihe vereinnahmten Beträge gab der Staat ja in neuen Noten der Landesdarlehenskasse wieder aus, und darüber hinaus blieb die Notenpresse weiter im Gang, so daß die jetzt wirklich »Polnische« Mark sich galoppierend entwertete. Die Scheine waren jetzt auch im Wortlaut polnische und stiegen im Nennwert bis zu 100 Millionen Mark an.[10b]

Immerhin wurde erreicht, daß der Anteil der Mark-Zahlungsmittel erheblich anstieg, so daß die Mark mit Gesetz vom 15. Januar 1920 zum alleinigen gesetzlichen Zahlungsmittel Polens erklärt werden konnte. 100 Kronen der alten Österreichisch-Ungarischen Bank wurden zu 70 Polnischen Mark gerechnet.[11] Für diese Noten kam es nochmals zu Abstempelung und Umtausch; dazu wurden die Grenzen vom 17. April bis 26. April 1920 geschlossen, um den weiteren Einstrom zu verhindern. Ab 26. April waren sie ungültig. Ein Gesetz vom 29. April 1920 setzte die Geldzeichen der Rubelwährung außer Kurs; sie waren durch die russische Inflation längst entwertet; Forderungen auf Rubel wurden zum Kurs von 216 Mark für 100 Rubel umgerechnet.[12]

Damit war zwar die Währungseinheit erreicht; mit der Einführung der versprochenen Zloty-Währung hatte es aber noch seine Weile. Der Kurs des Goldfranc der Lateinischen Münzunion läßt den Fortgang der Inflation erkennen, wie er sich auch im Marknotenumlauf widerspiegelt:[13]

Kurs für 1 Franc Gold

Ende 1919	21,35 Polnische Mark
Ende 1920	111,77 Polnische Mark
Ende Oktober 1921	750,67 Polnische Mark
Ende November 1922	3 215,00 Polnische Mark
Ende November 1923	658 447,00 Polnische Mark
Februar–April 1924	1 800 000,00 Polnische Mark

Umlauf an Polnischer Mark in Millionen

Ende 1918	876
Ende 1919	5 250
Ende 1920	49 361
Ende 1921	229 537 (davon Staatsschuld bei der Notenbank: 221 Md. Mark)
Ende 1922	793 437
Ende 1923	125 371 955
27. April 1924	571 000 000 000 (letzter Notenbankausweis)

Mitte Januar 1924 stabilisierte sich der Kurs der Polnischen Mark bei 1,8 Millionen für den Goldfranc; am 1. Februar 1924 stellte man den weiteren Notendruck zur Deckung des Staatsdefizits ein. Am 28. April 1924 nahm die neue Notenbank, die Bank Polski, ihre Tätigkeit auf. Anfang Januar 1924 hatte man auch die Steuern, Gebühren und staatlichen Tarife auf Goldwert gestellt und so die Staatseinnahmen stabilisiert. Der neue Zloty[14] zu 100 Groschen stand dem Franc der Lateinischen Münzunion, nach dem Kriege mithin dem Schweizerfranken,[15] gleich. Damit konnte Polen in eine Periode normaler wirtschaftlicher Verhältnisse eintreten, doch kam es, wie in allen Ländern, in denen die Inflation beendet wurde, vorerst zu einer Deflationskrise.

Die Periode der in ihrem Ursprung deutschen Markwährung war damit beendet.

Nach dem Krieg wurde – ebenso wie für die Mark-Banknoten der Reichsbank und die Darlehenskassenscheine – versucht, vom Deutschen Reich Ersatz für Schäden durch die Entwertung der Darlehenskassenscheine der Polnischen Landesdarlehenskasse zu erlangen, wenigstens für die Zeit, in der sie als Institution der deutschen Besatzungsmacht anzusehen war. Das Urteil des Reichsgerichts, mit dem ein solcher Anspruch in letzter Instanz abgewiesen wurde,[15a] lenkt den Blick auf diese Besatzungsgeldverhältnisse, diesmal aus deutscher Sicht:

1. Rechtliche Stellung des besetzenden Staates im besetzten feindlichen Gebiete zur Kriegszeit.
2. Die rechtliche Bedeutung der Verkündung des Staates Polen durch die Proklamation vom 5. November 1916 seitens der verbündeten Herrscher von Deutschland und Österreich-Ungarn.
3. Die Darlehnskassenscheine der durch die Verordnung des deutschen Generalgouverneurs von Warschau vom 9. Dezember 1916 errichteten Polnischen Landesdarlehnskasse.
4. Bedeutung der Garantieerklärung des Deutschen Reichs für die Einlösung der Darlehnskassenscheine der genannten Landesdarlehnskasse in § 5 der Verordnung vom 9. Dezember 1916.
5. Bedeutung des Garantievermerks auf den Noten der Polnischen Landesdarlehnskasse.
6. § 18 des Reichsgesetzes über den Ersatz der durch die Abtretung der Reichsgebiete entstandenen Schäden (Verdrängungsschädengesetz) vom 28. Juli 1921.

VI. Zivilsenat. Urt. v. 28. November 1921 i. S. W. J. (Kl.) gg. den deutschen Reichsfiskus (Bekl.). VI 282/21.
Die Klägerin ist Inhaberin mehrerer Darlehnskassenscheine über je 1000 M der Polnischen Landesdarlehnskasse, die von dem für die deutsche Verwaltung des besetzten polnischen Ge-

bietes bestellt gewesenen Generalgouverneur von Warschau durch Verordnung vom 9. Dezember 1916 errichtet wurde. In § 5 dieser Verordnung ist bestimmt:»Das Deutsche Reich übernimmt die Garantie dafür, daß die Landesdarlehnskassenscheine bei ihrer Einziehung (§ 16) zu dem Nennwerte gegen Reichsmark eingelöst werden.« Nach diesem § 16 ist die Landesdarlehnskasse auf Anweisung des deutschen Reichskanzlers spätestens zwei Jahre nach der förmlichen Errichtung des Königreichs Polen zu liquidieren und gleichzeitig soll die Einziehung der Landesdarlehnskassenscheine durch den Reichsbevollmächtigten erfolgen. Die Darlehnskassenscheine enthalten in polnischer Sprache den Aufdruck:»Das Deutsche Reich übernimmt die Garantie für die Zahlung der Darlehnskassenscheine in deutscher Mark zum Nominalwert«, unterzeichnet:»Der Vorstand des Warschauer Generalgouvernements. Warschau, den 9. Dezember 1916«, und Unterschriften (v. Kries u. a.). Die Klägerin erblickt in diesem Aufdruck die unmittelbare Verpflichtung des Beklagten zur Einlösung der Scheine in deutscher Währung gegenüber ihren Inhabern und hat deshalb den beklagten deutschen Reichsfiskus zur Zahlung des Nennbetrags gegen Aushändigung der Darlehnskassenscheine zu verurteilen beantragt.

Das Landgericht hat diesem Klagantrage entsprochen, das Oberlandesgericht auf die Berufung des Beklagten abändernd die Klage abgewiesen.

Die Revision der Klägerin blieb erfolglos.

Gründe:

Der Entscheidung des Berufungsgerichts war im Ergebnis beizupflichten. Die im Streite befangenen polnischen Darlehnskassenscheine hat die Polnische Landesdarlehnskasse (PLDK.) ausgegeben. Diese ist durch eine Verordnung des Generalgouverneurs in Warschau vom 9. Dezember 1916 in dem damals von deutschen Truppen besetzten Gebiete von Russisch-Polen ins Leben gerufen worden. Die rechtliche Stellung der ein feindliches Gebiet im Kriege besetzenden Macht gegenüber dem Staatswesen dieses Gebiets hat das Berufungsgericht im Eingange seiner Entscheidungsgründe zutreffend gezeichnet. Die besetzende Macht übt in den feindlichen Gebieten die Staatsgewalt des verdrängten Staates im vollen Umfange, auch mit der Gesetzgebungsbefugnis, und zwar kraft eigener Machtvollkommenheit im eigenen Interesse, zugleich aber auch zum Schutze der Bevölkerung des besetzten Gebietes aus. Das Staatsrecht des besetzenden Staates ist maßgebend für den Kreis der Befugnisse, die den die Besetzung durchführenden Personen und Behörden zustehen sollen. Im Namen und Auftrage des deutschen Kaisers als des obersten Kriegsherrn nach Art. 11, 63, 64 der Verfassung des Deutschen Reichs vom 16. April 1871, der für das besetzte Gebiet Russisch-Polens den Oberbefehl auf den Generalgouverneur übertragen hatte, übte dieser die Vertretung der deutschen Macht und die staatshoheitlichen Funktionen des besetzenden Staates, des Deutschen Reichs, an Stelle des verdrängten russischen Staates aus. In dieser Eigenschaft hat er die Verordnung vom 9. Dezember erlassen, die im Verordnungsblatt für das Generalgouvernement Warschau verkündet worden ist.

Am 5. November 1916 war durch Proklamation des Generalgouverneurs auf Befehl des deutschen Kaisers die Errichtung eines selbständigen Staates Polen mit erblicher Monarchie und konstitutioneller Verfassung verkündet worden. Die genauere Bestimmung der Grenzen des neuen Staates blieb ebenso wie die Einsetzung der Dynastie vorbehalten. Durch Verordnung des Generalgouverneurs in Warschau vom 12. November 1916 wurde ein Staatsrat und ein Vereinigter Landtag für das neue Staatswesen gebildet mit allerdings nur beschränkten Befugnissen, die ihnen das Generalgouvernement zuwies, das auch den Präsidenten und einen Teil der Mitglieder des Staatsrats ernannte. Ob die Proklamation vom 5. November 1916 einen neuen Staat Polen bereits geschaffen oder nur verkündigt und vorbereitet hat, ist im Schrifttum streitig. Das Berufungsgericht hat angenommen, daß die Proklamation nur den Willen der verbündeten Herrscher Deutschlands und Österreichs erkläre, diesen Staat zu begründen, daß aber zur Verwirklichung dieses Willens die völkerrechtlichen Voraussetzungen: das bestimmte Staatsgebiet, das bestimmte Staatsvolk, vor allem aber die staatliche Selbständigkeit fehle, denn die Staatshoheit sei nach wie vor von den besetzenden Mächten ausgeübt worden. Eine Entscheidung des Reichsgerichts vom 22. März 1917 (JW. 1917 S. 721 Nr. 21) hat die Frage berührt, aber unentschieden gelassen. In einer Entscheidung des I. Zivilsenats vom 12. November 1921, I 150/21 wird für Vorgänge des Jahres 1917, von einem »noch nicht existierenden Polen« gesprochen. Die Verordnung vom 9. Dezember 1916 weist in § 16 selbst auf die noch in Aussicht stehende »förmliche Errichtung des Königreichs Polen« hin. Die Frage bedarf im Rahmen des gegenwärtigen Rechtsstreits nicht der Entscheidung, da die Frage, ob den Inhabern der Darlehnskassenscheine der PLDK. Ansprüche gegen das Deutsche Reich zustehen, von dieser Streitfrage unabhängig ist.

Der durch die Verordnung des Generalgouverneurs in Warschau vom 9. Dezember 1916 »zum Zwecke der Befriedigung des Kreditbedürfnisses« für das Gebiet des Generalgouvernements mit dem Sitz in Warschau gegründeten PLDK. wurde durch die Verordnung die Eigenschaft einer juristischen Person verliehen. Sie stand unter Aufsicht und Leitung des Verwaltungschefs beim Generalgouvernement und ihre Geschäfte wurden für dessen Rechnung geführt. Nach § 2 der Verordnung war sie befugt, Darlehnskassenscheine, die auf polnische Mark lauten – eine der deutschen Markwährung entsprechende Währung wurde durch Verordnung vom gleichen Tage im Generalgouvernement Warschau eingeführt –, auszugeben, die gesetzliches Zahlungsmittel sind und von allen öffentlichen Kassen des Generalgouvernements zum Nennwert in Zahlung angenommen werden müssen (§ 3). Nach § 5 der Verordnung übernimmt das Deutsche Reich die Garantie, daß die Landesdarlehnskassenscheine bei ihrer Einziehung zum Nennwerte gegen Reichsmark eingelöst werden. Die Einziehung der Darlehnskassenscheine ist in § 16 vorgesehen, gleichzeitig mit der Liquidation der PLDK., die auf Anweisung des deutschen Reichskanzlers spätestens zwei Jahre nach der förmlichen Errichtung des Königreichs Polen durch den dem Vorstande der PLDK. zur Seite gesetzten Reichsbevollmächtigten erfolgen soll. Diese in § 5 der Verordnung vom 9. Dezember 1916 ausgesprochene Garantieverpflichtung des Deutschen Reichs ist die Grundlage des auf den Darlehnskassenscheinen aufgedruckten Vermerks. Ihre rechtliche Bedeutung ist deshalb von Wichtigkeit auch für die Bestimmung des rechtlichen Inhalts dieses Vermerks selbst.

Ohne Rechtsirrtum bezeichnet das Berufungsgericht die PLDK. als eine im deutschen Recht wurzelnde juristische Person öffentlichen Rechts. Nach ihrem Zweck ist sie eine öffentliche Anstalt, die das Generalgouvernement kraft seiner Gesetzgebungsmacht für das besetzte Gebiet nach dem Muster deutscher Rechtseinrichtungen geschaffen hat. Die Verordnung vom 9. Dezember 1916 ist deutlich dem deutschen Darlehnskassengesetz vom 4. August 1914 (RGBl. S. 340) nachgebildet. Die Rechtsnatur der PLDK. und ihrer Darlehnskassenscheine ist nach Maßgabe der für sie in der Verordnung vom 9. Dezember 1916 getroffenen Bestimmungen als sich deckend mit derjenigen der deutschen Darlehnskassen und Darlehnskassenscheine nach dem angezogenen Gesetz aufzufassen. Die deutschen Darlehnskassenscheine sind (§ 2 des Gesetzes vom 4. August 1914) besondere Geldzeichen, die bei allen Reichskassen sowie bei allen öffentlichen Kassen in sämtlichen Bundesstaaten nach ihrem vollen Nennwert in Zahlung genommen werden, während im Privatverkehr ein Zwang zu ihrer Annahme nicht besteht. In dem Gesetz vom 30. April 1874, betreffend die Ausgabe von Reichskassenscheinen (RGBl. S. 40), war in § 5 außerdem bestimmt, daß diese Papiere von der Reichshauptkasse für Rechnung des Reichs jederzeit auf Erfordern gegen bares Geld umgetauscht werden konnten. Insofern hiernach den Inhabern von Reichskassenscheinen ein Anspruch auf Einlösung der Scheine gegen bares Geld an das Reich gegeben war, erhielten diese Papiere neben ihrer Bedeutung als Geldzeichen auch den rechtlichen Charakter von Schuldverschreibungen auf den Inhaber im Sinne der jetzigen §§ 793 flg. BGB. Diese Einlösungspflicht des Reichs gegenüber den einzelnen Inhabern der Scheine fehlt im Darlehnskassengesetz vom 4. August 1914; sie ist auch für die Reichskassenscheine und Reichsbanknoten nach einem Kriegsnotgesetz ebenfalls vom 4. August 1914 (RGBl. S. 347) aufgehoben worden. Die Papiere haben dadurch die rechtliche Natur als Träger einer Forderung, als Schuldverschreibungen auf den Inhaber verloren; ihre Bedeutung erschöpft sich in der Bedeutung von Geldzeichen. Die Darlehnskassenscheine sind von vornherein auf diese Bedeutung beschränkt: den Reichskassenscheinen und Reichsbanknoten ist der Wert von Schuldverschreibungen auf den Inhaber durch das angezogene Kriegsnotgesetz genommen worden. Erst bei der Auflösung der Darlehnskassen nach § 19 des Darlehnskassengesetzes vom 4. August 1914 findet eine allgemeine Einlösung statt, die von Amts wegen erfolgt und öffentlichrechtlicher Natur ist: ein zivilrechtlicher Anspruch der Inhaber auf Einlösung besteht nicht. Der Eigentümer des Scheines hat auch weder an den Forderungen der Darlehnskasse, noch an den Pfandobjekten für die von dieser gegebenen Darlehen ein unmittelbares Recht. Auch strafrechtlich werden die Darlehnskassenscheine nach § 30 des Gesetzes als Papiergeld behandelt. Wenn im Schrifttume die Reichskassenscheine des Gesetzes vom 30. April 1874 als Geldzeichen, gleichzeitig aber auch als Schuldverschreibungen auf den Inhaber gewürdigt worden sind, weil sie »ein Schuldversprechen enthalten, das durch Geldzahlung erfüllt werden muß« (Laband, Staatsrecht des Deutschen Reichs Bd. 3 S. 190, ebenso Koch in Endemann's Handbuch des Handelsrechts Bd. 2 Buch 2 S. 128; Mandry, Zivilrechtlicher Inhalt der Reichsgesetze S. 221; Staudinger Anm. I 1b, RGR-Komm. Anm. 1 zu § 793), so trifft dies für die Darlehnskassenscheine nach dem Gesetz vom 4. August 1914 (und für die Reichskassenscheine nach dem Gesetz vom 4. August 1914, RGBl. S. 347) nicht zu. Sie sind nicht einlösbar und sind deshalb Geld im eigentlichen Sinne, nur Geld und nicht zugleich Träger einer Forderung des Inhabers, nicht Schuldverschreibungen auf den Inhaber, weder nach § 793 BGB, noch nach § 807 BGB, der ebenso wie § 793 voraussetzt, daß der Aussteller dem Inhaber zu einer Leistung verpflichtet sein will (vgl. Salomon-Bund, Das Darlehnskassengesetz vom 4. August 1914, Anm. zu § 1 des Ges.; Wolff in Ehrenbergs Handbuch des Handelsrechts Bd. 4 Abt. 1 S. 588, 620 flg.; Feuchtwanger, Die Darlehnskassen des Deutschen Reichs S. 12, 14, 63; RGSt. Bd. 51 S. 410, Bd. 52 S. 97).

Auch die Verordnung betreffend die Errichtung einer PLDK. vom 9. Dezember 1916 sieht eine Verpflichtung der Kasse zur Einlösung der Scheine während des Umlaufs nicht vor. Sie werden eingelöst auf Grund der Liquidation der PLDK., die auf Anweisung des deutschen Reichskanzlers geschehen soll, spätestens zwei Jahre nach der förmlichen Errichtung des Königreichs Polen. Die Inhaber der einzelnen Scheine haben mithin während des Umlaufs der Scheine kein Recht auf Einlösung; die Scheine sind nicht Träger einer zivilrechtlichen Forderung gegen die Landesdarlehnskasse. Auch auf die Einlösung nach § 16 der Verordnung ist ein zivilrechtlicher Anspruch nicht gegeben: die Einziehung ist eine öffentlichrechtliche Maßregel. Die Annahme des Berufungsgerichts, daß die polnischen Landesdarlehnskassenscheine als Schuldverschreibungen auf den Inhaber nach §§ 793 flg. oder mindestens nach § 807 BGB. anzusehen seien, ist demnach – zunächst von dem auf den Darlehnskassenscheinen aufgedruckten Garantievermerk abgesehen – rechtsirrig.

Der Beklagte will seine in § 5 der Verordnung ausgesprochene Garantieverpflichtung als völkerrechtlicher Natur aufgefaßt wissen; sie sei eingegangen dem polnischen Staate gegenüber von der Verwaltung des Generalgouvernements Warschau als Behörde der besetzenden Macht. Die Verordnung vom 9. Dezember 1916 gibt sich an sich zunächst als ein Akt der gesetzgebenden Gewalt, ausgeübt von der Kriegsmacht des besetzenden Staates an Stelle des verdrängten Staates. Wenn in diesem gesetzgebenden Akt der besetzende Staat als ein Dritter,

nicht in der Eigenschaft als besetzende Macht, sondern als fremde Eigenperson auf Grund
besonderer Vollmacht, ebenfalls vertreten durch dieselbe Behörde, die die Gesetzgebung des
verdrängten Staates ausübt, vermögensrechtliche Verpflichtungen übernimmt, so wird hier in
der Tat eine völkerrechtliche Verpflichtung vorliegen, wenn die Verpflichtung dem verdrängten Staate gegenüber übernommen wird. Aber diese rechtliche Annahme setzt im gegebenen
Falle voraus, daß durch die Proklamation vom 5. November 1916 ein neuer Staat Polen nicht
nur verkündigt und vorbereitet, sondern bereits geschaffen wurde. Denn nicht dem verdrängten russischen Staate gegenüber, sondern dem durch die Staatsgewalt des besetzenden Staates
errichteten neuen polnischen Staate gegenüber soll die Verpflichtung in § 5 der Verordnung
eingegangen sein.

Das Berufungsgericht nimmt an, daß durch die Garantieübernahme in § 5 der Verordnung
eine privatrechtliche Verpflichtung des Deutschen Reichs gegenüber der in derselben Verordnung geschaffenen PLDK. erklärt worden ist. Das Deutsche Reich verpflichtete sich damit,
der PLDK,, wenn es zu deren Liquidation und zur Einziehung der Darlehnskassenscheine
kommen würde, falls die Mittel der Kasse zur Einlösung der Noten nicht ausreichen würden,
seine Finanzmittel zur Verfügung zu stellen. Dem entspricht auch der Wortlaut der Garantieverpflichtung in § 5 der Verordnung: das Deutsche Reich übernimmt die Garantie dafür, daß
die Landesdarlehnskassenscheine bei ihrer Einziehung (§ 16) zu ihrem Nennwert gegen
Reichsmark eingelöst werden.

Auf Grund des Art. 73 der Reichsverfassung vom 14. April 1871, der in Fällen eines außerordentlichen Bedürfnisses im Wege der Reichsgesetzgebung die Übernahme einer Garantie zu
Lasten des Reichs für zulässig erklärt, wurde im Reichshaushaltsgesetz vom 22. März 1915
(RGBl. S. 157) durch dessen § 2 der Reichskanzler ermächtigt, für die Erfüllung von Verbindlichkeiten, die von öffentlichen Körperschaften der besetzten oder der noch zu besetzenden
Gebiete oder von zur Beseitigung wirtschaftlicher Kriegsnotstände begründeten Gesellschaften eingegangen waren, die Garantie zu übernehmen. Und in § 2c des Reichshaushaltsgesetzes
vom 9. Juni 1916 (RGBl. S. 471) ist allgemeiner gesagt, daß das Reich zur Befriedigung unab-
weisbarer, durch die Verhältnisse des Krieges hervorgerufener Bedürfnisse Garantieen übernehmen dürfe. Das Berufungsgericht faßt die in § 5 der Verordnung vom 9. Dezember 1916
vom Deutschen Reich erklärte Garantie für die Einlösung der Darlehnskassenscheine der
durch dieselbe Verordnung ins Leben gerufenen PLDK. als eine auf dieser Rechtsgrundlage
ausgesprochene Garantieübernahme auf und nimmt an, daß dadurch eine privatrechtliche
Verpflichtung gegenüber der PLDK. im Sinne eines Garantievertrages (RGZ. Bd. 90 S. 415;
Warneyer 1916 Nr. 190) eingegangen sei. In der ersteren Entscheidung ist als Garantievertrag
der selbständige Vertrag erklärt, in dem jemand sich verpflichtet, für das Eintreten eines bestimmten Erfolges einzustehen, insbesondere in dem jemand der Unternehmung eines anderen dadurch Unterstützung und Förderung zuwendet, daß er das damit verbundene Risiko
ganz oder teilweise übernimmt (vgl. auch RGZ. Bd. 61 S. 160, Bd. 72 S. 139, Bd. 82 S. 339).

Das trifft im gegebenen Falle zu, wenn der Beklagte der PLDK., falls ihre Mittel zur Einlösung der Darlehnskassennoten bei der vorgesehenen Liquidation der Kasse nicht hinreichen
würden, die eigenen Mittel dazu bereit zu stellen verspricht. Gegen diese Auslegung der in § 5
der Verordnung vom 9. Dezember 1916 erklärten Garantiepflicht des Deutschen Reichs durch
das Berufungsgericht sind deshalb rechtliche Anstände nicht zu erheben.

Die Revision will in der Garantieübernahme des § 5 einen Vertrag zugunsten Dritter im Sinne
des § 328 BGB., nämlich zugunsten der einzelnen Inhaber der Darlehnskassenscheine, gesehen wissen. Aber an einen solchen Vertrag zu denken, wäre rechtlich nur möglich, wenn den
Dritten ein Anspruch zivilrechtlicher Natur überhaupt zustand, dessen Erfüllung ihnen gesichert werden sollte. Sind dagegen die Darlehnskassenscheine, wie ausgeführt wurde, nicht

Schuldverschreibungen auf den Inhaber und nicht Träger einer Forderung, sondern nur Geldzeichen, deren wirtschaftlicher Wert und deren Umlauffähigkeit darauf beruht, daß sie durch die Pfandobjekte der von der PLDK. zu gewährenden Darlehen gedeckt sind, ohne daß aber zu diesen der Darlehnskassenscheininhaber in einem rechtlichen Verhältnis steht, dann ist kein Gegenstand vorhanden, der ihnen garantiert werden kann. Gewiß soll die Garantieverpflichtung des Deutschen Reichs den Inhabern der Darlehnskassenscheine zugute kommen, indem die Einlösung in barem Gelde gesichert wird. Aber die einzelnen Inhaber haben keinen Anspruch und keine Macht, die Einlösung herbeizuführen. Es müßte also, soll ein Vertrag zugunsten der Inhaber als Dritter angenommen werden, dieser nicht nur die Gewähr, die Sicherung eines Anspruchs vor Verlust übernommen haben, sondern das Recht auf Einlösung für sie geradezu erst geschaffen sein, das sie vordem nicht besaßen. Das geht über den Sinn und den Wortlaut der in § 5 der Verordnung ausgedrückten Verpflichtung weit hinaus; eine solche Verpflichtungsübernahme würde auch durch die in den Reichshaushaltsgesetzen von 1915 und 1916 den Reichsbehörden erteilten Vollmachten nicht gedeckt sein.

Der eigentliche Rechtsgrund des erhobenen Anspruchs ist nun auch nicht der § 5 der Verordnung vom 9. Dezember 1916 und die darin übernommene Verpflichtung, sondern der auf den Darlehnskassenscheinen in polnischer Sprache aufgedruckte Vermerk, der in der unstreitigen deutschen Übersetzung lautet: »Das Deutsche Reich übernimmt die Garantie für die Zahlung der Darlehnskassenscheine in deutscher Mark zum Nennwert«, unterzeichnet »Der Vorstand des Warschauer Generalgouvernements. Warschau, den 9. Dezember 1916.« Die klagende Partei führt aus, daß damit den einzelnen Inhabern der Darlehnskassenscheine ein unmittelbarer, zivilrechtlich verfolgbarer Anspruch gegen das Deutsche Reich gegeben worden sei. Jedenfalls hätten die Inhaber die Erklärung des Vermerks so auffassen müssen und dürfen, und nach dem Grundsatz von Treu und Glauben (§§ 133, 157 BGB.) müsse der Beklagte sich gefallen lassen, an seiner Erklärung mit dem Inhalte festgehalten zu werden, den die Inhaber der Darlehnskassenscheine, an die die Erklärung doch gerichtet sei, dieser hätten entnehmen dürfen.

Das Berufungsgericht erkennt an, daß der Vermerk auf den Noten den Inhabern zu Zweifeln habe Anlaß geben können; die Gegenwartsform: »Das Deutsche Reich übernimmt die Gewähr« könne einer Auffassung, als ob hier eine neue selbständige Verpflichtung den Inhabern gegenüber eingegangen sei, an sich sehr wohl zur Stütze dienen. Es meint aber, daß die nähere Betrachtung der Umstände die Unhaltbarkeit des Standpunkts, wonach den einzelnen Inhabern eine Garantie erklärt sei und daraus ein Anspruch gegen das Deutsche Reich ihnen zukomme, ergebe. Das Berufungsgericht führt aus, daß der Vermerk auf den Darlehnskassenscheinen im engsten inneren Zusammenhange mit § 5 der Verordnung vom 9. Dezember 1916 stehe, die ordnungsmäßig verkündet sei und deshalb als bekannt vorausgesetzt werden müsse; daraus ergebe sich aber mit Sicherheit, daß die Garantie nur der PLDK. gegenüber übernommen sei; der Vermerk auf den Noten wiederhole nur die in § 5 der Verordnung abgegebene Garantieerklärung. Es beruft sich für die Richtigkeit seiner Auffassung ferner auf die Erklärung der Berliner Großbanken vom 14. Juni 1917, worin diese sich erboten, die Noten der PLDK. an ihren Kassen jederzeit gegen deutsche Noten ohne jeden Abzug umzutauschen; diese Erklärung, meint er, wäre gegenstandslos gewesen, wenn sich das Reich unmittelbar zur Zahlung verpflichtet hätte. Nicht ohne Grund macht die Revision dagegen geltend, daß, wenn die Banken sich zum jederzeitigen Umtausch gegen deutsche Reichsmark bereit erklärten, dies gerade für ihren Standpunkt spreche, wonach eine solche Einlösungspflicht des Reichs, sei es unmittelbar zu jeder Zeit oder auch erst bei der Liquidation der Kasse und der Einziehung der Noten, bestehe. Die Erwägungen des Berufungsgerichts können deshalb, so richtig der innere Zusammenhang zwischen § 5 der Verordnung und dem Aufdruck auf den Noten hervorgehoben ist, nicht als durchweg genügend angesehen werden, um den Angriff der Revision, daß der Vermerk auf den Scheinen als Verpflichtung gegenüber den Inhabern nach Treu und Glauben angesehen werden müsse, zurückzuschlagen. Wäre der Darlehnskassenschein überhaupt der Träger einer zivilrechtlichen Forderung gegen die Landesdarlehnskasse, so würde es nahe liegen, in der Garantieerklärung auf den Noten eine zweite zu der Hauptverpflichtung der Kasse hinzutretende Verpflichtung des Deutschen Reichs zu erblicken, und ebenso eine zweite Garantieerklärung des Deutschen Reichs den Inhabern gegenüber, die zu der gegenüber der PLDK. in § 5 der Verordnung übernommenen hinzuträte. Für den Inhaber würde damit ein doppelter Anspruch, gegen die Landesdarlehnskasse als die Ausstellerin der Schuldverschreibung und gegen das Deutsche Reich als einen neben den Hauptschuldner tretenden Garantieschuldner, gegeben sein. Allerdings ist die Verordnung vom 9. Dezember 1916 – und ebenso eine Erklärung des deutschen Reichskanzlers vom 20. Juni 1917, wonach das Deutsche Reich bedingungslos die Garantie dafür übernommen habe, daß diese Landesdarlehnskassenscheine bei ihrer Einziehung zum Nennwerte gegen deutsche Reichsmark eingelöst werden – ordnungsgemäß im Verordnungsblatt für das Generalgouvernement verkündet worden. Aber dieser Umstand könnte nicht durchschlagen gegenüber der Berufung auf § 796 BGB., der bestimmt, daß der Aussteller – als solcher würde auch der Aussteller des Vermerks erscheinen – dem Inhaber nur solche Einwendungen entgegensetzen kann, welche die Gültigkeit der Ausstellung betreffen oder sich aus der Urkunde ergeben oder dem Aussteller unmittelbar gegen den Inhaber zustehen.

An sich wäre es denkbar, daß auf dem Darlehnskassenschein neben dem Aussteller ein Dritter, hier das Deutsche Reich, eine Verpflichtung übernähme, durch die nun der Schein, an sich nur ein Geldzeichen, zu einer Schuldverschreibung auf den Inhaber umgeschaffen würde, der Dritte – das Deutsche Reich – wäre dann der einzige Schuldner aus dem Papiere. Eine solche Gestaltung der Rechtslage, die dem Garantieschuldner eine anders geartete und weitere Verpflichtung auferlegte, als sie für den Hauptschuldner besteht, könne angenommen werden und würde angenommen werden müssen, wenn der Vermerk ohne ausdrückliche Bezugnahme auf die bestehende Verpflichtung eines Hauptschuldners dahin lautete: »Das Deutsche Reich zahlt dem Inhaber dieses Darlehnskassenscheins an der Reichshauptkasse den Nennbetrag in deutscher Reichswährung aus.« Die Gewähr- oder Garantieübernahme aber enthält keine unmittelbare Zahlungsverpflichtung, sondern sie weist gerade auf die Verpflichtung eines Dritten hin, für deren Erfüllung, so wie sie ist, eingestanden werden soll. Sie will die Erfüllung der Schuld eines Dritten, der PLDK., sichern, aber selbstverständlich wird dadurch an dessen Schuld nichts geändert; sie wird so gesichert, wie sie besteht. Deshalb kann die Garantieerklärung auf den Darlehnskassenscheinen nichts anderes bedeuten als eine an die Inhaber der Scheine gerichtete Kundgebung, daß sie vor Verlust gesichert seien, weil das Deutsche Reich, wenn es zur Einlösung der Darlehnskassenscheine auf Grund der in Aussicht genommenen Liquidation der Kasse kommen werde, mit seinen Mitteln hinter der Schuldnerin, der Darlehnskasse stehe. Da der Inhaber gar keinen zivilrechtlichen Anspruch auf Zahlung aus dem Darlehnskassenschein hat, sondern nur die Aussicht auf Zahlung bei der bevorstehenden Einziehung, ist die übernommene Garantie und der Vermerk hierüber nur als ein Hinweis aufzufassen, daß der Inhaber gesichert sei, weil das Deutsche Reich bei der Auflösung der Kasse erforderlichenfalls seine Mittel zur Verfügung stellen werde. Eine unmittelbare Zahlungspflicht gegenüber dem einzelnen Inhaber, die es aus dem Darlehnskassenschein auch für den Aussteller der Scheine, die PLDK., gar nicht gibt, hat das Deutsche Reich mit der Garantieerklärung nicht übernommen. Ebenso wie die Annahme eines Vertrags zugunsten Dritter für die Garantieverpflichtung in § 5 der Verordnung vom 9. Dezember 1916, stößt sich auch die Annahme einer zivilrechtlichen Zahlungsverpflichtung des Deutschen Reichs aus dem Garantievermerk auf den Scheinen an der rechtlichen Natur der Darlehnskassenscheine. Diese sind, wie schon ausgeführt wurde, nicht Schuldverschreibungen auf den Inhaber, nicht Träger einer Forderung, sondern lediglich Geldzeichen, Geldersatz. Sie werden bei öffentlichen Kassen des Generalgouvernements Warschau bei zu leistenden Zahlungen in Zahlung genommen; davon abgesehen besteht aber eine Pflicht der Einlösung und ein Anspruch auf Einlösung gegen Zahlung baren Geldes nicht, nur eine Anwartschaft auf Einlösung, die bei der Liquidation der Kasse erfolgen soll, die herbeizuführen aber lediglich öffentlichrechtliche Verpflichtung der Reichsregierung ist, ebenso wie nach dem deutschen Darlehnskassengesetze, nur daß im letzteren die Fristbestimmung fehlt. Wenn vom Deutschen Reich eine Garantie für die Einlösung oder Zahlung übernommen und auf den Darlehnskassenscheinen vermerkt ist, so ist diese Sicherung nur im Hinblick auf die Art und Weise zu verstehen, in der diese Einlösung oder Zahlung überhaupt vor sich geht; sie ist also die Sicherung jener Anwartschaft, die Erklärung, daß das Deutsche Reich hinter der PLDK. stehe, für die Einlösung Sorge tragen und seine Mittel dafür zur Verfügung halten werde, wenn die Mittel der PLDK. nicht ausreichten. Diese Garantieerklärung auf den Scheinen war keineswegs gegenstandslos und überflüssig. Bei den deutschen Darlehnskassenscheinen bedurfte es einer solchen Garantieerklärung nicht, weil die Scheine von der Reichsschuldenverwaltung selbst ausgestellt sind und die Einlösungsgarantie oder vielmehr die Einlösungspflicht des Reichs sich von selbst versteht. Bei der PLDK. war sie aber sehr wesentlich, da der Kredit der Darlehnskasse sowie der Staatskredit des noch gar nicht fertigen, sondern erst im Entstehen begriffenen polnischen Staates das Publikum nicht hätte bewegen können, die Noten anzunehmen. Stellte sich aber das Deutsche Reich schützend und mit seinen Mitteln deckend dahinter, so war diese Schwierigkeit behoben. Der Vermerk auf den Scheinen klärte die Bevölkerung über das Bestehen dieser Sicherheit auf, die bei dem zur Zeit des Erlasses der Verordnung vom 9. Dezember 1916 und der Ausgabe der Darlehnskassenscheine für die Zukunft erwarteten Gange der Dinge auch die ordnungsmäßige Einlösung der Scheine auf dem Wege der Liquidation der Kasse herbeigeführt haben würde, ohne daß es wesentlich darauf ankam, ob die Garantieübernahme des Deutschen Reiches eine privatrechtliche oder öffentlichrechtliche, der Landesdarlehnskasse gegenüber oder den Inhabern gegenüber erklärt war.

Der Garantievermerk auf den Scheinen entbehrt hiernach überhaupt eines privatrechtlichen Inhalts. Er gibt dem Inhaber keinen Anspruch auf Einlösung gegen den Beklagten, wie dem Inhaber ein solcher auch nicht gegen die PLDK. zusteht; er bekundet nur tatsächlich, daß das Deutsche Reich dafür sorgen werde und mit seinen Mitteln dafür einstehe, daß das öffentlichrechtliche Geschäft der Liquidation der Kasse und der Einziehung der Noten ordnungsmäßig vor sich gehen und nicht etwa am Mangel an Mitteln der PLDK. scheitern werde. Die Grundlage des Vermerks ist die der PLDK. gegenüber in § 5 der Verordnung vom 9. Dezember 1916 eingegangene Verpflichtung, die einen privatrechtlichen Charakter haben mag, wie dies das Berufungsgericht auch angenommen hat. Der Vermerk auf den Scheinen ist nur die Bestätigung des Tatbestandes dieser der PLDK. gegenüber eingegangenen Verpflichtung, aber keine rechtsgeschäftliche Willenserklärung den Inhabern gegenüber. Deshalb können sich diese auch nicht auf § 157 BGB. berufen, der nur für rechtsgeschäftliche Willenserklärungen gilt, nicht für eine bloße Mitteilung von Tatsachen.

Ob aus der Garantieübernahme des § 5 der Verordnung vom 9. Dezember 1916 die PLDK., wie sie zur Zeit besteht (abgeänderte Statuten vom 7. Dezember 1918, veröffentlicht im amtlichen Monitor Polski in Warschau Nr. 227 vom 12. Dezember 1918), einen zivilrechtlichen Anspruch gegen das Deutsche Reich zu erheben berechtigt sein würde, steht im gegenwärtigen Rechtsstreite nicht zur Entscheidung.

Ist nun auch dem Aufdruck auf den Noten der PLDK. der Charakter einer rechtsgeschäftlichen Verpflichtung wie überhaupt ein rechtsgeschäftlicher Charakter abzusprechen, so würde es doch denkbar erscheinen, daß das beklagte Deutsche Reich auf Grund des § 839 BGB. in Verb. mit dem Reichsgesetz vom 22. Mai 1910 (RGBl. S. 798) den Inhabern der Scheine oder wenigstens solchen Inhabern, die nachweislich nicht in der Absicht gewinnbringender Spekulation zu billigerem Preise, sondern mit Leistungen im Werte des Nennwerts in deutscher Reichsmark die Noten erworben haben und nun durch den Niedergang der polnischen Valuta in ihrem Vermögen beschädigt sind, für schadensersatzpflichtig zu erachten wäre. Der Grund der Ersatzpflicht könnte darin gefunden werden, daß die Amtspersonen, die bei der Garantieerklärung auf den Noten in Vertretung des Deutschen Reichs gehandelt haben, schuldhafter Weise ihre Amtspflicht verletzt hätten, indem sie dem Aufdruck eine Gestalt und einen Wortlaut gaben, die Nichtunterrichtete in den Glauben versetzen konnten, es handele sich um eine rechtsgeschäftliche Verpflichtungserklärung des Deutschen Reichs, aus der sie einen klagbaren Anspruch gegen das letztere erworben hätten. Indessen ist eine solche Entschädigungspflicht abzulehnen, weil ein Verschulden der beteiligten Amtspersonen nicht angenommen werden kann. Der einzige zu einer solchen Auffassung des Garantievermerks auf den Noten verleitende Umstand ist der Gebrauch der Gegenwartsform in der aufgedruckten und an die Inhaber der Scheine gerichteten Erklärung: »Das Deutsche Reich übernimmt«. Diese Gegenwartsform erklärt sich aber zwangslos daraus, daß die Garantieübernahmeerklärung in § 5 der Verordnung vom 9. Dezember 1916 sowohl wie der Garantievermerk auf den Darlehnskassenscheinen vom gleichen Tage, dem Tage der Verordnung, datiert sind und als innerlich und äußerlich zusammenhängend, gewissermaßen als ein Akt angesehen wurden, wie sie denn auch unzweifelhaft zusammengehören, wobei es ganz gleichgültig ist, ob dem Vermerk auf den Scheinen eine rechtsgeschäftlich verpflichtende oder nur eine tatsächlich berichtende Bedeutung zukommt. Es kann deshalb den Verfassern und Unterzeichnern des Aufdruckvermerkes aus dem Gebrauch der Gegenwartsform der Vorwurf eines Verstoßes gegen eine Amtspflicht nicht gemacht werden. Im übrigen spricht der Vermerk deutlich von einer Garantie für die Zahlung, nicht von der Zahlung selbst, durch das Deutsche Reich, so daß die Frage nach der Person des Schuldners der Zahlung und nach der Art und Weise der Zahlungsverpflichtung sich von selbst ergibt, über die die ordnungsmäßige Veröffentlichung der Verordnung vom 9. Dezember 1916 im Verordnungsblatt des Generalgouvernements Warschau die Bevölkerung belehrte. Insofern ist dieser Veröffentlichung eine Bedeutung allerdings zuzusprechen.

Bei der aus der rechtlichen Natur der Darlehnskassenscheine abgeleiteten rechtsgrundsätzlichen Entscheidung über den Inhalt und die Bedeutung des auf den Noten aufgedruckten Vermerkes kann es auf die weiteren Beweisangebote der klagenden Partei über die Verhandlungen, die zwischen der deutschen Regierung und Vertretern der Warschauer Finanzwelt gepflogen worden seien und zu der Garantieübernahme geführt haben sollen, nicht weiter ankommen. Die Meinung, von welcher die bei der Garantieerklärung tätigen Amtspersonen des Deutschen Reichs ausgegangen sind, ist für die Auslegung ihrer Erklärungen nicht von Belang, wenn sie nicht in den Erklärungen selbst zum äußeren Ausdruck gekommen ist.

Das am 28. Juli 1921 verabschiedete, im Reichsgesetzblatt vom 5. August 1921 verkündete, am 19. August 1921 nach Art. 71 der Reichsverfassung vom 11. August 1919 in Kraft getretene Reichsgesetz über den Ersatz der durch die Abtretung der Reichsgebiete entstandenen Schäden (Verdrängungsschädengesetz) enthält in § 18 eine Bestimmung, wonach unter gewissen Voraussetzungen aus Billigkeitsgründen, wenn der Erwerb von Darlehnskassenscheinen der PLDK. mit der Verdrängung aus Polen im Zusammenhange steht, den Inhabern solcher Scheine eine Entschädigung aus Reichsmitteln gewährt werden kann. Der Schlußsatz des Abs. 1 des § 18 spricht dann aus: »Im Verhältnis zu Inhabern solcher Darlehnskassenscheine besteht eine Verpflichtung des Deutschen Reichs zur Einlösung dieser Scheine nicht.« Die Begründung zu dem Gesetz (Nr. 1021 der Drucksachen des Reichstages von 1920) bemerkt dazu auf S. 29, entgegen dem Standpunkte, der vom Deutschen Reiche wie vom polnischen Staate vertreten werde, finde sich im Privatverkehr zum Teil die irrige Ansicht, daß den Inhabern auf Grund des Aufdrucks des Garantievermerks auf den Scheinen ein selbständiger Anspruch privatrechtlicher Natur gegen das Deutsche Reich zustehe. Dem Vermerke liege aber nur eine dem polnischen Staate gegenüber vom Deutschen Reich abgegebene Erklärung völkerrechtlichen Inhalts zugrunde, die die Verwaltung des Generalgouvernements Warschau als Behörde der bestehenden Macht in den Amtsblättern wie durch den erwähnten Aufdruck zur öffentlichen Kenntnis gebracht habe. Der zur Vorbereitung des Gesetzes vom Reichstage bestellte Ausschuß hat (Nr. 2441 der Drucksachen S. 29) den in der Begründung dargelegten Standpunkt der Reichsregierung gebilligt mit dem Hinweise, daß ein Eintreten des Reichs in der Weise, daß die Noten in deutschem Gelde eingelöst würden, lediglich ungeheure Spekulationsgewinne zur Folge haben würde. Die Richtigkeit und rechtliche Möglichkeit der Annahme der Begründung des Entwurfs, daß die Verpflichtung des Deutschen Reichs dem polnischen Staate gegenüber als völkerrechtliche Verbindlichkeit eingegangen sei, hängt davon ab, ob zur Zeit des Erlasses der Verordnung vom 9. Dezember 1916 ein polnischer Staat bereits zur Entstehung gekommen war. Darüber ist in dieser Urteilsbegründung bereits gehandelt. Ob die Gesetzesbestimmung im Schlußsatz des Abs. 1 des § 18 lediglich eine authentische Erklärung und Feststellung eines bestehenden Rechtsverhältnisses oder Rechtszustandes aussprechen will und als solche Gültigkeit beanspruchen könnte, oder ob sie auch den gesetzgeberischen Willen ausdrückt, wenn Rechte der Inhaber der Darlehnskassenscheine bestehen sollten, diese aufzuheben; ob der Gesetzesbestimmung rückwirkende Kraft beizumessen sei und sie deshalb auch die in dem vorliegenden Rechtsstreit geltend gemachte Forderung beseitigen würde; ob endlich die Bestimmung mit Art. 153 der Reichsverfassung vom 11. August 1919 würde bestehen können, wonach das Privateigentum gewährleistet wird und nur zum Wohle der Allgemeinheit auf gesetzlicher Grundlage und, soweit ein Reichsgesetz nicht etwas anderes bestimmt, nur gegen angemessene Entschädigung entzogen werden kann: auf alle diese Fragen braucht nach der in diesem Urteil dargelegten Begründung, daß ein zivilrechtlicher Anspruch der Inhaber der polnischen Darlehnskassenscheine gegen das Deutsche Reich überhaupt nicht besteht, im Rahmen dieses Rechtsstreits nicht eingegangen zu werden.

Das Deutsche Reich entzog sich also auch hier mit Billigung der rechtsprechenden Gewalt der ausdrücklich eingegangenen Verpflichtung.

Baltenstaaten: Estland, Lettland, Litauen

Estland, die nördlichste der russischen Ostseeprovinzen mit der Hauptstadt Reval (Tallinn), wurde von den Deutschen erst nach dem 18. Februar 1918 besetzt, als die Friedensverhandlungen in Brest-Litowsk (seit 22. Dezember 1917) mit der Erklärung Trotzkis vom 10. Februar 1918 unterbrochen wurden, die Sowjetregierung werde die deutschen Friedensbedingungen nicht annehmen, sehe den Kriegszustand aber gleichwohl als beendet an und werde demobilisieren. Die Inseln Ösel, Dagö und Moon waren schon im Oktober 1917 besetzt worden. Der deutsche Vormarsch war von ritterschaftlicher und bürgerlicher estnischer Seite gewünscht worden, nachdem die russische Revolution auch in Reval an Boden gewonnen hatte. Am 24. Februar 1918, einen Tag nach Abzug der Roten und zugleich einen Tag vor dem Einrücken der Deutschen, proklamierte die provisorische Regierung des späteren ›Staatsältesten‹ und Staatspräsidenten (ab 1938 bis zum Ende der Selbständigkeit im Juni 1940), Konstantin Päts, die Unabhängigkeit. Die Deutschen wollten jedoch die drei russischen Ostseeprovinzen Litauen, Kurland (Lettland) und Estland unter ihren dauernden Einfluß bringen und bildeten im November 1918 einen Regentschaftsrat, so daß sich der estnische Staat erst nach ihrem Abzug (Dezember 1918) in Kämpfen mit den Bolschewisten festigen konnte. Dabei halfen britische und finnische Kräfte; im Vertrag von Dorpat vom 2. Februar 1920 wurde Estland auch von Sowjetrußland anerkannt.

Unter diesen Umständen gewannen die deutsche Mark (auch in Gestalt der Darlehnskassenscheine der Darlehenskasse Ost) und die Rubelscheine der Ostbank für Handel und Gewerbe[16] keine Bedeutung. Ab 1. Januar 1919 führte Estland unter Beseitigung des russischen Geldes seine eigene Währung ein. Einheit wurde die estnische Mark zu 100 Penni (Pfennig),[17] doch war Vorbild nicht die deutsche Währungseinheit, sondern die des nahe gelegenen Finnland.[18] Demgemäß sollte die estnische Mark den Wert der finnischen Vorkriegsmark, nämlich den des Goldfranc der Lateinischen Münzunion[19] haben. Sie war aber bis Ende August 1921 schon derart entwertet, daß die Einheit nur noch einen deutschen Goldpfennig wert war. 1924 kam es zu einer Stabilisierung auf der Grundlage von 100 Mark gleich einer Schwedenkrone (1,11 Reichspfennig oder 1,37 Goldcentimes für die Mark). 1928 wurde dann die Eesti Bank als Notenbank gegründet; 100 estnische Mark wurden zur neuen Einheit der estnischen Krone zu 100 Senti zusammengefaßt.

Lettland, das alte Kurland, Teil des »Landes Ober Ost«, litt von den russischen Ostseeprovinzen unter dem Ersten Weltkrieg am meisten. Von 1915 an zog sich die Front zwischen Deutschen und Russen die Düna entlang; links und rechts des Flusses blieb in 20 Kilometer Breite kein Haus stehen. Die Bevölkerung war großenteils nach Rußland geflohen. Die lettischen Regimenter der russischen Armee kämpften erbittert gegen die Deutschen und wurden ab 1917 wichtige Stützen der Roten Armee und die Keimzellen des lettischen Nationalismus bolschewistischer Prägung. Aus den wechselvollen Ereignissen – 1. September 1917 Einnahme Rigas durch die Deutschen, provisorischer Nationalrat auf russischer Seite im November 1917 in Walk, weiteres Vorrücken der Deutschen im Februar 1918 mit Hilfe der deutschstämmigen Ritterschaft und des Bürgertums, Anerkennung des lettischen Landtags im März 1918 durch die Alliierten, Freigabe der Ostseeprovinzen mit dem Frieden von Brest-Litowsk (Ergänzungsvertrag vom 27. August 1918), Aufschwung des lettischen Bauernbundes unter Karl Ulmanis (mehrfach Staatspräsident und Ministerpräsident bis Juni 1940), bolschewistischer Vormarsch gegen Ende 1918 und Abwehr deutscher Freikorps nach vorübergehendem Verlust Rigas, Proklamation der Republik Lettland am 11. November 1918 und letztlich ihre Anerkennung durch die Russen im Frieden von Riga am 30. Juni 1920 – ging der lettische Staat hervor.

Lettland behielt die Rubelwährung bei (»Rublis« zu 100 »Kapeikas«) und führte 1919 eigene Staatsnoten ein.[20] Auch dieser Staat mußte sich anfangs mit der Notenpresse finanzieren, aber mit Hilfe der Vereinigten Staaten, die auf Anstoß der lettischen Einwandererschaft für Lettland großes Interesse zeigten, besserten sich die

Verhältnisse rascher als anderswo. 1919, als das Land von Lebensmitteln völlig entblößt war, sandten die Vereinigten Staaten Mehl und Konserven für 5 Millionen Dollar. Im Frühjahr 1919 führte der Staat das Flachsmonopol ein, an dem er gut verdiente. Trotzdem sank der lettische Rubel bis Frühjahr 1920 auf 0,54 Goldpfennig. Dann besserten sich die Verhältnisse, und 1922 konnte als neue Währungseinheit der ›Lat‹ zu 100 ›Santimu‹ mit dem Wert eines Goldfranc eingeführt werden; zugleich wurde die staatliche Bank von Lettland gegründet. Der Umrechnungskurs betrug 50 Rubel für den Lat; die Staatsfinanzen waren völlig saniert.

In *Litauen* trug die deutsche Militärverwaltung zum Entstehen eines litauischen Nationalbewußtseins insofern bei, als die wirtschaftlichen Maßnahmen zur Ausbeutung von Land- und Forstwirtschaft u. a. zu Bahnbauten und zur Entstehung holzverarbeitender Betriebe führten und mit Zwangsverpflichtung und Kasernierung von Arbeitern wachsenden Widerstand hervorriefen; damit wurde dieser Teil des »Landes Ober Ost« wirtschaftlich langsam von Rußland gelöst.[21] Die Erklärung der Mittelmächte über die Wiederherstellung des polnischen Staates am 5. November 1916 und die russische Märzrevolution ermutigten litauische Führer, hervorzutreten. Den Deutschen lag daran, polnischen Ansprüchen auf Litauen entgegenzuwirken, die die Polen aus der früheren Zugehörigkeit zum polnischen Reich herleiteten, wollten sie doch Litauen mit den anderen Ostseeprovinzen nach dem Krieg unter deutschem Einfluß sehen. So erlaubten die Deutschen ab Juni 1917 nacheinander die Bildung eines Organisationsausschusses, den Zusammentritt einer Konferenz von 214 Delegierten (September 1917, Wilna) und die Wahl eines litauischen Landesrats, der ›Taryba‹. Zum führenden Kopf schwang sich der spätere zweimalige Staatspräsident Antanas (Anton) Smetona (1874–1944) auf. Auch im revolutionären Petrograd bildete sich ein litauischer Nationalrat, und hier tagte im Mai und Juni 1917 ein Landtag (Seimas), der den unabhängigen litauischen Staat forderte. Eine besondere Rolle spielte das litauische Element in den Vereinigten Staaten und auch in der Schweiz, und im Oktober 1917 tagte mit seiner Unterstützung eine Konferenz in Stockholm. In Deutschland machte sich Erzberger zum Anwalt der Litauer. Als Unabhängigkeitserklärung Litauens werden angegeben eine Erklärung des deutschen Reichskanzlers Graf Hertling am 29. November 1917 im Reichstag, der Beschluß der Taryba vom 11. Dezember 1917 auf Wiederherstellung Litauens mit der Hauptstadt Wilna und ihre weitere Proklamation vom 16. Februar 1918 unter Abrücken von Deutschland. Am 23. März 1918 erkannte der Deutsche Kaiser die Unabhängigkeit Litauens an. Am 9. Juli 1918 wählte die Taryba Herzog Wilhelm von Urach, Graf von Württemberg, zum litauischen König.

Die Zeit, in der man deutsche Fürsten auf die Throne neuer Kleinstaaten setzen konnte, war aber vorbei, zumal in diesem Falle die deutschen Politiker selbst uneinig waren und die preußische Regierung, die das Baltikum an Preußen anschließen wollte, dem katholischen Herzog Wilhelm entgegentrat, den vor allem der Zentrumspolitiker Erzberger den katholischen Litauern zugedacht hatte.

Mit dem Kriegsende schwand der deutsche Einfluß; Litauen erklärte sich zur Republik und wandte sich dem Westen zu. Die folgenden Wirren – Einnahme der historischen Hauptstadt Wilna durch die Bolschewisten am 5. Januar 1919 nach Abzug der Deutschen, Verdrängung durch die Polen im April, Friede von Moskau zwischen Litauen und Sowjetrußland am 12. Juli 1920, Vertrag von Suwalki am 7. Oktober 1920 mit Polen, dem am 9. Oktober die Besetzung Wilnas durch polnische Freischaren folgte (was Litauen nie anerkannte) – können hier übergangen werden. Was das Geldwesen anlangt, so blieb Litauen bis 1922 insofern im Bereich der Mark-Währung, als es die Mark der Besatzungszeit, die Darlehenskassenscheine der Darlehenskasse Ost in Kowno, beibehielt.[22] Die Mark hieß ›Auksinas‹, Mehrzahl ›Auksinu‹ (zu den Zahlen bis fünf ›Auksinai‹), der Pfennig ›Skatikas‹. Demgemäß nahm Litauen auch an der deutschen Inflation teil, bis es dann mit Gesetz vom 16. August 1922 ab Oktober zur Sanierung schritt und als neue Währungseinheit den ›Litas‹ (Mehrzahl Litai bzw. Litu) zu 100 ›Centas‹ (Centai, Centu) einführte. Die ersten Scheine tragen das Datum 10. September 1922 und wurden von der neugegründeten Bank von Litauen ausgegeben (Lietuvos Bankas).

Die finanzielle Hilfe der Litauer in den Vereinigten Staaten war so bedeutend und soviel amerikanisches Geld kam nach Litauen, daß die neue Litas-Währung an den Dollar der Vereinigten Staaten gebunden wurde. Der Litas galt 10 Cents des Dollars; die Nominalmünze, wie sie ab 1925 ausgegeben wurde, entsprach in Material (Silber), Größe und Gewicht dem amerikanischen ›Dime‹.

Noch die Verfassung von 1938 bezeichnete Wilna als Hauptstadt und Kaunas (Kowno, Kauen) nur als vorläufige Hauptstadt. Das andere Territorialproblem Litauens bis zum Verlust der Unabhängigkeit im Jahre 1940 blieb die Frage des Memelgebiets.[23]

b) Die Abtretungsgebiete nach dem Friedensvertrag

Elsaß-Lothringen

Die Rückkehr von Elsaß-Lothringen war das wichtigste Kriegsziel Frankreichs, und der achte von Wilsons vierzehn Punkten besagte: »Ebenso müßte das Frankreich durch Preußen 1871 in Sachen Elsaß-Lothringen angetane Unrecht, das den Weltfrieden nahezu fünfzig Jahre bedroht hat, berichtigt werden, um dem Frieden im Interesse aller wieder Sicherheit zu verleihen.« Nach Artikel 2 des Waffenstillstands von Compiègne vom 11. November 1918 war außer den besetzten Gebieten Frankreichs und Belgiens auch Elsaß-Lothringen binnen 15 Tagen zu räumen. Demgemäß zogen die Franzosen am 17. November in Mühlhausen, am 18. November in Kolmar, am 19. November in Metz und schließlich – überall unter dem Jubel der Bevölkerung – am 22. November in Straßburg ein.

Frankreich bezog das bisherige Reichsland sofort und endgültig in sein Staatsgebiet ein und bildete die Departements Haut Rhin (Colmar), Bas Rhin (Straßburg) und Moselle (Metz). Außerhalb blieb das 1871 nicht abgetretene Belfort, und unverändert blieben auch die Grenzen zwischen Lothringen und dem westlich anschließenden, 1871 bei Frankreich verbliebenen Departement Meurthe et Moselle (mit Nancy). Der Friedensvertrag von Versailles bezog die Abtretung Elsaß-Lothringens in Artikel 51 daher auf den »Zeitpunkt des Waffenstillstands vom 11. November 1918« zurück.

Die Mark-Zahlungsmittel der Bevölkerung wurden alsbald zum Kurs von 1,25 Francs für die Mark in französisches Geld umgetauscht, allerdings nur für die Inhaber der »cartes d'identité« A und B: Die Franzosen teilten die Bevölkerung in vier Kategorien ein. Die Karte A erhielten Leute, die bzw. deren beide Eltern schon vor 1871 im Lande waren, die Karte B Leute, von denen ein Elternteil diese Bedingung erfüllte. Ausweiskarte C war für neutrale Ausländer wie Schweizer oder auch Luxemburger, und den Ausweis D erhielten die ›Reichsdeutschen‹, die oder deren beide Eltern erst nach 1871 in das Reichsland gekommen waren. Der größte Teil der Reichsdeutschen wurde noch vor dem Abschluß des Friedensvertrags ausgewiesen. Insgesamt sollen es gegen 150 000 Personen, hauptsächlich deutsche Beamte und dergleichen mit ihren Familien, gewesen sein, die mit 30 Kilogramm Gepäck über den Rhein mußten und deren zurückbleibendes Eigentum beschlagnahmt wurde.[24]

Das Saargebiet

Der Kern dessen, was man heute als Saarland bezeichnet, war gegen Ende des Heiligen Römischen Reiches die Grafschaft Nassau-Saarbrücken-Saarbrücken mit der glänzenden Fürstenresidenz Saarbrücken, die 1770 den jungen Goethe beeindruckte. Mit dem Einmarsch der französischen Revolutionsarmee im Jahr 1793 kam die Grafschaft an Frankreich.[24a] Das bestätigten die Friedensverträge von Campo Formio (1797) und Lunéville (1801); nach dem Sturz Napoleons I. beließ der Erste Friede von Paris (1814) Saarbrücken bei Frankreich. Nach dem Zweiten Befreiungskrieg auf die Rückkehr Napoleons von Elba hin schlug der Zweite Friede von Paris (20. November 1815) die Gegend von Saarlouis und Saarbrücken zur preußischen Rheinprovinz, die inzwischen als Folge der Wiener Kongreßakte vom 9. Juni 1815 entstanden war. Im 19. Jahrhundert entwickelte sich das Saarrevier auf der Grundlage der Kohlevorkommen des Saarkohlengebirges mit Hüttenwerken und anderen Industrien und in enger Verbindung mit den Eisenerzvorkommen Lothringens zum drittgrößten deutschen Montanindustriegebiet nach dem Ruhrgebiet und Oberschlesien. Während Saarbrücken auf eine Brücke der Römerzeit über die Saar (›Sarava‹) zurückgeführt wird, ist der zweite größere Ort, Saarlouis, von Ludwig XIV. auf lothringischem Boden als Festung und Verwaltungssitz begründet worden (1680–1686). Saarlouis kam 1815 zum ersten Mal unter deutsche Herrschaft. Nachdem die Stadtbevölkerung seit der Gründung gemischt deutsch und französisch war, wurde Saarlouis im 19. Jahrhundert eine rein deutsche Stadt.

Artikel 45 des Friedensvertrages von Versailles lautete:

Als Ersatz für die Zerstörung der Kohlengruben in Nordfrankreich und als Anzahlung auf die von Deutschland geschuldete völlige Wiedergutmachung der Kriegsschäden tritt Deutschland das volle unbeschränkte, völlig schulden- und lastenfreie Eigentum an den Kohlengruben im Saarbecken, wie es im Artikel 48 abgegrenzt ist, mit dem ausschließlichen Ausbeutungsrecht an Frankreich ab.

Das ›Saarbeckengebiet‹ (Territoire du Bassin de la Sarre; Territory of the Saar Basin) umfaßte bis zur Umgebung von Merzig und St. Wendel Teile des preußischen Regierungsbezirks Trier und mit der Gegend um St. Ingbert und Blieskastel bis Homburg einen kleinen Teil des bayerischen Regierungsbezirks Pfalz, wie Artikel 48 es beschrieb.[25] Mit dieser Grenzziehung erfaßte Frankreich zum bergbaulichen und industriellen Kernbezirk die umliegenden Wohn- und Einzugsbezirke der Arbeiter. Der Abtretung an Frankreich hatten die anderen Alliierten, voran Präsident Wilson, wegen des rein deutschen Charakters des Saargebiets, wie man es bald nannte, widersprochen, und so fand man die Lösung, das Saargebiet dem Völkerbund als Treuhandgebiet zu unterstellen und nach 15 Jahren »die Bevölkerung dieses Gebietes zu einer Äußerung darüber (zu) berufen, unter welche Souveränität sie zu treten wünscht« (Artikel 49).

Kapitel 2 der Anlage nach Artikel 50 des Friedensvertrages war die Grundlage der Treuhandverwaltung.[26] Das Saargebiet wurde danach von einem Ausschuß des Völkerbundes aus fünf Personen vertreten (§ 17); dies waren ein Franzose, ein Saarländer und drei Personen, die weder Deutsche noch Franzosen waren.[27] Da auch die Nichtfranzosen – Vorsitzender war M. Rault, ein französischer Beamter – mit Ausnahme eines Kanadiers als francophil galten, warf man dem Regierungsausschuß (auch ›Regierungskommission‹; Commission de Gouvernement) vor, unter französischem Einfluß zu stehen. Im ganzen mußten aber auch die Deutschen anerkennen, daß das Saargebiet in dieser Zeit gut und in den Finanzen solide verwaltet wurde. Sitz der Kommission war Saarbrücken. Ein Parlament gab es nicht, so daß das Regime als diktatorisch bezeichnet wurde; es gab aber die gewählten Volksvertretungen der sieben Kreise. 1922 wurde aber ein beratender ›Landesrat‹ gewählt. Nach § 21 von Kapitel II hatte die Kommission für den diplomatischen Schutz der Saarländer im Ausland zu sorgen; sie übertrug dies Frankreich. Die Kommission hatte die volle Steuerhoheit. Das Saargebiet wurde »dem französischen Zollgebiet eingeordnet« (§ 31), doch wurde die Zollgrenze gegen Deutschland erst nach fünf Jahren voll wirksam.[28]

Was nun das Geldwesen des Saargebiets betrifft, so lautete § 32 des Kapitels II besagter Anlage:

Der Umlauf französischen Geldes im Saarbeckengebiet unterliegt keinem Verbot und keiner Beschränkung.

Der französische Staat hat das Recht, sich bei allen Käufen und Zahlungen und bei allen Verträgen über die Ausbeutung der Gruben oder ihrer Nebenanlagen des französischen Geldes zu bedienen.

Der Friedensvertrag ging also davon aus, daß die deutsche und die französische Währung nebeneinander benützt werden sollten; an eine besondere Saarwährung war nicht gedacht. Die deutsche Inflation führte dann aber dahin, daß sich der französische Franc in Stufen durchsetzte. Das Völkerbundsregime begann mit Inkrafttreten des Friedensvertrages am 10. Januar 1920. Die französische Staatliche Minenverwaltung des Saargebiets (Mines domaniales de la Sarre), die ihre Kohlen in Frankreich für Francs verkaufte, bezahlte ab 1. Juli 1920 alle ihre Beschäftigten in französischer Währung. Dies sah die Regierungskommission in ihrem Bericht von diesem Tag an den Völkerbund als »den wahrscheinlichen Anfang einer neuen Periode des Wirtschaftslebens des Saargebiets«. Bei gleichen Absatzverhältnissen ging die eisenschaffende Industrie ab 1. Dezember 1920 zur Lohn- und Gehaltszahlung in Francs über. Damit lebten mehr als die Hälfte der Arbeitnehmerhaushalte des Saargebiets von Franc-Einnahmen; hinzu kamen die Ausgaben der französischen Besatzungstruppen, deren Stärke zeitweise 6000 Soldaten erreichte.[29] Im Zusammenhang mit der Lohnzahlung der Minenverwaltung stehen deren Kleingeldscheine zu 50 Centimes und 1 Franc, die die Jahreszahl 1920 tragen und bis Ende 1929 galten,[30] die einzigen Geldzeichen, die dem Saargebiet zuzuordnen sind.

Zum 1. Mai 1921 stellten dann Bahn und Post ihre Tarife auf die französische Währung um und begannen, ihre Bediensteten entsprechend zu entlohnen; ab 1. August 1921 erhielten auch alle anderen Staatsbediensteten ihre Gehälter in Francs. Zugleich empfahl die Regierungskommission den Gemeinden, ab 1. Oktober des Jahres zu folgen und zum Beginn des nächsten Rechnungsjahres am 1. April 1922 für ihre Haushalte sowie die Gemeindesteuern und Gebühren auf Francs überzugehen.

Diese Umstellung ging aber nicht ohne Widerstände vor sich, und so beschloß etwa die Hälfte der Gemeinderäte, der Empfehlung nicht zu folgen. Besonders die Handelskammer zu Saarbrücken und verschiedene Verbände der Wirtschaft waren dagegen und wollten bei der Markwährung bleiben. So, wie die Wirtschaft im Reich in der Inflation mit ihren sinkenden Reallöhnen (d. h. niederen Arbeitskosten) Wettbewerbsvorteile für die Ausfuhr sah, wollte auch die Saarwirtschaft den günstigen Kosten- und Preisstand erhalten, den die sinkende Markwährung bedeutete, um im Saargebiet und auf dem deutschen Markt im Geschäft zu bleiben – dies waren auch die Argumente der Wirtschaftsverbände gegenüber der Regierungskommission auf eine Umfrage im Januar 1921. So blieb die endgültige Einführung der Franc-Währung noch in der Schwebe. Dem Währungsdualismus suchte die Regierungskommission mit Preiskontrollen durch eine Oberpreisprüfungskommission beizukommen, was nur teilweise gelang.

Zum 1. Juni 1923 wurde dann die französische Währung allgemein eingeführt, mußten alle Preise umgestellt werden. Der Franc galt damals an der Berliner Börse 4875 Mark. Einen Umtausch der Markzahlungsmittel gab es nicht; sie konnten jenseits der Grenze gegen das Reich verwertet werden. Die arbeitende Bevölkerung weinte der Mark keine Träne nach, blieben ihr damit doch die Leiden der Hochinflation im Reich erspart, wo die Mark erst 5½ Monate später mit der Rentenmark stabilisiert wurde.[31]

Die Notgeldseuche blieb dem Saargebiet erspart. Für die Zeit nach Inkrafttreten des Friedensvertrags sind nur wenige Kleingeldscheine festzustellen. Die Einführung der französischen Währung, im Friedensvertrag so nicht vorgesehen und nur durch die deutsche Inflation erzwungen, führte zur engen wirtschaftlichen Verbindung des Saargebiets mit Frankreich: Das Saargebiet wurde zu einem wichtigen Absatzgebiet der Landwirtschaft Lothringens. Die Geldwirtschaft richtete sich nach Frankreich aus; französische Banken ließen sich im Saargebiet nieder, und der Einstrom französischen Kapitals war hierdurch fraglos erleichtert. Zum Nachteil gereichte die Währungsunion den Saarländern, sobald die französische Wirtschaft infolge der Franc-Krisen ab 1925 in Schwierigkeiten geriet.[32]

Eupen-Malmedy

Die Gegend um Eupen und Malmedy war auf dem Wiener Kongreß an Preußen gekommen,[33] das sie in Gestalt der Kreise Eupen und Malmedy zur Rheinprovinz nahm. Über die berühmte Zinkgrube in Moresnet, 7 Kilometer südwestlich von Aachen, konnte sich Preußen mit dem damaligen Nachbarn, dem König der Niederlande, nicht einigen, und so wurde der Ortsteil der Ortschaft, in dem die Grube lag, mit einem Vertrag vom 16. Juni 1816 zum ›neutralen Gebiet‹ erklärt und fortan von Preußen und den Niederlanden gemeinsam verwaltet; 1841 wurde der Gemeinde eine eigene Verwaltung unter einem Bürgermeister zugestanden. ›Neutral-Moresnet‹ umfaßte 550 Hektar und hatte vor dem Ersten Weltkrieg knapp 3000 Einwohner; östlich daneben lagen der Ortsteil ›Preußisch-Moresnet‹ mit etwa 650 Einwohnern und südlich ›Belgisch-Moresnet‹ mit etwa 1200 Einwohnern.[34] Bei Kriegsende waren 82,5 v. H. der Bevölkerung von Eupen und Malmedy deutscher Sprache, doch war Malmedy ein überwiegend wallonisches Städtchen.

Belgien hatte unter dem Krieg, der mit dem Bruch seiner Neutralität begonnen hatte, schwer gelitten; die Besatzung hatte – nicht zuletzt mit den Zwangsarbeiterdeportationen – große Härten gebracht, und unvergessen waren grausame Vergeltungsmaßnahmen an der Zivilbevölkerung für angebliche Freischärlerüberfälle.[35] Hierfür sollte Belgien mit dem Friedensvertrag dadurch entschädigt werden, daß ihm Neutral-Moresnet allein überlassen wurde (Artikel 32) und Deutschland Preußisch-Moresnet (westlich der Straße von Lüttich nach Aachen, Artikel 33) sowie die Kreise Eupen und Malmedy an Belgien abtrat. Jedoch sollten die Einwohner sechs Monate nach Inkrafttreten des Vertrags Gelegenheit erhalten, durch Listeneintrag ihren Wunsch zu äußern, daß das Gebiet deutsch bleibe, bejahendenfalls sollte der Völkerbund weiter entscheiden (Artikel 43). Da die Listeneinträge keine Mehrheit für Deutschland ergaben, beließ es der Völkerbund am 20. September 1920 bei der Abtretung an Belgien.

Belgien wartete diese Entscheidung des Völkerbundes nicht ab, um die Markwährung im Abtretungsgebiet durch die belgische zu ersetzen. Der Geldumtausch geschah zuerst im Kreis Malmedy, wo die Franc-Rechnung am 8. März 1920, anschließend im Kreis Eupen und in Moresnet, wo sie am 20. März 1920 eingeführt wurde.

Nordschleswig

Mit der Abtretung Nordschleswigs hatte es eine besondere Bewandtnis; dies war das einzige Abtretungsgebiet, dessen neue Zugehörigkeit später unter Hitler nicht mehr in Frage gestellt wurde.

Nach der Niederlage Dänemarks im Krieg mit Preußen und Österreich im Jahre 1864 kamen die Herzogtümer Schleswig, Holstein und Lauenburg (mit Ausnahme eines kleinen Gebietsstreifens, der an Dänemark ging) in die gemeinschaftliche Verwaltung von Preußen und Österreich, die sich die weitere Verfügung über das Schicksal der Herzogtümer vorbehielten.[36] Darüber kam es dann zum Streit zwischen den beiden deutschen Großmächten, den Preußen auf dem Schlachtfeld von Königgrätz (3. Juli 1866) für sich entschied. Über die Herzogtümer besagten sowohl der Präliminar-Friedensvertrag von Nikolsburg (26. Juli 1866; Artikel III) als auch der Friedensvertrag von Prag (23. August 1866; Artikel V):

Seine Majestät der Kaiser von Österreich überträgt auf seine Majestät den König von Preußen alle Seine im Wiener Frieden vom 30. Oktober 1864 erworbenen Rechte auf die Herzogtümer Schleswig und Holstein mit der Maßgabe, daß die Bevölkerungen der nördlichen Distrikte von Schleswig, wenn sie durch freie Abstimmung den Wunsch zu erkennen geben, mit Dänemark vereinigt zu werden, an Dänemark abgetreten werden sollen.

Dieser Verpflichtung, das dänisch besiedelte Nordschleswig über seine Staatszugehörigkeit durch eine Volksabstimmung entscheiden zu lassen, entzogen sich Bismarck und seine Nachfolger.[36a] Dies war der Grund, weshalb der Friedensvertrag von 1919 zugunsten von Dänemark, das im Krieg neutral geblieben war, das Verfahren der Volksabstimmung anordnete (Artikel 109). Das Abstimmungsgebiet war im Süden durch eine Linie begrenzt, die am Ausgang der Flensburger Förde begann, sich südlich von Flensburg nach Westen zog und die Gegend von Niebüll sowie die Inseln Föhr und Amrum einbezog. Dieser Bereich war in zwei Zonen geteilt: In der 1. Zone weit überwiegend dänischer Bevölkerung (begrenzt durch die heutige deutsch-dänische Grenze) sollte für den gesamten Bereich das Stimmergebnis entscheiden, in der 2. Zone wollten die Alliierten nach den Ergebnissen in den einzelnen Gemeinden befinden. Das Abstimmungsgebiet kam unter die Verwaltung einer internationalen Kommission aus Vertretern der Alliierten, Norwegens und Schwedens. Die Abstimmung am 10. Februar 1920 in der 1. Zone ergab 75 v. H. für Dänemark; in der 2. Zone sprachen sich am 14. März 1920 80 v. H. für Deutschland aus, keine Gemeinde war für Dänemark. So wurde die Grenze der 1. Zone zur neuen Staatsgrenze; Dänemark übernahm die Verwaltung am 19. Mai 1920. Am 15. Juni 1920 unterschrieben deutsche und dänische Regierungsvertreter das Protokoll über den neuen Grenzverlauf, die ›Clausen-Linie‹: Sie war schon vor dem Krieg den Vorstellungen des dänischen Historikers Hans Victor Clausen entsprungen, der sich auf vielen Erkundungsreisen ein Bild von den sprachlichen Verhältnissen im Grenzgebiet gemacht hatte.

Schon am 20. Mai 1920 führte Dänemark seine Kronenwährung im erworbenen Gebiet ein.

Freie Stadt Danzig

Die Geschichte der Stadt Danzig beginnt im 12. Jahrhundert mit einer deutschen Kaufmannssiedlung im slawischen Gebiet neben einer Burg. 1308 verlor ein slawischer Fürst die Stadt an den Deutschen Orden. Danzig, bis 1945 stets eine Stadt mit fast ausschließlich deutscher Bevölkerung, wurde zur Hafenstadt Polens, und im Verlauf des Niedergangs des Deutschen Ordens kam sie mit dem Zweiten Thorner

Frieden (1466) dergestalt an den polnischen König, daß er der Stadtherr wurde, Danzig aber nicht Teil Polens. Danzigs Stellung zu Polen glich mithin der einer Reichsstadt im Verhältnis zum Kaiser des Heiligen Römischen Reichs. Im Zusammenhang mit dem Verfall des Königreichs Polen im 18. Jahrhundert und seinen drei Teilungen kam Danzig 1793 an Preußen. Nach der Niederlage Preußens gegen Napoleon im Jahre 1806 wurde Danzig mit dem Frieden von Tilsit (1807) wieder eine »Freie Stadt«, faktisch allerdings französische Festung, um dann 1815 mit der Wiener Kongreßakte wieder Preußen zugeschlagen zu werden.[37]

Über alle politischen Gestaltungen hinweg blieb Danzig bei seiner Lage an der Weichselmündung der Hafen des polnischen Raumes, und so forderte Polen nach dem Ersten Weltkrieg Danzig für sich. Punkt 13 der Vierzehn Punkte Wilsons vom 6. Januar 1918 verlangte für den unabhängigen polnischen Staat »freien Zugang zum Meer«. Wegen des deutschen Charakters der Stadt entschloß sich die Friedenskonferenz dann zu einer neuen Freistaat-Lösung – damit wurde Danzig also zum dritten Male in seiner Geschichte eine ›Freie Stadt‹. Dies sah so aus, daß das Deutsche Reich Danzig und sein Hinterland[38] an die Sieger abtrat, die die Freie Stadt begründeten und unter den Schutz des Völkerbunds stellten (Artikel 100 bis 102 des Friedensvertrags). Die Verkehrsinteressen Polens sollten dadurch gewahrt werden, daß die Freie Stadt Danzig Teil des polnischen Zollgebiets wurde, Polen die Freie Stadt diplomatisch und konsularisch im Ausland vertrat, ein mit Polen gemeinsamer Hafenausschuß Hafen und Wasserwege verwaltete, die Eisenbahn unter polnische Regie kam und Polen im Hafen für die Verbindung mit Polen einen Postdienst einrichten durfte – dies alles unter Aufsicht eines Völkerbundskommissars und mit Selbständigkeit in republikanischer Gestalt im übrigen (Artikel 103 bis 108).

Danzig erhielt vorübergehend eine britische Besatzung; die ›Freie Stadt‹ wurde am 15. November 1920 ausgerufen. Am 9. November hatten Polen und Danzig den Vertrag geschlossen, der die Einzelheiten ihres Verhältnisses regelte.[39] Auf das schwierige Verhältnis zwischen Polen und Danzig in den Jahren bis 1939, auf die zahlreichen Konflikte, die auf beiden Seiten erbittert ausgetragen wurden und immer wieder den Völkerbundsrat beschäftigten, kann hier nicht eingegangen werden.[40]

Was das Geldwesen anlangt, so gehörte Danzig bei der Trennung vom Reich natürlich zum deutschen Währungsgebiet und hatte eine Reichsbankstelle; es wurde schon darauf hingewiesen, daß die Reichsbank diese Hauptstelle vorerst auch in der Freistaatzeit weiterbetreiben durfte.[41]

Danzig konnte auf eine lange Geschichte eigenen Münzwesens in seinen früheren Freistaat-Perioden zurückblicken. Als Stadt des polnischen Königs hatte Danzig schon 1457[42] von König Kasimir das Recht der Münzprägung erhalten und mit Unterbrechungen bis zum ersten Ende der Selbständigkeit (1793) auch immer wieder ausgeübt; geprägt wurden stets die in dem preußisch-polnischen Raum üblichen Sorten polnischer Währung.[43] Auch in der zweiten Freistaatzeit 1807 bis 1815 wurde mit Kleinmünzenprägungen wieder das Münzrecht ausgeübt. Hauptmünze war damals stets der Gulden, polnisch ›Zloty‹, gewesen, anfangs eine Goldmünze, später eine Silberprägung, mit der Unterteilung in (zuletzt) 30 Groschen. Auf eine traditionelle Münzeinheit konnte Danzig jedenfalls zurückgreifen.

Polen hatte bei Begründung der Freien Stadt selbst noch die beschriebenen[44] ungeordneten Währungsverhältnisse und konnte seine Absicht nicht durchsetzen, die polnische Währung auch in Danzig in Geltung zu sehen. Andererseits war bei den wirtschaftlichen Verbindungen und der Zolleinheit eine gemeinsame Währung durchaus natürlich. So begnügte sich der Pariser Vertrag vom 9. November 1920 mit einer Absichtserklärung (Artikel 36):

Polen und die Freie Stadt Danzig verpflichten sich, sobald es die Umstände erlauben, auf den Antrag der einen oder der anderen Partei in Verhandlungen einzutreten, um ihre Münzsysteme zu vereinheitlichen. Eine Frist von einem Jahr muß vorgesehen werden, bevor diese Vereinheitlichung, nachdem sie einmal beschlossen ist, in Kraft tritt.

Vorerst[45] blieb es bei der Markwährung in Danzig; die Freie Stadt blieb außerhalb des polnischen Währungsgebiets samt seinen Devisenvorschriften. Doch konnten die Zölle an die Zollverwaltung in polnischem oder in Danziger Geld (das heißt in Mark) bezahlt werden, und auch die Polnische Staatsbahn mußte auf den Bahnhöfen im Danziger Gebiet das – deutsche – Geld der Freien Stadt annehmen.

In der Folge nahm Danzig in vollem Umfang an der deutschen Inflation teil, während die Polnische Mark in ähnlichem Tempo an Wert verlor. So kam der Gedanke einer eigenen, stabilen Währung für Danzig auf. Mit Zustimmung des Völkerbunds und Polens (das die Maßnahme für vorübergehend hielt) führte Danzig wenige Wochen vor Deutschland seine eigene Währungsreform durch und führte den Gulden zu 100 Pfennig ein. Die Währungseinheit entsprach $1/25$ des englischen Pfundes und war vom 18. Dezember 1923 an das alleinige gesetzliche Zahlungsmittel.[46]

Im Verhältnis zu den polnischen Kassen (Zoll und Bahn) änderte sich nichts, auch nicht als Polen die Zloty-Währung einführte; man nahm dort Danziger wie polnisches Geld. Mit dem Notenbankgesetz wurde die Bank von Danzig begründet, die fortan allein das Papiergeld ausgab.[47] An Münzgeld gab es Stücke zu 1 Pfennig und 2 Pfennigen in Bronze, zu 5 und 10 Pfennigen in Kupfernickel und zu $1/2$, 1, 2 und 5 Gulden in Silber, 750/1000 fein. Goldmünzen in Größe und Feinheit der britischen Sovereigns (916 $2/3$/1000), zu 25 Gulden, hatten mit einer Prägezahl von 1000 nur symbolischen Charakter.[48]

Die Kleinmünzen und die Goldstücke wurden in Berlin, die Silbermünzen in der niederländischen Reichsmünze zu Utrecht geprägt; die erste Jahreszahl war 1923. Doch wurden sie erst 1924 ausgegeben, so wie die Noten der ersten Serie der Bank von Danzig, die das Datum 10. Februar 1924 zeigen. Auch in Danzig gab es, wie im Reich mit den Rentenbankscheinen und den Münzen der Rentenmarkwährung, eine Zwischenlösung. Sie war aber weder umstritten noch problembeladen. Als Privatbank gründeten die Danziger Banken am 19. Oktober 1923 die Danziger Zentralkasse Aktiengesellschaft, deren alleinige Aufgabe es war, gegen Guthaben in Pfund Sterling (die mit britischen Krediten begründet wurden) Kassenscheine auszugeben. Bis zu 18 Millionen an sogenannten ›Zwischengulden‹ wurden ausgegeben und galten bis 30. April 1924; noch eingelöst wurden sie bis Ende des Jahres.

Die Kassenscheine lauteten auf 1 Danziger Pfennig sowie auf 2, 5, 10, 25 und 50 Danziger Pfennige, ferner auf 1, 2, 5, 10 und 25 Danziger Gulden. Der ersten Serie mit Datum 22. Oktober 1923 folgte mit Datum 1. November 1923 eine zweite mit den zusätzlichen Werten von 50 und 100 Danziger Gulden.[49] Ab 26. Oktober wurden die Löhne und Gehälter zum ersten Mal in Zwischengulden ausbezahlt;[50] damit war die Inflation in Danzig beendet. Am 19. Oktober hatte der Dollar in Danzig 11,3 Milliarden Mark, am 24. Oktober 90 Milliarden Mark gegolten. Seit Mitte des Jahres 1923 schon hatte sich die Geschäftswelt der Marknoten kaum mehr bedient.[51]

Der Umwandlungskurs für Markforderungen, die in Gulden zu erfüllen waren, wurde erst nachträglich am 31. Dezember 1923 auf 750 Milliarden Mark für einen Gulden festgesetzt.[52]

Nachzutragen ist, daß auch der Danziger Staat in der Inflation der Markwährung nicht umhinkam, seine Defizite durch die Ausgabe von Notgeld zu decken, so wie auch die Stadt Danzig und die eine oder andere Gemeinde des Landgebiets im allgemeinen Rahmen (die Stadt Danzig schon 1914) Notgeld ausgegeben hatten.[54] Zu bemerken ist, daß die Notgeldausgabe mit einem Gesetz vom 2. November 1922 für das ganze Freistaatgebiet dahin geregelt wurde,[55] daß nur noch die Stadtgemeinde Danzig Notgeld in Umlauf setzen durfte, das im ganzen Gebiet gesetzliches Zahlungsmittel war. An Notmünzen der Stadt Danzig sind Zehnpfennigstücke aus Zink (1920) bekannt.[56]

Das Memelgebiet

Ein Blick auf die Landkarte zeigt, daß Litauen in seiner Gestalt nach dem Ersten Weltkrieg das natürliche Hinterland der ostpreußischen Hafenstadt Memel war. Daher richtete sich der Blick Litauens ebenso auf Memel, wie Polen auf Danzig sah. Aber wie Danzig war Memel eine deutsche Stadt, und der Zuteilung an Litauen stand bei den Friedensverhandlungen das Nationalitätenprinzip entgegen, das Wilsons Vierzehn Punkten zugrunde lag. So umging der Friedensvertrag die Entscheidung, indem Deutschland mit Artikel 90 auf das Memelgebiet – den Teil Ostpreußens nördlich der Memel im wesentlichen mit der Hafenstadt Memel[57] – zugunsten der Alliierten verzichten mußte, die sich bei den noch unsicheren politischen Verhältnissen im Baltikum die weitere Verfügung vorbehalten wollten.

Das Memelgebiet erhielt französische Besatzung und Verwaltung, die sich Anfang Juli 1920 etablierte, und im Oktober 1920 einen ›Staatsrat‹ mit französischem Präfekten. In der Zeit des Konflikts zwischen Litauen, Polen und Sowjetrußland um die Nachkriegsgrenzen blieb es bei diesem Zustand. Litauen, das die Forderung auf Teile Ostpreußens mit Memel im Hinblick auf das litauische Element hauptsächlich in der Landbevölkerung dieser Gegend schon in Versailles erhoben hatte, nützte endlich den deutsch-französischen Konflikt um die Reparationen Anfang 1923 aus, der am 10. Januar zur Ruhrbesetzung führte. An diesem Tag drangen litauische Truppen, als Freischärler verkleidet, in das Memelgebiet ein. Die französische Besatzung nahm dies hin und zog sich zurück. Sicher im Hinblick darauf, daß sich die Republik Litauen inzwischen zu einem Staat mit Anlehnung an den Westen gefestigt hatte, beschloß die Botschafterkonferenz der Alliierten nach anfänglichem Protest schon am 16. Februar 1923, das Memelgebiet Litauen zu übertragen. Deutschland mußte sich fügen, und so kam es zur Memelkonvention vom 8. Mai 1924, die das Gebiet förmlich an Litauen übertrug, aber mit dem Memelstatut Selbstverwaltung mit einem eigenen Landtag zusicherte.

Unter der alliierten Verwaltung blieb es im Memelgebiet bei der deutschen Markwährung. In ihrem Rahmen gab die Handelskammer des Memellandes Notgeldscheine aus, was »Le Haut-Commissaire Réprésentant les Puissances Alliées« am 22. Februar 1922 genehmigte. Es waren Scheine zu 50 Pfennig, 1, 2, 5, 10, 20, 50, 75 und 100 Mark.[58]

Die Litauer warteten nach ihrer Besetzung nicht ab, bis ihnen das Memelgebiet übertragen wurde, und richteten ihre Verwaltung sofort ein; beispielsweise nahm die litauische Post ihre Tätigkeit schon am 24. Januar 1923 auf. Am 16. April 1923 führten sie ihre neue Litas-Währung ein. Der Umtauschkurs war 4000 Mark für 1 Litas.

Posen, Westpreußen, Ostoberschlesien

Die neue Polnische Republik legte am 25. Februar 1919 auf der Versailler Friedenskonferenz zur Frage ihrer Westgrenze gegen das Deutsche Reich die Forderung vor, ihr die Grenzen von 1772, vor der ersten Teilung, zuzugestehen. Auf die Diplomatie verließen sich die Polen jedoch nicht. Im polnisch besiedelten Posen trat schon am 3. Dezember 1918 ein Teilgebiets-»Sejm« (Landtag) zusammen und bildete polnische Staatsorgane. Am 27. Dezember 1918 begann der Aufstand der Polen, die bis 8. Januar 1919 fast die ganze Provinz Posen in ihre Hand brachten, doch mißlang ihnen, auch den Netze-Distrikt und Westpreußen zu besetzen. Am 7. Februar 1919 kam es zum Waffenstillstand mit den Deutschen. Als Ergebnis dieser Kämpfe blieb der westliche Teil der Provinz Posen beim Reich, denn der Friedensvertrag beschrieb dann in Artikel 27 Nr. 7 die Grenze, wie sie bis 1939 in dieser Gegend bestand – Ergebnis dieses Strebens »nach vollendeten Tatsachen«. Marienwerder und das südliche Ostpreußen konnten die Deutschen halten.

Auch der östliche Teil Oberschlesiens war überwiegend polnisch besiedelt. Für dieses Gebiet ordnete Artikel 88 des Friedensvertrags eine Volksabstimmung und ihre Überwachung durch eine alliierte Kommission an, die das Abstimmungsgebiet zu verwalten hatte. Sie war vom 12. Februar 1920 bis zum 14. Juli 1922 im Land, aber auch hier suchten die Polen vollendete Tatsachen zu schaffen. Am 16. August 1919 brach der Erste Korfanty-Aufstand los, benannt nach dem polnischen Anführer, der im deutschen Reichstag Abgeordneter gewesen war. Es kam zu den Freikorpskämpfen, in denen die polnischen Freischaren zurückgeworfen wurden. Auch nachdem der französische General Le Rond am 11. Februar 1920 mit seinen Truppen eingetroffen war, hielt die Unruhe an, und schon am 20. Februar 1920 begann der zweite Aufstand, der ebenso erfolglos blieb. Am 20. März war dann die Abstimmung: 60 v. H. stimmten für Deutschland, 40 v. H. für Polen, doch gab es im Osten des Abstimmungsgebiets in den Gemeinden durchwegs Mehrheiten für Polen, und nach der Anlage zu Artikel 88, die das Verfahren regelte, sollte die Kommission den Vorschlag für die neue Grenze nach den Gemeindeergebnissen machen. So kam es zum Beschluß der Botschafterkonferenz der Alliierten vom 21. Oktober 1921, der das Gebiet derart teilte, daß ein Viertel nach der Fläche, aber mit 42,5 v. H. der Bevölkerung und mit 85 v. H. der Kohlengruben zu Polen kam.

Zwischen Abstimmung und Teilungsbeschluß, am 3. Mai 1921, brach der dritte polnische Aufstand (der Zweite Korfanty-Aufstand) los, während dessen vom 22. bis 24. Mai um den Annaberg gekämpft wurde. Am 18. und 19. Juni trennten die Alliierten die Kampfhähne.

Am 15. Juni 1922 trat das Deutsche Reich das Polen zugesprochene Gebiet, den wesentlichen Teil seines zweitgrößten Kohlenreviers, ab.

Auch für Ostpreußen hatten die Polen historische Ansprüche erhoben, zumal es im südlichen Ostpreußen eine polnische Minderheit gab. Artikel 28 des Friedensvertrags setzte die Grenze Ostpreußens fest, wie sie bis 1939 bestand. Doch ordnete Artikel 94 zwei Volksabstimmungen an: Im Regierungsbezirk Marienwerder stimmten am 11. Juli 1920 92 v. H. für Deutschland; in zwei Kreisen kamen die Polen auf 13 und 19 v. H. der Stimmen. Im südlichen Ostpreußen (die Alliierte Kommission hatte ihren Sitz in Allenstein) stimmten gar 98 v. H. für den Verbleib beim Reich. Der Botschafterrat teilte nur fünf westpreußische und drei ostpreußische Dörfer Polen zu (12. August 1920), doch kam dabei die Weichsel ganz (mit Ausnahme eines einzigen Zugangs bei Kurzebrack) an Polen.

Die Grenzziehung nach Artikel 27 des Friedensvertrags schlug – über den Hauptteil der Provinz Posen hinaus – das sogenannte Korridorgebiet zu Polen, Teile der Provinz Westpreußen, so daß Polen seinen Zugang zur Ostsee bekam.

In den Gebieten, die Polen vom Deutschen Reich erwarb, ersetzte die Polnische Republik jeweils so schnell wie möglich die Mark-Währung durch die Polnische Mark. Am 20. November 1919 erging das »Gesetz, betreffend die Währung im ehemaligen preußischen Teilungsgebiete«[59] (der Begriff bezog sich auf die drei Teilungen des 18. Jahrhunderts, von denen die erste mit Westpreußen und dem Netzedistrikt und die zweite mit Posen die jetzigen Abtretungsgebiete an Preußen gebracht hatte), dessen Artikel 1 lautete:

Die polnische Mark ist das einzige gesetzliche Zahlungsmittel in der ehemaligen preußischen Provinz. Die deutsche Mark hört auf, gesetzliches Zahlungsmittel zu sein.

Artikel 2 setzte im rekurrenten Anschluß die deutsche und die polnische Mark gleich; tatsächlich hatten beide Währungen in diesem Zeitpunkt noch gleichen Kurs. Artikel 7 setzte das Gesetz sofort in Kraft und fuhr fort:

In jenen Gebieten, welche noch nicht dem polnischen Staate einverleibt sind, tritt das Gesetz mit dem Augenblick der Übernahme dieser Gebiete durch die polnischen Behörden in Kraft.

Dementsprechend wird man verfahren sein; die Abtretungsgebiete waren fortan polnisches Währungsgebiet.

c) Die Kolonien

Mit Artikel 119 des Friedensvertrages verzichtete »Deutschland zugunsten der alliierten und assoziierten Hauptmächte auf alle seine Rechte und Ansprüche bezüglich seiner überseeischen Besitzungen«. Bei Kriegsende waren alle Schutzgebiete und das Pachtgebiet Kiautschau von den Kriegsgegnern besetzt; die Schutztruppe in Deutsch-Ostafrika, die als einzige nicht besiegt worden war, befand sich nicht mehr auf dem Boden des Schutzgebiets.[60]

Die Geldverhältnisse in den Kolonien vor dem Krieg wurden in Kapitel 1 c allgemein geschildert. Die Darstellung für die einzelnen Gebiete wird im folgenden mit der des Übergangs zu den Geldverhältnissen verbunden, die die Besatzungsmächte teils schon während des Krieges, teils danach als Mandatsmächte einführten. Die militärischen Sieger in den Kolonialkämpfen wollten die deutschen Kolonien unter dem Rechtstitel der Eroberung als Entschädigung für ihre Anstrengungen und Opfer im Krieg behalten,[61] doch einigten sich die Alliierten auf der Friedenskonferenz von Versailles gegen den erbitterten Widerstand Deutschlands auf das Mandatsystem, wonach die Kolonien dem Völkerbund übertragen und als Mandatsgebiete den Besatzungsmächten zur dauernden Verwaltung überlassen wurden. Der Völkerbund übernahm die Mandate nach Artikel 22 seiner Satzung. Es gab drei Arten dieser Mandate: Das A-Mandat betraf höher entwickelte Gemeinwesen, die auf die absehbare Unabhängigkeit vorbereitet werden sollten (Syrien, Libanon, Palästina, Irak, Transjordanien); unter B-Mandat fielen Gebiete von einem Entwicklungsstand, bei denen die Mandatsmacht für die öffentliche Ordnung in ihrer ganzen Breite zu sorgen hatte. Darunter fielen Kamerun, Togo, Tanganyika, der Hauptteil von Deutsch-Ostafrika, und dessen nordwestlicher, an Belgien gelangender Teil (Ruanda, Urundi). Wegen ihrer dünnen Besiedelung oder kleinen Umfangs und der Abgelegenheit und geringen Entwicklung wurden Deutsch-Südwestafrika und die Südseeschutzgebiete als sogenannte C-Mandate praktisch als Teile der Mandatsmacht verwaltet. Tatsächlich nahm der Völkerbund in der Folge auf die Mandate kaum einen Einfluß und begnügte sich mit der regelmäßigen Entgegennahme von Berichten der Mandatsmächte über ihre Verwaltung.

Kamerun

Als Konsul Dr. Nachtigall am 14. Juli 1884 das Schutzgebiet Kamerun durch einen Vertrag mit den Häuptlingen an der Küste begründete, liefen an der Küste britische und französische Münzen um, im islamischen Norden auch Maria-Theresien-Taler. Die »Verordnung, betreffend die Einführung der deutschen Reichsmarkrechnung« vom 10. Oktober 1886[62] machte die Stücke zu 20, 10, 2 und 1 Mark, die Vereinstaler und die Stücke zu 50, 10, 5, 2 und 1 Pfennig zum gesetzlichen Zahlungsmittel; nachträglich wurden die Zwanzigpfennigstücke aus Nickel eingefügt. Das Papiergeld wurde nicht erwähnt. Die einheimische Rechnungseinheit ›Kru‹ wurde mit 80 Litern Palmöl oder 160 Litern Palmkernen festgestellt und mit 20 Mark bewertet.

Eine Verordnung vom 28. Januar 1887[63] erklärte auch die gängigen britischen Sovereigns für 20 Mark und die französischen 20-Francs-Stücke für 16 Mark zum gesetzlichen Zahlungsmittel; da diese Stücke damit unterbewertet waren, sollten sie hierdurch offenbar vertrieben werden. In den nächsten Jahren bediente man sich immer mehr der Reichsbanknoten. Dem trat das Gouvernement am 20. Februar 1895 mit der Bekanntmachung[64] entgegen, daß die öffentlichen Kassen nur noch Münzgeld nähmen, Nickel- und Kupfermünzen nur bis 20 Mark. Danach richtete man sich aber bald nicht mehr. Ohne Wirkung blieb auch eine Verordnung vom 10. April 1900,[65] die die britischen und französischen Goldmünzen und andere ausländische Münzen ausschloß. Ab 1905 war das Geldwesen durch die »Verordnung des Reichskanzlers, betreffend das Geldwesen der Schutzgebiete außer Deutsch-Ostafrika und Kiautschau« geregelt.[66] Nun waren alle Gold- und Silbermünzen unbegrenzt und die Kleinmünzen bis 5 Mark anzunehmen. Die Reichsbanknoten wurden nicht erwähnt, die Reichskassenscheine erhielten Kassenkurs.

1907 verbot man die Lohnzahlung in Primitivgeld wie Kaurimuscheln und Eisenstückchen. An Reichsbanknoten liefen Ende 1912 schätzungsweise 4,7 Millionen Mark und Reichskassenscheine für 104 000 Mark um; die Bankgeschäfte besorgten im Schutzgebiet Filialen der Deutsch-Westafrikanischen Bank.[67] Unmittelbar nach Ausbruch des Weltkriegs gab der Gouverneur nach Keller ›Schatzscheine‹ als Notgeld aus, die auf 5, 50 und 100 Mark, möglicherweise auch auf 10 und 20 Mark lauteten. Sie tragen das Datum 12. August 1914; die Ausgabeverordnung von diesem Tag wurde auf der Rückseite teilweise abgedruckt. In der ›Bergfestung‹ Mora unweit von Kusseri und Fort Lamy im Norden, in der sich eine Kompanie der Schutztruppe bis 1916 hielt, hatte man Notgeldscheine von 10 Pfennig bis 10 Mark oder 5 Maria-Theresien-Taler, was zeigt, daß im islamischen Norden diese Silbermünze immer noch ihre Bedeutung hatte und 1914 für 2 Mark genommen wurde.

Die Schatzscheine des Kaiserlichen Gouvernements wurden nach dem Kriege in Deutschland anerkannt und von der Reichsregierung eingelöst. Nach dem Übertritt der Schutztruppe in die spanische Kolonie Rio Muni waren sie auch hier in Umlauf gekommen; die Scheine tauchten auch in Gallipoli auf, wohin sie Angehörige eines französischen Kolonialregiments brachten, das in Kamerun kämpfte und dann dorthin verlegt wurde.

Am 7. Mai 1919 überließ es der Oberste Rat der Alliierten Frankreich und Großbritannien, sich über Kamerun und Togo zu einigen. Eine Erklärung beider Siegermächte vom 10. Juli 1919 brachte für Kamerun die Aufteilung dergestalt, daß ein westlicher Streifen an Großbritannien fiel (das ihn von Nigerien aus verwalten wollte) und der Rest – ohne die deutschen Erwerbungen von 1912, die Frankreich zurücknahm – französisches Mandat wurde. Am 20. Juli 1922 stimmte der Völkerbund dieser Aufteilung zu.

In ihrem Besatzungsgebiet führten die Briten schon 1915 die westafrikanische Pfund-Währung ein, wie sie mit besonderen Zahlungsmitteln beim Papiergeld seit 1916 und den Silber- und Kleinmünzen bereits seit 1907 für Gambia, die Goldküste, Nigerien und Sierra Leone bestand. Im französischen Teil wurde der Franc schon Ende 1915/Anfang 1916 eingeführt.

Togo

Togo wurde ebenfalls 1884 von Dr. Nachtigall durch Verträge mit Häuptlingen erworben, und zwar noch vor Kamerun, als er dorthin mit dem gleichen Ziel fuhr
(›im Vorübergehen‹). Hier lief hauptsächlich britisches, aber auch französisches
Geld um, und dabei blieb es zunächst in der deutschen Zeit. Erst nach 1900 setzten
sich die deutschen Zahlungsmittel durch. Auch hier gab es eine Filiale der Deutsch-
Westafrikanischen Bank. Die ›Reichsmarkrechnung‹ wurde – wie in Kamerun –
vom Kaiserlichen Gouverneur 1887 (ab 1. August 1887) eingeführt; die Zwanzigpfennigstücke waren inbegriffen und die Fünfmarkstücke wie in Kamerun weggelassen; zugleich wurden die 20-Francs-Stücke und Sovereigns wie dort bewertet.[68]
1893 wurde verfügt, daß die öffentlichen Kassen des Schutzgebiets ausländisches
Geld nicht mehr nehmen durften, doch blieb dies auf dem Papier.[69] 1899 wurden
die Maria-Theresien-Taler verboten und ihre Verwendung für Zahlungen unter
Strafe gestellt; sie waren im Norden wie im ganzen islamischen Hinterland der
Guineaküste aber nicht zu vertreiben.[70] Einer Bekanntmachung von 1901[71] ist zu
entnehmen, daß das britische Geld immer noch vorherrschte; wieder wurde es für
die öffentlichen Kassen in Lome und Klein-Popo verboten, aber beim Zoll mußte
man es nehmen. Immerhin nahm man britisches Silber nur noch bis 100 Mark. 1907
hatte sich noch immer nichts geändert.[72] Allerdings war jetzt offenbar genug deutsches Kleingeld vorhanden. In diesem Jahr wandte sich eine Verordnung des Gouverneurs wieder gegen die Maria-Theresien-Taler.[73] Vor 1900 soll es Gutscheine auf
diese Münzen gegeben haben, doch ist näheres nicht bekannt.[74] Notgeld gab es im
Ersten Weltkrieg nicht. Togo, die Musterkolonie, die als einzige 1914 einen ausgeglichenen Haushalt hatte und keiner Reichszuschüsse mehr bedurfte, hatte keine
Schutztruppe, weil es in der deutschen Zeit keine größeren Aufstände zu bekämpfen gab. Die Besetzung, im Süden durch die Franzosen (zufällig stand im benachbarten Dahomey ein Bataillon bereit, das soeben einen Aufstand niedergeschlagen
hatte) und im Norden durch die Briten aus Ghana, führte mit der Kapitulation der
Deutschen am 26. August 1914 zum ersten Kriegserfolg der Alliierten überhaupt.[75]
Togo lag – mit Deutsch-Südwestafrika und dem größten Teil von Kamerun – außerhalb des Kongobeckens und des 1885 neutralisierten Kongo-Freihandelsgebie-
tes. Für den raschen Angriff auf Togo war nach Cornevin Beweggrund, daß sich
dort die große deutsche Funkstation Kamina befand, über die nicht nur der Funk-
verkehr mit den anderen Schutzgebieten in Afrika lief, sondern von der man auch
die Funkverbindung zwischen Deutschland und seinen Kriegsschiffen im Südatlan-
tik und im Indischen Ozean fürchtete.

Am 10. Juli 1919 einigten sich Großbritannien und Frankreich auch über die
Aufteilung Togos. Frankreich erhielt den größeren, östlichen Teil. Der Völkerbund
bestätigte die Grenzziehung und die Mandate am 20. Juni 1922.

Die Besatzungstruppen brachten ihr Geld mit; britisches Geld war ohnehin im
Land. Im Mai 1915 gingen die Briten für ihr Besatzungsgebiet zur Pfundrechnung
über. In der französischen Zone scheint die Franc-Währung erst 1916 förmlich eingeführt worden zu sein.

Deutsch-Südwestafrika

Vor der deutschen Zeit kannte die spätere einzige deutsche Siedlungskolonie nur britisches Münzgeld; das Gebiet war Vorfeld der britischen Kapkolonie, und mit der Begründung ihres Schutzgebiets kamen die Deutschen (Erwerb des Hafens Angra Pequeña durch Vogelsang für das Handelshaus Lüderitz 1883) den Briten nur knapp zuvor, die den Schlüssel zum späteren Schutzgebiet, den Hafen Walvisbay, schon 1878 in Besitz genommen hatten. In der deutschen Zeit blieb unter den Weißen das englische und burische Element stark.

Deutsches Geld gewann erst ab 1889 Bedeutung, als nach einem ersten Zusammenbruch der deutschen Herrschaft die Schutztruppe unter Hauptmann von François begründet wurde. Aber das britische Geld blieb herrschend, und 1893 wurde verordnet, daß das Pfund für 20 Mark und der Shilling für 1 Mark zu nehmen seien; britisches Kupfergeld nahmen die öffentlichen Kassen nicht.[76] Erst eine Verordnung des Gouverneurs vom 15. Dezember 1900[77] führte dann die »deutsche Reichsmarkrechnung« ein; die Fünfmarkstücke, Vereinstaler und Zwanzigpfennigstücke waren keine gesetzlichen Zahlungsmittel, und das Papiergeld wurde gar nicht erwähnt. Britisches Geld sollte nur noch bis Juli 1900 genommen werden. Fünfmarkstücke waren zwar anzunehmen, aber von den öffentlichen Kassen in das Reich zurückzusenden. Es war vor allem die Schutztruppe, die hier nur aus Weißen bestand und bei den Eingeborenenaufständen beträchtliche Stärken erreichte, die das deutsche Geld ins Land brachte. Aber Münzgeld war immer knapp. So behalfen sich die deutschen Beamten und Truppenkommandeure immer wieder mit der Ausgabe von Gutscheinen, die bei Gelegenheit wieder eingelöst wurden und einem Notgeld nahekamen. Schutztruppeneinheiten brauchten so keine Kassenwagen mit sich führen, wenn sie mit den Eingeborenen kämpften. Da die Gutscheine stets pünktlich eingelöst wurden, hatte man keine Bedenken, sie wie Geld in Zahlung zu nehmen; selbst der Häuptling Hendrik Witboi gab solche Anweisungen auf 10 Mark aus und löste sie ordnungsgemäß wieder ein. So machten es auch Private, etwa Farmer mit Gutscheinen auf Vieh, und Diamantensucher mit Wassergutscheinen. Ein Hauptmann gab noch 1911 Gutscheine auf Tabak aus.[78]

Seit 1893 soll auch Reichspapiergeld umgelaufen sein, aber nur die Scheine zu 50 und 100 Mark. So lag es bei Kriegsausbruch, als auch diese Kolonie vom Mutterland abgeschnitten war, nahe, sich für die Kriegsausgaben mit Notgeld zu behelfen. Die ›Kassenscheine‹ des Kaiserlichen Gouverneurs trugen das Datum 8. August 1914 und die Unterschrift des Gouverneurs Seitz, weshalb sie als ›Seitznoten‹ bekannt wurden. Sie lauteten auf 5, 10, 20, 50 und 100 Mark. Das Deutsche Reich löste sie nach Kriegsende anstandslos ein. Die südafrikanische Besatzung erkannte sie allerdings später nicht an, aber in der britischen Kolonie Walvisbay, die von September bis Dezember 1914 von den Deutschen besetzt war, liefen sie um.[79]

Britische Münzen, wie sie in der Südafrikanischen Union umliefen (die, 1910 entstanden, erst 1923 zu eigenem Münzgeld kam), die Münzen des alten Transvaal-Staates (Südafrikanische Republik) inbegriffen, wurden nun durch die Besatzungstruppen immer häufiger. Sie kursierten neben dem deutschen Geld im Wertverhältnis Mark gleich Shilling (wie schon vor dem Krieg), aber es fehlte nach wie vor an

Münzgeld und besonders an Kleinmünzen. So kam es zu einer Vielzahl von Notgeldausgaben. Zunächst erlaubten die Südafrikaner großen Firmen, Notgeldscheine auf 50 Pfennig, 1 Mark und 2 Mark auszugeben, aber bald verfuhren so auch
kleine und kleinste Unternehmer, Ladenbesitzer, Farmer und Handwerker. Da wenigstens die deutschen Banken diese Scheine und – häufig verwendet – Kartonstük-
ke in Zahlung nahmen, war ihr Umlauf in der Zivilbevölkerung gesichert. Kaum
eines der Stücke wies ein Datum auf, viele nannten nicht einmal den Ort des Unter-
nehmens. Keller führt in seinem Katalog nicht weniger als 94 Scheine auf, die meisten aus Windhuk.[80] Als es zu bunt wurde und Fälschungen auftauchten, nahm sich
die Handelskammer Windhuk der Sache an und beauftragte die Firma Swakopmunder Buchhandlung GmbH, unter deren Namen ein Notgeld auszugeben, das
schließlich im ganzen Schutzgebiet verbreitet war, während die anderen Ausgaben
auf ihren Ursprungsort beschränkt wurden. Für diese Gutscheine führt Keller die
Werte 10, 25 und 50 Pfennig, 1, 2 und 3 Mark in 23 Ausgaben auf.[81] Die Südafrikaner griffen wiederholt regulierend ein und verboten beispielsweise 1918 die Markwerte auf Karton, die dann durch Einmarkscheine auf Leinen ersetzt wurden.

Der Verfall der Markwährung gegen Ende des Krieges schlug auch auf die Mark-
Zahlungsmittel in Südwestafrika durch; die Mark-Noten und das deutsche Münzgeld verloren an Wert, die Silbermünzen bis auf den Silberwert, und auch das Notgeld nahm am Wertverfall teil. So wundert es nicht, daß sich das britische Geld von
selbst immer mehr durchsetzte. Ab 1. Januar 1919 galt nur noch das Geld der Südafrikanischen Union, aber erst die »Coinage and Legal Tender Proclamation 1922«
der Mandatsverwaltung hob die deutschen Währungsvorschriften förmlich auf.

Seit 1884 war den Briten Südafrikas das deutsche Schutzgebiet ein Dorn im
Auge. Daß Deutschland seine Kolonien verlieren würde, war, auch wenn sie alle
besetzt wurden, während des Krieges keineswegs sicher. Es waren besonders die
Südafrikaner, die in den Kriegszielverhandlungen der Alliierten darauf hinwirkten,
daß Deutsch-Südwestafrika zur Südafrikanischen Union komme, in welcher Form
auch immer: Territoriale Expansionsbestrebungen waren, wie die Geschichte Südafrikas im 19. Jahrhundert bis zum Burenkrieg zeigt, traditionell die politische
Triebkraft nicht nur der Engländer in der Kapkolonie, sondern auch der Buren in
den beiden Burenrepubliken Transvaal und Oranjefreistaat. Den Burenkrieg
(1899–1902) verloren die Buren oder ›Afrikaanders‹ zwar, aber die unterlegenen
Burenrepubliken erhielten 1906 bzw. 1907 als Kronkolonien die Selbstverwaltung,
und in der »Union of South Africa«, dem Dominion von 1910, dominierten sie politisch bald – daran hat sich bis heute nichts geändert. Nach Kriegsausbruch lag den
Engländern aus Gründen der Seekriegsführung an der raschen Besetzung der Häfen von Deutsch-Südwestafrika und der Ausschaltung der Funkstation in Windhuk,
und so hatte der südafrikanische Premierminister General Botha, ein alter Burengeneral, freie Hand für seinen Einfall in das Schutzgebiet.

Mit dem Übergabevertrag von Korab (9. Juli 1915)[82] kapitulierte die Schutztruppe. Die Union hatte nicht die Absicht, das Schutzgebiet wieder herauszugeben: »It
is now British South West Africa and it must remain a province of the Union« (Botha). Südafrika richtete schon ab 1915 seine auf Dauer angelegte Verwaltung ein

und erreichte nach dem Friedensvertrag, daß der Völkerbund das Schutzgebiet am 17. Dezember 1920 der Union als C-Mandat zuwies.

Schon während der Besatzung hatten sich die Südafrikaner im Verhältnis zur deutschen Bevölkerung streng an die Haager Landkriegsordnung gehalten. Erst nach dem Friedensvertrag kam es zu Ausweisungen in begrenztem Maß, und die deutsche Rechtsordnung blieb zunächst unangetastet. So ging das Wirtschaftsleben bei den Siedlern, in den Städten und den Unternehmen bei aller Ausrichtung jetzt nach Südafrika weiter, und die neue Administration (Premierminister der Union war seit September 1919 Jan Smuts, ebenfalls ein alter Burengeneral) war bestrebt, das deutsche Siedler- und Handwerkerelement zu erhalten und auf lange Sicht in den politischen und wirtschaftlichen Zusammenhang der Union zu integrieren.

Geldgeschichtlich ist nun interessant, daß es angesichts der Verhältnisse der Siedlungskolonie – es gab ein Grundbuchsystem, und der Hypothekarkredit spielte in den Städten und für die Farmer eine Rolle – notwendig wurde, bei Einführung der Pfundrechnung auch die in früherer Reichswährung eingegangenen Verbindlichkeiten zu regeln. Dies geschah mit der »Debts Settlement Proclamation 1920« des Administrators. Es wurde entschieden, daß Schulden in deutscher Währung, die vor dem 9. Juli 1915 begründet worden waren (›Vorbesetzungsschulden‹), zum Satz von 1 Pfund gleich 20 Mark, dem alten Wertverhältnis der beiden Währungen in der deutschen Zeit, zurückzuzahlen waren, und daß sich bei ›Nachbesetzungsschulden‹ Gläubiger und Schuldner angesichts der Entwertung der Mark einigen sollten, widrigenfalls ein Schiedsgericht entscheiden sollte. Die Farmer mußten also ihre alten Markschulden in Pfunden bezahlen und hatten von der deutschen Inflation keinen Vorteil.[83]

Es sei noch bemerkt, daß außer dem südafrikanischen Geld in Südwestafrika nach der »Banks Proclamation 1930« ab 1931 die Noten von drei Privatbanken umliefen, der Barclays Bank, der Standard Bank of South Africa Limited und der Volkskas Limited, und zwar bis 1961 die heutige Rand-Währung das Südafrikanische Pfund ersetzte.[84]

Deutsch-Ostafrika

Die Münzgeschichte der afrikanischen Ostküste, an der ab 1884 das Schutzgebiet Deutsch-Ostafrika begründet wurde, hat tiefe Wurzeln. Man hat hier Münzen und Porzellan aus dem China des 13. und 14. Jahrhunderts gefunden. Seit der frühesten islamischen Zeit gab es hier die Araber; in Kilwa, Mogadischu (Somaliküste) und auf der Insel Sansibar haben die Araber Münzen geprägt. Nach 1500 setzten sich die Portugiesen an verschiedenen Küstenplätzen fest, und die Küste Ostafrikas wurde Teil des Weges zur See nach Indien. Die arabischen Herrscher von Maskat am Persischen Golf vertrieben die Portugiesen gegen 1700. Der Sultan von Maskat hatte von 1832 bis 1840 selbst seinen Sitz in Sansibar; die Insel vor dem späteren Deutsch-Ostafrika war in der Folge der Ort, von dem aus die Araber die Küste beherrschten. Seit die Briten den westafrikanischen Sklavenhandel nach Amerika erst behinderten (ab 1807) und dann ganz unterbanden (1833; »Abolition Act«), wurde

Sansibar bis zum Ausbruch des Amerikanischen Bürgerkrieges (1861–1865) der wichtigste Stützpunkt des Sklavenhandels; schon 1836, vor allen europäischen Staaten, entsandten die Vereinigten Staaten einen Konsul nach Sansibar. Nach 1861 hörten die Sklavenjagden und der Sklavenhandel nach dem arabischen Raum nicht auf. Die Eröffnung des Suezkanals (1869) vergrößerte noch die Bedeutung von Sansibar, bis dann die europäischen Mächte mit der Kongoakte von 1885 den Sklavenhandel vollends ächteten. Auch um ihn zu unterbinden, nötigte die Deutsch-Ostafrikanische Gesellschaft 1888 den Sultan von Sansibar, ihr den Küstenstreifen zu überlassen und löste damit noch im selben Jahr den Araberaufstand aus, der das Reich und seine Schutztruppe auf den Plan rief. 1890 übernahm das Reich die Verwaltung des Schutzgebiets von der Gesellschaft, die sich darin nicht bewährt hatte; 1902 verzichtete sie auf ihre letzten Vorrechte und war dann nur noch Plantagengesellschaft. 1905 und 1906 unterdrückten die Deutschen den Maji-Maji-Aufstand, der nach britischen Angaben 120000 Negern das Leben gekostet haben soll. Noch vor dem Weltkrieg wurden große Teile des Schutzgebiets durch Bahnbauten erschlossen. Im Weltkrieg wurde das Schutzgebiet nach und nach bis 1916 von britisch-indischen Truppen vom Norden aus und von südafrikanischen Truppen vom Süden aus besetzt. Die Belgier kamen aus Belgisch-Kongo in den Westen bis Tabora. Die deutsche Schutztruppe, anfänglich zwölf Kompanien, wich nach Mozambique und später nach Rhodesien aus und konnte sich bis zum Waffenstillstand im November 1918 halten.

Vor diesen Hintergrund ist die Geldgeschichte von Deutsch-Ostafrika zu stellen. Wie in Westafrika im islamischen Hinterland der Guineaküste fanden die Deutschen hier an der Küste, soweit der arabische Einfluß reichte, den Maria-Theresien-Taler vor. Als Silberhandelsmünze ohne staatliche Anerkennung schwankte sein Wert mit dem Silberpreis. Um 1900 mag er 3 Mark, 1914 2 Mark wert gewesen sein; die Versuche, ihn auszuschließen, konnten bei dem Materialwert, der ihm ja nicht zu nehmen war, keinen vollen Erfolg haben. Wie überall in Afrika fand sich britisches Geld, vor allem Gold. In der ersten Hälfte des 19. Jahrhunderts hatte man auch viel amerikanisches Münzgold, das durch den Sklavenhandel kam und um 1850 sogar vorherrschte, aber als die Deutschen kamen, hatte es sich schon wieder verloren.

Wichtigstes Zahlungsmittel aber war damals die indische Rupie, die Silberkurantmünze des britisch-indischen Kaiserreichs in ihrer Gestalt von 1835 samt ihren Teilstücken in Silber herab bis zum Achtel (2 Annas) und in Kupfer. Die indische Rupie war in 16 Annas geteilt; Kupfermünzen gab es herab bis zur Viertelanna, auch ›Paisa‹ genannt, dem Vierundsechzigstel der Rupie (deutsche Schreibweise: ›Pesa‹).

Aus drei Gründen hatte sich das indische Geld an der Küste bis hinunter nach Mozambique eingebürgert. Einmal kam es von den Schiffen, die die ostafrikanischen Häfen auf dem Wege nach oder von Indien anliefen. Zum anderen führten die Araber das indische Geld ein, in deren Stammland am Persischen Golf es der Pilgerverkehr aus den islamischen Teilen Indiens (dem heutigen Pakistan) nach Mekka brachte. An der Südseite des Persischen Golfs wurde die indische Rupie zur gängigen Münze (und blieb es bis in die Zeit nach dem Zweiten Weltkrieg). Schließlich sind die Inder zu nennen, die teils als Kontraktarbeiter für den Bahnbau und auf Plantagen in die ostafrikanischen Kolonien geholt und mit gewohntem heimatlichen Silbergeld entlohnt wurden, das man zu diesem Zweck aus Indien beschaffte. Sie wurden rasch zu der Minderheit, die Handwerk, Klein- und Landhandel beherrschte.[85]

Die Frage der künftigen Währung stellte sich alsbald nach Begründung der deutschen Schutzherrschaft. 1886 empfahlen die interessierten deutschen Kaufleute, es bei der indischen Währung zu belassen. Die Deutsch-Ostafrikanische Gesellschaft erhielt 1890 die Genehmigung, Kupfer-Pesas sowie Rupien in Silber sowie deren Halbstücke und Viertel, dann auch Zweirupienstücke zu prägen. Die Stücke entsprachen in Größe und Feinheit den indischen Vorbildern.[86] Bis 1902 durfte die Gesellschaft prägen; das Privileg blieb ihr zunächst auch, als sie Verwaltung des Schutzgebiets aufgeben mußte. Die Münzen zeigten den Reichsadler (Pesa) bzw. die Büste Kaiser Wilhelms II. mit dem Adlerhelm der Gardes-du-Corps und liefen im Schutzgebiet neben den britisch-indischen Geprägen um. Beim Silber machten sie nur einen kleinen Teil des Umlaufs aus, doch beim Kupfer wurden sie rasch durchgesetzt; die stoffwertlosen fremden Scheidemünzen verschwanden, nachdem Einfuhr und Umlauf verboten wurden.[87] Auch in Sansibar kamen die deutschen Silbermünzen schließlich in Umlauf. Das Zweirupienstück, ein Nominal, das Indien nicht kannte, war dazu bestimmt, den Maria-Theresien-Taler zu ersetzen, dem es in seinem damaligen Wert etwa entsprach. 1893 konnte daher die Einfuhr dieser Handelsmünzen untersagt werden,[88] und ab 1896 wandte man sich bezirksweise gegen ihren Umlauf,[89] ohne Erfolg, denn noch im Ersten Weltkrieg waren sie vorhanden. Ihren Silberwert konnte ihnen ja auch keine Außerkurssetzung nehmen. Die Geschichte der deutsch-ostafrikanischen Rupie ist nur zu verstehen, wenn man die der indischen Rupie kennt. Zuerst gab es eine »deutsche« Rupienwährung überhaupt nicht, denn die deutschen Rupien waren nur ›Beischläge‹ zu den indischen Zahlungsmitteln; sie richteten sich in ihrem Wert, ihrem vom Silberwert abhängigen Kurs, nach der britisch-indischen Rupienwährung. Die indische Rupie war eine Silberkurantmünze, für die in den Münzstätten Indiens freies Prägerecht bestand.[90] Nach den Wertverhältnissen von Gold und Silber um 1870, also vor Beginn des Wertverfalls des Silbers, hatte die Rupie den Wert von 1,925 Mark der Reichsgoldwährung. Dann sank ihr Kurs seit 1873 mit dem Silberpreis, und 1893 löste die britisch-indische Regierung ihn davon, indem sie die freie Silberprägung in den indischen Münzstätten aufhob. 1893 bis 1897 schwankte die Rupie zwischen 1,065 und 1,34 Mark, natürlich auch in Ostafrika, wo sie wie im deutschen Schutzgebiet auch in Kenya und Uganda die Währungsmünze war. 1898 stabilisierte Indien seine Währung dergestalt, daß es die Rupie im festen Verhältnis von 15 Rupien gleich 1 Pfund an das Gold band. Seither galt die Rupie 16 Pence britischer Währung und 1,362 Mark der Reichsgoldwährung. Die silbernen Rupienmünzen waren damit seit 1893 unterwertige Scheidemünzen; 1898 war der Silberwert der Rupienmünze noch 8½ Pence. Nach der Stabilisierung war die Anna dem Penny wertgleich, der Paisa dem Farthing (Viertelpenny).

Für Deutsch-Ostafrika war damit eine schwierige Lage entstanden. Die Rupien-stücke der Gesellschaft galten zwar ebensoviel wie die indischen Rupien im Lande, aber an deren durch die indische Anknüpfung an das Gold gegebenen Wertsicherung nahmen sie nicht teil; in Indien wären sie nicht zu 15 gegen einen Sovereign eingelöst worden. Ihr Wert in dieser Höhe hing vom Vertrauen in die Gesellschaft ab, und es gab keine Gewähr, daß die Gesellschaft ihr Prägerecht und das Vertrauen nicht mißbrauchen, ihre Prägungen inflationär ausdehnen und so das Geldwesen des Schutzgebiets in Verwirrung stürzen würde.

Nach einigem Hin und Her kam es 1902 zu dem Vertrag mit dem Reich, mit dem die Gesellschaft auf das Prägerecht verzichtete. Ab 1904 führte das Reich die Silberprägungen aus;[91] das Zweirupienstück wurde dabei aufgegeben. Zugleich führte man die Hundertteilung der Rupie ein (in 100 Heller) und band die Rupie in Anlehnung an den bisherigen Kurs an die Reichsgoldwährung; die Währungsidentität mit der indischen Rupie entfiel damit und die Rupie Deutsch-Ostafrikas wurde zur eigenständigen Währungsmünze. 15 Rupien entsprachen jetzt 20 Mark. Die Rupie galt damit 1,333 Mark.[92]

Als Kleinmünzen gab es zuerst nur ganze und halbe Heller;[93] erst 1908 erschienen Zehnhellerstücke aus Nickel (mit Zentralloch) und Fünfhellerstücke aus Kupfer; diese hatten mit 37 Millimetern Durchmesser Talergröße und wogen 20 Gramm.[94] Ab 1913 wurden sie durch Nickelstücke entsprechend den Zehnhellerstücken ersetzt.[95] Die Pesas wurden für $1^9/_{16}$ Heller (bei Kleinbeträgen $1^1/_2$ Heller) eingezogen. $7^1/_2$ Heller entsprachen damit 10 Pfennig.

Die DOA-Rupie war jetzt etwas weniger wert als die indische, und in Sansibar nahmen die Händler sie nicht mehr an. Auch im Schutzgebiet selbst stieß man anfänglich auf Schwierigkeiten. Die indischen Silberrupien wurden nicht verboten, denn an eine systematische Umtauschaktion in überschaubarer Frist war bei den primitiven Verwaltungsverhältnissen – es gab im Hinterland keine Banken und im ganzen nur 25 Poststellen – nicht zu denken. Aber sie waren kein gesetzliches Zahlungsmittel mehr, und da die DOA-Rupie das ›schlechtere‹ Geld war, sorgte der Handel nach dem Greshamschen Gesetz für den langsamen Abfluß nach Sansibar und in das britische Ostafrika.

Zur deutschen Geldreform in Deutsch-Ostafrika gehörte auch die Gründung einer Notenbank. Anfang 1905 entstand die Deutsch-Ostafrikanische Bank als Tochtergesellschaft der Deutsch-Ostafrikanischen Gesellschaft. Ihre Noten lauteten auf 5, 10, 50 und 100 Rupien, ab 1912 auch auf 500 Rupien.[96] Die Noten waren in Silberrupien einzulösen, nicht in Gold, aber ihren Kurs hielt die Bank beim vorgesehenen Fuß. Als einzige deutsche Scheine trugen diese Noten vom 50-Rupien-Nominal aufwärts das Bild des Kaisers. Goldumlauf war im Schutzgebiet nicht erwünscht, suchte man ihn doch in diesen Jahren selbst im Reich einzudämmen. Der Umlauf der Noten beschränkte sich auf die Europäer im Küstengebiet und längs der Bahnlinien; er belief sich 1913 auf nur 3 Millionen Rupien und stieg bis Ende 1914 – die im folgenden zu erwähnenden Interims-Banknoten inbegriffen – auf 4,4 Millionen Rupien. Bei Kriegsende aber waren im ganzen Scheine für 17 776 700 Rupien im Umlauf.

So ging auch dieses Schutzgebiet mit einem geordneten Geldwesen in den Ersten Weltkrieg. Der Kriegsausbruch schnitt es von der Seeverbindung mit Deutschland ab. Behörden und Schutztruppe hatten hohen Geldbedarf, und allenthalben wurde das Silbergeld gehortet, vor allem vom Handel, der größtenteils in den Händen der Inder lag. So kam es zu Herstellung und Ausgabe der ›Interims-Banknoten‹ der Deutsch-Ostafrikanischen Bank an Ort und Stelle in einfacher, aber noch ansehnlicher Ausführung mit den Nominalen 1 Rupie und 5, 10, 20, 50 und 200 Rupien[97] in den Jahren 1915 und 1916 in Daressalam und später in Tabora. Als die Schutztruppe die Städte verloren hatte, folgten ihnen die primitiven ›Buschnoten‹ zu 1 Rupie und 5 Rupien, die zum Teil aus Behördenbriefpapier und sämtlich mit Druckkasten-Gummitypen hergestellt wurden.[98] Diese Scheine nahmen die Eingeborenen nicht mehr an. Das Kriegspapiergeld sank derart im Kurs, daß 1916 4 bis 5 Interimsrupien (auch die Buschnoten trugen die Bezeichnung ›Interims-Banknote‹) für eine Silberrupie gegeben werden mußten. Die Schutztruppenangehörigen erhielten ihre Löhnung in Zahlungsanweisungen. Alle diese Scheine und die Zahlungsanweisungen wurden nach dem Krieg in Deutschland in Mark eingelöst.[98a]

Daneben verwendeten Händler und Pflanzer allerlei Gutscheine als Notgeld, wie es auch schon vor dem Krieg an der Küste bei Aufständen und im Hinterland in normaler Zeit immer wieder vorgekommen war.

Nachzutragen ist, daß Gouverneur Schnee schon am 2. August 1914 die Silbereinlösung der Banknoten für die Scheine zu 5 und 10 Rupien aufgehoben hatte. Für die höheren Werte geschah dies am 15. November 1915.

1916 kam es in der Eisenbahnwerkstatt von Tabora an der Bahnlinie von Daressalam nach Ujiji am Tanganjikasee zu einer umfangreichen Prägung von Kriegsmünzen. Aus Messing und Kupfer wurden 1,63 Millionen Zwanzighellerstücke und 300 000 Fünfhellerstücke hergestellt. Damit bezahlte man die indischen und afrikanischen Eisenbahnarbeiter, die Papiergeld nicht nehmen wollten.[99] Außerdem prägte man aus dem Goldbestand eines kleinen Goldbergwerks, der nicht mehr nach Deutschland hatte gebracht werden können, 16 198 Stücke zu 15 Rupien. Das Gold enthielt 15 bis 20 v. H. Silber und war nur 750/1000 fein; die Stücke waren 7,168 Gramm schwer, so schwer also wie das Feingold im Zwanzigmarkstück, dessen Wert sie haben sollten. Sie waren damit um rund 25 v. H. unterwertig und ebenfalls Notgeld. Schon während des Krieges wurden sie zum gesuchten Sammelobjekt. Unter den Alliierten wurden für sie 200 Francs bezahlt.[100]

Die wirtschaftlich bedeutenden Teile des Schutzgebiets an der Küste, im Norden und bis zur Zentralbahn zum Tanganjikasee waren bis Ende November von Kenya aus hauptsächlich durch britisch-indische Truppen besetzt worden, die ihr Rupiengeld mitbrachten und ausgaben; in Kenya, das damals noch Britisch-Ostafrika hieß und seit 1903 zusammen mit Uganda verwaltet wurde, galt ebenfalls die indische Rupienwährung. Doch wurde die Rupie dort seit 1907 nicht mehr in 16 Annas, sondern in 100 Cents geteilt; dem entsprachen die ostafrikanischen Kleinmünzen zu $\frac{1}{2}$ und 1 Cent sowie zu 5 und 10 Cents (meist Kupfernickel) und zu 25 und 50 Cents (Silber). Indische Rupien und Kleingeld dieser Art, das mithin der deutschen Teilung der Rupie entsprach, setzte sich neben und anstelle des deutschen Rupiengeldes rasch durch, zumal die deutsche und die indische Rupie fast gleichwertig waren und man das indische Geld ja kannte. Das gehortete deutsche Geld kam im besetzten Gebiet wieder zum Vorschein; die Kriegsmünzen wurden zum Spekulationsobjekt. Die Zwanzighellerstücke behielten ihren Nennwert, die – selteneren – Fünfhellerstücke aus Tabora stiegen bis auf 50 Heller. Die Vorkriegsnoten der Deutsch-Ostafrikanischen Bank nahm die neue Verwaltung dergestalt in Verwahrung, daß sie beim Umtausch 75 v. H., später 66 v. H. und schließlich noch 50 v. H. in britisch-ostafrikanischen oder indischen Scheinen oder Münzen erstattete und den Rest gutschrieb, um ihn je nach der Einlösung nach Kriegsende zu erstatten – mit den fallenden Sätzen trug man der Entwertung der Mark Rechnung. Die Interimsnoten einschließlich der Buschnoten erkannte man nicht an. Nach Meinung Wehlings ordnete der britisch-südafrikanische Befehlshaber General Smuts, der spätere Präsident Südafrikas, dies in der Hoffnung an, es möge sich hinter den deutschen Linien verbreiten und der Schutztruppe bei den Eingeborenen Schwierigkeiten bereiten. So wurden auch die Interimsnoten zum Spekulationsobjekt, weil man trotz der Ungültigkeitserklärung mit ihrer Einlösung nach dem Krieg rechnete. Unter Europäern zahlte man anfangs 65 v. H. des Nennwerts, dann 50 und später 20 v. H. und noch weniger. Die indischen Händler nahmen sie den Eingeborenen für 10 oder 15 v. H. ab.

Nach dem Friedensvertrag wurde Deutsch-Ostafrika geteilt. *Ruanda und Urundi,* die beiden Eingeborenen-Königreiche im Nordwesten zwischen nördlichem Tanganjikasee, Kivusee und der Grenze gegen Uganda (heute Rwanda und Burundi), die die Deutschen kaum angetastet hatten und wo sie nur durch Residenten vertreten waren, kamen gemäß Entscheidung des Obersten Rates der Alliierten vom 21. August 1919 als Völkerbundmandat 1923 an Belgien und wurden mit seiner Kolonie Belgisch-Kongo verwaltet. Die beiden Königreiche waren schon im Frühjahr 1916 von Truppen aus Belgisch-Kongo besetzt worden. Im Juli 1916 führten die Belgier ihre Francs-Währung ein (Noten der Banque du Congo Belge und Münzen der Kolonialverwaltung).

Den kleinen Hafenort Kionga, nahe der Mündung des Rovuma, des südlichen Grenzflusses des Schutzgebiets, annektierte Portugal für seine Kolonie Mozambique, ohne daß die Alliierten widersprachen. Das *Kionga-Dreieck* kam damit zum Währungsgebiet des portugiesischen Escudo, der in Mozambique 1909 die Milreis-Rechnung ersetzt hatte und dessen Noten der Banco Nacional Ultramarino auch für diese Kolonie ausgab.

Im Aufteilungsbeschluß des Obersten Rats der Alliierten vom 6. Mai 1919 war der Hauptteil des Schutzgebiets Großbritannien zugesprochen worden. 1922 begann die Mandatsverwaltung des *Tanganyika Territory*; zugleich wurde die Verwaltung auf vielen Gebieten, auch auf dem Währungssektor, mit der von Kenya und Uganda verbunden. Auch hier mußte das Münzwesen schon vorher bereinigt werden.

Den Anstoß gab die Silberpreisentwicklung. Der Silberpreis, der seit 1873 stetig gesunken war, hatte in London am 10. Februar 1915 seinen Tiefpunkt mit $22^{11}/_{16}$ Pence für die Unze Feinsilber erreicht. Seither stieg er wieder, und zwar seit Anfang

1919 immer schneller, bis er am 8. Februar 1920 den Rekordstand von 89½ Pence erreichte. Die Gründe lagen in den allgemeinen Preissteigerungen in der Weltwirtschaft im Weltkrieg, im Abströmen großer Silbermengen nach Indien zum Ausgleich seiner aktiven Zahlungsbilanz als Folge der großen Kriegslieferungen nach Großbritannien und der Truppengestellungen und schließlich in einer erhöhten Goldproduktion. Nun war die Rupie überwertig geworden. Der Silberwert der Rupienstücke war höher als der Kurswert, und es bestand die Gefahr, daß Rupienmünzen in großem Stil eingeschmolzen würden. Indien ging nicht den Weg, nun den Silbergehalt der Rupienmünzen herabzusetzen; die Münzstätten hätten eine solche Neuversorgung des riesigen Landes mit Silbermünzen nicht bewältigen können. Man setzte vielmehr den Goldwert der Rupie herauf, und zwar von 16 Pence

am 3. Januar 1917	auf 16½ d,
am 28. August 1917	auf 17 d,
am 12. April 1918	auf 18 d,
am 13. Mai 1918	auf 20 d,
am 12. August 1919	auf 22 d,
am 17. September 1919	auf 24 d,
am 22. November 1919	auf 26 d und
am 12. Dezember 1919	auf 28 d.

In Indien erreichte der Wert der Silberrupie Ende 1919 sogar 33 Pence. Dann sank der Kurs wieder; 1927 wurde er gesetzlich mit 18 Pence bestimmt.

Vor diesem Hintergrund ist es zu sehen, daß die britische Verwaltung daran ging, die ostafrikanische Währung von der indischen Rupie zu trennen. Es kam zu einer Währungsreform, in deren Rahmen auch die deutschen Münzen im Tanganyika-Territorium schrittweise beseitigt wurden. Am 23. Februar 1920 wurde die ostafrikanische Währung von der indischen Rupie gelöst, indem der Wert der Rupie für Ostafrika mit 2 Shilling bestimmt und die freie Einfuhr indischer Münzen unterbunden wurde; nur Einwanderern und Reisenden wurden Freibeträge zugestanden. Außerdem durften Gold und deutsches Papiergeld nicht mehr eingeführt, DOA-Münzen nicht mehr ausgeführt und keine Gold- und Silbermünzen mehr eingeschmolzen werden. Gold durfte bald wieder eingeführt, indisches Geld ab 23. Juni 1921 nicht mehr genommen werden. Deutsche Silberrupien (und die Halbstücke und Viertel) konnten aber bis 22. Juli 1921 gegen indische Rupien im Umtauschverhältnis 1 zu 1 bei den Banken und Verwaltungsstellen (»Political Offices«) umgewechselt werden; sie wurden also angesichts ihres Metallwerts wie indische behandelt, die man schon als ausländisches Geld ansah, das dem Bankenverkehr überlassen war. Wegen der Verhältnisse im Landesinneren kam man nicht umhin, Rupien auch noch später umzuwechseln. Bei Posten von mehr als 500 Rupien bedurfte es der Genehmigung der Regierung, bei ganz hohen Beträgen sogar der der Währungsbehörde für Ostafrika in London, des East Africa Currency Board.

Für eine Übergangszeit wurde die Rupie Ostafrikas als Stück zu 2 Shilling betrachtet, wobei man auf die britische Münzbezeichnung ›Florin‹ (Gulden) für dieses Nominal zurückgriff. Man ließ Cents, Stücke zu 2, 5, 10 und 25 Cents sowie

Florins (die beiden letzteren in Silber) prägen; vorbereitete Silbermünzen mit ›50 Cents‹ und ›1 Shilling‹ wurden nicht mehr ausgegeben. Beim Papiergeld gab die Währungsbehörde Scheine zu 1 Florin, 5, 10, 20 und 50 Florins aus, die auch die Wertbezeichnungen in Pfund aufwiesen. Immer noch liefen die deutschen Münzen, im Nennwert Rupie gleich Florin oder 2 Shilling, Heller gleich Cent, um. Doch dann besann sich die Währungsbehörde eines besseren. Ohne das System als solches – Bindung an das britische Pfund – zu ändern, machte man mit der »Metallic Currency Ordinance 1921« vom 22. Dezember 1921 den Shilling zu 100 Cents zur ostafrikanischen Währungseinheit.

Entsprechend wurden nun die Münzen geprägt und die Papiergeldnominale gewählt. Beim Papiergeld der Ausgabe vom 15. Dezember 1921 war – entsprechend den Florin-Noten – der Nennwert in Shilling und in Pfund angegeben (One hundred Shillings – Five Pounds). Die Herkunft der neuen Währung von einer mit kleineren Einheiten ist wahrscheinlich die Ursache dafür, daß in Ostafrika trotz des Gleichwerts von 20 Shilling und Pfund bis heute, wo diese Währung längst in die Shilling-Währungen Kenyas, Ugandas und Tansanias zerfallen ist, in Shilling gerechnet wird und auch große Summen nicht in Pfund, sondern in Shilling ausgedrückt werden.[101]

Am 19. Oktober 1922 wurden die deutschen Münzen aufgerufen; nur noch bis 31. März 1923 sollten sie gültig sein. Es fehlte aber an den kleinen Cent-Nominalen, und so dauerte es letztlich nach Fristverlängerungen bis 15. August 1925, bis die letzten Heller aus dem Verkehr verschwanden.

In Deutschland gab es noch ein juristisches Nachspiel. Wie erwähnt löste die Deutsch-Ostafrikanische Bank nach dem Krieg ihre Noten bei ihrer Zentrale in Berlin zum Kurs von 1,333 Mark für die Rupie ein, natürlich nicht in Gold, sondern in Papiermark. Damit erfüllte sie nicht die Wünsche mancher Einlöser, die Goldwerteinlösung verlangten. Es kam zu mehreren ›Rupiewährungsprozessen‹ gegen die Bank, die alle zu ihren Gunsten endeten.[102]

Deutsch-Neuguinea

Von den Schutzgebieten mit Markwährung wurde Deutsch-Neuguinea vorübergehend das einzige mit eigener Münzprägung. Das Schutzgebiet bestand aus dem Nordosten der Insel Neuguinea (Kaiser-Wilhelms-Land) und dem Bismarck-Archipel (Neupommern, Neumecklenburg, Neuhannover) sowie aus der größten der Salomon-Inseln (Bougainville). Im Auftrag des Bankiers v. Hansemann von der Diskontogesellschaft hatte Otto Finsch durch Verträge mit Eingeborenen den Grundstein für das Schutzgebiet gelegt. Die Eingeborenen lebten noch in der Steinzeit. Europäische Siedlung gab es kaum, im Inneren von Neuguinea überhaupt nicht. Münzgeld fehlte völlig.

Die Deutsche Neuguineagesellschaft, der das Reich 1885 die Verwaltung übertrug, führte daher zunächst Reichsmünzen ein und verordnete am 19. Januar 1887,[103] daß die Reichsmarkrechnung gelte; gesetzliche Zahlungsmittel sollten die Stücke zu 20, 10, 2 und 1 Mark, die Vereinstaler, ferner die Stücke zu 50, 10, 5, 2 und 1 Pfennig sein. Wegen der ständig passiven Handelsbilanz flossen die deutschen Münzen aber immer wieder rasch ab, so daß es immer an Münzgeld fehlte. So entschloß sich die Gesellschaft, für ihr Gebiet besondere Münzen zu prägen, die außerhalb nicht gelten und daher im Lande bleiben würden. Es kam zur Herstellung der Münzen der »Neu-Guinea-Mark« in Berlin.[104] Die Stücke entsprachen bei Gold (20, 10 Mark) und Silber (5, 2, 1 und $\frac{1}{2}$ Mark) in Größe und Feinheit den Reichsmünzen, auch die Münzen zu 2 und 1 Pfennig; das Zehnpfennigstück in Bronze aber hatte mit 30 Millimeter Durchmesser und 10 Gramm etwa die Gestalt eines britischen Penny. Die Goldmünzen wurden 1895 geprägt, die anderen tragen die Jahreszahl 1894. Die Verordnung vom 1. August 1894 setzte sie in Kurs.[105] Die Rückseite zeigte einen herrlichen Paradiesvogel; geprägt wurde in Gold für 50 000 Mark, für etwa 200 000 Mark in Silber und für 20 000 Mark in Bronze und Kupfer. Die Münzen galten nur im Schutzgebiet und wurden von der Hauptkasse der Gesellschaft auf Verlangen in Mark-Schecks auf Berlin eingelöst. So blieben sie in der Tat im Land, und mit der allmählichen Entwicklung hielten sich auch die Reichsmünzen. Im Verkehr mit den Eingeborenen freilich bediente man sich bis zum Ersten Weltkrieg des Primitivgeldes, hauptsächlich der Kaurimuscheln, auch wenn ihr Gebrauch ab 1901 unter Weißen (1902 auch allgemein) untersagt wurde.[106] Keller[107] berichtet, daß man sich – wie auch in den Insel-Schutzgebieten – für Beträge unter einer Mark bei Münzenmangel vielfach der Briefmarken als ›Notgeld‹ bedient habe, und dazu sei es oft gekommen, weil die Eingeborenen die Kleinmünzen gerne zu Schmuck verarbeiteten. An ausländischem Geld erschienen britische Münzen, aber auch niederländische Silbergulden, die von Kontraktarbeitern aus Java ›eingeschleppt‹ wurden, und mexikanische Dollars, die Währungsmünzen des südostasiatischen Raumes,[108] die Kontraktarbeiter aus Singapur mitbrachten. Die Gulden wurden zum Kurs von 1,70 Mark geduldet, die Dollars waren Münzen einer Silberwährung von schwankendem Wert und wurden verboten. Immerhin hatte man, ehe beschlossen wurde, die Paradiesvogelmünzen zu prägen, sogar erwogen, die mexikanischen Dollars zu Währungsmünzen zu erklären und ›Trade Dollars‹ mit dem Kopfbild des Kaisers auszugeben.

Es soll verboten gewesen sein, die Gesellschaftsmünzen außer Landes zu bringen. Stücke, die trotzdem mitgenommen wurden, pflegte eine Firma in Singapur mit einem Abschlag von 3 v. H., später von 8 v. H., anzukaufen und in das Schutzgebiet zurückzusenden. Aber englische Sammler haben die Goldmünzen schon damals gesucht und bezahlten das Zwanzigmarkstück mit 23 Shilling. Bis heute tauchen sie auf Münzauktionen in den Vereinigten Staaten häufiger auf als bei uns. Es sind hochbezahlte Seltenheiten geworden.

Mit Vertrag vom 7. Oktober 1898 zwischen dem Reichskanzler und der Gesellschaft übernahm das Reich die Verwaltung des Schutzgebiets. Die Gesellschaft hatte ihre Aufgabe nicht erfüllen können. Bis zum Ersten Weltkrieg wurden in der Entwicklung dieser Kolonie kaum Fortschritte erzielt. In Artikel 5 des Vertrags[109] verzichtete die Gesellschaft auf ihr Münzrecht und verpflichtete sich, die Münzen nach Einziehung in Reichswährung einzulösen. Doch der Gouverneur ließ sich Zeit. Erst 1908 wurden sie mit Wirkung ab 15. April 1911 außer Kurs gesetzt; den Kassenkurs behielten sie bis 15. April 1914.[110] Wie in den anderen Schutzgebieten mit Markwährung waren nun alle Münzen der Reichswährung gültig; dazu hatten Kassenkurs der britische Sovereign für 20 Mark und das Zwanzigdollarstück der Vereinigten Staaten für 80 Mark. Noch bis 1914 sollen die Kleinmünzen gefehlt haben, weil die Eingeborenen sie horteten. Ihnen gegenüber rundete man die Preise daher meistens auf volle Mark auf; Weißen hingegen gab man in Briefmarken heraus. Wie weit es gelungen war, das Primitivgeld zu unterdrücken,[110a] muß offenbleiben.

Das Schutzgebiet hatte nur eine kleine Polizeitruppe. Als der Erste Weltkrieg ausbrach, hatten die Alliierten das militärische Interesse, die Häfen der Südseeschutzgebiete rasch zu nehmen, um dem Ostasien-Kreuzergeschwader der deutschen Marine, das in Tsingtau stationiert war, keine Stützpunkte zu belassen. Auch die deutschen Funkstationen waren ihr Ziel; auf Neupommern war eine Großfunkstation fast fertig. Schon am 12. August 1914 zerstörten australische Landungskommandos die Postämter und Fernmeldeanlagen in Herbertshöhe und Rabaul. Am 11. September griff ein australischer Flottenverband an, und am 21. September kapitulierte die deutsche Truppe aus etwa 300 Polizeisoldaten und weißen Reservisten.

Im Zusammenhang mit der Kapitulation kam es zu zwei Notgeldausgaben der australischen Truppen. Sie hatten nach den Übergabebedingungen den ausstehenden Sold der deutschen Truppe zu bezahlen und ließen dazu Zwanzigmarkscheine – dieses Nominal ist offenbar gesichert – auf geeigneten Papierresten (Packpapier, Rückseiten von Bier- und Weinflaschenetiketten) herstellen, wobei Schuhwichse als Druckerschwärze diente. Doch wurden diese Scheine nach wenigen Tagen gegen neues, nicht mehr so einfaches Notgeld eingelöst: sauber gedruckte Scheine (›Treasury Notes‹) zu 5, 10, 20, 50 und 100 Mark,[111] die bis 1916 umgelaufen sein sollen. Außerdem kreierte ein Angestellter der Deutschen Plantagengesellschaft AG, der auch Posthalter war, ein Notgeld, indem er mit Hilfe von Postformularen Zahlungsanweisungen auf feste Beträge (1, 2, 3, auch 999 Mark) fertigte. Die Besatzungsbehörden und Privatfirmen in Australien und Niederländisch-Indien nahmen sie an, und über die neutralen Niederlande wurden sie noch während des Krieges der Postverwaltung in Berlin vorgelegt, die sie auch einlöste. Hiervon hat sich in Sammlerhand offenbar nichts erhalten. Auch Missionsstationen und ein Reedereibüro sollen solches ›Postnotgeld‹ ausgegeben haben. Im Inneren von Neuguinea entzog sich ein Polizeihauptmann bis zum Kriegsende der Kapitulation. Er soll handgeschriebene Gutscheine ausgegeben haben, die ebenfalls nach dem Krieg eingelöst wurden.[112]

1919 wurde Deutsch-Neuguinea ein C-Mandat Australiens. Schon im Oktober 1914 war durch die australische Besatzung soviel an Zahlungsmitteln des Australischen Pfundes (das 1911 vom britischen Pfund getrennt worden war) in Umlauf gekommen, daß die Zeit des deutschen Geldes beendet war.

Marshall-Inseln, Karolinen, Marianen

Auf den *Marshall-Inseln*, der östlichen der deutschen Inselgruppen in der Südsee mit der Hauptinsel Jaluit, befanden sich alte Handelsstationen der Hamburger Handelsfirma Godeffroy, aus der 1878 die ›Deutsche Handels- und Plantagengesellschaft‹ hervorging, die Vorgängerin der Jaluit-Gesellschaft von 1887. Nach Vertragsschlüssen mit den Inselhäuptlingen schon 1878 kam es 1884 zur Übernahme der Verträge durch das Reich, zu den Flaggenhissungen bei den Besuchen des Kanonenbootes ›Nautilus‹ im Herbst 1885 und zur Begründung des Schutzgebiets im April 1886. Die Jaluit-Gesellschaft war zwar eine Kolonialgesellschaft, übte aber keine Hoheitsrechte aus. Zum Verwaltungsbezirk, der 1906 dem Gouverneur von Deutsch-Neuguinea unterstellt wurde, gehörte auch die südlich abgelegene Insel *Nauru* (westlich der Gilbert-Inseln). Sie war seit 1888 in deutschem Besitz und durch ihre Phosphatvorkommen bedeutsam. Hier wurde noch 1913 eine Großfunkstation eröffnet.

1889 lebten auf den Marshall-Inseln ganze 43 Deutsche, 1904 waren es 61 Deutsche (unter etwa 15 000 Eingeborenen, etwa 600 Mischlingen und knapp 40 Amerikanern, Briten und Chinesen). Auf Nauru gab es zu dieser Zeit 15 Weiße und etwa 1500 Eingeborene. Als die Deutschen kamen, fanden sie ein wenig britisches Münzgeld, besonders aber chilenische und peruanische Münzen vor, die durch vorüberkommende Walfänger aus Südamerika auf diese Inseln gekommen waren. 1888 wurde die Reichsmarkrechnung eingeführt.[113] Die Vereinstaler waren zugelassen, die Fünfmarkstücke nicht und von den Zwanzigpfennigstücken nur die aus Nickel. Bis dahin war der chilenische Peso als gesetzliches Zahlungsmittel für 3,60 Mark anerkannt, eine Silbermünze in der Art des Fünffrankenstücks der Lateinischen Münzunion.

Die Marshall-Inseln wurden am 29. September 1914 von Neuseeland besetzt; Widerstand gab es nicht. Nauru nahmen Neuseeländer und Australier im November 1914 ein. Die Marshall-Inseln gab Neuseeland umgehend an Japan weiter. Ihr Schicksal entschied sich auf der Abrüstungskonferenz von Washington (12. November 1921 bis 6. Februar 1922), in derem Rahmen das Viermächteabkommen zwischen den Vereinigten Staaten, Frankreich, Großbritannien und Japan die Besatzungsmächte der deutschen Südseebesitzungen als C-Mandatare des Völkerbunds bestätigte. Die Marshall-Inseln kamen demgemäß zu Japan; über ihre Mandatsverwaltung ist kaum etwas bekanntgeworden. Die Japaner führten wohl umgehend nach ihrer Ankunft ihre Jen-Währung ein. Nauru war ab 1920 Mandat von Großbritannien, Neuseeland und Australien, die einander alle fünf Jahre in der Leitung der Verwaltung abwechselten. Auf den Marshall-Inseln wurde die Pfund-Rechnung schon im Dezember 1914 eingeführt, auf Nauru spätestens 1916.

Auch auf den *Karolinen*, der langgestreckten Inselgruppe nördlich des Neuguinea umfassenden Melanesien, gab es deutsche Handelsinteressen. Der Versuch, 1885 auch hier die deutsche Herrschaft zu begründen, scheiterte jedoch an älteren Ansprüchen Spaniens. Deutschland und Spanien unterwarfen sich einem Schiedsspruch des Papstes Leo XIII. (30. Dezember 1885), der die Inselgruppe Spanien zuteilte. Erst vierzehn Jahre später, am 30. Juni 1899, konnte das Reich die Karolinen mit ihrer westlichsten Gruppe, den Palau-Inseln, und die nördlich gelegenen *Marianen* im Zusammenhang mit dem Spanisch-Amerikanischen Krieg für rund 17 Millionen Mark kaufen. Ausgenommen blieb die Insel Guam am Südende der Marianen, die 1898 die Vereinigten Staaten erworben hatten und zu einem Seestütz-

punkt auf ihrem Weg zu den Philippinen ausbauten. Die Hauptinsel der Westkaro-
linen war Jap, die der Ostkarolinen Ponape. Hauptinsel der miterworbenen Marianen war Saipan.

Die Deutschen fanden hier spanisches Geld vor; außerdem liefen amerikanische
Münzen um, die Missionare aus den Vereinigten Staaten mitgebracht hatten, und
chilenische Pesos. Der Bezirksamtmann von Saipan entzog 1900[114] dem »moneda
borrosa« genannten abgegriffenen spanischen Silbergeld und den spanischen Kupfermünzen den Kassenkurs und verbot die Einfuhr jeglichen fremden Geldes mit
Ausnahme von Goldmünzen. Für die Karolinen, Palau und die Marianen verordnete der Gouverneur von Deutsch-Neuguinea, von wo aus diese Inselgruppen mit-
verwaltet wurden, am 20. September 1900[115] die Reichsmarkrechnung, wobei bei
den Münzen auch die Fünfmarkstücke und Vereinstaler sowie die Zwanzigpfennigstücke, aber auch die Reichsbanknoten und die Reichskassenscheine gesetzliche
Zahlungsmittel sein sollten. Nicht erwähnt wurden merkwürdigerweise die Zwei-
und die Einmarkstücke. Mit dieser Verordnung erlangten die Noten der Reichsbank und die Reichskassenscheine auf den Inseln eine rechtliche Bedeutung, die sie
im Reich selbst erst später erhielten. Die Annahme wird berechtigt sein, daß die Beamten auf diesen abgelegenen Außenposten vom Münz- und Währungsrecht kaum
etwas verstanden und nur praktisch dachten. In der Verordnung wurde dem ›englischen Goldpfund‹ der Kassenkurs von 20,30 Mark beigelegt. Vor Erlaß dieser Verordnung sollen auf den Marianen spanische und philippinische Münzen spanischen Gepräges für 10 000 Mark eingezogen worden sein.

Die Karolinen und die Marianen wurden im Oktober 1914 von den Japanern besetzt, ohne daß die wenigen Deutschen Widerstand geleistet hätten. Auch diese Inselgruppen wurden japanische C-Mandate, über die später kaum mehr Nachrichten
nach Europa kamen.

Samoa

Samoa war das einzige Schutzgebiet, um das sich Deutschland mit anderen Großmächten ernsthaft herumstreiten mußte. Hier hatten sich seit etwa 1870 beträchtliche Handelsinteressen der Briten, Amerikaner und Deutschen entwickelt. Die kul-
turell hochstehenden Eingeborenen hatten eine Häuptlingsaristokratie, in der sich
immer wieder einzelne zu Königsbedeutung aufschwangen. Seit 1877 gab es privaten Postdienst, und die drei Großmächte waren mit Konsuln vertreten. 1886 wurde
in Apia auf der westlichen Hauptinsel Upolu eine deutsche Postagentur eröffnet.
Die Vereinigten Staaten erlangten schon 1872 auf der östlich gelegenen Insel Tutuila die Kohlenstation Pago Pago.

Die drei Mächte suchten nun unter Einmischung in die Streitigkeiten der Einge-
borenenfürsten jeweils ihre Interessen zu wahren. 1880 kam es zur gemeinsamen
Verwaltung von Apia, des wichtigsten Hafenortes, durch die Konsuln. Bei weiterer
Zwistigkeiten griffen wiederholt Kriegsschiffe ein, und als am 16. März 1889 gerade
deutsche und amerikanische Kriegsschiffe sowie ein britisches in einer Spannungs-
situation einander in Schußweite im Hafen von Apia anstarrten und keines vor

einem nahenden Orkan auszuweichen wagte, vernichtete der Sturm zwei deutsche und drei amerikanische Schiffe. Jetzt kam es zu Verhandlungen in Berlin. Man einigte sich auf die ›Generalakte‹ von 1889, die die gemeinsame Verwaltung besser regelte. Doch die Spannungen dauerten an. Es siegte die Auffassung, die Teilung der Inseln sei die beste Lösung. So kam es am 2. Dezember 1899 zum Londoner Samoa-Vertrag, der dem Deutschen Reich die beiden Hauptinseln Upolu und – das größere, aber weniger wichtige – Sawaii zuerkannte, den Vereinigten Staaten hingegen die östlichen kleinen Inseln mit Tutuila. Großbritannien wurde mit dem Protektorat über die Tonga-Inseln und über Niue[115a] abgefunden; Großbritannien stand damals im Burenkrieg und war in schwacher Position.

Seit der Generalakte von 1889 waren auf den Inseln das britische und das amerikanische Geld anerkannt. Die Gehälter der europäischen Beamten wurden in Dollars ausbezahlt, doch gab es im Umlauf mehr britisches als amerikanisches Geld. Das deutsche Geld spielte keine Rolle. Nach der Teilung erließ der Kaiserliche Gouverneur am 15. Juni 1901 eine Verordnung,[116] die die ›Reichsmarkrechnung‹ ab 1. Juli 1901 einführte. Bei den Münzen blieben die Vereinstaler sowie die Stücke zu 5 Mark und zu 20 Pfennig unerwähnt; auch das Papiergeld war nicht gesetzliches Zahlungsmittel. Nicht nur den Kassenkurs, sondern die Eigenschaft als gesetzliches Zahlungsmittel erhielten bei den gegebenen Verhältnissen aber auch die britischen und die amerikanischen Goldmünzen, und zwar zu den jeweiligen genauen Paritäten, das ›Pfund Sterling englisch‹ mit 20,42 Mark und das Zwanzigdollarstück mit 83,20 Mark (die Teilstücke entsprechend). Hier waren diese ausländischen, vollwertigen Goldmünzen nicht wie in anderen Schutzgebieten absichtlich unterbewertet worden, um sie so rasch zu vertreiben. Das galt freilich nicht für die Silbermünzen. Ihnen beließ die Verordnung den Kassenkurs für zwei Jahre, und das nur zum Wert von 1 ›Reichsmark‹ für den Shilling und von 4 ›Reichsmark‹ für den Dollar; mehr als 20 Shilling oder 5 ›Silber-Dollar‹ brauchten die Kassen bei einer Zahlung nicht anzunehmen. 1911 wurden dann auch die fremden Goldmünzen auf den Kassenkurs beschränkt und 1913 ganz verboten. Inzwischen waren offenbar genügend deutsche Zahlungsmittel auf Westsamoa. Seit 1905 hatten sie überwogen. Dazu hatte der Samoa-Vertrag von 1899 insofern beigetragen, als er die deutsche Hoffnung beendete, auch die südlich gelegenen Tonga-Inseln als Schutzgebiet zu erwerben.[116a] Hier war der deutsche Handel in den Jahrzehnten vorher so stark geworden, daß dort mehr deutsches als britisches Münzgeld umlief. Die britische Protektoratsverwaltung setzte das deutsche Geld Anfang 1905 außer Kurs, worauf es nach den deutschen Samoa-Inseln strömte.

Das Schutzgebiet wurde am 29. August 1914 von den Neuseeländern, deren Schiffen sich ein französischer Kreuzer zugesellt hatte, besetzt; auch hier war Widerstand unmöglich. Die Deutschen im Schutzgebiet blieben bis Kriegsende unbehelligt. 1919 wurde das Schutzgebiet C-Mandat Neuseelands. Das erwähnte Pazifikabkommen bestätigte Neuseeland in diesem Besitz. Die neuseeländische Pfundrechnung wurde schon in den ersten Septembertagen von 1914 eingeführt.

Das Pachtgebiet Kiautschau

Nach dem Krieg von 1894 und 1895 gegen Japan war China nahe daran, von den europäischen Kolonialmächten sowie von Japan und Rußland aufgeteilt zu werden. Auch das Deutsche Reich bemühte sich um einen Anteil und verlangte eine Kohlenstation für seine Marine, aber ohne Erfolg. Immerhin behielt man die Bucht von Kiautschau an der Südküste der Provinz Schantung im Auge, und als 1897 zwei deutsche Missionare in dieser Provinz ermordet wurden, nahm das Reich die Gelegenheit wahr und besetzte die Hafenstadt Tsingtau an dieser Bucht. Der Pachtvertrag vom 6. März 1898 verschaffte dem Reich das Pachtgebiet Kiautschau (Kiautschou in amtlicher Schreibung) und die Anerkennung einer abgegrenzten Interessensphäre in der Provinz Schantung.

Seit 2000 Jahren und länger hatte China Münzen, und zwar nach Übergangsformen von Primitivgeld (›Gerätemünzen‹) nur die runden, viereckig gelochten Cash-Münzen meist aus Bronze, stets aus unedlem Metall. Um 800 übernahmen diese Münzen Japan, um 950 Korea und etwas später Annam. Gold und Silber verwendete man für Zahlungen in Barrenform und nach Gewicht. Aber schon gegen 1500 brachten fremde Kaufleute die ersten ausländischen Silbermünzen, wenn man davon absieht, daß im Westen Chinas gelegentlich römische und arabische Münzen gefunden werden, die der Fernhandel des Altertums und des Mittelalters brachte.

Nachdem in der Neuzeit zuerst niederländische Münzen eine Rolle spielten, wurde dann der spanische Piaster zur Haupthandelsmünze Chinas. Zuerst kamen die Achtrealenstücke spanisch-südamerikanischen Gepräges durch die Spanier über die Philippinen. Im 19. Jahrhundert bediente sich dann hauptsächlich der amerikanische Chinahandel über Kalifornien der Pesos mexikanisch-republikanischen Gepräges. Diesen Münzen wichen ab etwa 1830 zusehends die alten Carolus-Piaster der Formen von 1732 und 1772, die berühmten ›Säulenpiaster‹, die auch die Urform des Dollars der Vereinigten Staaten waren. Seit der Mitte des Jahrhunderts fanden die mexikanischen Dollars dann in ganz Ost- und Südostasien eine beispiellose Verbreitung. Für 1910 wurde ihre Zahl im Umlauf und in den Hortungen Chinas auf 500 Millionen geschätzt. Sie waren, als die Deutschen nach Kiautschau kamen, die eigentliche Währung des Landes. Daneben diente das alte chinesische Silbergewicht ›Tael‹ als Rechnungseinheit. Es hatte in den verschiedenen Städten und Häfen unterschiedliches Gewicht zwischen 35 und 37 Gramm.

Wie in vergleichbaren Situationen der Münzgeschichte blieb es nicht aus, daß diese Handelsmünzen fremden Gepräges in China und in den anderen Umlaufsgebieten in Gewicht und Größe, aber mit eigenem Gepräge nachgeahmt wurden. ›Nationale‹ chinesische Dollars – die Dollar-Bezeichnung setzte sich durch, wo die Handelsprache englisch war – wurden schon 1838 in Formosa und seit 1890 im eigentlichen China als ›Drachendollars‹ mit chinesischer und englischer Aufschrift und dem Wappendrachen von verschiedenen Provinzregierungen hergestellt. Einen chinesischen Dollar der Zentralregierung gab es erst ab 1914.

Der Dollar war in 100 Cents geteilt. Geprägt wurden auch Teilmünzen zu 50, 20 und 10 Cents sowie Kupferkleinmünzen zu 20, 10 und 5 Cash bzw. zu 2, 1 und

$\frac{1}{2}$ Cent. Das Tael als Gewichts- und Geldrechnungseinheit wurde in 10 Mace oder 100 Candareens geteilt. Die Dollars trugen daher, da der Dollar 0,72 Tael galt, zuweilen die Aufschrift ›7 Mace and 2 Candareens‹.

Diese chinesischen Münzen wurden aber in zu geringer Zahl geprägt, als daß sie in China die Handelsdollars britischen Ursprungs (aus indischen Münzstätten und für den Handel Singapurs und Hongkongs geprägt) sowie die Stücke japanischen, französischen und amerikanischen Ursprungs und natürlich die mexikanischen Pesos hätten ersetzen können. Die chinesische Währung war eine Silberwährung. Der Kurs des China-Dollars oder ›Yüan‹ bewegte sich mit dem Silberpreis und schwankte 1908 um 2,75 Mark, 1914 um 2 Mark.

Es versteht sich, daß die Deutschen, wenn sie von Tsingtau aus in China Handel treiben wollten, in ihrem Pachtgebiet die Geldverhältnisse hinnehmen mußten, die sie vorfanden. Für Kiautschau wurden lediglich zwei Nickelscheidemünzen zu 10 und zu 5 Cents geprägt,[117] die die Jahreszahl 1909 trugen, aber bis 1913 geprägt worden sein sollen. Sie zeigen den Reichsadler auf einem Anker und deuten damit an, daß das Pachtgebiet als Flottenstützpunkt – Station des Ostasien-Kreuzergeschwaders – vom Reichsmarineamt (nicht wie die anderen Kolonien von der Kolonialabteilung des Auswärtigen Amts bzw. ab 1907 vom neuen Reichskolonialamt) verwaltet wurde. Dazu fand sich die Umschrift ›DEUTSCH. KIAUTSCHOU GEBIET‹ mit der Wertbezeichnung und auf der Rückseite in chinesischen Schriftzeichen »Kaiserlich-Deutsche Münze Tsingtau 10 (bzw. 5) Cents; 10 (bzw. 20) Stück auf einen Dollar großes Geld«. Damit war ausgedrückt, daß die Münzen tatsächlich den betreffenden Teil des Dollars galten, wogegen die chinesischen Silberteilmünzen oft schlechteren Gehalt als die Dollars hatten und gegen sie im Wert schwankten.

Als Tochter der Deutschen Bank entstand 1889 die Deutsch-Asiatische Bank, die den deutschen Ostasienhandel fördern sollte. Sie errichtete in sieben chinesischen Hafenstädten Filialen und erhielt 1906 das Recht der Notenausgabe, wie es damals zahlreiche ausländische und chinesische Banken in China ausübten. Zur wichtigsten Filiale wurde die in Tsingtau. Ab 1907 gaben dann fünf der Filialen Noten aus. Diese Noten wurden in Silber aber nur in der Filiale eingelöst, die sie ausgegeben hatte, denn sie lauteten auf ›Tael‹ und das Münzgewicht war, wie erwähnt, nicht überall gleich. Die Nominale waren 20, 10, 5 und 1 Tael, doch gab es auch Noten zu 50, 25, 10, 5 und 1 Dollar. Die Noten waren einheitlich gestaltet und unterschieden sich außer für diese Nennwerte für die Filialen nur in der Beschriftung.[118] Außer in Tsingtau fanden sich solche Filialen in Hankau, Peking, Shanghai und Tientsin; keine Noten gaben die Filialen Hongkong und Tsinanfu aus. An Dollar-Noten wurde ein Vielfaches der Tael-Noten ausgegeben.

Als China 1917 gegen Deutschland in den Weltkrieg eintrat, wurden die Noten für ungültig erklärt. Die Deutsch-Asiatische Bank hat sie bis 1939 in Deutschland mit dem Gegenwert ihres chinesischen Währungsbetrags eingelöst. Es war nicht das einzige Papiergeld, das im Pachtgebiet ausgegeben wurde. Umgekehrt gaben chinesische Banken durch ihre Filialen in Tsingtau Noten aus, die nur hier eingelöst wurden, so die (staatliche) Bank of Communications.

Nun ist es aber keineswegs so, daß in Kiautschau kein deutsches Geld umlief. Um die Zeit des Boxeraufstands (1900/1901) war viel deutsches Militär in Schantung, und auch danach war die Garnison immer stark, deren Angehörige ebenso wie die Besatzungen der ankommenden Kriegsschiffe ihr deutsches Geld im Pachtgebiet ausgaben. Das erklärt, daß die deutsche Post in Kiautschau, die ja wohl überwiegend vom Militärpersonal beansprucht wurde, bis Ende August 1905 ihre Briefmarken gegen deutsches Geld verkaufte. Damals gab es in Kiautschau auch mancherlei Kantinengutscheine und anderes Ersatzgeld, besonders der Marineeinheiten.[119]

Nach Ausbruch des Ersten Weltkriegs forderte Japan am 15. August 1914 das Deutsche Reich ultimativ auf, bis 15. September sein Ostasiengeschwader abzuziehen und Kiautschau an Japan zu übergeben. Das Ultimatum soll sich im Ton an das deutsche Ultimatum an Japan vom Jahre 1895 gehalten haben, mit dem Deutschland dazu beitrug, Japan die Früchte des Friedens von Shimonoseki zu entreißen. Am 23. August – nach Ablehnung des Ultimatums – erklärte Japan den Krieg; am 28. September begannen die Kampfhandlungen. Am 7. November 1914 kapitulierte die deutsche Besatzung.

Japan hielt Kiautschau besetzt, bis es das Pachtgebiet aufgrund des »Schantungvertrags« auf der Washingtoner Abrüstungskonferenz (12. November 1921 bis 6. Februar 1922) an China zurückgab. Die Frage eines Währungsübergangs stellte sich dabei nicht: wie vor und während der deutschen Zeit blieb es auch danach beim chinesischen Dollar.

Vorbemerkung zu den Kapiteln 9 bis 15

Die Titel dieser Kapitel bedürfen der Erläuterung. Geldgeschichte ist Geschichte der Zahlungsmittel auf dem Hintergrund der politischen Geschichte, das heißt der staatlichen Gestaltungen, soweit sie das Geldwesen bestimmen, und der Finanzgeschichte, mit derselben Einschränkung. Geldgeschichte ist deskriptiv: Sie hat ihren Gegenstand zu beschreiben. Wo sie sich Urteile erlaubt, ob ein Geldwesen gut oder schlecht, eine Geldpolitik zu loben oder zu verurteilen ist, bildet sie das Urteil aus ihrem und über ihren Gegenstand und nicht über die allgemeine Politik des Staates, der dieses Geldwesen trägt. Geldgeschichte ist also ›politisch neutral‹: Es kann sein, daß eine ansonsten ›gute‹ Regierung oder ein ›großer‹ Herrscher ein schlechtes Geldwesen zu verantworten hat und daß das Geld unter einer bösen politischen Ordnung, unter einem Herrscher, den die Geschichte mißbilligt, gut, weil stabil war. Beispiele für den ersteren Fall sind etwa die bedenkenlosen Münzverschlechterungen unter Karl XII. von Schweden,[1] unter Friedrich II. von Preußen im Siebenjährigen Krieg[2] sowie die Papiergeldinflationen im Amerikanischen Unabhängigkeitskrieg,[3] im Preußen der Befreiungskriege[4] und im amerikanischen Bürgerkrieg.[5] Gegenbeispiele sind die Kapitel der französischen Münzgeschichte unter Napoleon I. und Napoleon III.,[6] die portugiesische Währungspolitik unter Salazar[7] und die – heutige – Währung Ungarns. Es ist eine andere Frage, wie weit das Urteil über eine geschichtliche Epoche modifiziert werden könnte, würden die Allgemeinhistoriker auf geldgeschichtliche Aspekte mehr Rücksicht nehmen.

Für die deutsche und europäische Geschichte in den Jahren von 1933 bis 1945, für die Zeit des Nationalsozialismus im Deutschen Reich, die Ausdehnung Deutschlands bis 1939 und in den Jahren des Zweiten Weltkriegs gilt das auch. Im folgenden soll die Währungsgeschichte dieser Epoche ›sine ira et studio‹ dargestellt werden, ungeachtet des sittlichen Unwerts und der Verbrechen des Regimes in weiten Bereichen seines Wirkens, das heute nach den Maßstäben des Rechtstaats zu beurteilen ist.

Dem Verfasser stellte sich die Frage, wie diese Teile der Darstellung zu gliedern und zu benennen seien. Die Begründer der Münzkunde und Geldgeschichte der neuesten Zeit Deutschlands und der angesichts der politischen Geschichte einzuschließenden Nebengebiete, Kurt Jaeger als genialer Katalogverfasser und die verdienstvollen Kompilatoren der münzrechtlichen bzw. währungsrechtlichen Grundlagen, Walter Grasser und Karl-Dieter Seidel, hielten sich an die gängige Bezeichnung ›Drittes Reich‹; Albert Pick und Jens-Uwe Rixen verzichteten in ihrem erschöpfenden Papiergeldkatalog auf einen solchen Abschnitt, der sich für das Papiergeld schon Kurt Jaeger und Ulrich Haevecker nicht aufdrängte.[8]

Mit dem Begriff ›Drittes Reich‹ macht man sich jedoch – gedankenlos – eine Benennung zu eigen, die das autoritäre Regime sich selbst gegeben hat und den es seiner eigenen historisch-politischen Rechtfertigung entnahm. Andererseits drücken auch Bezeichnungen wie ›Totalitäres Regime‹, ›Nationalsozialistische Gewaltherrschaft‹, ›Faschistische Diktatur‹ oder ›Faschistischer deutscher Imperialismus‹[9] Wertungen aus, die der gebotenen objektiven Betrachtung des Geldwesens dieser Zeit nicht dienlich sind. Letztlich sind solche pejorativen Begriffe deshalb vom Historiker abzulehnen, weil sie – politisch sicher richtig – das Unrechtmäßige, Verwerfliche der Begründung dieser Regierung hervorheben, wo doch das Geldwesen als Geschöpf der Rechtsordnung auch in dieser Zeit an dem Makel der Regierung zunächst keinen Anteil hat: Da die Münz- und Währungsvorschriften wirksam waren und das Geld gestalteten, muß auch die geldgeschichtliche Betrachtung davon ausgehen, daß – wie es auch im Völkerrecht gesehen wird – die Legalität der Begründung einer Regierung in einem Staat keine Voraussetzung der formalen Rechtmäßigkeit ihres Wirkens ist. Zudem kam die Regierung des Reichskanzlers Hitler am 30. Januar 1933 auch ›legal‹ zustande.

Diese Regierung, die staatsrechtlich in einigen Stufen zur Diktatur wurde, ist von ihrer Begründung an bis zu ihrem Zusammenbruch durch den Namen des Adolf Hitler gekennzeichnet, der zuerst Reichskanzler war, sich nach dem Tode des Reichspräsidenten von Hindenburg unter Verzicht auf dessen Titel zum ›Führer und Reichskanzler‹ aufschwang und ohne förmliche Titeländerung etwa ab 1942 nur noch als ›Führer‹ bezeichnet wurde.[10]

Es ist daher angemessen, für diese Periode von ›Deutschland unter Hitler‹ zu sprechen; die Teilung der Darstellung in Kapitel für die Zeit bis 1939 und für den Zweiten Weltkrieg entspricht sachlichen Gesichtspunkten des Stoffes.

9. Deutschland unter Hitler bis 1939: Die Münzen

Wie schon ausgeführt, änderte sich das Münzwesen des Deutschen Reiches nach Antritt der Regierung Hitler nur allmählich. Keineswegs brachte die ›nationale Revolution‹ sofort ihre Symbole auf Münzen und Papiergeld, und bei den Münzen änderte sie am Anfang im wesentlichen nur die Abmessungen der Silbermünzen zu 2 und zu 5 Reichsmark. Dazu kam schon im Jahr 1933 das Einmarkstück aus Reinnickel. Allerdings wurden zwei Münznominale alsbald beseitigt, die erst 1931 bzw. 1932 eingeführt worden waren, ohne daß es einem wirklichen Bedürfnis entsprochen hätte:[1] So, wie das Vierpfennigstück des Reichskanzlers Brüning im Rahmen seines Deflationsprogrammes durch eine Notverordnung des Reichspräsidenten eingeführt wurde, verschwand es auch wieder mittels einer Notverordnung, indem es unter Streichung aus der Reihe der Münznominale des Münzgesetzes zum 15. Oktober 1933 außer Kurs gesetzt wurde.[2] Niemand weinte dieser auch von der Größe her unpraktischen Münze eine Träne nach, die von allen Geprägen der Münzgeschichte die meisten Spottnamen auf sich gezogen hatte und sozusagen das numismatische Symbol der Weltwirtschaftskrise in Deutschland mit zuletzt gegen sechs Millionen Arbeitslosen war. Außerdem verloren die Dreimarkstücke auf den 1. Oktober 1934 die Eigenschaft als gesetzliches Zahlungsmittel. Die »Verordnung über die Außerkurssetzung der Reichssilbermünzen im Nennbetrage von 3 Mark und 3 Reichsmark« vom 6. Juli 1934 deutet schon in ihrem Titel an, daß sie auch die Stücke zu ›Drei Mark‹ aus den Jahren 1924 und 1925[3] meinte. Dieses letztere Nominal, das im Münzgesetz von 1873 nicht enthalten war und erst zum Ersatz der Vereinstaler nach der Jahrhundertwende in das deutsche Münzsystem kam,[4] erwies sich nach der Inflation in der Münzreihe zwischen dem Zweimarkstück und dem Fünfmarkstück als überflüssig, weswegen die Prägung schon 1925 aufgegeben wurde. Aber diese Stücke waren 1933 weitgehend eingezogen und spielten im Umlauf keine Rolle mehr. Beseitigen wollte man die Stücke zu 3 Reichsmark aus den Jahren 1931 und 1932.[5] Auch ihre Prägung hatte keinem Bedürfnis des Zahlungsverkehrs entsprochen und war fiskalischem Bedürfnis entsprungen; außerdem standen sie mit ihrem Rauhgewicht von 15 Gramm dem neuen Fünfmarkstück von knapp 14 Gramm (vgl. unten) sozusagen im Wege. Die Wirtschaftsnot dieser Zeit ihrer Einziehung ist der Grund, daß nicht viele dieser beiden Sorten von Dreimarkstücken von Sammlern zurückbehalten wurden, so daß sie heute zu den teuersten Kursmünzen zählen, im Gegensatz zu den Gedenkmünzen zu 3 Reichsmark, die zwar ebenfalls durch die Verordnung vom 6. Juli 1934 ihre gesetzliche Zahlkraft verloren, aber in ihrer Masse natürlich in den Schatullen der Münzensammler blieben.

Was die Münz- und Währungspolitik anlangt, konnte der neuen Regierung keineswegs daran gelegen sein, großen Reformwillen hervorzukehren. Wenn es eine Seite der Weimarer Republik gab, der die Rechte nichts entgegenzuhalten hatte, dann war es deren Geldwesen nach der Inflation, wie es sich auch in der Person des rechtsgesinnten Reichsbankpräsidenten Dr. Hjalmar Schacht symbolisierte und wie es in der Weltwirtschaftskrise auch nach seinem Ausscheiden mit Erfolg verteidigt wurde. Dazu hatten die neuen Machthaber allen Anlaß, Währungsexperimente zu vermeiden, die nur das Mißtrauen des Auslands gegen das Schuldnerland Deutschland hätten wecken können. Dazu kam, daß das deutsche Volk nach der Inflationskatastrophe von 1923, die gerade ein Jahrzehnt zurücklag, überaus inflationsbewußt war; jede Verminderung des Geldwertes durch offene oder versteckte Abwertung hätte gefährliche Emotionen geweckt. So war die Rückkehr von Schacht in die Reichsbank (17. März 1933; bis 20. Januar 1939) ein wichtiges Propagandasignal der Regierung Hitler.

Diesen Motiven entsprachen die Änderungen im Münzwesen, die neben der Beseitigung der Dreimarkstücke und der Vierpfennigstücke eingeleitet wurden. Das Eichbaum-Fünfmarkstück[6] entsprach nicht mehr dem Bedürfnis des Zahlungsverkehrs. Es war zu schwer und floß in Massen immer wieder in die Kassen der Reichsbank zurück, denn die Wirtschaft zog für Lohnzahlungen das praktischere Papiergeld vor; bei seiner Einführung hatte man geglaubt, sich in der Größe an die Silber-Fünfmarkstücke des Kaiserreichs halten und der repräsentativen großen Silbermünze einen Gehalt an Silber geben zu müssen, weil nur eine solche Münze die Stabilität der neuen Währung betonen konnte. Diese Rücksicht auf die Volksmeinung war noch immer – und jetzt erst recht – geboten. So entschloß man sich, die Münze zu verkleinern, ihren Silbergehalt aber zu belassen, d. h. den Feingehalt genau entsprechend zu erhöhen. Ebenso verfuhr man beim Zweimarkstück. So kam es noch 1933 zur Entscheidung für die neue Gestaltung des Silbergeldes. Um die Bevölkerung daran zu gewöhnen, begann man mit zwei Gedenkmünzen eines Motivs, das durchaus unpolitisch war: Auf den 450. Geburtstag von Martin Luther am 10. November 1933 (geboren 1483) erschienen Stücke zu 2 und zu 5 Reichsmark[7] mit seinem Kopfbild und den beiden Jahreszahlen auf der Rückseite; die Vorderseite zeigte den Weimarer Reichsadler. Die ›neue Zeit‹ drückte sich nur dadurch aus, daß die altdeutsche Frakturschrift an die Stelle der Antiqua der bisherigen Münzen trat; dabei blieb man dann bei allen Münzbildern der Hitler-Zeit. Nur die Randschrift ›Ein feste Burg ist unser Gott‹ blieb bei diesen beiden Münzen noch in Antiqua.[8] Das Fünfmarkstück wog, wie schon erwähnt, nur noch 13,889 Gramm und war bei unverändertem Feinsilbergehalt von 12,5 Gramm 900/1000 fein; mit dem Durchmesser von 29 Millimeter war es viel handlicher als der Eichbaum (36 Millimeter, bei 25 Gramm rauh). Das Zweimarkstück wog nur noch 8 Gramm (statt 10) und behielt bei der Feinheit von 625/1000 ebenfalls das bisherige Feingewicht (5 Gramm); der Durchmesser verminderte sich nur von 26 auf 25 Millimeter.

Bei Auflagen von 1 Million (2 Reichsmark) und 200000 (5 Reichsmark)[9] hatten diese Luther-Gedenkmünzen für den Umlauf keine Bedeutung. Hierfür groß genug waren aber die Prägezahlen der nächsten Typen, die 1934 erschienen und in der ersten Form als Gedenkmünzen auf den ›Tag von Potsdam‹ gestaltet waren. Am 27. Februar 1933 brannte das Reichstagsgebäude in Berlin aus; es dürfte heute feststehen, daß der Brand von Nationalsozialisten gelegt wurde. Am 5. März wurde der

Reichstag neu gewählt und am 21. März in der Potsdamer Garnisonkirche unter großem Gepränge vom Reichspräsidenten von Hindenburg und dem Reichskanzler Hitler eröffnet; die Feier sollte die ›Versöhnung‹ der ideellen Gegensätze der preußischen Staatsidee und des Nationalsozialismus ausdrücken und war ein großer Propagandaerfolg. Die Rückseiten der aus diesem Anlaß geprägten Münzen zeigten die Kirche und, vom Turm geteilt, das Datum ›21. März 1933‹. Zum ersten Mal erschien auf diesen Stücken ein nationalsozialistisches Parteisymbol, indem die Jahreszahl ›1933‹ zwischen zwei kleinen Hakenkreuzen stand und die Vorderseite ebenfalls zwei dieser Symbole als unauffällige Ornamente aufwies.[10] Vom Zweimarkstück wurden 5 Millionen, vom Fünfmarkstück 4 Millionen hergestellt. Nationalsozialistisch waren auch die Randschriften ›Gemeinnutz geht vor Eigennutz‹.

Dieses Münzbild wurde dann für die folgenden Kursmünzen zu 5 Reichsmark insofern beibehalten, als lediglich das Datum ›21. März 1933‹ weggelassen wurde. Sie wurden mit den Jahreszahlen 1934 und 1935 in großen Mengen geprägt.[11] Jetzt konnten die Zweimarkstücke und die Fünfmarkstücke der früheren Prägung aus dem Verkehr gezogen werden. 1934 wurden auch zwei politisch neutrale Gedenkmünzen geschlagen: Stücke zu 2 und zu 5 Reichsmark zum 175. Geburtstag von Schiller,[12] jedoch nur 300 000 bzw. 100 000 Stück in der Stuttgarter Münze und ohne politische Symbole. Bei den Kursmünzen folgten dann mit den Jahreszahlen 1935 und 1936 die ersten Hindenburg-Fünfmarkstücke,[13] die immer noch den Weimarer Reichsadler und ebenfalls kein Hakenkreuz aufwiesen.

Hitlers Regierung war zunächst eine Koalitionsregierung der Rechten, in der die Nationalsozialisten nicht einmal die Mehrheit hatten; das Übergewicht des Kreises um Papen und Hugenberg erlaubte die Hoffnung, daß die Alleinherrschaft Hitlers zu verhindern sei. Sie trog, und in Stufen vollzog sich der Übergang zum totalitären Staat. Während sich der Terror der SA zunächst vor allem gegen die Linke entfaltete, wurde der Rechtsstaat in Etappen ausgehöhlt. Nur die wichtigsten seien erwähnt. Vier Wochen nach der ›Machtübernahme‹ ließ Hitler durch Verordnung des Reichspräsidenten die wichtigsten Grundrechte der Verfassung beseitigen.[14] Der Reichstag der Wahl vom 5. März 1933, in dem die Nationalsozialisten nur mit Zuzug kleiner Rechtsgruppen die einfache Mehrheit hatten, beschloß dann unter Zustimmung aller Parteien mit Ausnahme der Sozialdemokraten das berüchtigte Ermächtigungsgesetz,[15] das der Reichsregierung die Zuständigkeit zur Gesetzgebung zusprach und so gut wie jegliche Abweichung von der Reichsverfassung erlaubte. Damit war die Reichsverfassung gegenstandslos und die Willkürherrschaft hatte formal freie Bahn. Weitere Stufen waren dann die ›Gleichschaltung‹ der Länder,[16] die unter Reichsstatthalter kamen, ihre Landtage verloren und zu bloßen Verwaltungsbezirken eines Zentralstaates herabsanken. Mit dem »Gesetz zur Wiederherstellung des Berufsbeamtentums« vom 7. April 1933[17] begann die Rassengesetzgebung. Im Juni und Juli lösten sich unter Druck alle Parteien außer der nationalsozialistischen und der kommunistischen auf; letztere war schon vorher verboten worden. Stichworte für die Umgestaltung der gesellschaftlichen Verhältnisse seien das Reichserbhofgesetz vom 29. September 1933 und der ›Reichsnährstand‹ als Ausfluß der ›Blut und Boden‹-Ideologie, das »Gesetz zur Ordnung der nationalen

Arbeit« vom 20. Januar 1934 nach Auflösung der Gewerkschaften und im Zusammenhang mit der Gründung der ›Deutschen Arbeitsfront‹ sowie die Einführung der allgemeinen Wehrpflicht (»Gesetz für den Aufbau der Wehrmacht«, vom 16. März 1935) mit einer Wehrmacht aus 12 Armeekorps von 36 Divisionen in Friedenszeiten. Der wirtschaftlichen Seite der Aufrüstung diente die zunehmende Lenkung der Wirtschaft, von 1936 an unter dem Titel des ›Vierjahresplans‹.

Durch die Mordaktion des ›Röhm-Putsches‹ (30. Juni 1934) mit mehr als 100 Toten und dem »Gesetz über Maßnahmen der Staatsnotwehr« vom 3. Juli 1934[18] entlarvte sich Hitler als Diktator. Formal immer noch als Reichskanzler Chef der Reichsregierung, nützte er den Tod des Reichspräsidenten von Hindenburg am 2. August 1934, sich mit dessen Ableben zum Staatsoberhaupt zu machen.[19] Den Titel des Reichspräsidenten nahm er nicht in Anspruch und ordnete an, daß er als ›Führer und Reichskanzler‹ zu bezeichnen sei. Vom September 1941 an[20] ließ Hitler sich nur noch als ›Der Führer‹ bezeichnen, und in der Sitzung des ›Großdeutschen Reichstags‹ am 26. April 1942 nahm er für seine Zuständigkeiten in Anspruch, an keine ›bestehenden Rechtsvorschriften‹ gebunden zu sein, was ihm dieser Reichstag bestätigte:

»Führer der Nation, Oberster Befehlshaber der Wehrmacht, Regierungschef und oberster Inhaber der vollziehenden Gewalt, oberster Gerichtsherr und Führer der Partei.«[21]

Größere Allmacht einer Person ist nicht denkbar.

Die rechtliche Verknüpfung von Staat und Nationalsozialistischer Deutscher Arbeiterpartei hatte schon am 1. Dezember 1933 mit dem »Gesetz zur Sicherung der Einheit von Partei und Staat«[22] begonnen. Es machte die NSDAP zur Körperschaft des öffentlichen Rechts, also zur Behörde, und den ›Stellvertreter des Führers‹ sowie den ›Chef des Stabes der SA‹, also Parteifunktionäre, kraft ihres Amtes zu Mitgliedern der Reichsregierung. Es ist vielleicht kein Zufall, daß sogleich nach Erlaß dieses Gesetzes das Parteiemblem Hakenkreuz auf die Münzen kam.[23] Im übrigen aber wurde es 1935, bis man der Staatsheraldik ein neues Gesicht gab.

Vorher befaßte sich die Reichsregierung in dieser Hinsicht nur mit den Flaggen. Sofort nach der Reichstagswahl von 1933 und dem Erlaß des Ermächtigungsgesetzes ließ sie am ›Heldengedenktag‹ vom Reichspräsidenten bestimmen, daß »die schwarz-weiß-rote Fahne und die Hakenkreuzflagge gemeinsam zu hissen« seien.[24] Die Farben Schwarz-Rot-Gold waren damit stillschweigend beseitigt. Zugleich erhielt die ›deutsche Wehrmacht‹, wie die Reichswehr hier schon genannt wurde, mit Schwarz-weiß-Rot und einem großen Eisernen Kreuz eine neue Kriegsflagge; die Mützenkokarde wurde ebenfalls schwarz-weiß-rot. Auch die Reichsdienstflaggen und die Standarte des Reichspräsidenten wurden umgestaltet. Ab 20. Dezember 1933 hatten die Handelsschiffe die schwarz-weiß-rote und die Hakenkreuzflagge gemeinsam zu führen. Am 11. April schuf sich Hitler als Staatsoberhaupt eine besondere Standarte. Das ›Reichsflaggengesetz‹ vom 15. September 1935[25] erklärte dann die Hakenkreuzflagge zur Reichs-, National- und Handelsflagge. Die Reichskriegsflagge, mit der die Wehrmacht später fast ganz Europa überziehen sollte, beruhte auf einer Verordnung vom 7. November 1935,[26] die auch die ›Handelsflagge mit dem Eisernen Kreuz‹ als Hakenkreuzflagge gestaltete. Zugleich erhielt die Reichsdienstflagge (für die Behörden) ihre endgültige Form.

Abgeschlossen wurde die Neugestaltung der Staatsheraldik der Hitler-Regierung aber mit der »Verordnung über das Hoheitszeichen des Reichs«.[27] Reichswappen und Reichsadler von 1919 wurden abgeschafft. Beide Begriffe wurden für das ›Hoheitszeichen‹ vermieden, das nichts anderes war als »das Hoheitszeichen der Nationalsozialistischen Deutschen Arbeiterpartei«. Die heraldische Beschreibung fand sich in der »Verordnung über die Gestaltung des Hoheitszeichen des Reichs«:[28]

Das Hoheitszeichen des Reichs zeigt das Hakenkreuz, von einem Eichenkranz umgeben, auf dem Eichenkranz einen Adler mit geöffneten Flügeln. Der Kopf des Adlers ist nach rechts gewendet.

Das ›Hoheitszeichen‹ war damit kein Adler mit einem Hakenkreuz, sondern das Hakenkreuz mit einem Adler darüber! Fortan erschien dieses Zeichen auf den Dienststempeln und Dienstsiegeln aller Reichsbehörden,[28a] und an der Heraldik und den Reichsflaggen änderte sich bis zum Zusammenbruch von 1945 nichts mehr.

Diese neue Staatsheraldik wirkte sich nun alsbald auf die Münzbilder des Umlaufgeldes aus. Zunächst ist nachzutragen, daß bei der Reform des Silbergeldes ab 1933 das Einmarkstück aus Silber[29] durch die ungefähr gleichgroße und gleichschwere Nickelmünze ersetzt wurde, die man von 1933 bis zum Kriegsbeginn 1939 prägte.[30] Der heraldischen Lage entsprechend zeigte sie auf der Rückseite noch den Weimarer Reichsadler; erst von 1939 gibt es Proben, die zeigen, daß man ihn durch einen Adler mit Hakenkreuz in den Fängen ersetzen wollte. 1936 beginnt nun aber die Serie der ›endgültigen‹ Kursmünzen der Regierung Hitler. Sie umfaßt in unveränderten Metallen die Nominale 1, 2, 5 und 10 Reichspfennig sowie 2 und 5 Reichsmark. Die Pfennigwerte zeigen auf der Vorderseite (der staatsrechtlich wichtigeren) das neue ›Hoheitszeichen‹, wobei die Flügel des Adlers, dem Münzrund entsprechend, nach unten gerundet sind, und auf der Rückseite die Wertangabe über zwei Eichenblättern. Bei den zwei Silbermünzen wurden das Kopfbild Hindenburgs beibehalten und auf der Vorderseite dieser Hakenkreuzadler mit Staatsname und Wertangabe kombiniert.[31] Die Stücke wurden bis Kriegsbeginn in Massen geprägt, die Stücke zu 1 und 2 Reichspfennig bis 1940.

Beim Fünfzigpfennigstück blieb es zunächst bei dem Typ aus Reinnickel, der 1927 eingeführt worden war.[32] Er wurde bis 1938 hergestellt und sollte dann durch ein Reinnickelstück mit ›rundem‹ Hakenkreuzadler[33] ersetzt werden. Diese Münze wurde aber 1938 und 1939 nicht mehr in großen Stückzahlen geprägt, und viele Zeitgenossen erinnern sich nicht, sie jemals im Umlauf gesehen zu haben. Die Prägungen von 1939 scheinen großenteils nicht mehr ausgegeben worden zu sein.

Die Prägetätigkeit für diese Serie mit dem Hakenkreuzadler, vielleicht auch schon in Rücksicht auf wehrwirtschaftlichen Rohstoffbedarf, stand wohl neuen Gedenkmünzen im Wege, die man bei den außenpolitischen Erfolgen der Hitler-Regierung erwarten konnte; an geeigneten Gedenktagen hätte es auch in diesen Vorkriegsjahren nicht gefehlt. Doch wurden nur Proben für ein Fünfmarkstück von

1935 auf die Rückgliederung des Saargebiets nach der Volksabstimmung vom 13. Januar 1935 bekannt, das nach Jaeger – wenig glaubhaft – aus Rücksicht auf die Gefühle der Franzosen nicht hergestellt wurde.[34]

Die Silbermünzen zu 1 Mark bzw. Reichsmark und zu 5 Reichsmark aus der Zeit der Weimarer Republik wurden zum 1. April 1937 außer Kurs gesetzt;[34a] sie waren aus dem Umlauf längst verschwunden. Für die Stücke zu 2 Reichsmark, für die das ebenfalls galt, wurde es nach Kriegsbeginn zum 1. Januar 1940 nachgeholt.[35] Die Reichsgoldmünzen zu 10 und zu 20 Mark setzte eine Verordnung vom 16. Juli 1938 zum 16. August 1938 außer Kurs.[36] Grotesk war wegen seiner Begründung der Versuch, der Bevölkerung die letzten ihr verbliebenen Goldmünzen der alten Reichsgoldwährung zu entziehen. Wie erinnerlich[37] hatte sie das Münzgesetz von 1924 mit ihren Nennwerten von 20 und 10 Mark zu gesetzlichen Zahlungsmitteln der Reichsmarkwährung erklärt, deren gesetzliche Parität ihrem Goldgehalt entsprach. Im Umlauf waren sie nicht mehr aufgetaucht, auch waren neue Goldmünzen nicht mehr geprägt worden. Die Notenbankpolitik vor dem Ersten Weltkrieg und die Goldankaufskampagne der Reichsbank im Krieg (›Gold gehört in die Reichsbank‹) hatten den Goldmünzenbesitz der Bevölkerung dezimiert, und in der Not der Inflation wird noch mancher Restbestand aus bürgerlichem Besitz in die Reichsbank gewandert sein. Wieviel von diesen inzwischen legendären Wertstücken sich noch in den Schatullen der Deutschen befanden, konnte niemand wissen. Die »Verordnung über die Ablieferung außer Kurs gesetzter in- und ausländischer Goldmünzen« vom 16. Juli 1938,[37a] also noch im Frieden, hatte folgenden Vorspruch:

Nachdem im Zuge der Wiedervereinigung Österreichs mit dem Reich die österreichischen Bundesgoldmünzen außer Kurs gesetzt worden sind und auch die Goldmünzen des alten Reichs aus Anlaß der Errichtung des Großdeutschen Reiches ihre Geltung als gesetzliche Zahlungsmittel verloren haben, wird zur Vereinheitlichung des bisher im alten Reichsgebiet und in Österreich geltenden Rechts und um das in den Münzen enthaltene Gold für die deutsche Volkswirtschaft nutzbar zu machen, folgendes auf Grund der Verordnung zur Durchführung des Vierjahresplans vom 18. Oktober 1936 (Reichsgesetzbl. I S. 887) für das gesamte Reichsgebiet verordnet:

Daran war alles verlogen und impertinent mit Ausnahme der Aussage, das Gold der Münzen solle für die Volkswirtschaft nutzbar gemacht werden. Daß Münzen die gesetzliche Zahlkraft verloren hatten, war kein Grund, sie zu enteignen, wenn auch Papiergeld nach einer Parität dafür gegeben wurde, die – vgl. unten, Kap. 11 – nur noch Theorie war. Es war ein Eingriff in das Privateigentum, den es in Deutschland vorher weder im Frieden noch in Kriegszeiten jemals gegeben hatte. Währungsmaßnahmen für das angeschlossene Österreich hatten damit nichts zu tun, da sie die Währung des ›Altreichs‹ nicht berührten. Die angezogene Verordnung »zur Durchführung des Vierjahresplanes« war eine allgemein gehaltene Ermächtigung des (preußischen) ›Ministerpräsidenten Generaloberst Göring‹, alle »zur Erfüllung der ihm gestellten Aufgabe erforderlichen Maßnahmen« zu treffen und »Rechtsverordnungen und allgemeine Verwaltungsvorschriften« zu erlassen. Mit dieser Ermächtigung war auch für das Wirtschafts- und Finanzleben die allmächtige Diktatur eingeführt, wie man hier sieht.

Nach der Verordnung waren alle außer Kurs gesetzten – andere gab es nicht – in- und ausländischen Goldmünzen bis 1. September 1938 der Reichsbank anzubieten (anzumelden) und auf Verlangen zu verkaufen. Zuwiderhandlungen waren nach Devisenstrafrecht zu ahnden. Der Erfolg war begrenzt.[38]

Zum Münzrecht ist nachzutragen, daß das Münzgesetz vom 30. August 1924 mit einem Änderungsgesetz vom 5. Juli 1934[39] in formaler Hinsicht den neuen staatsrechtlichen Verhältnissen angepaßt worden war. Die Möglichkeit eines Vierpfennigstücks wurde beseitigt, die technischen Eigenschaften der Münzen bestimmte nur noch der Reichsfinanzminister, nicht mehr die Reichsregierung, die Mitwirkung des Reichsrats entfiel, kürzere Einlösungsfristen als bisher (zwei Jahre) waren möglich und das Nickel-Einmarkstück erhielt seine münzrechtliche Grundlage. Bemerkenswert ist nur der Zusatz zu § 6:

Die Münzen werden in der Reichsmünzstätte ausgeprägt. Der Reichsminister der Finanzen bestimmt den Zeitpunkt des Inkrafttretens dieser Vorschrift.

Noch immer waren es die sechs Münzstätten der früheren Länder und eines Stadtstaates, die – an den Münzzeichen erkennbar:

A   Berlin
D   München
E   Dresden-Muldenhütten
F   Stuttgart
G   Karlsruhe
J   Hamburg –

die Münzen für Rechnung des Reiches prägten. Im Laufe der Jahre waren die Münzstätten sämtlich veraltet, und so entschloß man sich, in Berlin eine große, zentrale Münzstätte für das ganze Reich nach dem Vorbild etwa von Paris, London oder Rom zu errichten. Das Gebäude sollte an einem neuen Hauptstraßenzug von Zehlendorf zum Berliner Rat- und Stadthaus auf dem Grundstück der ehemaligen Stadtvogtei zu stehen kommen. Von 1935 an wurde gebaut, doch 1939 wurde der Bau eingestellt.[40] Die Reichsmünzstätte, in dem Änderungsgesetz vorweggenommen, blieb Luftschloß. Es blieb bei den genannten sechs Münzstätten. Mit dem Anschluß von Österreich kam das Reich dann 1938 in den Besitz der Wiener Münze. Sie erhielt das Münzzeichen ›B‹ zugeteilt und stellte von 1938 bis 1944 Reichsmünzen her.

10. Deutschland unter Hitler bis 1939:
Das Papiergeld

a) Die Reichsbanknoten

Über die Noten der Reichsbank ist für die Jahre 1933 bis 1939 wenig zu berichten. Die zweite Serie der Reichsmark-Noten, die bis in diese Jahre reicht, wurde bereits beschrieben.[1] Bei dieser Serie schlug sich die Staatssymbolik der Regierung Hitler nur insofern nieder, als die Noten zu 100 und zu 1000 Reichsmark, die die Beschlußdaten des Reichsbankdirektoriums vom 24. Juni 1935 bzw. 22. Februar 1936 tragen, im Unterdruck das Hakenkreuz zeigen. Im übrigen entsprachen diese Nominale den Scheinen dieser Serie zu 10, 20 und 50 Reichsmark, von denen der Fünfziger mit dem Datum 30. März 1933 schon in die Regierungszeit Hitlers fiel. Die psychologischen Gründe, die es der neuen Regierung geraten scheinen ließen, bei den Münzen Kontinuität zu demonstrieren, hielten auch die Reichsbank davon ab, etwa durch neue Bilder ihrer Noten den Eindruck einer neuen Währungspolitik zu erwecken. Die Gefahren für die Währung wuchsen im Verborgenen. Dazu kommt, daß die Reichsbank, solange Dr. Hjalmar Schacht wieder Reichsbankpräsident war, ihren konservativen Charakter bewahrte.

Der Blick in den Katalog darf nicht täuschen: Die Noten zu 20 Reichsmark mit Datum 15. Juni 1939 und der ›Österreicherin mit Edelweiß‹ wurden erst spät im Krieg in Umlauf gegeben.[2]

Auch die Rentenbankscheine zu 1 und 2 Rentenmark mit Datum 30. Januar 1937[3] gehören zum Zweiten Weltkrieg. Sie wurden vorher dazu vorbereitet, nach Kriegsausbruch die Münzen aus Reinnickel und aus Silber zu ersetzen, deren Einziehung wegen ihres Gehalts an kriegswichtigen Metallen vorauszusehen war.

b) Das Ende der Privatnotenbanken

Noch immer waren die Noten der vier Privatnotenbanken im Umlauf, der Bayerischen Notenbank in München, der Sächsischen Bank zu Dresden in Dresden, der Württembergischen Notenbank in Stuttgart und der Badischen Bank in Karlsruhe.[4] Die Notenkontingente betrugen zuletzt zusammen 194 Millionen Reichsmark. Nach dem Privatnotenbankgesetz vom 30. August 1924 waren ihre Notenrechte rechtsbeständig und nicht ohne weiteres zu entziehen. Wie geschildert hatte Schacht ihren Fortbestand bei den Verhandlungen über den Dawes-Plan erreicht und damit Rücksicht genommen auf die Interessen der vier Länder, die diese Notenbanken trugen. Vom finanziellen Interesse an der Ausnützung der Notenausgaberechte abgesehen[5] waren die Noten der vier Privatnotenbanken liebenswürdige Relikte einer früheren Epoche des deutschen Geldwesens, die der Reichsbank kaum schadeten.

Als die Länder mit der ›Gleichschaltung‹ zu bloßen Verwaltungsbezirken des Reiches herabgesunken waren, hatte die Regierung Hitler keinen Widerspruch mehr zu befürchten, als sie 1933 mit einem Federstrich diese Relikte beseitigte und damit, wie man sagen konnte, die Einheitlichkeit des Geldwesens im Reich vollendete. Das Gesetz zur Änderung des Privatnotenbankgesetzes vom 18. Dezember 1933[6] verordnete kurzerhand:

Die Befugnis zur Notenausgabe erlischt mit dem 31. Dezember 1935, ohne daß daraus ein Anspruch auf Entschädigung entsteht.

Am 21. Dezember 1935 wurde dann verordnet,[7] daß die Privatnotenbanken ihre Noten bis Jahresende zur Einziehung aufzurufen hätten, mit der Maßgabe, daß sie mit dem 2. April 1936 ihre Eigenschaft als ›Zahlungsmittel‹ (gesetzliche Zahlungsmittel waren sie ja nicht) verlören, aber noch bis 2. Juli 1936 einzulösen seien. So wurde verfahren. Die Goldbestände der vier Banken im Wert von zusammen 74 Millionen Mark mußten an die Deutsche Golddiskontbank, Tochter der Reichsbank, verkauft werden.[8]

11. Deutschland unter Hitler bis 1939: Die Reichsmarkwährung

a) Die Finanzpolitik und die Reichsbank

Die Finanzgeschichte der Regierung Hitler ist hier insoweit von Interesse, als sie das Geldwesen des Deutschen Reiches beeinflußte, also die Wertentwicklung der Reichsmark. So, wie der Übergang in die Jahre 1933 bis 1939 von der Regierung Brüning her fließend war, begann die Periode der Kriegsfinanzierung schon um 1938/1939, wobei das letzte Jahr mit dem »Gesetz über die Deutsche Reichsbank« (15. Juni) den Wegfall der rechtlichen Hemmnisse gegen eine hemmungslose Geldschöpfung brachte.

Die Brüningsche Deflationspolitik, die Politik der Senkung der Löhne und der Preise, führte zum beträchtlichen Sinken der Löhne und Preise in Deutschland, wie die kleine Übersicht zeigt (bei den Indexzahlen: 1913 = 100; Jahresdurchschnitte):[1]

	Großhandels-index	Großhandels-index für reagible waren	Lebens-haltungs kosten-index	Baukosten index	Tarifstunden-lohn für männliche Facharbeiter
1929	137,2	124,2	153,8	178,1	101,1 Rpf
1931	110,9	66,4	135,9	155,9	97,5 Rpf
1933	93,3	57,33	118,5	125,9	78,6 Rpf

Die Reichsmark war also erheblich in ihrer Kaufkraft gestiegen, also aufgewertet, und dies glich in etwa den Umstand aus, daß man sich auch um die Herabsetzung der Kreditzinsen bemüht hatte. Obwohl die Goldparität der Reichsmark in der Wirtschaftskrise rechnerisch nicht verändert worden war, lag doch eine beträchtliche Aufwertung der Reichsmark vor, wenn man nicht die Goldparität, sondern ihr Wertverhältnis zu den wichtigen Welthandelswährungen und zu den Währungen der für den Außenhandel bedeutsamen Nachbarländer betrachtet. Im Herbst 1931 war das englische Pfund abgewertet worden, nachdem seine Goldparität mit der Rückkehr zum Vorkriegs-Goldgehalt im Jahre 1926 zu hoch war und in Großbritannien (mit Auswirkung auf den gesamten Sterlingbereich) eine schwere Deflationskrise verursacht hatte. Die Vereinigten Staaten gingen 1933 – ohne zwingenden Anlaß, wie man annimmt – von der ›klassischen‹ Goldparität des Dollars ab. 1936 fiel der ›Goldblock‹ der um den französischen Franc gruppierten Währungen auseinander.[2] So ergibt sich beim Vergleich der Jahresdurchschnittskurse der Reichsmark folgendes Bild der Aufwertungsätze der Reichsmark gegenüber den wichtigsten Auslandswährungen für den Außenhandel:[3]

	Kurs (Reichsmark) 1930	1937	Aufwertungsatz in v. H.
USA (1 Dollar)	4,19	2,49	68,27
Großbritannien (1 Pfund)	20,38	12,32	65,42
Frankreich (100 Francs)	16,45	10,08	63,19
Belgien (100 Francs)	58,48	42,04	39,11
Niederlande (100 Gulden)	168,60	137,09	22,98
Schweiz (100 Franken)	81,24	57,13	42,20

Berücksichtigt man noch das jeweilige Volumen des Außenhandels (Summen von Ausfuhr und Einfuhr), so lassen sich gewogene Aufwertungssätze im Verhältnis zu den Vereinigten Staaten und Großbritannien von 67 v. H. und den übrigen genannten Ländern – denen des Goldblocks – von 41 v. H. errechnen, im Gesamtdurchschnitt von 51 v. H. Heute wird die Auffassung vertreten, daß es ein Fehler für Deutschland war, nicht ebenfalls angemessen abgewertet zu haben.[4] Statt dessen ging Deutschland den Weg der Devisenbewirtschaftung weiter, der schon 1931 eingeschlagen worden war[5] und im engsten Zusammenhang mit der Förderung der Ausfuhr wie mit der Lenkung der Einfuhr stand.

Wie immer die nationalsozialistische Gewaltherrschaft in Deutschland, wie sie vom 30. Januar 1933 an zielstrebig errichtet wurde, zu verurteilen ist, nicht zu leugnen ist, daß sie vor allem deshalb breite Massen zur Begeisterung hinriß, weil Hitler ›Arbeit und Brot‹ versprach und man seiner Partei glaubte, daß sie die Arbeitslosigkeit beseitigen werde. Die Zahl der Arbeitslosen hatte im Februar 1932 den absoluten Höchststand mit 6 128 429 erreicht; das waren 33,94 v. H. der Beschäftigten und sogar 51 v. H. der Mitglieder der Krankenkassen. Die Maßnahmen Brünings wirkten sich aber schon vor der ›Machtergreifung‹ günstig aus; bis September 1932 sank die Arbeitslosenzahl auf 5,103 Millionen. Nur der Winter trieb sie dann Januar und Februar 1933 nochmals über die 6 Millionen. Veit[6] faßt zusammen: Eine wesentliche Starthilfe für die Rechtsradikalen waren die Erfolge dieser Politik, als sie – schon mit Papen – etwa gleichzeitig mit dem in der zweiten Jahreshälfte 1932 einsetzenden allgemeinen Konjunkturumschwung ans Ruder kamen. »Der Reichshaushalt tendierte mehr zum Ausgleich als in den Vorjahren, die Neuverschuldung der öffentlichen Hand hatte sich im Rechnungsjahr 1931/32 nur noch geringfügig erhöht; das außenpolitische Klima war verbessert; die Reparationsfrage konnte nach der Konferenz von Lausanne als vorerst gelöst angesehen werden; auch die Zahlungsbilanzsituation hatte sich sehr gebessert. Vor allem aber hatten die unter Brüning durchgesetzten Lohnsenkungen dazu geführt, daß der Anteil der Löhne an den Erzeugungskosten der Unternehmer allgemein zurückging. Dies hat mit dazu beigetragen, daß die Ausgabenwirtschaft der folgenden Jahre zunächst unbemerkt – ohne Preissteigerungen – vonstatten gehen konnte.« Das damals erzwungene Lohnniveau hat die Regierung Hitler unter Beseitigung des Tarifvertragswesens und der Gewerkschaften, unter Lohnfestsetzung durch die ›Treuhänder der Arbeit‹ beibehalten; der allgemeine Lohnstopp wurde auch für die Kriegszeit fortgeführt.[7] Ebenso bestimmte die Regierung zunehmend die Warenpreise und damit weitere Kostenfaktoren der Wirtschaft.[8]

Einzelheiten können hier auf sich beruhen. Die ›Arbeitsbeschaffung‹, auf die es ankam, war eine Seite des Konjunkturaufschwunges, der gefördert werden mußte. Das bedurfte großer Staatsaufträge, verbunden mit großzügiger Kreditexpansion, das wiederum nichts anderes bedeutete als Vermehrung der Geldmenge im Wirtschaftskreislauf – und dies möglichst ohne die Wirkungen der Inflation, also dergestalt, daß die wachsende Geldmenge zwar das Wirtschaftsleben belebte, aber nicht schneller wuchs als das Sozialprodukt. Etwas schneller mußte sie schon wachsen, aber dem trug man eben mit Preis- und Lohnstopp Rechnung.

Der Erfolg der ›Arbeitsbeschaffungsmaßnahmen‹ der Hitler-Regierung war für die Zeitgenossen verblüffend und der Grund dafür, daß die Deutschen in ihrer Masse Hitler vergötterten – und ihm schließlich in das Verderben des Zweiten Weltkriegs folgten. Im Jahresdurchschnitt sank die Zahl der Arbeitslosen innerhalb von vier Jahren – worauf Hitler nicht versäumte später immer wieder in seinen Reden hinzuweisen – von 5,5 Millionen (1932) auf 4,8 Millionen 1933, auf 2,7 Millionen 1934, 2,2 Millionen 1935 und 1,6 Millionen 1936. In diesem Jahr begann es an Facharbeitern zu fehlen. Die Industrieproduktion stieg von 58,7 Indexpunkten (1928 = 100) im Jahre 1932 auf 106,7 im Jahre 1936. Bei den gestoppten Preisen und Löhnen war die Kaufkraft der Reichsmark in Deutschland 1936 um 20 v. H. höher als 1928, und so darf man die Sozialprodukte von 1928 (75 Milliarden Reichsmark) und 1936 (66 Milliarden Reichsmark) etwa als gleichwertig betrachten.[9]

›Arbeitsbeschaffungsmaßnahmen‹ hatte es schon unter Brüning gegeben; unter Papen wurde die ›wertschaffende Arbeitslosenfürsorge‹ verstärkt. Dazu gehörte der Einsatz von Arbeitslosen bei landwirtschaftlichen Meliorationen, Flußregulierungen, Hochwasserbauten, Straßenbauten und ähnlichem; der ›Arbeitsdienst‹ war keine Erfindung der Nationalsozialisten, und auch die Reichsautobahnen waren schon vorher geplant. Die Finanzierungsmethoden gingen ebenfalls im Ansatz auf die Regierung Papen zurück. Mit der Notverordnung vom 4. September 1932 ›zur Belebung der Wirtschaft‹[10] wurden die ›Steuergutscheine‹ eingeführt. In Höhe von 40 v. H. bestimmter Steuerzahlungen (Umsatzsteuer, Grundsteuer, Gewerbesteuer) und als staatliche Prämie bei Mehrbeschäftigung von Arbeitnehmern wurden sie ausgegeben und konnten in fünf Steuerjahren bis 1939 unter bestimmten Bedingungen für Steuerzahlungen verwendet werden; sie waren Kreditgrundlage und belasteten den Staatshaushalt nicht wie eine Subvention. Die Regierung Hitler behielt dieses Instrument bei; Ende März 1934 erreichte der Umlauf mit 1362,5 Millionen Reichsmark seinen höchsten Stand. Der Kriegsbeginn machte den Steuergutscheinen ein Ende. Für rund 300 Millionen Reichsmark ließ die Papen-Regierung öffentliche Arbeiten unmittelbar ausführen. Dann aber erfand man schon 1932 auch die Methode der Wechselfinanzierung, die Schacht ab 1933 zur Meisterschaft entwickelte. Noch immer war der Notenbankkredit und damit die Gestaltung der Geldmenge an die engen Voraussetzungen des Bankgesetzes von 1924 gebunden. Was jetzt geschah, waren nichts anderes als Umgehungen dieser Vorschriften.

Man nützte aus, daß das Bankgesetz über die Beschaffenheit der Wechsel, die die Reichsbank diskontieren durfte, nichts enthielt und die internen Dienstbestimmungen unauffällig mißachtet werden konnten. Es wurden einige Firmen gegründet oder benützt, auf die Wechsel von den ›arbeitsbeschaffenden‹ Unternehmen, etwa von der ›Reichsautobahn-Bedarfs-GmbH‹ gezogen wurden und die sie dann bei der Reichsbank diskontierten, d. h. als Notenbankkredit, ausgezahlt letztlich in Banknoten, erhielten. Die Laufzeit reichsbankfähiger Wechsel durfte zwar nur drei Monate betragen, aber hier wurde von vorneherein die Prolongierung bis zu fünf Jahren vorgesehen und gleich ein entsprechendes Bündel von Dreimonatswechseln eingereicht, die sich sozusagen selbst verlängerten.

Solche Firmen waren die »Deutsche Gesellschaft für öffentliche Arbeiten AG (Öffa)«, schon 1930 gegründet – ihre ›Öffa-Wechsel‹ spielten anfangs die Hauptrolle. Auch die Deutsche Rentenbank-Kreditanstalt und die Deutsche Bau- und Bodenbank AG (die in Frankfurt als Bodenkreditbank noch heute besteht) wurden in dieses Verfahren eingeschaltet, jede für einen Wirtschaftsbereich, die eine für die Landwirtschaft, die andere für die Bauwirtschaft. Die Deutsche Verkehrskreditbank AG (die heute u. a. die Wechselstuben auf den Bahnhöfen betreibt und der Bundesbahn gehört) förderte Investitionen im Verkehrswesen.[11] Berühmt-berüchtigt wurden die ›Mefo-Wechsel‹ einer »Metallurgischen Forschungsanstalt m.b.H.«, einer ›Firma ohne Geschäft und Substanz‹.[12] Die Reichsbank kaufte diese Wechsel unmittelbar oder über Geschäftsbanken an; dies begann 1934 und gehört zum Kapitel der Finanzierung der Aufrüstung.

In der Folge erhöhte sich der Umlauf an Bargeld im Deutschen Reich – Noten einschließlich der der Privatnotenbanken (bis Ende 1935) und des Restes der Rentenbankscheine sowie der Scheidemünzen – zu den Jahresenden wie folgt:[13]

1932	5642 Millionen Reichsmark
1933	5715 Millionen Reichsmark
1934	5972 Millionen Reichsmark
1935	6373 Millionen Reichsmark
1936	6964 Millionen Reichsmark
1937	7499 Millionen Reichsmark
1938	10404 Millionen Reichsmark

Diese Steigerung kann nur Indiz sein; für das Jahr 1938 ist zu berücksichtigen, daß darin die Ausweitung der Zahlungsmittel des Reiches auf die angeschlossenen Gebiete (Österreich, Sudetenland) enthalten ist. An weiteren banktechnischen Zahlen seien nur noch die der Kreditgewährung der Reichsbank in diesen Jahren genannt:[14]

1932 3448 Millionen Reichsmark
1933 4037 Millionen Reichsmark
1934 4977 Millionen Reichsmark
1935 5358 Millionen Reichsmark
1936 6108 Millionen Reichsmark
1937 6627 Millionen Reichsmark
1938 9353 Millionen Reichsmark

Außerdem gab es eine Vielzahl von anderen Maßnahmen. Veit[15] erwähnt das ›Sofortprogramm‹ vom 28. Januar 1933 (also kurz vor Hitler) mit Steuergutscheinen von 500 Millionen Reichsmark, das am 13. Juli 1933 um 100 Millionen aufgestockt wurde. Der ›Generalangriff gegen die Arbeitslosigkeit‹ aufgrund des ›1. Reinhardt-Programms‹[16] wurde mit ›Arbeitsschatzanweisungen‹ für 1 Milliarde Reichsmark finanziert; ein »Zweites Gesetz zur Verminderung der Arbeitslosigkeit (Gebäudeinstandsetzungsgesetz)« vom 21. September 1933 (2. Reinhardt-Programm) sah für 500 Millionen Reichsmark Zuschüsse des Reichs für Hauseigentümer vor, denen man mit 20 bis 50 v. H. der eigenen Aufwendungen schmackhaft machte, ihre Gebäude zu renovieren. Die Darlehensaufnahme hierzu wurde durch ›Zinsvergütungsscheine‹ für rund 350 Millionen Reichsmark erleichtert. Veit erwähnt weiter die ›Bedarfsdeckungsscheine‹ (Warenzuschüsse für Bedürftige) und die Ehestandsdarlehen; bis Ende 1934 sollen so gegen 5 Milliarden Reichsmark in die Wirtschaft gepumpt worden sein.

Wie auch immer die Steigerung der Geldmenge im Einklang stand mit dem Wachsen des Sozialprodukts, vieles an den staatlichen Investitionen war nicht ›produktiv‹ in dem Sinne, daß den privaten Einkommen und dem Steueranteil des Staates Güter und Dienstleistungen gegenübergestanden hätten; ein Teil der Kaufkraft war ›nicht gedeckt‹ und hätte bei freier Marktwirtschaft zu Inflationserscheinungen führen müssen. Die Kontrolle der Löhne und Preise verhinderte dies vordergründig; es begann die später so genannte ›gestaute Inflation‹. Dieser Prozeß begann fühlbar mit Beginn der Aufrüstung, wie sie 1935 mit der Wiedereinführung der Allgemeinen Wehrpflicht und der Remilitarisierung des Rheinlands begann.

Die ›Durchführung der Wehrhaftmachung‹ machte alle diese Arbeitsbeschaffungsmaßnahmen überflüssig; die Programme wurden bis 1938 abgewickelt, die Kreditpapiere eingezogen. Inzwischen hatte Hitler die Weichen auf Krieg und Eroberung gestellt; die Geldwirtschaft hatte sich dem zu fügen. Nicht einmal mehr nach den äußerlichen Formen der notenbankmäßigen Geldschöpfung wurde gefragt. Die ›Finanzierungswende‹ vom Frühjahr 1938 bestand darin, die Finanzierung der Aufrüstung mit Hilfe der Mefo-Wechsel einzustellen und mehr auf Steuern und Anleihen, in der Hauptsache aber auf den Notenbankkredit (das heißt auf ›vorläufige‹ Inflation mit der Hoffnung auf Ausgleich durch Ausbeutung Unterworfener) zurückzugreifen. Aber das gehört schon zur Finanz- und Geldgeschichte des Zweiten Weltkriegs.

Hier ist nun auf die Rolle des Dr. Hjalmar Schacht in diesen Jahren einzugehen, aber auch auf die Stellung der Reichsbank, die ihre Selbständigkeit bis 1939 in Stufen einbüßte.

Schacht war 1930 als Reichsbankpräsident wegen eines im Grunde unbedeutenden Streites mit der Reichsregierung um Abweichungen beim Young-Plan zurückgetreten und durch den früheren Reichskanzler Dr. Hans Luther ersetzt worden,[17]
der damals deutscher Botschafter in Washington war. Seit dem Ende der Inflation
hatte Schacht im Inland wie im Ausland den wohlbegründeten Ruf eines hervorragenden Finanzfachmannes und galt – wenn auch nicht zu Recht – als der Vater der
Rentenmark. Er stand politisch rechts, war aber kein Nationalsozialist und auch
später nie – selbst nicht als Mitglied der Regierung Hitler bis 21. Januar 1943[18] –
Mitglied der NSDAP. Er lernte, wie er erzählt,[19] Hitler erst im Januar 1931 selbst
kennen und wirkte dann im Sinne Hugenbergs und der Harzburger Front für die
Regierungsbeteiligung der Nationalsozialisten. Am 25. Februar 1933 übernahm er
die Verwaltung eines Wahlfonds von 3 Millionen Mark, den die großen Industriellen an diesem Tag für die Wahlaufwendungen der Rechtsparteien mit Einschluß
der Nationalsozialisten zeichneten, und nach der Reichstagswahl vom 5. März 1933
wurde Reichsbankpräsident Dr. Luther am 17. März durch Schacht ersetzt.[20] Am
3. August 1934 beauftragte ihn Hitler dazu mit der Wahrnehmung der Geschäfte
des Reichwirtschaftsministers; Schacht trat damit an die Stelle des farblosen und
erkrankten Dr. Kurt Schmitt, eines ebenfalls parteilosen Fachmanns, der am 29. Juni 1933 seinerseits den Deutschnationalen Dr. Alfred Hugenberg ersetzt hatte.

Mit diesen beiden Ämtern war Schacht zum Herren der deutschen Wirtschaft geworden, der sich mit den beschriebenen Maßnahmen zum Vollstrecker der Politik
der Arbeitsbeschaffung machte – ihm ist das Verdienst an der Überwindung der Arbeitslosigkeit insofern zuzurechnen, als er in seiner Doppelrolle und mit Hilfe der
Fachleute des Reichsfinanzministeriums, natürlich aber auch mit der gewaltigen
propagandistischen Rückendeckung des Parteistaats, die Maßnahmen vorschlug
und durchsetzte, die in der Tat bis 1936 das Arbeitslosenproblem lösten.

Hitler benützte ihn, aber er gehörte nicht zum inneren Kreis der Führung. Seine
Zeit war zu Ende, als das erste Ziel erreicht war, er aber den weiteren Vorhaben
Hitlers im Wege stand: der überstürzt-maßlosen Aufrüstung als Vorstufe des geplanten Eroberungskrieges. Schacht benützte zwar die Möglichkeiten des autoritä-
ren Staates, wie er ihn sicher erstrebt und wie er sich vom Ermächtigungsgesetz an
entwickelt hatte, aber er war konservativ, suchte anständig zu bleiben und die
Reichsbank von den Parteieinflüssen freizuhalten; er schützte die Freimaurer unter
seinen Beamten (er war selbst einer) und die nach den Rassengesetzen nicht ein-
wandfreien; er scheute auch Konflikte mit den Parteigrößen nicht. Seine Ämter
wurden schwierig, als der ›Ministerpräsident Generaloberst Göring‹ die ›Durchführung‹ des auf dem Reichsparteitag von 1936 verkündeten Vierjahresplans übertragen und die Befugnis erhielt, »die zur Erfüllung der ihm gestellten Aufgabe erforderlichen Maßnahmen« zu treffen und »Rechtsverordnungen und allgemeine
Verwaltungsvorschriften« zu erlassen. Göring erhielt das Recht, »alle Behörden,
einschließlich der Obersten Reichsbehörden, und alle Dienststellen der Partei, ihrer
Gliederungen und der ihr angeschlossenen Verbände anzuhören und mit Weisungen zu versehen«.[21] Diese Verordnung machte Göring zum Nebendiktator des gesamten Wirtschaftslebens und war das wohl deutlichste Symptom des Zuständig-

keitswirrwarrs, der bis zum Zusammenbruch des Reiches für Regierung und Verwaltung typisch war. Auf die Verordnung stützten sich in der Folge zahllose Vorschriften wirtschaftlichen Inhalts. Bis dahin hatte Schacht alle Freiheit, aber nun häuften sich die Einmischungen.[22] Schon als mit dem »Reichsbürgergesetz« und dem »Gesetz zum Schutze des deutschen Blutes und der deutschen Ehre« (15. September 1935)[23] die Verfolgung der ›Nichtarier‹ und Ausschaltung der Juden aus dem Wirtschaftsleben eingeleitet wurde, hatte Schacht kurz vorher, am 18. August 1935, bei Gelegenheit der Eröffnung der Deutschen Ostmesse seine berühmte ›Königsberger Rede‹ gehalten, in der er – für das Vertrauen des Auslands werbend – betont hatte, daß Deutschland auch für die Juden ein Rechtstaat bleiben müsse und werde. Als die Rede in der Presse zensiert wiedergegeben wurde, ließ er sie in der Reichsbank in einer Auflage von 250000 drucken und über die Reichsbankstellen verteilen.[24] Immer noch benützte er seine erstklassigen Auslandskontakte für die Werbung zugunsten des Regimes.

Die Inflationsfinanzierung der Aufrüstung wollte er dann nicht mehr mittragen. Als die Reichsausgaben 1938 im Zusammenhang mit dem Anschluß Österreichs und des Sudetenlands – in dieser Zeit wurde auch der Westwall gebaut – übermäßig wuchsen, blieb die versprochene Einlösung von Mefo-Wechseln für 2 Milliarden Reichsmark aus. Am 7. Januar 1939 verlangte das Reichsbankdirektorium in einer Denkschrift an Hitler, die übermäßigen Rüstungsausgaben zu stoppen. Eine Antwort kam nicht. Am 19. Januar 1939 wurde Schacht als Reichsbankpräsident abberufen.[25] Als beauftragter Reichswirtschaftsminister war er schon am 26. November 1937 durch Hitler entlassen worden; sein Nachfolger wurde Göring (bis 15. Januar 1938; ab 5. Februar 1938 bis 1945 dann Walter Funk). Schacht blieb bis 21. Januar 1943 Reichsminister ohne Geschäftsbereich, ohne in dieser Eigenschaft noch irgendwie tätig werden zu können. Seinen Mannesmut verlor er nicht und wiederholt nahm er gegen Maßnahmen der Diktatur Stellung. Im Zusammenhang mit dem Attentat vom 20. Juli 1944 wurde er am 23. Juli verhaftet und kam in ein Konzentrationslager. Im Nürnberger Prozeß gegen die Hauptkriegsverbrecher wurde er wegen Verschwörung gegen den Weltfrieden und wegen Planung, Entfesselung und Durchführung des Angriffskrieges angeklagt, weil man ihm die wirtschaftliche Kriegsvorbereitung zur Last legte, aber mit dem Urteil vom 30. September und 1. Oktober 1946 freigesprochen. Der Freispruch wurde wie folgt begründet:[26]

Der Angeklagte Schacht war lediglich nach den ersten zwei Anklagepunkten angeklagt und ist nach beiden freigesprochen worden. Der Gerichtshof hat angeordnet, daß er vom Gerichtsmarschall entlassen werde. Der Gerichtshof entschied, daß er in seiner Eigenschaft als Wirtschaftsminister und Bevollmächtigter für die Kriegswirtschaft zu der Finanzierung der frühesten Phasen der Aufrüstung Deutschlands beigetragen hatte, daß er jedoch dem Angriffskrieg ablehnend gegenüberstand und im Jahre 1937 von diesen beiden Posten zurücktrat, als es klar wurde, daß Hitler dem Kriege zutreibe. Der Gerichtshof hat entschieden, es sei nicht über einen vernünftigen Zweifel hinaus erwiesen worden, daß Schacht von den Angriffsplänen Hitlers wußte, als er das Aufrüstungsprogramm in seinem Anfangsstadium unterstützte.

In diesem Zusammenhang sagte der Gerichtshof:
»Schacht war bei der Planung der nach Anklagepunkt 2 besonders aufgeführten Angriffskrie-

ge nicht beteiligt. Seine Beteiligung an der Besetzung Österreichs und des Sudetenlandes (die nicht in der Anklage als Angriffskriege aufgeführt werden) war derartig beschränkt, daß sie nicht als Teilnahme an dem unter Anklagepunkt 1 genannten gemeinsamen Plan zu bezeichnen ist. Es ist klar geworden, daß er nicht zu dem inneren Kreise um Hitler gehörte, der am engsten an diesem gemeinsamen Plan beteiligt war. Er wurde von dieser Gruppe mit unverschleierter Feindseligkeit betrachtet. Die Aussage Speers zeigt, daß Schachts Verhaftung am 23. Juli 1944 ebensosehr auf Hitlers Feindseligkeit gegenüber Schacht beruhte, die auf dessen Haltung vor dem Kriege zurückzuführen war wie auf dem Verdacht seiner Teilnahme an dem Bombenattentat.

Der Tatbestand gegen Schacht hängt demnach von der Annahme ab, daß Schacht tatsächlich von den Angriffsplänen wußte. Mit Bezug auf diese außerordentlich wichtige Frage ist Beweismaterial für die Anklagevertretung vorgelegt worden sowie eine beträchtliche Menge von Beweismaterial für die Verteidigung. Der Gerichtshof hat die Gesamtheit dieses Beweismaterials aufs sorgfältigste erwogen und kommt zu dem Schluß, daß diese notwendige Annahme nicht über einen vernünftigen Zweifel hinaus bewiesen worden ist.«

Die rechtliche Situation der Reichsbank konnte unter der Regierung Hitler nicht unberührt bleiben. Bei ihrem Antritt war die Reichsbank nach dem Bankgesetz vom 30. August 1924[27] unabhängig und ihre Verfassung stand unter der internationalen Garantie des Dawes-Plans. Schacht als Reichsbankpräsident gab, wie ausgeführt, den Deckungsvorschriften für die Notenausgabe eine Auslegung, die die Kreditausweitung im Hinblick auf die wirtschaftspolitischen Ziele erlaubte. In einigen Stufen hat die Regierung Hitler die internationale Bindung der Reichsbank beseitigt, sie den Weisungen der Reichsregierung unterworfen, auch die innere Leitung der Reichsbank dem Führerprinzip unterstellt und schließlich alle Beschränkungen der Notenausgabe beseitigt und so der Inflation des Zweiten Weltkriegs Tür und Tor geöffnet.

Die Unabhängigkeit der Reichsbank wurde zuerst mit dem »Gesetz zur Änderung des Bankgesetzes« vom 27. Oktober 1933[28] eingeschränkt. Präsident und Mitglieder des Reichsbankdirektoriums konnten seither vom Reichspräsidenten »aus wichtigem Grund« abberufen werden. Das »Gesetz zur Neuregelung der Verhältnisse der Reichsbank und der Deutschen Reichsbahn« vom 10. Februar 1937[29] hob die Unabhängigkeit der Reichsbank von der Reichsregierung vollends auf. Formal war zwar nur der Zustand wiederhergestellt, der von 1875 bis 1922 gegolten hatte;[30] auch damals hatte die Reichsbank der Aufsicht und (indirekten) Leitung des Reichskanzlers unterstanden. Doch war dies in der Zeit der Goldwährung und strikter Deckungsvorschriften keine Gefahr für die Währung; gefährlich wurde es erst mit der Aufhebung der Goldeinlösungspflicht zu Beginn des Ersten Weltkriegs. In der Diktatur hatte dies eine andere Bedeutung. Den Schlußpunkt setzte dann nach dem Ausscheiden von Schacht das »Gesetz über die Deutsche Reichsbank« vom 15. Juni 1939.[31]

Mit diesem Gesetz wurde die altehrwürdige ›Reichsbank‹ für die letzten Jahre ihres Bestehens zur ›Deutschen Reichsbank‹. Nach dem Vorspruch unterstand sie »als deutsche Notenbank der uneingeschränkten Hoheit des Reichs«. Sie diente »der Verwirklichung der durch die nationalsozialistische Staatsführung gesetzten Ziele im Rahmen des ihr anvertrauten Aufgabenbereichs, insbesondere der Sicherstellung des Wertes der deutschen Währung«. § 1 unterstellte sie »dem Führer und Reichskanzler unmittelbar«. § 2 bestätigte ihr das – nach Wegfall der Privatnoten-banken – »ausschließlich Recht, Banknoten auszugeben«. Nach § 3 wurde sie »nach den Weisungen und unter der Aufsicht des Führers und Reichskanzlers von dem Präsidenten der Deutschen Reichsbank und den Mitgliedern des Reichsbank-direktoriums geleitet und verwaltet«. Diese Personen ernannte der Führer und be-stimmte die Dauer ihres Amtes, konnte sie auch jederzeit abberufen (§ 4). Es gab einen Beirat, den der Präsident allein bestimmte (§ 6). Der Präsident ernannte die Reichsbankbeamten und regelte ihre Besoldungs- und Rechtsverhältnisse (§§ 7, 8). Im Direktorium entschied der Präsident allein (§ 3 Abs. 2); es galt also das Führer-prinzip. Bei einem Grundkapital von 150 Millionen Reichsmark gab es zwar noch Anteilseigner, sie hatten aber nichts zu sagen (§ 11). Die Vorschriften über den Ge-schäftskreis (§§ 13–18) folgten (scheinbar) dem Hergebrachten, ließen aber – und das war entscheidend – die unbegrenzte Kreditgewährung an das Reich und damit den unbegrenzten Notendruck zu: Sie hatte Schatzwechsel des Reichs nach einem vom Führer bestimmten Höchstbetrag aufzunehmen und dem Reich Betriebskredi-te zu gewähren, deren Höhe ebenfalls der Führer bestimmte. Dem entsprach die Vorschrift über die Notendeckung (§ 21). Es war reine Augenwischerei, wenn in § 14 für die Reichsmark an der alten Goldparität insofern festgehalten wurde, daß die Reichsbank Barrengold nach wie vor »zum festen Satz von 2784 Reichsmark für 1 Kilogramm fein anzukaufen« und »aus ihren verfügbaren Beständen Gold in Barren zum Preise von 2790 Reichsmark für 1 Kilogramm fein gegen Barzahlung« abzugeben hatte, letzteres jedoch nur, »wenn ihr die Verwendung für volkswirt-schaftlich gerechtfertigte Zwecke gerechtfertigt« erschien.

Mit diesem Bankgesetz war der Boden bereitet für die ›geräuschlose Kriegsfinan-zierung‹ der Jahre 1939 bis 1945.

b) Devisenbewirtschaftung und Lenkung des Außenhandels

Es wurde bereits geschildert,[32] wie es im Zusammenhang mit der Bankenkrise von 1931 zur Rückkehr zur Devisenbewirtschaftung kam. Man hätte damals auch versu-chen können, dem außenwirtschaftlichen Ungleichgewicht, wie es in der passiven Handelsbilanz besonders angesichts der Auslandsverbindlichkeiten seine Ursache hatte, mit einer Abwertung der Reichsmark beizukommen. Das hätte bedeutet, daß der Dollar-Kurs der Reichsmark stieg, und gerade ein solches Steigen bedeutete den Deutschen das Inflationssymptom schlechthin und wurde von der öffentlichen Meinung entschieden abgelehnt. Dazu schien eine rechtliche Erwägung besonderes Gewicht zu haben. Im Young-Plan hatte sich das Deutsche Reich verpflichtet, den Goldgehalt der Reichsmark (2790 Reichsmark gleich 1 Kilogramm Feingold) nicht zu ändern. Hätte man die Reichsmark abgewertet oder ihren Kurs freigegeben (sie ›floaten‹ lassen, wie man heute sagt), hätten sich die Reparationszahlungen nach dem Young-Plan, in Reichsmark ausgedrückt, im gleichen Maß erhöht, und dazu auch der größte Teil der anderen Auslandschulden. Reichskanzler Brüning und Reichsbankpräsident Luther äußerten sich daher zusammen auf einer Sparkassentagung im September 1931 dahin, daß die Reichsregierung die Reichsmark stabil halten werde. Heute sind Finanzwissenschaftler der Auffassung, daß diese Währungspolitik nicht richtig war, jedenfalls nicht mehr nach der Dollarabwertung von 1933 und keineswegs mehr nach dem Ende des Goldblocks 1936.[32a]

Die Regierung Hitler fand bei ihrem Antritt ein umfassendes Devisenrecht vor. Nach den ersten Verordnungen vom 15. Juli 1931 an hatte die Devisenbewirtschaftung der Weimarer Republik mit der »Verordnung über Devisenbewirtschaftung« und der Durchführungsverordnung hierzu vom 23. Mai 1932[33] sowie den »Richtlinien für die Devisenbewirtschaftung« vom 23. Juni 1932[34] ihre umfassenden Rechtsgrundlagen gefunden. Devisenvorschriften haben es aber an sich, ständig den wechselnden Außenhandels- und Zahlungsbilanzverhältnissen angepaßt werden zu müssen. Deren Beherrschung gelang von 1931 an keineswegs befriedigend, und so sanken die Bestände der Reichsbank an Gold und Devisen von 1930 an:[35]

Millionen Reichsmark am Jahresende
1930	2980
1931	1292
1932	1059
1933	661
1934	223
1935	268
1936	185
1937	269

Für die Folgejahre bis 1945[36] änderte sich der Goldbestand mit unbedeutenden Unterschieden nicht mehr.

Die Folge insbesondere der krisenhaften Zuspitzung war, daß die Devisenvorschriften immer mehr verschärft wurden. Im April 1934 setzte man die Freigrenze für Reisedevisen von 200 Reichsmark auf 50 Reichsmark herab; schließlich wurden nur noch 10 Reichsmark gegeben. Die Devisenüberwachung wurde immer engmaschiger, die Vorschriften wurden immer unübersichtlicher. 1934 konnte die Reichsbank selbst genehmigte Devisenzuteilungen nicht mehr ausführen und gab nur noch Teilbeträge nach Maßgabe der täglich eingehenden Devisen ab; man lebte von der Hand in den Mund. Der ›Neue Plan‹ Schachts von 1934 änderte das Verfahren. Vorher erhielten die Einfuhrunternehmen »allgemeine Devisengenehmigungen« für die Einfuhr von Waren in einer Höhe, die sich nach früheren Volumen in besserer Zeit richteten. Jetzt wurde der Warenverkehr als solcher genehmigungspflichtig. Man schuf 25 Überwachungsstellen, deren jede für bestimmte Warengruppen und das ganze Reich zuständig war.[37] Die Genehmigungspraxis wurde so gehandhabt, daß die Einfuhr möglichst aus Ländern kommen sollte, die im gleichen Wert deutsche Waren abnahmen. Die Warenströme richteten sich nicht mehr nach Bedarf, Preisen und Qualitäten, sondern nach Gesichtspunkten der Gegenseitigkeit. Das ging auf Kosten der Leistungsfähigkeit der Wirtschaft, weil die Einfuhren oft zu teuer, die Ausfuhren zu billig wurden. Handelsbilanz und Devisenbilanz konnten aber ausgeglichen werden, und 1935 und 1936 erwirtschaftete man wieder kleine Überschüsse.

Das war auch der Erfolg der Maßnahmen zur Förderung der Ausfuhr. Sie hingen mit der Behandlung der Auslandschulden zusammen. Aus Devisenmangel wurde der Kapitaldienst für die mittelfristigen und die langfristigen Auslandschulden immer mehr eingeschränkt und Mitte 1934 ganz eingestellt. An Zinsen wurden bis Ende März 1933 mehr als 2,5 Milliarden Reichsmark gezahlt. Ab 1. Juli 1933 mußten die deutschen Schuldner ihre Zins- und Tilgungsleistungen an die »Konversionskasse für deutsche Auslandschulden« erbringen, die bei der Reichsbank eingerichtet wurde; das galt rechtlich als Erfüllung. Die Reichsbank entschied dann, ob und in welchem Umfang an die ausländischen Gläubiger gezahlt wurde. Sie verhandelte oft und eingehend mit diesen Gläubigern und fand auch Verständnis für die prekäre Devisenlage. Zugleich wurde die Zahlung der Tilgungsbeträge eingestellt; Dividenden und Zinsen wurden nur noch zur Hälfte und nur bis 4 v. H. entrichtet. Nur die Reparationsanleihen wurden noch voll bedient. Für die unbezahlten Teile der Verpflichtungen gab die Konversionskasse unverzinsliche Schuldscheine (›Scrips‹). Diese Scrips konnten im Ausland gehandelt werden und unterlagen bei der Unsicherheit, wann und wie sie eingelöst würden, sofort beträchtlicher Entwertung. In Deutschland wurde der Handel – d. h. der Ankauf zu niederem Kurs – bei der Deutschen Golddiskontbank zusammengefaßt, die sie zum halben Nennwert ankaufte (damit verzichtete der ausländische Gläubiger auf die Hälfte seiner ungetilgten Forderung, notgedrungen) und an deutsche Exporteure weiterverkaufte. Der Exporteur konnte nun beim inländischen Schuldner das Papier zur Einlösung zum vollen Nennwert vorlegen und erzielte damit einen Gewinn, der für ihn wie eine Ausfuhrprämie wirkte, die Ausfuhr anreizte und in der Wirkung die ausländischen Abwertungen ausglich oder mehr als ausglich. In ähnlicher Weise wurde Ausfuhrunternehmern erlaubt, deutsche Auslandschuldverschreibungen im Ausland unmittelbar zu erwerben, wo sie sich entwertet hatten, und im Inland zum vollen Betrag beim Schuldner zu kassieren, wobei der Gewinn ebenfalls als Exportprämie wirkte. Man hat die Prämien – also die Entwertung der Mark im Ausfuhrverkehr – im Durchschnitt bei der scrip-begünstigten Ausfuhr für die Zeit bis Anfang 1934 auf 49 v. H., für das folgende Jahr auf 25 v. H. und im Kleinverkehr auf 15 v. H. des Rechnungsbetrags der Ausfuhrlieferung berechnet, bei den Auslandsbonds bis Ende 1933 auf 15 v. H., dann bis Juni 1934 auf 30 bis 35 v. H. und bis Juni 1935 auf 96 bis 144 v. H.[38] Das Verfahren endete, als sich Mitte 1934 die Devisenlage immer mehr verschlechterte. Nun wurden den Exporteuren unmittelbare Subventionen für Ausfuhrlieferungen gezahlt, die die jeweilige Wirtschaftsgruppe im Umlageverfahren aufbringen mußte, was die Nachprüfung jeglicher Kalkulation und eine aufgeblähte Bürokratie zur Folge hatte. Auch das kam einer ›Ersatzabwertung‹ gleich und führte dazu, daß Deutschland im Export eine Unzahl von Wechselkursen hatte. Bei der Einfuhr ergab sich ein ähnliches Bild.[39]

Damit Hand in Hand gingen zahlreiche ›Verrechnungsabkommen‹, die mit ausländischen Staaten geschlossen wurden. Sie sahen vor, daß der Zahlungsverkehr nur noch über Sonderkonten bei der Reichsbank und – meistens – der Zentralbank

des ausländischen Staates lief, und man bemühte sich nun, in strengster Zweiseitig-
keit jeweils mit der Handhabung der Devisengenehmigungen und der Einfuhr-
bzw. Ausfuhrgenehmigungen dafür zu sorgen, daß die Handelsbilanz mit dem
fremden Staat ausgeglichen blieb. Bargeld in Gestalt von ausländischen Zahlungsmitteln und von Reichsmarknoten und -münzen wurde nur noch im kleinsten Rahmen für den Reiseverkehr bewegt; die Einfuhr wie die Ausfuhr von inländischen
Zahlungsmitteln war bis auf kleinste Freigrenzen untersagt und mitgebrachte ausländische Scheine und Münzen mußten schließlich bis zur Kleinbetragsgrenze von
2 Reichsmark unverzüglich »der Reichsbank angeboten«, d. h. bei einer Bank umgetauscht werden.

Die einschlägigen Vorschriften, die jeder beachten mußte, der irgendwie mit dem
Ausland zu tun hatte, wurden immer zahlreicher und unübersichtlicher. Im »Gesetz
über die Devisenbewirtschaftung« vom 4. Februar 1935[40] wurden 15 Devisenver-
ordnungen und gesetzliche Vorschriften zusammengefaßt; das Gesetz hatte 36 Paragraphen und war mit »Richtlinien für die Devisenbewirtschaftung« ergänzt, die
177 Abschnitte aufwiesen. Dazu kamen noch 25 Abschnitte eines Runderlasses der
»Reichsstelle für Devisenbewirtschaftung«.[41] Verrechnungsabkommen führte ein
weiterer Runderlaß dieser Stelle zusammenfassend auf,[42] der für jeden Vertrags-
staat ein umfangreiches Merkblatt bot; damals waren es

Argentinien, Belgien-Luxemburg, Bulgarien, Dänemark, Estland, Finnland, Frankreich,
Griechenland, Italien, Jugoslawien, Lettland, Niederlande, Norwegen, Österreich, Rumänien, Schweden, Schweiz, Tschechoslowakei, Türkei, Ungarn.

Die Druckerschwärze war kaum trocken, jagte weiter eine Ergänzung und Änderung die andere; schon am 28. September 1935 wurden die Richtlinien erneut in
Neufassung bekanntgemacht,[43] und dann wieder am 19. Dezember 1936.[44] Eine
Übersicht der Verrechnungsabkommen vom 4. März 1937[45] mit ›Merkblättern‹
führt an weiteren Staaten auf: Chile, Iran, Litauen, Polen (mit Danzig), Sowjetrußland, Spanien, Uruguay.

Eine Übersicht vom 21. Mai 1937 zu den »Sachgebieten der Devisenbewirtschaftung«[46] zeigt, welche Lebensbereiche die Devisenbewirtschaftung umfaßte:

I. Waren- und Dienstleistungsverkehr

1. Wareneinfuhr,
2. Einfuhrfinanzierung (Rohstoffkreditgeschäfte, Rembourskredite, Tredefinakredite),
3. Nebenkosten des Warenverkehrs,
4. Private Verrechnungsgeschäfte und Ausländersonderkonten für Inlandzahlungen,
5. Verrechnungsabkommen und Zahlungsabkommen,
6. Transithandel,
7. Goldbewirtschaftung,
8. Sonstiger Dienstleistungsverkehr (ohne Versicherungsverkehr und ohne Reiseverkehr).

II. Versicherungsverkehr

1. Versicherungsnehmer,
2. Versicherungsunternehmungen,
3. Versicherungsagenten und Versicherungsmakler.

III. Kapitalverkehr

1. Kreditrückzahlungen,
2. Zinsen und Erträgnisse,
3. Sperrguthaben,
4. Stillhalteabkommen,
5. Kredite an Ausländer,
6. Grundstücks- und Hypothekenverkehr,
7. Nachlässe; sonstige Vermögensanlagen von Ausländern.

IV. Wertpapierverkehr

1. Versendung von Wertpapieren,
2. Erwerbs- und Verfügungsgeschäfte,
3. Depotmäßige Behandlung von Wertpapieren,
4. Nummernkontrolle,
5. Einlösung von Zins- und Gewinnanteilscheinen,
6. Umschuldung mit Hilfe von deutschen Auslandanleihen.

V. Sonstiger Zahlungsverkehr

1. Reiseverkehr,
2. Grenzverkehr,
3. Ein- und Auswanderung,
4. Versorgungsbezüge, Renten, Gehälter, Unterstützungszahlungen,
5. Freie Ausländerguthaben,
6. Reichsmarknoten und Scheidemünzen,
7. Zahlungen für sonstige Zwecke (einschl. Behördenzahlungen),
8. Freigrenze.

VI. Allgemeines Devisenrecht

1. Strafrecht und Strafverfahren,
2. Devisenanbietungspflicht, In- und Ausländereigenschaft,
3. Kapitalflucht,
4. Auskunftspflicht,
5. Änderung des Devisengesetzes und der Richtlinien,
6. Allgemeine devisenrechtliche Fragen.

VII. Verfahrensfragen

1. Organisationsfragen,
2. Devisenzuteilungsverfahren,
3. Statistik,
4. Devisenberater,
5. Buchprüfungen,
6. Verdächtige Personen und Firmen.

Nach dem Stand vom 1. Mai 1937 sind hier 513 Erlasse aufgeführt, wobei die ›vertraulichen‹ Erlasse gar nicht enthalten sind. Regelungen fanden sich darunter für den Zahlungsverkehr mit nicht weniger als 55 fremden Gebieten (Belgien-Luxemburg als eines gezählt, Danzig und das Memelgebiet gesondert behandelt; hier war der Reiseverkehr etwas erleichtert). Auffallende Stichworte und bezeichnend dafür, was alles geregelt wurde, sind etwa: Zahlung von Schiffsproviant und Schiffsausrüstung; Bezug von Briefmarken und Behandlung Internationaler Antwortscheine; Freihafenprobleme; ›Deutsche Kongreß-Zentrale‹: sie regelte die Teilnahme an Tagungen im Ausland, Vortrags- und Studienreisen; Verkehr mit Sammler-Goldmünzen; Goldzuteilung an Zahnärzte und Dentisten; Beleihung von Gold durch Pfandleihhäuser; Devisenverhältnisse bei ausländischen Versicherungen; Behandlung von letztwilligen Verfügungen und Nachlässen; Schulbesuch und Studium im Ausland; Auswanderung nach Palästina (hierfür wurden noch lange Zeit Devisen bereitgestellt; eine Rolle spielte das ›Vorzeigegeld‹ von 500 Palästina-Pfund, das die Mandatsverwaltung bei Einwanderern zu sehen wünschte); »Behandlung von Devisenanträgen für die Beschaffung der zum Nachweis der arischen Abstammung notwendigen Urkunden aus dem Auslande«; Besuch der Waldoper in Zoppot (Freie Stadt Danzig); Reiseverkehr nach den Bädern des Memelgebietes.

Bei dieser Fülle von Vorschriften ist es verständlich, daß sich als neuer Berufsstand der des ›Devisenberaters‹ bildete; für die »geschäftsmäßige Hilfeleistung in Devisensachen« war seit Mitte 1936 die staatliche Zulassung notwendig.

Nochmals in neue Form gebracht wurde das Devisenrecht mit dem »Gesetz über die Devisenbewirtschaftung« vom 12. Dezember 1938[47] mit 196 Paragraphen und den »Richtlinien für die Devisenbewirtschaftung« vom 22. Dezember 1938[48] mit 69 Abschnitten. Zwischenzeitliche Änderungen wurden eingearbeitet und letzte Lücken geschlossen: so wurden nun zur Verhinderung von Kapitalflucht auch Versendung und Verbringung von Geschenken und die Mitnahme von Auswanderungsgut genehmigungsbedürftig; Juden wurde auch im Reiseverkehr jegliche Mitnahme von Gegenständen verboten, die nicht zum persönlichen Gebrauch ›notwendig‹ waren. Das neugefaßte Devisenrecht galt auch im ›Land Österreich‹, wo bislang die alten Devisenvorschriften zum Teil noch angewendet wurden.[49] Die Flut der Devisenerlasse hat die Neuregelung nicht eingedämmt; sie schwoll mit den territorialen Verschiebungen vor und im Zweiten Weltkrieg und bedingt durch die kriegswirtschaftlichen Verhältnisse eher weiter an. Der letzte Erlaß ist vom 9. März 1945, als die Russen vor Küstrin und Breslau, die westlichen Alliierten in Köln und schon jenseits der Brücke bei Remagen standen. Darin wurde angeordnet, daß an die Schweiz und an Liechtenstein nur noch Wareneinfuhren und Leistungen im Handelsverkehr bezahlt werden dürften (noch im Krieg waren hier auch Mittel für Kuraufenthalte und Schulbesuch freigegeben worden).[50]

Mit Einführung der Devisenbewirtschaftung war die deutsche Währung zu einer ›Binnenwährung‹ geworden. Sie hatte mit der freien Konvertierbarkeit, sei es in Gold, sei es in ausländische Währungen, die Eignung verloren, im Ausland als stabiler Wertmesser betrachtet zu werden. Mit den Beschränkungen für den Transfer von Zins- und Kapitalrückzahlungen sanken die Börsenkurse der deutschen Wertpapiere im Ausland. Ebenso lagen die Kurse der verschiedenen Sperrmarkarten im Ausland weit unter der formal beibehaltenen Goldparität der Reichsmark. Außer den Scrips gab es die »ASKI-Mark«,[50a] Guthaben im Inland aus der Einfuhr von Waren im Verkehr mit Staaten, mit denen es kein Verrechnungs- oder ›Clearing‹-Abkommen gab, die ›freie Reichsmark‹ (Einzahlungen eines Ausländers im Inland aus nachgesandtem Auslandsgeld; darüber konnte er frei verfügen und auf

Umtausch in Devisen zur freien Rückführung hoffen), die ›Sperrmark‹ (Altguthaben von Ausländern, vor dem 16. Juli 1931 begründet; bei Auswanderung bestehende Guthaben eines Auswanderers; Guthaben, die durch Veräußerung oder Einlösung von Wertpapieren eines Ausländers im Inland entstanden); ›Sortensperrguthaben‹ aus Rücksendung von deutschen Zahlungsmitteln aus dem Ausland: insgesamt fünf Unterarten, die ›Registermark‹ im Zusammenhang mit Ausführungsvereinbarungen der Reichsbank mit dem Ausland bei Stillhalteabkommen zum Kapitalverkehr;[51] die Aufzählung ist nicht erschöpfend. Jede Sorte dieses Giralgeldes hatte für den Ausländer im Inland ihre besonderen, oft engeren, manchmal weiteren Verwendungsmöglichkeiten. Z. B. konnte er ›Sperrmark‹ verbrauchen

für ›unentgeltliche Zuwendungen‹, etwa an Verwandte oder Stiftungen, also zum Verschenken,

für die Verwaltungskosten gleichfalls gesperrter Vermögenswerte,

für die Steuern auf inländisches Vermögen oder Einkommen,

für Privatreisen oder Studienaufenthalte, aber nur seiner Familie,

für die Bezahlung von höchstens 25 v. H. des Rechnungsbetrags neuer Warenlieferungen oder Dienstleistungen aus Deutschland in bestimmten Grenzen und

für andere Zahlungen im Inland mit Genehmigung, die bei ›unbilliger Härte‹ nicht versagt werden sollte und bei ›unerträglicher Härte‹ für den Devisenerwerb mit dem Ziel der Ausfuhr von Devisen erteilt werden durfte.[52]

Jede dieser Marksorten hatte im Ausland ihren eigenen Kurs, der je nach der Devisenlage des Deutschen Reichs und den wechselnden Hoffnungen, das Guthaben doch irgendwie verwerten zu können, oft nur einen Bruchteil des ›amtlichen‹ Kurses der Berliner Börse ausmachte.[53] Ebenso mit Abschlägen wurden an den Auslandsbörsen die Anleihen des Reiches und der deutschen Länder gehandelt. Im Inland erfuhr man hiervon im allgemeinen nichts. Hier galt die Reichsmark weiter als stabilste aller Währungen. Eine wichtige laufende Kursübersicht der ausländischen Währungen, nämlich die monatliche Bekanntgabe der Kurse aller nennenswerten Währungen für die Zwecke der Umsatzsteuerberechnung, hielt diese Fiktion bis in die letzte Nummer des Reichssteuerblatts vom 31. März 1945 aufrecht; hier war der USA-Dollar noch immer 2,50 Reichsmark, das Pfund Sterling 9,90 Reichsmark und der Schweizer Franken 0,58 Reichsmark wert.[54]

12. Deutschland unter Hitler bis 1939: Das Währungsgebiet

Nach Vollzug der Abtretungen aufgrund des Friedensvertrags von 1919 und als Folge der Wirren im Osten deckte sich das Umlaufgebiet der deutschen Zahlungsmittel mit dem Staatsgebiet des Deutschen Reiches, sieht man von der unbedeutenden Ausnahme ab, daß zum Umlaufgebiet auch die österreichischen Zollanschlüsse (Kleinwalsertal; Gemeinde Jungholz, Tirol) gehörten. In den Jahren bis zum Beginn des Zweiten Weltkriegs wurde das Gebiet der Reichsmark wiederholt erweitert, und zwar mit der Rückkehr des Saargebiets, dem ›Anschluß‹ der Republik Österreich und der Zerschlagung der Tschechoslowakischen Republik.

a) Die Rückkehr des Saargebiets

Nach Artikel 49 Absatz 2 des Friedensvertrages von 1919 war »nach Ablauf einer Frist von fünfzehn Jahren nach Inkrafttreten des gegenwärtigen Vertrags ... die Bevölkerung dieses Gebiets zu einer Äußerung darüber berufen, unter welche Souveränität sie zu treten wünscht«. Die Deutschen konnten den Verlust auch des Saargebiets nicht verwinden und bemühten sich in Verhandlungen mit Frankreich wiederholt, die Volksabstimmung früher als im Friedensvertrag vereinbart zu erreichen. 1926 hatten sich die Außenminister Stresemann und Briand schon über den Rückkaufswert der Saargruben geeinigt (300 Millionen Reichsmark). In seiner letzten Rede vor dem Völkerbund am 9. September 1929 (er starb am 3. Oktober 1929) drängte Stresemann nochmals auf die Rückgabe des Saargebiets und die Räumung des Rheinlands. Während die Rheinlandräumung zum 30. Juni 1930 erreicht wurde, konnte man sich über die Rückgabe des Saargebiets wegen der französischen Forderung nicht einigen, auch nach der Rückgabe ein Drittel des Kapitals der Saargruben zu behalten.[1] Am 13. Januar 1935 kam es dann zur vertragsgemäßen Volksabstimmung. Von den 539 541 Abstimmungsberechtigten sprachen sich 90,36 v. H. für die Rückkehr zum Deutschen Reich, 8,81 v. H. für die weitere Völkerbundsverwaltung (»status quo«) und nur 0,004 v. H. (2124 Stimmen) für den Anschluß an Frankreich aus. Schon am 17. Februar teilte der Völkerbundsrat das Saargebiet dem Deutschen Reich zu und bestimmte den 1. März 1935 zur Übergabe der Regierung.[2] Schon vorher, am 18. Februar, kam das Saargebiet wieder zum deutschen Zollgebiet.

Die Rückgliederung des Saargebiets war die einzige Gebietserwerbung des Deutschen Reiches unter der Regierung Hitler ohne Gewalt oder militärische Drohung und mit klaren und ins einzelne gehenden Vereinbarungen mit dem abgebenden

Staat. Für den Fall des entsprechenden Ausgangs der Volksabstimmung war schon am 3. Dezember 1934 in Rom unter Vermittlung des Völkerbundes eine Mehrzahl von Vereinbarungen und Erklärungen zustande gekommen.[3] Sie regelten Fragen der Volksabstimmung und der freien Auswanderung sowie handelspolitische Fragen. Das »Abkommen von Rom«[4] sah vor, daß das französische Geld schnellstens zurückgezogen und die Reichsmark eingeführt werden sollte; nach dieser Operation sollte das deutsche Devisenrecht eingeführt werden. Andere Vereinbarungen betrafen den Rückzug des französischen Personals, die Übergabe der Saargruben und der anderen Staatsunternehmen (etwa des Verkehrswesens) sowie der Archive. Auch die neue Zollgrenze wurde sogleich geregelt. Die französischen Zahlungsmittel sollten an die Bank von Frankreich geliefert werden; als Pauschalsumme für alle französischen Staatswerte zahlte Deutschland 900 Millionen Francs (etwa 150 Millionen Mark). Der Umtauschkurs des Franc blieb vorbehalten, weil der Franc-Kurs schwankte und für die Zeit der Umtauschaktion nicht vorherzusehen war.

Die Nummer 19 von Teil I des Reichsgesetzblattes, vom 26. Februar 1935, enthielt nicht weniger als 33 Verordnungen über die Einführung von Reichsrecht im Saarland; in Teil II erschienen in diesen Tagen zehn weitere Vorschriften hauptsächlich des Verkehrsrechts. Zum Geldwesen wurde auf den Tag der Rückgliederung angeordnet,[5] daß die Frankenschulden in Reichsmarkschulden umgewandelt würden:

Bei der Umwandlung des französischen Franken in die Reichsmark ist die Gleichung 1 französischer Franken = 0,1645 Reichsmark maßgebend.

Zugleich bezog man das Saarland, wie es jetzt bezeichnet wurde, in den Bereich der deutschen Devisengesetzgebung ein: War in den Devisenvorschriften bislang stets von ›Ausländern oder Saarländern‹ die Rede (die Saarländer waren zwar keine Ausländer, aber natürlich Devisenausländer), so verschwanden sie jetzt unter den ›Inländern‹ des Devisenrechts.[6] Ebenfalls am 1. März trat die »Verordnung über die Einführung der Reichswährung« vom 25. Februar 1935[7] in Kraft. Sie hob die Währungsverordnung der Regierungskommission von 1923[8] auf und setzte das gesamte damalige deutsche Münz- und Notenbankrecht in Geltung; Anlagen führten – außer Münzgesetz, Bankgesetz und Privatnotenbankgesetz – insgesamt 45 gültige Vorschriften auf, darunter sämtliche Ausprägungsbekanntmachungen, selbst die der Gedenkmünzen der Weimarer Zeit. Für Frankenbeträge in zunächst fortgeltenden Vorschriften der Regierungskommission, etwa für Strafen, Bußen, Steuern und Gebühren, sollte die Umrechnung ›sechs Franken gleich einer Reichsmark‹ gelten; Auf- oder Abrundung, wenn sich krumme Beträge ergaben, behielt man sich vor. Das französische Geld war rasch umgetauscht und vergessen.

In der Abstimmungskampagne hatte die ›Deutsche Front‹ für die Rückkehr zum Deutschen Reich geworben, der sich kaum jemand entziehen konnte; das Abstimmungsergebnis war eine Entscheidung für Deutschland, nicht für Hitler – so will man es jedenfalls heute verstanden wissen. In der damaligen Euphorie fiel nicht weiter auf, daß die Saarländer mit ihrer Entscheidung gegen das französische Wirtschaftsgebiet ein schlechtes Los gezogen hatten. Die fünf Millionen Tonnen Saar-

kohle, die Frankreich jährlich abgenommen hatte, waren im Reich kaum abzusetzen, und die schwedischen Erze für die Hüttenwerke, die man jetzt beziehen mußte,
waren teurer und schlechter als die lothringischen. Die bayerische Pfalz und das an-
grenzende preußische Rheinland konnten mit ihren Lebensmittellieferungen
Frankreich nicht ersetzen. Weder ein ›Saaropfer‹ noch die ›Als-ob-Tarife‹ der
Reichsbahn konnten die Standortnachteile der Saarwirtschaft im deutschen Wirt-
schaftsraum ausgleichen. So stiegen die Preise nach der Rückgliederung um 25 bis
50 v. H., die Löhne aber nur um 7 bis 15 v. H. Die Steuerbelastung war ab 1935
nach Einführung des Steuerrechts des Reichs doppelt so schwer wie in der Völker-
bundszeit, vor allem dank der Kosten der deutschen Aufrüstung. Auch war man in
vielem sonst vorher bei einem Siegerstaat des Ersten Weltkriegs gewesen, jetzt fand
man sich beim Verlierer wieder. Vieles von der Teilnahme am französischen Le-
benstil und an der französischen Kultur mußte aufgegeben werden, aber das empfand man für den Augenblick nicht. Der Saarwirtschaft ging es dann wieder etwas
besser, als der Bau des Westwalls Geld ins Land brachte.[9]

b) Der Anschluß Österreichs

Am schwersten lasteten die wirtschaftlichen Schwierigkeiten unter den Besiegten
des Ersten Weltkriegs auf der Republik Österreich. Nach dem Zerfall der Habsbur-
ger Monarchie verhinderten die Alliierten den Anschluß ›Deutsch-Österreichs‹ an
das Deutsche Reich, 1930 auch die Zollunion mit dem Deutschen Reich. Mit wenig
Industrie und der zu großen Hauptstadt Wien, dazu – wie auch Ungarn – im Gegensatz zu den anderen Nachfolgestaaten des Habsburgerreiches als Besiegter des
Ersten Weltkriegs behandelt (Friedensvertrag von St. Germain, 10. September
1919), galt die Republik Österreich als im Grunde nicht lebensfähig und hatte von
Anfang an unter schweren sozialen Konflikten und politischer Polarisierung zu leiden. Mit dem Zusammenbruch einer Großbank, der Österreichischen Credit-Anstalt, im Mai 1931, nahm hier die Weltwirtschaftskrise ihren Anfang. Anfang März
1933 kam es mit dem Staatsstreich des Bundeskanzlers Engelbert Dollfuß zur ›aus-
trofaschistischen Diktatur‹ in Anlehnung an das faschistische Italien und mit Unterdrückung der Nationalsozialisten. Dollfuß wurde im Juli 1934 bei einem Putsch-
versuch der Nationalsozialisten ermordet. Die Lage blieb unter seinem Nachfolger
Kurt Schuschnigg krisenhaft, bis es nach einer Zuspitzung mit nationalsozialistischen Unruhen (seit 1. März) und einem Ultimatum des Deutschen Reiches, am
11. März zum Einmarsch deutscher Truppen und am 13. März 1938 zur Proklamation des ›Anschlusses‹ Österreichs an das Deutsche Reich kam.
    Nach einem 19. Jahrhundert voller Wirren im Geldwesen mit viel Papiergeld-
wirtschaft hatte die Doppelmonarchie mit der Goldwährung der Krone zu 100 Heller in den Jahren 1892 bis 1900 – spät im Vergleich zu den anderen Großstaaten
Europas – stabile Währungsverhältnisse erreicht. Der Erste Weltkrieg machte dies
zunichte; auch in Österreich-Ungarn wurde die Währung mit dem Ende der Einlö-

sung der Banknoten bei Kriegsbeginn zur Papierwährung. Die Krone, vor dem Krieg im Wert von 80 Pfennig der Reichsgoldwährung, wurde zur Papierwährung und sank – vergleichsweise schneller als die Mark des Deutschen Reiches – im Verlauf des Krieges derart, daß im Durchschnitt des Monats Dezember 1918 3,30 Kronen in Noten der Österreichisch-Ungarischen Bank, der Notenbank der Doppelmonarchie, einer Vorkriegskrone entsprachen. Mit dem Ende der Doppelmonarchie und ihrem Zerfall in die Nachfolgestaaten kam es mit der ›Währungstrennung‹ zum Entstehen von deren eigenen Währungen, wobei die Kronenwährungen Österreichs und Ungarns, der Besiegten, in Inflation zerfielen. Die österreichische Inflation erreichte nicht so hohe Zahlen wie die deutsche; im Monatsdurchschnitt erreichte die Papierkrone mit dem Kurs von 15 397,33 Kronen für eine Goldkrone ihren schlechtesten Stand im September 1922; von Mai 1923 bis Ende 1924 blieb sie mit dem Kurs von 14 400 Kronen für eine Goldkrone stabil. An die Stelle der Krone trat dann mit dem Schillingrechnungsgesetz vom 20. Dezember 1924 ab 1925 der Schilling zu 100 Groschen derart, daß 10 000 Kronen einem Schilling entsprachen. Rechnerisch enthielt der Schilling 0,21172086 Gramm Feingold; das Kilogramm Feingold entsprach S 4 723,20.

Im Zuge der Weltwirtschaftskrise kam es am 9. Oktober 1931 zur Devisenbewirtschaftung und danach zu einer schwankenden Abwertung, die schließlich zu einem Agio des Goldschilling von etwa 28 v. H. führte; ab Juli 1933 bis zum Anschluß blieb der Kurs von S 128,00 für S 100,00 in Gold unverändert. Die Goldparität und zugleich der Wert des Schilling in Reichsmark nach der amtlichen Berliner Notierung betrug vor dieser Abwertung 59 Reichspfennig; nach der Abwertung wurde der Schilling in Berlin mit 49 Pfennig notiert, und dies bis zum Anschluß an das Deutsche Reich.[10]

Die Einführung der Reichsmark

Die Kaufkraft des Schilling war aber bei den niedrigeren Preisen in Österreich im Verhältnis zum Preisniveau in Deutschland höher als die der Reichsmark. Soweit sich Kaufkraftparitäten überhaupt genau feststellen lassen, konnte man vom Gleichwert von 1 Reichsmark und S 1,50 ausgehen.[10a] Diese Kaufkraftparität wurde nun zugrunde gelegt, als man nach dem 13. März 1938 daran ging, die Schillingwährung in Österreich durch die Reichsmarkwährung zu ersetzen. Es war eine politische Entscheidung gegen das Votum des Reichsbankpräsidenten Schacht:[11]

Der Reichsbank fiel nach dem Einmarsch in Wien die Aufgabe zu, die Österreichische Währungsbank zu übernehmen und damit die österreichische Wirtschaft in die deutsche Währungspolitik einzugliedern. Während alle übrigen nationalsozialistischen Funktionäre aus dem Reich sich bemühten, die bisherige österreichische Wirtschafts- und Verwaltungspolitik als eine bessere Schlamperei hinzustellen, hob ich die hervorragenden Leistungen der österreichischen Nationalbank und das von ihr durch Jahrzehnte in der Welt errungene und behauptete Ansehen anerkennend hervor. Den Bemühungen einzelner Hitzköpfe unter dem Personal der österreichischen Nationalbank, eine politische Säuberung durchzuführen, begegnete ich von Anfang an mit völliger Ablehnung. Es ist, nachdem ich die Bank übernommen hatte, nicht ein einziger Beamter entlassen worden. Den Präsidenten der Bank, Herrn Kienböck, früheren Finanzminister und fähigen Juristen und Finanzmann, mußte ich zwar gehen lassen, weil für ihn eine ranggleiche Einordnungsmöglichkeit nicht bestand, aber ich sorgte dafür, daß er mit voller Pension und allen Ehren ausscheiden konnte, obwohl seine teilweise jüdische Abstammung bekannt war.

Bei einer Besprechung, die wenige Tage nach dem Einmarsch stattfand, bekundete Hitler die Absicht, den österreichischen Schilling, der bisher marktmäßig gleich 50 Reichspfennigen gehandelt wurde, auf 66⅔ Reichspfennige heraufzusetzen. Staatssekretär Keppler[11a] hatte Hitler davon zu überzeugen gewußt, daß die Heraufsetzung des Schillings das Geld, das die Arbeitermasse in der Tasche trug, im Werte erhöhen würde. Er übersah dabei, daß der Arbeiter nicht viel Geld in der Tasche trug. Er übersah ferner, was jeder Student der Nationalökonomie im ersten Semester lernt, daß eine automatisch folgende Erhöhung der Warenpreise die künstliche Geldüberbewertung sofort ausgleichen mußte. Abgesehen, daß die Bilanzen der österreichischen Wirtschaft durch eine solche willkürliche Maßnahme völlig in Unordnung gebracht wurden, hatten den einzigen Vorteil von der Schillingaufwertung die Besitzer festverzinslicher Werte, also von Obligationen und Hypotheken, die nun an Zinsen und Amortisation einen höheren Betrag erhielten als zuvor. Daran, daß gerade die kapitalistischen Kreise an dieser Maßnahme profitieren würden, hatten weder Herr Keppler noch Herr Hitler gedacht.

Als ich meine gegenteilige Auffassung in der Besprechung nicht durchsetzen konnte, endete ich meine Darlegung mit den Worten an Hitler:

»Sie haben unter Ihrer Mitarbeiterschaft einen Währungssachverständigen, der immerhin in der ganzen Welt als fachkundig gilt, und Sie bringen es fertig, den Rat dieses Mannes einfach zu mißachten.«

Die Antwort war:

»Ich tue es aus politischen Erwägungen.«

Mit Verkündung der »Verordnung über die Einführung der Reichsmarkwährung im Lande Österreich« vom 17. März 1938[12] galt:

Gesetzliches Zahlungsmittel im Lande Österreich ist neben dem Schilling die Reichsmark. Eine Reichsmark ist gleich einem Schilling fünfzig Groschen.

Am selben Tag ging »die Geschäftsführung der Österreichischen Nationalbank auf die Reichsbank über«.[13] Die Nationalbank trat in Liquidation und wurde in der Folge für Rechnung der Reichsbank abgewickelt. Die Reichsbank übernahm das gesamte Personal. Am 19. März wurde die ›Devisenstelle Wien‹ errichtet.[14] Devisenrecht, Zollrecht und Wirtschaftsrecht des Reiches wurden nach und nach eingeführt, wie auch die übrigen Reichsgesetze. Zunächst bestand die österreichische Bundesregierung als ›Österreichische Landesregierung‹ fort, mit dem ›Reichsstatthalter in Österreich‹ (Seyß-Inquart) als Leiter nach dem Führerprinzip. Mit der Einführung der Reichsmark machte dann eine Verordnung vom 23. April 1938[15] ernst. Münzgesetz und Bankgesetz wurden eingeführt, auch die noch umlaufenden Rentenbankscheine gesetzliches Zahlungsmittel. Das Notenprivileg der Österreichischen Nationalbank erlosch. Ihre Noten hörten »mit dem 25. April 1938 auf, gesetzliches Zahlungsmittel zu sein«. Sie wurden zur Einziehung aufgerufen und bis 15. Mai 1938 umgetauscht; bis 31. Dezember 1938 nahmen die Reichsbank und die »Österreichische Nationalbank in Liquidation« sie noch an. Die Münzen[16] blieben zunächst gesetzliches Zahlungsmittel. Dabei erhielten die Österreicher noch ein kleines Geschenk: Die Stücke zu 1 und zu 2 Groschen in Kupfer[17] wurden zu Reichsmarkscheidemünzen zu 1 und zu 2 Reichspfennig erklärt und damit (nochmals) um ein Drittel aufgewertet; sie tauchten in dieser Eigenschaft in der Folge auch im Umlauf des ›Altreichs‹ auf (wie der Verfasser sich erinnert). Die Goldmünzen zu 100 Schilling und zu 25 Schilling (die im Umlauf keine Rolle gespielt hatten)[18] sowie die schönen Silberscheidemünzen zu 5 und zu 2 Schilling[19] wurden zum 15. Juni 1938 außer Kurs gesetzt.[20] Mit der Einziehung der Goldmünzen hatte man es sehr eilig: Nur bis 15. Juli wurden sie noch zum – günstigen – Kurs von »drei Schilling gleich zwei Reichsmark« (der, wie erwähnt, über der Goldparität lag) genommen, die Silbermünzen noch bis 31. Dezember 1938.

Die kleineren Scheidemünzen wurden zum 1. Oktober 1939 eingezogen und wurden ab 1. Januar 1940 auch von den öffentlichen Kassen nicht mehr genommen.[21] Damit verschwanden die Stücke zu 1 Schilling, 50, 10 und 5 Groschen sowie die Stücke zu 1000 Kronen (im Werte von 10 Groschen) aus dem Umlauf.[22]

Geschlossen wurde die Reihe der Vorschriften zur Währungsumstellung in Österreich mit der »Verordnung zur Regelung der auf Goldschilling und Goldkronen lautenden Schuldverhältnisse« vom 21. Juni 1939.[23] Auch in Österreich hatten die Gläubiger nach ihren schmerzlichen Erfahrungen mit der Inflation versucht, bei längerfristigen Kreditgewährungen ihre Forderungen mit Goldklauseln gegen eine neue Inflation zu sichern; es handelte sich dabei vielfach um den Grundstückskredit. Die Klauseln lauteten, je nach Entstehungszeit des Vertrags, auf ›Goldkronen‹ (Kronen des Münzfußes vor dem Ersten Weltkrieg) oder auf ›Goldschillinge‹ (Schillinge nach der Goldpartität von 1924/25). Diese Klauseln waren nach österreichischem Währungsrecht zulässig und wurden erst ab 1937 in neuen Verträgen unzulässig.[24] Als nun die Reichsmark eingeführt wurde und die ungesicherten Forderungen mit 3 Schilling für 2 Reichsmark umgerechnet wurden, konnten die Gläubiger von Forderungen mit wirksamen Goldklauseln nur den Gegenwert je Schilling nach dem Stand von 1925, mithin etwa von 0,59 RM erhalten und wären schlechter gestellt gewesen – eine der Ungereimtheiten, die Schacht vorausgesehen hatte. Die Verordnung vom 21. Juni 1939 schuf nun Abhilfe, und zwar rückwirkend zum 17. März 1938, griff also auch in zwischenzeitlich abgewickelte Rechtsverhältnisse ein. Auch für die gesicherten Forderungen galt der Umrechnungskurs von $1^1/_2$ (Gold-)Schilling gleich 1 Reichsmark, und entsprechend dem alten rekurrenten Anschluß des Schilling an die Kronenwährung ergab sich für die Goldkrone, die 1,44 Goldschilling gleichstand, die Umrechnung auf 0,96 Reichsmark. War nach dem 25. März 1933 ein Darlehen gegeben worden, war in Reichsmark der tatsächlich gezahlte Schillingbetrag geschuldet; die Goldklausel wurde dabei also so betrachtet, als habe sie den Schilling in seinem nach der Abwertung gegebenen Goldwert gesichert.

Als kleine Ergänzung sozusagen folgte dann noch eine Sondervorschrift für den »Verwaltungsbezirk *Vorarlberg*«. Dieses Land wurde von 1814 bis 1861 als Teil von Tirol von Innsbruck aus verwaltet und erhielt dann seinen eigenen Landtag und einen besonderen Landeshauptmann. Erst das Ende des Vielvölkerstaats brachte

Vorarlberg die Selbständigkeit eines Bundeslandes im Rahmen der Republik Österreich. Vorarlberg hatte, durch den Arlberg vom übrigen Österreich gesondert, viele
wirtschaftliche Verbindungen zur Schweiz und hätte sich, ähnlich dem Fürstentum
Liechtenstein, nach dem Ersten Weltkrieg aus wirtschaftlichen Gründen gerne der
Eidgenossenschaft genähert. Eine Volksabstimmung am 11. Mai 1919 brachte auch
eine Mehrheit von 80 v. H. für den Anschluß an die Schweiz. Dem stimmten weder
die Schweiz, noch Österreich noch die Alliierten zu und so blieb Vorarlberg beim
österreichischen Bundesstaat.[25]

Zur Zeit der österreichischen Inflation, die Liechtenstein bewog, sich von der
Zollunion und Währungseinheit mit Österreich ab- und in beiden Beziehungen der
Schweiz zuzuwenden,[26] machte man auch in Vorarlberg viel von der stabilen
Schweizerwährung Gebrauch. Manch langfristiger Vertrag wurde nicht auf der
Grundlage von Goldkrone oder Goldschilling, sondern des Schweizerfranken geschlossen. Mit der »Verordnung über die Umstellung von Schuldverhältnissen aus
Goldgeschäften im Verwaltungsbezirk Vorarlberg« vom 29. Dezember 1939[27] wurden auch diese Verträge umgestellt, und zwar derart, daß »ein Schweizer Frank
gleich 56,70 Reichspfennig« galt. Dies entsprach dem Kurs des Schweizerfranken
nach der Abwertung von 1936.[28] Da diese Frankenklauseln keine Goldklauseln waren, sondern ›Währungsklauseln‹, bestand kein Anlaß, die Frankenabwertung bei
der Umrechnung unberücksichtigt zu lassen; die Gläubiger hatten das Risiko zu
tragen, das im Schicksal der Schweizerwährung begründet war.

c) Der Zerfall der Tschechoslowakischen Republik

Das Gebiet der Doppelmonarchie, aus dem mit dem Ende des Ersten Weltkriegs
die Tschechoslowakische Republik entstand, umfaßte das Königreich Böhmen, die
Markgrafschaft Mähren und vom Königreich Ungarn die von Slowaken besiedelten Gebiete im Norden sowie die Karpathenukraine. Die Bevölkerung bestand zu
46 v. H. aus Tschechen, zu 13 v. H. aus Slowaken, zu 28 v. H. aus Deutschen (im
›Sudetenland‹, den Randgebieten von Böhmen und Mähren), zu 8 v. H. aus Ungarn (am Südrand der Slowakei) und zu 3 v. H. aus Ukrainern; daneben fanden
sich außer Juden noch Polen (im Olsa-Gebiet). Die Deutschen Nordböhmens,
Nordmährens und Österreichisch-Schlesiens erklärten sich im Oktober 1918 für
Deutsch-Österreich, doch wurden die deutschen Siedlungsgebiete rasch von Truppen der jungen Republik besetzt und in ihre Verwaltung einbezogen, was die Friedensverträge dann bestätigten.

Von Anfang an gab es Spannungen zwischen den Nationalitäten. Nach Antritt
der Regierung Hitler im Deutschen Reich wirkte der Nationalsozialismus in das su-
detendeutsche Gebiet, das unter der Wirtschaftskrise litt, obschon die Tschechoslowakische Republik mit ihren Industrien das reichste Erbe der Doppelmonarchie
angetreten und den höchsten Lebensstandard der Nachfolgestaaten hatte. Die Su-
detendeutsche Nationalsozialistische Partei löste sich im Oktober 1933 zugunsten
der »Sudetendeutschen Heimatfront« des Konrad Henlein auf. Von da an, mit
Verschärfung ab 1937, dauerten die Spannungen zwischen den Deutschen und der

Republik bis zur Sudetenkrise von 1938, die sich sofort nach dem Anschluß Österreichs ab April zuspitzten und nach dem Münchener Abkommen vom 29. September 1938 zum Einmarsch der Wehrmacht und zur Annexion des Sudetenlandes führten (1. bis 10. Oktober 1938).

In der Folge verlor die Republik mit dem ›Wiener Schiedsspruch‹ vom 2. November 1938 die slowakischen Südgebiete, von Ungarn besiedelt, an Ungarn. Das Olsa-Gebiet hatte Polen schon am 1. Oktober 1938 besetzt; am 6. Oktober erhielten die Slowakei und am 8. Oktober die Karpathenukraine die Autonomie. Am 14. März 1939 erklärten sich die Slowakei und die Karpathenukraine unabhängig, doch wurde letztere sogleich von Ungarn besetzt. Der Konflikt mit den Slowaken war für Hitler der Vorwand, am 15. März 1939 in die tschechischen Gebiete Böhmens einzumarschieren, Prag zu besetzen und am 16. März das »Protektorat Böhmen und Mähren« zu begründen. Am 23. März stellte sich die Slowakische Republik vertraglich »unter den Schutz des Reiches«, womit ebenfalls ein Protektoratsverhältnis begründet wurde.

Die Krone der CSR

Die Tschechoslowakische Republik, bei ihrem Entstehen Teil des Währungsgebiets der österreichisch-ungarischen Kronenwährung, ging rasch daran, sich eine eigene Währung zu schaffen. Im Prozeß der ›Währungstrennung‹ der Nachfolgestaaten Österreich-Ungarns schritt man schon im März 1919 zur Abstempelung der Noten der Österreichisch-Ungarischen Bank, die im Gebiet der Republik umliefen, und begründete so die eigene Kronenwährung.[29] Sie wurde zunächst vom Bankamt des Finanzministeriums gestaltet; als Notenbank nahm dann die Tschechoslowakische Nationalbank 1926 ihre Tätigkeit auf. Als Schöpfer der tschechoslowakischen Währung gilt der erste Finanzminister Alois Raschin (1918–1919, 1922–1923). Mit der Abstempelung konnte der Bargeldumlauf im Grundsatz auf den Umfang der Monate nach Kriegsende beschränkt und die vernichtende Inflation – wie in Österreich und Ungarn – vermieden werden; die Tschechenkrone (›Kč‹) konnte damit bei dem Wert beginnen, den die österreichisch-ungarische Krone bei Kriegsende hatte. In den ersten Jahren war sie großen Schwankungen unterworfen. In Rappen der – stabil gebliebenen – Schweizerwährung stieg sie 1919 bis auf 34 Rappen und sank Anfang 1920 auf 5 Rappen; nach weiteren Schwankungen – dieser Tiefststand wurde im Spätjahr 1921 nochmals erreicht – stabilisierte sie sich 1925 bei etwa $15^{1}/_{2}$ Rappen und wurde 1934 auf knapp 13 Rappen abgewertet; im Herbst 1936 kam es zur zweiten Abwertung auf knapp 11 Rappen (ohne Berücksichtigung der schweizerischen Abwertung von 1936)[30] An der Berliner Börse wurde die Tschechenkrone im Jahresdurchschnitt (1939: 17. März) zuletzt wie folgt notiert:

1933	12,50 Reichspfennig
1934	10,69 Reichspfennig
1935	10,34 Reichspfennig
1936	9,91 Reichspfennig
1937	8,68 Reichspfennig

1938   8,64 Reichspfennig
1939   8,60 Reichspfennig

Die Noten der Tschechoslowakei waren zuerst Staatsnoten und ab 1926/27 Noten der Tschechoslowakischen Nationalbank; die Silbervorkommen der Slowakei erlaubten, die höheren Nominale der Scheidemünzen (10, 20 Kronen; zeitweise auch 5 Kronen) als schöne Silbermünzen zu gestalten. Alle Münzen wurden in der berühmten alten Münzstädte Kremnitz in der Slowakei hergestellt.[31] Devisenbewirtschaftung hatte die Tschechoslowakei bis 1928 und wieder ab 1931.

Das Sudetenland

Der Annexion lag keine vertragliche Zustimmung der Tschechoslowakischen Republik zugrunde, nur die Zustimmung Mussolinis, Daladiers und Chamberlains. Demgemäß besagte der »Erlaß des Führers und Reichskanzlers über die Verwaltung der sudetendeutschen Gebiete« vom 1. Oktober 1938:[32]

Mit der Besetzung der sudetendeutschen Gebiete durch deutsche Truppen übernimmt das Deutsche Reich die Verwaltung dieser Gebiete.

Wie in Österreich wurde das Reichsrecht nach und nach eingeführt. Für die Währung, die hier allein interessiert, erklärte die »Verordnung über die Einführung der Reichsmarkwährung in den sudetendeutschen Gebieten« vom 10. Oktober 1938[33] die Reichsmark zum gesetzlichen Zahlungsmittel neben der tschechoslowakischen Krone. »Eine tschechoslowakische Krone ist gleich 12 Reichspfennig.« Angesichts des Kurses der Krone vor dem Einfall der Deutschen lag wie in Österreich eine erhebliche Überbewertung vor, mit der man den Sudetendeutschen ein Geschenk machen wollte. Da das Sudetenland aber durch vielfältige Wirtschafts- und finanzielle Beziehungen mit dem Rest der Tschechoslowakei, zu der es ja gehört hatte, verflochten war, ergaben sich sofort Schwierigkeiten. Eine »Zweite Verordnung über die Einführung der Reichsmarkwährung in den sudetendeutschen Gebieten« wenige Tage später suchte Abhilfe zu schaffen.[34] Sie beschränkte den Umrechnungssatz auf ›Deutsche‹ und schloß alle außerhalb des Deutschen Reiches (mit Österreich und Sudetenland) lebenden ›Ausländer‹ davon aus, insbesondere auch alle Wohnsitz-Tschechoslowaken. Zahlungen aus der Tschechoslowakei an ›Inländer‹ mußten nun über eine ›Kursausgleichskasse‹ gehen. Dem Inländer wurde der Wert nach dem höheren Umrechnungssatz gutgebracht; der Ausländer war zivilrechtlich mit Zahlung des Kronenwerts oder Reichsmarkwerts nach dem Börsenkurs befreit – den Verlust trug die Reichskasse. Im übrigen wollte sich die Reichsbank, die alles abzuwickeln hatte, mit der Tschechoslowakischen Nationalbank auseinandersetzen.

Hinsichtlich der Zahlungsmittel beseitigte die Verordnung die Krone mit Ablauf des 31. Oktober 1938 dergestalt, daß zunächst die Noten der Tschechoslowakischen Nationalbank und die Staatsnoten zu 100 Kronen eingezogen wurden; sie waren bis 15. November umzutauschen. Die Scheidemünzen und die kleinen Staatsnoten (zu 10, 20 und 50 Kronen) blieben ›Zahlungsmittel‹. Sie wurden bis 30. November

1938 eingezogen.[35] Man beeilte sich mit dieser Einziehung deshalb, weil natürlich die Versuchung bestand, Zahlungsmittel aus der Rest-Tschechoslowakei zum günstigen Umtausch in das Sudetenland zu bringen; zwar war dies schon mit der (Zweiten) Verordnung vom 15. Oktober untersagt worden,[36] aber welche – besonders neue – Grenze ist schon so dicht.

Zum Kursausgleichsverfahren brachte eine weitere Verordnung vom 14. Januar 1939 die abschließende Füllung von Lücken.[37] Der günstige Umrechnungssatz galt auch, wenn ein ›Ausländer‹, praktisch ein Bewohner der Rest-Tschechoslowakei, in das Sudetenland übersiedelte oder eine Forderung nachträglich an einen ›Inländer‹ überging. Ausgeschlossen wurde der Kursausgleich für Warenlieferungen nach dem 15. Dezember 1938 und für Dauerschuldverhältnisse wie Lohnzahlungen, Rentenzahlungen, bestimmte Versicherungsleistungen und Miet- und Pachtzahlungen. Das wäre auf die Dauer zu teuer geworden.

Staatsrechtlich wurde die Annexion des Sudetenlands ungeachtet aller vorherigen Maßnahmen erst mit dem »Gesetz über die Wiedervereinigung der sudetendeutschen Gebiete mit dem Deutschen Reich« vom 21. November 1938[38] abgeschlossen. Ein »Gesetz über die Gliederung der sudetendeutschen Gebiete«[39] vom 25. März 1939 schuf dann endgültige Verwaltungsverhältnisse. Das Hultschiner Ländchen kam zum preußischen Regierungsbezirk Oppeln, die südlichen Randgebiete Böhmens wurden den österreichischen Ländern Oberdonau und Niederdonau zugeschlagen. Von den an Bayern grenzenden Teilen kam das meiste zum Regierungsbezirk Niederbayern-Oberpfalz, und nur der nördliche Teil bildete den ›Reichsgau Sudetenland‹.

Das Protektorat Böhmen und Mähren

War der Einmarsch in das Sudetenland mit der Zustimmung der Münchener Konferenz noch mit einem Schein von Legalität versehen, wenn auch nicht mit der Zustimmung der betroffenen Tschechoslowakischen Republik, so war der Einmarsch in die Rest-Tschechoslowakei am 15. März 1939 ohne den Schein einer rechtfertigenden oder auch nur entschuldigenden Spannung die Agression, die die Welt gegen die Hitler-Regierung aufbrachte. Der »Erlaß des Führers und Reichskanzlers über das Protektorat Böhmen und Mähren« vom 16. März 1939[40] verwies in einer weitschweifigen Einleitung auf die Geschichte und auf die von ›den böhmischmährischen Ländern‹ möglicherweise für Deutschland ausgehenden Gefahren und war mit 13 Artikeln in der Art einer Verfassung so gründlich vorbereitet, daß am Vorbedacht dieses Gewaltaktes nicht gezweifelt werden kann. Hitler nahm Böhmen und Mähren als Schutzgebiet (Protektorat) für das Deutsche Reich in Anspruch und behielt sich vor, auch, soweit die Verteidigung des Reiches es erfordere, Abweichendes anzuordnen (was für das Olsa-Gebiet mit der Überlassung an Polen geschah). Die Volksdeutschen im Protektorat wurden deutsche Staatsangehörige und den Nürnberger Gesetzen unterworfen. Die ›Selbstverwaltung‹ des Protektorats, die im Grundsatz fortbestehende Regierung, hatte sich in allem nach den deutschen Interessen zu richten, doch wurde ihr ein ›Reichsprotektor‹ (anfangs v. Neurath) übergeordnet. Das Protektorat blieb militärisch besetzt und wurde deutsches Zollgebiet.

Nach Artikel 10 des Erlasses war auch im Protektorat die Reichsmark gesetzliches Zahlungsmittel; nur ›bis auf weiteres‹ blieb es auch die Krone; das Wertverhältnis zwischen Reichsmark und Krone festzustellen blieb der Reichsregierung vorbehalten. Dies geschah mit der »Verordnung über das Währungsverhältnis im Protektorat Böhmen und Mähren« vom 21. März 1939.[41] Sie bestimmte den Wert der Krone mit 10 Reichspfennig. Weitere Vorschriften finden sich nicht. An der Währung des Protektorats änderte sich nichts, wenn man davon absieht, daß die Krone fortan nicht mehr als ›tschechoslowakische‹, sondern als ›tschechische‹ bezeichnet wurde, nachdem die Slowakei ihre Währung von der des Protektorats getrennt hatte. Nur die Zahlungsmittel änderten sich im Aussehen. Die tschechoslowakischen Staatsnoten und die Noten der Tschechoslowakischen Nationalbank wurden nach und nach eingezogen und durch neue Scheine ersetzt: Staatsnoten des Protektorats Böhmen und Mähren und Noten der »Nationalbank für Böhmen und Mähren in Prag«.[42] Die Münzen der Tschechoslowakischen Republik wurden – wohl wegen ihrer Metallgehalte – eingezogen und durch Stücke zu 10, 20 und 50 Heller sowie zu 1 Krone aus Hüttenzink ersetzt.[43] Alle Scheine und Münzen des Protektorats waren zweisprachig, wobei die deutsche Sprache die erste Stelle einnahm.

Die Slowakische Republik

Die seit 14. März 1939 selbständige Slowakei nannte sich zunächst »Slowakischer Staat« und ab 21. Juli 1939 »Slowakische Republik«. Die Kronenwährung wurde verselbständigt. Man begann damit, Papiergeld der Tschechoslowakei zu überdrucken und gab dann – dem vorherigen Geldsystem entsprechend – Staatsnoten in den kleineren Nominalen (5, 10, 20 Kronen) und Banknoten der »Slowakischen Nationalbank in Preßburg« (50, 100, 500 und 1000 Kronen) aus. In der vormaligen tschechoslowakischen Münzstätte Kremnitz wurde eine Scheidemünzenreihe hergestellt, die langsam die alten Münzen ersetzte. Da sich in der Slowakei die Silbervorkommen befinden, die schon der Tschechoslowakischen Republik das Metall für ihre Silberprägungen lieferten und auch nach dem Zweiten Weltkrieg eine lange Serie von Silbergedenkmünzen erlaubten, fällt die slowakische Münzreihe des Zweiten Weltkriegs insofern aus dem Rahmen, als in dieser Zeit, in der im deutschen Machtbereich sonst überall das Silbergeld, wo es sich gehalten hatte, aus dem Verkehr verschwand, Silbermünzen für den Umlauf geprägt wurden.[44]

Die slowakische Krone war von Deutschland aus gesehen eine ausländische Währungseinheit. Am festen Kurs der Protektoratskrone hatte sie keinen Anteil. Ihr Wert entsprach während der ganzen Zeit des Bestehens der Slowakischen Republik etwa dem letzten Kurswert der tschechoslowakischen Krone vor 1939. Die Kursübersichten des Reichssteuerblattes für die Zwecke der Umsatzsteuer gaben ihren Wert bis zum Ende mit 8,50 bis 8,60 Reichsmark für Ks 100 an.

d) Die Rückkehr des Memellandes

Während die Tschechoslowakische Republik auch nach dem Rücktritt ihres Staatsgründers Thomas Masaryk[45] unter dem Staatspräsidenten Eduard Benesch eine parlamentarische Demokratie bis zum Ende blieb, geriet Litauen im Dezember 1926 nach einem Militärputsch, der den ersten Staatspräsidenten Anton Smetona (1919–1922) wieder an die Macht brachte, 1927 unter eine Einparteienherrschaft. Die Spannungen mit dem Deutschen Reich, die die Besetzung des Memelgebiets im Jahre 1923 nach sich zog,[46] wurden zwar 1928 mit einem Grenzvertrag und 1929 mit einem Handelsvertrag behoben, aber Litauisierungsbestrebungen belasteten das Verhältnis erneut, und 1932 wurde das vom Landtag gewählte Landesdirektorium des Memelgebiets aus drei Personen abgesetzt. Es kam zu einem Streit zwischen dem Deutschen Reich und Litauen vor dem Haager Internationalen Gerichtshof, und auch wieder zu Wahlen der Landesdirektoren durch den Memel-Landtag, aber die Spannungen steigerten sich, als in Deutschland 1933 die Regierung Hitler an die Macht kam. Sie schritt 1933/34 zur fast völligen Grenzsperre, und erst im August 1936 führte ein neues Handelsabkommen zur Entspannung. Doch die Litauisierung des Memelgebietes ging im Zusammenhang mit dem Ausbau der Diktatur weiter, und unter weiteren Spannungen und Zwischenfällen[47] trieb die Entwicklung unter deutschem Druck nach der letzten Landtagswahl (11. Dezember 1938; darauf Ernennung der drei Landesdirektoren auf deutschen Vorschlag) auf die Rückgliederung des Gebiets an das übermächtig gewordene Deutsche Reich. Nach der Besetzung der Rest-Tschechoslowakei entschied die Regierung Hitler auch die Memelfrage für sich. Der litauische Außenminister mußte sich in Berlin den deutschen Drohungen beugen und am 22. März 1939 den Vertrag über die Abtretung des Memelgebiets unterzeichnen. Sechs Stunden vor der Unterzeichnung waren deutsche Kriegsschiffe mit Hitler an Bord ausgelaufen, um das Memelgebiet zu besetzen. Der litauische Landtag stimmte ohne Debatte zu.

Mit »Gesetz über die Wiedervereinigung des Memellandes mit dem Deutschen Reich« vom 23. März 1939[48] wurde die Abtretung auf deutscher Seite angenommen. Das Memelland kam zum Regierungsbezirk Gumbinnen in der preußischen Provinz Ostpreußen. Die Verordnung über die Einführung der Reichsmarkwährung im Memelland vom selben Tag[49] brachte die Reichsmark als gesetzliches Zahlungsmittel und ließ der bisherigen litauischen Litas-Währung nicht einmal eine Übergangsfrist. Umrechnungskurs war ›1 Lit = 40 Reichspfennig‹. Am 30. März 1939 wurde das Memelgebiet voll in die deutsche Devisenbewirtschaftung einbezogen.[50] Zugleich trat das Memelgebiet zum deutschen Zollgebiet.[51] Eine Verordnung vom 21. April 1939[52] machte dem litauischen Geld ein Ende; bis 20. Mai 1939 ging der Umtausch zum genannten Kurs. Entsprechend wurden die bestehenden Schuldverhältnisse umgerechnet, aber nur, soweit das Schuldverhältnis vom deutschen Recht bestimmt war oder Ausländer betraf. Denn auch hier entsprach der Umrechnungskurs nicht dem vorherigen Kurswert des Litas; anders aber als in den Fällen Österreich und Tschechoslowakei wurde der Litas hier unterbewertet. Die litauische Währungseinheit war – vgl. Kapitel 2a – auf den Dollar der Vereinigten Staaten von Amerika gegründet und entsprach ursprünglich 10 Cents; es wurde bemerkt, daß das silberne Litas-Stück, die sogenannte Nominalmünze, in Größe und Gewicht dem ›Dime‹ der Vereinigten Staaten glich. Diesen Wert hatte sich die litauische Währung erhalten können, auch über die Weltwirtschaftskrise hinweg und selbst noch, als die Vereinigten Staaten für den Dollar vom Goldstandard abgingen. Bis zum Ende Litauens als selbständiger Staat (Einmarsch der Sowjettruppen 14. Oktober 1939, Anschluß an Sowjetunion 3. August 1940) notierte der Litas in Berlin mit etwa 41,50 bis 42 Reichspfennig. Tatsächlich war die Kaufkraft des Litas wesentlich höher. Nach dem Zweiten Weltkrieg wurde sie in der Bundesrepublik für Zwecke des Lastenausgleichs bei Vermögenswerten mit 59 Reichspfennig und bei Lohneinkünften und ähnlichem sogar mit 71 Pfennig festgestellt.[53] Während man beim Anschluß Österreichs sich über die vom Devisenkurs abweichende Kaufkraftparität noch Gedanken machte, hatte man in Berlin dafür jetzt offenbar keine Zeit mehr.

13. Der Zweite Weltkrieg: Das Geld im Reichsgebiet

Mit der Weisung Hitlers vom 3. April 1939, den Aufmarsch gegen Polen (›Fall Weiß‹) vorzubereiten, setzte das Deutsche Reich seine Eroberungspolitik fort, die mit dem 1. September 1939 den Zweiten Weltkrieg auslöste. Sein Ablauf darf hier als bekannt vorausgesetzt werden. Die kriegswirtschaftlichen Erscheinungen und territorialen Veränderungen in Europa wirkten sich sämtlich auf die Geldverhältnisse der beteiligten Staaten aus, wie dies auch im Ersten Weltkrieg der Fall war. Dem ist im folgenden nachzugehen.

a) Das Münzwesen

Der Zweite Weltkrieg bot insofern ein ähnliches Bild wie der Erste – mitteleuropäische Großmacht mit eindrucksvollen Anfangserfolgen und Zurückweichen vor einer letztlich weit überlegenen Welt – als das Deutsche Reich, an materiellen Mitteln seinen großen Gegnern weit unterlegen, mit Rohstoffen haushalten und auf alle erdenklichen Reserven im eigenen Land zurückgreifen mußte. Obwohl sich das Währungs- und Münzsystem – ähnlich wie im Ersten Weltkrieg – im Grundsatz nicht änderte, ging man auch ab 1939 rasch daran, die Buntmetallreserven, die sich im Besitz der Bevölkerung fanden, der Kriegswirtschaft nutzbar zu machen. Dazu gehörten die Metalle der umlaufenden Scheidemünzen, und ihr Ersatz durch Papier und minderwertiges Metall kennzeichnet die Änderungen im Münzumlauf während des Krieges.

Bald nach Kriegsbeginn kümmerte man sich um das kriegswichtige Nickelmetall der Fünfzigpfennigstücke und der Markstücke. Diese Münzen wurden sogleich eingezogen und die Fünfzigpfennigstücke durch Aluminiummünzen gleichen Nominals[1] ersetzt, die Markstücke durch Papiergeld in Gestalt von neuen Rentenbankscheinen.[2] Die Aluminiumfünfziger mit der Jahreszahl 1935 waren für diesen Zweck längst bereitgehalten worden. Zum 1. März 1940 wurden die Markstücke aufgerufen, bis 31. Mai wurden sie noch umgewechselt.[3] Die Fünfziger verloren zum 1. August 1940 ihre Eigenschaft als gesetzliches Zahlungsmittel und wurden noch bis 31. August umgetauscht.[4]

Mit den Silbermünzen hatte es eine andere Bewandtnis. Ihr Metall hatte für die Kriegstechnik nicht die Bedeutung von Nickel. Außerdem wagte man es aus psychologischen Gründen nicht, die Bevölkerung aufzufordern, sie dem Staat abzuliefern. Hinsichtlich der Kriegsfinanzierung war die ganze Propaganda darauf eingestellt, die Deutschen davon zu überzeugen, daß der Krieg, anders als der letzte, den Geldwert nicht gefährden würde. Die Bevölkerung mit ihrer Inflationserfahrung

war aber viel zu mißtrauisch, als daß sie nicht sofort nach Kriegsbeginn die Zweimarkstücke und die Fünfmarkstücke wegen ihres Silberwertes, auch wenn er fürs
erste weit niederer als der Nennwert war, zurückgehalten und massiv gehortet hätte.
Was erlangt werden konnte, wurde auf kaltem Wege gleichwohl eingezogen; zum
Ersatz kamen für die Zweimarkstücke die neuen Rentenbankscheine und für die
Fünfmarkstücke neue Reichsbanknoten dieses Nominals.[5] Nur die Zweimarkstücke
des Gepräges von 1925 bis 1931 wurden zum 1. Januar 1940 außer Kurs gesetzt und
noch bis 31. März 1940 umgetauscht.[6]

Im Verlauf des Krieges wurde auch das ebenfalls kriegswichtige Kupfer immer
knapper, so daß man hierfür auf das Metall der Kleinmünzen zu 1, 2, 5 und 10
Reichspfennig (wozu auch noch die Stücke auf Rentenpfennig gehörten) zurückgriff. Zu ihrem Ersatz wurden von 1940 bis 1944, im Falle der Einpfennigstücke
noch bis in das Jahr 1945 in Berlin und Dresden-Muldenhütten, die Münzen gleicher Nominale, jedoch ohne das Zweipfennigstück, aus Zink in großen Mengen geprägt.[7] Die umlaufenden Stücke aus Bronze und aus Messing wurden 1942 eingezogen, doch nur die ›Kupfermünzen‹ zu 1 und 2 Pfennig wurden förmlich außer Kurs
gesetzt.[8] Die Bekanntmachung führte neben den Stücken auf Pfennig der alten
Reichsgoldwährung, auf Rentenpfennig und auf Reichspfennig auch die österreichischen Prägungen zu 1 und zu 2 Groschen sowie zu 100 und zu 200 Kronen auf,
die nach dem Anschluß Österreichs als Pfennige und Zweier im Umlauf belassen
worden waren.[9]

Den Kleinmünzen aus Messing und Kupfer maß die Bevölkerung anders als den
Silbermünzen keinen bewahrenswerten Metallwert bei. Mit oder ohne Außerkurssetzung, sie verschwanden aus dem Verkehr.

Die Zinkmünzen zeigten auf der Vorderseite den dem Münzrund angepaßten
Adler auf dem Hakenkreuz, oder nach dem damaligen Sprachgebrauch: das ›Hoheitszeichen des Reiches‹ in besonderer Form.[10] Im Münzbild entsprach ihnen genau das Aluminium-Fünfzigpfennigstück der Jahre 1939 bis 1944.[11] Es glich bis auf
besagtes ›Hoheitszeichen‹ dem erwähnten Stück, das zum Ersatz der Nickel-Fünf-
zigpfennigstücke mit der Jahreszahl 1935 für den Kriegsfall vorbereitet wurde, und
deckte den weiteren Bedarf an diesem Münznominal.

In den letzten Kriegsjahren hatte der Deutsche außer dem Papiergeld nur noch
die Aluminiumfünfziger und die Zinkmünzen im Geldbeutel.

Es gibt keine Münze – auch keinen Geldschein – mit dem Bild Hitlers. Doch wurden mit der Jahreszahl 1942 Proben eines Stückes zu 5 Reichsmark mit dem Münzzeichen A hergestellt, das das Kopfbild Hitlers (nach links, heraldisch gesehen) ohne Umschrift zeigt und auf der Rückseite ähnlich den ersten Fünfmarkstücken seiner Regierung, jedoch der Adler mit Hakenkreuz, gestaltet ist. Nach Kurt Jaeger[12]
wurde diese Probe Hitler Anfang 1943 vorgelegt, doch habe er entschieden, daß
Münzen mit seinem Bild »erst nach der Erringung des Endsieges« geprägt werden
sollten. Auch ist zu bemerken, daß die Staatsbezeichnung auf den Münzen bis zum
Ende der Regierung Hitler ›Deutsches Reich‹ lautete. Mit dem Staatsnamen tat sich
die Hitler-Regierung offenbar schwer. Seit 1871 bis zum Anschluß Österreichs hieß
der von Bismarck errichtete deutsche Staat ›Deutsches Reich‹ Danach sprach die

politische Publizistik meistens vom ›Großdeutschen Reich‹. Eine schwülstige »Verordnung des Führers und Reichskanzlers über eine Volksabstimmung sowie über Auflösung und Neuwahl des Reichstags« vom 18. März 1938 verstieg sich sogar zum ›Großdeutschen Volksreich‹;[13] in der Folge hieß das Scheinparlament dieser Zeit stets ›Großdeutscher Reichstag‹. Soweit ersichtlich blieb es in der Rechtssprache bei ›Deutsches Reich‹, bis dann in einer Verordnung vom 31. August 1943[14] zum ersten Mal vom ›Großdeutschen Reich‹ die Rede ist. Meistens wird im amtlichen Sprachgebrauch jedoch die Festlegung vermieden und nur vom ›Reich‹ gesprochen. Bei den Briefmarken der Deutschen Reichspost allerdings beginnt das ›Großdeutsche Reich‹ mit einer Sondermarkenausgabe vom 24. Oktober 1943, und bei dieser Staatsbezeichnung bleibt es – mit Ausnahmen, vielleicht wegen vorzeitiger Herstellung der Marken – bis zum Ende.[15] Das Rätsel löst sich, wenn man weiß, daß Hitler mit einem Erlaß vom 26. Juni 1943, der nicht veröffentlicht und auch nicht bekannt wurde, dem deutschen Staat den Namen ›Großdeutsches Reich‹ gab – es kann dahin stehen, ob diese Namensgebung staatsrechtlich wirksam war. Hitler legte darin auch den Titel ›Der Führer und Reichskanzler‹ ab und wollte nur noch ›Der Führer‹ sein, jedenfalls im Inland; im Verkehr mit dem Ausland wünschte er als ›Der Führer des Großdeutschen Reiches‹ bezeichnet zu werden. Von Deutschen war er mit ›Mein Führer‹, von Ausländern mit ›Führer‹ anzusprechen; vorbei sollten offenbar die Zeiten sein, in denen ausländische Diplomaten ihn, den diplomatischen Gebräuchen entsprechend, mit dem Anredetitel ›Exzellenz‹ ehrten.[15a]

b) Das Papiergeld im Reich

Das Bild der Noten der – jetzt sogenannten – Deutschen Reichsbank änderte sich im Grundsatz nicht. Die Scheine zu 10, 20, 50, 100 und 1000 Reichsmark[16] blieben bis auf eine Ausnahme unverändert. Die Noten wurden ungeachtet des neuen Reichsbankgesetzes[17] mit den unveränderten Daten ausgegeben. Offenbar dachte die Reichsbank aber doch daran, auf lange Sicht eine neue Serie ihrer Noten aufzulegen. »Ausgegeben auf Grund des Bankgesetzes vom 15. Juni 1939« und mit Datum 16. Juni 1939 erschien erst im Februar 1945 eine neue Reichsbanknote zu 20 Reichsmark.[18]

Der Schein zeigte für eine Reichsbanknote zum ersten Mal das Hoheitszeichen Hakenkreuzadler im Siegel der Reichsbank und trug die Unterschrift des Schacht-Nachfolgers Walther Funk, nicht mehr die des gesamten Reichsbankdirektoriums. Die Vorderseite zeigte das Brustbild einer jungen Österreicherin mit Edelweiß in der rechten Hand, die Rückseite – ebenfalls in rechteckigem Rahmen – eine Ansicht des Vorderen Gosausees mit dem Dachsteinmassiv im Hintergrund (Oberösterreich), flankiert von einem Holzfäller und einem Sämann. Die Klischees waren für eine österreichische Note zu 100 Schilling mit Datum 2. Januar 1936 vorbereitet gewesen, die nicht mehr ausgegeben wurde.

Die einzige weitere reguläre Reichsbanknote war mit dem Schein zu 5 Reichsmark vom 1. August 1942 ein neues Nominal, das die verschwundenen Silber-Fünfmarkstücke ersetzen sollte.[19] In ihrem Stil läßt diese Note, an sich nach dem System der Zahlungsmittel ein Kriegsbehelf, ebenfalls ihre Zugehörigkeit zur beabsichtigten neuen Notenserie erkennen. Auch hier die Bilder im rechteckigen Rahmen: Vorderseite »Kopfbild eines jungen deutschen Mannes von soldatischem Ausdruck«, Rückseite Ansicht des Braunschweiger Doms mit dem Löwendenkmal, flankiert von Bäuerin und Schreiner. Dieser Schein erlangte naturgemäß weite Verbreitung und trug ebenfalls die Unterschrift von Funk neben dem Siegel mit einem Hoheitszeichen, wie es die Zinkmünzen aufwiesen.

Als die Reichsregierung des von Hitler in seinem politischen Testament vom 29. April 1945 zum ›Reichspräsidenten‹ ernannten Großadmirals Dönitz am 7. Mai 1945 in Reims und am 9. Mai in Karlshorst bedingungslos kapitulierte,[20] waren im wesentlichen noch nicht von den Alliierten besetzt: Böhmen und Mähren zwischen Pilsen und Brünn mit dem Süden Sachsens ohne Dresden und Teilen Oberösterreichs, der österreichische Alpenraum mit Teilen der italienischen Alpen, der Kernraum der Niederlande sowie Ostfriesland, Schleswig-Holstein, Dänemark, Norwegen und Rügen. Diese Lage und die vorherigen Fortschritte der Besetzung erklären die wenigen »Notausgaben des Frühjahrs 1945« an Papiergeld, die die Kataloge aufführen und die geldgeschichtlich keine Bedeutung haben.[21] So ließen die Reichsbankstellen Graz, Linz und Salzburg im März 1945 von Privatfirmen auf Papier für Lebensmittelkarten photomechanisch Drucke der Reichsbanknoten zu 10, 50 und 100 Reichsmark herstellen, die jeweils sämtlich dieselbe Seriennummer aufwiesen, in den Farben von den Originalen abwichen und auf dem Schaurand den Strafsatz trugen. Ein »Reichsverteidigungskommissar Sudetenland und Niederschlesien« ließ mit Datum 28. April 1945, also zehn Tage vor der Kapitulation, ›Kassenscheine‹ der Reichsbank zu 20 Reichsmark herstellen. In Sachsen ließen »Reichsstatthalter und Landesregierung« von der Sächsischen Staatsbank Banknoten zu 5 und zu 20 Reichsmark mit Datum 26. April 1945 ausgeben, und der Reichsstatthalter (Gauleiter) in Kärnten gab selbst Notgeldscheine zu 50 Reichsmark (Datum 15. April 1945) aus. In Schleswig-Holstein wurden Reichskreditkassenscheine, das deutsche Militärgeld der besetzten Gebiete,[22] von den Reichsbankstellen abgestempelt und waren vom 8. Mai 1945 bis 4. Mai 1946 Zahlungsmittel.[23]

Eigentliches Kriegsgeld im Reichsgebiet wurden die beiden Rentenbankscheine zu 1 und zu 2 Rentenmark mit Datum 30. Januar 1937,[24] die, sowie sie aus dem Umlauf verschwanden, die Nickel-Einmarkstücke und die Zweimarkstücke, aber auch die Fünfmarkstücke ersetzten. Sie wurden schon ab 5. September 1939 ausgegeben und waren für ihren Zweck längst vorbereitet gewesen. Weshalb man für dieses Kriegsgeld formal auf die Deutsche Rentenbank zurückgriff, ist nicht klar; wahrscheinlich wollte man mit dem Umlauf dieser Scheine nicht den Reichsbankausweis belasten, zumal sie als Ersatz für Münzgeld zunächst den Gesamtumlauf an Zahlungsmitteln auch nicht erhöhten. Noch das Gesetz über die Deutsche Reichsbank vom 15. Juni 1939 hatte in § 32 der Deutschen Rentenbank untersagt, den Betrag der – noch – umlaufenden Rentenbankscheine zu erhöhen und die weitere Einziehung angeordnet; waren sie doch längst zum Fremdkörper im Papiergeldumlauf geworden. Sofort nach Kriegsbeginn aber, am 4. September 1939, suspendierte eine

Verordnung diese Vorschrift des neuen Reichsbankgesetzes und die einschlägigen Vorschriften aus den Jahren 1924 und 1930[25] und gab diesen Scheinen die gesetzliche Grundlage.

c) Die Kriegsfinanzierung

Mit dem neuen Reichsbankgesetz vom 15. Juni 1939 war die Regierung Hitler in der Lage, den Notenbankkredit unmittelbar und ohne die bisherigen Hilfskonstruktionen in Anspruch zu nehmen, was nichts anderes heißt, als die Notenpresse ungehemmt in Gang zu setzen. Es wurden aber nicht nur die Zahlungsmittel – im wesentlichen das Papiergeld – vermehrt; die Geldvermehrung bestand zum größeren Teil in der Schaffung von Buchgeld, in der Begründung von Forderungen gegen das Reich. In vielem wollte die Regierung Hitler es bei der Vorbereitung des Zweiten Weltkrieges und bei seiner Führung besser machen, als es Deutschland im Ersten Weltkrieg gelungen war, und zum Bereich dieser Vorsätze gehörte auch die finanzielle Seite des Kriegsgeschehens.

Was die Aufrüstung der Jahre 1933 bis 1939 kostete, ist umstritten, zumal die oben geschilderten Finanzierungsmethoden bis zu den Mefo-Wechseln im vollen Ausmaß erst später bekannt wurden und auch nicht klar abzugrenzen ist, was von den ›Arbeitsbeschaffungsmaßnahmen‹ dem militärischen Bereich oder dem, was man heute die ›militärische Infrastruktur‹ nennt, zuzurechnen ist (Autobahnen, Werften, Wasserstraßen). Man hat damals den tatsächlichen Umfang der Rüstungsausgaben im dunklen gelassen, zumal Haushaltspläne nicht mehr veröffentlicht wurden und die Auswirkungen der frühen Finanzierungsmethoden sich in den Bankstatistiken nicht niederschlugen, ja diese Methoden waren weitgehend so gestaltet, daß die Auswirkungen selbst den Fachleuten verborgen blieben. Hitler hat in seiner Reichstagsrede vom 1. September 1939 die Kosten der Aufrüstung bis zum Kriegsausbruch mit 90 Milliarden Reichsmark angegeben und damit wohl übertrieben; Schacht nannte im Nürnberger Kriegsverbrecherprozeß die Zahl von 34 Milliarden Reichsmark. Die Mefo-Wechsel sollen erst nach dem Krieg bekannt geworden sein. Bis Kriegsausbruch verloren sie aber schon an Bedeutung. Ab April 1938 traten die ›Lieferschatzanweisungen‹ an ihre Stelle.[26] Schacht selbst hat schon 1937 kein Hehl mehr daraus gemacht, daß die Aufrüstung 1933 begonnen hatte und bereits Mitte 1934 die ersten ernsthaften Devisenschwierigkeiten verursachte.[27]

Seit 1933 hatte sich das Reich aber etwa 17 Milliarden Reichsmark auch durch Ausgabe mittel- und langfristiger Anleihen und Schatzanweisungen verschafft, die – ›Liquiditätsanleihen‹ – bei Sparkassen und Versicherungsunternehmen, anderen Kapitalsammelstellen und Privaten untergebracht wurden und dazu dienten, Sparkapital der Bevölkerung abzusaugen. Damit einher ging eine gewaltige und aufdringliche Werbung für das Sparen (dazu gehörte auch die erwähnte Schacht-Rede), und so wurde die Bevölkerung bewogen, den Teil des Einkommens, den sie nicht – bei gestoppten Preisen – für die Lebenshaltung brauchte und dem angesichts der Aufrüstung kein privat verbrauchbares Sozialprodukt gegenüberstand,[28] zu sparen und indirekt dem Reich zur Verfügung zu stellen (was sie dabei nicht erkannte). Der nichtproduktive (nichtverbrauchbare) Teil des Volkseinkommens wurde also nicht als Staatsquote durch Steuererhebung in Anspruch genommen, sondern es verblieb dem Sparer in Höhe seiner Ersparnisse ein Geldanspruch, dem kein entsprechender Anteil am Sozialprodukt mehr gegenüberstand (denn dem Geldanspruch stand ja, einem damals bekannten Schlagwort entsprechend, nicht mehr ›Butter‹ gegenüber, sondern ›Kanonen‹).

Es stellt sich die Frage, wie der Staat sich die Rückzahlung der Sparervermögen, die Rückgabe von Kaufkraft, der keine zivilen Güter gegenüberstanden, vorstellte. Im Ersten Weltkrieg wurden die Kriegsanleihen öffentlich aufgelegt und vom Publikum aufgenommen, so daß sich damals jeder Sparer dem Reich und dessen Kriegsglück anvertraute. Jetzt wußte die breite Öffentlichkeit davon nichts, und doch waren die Guthaben genau so gefährdet – wie sollte das Hitler-Reich seine Verpflichtungen gegenüber den Sparkassen, den Versicherungsgesellschaften erfüllen? Die ›Volksgenossen‹ sparten u. a. – wie bekannt – rund 1000 Reichsmark in Gestalt der Vorauszahlung auf einen ›KdF-Wagen‹, den Volkswagen, und mit diesem Geld wurde das Volkswagenwerk in Wolfsburg errichtet, das vorerst, von einigen Vorzeigeautos abgesehen, nur Militärfahrzeuge produzierte.

Noch vor dem Gesetz über die Deutsche Reichsbank kam als letzte öffentliche Maßnahme zur Staatsfinanzierung der ›Neue Plan‹:[29] Er brachte eine neue Art von Steuergutscheinen; 40 v. H. der Entgelte für Staatsaufträge wurden in solchen Steuergutscheinen bezahlt, die der Unternehmer dann dergestalt als Zahlungsmittel bei Steuerzahlungen verwerten konnte, daß es in dieser Höhe auf zusätzliche Geldschöpfung hinauslief. Mit dem Reichsbankgesetz waren dann solche Umwege nicht mehr nötig. Zwar wurde stärker als im Ersten Weltkrieg auf Steuereinnahmen zurückgegriffen, aber im Lauf des Krieges ging der Anteil der Staatsausgaben, der durch Steuereinnahmen gedeckt war, immer mehr zurück und betrug 1944 noch 14 v. H.; umgekehrt belasteten die Kriegskosten das Bruttosozialprodukt mit 70 v. H. und die Reichsausgaben mit 81 v. H.[30] Zu erwähnen ist das ›Eiserne Sparen‹, dem sich kein Einkommensbezieher entziehen sollte; es war steuerlich begünstigt und lief wieder darauf hinaus, daß ein Teil der hohen Steuern, wie diese (aber indirekt) in der Hand des Reiches, zur späteren Rückzahlung versprochen wurde.

In der Hauptsache aber konnte man jetzt von einer ›geräuschlosen‹, wenigstens ›geräuscharmen‹, und ›rollenden‹ Kriegsfinanzierung sprechen: Der Versuch, zur Aufbringung der Kriegskosten an das Publikum heranzutreten wurde gar nicht erst unternommen. »Vielmehr bemühte man sich unter Zwischenschalten der Reichsbank die durch die laufenden Reichsausgaben ständig anwachsende Liquidität im Bankensystem durch Zurverfügungstellen der in Betracht kommenden Anlagetitel aufzusaugen. Mehr oder weniger gezwungen, haben die Banken diese Titel übernommen.« Die Banken konnten nicht anders, denn andere Anlagemöglichkeiten gab es nicht.[31]

Der Ablauf dieser geräuschlosen Kriegsfinanzierung war einfach. Im Laufe der Jahre erschien eine lange Reihe vielfältiger, im Grunde aber doch gleichartiger Anleihetitel des Reiches, die vielfach abgelöst und umgetauscht wurden, ohne daß sich am Anwachsen der Reichsschuld etwas änderte. Hauptsächlich waren es verzinsliche Schatzanweisungen und Wechsel des Reichs, die nur vordergründig den Anschein kurzfristiger Verschuldung erwecken konnten. Alle Mittel des Geld- und Kapitalmarktes wurden also in den Dienst des Krieges gestellt. Auch wenn das Reich einen geringen Teil seiner Papiere Privaten gab, so waren Hauptabnehmer doch die Kreditinstitute und die Versicherungswirtschaft. Indirekt nur war die Bevölkerung Gläubiger des Reichs – vorgezeichnet war damit auch schon die Währungsreform im Falle der Kriegsniederlage: sie mußte zur Entwertung der Bank-, Spar- und Versicherungsguthaben führen, denn mit dem Zusammenbruch ihres Schuldners Deutsches Reich verloren diese Geldsammelstellen ihre Deckungsansprüche für die Ansprüche ihrer Gläubiger, der Sparer.[32]

Bei dieser Finanzierungsmethode war es noch gar nicht einmal die Deutsche Reichsbank selbst, die unmittelbar dem Reich Kredit gewährte; bis 1943 war sie weit überwiegend nur Vermittlerin dieses rollenden Wertpapierabsatzes.[33] Als dann jedoch das Vertrauen in die Reichsmark langsam schwand, die Bargeldhortung – auch bedingt durch die Kriegsereignisse im Reich wie die Verhältnisse des Luftkrieges – zunahm und mit dem wachsenden Warenmangel der Schwarzmarkt ein Faktor wurde, stockte der Absatz der Anleihen und das Reich wurde gezwungen, sich nun mehr des direkten Notenbankkredits durch Begebung von Schatzanweisungen und Reichswechseln zu bedienen. Die Reichsbank wurde also zunehmend ›Selbstübernehmer‹ der Reichstitel, und entsprechend schwoll in den letzten Kriegsjahren der Bargeldumlauf an.[34]

Einige Zahlen:

Der Gesamt-Bargeldumlauf – Reichsbanknoten, Rentenbankscheine, Scheidemünzen – belief sich zum Jahresende

1938	auf 10 404	Millionen Reichsmark
1939	auf 14 516	Millionen Reichsmark
1940	auf 16 770	Millionen Reichsmark
1941	auf 22 313	Millionen Reichsmark
1942	auf 27 343	Millionen Reichsmark
1943	auf 36 538	Millionen Reichsmark
1944	auf 53 119	Millionen Reichsmark

Am 16. Dezember 1944 hatte die Ardennen-Offensive begonnen, Anfang Februar 1945 hatten die westlichen Alliierten südlich der Niederlande in breiter Front die Reichsgrenze erreicht. Im Osten hatten die Russen Anfang Januar 1945 die Grenze Ostpreußens überschritten, und die Front verlief etwa nach Süden und von Warschau an die Weichsel aufwärts. Das Reichsgebiet wurde Kriegsgebiet, und dies bedeutete, daß im Umlaufsgebiet der Reichsmark, dem Reichsgebiet einschließlich der im Kriege angefügten Bereiche im Osten, die Flucht der deutschen Bevölkerung sich verstärkte und im Westen Bedrohung und Ungewißheit zunahmen. Zusammen mit den durch den Luftkrieg hauptsächlich bedrohten Städtern waren jetzt weite Teile der Bevölkerung bestrebt, sich für den Fall der persönlichen Kriegsbetroffenheit mit Bargeld zu versehen. Es wird noch zu erwähnen sein, daß das Wehrmachts-

geld der Reichskreditkassenscheine mit Anfang 1945 ungültig wurde, zu der Zeit also, von der an das Gros der Wehrmacht, im Westen wenigstens, aber jede Woche zunehmend auch im Osten, auf Reichsboden kämpfte, und das heißt hier: im Geltungsbereich der Reichsbanknoten, Rentenbankscheine und deutschen Scheidemünzen. Diese Umstände erklären, weshalb der Zahlungsmittelumlauf trotz Niedergang des Wirtschaftslebens in der Endphase des Krieges ins Unermeßliche stieg. Es ist erstaunlich, daß die Reichsbank den Geldbedarf technisch bis in die letzten Kriegswochen ohne Schwierigkeiten decken konnte; von den erwähnten Notgeldausgaben der letzten Kriegstage abgesehen ist nicht bekanntgeworden, daß irgendwo im Reichsgebiet Bargeldmangel aufgetreten wäre. Unter diesen Umständen ist zu verstehen, wenn für die Schlußphase des Krieges folgende Gesamtumlaufsbeträge angegeben werden:

28. Februar 1945	58 229 Millionen Reichsmark
7. März 1945	59 149 Millionen Reichsmark
bei Kriegsende (Schätzung) etwa	73 000 Millionen Reichsmark[35]

Wegen der Umstände des Zusammenbruchs können die Schulden des Reiches bei Kriegsende nicht genau beziffert werden. Die grundlegende Arbeit über ihre Zusammensetzung ist von Wilhelm Dieben.[36] Dieben gibt die inneren langfristigen und mittelfristigen Verbindlichkeiten mit rund 141 Milliarden Reichsmark und die kurzfristigen Verbindlichkeiten mit rund 246,5 Milliarden Reichsmark, die Gesamtsumme mit rund 388 Milliarden Reichsmark an. Wegen der Einzelheiten muß auf diese Arbeit verwiesen werden. Das ganze »Verzeichnis der von der Reichsschuldenverwaltung verwalteten inneren Schulden des Reichs« nach dem Stand vom 21. April 1945 ist dort als Anlage wiedergegeben. Diese Zahlen geben nach der Sachlage aufgrund der ›geräuschlosen Kriegsfinanzierung‹ auch die Größenordnung der Summe des Buchgeldes an, der Geldvermögen in Gestalt von Bankguthaben und der Kapitalwerte von Versicherungsansprüchen. Für den Zweck dieser Arbeit wäre es müßig, auf weitere Einzelheiten einzugehen.

Was die Außenwirtschaft während des Krieges anlangt, so blieb es auch in dieser Zeit bei dem System, das durch die Schlagworte Devisenbewirtschaftung, Autarkie, zweiseitige Handels- und Zahlungsabkommen gekennzeichnet ist. Die Verhältnisse änderten sich nur insofern, als der Krieg Deutschland von seinen Kriegsgegnern abschnitt und die Blockade der Alliierten auch die Handelsbeziehungen zu den Neutralen in Übersee unterband. Auf der anderen Seite erlangte das Deutsche Reich mit seinen militärischen Anfangserfolgen bis 1942[37] die wirtschaftliche Herrschaft über weite Teile Europas, soweit es sie besetzen konnte, war aber auch in der Lage, sich in Teilen die Wirtschaftskraft der Neutralen in Europa zunutze zu machen. Die Kontrolle der inländischen Wirtschaft wurde im Kriege von Jahr zu Jahr rigoroser: Lohnstopp, Preisstopp, Kalkulationskontrollen, Rohstofflenkung, Investitionskontrolle, Überwachung der Kartelle, Lenkung der Kapitalflüsse, des Einsatzes der Arbeitskräfte und Zwangsinvestitionen ließen keinen Raum mehr für Kräfte des Marktes.[38] Bis zur Währungsreform von 1948 wurde die Politik betrieben, die sich zunächst noch der »Stabilisierung des Geldes von der Güterseite her«

rühmen konnte, bald aber die ›preisgestoppte‹, ›gestaute‹ oder ›verdeckte‹ Inflation nicht mehr zu verbergen wußte. Im Arbeitsleben wurde schon 1938 die ›Dienstverpflichtung‹ eingeführt und noch vor Kriegsausbruch der Arbeitsplatzwechsel beschränkt.[39] Verbrauchslenkung und Verbrauchsbeschränkung wurden vor dem Kriege mit Hilfe der Propaganda betrieben; sofort nach Kriegsausbruch wurden zuerst die wichtigen Lebensmittel und dann immer mehr Verbrauchsgüter bewirtschaftet. Auch hier war man besser vorbereitet als im Ersten Weltkrieg und hatte aus den Erfahrungen gelernt. So lassen die Lohn- und Preisstatistiken in den Jahren vor und im Kriege keinen großen Anstieg erkennen, obwohl es ab 1937 und besonders ab 1938 bei den Verbrauchsgütern erste Mangelerscheinungen gab und dann Qualitätsverschlechterungen sowie Erscheinungen in der Art ›grauer‹ und ›schwarzer‹ Märkte eintraten (die sich in den Statistiken nicht niederschlugen).

So ergibt sich folgendes Bild der Lohn- und Preisentwicklung für die Jahre 1936 bis 1944:[40]

Jahres-durch-schnitt	Index der Rohstoff-preise (1913 = 100)	Index der Groß-handelspreise (1913 = 100)		Index der Lebens-haltungs-kosten (1913/14 = 100)	Gesamt-index der Preise (1913/14 = 100)	Tarifliche Stunden-löhne für Industrie-facharbei-ter (Rpf)	Index der nominalen Brutto-Arbeits-verdienste (1936 = 100)
		Gesamt-index	Industrielle Fertigwaren				
1936	95	104,1	121,2	124,5	113,8	78,3	100,0
1937	96	105,9	124,6	125,1	115,1	78,5	102,1
1938	95	105,7	125,8	125,6	115,2	78,8	105,6
1939	96	106,9	125,9	126,2	116,2	79,1	108,6
1940	102	110,0	129,3	130,1	119,6	79,2	111,2
1941	104	112,3	132,5	133,2	122,3	79,9	116,4
1942	106	114,4	133,5	136,6	125,0	80,3	118,2
1943	108	116,2	135,1	138,5	126,9	80,9	119,1
1944	110	117,6	136,2	141,4	129,0		118,9

Als Anzeichen der Inflation, die sich bemerkbar machen konnten, sind das Ansteigen der Aktienkurse im Jahre 1941 (das zur Kurskontrolle im Frühjahr 1942 und zum Kursstopp im Januar 1943 führte), eine Welle von Hypothekenrückzahlungen im Jahre 1944, die zunehmenden Geldabhebungen von dem Beginn der Bedrohung des Reichsgebiets an und das zunehmende Sachwertdenken zu sehen.[41]

Alle diese Erscheinungen traten in den besetzten Gebieten schon viel früher auf, wo es aus der ganz anderen Staatsauffassung heraus zu derart scharfen Kontrollen der Löhne und Preise und zu wirksamer Warenbewirtschaftung wie in Deutschland nicht kommen konnte und schon wegen der deutschen Besatzungszahlungsmittel die Geldmenge schlechter zu kontrollieren war. Schon 1941 waren im Generalgouvernement Polen zwei ›Preisspiegel‹, der der amtlichen Preise und der des Schwarzmarkts, von den Behörden nicht mehr zu übersehen. Von 1942 bis zum Kriegsende versank Griechenland in geldwertvernichtender Inflation, stiegen die Preise in Italien auf das 20fache, in Ungarn auf das 18fache und in Frankreich auf das doppelte. In Deutschland war hingegen die Staatsgewalt so stark, daß die Reichsmarkzahlungsmittel für den Arbeiter, Angestellten, Beamten und Soldaten insofern ihren Wert behielten, als mit ihnen jedenfalls die zugeteilten Lebensmittel und der andere Mindestlebensbedarf – einschließlich der Verkehrsmittel und anderer lebensunentbehrlicher Leistungen – bezahlt werden konnten.

Wie kam es, daß dieses Währungssystem die ihm zugedachte Aufgabe bis an das Kriegsende heran so gut erfüllte – bei einer Bevölkerung, deren Inflationserfahrung nur zwei Jahrzehnte zurücklag? Einmal war der Zugriff des Staats- und Parteiapparats auf Volk und Wirtschaft so stark, das Kriegswirtschaftsstrafrecht so scharf, daß sich Marktkräfte tatsächlich nur mit Vorsicht und im Verborgenen zu regen wagten, sieht man davon ab, daß bei den Lebensmitteln der Einkauf oder Eintausch bei den Landwirten – die das Regime nicht zu scharf anzufassen wagte und auch nicht lükkenlos überwachen konnte – unter den Städtern weit verbreitet waren. Zum anderen spielt die deutsche Mentalität des Vertrauens auf den Staat eine Rolle, die der Propaganda der Hitler-Regierung entgegenkam und ohne die deren ungeheurer Erfolg nicht möglich gewesen wäre. Der Glaube an den ›Endsieg‹, die Hoffnung auf ›Wunderwaffen‹ waren bis in das Jahr 1944 weitverbreitet, damit aber auch das Nicht-Nachdenken über die Zeit nach dem Kriege. Wer sich hingegen sachkundige Gedanken machen konnte, wußte, daß das viele Geld in Gestalt der Zahlungsmittel und der Ersparnisse seinen Wert nur behalten konnte, wenn das Deutsche Reich den Krieg gewann und einen gewaltigen Herrschaftsraum in Europa und womöglich darüber hinaus für sich arbeiten lassen konnte – nur aus Tributen und Reparationen von Besiegten konnten die zivilen Güter und Dienstleistungen kommen, die den Gegenwert für die Kaufkraft darstellen würden, die im Krieg unproduktiv entstanden war.

14. Der Zweite Weltkrieg:
Die annektierten und die besetzten Gebiete

Zur deutschen Geldgeschichte gehören auch die Währungsänderungen und Währungsentwicklungen in den zahlreichen europäischen Gebieten, die – buchstäblich vom ersten Kriegstag, dem 1. September 1939 an – nacheinander unter die deutsche Herrschaft gerieten und teils scheinbar freiwillig (z. B. Danzig), teils unfreiwillig die ›Eingliederung‹ in das Reich, völkerrechtlich ausgedrückt, die Annexion (z. B. Elsaß-Lothringen, Eupen-Malmedy) hinnehmen mußten oder mit oder ohne Verlust ihrer Staatsordnung besetzt wurden (Polen, Luxemburg, Jugoslawien, Belgien, die Niederlande, Frankreich, einige Balkanstaaten, Dänemark, Norwegen). Die Fälle der britischen Kanalinseln und der besetzten Gebiete der Sowjetunion, so wenig sonst vergleichbar, haben gemeinsam, daß das Gebiet eines Feindstaates teilweise unter deutsche Militärgewalt geriet. Schließlich haben die Deutschen gegen Ende des Krieges die Staatsgewalt auch in verbündeten Staaten faktisch an sich gerissen (Italien, Ungarn).

Mit der Kriegswende ab Ende 1942 verkleinerte sich zusehends der deutsche Machtbereich und damit das Gebiet, in dem die Deutschen das Geldwesen beeinflussen konnten. Die befreiten Länder gingen mehr oder weniger rasch daran, ihre Geldverhältnisse für die Nachkriegszeit wieder selbst zu gestalten. Hiervon wird dann in Kapitel 17 die Rede sein.

a) Danzig

In der Freien Stadt Danzig waren die Nationalsozialisten mit der Wahl zum Volkstag, der Volksvertretung, am 28. Mai 1933 mit 51 v. H. der abgegebenen Stimmen zur stärksten Partei geworden und bildeten im Juni 1933 unter Senatspräsident Dr. Rauschning den Senat (Landesregierung). Danzig hatte unter der Wirtschaftskrise schwer zu leiden, zumal der ständige Gegensatz zu Polen und der wachsende Wettbewerb des polnischen Hafens Gdingen die Wirtschaft zusätzlich hemmten.[1] Von 1935 an bestimmten die Nationalsozialisten Forster (Gauleiter der NSDAP seit 1930) und Greiser (Senatspräsident seit 1936) die Danziger Politik, die immer mehr in Gegensatz zu Polen und zum Völkerbund trat und offen auf die Rückkehr Danzigs zu Deutschland hinarbeitete. Damit Hand in Hand gingen eine mehr oder weniger offene Aufrüstung und Maßnahmen der Arbeitsbeschaffung nach dem Vorbild der Hitler-Regierung in Deutschland, was jedoch die Danziger Finanzen überforderte. Die Goldreserven der Bank von Danzig sanken von 35 Millionen Gulden (1933) auf die Hälfte. In der Volkstagswahl vom 7. April 1935, die der Senat vorzeitig ansetzte und von der sich die Nationalsozialisten die für Verfassungsänderungen erforderliche Zweidrittelmehrheit erhofften, erreichte die NSDAP 59 v. H. der Stimmen. Kurz darauf, am 2. Mai 1935, wertete der Senat den Danziger Gulden um 42,4 v. H. ab. Galt der polnische Gulden vorher etwa 58 Guldenpfennige, so waren Gulden und Zloty jetzt gleich. Es kam zu einem scharfen Wirtschaftskrieg zwischen Polen und Danzig, und die Umgestaltung der Danziger Verhältnisse im nationalsozialistischen Sinn, die Unterdrückung der anderen Parteien, der Gewerkschaften und der Polen, der freien Presse und der Juden beschleunigte sich.

In Reichsmark galt der Danziger Gulden vor der Abwertung etwa 81 bis 82 Pfennig, danach etwa 47 Pfennig; er stand jeweils dem Zloty gleich. Im Danziger Münzwesen war man schon 1932 zu billigeren Münzmetallen übergegangen. Waren die Stücke zu 5 und zu 10 Pfennig[2] aus Kupfernickel und die Stücke zu $\frac{1}{2}$, 1, 2 und 5 Gulden[3] aus Silber (750/1000 fein), so ging man jetzt zu Messing[4] und Reinnickel[5] über; dazwischen gab es noch Zweiguldenstücke und Fünfguldenstücke aus Silber von 500/1000 Feinheit, wobei das Fünfguldenstück statt 25 Gramm nur noch 15 Gramm wog.[6] Bei den Noten der Bank von Danzig fällt auf,[7] daß 1932 Scheine zu 20 und zu 50 Gulden die Serie erweiterten und daß die letzten Scheine, der Zwanziger und der Fünfziger (1. November bzw. 5. Februar 1937), keine Einlösungsklausel (». . . zahlt dem Einlieferer dieser Note«) mehr aufwiesen.[8] Der Zwanziger entsprach wohl eher den Zahlungsgewohnheiten und dazu dem Herkömmlichen als der Fünfundzwanziger als Gegenwert des Pfund Sterling, auf das der Gulden einst gegründet worden war, das aber 1931 abgewertet wurde und mit der Danziger Währungseinheit keinen Zusammenhang mehr hatte.

Die Beschießung des polnischen Munitionslagers Westerplatte im Danziger Hafengebiet durch das Schulschiff ›Schleswig-Holstein‹ am 1. September 1939 von 4,45 Uhr an und der Kampf um das Postamt der Polnischen Post am Heveliusplatz bezeichnen die wichtigsten militärischen Ereignisse in Danzig zu Beginn des Feldzugs gegen Polen, mit dem Danzig unter Mitwirkung des Senats und seiner Streitkräfte in deutsche Hand kam. Am 23. August hatte sich der Gauleiter Forster zum Danziger Staatsoberhaupt erklärt. Der von langer Hand vorbereitete Ablauf sah so aus, daß Forster unter Bruch der Danziger Verfassung am Tag des deutschen Einmarsches durch ein von ihm verkündetes ›Gesetz‹ die Verfassung der Freien Stadt Danzig aufhob, alle gesetzgebende und vollziehende Gewalt an sich zog und Danzig mit Gebiet und Volk zum Bestandteil des Deutschen Reiches erklärte. Dieses Danziger Gesetz übernahm das »Gesetz über die Wiedervereinigung der Freien Stadt Danzig mit dem Deutschen Reich«, das der Reichstag in seiner Sitzung vom 1. September 1939, in der er vom Kriegsbeginn Kenntnis nahm, als Reichsgesetz beschloß; es machte die Danziger zu deutschen Staatsangehörigen.[9] Auch wenn die Danziger, die heute im Bundesgebiet leben, es nicht wahr haben wollen: »Die große Mehrzahl der Danziger sah in der Wiedereingliederung ins Reich die Erfüllung ihrer nationalen Wünsche« (Ruhnau), und dementsprechend jubelten sie Hitler am 19. September 1939 zu, als er Danzig besuchte.

Gleich am 1. September 1939 wurde die Reichsmark neben dem Gulden zum gesetzlichen Zahlungsmittel für Danzig erklärt.[10] Der Gulden wurde 70 Reichspfennig gleichgesetzt. Bei seinem vorherigen Kurs von etwa 47 Reichspfennig schien dies ein beträchtliches Währungsgeschenk für die Danziger zu sein. Aber tatsächlich belief sich – Danzig gehörte ja kraft der Zollunion mit Polen zum polnischen Wirtschaftsgebiet und hatte dessen Preisniveau – die Kaufkraftparität auf 89 Reichspfennig, wie nach dem Krieg für Lastenausgleichszwecke festgestellt wurde.[11] Um zu verhindern, daß sogleich ein großer Ausverkauf der Danziger Wirtschaft stattfinde (man hatte offenbar aus den vorherigen Annexionen gelernt), wurde der Warenverkehr mit dem Reich scharf kontrolliert.[12] Die Unabhängigkeit der Bank von Danzig hatte noch ›Der Gauleiter‹ am 1. September 1939 aufgehoben.[13] Am 5. September wurde sie von der Deutschen Reichsbank übernommen.[14] Die »Erste Durchführungsverordnung über die Einführung der Reichsmarkwährung in dem Gebiet der bisherigen Freien Stadt Danzig« vom 7. September 1939[15] machte der Guldenwährung dann rasch ein Ende. Besagter Umrechnungskurs sollte nur zwischen ›Inländern‹ gelten; Ausländer sollten von der erhöhten Umrechnung nicht profitieren. Danziger Geld durfte in das Danziger Gebiet nicht mehr eingeführt werden, was wohl besonders die polnischen Besitzer hindern sollte, sich die Vorteile dieses Kurses zu verschaffen. Mit dem 30. September endete der Gulden als gesetzliches Zahlungsmittel. Die Noten der Bank von Danzig und die Münzen zu 10 und zu 5 Gulden wurden bis 15. Oktober 1939 umgetauscht; sie sind für die Sammler heute gesuchte Seltenheiten. Die Stücke zu 1 und $\frac{1}{2}$ Gulden sowie zu 10 und 5 Pfennig blieben für 70, 35, 7 und $3\frac{1}{2}$ Pfennig zunächst im Umlauf; die Stücke zu 2 und zu 1 Pfennig wurden zu Münzen zu 2 und 1 Reichspfennig erklärt, also im Ergebnis in ihrem Wert mehr als verdoppelt. Die Münzen zu 7 und zu $3\frac{1}{2}$ Reichspfennig, die ›Pomuchel‹ und ›Flunder‹ jetzt darstellten, erwiesen sich aber schenll als unpraktisch. Man doppelte mit den Währungsgeschenken für die Danziger nach und erklärte sie am 24. Oktober 1939 zu Reichsmarkscheidemünzen von 10 und 5 Reichspfennig.[16] Die Nickelmünzen zu 1 und $\frac{1}{2}$ Gulden wurden zum 25. Juni 1940 außer Kurs gesetzt und nach dem 25. Juli 1940 auch von den öffentlichen Kassen nicht mehr genommen. Die anderen Kleinmünzen (10, 5, 2 und 1 Pfennig bzw. Reichspfennig) verloren zum 1. November 1940 ihre Geltung und waren ab 30. November 1940 als Geld wertlos.[17] Die Silbermünzen Danzigs waren noch zur Freistaatzeit eingezogen worden und erscheinen im Reichsgesetzblatt nicht mehr.[18]

b) Die annektierten Teile Polens: »Eingegliederte Ostgebiete«

Die Vorgeschichte des deutschen Angriffs auf Polen am 1. September 1939 muß als bekannt vorausgesetzt werden.[19] Im Geheimen Zusatzprotokoll zum deutsch-sowjetischen Nichtangriffspakt vom 26. August 1939 hatten Hitler und Stalin ihre Interessphären u. a. in Polen abgegrenzt, und damit ergab sich die Grenze des deutschen Vordringens in Polen bis zur »Linie der Flüsse Narew, Weichsel und San«. Deutsche Truppen, die im ›Feldzug der 18 Tage‹ weiter vorgedrungen waren, zogen sich nach dem Einmarsch der Russen nach Polen am 17. September auf diese Linie zurück und räumten insbesondere Lemberg. Es kam zur ›vierten Teilung‹ Polens; die Polnische Republik hörte – sieht man von ihrer Exilregierung ab, die sich in London bildete – zu bestehen auf. Hitler ging damit weit darüber hinaus, die Grenzen des Friedensvertrags von 1919 zu revidieren; weit mehr als die damals abgetretenen deutschen Gebiete wurden sogleich vom Deutschen Reich annektiert (›eingegliederte Ostgebiete‹) und der Rest als ›Generalgouvernement‹ unter deutsche Herrschaft gestellt. Staatsrechtlich schuf Hitler somit vollendete Tatsachen; völkerrechtlich blieben diese Erwerbungen mangels friedensvertraglicher Anerkennung ohne Bedeutung.

Im einzelnen folgen wir für den Umfang und die Verwaltungsgliederung der ›eingegliederten Ostgebiete‹ der Darstellung von Broszat:[20]

Schon eine Woche nach Beginn des Polenfeldzugs, als sein Erfolg abzusehen war, gab Hitler den Militärbefehlshabern Zivilverwaltungsstäbe bei, denen jene erprobten ›Alten Kämpfer‹ vorstanden, die in der Folge seine Ostpolitik im eroberten Gebiet ausführen sollten. Es kam rasch zu Ausschreitungen, Zuständigkeitsgerangel und Übergriffen, was es dem Militär leicht machte, die Verwaltung der besetzten Gebiete abzugeben, zumal der wesentliche Teil des Heeres alsbald an die Westfront verlegt wurde. Broszat schildert die Entscheidungsvorgänge, die zum »Erlaß des Führers und Reichskanzlers über die Gliederung und Verwaltung der Ostgebiete« vom 8. Oktober 1939[21] führten. Aus militärischen Gesichtspunkten für eine günstige Grenzlinie und aus wirtschaftlichen Erwägungen – Einbeziehung polnischer Industriegebiete – kam es mit der Absicht, die polnische Bevölkerung früher oder später zu vertreiben, zur Einbeziehung weiter Teile des früheren Kongreßpolen, die nie zum Deutschen Reich von 1871 gehört hatten, in das Reichsgebiet. Mitte Oktober zog eine Kommission die Grenze zum Generalgouvernement, die samt den statistischen Grundlagen über Bevölkerung und Wirtschaft des annektierten Gebiets während des Krieges in den Einzelheiten geheimgehalten wurde.

Demnach wurde nun Reichsgebiet:

Reichsgau Posen (ab 29. Januar 1940: Reichsgau Wartheland) mit den Regierungsbezirken Posen, Hohensalza und Kalisch (ab 1940: Litzmannstadt, das frühere Lodz). Eingeschlossen waren die früher (vor 1919) niederschlesischen Teile der Kreise Guhrau, Militsch, Groß-Wartemberg und Namslau. Von den 4,2 Millionen Einwohnern waren 7 v. H. Deutsche, 85 v. H. Polen (!) und 8 v. H. Juden (hauptsächlich in und um Lodz).

Reichsgau Danzig-Westpreußen mit den Regierungsbezirken Danzig, Marienwerder und Bromberg. Umfaßte das Gebiet der Freien Stadt Danzig, den sog. Korridor (westpreußisches Abtretungsgebiet), Teile der ehemaligen Provinz Posen (um Thorn und Bromberg), die kongreßpolnischen Kreise Lipno und Rypin sowie das 1919 beim Reich verbliebene westpreußische Abstimmungsgebiet (Marienwerder), das zwischen den Kriegen als »Regierungsbezirk Westpreußen« zur Provinz Ostpreußen gehörte. Mit den 400 000 Danzigern gab es unter 2,15 Millionen Einwohnern gegen 800 000 Deutsche, 120 000 Kaschuben im nördlichen Korridorgebiet und sonst, hauptsächlich im Südosten, Polen.

Anschlüsse an Ostpreußen: Kreis Soldau (im Süden; einziger Teil Ostpreußens, der 1919 abgetreten wurde); 12 000 Quadratkilometer der Wojewodschaft Warschau mit 800 000 Polen, 80 000 Juden und nur 15 000 Deutschen; mit Soldau als ›Regierungsbezirk Zichenau‹ (Ciechanow); im Osten das durch die deutsch-sowjetische Demarkationslinie zwischen Litauen und

Ostpreußen entstandene ›Suwalki-Dreieck‹, jetzt Kreis ›Susauen‹. Als Gründe für die Vergrößerung Ostpreußens werden die Grenzarrondierung und der Wunsch angegeben, Siedlungsland für die landlosen ostpreußischen Bauernsöhne zu haben.

Ostoberschlesien: Zum neuen Regierungsbezirk Kattowitz wurden vereinigt das ehemals preußische Abtretungsgebiet Ostoberschlesien mit den Industriestädten Kattowitz, Beuthen, Hindenburg und Königshütte sowie den agrarischen Kreisen Pless und Rybnik und das ehemalige Österreichisch-Schlesien, auch soweit es – Teschen – erst 1938 von der Tschechoslowakei an Polen gekommen war. Zugeschlagen wurde im Osten ein rein polnischer, 4000 Quadratkilometer umfassender ehemals galizischer Streifen. Dem Regierungsbezirk Oppeln wurden der früher kongreßpolnische Kreis Zawiercie (der Hauptteil) und der Westen des Kreises Tschenstochau angegliedert. Schlesien war um fast 10 000 Quadratkilometer und 2,5 Millionen Einwohner vermehrt, darunter 400 000 Polen. Die Provinz Schlesien, zu groß geworden, wurde Ende Januar 1941 in die Provinzen Oberschlesien (Hauptstadt Kattowitz) und Niederschlesien (Breslau) aufgeteilt.

Im ganzen lebten in diesen Gebieten rund 7,8 Millionen Polen, 80 v. H. der Bevölkerung und meist in geschlossener Siedlung. Es war den Deutschen weder möglich noch hatten sie die Absicht, diese Teile Polens voll in das Reich zu integrieren. Zwar wurden sie ab 20. November 1939 in das Zollgebiet des Deutschen Reiches einbezogen,[22] doch wurde die alte Reichsgrenze als Polizeigrenze bis zum Verlust der Gebiete bei Kriegsende aufrechterhalten: paßrechtlich blieben die ›eingegliederten Ostgebiete‹ Ausland, das ohne Polizeierlaubnis weder betreten noch verlassen werden konnte. Man wollte damit die freie Bevölkerungsfluktuation mit dem Reich, insbesondere die Flucht von Polen und Juden vor den Verfolgungen in das Reich, verhindern, Zuschauer von der ›bevölkerungspolitischen Flurbereinigung‹ (Judenvernichtung) fernhalten und wirtschaftlich dem Ausverkauf der Gebiete entgegentreten; auch seuchenpolizeiliche Erwägungen können eine Rolle gespielt haben. Nur das Gebiet der Freien Stadt Danzig, das 1919 abgetretene Ostoberschlesien und das Teschener Gebiet wurden hinter die Polizeigrenze genommen. So gab es in Oberschlesien und in Danzig-Westpreußen das Kuriosum von drei Verwaltungszonen:

Gebiete des Altreichs,
eingegliederte Gebiete innerhalb der Polizeigrenze
und eingegliederte Gebiete außerhalb der Polizeigrenze.

Aber auch insofern gehörten die ›eingegliederten Ostgebiete‹ zum Reich, als im ehemals polnischen Gebiet der Zloty durch die Reichsmark ersetzt wurde. Anders als in den Gebietserwerbungen vor dem Krieg geschah die Währungsänderung aber ungleichmäßig; einheitlich war nur der Umrechnungssatz Zloty/Reichsmark. Schon am 7. September 1939, als Ostoberschlesien nach einer Woche Krieg in deutscher Hand war, verordnete der ›Generalbevollmächtigte für die Wirtschaft‹, Walther Funk (der auch Reichsbankpräsident war), gesetzliches Zahlungsmittel im besetzten ostoberschlesischen Gebiet sei neben der Reichsmark bis auf weiteres der Zloty; der Zloty gelte fünfzig Reichspfennige.[23] Weitere Vorschriften erließen dann zunächst militärische Instanzen. Eine »Verordnung betreffend Zahlungs- und Geldverkehr« vom 8. September 1939 aus dem »Verordnungsblatt des Grenzschutz-Abschnitts-Kommandos 3«, Nr. 2, das für Oberschlesien gegolten haben soll,[24] bestätigte das Verhältnis 1 Reichsmark gleich 2 Zloty, verbot jede Verfügung über ausländische Werte und besonders die Versendung von Wertsachen bis zum Teppich außer in das Reich, erlaubte Zahlungen »an Juden« von mehr als 500 Zloty oder 250 Reichsmark »nur auf deren Konto bei einem Geldinstitut« und erklärte »sämtliche Wertpapier- und sonstige Depots und Schließfächer von Juden« für gesperrt; an Juden durften – außer für betriebliche Zwecke – nur 250 Zloty wöchentlich ausbezahlt werden. Mehr als 2000 Zloty durfte ein jüdischer Haushalt nicht in bar besitzen. In Nr. 11 dieses Verordnungsblatts findet sich dann eine »Vierte Verordnung betr. den Zahlungs- und Geldverkehr« vom 2. Oktober 1939,[25] die für Ostoberschlesien (mit Ausnahme der Kreise Bendzin und Sosnowitz) den Zloty ab 9. Oktober als gesetzliches Zahlungsmittel ausschloß und den Umtausch der polnischen Zahlungsmittel mit Ausnahme der Scheidemünzen von 1 Zloty und darunter bis 14. Oktober 1939 anordnete. Die Fünfte Verordnung dieses Titels, vom 12. Oktober 1939, im Verordnungsblatt jetzt ›des Militärbereichs Oberschlesien‹ (Nr. 16)[26] veröffentlicht, verfügte dasselbe für die Landkreise Teschen, Freistadt, Bielitz und Biala (»mit Ausnahme des ostwärts der Sola gelegenen Teiles«) zum 24. Oktober mit Umtausch bis 31. Oktober. Hiernach sollten aber die polnischen Stücke zu 2 und zu 1 Groschen für 2 und 1 Reichspfennig weitergelten.

Dann nahm die Zentralgewalt die Münzfrage in die Hand. Inzwischen war die Zivilverwaltung der ›eingegliederten Ostgebiete‹ organisiert, auch die Reichsbank wird sich allenthalben etabliert haben, und so konnte am 22. November 1939 die »Verordnung über die Einführung der Reichsmarkwährung in den eingegliederten Ostgebieten« ergehen,[27] die inhaltlich dasselbe besagte, jedoch das Ende der Zloty-Währung auf den 27. November und den Umtausch bis 9. Dezember 1939 ansetzte und dabei die Gebietsteile aussparte, in denen das polnische Geld nach den vorgenannten Militärvorschriften bereits umgetauscht worden war. Die Verordnung führte die Nominale der polnischen Noten und Münzen einzeln auf, die verschwinden oder vorläufig bleiben sollten, und beließ es auch bei dem verdoppelten Kurs der Stücke zu 2 und zu 1 Groschen. Die Kleinmünzen wurden dann ab 1. November 1940 ebenfalls außer Kurs gesetzt und bis 30. November 1940 umgetauscht.[28]

Abgeschlossen wurde die Währungsumstellung mit § 1 der Verordnung vom 14. Juni 1940,[29] der den Umrechnungssatz von 1 Zloty gleich 50 Reichspfennig auch für die Umstellung der Forderungen vorsah, die auf Zloty lauteten und bis 23. November 1939 begründet worden waren; dieser Satz galt nur für Inländer. Rücksicht genommen wurde dabei aber gewissermaßen auf die polnische Abwertung von 1927. Nicht umgestellt wurden nämlich Zloty-Forderungen, die vor dem 5. November 1927 begründet und mit einer Gold- oder Goldwertklausel versehen waren, die das polnische Währungsrecht respektiert hatte. An dieser Stelle ist nachzutragen, daß der Zloty,[30] ursprünglich dem Franc der Lateinischen Münzunion nachgebildet, schon seit November 1924 diesen Wert nicht mehr halten konnte; er sank – in Danziger Gulden – von 1,10 Gulden auf 0,59 Gulden Ende November 1925. Den niedrigsten Kurs hatte er am 18. Mai 1926 mit 0,4444 Gulden, und dann hielt er sich bei 0,57 Gulden, bis der Gulden selbst abgewertet wurde; seit Oktober 1927 war der Zloty stabil geblieben.[31] Auch für den Zloty gilt, daß angesichts der Kaufkraftparität zur Reichsmark der Umrechnungskurs für das erworbene Gebiet ungünstig war. Für Lastenausgleichszwecke ging man nach dem Krieg in der Bundesrepublik davon aus, daß der Zloty, was Vermögenswerte betrifft, bis Ende 1939 67 Reichspfennig, was die Kaufkraft von Einkünften anlangt, sogar 80 Reichspfennig wert war. Für die Jahre der deutschen Herrschaft ab 1940 war dann der amtliche Kurs von 50 Reichspfennig zugrunde zu legen.[32]

c) Das Generalgouvernement Polen

Aus dem polnischen Gebiet zwischen den ›eingegliederten Ostgebieten‹, der deutsch-sowjetischen Demarkationslinie und den Grenzen gegen die Slowakei, dem erweiterten Ungarn[33] und Rumänien wurde mit »Erlaß des Führers und Reichskanzlers über die Verwaltung der besetzten polnischen Gebiete« vom 12. Oktober 1939[34] das »Generalgouvernement für die besetzten polnischen Gebiete« unter Generalgouverneur Reichsminister Dr. Frank gebildet.[35] In seiner Verwaltungsgliederung bestand das »Generalgouvernement« (der Zusatz »für die besetzten polnischen Gebiete« entfiel ab 1. August 1940) aus den vier Distrikten Warschau (im Norden), Krakau (im Süden), Radom und Lublin (dazwischen im Westen und Osten, einander berührend) mit je 10 Kreishauptmannschaften. 1941 kam der Distrikt Galizien (mit Lemberg) hinzu. Zuvor hatte es in diesem Bereich sechs Wojewodschaften und 72 Starosteien (Kreisverwaltungen) gegeben. Die territorialen Verwaltungschefs waren Distriktsgouverneure, Kreis- und Stadthauptleute, vielfach Parteifunktionäre, frühere österreichische Beamte und dienstverpflichtete Rechtsanwälte; von der gut besetzten Hauptverwaltung in Krakau abgesehen bestand ständig Personalmangel. Es gab sieben kreisfreie Städte (Warschau, Krakau, Radom, Kielce, Tschenstochau und – seit 1941 – Lemberg) mit deutschem Stadthauptmann; in 21 anderen größeren Städten war der polnische Bürgermeister einem deutschen Stadtkommissar unterstellt. Ansonsten gab es keine Selbstverwaltung mehr; die polnischen Bürgermeister waren voll den Weisungen der sehr weitmaschigen und auf polnische Mitarbeiter angewiesenen Kreishauptmannschaften unterworfen. Mit dieser Verwaltung konkurrierten in unübersichtlicher Weise Militär-, Polizei- und Wirtschaftsverwaltungsinstanzen. Die SS spielte eine unheilvolle Rolle. Für die Einzelheiten des Terror-, Ausbeutungs- und Vernichtungsregimes gegenüber den Polen, besonders ihrer Intelligenz, und den Juden muß auf Broszat verwiesen werden.

Der rechtliche Status des ›Generalgouvernements‹ (auch seine Briefmarken wiesen nur dieses Wort auf) blieb bis Kriegsende ungeklärt. Das Wort deutete auf einen besatzungsrechtlichen Übergangszustand; man konnte an einen künftigen polnischen Reststaat denken. Doch Hitler hatte nicht die Absicht, hier ein neues Protektorat nach dem Vorbild von Böhmen und Mähren mit wie immer auch beschränkter einheimischer Regierung zu bilden. Es sollte deutsch beherrschtes Reservat für Landarbeiter für das Reich und landwirtschaftliches Ausbeutungsgebiet werden. Völkerrechtlich vertrat man den Standpunkt, daß ein polnischer Staat nicht mehr existiere und die früheren polnischen Staatsangehörigen, soweit sie nicht Deutsche geworden waren, staatenlos seien. Das Generalgouvernement war ›Nebenland‹ des Reiches, aber ein völkerrechtlich und staatsrechtlich ungeklärtes Vakuum, von dem nur sicher war, daß man es nicht mehr hergeben wollte, am wenigsten einer polnischen Staatsgewalt. Zwar entwickelte der Generalgouverneur Frank im Laufe der Zeit unter dem Druck der Verhältnisse, insbesondere mit dem Ziel wirksamer Ausbeutung, eher entgegenkommende Vorstellungen, doch konnte er sich gegen andere Exponenten des Regimes nicht durchsetzen. Mit der sowjetischen Sommeroffensive des Jahres 1944 fiel der größte Teil des Generalgouvernements bis zur Weichsel in russische Hand. Anfang 1945 bildete sich in Lublin die Provisorische Regierung der Republik Polen, und um den 20. Januar 1945 ging Krakau verloren. Das Generalgouvernement gab es nicht mehr.

Was das Geldwesen anlangt, galt die Verordnung über die gesetzlichen Zahlungsmittel im besetzten polnischen Gebiet vom 11. September 1939[36] mit dem Vorrücken der Deutschen auch im späteren Generalgouvernement. Reichsmark und Zloty waren dort auch später nebeneinander im Umlauf. Allerdings waren es nicht die Reichsbanknoten und Reichsmarkscheidemünzen, die hier in Umlauf kamen, sondern die Reichskreditkassenscheine, die im folgenden Abschnitt behandelt werden. Im Generalgouvernement blieb aber, anders als in den eingegliederten Ostgebieten, die Zloty-Währung erhalten. Mit dem Zusammenbruch der Polnischen Republik hatte die Bank Polski, die Notenbank, ihre Tätigkeit eingestellt. Als neue Notenbank gründete der Generalgouverneur mit Verordnung vom 15. Dezember 1939[37] die ›Emissionsbank in Polen‹ (Bank Emisyjny w Polsce) mit Sitz in Krakau. § 13 der Verordnung bezeichnete ihre auf Zloty lautenden Noten als »das einzige unbeschränkte gesetzliche Zahlungsmittel in den besetzten polnischen Gebieten«; im übrigen entsprach der Inhalt der Verordnung dem eines Notenbankgesetzes.

In der Folge gab die Emissionsbank Noten zu 1, 2, 5, 10, 20, 50, 100 und 500 Zloty aus, die das Datum 1. März 1940 trugen und in den Nominalen 1, 2, 5, 50 und 100 Zloty Nachfolger mit Datum 1. August 1941 erhielten.[38] Grund für die Ausgabe der zweiten Serie waren zahlreiche Fälschungen dieser Nominale der ersten Serie.

Ehe diese Bank ihre Tätigkeit aufnahm, hatte das Generalgouvernement zum Übergang Noten der Bank Polski der Ausgaben 1932 und 1934 als Staatsnoten mit einem roten Überdruck »Generalgouvernement – für die besetzten polnischen Gebiete«, dazu Wertzahl und kleine Guillochen, ausgegeben.[39]

Um den Bargeldumlauf unter Kontrolle zu bringen, ordnete der Generalgouverneur am 10. Januar 1940 an, daß die Noten der Bank Polski zu 500 Zloty (vom 28. Februar 1919)[40] und zu 100 Zloty[41] gegen Gutschrift zu hinterlegen seien; die Noten zu 100 Zloty sollten abgestempelt wieder ausgegeben werden.[42] Mit der »Verordnung zur Vereinheitlichung des Zahlungsmittelumlaufs im Generalgouvernement« vom 27. März 1940[43] kam dann die Bereinigung des Notenumlaufs. Die Reichskreditkassenscheine wurden eingezogen, die Gutschriften der hinterlegten Noten zu 500 und 100 Zloty vom 10. bis 20. April 1940 in neuen Noten der Emissionsbank wieder ausbezahlt. Zugleich rief man die übrigen Noten der Bank Polski zum Umtausch bei den Banken auf; die Noten zu 100 Zloty (gestempelt), zu 50, 20 und 10 Zloty wurden von 22. April bis 7. Mai, die zu 5 und 2 Zloty von 8. Mai bis 20. Mai 1940 umgetauscht; ab 1. Juni 1940 nahmen sie auch die Banken nicht mehr an.

Was die Münzen anlangt, konnte Seidel – anders als für die ›eingegliederten Ostgebiete‹ – offenbar keine Vorschriften über die Einziehung der Scheidemünzen der polnischen Republik finden. Polen hatte mit den Stücken zu 10, 5 und 2 Zloty aus Silber schöne Silbermünzen im Umlauf, die offenbar nach dem Einmarsch der Deutschen samt und sonders gehortet wurden und von deren Aufruf man sich vielleicht nichts versprach. Jedenfalls ordnete der Generalgouverneur mit Verordnung vom 23. April 1940[44] die Prägung von Münzen zu 50 Groschen aus Stahl und zu 20 und 10 Groschen aus Zink sowie deren Ausgabe durch die Emissionsbank an (Gewicht 5, 3 bzw. 2 Gramm). Geprägt offenbar aufgrund späterer Anordnung wurden aber auch Zinkmünzen zu 1 Groschen und – mit Zentralloch – zu 5 Groschen (1,17 bzw. 1,72 Gramm).

Das erstaunliche an diesen Prägungen ist, daß man – wohl aus Ersparnisgründen – die Stempel der früheren polnischen Kleinmünzen mit früheren Jahreszahlen unverändert weiterbenutzte und so hier die »Rzeczpospolita Polska«, die Polnische Republik, weiterleben ließ! Im Protektorat Böhmen und Mähren war man anders verfahren. Jaeger/Pusback geben an, die 50-Groschen-Stücke aus Stahl seien 1938 noch von der polnischen Regierung für den Kriegsfall und zum Ersatz der Nickelscheidemünzen hergestellt und nun von den Deutschen ausgegeben worden.

d) Die Reichskreditkassenscheine

Als 1939 der Zweite Weltkrieg ausbrach, lag der Beginn des Ersten Weltkriegs 25 Jahre zurück. Unter den Militärs und den anderen, die 1939 als Fachleute gleich welcher Art mitwirkten, waren bei allen Kriegführenden viele, die den Ersten Weltkrieg miterlebt hatten und jetzt größere Verwantwortung trugen. Auf beiden Seiten hatte man die Erfahrung aus dem Ersten Weltkrieg nicht vergessen und wollte die damaligen Fehler nicht wiederholen. Auf der deutschen Seite zeigen das viele Maßnahmen etwa der wirtschaftlichen Kriegführung, beispielsweise der Warenbewirtschaftung, die 1939 besser vorbereitet waren als 1914. Das gilt auch für die Kriegsmaßnahmen im finanziellen Bereich, wie schon geschildert wurde. Dazu gehört auch die Frage der Zahlungsmittel in besetzten Gebieten. Im Ersten Weltkrieg war man in den verschiedenen Besatzungsgebieten unterschiedlich vorgegangen; Österreich-Ungarn hatte es für unnötig gehalten, für besetzte Gebiete besonderes Besatzungsgeld einzuführen. In den Augen der Deutschen bewährte es sich nicht, daß Reichsbanknoten in großer Menge im besetzten Ausland im Umlauf waren; es erschwerte dessen wirtschaftliche Kontrolle, auch die Kontrolle von dessen Verkehr mit dem Inland, und brachte bei Kriegsende, wie immer es auch aussah, mit Sicherheit Schwierigkeiten. Die Früchte des Nachdenkens über diese geldtechnischen

Kriegsprobleme faßt die Arbeit von Holzhauer, Barzahlung und Zahlungsmittelversorgung in militärisch besetzten Gebieten, zusammen.[45]

Im Zweiten Weltkrieg gaben die Deutschen ihrem Besatzungsgeld, jedenfalls soweit es dem Gebrauch der Truppen diente und so zwangsläufig in den Umlauf des besetzten Gebietes eindrang, von vornherein eine feste Grundlage. Die Deutsche Reichsbank ging von Anfang an davon aus, daß der Umlauf von Reichsbanknoten im Ausland unerwünscht und daß für die Besatzungszwecke ein Ersatzgeld zu schaffen sei, das mit dem Geldumlauf des Reichsgebietes nichts zu tun habe.

So war es ein Teil der finanziellen Kriegsvorbereitung, daß man nicht nur neue Rentenbankscheine kleiner Nominale drucken ließ,[46] um die Emissionstätigkeit der Deutschen Rentenbank wieder aufleben lassen zu können. In großen Mengen und den gebräuchlichen Nominalen bis zum Schein zu 50 Reichsmark wurden auch Reichskreditkassenscheine vorbereitet. Da die Scheine zu 1, 2 und 5 Reichsmark im Drucksiegel den Weimarer Reichsadler aufweisen, die zu 50 Reichspfennig, 20 und 50 Reichsmark hingegen das ›Hoheitszeichen‹ von 1936, drängt sich der Schluß auf, daß die ersteren vor dessen Einführung jedenfalls gestaltet, wenn nicht wenigstens in einer Erstauflage schon gedruckt wurden und die letzteren danach.[47] Sämtliche Reichskreditkassenscheine sind ohne Datum und Unterschrift; sie geben als Grundlage ihrer Ausgabe die »Verordnung über Reichskreditkassen«[48] ohne Datum und als Ausgeber die »Hauptverwaltung der Reichskreditkassen« an. Die Scheine mit dem Weimarer Reichsadler im Bild des Dienstsiegels sind insofern kurios, als die Reichskreditkassen erst nach Kriegsbeginn eingerichtet wurden, mithin im Dienstsiegel das ›Hoheitszeichen‹ zu führen hatten und auf keinen Fall mehr den Weimarer Adler.

Die Reichskreditkassen waren nämlich vorher nur ›geplant‹.[49] Während nun nach Kriegsausbruch die Rentenbankscheine neuen Typs als Ersatz für die größeren Scheidemünzen im Reichsgebiet verwendet wurden, machte man die Reichskreditkassenscheine zum Besatzungsgeld. Dies geschah in zwei Stufen; entsprechend dem Kriegsgeschehen – zunächst stellte sich nur die Aufgabe für die polnischen Gebiete – wurden diese Scheine im Osten eingesetzt. Die erste »Verordnung über Reichskreditkassen« vom 23. September 1939 war eine Besatzungsmaßnahme des Oberbefehlshabers des Heeres und wurde nicht im Reich, sondern im »Verordnungsblatt für die besetzten Gebiete in Polen« veröffentlicht. Danach wurden »für die durch deutsche Truppen besetzten Teile der Republik Polen mit Ausnahme des ostoberschlesischen Gebiets ... Reichskreditkassen errichtet«. Es gab einen Verwaltungsrat aus Vertretern des Reichsfinanzministeriums und des Reichswirtschaftsministeriums sowie der Reichsbank in Berlin, wo auch die ›Hauptverwaltung der Reichskreditkassen‹ (die vorher schon als Begriff auf den vorbereiteten Scheinen bestanden hatte) ihren Sitz nahm; sie war natürlich nichts anderes als ein Anhängsel der Deutschen Reichsbank. Außer Organisationsvorschriften enthielt die Verordnung knappe Bestimmungen in der Art eines Notenbankgesetzes; die Reichskreditkassenscheine wurden als Darlehenszahlung an die militärischen und anderen Instanzen gegeben und kamen von dort in den Umlauf. Die Ausgabe begründete danach in der Hauptsache Forderungen an das Reich.

Nach einer Bekanntmachung der Hauptverwaltung der Reichskreditkassen vom 28. September 1939[50] wurden lokale Reichskreditkassen, also nach Sachlage Reichsbankstellen halbmilitärischen Zuschnitts, in 15 polnischen Städten eingerichtet; eine weitere Bekanntmachung vom 8. November 1939 sprach von Einrichtung bzw. Bestehen solcher Kassen in acht polnischen Orten.[51] Die Hauptverwaltung wurde nach Krakau verlegt. Eine Bekanntmachung vom 28. September 1939[52] beschrieb die Reichskreditkassenscheine zu 50 Reichspfennig sowie zu 1, 2 und 5 Reichsmark.

Während die Orte der ersten Bekanntmachung sich in den ›eingegliederten Ostgebieten‹ und im Generalgouvernement finden, gehörten die der zweiten Bekanntmachung sämtlich zum Generalgouvernement. Inzwischen waren die ›eingegliederten Ostgebiete‹ zum Umlaufgebiet der inländischen Zahlungsmittel geworden; die Reichskreditkassenscheine liefen – neben den Zloty-Zahlungsmitteln – nur noch im Generalgouvernement um. Als hier dann die ›Emissionsbank in Polen‹ ihre Tätigkeit aufnahm und nur noch deren Zloty-Geld im Generalgouvernement umlaufen sollte,[53] wurden diese Reichskreditkassen ebenfalls aufgelöst bzw. in Niederlassungen der Emissionsbank umgewandelt[54] und die Reichskreditkassenscheine auch im Generalgouvernement eingezogen.

Die Militärbehörden und sonstigen Reichsstellen sowie die Truppenteile im jeweiligen Geltungsgebiet verwendeten die Reichskreditkassenscheine für ihre Zahlungen, soweit sie – wo und solange der Zloty galt – keine Zlotynoten und -münzen hatten, auch für Lohn-, Gehalts- und Soldzahlungen. Die Scheine wurden auch beim Umtausch gegen Reichsbanknoten und Reichsscheidemünzen ausgegeben, die Truppen und Funktionäre anfangs mitgebracht hatten und die nun allmählich ›aufgesogen‹ (Kretzschmann) wurden, ebenso in den ›eingegliederten Ostgebieten‹ gegen Zlotyzahlungsmittel, solange dort nicht die Zahlungsmittel des Reiches eingeführt waren. Hier wurden die Reichskreditkassen schon am 1. November 1939 in Reichsbankanstalten umgewandelt.[55] 1941 waren die Geldverhältnisse im ehemals polnischen Gebiet durchaus geordnet, wenigstens was die Zahlungsmittel anlangt.

Die Reichskassenscheine waren stets (und das gilt auch für die im folgenden zu schildernde zweite Phase ihres Bestehens) Reichsmarkzahlungsmittel und damit Teil des Währungssystems des Reichs: es gab in ihrem Wert und Kurs gegenüber anderen Währungen keinen Unterschied zu den Reichsbanknoten und inländischen Reichsmarkscheidemünzen. Die Reichskreditkassenscheine waren zwar im Reichsgebiet keine gesetzlichen Zahlungsmittel und auch faktisch nicht im Umlauf, doch wurden sie im Reich von den Banken für Rechnung der Reichskreditkassen (d. h. der Reichsbank) ohne weiteres in Reichsbanknoten (oder Rentenbankscheine) zum Nennwert umgetauscht. Das kam sehr häufig vor, denn es war üblich, daß Wehrmachtsangehörige, Angehörige des Wehrmachtsgefolges, Staats- und Parteifunktionäre sowie Bedienstete von im besetzten Ausland tätigen deutschen Unternehmen Ersparnisse aus Sold oder Lohn in Gestalt von Reichskreditkassenscheinen auf dem Postweg (Feldpost, Dienstpost) in das Reich sandten (wo die Angehörigen die Scheine dann umtauschten) oder aber selbst mitbrachten.

Die zweite Phase ihrer Verwendung begann mit dem Überfall auf Dänemark und

Norwegen, der am 9. April 1940 begann. Nach den günstigen Erfahrungen in Polen führten die deutschen Truppen hier von Anfang an nur Reichskreditkassenscheine mit sich. Da die Notenbanken und anderen Banken der beiden Länder bei der schnellen Besetzung intakt blieben, wurden dort keine Reichskreditkassen eingerichtet. Die Notenbanken nahmen, was durch die Zahlung von Truppenbedürfnissen und Ausgaben der Soldaten in den Umlauf kam, auf und tauschten es in Landeswährung um, so daß der Umlauf im Lande keine Bedeutung erlangte. Nachträglich wurden diese Zahlungsmittel durch die (zweite) »Verordnung über Reichskreditkassen« vom 3. Mai 1940 legalisiert,[56] die im Reichsgesetzblatt veröffentlicht und damit Reichsrecht wurde. Zur Serie der Scheine trat erst jetzt das Nominal von 50 Reichsmark. Die Verordnung entsprach der ersten; die Hauptverwaltung hatte ihren Sitz jetzt in Berlin. Erst in Norwegen, dann auch in Dänemark arbeiteten die Notenbanken mit der deutschen Besatzungsmacht in der Folge derart zusammen, daß sie ihr auf Verrechnungsgrundlage alle benötigten Beträge in Landeswährung zur Ausgabe im Lande überließen. So wurden die Reichskreditkassenscheine in Norwegen und Dänemark überflüssig und man zog sie zurück. Damit keine Reichsmarkzahlungsmittel in diese Staaten verbracht wurden und umgekehrt keine norwegischen und dänischen Kronen nach Deutschland gelangten, wurden die Zahlungsmittel im Grenzverkehr der Truppen an der dänischen Grenze und auf den Fähren und Transportschiffen umgetauscht.

Für den Einfall in die neutralen Staaten Niederlande, Belgien und Luxemburg mit dem Ziel des Einmarsches nach Frankreich konnten die Deutschen nicht damit rechnen, daß die Notenbanken dieser Länder weiterarbeiten würden. Die Truppen, die am 10. Mai 1940 die Grenzen überschritten, waren, soweit es die Geheimhaltung erlaubte, mit Reichskreditkassenscheinen ausgestattet worden und führten im übrigen Reichsbanknoten mit sich. Während man für Dänemark und Norwegen mit einem notwendigen Bargeldvolumen von 500 Millionen Reichsmark rechnete, war man jetzt auf Gesamtausgaben von 3 Milliarden Reichsmark vorbereitet. Auch wegen der komplizierteren Wirtschaftsverhältnisse wurde die Rechtsgrundlage der Scheine geändert. Die »Verordnung zur Änderung der Verordnung über Reichskreditkassen« vom 15. Mai 1940,[57] aufgrund deren die Verordnung neu bekanntgemacht wurde,[58] und die »Verordnung über die Errichtung und den Geschäftsbetrieb von Reichskreditkassen in den besetzten Gebieten« ebenfalls vom 15. Mai 1940[59] enthielten entsprechende Anpassungen, ohne die Einrichtung wesentlich zu ändern. Die Laufzeit von diskontierten Wechseln und Schecks sollte – anders als in Polen – nicht über sechs Monate betragen, Darlehen brauchten nicht mehr von der Zustimmung deutscher Zivilverwaltungschefs abhängig sein; Verwahrung und Verwaltung von Wertsachen gehörten nun zum Aufgabenkreis, die Reichskreditkassenscheine konnten auch durch ausländische Zahlungsmittel teilweise gedeckt sein. Für einzelne Besatzungsgebiete haben die deutschen Militärverwaltungen zuweilen nicht nennenswerte Zusatzbestimmungen erlassen.

Wichtig war dabei die Einrichtung von Wechselstellen, die den Soldaten und sonstigen Reisenden an den Grenzen zum Deutschen Reich und unter den verschiedenen besetzten Staaten jeweils das mitgeführte Bargeld in die Landeswährung umtauschten. Später versuchte man, jeweils nach Möglichkeit mit dem örtlichen Geld auszukommen. Die erste Aufgabe der Wechselstellen bestand aber darin, den Soldaten, die beim Einmarsch Reichsbanknoten mit sich geführt hatten, das deutsche Geld zu entziehen, dessen Umlauf im Ausland man keinesfalls wünschte.[60]

Einzelheiten für die verschiedenen besetzten Länder – auch in Südosteuropa – finden sich in den folgenden Abschnitten.

Als die Reichskreditkassen für den Westfeldzug vorbereitet wurden, sah man auch die Ausgabe von Kleinmünzen der Reichskreditkassen vor. Sie lauteten auf 10 und 5 Reichspfennig und hatten in einer Bekanntmachung der Hauptverwaltung der Reichskreditkassen ihre Grundlage.[61] Diese Münzen waren aus Zink (Durchmesser 21 und 19 Millimeter, Gewicht 3,33 und 2,5 Gramm) und in der Mitte gelocht. Die Vorderseite zeigte in der Umschrift »Reichskreditkassen – Jahreszahl (1940 oder 1941)« ein großes, auf der Spitze stehendes Hakenkreuz, die Rückseite den Kopf eines Adlers, dessen Flügel je drei senkrecht stehende Eichenblätter verdeckten; an Stelle des Hakenkreuzes im Kranz fand sich, von ›R – Pf‹ flankiert, die Wertzahl. Diese Münzen wurden 1940 in allen Münzstätten in großer Zahl geprägt, 1941 nur noch in Berlin. Nach Kretzschmann beschränkte sich ihr Umlauf jedoch in der Hauptsache auf Nordfrankreich und Belgien und überschritt nicht 130 000 Reichsmark. Schon im Frühjahr 1941 wurden sie hier außer Kurs gesetzt und eingezogen, um dann in Südosteuropa nochmals begrenzte Verwendung zu finden.[62] Die Reichskreditkassenmünzen waren im allgemeinen deshalb entbehrlich, weil in den besetzten Gebieten nacheinander die Scheidemünzen zu 1, 2, 5 und 10 Reichspfennig des innerdeutschen Umlaufs zum Umlauf freigegeben wurden.[63] Dies entsprach der Freigrenze von 2 Reichsmark bei Einfuhr und Ausfuhr von Zahlungsmitteln nach dem Devisenrecht und schien auch angesichts der geschilderten Grundsätze offenbar unbedenklich.

e) Dänemark und Norwegen

Wie ausgeführt blieben die Notenbanken Dänemarks und Norwegens in den Jahren der deutschen Besetzung von 1940 bis 1945 intakt; die anfängliche Rolle der Reichskreditkassenscheine wurde geschildert. Die Währungen der beiden Königreiche, wie sie die Nationalbank von Dänemark (Danmarks Nationalbank) und die Bank von Norwegen (Norges Bank) verwalteten, blieben vom Krieg unberührt. Die kriegswirtschaftlichen Verhältnisse, die hier nicht nachzuzeichnen sind, führten in beiden Ländern zu Kaufkraftüberhang und Inflationserscheinungen, doch hielt sich dies in Grenzen. In beiden Ländern hatte die Prägung von Silberscheidemünzen der Kronennominale,[64] von wenigen Gedenkprägungen in Dänemark abgesehen, schon mit dem Ersten Weltkrieg geendet. Als die unedlen Metalle, die man für die Scheidemünzen bis herunter zum Einörestück bislang verwendet hatte, knapp wurden, ging man zu Ersatzmetallen wie Aluminium, Eisen und Zink über. An den Nominalen änderte sich nichts. In Dänemark tauchte 1941 vorübergehend Briefmarkennotgeld zu 1 Öre, gelegentlich zu 2 und 5 Öre sowie vereinzelt zu 10 Öre auf.[65] Als in Norwegen die Scheidemünzen zu 1 Krone aus Kupfernickel knapp wurden, ersetzte die Notenbank sie durch kleine Noten zu 1 und 2 Kronen. Ansonsten änderte sich bei den Nominalen der Noten und Scheidemünzen nichts; wegen der Einzelheiten muß auf die Kataloge verwiesen werden.

Bei den norwegischen Ersatzmünzen ist immerhin darauf hinzuweisen, daß sie die monarchischen Symbole Krone und Königsmonogramm (›H 7‹ für Haakon VII.) nicht mehr aufwiesen. König Haakon war mit seiner Regierung nach London in das Exil gegangen, als Norwegen besetzt war. Ein Versuch der ›Quisling-Regierung‹ Quisling (der Name des Vidkun Quisling, der nach dem Weggang des Königs eine der Besatzungsmacht genehme Regierung bildete, wurde zum Synonym aller solcher Regierungen im deutschen Machtbereich) auf Betreiben der Deutschen, den König vom Storting, der Volksvertretung, absetzen zu lassen, scheiterte 1940 an der erforderlichen Zweidrittelmehrheit.[66] Der Weggang des Königs war der Grund, weshalb die norwegische Regierung einem Reichskommissar unterstellt wurde (Terboven), wogegen Dänemark erst 1943 unter beschränkte deutsche Militärverwaltung geriet. Als die dänische Regierung im August 1943 sich der Zumutung widersetzte, Schnellgerichte für Sabotagefälle einzurichten und ihre Tätigkeit einstellte – ebenso übte König Christian X. seine Funktionen nicht mehr aus –, übernahm der Wehrmachtsbefehlshaber die vollziehende Gewalt und verhängte den Ausnahmezustand. Diese Umstände und das Aufflammen des Widerstands in den letzten Kriegsjahren (in Dänemark mehr als in Norwegen) hatten auf das Geldwesen aber keinen Einfluß.

Beide Kronenwährungen hatten ihren Ursprung in der Skandinavischen Münzunion, die 1872 zunächst von Schweden und Dänemark begründet worden war und der Norwegen 1875 beitrat. Sie zerfiel faktisch mit dem Ersten Weltkrieg, seitdem sich die skandinavischen Währungen auseinanderbewegten.[67] Bei Ausbruch des Zweiten Weltkriegs galt die dänische Krone in Berlin etwa 0,521 Reichsmark, die norwegische Krone etwa 0,586 Reichsmark. Als die Deutschen einfielen, wurden etwa 0,481 Reichsmark und 0,566 Reichsmark notiert. Zunächst setzte die Wehrmacht gerundete ›Militärumrechnungskurse‹ fest, wobei aus Gründen der einfacheren Umrechnung kleine Höherbewertungen in Kauf genommen wurden; so wurde auch in den später besetzten Weststaaten verfahren. Später wurden diese Kurse dann den Berliner Börsenkursen angepaßt, wogegen man sich im Südosten Europas von Anfang an an diese Devisenkurse hielt. Die Militärumrechnungskurse wurden für Dänemark und Norwegen zunächst auf 0,50 und 0,60 Reichsmark festgelegt und betrugen am 30. April 1941 0,49 und 0,57 Reichsmark. Damit entsprachen diese Kurse etwa der Berliner Notierung. Im weiteren Verlauf änderten sich die Kurse geringfügig und beliefen sich z. B. im März 1944 für die dänische Krone auf 0,522 Reichsmark und für die norwegische Krone auf 0,568 Reichsmark.[68]

Dänemark und Norwegen waren für die deutschen Soldaten, die das Glück hatten, dort kampflose und, wie erwähnt, erst später durch Widerstandsbewegungen beunruhigte Kriegsjahre zu verleben, billige Einkaufsländer. Anders ausgedrückt: Die beiden Kronenwährungen waren insofern unterbewertet, als die Kaufkraftparitäten der dänischen Krone und der norwegischen Krone viel höher lagen als die Devisenkurse. Nach der Festlegung für Lastenausgleichszwecke in der Bundesrepublik[69] war die dänische Krone in den Besetzungsjahren bei Vermögenswerten 74 Reichspfennig und bei Einkünften sogar 91 Reichspfennig wert, die norwegische Krone 83 Reichspfennig bzw. 84 Reichspfennig.

f) Luxemburg

Die Regierung des Großherzogtums Luxemburg hatte sich seit Kriegsausbruch strikt neutral verhalten. Doch obwohl Deutschland – wie Frankreich – die Achtung der Neutralität zugesichert hatte, fiel die Wehrmacht am 10. Mai 1940 auch in Luxemburg ein. In der Nacht vor dem deutschen Einmarsch verließen Großherzogin Charlotte (1919–1964) und die Regierung das Land und hielten sich nach der Kapitulation Frankreichs in London auf. Da die Regierung Hitler noch am 9. Mai erklärt hatte, die territoriale und politische Unabhängigkeit Luxemburgs werde gewahrt bleiben und hoffte, die Großherzogin werde bleiben, nahm sie die Flucht nun zum Vorwand, in der Folge das Land gewaltsam zu ›germanisieren‹ und den Staat zu zerstören. Luxemburg wurde am 29. Juli 1940 zum ›CdZ-Land‹: Chef der Zivilverwaltung wurde der Gauleiter von Koblenz-Trier, Simon. Der Widerstand der Bevölkerung gegen die Eindeutschung (die französische Sprache und der letzeburgische Dialekt waren verboten; französische Familiennamen mußten verdeutscht werden) war beträchtlich. Am 30. August 1942 wurde das Großherzogtum förmlich in das Deutsche Reich ›eingegliedert‹, doch fand dies in keiner Veröffentlichung des Reichsgesetzblatts Ausdruck. Zahlreiche Luxemburger wurden zur Wehrmacht eingezogen, in das Reich ›dienstverpflichtet‹ oder in Konzentrationslager gebracht. Von der Eingliederung an kam es zu Streiks und Widerstand.[70] Luxemburg war nun Teil des erweiterten und umbenannten Gaus ›Moselland‹.

Trotz der Währungsunion mit Belgien nach dem Wirtschaftsvertrag mit Belgien, der am 1. Mai 1922 in Kraft getreten war, war die luxemburgische Frankenwährung ›souverän‹ geblieben, und so hatte Luxemburg die belgische Abwertung von 1935 nicht mitgemacht. Seither war 1 luxemburgischer Franken gleich 0,80 belgischem Franken (oder 1 Belga, 5 belgische Franken, gleich 4 luxemburgische Franken; 1,25 belgische Franken also gleich einem luxemburgischen Franken). Gleichwohl lief in Luxemburg 1940 nach wie vor belgisches Geld neben den luxemburgischen Münzen und Noten um. Bei Kriegsbeginn notierte der luxemburgische Franken in Berlin etwa mit 0,106 Reichspfennig.

Nach der Besetzung wurde in Luxemburg eine Reichskreditkasse eingerichtet und der abgerundete Militärumrechnungskurs auf 10 Reichspfennig für den Franken festgesetzt. Das führte aber zu Unzuträglichkeiten. Durch Luxemburg lief die Hauptdurchmarschstraße der Wehrmacht nach Nordfrankreich, so daß in Luxemburg viel mit Reichskassenscheinen bezahlt wurde. Man hatte bei dem Militärumrechnungskurs zwischen dem belgischen und dem luxemburgischen Franken nicht unterschieden und stellte schon am 24. Juni 1940 deren Wertverhältnis in Luxemburg wieder her, indem man den luxemburgischen Franken mit 12,5 Reichspfennig bestimmte (1 Reichsmark gleich 8 luxemburgische Franken). Als die Deutschen dann den belgischen Franken neu bewerteten, kehrten sie am 23. Juli 1940 für den luxemburgischen Franken zum vorherigen Kurs von 10 Reichspfennig zurück. Am 15. August 1940 wurde Luxemburg in das deutsche Zollgebiet einbezogen, am 27. August die Reichsmark neben dem luxemburgischen Franken zum gesetzlichen Zahlungsmittel erklärt. Dabei wurde das deutsche Devisenrecht eingeführt und Luxemburg zum Deviseninland; für Luxemburg wurde jetzt Belgien zum Zoll- und Devisenausland. Am 29. Januar 1941, also lange vor der ›Eingliederung‹, wurde dann die Reichsmark zum alleinigen gesetzlichen Zahlungsmittel erklärt. Bis 1. März 1941 wurden die luxemburgischen und die belgischen Geldsorten ebenso wie die Reichskreditkassenscheine gegen deutsches Inlandsgeld umgewechselt; die Verordnung vom 29. Januar 1941 ordnete auch gleich die Umstellung der auf luxemburgische Franken und belgische Franken lautenden Schuldverhältnisse zu den Kursen 0,10 Reichsmark für den luxemburgischen Franken und 0,08 Reichsmark für den belgischen Franken an. Die Reichskreditkasse in Luxemburg wurde in eine Reichsbanknebenstelle umgewandelt.[71]

Ungeachtet der Kursänderungen war der luxemburgische Franken, solange er noch umlief, unterbewertet, was seine Kaufkraftparität anging. Auch in Luxemburg war der Sold des deutschen Soldaten mehr wert als in der Heimat: Für Lastenausgleichszwecke wurde die Kaufkraft des luxemburgischen Franken in den ersten Besetzungsjahren später in der Bundesrepublik mit 17 Reichspfennig festgestellt.[72]

g) Die Niederlande

Der Einmarsch in das Königreich der Niederlande am 10. Mai 1940 führte nach Luftlandungen im Raum von Den Haag und bei Rotterdam zur schnellen Besetzung des Landes. Nachdem noch während der Kapitulationsverhandlungen Rotterdam schwer aus der Luft angegriffen wurde, wurde der Kampf am 14. Mai um 21.30 Uhr eingestellt und am folgenden Tag die Kapitulation unterzeichnet. Königin Wilhelmina (1890–1948) und die Regierung hatten sich am 13. Mai nach London begeben. Am 18. Mai 1940 ordnete Hitler für die Niederlande die Einrichtung einer Zivilverwaltung unter dem »Reichskommissar für die besetzten niederländischen Gebiete« (Seyß-Inquart) an,[73] der in der Folge mit Hilfe eines aus niederländischen Staatssekretären gebildeten Gremiums regierte. Als ›Quisling‹ fand man den Vorsitzenden einer rechtsgerichteten Splitterpartei, Mussert, der ab Dezember 1942 auch Verwaltungsfunktionen ausübte. Als die deutschen Truppen der abgeschnittenen ›Festung Holland‹ am 5. Mai 1945 kapitulierten, hatten sie vom Land noch den Teil nördlich des Waal und westlich etwa einer Linie von der Zuider Zee bei Zwolle nach Südwesten zum Waal in der Hand. Die niederländische Bevölkerung hatte unter der Besetzung schwer zu leiden; doch ihr Widerstand blieb bis zum

Heranrücken der Alliierten von begrenzter Wirkung. Ende April 1945 verhandelte der Reichskommissar mit den Alliierten über die Zufuhr von Lebensmitteln für die Bevölkerung, was zu Einfuhren von alliierter Seite führte. Die im Vergleich zu Dänemark und Norwegen harte Behandlung der Niederländer durch die Deutschen hatte ihren Grund darin, daß man das Land nach gewonnenem Krieg keineswegs wieder herauszugeben gedachte.[74]

Auch in die Niederlande brachten die Deutschen zunächst ihre Reichskreditkassenscheine mit. Reichskreditkassen wurden in acht Orten eingerichtet.[75] Die Verhältnisse klärten sich jedoch rasch. Die Notenbank, die Niederländische Bank, konnte sich der Zusammenarbeit mit den Deutschen nicht entziehen, und so kam es – wie in Dänemark und Norwegen – zu Vereinbarungen, wonach sie den Deutschen die angeforderten Gulden-Zahlungsmittel zur Verfügung stellte. Schon bis Mitte Juli 1940 wurden die Reichskreditkassen mit Ausnahme der in Amsterdam (die als Abwicklungs-, Verbindungs- und Verrechnungsstelle fortbestand) wieder geschlossen und die Reichskreditkassenscheine zurückgezogen. »Mit dem Ziel, eine engere wirtschaftliche Verflechtung der Niederlande mit Deutschland herbeizuführen«,[76] begannen die Deutschen im Herbst 1940, die Niederlande in das deutsche Währungsgebiet einzubeziehen. Ein Runderlaß des Reichswirtschaftsministers vom 30. Oktober 1940[77] erlaubte, daß innerdeutsche Reichsmarkzahlungsmittel bis 1000 Reichsmark und niederländische Guldenzahlungsmittel bis 750 Gulden ohne Genehmigung je Grenzübertritt nach den Niederlanden aus dem Reich ausgeführt werden durften; für den kleinen Grenzverkehr war dies eine Monatshöchstgrenze. Umgekehrt gab es für die Einfuhr von Reichsgeld und niederländischem Geld aus den Niederlanden in das Reich keine Grenze mehr. Ähnlich wurde der Kapitalverkehr liberalisiert. Zum 1. April 1941 fielen dann alle Beschränkungen weg;[78] erhalten blieb das Verbot, Guldengeld aus Drittstaaten in die Niederlande oder nach Deutschland einzuführen.[79]

Der erste Militärumrechnungskurs war 1,50 Reichsmark für den Gulden, was eine grobe Unterbewertung des Gulden bedeutete, wurde doch seine Kaufkraft nach dem Krieg für Zwecke des Lastenausgleichs mit 1,93 Reichsmark für Vermögensanlagen und mit 2,20 Reichsmark bei Einkünften festgestellt[79a] und betrug der Kurs bei Kriegsbeginn immerhin etwa 1,327 Reichsmark (wie auch Anfang Mai 1940). Schon am 16. Juli 1940 wurde der Militärumrechnungskurs dem Börsenkurs angenähert und auf 1,33 Reichsmark festgesetzt. Als dann die Devisengrenze aufgehoben wurde, legte man den Berliner Börsenkurs mit 1,327 Reichsmark zugrunde, wobei es bis Kriegsende blieb.[80] Spätestens seit Aufhebung der Devisengrenze waren die Reichskreditkassenscheine aus dem niederländischen Umlauf verschwunden, doch führte diese Einbeziehung in das deutsche Gebiet der Devisenbewirtschaftung auch nicht zum Umlauf etwa von Reichsmarkzahlungsmitteln in den Niederlanden. Unter der Regie der Niederländischen Bank blieb die Guldenwährung intakt.

Änderungen gab es freilich bei den Zahlungsmitteln. Wegen der Noten der Niederländischen Bank muß auf die Kataloge Bezug genommen werden; 1940 gab es sie zu 10, 20, 25, 50, 100, 500 und 1000 Gulden. Daneben hatte man Staatsnoten (›Zilverbons‹) zu 1 und 2,50 Gulden – wie schon im Ersten Weltkrieg – seit Kriegsausbruch zur Ergänzung des Umlaufs an Silberscheidemünzen dieser Nominale ausgegeben. Daran änderte sich nichts, abgesehen davon, daß die Noten zu 500 und 1000 Gulden Mitte März 1943 aufgerufen wurden (wie man annehmen darf, um den Schwarzhandel zu behindern), und daß die Zilverbons den Umlauf an Silberscheidemünzen nicht mehr zu ergänzen, sondern zu ersetzen hatten. Ungeachtet der Flucht der Königin konnte die Reichsmünze in Utrecht die Prägung der bisherigen Münzen mit ihrem Kopfbild bis 1941 fortsetzen. In diesem Jahr begannen die Deutschen dann, auf die Einziehung der Scheidemünzen aus Silber und aus Bronze hinzuwirken, deren Metall der deutschen Kriegswirtschaft zugeführt werden sollte. Der Erfolg war begrenzt, wie ihr Umlauf nach dem Kriege beweist, aber vorerst verschwanden sie aus dem Verkehr und wurden, was namentlich die Silbermünzen zu 1 und zu 2½ Gulden anlangt, durch Zilverbons und für die kleineren Nominale durch Zinkmünzen ersetzt. Deren Prägung begann 1941 und endete 1944. 1941 wurde auch die Ablieferung der Goldmünzen in Privatbesitz angeordnet, doch ebenfalls ohne großen Erfolg; Goldmünzen waren in den Niederlanden schon seit dem Ende des Ersten Weltkriegs nicht mehr umgelaufen, obwohl das Land erst 1936 den Goldstandard verlassen hatte. Geprägt worden waren die ›Tientjes‹ (Zehnguldenstücke) immerhin noch bis 1933.[81]

h) Belgien

Belgien zu besetzen dauerte länger. Nach dem Einfall am 10. Mai 1940 wurden am 13. Mai Lüttich, am 15. Mai Namur genommen und Brüssel am 17. Mai ohne Kampf besetzt. Nach der Einnahme von Antwerpen am 18. Mai war das belgische Heer um Gent zusammengedrängt. Am 28. Mai ließ König Leopold III. (1934–1944 und 1950–1951) die Kapitulation unterzeichnen; er wurde als Kriegsgefangener auf Schloß Laeken am nördlichen Rand von Brüssel verbracht. Die Regierung wich nach Paris und Bordeaux und schließlich nach London aus. Den Krieg über blieb Belgien unter einer Militärverwaltung, der auch die französischen Departements Nord (mit Lille) und Pas-de-Calais (mit Arras) unterstellt waren. Die belgische Verwaltung arbeitete auf den unteren Ebenen unter der Aufsicht der deutschen Feldkommandanturen weiter.

Als die Deutschen einmarschierten, befanden sich die Leiter der Notenbank, der Nationalbank von Belgien (Banque Nationale de Belgique/Nationale Bank van Belgie), auf der Flucht und hatten die Gold- und Devisenreserven der Bank sowie die Druckplatten der Banknoten nach Frankreich verbracht. Die Notenbank arbeitete nicht mehr; der Zahlungsverkehr war gelähmt. Man richtete daher sofort Reichskreditkassen ein und war bereit, ihnen die Aufgaben der Notenbank zu übertragen.[82] Aber um dies zu vermeiden, fanden sich die größten belgischen Geschäftsbanken bereit, eine neue Notenbank zu gründen. Die ›Emissionsbank in Brüssel‹ nahm am 15. Juli 1940 ihre Arbeit auf. Doch zur Ausgabe von Noten kam es nicht. Nach der Niederlage Frankreichs kehrten die Leiter der Nationalbank von Belgien mit den Barreserven und den Druckplatten nach Brüssel zurück. Die Emissionsbank blieb zwar bestehen, doch wurden die leitenden Stellen mit den Leitern der Notenbank besetzt, die ihre Noten nun weiter, wenn auch für Rechnung der Emissionsbank, ausgab. In der Folge wurden die deutschen Truppen mit belgischen Zahlungsmitteln versehen, und die Reichskreditkassenscheine waren entbehrlich. Die fünf Reichskreditkassen blieben gleichwohl bestehen, weil Belgien wichtiges Durchgangsland der deutschen Truppen zwischen Frankreich und Deutschland war. Am 17. August 1942 wurde auch die Umwechslung der Reichskreditkassenscheine in Belgien eingestellt.

Der belgische Franken erhielt zunächst den Militärumrechnungskurs von 0,10 Reichsmark. Bei der Stabilisierung des belgischen Franken im Jahre 1926 war als neue Währungseinheit der ›Belga‹ (›le belga‹) zu 5 Franken eingeführt und seit 1930 auch als Nickelmünze von Fünfmarkstückgröße ausgeprägt worden, doch hatte sich der Name dieser Währungseinheit im Verkehr nicht durchgesetzt. Der Belga belief sich somit auf 0,50 Reichsmark. Bei Kriegsausbruch wurde der Belga in Berlin mit etwa 0,4235 Reichsmark notiert; dieser Wert war bis Mai 1940 nur geringfügig auf 0,4186 Reichsmark gesunken. Der erste Militärumrechnungskurs bewertete daher den Franken sehr hoch, und das wurde zum 22. Juli 1941 dahin geändert, daß fortan – bis zur Befreiung Belgiens – der Franken 0,08 Reichsmark (der Belga also 0,40 Reichsmark) galt; der Verrechnungskurs für den Handel war schon am 4. Juli 1940 in dieser Höhe festgelegt worden.[83] Viel höher war freilich die Kaufkraft des Franken; sie wurde nach dem Krieg für Lastenausgleichszwecke mit 0,12 Reichsmark bei Vermögen und 0,18 Reichsmark bei Einkünften festgestellt.[84]

Das Bild der belgischen Noten[85] änderte sich in der Zeit der deutschen Besetzung nicht; es blieb bei den herkömmlichen Nominalen zu 5, 20, 50, 100, 500, 1000 und 10 000 Franken. Bei den Münzen, für die ebenfalls auf die Kataloge verwiesen werden muß, verschwanden die Stücke zu 20 und 50 Franken aus Silber faktisch aus dem Verkehr, ohne aufgerufen zu werden, und die kleinen Münzen aus Nickel (1, 5 Franken) und Nickelmessing (5, 10, 25 Centimes) wurden ab 1941 zunehmend durch Zinkmünzen teils gleichen Gepräges ersetzt, deren Prägung bei einigen Nominalen bis in die ersten Nachkriegsjahre fortgesetzt wurde. Die Nickelmünzen zu 5 Franken wurden am 10. Juni 1941 zum 1. Juli des gleichen Jahres aufgerufen und waren ab Ende September nicht mehr anzunehmen, doch wurde diese Frist später bis 30. Juni 1942 verlängert, weil die Belgier diese Münzen horteten. Andere Münzen einzuziehen hat man dann offenbar gar nicht mehr versucht.[86]

i) Eupen-Malmedy

Das Abtretungsgebiet Eupen-Malmedy nahm am Schicksal des besetzten Belgien nicht teil. Nach dem Einmarsch am 10. Mai 1940 dauerte es gerade eine Woche, bis Hitler Eupen-Malmedy einseitig für das Deutsche Reich annektierte. Der »Erlaß des Führers und Reichskanzlers über die Wiedervereinigung der Gebiete von Eupen, Malmedy und Moresnet mit dem Deutschen Reich« vom 18. Mai 1940[87] besagte, »die durch das Versailler Diktat vom Deutschen Reich abgetrennten und Belgien einverleibten Gebiete« seien »wieder im deutschen Besitz. Innerlich »seien« sie Deutschland stets verbunden geblieben. Sie sollen daher auch nicht vorübergehend als besetztes Feindesland angesehen und behandelt werden.« Sie seien »wieder Bestandteil des Deutschen Reichs«; zugewiesen wurden sie dem Regierungsbezirk Aachen der preußischen Rheinprovinz. Rasch wurde das Reichsrecht eingeführt.

Nur kurz gehörte Eupen-Malmedy noch nach der Annexion zum Arbeitsbereich der Reichskreditkassen. Die »Verordnung über die Einführung der Reichsmarkwährung in den Gebieten von Eupen, Malmedy und Moresnet« vom 6. Juni 1940[88] machte – zunächst noch neben dem Belga – die Reichsmark zum gesetzlichen Zahlungsmittel. Umgetauscht und umgerechnet wurde zum ersten Militärumrechnungskurs von 50 Reichspfennig für einen Belga (0,10 Reichsmark für den belgischen Franken). Die Übergangszeit dauerte bis 30. Juni 1940; dann galt nur noch das Reichsgeld. In Eupen wurde eine Reichsbanknebenstelle eingerichtet.

k) Frankreich

Am 10. Mai 1940 begann der Westfeldzug; schon am 14. Mai standen die Deutschen in Sedan auf französischem Boden. Am 4. Juni, um nur einige Daten zu nennen, war Dünkirchen in ihrer Hand, und am 14. Juni besetzten sie kampflos Paris. Am 16. Juni wurde Marschall Pétain Ministerpräsident und bat am folgenden Tag um Waffenstillstand. Nach Kriegserklärung am 10. Juni fielen die Italiener am 21. Juni in Südfrankreich ein, kamen jedoch nicht über die Alpenpässe hinaus. Der Waffenstillstand mit den Deutschen wurde am 22. Juni im Wald von Compiègne unterzeichnet, der mit Italien am 24. Juni in Rom. Danach besetzten die Deutschen Frankreich nördlich und westlich der Linie Genf – Dôle – Tours – Mont-de-Marsan – spanische Grenze. Am 1. Juli beschloß die Regierung Pétain, nach Vichy in das unbesetzte Frankreich überzusiedeln. Am 28. Juni hatte Großbritannien General De Gaulle als »Führer aller freien Franzosen« anerkannt, der den Kampf gegen Pétain aufnahm und schließlich das französische Kolonialreich auf seine Seite zog. Am 8. November 1942 begannen die Landungen der Alliierten in Nordafrika mit der Besetzung u. a. von Algier und Oran (10. November), in deren Folge die Deutschen in das unbesetzte Frankreich einmarschierten; die Italiener besetzten die französische Alpenseite und Nizza.

Mit der Begründung, Frankreich habe nach der Präambel des Waffenstillstandsvertrags vom 22. Juni 1940 Deutschland alle Sicherheiten für die Weiterführung des Krieges gegen Großbritannien zu bieten, nahm die deutsche Militärverwaltung zunehmend die Wirtschaftskraft Frankreichs für die deutsche Kriegsführung in Anspruch. Hinsichtlich der Währungsverhältnisse waren die Schwierigkeiten ähnlich denen in Belgien. Die Notenbank, die Bank von Frankreich, hatte ihre Bestände aus Paris weggebracht und ihren Sitz in das unbesetzte Gebiet verlegt. Nach dem Waffenstillstand dauerte es längere Zeit, bis sie bereit war, ihre Aufgaben auch im besetzten Frankreich wieder zu erfüllen und mit den Deutschen dergestalt zusammenzuarbeiten, daß sie die Versorgung der Truppen mit Zahlungsmitteln für Rechnung der Besatzungskosten übernahm. So wurden zunächst die bewährten Reichskreditkassen eingerichtet[89] und die Reichskreditkassenscheine- und Münzen eingeführt. Daß die Deutschen das besetzte vom unbesetzten Gebiet durch eine Polizeigrenze mit Überwachung des Reise- und Warenverkehrs und dem Verbot der Verbringung von Banknoten abtrennten, wird die Bereitschaft der Bank von Frankreich zur Zusammenarbeit gefördert haben, weil die Gefahr bestand, Frankreich werde in zwei Währungsgebiete zerfallen. Zudem mußte die Bank darauf bedacht sein, den Umlauf an Reichskreditkassenscheinen entbehrlich zu machen, wollte sie überhaupt die Kontrolle der Geldmenge im Lande behalten. So kam es zu entsprechenden Vereinbarungen der Waffenstillstandskommission in Wiesbaden, und so hörte 1941 der Umlauf an Reichskreditkassenscheinen in Frankreich weitgehend auf. Während zunächst den Reichskreditkassenscheinen, den Reichskreditkassenmünzen und den innerdeutschen Reichspfennigmünzen zu 1, 2, 5 und 10 Pfennig neben dem französischen Geld die Eigenschaft des gesetzlichen Zahlungsmittels gegeben wurde (27. Juli 1940), zog man schon auf den 30. April 1941 die Reichskreditkassenmünzen und auf den 1. März 1942 die Kupfermünzen zu 1 und 2 Reichspfennig zurück. Die anderen deutschen Kleinmünzen verloren die Zahlkraft zum 15. März 1943, und zum 15. Dezember 1943 wurden schließlich die Reichskreditkassenscheine selbst aufgerufen.[90] Fortan bedienten sich die Deutschen für die Ausgaben ihrer Truppen und für ihre sonstigen Einkäufe und Vergütungen nur noch der französischen Zahlungsmittel.

Der Militärumrechnungskurs wurde beim Einmarsch mit 0,05 Reichsmark für den Franc festgelegt und blieb bis zur Befreiung Frankreichs im Jahre 1944 unverändert; er wurde auch im deutsch-französischen Verrechnungsabkommen vom 15. November 1940 beibehalten, das der Abwicklung der wirtschaftlichen Ausbeutung Frankreichs diente. Bei Kriegsbeginn wurde der Franc in Berlin etwa mit 0,065 Reichsmark notiert. Am 28. Februar 1940 wurde der Franc im Zusammenhang mit der Kriegsfinanzierung derart abgewertet – zum fünften Mal nach dem Ende des Ersten Weltkriegs –, daß sich sein Berliner Kurs auf 0,0571 Reichsmark berechnet hätte, wäre der Franc zwischen Kriegsausbruch und Besetzung Frankreichs in Berlin notiert worden.[91] Daß der deutsche Soldat in Frankreich in dieser Besatzungszeit tatsächlich »wie Gott in Frankreich« leben konnte, sofern es auf die Kaufkraft seines Geldes ankam, zeigt, daß die Kaufkraft des Franc später für Lastenausgleichszwecke mit 0,09 Reichsmark für Vermögenswerte und gar mit 0,145 Reichsmark bei Einkünften geschätzt wurde.[92] Und dies, obwohl sich die Wirtschaftslage Frankreichs angesichts der Ausbeutung durch die Besatzungsmacht immer mehr verschlechterte, Inflation und Preissteigerungen immer schlimmer wurden. Am 8. August 1940 mußte Frankreich tägliche Zahlungen auf Besatzungskosten in Höhe von 400 Millionen Francs zugestehen, Beträge, mit denen Frankreich ein Heer von 10 Millionen Soldaten hätte unterhalten können. Natürlich kostete soviel nicht der Unterhalt der deutschen Truppen in Frankreich. Das Land mußte so auch die Kosten der erzwungenen Ausfuhren nach Deutschland, den Unterhalt der französischen Kriegsgefangenen in Deutschland (die nach dem Waffenstillstandsvertrag nicht entlassen wurden) und selbst den Erwerb wichtiger Industriebetriebe durch die Deutschen selbst finanzieren.[93] Ab 1942 bis 1944 verdoppelten sich in Frankreich die Preise.[94]

Da die französische Währung als solche unangetastet und unter der Regie des Staates und der Bank von Frankreich blieb, ergaben sich bei den Zahlungsmitteln in den Besatzungsjahren keine Besonderheiten, sieht man davon ab, daß auch in Frankreich bei den Scheidemünzen Ersatzmetalle Einzug hielten. Die Stücke zu 10 und 20 Francs aus Silber, wie sie von 1929 bis 1939 geprägt worden waren, verschwanden, ohne außer Kurs gesetzt zu werden (was erst 1945 geschah). Die kleineren Münzen waren vor dem Krieg aus Aluminiumbronze (5 und 2 Francs, 1 und $^1/_2$ Franc) und aus Kupfernickel (25, 10 und 5 Centimes). 1941 ging man für die Stücke aus Aluminiumbronze (das Stück zu 5 Francs wurde aufgegeben) zu Aluminium und für die Centimes-Nominale zu Zink über. 1943 und 1944 schlug sich der Wandel der Staatsform in den Münzbildern nieder: Der autoritäre Staat Pétains, wie er sich unter dem Einfluß der Deutschen entwickelt hatte, ersetzte die alte Devise »Liberté – Égalité – Fraternité« durch »Travail – Famille – Patrie« und das Kopfbild der republikanischen Freiheit durch ein ›Franziska‹-Motiv, die Darstellung eines gallischen Doppelbeils. Der Staatsname ›République Française‹ wich dem ›État Français‹. Wegen der Einzelheiten muß auf die Münzkataloge verwiesen werden.[95]

Beim Papiergeld[96] fällt nur auf, daß die Bank von Frankreich ab 1941 die Muster ihrer Noten, die, von einigen Ausnahmen abgesehen, seit den Jahren vor dem Ersten Weltkrieg sich wenig geändert hatten, moderner gestaltete. Sie fand dabei zu dem Stil pastellartiger Farbgestaltung und Bilderwelt, wie er bis heute für Frankreich und den weiten Bereich der frankophonen Welt beim Papiergeld üblich ist. Es blieb dabei bei den herkömmlichen Nominalen von 5, 10, 20, 50, 100, 500, 1000 und 5000 Francs.

1) Elsaß-Lothringen

Der Ausgang des Westfeldzugs riß Elsaß-Lothringen ein weiteres Mal zum anderen Nachbarn. Wie Deutschland 1871 nicht die förmliche Abtretung im Frieden von Frankfurt und Frankreich nach dem Waffenstillstand von 1918 nicht den Versailler Friedensvertrag abgewartet hatte, so schuf Hitler sofort nach dem Waffenstillstand von Compiègne vollendete Tatsachen in Richtung auf die Angliederung von Elsaß-Lothringen an das Deutsche Reich. Elsaß-Lothringen kam erst gegen Ende des Feldzugs in deutsche Hand, nachdem die Wehrmacht die Maginotlinie von Norden her umgangen hatte. Die Grenzorte, auch Straßburg, waren zu Beginn des Krieges vollständig geräumt worden; die Bevölkerung wurde nach Südfrankreich verbracht. Erst am 15. Juni überschritten die Deutschen den Rhein; Kolmar wurde am 17.,

Mülhausen am 18., Straßburg am 19. Juni besetzt; Metz fiel am 17. Juni in deutsche Hand. Obwohl das Grenzland im Waffenstillstandsvertrag überhaupt nicht erwähnt wurde, war Hitler schon am 15. Juni zur umgehenden Annexion entschlossen. Elsaß und Lothringen wurden sofort durch eine Polizeigrenze vom übrigen besetzten französischen Gebiet abgeschlossen; daß man in der Folge nicht-volksdeutschen Elsässern die Rückkehr verweigerte, war der Anfang der Ausweisungen von Sprachfranzosen. Gegen die folgenden völkerrechtswidrigen Maßnahmen hat die französische Regierung in Vichy nicht weniger als 112mal ohne jeden Erfolg protestiert. Hervorzuheben sind die gewaltsame sprachliche ›Germanisierung‹ des zweisprachigen Landes und – am 25. August 1942 – die Einführung der Wehrpflicht, wobei (anders als etwa in Eupen-Malmedy) die Bevölkerung nicht kollektiv die deutsche Staatsangehörigkeit erhielt, somit immer noch die französische hatte, auch soweit im Einzelfall die deutsche Staatsangehörigkeit auferlegt worden war. Die Zwangsgermanisierung trieb lächerliche Blüten: Der Gebrauch der französischen Sprache in der Öffentlichkeit und in Läden war strafbar, in der Familie wurde er verpönt, die Baskenmütze wurde verboten, und nicht nur Straßen- und Ortsnamen wurden germanisiert, sondern auch die Vor- und Familiennamen der Elsässer – die Familiennamen auch, wenn etwa Verwandte im ›Altreich‹ ihren Namen behielten und hier niemand daran dachte, Hugenottenabkömmlinge zum Namenswechsel zu zwingen.[97]

Elsaß – die Departements Haut Rhin und Bas Rhin – und Lothringen – Moselle – wurden am 2. August 1940 als ›CdZ-Gebiete‹ dem Reich angegliedert. Zum Chef der Zivilverwaltung des Elsaß wurde der Gauleiter und Reichsstatthalter von Baden, Wagner, für Lothringen in gleicher Eigenschaft der Reichskommissar (für das Saargebiet) und Gauleiter der Saarpfalz (bayerische Pfalz und Saargebiet), Bürckel, ernannt. 1941 sprach man vom ›Gau Baden-Elsaß‹, und Hitler bestimmte für die Zeit nach dem Krieg Straßburg an Stelle von Karlsruhe zur Gauhauptstadt. Im Dezember 1940 schon war aus dem Herrschaftsgebiet Bürckels der ›Gau Westmark‹ geworden. Hitler wollte die alten Landschaftsnamen Elsaß und Lothringen in Vergessenheit geraten lassen und gedachte, den Wagnerschen Gau später in ›Oberrheingau‹ umzubenennen.[98]

Für das Elsaß und Lothringen galten zunächst die Vorschriften der Militärverwaltung in Frankreich über den Kurs der Reichskreditkassenscheine und die Tätigkeit der Reichskreditkassen; die Reichskreditkassen in Elsaß und Lothringen wurden bereits erwähnt.[99] 1941 wurde dann die Reichsmark eingeführt. Für das Elsaß verordnete Wagner am 5. März 1941 die Außerkurssetzung der französischen Zahlungsmittel und der Reichskreditkassenscheine und den Umtausch bis 1. Mai 1941; der Franc wurde zur ausländischen Währung im Sinne des Devisenrechts. Am Umrechnungskurs für Zahlungsmittel und Schuldverhältnisse änderte sich nichts.[100] Hier wie in Lothringen waren schon im August 1940 neben den Reichskreditkassenscheinen auch die innerdeutschen Reichsmarkzahlungsmittel mit gesetzlicher Zahlkraft versehen worden.[101] In Lothringen wurde die Reichsmark mit den innerdeutschen Zahlungsmitteln am 1. März 1941 mit Umtauschfrist bis 30. April 1941, also zur gleichen Zeit wie im Elsaß, eingeführt.[102]

m) Die Kanalinseln

Die anglo-normannischen Inseln Jersey, Guernsey und Alderney[103] vor der Küste der Normandie nördlich von St-Malo und westlich von Cherbourg waren das einzige britische Gebiet, das im Zweiten Weltkrieg von der deutschen Wehrmacht besetzt wurde. Diese Inseln, unter Herrschaft der englischen Krone letzter Rest des mittelalterlichen Herzogtums Normandie und von uralter staatsrechtlicher Prägung, wurden, weil nicht zu verteidigen, von den Briten bei Beginn des Zweiten Weltkriegs entmilitarisiert. Zunächst konnten ihre Fremdenverkehrsunternehmen in England dafür werben, den Krieg hier in Ruhe zu verbringen. Als sich die deutschen Truppen aber der Küste näherten, wurden 35 000 der Inselbewohner, hauptsächlich die hier lebenden Briten, nach England evakuiert; Alderney entvölkerte sich fast völlig. Am 28. Juni, also nach dem Waffenstillstand in Frankreich, griff die deutsche Luftwaffe in der Annahme, die Inseln würden verteidigt, einige Hafenstädtchen an. Am 30. Juni besetzten die Deutschen Guernsey, am 1. Juli Jersey und am 2. Juli Sark. In der Folge wurden die Inseln von der Organisation Todt mit Hilfe Tausender von Kriegsgefangenen und Fremdarbeitern zu uneinnehmbaren Festungen ausgebaut; die Bunker und Geschützstellungen sind zum Teil heute noch zu sehen. Allein auf Jersey wurden mehr als 400 Geschütze aufgestellt. Die Kanalinseln wurden die am besten befestigte Gegend Westeuropas.

Davon abgesehen hielten sich die Deutschen hier am strengsten an die Haager Konvention. Weder die Gestapo noch die SS wurden hier tätig. Allerdings wurden im September 1942, offenbar als langsam mit der Invasion zu rechnen war, die gebürtigen Engländer zwischen 16 und 70 Jahren in die Internierung auf das Festland gebracht. Als dann der Angriff auf das Festland begann, blieben die Inseln unberührt. Die deutsche Garnison kapitulierte erst am 9. Mai 1945. Zuvor, als die Lebensmittelvorräte aufgebraucht waren, hatte England die Zivilbevölkerung seit Ende 1944 mit vier Fahrten eines Rotkreuzschiffes versorgen können.

Die eingesessene Bevölkerung der Inseln spricht französisch, obwohl die Verwaltungsprache das Englische ist. Die Deutschen unterstellten die Inseln der Militärverwaltung des besetzten Frankreich,[104] was insofern bemerkenswert ist, als es sich um das Gebiet eines kriegführenden Gegners handelte, wogegen mit Frankreich Waffenstillstand herrschte. Immerhin konnten die Inselbewohner die deutsch und französisch abgefaßten Anordnungen der Militärverwaltung ohne weiteres lesen.

Wirtschaftlich auszubeuten war hier wenig. Auch hierher brachten die Deutschen ihre Reichskreditkassenscheine mit und gaben ihnen neben dem britischen Geld gesetzlichen Kurs. Die Angaben über den Militärumrechnungskurs sind unterschiedlich. Kretzschmann[105] nennt ursprünglich 6,50 Reichsmark für das Pfund Sterling »entsprechend dem Berliner Notenkurs« und dann (Stand 30. April 1941) 9,60 Reichsmark. Bányai[106] zitiert eine offenbar englische Arbeit:[107]

Der Wechselkurs von Reichsmark und Pfund wurde mit Befehl vom 8. Juli 1940 zuerst mit 8,– Reichsmark für das Pfund festgelegt. Am 13. Juli 1940 wurde er auf 7,– Reichsmark für das Pfund verändert, am 2. September 1940 auf 9,60 Reichsmark und schließlich am 28. September 1942 auf 9,36 Reichsmark. Dabei blieb es für den Rest der Besatzungszeit.

Beträchtliche Zeit nach der Besetzung liefen britische und Reichsmarkzahlungsmittel nebeneinander um. Aber gegen Ende 1942 war das britische Geld so gut wie verschwunden. Es war versteckt oder gehortet und wurde im Umlauf kaum noch gesehen. Die Inselbehörden wurden darauf von der Besatzungsmacht ermächtigt, eigene Noten in streng begrenztem Umfang auszugeben, aber während der letzten beiden Jahre der Besetzung wurde meistens in Reichsmark bezahlt. Man fürchtete, daß diese Zahlungsmittel nach Ende der Besetzung wertlos oder weitgehend entwertet würden, was manchen Streit über Geschäfte während der Besatzungszeit fürchten ließ. Diese Schwierigkeiten blieben aber aus, denn nach der Befreiung erlaubte das Londoner Schatzamt den Banken, bis zum 23. Mai 1945, als das deutsche Geld jeder Art seine Zahlkraft auf Jersey verlor, alle Reichsmark auf der Insel zum Kurs zur Zeit der Befreiung, d. h. für 9,36 Reichsmark für das Pfund, anzunehmen.

Unter diesen Umständen ergaben sich keinerlei Schwierigkeiten, was die Rückzahlung von Schuldverschreibungen, die Bezahlung von Wechseln und die Tilgung anderer Verbindlichkeiten sowie die Rückzahlung von Hypotheken aus der Zeit vor der Besatzung in Besatzungsgeld anlangt; alle solche Zahlungen wurden als gültig behandelt.

Nach Josset[108] floß das Geld auf den Inseln während der Besetzung nicht mehr in die Banken, sondern wurde gehortet. Zuvor liefen allein auf Alderney rund 250 000 Pfund um; 1943 seien es schon 438 081 Pfund gewesen, und zwar allein in Noten der ›States of Guernsey‹ (wie die britische autonome Staatsbehörde bis heute heißt), die sich fast ausschließlich in den Händen des Publikums befanden. Als die Deutschen alles Silber- und Bronzegeld wegbrachten, das sie erlangen konnten, entstand eine Zahlungsmittelknappheit, die zur Ausgabe der Noten der ›States of Guernsey‹ zu 6 Pence, 1 Shilling 3 Pence, 2 Shilling 6 Pence, 5 Shilling, 10 Shilling, 1 Pfund und 5 Pfund, der Noten der ›States of Jersey‹ zu 6 Pence, 1 Shilling, 2 Shilling, 10 Shilling und zu 1 Pfund führte.

Diese Noten sind bei Pick[109] mit zum Teil einigen Typen je Nominal katalogisiert, doch fehlt bei ihm der Fünfpfundschein von Guernsey. Was die Münzen betrifft, die die Deutschen wegen des Metallgehalts wegschafften, so waren es die des Münzsystems von Großbritannien, auf die hier nicht näher eingegangen werden kann.[110] Doch gehörte es zu den geschichtsbedingten Eigenarten der Kanalinseln, daß für Jersey wie für Guernsey Kleinmünzen besonderen Gepräges ausgegeben wurden. Es waren Pennies und ihre Teilstücke: Für Jersey war der Penny mit ›One Twelfth of a Shilling‹ beschriftet und zeigte das Wappen der Insel, der Penny von Guernsey war als Stück zu ›8 Doubles‹ in Anlehnung an alte französische Währungsverhältnisse bezeichnet.[111] Diese Stücke und die entsprechenden Halfpennis und Farthings liefen neben den Geprägen für Großbritannien um, wie auch die ›States of Jersey‹ und die ›States of Guernsey‹ schon seit hundert und mehr Jahren Papiergeld ausgegeben hatten, das neben den Noten der Bank von England auf den Inseln seine Geltung hatte.

Obwohl die Geschichte der Falschmünzerei (Geldfälschung: Nachahmung von Zahlungsmitteln zum Nachteil des Zahlungsverkehrs) und der Münzfälschung (Nachahmung von Münzen zum Nachteil der numismatischen Sammlerschaft oder der Geldanlage in – numismatischen – Antiquitäten) nicht Gegenstand dieses Buches sein kann, sei doch wegen des Zusammenhangs mit der britischen Währung im Zweiten Weltkrieg der Hinweis auf die ›Toplitzsee-Fälschungen‹ an dieser Stelle untergebracht. Nach ersten Versuchen schon 1940 unterhielt das Reichssicherheitshauptamt der SS im Konzentrationslager Sachsenhausen einen scharf abgeschlossenen Fälscherbetrieb, in dem fast 300 Kriminelle damit befaßt waren, Noten der Bank von England in großem Stil zu fälschen. In diesem ›Unternehmen Bernhard‹, wie der Deckname lautete, sollen Noten im Nennwert von gegen 300 Millionen Pfund gedruckt worden sein, von denen etwa 125 Millionen so gut gelangen, daß sie von den echten Noten so gut wie nicht zu unterscheiden waren. Gefälscht wurden Scheine zu 5, 10, 20 und 50 Pfund, wie sie später auch in private Sammlungen gelangten, aber auch Scheine zu 100, 500 und 1000 Pfund. Die Noten sollen, soweit brauchbar, dazu verwendet worden sein, im Ausland Agenten zu bezahlen und Gold zu erwerben, aber auch über Großbritannien abgeworfen worden sein. Damit wollte man die britische Währung gefährden. Die Fälschungen waren so gut, daß die Bank von England sich gezwungen sah, diese Notentypen einzuziehen und durch neue zu ersetzen. Gegen Ende des Krieges wurden die Restbestände im Toplitzsee bei Goessl (Bezirkshauptmannschaft Liezen, Steiermark), im Toten Gebirge, versenkt.[111a]

n) Jugoslawien: Kärnten und Krain, Untersteiermark, Serbien, Kroatien und die von Italien, Ungarn und Bulgarien besetzten Gebiete; Griechenland; Ungarn, Rumänien; Bulgarien

Der letzte deutsche ›Blitzkrieg‹ richtete sich ab 6. April 1941 gegen Jugoslawien und Griechenland. Ende Oktober hatte Mussolini unprovoziert von Albanien aus, das schon vor dem Ersten Weltkrieg unter italienischen Einfluß geraten und am 7. April 1939 annektiert worden war, Griechenland angegriffen. Doch die Griechen schlugen zurück, und Anfang März 1941 befand sich fast halb Albanien in ihrer Hand. Als die Briten zur Hilfe für Griechenland ansetzten und Hitler eine Südostfront fürchten mußte, entschloß er sich zur Hilfe für Italien. Deutsche Truppen standen bereits in Ungarn, Rumänien und Bulgarien. Als Ende März 1941 in Jugoslawien durch Putsch eine deutschfeindliche Regierung ans Ruder kam, griffen Deutschland, Ungarn und Bulgarien an und zwangen Jugoslawien nach der Einnahme Belgrads (12. April) schon am 17. April zur Kapitulation. Die Italiener hatten Laibach eingenommen und von Triest und Albanien aus die unverteidigte Küste besetzt. Ebenfalls ab 6. April waren die Deutschen zunächst von Bulgarien aus und dann durch jugoslawisches Gebiet nach Griechenland eingefallen. Die griechischen Armeen kapitulierten im Nordosten am 9. April und im Nordwesten am 23. April. Ende des Monats war Griechenland besetzt, nachdem sich ein britisches Expeditionskorps zurückgezogen hatte. Zwischen 20. Mai und 1. Juni 1941 eroberten die Deutschen mit Hilfe von Luftlandetruppen auch Kreta. König Peter II. von Jugoslawien und seine Regierung flohen am Tag der Kapitulation über Athen nach London und hielten sich 1943 und 1944 in Ägypten auf; der griechische König Georg II. und seine Regierung gingen über Kreta und Alexandria nach London.

Am 8. Juli 1941 verkündeten Deutschland und Italien die Auflösung des Königreichs Jugoslawien. Für Deutschland nahm Hitler die Untersteiermark und die früher österreichischen Teile von Kärnten und Krain. Italien annektierte Laibach und den größten Teil Dalmatiens mit den Adriainseln, bis auf vier, sowie die Bucht von Cattaro, an Ungarn gab man den Winkel zwischen Drau und Mur sowie die 1918 an Jugoslawien verlorenen Teile der Baranya und der Batschka. Im Norden bildete sich der kroatische Staat des ›Poglavnik‹ Pavelić. Montenegro wurde italienisches Protektorat. Das verbleibende Serbien sollte unter italienischem Einfluß stehen und einen Vetter des italienischen Königs als Monarchen bekommen, doch betrat er das Land nicht. Im Süden erhielt Bulgarien das serbische Mazedonien. Als Italien am 8. September 1943 abfiel, nahm Kroatien dessen 1941 von Jugoslawien erlangte Gebiete an sich und Serbien kam unter deutsche Militärverwaltung.

Vom Herbst 1941 an aber wurden die Deutschen und Italiener ihrer Herrschaft im Südostraum nicht mehr froh. Bis zur Verdrängung der Deutschen durch die Russen von 1944 an und bis zum Zusammenbruch im Jahr 1945 dauerten die Kämpfe mit Partisanen und von Partisanengruppierungen untereinander, die sich nach dem Abfall Italiens noch verschärften und komplizierten.

Auch in Südosteuropa bedienten sich die deutschen Truppen und Militärverwaltungen wieder der – nun längst bewährten – Reichskreditkassenscheine. Die »Verordnung über Reichskreditkassen« vom 3. Mai 1940[112] hatte sich nur auf Dänemark und Norwegen bezogen; schon für den Westfeldzug war sie am 15. Mai 1940 ergänzt und neu gefaßt worden.[113] Eine »Verordnung über eine Ergänzung der Verordnung über Reichskreditkassen« vom 1. März 1941 (also schon vor dem Einfall in Jugoslawien)[114] beseitigte die geographischen Grenzen ihrer Gültigkeit.

Nun zu den einzelnen Teilungsgebieten:

Im östlichen Teil des dem Deutschen Reich zugeschlagenen Grenzgebiets, der *Untersteiermark* oder Südsteiermark mit Marburg an der Drau (Drave) als Hauptort, wurde die Reichsmarkwährung mit Verordnung des Chefs der Zivilverwaltung vom 28. Mai 1941[115] ab 1. Juni 1941 eingeführt; bis 30. Juni wurden die Reichskassenscheine und die jugoslawischen Zahlungsmittel umgetauscht. Für den westlichen Teil, den man *Kärnten und Krain* nannte, wurde vom Hauptort Velden aus am 23. Mai 1941 das gleiche verordnet.[116] Beide Gebiete waren zu ›CdZ-Gebieten‹ gemacht worden: Kärnten und Krain (auch ›Oberkrain‹) wurde dem stellvertretenden Gauleiter Kutschera von Kärnten in Klagenfurt unterstellt, die Südsteiermark dem Reichsstatthalter und Gauleiter der Steiermark in Graz, Dr. Uiberreither.

Der Umrechnungskurs für den Dinar, die jugoslawische Währungseinheit, betrug 0,05 Reichsmark. Der Dinar, ursprünglich die Währungseinheit des Königreichs Serbien vor dem Ersten Weltkrieg im Wert eines Franken der Lateinischen Münzunion[117] und in und nach dem Krieg entwertet, wurde in Berlin bei Ausbruch des Zweiten Weltkriegs mit 0,057 Reichsmark und im März 1941 mit etwa 0,561 Reichsmark notiert; die Kaufkraft des Dinar betrug nach der mehrfach erwähnten 11. Feststellungs-Durchführungsverordnung[118] für Vermögenswerte 0,08 Reichsmark und bei Einkünften 0,09 Reichsmark. Die Zahlungsmittel bestanden aus Noten der Nationalbank des Königreichs Jugoslawien zu 10, 20, 50, 100, 500, 1000 und 10 000 Dinar und aus Münzen zu 25 Para aus Bronze, zu 50 Para aus Aluminiumbronze, zu 1 und 2 Dinar aus Aluminiumbronze und zu 10 Dinar aus Nickel, dazu hatte man Silbermünzen zu 20 Dinar. Der Militärumrechnungskurs von 0,05 Reichsmark beruhte auf der ersten Proklamation der Besatzungsmacht.[119]

Als sich die staatliche Neuordnung herausbildete, kam es in den Besatzungsgebieten und Nachfolgestaaten Jugoslawiens zu neuen Währungen. In *Kroatien* entstand mit Gesetz vom 10. Mai 1941 eine eigene Notenbank, die Kroatische Staatsbank. Währungseinheit wurde durch Gesetz vom 7. Juli 1941[119a] der Kuna zu 100 Banica, der den Dinar ab 8. Juli 1941 ersetzte. Ausgegeben wurden zunächst Staatsnoten des ›Unabhängigen Staates Kroatien‹, die auf 10, 50, 100, 500, und 1000 Kuna lauteten und erst in den größeren, gegen Jahresende 1941 auch in den kleineren Nominalen gegen die Dinarsorten im Verhältnis 1 zu 1 umgetauscht wurden. Gegen Ende 1942 sollten jugoslawische Münzen gegen kroatische aus der neuen, eigenen Münzstätte Agram (Zagreb) ersetzt werden, im Oktober 1942 wurden auch Noten zu 50 Banica (Banitza), 1, 2 und 20 Kuna ausgegeben, und mit Datum 1. September 1943 erschienen später Noten mit dem Namen der Staatsbank auf 100, 500, 1000 und 5000 Kuna. Die kroatischen Münzen aus Zink erschienen dann nur im Zwei-Kuna-Nominal. Wegen der Einzelheiten muß auf die Kataloge verwiesen werden.[120]

Im besetzten *Slowenien* ersetzten die Italiener das jugoslawische Geld durch Lire-Zahlungsmittel. Nach der Kapitulation Italiens 1943 wurde Slowenien von der Wehrmacht besetzt. Sie beließ es bei der italienischen Währung, ermächtigte aber später die ›Sparkasse der Provinz Laibach‹, Lirenoten auszugeben. Sie lauteten auf $\frac{1}{2}$ und 1 Lira sowie auf 2, 5, 10, 50, 100, 500 und 1000 Lire und waren auf der einen Seite deutsch, auf der anderen slowenisch beschriftet. Die Daten waren 14. September 1944 für die Scheine von 50 Lire aufwärts und 28. November 1944 für die kleineren Scheine.[121]

Die Küstengebiete besetzte im Herbst 1943 Kroatien und tauschte das italienische Geld gegen kroatisches um. Für die Lira, die 2 Kuna wert war, gab es 4 Kuna, wobei der kroatische Staat zulegte.[122]

In *Serbien* blieb es bei der Dinar-Währung. Doch ordnete die deutsche Militärverwaltung schon am 29. Mai 1941 die Liquidierung der bisherigen Notenbank und die Gründung der Serbischen Nationalbank als neuer Notenbank an.[123] Diese Bank gab Noten zu 10, 20, 50, 100, 500 und 1000 Dinar aus, zum Teil in zwei Typen.[124] Die jugoslawischen Noten wurden gegen diese Scheine im Verhältnis 1 zu 1 umgetauscht (November 1941), die Silbermünzen und Nickelmünzen zum 19. März 1942 und die kleineren zum 1. Januar 1943 aufgerufen. In Umlauf kamen Zinkmünzen zu 50 Para, 1 und 2 Dinar.[125]

In den jugoslawischen Gebieten, die an *Ungarn* fielen, wurden die jugoslawischen Zahlungsmittel gegen ungarische Pengö-Noten und -Münzen im Verhältnis 10 Dinar gleich 1 Pengö umgetauscht.[126] *Bulgarien* ersetzte in seinem Annexionsgebiet das jugoslawische Geld im Verhältnis 1,50 Lewa gleich 1 Dinar und im griechischen Gebiet die Drachmen zum Kurs von 0,65 Lew gleich 1 Drachme.[127] Das neue *Montenegro* erhielt im Oktober 1941 die italienische Lire-Währung. Hier wurde der

Dinar zum Kurs von Lire 38,– für 100 Dinar umgetauscht.[128] *Albanien* behielt als italienisches Königreich die alte Währung bei, die 1926 als ›Goldfrank‹ (Franga Ari) nach der Art des Franken der Lateinischen Münzunion aus der Zeit vor dem Ersten Weltkrieg[129] begründet worden war und über alle Zeitläufe, Wirtschaftskrisen und Abwertungswellen in anderen Ländern ihren Wert bis in den Zweiten Weltkrieg behielt.[130] Als die Italiener nun von Albanien aus jugoslawische und griechische Gebiete besetzten, führten sie dort die albanische Währung ein und setzten den Umtauschwert des Dinar auf 0,0608 Franga Ari und den der Drachme auf 0,02 Franga Ari fest. Die Italiener brachten auch in die angegliederten *dalmatinischen Küstengebieten* ihre Lira und tauschten die Dinar-Münzen und -Noten zum Kurs von 0,38 Lira für den Dinar um. In besetzten *griechischen Gebieten,* wo sie die Lira in Umlauf brachten, war der Umtauschkurs Lira 0,125 für die Drachme.[131] Der albanische Franga Ari stand übrigens seit 20. April 1939 mit der Lira im Wertverhältnis Lire 6,25 gleich 1 Franga Ari.

Für *Griechenland* gaben die Italiener aber auch Besatzungsgeld aus, das auf Drachmen lautete und von der ›Cassa Mediterranea per la Grecia‹ ausgegeben war. Es gab Scheine zu 5, 10, 50, 100, 500, 1000, 5000, 10000, 20000 und 50000 Drachmen, die zuerst ab 15. Juni 1941 auf den *Jonischen Inseln* und zehn Tage später auf dem griechischen Festland ausgegeben und zum 27. April 1942 außer Kurs gesetzt wurden.[131a] Für die Jonischen Inseln gab es vom 22. Februar 1942 bis zur italienischen Kapitulation (September 1943) noch eine Serie von Staatsnoten (»Biglietti a corso legale per le Isole Jonie«) zu 1 Drachme und 5, 10, 50, 100, 500, 1000 und 5000 Drachmen.[131b]

Vor diesem Hintergrund wurden nun auch wieder die Reichskreditkassenscheine eingesetzt. In den befreundeten Staaten *Ungarn, Rumänien* und *Bulgarien* wurden die deutschen Truppen aus der Heimat versorgt; hier sah man sich nicht veranlaßt, Besatzungskosten zu erheben und das Land auszubeuten. Daher hielten sich die Beträge in den Landeswährungen (Pengö, Leu und Lew), die man brauchte und von den Notenbanken erhielt, um den Wehrsold an die deutschen Soldaten auszuzahlen, in engen Grenzen. Zum Einkauf in den Marketendereien und Kantinen bediente man sich eines besonderen ›Kantinengeldes‹. Dazu dienten zum einen die Reichskreditkassenmünzen zu 5 und 10 Reichspfennig und zum anderen die ›Behelfszahlungsmittel für die Wehrmacht‹, Scheine, die auf 1, 5, 10 und 50 Reichspfennig sowie auf 1 und 2 Reichsmark lauteten.[132] Im Verkehr zwischen Soldat und Kantine wurden sie zum zehnfachen Nennwert verwendet (so daß der größte Schein 20 Reichsmark galt), und dadurch wurde vermieden, daß sie in die Zivilbevölkerung gelangten, denn die hätte sie nur zum Nennwert genommen und der Soldat hätte neun Zehntel des Wertes in der Kantine verloren.[133] So wurden in Rumänien und Bulgarien Reichskreditkassen nur in Bukarest und Sofia eingerichtet, die eher den Charakter von Verbindungstellen hatten. Dazu gab es aber eine Reihe von Wechselstellen, meistens auf den Grenzbahnhöfen, die den Truppentransporten und Urlaubern Landesgeld, Reichsgeld, Kantinengeld und Reichskreditkassenscheine wechselten.[134]

Als diese Truppen in Jugoslawien und Griechenland einfielen, waren sie wieder in Feindesland und wurden mit Reichskreditkassenscheinen ausgestattet; die Verhältnisse gestalteten sich wieder wie in den Besatzungsgebieten des Westfeldzugs. Im April 1941 wurden Reichskreditkassen in Jugoslawien und bald auch in Griechenland eingerichtet.[135] Sobald wie möglich ging die Militärverwaltung aber auch hier zur Verwendung des Landesgeldes über, als sich die Geldverhältnisse normalisierten. Soweit deutsche Truppen über italienisches Gebiet in den Südosten kamen, wurden sie mit italienischem Geld versehen. Im Reiseverkehr der deutschen Truppen von und nach Italien dienten die Reichskreditkassenscheine nur als Verrechnungsgeld.[136]

o) Sowjetunion: »Reichskommissariat Ostland« (Estland, Lettland, Litauen, Weißrußland), Ostgalizien, »Reichskommissariat Ukraine«

Im Geheimabkommen von Moskau vom 23. August 1939 überließ Deutschland die Baltenstaaten Estland und Lettland der sowjetischen Interessensphäre, im weiteren Vertrag vom 28. September 1939 auch Litauen. Die Sowjetunion schloß Beistandspakte mit Estland am 28. September, mit Lettland am 5. Oktober und mit Litauen am 10. Oktober, mit denen diese Staaten der Sowjetunion Stützpunkte einräumten. In der ersten Junihälfte von 1940 erzwang die Sowjetunion mit Ultimaten die Überlassung weiterer Stützpunkte, und im Juli und August wurden die drei Republiken der UdSSR angeschlossen. Im Ostfeldzug, der am 22. Juni 1941 begann, wurden die drei neuen Sowjetrepubliken von der Heeresgruppe Nord besetzt und waren Ende Juli vollständig in deutscher Hand. Durch Weißrußland mit dem Raum Bialystok – Minsk – Mogilew – Brest-Litowsk stieß die Heeresgruppe Mitte in Richtung Moskau.

Die Verwaltung des ›Lebensraumes‹ im Osten, den zu erobern Hitler den Krieg gegen die Sowjetunion vom Zaun gebrochen hatte, regelte der Diktator mit »Erlaß über die Verwaltung der neubesetzten Ostgebiete« vom 17. Juli 1941. Danach gab es einen »Reichsminister für die besetzten Ostgebiete« (Rosenberg) und drei Verwaltungsbezirke. Das ›Reichskommissariat Ostland‹ bestand aus den drei Baltenstaaten und Teilen Weißrußlands und erhielt den Gauleiter Lohse zum ›Reichskommissar‹. Der südliche russische Raum wurde zum ›Reichskommissariat Ukraine‹ unter dem Gauleiter Koch von Ostpreußen und der ›Bezirk Bialystok‹, das westliche Weißrußland, wurde als ›Cdz-Gebiet‹ dem Deutschen Reich angegliedert: Am 15. August 1941 wurde Gauleiter Koch auch ›Chef der Zivilverwaltung‹ dieses Bezirks. Außerdem wurde das ehedem polnische Ostgalizien um Lemberg als ›Distrikt Galizien‹ zum 1. August 1941 dem Generalgouvernement zugeschlagen.

Die Geldverhältnisse dieser vier Gebiete wurden unterschiedlich geregelt:

Distrikt Galizien

Hier hatte die Sowjetunion bald nach der Besetzung im Dezember 1939 ihre Rubel-Währung eingeführt. Die Verwaltung des Generalgouvernements beließ den Sowjetrubel bis 8. September 1941 als gesetzliches Zahlungsmittel; dann wurde das sowjetische Geld gegen die Noten der Emissionsbank in Polen und Münzen des Generalgouvernement umgetauscht, und zwar das Papiergeld vom 15. September bis 27. September und die Münzen vom 13. Oktober bis 1. November 1941. Das Umtausch- und Umrechnungsverhältnis war 5 Rubel für 1 Zloty. Die russischen Kleinmünzen zu 1 Kopeke und 2 Kopeken blieben mit den Werten 1 und 2 Groschen im Umlauf.[137]

Bezirk Bialystok

Der Bezirk Bialystok war das merkwürdigste der »CdZ-Gebiete«. Die übrigen – Luxemburg, Elsaß, Lothringen, Südsteiermark, Kärnten und Krain – waren sämtlich deutsch oder wenigstens weitgehend von Deutschstämmigen besiedelt. Davon konnte bei diesem Teil Weißrußlands keine Rede sein. Nach Dallin[138] sollte mit der Einrichtung dieses Gebietes unter dem Gauleiter Koch von Ostpreußen, der nun auch Herrscher der Ukraine war, eine Landbrücke von Ostpreußen zur Ukraine geschaffen werden. Koch war damit ein Raum unterstellt, der sich von der Ostsee bis zum Schwarzen Meer erstreckte.

Der Bezirk Bialystok galt staatsrechtlich nicht als Reichsgebiet, doch wurden ab 1942 u. a. zahlreiche deutsche steuerliche Vorschriften eingeführt.[139] Seit 1. November 1941 galt er als Deviseninland. Neben dem Rubel war die Reichsmark gesetzliches Zahlungsmittel; das Umtauschverhältnis betrug 10 Rubel für die Reichsmark, die in Gestalt der Reichskreditkassenscheine umlief.[140]

Reichskommissariat Ostland

In den neuen Sowjetrepubliken Estland, Lettland und Litauen waren die vormaligen Währungen in zwei Stufen durch die Rubel-Währung der Sowjetunion ersetzt worden. Vom 25. November 1940 an erhielt neben diesen Währungen der Rubel gesetzliche Zahlkraft, und zwar war der Umrechnungskurs

in Estland: 1 Krone   = 1,25 Rubel,
in Lettland: 1 Lats   = 1,00 Rubel und
in Litauen: 1 Litas   = 0,90 Rubel.

Im April 1941 wurde dann der Rubel das alleinige Zahlungsmittel; schon ab 21. November 1940 hatte die Deutsche Reichsbank den Ankauf der Zahlungsmittel der Baltenstaaten eingestellt.

Als die Deutschen einrückten, fanden sie mithin in den Baltenstaaten nur die Rubelwährung der Sowjetunion vor. Da es eine Versorgung mit Rubelgeld durch eine funktionierende Notenbank naturgemäß nicht mehr geben konnte, wurden wieder Reichskreditkassen eingerichtet und Reichskreditkassenscheine nach bewährtem

Muster ausgegeben. Der Umrechnungskurs war von Anfang an 10 Rubel für die Reichsmark. In der Folge wurden die Rubel-Zahlungsmittel gegen Reichskreditkassenscheine umgetauscht, so daß gegen Ende 1943 nur noch Reichskreditkassenscheine umliefen. Mit Verordnung des »Reichsministers für die besetzten Ostgebiete« vom 4. November 1942 wurde für das Gebiet des Reichskommissariats eine Notenbank ›errichtet‹, die ›Notenbank im Ostland‹, deren Sitz in Riga sein sollte (wo auch der Reichskommissar Lohse seine Verwaltung hatte) und die Zahlungsmittel auf ›Ostland-Mark‹ auszugeben hatte. Daraus ist nichts geworden.

Reichskommissariat Ukraine

Als künftige Kornkammer des Deutschen Reiches war die Ukraine Hitler wichtiger als der nordöstliche Raum des russischen Reiches. Von der Ukraine war nicht nur Ostgalizien abgetrennt worden; zur Belohnung für die Teilnahme am Krieg und als Kompensation für die Abtretung eines großen Teils von Siebenbürgen an Ungarn erhielt Rumänien als ›Trans-Dnjestr-Land‹ einen Gebietsstreifen zwischen Dnjestr und Bug nördlich von Odessa.[141] Reichskommissar Koch legte auf Repräsentation wenig Wert und richtete seine Verwaltung in der Provinzstadt Rowno (Wolhynien) ein. Rowno wurde daher der Sitz der ›Zentralnotenbank Ukraine‹, die durch Verordnung des »Reichsministers für die besetzten Ostgebiete« vom 5. März 1942 gegründet wurde. Zuvor, nach dem Einrücken der Deutschen, waren auch hier die Reichskreditkassen eingerichtet, die Reichskreditkassenscheine eingeführt und zum Kurs von 10 Rubel für 1 Reichsmark neben dem Rubel zum gesetzlichen Zahlungsmittel erklärt worden. Jetzt erhielt das Gebiet des Reichskommissariats Ukraine eine eigene Währung. Ihre Einheit wurde der Karbowanez, der dem Rubel entsprach und somit ebenfalls 10 Reichspfennig wert war. Die in der Berliner Reichsdruckerei hergestellten Noten lauteten auf 1, 5, 10, 20, 50, 100, 200 und 500 Karbowanez; ein Schein zu 2 Karbowanez wurde ebenfalls gedruckt, aber nicht ausgegeben und bis auf wenige Stücke wieder vernichtet, weil auf dem Transport große Mengen abhanden gekommen waren. Die Scheine[142] waren auf der Vorderseite deutsch und auf der Rückseite deutsch und ukrainisch beschriftet; im rechtsseitigen Medaillon zeigten sie – vom Einkarbowanezschein abgesehen – die Köpfe eines Knaben, eines Mädchens, einer Frau, eines Industriearbeiters, eines Grubenarbeiters, eines Schiffers, einer Landfrau und eines Chemikers, sämtlich mit Berufs- und ähnlichen Attributen und sämtlich von ›deutschem‹ Aussehen.

Ausgegeben wurden die Scheine aufgrund der »Verordnung über die Währung im Reichskommissariat Ukraine« vom 4. Juli 1942 und einer Ausgabebekanntmachung vom 21. September 1942. Danach waren neben diesen Scheinen die Reichskreditkassenscheine weiterhin gesetzliches Zahlungsmittel und vorübergehend noch die alten sowjetrussischen Scheine zu 1 und zu 3 Rubel, also die kleinsten Nominale. Die Zentralnotenbank Ukraine hatte ihre Tätigkeit als solche am 1. Juli 1942 aufgenommen und dabei die Reichskreditkassen in ihrem Gebiet übernommen.[143]

›Karbowanez‹ ist die alte ukrainische Bezeichnung für den Rubel und bedeutet etwa ›gekerbter Silberbarren‹. Eine Unterteilung in Kopeken wurde nicht erwähnt.

Der Rubel der Sowjetunion war in Anlehnung an den Rubel des Zarenreiches vor dem Ersten Weltkrieg nach vernichtender Inflation in den Jahren 1922 bis 1924 begründet worden und galt zunächst, wie der Vorkriegsrubel, 2,16 Reichsmark. Er entwertete sich aber zum ersten Mal schon 1926 und wurde im August 1939 in Berlin mit etwa 0,47 Reichsmark notiert. Dies galt noch bis zum Tag des deutschen Überfalls. Demgemäß war die Bewertung mit 10 Reichspfennig willkürlich und konnte nur den Zweck haben, dem Geld im Besitz der Zivilbevölkerung der besetzten Teile der Sowjetunion den größten Teil seines Wertes zu nehmen. Selbst beim Berliner Börsenkurs bis Juni 1941 dürfte der Rubel, was seine Kaufkraftparität anlangt, unterbewertet gewesen sein, wurde doch später für Zwecke des Lastenausgleichs in der Bundesrepublik sein Wert bei Vermögenswerten mit 0,67 Reichsmark festgestellt (wenn auch bei den Einkünften bis Ende 1939 mit 0,22 Reichsmark, für 1940 mit 0,16 und für 1941 mit 0,17 Reichsmark).[144]

Für die Art und Weise, wie die besetzten Gebiete der Sowjetunion in wirtschaftlicher Hinsicht behandelt und ausgebeutet wurden, muß auf die Darstellung bei Dallin verwiesen werden.

p) Kolonialphantasien

Im Krieg mit der Sowjetunion überschritt der wahnwitzige Eroberungsdrang Hitlers seinen Höhepunkt; von der Schlacht von Stalingrad an ging es unaufhaltsam auf die katastrophale Niederlage zu. Mit weiteren Eroberungsgebieten braucht sich die Geldgeschichte Deutschlands nicht zu befassen. Bemerkt sei, daß in der Tiefe des sowjetischen Raumes ein gigantisches ›Reichskommissariat Moskau‹ und ein ›Reichskommissariat Kaukasus‹ geplant waren.

Die kolonialpolitischen Träume der Hitler-Leute gingen dahin, daß in Mittelafrika alle Gebiete zwischen Togo, dem belgischen Kongo, Nordrhodesien, Südrhodesien, Madagaskar, Kenia und Französisch-Äquatorialafrika deutsch werden sollten. Der 70. Grad östlicher Länge (etwa durch das heutige Pakistan) sollte die Interessensphären Deutschlands und Japans trennen. Gemeinsam mit Japan glaubte Hitler, dann die Vereinigten Staaten von Amerika mit Erfolg angreifen zu können. Großbritannien wollte er zum Satelliten des Großdeutschen Reiches hinabdrücken, das auch Burgund, Nordfrankreich, Belgien, die Niederlande, Dänemark, Norwegen, Istrien und Südtirol umfassen sollte; Schweden und die Schweiz waren zur langsamen, späteren Eingliederung vorgesehen.[145]

Zu alledem läßt sich nur eine einzige numismatische Spur finden. 1941 machte man sich in der Berliner Münze Gedanken über die Tropentauglichkeit von Metallen für die Münzen des künftigen deutschen Kolonialreiches in Mittelafrika und fertigte Proben von Zehnpfennigstücken aus Stahl mit Plattierung aus verschiedenen Buntmetallen.[146]

Die Forderung nach Rückgabe der deutschen Kolonien, die mit dem Friedensvertrag von 1919 Mandate verschiedener Siegermächte geworden und damit für Deutschland verloren waren, gehörte zu den Revisionswünschen der deutschen Regierungen bis Hitler. Auch Schacht hatte bei den Verhandlungen über die Reparationsfrage, die er als Reichsbankpräsident führte, dieses Rückgabeverlangen immer wieder vorgebracht.[147] Auch die Hitler-Regierung machte sich diese Forderung naturgemäß zu eigen, und, vom Deutschen Kolonialbund getragen, gab es in Deutschland in der Weimarer Zeit und unter Hitler eine reichhaltige Kolonialliteratur[148] mit weiter Verbreitung. Im Zusammenhang mit dem Afrika-Feldzug Rommels[149] wurden diese Bestrebungen neu belebt; nach der Erinnerung des Verfassers wurde damals in Deutschland bereits Unterricht in Suaheli, der Verkehrssprache Ostafrikas, erteilt. Daher ist es erwähnenswert, daß das zitierte Sammelwerk ›Deutsche Geldpolitik‹[150] von 1941 auch den Beitrag eines Prof. Dr. Albert von Mühlenfels aus Hamburg »Zur Problematik einer künftigen deutschen Kolonialwährung« enthielt, in der sich der Professor über (so die Abschnitte) »Das Geldwesen in den deutschen Kolonien vor dem Weltkriege«, »Währungsbeziehungen zwischen Kolonie und Mutterland«, »Ordnung der kolonialen Geldversorgung« und »Das Geldwertproblem in den Kolonien« auf zwölf Druckseiten auszulassen zu müssen glaubte. Im Verteilen der Felle nichterlegter Bären waren die Gefolgsleute Hitlers besonders groß.

q) Deutschland auf dem Rückzug: Das Ende der Reichskreditkassenscheine; Italien

Das Jahr 1943 brachte den Abstieg: Kapitulation von Stalingrad (31. Januar/2. Februar), Verlust der Ukraine (Fall von Kiew 6. November), Kapitulation von Kap Bon (Tunesien, 13. Mai), Landung der Alliierten auf Sizilien (10. Juli). Die Erweiterungen des deutschen Machtbereichs in Gestalt der Besetzung Italiens, des italienischen Besatzungsgebiets in Griechenland und an der Côte d'Azur sowie im jugoslawischen Küstenraum (September) waren nur noch Schein in der kommenden Katastrophe. Im Jahr 1944 wurden die Deutschen an allen Fronten auf die Reichsgrenze zurückgeworfen: Nach der Invasion in der Normandie (6. Juni) standen die westlichen Alliierten Mitte Dezember vom Oberrhein bei Straßburg bis Nimwegen an der Reichsgrenze; um diese Zeit waren im Osten die Baltenstaaten und die Osthälfte des Generalgouvernements verloren. Im Südosten war gerade noch Westungarn mit Budapest in deutscher Hand, und in Jugoslawien dominierten die Partisanen Titos. Italien war bis zu seiner engsten Stelle südlich von Bologna und La Spezia befreit.

Bis in diese Endphase des Krieges hat sich die Organisation der Reichskreditkassen, der deutschen ›Soldatenbanken‹, gut bewährt. Wehrmacht und Reichsbank hatten erreicht, daß das Geldwesen der Reichsmark im Reich selbst von etwaigen Einflüssen der Währungsverhältnisse in den besetzten Gebieten unberührt blieb. Wie geschildert war es – vom ›Reichskommissariat Ostland‹ abgesehen – so gut wie überall, wo die Deutschen standen, gelungen, sich für die Geldbedürfnisse der Truppen mit Hilfe der einheimischen Notenbanken des örtlichen Geldes zu bedienen. Die Reichskreditkassenmünzen waren ohne Bedeutung geblieben. Bei den

Reichskreditkassenscheinen hatte man ein Umlaufsvolumen von bis 3 Milliarden Reichsmark ins Auge gefaßt, doch hat der Umlauf 1941 offenbar 1,7 Milliarden Reichsmark nicht überschritten, von Herbst 1940 bis Januar 1941 sank er auf die Hälfte.[151]

Die Reichskreditkassen, deren Einrichtung jeweils dem Vordringen der Truppen auf dem Fuße gefolgt war, waren stets im wesentlichen mit Bediensteten der Deutschen Reichsbank besetzt; trotz der organisatorischen Selbständigkeit waren sie faktisch ihre Organe, so daß die Reichsbank Ausgabe und Einziehung der Reichskreditkassenscheine wie auch die sonstige Banktätigkeit lenkte, die in einigen der besetzten Länder im Zusammenhang mit der wirtschaftlichen Ausbeutung für die deutschen Kriegszwecke bis zur Kreditgewährung an örtliche Rüstungsproduzenten ging und überall die Finanzbeziehungen zwischen dem Land und dem Deutschen Reich umfaßte.

Nach Bányai[152] arbeiteten Ende 1941 insgesamt 63 Reichskreditkassen. Im Westen sollen in den Niederlanden und in Luxemburg noch je eine, in Belgien vier und im besetzten Frankreich 17 bestanden haben. Für den Südosten und Osten Europas werden je eine in Kroatien, Serbien, Bulgarien und Rumänien angegeben, zwei in Griechenland und Bessarabien, elf in den Baltenstaaten, sechs in den früheren polnischen Gebieten und fünfzehn im besetzten Rußland. 1942 wurde das Netz in Frankreich und in Rußland erweitert; in Frankreich[153] kamen Caen, Reims und die wiedereröffnete Kasse in Tours hinzu. Die Reichskreditkassen im Westen wurden einer Mittelinstanz unterstellt; die Hauptverwaltung in Berlin widmete sich vor allem den Reichskreditkassen im Südosten und im Osten. Die Kassen im Generalgouvernement und in der Ukraine wurden in der Folge zu Filialen der Krakauer Emissionsbank in Polen bzw. der Zentralnotenbank Ukraine in Rowno (Mai und September); noch nicht erwähnt wurde, daß zwei Reichskreditkassen in Transistrien von der Nationalbank von Rumänien und 16 (davon 14 in den früheren Baltenstaaten) 1943 von der »Notenbank im Ostland« übernommen wurden, die im März 1943 ihre Tätigkeit aufnahm, aber nicht zur Notenausgabe gelangte.[154]

Ende 1943 gab es 52 Reichskreditkassen: eine in den Niederlanden, vier in Belgien, elf in Frankreich und je eine in Kroatien, Serbien, Griechenland, Rumänien und Bulgarien; von den 31 Kassen im Osten wurde die Hälfte etwa im Frühjahr 1943 aufgegeben. Dazu kamen Ende 1942 74 Wechselstuben und ähnliche Nebenstellen, darunter 16 ›rollende‹ in Eisenbahnwagen von Wehrmachtszügen.

In Bulgarien wurden die Reichskreditkassenmünzen, die zum zehnfachen Nennwert als Kantinengeld dienten,[155] im August 1942 zurückgezogen und durch die »Behelfszahlungsmittel für die Deutsche Wehrmacht« ersetzt.[156] Im März 1943 wurde dieses ›Kantinengeld‹ auch bei den Truppen in Griechenland eingeführt.

Die Rückschläge in Rußland führten 1943 zum Wegfall mehrerer dortiger Reichskreditkassen. Hingegen wurden neue Kassen im Zusammenhang mit dem Zusammenbruch Italiens und der Übernahme der italienischen militärischen Positionen im jugoslawischen Raum durch die Wehrmacht eingerichtet. So entstanden Reichskreditkassen in Montenegro, Albanien, Dalmatien und auch in Italien selbst. Ende 1943 gab es schließlich noch 39 Reichskreditkassen und 31 Wechselstuben.

Der Umlauf an Reichskreditkassenscheinen soll nun auf 2,9 Milliarden ange-schwollen sein.[157]

Als Hitler nach Rücktritt und Verhaftung Mussolinis (24. Juli 1943) und Bildung der Regierung Badoglio auf die Landungen der Briten in Kalabrien und der Ameri-kaner bei Salerno (9. September) die italienische Armee entwaffnen ließ und in Ita-lien massiv eingriff, wurde auch *Italien*, soweit es nicht schon in der Hand der Bri-ten und Amerikaner war, von der Wehrmacht besetztes Gebiet. Für den Anfang be-dienten sich die Deutschen auch hier wieder der Reichskreditkassenscheine, bis es am 26. Oktober 1943 zu einer Vereinbarung mit der Bank von Italien kam, wie wir sie schon aus den anderen Besatzungsgebieten kennen, in denen die Notenbank in-takt geblieben war und wonach nun auch hier die deutschen Truppen mit einheimi-schem Geld, mit den Lire-Zahlungsmitteln des Landes zu Lasten eines Besatzungs-kostenkontos, versorgt wurden. Bis 10. November tauschte die Bank von Italien die Reichskreditkassenscheine, die in den Umlauf gelangt waren, gegen Lire um. Der Umrechnungskurs wurde von den Deutschen mit 10 Lire für die Reichsmark be-stimmt.[158]

Die Lira war im Rahmen der Lateinischen Münzunion von 1865 die italienische Form des französischen Franken, der unter dieser Bezeichnung schon unter Na-poleon I. in Italien weite Verbreitung gefunden hatte.[159] Im Ersten Weltkrieg ent-wertet wie die Frankenwährungen aller Mitglieder der »Union latine« mit Ausnah-me der schweizerischen, erlebte die italienische Währung zwischen den Weltkriegen und in den ersten Jahren des Zweiten Weltkriegs verschiedene Stabilisierungen und Abwertungen; im August 1939 wurde sie in Berlin mit 0,131 Reichsmark notiert. Dabei blieb es bis August 1943. Für September wurde der Durchschnittskurs mit 0,113 Reichsmark festgestellt,[160] und ab Oktober 1943 blieb es dann beim Militär-umrechnungskurs von 10 Reichspfennig. In Wirklichkeit war die Kriegsinflation in Italien aber ohne Zutun der Deutschen derart fortgeschritten und ging in einem Ausmaß weiter, daß bis Ende 1945 im Vergleich zu 1938 die Preise auf das Zwan-zig- bis Dreißigfache gestiegen waren, die Bezüge der Staatsbediensteten aber bei-spielsweise nur auf das Drei- bis Fünffache. Bis Ende 1943 war die Inflation eher latent, dann aber brach sie mit voller Stärke durch. Kein Wunder, daß die schwar-zen Märkte blühten und der geschlagene und vorerst geteilte Staat die Herrschaft über das wirtschaftliche Geschehen verlor, zumal der Kontrolle der Geldmenge die Besatzungszahlungsmittel nicht nur der Deutschen entgegenstanden.

Wie ausgeführt wurden die deutschen Soldaten und das »Wehrmachtsgefolge«, die Angehörigen deutscher Firmen, die im besetzten Gebiet arbeiteten, und der ver-schiedenen staatlichen und Parteistellen, die dort tätig waren, jeweils nach kurzer Übergangszeit in einheimischer Währung bezahlt und die anfangs ausgegebenen Reichskreditkassenscheine wurden wieder eingezogen. Gleichwohl waren sie auch danach nicht ganz ohne Bedeutung. Sie entwickelten sich zum Verrechnungsgeld des deutschen Machtbereichs, das – bei aller strengen Devisenbewirtschaftung und allen Verrechnungsabkommen – in jedem der besetzten Länder zum festen Militär-umrechnungskurs zu bekommen und in einem anderen besetzten Land zum dorti-gen Militärumrechnungskurs in die Landeswährung umtauschbar war. Natürlich konnten am leichtesten Militär- und andere Dienstreisende davon Gebrauch machen, aber auch Bewohner und Firmen der besetzten Länder werden dazu Mittel und Wege gefunden haben. Es versteht sich, daß sich eine unerlaubte und daher nur indirekt bemerkbare Arbitrage herausbildete, indem Reichskreditkassenscheine in die Gebiete flossen, in denen bei den festen Umrechnungskursen die örtliche Währung noch die höchste Kaufkraft hatte. Man hatte also, wenn der Weg sich fand, von entwertetem Geld etwa Griechenlands oder Italiens zu Ende 1943 am meisten, wenn man es zu den festen Kursen in Reichskreditkassenscheine umwechseln und etwa nach Frankreich bringen und dort in französische Francs (20 für eine Reichsmark) umwechseln konnte, für die in Frankreich immer noch mehr zu kaufen war als in Italien oder in Griechenland.

Als diese Möglichkeiten den deutschen Behörden offenkundig wurden, beschlossen sie, die Reichskreditkassenscheine ganz zu beseitigen. Eine Verordnung vom 13. Oktober 1944 setzte sie zum 1. Januar 1945 außer Kurs.[161] Ebenso wurden die Behelfszahlungsmittel für die Deutsche Wehrmacht zurückgezogen.[162] Sie hat man durch ein neues ›Kantinengeld‹ ersetzt, die ›Verrechnungsscheine für die Deutsche Wehrmacht‹, die ebenso verwendet, aber im Bereich der Kantinen und anderer Wehrmachtsverkaufsstellen mit dem einfachen Nennwert genommen wurden. Es gab sie für 1, 5, 10 und 50 Reichsmark. Sie waren keine Ausgaben der Militärverwaltung wie ihre Vorgänger, sondern nach ihrem Wortlaut solche der Hauptverwaltung der Reichskreditkassen und somit letztlich Ausgaben der Reichsbank.[163] Die Scheine tragen das Datum 15. September 1944 und auf der Vorderseite unten den Hinweis

Dieser Schein dient zur Verrechnung im Wehrmachtsreiseverkehr sowie zur Zahlung von Gebührnissen in Ländern, in denen ihre Auszahlung in Landeswährung beschränkt ist. Seine Verwendung im allgemeinen Zahlungsverkehr ist verboten.

Die Rückseite lautet:

Verrechnungsschein für die Deutsche Wehrmacht – wird im Rahmen der Zahlungsregelung für die Wehrmacht in außerdeutschen Ländern nur an Wehrmachtsangehörige und Gleichgestellte abgegeben und nur aus der Hand dieses Personenkreises umgetauscht von allen Kassen und Zahlstellen der Wehrmacht, Reichskreditkassen und Wechselstellen, ferner im Reich von der Deutschen Reichsbank und den übrigen deutschen Geldinstituten.

Damit aber waren diese Scheine in Wirklichkeit gar kein neues ›Kantinengeld‹, sondern die Fortsetzung der vorherigen Reichskreditkassenscheine, nur mit dem Unterschied, daß sie nicht mehr auch für die Hand der Zivilbevölkerung der – wenigen verbliebenen – besetzten Gebiete bestimmt waren.

Man muß annehmen, daß es für deren Außerkurssetzung noch einen Grund gab, der freilich nicht ausgesprochen wurde. Mit dem fortschreitenden Verlust weiter Gebiete des eroberten Europa und den Kapitulationen teils sehr großer Wehrmachtsverbände mit ihrer Militärverwaltung seit dem Umschwung im Jahre 1943 und im Katastrophenjahr 1944 mußten die Hitler-Regierung und ihre Deutsche Reichsbank in Rechnung stellen, daß große Mengen an Reichskreditkassenscheinen, sei es aus dem Besitz von Kriegsgefangenen, sei es in Gestalt von Beständen von Wehrmachtseinheiten und von überrannten Dienststellen mit ihren Kassen, in der Hand der Kriegsgegner waren und die Gefahr bestand, diese Reichskreditkassenscheine würden irgendwie gegen das deutsche Kriegsinteresse verwendet. Dem konnte man mit der Außerkurssetzung zuvorkommen und hatte dabei den Vorteil, der ja diesen Zahlungsmitteln von Anfang an zukam, daß ihr Schicksal das Geldwesen im Deutschen Reich selbst mit seinen Reichsbanknoten überhaupt nicht berührte.

Der weitere Verlauf des Krieges bis zur Doppelkapitulation in Reims und Berlin am 7. und 9. Mai 1945 brachte bei den Zahlungsmitteln nichts mehr Neues, sieht man von den erwähnten Notscheinen von Reichsbankstellen ab.[164] Zu erwähnen ist nur noch, daß Bestände an Reichskreditkassenscheinen nach der Kapitulation in Schleswig-Holstein eine kurze Auferstehung erlebten, indem sie in der Zeit vom 8. Mai 1945 bis 4. Mai 1946 als Zahlungsmittel verwendet wurden, wenn sie von einer Reichsbankstelle oder Reichsbanknebenstelle abgestempelt waren. Pick/Rixen[165] kennen die Nominale 1 Reichsmark (nur Kappeln), 5, 20 und 50 Reichsmark und Stempel aus Flensburg, Heide, Husum, Kappeln, Kiel, Neumünster, Rendsburg und Schleswig.

15. Der Zweite Weltkrieg: Kriegsgefangenengeld, Notgeld, Lager- und Ghettogeld

Zum Abschluß der deutschen Geldgeschichte des Zweiten Weltkriegs sollen Erscheinungen gestreift werden, die sozusagen nur am Rande des geldgeschichtlichen Ablaufs auftauchen und für die Überlebenden schmerzliche Erinnerung bedeuten, aber mit dem Währungsgeschehen wenig zu tun hatten.

Wie im Ersten Weltkrieg und in zahlreichen anderen Kriegen der Neuzeit[1] hatte man in den kriegführenden Staaten, wo Kriegsgefangene und Internierte verwahrt wurden, auch jetzt wieder die Notwendigkeit, in solchen Lagern den Insassen nur den Besitz besonderer Zahlungsmittel zu erlauben, die außerhalb des Lagers ungültig waren. Die deutsche Wehrmacht hatte auch für diese Notwendigkeit aus den Erfahrungen des Ersten Weltkriegs gelernt. Als der Polenfeldzug von 1939 die ersten – sofort großen – Massen von Kriegsgefangenen in Lagern brachte, kam es sogleich in einzelnen Lagern zur Ausgabe von Lagergeldscheinen. Sie wurden jedoch verboten, als nach wenigen Wochen die einheitlich, einfach und offenbar eilig gestaltete Serie des »Kriegsgefangenen-Lagergelds« eingeführt wurde, bei der es bis Oktober 1944 blieb.[2] Die Scheine in den Nominalen 1, 10 und 50 Reichspfennig, 1, 2, 5 und 10 Reichsmark waren in Schwarzdruck auf nach Nominalen verschiedenfarbigem Papier hergestellt und wiesen den Text auf, der ihre Funktion beschrieb:

Kriegsgefangenen-Lagergeld – Gutschein über . . . Reichsmark.
Dieser Gutschein gilt nur als Zahlungsmittel für Kriegsgefangene und darf von ihnen nur innerhalb der Kriegsgefangenenlager oder bei Arbeitskommandos in den ausdrücklich dafür bezeichneten Verkaufsstellen verausgabt und entgegengenommen werden. Der Umtausch dieses Gutscheins in gesetzliche Zahlungsmittel darf nur bei der zuständigen Kasse der Lagerverwaltung erfolgen. Zuwiderhandlungen, Nachahmungen und Fälschungen werden bestraft.

Ausgeber war »Der Chef des Oberkommandos der Wehrmacht«. Nach Pick wurden die Scheine zum 1. Oktober 1944 ungültig und bis 15. Oktober umgetauscht, aber es war nichts darüber zu finden, wie man es danach in den deutschen Gefangenenlagern mit dem Lagergeld hielt.

Notgeld, also die Ausgabe von Geldzeichen durch nicht nach dem Währungsrecht dazu Berufener wie Gemeinden, Banken und andere Firmen, hat, ganz anders als im Ersten Weltkrieg und danach, im Zweiten Weltkrieg keine Rolle gespielt, allenfalls gelegentlich und dann sehr rasch vorübergehend. Dies rechtfertigt, diese Erscheinungen, die nirgendwo das Bild des Währungsgeschehens beeinflußt haben, in kurzer Zusammenfassung zu erwähnen: Im *Deutschen Reich* soll die Deutsche Reichsbank in den Tagen des Zusammenbruchs durch Erlaß örtlichen Verwaltungen erlaubt haben, bei Mangel an Papiergeld zur Ausgabe von Notgeld zu schreiten, wenn man von der Banknotenversorgung abgeschnitten war. Nur an wenigen Orten wurde davon Gebrauch gemacht, und wo vor der Besetzung solche Ausgaben vorbereitet wurden, hat die Besatzungsmacht dann die Ausgabe verboten. Nur wenige Ausgaben sind überhaupt bekannt geworden. Die Sammler, sonst die ›Basis‹ der Erforschung, hatten damals andere Sorgen, und so haben Pick/Siemsen[3] nur wenig zusammentragen können und es bei ihrer Katalogisierung gar nicht erst unternommen, festzustellen, ob die ermittelten Ausgaben im einzelnen vor oder nach dem Einrücken der Besatzung – wenn überhaupt – ausgegeben wurden. Im ganzen haben sie nur 23 Ausgabeorte[4] feststellen können, und im wesentlichen waren es offenbar nur einige Orte in Schwaben und Sachsen, wo Notgeld tatsächlich ausgegeben wurde.

In *Belgien* sollen nach dem deutschen Einfall am 10. Mai 1940 einige Gemeinden und Firmen Notgeld wegen Mangels an Zahlungsmitteln ausgegeben oder vorbereitet haben; nach der Kapitulation wurde jegliches Notgeld verboten.[5] In *Dänemark* halfen während der Besatzungszeit, als die Stücke zu 1 und 2 Öre aus Kupfer verschwunden waren und der Bedarf noch nicht durch Zinkmünzen gedeckt war, Geschäftsleute mit Briefmarkengeld aus,[6] meist Briefmarken auf Karton geklebt in Zellophanhüllen zu 1 und 2 Öre, weniger oft zu 5 und 10 Öre. Auch in *Frankreich* haben einzelne Gemeinden unmittelbar nach dem deutschen Einmarsch Notgeldscheine ausgegeben, nachdem Banken und Behörden ihre Bargeldbestände vor den Deutschen in Sicherheit gebracht hatten und Geldmangel auftrat. Nach dem Waffenstillstand verschwanden diese Notgeldscheine sogleich wieder. 1941 kam es aus den gleichen Gründen wie in Dänemark zu Notgeldausgaben der Geschäftswelt; die meist einfach hergestellten Scheine blieben aber von der Sammlerschaft unbeachtet und nur wenige sind bekannt geworden.[7] Ganz selten sollen die Notgeldscheine von Gemeinden und Firmen in den *Niederlanden* aus der Zeit unmittelbar nach dem deutschen Überfall vom Mai 1940 sein. Oft nur maschinenschriftlich vervielfältigt und vor der Kapitulation vom 15. Mai 1940 ausgegeben, wurden sie danach sofort verboten; teils war es nach der Herstellung zur Ausgabe gar nicht mehr gekommen. Immerhin sollen es über 100 Ausgabestellen und gegen 300 verschiedene Scheine gewesen sein, von denen nur wenige überkommen sind.[8] In *Norwegen* hat die Ausdehnung des Landes im April 1940 zahlreiche Notgeldausgaben veranlaßt, deren Verwendung rasch wieder endete, als sich die Verhältnisse normalisierten. Ausgeber waren Behörden und Firmen. Neben Scheinen mit festem Nennwert bediente man sich auch der Scheckformulare, in die feste Werte eingesetzt wurden, und es wurden auch Lohnanweisungen und Vorschußanweisungen auf feste oder Restbeträge ausgegeben, die wie Geld weitergegeben wurden. Auch diese Belege blieben unbeachtet und finden sich in den Sammlungen kaum. 1941 und 1942 führte dann wie anderswo der Mangel an kleinem Münzgeld zu Notgeld von Händlern, Verkehrsunternehmen, Genossenschaften und einigen größeren Firmen und vielleicht der einen oder anderen Bank; auch Briefmarkengeld tauchte auf.[9] Als die Münzprägung wieder ausreichte, verschwand dieses Notgeld.

In *Polen* hatten die von Pick/Siemsen angegebenen Scheine vom September 1939[10] entsprechenden Anlaß und keine Bedeutung für das Geldwesen. In *Rumä-*

nien und in der *Sowjetunion* blieben die Erscheinungen offenbar ganz vereinzelt,[11] ebenso im *jugoslawischen* Raum.[12] Hingegen kam es in *Ungarn* nach der Flucht der Regierung vor dem Einrücken der Sowjetarmee zu einem Vakuum, das insbesondere in Budapest zu bedeutenden Notgeldausgaben von Behörden und Banken führte;[13] sie gehören indessen schon zur Geschichte der vernichtenden ungarischen Inflation.[14] Schließlich sei *Italien* erwähnt. Nach dem Sturz Mussolinis blieb dem Land, in dem die Front zwischen den Alliierten im Süden und den Deutschen im Norden langsam vorrückte, zwar die Teilung in zwei Währungsgebiete erspart, doch war der deutsch besetzte Norden vorerst von der Geldversorgung der Bank von Italien abgeschnitten. So kam es auch hier zu umfangreichen Notgeldausgaben. Diese Periode der italienischen Zahlungsmittel ist kaum erforscht. Man unterscheidet Notgeld der Banken in Gestalt der ›assegni circolari‹ oder ›assegni bancari‹, Scheine in Scheckform, ›buoni‹ (Gutscheine) von Firmen hauptsächlich in den kleineren Wertstufen, die bei den ›assegni‹ fehlten und allgemein umliefen, obwohl sie nach dem Wortlaut nur innerhalb der Firma umlaufen sollten, und – offenbar ohne nennenswerte Bedeutung – Notgeld von Städten.[15]

Das düsterste Kapitel zu den Zahlungsmitteln des Zweiten Weltkriegs ist das der Konzentrationslager und Ghettos.[16] In den Jahren nach Einrichtung der ersten Konzentrationslager ab 1933 gab es dort noch keine besonderen Zahlungsmittel für die Häftlinge. Sie konnten – nach Kogon bis 30 Reichsmark monatlich – Geld auf dem Postweg empfangen und, wenn auch oft zum Teil um die Beträge von der Lagerverwaltung betrogen, in den Kantinen zum Profit der Bewacher ausgeben. Später änderte sich das. In zahlreichen Lagern wurde zur weiteren Ausbeutung der Insassen durch das Kantinengeschäft in den späteren Jahren Lagergeld eingeführt. Von diesen Scheinen ist kaum etwas überkommen, und es ist über sie wenig bekannt. Nach einer Dienstvorschrift vom 15. Mai 1943[17] wurden ›Prämienscheine‹ eingeführt, über die Kogon schreibt:[18]

Im Herbst führte die SS sogenanntes Lagergeld ein, das nur im KL Gültigkeit hatte und in Form von Prämien für besondere Arbeitsleistung verteilt wurde. Da der Versuch, auf diese Weise mehr Arbeit aus den Häftlingen herauszuholen, völlig fehlschlug, spendierte die Lagerverwaltung das bedruckte Papier wöchentlich den Kommandos (d. h. Arbeitskommandos) in bestimmten kleinen Mengen (zum Beispiel: 16 Mark für 65 Personen! – man versuche nicht, den logischen Sinn des Verhältnisses 16:65 zu entdecken, es gibt ihn nicht) und sperrte die Auszahlung des Normalgeldes für die Häftlinge überhaupt. Die SS hatte dadurch in jedem großen KL einige Millionen Mark zur Abwicklung ihrer eigenen Finanztransaktionen erhalten, und das war der Grund ihrer Prämiengroßzügigkeit ...

Für das Geld hatte der Häftling nur zwei Verwendungsmöglichkeiten: Kantineneinkauf und Bestechung ... Die Kantinen der KL wurden bis etwa 1943 zentral von der Verwaltung des KL Dachau geführt. In der Vorkriegszeit gab es ziemlich viel in ihnen zu kaufen, sogar Kuchen und feine Konserven ... Von Kriegsbeginn an wurden dann die Kantinenwaren sowieso immer kärglicher, bis es schließlich außer gelegentlich einigen Rauchwaren beinahe nichts mehr gab als ›Wikinger-Salat‹: ein vielfarbiges, schwer beschreibbares Erzeugnis der deutschen chemischen Industrie, dessen Grundbestandteile Kartoffeln und zermahlene Fischgräten gewesen zu sein scheinen ...

Für die Anfangsjahre kennen Pick/Siemsen nur eine Ausgabe in kleinen Werten

(5, 10 und 50 Pfennig) aus Oranienburg und einen Einpfennigschein aus Lichten-
burg bei Torgau.[19] Für die spätere Zeit ab 1943 führen sie dann – mit allem Vorbehalt der Unvollständigkeit – eine Mehrzahl von Scheinen auf. Die Katalogisierung
beginnt mit ›Häftlingskantinengeld‹ des Polizei-Durchgangslagers Amersfoort in
den Niederlanden in Guldenwährung, umfaßt die besagten Prämienscheine und
auch ›Wertmarken‹ der ›SS-Standort-Kantine Buchenwald«, offenbar für die Bewacher. Für die Niederlande ist auch Gulden-Lagergeld des Konzentrationslagers
Herzogenbusch und des ›Lagers‹ Westerbork (1943 und 1944) erwähnt. Überkommen sind auch einige ›Wertmarken‹ von Rüstungsfirmen, in denen Zwangsarbeiter
beschäftigt wurden.[20]

Davon unterscheiden sich allerdings die beiden bekannteren Ausgaben der Ghettos Litzmannstadt (Lodz, Polen) und Theresienstadt (Tschechoslowakei). Aus ›jüdi-
schen Wohnbezirken‹ östlicher Städte, in denen die jüdische Bevölkerung zusam-
mengepfercht wurde und die eine begrenzte innere Selbstverwaltung hatten, kennen
Pick/Siemsen ›Judengeld‹ auch aus Sokolka (›Ghetto Sokolka‹; heute Sokolniki
zwischen Kalisch und Tschenstochau? – merkwürdiges Nominal ›RM. 0,91‹) und
aus Bielsk (10 Kopeken).[21] Alte Bestände der ›Quittungen‹ des »Ältesten der Juden
in Litzmannstadt« über 50 Pfennig, 1, 2, 5, 10, 20 und 50 ›Mark‹, alle datiert
15. Mai 1940, kamen in den letzten Jahren zum Vorschein, und schon bei der Befreiung hat man in Theresienstadt Bestände an ›Quittungen‹ des ›Ältesten der Juden in Theresienstadt‹ über 1 Krone und 2, 5, 10, 20, 50 und 100 Kronen der Pro-
tektoratswährung vorgefunden, und so sind diese Scheine heute in den Sammlungen die einzigen Belegstücke dieser Art.[22] Erwähnt seien schließlich die Gutscheine
des deutschen Durchgangslagers für politische Häftlinge in Bozen (›Campo di Con-
centramento‹) zu 2, 5, 10, 50 und 500 (vielleicht auch 100) Lire, die zwischen Mitte
Dezember 1944 und Januar 1945 ausgegeben wurden und mit denen für die Häftlinge in bestimmten Geschäften Bozens eingekauft werden konnte.[23] Daß hier noch
vieles im dunklen liegt, zeigen gelegentliche Hinweise auf andere Scheine, deren
Hintergründe kaum noch aufzuklären sind.[24]

16. Kriegsende und Kontrollrat

a) Das Ende der Deutschen Reichsbank

Am 26. April drangen die sowjetischen Armeen in Berlin ein, die 1. Weißrussische Front des Marschall Schukow von Norden, die 1. Ukrainische Front des Marschall Konjew von Süden. Die Gegend zwischen Schloß und Hausvogteiplatz mit Münzstätte und Reichsbank geriet wohl unmittelbar vor dem 1. Mai um die Zeit in die Hand der von Südosten vorrückenden russischen Truppen, zu der Hitler und Goebbels einen guten Kilometer westlich davon in der Reichskanzlei Selbstmord begingen. Am 2. Mai kapitulierten die Verteidiger von Berlin; die Kapitulationen in der Lüneburger Heide am 4. Mai (für Holland, Nordwestdeutschland und Dänemark) und die Doppelkapitulation am 7. Mai in Reims und am 9. Mai in Berlin-Karlshorst beendeten den Zweiten Weltkrieg in Europa. Im Fernen Osten dauerte der Krieg noch bis zur Kapitulation Japans am 15. August 1945. Das ›Großdeutsche Reich‹, wie es sich zuletzt nannte,[1] hatte aufgehört zu bestehen.

Die Russen betrachteten alles, was dem deutschen Staat gehörte, vorerst als Kriegsbeute, auch alles, was sie in der Reichsbank vorfanden. Ihr Betrieb in Berlin war zu Ende und wurde nie wieder aufgenommen. Was der Sowjetarmee in die Hände fiel, ist im einzelnen nicht bekannt, und was wegen der Kriegsgefahren aus Berlin weggebracht worden war, fiel den Amerikanern in die Hände. Unter dem 9. April 1945 diktierte der Reichspropagandaminister Goebbels in sein Tagebuch:[2]

Eine traurige Nachricht kommt über UP aus Mühlhausen in Thüringen. Dort sind in den Salzbergwerken unsere gesamten Goldreserven in Höhe von 100 Tonnen und dazu noch ungeheure Kunstschätze, u. a. die Nofretete, in die Hand der Amerikaner gefallen. Ich habe immer dagegen plädiert, daß Gold und die Kunstschätze von Berlin weggebracht würden; aber Funk hat sich trotz meiner Einwendungen nicht eines Besseren belehren lassen. Wahrscheinlich ist er von seinen Mitarbeitern und Ratgebern beschwatzt worden, die sich am liebsten in eine scheinbar gesicherte Provinz, d. h. Thüringen, absetzen wollten. Nun haben sie in einer sträflichen Pflichtvergessenheit die wertvollsten Besitztümer des deutschen Volkes in die Hand des Feindes fallen lassen ...

Mit den »wertvollsten Besitztümern des deutschen Volkes« war es so eine Sache. Bei dem gesetzlichen Goldgehalt der Reichsmark, der längst nur noch eine Fiktion war, hätten 100 Tonnen Gold, einmal die Feinheit von 900/1000 unterstellt, dem Wert von etwa 251 Millionen Reichsmark entsprochen. Seit 1937 hatte die Reichsbank in ihren Ausweisen aber unverändert nur noch einen Bestand an Gold in Barren und ausländischen Münzen von 71 Millionen Reichsmark ausgewiesen.[3] Tatsächlich hatte die Reichsbank während des Kriegs im Goldverkehr mit der Schweizerischen Nationalbank, der einzigen Notenbank eines neutralen Staates, der damit noch zu tun haben wollte, 1940 und 1941 zusammen nicht weniger als 395 Tonnen, 1942 rund 458 Tonnen, 1943 588 Tonnen und 1944 258 Tonnen Gold in die Schweiz verkauft; nach schweizerischen Angaben verkaufte die Deutsche Reichsbank während des Krieges im ganzen 1716 Tonnen Gold. In der Denkschrift des Reichsbankdirektoriums an den ›Führer und Reichskanzler‹ vom 7. Januar 1939, die dazu führte, daß Schacht durch Funk ersetzt wurde[4] hatte es geheißen: »Gold- und Devisenreserven sind in der Reichsbank nicht mehr vorhanden.«

Das Gold für die Schweiz, das im weiteren Verlauf in wesentlichen Teilen in die neutralen Staaten Portugal, Spanien und Türkei zur Bezahlung von kriegswirtschaftlichen Einfuhren weiterfloß, war aus den besetzten Ländern gekommen, und zwar – in damaligen Schweizerfranken ausgedrückt – mit 562 Millionen aus den Niederlanden, mit 532 Millionen aus Belgien und später mit 476 Millionen aus Italien, aber auch aus anderen besetzten Staaten. Es war in der »Privatschmelze« der Berliner Münze in Barren deutscher Fertigung umgeschmolzen worden. Die Alliierten hatten während des Krieges die Neutralen davor gewarnt, dieses ›Raubgold‹ aufzunehmen und machten später die Schweiz wegen dieser ›Hehlerei‹ ersatzpflichtig. Mit einer Zahlung von 250 Millionen Schweizerfranken leistete sie dann aufgrund eines Abkommens von Washington vom 25. Mai 1946 tatsächlich Wiedergutmachung an die Alliierten.[5] Die Zahlungen und das in Deutschland erbeutete Reichsbankgold wurden an die geschädigten Staaten weitergeleitet. Zum Größenvergleich sei erwähnt, daß die heutige Weltjahresproduktion an Gold zwischen 1100 und 1200 Tonnen liegt.

Abgesehen davon, daß die Reichsbanknoten bis zu den Währungsreformen des Jahres 1948 in den westlichen Besatzungszonen und der Sowjetischen Besatzungszone das Hauptumlaufsmittel blieben, zeitigte das ruhmlose Ende der Deutschen Reichsbank für die nachmalige Bundesrepublik Deutschland noch Folgen in zweierlei Hinsicht.

Wie schon erwähnt[6] herrschte im Deutschen Reich nach dem Depotgesetz vom 4. Februar 1937[7] die Girosammelverwahrung der Aktien und Anleihestücke vor, wonach es die Regel für Wertpapierbesitzer war, ihren Bestand bei einer Bank in Verwahrung zu geben, die ihn wiederum bei einer ›Wertpapiersammelbank‹ hinterlegte. Es kam auf die einzelne Urkunde nicht mehr an, wenn sich der Wertpapierverkehr nach diesen Vorschriften im Giroverkehr abspielen konnte, d. h. Käufe und Verkäufe durch Vermittlung der Bank des Kunden sich in Gestalt von Zu- und Abschreibungen auf seinem Wertpapierdepot abspielten und die Bank die Papiere in der Weise verwaltete, daß sie ihm Dividenden und Zinsen sowie Verkaufserlöse und Anschaffungspreise wie auch ihre Gebühren auf Girokonten gutschrieb bzw. belastete. Andererseits war man noch nicht beim ›stückelosen‹ Verkehr, wie er während des Krieges für die Reichsanleihen eingeführt wurde, so daß die Aktien- und Anleiheurkunden sämtlich vorhanden sein mußten (und auf – wenig gebräuchliches – Verlangen) auch ausgeliefert werden konnten.

Demgemäß hatte die Deutsche Reichsbank in Berlin die größten Sammeldepotbestände, aber auch bei den Berliner Großbanken waren große Bestände eingelagert. Man kann im groben sagen, daß sich – was insbesondere die Aktien anlangt –

die verbrieften Eigentumsrechte an der gesamten deutschen, in Aktiengesellschaften organisierten Wirtschaft in Berlin befanden. Alles an diesen Beständen in den Berliner Tresoren, aber auch in der Sowjetischen Besatzungszone geriet mit dem Kriegsende in die Hand der Sowjetarmee; weniges mag auch sonst abhanden gekommen oder im Bombenkrieg und durch andere Kriegszerstörungen vernichtet worden sein. Jedenfalls konnte sich die Sowjetunion im Besitz der aktienrechtlichen Herrschaftsinstrumente für die Aktiengesellschaften in ganz Deutschland dünken. Es versteht sich, daß die westliche Seite für ihre Besatzungszonen dies nicht hinnehmen wollte, wie immer in der Sowjetischen Besatzungszone und nachmaligen Deutschen Demokratischen Republik später mit den Betrieben von Industrie, Handel und Dienstleistungsgewerben auch verfahren wurde.

Da ein freier Wertpapierverkehr, unbelastet von Vermutungen unredlichen Erwerbs, in der Marktwirtschaft, wie sie sich in den westlichen Besatzungszonen vorbereitete, die Voraussetzung des Wiederaufbaus der Wirtschaft war, wurde die sogenannte Wertpapierbereinigung schon 1947 eingeleitet. Der Einwand des ›Abhandengekommenseins‹ eines Wertpapiers mit dem Ausschluß des gutgläubigen Erwerbs[8] war nicht mehr zu befürchten, wenn das Papier mit einer ›Bescheinigung der Lieferbarkeit‹ (Affidavit) versehen war. Dann erklärte das ›Gesetz zur Bereinigung des Wertpapierwesens‹ vom 19. August 1948[9] alle nicht mit einer solchen Bescheinigung versehenen Stücke mit Wirkung vom 1. Oktober 1949 für kraftlos, sofern der Aussteller seinen Sitz in der (jetzigen) Bundesrepublik hatte. An Stelle der damit wertlos gewordenen Effekten wurde für jede Wertpapiersorte eine Sammelurkunde ausgestellt. Nach dem Gedanken des Depotgesetzes, das alle Berechtigten an einem Sammelbestand schon als Miteigentümer hatte erscheinen lassen (was ihre Ansprüche technisch beim eventuellen Konkurs der verwahrenden Bank unberührt lassen sollte), wurden nun alle wahren Berechtigten der Wertpapiersorte Miteigentümer, doch wurde die Gutschrift von einer Anmeldestelle erst nach einem Prüfungsverfahren erteilt. In der Folge befaßten sich die Amtsgerichte in der Bundesrepublik als Anmeldestellen jahrelang mit diesen Prüfungen; erst 1964 konnte die Wertpapierbereinigung als abgeschlossen betrachtet werden.[10]

Alle paar Jahre wieder kommen Pressemeldungen, wonach irgendwo am Ende der Welt, wo man von diesen Dingen nichts weiß, Unbedarften alte, wertlose deutsche Wertpapiere für gutes Geld angedreht wurden. Und stets wird dann vermutet, die Papiere stammten aus Berliner Beständen, die 1945 in falsche Hände geraten seien. Die Wertpapierbereinigung befaßte sich im übrigen nicht mit den Reichsanleihen und ähnlichen Papieren und auch nicht mit Fremdwährungsschuldverschreibungen.[11] Die Forderungen gegen das Reich waren ja auch eher das eigentliche Problem der kommenden Währungsreformen.

Das andere Problem, das noch gelöst werden mußte, war die Frage des rechtlichen Schicksals der Deutschen Reichsbank, das sich konkret als die Frage nach der Entschädigung der Anteilseigner der Bank darstellte, aber auch andere alte Gläubigerforderungen betraf.

Die Berliner Zentrale der Deutschen Reichsbank mit dem Gebäudekomplex zwischen Hausvogteiplatz und Spreekanal war zwar in die Hand der Sowjetarmee ge-

fallen und blieb bei der Sektorenteilung Berlins im Sowjetischen Sektor der ehemaligen Reichshauptstadt, aber als Rechtsperson war die Bank damit nicht untergegangen. Sie hatte ja im Gebiet der späteren Bundesrepublik beträchtliches Vermögen (und wenn es nur der umfangreiche Grundbesitz gewesen wäre in Gestalt der
zahlreichen Reichsbankstellen und Reichsbanknebenstellen, die in der Folge größtenteils der Deutschen Bundesbank dienten), und wertlos geworden waren zwar ihre Forderungen gegen das Reich, aber nicht unbedingt die gegen Private. Zudem
bildete sich in der Bundesrepublik, wie immer in der Sowjetischen Besatzungszone
und nachmaligen Deutschen Demokratischen Republik mit den juristischen Personen des Privatrechts und des öffentlichen Rechts auch verfahren wurde, die Auffassung heraus, daß eine Aktiengesellschaft etwa, die ihren Sitz in der Sowjetischen
Besatzungszone (oder im Sowjetsektor von Berlin) hatte und dort enteignet worden
war, in der Bundesrepublik (oder in West-Berlin) mit ihrem Westvermögen fortbestand und – wozu das Handelsrecht die Hand ohne weiteres bot – hier allenfalls
neue, handlungsfähige Organe (Vorstand und Aufsichtsrat) bekommen mußte.

Der weitere Gang kann nur gestreift werden. Die Reichsbank wurde als in Liquidation behandelt; die Deutsche Bundesbank übernahm sie. Vieles hatte sich bereits
mit dem Entstehen der Landeszentralbanken[12] erledigt; bei den ungeregelten Gläubigerforderungen handelte es sich noch um Ansprüche aus Guthaben am 8. Mai
1945, aus bei Kriegsende steckengebliebenen Überweisungen und fristgerecht vor-
gelegten Reichsbankschecks. Außerdem waren die Anteilseigner zu entschädigen,[13]
denen das Grundkapital von zuletzt 150 Millionen Reichsmark zustand. Die Art
der Liquidation war politisch umstritten. Die Liquidation hatte eine Teilungsmasse
von rund 100 Millionen Deutsche Mark erbracht. Im Bundestag bedurfte es dreier
Anläufe, das »Gesetz über die Liquidation der Deutschen Reichsbank und der
Deutschen Golddiskontbank« endlich am 14. Juni 1961 zu verabschieden; es wurde
am 2. August 1961 ausgefertigt.[14] Die SPD vertrat anfangs die Auffassung, die Anteilseigner seien bei ihrer Bedeutungslosigkeit für die Leitung der Reichsbank keineswegs Aktionären und damit Miteigentümern gleichzuachten gewesen, deren Aktien in der Wirtschaft als – wirtschaftlich und rechtlich gesehen – Sacheigentum betrachtet und durchwegs im Verhältnis 1 Reichsmark gleich 1 Deutsche Mark Nennwert umgestellt wurden. Die Bundesregierung war aus verfassungsrechtlichen
Gründen und mit Rücksicht auf die Ausländer unter den Anteilseignern auch politisch der Auffassung, keine Entschädigung unter 100 v. H. sei vertretbar. Obwohl
die SPD einer Entschädigung von 75 v. H. schließlich zugestimmt hätte, setzte sich
Bundeswirtschaftsminister Erhard durch, als das Gesetz zum dritten Mal im Bundestag zur Absimmung anstand.[15]

Das Gesetz sprach zunächst in § 1 förmlich aus, daß die Deutsche Reichsbank
»aufgelöst und im Geltungsbereich dieses Gesetzes abgewickelt« werde. Im weiteren (§ 2 insbesondere Absatz 5) wurden nun die Geldforderungen der Gläubiger
nach den Umstellungsvorschriften der Währungsreform[16] behandelt. Die Regelung
war kompliziert, die Anteilseigner erhielten als Abfindung auf je 100 Reichsmark
Reichsbankanteile 66⅔ Deutsche Mark an Bundesbankgenußrechten.

Unter Berücksichtigung einer Zinsregelung und einer theoretischen Beteiligung am Ergebnis einer künftigen Liquidation der Deutschen Bundesbank machte die Bundesbank am 2. Oktober 1961 den Anteilseignern das Angebot, die Reichsbankanteile zum Preise von 114 Deutsche Mark anzukaufen.[17] Etwas anders war die Abfindung der Deutschen Golddiskontbank im selben Gesetz geregelt (§§ 10 bis 13).

Erst mit dem Ende dieser Abwicklungen erlosch die Deutsche Reichsbank endgültig. Über die Fortdauer der Tätigkeit von örtlichen Reichsbankanstalten in den Westzonen bis zur Währungsreform vgl. unten.

b) Der Alliierte Kontrollrat und die Scheine der »Alliierten Militärbehörde«: Die »Reichsmarkzeit«

Mit der Kapitulation vom 7. und 9. Mai 1945 endeten der Zweite Weltkrieg und das Deutsche Reich, wie es das Werk Bismarcks gewesen war. Die Kapitulation verantwortete der Großadmiral Dönitz, den Hitler in seinem politischen Testament vom 29./30. April zum »Reichspräsidenten und Obersten Befehlshaber der Wehrmacht« ›ernannt‹ hatte. Dönitz hielt sich mit seiner ›Regierung‹ in Plön auf, wich aber in der Nacht von 2. auf 3. Mai nach Mürwick aus. Zunächst beließen die Briten der letzten Reichsregierung diese Enklave; sie konnte auch noch mit einer anglo-amerikanischen Kommission und dann mit einer sowjetischen Kommission verhandeln, aber am 23. Mai wurde die Regierung gefangengesetzt und Dönitz wurde erklärt, sie habe aufgehört zu bestehen. Irgendeine Tätigkeit im Währungswesen hatte sie nicht entfaltet.

Die bedingungslose Kapitulation Deutschlands (»unconditional surrender«) war das Kriegsziel der Alliierten seit der Konferenz von Casablanca zwischen Roosevelt und Churchill (Januar 1943); die Konferenz von Teheran (Ende November 1943; Roosevelt, Churchill und Stalin) legte die spätere Zonengrenze zwischen Ost und West fest. Im einzelnen wurden die vier Besatzungszonen und Berliner Sektoren – unter Beteiligung Frankreichs – in Jalta von Stalin, Roosevelt und Churchill bestimmt. Nach der Kapitulation und restlosen Besetzung nahmen die Oberbefehlshaber Eisenhower, Montgomery, Lattre de Tassigny und Schukow am 5. Juni 1945 mit der Unterzeichnung von vier Deklarationen nach Aufhören einer Regierungsgewalt in Deutschland die oberste Gewalt in Anspruch.[18] Dabei wurde ausgesprochen, daß das Deutsche Reich nicht mehr bestehe. Zugleich konstituierten sie sich als ›Kontrollrat in Deutschland‹. Der Kontrollrat nahm seine Tätigkeit am 30. August 1945 auf, indem er sich mit der ›Proklamation Nr. 1‹ an die Deutschen wandte.[19]

Aus der Tätigkeit des Kontrollrats am Anfang – mit Gesetz Nr. 1 wurden z. B. die grundlegenden Nazi-Gesetze aufgehoben[20] – sei für das Währungswesen nur erwähnt, daß die Proklamation Nr. 2[21] alles Vermögen des »deutschen Staates, seiner politischen Unterabteilungen, der deutschen Zentralbank ...« in Anspruch nahm (Abschnitt V, Nr. 14) und auch die Devisenbewirtschaftung im Grunde fortführte:

Nr. 15 a): Die deutschen Behörden und alle Personen in Deutschland haben den Alliierten Vertretern alle ausländischen Geldscheine und Münzen, die im Besitz irgendeiner deutschen Behörde sind oder irgendeiner Körperschaft, Vereinigung oder Einzelperson, die in Deutschland wohnhaft oder geschäftlich tätig ist, sowie alle Geldzeichen, die von Deutschland in den von Deutschland früher besetzten Gebieten oder anderswo herausgegeben oder zur Herausgabe vorbereitet wurden, auszuhändigen.

Nr. 18: Geld-, Handels- oder anderer Verkehr und Unternehmen mit oder zugunsten von Ländern, die sich im Kriegszustande mit irgendeiner der Vereinten Nationen befinden, oder mit Gebieten, die von solchen Ländern besetzt sind, oder mit einem anderen Lande oder mit einer Person, die von den Alliierten Vertretern bezeichnet werden sollten, sind untersagt.

Auf die sogleich zu beschreibenden alliierten Besatzungsgeldscheine und die Besatzungskosten bezieht sich

Nr. 20: Die deutschen Behörden müssen kostenlos solche deutschen Zahlungsmittel liefern, wie sie von den Alliierten Vertretern benötigt werden und müssen alle Bestände in Deutschland an den von den Alliierten Vertretern während der militärischen Handlungen oder Besatzung herausgegebenen Alliierten Geldmittel innerhalb eines von den Alliierten Vertretern festzusetzenden Zeitraums und zu deren Bedingungen zurückziehen und in deutscher Währung einlösen und müssen diese Zahlungsmittel kostenlos den Alliierten Vertretern aushändigen.

Die Jahre bis zu den Währungsreformen von 1948 und der Bildung der beiden deutschen Staaten im Jahr darauf waren für die deutsche Bevölkerung die bittersten Friedensjahre seit der Inflation von 1923. In Stichworten seien die politischen Ereignisse nachgezeichnet: Am 25. April 1945 war die Konferenz von San Francisco zusammengetreten, auf der die Vereinten Nationen gegründet wurden. Schon auf der Konferenz von Bretton Woods (1. bis 22. Juli 1944) waren die Grundzüge einer neuen Weltwährungsordnung von 44 Staaten beschlossen worden. Der Morgenthau-Plan, nach dem Deutschland verkleinert, zerteilt und zum Agrarstaat zurückgeführt werden sollte, war schon von Roosevelt abgelehnt worden. Es dauerte aber bis 1947, daß die westlichen Alliierten ihren Besatzungszonen wieder eine wirtschaftliche Entwicklung erlaubten. Die Jahre 1945 und 1946 waren durch die Kriegsverbrecherprozesse und die Entnazifizierung gekennzeichnet (bis gegen 1950 abgeschlossen). Zugleich begann die Zweijahresfrist, in der nach den Potsdamer Beschlüssen Reparationen in Gestalt des deutschen Auslandsvermögens, von Schiffen und von demontierten Fabrikeinrichtungen an die kriegsgeschädigten Gegner gehen sollten. Die Demontagen zogen sich bis 1950 hin und kamen bis 1949 der Sowjetunion auch aus den Westzonen zugute. Andererseits legte der Marshall-Plan von 1947 mit der Einbeziehung Westdeutschlands den Grundstein auch zum wirtschaftlichen Wiederaufstieg der späteren Bundesrepublik. Der aufkommende Ost-West-Gegensatz führte schon 1946 zum Zerfall der einheitlichen Verwaltung Deutschlands durch den Kontrollrat; schon im Juli dieses Jahres verhinderten Frankreich und die Sowjetunion eine einheitliche Wirtschaftspolitik, worauf am 5. September die britische und die amerikanische Besatzungszone zum ›Vereinigten Wirtschaftsgebiet‹ (Bizone) zusammengeschlossen wurden.[22] Erst am 8. April 1949 wurde die ›Bizone‹ durch den Beitritt der französischen Besatzungszone zur ›Trizone‹. Als staatliches Vorstadium der Bundesrepublik hatte das Vereinigte Wirtschaftsgebiet mit dem Wirtschaftsrat ein von den Landtagen der Länder gewähltes beratendes parlamentsähnliches Organ und mit dem Verwaltungsrat eine regierungsähnliche Institution unter der Oberhoheit der beteiligten Militärregierung.[22a] Als Folge davon verließ der sowjetische Vertreter am 20. März 1948 die Sitzung des Kontrollrats und legte ihn damit lahm. Damit war die Teilung Deutschlands in die Wege geleitet. Im weiteren kam es zu den Währungsreformen in Ost und West, zur Blockade der Berliner Westsektoren und zur Bildung der beiden deutschen Staaten.

Die Grundlagen für die föderalistische Struktur der nachmaligen Bundesrepublik entstanden mit der Bildung der neuen Länder schon ab 28. Mai 1945 durch die westlichen Besatzungsmächte (Einsetzung einer Landesregierung in Bayern durch die amerikanische Militärregierung). Dabei ist von Neubildung auch bei den herkömmlichen Staatsgebilden wie Bayern (ohne Rheinpfalz), Hamburg und Bremen zu sprechen, nachdem ja 1934 die alten Länder zu bloßen Verwaltungsbezirken des Reichs geworden waren. Länderrat in der amerikanischen Zone und Zonenbeiräte in der britischen und in der französischen Zone waren die ersten föderativen übergeordneten Organe. In der sowjetischen Zone entstanden im Juni 1945 fünf Länder und im Juli elf Zentralverwaltungen; ab 6. Dezember 1947 führte der Zusammentritt des ersten ›Deutschen Volkskongresses‹ schrittweise zum Entstehen der Deutschen Demokratischen Republik (Bestätigung ihrer Verfassung am 30. Mai 1949 durch den dritten Volkskongreß).

Vor diesem Hintergrund sind nun die Wirtschafts- und Währungsverhältnisse im Deutschland der vier Besatzungszonen und der vier Sektoren von Berlin zu sehen; die Gebiete des Deutschen Reiches nach dem Stand von 1937 (nach der Rückkehr des Saargebiets, 1935, und vor Hitlers Annexionen vom Anschluß Österreichs an, 1938), auf die sich nach den Potsdamer Beschlüssen die Kontrollratsverwaltung erstrecken sollte, waren faktisch um die Gebiete jenseits von Oder und Görlitzer Neiße vermindert worden, die hauptsächlich Polen und im Falle des nördlichen Ostpreußen der Sowjetunion überlassen worden waren. In dieses Restdeutschland strömten nun auch Millionen Deutsche, die in diesen Ostgebieten und im böhmischen Raum, aber auch in anderen Siedlungsgebieten hauptsächlich Osteuropas und Südosteuropas ihre Heimat aufgeben mußten.

Die monetäre und damit die wirtschaftliche Situation in diesem Restdeutschland ergab sich aus dem Kriegserbe, der ›gestauten Inflation‹. Der Überschuldung des verschwundenen Staates Deutsches Reich, der ja seine Reichsmarkzahlungsmittel zurückgelassen hatte, stand die ›Überliquididät‹ der Privaten und der Wirtschaft gegenüber, die man als »Geldüberhang« bezeichnete. Mit etwa 73 Milliarden Reichsmark an Bargeld, Sparguthaben von rund 125 Milliarden Reichsmark und anderen Barguthaben von vielleicht 100 Milliarden Reichsmark[23] gab es fast 300 Milliarden Reichsmark an Geld. Und diese Summen vermehrten sich noch: Die neuen Verwaltungen finanzierten sich aus sogenannten ›Operationsfonds‹ angesichts minimaler Steuereinnahmen vorerst ebenfalls mit Kredit, bis sich vom Frühjahr 1946 mit drastischen Steuererhöhungen und wieder funktionsfähigen Finanzämtern ausgeglichene, teilweise überschüssige Haushalte erreichen ließen.[24] Dazu kamen bis in das Jahr 1946 gegen 12 Milliarden ›Mark‹ an Besatzungsgeld.[25] Andererseits verminderte sich das Geldvolumen bis Frühjahr 1947 im besetzten Deutschland als Folge von Kontenblockierungen, durch die Gebietsabtrennungen und andere Einflüsse auf 173 Milliarden Reichsmark.[26] Dem stand ein Sozialprodukt von vielleicht 50 Milliarden Reichsmark (knapp halb so hoch wie 1936) gegenüber.

Hinzu trat die nur beschränkte Funktionsfähigkeit des Bankapparats. Die öffentlichrechtlichen Banken wie Landesbanken, Girozentralen und Sparkassen konnten in den Westzonen seit Sommer 1945 wieder arbeiten. Die Großbankhauptverwaltungen blieben geschlossen; den Filialen wurde die Weiterarbeit erlaubt, doch fehlte ihnen der Rückhalt der Zentralen. Die kleineren Privatbanken – Raiffeisenkassen, Volksbanken und andere Kreditgenossenschaften, regionale Aktienbanken, Privatbanken – konnten wieder eröffnen. Über das Schicksal der Großbanken entschieden die Militärregierungen 1947 und 1948. Sie wurden aufgeteilt: Aus der Deutschen Bank wurden zehn Banken gebildet, aus der Dresdner Bank elf und aus der Commerzbank neun. Es sei hier vorweggenommen, daß diese Maßnahmen nach Entstehen der Bundesrepublik in Stufen zurückgenommen wurden. Das Großbankengesetz von 1952 bestätigte die Auflösung, verringerte die Zahl der Nachfolginstitute jedoch auf drei für jede Großbank; und zwar auf je eines für die südlichen Bundesländer, für Nordrhein-Westfalen und für die nördlichen Bundesländer (Niedersachsen, Hamburg, Bremen, Schleswig-Holstein). Als dann die Bundesrepublik 1955 ihre Souveränität zurückerhielt, konnten sich die jeweils drei Nachfolgebanken zuerst mit Verträgen über Verlust- und Gewinnausgleich zusammenschließen, bis dann das Großbankengesetz von 1952 am 24. Dezember 1956 durch das Gesetz zur Aufhebung der Niederlassungsbereiche von Kreditinstituten aufgehoben wurde. 1957 wurden daraufhin die Deutsche Bank und die Dresdner Bank mit Sitz in Frankfurt und 1958 die Commerzbank mit Sitz in Düsseldorf neu gegründet.[27]

Anders in der Sowjetzone. Ein Autor aus der Deutschen Demokratischen Republik sieht es so:[28]

Die grundlegenden inhaltlichen Veränderungen, sie sich auf dem Gebiet des Finanzwesens, bei der Ausnutzung der Funktionen des Geldes und in den Aufgaben des Kredits in der sowjetischen Besatzungszone und der späteren DDR in einem längeren Prozeß, der nach der Befreiung vom Hitlerfaschismus durch die Sowjetunion im Jahre 1945 begann, vollzogen haben, lassen sich in die allgemeinen Zusammenhänge und Veränderungen beim Übergang vom Kapitalismus zum Sozialismus einordnen. Die Maßnahmen auf dem Gebiet des Finanzwesens sind inhaltlich nicht von den Veränderungen auf den anderen wirtschaftlichen und politischen Gebieten zu trennen. Auch im Finanzwesen wird deutlich, wie im Bestreben um eine Demokratisierung Deutschlands und um Realisierung der Beschlüsse der Antihitlerkoalition mit dem antiimperialistisch-demokratischen Maßnahmen die direkten Voraussetzungen für den Übergang zum Sozialismus geschaffen wurden.
Die ersten Schritte bei der Umgestaltung des Finanzwesens richteten sich gegen die Wurzeln des Faschismus, trafen damit aber zugleich die ökonomischen und politischen Grundlagen des Imperialismus und riefen sozialökonomische Veränderungen hervor, die nur in Richtung auf den Sozialismus dauerhaft gesichert werden konnten. In der Demokratisierung und Umgestaltung auch des Finanzwesens, die sich weitgehend zeitgleich mit den allgemeinen gesell-

schaftlichen Veränderungen vollzogen, kam die »historisch neuartige Dialektik zwischen dem Kampf um antiimperialistische Demokratie und um Sozialismus im Doppelcharakter der antiimperialistisch-demokratischen Aufgaben, ihrer relativ eigenständigen Bedeutung einerseits und ihrer direkten Funktion beim Formationswechsel andererseits deutlich zum Ausdruck«. Eine entscheidende Bedeutung besaß in diesem revolutionären Prozeß die Sowjetunion. Mit ihrem Sieg über das faschistische Deutschland und der Zerschlagung des faschistischen Staatsapparates war die historische Chance einer demokratischen Erneuerung Deutschlands gegeben. Die Sowjetunion bot als Besatzungsmacht mit der Realisierung der Beschlüsse der Antihitlerkoalition für die Arbeiterklasse die Möglichkeit, auf die zukünftige Gestaltung der gesellschaftlichen Entwicklung entscheidenden Einfluß auszuüben. »Indem die Sowjetunion ihre Verpflichtungen als sozialistische Besatzungsmacht konsequent erfüllte, spielte sie also eine höchst aktive Rolle im Kampf um den Übergang vom Kapitalismus zum Sozialismus im Osten Deutschlands. Als Besatzungsmacht schuf sie bis dahin nie dagewesene Verhältnisse der realen Demokratie für das werktätige Volk. Ihre Anwesenheit, ihr Wirken war der letztlich entscheidende Faktor, der es der Arbeiterklasse und ihren Verbündeten ermöglichte, das Kräfteverhältnis grundlegend zu ihren Gunsten zu verändern«. Wie bei den gesellschaftlichen Veränderungen allgemein trafen sich auch bei der Umgestaltung des Finanzwesens die Maßnahmen der Besatzungsmacht mit den Zielen der deutschen antifaschistisch-demokratischen Kräfte und der KPD/SED an ihrer Spitze.

Die ersten Maßnahmen betrafen die Umgestaltung der Banken, die innerhalb des Finanzwesens eine Schlüsselstellung einnehmen und mit deren Beherrschung erst eine entsprechende Geld- und Kreditpolitik möglich wurde. Während der Übergangsperiode müssen die Banken zu einem wirksamen staatlichen Instrument der Kontrolle der Wirtschaft im Interesse der Arbeiterklasse und ihrer Verbündeten entwickelt und befähigt werden, die finanziellen Voraussetzungen zur Schaffung der materiell-technischen Basis des Sozialismus unter Ausnutzung aller Reserven und unter Beachtung der effektiven Verwendung der gesellschaftlichen Fonds zu legen. Dazu gehört vor allem die Herstellung bzw. Sicherung der Stabilität der Währung und des Geldumlaufs und über die Zentralisierung der Kreditfonds eine der Stärkung des sozialistischen Sektors und der Bündnispolitik der Arbeiterklasse dienende Kreditpolitik durchzusetzen. Die Notwendigkeit der Vergesellschaftung der Banken spiegelte sich schon frühzeitig als Forderung in den Dokumenten der KPD während der direkten Vorarbeiten zu politischen Grundkonzeptionen für die Errichtung eines demokratischen Deutschlands ebenso wie in den Richtlinien der KPD zur Wirtschaftspolitik vom März 1946 wider.

Bereits im Frühjahr/Sommer 1945 wurden durch entsprechende Befehle der SMAD die alten Banken geschlossen und die vorhandenen Konten blockiert. Die Bedeutung dieser Maßnahmen lag vor allem in der Ausschaltung des Einflusses der imperialistischen Bankmonopole auf die demokratische, politische und wirtschaftliche Entwicklung. Darüber hinaus entsprach die Liquidierung des monopolistischen Banksystems auch den wirtschaftlichen Grundsätzen des Potsdamer Abkommens. Sie war ebenfalls eine Voraussetzung für die Durchführung der Bodenreform und die Enteignung der Monopole, denn sie bedeutete gleichzeitig eine erhebliche Schwächung der Industriemonopole und der Großagrarier, die weitgehend ohne Kredite blieben und nicht über ihre Konten verfügen konnten. Ökonomisch war eine Schließung der Großbanken notwendig, da sie praktisch bankrott waren, ihren Guthaben keine entsprechenden Sachwerte gegenüberstanden und eine Sperrung der Bankguthaben den Geldumlauf einschränkte.

Der Schließung der Banken folgte im Juli 1945 der Befehl 01 der SMAD über die »Neuorganisation der deutschen Finanz- und Kreditorgane«. Er beinhaltete im wesentlichen die Schaffung kommunaler Finanzorgane in den Städten und Ländern durch die Landesregierungen, das Verbot der Ausführung jeder Geschäftsoperationen durch die geschlossenen Kreditinstitute sowie die Gründung neuer demokratischer Banken, Sparkassen und Versicherungsgesellschaften, die Sperrung aller bestehenden Bankkonten, Spareinlagen und Versicherungen, die Aufstellung von ausgeglichenen Haushaltsplänen in den Ländern und Gemeinden und die Wiedereinführung der im wesentlichen auf den alten Gesetzen basierenden Steuerzahlung. Das neue demokratische Banksystem, dessen Aufbau in diesem Befehl verfügt wurde, bestand zunächst aus den neugegründeten Landes- und Provinzialbanken sowie den neugeschaffenen kommunalen Banken und wurde in den folgenden Jahren schrittweise umgestaltet und weiterentwickelt.

Kürzer ausgedrückt und verständlich: »Am stärksten griff die Sowjetunion in das Bankwesen ihrer Besatzungszone ein. Hier wurden alle privaten Geschäftsbanken aufgelöst. Für das System der Zentralverwaltungswirtschaft, das in der sowjetischen Besatzungszone und dann in der Deutschen Demokratischen Republik als einem Teil des sowjetischen Machtbereichs an die Stelle der Privatwirtschaft trat, wurden staatliche, volkseigene und genossenschaftliche Geldinstitute errichtet, die miteinander nicht in Wettbewerb treten, da sie getrennte Aufgabenbereiche haben.«[29]

Als einheitliche Organisation gab es die Reichsbank nicht mehr. In der Sowjetischen Besatzungszone wurden die Reichsbankanstalten im Zuge der Besetzung geschlossen und wurden – wie die Berliner Zentrale – nicht wieder tätig; in die Liegenschaften zogen die neuen Institute des ›demokratischen Bankensystems‹ ein, in die Berliner Zentrale beispielsweise das ›Berliner Stadtkontor‹. Im Westen zog sich das Sterben der Deutschen Reichsbank länger hin. In der britischen Zone wurde in Hamburg eine ›Reichsbankleitstelle‹ eingerichtet (»Reichsbankleitstelle, Hauptverwaltung der Reichsbank für die britische Zone«), für die französische Zone in Speyer die »Leitstelle der Reichsbank für die französische Zone«. In der amerikanischen Zone bildete man ›Leitstellen‹ für die drei Länder Bayern, Großhessen und Baden-Württemberg, errichtete jedoch schon Ende 1946 für jedes Land eine Landeszentralbank, die die Aktiven und Passiven der Reichsbank in ihrem Land übernahm, aber nicht Rechtsnachfolgerin der Reichsbank wurde. Im Frühjahr 1947 wurden in der französischen Zone Landeszentralbanken für die dortigen Länder errichtet; die Reichsbankleitstelle in Speyer wurde liquidiert. Ende März 1948 wurde in der britischen Zone entsprechend verfahren. Die Reichsbankleitstellen und die Reichsbankstellen und Reichsbanknebenstellen unter ihnen hatten mit der Kredit- und Währungspolitik nichts mehr zu tun und widmeten sich, auf sich gestellt, dem Geld- und Überweisungsverkehr sowie der geldtechnischen Zusammenarbeit zwischen den Besatzungsbehörden und den Kreditinstituten.[30]

Als Beispiel für die Tätigkeit der Reichsbankhauptstellen im Zahlungsverkehr sei erwähnt, daß sie in den Anfängen des kommerziellen Interzonenverkehrs den Zahlungsausgleich vermittelten. In Berlin wurde am 5. Juni 1945 besagte Stadtbank errichtet, die bald den Namen ›Berliner Stadtkontor‹ erhielt und eine Monopolstellung hatte, weil es in Berlin neben ihr nur noch die Sparkasse der Stadt Berlin und eine kleinere Volksbank gab. Obwohl der Kontrollrat am 10. September 1945 beschlossen hatte, Handelsbeschränkungen zwischen den Besatzungszonen möglichst zu beseitigen, soweit sie nicht Warenmangel unerläßlich mache, war für die Sowjetzone nach einem Befehl der Sowjetischen Militäradministration (SMA) vom 8. Januar 1946 jede Einfuhr und Ausfuhr von deren Genehmigung abhängig. Während sich der Warenverkehr zwischen den westlichen Zonen zunehmend liberalisierte, war dieser Befehl der Anfang der wirtschaftlichen Abschließung der sowjetischen Zone. In der Folge verstand man unter ›Interzonenhandel‹ nur noch den kontrollierten Warenverkehr zwischen den westlichen Besatzungszonen und der Sowjetischen Besatzungszone, später zwischen der Bundesrepublik und der Deutschen Demokratischen Republik. Bei den genannten drei Reichsbankhauptstellen unterhielt nun anfangs das Berliner Stadtkontor Konten, über die der Zahlungsverkehr im ersten Interzonenhandel abgewickelt wurde.[31]

›\Mit dem faktischen Wegfall der Deutschen Reichsbank als Zentralnotenbank für Deutschland kann man nicht umhin, die Reichsbanknoten für die ›Reichsmarkzeit‹ – bis zu den Währungsreformen in Ost und West – als Staatspapiergeld zu betrachten. Abgesehen davon, daß nach der Übernahme der deutschen Staatsgewalt durch die Alliierten noch rund 2 Milliarden Reichsmark an Reichsbanknoten aus Druckreserven in Umlauf gegeben worden waren,[32] war die Reichsbank als Inhaberin des Notenausgaberechts weggefallen, und die Fortgeltung ihrer Noten als Geld beruhte ausschließlich auf der – stillschweigenden – Anordnung des Kontrollrats als des Trägers der Staatsgewalt in Deutschland; man kann ihre ausdrückliche Anerkennung auch in Artikel I, Nr. 2 des im folgenden beschriebenen Militärregierungsgesetzes Nr. 51 sehen:

Allied Military Mark notes will in all respects be equivalent to any other legal tender mark currency of equal face value.

Rechtlich beruhte die Fortgeltung der Reichsbanknoten freilich darauf, daß § 20 des Gesetzes über die Deutsche Reichsbank vom 15. Juni 1939[33] nicht aufgehoben wurde.

Als weiteres Papiergeld führten die Alliierten die ›Alliierte Militär-Mark‹ (Allied Military Mark) ein. Das Militärregierungsgesetz Nr. 51,[34] das im Verlauf der Besetzung jeweils durch Anschlag verkündet und damit in Kraft gesetzt wurde, sobald die örtliche Militärregierung ihre Tätigkeit aufnahm, lautete:

Law No. 51
Currency

Article I. Allied Military Marks

1. Allied Military Mark notes of the denominations specified ($\frac{1}{2}$, 1, 5, 10, 20, 50, 100, 1000 mark) shall be legal tender in the occupied territory of Germany for the payment of any debt.

2. Allied Military Mark notes will in all respects be equivalent to any other legal tender mark currency of the same value.

3. No person shall discriminate between Allied Military Marks and the other legal tender mark currency of equal face value.

Article II. Prohibited Transactions

4. Except as authorized by Military Government, no person shall make or enter, or offer to enter, into any arrangement or transaction providing for payment in or delivery of an currency other than marks.

Article III. Penalties
    5. Any Person violating any provision of this law shall, upon conviction by a Military Government Court, be liable to any lawful punishment, other than death, as the Court may determine.

By Order of Military Government.

Die Militärmarknoten stießen bei der Bevölkerung nicht auf Widerstand und wurden, solange sie umliefen, ohne weiteres den Reichsbanknoten gleichgeachtet. Zuerst wurden sie – noch 1944 – im Raum Aachen ausgegeben. Ihre Ausgabe in Mark-Nennwerten in Deutschland war aber nur eine der Ausgaben von Besatzungsgeld, wie sie von den westlichen Alliierten schon seit 1943 geplant worden waren. Auch in den Vereinigten Staaten und in Großbritannien hatte man sich Gedanken über die Geldversorgung der eigenen Truppen gemacht, wenn sie in Feindesland vorrücken würden. Die Frage stellte sich für die Alliierten natürlich erst von den Landungen in Marokko und Algerien (7./8. November 1942) an. Während Deutschland mit seinen Reichskreditkassenscheinen zu einheitlichen Besatzungszahlungsmitteln kam, die man sobald wie möglich zugunsten der Verwendung des örtlichen Geldes für die eigenen Truppen mehr oder weniger zurückzog, kamen die Alliierten rasch zur Entscheidung, in jedem Land, das sie betraten, die Währung unangetastet zu lassen und lediglich Besatzungszahlungsmittel in der Landeswährung auszugeben, die später wieder einzuziehen dem Land selbst überlassen werden konnte. Der politische Grund hierfür bestand naturgemäß darin, daß die Alliierten in die Länder, die sie betraten (mit Ausnahme der Achsenstaaten) als ›Befreier‹ einrückten und nicht als Kriegsgegner.

    Für Marokko brachten die Alliierten offenbar Franc-Noten der Staatsbank von Marokko mit, die in den Vereinigten Staaten gedruckt worden waren und nach der Landung im Einvernehmen mit dieser Notenbank ausgegeben wurden.[35] ›Allied Military Currency‹-Noten wurden aber für eine Vielzahl von Ländern ausgegeben. Die Scheine sind alle von ähnlichem Aussehen, wurden von der Staatsdruckerei der Vereinigten Staaten (Bureau of Engraving and Printing) vorbereitet und von privaten Wertpapierdruckereien hergestellt. Es gibt diese Scheine für Frankreich, Italien, Österreich und Japan, in etwas anderem Stil auch für Dänemark, und eben für Deutschland.[36] Die Scheine trugen die Ausgeberbezeichnung »Alliierte Militärbehörde« (in deutsch für Deutschland und Österreich), lauteten für Deutschland, wie erwähnt, auf ›Mark‹ (also nicht ›Reichsmark‹) und trugen die Aufschrift »Serie 1944 – In Umlauf gesetzt in Deutschland«. Hersteller der Scheine für Deutschland war die Forbes Lithograph Corporation of Chelsea, Massachusetts, die im Notenbild ein stilisiertes ›f‹ versteckte.[37]

    Verschiedene Aktenstücke über das Zustandekommen dieser Ausgaben, und besonders der für Deutschland, sind bei Bányai wiedergegeben.[38] Wichtig ist nun, daß die Sowjetunion in diese Ausgabe einbezogen wurde. Die westlichen Alliierten entsprachen ihrem Wunsch und überließen ihr am 18. April 1944 Druckunterlagen, Druckfarben, Notenpapier und Musternoten, so daß die Sowjetische Militäradministration das Militärgeld für ihre Besatzungszone, aber natürlich für den gemeinschaftlichen Umlauf in allen Zonen, selbst herstellen konnte. Die sowjetischen Militärmarknoten sind daran zu erkennen, daß das Stecherzeichen ›f‹ fehlt, außerdem an Besonderheiten der Seriennummern, worüber die Kataloge Auskunft geben.[39]

Die Militärmarknoten wurden in Deutschland viel gefälscht, besonders die Hundertmarkscheine. Oft wurden auch Zwanzigmarkscheine und Fünfzigmarkscheine zu Hunderten verfälscht, was durch das wenig differenzierte Notenbild der gleichgroßen Scheine vom Zwanziger aufwärts mit demselben Rückseitenmuster erleichtert wurde.

Wie vorher bei der Besetzung anderer Länder durch die deutsche Wehrmacht gab es jetzt für Deutschland einen Militärumrechnungskurs. Er wurde von Anfang an mit 10 Reichsmark für 1 Dollar festgelegt. Damit war die Reichsmark erheblich unterbewertet, so, wie es die Deutschen mit den Währungen der anderen Länder gemacht hatten, als sie dort die Herren waren. Für Januar 1946 hat die amerikanische Militärregierung selbst die Kaufkraftparität zwischen Dollar und Reichsmark mit 2,86 Reichsmark für den Dollar festgestellt. Der Kurs von 10 Reichsmark bedeutete nun, daß die amerikanischen Soldaten einen erheblichen Vorteil hatten, da sie ihre Besoldung in Militärmark auf der Grundlage ihrer Dollar-Besoldungssätze erhielten. Gegenüber Dollar, Pfund und Rubel wurde die Reichsmark mit etwa einem Viertel, gegenüber dem französischen Franc, der sich selbst im Kriege stark entwertet hatte, mit 78 v. H. der Vorkriegsparität bewertet. Im Herbst 1946 beliefen sich die monatlichen Besoldungen der amerikanischen Soldaten bis zum Unteroffizier auf 90 bis 135 Dollar für den ›Private‹ (Soldaten) und auf 198 bis 297 Dollar für den ›Master Sergeant‹ oder ›First Sergeant‹, mithin auf die zehnfachen Beträge in Reichsmark, und das steuerfrei. Ein Deutscher, der bei den damaligen hohen Einkommenssteuersätzen, die Verbrauchsteuern gar nicht berücksichtigt, 1200 Reichsmark hätte monatlich ausgeben wollen, hätte 132 000 Reichsmark an Bruttoeinkommen haben müssen. Die Soldaten schwammen also in Geld. Im Herbst 1945 erreichte die Ausgabe von Militärmark allein in der amerikanischen Zone rund 3,2 Milliarden Reichsmark. Aber nicht der ganze Betrag belastete den deutschen Umlauf. Zum Militärumrechnungskurs durften die Soldaten nämlich ihre Markbeträge auch in die heimische Währung umtauschen und nach Hause überweisen. Davon wurde in größtem Maß Gebrauch gemacht. Im ersten Besatzungsjahr konnten sie in ihren Einrichtungen für Mark zur Kaufkraftparität einkaufen und waren dann in der Lage, die Ware zum Vielfachen des Preises auf dem Schwarzmarkt abzusetzen. Sie brauchten ihren Sold daher gar nicht anzugreifen und konnten ihn restlos in die Heimat überweisen, ja sogar mehr als dies! Bald wurden diese Überweisungsmöglichkeiten beschränkt, für die Amerikaner z. B. auf 110 v. H. des Soldes. So flossen große Beträge an die Militärbehörden zurück.

Anders wirkten die Ausgaben der Sowjetarmee in Militärmark, die Rücktausch in Rubel und Rücküberweisung nie zugelassen hatte. Die Ausgaben des sowjetischen Militärs flossen daher voll in den deutschen Umlauf. Sie übertrafen die amerikanischen Ausgaben um ein Vielfaches und wurden von deutscher Seite, vielleicht übertrieben, auf 20 Milliarden Mark und mehr geschätzt. Auch die Wolfsche Schätzung von 12 Milliarden ist wohl willkürlich.[40]

Im Laufe des Jahres 1946 wurde diese Quelle verstopft. Die Besatzungsangehöri-
gen erhielten ihren Sold jetzt in der Währung ihres Heimatlandes und konnten in
ihren Einrichtungen nur noch gegen diese einkaufen, durften die Einkäufe auch
nicht mehr an den deutschen zivilen Bereich weitergeben. Reichsmarkausgaben
wurden über die Besatzungskosten aus deutschen Steuereinnahmen getragen und
vergrößerten den deutschen Geldumlauf nicht mehr. Ende 1946 betrug der Umlauf
an Militärmarknoten bei den Westmächten nur noch 1,65 Milliarden Mark (gegen
– im ganzen – etwa 4,5 Milliarden Mark im Winter 1945/46). Ab 1. Juli 1946 stellte
auch die Sowjetischen Militäradministration die Ausgabe von Militärmark ein und
deckte ihren Bedarf an deutschen Zahlungsmitteln letztlich aus normalen Zah-
lungseingängen.[41]

Was hatte es nun mit dem ›Geldüberhang‹ auf sich? Der Begriff war offenbar
schon 1944 mit seinem vollen Inhalt geprägt worden.[42] Er bedeutete[43] das Mißverhältnis zwischen Geldmenge und verfügbarem Sozialprodukt, wobei der dem Angebot an Waren und Dienstleistungen zugeordnete Teil der Geldmenge in der Volkswirtschaft durch die staatlich festgelegten Preise und Löhne bestimmt war. Ein solches Mißverhältnis, einen Kaufkraftüberhang, hätte es nicht gegeben, hätte man
Geldmenge und Sozialprodukt nach den Gesetzen der Marktwirtschaft, nach Angebot und Nachfrage aufeinander wirken lassen. Die Freigabe aller Preise und Löhne
hätte die Geldmenge mit den Löhnen und Warenpreisen ins Gleichgewicht gebracht und die Reichsmark in dem Wert, in der Kaufkraftparität, erscheinen lassen,
die sie tatsächlich hatte. Der Kurs der Reichsmark gegenüber anderen Währungen
hätte sich entsprechend gestaltet, die Geldvermögen hätten sich entsprechend der
Inflationsrate, die damit offen zutagegetreten wäre, in ihrer Kaufkraft entwertet. So
verfuhren etwa Italien, Frankreich und Japan, deren Währungseinheiten auf diese
Weise (läßt man die Zusammenfassung von 100 alten französischen Francs zu einem Neuen Franc im Jahre 1959 außer Betracht) nach deutschen Begriffen zu Pfen-
nigwerten und weniger hinabsanken. Formell hätte man das deutsche Währungssystem wieder in Ordnung bringen können, indem man eine neue Notenbank gründete und ihr die umlaufenden Reichsbanknoten zuordnete.

Aber so verfuhren die Alliierten nicht. Preise und Löhne wurden auf dem Stand
vom 8. Mai 1945 eingefroren; die Preisstoppverordnung von 1936 blieb erhalten.
Für die westlichen Besatzungszonen gab der Lebenshaltungsindex jetzt noch weniger als während des Krieges ein wahres Bild der Aufwendungen für die Lebenshaltung, weil er – nur für die preisgebundenen und kontingentierten Waren geltend –
die Schwarzmarkterscheinungen außer Betracht ließ. Auf vielen Gebieten verloren
die staatlichen Bewirtschaftungsverfahren und Kontrollen an Wirkung; man sah
die »allgemeine Auflösung des gegenwärtigen Systems der Scheinbewirtschaftung«.
Wie schon aus der Proklamation Nr. 2[44] ersichtlich, blieb es auch hinsichtlich der
Devisenbewirtschaftung und des ganzen Außenhandels im Grunde bei den Bestimmungen der Hitler-Zeit, die ergänzt wurden, was für den Außenhandel zu der all-
mächtigen ›Joint Export Import Agency (JEIA)‹ führte. Die Ermittlung der ›richtigen‹ Einfuhrpreise und Ausfuhrpreise und damit indirekt des – gelenkten – Außenwerts der Reichsmark war so schwierig wie zu Zeiten Hitlers.[45]

Diese Jahre ›vor der Währung‹ kann nur würdigen, wer sie miterlebt hat. Durch die zerbombten Städte führten Schuttbahnen, und außerhalb häufte sich mancher ›Monte Scherbelino‹ auf. In Nürnberg zum Beispiel mußte der Verfasser als Sechzehnjähriger 50 Stunden Schuttschaufeln nachweisen, um 1946 seine Lebensmittelkarten weiter zu erhalten; die Zuteilungen waren kleiner als in den letzten Kriegsmonaten. 1948 waren in diesen Städten dann erst die Straßen wieder schuttfrei. 10,7 Millionen Wohnungen hatte es 1939 im späteren Westdeutschland gegeben, und 2,3 Millionen davon hatte der Luftkrieg zerstört; nur etwa 500 000 davon waren bis Mitte 1948 wieder notdürftig bewohnbar. Ganze Viertel – nicht die schlechtesten – hatten die Besatzungstruppen beschlagnahmt. Nun strömten noch gegen 9 Millionen Vertriebene und Flüchtlinge (auch aus der Sowjetzone) herbei. Gartenhäuser, Barackenlager, Schuppen und Keller wurden bewohnt; die Wohnungsämter beschlagnahmten den letzten überzähligen Raum. Millionen vegetierten ohne ausreichende Heizung und Ernährung durch die damals noch besonders kalten Winter (jedenfalls kamen sie uns so vor).[46] Lassen wir Hans Roeper, den großen Wirtschaftsjournalisten der Frankfurter Allgemeinen Zeitung, weitererzählen:[47]

Aus den hart geschlagenen Städten zogen jeden Tag, vom Hunger getrieben, die Menschen scharenweise aufs Land. Überfüllt waren morgens die Züge, die in bäuerliche Gebiete fuhren. Mit Rucksäcken, Koffern und Körben drängten sich die ›Hamsterer‹ – damals eine Bezeichnung ohne jeden abschätzigen Beigeschmack – in die überdachten Güterwagen, die, mit ein paar groben Bänken und ausgesägten Fensterluken versehen, dem Personentransport dienten. Viele andere waren mit Fahrrädern unterwegs, nicht wenige auch zu Fuß, einen alten Kinderwagen als Transportmittel vor sich her schiebend. Sie alle zogen hinaus in der Hoffnung, von irgendeinem Bauern etwas Eßbares zu erlangen. Alles war gefragt: Kartoffeln, Gemüse, Obst, Mehl oder auch nur ein paar Pfund Getreide, das man zu Hause auf der Kaffeemühle zu Grieß mahlen konnte. Wem es gar gelang, ein paar Eier, ein wenig Butter oder ein Stück Speck zu bekommen, der fühlte sich, als hätte er das große Los gewonnen. Dabei war sein Einsatz meist recht ›happig‹. Denn Geld, Reichsmark, wollten die Bauern nicht. Was hätten sie auch damit anfangen sollen? In der Regel verlangten sie Ware gegen Ware. Also offerierten die Städter, soweit sie dazu noch in der Lage waren, Bettücher, Tischdecken und sonstige Textilien, Eßbestecke, Kaffeeservice und ähnliches mehr. Vieles von dem, was noch in letzter Minute aus brennenden Häusern gerettet worden war, wanderte damals aufs Land, es entstand das böse Wort vom ›Teppich im Kuhstall‹. Aber auch den Bauern muß man zugute halten, daß sie sich fast alles, was sie zur Aufrechterhaltung ihrer Wirtschaft brauchten, wie Arbeitsgeräte, Ersatzteile für ihre Maschinen, Milchkannen, ebenfalls nur im Tauschhandel beschaffen konnten. Nur saßen sie als Produzenten der knappen Lebensmittel am längeren Hebelarm, während die hamsternden Städter auch noch befürchten mußten, daß ihnen die so mühsam errungenen Nahrungsmittel von Polizeistreifen abgenommen wurden.
Viele lernten damals zum ersten Mal in ihrem Leben den Hunger als Dauerzustand kennen. Selbst 1932, im schwersten Jahr der Weltwirtschaftskrise mit sieben Millionen Arbeitslosen, hatte der Fettverbrauch in Deutschland noch immer 2,25 Kilogramm im Monat pro Kopf der Bevölkerung betragen. Dagegen gab es 1947/48 auf die Lebensmittelkarten für ›Normalverbraucher‹, also für jene, die keine Zulagen erhielten, wie sie Schwerarbeitern und werdenden Müttern gewährt wurden, ganze 150 Gramm Fett in der vierwöchigen Zuteilungsperiode. Etwa alle Vierteljahre wurde ein Ei zugeteilt. Was die Lebensmittelkarten zubilligten, war zuwenig zum Leben und zuviel zum Sterben. Im Schnitt waren es nur etwa 1500 Kalorien pro Tag,

wogegen vor dem Kriege in Deutschland rund 3000 Kalorien pro Tag und Kopf zur Verfügung standen. Es gab also amtlich weniger als die Hälfte zu essen. Aber selbst diese kümmerlichen Rationen hätten nicht ausgegeben werden können, wenn nicht vor allem die amerikanische Besatzungsmacht beigesprungen wäre. Es waren die sogenannten GARIOA-Lieferungen (Government Appropriations for Relief in Occupied Areas), die Washington in die von amerikanischen Truppen besetzten Gebiete schickte, um dort den Ausbruch von ›Seuchen und Unruhen‹ zu verhindern. 1947 hatten diese Lieferungen (einschließlich der englischen) einen Wert von rund 600 Millionen Dollar, 1948 erreichten sie 884 Millionen Dollar.

Wer in dieser Zeit keine ›Beziehungen‹ hatte, nicht auf Hamstertour gehen und sich auch sonst nicht über den Schwarzen Markt zusätzliche Lebensmittel beschaffen konnte, der war nahe am Verhungern. Selbstverständlich verminderte die Unterernährung auch die Arbeitsleistung. Damals in der britischen Zone an hunderttausend Arbeitnehmern vorgenommene Reihenuntersuchungen ergaben, daß nur 40 Prozent voll arbeitsfähig waren. Aber auch sonst fehlte es an allem, um die Wirtschaft wieder rasch in Gang zu bringen. Es mangelte an Rohstoffen, Halbfabrikaten, an Ersatzteilen, Brennstoffen und Energie. Um überhaupt produzieren zu können, wurde ebenso wie von der Landwirtschaft auch von der gewerblichen Wirtschaft in einem in der neueren Geschichte nicht mehr bekannten Umfange Tauschhandel betrieben: Schrauben gegen Kupferdraht, Blechkannen gegen Öl, Kugellager gegen Reifen. Alte, halbzerstörte Maschinen mußten notdürftig zusammengeflickt werden; denn in den Betrieben, die den Krieg einigermaßen glimpflich überstanden hatten, wurden die Maschinenparks von den Besatzungsmächten rücksichtslos demontiert und abtransportiert. Ebenso mußte auf Anordnung der Alliierten von der ohnehin unzureichenden Steinkohlenförderung rund ein Fünftel in andere europäische Länder exportiert werden. Das zweitwichtigste Exportgut – besonders in der französischen Zone – war Holz. So ergab sich der für ein Industrieland geradezu widersinnige Zustand, daß fast zwei Drittel der damaligen westdeutschen Ausfuhr von den beiden Grundstoffen Kohle und Holz bestritten wurden.

Im ersten Halbjahr 1948 erreichte die westdeutsche Industrieproduktion noch kaum die Hälfte ihres Vorkriegsstandes. Wie schlecht vor allem die Versorgung mit lebenswichtigen Konsumgütern war, zeigt folgende, damals angestellte Berechnung: »Nach dem gegenwärtigen Produktionsstand der Westzonen kann – nach Abzug der Bergarbeiter- und sonstigen Prioritäten – jeder Einwohner erhalten: jedes Jahr 343 Gramm an Textilien, alle zwei Jahre ein Wasserglas, alle vier Jahre ein Paar Lederstraßenschuhe und ein Einmachglas, alle sieben Jahre ein Stück Porzellan, alle fünfzehn Jahre einen Kochlöffel, alle 150 Jahre ein Waschbecken und in alle Ewigkeit keine Zahnbürste und keinen Rasierpinsel« (*Versicherungswirtschaft*, Karlsruhe). Oder, um ein weiteres Beispiel für die katastrophalen Zustände jener Zeit zu nennen: Die Lübecker Gesundheitsverwaltung wies in einem Bericht darauf hin, daß »viele Mütter ihre Säuglinge in Zeitungspapier einschlagen müssen, da sie keine Windeln haben.«

Reichsmark im Überfluß

So sah die amtliche Versorgungslage mit Warenbezugsscheinen und Lebensmittelkarten aus. Wem es gelang, einen Bezugsschein zu erwischen, der konnte sich reich und glücklich preisen. Denn diese Scheine und die Lebensmittelkarten bedeuteten Kaufkraft; sie, nicht die Reichsmark, waren im amtlichen Versorgungsbereich die eigentliche Währung. Das Geld spielte hier praktisch keine Rolle mehr, zumal trotz der großen Geldfülle auch jetzt noch der 1936 von den Nazis verhängte allgemeine Preisstopp aufrechterhalten wurde. So brauchte beispielsweise ein Normalverbraucher nur ganze 9,56 Reichsmark aufzuwenden, um alle ihm zustehenden Lebensmittel einer vierwöchigen Kartenperiode zu kaufen. So billig konnte man damals leben – und hungern.

Viele wären auch verhungert, wenn es neben diesem zwangsbewirtschafteten und preisgestoppten Bereich nicht noch den Tauschhandel und einen umfangreichen Schwarzen Markt gegeben hätte. Gewiß, dieser Markt war gesetzlich verboten, war illegal, aber er war ein freier Markt, auf dem das Gesetz von Angebot und Nachfrage regierte und die Preise bestimmte. Hier konnte man selbst mit der heruntergewirtschafteten Reichsmark praktisch alles kaufen – amerikanische Zigaretten, Kaffee, alle Alkoholika, Schinken, Schmalz, Schuhe, Stoffe, Strick-wolle, Schmuck, Schreibmaschinen, Autos, Benzin – also alles, was es sonst überhaupt nicht oder nur unzureichend gab. Allerdings mußten dafür astronomische Summen bezahlt werden, das Dreißig-, Fünfzig- und Hundertfache der amtlichen Stopp-Preise und manchmal noch mehr. Es kosteten zum Beispiel eine amerikanische Zigarette 6 RM, ein Pfund Kaffee 400 RM, eine 50-Watt-Glühbirne 50 RM, ein Radio 3000 RM ...

Es blühte die ›Zigarettenwährung‹:[48] Sie soll schon 1941 in den deutsch besetzten Gebieten aufgekommen sein, aber auch in England. Die Besatzungstruppen be-dienten sich der Zigarette als eines einheitlich gestalteten, werthaltigen und ver-wendbaren, auch billigen Zahlungsmittels im kleinen Handels- und Dienstlei-stungsverkehr des Soldaten mit der Zivilbevölkerung, wobei die ›Stückelung‹ in der einzelnen Zigarette, der Packung (bei den amerikanischen Produkten der ›Reichs-markzeit‹ hauptsächlich ›Camel‹, ›Chesterfield‹, ›Lucky Strike‹ zu 20 Stück) und der ›Stange‹ zu 10 Päckchen bestand. Die Zigarette wurde in Deutschland – nach Schmölders eigentlich im Ansatz schon während der letzten Kriegsjahre – zum Geldersatz im Tausch- und Schwarzhandel, zum ›ungesetzlichen Zahlungsmittel‹. Am Marktmittelpunkt der Nachkriegszeit, in Frankfurt, soll die offizielle deutsch-amerikanische Tauschzentrale gleichsam in Zigaretten gerechnet haben. Als Folge dieser Zustände soll die Zigarettenausfuhr aus den Vereinigten Staaten derart ange-stiegen sein, daß für die amerikanische Zone bald mehr als die Hälfte der Postpake-te Zigaretten zum Inhalt hatten. Schmölders hebt hervor, deswegen sei die Zigarette als Währungseinheit zwar kostspielig, aber auch inflationsfest und erstaunlich kurs-stabil gewesen, weil sie als ›Geldwert‹ aus dem Verkehr verschwand, sobald ihre Funktion als Tauschmittel erfüllt war und sie ihrer Verwendung zugeführt (ge-raucht) wurde. Nach der Erinnerung des Verfassers wurden für die Packung in der ersten Besatzungszeit 20 Reichsmark und vor der Währungsreform 80 bis 100 Reichsmark bezahlt (in Nürnberg; die Verhältnisse mögen örtlich und zeitlich un-terschiedlich gewesen sein).

Man schätzt,[49] daß der Schwarzmarkt etwa 10 v. H. des Warenhandels, aber ge-gen 80 v. H. des Geldumlaufs umfaßte. Die Preise für besonders begehrte Ware, et-wa Butter, erreichten das Hundertfache des amtlichen Preises. Daneben gab es den ›grauen‹ Markt der Tausch- oder ›Kompensations‹-Geschäfte, auch bei Wertpapie-ren. »Der schwarze Markt spiegelte eine Entwertung, der graue Markt zeigte gar eine Repudiation des Geldes, das damit seine Funktion in diesem Teilbereich end-gültig eingebüßt hatte. In der Geringschätzung des Geldes wurde ›die Geldreform ... schon allgemein eskomptiert‹ – eine Tatsache, die auch in der Verdrängung des Geldsparens durch ein willkürliches Sachsparen zutage trat«.[50] Jeder wußte, daß nach der Währungsreform allein der Sachwert, sei es als Produktionsmittel, sei es als Warenvorrat, zählen würde – und bei der zu erwartenden Lastenausgleichssteu-er, wie immer sie aussehen würde, vor allem natürlich der verheimlichte Sachbesitz!

So hortete der Geschäftsmann seine Ware, wann immer er auf Geldeinnahmen verzichten konnte, und dies nahm zu, je näher man den Tag der Währungsreform kommen sah.

Das schlimmste aber war, daß die Staatsmoral als Teil des persönlichen Anstands, der Sittlichkeit des Bürgers, auf das schwerste beeinträchtigt war. Doch bei allem, was das deutsche Volk seit 1933 an Opfern, Entbehrungen, Ungerechtigkeit, Bitternissen und Unwahrhaftigkeit von seiner Obrigkeit erlitten hatte, beim Absturz vom ›Herrenvolk‹ zum Paria der Nationen, war der Verlust an moralischer Substanz verständlich. Das Vertrauen, das der Staat in Deutschland unter der Regierung Hitler beim Volk verspielte, hat er bis heute noch nicht wieder voll zurückgewinnen können.

c) Die Münzprägung

Von der Kapitulation bis zu den Währungsreformen von 1948 bestand im verkleinerten Währungsgebiet der Reichsmark weiter Bedarf an Kleinmünzen. Bei aller Entwertung der Mark und obgleich der Schwarzmarkt schwerlich mit Pfennigbeträgen rechnete, wurden die Pfennignominale nach wie vor im Einzelhandel, mit den bewirtschafteten Waren zu gestoppten Preisen, und in vielen anderen Bereichen bis zum Verkehrs- und Postwesen gebraucht. Während es beim Papiergeld der Mark-Nominale keinen Mangel gab (und das Alliierte Militärgeld den Nennwert von $\frac{1}{2}$ Mark umfaßte), wurden die Kleinmünzen knapper, je weiter die Zeit fortschritt. Dafür werden zwei Ursachen genannt. Je näher die Währungsreform vermutet wurde, umso mehr wurden Kleinmünzen gehortet, denn nach aller Erfahrung mit Währungsänderungen – selbst mit denen unter der Regierung Hitler in den angegliederten Gebieten wie Österreich und Danzig – und nach der Inflation von 1923 durfte man damit rechnen, daß wenigstens die kleinsten Nominale ihren vollen Wert behalten würden. Zum anderen flossen erhebliche Mengen der Münzen von 1 bis 10 Reichspfennig über die grüne Grenze nach Österreich ab. Dort war schon 1945 mit dem Schillinggesetz die Reichsmark durch den Schilling ersetzt worden, wobei zunächst die Reichsmarknoten zu 5, 2 und 1 Reichsmark (Rentenmark) sowie sämtliche ›Scheidemünzen der Reichsmarkwährung‹ im Verhältnis 1 zu 1 als Schilling- und Groschenzahlungsmittel und nach Außerkurssetzung aufgrund des Währungsschutzgesetzes vom 19. November 1947 im übrigen immer noch die Stücke zu 1, 5 und 10 Reichspfennig als Groschenmünzen weitergalten.[51]

Daß das Kleingeld knapp wurde, bemerkte man schon im Januar 1946. Im bayerischen Grenzgebiet wurden bald 400 bis 600 Reichsmark in Noten für 100 Reichsmark in Kleinmünzen bezahlt, in Hamburg, bis wohin diese Verhältnisse ausstrahlten, zahlte man im April 1947 für 70 Reichspfennig in Hartgeld eine Reichsmark. Im bayerischen Grenzgebiet pflegte die österreichische Grenzbevölkerung einzukaufen und mit Reichsmarknoten zu bezahlen, die nicht abgeliefert worden waren, und das Wechselgeld, das sie möglichst in Kleinmünzen haben wollte, mitzunehmen.

Gegen das Horten (Hamstern) von Kleingeld wandte sich die Bayerische Staatsregierung schon am 9. Februar 1946 mit einer Presseerklärung. Am 20. Februar 1946, berichtet Keller, kaufte man (Bayern?) deutsches Hartgeld für 10 Millionen Reichsmark für den selben Betrag in Reichsbank-Hundertern von der Republik Österreich zurück, was wenig half. Als Österreich eigene Münzen zu prägen begann, war dies kein Grund, eingezogene deutschen Münzen zurückzuliefern, denn die Österreicher sparten an den Kosten der Plättchen für die eigenen Prägungen, indem sie deutsche Münzen überprägten.

In weitaus geringerem Maß flossen Kleinmünzen in das Saarland ab.[52] Im Juni 1947 wurde dort das Papiergeld der ›Saarmark‹ eingeführt, aber die Münzen der Reichsmarkwährung galten unverändert weiter. Da man im Saarland die Einführung der Saarmark – Vorstufe des Übergangs zur französischen Währung – mit dem Abgehen von der Reichsmark schon als Währungsreform ansehen durfte und mit dem wirtschaftlichen Anschluß an Frankreich die Lage der Saarländer erheblich besser wurde, war die Kaufkraft der Saarmark rasch viel höher als die der Reichsmark in den Besatzungszonen. Nach Keller kosteten dort 1947 zehn Zigaretten nur noch 0,90 Reichsmark. Sicher war diese Lücke in der monetären Abschließung des Saargebiets für die Franzosen ein Grund, dann bald die französische Währung ganz einzuführen.

Nachdem Anfang Juli 1947 das deutsche Kleingeld in Österreich im wesentlichen außer Kurs gesetzt war, blieb als anderer Grund für die Knappheit der Münzen, daß, wie erwähnt, erwartet wurde, in der Währungsreform würden sie ihren Wert behalten. Nicht nur, daß alle behördlichen Dementis ohne Erfolg blieben, die massive Hortung mag mit ein Anlaß gewesen sein, daß die Pfennignominale dann in den Währungsreformen tatsächlich auch auf ein Zehntel abgewertet wurden.

So kam es auf Anordnung der Militärregierungen, mithin unter der Münzhoheit des Kontrollrats in Deutschland, in den Jahren 1945 bis 1948 in den Münzstätten Berlin, München, Muldenhütten, Stuttgart und Karlsruhe zur Ausprägung verschiedener Pfennigsorten (1, 5, 10 Reichspfennig) aus vorrätigen Zinkplättchen. Die Hamburger Münze war zerstört.

Ausprägungsbekanntmachungen haben sich nicht feststellen lassen. Sie wären – das Münzgesetz von 1924 und das Änderungsgesetz von 1934,[52a] wurden vom Kontrollrat nicht aufgehoben – erforderlich gewesen, weil sich das Münzbild änderte. Zwar wird vermutet,[53] daß in der Münzstätte München, wo alsbald nach der Besetzung (30. April 1945) die Arbeit mit der Herstellung von 1,36 Millionen Stück Reichspfennigen zwischen 28. Mai und 15. Juni wieder aufgenommen wurde, die Masse dieser Stücke mit unveränderten Stempeln der Jahreszahl 1944 geprägt wurde. Es gibt jedoch sehr seltene und daher heute hochbezahlte Stücke mit dieser Jahreszahl und Münzzeichen ›D‹, bei denen der Vorderseitenstempel dahin verändert wurde, daß man den Hakenkreuzkranz des ›Hoheitszeichens‹ entfernte. Dabei entstand ein merkwürdiger Adler mit gespreizten Beinen und ohne Schwanz. An der Rückseite mit der Wertangabe änderte man nichts, und auch am Staatsnamen ›Deutsches Reich‹ der Vorderseite nahm die Militärregierung keinen Anstoß. Merkwürdigerweise findet sich die »Verordnung über das Hoheitszeichen«[54] nicht unter den mit Gesetz Nr. 1 des Kontrollrats[55] aufgehoben Nazi-Gesetzen, aber es versteht sich, daß die Symbole der Hitler-Regierung überall radikal ausgemerzt wurden, und es ist in der Tat, wie Jaeger/Pusback schreiben, so, daß in den Behörden das Hakenkreuz selbst in den Hoheitszeichen der Titelblätter der Bände des Reichsgesetzblattes übermalt werden mußte, und der Verfasser hat Jahrgangsbände des Reichssteuerblatts aus Behördenbesitz, in denen diese Übermalung bei den Hoheitszeichen im Titelkopf einer jeden Nummer vollzogen wurde!

Der endgültige Adler der Kontrollratsgepräge war dann sorgfältig gestaltet und in das Rund der Umschrift eingepaßt, ausgeführte Klauen an den gespreizten Beinen und Schwanz dazwischen. Sonst änderte sich nichts, nur die Jahreszahl. Einpfennigstücke wurden nun in Stuttgart (1945 und 1946) und Karlsruhe (1946) in relativ kleinen Stückzahlen geprägt.[56] Fünfpfennigstücke entstanden 1947 und 1948 in Berlin in unbekannter, aber nicht hoher Stückzahl, in München 1947 (gegen 16,5 Millionen) und in Muldenhütten 1948 (etwa 7,6 Millionen). Zehnpfennigstücke stellten her Berlin 1947 und 1948 in unbekannter, nicht hoher Zahl, Muldenhütten 1947 (etwa 2,6 Millionen), Stuttgart 1945 bis 1948 (zusammen gegen 30,5 Millionen).[57] Die beiden Prägungen aus Muldenhütten (›E‹) sind nur zu einem offenbar im einzelnen nicht bekannten Teil in Umlauf gekommen und daher trotz der beträchtlichen Prägezahlen selten. In den Währungsreformen des Jahres 1948 teilten diese Kontrollratsprägungen das Schicksal der anderen Scheidemünzen der Reichsmarkwährung.[58] Die Sammlerschaft hatte damals andere Sorgen als sich ihrer aufmerksam und hortend anzunehmen. Sie alle sind daher heute gesucht.

Notgeld

Angesichts der Kleinmünzenverknappung bis zu den Währungsreformen konnte es nicht ausbleiben, daß in dieser Periode auch wieder Notgeld auftrat.[59] Keller, auch hier der unermüdliche Bearbeiter, konnte mit 268 Ausgaben aber nicht alles erfassen, weil es in dieser trostlosen Zeit kaum Sammler gab, die systematische Sammlungen anlegen konnten. Gut erfaßt sind in seinem Katalog Orte, »an denen ein Sammler sein Wesen trieb, der die Augen offen hielt, allen Ausgaben nachspürte und sie in seinen Besitz brachte«. Sonst beruhte die Erfassung auf Zufall, zumal sich – anders als von 1914 bis zur Inflation – keine Reichsbank, kein Münzkabinett und keine Behörde um dieses Notgeld kümmerte, es sei denn, es sei im Einzelfall einmal verboten worden. Für die wenigen Sammler war die fehlende Unterrichtung hinderlich; wovon man nichts erfuhr, das konnte man auch nicht bestellen und die materiellen Sorgen wie die Reisebeschränkungen standen dem Forscherdrang im Wege. Die einfache, schmucklose Gestaltung der Scheine reizte auch keine weniger spezialisierten Sammler. Und wer sie aufhob, konnte es sich nicht leisten, auch noch Mehrstücke für späteren Tausch auf die Seite zu legen; heute taucht kaum mehr solch ein Schein im Handel auf.

Kein Not-›Geld‹, aber bezeichnend war es, wenn der Händler – weit verbreitet – den Betrag, den er auf einen Schein nicht herausgeben konnte, auf einen Zettel mit seinem Firmenstempel schrieb und gegen Rückgabe beim nächsten Kauf anrechnete (Restzettel). Es ist aber schon Notgeld, wenn solche Zettel dann wieder ausgegeben werden, etwa in einem Fall, den Keller erwähnt, wo in einer Gastwirtschaft ein Essen (vermutlich das damalige, ›markenfreie Stammgericht‹) 74 Reichspfennig kostete und der Schein auf 26 Reichspfennig lautete. Von Notgeld kann man schon sprechen, wenn solche Scheine für verschiedene Wertstufen auf verschiedenfarbigem Karton und etwas sorgfältiger hergestellt wurden. Wertbeständiges Notgeld gab es in jenen Jahren nicht; wenn ein Gaststättengutschein auf ›ein Bier‹ lautete, ist ihm dieser Charakter nicht zuzusprechen, weil ein zusehends sinkender Geldwert keine Rolle spielte. Viel verwendet als Kleingeldersatz wurden Briefmarken, besonders in Bayern; 1947 und 1948 tauchte dann auch wieder ›Briefmarkengeld‹ – Marken in Zellophan- oder Papphüllen – auf. Nach Keller sollen 1948 Bahnhofskassen der Reichsbahn oft 100 Reichsmark und mehr an Briefmarken im Kassenbestand gehabt haben.

Die ersten Notgeldausgaben tauchten, von wenigen Ausnahmen abgesehen, im Juli 1947 auf; vorher war wohl die Furcht vor den Militärregierungen im Wege, die sich nun aus den unteren Verwaltungen zurückgezogen hatten. Nur ganz selten finden sich Anklänge an die alten Serienscheine aus Rücksicht auf Sammler, so, wenn ein heute bekannter Münzen- und Papiergeldhändler oder die Frau eines altbekannten Notgeldhändlers als Gastwirtin verschiedenerlei Scheine desselben Nominals herstellte. Weit überwiegend entsprachen die Scheine dem echten Bedarf und waren dementsprechend einfach und ohne Schmuck gestaltet. Mehrfarbendruck gab es nur ausnahmsweise; verwendet wurde alles verfügbare Papier bis zur Rückseite von Plakaten, Vordrucken und Kalenderblättern. Vereinzelt suchten Gemeinden Anschluß an die Tradition ihres Notgeldes der früheren Inflation. Die meisten Scheine lauteten auf 5, 10 und 50 Pfennig. Es kommen aber auch Nominale wie 15, 20, 25, 30, 40, 45, 60 und 70 Pfennig vor; die höchsten Werte waren wohl 1, 2 und 3 Reichsmark.

Da es sich um Kleingeldersatz handelte, finden sich unter den Ausgebern hauptsächlich Firmen und Institutionen, die Zahlungsverkehr mit dem Publikum hatten; an Großgeldscheinen bestand ja kein Mangel. Es waren nach Keller – bei allem Vorbehalt hinsichtlich der Vollständigkeit – nur 9 Städte, 2 Kreise und 5 Gemeinden, aber 23 Industriebetriebe, 106 Handelsbetriebe und 39 Handwerksbetriebe, ferner 14 Verkehrsunternehmen und nur 12 Banken und Sparkassen, dazu vereinzelt Kinos und Reisebüros; und schließlich hat Keller noch 45 Ausgabestellen gezählt, deren Geschäftszweig auf den Scheinen nicht erkennbar ist.

Keine Bedeutung erlangten ›Spendenscheine‹, weil sie verboten wurden, sobald man von ihnen erfuhr. Stadtverwaltungen, Kirchenbehörden und Rotes Kreuz kamen auf den Gedanken, bei den Geschäftsleuten Spendenscheine aufzulegen, wobei die Kunden bewogen werden sollten, auf Herausgeld zu verzichten und dafür eine Spendenquittung anzunehmen. Man sah darin Nötigung oder verkappten Preisaufschlag und schritt dagegen ein.

Das Notgeld endete mit den beiden Währungsreformen. Danach war dafür kein Bedarf mehr gegeben. Das gehortete Hartgeld, wenn auch nur noch ein Zehntel sei-

nes Nennwertes wert, kam wieder zum Vorschein. Bis in Ost und West neue Kleinmünzen kamen, halfen die Bank deutscher Länder und in der französischen Zone
die Länder mit kleinen Scheinen. Notgeld auf Deutsche Pfennig ist nur ganz vereinzelt festgestellt worden und erlangte keine Bedeutung.

17. Das Ende der Reichsmark in den geräumten und in den verlorenen Gebieten

a) Österreich

Die Alliierten beschlossen im Oktober 1943 auf einer Konferenz in Moskau, daß die Republik Österreich, am 13. März 1938 dem Deutschen Reich angeschlossen,[1] wiederhergestellt werden solle. In der letzten Phase des Krieges besetzte die Sowjetarmee am 13. April 1945 Wien, das von den Städten des Landes unter dem Luftkrieg am meisten gelitten hatte. Am 8. Mai drang die britische Armee in Kärnten und Steiermark ein, und nach Erlöschen des Widerstands in Bayern war für die Franzosen und Amerikaner der Weg von Nordwesten, Norden und Osten her frei. In Wien hatte sich schon am 27. April 1945 die Provisorische Regierung unter Karl Renner, dem früheren Bundeskanzler,[2] gebildet. Auch in Österreich richteten die Alliierten einen Kontrollrat ein, der am 20. Oktober die Regierung anerkannte. Vorausgegangen war am 4. Juli die Ankündigung, daß Österreich in den Grenzen von 1937 wiederhergestellt würde. Zugleich wurden die vier Besatzungszonen und die vier Sektoren von Wien festgelegt. Österreich konnte seine staatliche Einheit erhalten und erreichte mit dem Staatsvertrag vom 15. Mai 1955 den Abzug der Besatzungsmächte, gegen die Verpflichtung zur immerwährenden Neutralität und das Versprechen, sich nie wieder Deutschland anzuschließen.

Die provisorische Regierung zögerte nicht, das neue Österreich aus dem Geltungsbereich der Reichsmark herauszulösen und eine eigene Währung einzuführen. Man kehrte zum Schilling zu 100 Groschen zurück, der Einheit, die 1924 die inflationierte Papierkrone abgelöst hatte.[3] Mit dem alten Schilling und seinen Wertverhältnissen hatte der neue aber nichts gemein. Das Schillinggesetz vom 30. November 1945 (in Kraft 2. Dezember 1945)[4] begründete den Schilling dergestalt, daß er die Fortsetzung der Reichsmark im Verhältnis 1 zu 1 war: »Vom 21. Dezember 1945 an ist in der Republik Österreich der Schilling die einzige Rechnungseinheit; er ist in 100 Groschen untergeteilt. Auf Reichsmark lautende Beträge sind im Verhältnis eine Reichsmark gleich ein Schilling umzurechnen« (§ 3).

Tatsächlich gab es Schillingzahlungsmittel, den Schilling zu einer Reichsmark gerechnet, aber schon vorher. 1944 waren von den Alliierten als Besatzungsgeld Schillingnoten der ›Alliierten Militärbehörde‹ in den Nennwerten 50 Groschen, 1, 2, 5, 10, 20, 25, 50, 100 und 1000 Schilling gedruckt und dann ›in Österreich ausgegeben‹ (so der Wortlaut) worden, die teils in Großbritannien, teils in den Vereinigten Staaten hergestellt worden waren.[5] Die Sowjetarmee wurde, anders als in Deutschland, an den ›AM.-Schillingnoten‹ (so das Schillinggesetz, § 2) offenbar nicht beteiligt und gab ab 20. Dezember 1945 (also mit Inkrafttreten des Schillinggesetzes!) kleine Scheine über ›Eine Reichsmark‹ aus. Vorbereitet war auch ein Schein zu ›50 Reichspfennig‹.[5a] Diese Scheine sind insofern merkwürdig, als sie die einzigen einer Siegermacht sind, die die Mark als ›Reichs‹-Mark bezeichnen, und auch deswegen, weil als Ausgeber die ›Republik Österreich‹ genannt ist und weil es auf der Rückseite heißt »Diese Note ist bis 20. Dezember 1945 Zahlungsmittel in Österreich«. Die österreichischen Währungsgesetze erwähnten sie nicht und rechneten sie offensichtlich zu den ›Reichsmarknoten‹ (so § 2 des Schillinggesetzes).

Schon am 13. Dezember 1945 hatte die Österreichische Nationalbank damit begonnen, ihre neuen Schillingnoten (5, 10, 20, 100 und 1000 Schilling) auszugeben.[6] Für die Noten wurden zum Teil die Druckplatten der entsprechenden Noten der Zeit bis 1938 verwendet.

Wo irgend möglich knüpfte Österreich als Staat an seine alten Überlieferungen an. So wurde z. B. die Verfassung von 1929 wieder in Kraft gesetzt.[7] Hinsichtlich der Österreichischen Nationalbank ist daran zu erinnern, daß sie nach dem ›Anschluß‹ durch die Reichsbank liquidiert werden sollte.[8] Offenbar war die Liquidation wegen des Krieges nicht förmlich abgeschlossen worden und die Rechtspersönlichkeit der Nationalbank daher nicht erloschen. Jedenfalls besagte das »Gesetz über die einstweilige Neuordnung der Österreichischen Nationalbank (Notenbank-Überleitungsgesetz)« vom 3. Juli 1945[9] in Artikel I:

Die Österreichische Nationalbank, die infolge der gewaltsamen Annexion Österreichs durch das Deutsche Reich ihres Gold- und Devisenschatzes beraubt und durch die Überführung ihrer Bestände auf die Deutsche Reichsbank während der Dauer der Annexion außer Funktion gesetzt worden ist, ist kraft der Unabhängigkeitserklärung wieder ins Leben getreten.

Zu dieser Zeit war die Österreichische Nationalbank schon wieder tätig, was die Daten ihrer ersten Noten erklären. § 4 des Gesetzes bestimmte:

§ 4 (1) Die Österreichische Nationalbank übernimmt jenen Teil des Banknotenumlaufs und der sofort fälligen Verbindlichkeiten der Deutschen Reichsbank, der durch Gesetz als österreichische Umlaufsmittel erklärt wird.

Demnach waren die Reichsbanknoten auf österreichischem Boden jetzt Teil des Umlaufs der Nationalbank. Das Schillinggesetz vom 39. November 1945 nahm den Reichsbanknoten von 10 Reichsmark und darüber sowie den entsprechenden AM.-Schillingnoten mit Ablauf des 20. Dezember 1945 die gesetzliche Zahlkraft. Diese behielten außer ihren neuen Noten (Artikel I, § 2 (2))

die AM.-Schillingnoten im Nennwert von 5, 2 und 1 Schilling, die Reichsmarknoten zu 5, 2 und 1 Reichsmark (Rentenmark), die Scheidemünzen der Reichsmarkwährung.

Für die größeren Noten wurde für die Zeit von 13. bis 20. Dezember der Umtausch angeordnet, wobei bis 150 Reichsmark bzw. Schilling in neuen Noten ausgegeben wurden; der überschießende Betrag wurde gutgeschrieben. Der weitere Gang des österreichischen Währungsgeschehens ist hier nicht Gegenstand. Die deutschen Noten zu 5, 2 und 1 Reichsmark (Rentenmark) wurden am 20. Februar 1946 ungültig und nach dem 6. März nicht mehr umgewechselt, die Münzen zu 10 Reichspfennig verloren ihre gesetzliche Zahlkraft – wohlgemerkt als Zehngroschenstücke – mit Ablauf des 31. Januar 1949 (Umtausch bis 6. März 1949). Die Stücke zu 5 Reichspfennig waren seit 1. Oktober 1950 nicht mehr gültig und wurden ab 16. Oktober nicht mehr umgewechselt. Die Pfennige gelten theoretisch als Groschen heute noch; die neuen Groschenstücke, nur 1947 geprägt,[10] wurden unter Verwendung vorrätiger Zinkplättchen in der Wiener Münze hergestellt. Auch für die Stücke zu 5 Groschen (1948 bis 1968) und zu 10 Groschen (1947 bis 1949) wurde solches Material verwendet, jedenfalls anfangs, und es wurden auch deutsche Münzen überprägt, wie Stücke beweisen, auf denen die deutsche Prägung unter der österreichischen noch zu erkennen ist.[11] Begonnen hat die neue Wiener Prägung aber schon 1946 mit den Aluminium-Schillingen mit dem schreitenden Sämann und den Stücken zu 50 Groschen aus demselben Metall.[12] Vergleicht man die Daten der Außerkurssetzung der deutschen Kleinmünzen mit den Daten der deutschen Währungsreformen, so wird verständlich, daß bis zu diesen Reformen Österreich die Stücke wie ein Magnet anzog.[13].

Später wurden die ersten Noten der Österreichischen Nationalbank, die kleinen AM.-Schillingnoten und die deutschen Scheidemünzen ›zu 50 Reichspfennig und darüber‹ auf ein Drittel ihres Nennwerts herabgesetzt und umgetauscht (vgl. Währungsschutzgesetz vom 19. November 1947).[14] Die Schillingwährung hatte am Anfang keine gesetzliche Parität und war reine ›Papierwährung‹; erst als Österreich 1948 dem Abkommen über den Internationalen Währungfonds beitrat, mußte es sich für eine Parität entscheiden und bestimmte den Schilling mit $\frac{1}{10}$ des USA-Dollars. Bei den damaligen Fesseln des internationalen Zahlungsverkehrs und des Außenhandels besagte dies wenig. Am 4. Mai 1953 wurde die Parität mit 1 Dollar gleich 26 Schilling festgelegt.[15] Seit den fünfziger Jahren hat sich der Schilling im Verhältnis zur Deutschen Mark immer beim Wert von 6 bis 7 Schilling für die Mark gehalten. Die Mark der Bundesrepublik wäre vielleicht eine Währungseinheit dieser Größenordnung geworden, wäre man bei der Währungsreform einen ähnlichen Weg gegangen wie in Österreich und hätte die Reichsmark im Verhältnis 1 zu 1 an die neue Einheit angeschlossen und sich wie dort bemüht, die Geldmenge in den Griff zu bekommen.

b) Frankreich, Elsaß-Lothringen, Kanalinseln

Nach der Invasion in der Normandie am 6. Juni und der Landung am 15. August 1944 an der Côte d'azur zwischen St-Tropez und Cannes – beides unter Teilnahme freifranzösischer Truppen De Gaulles – dauerte es im großen und ganzen bis zur Jahreswende, bis *Frankreich* befreit war. Paris wurde am 25. August 1944 übergeben; am 9. September bildete De Gaulle eine provisorische Regierung. Im Elsaß erreichten die Franzosen am 19. November 1944 Mülhausen und am 23. November Straßburg (von Norden); nach einer Verzögerung als Folge der deutschen Ardennenoffensive fiel Kolmar erst am 2. Februar 1945. Am 20. März war kein deutscher Soldat meht im Elsaß. In Lothringen fiel Metz am 19. November.

In ähnlicher Gestaltung wie das Besatzungsgeld für Deutschland hatten die Amerikaner und Briten vor der Invasion Militärgeld auf Francs vorbereiten lassen und verwendeten es nach der Invasion. Die Scheine lauteten auf 2, 5, 10, 50, 100, 500 und 1000 Francs; vorbereitete Scheine zu 5000 Francs wurden nicht ausgegeben. Sie gaben keinen Aussteller an (weil Frankreich ja nicht unter Militärverwaltung kommen sollte), zeigten auf der Rückseite der kleinen Scheine die Trikolore und ein großes ›France‹ sowie ›Liberté – Égalité – Fraternité‹; als Text der Vorderseite erscheint ›Émis en France‹.[16] Die Noten hießen amtlich ›Supplementary French Franc Currency‹ (französische Ergänzungs-Frankenzahlungsmittel). Herstellung und Verwendung hatte General Eisenhower als Oberbefehlshaber der Invasionsarmee angeordnet, und zwar gegen den Widerspruch von De Gaulle, der protestierte und die Scheine als Falschgeld bezeichnete. Sein Französisches Kommittee der Nationalen Befreiung ließ für die Verwendung durch die Truppen De Gaulles daher eigene Noten drucken (100, 500 und 1000 Francs), die die ›Republique Française‹ zum Ausgeber hatten und Staatsnoten (›Trésor‹) waren. Die Scheine zu 100 Francs wurden schon 1943 auf Korsika (Landung und Kämpfe 13. September bis 5. Oktober) verwendet.[17] Auch hier war ein Schein zu 5000 Francs vorbereitet, der nicht ausgegeben wurde. Diese Scheine wurden als ›Provisional French Franc Currency‹ (provisorische französische Franken) bezeichnet.

Schwan/Boling geben an, beide Ausgaben seien in den Vereinigten Staaten, und zwar von Forbes, hergestellt worden und zeigten deren ›f‹. Sonst liest man, die De Gaulle-Scheine seien in England gedruckt worden.

Diese Scheine liefen nun neben den Noten der Bank von Frankreich und dem Münzgeld um. Die deutschen Reichskreditkassenscheine spielten kaum mehr eine Rolle, doch verlangten die Verhältnisse nach einer Bereinigung, zumal die neue Regierung auch die Inflation bekämpfen mußte. Nach dem amtlichen Index waren die Preise von 1938 bis 1944 auf das Zweieinhalbfache gestiegen. Im Schwarzhandel hatten sich die Preise vervierfacht und der Schwarzmarktpreis für Goldmünzen – Frankreich ist ein klassisches Land der Goldhortung – war gar auf das Zehnfache gestiegen. Daher war der Militärumrechnungskurs der Alliierten, die das Pfund Sterling mit 200 Francs und den Dollar mit 50 Francs bewerteten, irreal; im Zusammenhang mit dem Beitritt Frankreichs zum Internationalen Währungsfonds legte ein Gesetz vom 26. Dezember 1945 die Parität des Franc mit 7,461 Milligramm Feingold fest, worauf sich der Kurs des Pfund Sterling vorerst bei 480 Francs und der des Dollar bei 119,1 Francs festigte.[18]

Vorher jedoch war der erste Notenumtausch angeordnet worden. Er hatte zum Ziel, die in den Vereinigten Staaten gedruckten Scheine und die Reichskassenscheine zu beseitigen und der Bank von Frankreich einen besseren Überblick des Notenumlaufs zu geben. Außerdem verfolgte man – wie stets bei solchen Aktionen – steuerliche Zwecke. Von 4. bis 15 Juni 1945 waren alle Noten von 50 bis 5000 Francs einzuliefern. Bis zum Betrag von 6000 Francs je Person wurden sofort neue Noten ausgehändigt, für höhere Einlieferungen etwas später. In Korsika war eine solche Erfassung schon am 2. Oktober 1943 vorausgegangen.[19]

Reichsmarkzahlungsmittel wurden mit dem Kurs von 20 Francs für die Reichsmark gutgebracht. Dieser Satz galt auch, als in *Elsaß-Lothringen* nach der Befreiung wieder der Franc eingeführt und die Reichsmark außer Kurs gesetzt wurde. Wie schwierig die Währungsverhältnisse angesichts des Fehlens freier Kursbewegungen damals waren, zeigt, daß ein Kaufkraftvergleich – unter Berücksichtigung wohl nur der gestoppten deutschen Preise – den Gleichwert von 1 Reichsmark und 61 Francs ergab. Dies führte dazu, daß man in Elsaß-Lothringen, wo für die Umstellung anfangs ein Kurs von nur 15 Francs für die Reichsmark ins Auge gefaßt war, dann doch den alten deutschen Militärumrechnungskurs beibehielt.[20]

Die zum Teil schwerbefestigten britischen *Kanalinseln* hatten die Alliierten bei der Invasion umgangen und auch später nicht angegriffen, so daß sie – wie die ›Atlantikfestungen‹ Lorient, La Rochelle und St-Nazaire – erst nach der Doppelkapitulation vom 7. und 9. Mai 1945 übergeben wurden. Zu diesen Resten des vielgerühmten Atlantikwalls hatte auch der Bereich Gironde-Süd und Gironde-Nord (mit Royan) gehört; hier hatten die letzten Deutschen nach alliierten Angriffen schon am 20. April 1945 kapituliert. Dünkirchen wurde erst am 11. Mai 1945 übergeben. Von den Kanalinseln kapitulierte Guernsey am 9. Mai, Jersey wurde anschließend besetzt. Am 10. Mai gingen die Deutschen auf Sark in Gefangenschaft und erst am 16. Mai landeten die Briten auf Alderney.

Wie bereits ausgeführt[21] wurde das deutsche Geld auf den Kanalinseln zum Kurs von 9,36 Reichsmark für das Pfund Sterling umgetauscht.

c) Belgien (mit Eupen-Malmedy), Luxemburg

Nach dem Überschreiten der Seine auf breiter Front bis gegen Troyes (Einnahme von Paris am 25. August 1944) führte die Alliierten ein wahrer Sturmlauf bis zur Erschöpfung ihrer Nachschubmöglichkeiten nach Belgien und Luxemburg zur Südgrenze der Niederlande und zur Westgrenze des Deutschen Reiches von Aachen bis östlich der Stadt Luxemburg. Am 3. September 1944 verloren die Deutschen Brüssel, am 4. September Antwerpen und am 6. September Lüttich. Schon am 9. September richtete sich die belgische Zivilregierung in Brüssel ein. Am 10. September besetzten die Amerikaner die Stadt Luxemburg; bei ihnen waren die Prinzen Félix und Jean (der heutige Großherzog). Der 11. September brachte Eupen und Malmedy in die Hand der Amerikaner. Dann blieb die Front bis zur Jahreswende vor dem Westwall. Die Ardennenoffensive (16. Dezember 1944; Vorstoß der Deutschen zwischen Monschau und Echternach bis vor Dinant an der Maas; am 7. Februar 1945 war alles vergebens gewesen und der Westwall wieder erreicht) blieb Episode.

Großherzogin Charlotte kehrte nach Luxemburg zurück; in Brüssel wählten Senat und Kammer am 20. September 1944 anstelle von König Leopold III. (den die Deutschen nach Beginn der Invasion nach Deutschland gebracht hatten) seinen Bruder, Graf Karl von Flandern, zum Regenten. Obwohl sich die Belgier 1950 in einer Volksabstimmung mehrheitlich für seine Rückkehr aussprachen, dankte Leopold III. 1951 zugunsten seines Sohnes Baudouin I. ab, des heutigen Königs.

In London brauchte sich die *belgische* Exilregierung, wie schon erwähnt, bis zur

Wiederaufnahme ihrer Tätigkeit – anders als andere Exilregierungen – nicht darauf beschränken, die Interessen ihres Landes politisch zu vertreten und auf seine Befreiung von der deutschen Herrschaft zu warten. Die Regierung hatte weiter die bedeutende Kolonie Belgisch-Kongo zu verwalten. Was die Währungsfragen anlangt, hatte Belgisch-Kongo trotz eigenen Papier- und Münzgelds[22] die belgische Frankenwährung. Erst als Belgien besetzt war, trennten sich die Kurse des belgischen und des Kongofranken. Für letzteren galt seit 7. Juni 1940 der Kurs von 176,625 Francs für das Pfund Sterling, wogegen der belgische Franc ab 11. November 1940 in London – ohne große Bedeutung – mit 123 Francs auf das Pfund bewertet wurde.[23] Im Exil konnte die belgische Regierung sich im wesentlichen aus Belgisch-Kongo finanzieren und die Bestände der Nationalbank schonen.[24]

Die Bereinigung der Währungsverhältnisse Belgiens hat die Exilregierung für die Nachkriegszeit sorgfältig vorbereitet und sofort nach der Befreiung ins Werk gesetzt.[25] Schon am 1. Mai 1944 war der König ermächtigt worden, das Erforderliche mit Verordnungen zu regeln, wo früher förmliche Gesetze notwendig waren. Im Einvernehmen mit den beteiligten Regierungen – am 21. Oktober 1943 bereits hatten Belgien, die Niederlande und Luxemburg die spätere Benelux-Union vereinbart – gab die Regierung am 2. September 1944 (am 3. September wurde Brüssel befreit) die Nachkriegskurse des belgischen Franken bekannt. Danach sollten 176,625 Franken oder 35,325 Belgas dem Pfund Sterling entsprechen; der Gleichwert von belgischem und Kongo-Franken war damit wiederhergestellt.[26] Der Kurs entsprach dem Pfundkurs der Jahre 1931 bis 1938, berichtigt um das Steigen des Lohnindex in Großbritannien seit Kriegsbeginn. Die belgische Kriegsinflation blieb unberücksichtigt: Die englische Pfundnote war inzwischen auf dem Schwarzmarkt in Brüssel von 91 Franken (Juni 1940) auf 315 Franken (Januar bis Juli 1944) und gar auf 500 Franken (Anfang September 1944) gestiegen. Ein Fahrrad kostete 25000 Franken, ein Kilogramm Kaffee 15000 Franken und eine goldene Armbanduhr 200000 Franken.

Die belgische Währungsreform begann am 7. Oktober 1944, einem Samstag, mit der Veröffentlichung verschiedener Verordnungen und einer Rundfunkansprache des Finanzministers Gutt. Sie umfaßte ein neues Devisenrecht, die Einrichtung einer Währungsbehörde (Institut du Change), eine strenge Bankenaufsicht und brachte die Erklärungspflicht für Besitz an Gold und Devisen sowie von Auslandswerten. Am wichtigsten war jedoch die Behandlung des Papier- und Buchgelds. Die Noten der Nationalbank zu 100, 500, 1000 und 10000 Franken wurden ungültig. Bis 13. Oktober waren sie bei Banken und Postämtern einzureichen und wurden sogleich bis 2000 Franken in neue Noten umgetauscht; der überschießende Betrag wurde gutgeschrieben. Die Staatsnoten zu 5, 20 und 50 Franken und das Münzgeld blieben im Umlauf, was 4,6 Milliarden Franken bei den Staatsnoten und 1,8 Milliarden bei den Münzen ausmachte und den Kleinverkehr aufrechterhielt. Damit war aber gerechnet worden, und so war der Umlauf an Staatsnoten seit Oktober 1943 um 400 Millionen Franken gestiegen. Von den Bankguthaben konnte grundsätzlich nur über 10 v. H. verfügt werden, voll allerdings über den Kontenstand vom 9. Mai 1940, in Höhe von 1000 Franken aber von Unternehmen für jeden Beschäftigten für Lohnzahlungen. Die Sperrkonten aus den Gutschriften der eingelieferten Noten wurden dann nach und nach binnen vier Jahren wieder freigegeben. Viel Papiergeld in den Kassen von Schwarzhändlern wurde nicht eingeliefert. Es gab manchen kuriosen Mißbrauch, wie bei jeder solchen Reform. Ein kleines Kloster auf dem Lande, das vorher nie mehr als 100000 Franken in der Kasse hatte, meldete bis Ende der Umtauschfrist schließlich mehr als 10 Millionen an: Bauern hatten ihr Schwarzgeld lieber dem Kloster geschenkt als es verfallen zu lassen. Wer die Kopfquote nicht selbst ausschöpfen konnte, tauschte für Freunde um. Verbunden war die Reform mit einer Kriegsgewinnsteuer und anderen Finanzmaßnahmen. An Stück- und Buchgeld verminderte sich der Geldvorrat des Landes im ganzen von 164,6 Milliarden Franken auf 57,4 Milliarden Franken.[27]

Deutsches Geld spielte bei der Reform keine Rolle und wurde offenbar, als ausländisches behandelt, nicht mehr besonders erwähnt. Der weitere Gang gehört nur noch zur belgischen Geldgeschichte. Anders war es im Gebiet von *Eupen-Malmedy*. ›Ostbelgien‹, wie erwähnt am 11. September 1944 besetzt, wurde unter Nichtbeachtung der deutschen Annexion vom 18. Mai 1940 wieder in belgische Verwaltung genommen. Schon im Juli 1943 hatte die Exilregierung in London erklärt, die Einwohner der Ostkantone seien und blieben Belgier.

Im Abtretungsgebiet von 1919 und in den zehn Gemeinden Altbelgiens, die 1940 mitannektiert wurden,[28] war nun die Reichsmarkwährung durch den belgischen Franken zu ersetzen. Schon eine Woche nach dem Einrücken der Amerikaner war die neue belgische Verwaltung in der Lage, den Umtausch durch eine Abstempelungsaktion vorzubereiten. Mit Verordnung vom 19. September 1944 (›Gesetzesbeschluß‹, Arrêté Loi)[29] wurde (Artikel 1)

... jede Person, die wohnhaft ist in den Gebieten, die während des Krieges unter deutsche Verwaltung gestellt worden sind, aufgerufen, die auf deutsche Währung lautenden Geldscheine, die sich in ihrem Besitz befinden, bei der zuständigen Gemeindeverwaltung vorzuzeigen.

Artikel 2 und 3 lauteten:

Die Gemeindeverwaltung wird auf jeden vorgezeigten Geldschein den Stempel der Gemeinde aufdrücken. In die Identitätskarte des Besitzers wird der genaue Betrag, der abgestempelt worden ist, eingetragen. Diese Beträge werden durch die Gemeindeverwaltung in ein besonderes Register eingeschrieben ...
Sechs Tage nach Veröffentlichung dieses Beschlusses sind die ungestempelten auf deutsche Währung lautenden Geldscheine nicht mehr umlaufgültig ...

So kam es zur Abstempelung der Reichsbanknoten und Rentenbankscheine durch die Gemeindeverwaltungen. Damit wurde erreicht, daß, wie immer auch das Vorrücken der Alliierten jenseits der Reichsgrenze verlaufen würde, der Reichsmarkumlauf in Ostbelgien von dem im Deutschen Reich getrennt und der Gefahr vorgebeugt wurde, daß Geld aus dem Reichsgebiet beim späteren Umtausch der Reichsmark in belgische Franken nach Ostbelgien eingeschleust und von dem voraussichtlich besseren Schicksal der Reichsmark in diesen Kantonen Eupen, Malmedy und St. Vith (sowie in den erwähnten zehn altbelgischen Gemeinden) Nutzen gezogen würde, gab es doch genug Beziehungen über die alte Reichsgrenze.

Diese Abstempelungen auf deutschen Scheinen – meistens auf dem Schaurand – hat Ramjoie nach Gemeinden katalogisiert.[30] Nicht nur war das Gemeindepersonal nach der Flucht der 1940 eingesetzten deutschen Beamten oder der Absetzung der Kollaboranten neu, oft war Büroinventar vernichtet und auf keinen Fall durften die deutschen Dienststempel mit dem ›Hoheitszeichen‹ verwendet werden. So wurden die verschiedensten alten Stempel verwendet, wenn sie nur den Namen der Gemeinde trugen, auch wenn sie aus belgischer Zeit vom Standesamt oder vom Steueramt waren. Erstaunlich ist, wieviele Gemeindestempel der belgischen Zeit immerhin sogleich wieder zur Hand waren; in anderen Fällen wurden Stempel ›entnazifiziert‹. Abgestempelt wurde gelegentlich auch ein Reichskreditkassenschein oder eine ungültige Inflationsnote, was noch nicht heißt, daß der Schein dann später auch umgetauscht wurde.

Diesen Umtausch ordnete dann bald die Verordnung vom 28. Oktober 1944[31] für die Zeit von 6. bis 9. November 1944 an. Belgier mit Wohnsitz in dem Gebiet am 9. Mai 1940 und alte Firmen konnten ihre nach deutschem Recht gültigen und von der Gemeinde gestempelten Scheine umtauschen bzw. auf Sperrkonto einzahlen. Als Kopfquote gab es für die ersten 100 Reichsmark je 10 Franken für die Mark und für die zweiten 200 Reichsmark je 5 Franken, für 300 Reichsmark also 2000 Franken. Überschießende Beträge konnte auf Sperrkonto eingezahlt werden und wurden sogleich zum Kurs von 5 Franken für die Reichsmark auf Franken umgerechnet.

Guthaben wurden dergestalt behandelt, daß Reichsmarkforderungen, die nachweislich als Frankenguthaben schon vor dem 5. Juni 1940 bestanden hatten, zum Kurs von 10 Franken für die Reichsmark wieder in Franken umgerechnet wurden und sogleich verfügbar waren.

Später entstandene Reichsmark-Bankguthaben blieben ohne Umrechnung vorerst gesperrt; später entstandene Privatforderungen wurden zum Kurse von 5 Franken für die Reichsmark sofort umgerechnet.

Nun war aber zwischen der Rückkehr zu Belgien (11. September) und dem belgischen Notenumtausch (7./9. Oktober) bereits belgisches Geld nach Ostbelgien geströmt und neben den Reichsmarkzahlungsmitteln im Umlauf. Der Verordnung vom 28. Oktober 1944 für Ostbelgien (Artikel 2 Abs. 3) ist nun zu entnehmen, daß die großen belgischen Scheine, zu 100, 500, 1000 und 10000 Franken, hier vom 9. Oktober an nicht in neue Noten nach Maßgabe der Vorschriften vom 7. Oktober umgetauscht, sondern nur abgestempelt und registriert wurden. Nur so ist zu erklären, daß diese Scheine, soweit gestempelt und im Besitz des Anmelders, zusammen mit den gestempelten deutschen Noten zur Einlieferung aufgerufen wurden; im Rahmen der Kopfquote wurden sie nun im Verhältnis 1 zu 1 gegen neue belgische Noten umgetauscht.

Zum Abschluß wurden dann die Reichsmark-Sperrkonten durch eine Verordnung vom 28. Juni 1946[32] kräftig abgewertet. Der Normalumrechnungssatz von 5 Franken für 1 Reichsmark wurde nur bis 2000 Reichsmark voll angewandt. Für die jeweils weiteren Beträge gab es dann davon nur 80 v. H. bis 5000 Reichsmark, 60 v. H. bis 20000 Reichsmark, 50 v. H. bis 50000 Reichsmark, 40 v. H. bis 100000

Reichsmark, 30 v. H. bis 500000 Reichsmark, 20 v. H. bis 1000000 Reichsmark und nur 10 v. H. für Beträge von mehr als einer Million: diese Mehrbeträge wurden mithin nur mit 0,50 Franken für eine Reichsmark umgestellt. 5 v. H. des Frankenbetrags nahm dazu der Staat in Anspruch; die verbleibenden Guthaben wurden auch nicht sofort freigegeben. Der mehrfach erwähnte Vorzugssatz von 10 Franken für die Reichsmark konnte auf Antrag aber bis 100000 Reichsmark zugestanden werden, wenn nachzuweisen war, daß das Reichsmarkguthaben entstanden war etwa letztlich aus einem Grundstücks- oder Wertpapierverkauf vor dem 5. Juni 1940, aus der Rückzahlung einer entsprechenden Forderung oder der Zahlung einer Versicherungssumme oder von Lieferungen oder Arbeiten aus jener Zeit.

Zu den belgischen Abstempelungen deutscher Geldscheine erwähnt Ramjoie noch,[33] daß nach den beschriebenen Umtauschaktionen schließlich das Bedürfnis bestand, belgischen Arbeitern, die aus Deutschland zurückkehrten und zunächst in Durchgangslagern untergebracht wurden, ihre mitgebrachten Reichsmarkzahlungsmittel umzutauschen. Ihnen wurden 100 Reichsmark sofort in Franken umgetauscht und die weiteren Scheine mit Stempeln des ›Centre de Rassemblement‹ bwz. (flämisch) ›Versamelzentrum‹ zur späteren Verwertung versehen.

Auch für *Luxemburg* waren – von der Exilregierung in London unter Großherzogin Charlotte – für die Zeit nach der Befreiung neue Geldscheine vorbereitet worden. Diese Scheine sind insofern interessant, als sie in verschiedenen Wertpapierdruckereien der Vereinigten Staaten und Großbritanniens hergestellt wurden und sprachlich nicht einheitlich sind. Es sind Staatsnoten ohne Jahreszahl. Die Scheine zu 5 und zu 10 Francs sind auf der Vorderseite französisch und auf der Rückseite ›letzeburgisch‹ (moselfränkisch) beschriftet: ›Letzeburg‹ und ›Fennef Frang‹ bzw. ›Zeng Frang‹; Hersteller war die American Bank Note Company. Der Zwanziger von der Firma Waterlow & Sons Limited, London, trägt auffallend auf beiden Seiten letzeburgische Beschriftung (›Zwanzeg Frang‹); französisch sind nur der Strafsatz und die Umschrift im kleinen Siegel der Rückseite (›Grand-Duché de Luxembourg‹). Die Note zu ›Fofzeg Frang‹ (Bradbury, Wilkinson & Co. Ltd.; New Malden, Surrey) hat in französisch außer dem Strafsatz nur die Amtsbezeichnung des Unterzeichners: ›Le ministre des finances‹. Der Hunderter entspricht in Beschriftung und Herkunft wieder den beiden kleinen Scheinen (›Honnert Frang‹).[33a]

Die Währungsreform wurde mit einem Regierungsbeschluß (›Arrêté‹) vom 9. August 1944 vorbereitet, der fürs erste alle Geschäfte mit Edelmetallen verbot und Kontensperren verfügte. Der Beschluß vom 14. Oktober 1944 ordnete dann den Geldumtausch an. In die genannten Staatsnoten, die herkömmlich ›Bons de Caisse‹ genannt wurden, tauschte man das vorhandene Geld um. Es betraf die Reichsmarkzahlungsmittel, wobei 5 luxemburgische Francs für die Reichsmark gegeben wurden, aber auch die alten luxemburgischen Scheine, von denen die Bevölkerung nicht weniger als 60 v. H. dem Umtausch in deutsches Geld (1941) entzogen hatte.[33b] Von den alten luxemburgischen Münzen wurden bei dieser Gelegenheit nur die alten Silberstücke zu 5 und zu 10 Francs [33c] aufgerufen; die kleineren Münzen erhielten ihre Gültigkeit zurück. Aufgerufen wurden aber auch die belgischen Scheine der Zeit vor 1941, die zum Kurs von 1,25 belgischen Franken für den luxemburgischen Franken kursiert waren und ebenfalls gehortet worden waren. Bei dem Umtausch wurden neben den neuen luxemburgischen Staatsnoten auch neue belgische Zahlungsmittel, die in Belgien fortgalten, und belgische Münzen in Umlauf gesetzt. Da man offenbar nicht genug Münzen hatte, beließ man die deutschen Kleinmünzen zu 1, 5 und 10 Reichspfennig (mit dem Wert von 5, 25 und 50 Centimes) vorläufig im Umlauf. Sie wurden erst am 22. Februar 1945 aufgerufen und ab 3. März 1945 von den öffentlichen Kassen nicht mehr genommen. Der neue luxemburgische Franc stand dem belgischen Franc gleich.

Das Notenrecht der Banque Internationale à Luxembourg, das die Deutschen ihr genommen hatten, erwähnte der Beschluß vom 14. Oktober 1944 nicht. Die Bank erhielt es mit ›Arrêté‹ vom 1. August 1945 zurück; das Notenrecht wurde dabei mit 10 Millionen Francs bestimmt. Die Noten sind im Großherzogtum gesetzliches Zahlungsmittel; das Kontingent wurde 1949 auf 20 Millionen erhöht und beläuft sich heute auf 50 Millionen Francs (seit 1967). Die erste Note – sie lauten sämtlich auf 100 Francs[33d] – nach dem Krieg kam 1947 heraus und trägt das Datum 15. Mai 1947. Die ersten luxemburgischen Kleinmünzen wurden nach dem Krieg 1946 geprägt.[33e]

In der belgisch-luxemburgischen Währungsunion sind die belgischen Zahlungsmittel bis heute auch in Luxemburg gültig, wogegen das luxemburgische Geld in Belgien nicht genommen wird.

d) Niederlande

Wie erwähnt[34] hatten die Deutschen, als sie in den Niederlanden am 5. Mai 1945 kapitulierten, im wesentlichen noch die Provinz Holland in der Hand. Am 23. Mai trat das Kabinett der Exilregierung im Haag zusammen; Königin Wilhelmina traf am 28. Juni ein. Sie hatte schon im März die Grenze zwischen Belgien und dem flandrischen Seeland beim Dorf Eede zu Fuß überschritten und zunächst die im September 1944 befreiten Provinzen Seeland, Nordbrabant und Limburg besucht.

Auch die niederländische Regierung hatte sich in London mit der Verwaltung der verbliebenen Kolonien – Surinam, Niederländische Antillen (Curaçao) – befassen können und auch für das dortige Münzwesen sorgen müssen. 1941 bis 1944 hatte man hierfür (und auch für Niederländisch-Ostindien) in Philadelphia und Denver Scheidemünzen verschiedener Nominale[35] nach den Vorschriften des alten Münzgesetzes von 1901 prägen lassen. 1944 machte sich die Regierung auch Gedanken über das Münzwesen in den Niederlanden für die Zeit nach der Befreiung und ließ in Philadelphia, San Francisco und Denver prägen. Auch für die Niederlande brachten die alliierten Truppen nach Vereinbarungen mit der niederländischen Regierung niederländisches Geld mit und gaben in Brabant und Limburg diese Münzen aus. Wegen des hohen Silberwerts und der Erwartung einer Währungsreform wurden die Silbermünzen aber massiv gehortet, worauf man die weitere Ausgabe einstellte. So behielt das Land vorest die Zinkmünzen der Besatzungszeit. Man wollte sie zwar schnell beseitigen, und die Regierung betrachtete ihre Prägung auch als illegal, sah sich aber doch gezwungen, sie schon am 14. September 1944 von London aus zum gesetzlichen Zahlungsmittel zu erklären.[36] Erst im Zusammenhang mit der Neuordnung des Münzwesens durch das Münzgesetz von 1948 wurden die letzten beseitigt. Schon vorher aber waren die Vorkriegsmünzen wieder aufgetaucht, wie sie – schon unter deutscher Besetzung – bis 1941 noch geprägt worden, unter der Besetzung aufgerufen und zum größten Teil trotz Strafdrohung nicht eingeliefert worden waren.[36a] Ab 1948 wurden sie dann eingezogen, die letzten Sorten erst 1958 ($2^1/_2$ Gulden) und 1960 (10 Cents).[37]

Was das Papiergeld anlangt, so hatte die Regierung in den Vereinigten Staaten Staatspapiergeld herstellen lassen,[38] das u. a. von den alliierten Truppen in den Südprovinzen ausgegeben wurde, nicht jedoch im bis zuletzt besetzten Holland. Vom gesamten Umlauf machten die Scheine zu 100 Gulden den größten Teil aus.

Die Verminderung des aufgeblähten Geldumlaufs vollzog sich in zwei Stufen. Zunächst wurde für die Tage von 9. bis 13. Juni 1945 die Einziehung der Scheine zu 100 Gulden angeordnet; sie wurden auf Sperrkonto gutgeschrieben. Der Umlauf an Zahlungsmitteln konnte so von rd. 5,4 Milliarden auf 2,6 Milliarden vermindert werden. Vom 26. September bis 2. Oktober 1946 wurde ein Moratorium für alle Zahlungen angeordnet; in dieser Woche wurden alle Scheine (deutsches Geld, Zilverbons, Noten der Niederländischen Bank und Muntbiljetten) zur Einlieferung aufgerufen und von da an neue Noten der Niederländischen Bank ausgegeben,[39] dazu als Staatsnoten neue Muntbiljetten zu 1 und $2^1/_2$ Gulden[40] zum Ersatz der früher verbreiteten Silbermünzen dieser Nominale. Nach Ablauf der Woche wurden von den Konten je Person 100 Gulden freigegeben; zusätzliche Freigaben für Betriebszwecke, Familienfeste und im Rahmen des Giroverkehrs ließen das Wirtschaftsleben wieder in Gang kommen. Weitere Freigaben erfolgten bis Ende 1946; Teile der Guthaben wurden als Zwangs-Staatsanleihen in Anspruch genommen. Ende 1946 belief sich der Notenumlauf noch auf rund 2 Milliarden Gulden.[41] 1948 wurde die Niederländische Bank verstaatlicht. Im Verhältnis zum Dollar wurde der Kurs des Gulden am 18. Dezember 1946 auf 2,65258 Gulden und ab 21. September 1949 auf 3,80 Gulden festgesetzt.

e) Dänemark, Norwegen

Dänemark und Norwegen blieben im wesentlichen bis zur Kapitulation im Mai 1945 von den Deutschen besetzt. Von der Invasion in Nordfrankreich an verstärkte sich in beiden Ländern der Widerstand, ohne jedoch Entscheidendes zu erreichen. Nur die norwegische Provinz Finnmarken, das Grenzgebiet gegen Finnland, geriet nach dem Ausscheiden Finnlands aus dem Krieg (Waffenstillstand mit der Sowjetunion am 19. September 1944, Abzug der deutschen Truppen zum Teil über Nordnorwegen) in sowjetische Hand. Die Kapitulation der Deutschen gegenüber einer alliierten Militärkommission wurde in Lillehammer unterzeichnet; die Wehrmachtseinheiten blieben entwaffnet geschlossen im Land und wurden bis Herbst 1945 nach Deutschland zurückgebracht. Am 7. Juni war die Verwaltung wieder voll in norwegischer Hand; an diesem Tag kehrte König Haakon VII. genau fünf Jahre nach seinem Weggang nach Oslo zurück. Es sei bemerkt, daß Norwegens größter Beitrag zum Sieg der Alliierten in der Hilfe der Handelsflotte bestand, der modernsten und zweitgrößten der Welt im Jahre 1940; ihr galt der wesentliche Teil der Arbeit der Exilregierung in London.

In Dänemark nahm die Regierung mit der deutschen Kapitulation ihre Tätigkeit wieder auf, die sie Ende August 1943 nach der Ablehnung eines deutschen Ultimatums, Sabotagefälle durch Sondergerichte aburteilen zu lassen, eingestellt hatte. Grönland, im September 1941 von den Amerikanern besetzt, kam wieder in dänische Verwaltung. Island, das seit 1918 mit Dänemark nur noch durch Personalunion verbunden und seit Juni 1940 von Großbritannien, seit Juli 1941 von den Vereinigten Staaten besetzt war, hatte sich im Mai 1943 nach einer Volksbefragung endgültig von Dänemark gelöst. Vom 10. Mai 1945 bis April 1946 war die Insel Bornholm von Sowjettruppen besetzt.

Auch im Falle Norwegen hat die Exilregierung die Befreiung des Landes im Hinblick auf die Währung damit vorbereitet, daß sie Papiergeld anfertigen ließ. Von einer ersten Serie in den Nominalen von 1 Krone bis 1000 Kronen aus dem Jahre 1942 kamen zuerst in Nordnorwegen, wo norwegische Truppen zusammen mit der Sowjetarmee auftraten, nur die Scheine zu 1 Krone und zu 2 Kronen in Umlauf. Die größeren Nominale (5, 10, 50 und 100 Kronen)[42] tragen die Jahreszahl 1944. Sie wurden zunächst ebenfalls nur von den Truppen und dann im Mai 1945 in ganz Norwegen ausgegeben. Ungültig wurden sie in der Währungsreform im August und September 1945, die nur die kleinen Scheine zu 1 Krone und 2 Kronen beließ, welche man eher als Münzersatz betrachtete.

Dänemark hatte keine Exilregierung auf der Seite der Alliierten, und so bereiteten die Alliierten – wie glatt die Befreiung Dänemarks verlaufen würde, war ja nicht vorauszusehen – für dieses Land Besatzungsscheine vor. Sie wurden wahrscheinlich in Großbritannien hergestellt und lauteten auf 25 Öre, 1 Krone und 5, 10, 50 und 100 Kronen; sie bezeichneten den Ausgeber: »Udstedt af de Allierede Overkommando til Brug i Danmark« (Ausgegeben vom Alliierten Oberkommando zum Gebrauch in Dänemark).[43]

Die Zahlung der Besatzungskosten und die Finanzierung des erzwungenen Ausfuhrüberschusses gegenüber Deutschland führten in Dänemark zu einer Staatsverschuldung von etwa 7 Milliarden Kronen. Sie schlugen sich aber nicht voll im Notenumlauf nieder, weil man schon seit 1942 den Geldüberhang durch Staatsanleihen in Grenzen zu halten gesucht hatte; immerhin wurde dieser Überhang bei Kriegsende auf 3,8 Milliarden Kronen geschätzt. Deutsche Zahlungsmittel spielten dabei keine Rolle.

Zur Währungsreform gehörte zunächst eine außerordentliche Erklärung der Vermögen auf den 23. Juli 1945. Dabei wurde selbst nach Ausgaben für Wohnungseinrichtungen, Kunstgegenständen, Bücher und Sammlungsgegenstände gefragt, wenn sie seit Kriegsbeginn 20 000 Kronen überschritten hatten. Damit verbunden war ein Notenumtausch: Alle Banknoten wurden eingezogen und verloren mit Beginn des 23. Juli ihre Gültigkeit; nur die kleinen Scheine zu 5 und zu 10 Kronen galten für die kleinen Bedürfnisse drei Tage länger. Umgetauscht gegen neue Noten wurde bis 500 Kronen pro Kopf.[44] Kontenstände, die nach dem 9. April 1940, dem Tag der Besetzung, begründet worden waren, wurden bei einem Freibetrag von 10000 Kronen zu 50 v. H. blockiert, ältere Guthaben im Grundsatz freigegeben. Erst ab 1. September 1945 wurden die Sperrkonten freigegeben. Verbunden mit diesen Maßnahmen war eine außerordentliche Vermögensteuer, die auf den Vermögenszuwachs seit 1940 abhob.[45]

Norwegen verfuhr ähnlich. Die Vorschüsse von Norges Bank auf den Besatzungsbedarf beliefen sich auf rd. 11 Milliarden Kronen, von denen ebenfalls große Teile im Hinblick auf Abschöpfung durch Steuern und Anleihen, auf Schuldentilgungen und Einzahlungen auf Konten sich nicht im Notenumlauf niederschlugen, so daß man den Kaufkraftüberhang auf etwa 2,5 Milliarden norwegische Kronen schätzte.

Die Währungsreform aufgrund Gesetzes vom 5. September 1945, die ebenfalls auf deutsche Zahlungsmittel keine Rücksicht zu nehmen brauchte, führte zur Einziehung aller Noten von 5 Kronen aufwärts am 9. September. Die Kopfquote betrug 100 Kronen, vom eingezahlten Mehrbetrag wurden bis 5000 Kronen 60 v. H. im Verhältnis 1 zu 1 umgetauscht, der Rest wurde blockiert. Aber schon im November wurde die Begrenzung auf 5000 Kronen aufgehoben. Über Kontenbestände bis 800 Kronen konnte sofort weiter verfügt werden; vom Mehrbetrag waren 30 v. H. frei, 40 v. H. wurden blockiert und von den restlichen 30 v. H. konnte nur für bestimmte Zwecke abgehoben oder überwiesen werden, z. B. für Steuerzahlungen. Von November 1945 bis März 1946 wurden alle Beschränkungen nach und nach wieder aufgehoben. Erst im Jahre 1947 kam es zu einem steuerlichen Zugriff auf die Vermögenszuwächse in der Kriegszeit.[46]

Beim Papiergeld blieben, wie erwähnt, die kleinen Scheine zu 1 und 2 Kronen unberührt. Die neuen Scheine lauteten auf 5, 10, 50, 100 und 1000 Kronen.[47]

In Dänemark wie in Norwegen berührte die Währungsreform das Münzwesen nicht.

f) Sowjetunion, Polen und Danzig, deutsche Ostgebiete bei Polen und der Sowjetunion

Sieht man vom baltischen Raum ab, hatte die Sowjetunion bis zum Frühjahr 1944 ihr Staatsgebiet von 1939 an allen Stellen zurückgewonnen. Von Juli bis Ende Oktober 1944 wurde auch das Baltikum besetzt; der deutschen Heeresgruppe Nord blieb – bis zur Kapitulation im Mai 1945 – nur die Halbinsel Kurland von Libau bis etwa 50 Kilometer westlich von Riga. Bis 31. Januar 1945 waren Ostpreußen, das frühere Polen und Nordostdeutschland überrannt, bis Ende Februar auch Schlesien bis an die Gebirge gegen Böhmen und Mähren.

Während sich für die befreiten *sowjetischen Gebiete* und die 1940 erworbenen und jetzt zurückgewonnenen Baltenstaaten die Frage der politischen Organisation nicht stellte, konkurrierten um Polen die Londoner Exilregierung (unter Sikorski, ab Juni 1943 Mikolajczik) und das Lubliner »Komitee für die Nationale Befreiung« (seit Juli 1944), das sich am 1. Januar 1945 zur provisorischen Regierung erklärt und in der Folge – seit 18. Januar in Warschau – durchsetzte, seit der Konferenz von Jalta (4. bis 11. Februar 1945) auch mit der Billigung von Roosevelt und Churchill. Am 5. Februar 1945 erklärte Polen, die Zivilverwaltung der deutschen Gebiete östlich der Oder-Neiße-Linie zu übernehmen. Von Ostpreußen gliederte sich die Sowjetunion den nördlichen Teil mit Königsberg an.

Ein Besatzungsgeld brauchte die Sowjetunion in ihrem eigenen befreiten Gebiet nicht (konnte sie doch ohne weiteres hier wieder ihre eigenen Zahlungsmittel verwenden), doch für Polen brachte die Sowjetarmee Besatzungsscheine der Zloty-Währung mit, von denen man annehmen kann, daß sie im Benehmen mit dem Lubliner Komitee vorbereitet wurden. Mit Ausnahme des 1000-Zloty-Scheins von 1945 tragen sie die Jahreszahl 1944 und führen als Ausgabestelle die ›Narodowy Bank Polski‹ (Polnische Nationalbank), wie die polnische Notenbank nach dem Krieg dann auch genannt wurde. Die Scheine zu 50 Groschen, 1, 2, 5, 10, 20, 50, 100 und 500 Zloty waren in ihrer ersten von zwei Auflagen in Moskau gedruckt und wurden ab 27. August 1944 in Polen ausgegeben; der Tausender von 1945 war polnischen Entwurfs und Drucks.[48]

Im Falle der *Sowjetunion* ist offenbar nicht bekanntgeworden, wieweit sie im Zuge ihres Vorrückens über die Grenzen von 1941 hinaus, innerhalb deren sie ihre Rubelwährung eingeführt hatte (Ostpolen, Baltenstaaten, Teile Finnlands aufgrund des Moskauer Friedensvertrags vom 12. März 1940 nach dem ›Winterkrieg‹, Bessarabien und Nordbukowina nach dem Ultimatum an Rumänien am 26. Juni 1940), und in den Gebieten, die sie zu Kriegsende erwarb, die dortigen Zahlungsmittel beseitigte und durch ihre Rubelwährung ersetze. Es handelte sich um weitere finnische Gebiete, hauptsächlich um Petsamo, das deutsche Memelgebiet (das der Sowjetrepublik Litauen einverleibt wurde), das nördliche Ostpreußen (aufgrund der Potsdamer Beschlüsse vom 2. August 1945 der Sowjetunion übergeben) und die Karpathenukraine (sowjetisch seit dem Abkommen vom 29. Juni 1945 mit der Tschechoslowakischen Republik). Aber im von den Deutschen und ihren Verbündeten befreiten Staatsgebiet nach dem Stand vom 22. Juni 1941 mußte der einheitliche Zahlungsmittelumlauf in erster Linie wieder hergestellt werden. Diese Bereinigung vorausgesetzt gab es natürlich auch in der Sowjetunion den aus der Kriegsfinanzierung herrührenden Geldüberhang, der sich bei den Zahlungsmitteln immer noch in den Noten und Scheidemünzen darstellte, wie sie schon vor Kriegsbeginn im Umlauf waren.

Die Sowjetunion versuchte zunächst, mit dem Geldüberhang ohne eine Währungsreform fertig zu werden. Der sozusagen legale Schwarzmarkt in Gestalt der freien Kolchosenmärkte wurde durch ›kommerzielle‹ Läden mit freien Preisen ergänzt. Die ›freien‹ Preise gingen mit der Überwindung der Kriegsnöte 1945 zurück, stiegen wegen der schlechten Ernte von 1946 aber wieder auf das Dreifache. Mit einer langfristigen Anleihe nach Art einer rückzahlbaren Kriegsgewinnsteuer (Stadtbewohner sollten einen Monatslohn entrichten) gelang es aber auch bis 1947 nicht, die freien Preise auf das Niveau der amtlichen zu senken, und so entschloß man sich im Dezember 1947 doch noch zur – ersten – Währungsreform nach dem

Krieg. Die Scheidemünzen blieben unberührt. Das Papiergeld war nach Verordnung vom 14. Dezember 1947 von 16. bis 22. Dezember gegen neue Noten[49] im Verhältnis 10 zu 1 umzutauschen; während dieser Tage war das alte Geld noch auf ein Zehntel abgewertet gültig.

Der Bargeldschnitt war radikal und sollte besonders die Landbevölkerung treffen, bei der sich das meiste Bargeld angesammelt und die es – nach alter Gewohnheit – nicht zur Bank gebracht hatte. Bei den Konten wurden Beträge bis 3000 Rubel 1 zu 1, bei höheren Beträgen die ersten 10000 Rubel im Verhältnis 3 zu 2 und die übersteigenden Beträge 3 zu 1 umgerechnet. Alle Staatsanleihen wurden im Nennbetrag auf ein Drittel vermindert und in eine einheitliche Anleihe mit Verzinsung von 2 v. H. umgewandelt; ausgenommen war nur die Anleihe von 1947, die voll erhalten blieb. Preise, Löhne usw. blieben bei dieser Reform unverändert; auch der amtliche Rubelkurs von 1937 (5,30 Rubel für den Dollar) wurde zunächst beibehalten.[50]

Die sowjetische Währungsreform von 1961 ist hier nicht mehr Gegenstand.

In *Polen* mußte mit der Währungsreform zunächst der Geldumlauf vereinheitlicht werden. Im Lande, wie es mit seiner Ost-West-Verschiebung aus dem Krieg hervorgegangen war (Verlust Ostpolens, Zuwachs südliches Ostpreußen, ehemals Freie Stadt Danzig, Deutsches Reich bis zur Oder-Neiße-Linie), fand die Regierung den Zloty des Generalgouvernements und die Reichsmark vor und dazu den Sowjetrubel, die ersteren beiden mit Reichsmarknoten, Reichskreditkassenscheinen, alliierten Militärmarkscheinen, ›Krakauer Zloty‹ und Zloty-Noten der sowjetischen Ausgabe. Die Mengen dieser Sorten im Lande waren nicht bekannt. Man führte die Geldreform in Etappen durch. Zuerst wurden die Krakauer Zloty und diejenigen der sowjetischen Ausgabe aufgrund eines Dekrets vom 6. Januar 1945 aufgerufen und natürlichen Personen bis zu 500 Zloty im Verhältnis 1 zu 1 umgetauscht. Die russischen Rubel wurden ab 15. Februar 1945 ungültig, nachdem sie seit 14. Januar in unbeschränkter Höhe 1 zu 1 gegen neue Zloty hatten umgetauscht werden können. Am schlechtesten wurden die Reichsmarknoten behandelt. Gemäß Dekret vom 5. Februar 1945 verloren sie ab 28. Februar ihre Gültigkeit; sie wurden zum Kurs von 2 Reichsmark für einen Zloty (in der deutschen Zeit war das Wertverhältnis 2 Zloty für 1 Reichsmark) bis 250 Zloty eingelöst.

Alle Guthaben, auch aus eingezahlten, aber nicht umgetauschten Noten, wurden gesperrt und in der Folge faktisch gestrichen.[51]

g) Tschechoslowakische Republik (Böhmen und Mähren, Slowakei, Sudetenland)

Am 18. August 1944 drang die Sowjetarmee in die Slowakei ein. Die Deutschen konnten einen am 29. August im Industriegebiet von Neusohl ausgebrochenen Aufstand bis Anfang Oktober niederschlagen; erst nach ihrem Rückzug übernahm ein Slowakischer Nationalrat am 17. Februar 1945 die Regierung und proklamierte dann die Zusammengehörigkeit des slowakischen und des tschechischen Volkes.

Das Protektorat Böhmen und Mähren blieb bis zur Kapitulation im Mai 1945 unter deutscher Gewalt, soweit nicht die Amerikaner den Westteil besetzt hatten. Nach dem Aufstand der Bevölkerung von Prag am 5. Mai trat das Exilkabinett am 11. Mai in der Hauptstadt zusammen; Staatspräsident Benesch kehrte am 25. Mai zurück. Die Slowakei gehörte wieder zur Tschechoslowakischen Republik; entsprechend den Abkommen der Exilregierung mit den Alliierten seit 1942 wurde die ganze Republik – die Amerikaner zogen sich dementsprechend zurück – von der Sowjetarmee besetzt, und der wiederhergestellte Staat nahm auch das Sudetenland zurück.

Die Exilregierung hatte schon 1941 eine Währungskommission gebildet und 1942 Noten entwerfen lassen, die dann in den verschiedenen Nominalen von drei britischen Wertpapierdruckereien gedruckt, im September 1945 nach Prag gebracht und ab 1. November zum Notenumtausch verwendet wurden. Sie lauteten auf 5, 10, 20, 50, 100, 500 und 1000 Kronen und waren Staatsnoten der »Republika Ceskoslovenska«.[52]

Als Besatzungsgeld brachten die Sowjettruppen Noten der Kronenwährung auf 1 Krone, 5, 20, 100, 500 und 1000 Kronen mit.[53] Die Noten gaben sich als Staatsnoten der »Republika Čzeskoslovenska« und wiesen die Wertbezeichnung außer in Tschechisch auch in Russisch und Ukrainisch auf.

Zur Vorbereitung der Reform, die auch hier zur Vereinheitlichung des Umlaufs führen mußte, wurden im Juli 1945 zunächst in der Slowakei die Noten des slowakischen Staats und die hauptsächlich hier in Umlauf gesetzten Kronennoten der Sowjetarmee zu 100, 500 und 1000 Kronen zusammen mit dem ungarischen Papiergeld (in der Südslowakei) eingezogen und gegen die gleichen slowakischen Scheine und gegen sowjetische Besatzungsscheine umgetauscht, die jedoch mit einer Marke mit dem Kopfbild von Masaryk beklebt waren.[54] Die eigentliche Reform beruhte auf dem Gesetz Nr. 91 vom 19. Oktober 1945 und brachte eine neue Kronenwährung. Von 29. Oktober bis 4. November wurden die alten Noten bis zur Summe von 500 Kronen pro Kopf in neue Noten sofort umgetauscht; mit Stichtag 1. November wurden alle Konten blockiert. Ab 27. Oktober konnten Arbeitgeber von ihren Konten einen Monatsbetrag an Gehältern und Löhnen abheben und ab 1. November für wichtige Zahlungen weitere Freigaben erhalten. Ab 28. Oktober waren fällige laufende Zahlungen (Löhne, Pensionen) in neuen Kronen zu leisten; alte Schulden konnten bis 31. Dezember 1945 aus den alten Konten beglichen werden. Bis 31. Oktober aber nur galt dies auch für Steuerschulden.

Soweit die Konten blockiert blieben, kam es ab 1947 zu stufenweisen Freigaben. Die Reform war milde und geldwirtschaftlich auch angesichts der weiteren wirtschaftlichen Entwicklung des Landes kein Erfolg, so daß es 1953 zu einer neuen Geldreform kam.[55]

h) Italien

Italien war 1943 in zwei Lager zerfallen, von denen das südliche unter der Regierung Badoglio mit seiner Armee gegen die Deutschen kämpfte, jedoch nicht als ›alliiert‹, sondern nur als ›mitkriegführend‹ von den Alliierten anerkannt wurde. Badoglios Machtbereich dehnte sich mit dem Fortschreiten der Front nach Norden aus. Die Regierung Bonomi (der Badoglio am 9. Juni 1944 nach der Einnahme von Rom und der Ernennung des Kronprinzen Umberto zum Generalstatthalter ersetzt hatte) vereinte dann nach dem Zusammenbruch des anderen Lagers, der ›Repubblica Sociale Italiana‹ Mussolinis mit dem letzten Sitz in Salò, ganz Italien. Es wurde erwähnt,[56] daß die Währung einheitlich blieb, auch wenn es zu Notgelderscheinungen im Norden kam. Auf italienischem Boden, und zwar schon von der Landung in Sizilien (10. Juli 1943) an, gaben die Alliierten ›AMC-Lire‹ aus, ›Allied Military Currency‹, ›issued in Italy‹ mit den Jahreszahlen 1943 und 1944. Die Scheine lauteten auf 1 Lira, 2, 5, 10, 50, 100, 500 und 1000 Lire (mit ›1943‹ nur von 5 Lire aufwärts) und wurden in den Vereinigten Staaten gedruckt.[57] Sie blieben bis 30. Juni 1951 gültig. Von der Bereinigung des Noten- und Münzgeldumlaufs, der sich aus dem Fortschreiten der Inflation von selbst ergab, abgesehen, konnte man in Italien von einer Währungsreform nicht sprechen.

i) Griechenland

Die Lage der deutschen Besatzung in Griechenland war schon 1942 als Folge der Tätigkeit von Partisanen schwierig, deren Gruppierungen einander allerdings auch selbst bekämpften. Als die Ägäischen Inseln mit dem Abfall Bulgariens ihre Bedeutung für die Bedrohung der neutralen Türkei verloren, wurden sie und Kreta ab September 1944 geräumt (Mytilene 12. September, Lemnos 17. Oktober). Von Anfang September bis 2. November dauerte der Rückzug vom griechischen Festland: bis 21. September vom Peleponnes, 12. bis 15. September von den Jonischen Inseln (Korfu), bis 27. September Westgriechenland, 12. Oktober Piräus als letzter Teil Athens, 31. Oktober Saloniki. Nicht mehr evakuiert werden konnten die Besatzungen von Rhodos, Milos, Leros, Kos, Piskopi und Syme sowie kleine Truppenteile auf Westkreta. Syme und Rhodos kapitulierten am 1. Mai 1945, die übrigen Garnisonen hielten bis zum Kriegsende aus.

In Griechenland führte die deutsche Besetzung zu einer Inflationskatastrophe. Der Geldumlauf vervielfachte sich auf das 520 000 000fache. Der Preis des britischen Sovereign, im Lande herkömmlich ein wichtiger Maßstab, stieg von 1200 Drachmen im Januar 1941 auf 205 Trillionen Drachmen im November 1944. Angesichts ihrer langen und gefährdeten Nachschublinien waren die deutschen Truppen auf die Versorgung aus dem Lande angewiesen und hatten mit Drachmen zu bezahlen. Die Inflation der Noten der Bank von Griechenland führte (November 1944) bis zum Nominal von 100 Milliarden Drachmen. Die Notendruckereien mußten mit Überstunden arbeiten, und oft warteten die Lastwagen der Wehrmacht vor ihren Toren, um neue Noten abzuholen. Für die griechischen Verwaltungen blieb nichts; in der letzten Phase der deutschen Besetzung brachen die öffentlichen Dienste zusammen. Es kam zu verschiedenen örtlichen Notgeldausgaben;[58] das Land versank in Hungersnot.

Nach dem Einzug der Alliierten kam es unter dem Einfluß hauptsächlich Großbritanniens schon am 11. November 1944 zum Notenumtausch, dem ersten im ost- und südosteuropäischen Raum.

Dabei wurde eine neue Drachme[59] gegen nicht weniger als 50 Milliarden alte Drachmen gegeben. Alle Schuldverhältnisse in alter Währung erloschen. In neuer Währung sollte das Pfund Sterling 600 Drachmen, der Dollar 150 Drachmen und der Goldsovereign 2100 Drachmen gelten. Der Umlauf war auf 126 Millionen Drachmen reduziert, die neue Währung voll durch Gold und Devisen gedeckt. Doch dabei blieb es nicht. Schon Ende Mai 1945 hatte sich der Umlauf auf 25,8 Milliarden Drachmen erhöht und belief sich damit auf das Dreifache der Vorkriegszeit. Ursache war die fortdauernde Inanspruchnahme der Bank von Griechenland durch den Staat zur Finanzierung der Haushaltsdefizite, was sich durch die schwierigen innenpolitischen Verhältnisse erklärt: Bis 1952 gab es 21 Regierungen, bis September 1949 zog sich der Bürgerkrieg hin, in dem Großbritannien als Stütze der Monarchie (Volksabstimmung am 19. September 1946 zugunsten von König Georg II.; seit 1. April 1947 König Paul I.) seit März 1947 von den Vereinigten Staaten abgelöst wurde. 1954 kam es mit einer neuen Währungsreform zur Einführung der heutigen Drachme.[60]

k) Bulgarien

Bulgarien bat die westlichen Alliierten am 26. August 1944 um Waffenstillstand, als die Sowjetarmee die Donau erreichte. Am 5. September erklärte die Sowjetunion Bulgarien den Krieg und besetzte das Land. Der Waffenstillstand mit den drei großen Alliierten wurde am 28. Oktober 1944 in Moskau unterzeichnet. Bereits am 8. September hatte eine neue Regierung Deutschland den Krieg erklärt; nur ein Teil der deutschen Truppen im Land konnte sich nach Serbien durchschlagen.

Für Bulgarien ist offenbar von keiner Besatzungsmacht Besatzungsgeld ausgegeben worden. Aufgrund einer Volksabstimmung am 8. September 1946 wurde am 15. September die Monarchie (König Simeon II., seit 1943) abgeschafft und die Volksrepublik ausgerufen.

Auch in Bulgarien versuchte man seit September 1944, zunächst vergeblich, mit Stabilisierung der Löhne und Preise, mit hohen Steuern und mit Staatsanleihen die Inflation zu bekämpfen. So wurde 1947 doch noch eine Währungsreform notwendig: Von 10. bis 16. März 1947 wurden die Banknoten zu 200, 250, 500, 1000 und 5000 Lewa umgetauscht; die kleinen Scheine zu 20, 50 und 100 Lewa und die Scheidemünzen blieben unberührt. In neuen Scheinen der gleichen großen Nominale[61] wurden je Person 2000 Lewa ausgegeben; am 16. März wurden die alten Scheine ungültig. Betriebe konnten 50 v. H. ihres Bargeldes umtauschen, durften die neuen Noten aber nicht für Löhne verwenden. Behörden wurde das Geld voll 1 zu 1 umgetauscht. Steuern konnten noch bis 16. März mit Altgeld bezahlt werden. Zum Stichtag 17. März 1947 wurde eine einmalige Vermögensteuer erhoben. Dabei wurden die Kontenbestände aus Bargeldeinzahlung progressiv dergestalt weggesteuert (d. h. in der Praxis gestrichen), daß 15000 Lewa frei blieben, also 1 zu 1 umgewertet wurden; für die weiteren Beträge war die Steuer von 5 v. H. (bis 20000 Lewa) bis 60 v. H. (1 bis 2 Millionen Lewa) und 70 v. H. (über 2 Millionen Lewa) gestaffelt. Bei den anderen Vermögenswerten waren die Freibeträge beträchtlich, und die Steuersätze stiegen nur von 2 v. H. bis 10,5 v. H. (mehr als 40 Millionen Lewa) an.[62]

1) Rumänien

Rumänien hat die Sowjetarmee im Norden im März 1944 erreicht; nach einem Stillstand drang sie im August in das Kerngebiet ein. Am 23. August 1944 setzte König Michael den Marschall Antonescu ab und befahl die Einstellung des Kampfes; am 25. August erklärte Rumänien an Deutschland den Krieg. Bis Monatsende war Rumänien von den Sowjettruppen besetzt; am 12. September wurde in Moskau der Waffenstillstand unterzeichnet. Die Monarchie hielt sich bis 30. Dezember 1947.

In Rumänien gab die Sowjetarmee Besatzungsgeld der Leu-Währung in den Nominalen 1 Leu, 5, 10, 20, 100, 500 und 1000 Lei aus; die Scheine zeigen die Jahreszahl 1944 und als Ausgeber »Comandamentul Armatei Rosii« (Kommando der Roten Armee).[63] Sehr rasch konnte sie sich dann aber des rumänischen Geldes bedienen.

Die Lieferverpflichtungen aufgrund des Waffenstillstandsvertrags mit der Sowjetunion für Reparationszwecke belasteten Wirtschaft und Staatshaushalt Rumäniens derart, daß der Zahlungsmittelumlauf trotz hoher Steuerbelastungen von 1,6 Billionen Lei zu Ende 1945 auf 7,8 Billionen Lei Ende 1946 stieg; der Index der Lebenshaltungskosten belief sich Ende 1946 auf 23700 (1937: 100). Es gab seit Ende 1944 Versuche, Kaufkraft dadurch abzuschöpfen, daß man der Bevölkerung Medaillen aus Gold und Silber zum Kauf in der Annahme anbot, sie werde sie horten. Rumänien hat in den Südkarpathen und in Siebenbürgen Edelmetallvorkommen, die es – ähnlich wie in der Slowakei – auch im Zweiten Weltkrieg erlaubten, ansehnliche Silbermünzen für den Umlauf auszugeben. Mit fortschreitender Inflation finden sich davon Nennwerte wie 200, 500, 25000 und selbst 100000 Lei; 1944 wurden noch 20-Lei-Stücke in Gold als Pseudomünzen geprägt.[64]

Alles nützte aber nichts. Die Inflation ging weiter, und mit Datum 25. Juni 1947 erschien ihr Schein mit dem höchsten Nennwert, die Note der Nationalbank von Rumänien zu 5 Millionen Lei.[65] Inzwischen hatte sich die Regierung aber schon entschlossen, einen neuen Leu einzuführen. Als der Umlauf auf gegen 50 Billionen Lei gewachsen war, wurde ab 15. August 1947 die Währungsreform dergestalt durchgeführt, daß Noten für 20000 Lei alter Währung gegen 1 Leu neuer Währung umgetauscht wurden. Die Umtauschbeträge waren nach Bevölkerungsgruppen unterschiedlich und betrugen bei Arbeitnehmern pro Kopf 3 Millionen Lei, für Bauern 5 Millionen Lei und für andere 1,5 Millionen Lei; überschießende Beträge kamen auf Sperrkonten. Binnen zwei Wochen waren alles Gold im Privatbesitz (mit Ausnahme des Schmucks) und alle Devisen und Wertpapiere der Notenbank anzubieten, die sie zu offiziellen Kursen in neuen Lei gutschrieb. Der Banknotenumlauf in neuen Lei[66] belief sich nach dem Umtausch noch auf 4,2 Milliarden neue Lei.[67]

m) Ungarn

Ungarn stand den Sowjettruppen nach dem Abfall Rumäniens offen; nachdem sie Siebenbürgen bis Ende Oktober 1944 besetzt hatten, konnten sie zunächst aufgehalten werden. Die Deutschen ersetzten am 16. Oktober Horthy durch Szálasi, worauf sich am 23. Dezember in Debrecen eine Gegenregierung bildete. Die schweren Kämpfe in Ungarn dauerten dann bis Anfang April 1945. Budapest war seit 13. Februar vollständig in russischer Hand.

Nach Ungarn brachte die Sowjetarmee Besatzungsgeld der Pengö-Währung mit.[67a] Die Scheine lauteten auf 1, 2, 5, 10, 20, 50, 100 und 1000 Pengö. Auch sie trugen die Jahreszahl 1944. Ausgeber ist »A Vöröshadsereg Parancsnoksága«, das Oberkommando der Roten Armee.[68]

Es gehört zur ungarischen Geldgeschichte und kann hier nur angedeutet werden, daß die Ausgabe dieser Scheine mit dazu beitrug, die ›Hyperinflation‹ auszulösen, die Ungarn 1945 und 1946 durchlitt und die in ihrer Größenordnung die Inflation von 1923 im Deutschen Reich bei weitem übertraf.[69] Vor dem Zweiten Weltkrieg wurde der Pengö in Berlin mit etwa 0,61 Reichsmark notiert; auf den Dollar gingen etwa 5 Pengö. Im August 1946, als der heutige Forint (Gulden) den Pengö ablöste, sah der rekurrente Anschluß, der Umrechnungsatz, so aus:

1 Forint = 400 000 000 000 000 000 000 000 000 000 Pengö
(Vierhunderttausend Quadrillionen Pengö)

Von Januar bis April 1945 hatte die Ungarische Nationalbank (Magyar Nemzeti Bank) wegen der Kriegswirren die Notenausgabe eingestellt. Steuererhebung und Rationierung brachen zusammen, und als die neue Regierung wieder Geld drucken ließ, hatten sich die Preise gegenüber der Vorkriegszeit vervielfacht, nicht zuletzt weil sich der Inflationsstau der Kriegszeit aufgelöst und das Besatzungsgeld zusätzlich den Umlauf erhöht hatte. Von August bis Dezember 1945 beschleunigte sich die Geldentwertung. Am 18. Dezember wurde ein Notenumtausch dergestalt angeordnet, daß alle Noten von 1000 Pengö und mehr nur mit einer aufgeklebten Marke weiter gültig waren, die zum dreifachen Betrag der Note abgegeben wurde. Man mußte also drei Scheine opfern, um einen gültigen zu behalten; dies kam der Abwertung auf 25 v. H. gleich. Man machte aber den Fehler, die Bankguthaben unberührt zu lassen.

Nach kurzer Zeit setzte sich die Inflation fort, wobei der Gebrauch der Banknoten zurückging. Am 1. Januar 1946 führte die Regierung als neue Geldart den ›Steuer-Pengö‹ (Adó-Pengö) ein, der indexgebunden war und in dem die Abgaben zu entrichten waren. Der Steuer-Pengö wurde aber bald auch im privaten und kommerziellen Bereich verwendet, was die Inflation weiter anheizte. Ab Juni 1946 wurden dann sogar Staatsnoten auf Adó-Pengö ausgegeben, die im Kurs gegen die Noten der Notenbank schwankten, sich aber auch bald entwerteten. In Steuer-Pengö stiegen die Preise von Anfang Januar 1946 bis Ende Mai auf das 2,4fache, bis 8. Juli auf das 22,9fache, bis 15. Juli auf das 101fache, bis 23. Juli auf das 875fache und bis 27. Juli gar auf das 15 455fache.

Daneben wurden aber auch die Pengö-Noten weiter ausgegeben. Die Zahlen darauf wuchsen so, daß man bald unter ›Mil-Pengö‹ eine Milliarde und unter ›B-Pengö‹ eine Billion Pengö verstand und diese Größen wie eine Währungseinheit auch so auf den Noten bezeichnete. »Trillionen, Quadrillionen und Quintillionen wurden für das Publikum bedeutungslose Begriffe. Man sprach beim Geschäft nur noch von ›zwei blauen und einem roten Schein‹ und befaßte sich mit den Zahlen gar nicht mehr. Mehrere Bankangestellte sollen in dieser Zeit geisteskrank geworden sein oder sich umgebracht haben.« Der Preisindex stieg von August 1939 (100) wie folgt:

1946	*Pengö*
Januar	72 330
März	1 872 913
Mai	11,267 Millionen
Juni (1. Hälfte)	862,317 Millionen
Juni (2. Hälfte)	954 Trillionen
Juli (1. Hälfte)	3 066 254 Trillionen
Juli (3. Woche)	36 018 959 Quintillionen
Juli (4. Woche)	399 623 Septillionen

Ein Gesetz vom 26. Juli 1946 brachte dann den Forint, die heutige Währungseinheit, der vom 1. August an gelten sollte. Die Umrechnungskurse betrugen:

1 Forint =	200 Millionen Adó-Pengö
	400 000 Billionen B-Pengö (zu 1 Billion)
	400 000 Trillionen Mil-Pengö (zu 1 Milliarde)
	400 000 Quadrillionen Pengö

Bis 30. Januar 1947 blieben die Adó-Pengö letztlich noch im Umlauf, wobei dementsprechend der Schein zu 100 Millionen noch 50 Filler der neuen Forintwährung galt; der kleine Betrag von 2 Filler konnte entrichtet werden in

4 Scheinen zu	1 000 000 Adó-Pengö
8 Scheinen zu	500 000 Adó-Pengö
40 Scheinen zu	100 000 Adó-Pengö
80 Scheinen zu	50 000 Adó-Pengö
400 Scheinen zu	10 000 Adó-Pengö!

n) Albanien

Albanien war im Zusammenhang mit dem Zusammenbruch Italiens ab 9. September 1943 von den Deutschen besetzt worden. Eine Nationalversammlung tagte vom 16. bis 25. Oktober 1943 und bildete eine Regierung, die Deutschland im Juli 1944 anerkannte, und setzte den italienischen König als König von Albanien ab. Die Regierung konnte sich jedoch gegen die Partisanen unter Hodscha nicht durchsetzen. Als die Sowjetarmee nach Serbien eindrang, räumten die Deutschen Albanien in der zweiten Novemberhälfte 1944, um nicht abgeschnitten zu werden. Am 20. November gaben sie Tirana, am 29. November Skutari preis. Darauf bildete Enver Hodscha seine kommunistische Regierung. Albanien war zu keiner Zeit von den Russen besetzt.

In der italienischen Zeit waren Währung und Notenbank unberührt geblieben; Albanien hatte nach dem Ersten Weltkrieg mit dem Franga Ari, dem Goldfranken, die Währungseinheit der alten Lateinischen Münzunion von 1865 eingeführt, die damals ohne Abwertung nur noch in der Schweiz galt (Schweizerfranken), und über die Weltwirtschaftskrise hinweg, was die einfachen Wirtschaftsverhältnisse erlaubten, beibehalten. Die Banka Kombetare e Shqipnis (Banca Nazionale d'Albania) hatte 1939 nur das Bild ihrer Noten geändert, und ebenso verfuhr man bei der Münzprägung. Auch 1944 arbeitete sie weiter und gab 1945 nach der Änderung ihres Namens in ›Banka a Shtetit Shqiptar‹ (Staatsbank von Albanien) zunächst Noten der Zeit vor 1939 mit Überdruck dieses neuen Namens aus, ehe sie dann Neufertigungen in Umlauf brachte.[70]

o) Jugoslawien

In Jugoslawien hatten die Deutschen schon seit 1942 mit den Partisanenbewegungen zu kämpfen. In Westserbien waren die monarchistischen, serbischen Tschetniks unter Mihajlović tätig, im übrigen Bergland die Partisanen des kroatischen Kommunisten Tito. Nach dem Abfall Italiens verschärften sich die Kämpfe als Folge italienischer und alliierter Zufuhren für die Partisanen, bei denen sich Tito durchsetzte, im November 1943 ein regierungsähnliches Volksbefreiungskomitee bildete und schließlich die Anerkennung auch der westlichen Alliierten fand. Am 6. September 1944 stellte Tito die Verbindung mit den Sowjettruppen an der serbischen Grenze her, am 20. Oktober eroberte er mit ihnen Belgrad und richtete dann seine Regierung ein. Die Satellitenregierungen Serbiens, Montenegros und Kroatiens brachen zusammen. Auf ihrem Rückmarsch räumten die Deutschen 14. Oktober Nisch, am 13. November Skopje, aber nach langen weiteren Kämpfen erst am 5. April 1945 Sarajevo. Anfang Mai 1945 befanden sich, hauptsächlich in Westkroatien, immer noch 150 000 Deutsche auf jugoslawischem Boden. Erst am 8. Mai wurde Agram besetzt.

Für ihre Rückkehr bereitete auch die jugoslawische Exilregierung in London eine Serie von Dinar-Noten der Nominale 5, 10, 25, 100, 500 und 1000 Dinar vor, die

1943 gedruckt wurden und sich als Staatsnoten ausgaben.[71] Da im Kriegsverlauf westalliierte Verbände und jugoslawische Exiltruppen aber nicht nach Jugoslawien kamen, König Peter II. (dessen Kopfbild die Noten trugen) hingegen bei der Befreiung auf die Seite gedrängt wurde und sein Land nicht mehr betreten durfte, wurden sie nicht ausgegeben. Stattdessen gaben die Tito-Partisanen in den Gebieten, die sie beherrschten, eine Fülle von Notgeld aus, für das auf die Kataloge verwiesen werden muß.[72] Ausgeber waren die Finanzabteilungen örtlicher Partisanenorganisationen, örtliche Befreiungskomitees und in einem Fall eine ›Währungsbank von Slowenien‹. Die Scheine lauteten auf Dinar, im Gebiet der italienischen Besatzungs-Lira aber auch auf Lire (›Lit‹: Lira italiana). Manche Noten waren als zinstragende Schuldverschreibungen ausgestaltet, in Montenegro gab es einen ›Sozial-Dinar‹, der sich von der Ausgabe im Januar 1945 an nach der Rückseitenaufschrift jeden Monat bis Dezember 1946 um ein Zwanzigstel entwertete, was das Horten verhindern sollte. Manche Ausgaben waren primitiv, etwa sogar maschinenschriftlich vervielfältigt, hergestellt, andere ordentlich gedruckt. Die ersten Staatsnoten der Tito-Regierung (Demokratische Föderation Jugoslawien) von 1944 in Dinar-Nominalen,[73] die bis zum 20-Dinar-Schein bis in die fünfziger Jahre gültig blieben, waren in Rußland gedruckt; bestimmt waren sie für die Währungsreform, die im folgenden erwähnt wird. 1945 gab es für das Lira-Gebiet Noten einer »Gospodarska Banka za Istru, Rijeku i Slovensko Primorie« (Staatsbank für Istrien, Fiume und das slowenische Küstengebiet).[74]

Jugoslawien führte im April 1945 eine Währungsreform durch, die die Zahlungsmittel im Land vereinheitlichen und, nachdem man ihre Menge angesichts der unterschiedlichen Herkunft nicht kannte, mit Abschöpfung des Kaufkraftüberhangs die Grundlage für die Nachkriegswirtschaft schaffen sollte.[75] Die Dinar-Zahlungsmittel wurden im Verhältnis 20 alte für einen neuen Dinar umgetauscht. Bei den Kuna-Scheinen war der Umrechnungsatz 40 zu 1, später 100 zu 1; für die Noten auf Pengö, Lire und Lewa auf jugoslawischem Gebiet galten andere Sätze. Der Höchstbetrag, bis zu dem der einzelne neue Dinar-Noten erhielt, betrug 5000 Dinar. Mehrbeträge kamen auf Sperrkonto, blieben drei Monate blockiert und wurden dann durch eine hohe Sondervermögensteuer weitgehend abgeschöpft. Der alte Umlauf, der mit der Reform auf rund 250 Milliarden Dinar festgestellt werden konnte, sank damit auf etwa 6 Milliarden neue Dinar.

Die weitere Wirtschaftsentwicklung führte zu neuem Geldüberhang. Im Frühjahr 1948 kam es zu einem neuen Notenumtausch, der sich aber nur auf die Noten zu 100 Dinar erstreckte, die besonders stark gehortet worden waren.[76]

p) Saarland

Der Bereich des vormaligen Saargebiets[77] gehörte unter dem Regime des alliierten Kontrollrats in Deutschland zur französischen Besatzungszone. Die Gründe, aus denen Frankreich, wie schon nach dem Ersten Weltkrieg, sich das Saarland, wie es fortan genannt wurde, wirtschaftlich angliedern wollte, waren die gleichen wie da-

mals. Es ging Frankreich hauptsächlich um die Kohle; solange die Saarkohle im
Kontrollratsgebiet gefördert wurde, mußte Frankreich sie in einer Periode des welt-
wirtschaftlichen Dollarmangels für Dollars kaufen. Frankreich erreichte beim Kontrollrat, daß das Saarland aus dem Kontrollratsgebiet genommen und mit geson-
derter Verwaltung gleichsam ein Protektorat Frankreichs wurde. Dies geschah am
7. Juli 1945; am 22. Dezember 1946 wurde an der Grenze des Saargebiets zur übrigen französischen Zone eine Zollinie eingerichtet und das Saargebiet damit wirtschaftlich von Deutschland getrennt. Waren dem kohlenhungrigen Frankreich aus
der deutschen Produktion vorher nur 100 000 Tonnen monatlich zugeteilt worden,
wurde die Monatsproduktion des Saarlands bis 1948 auf 900 000 Tonnen im Monat
gesteigert.[78] Für die Beziehungen zwischen Frankreich und der Bundesrepublik
Deutschland war die Saarfrage eine Belastung, obwohl sich die Bundesrepublik mit
der Saarkonvention vom 3. März 1950[79] damit abgefunden hatte, daß Frankreich
das Recht, die Saargruben auszubeuten, bis zu einem Friedensvertrag behalte, und
Frankreich sich 1953 bereit erklärte, das Saargebiet der Hohen Behörde der Montanunion zu unterstellen. Doch die Bundesrepublik forderte dann für das Saarland
die Selbstbestimmung, und mit dem Saarstatut vom 23. Oktober 1954[80] wurde eine
Art deutsch-französisches Kondominium vereinbart. Es scheiterte aber am 23. Oktober 1955 in der Volksabstimmung im Saarland, und so kam es schließlich zum
Saarabkommen vom 27. Oktober 1956,[81] worauf das Saarland am 1. Januar 1957
staatsrechtlich und am 5. Juli 1959 wirtschaftlich zur Bundesrepublik Deutschland
trat, in der es seither Bundesland ist.

War für die Ausdehnung des Umlands des eigentlichen Zechen- und Hüttenge-
biets schon 1919 von Bedeutung, wie weit sich das Einzugsgebiet mit den Wohnbezirken der ›Saargänger‹ erstreckte, so bewog diese Erwägung Frankreich ab 1946 zu
einigen Änderungen im Gebietsstand des Saarlands im Vergleich zu seinen Grenzen von 1919 bis 1935. Es kam zu drei Erweiterungen zu Lasten des Landes Rhein-
land-Pfalz und einer Gebietsrückgabe. Im Ergebnis war danach das Saarland mit
2567 Quadratkilometer im Jahre 1953 um ein Drittel größer als der Vorgänger 1935
mit 1913 Quadratkilometer; von der Bevölkerung entfielen auf diese Teile freilich
nur 8 v. H.

Am 1. August 1946 schlugen die Franzosen die Kreise Saarburg und Wadern sowie einige Gemeinden des Kreises Birkenfeld (zusammen 142 Gemeinden) dem
Saarland zu. Es erstreckte sich mit 2866 Quadratkilometer somit bis vor die Tore
von Trier und hatte bis dorthin an der Mosel eine gemeinsame Grenze mit Luxemburg. Auf Proteste Großbritanniens und der Vereinigten Staaten nahm Frankreich
diese Erweiterung am 8. Juni 1947 bis auf eine Linie von der Mosel nördlich von
Nennig über Weiten bis nordwestlich von Weiskirchen zurück, gab also den Groß-
teil des Kreises Saarburg mit 46 Gemeinden zurück. Zugleich wurden aber im
Nordosten, nördlich von St. Wendel, 13 Gemeinden von den Landkreisen Kusel
und Birkenfeld (um Niederkirchen, Freisen und Wolfersweiler) zum Saarland geschlagen, dessen Fläche sich damit auf 2559 Quadratkilometer belief. Am 1. März
1949 kam dann noch die Gemeinde Kirrberg bei Homburg (1780 Einwohner) aus
dem pfälzischen Kreis Zweibrücken hinzu.[82] Das Saarland umfaßt – bis heute – die

Kreise Saarbrücken, Saarlouis, Merzig, Saarburg, St. Wendel, Ottweiler, Homburg und St. Ingbert.

Die Sowjetunion hat die Abtrennung des Saarlands von Deutschland nie anerkannt. Nach Landtagswahlen am 5. Oktober 1947 erhielt das Saarland am 8. November 1947 Verfassung und Regierung; Frankreich war fortan durch einen Hohen Kommissar vertreten. Die Beziehungen zu Frankreich wurden durch eine Anzahl von Verträgen geregelt.[83]

Daß Frankreich das Saarland zu seinem Wirtschafts- und Zollgebiet schlug, zog nach sich, daß das Saarland auch französisches Währungsgebiet wurde. Dies vollzog sich in zwei Stufen. Mit der »Verordnung Nr. 94, betreffend Geldverkehr im Saarland« vom 7. Juni 1947[84] löste der französische Oberbefehlshaber in Deutschland das Saarland aus dem Gebiet der Reichsmark. Die Reichsmark-Zahlungsmittel (Reichsbanknoten, Rentenbankscheine, Militärmark) verloren ihre Zahlkraft; nur Scheine bis 50 Reichsmark durften danach noch fünf Tage lang von Beförderungsunternehmen, Lebensmittelhändlern und Apotheken in Zahlung genommen werden. Eine »Verfügung Nr. 217 des Administrateur Général über die Durchführung der Verordnung Nr. 94« ebenfalls vom 7. Juni 1947[85] bestimmte den Tag der Außerkurssetzung mit dem 16. Juni 1947 und die Periode des Umtauschs bzw. der Hinterlegung mit den sieben Tagen Montag, 16. Juni bis Sonntag, 22. Juni. Die neuen Scheine lauteten auf »Mark«; in der Folge sprach man stets von ›Saarmark‹. Umgetauscht wurde im Verhältnis 1 ›Mark‹ für 1 Reichsmark, jedoch nur bis zu 300 Mark für Einzelpersonen und für Haushaltsvorstände, die indes weitere 100 Mark für den Ehegatten und die minderjährigen Kinder erhielten. Arbeitgeber erhielten dazu 250 Mark für jeden Arbeitnehmer. Überschießende Beträge kamen auf Sperrkonten.

Die Scheine lauteten auf 1, 2, 5, 10, 50 und 100 Mark, waren in Paris gedruckt und wiesen außer ›Sarre 1947‹ keinen Ausgeber auf.[86] Die Verfügung Nr. 217[87] beschrieb sie genau. In den Vorder- und Rückseiten sind die drei kleinen wie auch die drei großen Scheine bildidentisch und sie unterscheiden sich jeweils nur in den Farben. Zu dieser Reform wurde verlautbart, daß keine neue Währung begründet werden solle; man wolle nur den Zustrom unkontrollierter spekulativer Reichsmarkbeträge in das Saarland verhindern. Eine Kursbildung, an der sich dies hätte beweisen können, gab es damals aber nicht. Allgemein wurde erwartet, daß alsbald der französische Franken im Saargebiet eingeführt würde, und da das Saarland wirtschaftlich und quasi politisch jetzt Teil einer Siegermacht war, konnte man sich auch ausrechnen, daß die endgültige Währungsreform für die Reichsmarkbesitzer günstiger ausfallen werde als in den vier Besatzungszonen. Die Reichsmarkscheidemünzen waren von der Reform nicht betroffen, und dies hatte die bereits geschilderte[88] Folge, daß Kleingeld aus den Besatzungszonen in das Saarland geschmuggelt wurde, bis hier die französische Währung tatsächlich eingeführt wurde.

Die ›Saarmark‹ galt nur kurz; auch im Saarland hatte man – bei aller Möglichkeit, schon in jenen Jahren am französischen Lebensstandard teilzunehmen und seine Wochenendausflüge nach Nancy und Paris, seine Urlaubsreisen an die Côte d'Azur zu machen – andere Sorgen, als sich diese Scheine als Erinnerungsstücke zurückzulegen. Sie sind heute, von den kleinsten abgesehen, für den Sammler sehr teuer.

Die Einführung der französischen Währung folgte dann dem Inkrafttreten der Saarverfassung auf dem Fuße. Sie beruhte auf dem französischen Gesetz Nr. 47-2158 vom 15. November 1947,[89] dem der Erlaß Nr. 47-2170 des Präsidenten des Ministerrats vom selben Tag[90] und eine ministerielle Verfügung vom 19. November 1947[91] folgten. Stichtag des Währungsübergangs war nach der Verfügung der 20. November 1947. Nach Artikel 2 des Erlasses wurden »die Banknoten, die am Tag der Bekanntmachung dieses Erlasses gesetzlichen Umlauf im Saarland haben« (also die Saarmark-Noten, die eigentlich keine Banknoten waren) und die ›deutschen Scheidemünzen‹ zum Kurs von 20 Francs gegen 1 Mark frei gegen französische Münzen und Noten umgetauscht (Artikel 3 und 5). Markeinlagen bei Kreditinstituten und andere Forderungen wurden zu diesem Kurs umgerechnet. Während es bei Bargeld für den Umtausch keine Betragsgrenzen gab, wurden nach Artikel 4 die Einlagen bei Kreditinstituten zwar unbeschränkt umgerechnet, aber »bis zu 40 Prozent des Bruchteils, der 8000 Francs übersteigt, einstweilig gesperrt«, sofern sie nicht der öffentlichen Hand oder Industrie- und Handelsbetrieben zustanden. Die Freigabe bereitete wenig später keine Probleme.

Der Umrechnungskurs von 20 Francs für 1 Mark war umstritten; einerseits war vorher ein amtlicher Kurs von 15 Francs für die Mark festgelegt, andererseits schätzte man die tatsächliche Kaufkraft der ›Mark‹ auf 30 bis 50 Francs, wobei freilich unklar bleibt, ob dabei die Kaufkraft der Reichsmark in den (westlichen?) Besatzungszonen aufgrund der immer noch gestoppten Preise und Löhne oder die der Saarmark bei gleichfalls nicht marktorientierten Wirtschaftsverhältnissen in Betracht gezogen wurde. Der Kurs von 20 Francs war insofern ein Kompromiß, als man der Bevölkerung von Elsaß und Lothringen ihre Reichsmark nur mit 15 Francs umgewechselt hatte[92] und die Verhältnisse sich nicht so geändert hatten, daß man sich nach der wie immer auch errechneten Kaufkraftparität richten konnte. Tatsächlich aber war die ›Mark‹ des Saarlands, die Saarmark, seit ihrer Einführung und bei den ganz anderen Wirtschaftsverhältnissen in diesem wirtschaftlichen Bestandteil einer Siegermacht etwas anderes als die Reichsmark der Besatzungszonen. Zwar gab es noch eine Zollkontrolle an der Grenze zwischen dem Saarland und der Französischen Republik, aber sie sollte nur noch die Ausfuhr rationierter Waren aus Frankreich und insbesondere von Lebensmitteln aus dem Departement Moselle nach dem Saarland verhindern und im übrigen dem Umstand Rechnung tragen, daß das Saarland im Verhältnis zu Drittstaaten immer noch Teil des deutschen Zollgebiets war.

In der Folge wurden im Saarland die Währungs- und Devisengesetzgebung Frankreichs sowie sein Bankenrecht eingeführt und die indirekten Steuern und Finanzmonopole den französischen Verhältnissen vorläufig angeglichen; ebenso setzten sich jetzt die französischen Lohn- und Preisverhältnisse voll durch. Am 1. Januar 1948 fielen die letzten Sperren Frankreichs für Einfuhren aus dem Saarland; mit einer Finanz- und Steuerkonvention vom 15. Januar 1948 wurden die indirekten Steuern endgültig angeglichen und die Anpassung der direkten Steuern dem Landtag überlassen; in der französisch-saarländischen Zollunion sollte das Saarland von den gemeinschaftlichen Zoll- und Monopoleinnahmen entsprechend seinem Anteil an der Gesamtbevölkerung 7,5 v. H. erhalten. Am 30. März 1948 gehörte das Saarland endgültig und umfassend zum französischen Zollgebiet; es gab gegen Frankreich keine Zoll- und Warenkontrollen mehr.[93]

Im Ergebnis haben die Saarländer, legt man den Wert der späteren Deutschen Mark mit 80 Francs zugrunde, für 1 Reichsmark den Gegenwert von 25 Deutschen Pfennigen erhalten, wogegen man in der Bundesrepublik von 10 Deutschen Pfennigen ausgehen kann und Sparkonten gar nur mit 6,5 Deutschen Pfennigen umgestellt wurden. Allerdings blieben in der Bundesrepublik nach der Währungsreform die Geldverhältnisse vorerst einigermaßen stabil, während das Saarland das eher inflationäre Währungschicksal Frankreichs teilte.

18. 1948: Währungsreform in Ost und West

a) Der Weg zu den Währungsreformen

Daß die Währungsreform kommen müsse und werde, war im klein gewordenen Deutschland jedem bewußt. Alle Länder, die der Krieg überzogen hatte und deren Währungen sämtlich mehr oder weniger zerrüttet worden waren, hatten ihre Geldsysteme wieder in Ordnung gebracht, nur die deutsche Regierung, als die man in dieser Periode den Kontrollrat betrachten muß, war untätig geblieben.

Nur das Saarland hatte 1947 mit dem französischen Geld eine neue, tragfähige Währungsordnung erhalten. Für die Besatzungszonen und für die Sektoren Berlins war die Lage unerträglich geworden.[1] Nochmals:

Die Repudiation des Geldes macht seit Mitte 1946 reißende Fortschritte. Das unablässige Vordringen des Naturaltauschs führte zuerst den Zusammenbruch des Bewirtschaftungssystems herbei und muß in absehbarer Zeit auch die Preispolitik zu einer völligen Fiktion werden lassen, weil zu dem amtlich festgesetzten Preis praktisch keine Ware mehr zu haben ist ...

Eine Produktionssteigerung ist ausgeschlossen, solange der Arbeiter, der seine Leistung für Geld hergibt, weit schlechter gestellt ist als derjenige, der nicht arbeitet und dadurch Zeit gewinnt, um Tauschbeziehungen anzuknüpfen, und solange der Bezieher von laufenden Einkommen durch die Waren- und Guthabenbesitzer vom Markte verdrängt werden kann.

Eine Steigerung der Ausfuhr kann nicht erfolgen, solange der Export zu den vorgeschriebenen Inlandspreisen ein reines Verlustgeschäft ist, weil in Wirklichkeit im Inlande nur eine bestimmte Quote der Ware zu diesen Preisen abgegeben wird, während eine andere schwarz verkauft oder kompensiert wird.

Eine Vermehrung der Einfuhr kann keine belebende Wirkung ausüben, weil die importierten Produkte oder die aus ihnen hergestellten Erzeugnisse sofort verschwinden und aus Wertsicherungsgründen zurückgehalten werden.[2]

Der Gerechtigkeit halber muß gesagt werden, daß das Bewirtschaftungssystem hinsichtlich der auf die Lebensmittelkarten zugeteilten Lebensmittel durchaus funktionierte; sie wurden zu festgesetzten Preisen abgegeben, und hierzu brauchte jeder, der darauf angewiesen war, im Monat ein paar Reichsmark.

Gleichwohl war die Lage im Vereinigten Wirtschaftsgebiet der westlichen Besatzungszonen nicht mehr gleich der in der Sowjetischen Besatzungszone.

Äußerlich gehörte sie noch zum Reichsmarkgebiet. Aber in Wirklichkeit hatte sie sich nicht nur politisch, sondern – damit! – auch in ihrer Wirtschafts- und Währungsordnung anders entwickelt. Wirtschaftsplanung und Rationierung waren zentralisiert. Die Maßnahmen im Bankensystem hatten den Geldüberhang bereits fühlbar vermindert. Auf ›Ostdeutsch‹ liest sich das heute so:[3]

Im Gegensatz zu den westlichen Besatzungszonen wurden in der Sowjetischen Besatzungszone bereits 1945 erste Schritte auf dem Wege der Stabilisierung der Geldzirkulation mit der

Schließung der alten Banken und der Kontensperre, die ungefähr 37 Milliarden RM an privaten Guthaben bei Banken und Sparkassen blockierten, getan. Ab 1. Juli 1946 stellte die SMAD auch die Ausgabe alliierter Noten ein, eine Entscheidung, die – ebenso wie eine ausgeglichene Haushaltspolitik und die Einziehung der bis Kriegsende entstandenen Darlehens- und Hypothekenschulden – zur Verminderung der umlaufenden Geldmenge beitrug. Dennoch konnte eine Kontrolle über den Umfang und die Bewegungen des in der sowjetischen Besatzungszone befindlichen Bargeldes nicht erreicht werden und die in privater Hand angesammelten unkontrollierten Bargeldvorräte gefährdeten eine planmäßige Gestaltung der Wirtschaft. So wirkte sich der Geldüberhang hemmend auf die laufende Arbeitsleistung aus, da unabhängig von tatsächlicher Arbeitsleistung auf finanzielle Reserven zurückgriffen werden konnte und erzielbare Schwarzmarkterlöse reguläre Verdienstmöglichkeiten deutlich überschritten. Es entstanden geldseitige Ansprüche an materiellen Gütern, die nicht durch entsprechende Arbeitsleistungen gedeckt waren und die Versorgungslage verschärften. Darüber hinaus wurde das Geld in weiteren Bereichen der Wirtschaft als Äquivalent durch materielle Güter verdrängt, so daß Produktion und Verteilung mit finanziellen Maßnahmen nur in geringem Maße zu beeinflussen waren und daher überwiegend administrative Lenkungsmethoden angewandt werden mußten. Die der Bankenschließung folgenden Maßnahmen waren Verordnungen der einzelnen Länder zur Einzahlung der täglichen Bargeldeinnahmen landeseigener, kommunaler und privater Betriebe und Einrichtungen sowie zur Ablieferung der einen festgesetzten Betrag übersteigenden Kassenbestände öffentlicher und betrieblicher Kassen bei einer Bank. Diese Verordnungen führten zwar zu hohen Bargeldeingängen bei den Kreditinstituten, ohne jedoch infolge des Geldüberhanges und der weiterhin einschränkungslosen Möglichkeit von Barzahlungen aller Art eine Kontrolle der Wirtschaftstätigkeit der Betriebe und Einrichtungen zu ermöglichen ...

Sehr schwach waren zunächst auch die Beeinflussungsmöglichkeiten mit der kurzfristigen Kreditvergabe. Die Wirtschaft war infolge des inflationistisch aufgeblähten Geldumlaufs in großem Maße mit Bargeld versorgt und somit der Kreditbedarf im Verhältnis zur existierenden Geldmenge relativ gering. Das betraf sowohl die Industrie wie auch die Landwirtschaft, in denen hohe Liquidität und Mangel an Investitionsgütern bestimmend waren. Größerer Kreditbedarf in der Landwirtschaft entstand allein durch die Bodenreform. Der Kreditbedarf der Wirtschaft konnte von den Kreditinstituten aus den nach 1945 angesammelten Einlagen gedeckt werden.

Von den rund 28 Milliarden RM umlaufenden Geldes befanden sich 1948, zum Zeitpunkt der Währungsreform, mehr als die Hälfte in den Kassen der Kreditinstitute, und die Gesamtsumme der ausgereichten Kredite betrug nur etwa 2 Milliarden RM an kurz- und 1 Milliarde an langfristigen Krediten. Die notwendigen finanziellen Mittel wurden den Betrieben im wesentlichen in der Form von Kontokorrentkrediten gewährt, in geringerem Maße auch Wechsel- und Lombardkredite. Die Banken hatten sich bei der Kreditgewährung für produktive Zwecke nach den Produktionsplänen und dem volkswirtschaftlichen Nutzen zu richten, in der Praxis jedoch war für die Kreditgewährung die Bonität des Kreditnehmers und das Vorhandensein entsprechender Sicherheiten ausschlaggebend. Die Kreditgewährung orientierte sich damit kaum an der Produktionsplanung und konnte dieses objektiv auch nicht infolge des allgemeinen Geldüberhangs und der Barliquidität, die es den Betrieben ohnehin leicht ermöglichte, sich einer Kontrolle durch die Bank zu entziehen. Die Banken waren im Gegenteil ständig auf der Suche nach Debitoren, um im Interesse ihrer eigenen Rentabilität das angesammelte Geld anlegen zu können. So erfolgte die Kreditgewährung äußerst großzügig und es bestand nur in geringem Maße eine Kontrolle der Verwendung der ausgereichten Mittel ...

Die grundsätzliche Aufgabe war damit, durch eine Stabilisierung des Geldumlaufs sowohl lang- wie kurzfristig eine planmäßige Ausnutzung von Geld und Kredit – wie wertmäßiger Kategorien überhaupt – bei der Gestaltung des Reproduktionsprozesses und damit auch der gesellschaftlichen Umgestaltung zu erreichen ...

Die Westmächte und die Sowjetunion hatten gegenläufige Interessen. Die Sowjetunion und ihre deutschen Gefolgsleute wollten die Wirtschafts- und Währungsordnung in ihrer Zone aufrechterhalten und weiterentwickeln und möglichst auf die Westzonen übertragen, die Westmächte hingegen wollten dies verhindern und »eine vierzonale Währungsreform als Hebel zu einer Änderung der Wirtschaftsordnung in der Ostzone ansetzen, worin sie von großen Teilen der Bevölkerung in West und Ost offen oder geheim unterstützt wurden«.[4] Die deutsche Teilung warf nicht nur ihre Schatten voraus, sie begann vielmehr mit diesem wirtschaftlichen und monetären Auseinanderleben, und es waren die Anfänge des kalten Krieges in ihren in vielem damals undurchsichtigen Beziehungen zwischen den Kontrollratspartnern, die die Entscheidung über die fällige Währungsreform verzögerten.

So wurde die Frage der Währungsreform zur Frage allein für die Besatzungsmächte; die deutschen Behörden, wie sie sich in den Besatzungszonen entwickelten, hatten an den Vorbereitungen keinen Anteil. Es entstand zwar in Deutschland eine reichhaltige Traktätchen-Literatur über die Währungslage, die Notwendigkeit der Währungsreform und mit Vorschlägen für sie. Wie schon zur Zeit der Kipper und Wipper vor und zu Anfang des Dreißigjährigen Krieges, zur Zeit des Streits zwischen Anhängern der Silberwährung und denen der Goldwährung zwischen 1873 und etwa 1900 und während der Inflation nach dem Ersten Weltkrieg traten Berufene und Unberufene mit scharfsinnigen Analysen und unsinnigen wie wohlfundierten Reformvorschlägen hervor.[5] Die Kenner der Geschichte des akademischen Faches ›Geld und Kredit‹ wissen, daß die Geld- und Währungstheorie unter den Wissenschaftlern eines Landes umso besser ist, je schlechter seine Geldverhältnisse sind, und daß sie wenig leistet, ja sich eher auf die historische Beschreibung beschränkt, solange eine gute, stabile Währung sie nicht fordert.

Aller geistige Aufwand war vergeblich. Die Währungsreform blieb das Werk der westlichen Alliierten. Trotz des Zusammenhangs mit der Spaltung Deutschlands war sie nicht deren Anlaß. Als die Reform im Westen unaufschiebbar war und durchgeführt wurde, war die gemeinsame Währungsordnung längst zerstört. Den Charakter einer Währungs- und Finanzreform hatten in der Sowjetischen Besatzungszone schon die Maßnahmen von 1945. Daher wäre es für die sowjetische Zone wohl erträglich gewesen, wenn das förmliche Ende der Reichsmark weiter auf sich hätte warten lassen.[6]

Für die Sanierung gab es drei Möglichkeiten. Man konnte der Bewegung aller Preise und Löhne freien Lauf lassen und hätte – wie in Frankreich, Italien und Japan – erreicht, daß sie sich der Geldmenge angepaßt hätten. Man konnte die Nennbeträge allen Bar- und Buchgelds entsprechend dem Kaufkraftüberhang auf einen Bruchteil vermindern und das Lohn- und Preisniveau zu bewahren suchen. Man konnte schließlich mit wirtschafts-, finanz- und steuerpolitischen Maßnahmen den Geldüberhang aufsaugen. Der letzte Weg wäre der politisch schwierigste und in der gewünschten Marktwirtschaft aussichtsloseste gewesen; er hätte viele Jahre erfordert. In manchen Ländern wurden zwei oder drei dieser Wege kombiniert. Die westdeutsche Währungsreform der Alliierten war durch ihre Schärfe, ihre Kompromißlosigkeit, ihren Überraschungseffekt und die Schnelligkeit ihrer Ausführung gekennzeichnet – und durch ihren wirtschaftspolitischen Erfolg.[7] In ihrer Art konnte sie nur das diktatorische Militärregime durchsetzen. Im kriegszerstörten, von entwurzelten und verarmten Flüchtlingen, Vertriebenen und Ausgebombten überschwemmten Land mußte die Währungsreform auch mit einem Lastenausgleich verbunden werden. Ihn nahmen die Alliierten nicht auf sich; ihn überließen sie der deutschen Gesetzgebung.

Die deutsche Währungsdiskussion beeindruckte die Besatzungsbehörden nicht; auch den Instanzen des Vereinigten Wirtschaftsgebiets räumten die westlichen Alliierten keinen Einfluß ein. Zwar sammelte eine ›Sonderstelle Geld und Kredit‹ der ›Bizone‹ seit Herbst 1947 Material und leistete Gedankenarbeit, die bis zu Gesetzesvorschlägen für Währungsreform und Lastenausgleich gedieh. Doch die Besatzungsbehörden nahmen davon keine Kenntnis. Als die Besatzungsbehörde dann Anfang April 1948 deutsche Sachverständige für das noch zu schildernde ›Konklave‹ verlangte, konnten sie freilich aus dem Kreis der Mitarbeiter dieser Stelle genommen werden.[8]

Im Rahmen des Kontrollrats wurde über die deutsche Währung schon Ende 1945 gesprochen. Der zweiten Phase der Gespräche lag dann im September 1946 ein amerikanischer Plan zugrunde, der die Währungsreform mit einer neuen Währungseinheit zum Ersatz der Reichsmark und einen umfassenden Lastenausgleich vorsah und von allen vier Besatzungsmächten gebilligt wurde. Das Vorhaben scheiterte an der an sich unwichtigen Frage des Drucks der neuen Geldscheine. Die Amerikaner bestanden darauf, daß sie in Berlin – wohl in der ehemaligen Reichsdruckerei – unter Aufsicht aller vier Besatzungsmächte hergestellt würden, die Sowjetische Militäradministration wollte unkontrolliert auch in Leipzig drucken, wo ihnen die traditionsreiche Wertpapier- und Notendruckerei Giesecke & Devrient zur Verfügung stand.[9] Im März 1947 blieben über diese Frage auch die Außenminister uneins, aber zu dieser Zeit war im Kalten Krieg bereits die Truman-Doktrin verkündet und auf Griechenland und die Türkei angewandt worden; der Marshall-Plan stand bevor. Im Herbst 1947 waren neue Gespräche der Militärgouverneure über eine gemeinsame Währungsreform in Ost und West durch Gerüchte belastet, ein sowjetischer Alleingang stehe bevor und die Russen ließen in Leipzig bereits neue Noten drucken.

Jetzt ließ der amerikanische Militärgouverneur, General Lucius D. Clay, in den Vereinigten Staaten Noten für Deutschland drucken und vorerst nach Frankfurt schaffen (›Operation Bird Dog‹), was Ende 1947 abgeschlossen war und so geheim blieb, daß niemand, nicht einmal die ›Sonderstelle Geld und Kredit‹ davon erfuhr. Es waren die Noten, die dann tatsächlich für die Währungsreform verwendet wurden, und da sie auf ›Deutsche Mark‹ lauteten, war die Antwort auf die Frage, wie die neue Währungseinheit heißen solle, schon entschieden, ehe sie von Deutschen überhaupt gestellt werden konnte.

Im Januar 1948 wurde im Kontrollrat nochmals verhandelt. Diesmal einigte man sich offenbar über den Notendruck, zerstritt sich aber über die Fragen einer Zentralbank für Deutschland, die die Sowjetunion wünschte, und einer zentralen deutschen Finanzverwaltung, die die Westalliierten ablehnten.[10] Als die Sowjetunion am 20. März 1948 den Kontrollrat lahmlegte, hatten die Westalliierten freie Hand und sahen keinen Grund mehr, sich mit der Währungsreform in den Westzonen aufhalten zu lassen.

Es kam zum berühmten ›Konklave von Rothwesten‹.

Beim Währungsausschuß des bizonalen Wirtschaftsrats forderten die Alliierten Sachverständige an, die aus den Mitarbeitern der ›Sonderstelle Geld und Kredit‹ benannt wurden. Unter den Namen sind die von Fachleuten, die in den ersten Jahrzehnten der Bundesrepublik im privaten und im Notenbankwesen einen guten Klang hatten: Karl Bernard, Wolfgang Budczies, Walter Dudek, Heinrich Hartlieb, Erwin Hielscher, Hans Möller, Otto Pfleiderer und Victor Wrede. Unter Obhut eines amerikanischen Obersten wurden sie am 20. April 1948 in einem Bus mit blinden Scheiben in ein isoliertes Gebäude der Militäranlage Rothwesten bei Kassel gebracht, ohne dieses Ziel zu kennen. Aus der französischen Zone stießen noch Walter Bussmann und Rudolf Windlinger hinzu; auf Wunsch der deutschen Teilnehmer wurde dann noch die spätere Professorin Wilhelmine Dreißig aus Berlin zugezogen. Die Sachverständigen sollten bei der Ausarbeitung der Einzelheiten der Währungsreform wesentlich mitwirken und dann in ihren Dienststellen bei den Vorbereitungen der Währungsreform helfen. Es sei hier erwähnt, daß im März 1948 durch Militärregierungsvorschriften die Bank deutscher Länder gegründet worden war, wobei deutsche Stellen so gut wie nicht beteiligt worden waren.[11]

Das Konklave dauerte 49 Tage, und an 20 Tagen davon nahmen an den Besprechungen die Vertreter der Militärregierungen teil. Die Konzeption der Alliierten, wie sie offenbar aus den Berliner Kontrollratsverhandlungen hervorgegangen und jetzt die Richtlinie war, wurde für so ausgezeichnet gehalten, daß es darüber keine Grundsatzdiskussion gab und die Arbeitsgruppe daran ging, die Entwürfe der Währungsgesetze auszuarbeiten. Dem Entwurf des »Ersten Gesetzes zur Neuordnung des Geldwesens (Währungsgesetz)« lag der von den Auftraggebern vor allem geforderte Entwurf eines ›Interimsgesetzes‹ zugrunde, der auf der – letztlich unbegründeten – Furcht beruhte, man müsse rasch auf eine Währungsreform der Sowjetzone reagieren, und der für diesen Fall die sofortige Anmeldung des Reichsmarkgeldes vorsah. Mit den Gesetzesentwürfen waren es an Durchführungsverordnungen, Merkblättern, Verwaltungsanweisungen Musterschreiben, Richtlinien, Vordrucken und Arbeitsunterlagen mehr als 22 ›Papiere‹, wie man heute zu sagen pflegt, die das Konklave ausarbeitete. Dazu kamen Pläne für Organisationsabläufe vom Notentransport bis zur Einrichtung des Umtauschs in den Lebensmittelkartenstellen und für die Kleingeldversorgung und Erstausstattung der deutschen Verwaltung mit den neuen Zahlungsmitteln. Kurz: Das Konklave der deutschen Sachverständigen hat die Währungsreform nach den Richtlinien der Westalliierten bis in die letzte Einzelheit vorbereitet. Das heißt nicht, daß es unter den Deutschen keine Meinungsverschiedenheiten gegeben hätte. Größer erwiesen sie sich zwischen dem

Konklave und dem Währungsausschuß des Wirtschaftsrats, als es mit diesem zu einer gemeinsamen Sitzung kam, und als der später als Vertrauter Adenauers bekannte Bankier Pferdmenges sich noch eine Indiskretion über den voraussichtlichen Termin der Währungsreform leistete, wurden die Beziehungen frostig.

Mit Fragen des Lastenausgleichs befaßte sich das Konklave nicht, und auch die Einbeziehung von Berlin in die Währungsreform blieb offen.[12]

b) Die Währungsreform im Vereinigten Wirtschaftsgebiet

Papiergeld und Münzgeld

Am 16. Juni 1948 erklärten die westlichen Militärregierungen, daß sie in ihren Besatzungszonen eine Währungsreform durchführen würden. In den nächsten Tagen steigerte sich das ›Wirtschaftsleben‹ im Vereinigten Wirtschaftsgebiet zu nie dagewesener Hektik. Jeder versuchte, seine Reichsmark loszuwerden und noch Wertbeständiges zu kaufen, das auch nach der Währungsreform einen Wert haben würde. Die Schwarzmarktpreise stiegen ins Ungeahnte. Für eine amerikanische Zigarette wurden 30 Reichsmark bezahlt. Münzen gab niemand mehr aus der Hand, nahm man doch an, sie würden irgendwie die Währungsreform überstehen.

Am 19. Juni, einem Samstag, proklamierten die westlichen Militärregierungen:

Das erste Gesetz zur Neuordnung des deutschen Geldwesens ist von den Militärregierungen Großbritanniens, der Vereinigten Staaten und Frankreichs verkündet worden und tritt am 20. Juni in Kraft. Die bisher gültige deutsche Währung wird durch dieses Gesetz aus dem Verkehr gezogen. Das neue Geld heißt »Deutsche Mark«, jede Deutsche Mark hat hundert Deutsche Pfennige. Das alte Geld, die Reichsmark, die Rentenmark und die Alliierte Militärmark, ist vom 21. Juni an ungültig . . .[13]

Das »Erste Gesetz zur Neuordnung des Geldwesens (Währungsgesetz)« ohne Datum[14] erging im ›Amerikanischen Kontrollgebiet‹ als Gesetz Nr. 61, ebenso im ›Britischen Kontrollgebiet‹, und im ›Französischen Kontrollgebiet‹ als Verordnung Nr. 158. Wie auch bei den weiteren Vorschriften wichen die Fassungen stellenweise von einander ab (etwa in den Präambeln und überall, wo die Geltungsgebiete und Behörden angesprochen wurden), ohne daß dem sachliche Bedeutung zukam. Nach diesem Gesetz lief nun die erste Phase der Reform in den Westzonen ab, ohne daß irgendwelche Störungen auftraten, eine bewundernswerte organisatorische Leistung der deutschen Verwaltungen.

Am Sonntag, 20. Juni, gingen die Haushaltsvorstände und Alleinstehenden zu ihren ›Kartenstellen‹ (Lebensmittelkartenstellen), die es in jedem Dorfrathaus und in jedem Stadtviertel gab. Gegen Vorlage der Kennkarte und der Lebensmittelkarten wurden die ersten neuen Geldscheine ausgegeben, und zwar in Höhe des ersten Teils der ›Kopfquote‹, von 40 Deutschen Mark für jede Person, und gegen Einzahlung in Reichsmarknoten. Zugleich wurden Vordrucke ausgegeben, in die das übrige ›Altgeld‹ (wie die Reichsmark-Zahlungsmittel in Gestalt des Papiergelds künftig vom Gesetzgeber genannt wurden) und die Bank- und Sparguthaben einzutragen waren. Diese Anmeldungen waren bis Freitag, 26. Juni, abzugeben. Mit der Auszahlung der restlichen 20 Deutschen Mark der Kopfquote dauerte es dann noch zwei Monate. Von Montag, 21. Juni, an lief der Zahlungsverkehr mit den neuen Noten weiter, als ob nichts geschehen wäre:[15] Preise und Löhne blieben vorerst gleich, denn alle Verbindlichkeiten aus wiederkehrenden Leistungen (Löhne, Gehälter, Renten, Mieten, Pachten u. ä.) wurden im Verhältnis 1 zu 1 umgestellt. So ergab sich für die Preise, daß jedenfalls die Ausgangslage der weiteren Entwicklung das vorherige Preisniveau war.

Am Montag, 21. Juni, wurden auch die Arbeitgeber mit ersten Mitteln in neuer Währung ausgestattet. Firmen und Freiberufler erhielten 60 Deutsche Mark für jeden Beschäftigten als Grundlage der nächsten Lohnzahlungen; diese Beträge wurden später mit den Ansprüchen aus eingeliefertem und angemeldetem Altgeld verrechnet. Die Behörden erhielten eine ›Erstausstattung‹ in Höhe ihrer vorherigen durchschnittlichen monatlichen Einnahmen im letzten Halbjahr, Bahn und Post, bei denen sofort Einnahmen zu erwarten waren, nur die Hälfte.[16] Diese Erstausstattungen summierten sich auf 772 Millionen DM.

Neues Geld waren nach § 1 des Währungsgesetzes »die auf Deutsche Mark oder Pfennig lautenden Noten und Münzen, die von der Bank deutscher Länder ausgegeben werden, ferner folgende Noten und Münzen zu einem Zehntel ihres bisherigen Nennwertes:

a) in Deutschland in Umlauf gesetzte Marknoten der Alliierten Militärbehörde zu 1 und ½ Mark,

b) Rentenbankscheine zu 1 Rentenmark,

c) Münzen zu 50, 10, 5 und 1 Reichspfennig.

Die Militärmarknoten und Rentenbankscheine sollten aber mit Ablauf des 31. August ungültig werden. Die französische Fassung beließ dazu noch den »von den Ländern der französischen Zone ausgegebenen Behelfsgeldscheinen«[17] den verminderten Kurs, jedoch nur für die französische Zone.

Einzelheiten des Umtauschs regelte die »Verordnung Nr. 1 zur Durchführung des ersten Gesetzes zur Neuordnung des Geldwesens (1. Durchführungsverordnung zum Währungsgesetz)«.[18] Hier genügt es zu erwähnen, daß sie die öffentlichen Kassen anwies, eingehendes Kleingeld nicht wieder auszugeben (§ 1), die Behandlung der Briefmarken so regelte, wie es der Briefmarkensammler weiß (§ 2),[19] und anordnete, daß Fahrausweise der Verkehrsunternehmen ihre reguläre Gültigkeit behielten, Monatskarten beispielsweise bis Ablauf des Juni. Die Achte Durchführungsverordnung befaßte sich mit dem zweiten Teil der Kopfquote.[20] Die Zweite und die zehnte Durchführungsverordnung[21] befaßten sich mit dem nachträglichen Umtausch in Sonderfällen, etwa bei später Einreisenden.

Wie erwähnt bezeichnete § 1 des Währungsgesetzes die neuen Zahlungsmittel als »von der Bank deutscher Länder ausgegeben«. Zu dieser Bank, die bis zur Gründung der Deutschen Bundesbank die Notenbank der Bundesrepublik Deutschland werden sollte, vgl. den folgenden Abschnitt. Münzen auf Deutsche Pfennig gab es in der Anfangsphase der Währungsreform nicht.

Die Noten der Währungsreform waren der Bank deutscher Länder von den Militärregierungen am 16. und 17. Juni 1948 übergeben worden. Die ›Erstausstattung‹ belief sich auf 10 701 720 000 DM und war in den Vereinigten Staaten gedruckt worden. Die Noten[22] lauteten auf ½, 1, 2, 5, 10, 20, 50 und 100 Deutsche Mark. Gedruckt waren die kleinen Scheine bis 5 DM und die als II. Ausgabe bezeichneten Scheine zu 20 und zu 50 DM von der Bundesdruckerei (Bureau of Engraving and Printing) im Offsetdruck; da sie leicht zu fälschen waren, wurden diese Noten zu 5, 20 und 50 DM schon 1949 und 1950 wieder aus dem Verkehr gezogen. Im Tiefdruck und damit besser gesichert waren die Noten zu 10, 20, 50 und 100 DM, die die American Bank Note Company in New York hergestellt hatte; sie waren auch ansprechender gestaltet. Während die Scheine zu 2 und 5 DM eine weibliche bzw. eine männliche nicht näher beschriebene allegorische Figur zeigen, tragen die Scheine 20 und 50 DM, II. Ausgabe, weibliche Kopfbilder. Die Noten der American Bank Note Company stellen in allegorischen Figurengruppen und Figuren Handwerk, Industrie, Landwirtschaft und Wissenschaft dar. Die Darstellungen entgingen dem Volkswitz nicht; die Frauengestalt des Fünfzigers wurde als ›vollschlanke, bejahrte Selbstversorgerin‹ gesehen.[23]

Die Noten bezeichneten sich nur als ›Banknote‹ und nannten weder Ausgabestelle und Ausgabeort noch Ausgabeland und trugen auch keine Unterschriften. Das tat ihrer Wertschätzung keinen Abbruch. Die ersten Scheine der Bank deutscher Länder, die mit dem Tag der Währungsreform ihre Tätigkeit als Notenbank begann, waren die Kleingeldscheine zu 5 und zu 10 Pfennig.[24] Die Münzen und kleinen Scheine der Reichsmarkwährung, die zu einem Zehntel ihres Nennwertes gültig geblieben waren, mußten nach § 4 des Emissionsgesetzes, auf das noch einzugehen ist, bis 31. August 1948 bzw. 31. Mai 1949 außer Kurs gesetzt werden. Neue Scheidemünzen hatte man in der erforderlichen Menge bei der Kürze der Zeit und bei dem Zustand der dem Westen verbliebenen vier Münzstätten in München, Stuttgart, Karlsruhe und Hamburg nicht herstellen lassen können. So ließ die Bank deutscher Länder schon vor der Währungsreform von der Druckerei R. Oldenbourg in München diese Scheine fertigen, die sich dazu der Hilfe von vier Druckereien in Hamburg-Wandsbek, Bielefeld, Kaiserslautern und Braunschweig bediente.[25] Die Auflage betrug zunächst 380 Millionen Stück beider Nominale im Wert von 31,7 Millionen DM, dann wurden nochmals 380 Millionen Zehnpfennigscheine hergestellt. Als später genügend Scheidemünzen der Bank deutscher Länder und auch schon der Bundesrepublik Deutschland vorhanden waren, wurden die Scheinchen am 30. September 1950 (10 Pfennig) und 31. Oktober 1950 (5 Pfennig) außer Kurs gesetzt.[26]

Auch für das Verschwinden des alten Kleingeldes, das man zunächst noch benötigte, sorgten die Alliierten, die offenbar nicht in Kauf nehmen wollten, daß sein Fortbestehen die Währungsreform verunziere. Nach § 4 des Emissionsgesetzes hatte die Bank deutscher Länder aufzurufen

bis 31. August 1948:
die Alliierten Militärmarknoten und die Rentenbankscheine zu 1 Rentenmark, die Münzen zu 5 und 1 Reichspfennig (Rentenpfennig) und die Behelfsgeldscheine der Länder der französischen Zone zu 5 (Reichs-)Pfennig,

bis 31. Mai 1949:
die Münzen zu 50 und 10 Reichspfennig und die Behelfsgeldscheine der Länder der französischen Zone zu 10 (Reichs-)Pfennig.

Die Scheidemünzen der Bank deutscher Länder, die diese kleinen Zahlungsmittel ersetzten und deren Prägung noch im Jahre 1948 in großen Zahlen begann, gehören – ungeachtet der staatsrechtlichen Verhältnisse, d. h. ungeachtet des Umstands, daß die Bundesrepublik erst 1950 entstand – zur Münzgeschichte der Bundesrepublik Deutschland. Zurück zur Woche nach dem 21. Juni 1948:

Mit der Währungsreform begann das deutsche Wirtschaftswunder. Zunächst freilich geschah die Götterdämmerung der Schwarzmarktwelt. Als die Altgeldbeträge anzumelden waren, diente dies auch den Finanzämtern zur Prüfung des steuerlichen Verhaltens in der Zeit vor der Währungsreform. Viele Schwarzhändler und Bargeldhorter wagten es daher nicht, ihre Bestände abzuliefern und zogen es vor, sie zu vernichten. Man schätzte diese Beträge später auf 2,5 Milliarden Reichsmark.[27] Roeper erzählt, wie in Einzelfällen sechsstellige Beträge einbezahlt wurden. Andere lieferten Säcke voll Hartgeld ab. Im ganzen wurden Noten für 13,5 Milliarden Reichsmark eingenommen, und die Reichsmarkkonten bei den Kreditinstituten, die angemeldet wurden, beliefen sich auf rund 21 Milliarden Reichsmark. Somit wurden rund 37 Milliarden Reichsmark an Bar- und Buchgeld ›vernichtet‹. Auf der anderen Seite begann das westdeutsche Wirtschaftsleben mit dem Umlaufbetrag von 10 Milliarden Deutsche Mark.

Zunächst bestand das Wirtschaftswunder darin, daß vom Montag, 22. Juni, an die Läden voller Waren waren, die der damals sogenannte Normalverbraucher – im Gegensatz zum ›Selbstversorger‹, dem Bauern, und den sachwertbesitzenden Unternehmern – seit Jahren nicht mehr gesehen hatte. Alle erdenklichen Waren kamen aus den Hortungslagern in die Läden und Schaufenster und waren zu ›Friedenspreisen‹ zu haben, wenn auch meistens nur in schlechter Kriegs- und Nachkriegsqualität. Ein Volkswagen war jetzt für 5300 DM binnen einer Woche lieferbar. Eine Packung amerikanischer Zigaretten kostete 6 DM. Damit war, wie eine englische Zeitung spottete, ›die stabilste Währung Europas‹, nämlich die Zigarettenwährung in Deutschland, zusammengebrochen. Lebens- und Genußmittel waren wieder zu kaufen; die Ablieferungen der Landwirtschaft erhöhten sich sprunghaft. Mit der ersten Hälfte der Kopfquote gingen die Deutschen sehr sparsam und sorgfältig um; man bestaunte während der ersten Tage nur die Auslagen und entschied sich allenfalls für besonders Entbehrtes. Die erste Kaufwelle begann, als dann die ersten Löhne, Gehälter und Renten in den neuen Scheinen ausbezahlt wurden.

Kopfquoten und Geschäftsbeträge bemaßen den Umlauf in der ersten Woche auf 4 bis 5 Milliarden DM. Mit den Erstausstattungen der Behörden stieg der Umlauf binnen Monaten auf 6,7 Milliarden, und als die Bankguthaben umgestellt wurden, ergaben sich daraus Buchgeldbeträge von rund 3 Milliarden DM. Ende 1948 standen gegen 12 Milliarden DM an staatlich begründetem Bar- und Buchgeld der Wirtschaft zur Verfügung, ein Betrag, der sich bis Ende 1949 nur noch um eine knappe Milliarde erhöhte.[28] Die zweite Rate der Kopfquote, die im August und im September 1948 ausbezahlt wurde, belief sich auf rund 1 Milliarde DM.

Die Bank deutscher Länder und ihre Noten

Mit § 1 des Währungsgesetzes also wurde ausgesprochen, daß die Bank deutscher Länder die Währungsbank des Vereinigten Wirtschaftsgebietes sei, und das Emissionsgesetz (vgl. unten) wurde mit demselben Tag die Grundlage ihrer Notenausgabe und Währungsverwaltung. Die Bank war aber schon vorher eingerichtet worden. Nach Kriegsende war die Reichsbank als Noten- und Währungsbank tot;[29] nur ihres Unterbaus an Reichsbankstellen und Reichsbanknebenstellen hatte man sich noch bedient, und auch Leitstellen auf Zonenebene hatten nur technische Bedeutung für den Zahlungsverkehr. Es war überhaupt nicht versucht worden, einen die vier Besatzungszonen und Berliner Sektoren umfassenden Kopf wieder aufleben oder neu gründen zu lassen. Solange nun nicht wenigstens im ursprünglichen Vereinigten Wirtschaftsgebiet (Bizone) oder nach seiner Erweiterung auf die französische Besatzungszone eine Zentralbank vorhanden war, fehlte im Westen die Voraussetzung für eine Währungsreform.

Daher betrachteten es viele als Anzeichen, daß die Reform nicht mehr lange auf sich warten lasse, als die Militärregierungen der Vereinigten Staaten und Großbritanniens die Bank deutscher Länder gründeten. Dies geschah Anfang März 1948 nach einem Übereinkommen der beiderseitigen Oberbefehlshaber für das amerikanische Kontrollgebiet mit dem Militärregierungsgesetz Nr. 60[30] und für die britische Zone mit der Verordnung Nr. 129.[31] Die Konstruktion der neuen Bank war merkwürdig. Sie war – mit Sitz in Frankfurt am Main – eine Körperschaft des öffentlichen Rechts und sozusagen Tochter der Landeszentralbanken, die seit Anfang 1948 in den drei Besatzungszonen bestanden. Vom ersten Tag an (das Gesetz trat am 1. März 1948, am Tag seiner Verkündung, in Kraft) arbeiteten Bank deutscher Länder und Landeszentralbanken als ein einheitliches Zentralbanksystem zusammen, auch wenn die Bank deutscher Länder vorerst nicht Notenbank war. Jedenfalls bewährte sich die Bank deutscher Länder dann auch als Notenbank der Bundesrepublik Deutschland so, daß sie bis zu ihrer Umwandlung in die Deutsche Bundesbank im Jahre 1957 bestehen konnte.

Die Einbeziehung der Landeszentralbanken der französischen Zone geschah ohne Schwierigkeiten dadurch, daß ›Le Commandant en Chef Français en Allemagne‹ mit Verordnung Nr. 155a[32], unter Wirkung ab 25. März 1948, einfach anordnete (Artikel 1):

Die Landeszentralbanken des französischen Besatzungsgebiets haben der ... Bank deutscher Länder beizutreten, um im gemeinsamen Interesse die beste Ausnutzung der Geldquellen der durch die angeschlossenen Zentralbanken verwalteten Gebiete zu erleichtern, das Währungs- und Kreditsystem zu stärken und die Tätigkeit der genannten Banken einander anzugleichen.

In der ersten Fassung des Gesetzes war von Notenausgabe keine Rede. Der abgeänderte Text nach der Währungsreform (in Kraft ab 1. November 1948) trug der Lage nach dem Emissionsgesetz Rechnung. Bemerkenswert ist, daß aber schon die französische Beitrittsverordnung in Artikel 2, § 1 sagte:

Die Landeszentralbanken erkennen das ausschließliche Vorrecht der Bank deutscher Länder hinsichtlich ihres Zuständigkeitsbereichs für Ausgabe und Verteilung von Banknoten und Geldstücken an.

Die Bank deutscher Länder richtete sich im ehemaligen Dienstgebäude der Reichsbankhauptstelle Frankfurt am Main (Taunusanlage 4–6) ein, das dann auch – 1957 – der Hauptsitz der Deutschen Bundesbank wurde, bis sie ihr neues Dienstgebäude im Stadtteil Ginnheim bezog.

Nach dem ursprünglichen Gesetz unterhielt die Bank »keinerlei Zweigniederlassungen, Tochtergesellschaften oder angeschlossene Unternehmungen« (Artikel I, Nr. 5); darin kam ihr Verhältnis zu den Landeszentralbanken zum Ausdruck. Aber (Artikel III) sie bestimmte »die gemeinsame Bankpolitik« und sicherte »die größtmögliche Einheitlichkeit in der Bankpolitik in den verschiedenen Ländern«, sie konnte »Anweisungen für die allgemeine Kreditpolitik einschließlich der Zins- und Diskontsätze und der Offenmarktpolitik der angeschlossenen Landeszentralbanken erlassen«, und auch sonst entsprachen ihre Aufgaben und Zuständigkeiten denen einer Zentralbank, so daß faktisch die Tochter ihre Mütter beherrschte. Das Notenrecht hatte sie nicht, aber es war schon vorgesehen (Artikel III, Nr. 8):

Die Bank erhält, wenn eine entsprechende Anweisung der zuständigen Alliierten Behörden ergeht, den Charakter einer allein berechtigten Notenbank und unternimmt nach Maßgabe der vorgenannten Anweisungen die Ausgabe von Banknoten und auch von Münzen innerhalb ihres Zuständigkeitsgebietes und setzt sie in Umlauf.

Entgegen der deutschen münzrechtlichen Tradition sollte sie also auch die Münzen ausgeben. Was ihre Verfassung anlangt, so bestimmen die damals geschaffenen Organe bis heute die Begriffe für die währungspolitischen Entscheidungsträger. Der Zentralbankrat bestand aus einem Vorsitzenden, dem Präsidenten des Direktoriums und den Präsidenten der Landeszentralbanken; das Direktorium war kollegiale Behörde mit einem Präsidenten (Artikel IV). Präsident des Zentralbankrats wurde Karl Bernard, Präsident des Direktoriums Geheimrat Vocke; beide blieben bis zur Gründung der Deutschen Bundesbank in ihrer Funktion. Das Grundkapital, das die Landeszentralbanken hielten (daraus ergab sich ihre ›Mutter‹-Rolle), belief sich auf 100 Millionen Reichsmark und nach dem Änderungsgesetz auf 100 Millionen Deutsche Mark. Die Vorschriften über Wochenausweis, Jahresabschluß und Gewinnverteilung entsprachen dem in den deutschen Notenbankgesetzen üblichen (Artikel V), ebenso die Bestimmungen über die Rechtsstellung »wie die höchsten Behörden im Zuständigkeitsbereich der Bank« und ihrer Beamten (Artikel VI); die Bank erhielt damit den Charakter einer oberen Reichs- bzw. Bundesbehörde.

Bemerkt sei, daß die Militärregierungen bei der Gestaltung des Gesetzes – anders als dann bei den Vorschriften zur Währungsreform – auf die Mitwirkung deutscher Fachleute so gut wie ganz verzichteten.[33] Aber das Gesetz, wie gesagt, bewährte sich. In den Militärregierungen wirkten genügend Fachleute des Währungs- und Bankwesens, die die deutschen Verhältnisse kannten, darunter wohl auch deutsche Emigranten. Jedenfalls wurde in all diesen Zusammenhängen nie über fehlende fachliche Kompetenz in den Militärregierungen geklagt.

Das »Zweite Gesetz zur Neuordnung des Geldwesens (Emissionsgesetz)«,[34] wie das Währungsgesetz am 20. Juni 1948 in Kraft, war im amerikanischen wie im britischen Kontrollgebiet das Gesetz Nr. 62 und erging für die französische Zone als

»Verordnung Nr. 159 des Commandant Chef Français en Allemagne (Emissions-
verordnung)«. Das Emissionsgesetz enthielt den Auftrag an die Bank, der im Gesetz Nr. 60 vorbehalten war: Notenbank für das Vereinigte Wirtschaftsgebiet zu
werden, mehr noch, auch die Münzversorgung zu übernehmen. Der Bank deutscher
Länder wurde (§ 1)

das ausschließliche Recht verliehen, im Währungsgebiet ... Banknoten und Münzen auszuge-
ben ...
Für eine Übergangszeit von zwei Jahren nach dem Inkrafttreten dieses Gesetzes kann die
Bank deutscher Länder auch Noten ausgeben, die nicht ihren Namen tragen.

Diese Bestimmung bezog sich natürlich auf den Umstand, daß die Noten der
Erstausstattung keinen Ausgeber nannten, aber jetzt zu Noten der Bank deutscher
Länder erklärt wurden. Weitere Vorschriften regelten in üblicher Weise die Pflicht,
beschädigte Noten und Münzen zu ersetzen, das Recht, Noten und Münzen außer
Kurs zu setzen und dann umzutauschen, und schließlich solches ordentlich bekanntzumachen. Der Aufruf des zu einem Zehntel fortgeltenden Kleingelds wurde
bereits erwähnt.[35] § 5 setzte für den Bargeldumlauf die Sollgrenze von 10 Milliarden
DM fest, die nur mit qualifizierter Mehrheit im Zentralbankrat und in den Ländern
(und auch nur jeweils um eine Milliarde) erhöht werden konnte. Diese Vorschrift
war für die weitere Entwicklung kein Hindernis.

Was nun den Notenumlauf anlangt, mußte die Bank sich sofort der Vorbereitung
neuer Noten – mit ihrem Namen – zuwenden, nachdem die Erstausstattung knapp
bemessen und die Bank zu ihrem Ersatz durch Noten mit ihrem Namen binnen
zwei Jahren verpflichtet war. Zudem tauchten besonders von den größeren Noten
im Offsetdruck (5 DM I. Ausgabe, 20 und 50 DM II. Ausgabe) zahlreiche Fälschungen auf. Obwohl ein Wettbewerb unter Graphikern im Gange war, mußte man sich
beeilen und ließ – von den Kleingeldscheinen abgesehen – als erste eigene Note den
Fünfmarkschein mit der Europa auf dem Stier[36] durch die Londoner Notendruckerei Thomas De la Rue herstellen, da in Westdeutschland die Herstellung von Notenpapier und der Notendruck noch nicht möglich waren. Es war die erste deutsche
Note mit eingelagertem Metallfaden. Der Verkehr verlangte dieses praktische Nominal besonders stark, und erst ab Mai 1952 konnte die Note durch Münzen zu
5 DM ersetzt werden. Die Note hat das Datum 9. Dezember 1948 und die Unterschriften des Direktoriumspräsidenten Geheimrat Vocke und des Vizepräsidenten
Könnecker. Ab August 1955 wurde sie in der inzwischen aufgebauten Bundesdruk-
kerei in Berlin weiter hergestellt.[37]

Ende 1948 war die Bank deutscher Länder kaum mehr in der Lage, den Bedarf
an Noten für den Umlauf zu befriedigen. Die fälschungsgefährdeten Offsetnoten zu
20 und zu 50 DM mit Frauenkopf mußten aus dem Verkehr genommen werden
(und erzielen heute, weil von den Sammlern, die es ohnehin kaum gab, wenig beachtet, hohe Preise). So konnte man auf die neue Serie in der Entwicklung nicht
warten und ließ in den Mustern der Noten der American Bank Note Company zu
10 und zu 20 DM rasch noch einmal drucken. Die Muster wurden im Hinblick auf
das Emissionsgesetz dahin geändert, daß Bankname, Ausgabeort, das Datum
22. August 1949 und die Unterschriften wie beim Fünfmarkschein eingefügt wur-

den; außerdem waren die Seriennummern jetzt blau statt rot und es hieß ›Serie 1949‹. Am 13. Dezember 1951 kam der Zehner ›II. Ausgabe‹, am 27. November 1952 der Zwanziger ›III. Ausgabe‹ in den Umlauf. Bis Dezember 1962 wurden diese Scheine aus den Vereinigten Staaten geliefert.[38]

Aus den Entwürfen des Wettbewerbs von 1949 entstanden außer dem Fünfmarkschein ›Europa auf dem Stier‹ dann die Noten zu 50 und zu 100 DM nach Entwürfen des Frankfurter Graphikers Max Bittrof.[39] Damit begannen – in Fortsetzung der Tradition seit der Weimarer Zeit – die Noten mit großen seitlichen Kopfbildern nach alten Meistern. Dem Fünfziger liegt das Dürer-Bild eines Nürnberger Patriziers, vermutlich Hans Imhof oder Willibald Pirckheimer, dem Hunderter das Dürer-Bild des Nürnberger Ratsherrn Jakob Muffel zugrunde. Die Kopfbilder finden sich deckungsgleich auf der Rückseite, daneben auf dem Fünfziger eine Hafenszene, auf dem Hunderter eine Ansicht von Nürnberg. Das Datum ist bei beiden Scheinen 9. Dezember 1948, die Unterschriften sind wieder die von Vocke und Könnecker. Die Herstellung wurde der Notendruckerei der Bank von Frankreich in Clermont-Ferrand übertragen. Das erklärt die Verwendung des dünnen französischen Ramiefaserpapiers und die pastellartigen Farben, im Hintergrund beim Fünfziger vorwiegend braun, beim Hunderter blau. Beim Fünfziger war es die ›III. Ausgabe‹, beim Hunderter die ›II. Ausgabe‹. Die Scheine konnten ab November 1950 ausgegeben werden und wurden aus Frankreich bis 1962 geliefert.

Es ist gelegentlich zu lesen, die Wahl des Muffel-Porträts für den Hunderter sei ein Mißgriff gewesen, weil der Nürnberger Ratsherr wegen Entwendung städtischer Gelder und Bruches des Amtsgeheimnisses hingerichtet worden sei. Dies beruht auf einem Mißverständnis: Es handelt sich dabei um Nicolaus Muffel, der 1469 verurteilt wurde, wogegen Albrecht Dürer (erst 1471 geboren, bis 1528) 1526 den Ratsherrn Jakob Muffel malte, der in diesem Jahre starb.[39 a]

Umstellung der Forderungen und Guthaben; der Lastenausgleich

Das Währungsgesetz enthielt über die Umstellung der Guthaben bei Kreditinstituten und der Forderungen und Schulden, etwa auch bei Versicherungsverträgen, nichts. Aus § 2:

Sind in Gesetzen, Verordnungen, Verwaltungsakten oder rechtsgeschäftlichen Erklärungen die Rechnungseinheiten Reichsmark, Goldmark oder Rentenmark verwendet worden, so tritt, vorbehaltlich besonderer Vorschriften für bestimmte Fälle, an die Stelle dieser Rechnungseinheiten die Rechnungseinheit Deutsche Mark –

wurde aber abgeleitet, daß Löhne, Gehälter, Mieten, Pachten und Renten im Verhältnis 1 zu 1 umgestellt wurden. Die Präambel des Währungsgesetzes versprach indessen:

Weitere Gesetze werden Bestimmungen treffen über die Umwandlung der im Währungsgebiet vorhandenen Reichsmarkbestände …, über die damit im Zusammenhang stehende Bereinigung der Bilanzen der Geldinstitute, über die öffentlichen und privaten Reichsmarkschulden und über andere Fragen, die sich aus der Neuordnung des Geldwesens ergeben, einschließlich der Steuerreform.

Den deutschen gesetzgebenden Stellen wird die Regelung des Lastenausgleichs als vordringliche, bis zum 31. Dezember 1948 zu lösende Aufgabe übertragen.

Am Tag der Kopfquote und am 21. Juni 1948, dem ersten Tag mit dem Zahlungsverkehr in Deutscher Mark, war mithin offen, wie es mit den Forderungen und Schulden, also mit dem Sparvermögen der Nation, die Guthaben aus den über den Gegenwert der Kopfquote hinaus eingelieferten Altgeldnoten inbegriffen, weitergehen würde. Mit anderen Worten: Die Tiefe des eigentlichen Währungsschnitts kannte man noch nicht.

Dieser Punkt war in der vorausgehenden Diskussion naturgemäß besonders umstritten und der wichtigste der ganzen Reform. Klar war allen, daß den Sparguthaben kein Sozialprodukt mehr gegenüberstand, die Niederlage im Krieg Ersatz durch die Ausbeutung Besiegter ausschloß und diese Geldvermögen irgendwie ›stillgelegt‹ werden müßten. Aber manche meinten, es genüge, sie vorübergehend zu sperren (wie dies weitgehend in den anderen kriegsbetroffenen Ländern geschehen war) und nach und nach entsprechend der Leistungskraft der Nachkriegswirtschaft wieder freizugeben. Die meisten jedoch verkannten die Notwendigkeit nicht, den größeren Teil der Geldvermögen endgültig zu beseitigen. Es waren nicht wirtschaftliche, sondern politisch-moralische Erwägungen, wenn dabei immer wieder gefordert wurde, die ›kleinen Sparer‹ zu schonen, wie es schon in anderen Ländern geschehen war. Andererseits durfte der Schnitt nicht mit zu vielen Ausnahmen belastet werden. Manche hielten eine Zusammenlegung allenfalls im Maßstab 10 zu 3 für ›zumutbar‹, die Mehrheit der Stimmen sprach sich für 10 zu 2 aus, so auch der Homburger Plan der ›Sonderstelle Geld und Kredit‹. Danach sollten vom verbleibenden Fünftel des Altgeldes aber nur 5 v. H., also ein Zwanzigstel, sofort freigegeben und 15 v. H. vorläufig gesperrt bleiben. Aber auch die restlichen vier Fünftel sollten nicht verloren sein: Sie sollten in Ansprüchen gegen einen ›Ausgleichsfond‹ aufgehen, aus dem zuerst die Kriegsgeschädigten (in erster Linie die Vertriebenen, Flüchtlinge und Luftkriegsgeschädigten) zu entschädigen waren. Es versteht sich, daß dieser Ausgleichsfond nicht nur brisante innen- und gesellschaftspolitische Fragen für die Zukunft des kommenden westdeutschen Staatswesens aufwarf, sondern auch nur aus dessen dermaligem Steueraufkommen hätte gespeist werden können, mithin aus dem künftigen Sozialprodukt genommen werden mußte.[40]

Nach Sachlage ergaben sich für den Gesetzgeber die zusammenhängenden Aufgaben,

im Währungsrecht die Umstellung zu regeln,
den Lastenausgleich zu gestalten,
beim Wegfall des Reiches als Schuldner des Bankenapparats die Bilanzen der Geldinstitute wieder in Ordnung zu bringen, indem den nach dem Schnitt verbleibenden Kundenforderungen entsprechende Aktiva gegenübergestellt wurden,
in ähnlicher Weise den Unternehmen der Wirtschaft im Hinblick auf die Bilanzen den Neuanfang möglich zu machen und
im Steuerrecht den neuen Währungsverhältnissen Rechnung zu tragen und das Steuersystem nach den überhöhten Steuern der Reichsmarkzeit den Erfordernissen der öffentlichen Haushaltswirtschaft einer kommenden staatlichen Neuordnung anzupassen.

Gesetzgeber waren für den Augenblick noch die Militärregierungen, die auf politische Kräfte und gesellschaftlichen Interessendruck keine Rücksicht zu nehmen brauchten, nur ihren Regierungen verantwortlich waren und ihre Entscheidungen ›par ordre de mufti‹ durchsetzen konnten. Als Gesamtwürdigung sei hier vorweggenommen, daß sie ihre Aufgabe erstklassig bewältigt haben. Sie hatten offensichtlich hervorragende Fachleute in ihren Reihen, die nicht nur die Währungsreformen in den europäischen Nachbarländern in ihren Unvollkommenheiten beobachtet hatten, sondern auch die Erfahrungen aus den Währungssanierungen der Jahre 1919 bis 1927 nicht vergessen hatten. Grundlage waren naturgemäß die politischen Entscheidungen im Zusammenhang mit der Nachkriegsspaltung zwischen Ost und West, war die Entscheidung, den kommenden westdeutschen Staat in die westliche Welt einzubeziehen und ihm unter Abgehen von den Morgenthau-Erwägungen und unter Aufnahme in die Marshall-Plan-Starthilfe einen wirtschaftlichen Aufstieg im Rahmen einer marktwirtschaftlich-freiheitlichen Ordnung möglich zu machen. Mit dem Abstand von nahezu 40 Jahren und im Wissen um das folgende deutsche ›Wirtschaftswunder‹ kann gesagt werden, daß die Währungsreform in ihrer radikalen, kompromißlosen Durchführung richtig war und daß es ein Fehler gewesen wäre, wenn die Militärregierungen den Vorschlägen des Homburger Plans oder ähnlichen milderen Projekten gefolgt wären. Kurz: Der Erfolg der Währungsreform hat den Alliierten recht gegeben.

Es würde den Rahmen dieses Buches sprengen, die genannten rechtlich-finanziellen Maßnahmen auch nur einigermaßen vollständig zu schildern; selbst die eigentliche Umstellung der Forderungen kann beim Umfang der Regelungen nur in Umrissen angedeutet werden; wer sich genauer unterrichten will, kommt nicht umhin, sich der Fachliteratur zuzuwenden, die es in reichem Maße gibt. Die Alliierten haben sich angesichts der voraussehbaren politischen Entwicklung, die auf die Gründung der Bundesrepublik im Westen Deutschlands hinauslief und auf das Entstehen eines Staatswesens auf dem Boden der Sowjetischen Besatzungszone, aus guten Gründen darauf beschränkt, für die Währungsverhältnisse die Weichen zu stellen und die weiteren Materien den deutschen Gesetzgebern zu überlassen.

Das »Dritte Gesetz zur Neuordnung des Geldwesens (Umstellungsgesetz)« war im amerikanischen und britischen Kontrollgebiet das Gesetz Nr. 63 und in der französischen Zone die »Verordnung Nr. 160 über die Geldreform«.[41] Bis Juni 1949 waren dazu nicht weniger als 26 Durchführungsverordnungen ergangen,[42] darunter so wichtige wie die Bankenverordnung,[43] die Versicherungsverordnung,[44] die Heimkehrerverordnung[45] und die Verordnung über die Reichsmarkschlußbilanz und das durch die Währungsreform geteilte Geschäftsjahr der Unternehmer.[46] Das Umstellungsgesetz erschien mit den ersten drei Durchführungsverordnungen am 27. Juni 1948. Sein Inhalt wurde zugleich knapp verlautbart:

Im allgemeinen wird das Altgeld im Verhältnis von zehn zu eins gegen neue Deutsche Mark eingetauscht. Das heißt, je 10 Mark Altgeld werden auf eine Deutsche Mark zusammengelegt. Die eine Hälfte dieses Neugeldes kommt auf ein sogenanntes Freikonto, die andere wird auf einem sogenannten Festkonto gutgeschrieben, das heißt, sie wird blockiert. Über diese blockierten fünf Prozent des Altgeldes wird innerhalb von neunzig Tagen entschieden. Die Entscheidung hierüber hängt von der Entwicklung der deutschen Wirtschaft ab, das heißt von der Entwicklung der Güterdeckung, die groß genug sein muß, um die Freigabe weiterer Gelder zu erlauben.

Hierzu ist nachzutragen, daß keines der Währungsgesetze und auch nicht das Gesetz über die Bank deutscher Länder in beiden Fassungen irgendwelche Vorschriften über die Deckung des neuen Geldes enthielt. Die Währung der Deutschen Mark war von Anfang an eine ›manipulierte‹ Währung, eine reine Papierwährung, deren Wert ausschließlich von der Geldmenge und dem ihr auf freiem Markt gegenüberstehenden Sozialprodukt abhing, wobei die Geldmenge von der Notenbank nach bestem Können im Rahmen der Wirtschaftspolitik des Staates, wer immer ihn auch darstellte, bestimmt wurde. Am 27. Juni 1948 konnte noch niemand sagen, wie sich die Wirtschaft in den nächsten Wochen entwickeln würde, und es war durchaus zu fürchten, daß die Deutschen etwa aus Mißtrauen in das neue Geld sofort ihre ›Freikonten‹ abheben und einen Konsumstoß führen würden, dem weder die Hortungslager noch die neue Produktion gewachsen gewesen wären. Daher war es vernünftig, die endgültige Umstellung offen zu halten; außerdem wurde den Deutschen die Tiefe des Währungschnitts dadurch schonend in Raten klargemacht. Dazu trug bei, daß jetzt die Finanzämter in die Währungsreform eingeschaltet wurden.

Von den Altgeldkonten wurde zunächst das Neunfache der Kopfquote abgezogen (das Einfache war ja schon bei ihrer Auszahlung in Reichsmark einbezahlt), und wenn der verbleibende Kontenstand 5000 Reichsmark überstieg, gab es Auszahlung des Umstellungsbetrags nur gegen eine Unbedenklichkeitsbescheinigung des Finanzamts. Bei Unternehmern wurde jetzt mit dem Zehnfachen des Geschäftsbetrags abgezogen, was sie vorweg ab 22. Juni erhalten hatten, und die Auszahlung ohne Segen des Finanzamts ging bis zu 5 v. H. von 10 000 Reichsmark. Das Finanzamt war auch zuständig, wenn ohne Verschulden Reichsmarkkonten nicht bis 26. Juni angemeldet worden waren, und konnte »Wiedereinsetzung in den vorigen Stand« gewähren. Da das Gesetz insoweit nicht befristet war, haben die Finanzämter über solche Anträge vereinzelt noch in den sechziger Jahren entschieden, etwa wenn in einem Nachlaß ein nichtumgestelltes Sparbuch auftauchte und die Bank die Erben dann an das Finanzamt verwies.

Viel wichtiger war, daß die Finanzämter jetzt alle Altgeldanmeldungen überprüfen und die Schwarzhändler mit Nachversteuerungen und Steuerstrafverfahren überziehen konnten, wenn sie es nicht vorgezogen hatten, ihre Schwarzmarktgewinne in Altgeld fahren zu lassen.[47] Die Rechte der Kriegsgefangenen, die in jener Zeit nach Deutschland zurückströmten, wahrte die Heimkehrerverordnung. Ihnen wurde nach Bescheinigung der Gewahrsamsmacht der Reichsmarkbetrag abgewertet in Deutscher Mark erstattet, der ihnen nach der Gefangennahme abgenommen worden war.

Abgeschlossen wurde der Geldschnitt dann mit dem »Vierten Gesetz zur Neuordnung des Geldwesens (Festkontogesetz)«, das am 4. Oktober 1948 in Kraft trat und im amerikanischen und britischen Kontrollgebiet das Gesetz Nr. 65 und für die französische Zone die Verordnung Nr. 175 war.[48] Im Ergebnis wurden von der blockierten Hälfte der Spar- und Bankkonten »sieben von je zehn Deutschen Mark

gestrichen«. Damit war der endgültige Umstellungssatz 10 zu 0,65. Es gehört nicht
mehr zur Währungsreform, sondern zum Komplex des Lastenausgleichs, daß Jahre
später das »Gesetz zur Milderung von Härten der Währungsreform (Altsparergesetz)«[49] für die Sparkonten eine Aufbesserung brachte, die schon am 1. Januar
1940 bestanden. Von diesen Kontenständen wurden 10 v. H. gewährt, soweit 100 zu
10 umgestellt worden war, 13,5 v. H. bei Umstellung 100 zu 6,5 und 15 v. H., wo die
›Altsparanlage‹ 100 zu 5 abgewertet wurde. Praktisch wurden diese Beträge also mit
20 v. H. umgestellt.

Im übrigen ließ das Umstellungsgesetz alle Altgeldguthaben der Gebietskörper-
schaften vom Reich bis zur letzten Gemeinde, von Bahn und Post, der NSDAP,
ihrer Gliederungen und aller von der Militärregierung aufgelösten Organisationen,
der Reichsbank und ihrer Tochtergesellschaften (wie der Metallurgischen For-
schungsgesellschaft und deren ›Mefo-Wechsel‹) erlöschen.[49a] Es erloschen auch
(§§ 1, 2) die Altgeldguthaben der Geldinstitute, d. h. alle Deckungen ihrer Einlagen,
nämlich die Forderungen gegen Reichsbank und Reich. Damit war der größte Teil
ihrer Aktiven verfallen, zumal sie angesichts der Kriegsschäden auch gewaltige Ein-
bußen in der Werthaltigkeit ihrer Grundpfandrechte erlitten, von der Abwertung
ihrer Forderungen durch die Währungsreform gegen die Schuldner nicht zu reden.
Dazu kam, daß die Schuldner der Banken die Zeit des flüssigen Geldes vor der
Währungsreform massiv dazu benutzt hatten, ihre Schulden noch mit Reichsmark
abzudecken und die Debitoren nicht mehr hoch waren. Die Anlagen in der Sowjetischen Besatzungszone und in den verlorenen Gebieten (vor allem im Osten) waren
ohnehin verloren.

Das neue Geldwesen konnte aber nur funktionieren, wenn die Kreditinstitute
und Versicherungen vom Tag der Währungsreform an ausgeglichene Bilanzen und
darüber hinaus ein gewisses Eigenkapital hatten. Als erste Barausstattung erhielten
die Kreditinstitute und Versicherungen Guthaben bei den Landeszentralbanken zugesprochen, und zwar mit 15 v. H. ihrer umgestellten Sichtverbindlichkeiten, dazu
wurde ersetzt, was sie ihren Kunden als Geschäftsbeträge ausbezahlt hatten. Zum
Ausgleich der Bilanzen hätte das aber nicht genügt. Hierzu und als angemessenes
Eigenkapital wurden nun sogenannte »Ausgleichsforderungen gegen die öffentliche Hand« zugeteilt. Dies waren Schuldbuchforderungen gegen das Land des Sitzes
des Kreditinstituts; später trat der Bund an die Stelle. Diese Forderungen wurden
mit 3 v. H. verzinst (höher bei Bausparkassen, Bodenkreditinstituten und Versicherungen) und konnten nur unter den Geldinstituten übertragen und beliehen werden. Die Berechnung nach der Bankenverordnung und der Versicherungsverordnung zog sich über Jahre hin; die Beträge beliefen sich am 30. Juni 1949 auf 15,45
Milliarden DM, später auf über 22 Milliarden, wovon 1967 etwa 2,5 Milliarden ge-
tilgt waren.[50]

Die ›Umstellungsrechnung‹ der Geldinstitute war zugleich ihre ›DM-Eröffnungsbilanz‹, und eine solche hatten alle ›Kaufleute und bergrechtlichen Gewerkschaften‹ aufzustellen. Das »Gesetz über die Eröffnungsbilanz in Deutscher Mark
und die Kapitalneufestsetzung (D-Markbilanzgesetz)« vom 21. August 1949[51] war
ein Gesetz des Vereinigten Wirtschaftsgebiets und der Anfang der steuerlichen

Neugestaltung nach der Währungsreform, die die Alliierten dem deutschen Gesetzgeber überließen. Sie selbst hatten mit der 17. Durchführungsverordnung zum Umstellungsgesetz[52] nur die Schließung der Bücher zum 20. Juni 1948 und die Erstellung einer Reichsmarkschlußbilanz angeordnet. Im Mittelpunkt des buchhalterischen und steuerlichen Neuanfangs stand in allen Unternehmen eine grundlegende Inventur zum 21. Juni 1948; mit diesem Tag wurde das Wirtschafts- und Steuerjahr 1948 geteilt. Auf die steuerliche weitere Entwicklung kann hier nicht eingegangen werden. Es genüge darauf zu verweisen, daß die hohen Ertragssteuersätze der Kontrollratszeit gesenkt wurden, auch wenn sie noch beträchtlich blieben und z. T. auch neue Verbrauchssteuern hinzutraten, etwa die Kaffeesteuer von 30 DM auf das Kilogramm.[53]

Zu den »Allgemeinen Schuldverhältnissen« ordnete § 16 des Umstellungsgesetzes die Umstellung dergestalt an, »daß der Schuldner an den Gläubiger für je zehn Reichsmark eine Deutsche Mark zu zahlen hat«.[54] Über die »regelmäßig wiederkehrenden Leistungen« (Löhne und Gehälter, Miet- und Pachtzinsen, Altenteile, Renten, Pensionen) hinaus wurden nach § 18 auch 1 zu 1 umgestellt:

Verbindlichkeiten aus Kaufverträgen und Werkverträgen, wenn und soweit die Gegenleistung vor dem 20. Juni 1948 noch nicht bewirkt war,
Verbindlichkeiten aus der Auseinandersetzung zwischen Gesellschaftern, Miterben, Ehegatten, geschiedenen Ehegatten, Eltern und Kindern, Verbindlichkeiten gegenüber Pflichtteilberechtigten und Vermächtnisnehmern sowie Verbindlichkeiten, die der Übernehmer eines Guts oder eines Vermögens dem anderen Vertragsteil gegenüber zur Abfindung eines Dritten eingegangen ist,
alle am 19. und 20. Juni 1948 eingegangenen Reichsmarkverbindlichkeiten.

Besonders die Einbeziehung der Auseinandersetzungsforderungen, in denen der Gesetzgeber der Sache nach keine Geldforderungen sah, sondern geldwertbezifferte Sachansprüche ungeachtet ihrer bürgerlichrechtlichen Art, zog in den folgenden Jahren viele Streitigkeiten und eine reichhaltige Rechtsprechung nach sich. Devisenansprüche von früheren Kriegsgefangenen in Gestalt von Kriegsgefangenen-Zertifikaten über in der Gefangenschaft verdiente Pfund-, Dollar- oder französische Frankenbeträge wurden im Reichsmark-Gegenwert 10 zu 1 umgestellt, wenn der Inhaber vor dem 16. März 1948 zurückgekehrt war »und daher die Möglichkeit gehabt hätte, die Zertifikate in Reichsmark einzulösen«, sonst 1 zu 1 (§ 19). Pfandbriefe und Schuldverschreibungen jeder Art wurden als Verkörperung von Geldforderungen angesehen und im Verhältnis 10 zu 1 umgestellt (§ 22), wogegen Aktien und ähnliche Anteilsurkunden als Wertpapiere über Anteil an Sachvermögen betrachtet und nicht geregelt wurden. Sie waren dann Gegenstand der Wertpapierbereinigung.[55]

Damit wird der Hauptpunkt der deutschen Kritik am Umstellungsgesetz sichtbar. Der temperamentvolle Ministerpräsident von Baden-Württemberg, Reinhold Maier, meinte:[56]

Für die Deutschen ist es unverständlich, daß bei der Währungsreform soziale Gesichtspunkte nicht berücksichtigt worden sind ... Es ist untragbar, daß die Währungsreform die Notpfennige und Spargroschen der Alten unterschiedslos mit Banknoten aller Art gleichstellt ...

Die Financial Times in London stellte fest, die Reform »begünstige den Wohlstand in Form von Ländereien, Liegenschaften und Waren«. Aber Reinhold Maier war Politiker und kein Volkswirt, und auch Hans Roeper urteilt:

Vielleicht war es aber doch gut, daß sich damals die Militärregierungen nicht auf die in zahlreichen deutschen Entschließungen geforderte Verbindung von Währungsreform und Lastenausgleich in einem Gesetzeswerk einließen. Betrachtet man nämlich rückschauend die großen technischen Schwierigkeiten, die allein schon die Geldumstellung verursachte, dann muß man zu dem Ergebnis kommen, daß durch eine direkte Kombination von Währungsreform und Lastenausgleich die Abwicklung so kompliziert und erschwert worden wäre, daß sich wahrscheinlich erhebliche Verzögerungen ergeben hätten. Das Vordringlichste zu jener Zeit aber war, so rasch wie möglich ein funktionsfähiges Geldwesen zu schaffen und das Wirtschaftsleben wieder in die richtigen Gleise zu bringen. Zudem liegt die Vermutung nahe, daß sich die Besatzungsmächte sagten, der soziale Ausgleich zwischen den vom Krieg und seinen Folgen so unterschiedlich betroffenen Menschen sei eine höchst undankbare Arbeit, die man besser den Deutschen selbst überlasse.[57]

Dem ist nichts hinzuzufügen. So überließ § 23 des Umstellungsgesetzes die Neuordnung der Sozialversicherung »den deutschen gesetzgebenden Körperschaften«, und § 29 gab für den Lastenausgleich nur die Richtlinie:

Die zur Durchführung des Lastenausgleichs erforderlichen Mittel sind durch besondere Vermögensabgaben aufzubringen, deren Erträge zu diesem Zweck einem außeretatmäßigen Ausgleichsfond zuzuführen sind. Das Nähere regeln die nach der Präambel zum Währungsgesetz bis zum 31. Dezember 1948 zu erlassenden deutschen Gesetze zum Lastenausgleich. Diese bestimmen auch, inwieweit für die durch die Geldreform entstehenden Verluste oder andere Verluste eine Entschädigung zu gewähren ist ...

Die Frist für die Lastenausgleichsgesetzgebung konnten die Deutschen nicht einhalten; bei aller allseitigen Anerkennung der Dringlichkeit war die Materie zu verwickelt, als daß die Lösungen hätten über das Knie gebrochen werden können. Erst vom 8. August 1949 datiert das »Gesetz zur Milderung dringender sozialer Notstände (Soforthilfegesetz)«.[58] Es begründete zusammen mit seinen ergänzenden Bestimmungen eine Sondersteuer auf Vermögen am Stichtag der Währungsreform und auf der anderen Seite Leistungsansprüche der Kriegsgeschädigten. Die ›Soforthilfeabgabe‹ hatten die Finanzämter einzuziehen; den Leistungsteil führten ›Ausgleichsämter‹ auf der Ebene der Landkreise und kreisfreien Städte aus. Das »Gesetz über den Lastenausgleich (Lastenausgleichsgesetz)« vom 14. August 1952[59] und mehrere Nebengesetze zogen eine unübersehbare Fülle von Durchführungsvorschriften nach sich. Das Lastenausgleichsgesetz hatte für die Aufbringung der Mittel für den schon von den Alliierten vorgesehenen Ausgleichsfond außerhalb des normalen Bundeshaushalts einen ›Abgabenteil‹ und für die Leistungen an die Kriegsgeschädigten einen ›Leistungsteil‹. In unserem Zusammenhang ist davon nur von Interesse, daß das Gesetz in seinem Abgabenteil drei Abgaben (Steuern) einführte, von denen zwei in ihren Bemessungsgrundlagen unmittelbar an die Vorschriften des Umstellungsgesetzes anknüpften.

Die ›Vermögensabgabe‹ war im Grundsatz eine Sondervermögensteuer. Sie belief sich auf die Hälfte des vermögensteuerpflichtigen Vermögens am Tag der Währungsreform, dem 21. Juni 1948, war aber in 108 Raten, die auch eine Verzinsung enthielten, jedes Vierteljahr bis zum ersten Vierteljahr 1979 zu entrichten.

Der ›Hypothekengewinnabgabe‹ lag zugrunde, daß nach § 16 des Umstellungs- gesetzes auch solche Forderungen auf ein Zehntel abgewertet wurden, für die eine Sicherheit an einem Grundstück in Gestalt einer Hypothek oder einer Grundschuld bestand. Im ganzen Bereich des Bodenkredits hätte dies, für sich gesehen, bedeutet, daß die Schuldner, die mit geliehenem Geld ihre Grundstücke erworben oder be- baut hatten, für die weitere Tilgung und Verzinsung mit einem Zehntel ihrer Schuld davongekommen wären, aber ihre Grundstücke ungeschmälert behalten hätten. Dem trat der Gesetzgeber (entsprechend dem Vorbehalt, der sich schon in § 16 des Umstellungsgesetzes

– »Die Heranziehung der Schuldnergewinne zum Lastenausgleich obliegt der deutschen Gesetzgebung« –

fand) mit der Hypothekengewinnabgabe entgegen. Mit ihr wurde der ›Schuldner- gewinn‹, nämlich die neun Zehntel der Schuld am 21. Juni 1948, die der Gläubiger nicht mehr verlangen konnte, für den Lastenausgleich in Anspruch genommen. Es bedeutete, daß der Schuldner auch nach der Währungsreform unverändert weiter zu tilgen und zu verzinsen hatte, daß aber neun Zehntel davon für den Lasten- ausgleichsfond erhoben wurden.

Ähnlich verhielt es sich mit der Kreditgewinnabgabe. Ihr unterlagen Unterneh- men (›Kaufleute‹), die eine D-Mark-Eröffnungsbilanz aufzustellen hatten. Darin erschienen die gewerblichen Kredite, die der Unternehmer aufgenommen hatte, aufgrund der Umstellung nur mit einem Zehntel ihres vorherigen Reichsmark- Nennwerts; der Unterschied zum Ansatz in Deutscher Mark war zunächst mit neun Zehntel ebenfalls Schuldnergewinn. Andererseits hatte der Unternehmer in dieser Anfangsbilanz in neuer Währung aber auch ›Gläubigerverluste‹ auszuweisen, denn die Forderungen gegen seine Kunden beliefen sich nach der Umstellung auch nur noch auf ein Zehntel des Reichsmark-Nennwerts. Das galt noch mehr für seine Bar- geld- und Kontenbestände. Die Kreditgewinnabgabe wurde nun in dem Gewinn- saldo, dem Mehrbetrag an Schuldnergewinnen gegenüber den Gläubigerverlusten (und etwaigen Betriebsverlusten in der Zeit vom 1. Januar 1945 und 20. Juni 1948, auch Vermögensverlusten, die seit 1940 eingetreten waren), bemessen und war ab 1952 in 85 Vierteljahresraten, bis Oktober 1973, zu entrichten, wobei eine Ver- zinsung vom Währungsstichtag an eingerechnet war.

Für Einzelheiten, etwa die Festsetzungsverfahren, die Berücksichtigung von Kriegsschäden, die Befreiungen und Vergünstigungen sowie die Behandlung von Schulden, die erst nach Kriegsende, also in der ›letzten Reichsmarkzeit‹ aufgenom- men worden waren (also in ›schlechter‹ Reichsmark, mit der schwerlich Sachver- mögen wie in der früheren Reichsmarkzeit, etwa vor dem Krieg, erworben worden war), muß auf die Vorschriften und die Erläuterungsbücher verwiesen werden.

Heute (1985) sind die Lastenausgleichsabgaben bereits Steuergeschichte; die letz- ten Rückstandsfälle aus dem Bereich der Vermögensabgabe, deren Erhebung sich am längsten hinzog, haben die Finanzämter um 1984 abgeschlossen. Jüngere Steu-

erbeamte wissen von diesen Abgaben nichts mehr, deren Bearbeitung jahrzehnte-
lang einen beträchtlichen Teil der Arbeitskraft ihrer älteren Kollegen verlangte. Sicher hat der Lastenausgleich nicht die Umverteilung der nach dem Krieg in den
Westzonen verbliebenen Vermögen gebracht, wie man 1948 erhofft oder gefürchtet
hatte. An Soforthilfe sind bis 1952 rund 4 Milliarden DM und mit den drei Lastenausgleichsabgaben bis 1967 zusammen rund 39 Milliarden DM aufgebracht worden. Anleihen, die der Ausgleichsfond aufnahm, und Zuschüsse des Bundes und
der Länder haben bis Ende 1967 erlaubt, rund 63 Milliarden DM, bis Ende 1978
rund 110 Milliarden DM, an die Kriegsgeschädigten zu zahlen.[60] Viele erhielten damit Starthilfen für eine neue Existenz oder eine neue Behausung, nicht mehr Er-
werbsfähige ihren bescheidenen Unterhalt. Gleichwertigen Ersatz für den Verlust
im Krieg konnte der Lastenausgleich nicht verschaffen. Die Erstreckung der Abgaben über Jahrzehnte der weiteren Entwicklung der Deutschen Mark in schleichender Entwertung führte trotz der in ihnen enthaltenen bescheidenen rechnerischen
Verzinsung dazu, daß ihre Last für die Abgabeschuldner im allgemeinen immer
leichter wurde. Die Festsetzung der Abgaben und die Zuerkennung der Entschädigungen haben sich – in vielen Fällen wegen der schwierigen Ermittlung der Bemessungsgrundlagen der Abgaben wie auch der Kriegs- und Vertreibungsschäden – oft
viele Jahre hingezogen. Trotzdem wird das endgültige Urteil über den Lastenausgleich anerkennen müssen, daß er neben der günstigen wirtschaftlichen Entwicklung im Westen Deutschlands von der Währungsreform an dazu beitrug, gefährlichen sozialen Spannungen zwischen denen, denen der Zweite Weltkrieg alles
nahm, und denen, denen er alles beließ, keinen Raum zu geben. Insbesondere trug
der Lastenausgleich neben anderen Förderungsmaßnahmen (vielfältig auch steuerlicher Natur) dazu bei, die Millionen von Flüchtlingen und Vertriebenen, die mit
ihrer Heimat auch ihre Habe verloren, in den neuen Lebensraum zu integrieren.

Wertsicherungsklauseln, »Abschluß der Währungsumstellung«

Wie erinnerlich[61] gehörte zu den Kriegsmaßnahmen im Bereich der Währung im
Jahre 1914 eine Verordnung vom 28. September, die Vereinbarungen aus der Zeit
vor 31. Juli 1914, nach denen eine Zahlung in Gold erfolgen solle, bis auf weiteres
für unverbindlich erklärte. In der Inflation nach dem Krieg waren Gold- und andere Wertsicherungsklauseln wieder zulässig; im besonders formstrengen Hypothe-
kenrecht waren wertbeständige Hypotheken erlaubt; 1920 gab es sie auf Beträge in
ausländischer Währung und seit 1923 auf der Grundlage der Preise von Feingold,
Kohle, Kali, Weizen und Roggen. In der folgenden Weimarer Zeit waren Goldklauseln weit verbreitet, aber unter der Regierung Hitler waren sie verpönt, da sie
als Mißtrauen in die herrschende Währung gedeutet werden konnten;[62] immerhin
wurden sie bis 1945 nicht verboten. Als dann das Ende des Zweiten Weltkriegs den
Wertverfall der Reichsmark offenbar werden ließ, suchte die Wirtschaft wieder von
solchen Klauseln Gebrauch zu machen. Dem traten die Militärregierungen bald
entgegen: Mit Artikel II des Militärregierungsgesetzes Nr. 51[63] waren zunächst Zahlungen »in einer anderen als der Mark-Währung« verboten und mit dem »Ersten

Änderungsgesetz zum Gesetz Nr. 51« (August 1947),[64] dem sogenannten ›Mark-gleich-Mark-Gesetz‹, wurden Wertsicherungsklauseln für Reichsmarkforderungen verboten und hinfällig:

Eine Verbindlichkeit, gesichert oder ungesichert, die auf Reichsmark . . ., auf Goldmark oder auf Mark lautet, deren Nennwert unter Benutzung einer gleitenden Skala oder auf andere Weise durch Bezugnahme auf den Preis des Feingoldes (Goldklausel) oder den Preis anderer . . . Waren . . . (Wertbeständigkeitsklausel) bestimmt ist, ist bei Fälligkeit . . . durch Zahlung – Mark für Mark – von Reichsmark oder Alliierten Militärmark-Noten erfüllbar . . . Der Gläubiger ist in allen Fällen verpflichtet, Reichsmark oder Alliierte Militärmark-Noten zu ihrem Nennwert in Erfüllung der Verbindlichkeiten anzunehmen.

Derart unwirksam gesicherte Forderungen waren daher ohne weiteres nach den Maßstäben des Umstellungsgesetzes in Deutsche Mark umzustellen.

Für die Zeit nach der Währungsreform enthielt das Währungsgesetz in § 3 die Vorschrift:

Geldschulden dürfen nur mit Genehmigung der für die Erteilung von Devisengenehmigungen zuständigen Stelle in einer anderen Währung als in Deutscher Mark eingegangen werden. Das gleiche gilt für Geldschulden, deren Betrag in Deutscher Mark durch den Kurs einer solchen anderen Währung oder durch den Preis oder eine Menge von Feingold oder von anderen Gütern oder Leistungen bestimmt werden soll.

Unter Inländern[65] gilt die Vorschrift noch heute. Genehmigungsbehörde ist jetzt die Deutsche Bundesbank, die sich dazu ihrer Hauptverwaltung in den Ländern, der Landeszentralbanken,[66] bedient. Sie richten sich nach ›Genehmigungsricht-linien‹.[67] Danach gibt es genehmigungsfreie Klauseln wie Leistungsvorbehalte, Spannungsklauseln, Sachschuld- und Kostenklauseln sowie Beteiligungs- und Umsatzklauseln; genehmigungspflichtige ›Gleitklauseln‹ und Fremdwährungsklauseln werden im allgemeinen genehmigt, wenn ein berechtigtes Interesse etwa an der Sicherung des Lebensunterhalts einer Person zu erkennen ist, mithin in der Regel nur bei langfristigen Verträgen. In Grenzen versucht der Staat mit dieser Handhabung einer fortgeltenden Vorschrift des Besatzungsrechts das ›Nominalprinzip‹ hochzuhalten, den Grundsatz ›Mark gleich Mark‹, in einer Zeit, die durch die ›schleichende Inflation‹, den langsamen Wertverfall der Währungseinheit gekennzeichnet ist.

Doch dazu im Kapitel 19. Auskunft über den Fragenkreis gibt das Buch von Dürkes.[68]

Als die Bundesrepublik Deutschland am 23. Mai 1949 mit dem Grundgesetz ins Leben trat, war die Währungsreform längst vollendet, aber, wie die Juristen sagen, noch nicht beendet. Es waren Fragen offen geblieben, die zwar keine Bedeutung mehr hatten, aber irgendwie noch beantwortet werden mußten. Eine Mehrzahl von Reichsmark-Ansprüchen hatten das Umstellungsgesetz und andere Vorschriften, etwa zur Währungsreform in West-Berlin und später zur Währungsumstellung im Saarland nach der Rückgliederung, von der Umstellung ausgenommen. Jedermann wußte zwar, daß diese Ansprüche nichts mehr wert waren, aber sie belasteten bei manchen noch Bilanzen, Bilanzanmerkungen und Buchführung. So zog der Bundesgesetzgeber mit dem »Gesetz zum Abschluß der Währungsumstellung« vom

17. Dezember 1975[68a] einen Schlußstrich und erklärte nicht umgestellte ›Altgeldgut-haben‹, ›Uraltguthaben in Berlin‹, ›Reichsmarkguthaben im Saarland‹ als mit Ab-lauf des 30. Juni 1976 für erloschen; andere Ansprüche, gegen Berliner ›Altban-ken‹, konnten wiederum mit einem Umstellungssatz »von einer Deutschen Mark für je zwanzig Reichsmark« erhoben werden und verjährten, wenn nicht geltend gemacht, bis 30. Juni 1976. Es erloschen oder verjährten auch alte Ansprüche von Ausländern und solche gegen Banken, wo das Konto etwa in der jetzigen Deut-schen Demokratischen Republik oder in den heute polnischen Ostgebieten bestan-den hatte, und bestimmte alte Kreditinstitute wurden jetzt endgültig liquidiert. Auch die Wertpapierbereinigung wurde abgeschlossen.

c) Die Währungsreform in der Sowjetischen Besatzungszone und die Deutsche Notenbank

In der Sowjetischen Besatzungszone wurden am 9. Juli 1945 mit der Einrichtung von Landesregierungen die Länder Mecklenburg, Brandenburg, Sachsen-Anhalt, Sachsen und Thüringen gegründet.

Den Landesregierungen wurden schon am 25. Juli 1945 elf Zentralverwaltungen übergeordnet. Sie wurden am 15. Juli 1947 durch die ›Ständige Wirtschaftskommis-sion‹ ersetzt, an deren Stelle am 13. Februar 1948 die ›Deutsche Wirtschaftskom-mission‹ trat. Übergeordnet blieb die Sowjetische Militäradministration Deutschl-and, aber das Sekretariat der Deutschen Wirtschaftskommission wurde aufgrund von Vollmachten der Sowjetischen Militäradministration praktisch zur Zentralre-gierung der Sowjetischen Besatzungszone.

Die politische Entwicklung führte zur beherrschenden Rolle der Sozialistischen Einheitspartei Deutschlands (SED), die mit der erzwungenen Vereinigung von SPD und KPD am 21./22. April 1946 entstanden war, aber in keinem Land bei den Landtagswahlen am 20. Oktober 1946 die Hälfte der Stimmen erreichte. Die Sowje-tische Militäradministration bediente sich darauf der außerparlamentarischen ›Volkskongreßbewegung‹, um den Zentralstaat ihrer Besatzungszone zu begründen. Es war der Zweite Deutsche Volkskongreß (17./18. März 1948), aus dem als verfas-sunggebende Versammlung ein ›Deutscher Volksrat‹ hervorging.[69] Er arbeitete eine ›gesamtdeutsche Verfassung‹ aus und beraumte auf den 14. und 15. Mai 1949 Wah-len an, bei denen die Bevölkerung der Sowjetzone nur die Wahl zwischen Annahme und Ablehnung der ›Einheitsliste der Volkskongreßbewegung‹ hatte. Mit der Bestä-tigung der »Verfassung der Deutschen Demokratischen Republik« durch den Drit-ten Volkskongreß am 30. Mai 1949 war der heute so genannte andere deutsche Staat gegründet.

Die wirtschaftliche Entwicklung der Sowjetischen Besatzungszone war von der Besetzung an gekennzeichnet durch Demontagen, Naturalreparationen, Vermö-gensbeschlagnahmen, Überführung von Industrie- und Handelsbetrieben in die öf-fentliche Hand oder in ›Sowjetische Aktiengesellschaften‹, durch die erwähnte Schließung der Banken und eine rigorose, unwirtschaftliche Bodenreform. Es muß anerkannt werden, daß Sowjetische Besatzungszone und Deutsche Demokratische Republik durch die Demontagen und anderen Reparationen, die den im Krieg auf das schwerste geschädigten Oststaaten schwerlich vorgeworfen werden können, weit mehr belastet wurde als Westdeutschland, und daß es neben den Unterschieden in der Leistungsfähigkeit der beiderseitigen Wirtschaftssysteme jedenfalls lange über die Anfangsjahre der beiden deutschen Staaten hinaus diese Umstände waren, die die Deutsche Demokratische Republik wirtschaftlich gegen die Bundesrepublik Deutschland in Rückstand geraten ließen.

Die Währungsreform von 1948 traf die Sowjetische Besatzungszone zwischen dem Zweiten Deutschen Volkskongreß und der Annahme der ›gesamtdeutschen Verfassung‹, also als auch hier die Weichen für die Spaltung Deutschlands bereits gestellt waren. Auch hier war die Währungsreform nicht Sache der neuen deutschen Behörden, sondern der Militärregierung, die sich jener nur zur Ausführung bediente.

Die Währungsreform in den Westzonen hat die Sowjetische Militäradministration überrascht. Wie ausgeführt war angesichts der Schließung der alten Banken und der Kontensperre die Währungsreform in der Sowjetischen Besatzungszone nicht so dringend. So hatte man, wie die folgenden Ereignisse zeigen, die Währungsreform auch nicht vorbereitet; insbesondere war neues Papiergeld für einen Notenumtausch offensichtlich nicht vorhanden.

Immerhin war auch hier der Grundstein für eine neue Notenbank schon gelegt. Der Befehl Nr. 94/1948 der Sowjetischen Militäradministration vom 21. Mai 1948[70] ordnete an, daß die Hauptverwaltungen Finanzen, Wirtschaftsplanung, Maschinenbau und Elektrotechnik, Land- und Forstwirtschaft, Handel und Versorgung, Verkehr, Post- und Fernmeldewesen auf der einen Seite und die »Emissions- und Girobanken« der fünf Länder auf der anderen eine Zentralbank für die Besatzungszone gründeten, die »Deutsche Emissions- und Girobank«. Sie sollte schon am 1. Juni ihre Tätigkeit beginnen; nach ihrer Satzung vom 29. Mai 1948[71] hatte sie als Anstalt des öffentlichen Rechts »die Aufgabe, den Geldumlauf zu regeln und den Zahlungsverkehr zu organisieren sowie den Zahlungsverkehr mit den anderen Besatzungszonen und dem Auslande durchzuführen«. Außerdem wurde sie mit der Aufsicht über die Banken und einer umfassenden Weisungsbefugnis betraut. Nur das Notenrecht erhielt sie so wenig wie ihr Gegenstück im Westen, die Bank deutscher Länder, aber Organisation mit Verwaltungsrat und Direktorium sowie Geschäftskreis entsprachen dem einer herkömmlichen Zentralbank.

Nach der Währungsreform wurde die Deutsche Emissions- und Girobank auf den SMAD-Befehl Nr. 122/1948 vom 20. Juli 1948 hin durch »Anordnung über die Deutsche Notenbank« vom selben Tag durch die deutsche Zentralregierung der Sowjetischen Besatzungszone, das Sekretariat der Deutschen Wirtschaftskommission, in ›Deutsche Notenbank‹ umbenannt und erhielt zugleich das Notenrecht; am selben Tag gab ihr die Deutsche Wirtschaftskommission eine neue Satzung, die entsprechende Ergänzungen enthielt.[72] § 2 der Anordnung lautete:

Die Deutsche Notenbank hat das ausschließliche Recht, in der sowjetischen Besatzungszone Deutschlands und in Berlin Geldzeichen (Banknoten und Münzen) auszugeben. Die Geldzeichen lauten auf Deutsche Mark bzw. Deutsche Pfennig; sie sind von dem Zeitpunkt an, der von der Deutschen Wirtschaftskommission für die sowjetische Besatzungszone öffentlich bekanntgemacht wird, alleiniges gesetzliches Zahlungsmittel neben den bis auf weiteres noch im Umlauf befindlichen Münzen in Reichs- und Rentenpfennig-Währung, die zum gleichen Nennwert in Deutschen Pfennig Geltung haben.

Damals lag aber die Währungsreform schon drei Wochen zurück, und auch dies zeigt, daß man die Währungsreform überstürzt angehen mußte. Die neuen und die zunächst verbleibenden alten kleinen Zahlungsmittel waren also mit der Reform zunächst staatliches Geld der Besatzungsmacht und wurden erst mit diesen Vorschriften solche der neuen Notenbank. Und so hatte sich die Reform abgespielt:

Es verstand sich von selbst, daß die Währungsreform im Westen die Sowjetische Militäradministration zwang, so schnell wie möglich nachzuziehen. Die Grenze zwischen den westlichen Besatzungszonen und der Sowjetzone war noch nicht undurchdringlich und Berlin eine wirtschaftliche Einheit mit freiem Verkehr zwischen den Sektoren der vier Besatzungsmächte. Die Entwertung des Altgeldes in den Westzonen mußte zum Abfließen in den Sowjetbereich führen, solange es dort noch seinen Wert hatte, und das galt natürlich auch für das Kleingeld. Daß die Sowjetische Militäradministration nicht vorbereitet war, zeigt sich besonders darin, daß die maßgebliche Besatzungsvorschrift die Spuren eiliger Gestaltung zeigt und keineswegs, wie die westlichen Währungsgesetze, von deutschen Fachleuten ausgearbeitet war und die Prägnanz der deutschen Gesetze aufweist.

Als im Westen das Währungsgesetz und das Emissionsgesetz am 18. Juni bekanntgegeben wurden, reagierte die Sowjetische Militäradministration am folgenden Tag mit einem »Aufruf an die Bevölkerung Deutschlands«:[73]

1. Die in den westlichen Besatzungszonen Deutschlands herausgegebenen Geldscheine sind für den Umlauf in der sowjetischen Besatzungszone und im Gebiet Groß-Berlins, das sich in der sowjetischen Besatzungszone Deutschlands befindet und wirtschaftlich einen Teil der sowjetischen Besatzungszone darstellt, nicht zugelassen.
2. Die Sowjetische Militärverwaltung setzt die Bevölkerung Deutschlands davon in Kenntnis, daß die Einfuhr der in den westlichen Besatzungszonen herausgegebenen neuen Geldscheine sowie auch die Einfuhr von Reichsmark, Rentenmark und Alliiertenmark aus den westlichen Besatzungszonen in das sowjetische Besatzungsgebiet und in das Gebiet von Groß-Berlin verboten ist . . .

Die Sowjetische Militäradministration nahm damit auch die Währungshoheit über die Sektoren der westlichen Alliierten in Berlin in Anspruch, was die Berlin-Krise mit der Blockade der Westsektoren und der Gegenmaßnahmen der Luftbrücke auslöste. Das Währungsgeschehen in West-Berlin wird im nächsten Abschnitt behandelt werden.

Die Währungsreform für die Sowjetische Besatzungszone und den sowjetischen Sektor von Berlin wurde dann in der Zeit von 24. bis 28. Juni 1948 ausgeführt. Zugrunde lagen ihr der »SMAD-Befehl Nr. 111/1948 über die Durchführung der Währungsreform in der sowjetischen Besatzungszone Deutschlands« vom 23. Juni 1948[74] und – mit Datum 21. Juni 1948 – die Verordnung der Deutschen Wirtschaftskommission gleichen Titels[75] und Durchführungsbestimmungen hierzu.[76]

Der SMAD-Befehl sagte in einer langen Vorrede, wie seine Verfasser die Entwicklung sahen:

In den westlichen Besatzungszonen ist die separate Währungsreform durchgeführt. Die Einheit des Geldumlaufs... ist zerstört. Ein zerschmetternder Schlag ist der Einheit Deutschlands versetzt worden... Die separate Währungsreform in den westlichen Besatzungszonen beschließt die Spaltung Deutschlands...
Die Sowjetische Militärverwaltung in Deutschland, entsprechend den Anweisungen der Sowjetregierung, trat einer separaten Währungsreform in den einzelnen Besatzungszonen Deutschlands entgegen, bestand auf der Verwirklichung einer gesamtdeutschen Währungsreform. Eine einheitliche Währungsreform in ganz Deutschland war möglich und für Deutschland notwendig... Aber das in seinen Grundzügen schon vorbereitete Viermächteübereinkommen... wurde von den amerikanischen, britischen und französischen Besatzungsbehörden gesprengt...
Unter diesen Verhältnissen und den Forderungen der deutschen demokratischen Öffentlichkeit entgegenkommend, sieht sich die Sowjetische Militärverwaltung gezwungen, unaufschiebbare Maßnahmen zu treffen... Deswegen billigt die Sowjetische Militärverwaltung den Vorschlag der Deutschen Wirtschaftskommission über die Durchführung der Währungsreform in der sowjetischen Besatzungszone Deutschlands...
Es ist selbstverständlich, daß die Sowjetische Militärverwaltung, auf der Notwendigkeit einer gesamtdeutschen Währungsreform bestehend, eine Doppelpolitik zu führen und im geheimen Vorbereitungen für eine separate Währungsreform zu treffen nicht für möglich hielt. Deswegen sind jetzt keine neuen Geldscheine in der sowjetischen Besatzungszone Deutschlands vorhanden. Die Währungsreform in der sowjetischen Besatzungszone wird auf Grund der RM und Rentenmark, auf die Spezialkupons geklebt werden, durchgeführt...

Damit ist das Schlagwort gegeben, unter dem der erste Geldumtausch in der Sowjetischen Besatzungszone stand: die ›Klebemark‹. Anders als im Westen waren Geldumtausch und Umstellung der Forderungen in einem Vorschriftenwerk, dem SMAD-Befehl Nr. 111/1948, geregelt, und die Verordnung der Deutschen Wirtschaftskommission und die Durchführungsbestimmungen enthielten nur technische Ausführungsanweisungen.
Nach Nr. 1 des Befehls waren

ab 24. Juni 1948 auf dem ganzen Territorium der sowjetischen Besatzungszone Deutschlands und auf dem Gebiet von Groß-Berlin neue Geldscheine einzuführen: RM und Rentenmark alten Musters mit aufgeklebten Spezialkupons.
Scheidemünzen bleiben in ihrem Nominalwert nach im Umlauf.

«Die gesamte Bevölkerung, die Leiter der Betriebe, Organisationen und Anstalten...» waren »verpflichtet«, bis 28. Juni alles Papiergeld, einschließlich der »Mark der Alliierten Militärbehörden« bei den Kreditinstituten abzuliefern. Am 24. und 25. Juni (Mittwoch und Donnerstag) waren Altgeld und ›Kuponmark‹ nebeneinander, das Altgeld zu einem Zehntel des Nennwerts, zugelassen. »Einlagen und Salden von laufenden Konten« wurden im Verhältnis 10 zu 1 ›umgewertet‹, jedoch unter folgenden Besonderheiten:
Der »Vorzugsumtausch« im Verhältnis 1 zu 1, also die Kopfquote, belief sich auf 70 Deutsche Mark. Bei den Sparkonten wurden die ersten 100 Reichsmark 1 zu 1,

die weiteren Beträge bis 1000 Reichsmark im Verhältnis 5 zu 1 und der Rest 10 zu 1 umgewertet. Versicherungspolicen wurden im Verhältnis 3 zu 1 umgestellt. »Summen, die sich auf laufenden Konten von staatlichen, kreisbehördlichen, gemeindlichen und anderen volkseigenen Betrieben befinden« wurden 1 zu 1, »Beträge auf laufenden Konten anderer Industriebetriebe« in Höhe des wöchentlichen Umsatzes und des Lohnrückstands in diesem Verhältnis umgestellt. Kredite an Bauernwirtschaften im Rahmen der Bodenreform ermäßigten sich auf ein Fünftel. Auf ein Zehntel, den Regelumwertungssatz, sanken auch die »vor dem 9. 5. 1945 entstandenen und bis auf heute gesperrten« Konten und Spareinlagen, doch war darüber nicht zu verfügen; die neuen Guthaben wurden für eine »innere Anleihe« beansprucht, und bei Einlagen von 3000 Reichsmark und mehr war zudem auch noch »der rechtmäßige Erwerb dieser Mittel« zu überprüfen. Die Einzelheiten der Anleihe sollten binnen drei Monaten geregelt werden. »Überprüfung des rechtmäßigen Ursprungs dieser Summen« war bei der Bargeldeinzahlung vorgesehen, wenn sie 5000 Reichsmark »für einen Inhaber« überstiegen, zur »Entziehung der Gewinne aus Rüstungslieferungen, Spekulationen, illegalen Preissteigerung und Schwarzmarktgeschäften«; dabei wurden »Gewinne von Personen, die sich am Kriege bereichert haben, oder Gewinne, die aufgrund von Spekulationen, illegaler Preissteigerung und Schwarzmarktgeschäften entstanden sind, als rechtswidrig« betrachtet und konfisziert. »Gleichfalls sind Beträge, die faschistischen Verbrechern und Kriegsverbrechern gehören, zu konfiszieren.«

»Die Löhne der Arbeiter und die Gehälter der Angestellten, die Pensionen und Stipendien sowie die Preise für Waren und Dienstleistungen aller Art« blieben »unverändert«. Unberührt blieben »die vor dem 9. 5. 1945 entstandenen inneren Staatsschulden Deutschlands sowie die Schuldverpflichtungen der geschlossenen Banken«.

Offizieren und Angestellten der Sowjetarmee und der Militärverwaltung wollte man Markbeträge in Höhe des »zweiwöchigen Gehalts« 1 zu 1 umtauschen, »Soldaten und Sergeanten« den monatlichen Sold. Reichsmarkbeträge dieses Personenkreises auf Konten jeder Art verfielen.

An Einzelheiten, die die Verordnung der Deutschen Wirtschaftskommission über den Inhalt dieses Befehls hinaus enthielt, ist zu erwähnen, daß auch in der Sowjetischen Besatzungszone beim Eintausch der Kopfquote die Lebensmittelkarten vorzulegen waren, daß bei Konten die neuen Guthaben rückwirkend ab 1. Januar 1948 verzinst wurden, daß danach auch alle Geldbestände der Verwaltungen uneingeschränkt – vom SMAD-Befehl nicht erwähnt – 1 zu 1 umgestellt wurden, die der Sozialversicherung 2 zu 1. Den Umwertungssatz 1 zu 1 erhielten auch »eigene Geldmittel der deutschen Banken, die einen Teil ihres Grund- oder Rücklagekapitals bilden« und alles Geld »auf den Konten von Partei- und Gewerkschaftsorganisationen«. Ausnahmevorschriften für Ausländer und ausländische Unternehmen gab es nicht. Für die Steuern war bestimmt, daß alle Rückstände 1 zu 1 umgewertet wurden gleich, ob sie für die Zeit vorher bereits festgesetzt und fällig oder noch gar nicht veranlangt waren. Umgekehrt wurden Verrechnungsansprüche der Bürger 10 zu 1 abgewertet!

Die umfangreichen Durchführungsbestimmungen[77] enthielten zum Teil lächerlich genaue technische Anweisungen (»Die Echtheit der Lebensmittelkarten … wird vom Buchhalter der Umtauschkasse geprüft«; »Die Umtauschkassen haben die neuen Geldscheine – unter Berücksichtigung der bei ihnen vorhandenen Stückelung – zwecks Sicherung eines normalen Verhältnisses zwischen den umlaufenden großen, mittleren und kleinen Scheinen in gemischter Stückelung auszugeben«) und können hier übergangen werden.

Nach Peter Schmidt[78] schätzte man den Geldumlauf in der Sowjetischen Besatzungszone vor der Währungsreform auf 28 Milliarden Reichsmark; 37 Milliarden Reichsmark hatten die Schließung der alten Banken und die Kontensperre von 1945 bereits stillgelegt. Von den vorhandenen 28 Milliarden befanden sich bei der Währungsreform mehr als die Hälfte in den Kassen der Kreditinstitute, die im ganzen nur 3 Milliarden Reichsmark an Krediten ausgereicht hatten. Ein Viertel des Geldes war in den Händen der Bevölkerung. Der Umtausch in Klebemark beließ einen Bargeldumlauf – offenbar ohne Münzgeld – von 4,12 Milliarden Deutsche Mark, »von denen ein großer Teil in den Kassen der … Kreditinstitute blieb«. Auch hier wurde ein Teil des Bargelds von den ›Spekulanten‹ nicht angemeldet und verfiel; die Geldmenge verminderte sich im ganzen auf weniger als ein Siebtel. Trotzdem blieb angesichts der Produktionsverhältnisse, des Sozialprodukts, bei den staatlich bestimmten unveränderten Preisen und Löhnen ein Geldüberhang bestehen. Die Umwertung war, wie in der Deutschen Demokratischen Republik heute offensichtlich eingeräumt wird, zu großzügig, besonders auch was den ›volkseigenen Sektor‹ betrifft. So war mit der Währungsreform von 1948 der Keim zu einem weiteren Währungsschnitt bereits gelegt.[79] Eine Kritik der Maßnahmen von 1948 im einzelnen ist hier nicht am Platz. Es genüge darauf zu verweisen, daß die Bestimmungen absichtlich oder unabsichtlich unpräzise gefaßt und mit den gesellschaftspolitischen Zielsetzungen der dortigen Obrigkeit durchsetzt waren. Im Rahmen der Währungsreform die ›Konfiskation‹ der Geldwerte von »faschistischen Verbrechern und Kriegsverbrechern, Rüstungslieferanten, Spekulanten, Schwarzhändlern, illegalen Preissteigerern, Kriegsgewinnlern« usw. durchzuführen, mußte zu Willkür, Rechtlosigkeit und Unsicherheit führen; über die Ergebnisse dieser Maßnahmen ist nichts bekanntgeworden. Hier wurden gesellschaftspolitische Ziele in einem finanztechnischen Zusammenhang verfolgt. Geschont wurden die ›gesellschaftlichen Kräfte‹, und offensichtlich ungerecht war z. B. die Behandlung der Steuerforderungen und Steuererstattungen.

Was nun die ›Klebemark‹ anlangt, so handelte es sich um briefmarkengroße Klebemarken, die gezähnt waren und bei den Reichsmarknoten und Rentenbankscheinen meistens auf den Schaurand geklebt wurden.[80] Es gab sie für die Nominale von 1 Rentenmark bis 100 Reichsmark mit der jeweiligen Wertzahl und ›1948‹ auf Guillochenuntergrund in verschiedenen Farben und in steigender Größe zwischen 20 mal 18 Millimeter bei 1, 2 und 5 Mark und 43 mal 26 Millimeter bei 100 Mark. Die Gummierung war schlecht, und so lösten sich die Kupons oft ab und wurden vom Publikum zuweilen auf Scheine geklebt, die damals schon nicht mehr gültig waren; auch sonst soll es zu allerlei Mißbräuchen gekommen sein. Die Idee, auf diese Weise Noten in einer Währungsreform die Gültigkeit zu erhalten, war nicht neu. Zum Beispiel war man so schon nach dem Ersten Weltkrieg in Jugoslawien mit österreichisch-ungarischen Noten und nach dem Zweiten Weltkrieg in Ungarn mit eigenen Noten verfahren.[81]

Es konnte sich naturgemäß nur um eine Übergangsmaßnahme handeln. Einen Monat später wurde die ›Klebemark‹ oder ›Kuponmark‹, auch ›Tapetenmark‹ im Volksmund, in die ersten Noten der Deutschen Notenbank umgetauscht. Daß die Sowjetische Militäradministration sich von der Währungsreform der Westzonen völlig überrascht gab, wurde ausgeführt und war auch Inhalt des SMAD-Befehls Nr. 111/1948 und des begleitenden Aufrufs. Dem entsprach das Provisorium der ›Spezialkupons‹. Die Noten, in die die Kuponmark dann umgetauscht wurden, waren drucktechnisch und in der Gestaltung zwar einfach gehalten, aber nach Meinung von Fachleuten doch nicht in den benötigten Mengen innerhalb von vier Wochen herzustellen und zu verteilen: Roeper teilt daher die Vermutung, diese Noten seien schon Monate vor der Währungsreform des Westens in Auftrag gegeben worden, so daß die ›Überraschung‹ durch die westliche Reform eine Propagandabehauptung der Sowjetischen Militäradministration gewesen sei.[82]

Wie dem auch sei, die Noten zu 50 Deutsche Pfennig, 1, 2, 5, 10, 20, 50, 100 und 1000 Deutsche Mark im Buchdruck und ohne Bildschmuck »von der Deutschen Notenbank auf Grund ihrer Satzung ausgegeben – Berlin 1948«[83] wurden nach dem »SMAD-Befehl Nr. 124/1948 über den Geldumtausch« vom 24. Juli 1948[84] und der »Anordnung« des Sekretariats der Deutschen Wirtschaftskommission vom 20. Juli 1948 »zur Regelung des Austausches der im Umlauf befindlichen Reichsmark und Rentenmark mit aufgeklebten Spezialkupons in Deutsche Mark der Deutschen Notenbank«[85] vom 25. bis 28. Juli 1948 gegen die Klebemark ausgegeben. Nochmals gab es dabei eine ›Kopfquote‹: Zwar wurde im Grundsatz unbeschränkt im Verhältnis 1 zu 1 umgetauscht, doch zunächst wurden nur »Beträge bis zu 70 Mark je Person ... beim Umtausch unverzüglich ausgezahlt«, Mehrbeträge wurden auf Sparkonto gutgeschrieben, über das ab 15. August 1948 unbeschränkt verfügt werden konnte. Grund war sicher, daß die neuen Noten noch nicht in der erforderlichen Menge vorhanden waren. »Unternehmen, Organisationen und Anstalten« mußten ihr ganzes Bargeld auf Konto einzahlen und erhielten sofort nur 10 Mark je Beschäftigten zurück. Für Lohn- und Gehaltsempfänger konnte den Umtausch der Betrieb übernehmen. Wieder waren Vordrucke auszufüllen und die Lebensmittelkarten vorzulegen. Im übrigen entsprach die bürokratische Gründlichkeit der Anordnungen im Hinblick auf die technische Abwicklung der in den Durchführungsbestimmungen vom 21. Juni 1948.

Erst mit dieser Anordnung (Nr. 1, 2) erhielt die neue Währung der Sowjetischen Besatzungszone auch ihren Namen, den sie bis zur nächsten Währungsreform in der Deutschen Demokratischen Republik[86] beibehalten sollte: »Mark der Deutschen Notenbank«, abgekürzt »MDN«. Inzwischen war nämlich der eingangs beschriebene »SMAD-Befehl Nr. 122/1948 über die Umwandlung der Deutschen Emissions- und Girobank in die Deutsche Notenbank« vom 20. Juli 1948 erschienen und die Zentralbank der Besatzungszone zur Notenbank der Besatzungsmacht geworden, ähnlich den Vorgängen im Westen um die Bank deutscher Länder. Nachträglich erst, am 4. September 1948 mit der »Bekanntmachung über die Ausgabe von Geldzeichen (Banknoten und Münzen), die Ersatzleistung für beschädigte Geldzeichen und den Aufruf von Geldzeichen der Deutschen Notenbank gemäß §§ 3 und 20 der Satzung der Deutschen Notenbank«[87] machte sich die Deutsche Notenbank sozusagen die ihr zugeschriebenen Noten zu eigen und gab ihre »hauptsächlichsten Kennzeichen« bekannt.

Zu dieser Zeit waren die Scheidemünzen der Reichsmarkwährung noch immer zum Nennwert gültig. Es dauerte noch ein halbes Jahr, bis die ersten neuen Münzen erschienen. Ein Zwischenzahlungsmittel wie die Kleingeldscheine der Bank deutscher Länder im Westen gab es nicht. Als erste erschienen die Aluminiumstükke zu 5 und 10 Pfennig mit ›Deutschland‹ und, auf der Rückseite, Ähre auf Zahnrad und Jahreszahl.[88] Sie wurden schon seit 1948 in der Berliner Münze und dann bis 1950, in diesem Jahr auch in Muldenhütten, in den großen Mengen des Bedarfs hergestellt. Da die »Anordnung über die Einführung neuer Scheidemünzen im Werte von 5 Pf und 10 Pf in der sowjetischen Besatzungszone und der Stadt Berlin«[89] am 29. März 1949 erging und die Deutsche Demokratische Republik erst am 30. Mai 1949 entstand, waren es – »Scheidemünzen der Deutschen Notenbank« – staatsrechtlich zunächst Münzen der Besatzungsmacht. Sie gehören aber für die Numismatik zum Münzwesen der Deutschen Demokratischen Republik, die sie unverändert fortführte; das nächste Nominal, der Pfennig, fällt bereits in ihre Zeit. Die Anordnung nannte den 1. April als Tag der Ausgabe und nahm den bisherigen Münzen derselben beiden Nominale ab 3. April die Zahlkraft. Die Münzen zu 1 und zu 50 Reichspfennig blieben also bis in die Zeit der Deutschen Demokratischen Republik gültig.

Wie die Philatelisten wissen,[90] war auch die Post der Sowjetischen Besatzungszone auf die Währungsreform nicht vorbereitet und mußte sich mit Provisorien behelfen. Die – für die vier Besatzungszonen damals einheitlichen – Briefmarken galten bis 23. Juni 1948 zum bisherigen Wert und danach nur noch zu einem Zehntel des Nennwerts. Am 24. und 25. Juni wurden dann zum zehnfachen Preis in altem Geld oder zum Nennwert in neuem Geld und mit Gültigkeit zum Nennwert in neuem Geld die bisherigen Marken mit dem Handaufdruck eines ›Bezirksstempels‹ verkauft, ab 26. Juni nur noch gegen neues Geld. Die Bezirksstempel waren Bürostempel der Post (Formularstempel) mit dem Namen der Oberpostdirektion und einer Ordnungsnummer, die als Kontrollstempel im Zahlungsverkehr seit 1893 innerbetrieblich verwendet wurden. Auch einige andere Stempel wurden benützt. So schnell wie möglich kamen dann die Marken mit dem ordentlichen Überdruck ›Sowjetische/Besatzungs/Zone‹ an die Schalter; ab 3. Juli wurden nur noch diese Marken verkauft. Der Michel-Katalog Deutschland-Spezial gibt die Anordnungen der Postverwaltung hierzu wieder. Grundlage war die »Anordnung« der Deutschen Wirtschaftskommission »über Postwertzeichen« vom 23. Juni 1948,[91] die diesen Übergang im Grundgesetz regelte.

Bei Harmening/Duden finden sich noch einige weitere Vorschriften zur Währungsreform. Die »Durchführungsbestimmungen zum SMAD-Befehl Nr. 111/1948

(Prüfung der Sperrkonten)«[92] regelte die »Überprüfung des rechtmäßigen Ursprungs der Geldmittel«. Sie oblag den Steuerämtern (wie die Finanzämter jetzt hießen); entschieden wurde aber von Kommissionen, in denen auch Vertreter der Preisbehörde, der Polizei, des ›Freien Deutschen Gewerkschaftsbundes‹, der ›gegenseitigen Bauernhilfe‹ und der Industrie- und Handelskammer sowie der Handwerkskammer saßen. Nach Nr. 5 der Vorschrift hatten »die Inhaber der Sperrkonten . . . den Beweis für die Rechtmäßigkeit des Erwerbs der gutgeschriebenen Beträge zu erbringen«. Welcher Unternehmer, Handwerker und Arbeiter hatte während des Krieges nicht irgendwie für die Rüstung gearbeitet (»Gewinne aus Rüstungsgeschäften im Kriege«)? Hier wurde entschieden, wer zu den ›faschistischen Verbrechern‹ gehörte. Was war ›Spekulation‹? Eine zweite Instanz war nicht vorgesehen. Es lag bei der Kommission, ob sie den Konteninhaber mündlich anhören wollte. Es galt keine Unschuldsvermutung wie in jedem rechtstaatlichen Strafverfahren, sondern eine Schuldvermutung. Entsprechend wurde für Guthaben aus der Zeit vor dem 9. Mai 1945 verfahren, nur daß hier die neuen Banken tätig wurden.[93] Eine besondere Anordnung regelte Einzelheiten der Umwertung der Versicherungsverträge.[94] Anders als im Westen brauchten Unternehmen das Geschäftsjahr mit der Währungsreform nicht zu teilen und keine ›DM-Eröffnungsbilanz‹ aufzustellen. Die Währungsreform erschöpfte sich in den Buchführungen mit der Einrichtung von Konten ›Umwertungsdifferenzen‹, die zu Jahresende ›über Kapitalkonto auszugleichen‹ waren.[95] Den durch Umwertung oder Erlöschen ihrer Aktiven besonders betroffenen Kreditinstituten wurden Bilanzfehlbeträge letztlich aus öffentlichen Mitteln ausgeglichen.[96]

d) Die Währungsreform in Berlin

Aufgrund der Beschlüsse der Potsdamer Konferenz wurde Groß-Berlin (nach dem Gebietsstand bei Kriegsende 88 994 Hektar mit 2,8 Millionen Einwohnern in 20 Bezirken) in vier Sektoren aufgeteilt:[97]

»Das Gebiet von Groß-Berlin wird von Truppen einer jeden der vier Mächte besetzt. Zwecks gemeinsamer Leitung der Verwaltung dieses Gebiets wird eine interalliierte Behörde (russisch: Komendatura) errichtet, welche aus vier von den entsprechenden Oberbefehlshabern ernannten Kommandanten besteht.«

Von den vier Kommandanten fungierte jeder abwechselnd als Hauptkommandant. Berlin blieb wirtschaftlich und für die Stadtverwaltung eine Einheit und natürlich Teil des Währungsgebiets der Reichsmark.

Als die gemeinsame Besetzung Anfang Juli 1945 vollzogen wurde, waren in Berlin wie in der Sowjetischen Besatzungszone die Banken (mit Ausnahme der Sparkassen und einiger Genossenschaften) gemäß dem Befehl des russischen Militärbefehlshabers vom 28. April 1945 geschlossen worden. Am 5. Juni errichtete der Magistrat eine neue Stadtbank, die bald den Namen »Berliner Stadtkontor« erhielt und neben der fortan in der Stadt an Kreditinstituten nur noch die »Sparkasse der Stadt Berlin« und eine unbedeutende Volksbank bestand. Sogleich nach ihrem Einzug billigten die westlichen Alliierten mit einer Erklärung vom 11. Juli 1945 die Bankenschließung. Den Zahlungsverkehr im aufkeimenden Interzonenhandel einschließlich des Handels der Westzonen mit Berlin besorgte das Berliner Stadtkontor über seine Konten bei den Reichsbankhauptstellen Hannover, Frankfurt und Karlsruhe. Private konnten nur aus Einkünften oder Guthaben in der Zone des Zahlungsorts zahlen, eine private Verrechnungsmöglichkeit suchen oder Bargeld übermitteln. Das galt auch für den Zahlungsverkehr zwischen Berlin und den Westzonen. Berlin war damit in gewisser Hinsicht durchaus Teil des Wirtschaftsgebiets der Sowjetischen Besatzungszone.[98]

Der heraufdämmernde Kalte Krieg führte schon vor der Währungsreform im Westen zu Schwierigkeiten für Berlin. Nachdem Marschall Sokolowski am 20. März 1945 den Kontrollrat verlassen hatte, unterwarf die Sowjetunion am 1. April den westalliierten Militärverkehr auf den Landwegen nach Berlin ihrer Inspektion. Die Westalliierten mußten feststellen, daß sie mit den sowjetischen Behörden über die Landwege keine schriftlichen Vereinbarungen, nur mündliche Absprachen hatten; ein Abkommen gab es nur über die Luftkorridore. Schon damals kam es zu kleineren ›Luftbrücken‹ nach Berlin, mit deren Hilfe man die sowjetischen ›Inspektionen‹ umging. Es war nun das Währungsgeschehen, das zum ersten großen Zusammenprall der Besatzungsmächte führte, zur Berlin-Krise mit der Berliner Blockade, die die westlichen Alliierten mit der Luftbrücke überwanden.

Bei der Währungsreform im Vereinigten Wirtschaftsgebiet nahmen die West-Alliierten ihre Sektoren in Berlin ausdrücklich aus. Bei den damaligen Verhältnissen, dem offenen Zugang von den Westzonen nach Berlin, der wirtschaftlichen und Währungseinheit von Berlin und dem Umstand, daß jedenfalls der sowjetische Sektor von der sowjetischen Besatzungszone nicht abgeschlossen war, war es verständlich, daß sich die sowjetische Zone vor der Überschwemmung mit entwerteter Reichsmark schützen und schnellstens selbst eine Währungsreform durchführen mußte, wie es ja – siehe den vorstehenden Abschnitt – dann auch geschah. So beschreibt die heutige Geschichtsschreibung der Deutschen Demokratischen Republik die Berliner Blockade als »defensive vorübergehende Sperrung der Verkehrswege«,[99] die nötig gewesen sei, um die Sowjetische Besatzungszone und Berlin, das die Sowjetunion ungeachtet der westlichen Besatzungsmächte zum Wirtschaftsgebiet ihrer Besatzungszone rechnete, vor Mengen entwerteter Reichsmark-Zahlungsmittel aus dem Westen zu schützen, bis dort auch eine Währungsreform durchgeführt sei. Tatsächlich löste sich der Berlin-Konflikt, der erste Zusammenprall von Ost und West im Kalten Krieg, bald von seiner währungsbedingten Ursache und nahm allgemeinpolitische Dimensionen an.

Als im Westen die Währungsreform angekündigt wurde (18. Juni), erließ die Sowjetische Militäradministration am folgenden Tag den bereits erwähnten Aufruf,[100] in dem es auch hieß:

... Um die Interessen der Bevölkerung der sowjetischen Besatzungszone und des Gebiets von Groß-Berlin zu schützen und wirtschaftliche Störungen durch separate Handlungen der Westmächte zu verhindern, wird die Sowjetische Militärverwaltung in Deutschland, wenn notwendig, weitere Maßnahmen ergreifen, die sich aus der entstandenen Lage ergeben.

Man begann mit scharfen Kontrollen, hauptsächlich an den Zugangswegen nach Berlin, und allerlei Behinderungen. Am 22. Juni erklärte Marschall Sokolowski den Westmächten, jetzt sei seine Militärverwaltung gezwungen, in ihrer Besatzungszone und in Groß-Berlin ebenfalls eine Währungsreform durchzuführen. Darauf kam es an diesem Tag zu Gesprächen der Finanzfachleute der vier Militärregierungen über die Folgen für Berlin, die zwei deutsche Währungen haben mußten. Die Sowjetunion schlug vor, in ganz Berlin die neue Währung der Sowjetischen Besatzungszone einzuführen. Die Vertreter der Vereinigten Staaten und Großbritanniens lehnten ab, der Franzose hatte nichts dagegen. Darauf machte die Sowjetunion den Versuch, ihre neue Währung (wie aus den wiedergegebenen Vorschriften zu ersehen ist) ohne Zustimmung der Westalliierten in deren Sektoren einzuführen, was scheitern mußte. Am 23. Juni dehnten die Westalliierten die westdeutsche Währungsreform auf ihre Berliner Sektoren aus. In der Nacht vom 23. auf den 24. Juni begann die ›Berliner Blockade‹. Sowjettruppen unterbrachen den Güter- und Personenverkehr; selbst die Stromlieferungen aus dem Sowjetsektor und aus der sowjetischen Zone nach West-Berlin wurden eingestellt. Schon am 24. Juni schritten die Westmächte zur Gegenblockade und ließen die Lieferungen von Kohle und Stahl aus dem Ruhrgebiet in die Sowjetzone abbrechen.

Da nur die Luftkorridore verbindlich und schriftlich als Verkehrswege der Westalliierten vereinbart waren, setzte der amerikanische Oberbefehlshaber, General Clay, die Organisation der ›Luftbrücke‹ durch, nicht ohne daß die Verlegung von 60 amerikanischen Atombombern vom Typ B 29 nach England dazu beitrug, die Sowjetarmee von der Störung der Luftbrücke abzuhalten. Mit seinem Vorschlag, die Blockade mit einem bewaffneten Konvoi zu durchbrechen, kam General Clay bei seiner Regierung aber nicht durch.

Die Luftbrücke bestand 462 Tage. Am Anfang wurden täglich 120 Tonnen an Gütern eingeflogen, am Ende gegen 13 000 Tonnen, während West-Berlin etwa 12 000 Tonnen verbrauchte. Die Luftbrücke bestand aus 277 300 Flügen, mit denen 1 831 200 Tonnen eingeflogen und 16 000 Tonnen an Westberliner Erzeugnissen ausgeflogen wurden. Bei den Zulieferungen waren Kohle mit 62,8 v. H. und Lebensmittel mit 27,9 v. H. beteiligt.[101]

Kleßmann[102] meint, die Blockade sei der letzte Versuch der Sowjetunion gewesen, die Bildung des westdeutschen Staates zu verhindern und ihr Gesellschaftssystem doch noch auf alle vier Besatzungszonen auszudehnen; sie sei auf keiner der beiden Seiten »Bestandteil einer langfristigen politischen Strategie« gewesen, sondern der »reaktiven Mechanik der Konfliktsituation entsprungen«. Wie dem auch sei, der Anlaß lag in der Währungsfrage. In der Folge wurde monatelang verhandelt, im August 1948 in Moskau, wo man sich auf eine Direktive an die Kommandanten in Berlin einigte, die Deutsche Mark der Deutschen Notenbank in ganz Berlin einzuführen und die Blockade aufzuheben. Doch zur Ausführung kam es nicht. Ein Interview von Stalin, in dem das Wort Währung überhaupt nicht mehr vorkam, brachte die Gespräche wieder in Bewegung. Auf das Jessup-Malik-Abkommen vom 4. Mai 1949 wurden am 12. Mai 1949 Blockade und Gegenblockade aufgehoben.

Das politische Ziel hatte die Sowjetunion nicht erreicht; der Konflikt hatte rasch

Symbol- und Grundsatzcharakter für den Ost-West-Konflikt erhalten, förderte in Westdeutschland und natürlich besonders in West-Berlin die antikommunistische Stimmung und wirkte beschleunigend auf die Beratungen über das Grundgesetz für die Bundesrepublik. Dazu kam als weitere Wirkung der Zerfall der Stadtverwaltung von Groß-Berlin und vieler Institutionen (30. November: neuer Magistrat für Ost-Berlin unter Friedrich Ebert jun., 2. Dezember: Umzug des bisherigen Magistrats ohne die SED-Mitglieder nach Schöneberg, 7. Dezember: Wahl von Ernst Reuter zum Oberbürgermeister der Westsektoren; Gründung der Freien Universität in Dahlem usw.). Die Berliner Verhältnisse erhielten – auch im Verkehrswesen – den Zuschnitt, den sie bis zum Mauerbau von 1961 hatten.

In der ostdeutschen Geschichtsschreibung sieht ein Werk, das als offiziös bezeichnet werden darf, die Vorgänge um die drei Währungsreformen des Juni 1948 und die Spaltung Berlins so:[103]

Die Westmächte sabotierten die Tätigkeit des Alliierten Kontrollrats. Sie verweigerten der Sowjetunion jede Information über ihre separaten Maßnahmen, die die Grundlagen einer Zusammenarbeit im Geiste der Antihitlerkoalition zerstörten. Diese Politik führte am 20. März 1948 zur Einstellung der Tätigkeit des Alliierten Kontrollrats für Deutschland. Unter Bruch des Potsdamer Abkommens sprengten die Westmächte die gemeinsame Viermächteverwaltung.
Am 20. Juni 1948 veranlaßten die imperialistischen Besatzungsmächte in ihren Zonen eine separate Währungsreform, um den Weg für die Einbeziehung in den Marshall-Plan zu ebnen. Die Einführung einer eigenen, am Dollar orientierten Währung war der wichtigste ökonomische Schritt auf dem Weg zur westdeutschen Staatsbildung. Die imperialistische Reaktion beschleunigte damit die Zerreißung der Wirtschaftsbeziehungen zwischen den Westzonen und der sowjetischen Besatzungszone und machte die Demarkationslinie an Elbe und Werra mehr und mehr zu einer Staatsgrenze. Die Währungsreform festigte die kapitalistischen Eigentumsverhältnisse, führte zur politischen und ökonomischen Stärkung der restaurativen Kräfte und erhöhte den Einfluß des Finanzkapitals der USA auf die Westzonen ...
Am 23. Juni 1948 übertrugen die Westmächte die separate Währungsreform entgegen den bestehenden Vereinbarungen auf die Berliner Westsektoren. Diese provokatorische Maßnahme sollte den Anschluß Westberlins an den entstehenden westdeutschen Staat durchsetzen helfen. Gleichzeitig war beabsichtigt, mit Hilfe des in Massen in die sowjetische Besatzungszone einströmenden entwerteten Geldes deren wirtschaftlichen Ruin herbeizuführen. Als einziger Ausweg sollte ihr dann die Unterwerfung unter die versklavenden Bedingungen des Marshall-Plans bleiben.
Angesichts der außerordentlichen Zuspitzung der Lage in und um Berlin ergriff die SMAD in Übereinstimmung mit der SED und den anderen demokratischen Kräften Maßnahmen, um den Frieden zu sichern und die revolutionären Errungenschaften in der sowjetischen Besatzungszone zu schützen. Vom 24. bis 28. Juni 1948 wurde eine Währungsreform durchgeführt um zu verhindern, daß das in den Westzonen entwertete Geld in die sowjetische Besatzungszone einfloß und die Wirtschaft desorganisierte. Zum Schutz vor Währungsspekulation, Wirtschaftssabotage und Diversion unterbrach die SMAD zeitweilig den Personen- und Güterverkehr zwischen den Westzonen und Berlin. Die Regierung der UdSSR schlug gleichzeitig vor, die Einwohner der Berliner Westsektoren mit Lebensmitteln und Brennstoffen zu versorgen. Um eine weitere Zuspitzung der Lage zu verhindern, wurden die Kontrolle und der Schutz der Zonengrenze durch die Sowjetarmee und die Deutsche Volkspolizei verstärkt ...

Die imperialistischen Westmächte nahmen diese notwendigen Schutzmaßnahmen zum Anlaß, um eine Kriegspsychose zu entfachen. Sie heizten die Atmosphäre an, indem sie eine sogenannte Luftbrücke nach Westberlin errichteten, obwohl die Sowjetunion die Versorgung der Bevölkerung garantiert hatte ...

Die Vorschriften der westlichen Alliierten für die Währungsreform in West-Berlin waren nicht von deutschen Fachleuten vorbereitet worden und entsprachen daher in der hastigen Fassung eher denen der Sowjetischen Militäradministration, wenngleich ihr Inhalt im wesentlichen natürlich den Währungsgesetzen für das Vereinigte Wirtschaftsgebiet glich. Die Rolle der Sektorenkommandanten verlangte ›Befehle‹.

Es begann am 23. Juni 1948 mit dem »Befehl der Kommandanten des amerikanischen, britischen und französischen Sektors von Berlin«:[104]

1. Die Kommandanten ... sind benachrichtigt worden, daß die sowjetische Militäradministration Befehle erlassen hat für eine Umwandlung der Währung in Groß-Berlin.
2. Diese sowjetischen Befehle widersprechen dem Viermächteabkommen über die Viermächteverwaltung von Groß-Berlin. In den französischen, britischen und amerikanischen Sektoren sind diese Befehle nichtig und finden keine Anwendung ...

Der Befehl ordnete die Schließung aller Banken an (»die Angestellten müssen für notfalls vorkommende Arbeiten zur Stelle sein«) und die Schließung aller Geschäfte mit Ausnahme der Lebensmittelgeschäfte und der Apotheken »zum Verkauf dringender Medikamente«. »Sämtliche Schuldenzahlungen sind vorläufig einzustellen. – Erforderliche Vorkehrungen werden getroffen, um in dem französischen, britischen und amerikanischen Sektor von Groß-Berlin die neue Währung, die in den Westzonen Deutschlands gültig ist, einzuführen ...«

Am 26. Juni durften dann die Läden wieder geöffnet werden,[105] nachdem die Reform mit der »Ersten Verordnung zur Neuordnung des Geldwesens (Währungsverordnung)«[106] und der »Bestimmung Nr. 1« zu dieser Verordnung vom 24. Juni nach dem Muster der Reform im Westen eingeleitet wurde. Dabei gab es aber einige Unterschiede, die durch die Rücksichtnahme auf die Währungsreform im sowjetischen Sektor bedingt waren. Die Scheine zu 1 und $\frac{1}{2}$ Mark der Alliierten Militärbehörde und die Rentenbankscheine zu 1 Rentenmark sowie die Münzen zu 50, 10, 5 und 1 Reichs- oder Rentenpfennig sollten zu einem Zehntel des Nennwerts bis Ende August im Umlauf bleiben. Aber ab 1. Juli 1948 verfügte die »Bestimmung Nr. 4« zur Verordnung vom 24. Juni 1948:[106a]

Vom Tage des Inkrafttretens dieser Bestimmung an gelten alle Münzen im Nennwert von 50, 10, 5 und 1 Reichspfennig oder Rentenpfennig als gesetzliches Zahlungsmittel entsprechend ihrem bisherigen Nennwert, soweit es sich um Zahlungen für die in § 4 (a) der Verordnung aufgeführten Güter und Leistungen von lebenswichtiger Bedeutung für das tägliche Leben handelt.

Dabei handelte es sich um die bewirtschafteten Lebensmittel vom Brot bis zum Salz.

Die Mark der Sowjetzone wurde ausdrücklich anerkannt, denn es hieß in Nr. 2 (b):

Verpflichtungen, welche Bezahlung in der Währung vorsehen, welche im sowjetischen Sektor von Berlin als gesetzliches Zahlungsmittel gilt, sind erlaubt und dementsprechend eintreibbar.

Andere Währungen und Wertsicherungsklauseln waren ohne Genehmigung aber auch hier verboten. Die Zahlung in Mark der Sowjetzone (oder wahlweise in Deutscher Mark) war außer für die bewirtschafteten Lebensmittel nur gestattet

für Grundstücksmieten,

für die öffentlichen Verkehrsmittel,

sämtliche Postgebühren,

Strom und Gas und

städtische Steuern und Abgaben.

Ansonsten mußte die Zahlung in Ostmark, wie wir sie künftig nennen wollen, besonders vereinbart sein, wenn die Zahlungsverpflichtung nicht als solche in Deutscher Mark weiterbestehen sollte. Im Grundsatz hatte West-Berlin damit zwei Währungen.

Das Altgeld war zwischen 28. Juni und 2. Juli einzuzahlen. Die Kopfquote von 60 Deutsche Mark wurde in West-Berlin sogleich voll ausgezahlt. Auch in West-Berlin gab es Geschäftsbeträge und Erstausstattung der Behörden.

Die »Bestimmung Nr. 1«[107] verlangte, daß Postämter und Geldinstitute die Münzen zu 5 und 1 Pfennig nicht wieder ausgeben sollten. Bei den Briefmarken galten – wie im Westen und in der Sowjetzone – die bisherigen zu einem Zehntel des Nennwerts weiter; überdruckt galten sie mit ihrem Nennwert in Deutschen Pfennigen, und für den ersten Bedarf wurden die gängigen Werte der Marken der Bizone mit dem dortigen Aufdruck eingeflogen, weitere Werte wurden dann in Berlin selbst überdruckt. Nach der »Bestimmung Nr. 1« galten in West-Berlin auch die Marken der Sowjetzone, auch wenn die Postämter in West-Berlin sie nicht verkauften. Doch wurden die westdeutschen Überdruckmarken bis 31. August für Ostmark verkauft. Anfang September erschienen für West-Berlin besondere Überdruckmarken (›Berlin‹ schräg). Erst ab 28. Dezember 1948 verlangten die Postämter für bestimmte Sendungen nach Westdeutschland, etwa Einschreiben, Zahlung in Westgeld. Ab 20. Januar 1949 wurden dann sämtliche Marken für Westgeld verkauft und die Marken hatten jetzt den Stadtnamen ›Berlin‹ in rot. Ab 21. März 1949 war die Ostmark in West-Berlin ungültig, und nun kamen auch die ersten Briefmarken mit eigenem Markenbild.[107a]

Nach der »Bestimmung Nr. 4« konnten die Banken ihre Schalter für das Publikum am 7. Juli 1948 wieder öffnen. Die »Bestimmung Nr. 6« vom 22. Juli 1948[108] erklärte die Scheidemünzen zu solchen der der Ostmark, genauer: Man nahm sie mit dem Zehntel des Nennwerts nicht mehr an und ließ sie »weiterhin nur zur Bezahlung von Verbindlichkeiten in der Währung« zu, »die als gesetzliches Zahlungsmittel im sowjetischen Sektor von Berlin gilt«. Als Kleingeld der Westwährung standen inzwischen die Kleingeldscheine der Bank deutscher Länder zur Verfügung. Die »Bestimmung Nr. 8«[109] setzte die alten Scheine zu 1 und zu ½ Mark ab 1. August 1948 außer Kurs. Als Scheidemünzen der Ostmark wurden dann ab 14. Oktober 1948 die Stücke zu 50 Reichspfennig nicht mehr anerkannt (»Durchführungsbestimmung Nr. 9« vom 14. Oktober 1948).[110]

Die »Zweite Verordnung zur Neuordnung des Geldwesens (Umstellungsverord-nung)«[111] erging am 4. Juli 1948 und entsprach, von Daten, Fristen und Bank- und Behördenbezeichnungen abgesehen, so gut wie ganz dem Umstellungsgesetz im Vereinigten Wirtschaftsgebiet mit seinen wichtigsten Durchführungsvorschriften. Den Besonderheiten der Lage von West-Berlin entsprachen einige Durchführungs-bestimmungen hierzu, die bei bestimmten Forderungen dem Schuldner das Wahl-recht gaben, ob er in Westmark oder in Ostmark bezahlen wolle.[112] Der Zahlungs-verkehr mit dem Vereinigten Wirtschaftsgebiet, vorher beschränkt, wurde am 24. Februar 1949 im Grundsatz frei.[113]

Zum alleinigen gesetzlichen Zahlungsmittel wurden die Zahlungsmittel der Bank deutscher Länder ab 20. März 1949 durch die »Dritte Verordnung zur Neuordnung des Geldwesens (Währungsergänzungsverordnung)« von diesem Tag.[113a] Die Deut-sche Mark des Westens wurde hier offiziell ›Westmark‹ und die der Deutschen No-tenbank ›Ostmark‹ genannt, Bezeichnungen, die sich längst eingebürgert hatten. Verpflichtungen in Ostmark und Besitz ihrer Zahlungsmittel blieben erlaubt. Doch wurde hier der ›Wechselstubenkurs‹ insofern anerkannt, als dem Schuldner frei stand, »sich ... von einer solchen Verpflichtung durch Zahlung von Westmark in einem Betrag (zu) befreien, der dem Wechselkurs am Tag der Zahlung entspricht«. Nur die Lebensmittelrationen durften bis 31. März noch in Ostmark bezahlt wer-den; bis dahin konnten auch »Einzelhändler, Großhändler und Hersteller von be-wirtschafteten Ernährungsgütern« in Ostmark bezahlen. Es gab noch einmal einen kleinen Kopfbetrag:

»Bei der Ausgabe der Lebensmittelkarten für den Monat April 1949 haben die Ausgabestellen den Konteninhabern, die bei einer Kartenstelle im betreffenden Gebiet eingetragen sind, je 15 Ostmark in 15 Westmark umzutauschen ...« (Nr. 3 [b])

Auch die Händler und Hersteller erhielten einen Ausgleich. Die Mieten wurden noch einen Monat lang zur Hälfte in Ostmark, zur Hälfte in Westmark erhoben; den Verlust erstattete den Vermietern der Magistrat. Steuern konnten noch bis 30. April 1949 voll in Ostmark, Sozialversicherungsbeiträge bis dahin wenigstens mit zwei Dritteln in Ostmark bezahlt werden. Für Lohn- und Gehaltszahlungen gab es ebenfalls Übergangsvorschriften, wobei der Magistrat Wechselverluste trug.

Vorausgegangen war: Die Übergänge zwischen den Westsektoren und dem so-wjetischen Sektor waren nach wie vor offen. Berliner mit Wohnsitz in den Westsek-toren konnten im Osten weiterarbeiten und umgekehrt, sei es in abhängiger Arbeit, sei es als Selbständige. Auch hatten viele Berliner Mieteinnahmen aus Grundbesitz auf der anderen Seite. Für diese Bewohner West-Berlins bedeutete dies, daß sie jetzt im Westen von Ostgeldeinnahmen leben mußten. Mit Rücksicht auf diese Kreise hauptsächlich war die Ostmark für den Verkehr mit lebenswichtigen Waren und Leistungen anerkannt worden, was insofern unbedenklich war, als Ostmark und Westmark anfangs keinen Wertunterschied aufwiesen. Dieser Zustand ›gesetzlicher Doppelwährung‹ war aber nicht lange zu halten. Im freien Ostmarkhandel, der sich in den Wechselstuben entwickelte, führte der hohe Anfall an Ostmark dazu, daß das Ostgeld zunehmend mit Abschlägen gehandelt wurde; schon im Oktober muß-

ten für eine Westmark 4,15 Ostmark gezahlt werden. So war die Verbannung der
Ostmark nicht mehr zu vermeiden. Künftig war für das Wertverhältnis der beiden
Währungen der ›Wechselstubenkurs‹ maßgeblich. Um zuverlässige und einheitliche
Kurse zu haben, wurden aufgrund einer Anordnung der westlichen Kommandanten vom 29. Juni 1949 die Wechselstuben vom Magistrat überwacht; später wurde
das Wechselstubenwesen im Gesetz West-Berlins »über den Ostmarkumtausch«
vom 21. Dezember 1951 geregelt.[114]

Mit diesem Wertverfall erlitten die Bezieher von Einkommen in Ostmark, als die
Ostwährung in West-Berlin nicht mehr galt, erhebliche Verluste. Um einen wenigstens teilweisen Ausgleich zu geben, sah die Währungsergänzungsverordnung auch
die Einrichtung einer ›Lohnausgleichskasse‹ vor. Arbeitnehmern mit Wohnsitz in
West-Berlin und Lohnzahlung im Osten tauschte die Kasse 60 v. H. des Ostmark-
Lohns im Verhältnis 1 zu 1 in Westmark um. Andererseits durfte Arbeitnehmern
aus Ost-Berlin, die in West-Berlin arbeiteten, nur 10 v. H. ihres Lohnes in Westmark bezahlt werden, und 90 v. H. erhielten sie in Ostmark, die der Arbeitgeber im
Wertverhältnis 1 zu 1 bei der Lohnausgleichskasse kaufen mußte. Die Lohnausgleichskasse und ihre Tätigkeit wurden später durch eine Magistratsverordnung
vom 8. November 1959 geregelt. In den folgenden Jahren haben sich die Umtausch-
bedingungen wiederholt geändert, was sich damit erklärt, daß der Anteil der West-
Berliner, die in Ost-Berlin arbeiteten, immer kleiner wurde. In ähnlicher Weise
wurde auch ein Ausgleich für die Selbständigen und Gewerbetreibenden eingeführt, die in West-Berlin wohnten und auf ihre Einnahmen in Ostmark aus der Tätigkeit im Ostsektor angewiesen waren.[115] Für die entsprechenden Verhältnisse beim
Grundbesitz entstand in West-Berlin eine ›Währungsüberwachungsstelle‹.

Über Sperrkonten bei dieser Stelle mußten die Mieten und Pachten von Grund-
stückseigentümern laufen, die in Ost-Berlin wohnten. Von den Einnahmen wurden
die Ausgaben für das Haus vorweg beglichen; die Überschüsse tauschte die Währungsüberwachungsstelle dem Eigentümer in Ost-Berlin 1 zu 1 in Ostmark um. Ihren Überschuß in Westmark verwandte die Stelle für den Umtausch von Ostmark
von West-Berlinern aus Ost-Grundbesitz, sofern sie davon leben mußten, ebenfalls
im Verhältnis 1 zu 1. Ostmarkbeträge, die nicht in dieser Weise umgetauscht wurden, konnten nur noch bei den Wechselstuben zum Tageskurs verwertet werden.
Dort sammelten sich auch die Ostmarkbeträge, die der Einzelhandel in West-Berlin
aus Verkäufen an Ost-Berliner einnahm. Da Ostmarkbeträge legal nicht mehr nach
Ost-Berlin gebracht werden konnten und dort ungeachtet dessen auch die Einkaufsmöglichkeiten fehlten, war die Ostmark in den Wechselstuben stets einem Kurs-
druck ausgesetzt.[116]

Auch in West-Berlin bestand nun die Notwendigkeit, eine Zentralbank in der Art
der Landeszentralbanken im Westen einzurichten. Dies geschah mit der Errichtung
der ›Berliner Zentralbank‹ durch die »Verordnung über die Errichtung der Berliner
Zentralbank« der westlichen Kommandanten vom 20. März 1949, dem Tag der
Währungsergänzungsverordnung.[117] Die Berliner Zentralbank hatte mit der Bank
deutscher Länder zusammenzuarbeiten; später nach der Gründung der Deutschen
Bundesbank wurde sie unter dem Namen »Landeszentralbank in Berlin« wie die

anderen Landeszentralbanken deren Hauptverwaltung für West-Berlin.[118] Die Berliner Zentralbank übernahm die Aufgabe der ›Deutsche-Mark-Währungskommission‹, einer mit deutschen Fachleuten besetzten Stelle der westlichen Kommandanten, die in deren Auftrag von der Währungsreform an als Währungsbehörde für West-Berlin fungierte.[119]

Die Banknoten auf Deutsche Mark, die zur Währungsreform nach West-Berlin gebracht wurden, hat man am Anfang durch Stempelaufdruck mit einem ›B‹ (im Kreis; Kreisdurchmesser etwa 32 Millimeter) oder durch eine entsprechende Lochung am rechten Rand gekennzeichnet.[120] Man wollte damit den Fluß der Noten zwischen dem Vereinigten Wirtschaftsgebiet und West-Berlin überwachen können. Das erwies sich bei der weiteren Entwicklung rasch als überflüssig, so daß man von der Kennzeichnung wieder abging. Die Noten mit und ohne ›B‹ waren im Westen wie in West-Berlin gültig.

19. Die Bundesrepublik Deutschland

a) Die Kursmünzen

Mit § 1 des Emissionsgesetzes[1] hatten die Militärregierungen der Bank deutscher Länder nicht nur das Notenausgaberecht, sondern auch die Aufgabe der Münzversorgung für das Vereinigte Wirtschaftsgebiet übertragen, und Nr. 1 (a) der Währungsverordnung für die Westsektoren von Berlin[2] dehnte die Zuständigkeit der Bank in beiden Funktionen auf West-Berlin aus. Da damals die Bundesrepublik Deutschland noch nicht bestand, waren die Geldzeichen der Bank deutscher Länger staatsrechtlich solche des Kontrollrats in Deutschland oder, wenn man das Deutschland der vier Besatzungszonen und der vier Berliner Sektoren bei oder mit der Währungsreform als geteilt ansieht, der drei westlichen Militärregierungen. Die Scheidemünzen, die die Bank deutscher Länder beginnend mit dem Einpfennigstück von 1948 ab November ausgab, sind in der Bundesrepublik bis heute im Umlauf, und das rechtfertigt es, diese Münzen zur Münzgeschichte der Bundesrepublik zu rechnen, wie es auch die Münzkataloge tun.[3] Mit dem Inkrafttreten des Grundgesetztes vom 8. Mai 1949 am 23. Mai nach der Ratifikation durch die Landtage der Bundesländer (mit Ausnahme Bayerns) ging die Münzhoheit auf die Bundesrepublik über (Artikel 73 des Grundgesetzes).[4] Die Bundesrepublik konnte von ihrer Zuständigkeit aber zunächst keinen Gebrauch machen, weil sie die volle Souveränität noch nicht hatte und Vorschriften des Besatzungsrechts von sich aus nicht ändern konnte. Auch wenn die Bank deutscher Länder ihre Notenbank bis zur Gründung der Deutschen Bundesbank[5] blieb: es entsprach der deutschen münzrechtlichen Tradition, daß der Staat das Münzrecht selbst ausübte. Ehe als Münzgesetz der Bundesrepublik das »Gesetz über die Ausprägung von Scheidemünzen« vom 8. Juli 1950[6] ergehen konnte, mußten die westlichen Alliierten – inzwischen die »Alliierte Hohe Kommission für Deutschland« – ihr bisheriges Münzrecht aufheben.

Das geschah mit dem Gesetz Nr. 29 über »Änderungen von Rechtsvorschriften über Banken und Währungsreform« vom 29. Juni 1950,[7] das im wesentlichen aus den einschlägigen Vorschriften der Währungsreform überall die Wendungen »und Münzen« und ähnlich strich und damit der Bank deutscher Länder die Aufgabe der Münzversorgung ausdrücklich entzog. Mit Wirksamkeit dieses Gesetzes am Tage seiner Veröffentlichung im Amtsblatt der Alliierten Hohen Kommission am 1. Juli 1950 erst war der Weg für das Ausprägungsgesetz vom 8. Juli frei.

Doch zurück zu den Geprägen der Bank deutscher Länder. Sie beruhten auf Bekanntmachungen vom 4. November 1948 (1 ›Pfennig‹), 7. März 1950 (5 und 10 ›Pfennig‹) und 2. Dezember 1949 (50 ›Pfennig‹),[8] die sich auf das Emissionsgesetz gründeten, die Stücke in herkömmlicher Weise beschrieben und ihnen die Gültigkeit gaben. Man wählte mit plattiertem Eisen ein Material, mit dem schon länger von den Plättchenherstellern experimentiert worden war.[9] Der Pfennig ist seither mit Kupfer, das Fünfpfennig- und das Zehnpfennigstück mit Tombak (Messinglegierung aus Kupfer und Zink)[10] plattiert. Die Entwürfe lieferte der Frankfurter Adolf Jäger. Die Vorderseite mit ›Bank deutscher Länder‹ und der Jahreszahl zeigt »einen aufrecht stehenden fünfblättrigen Eichenzweig«; die beiden Ähren, die auf der Rückseite (Wertseite) im Halbkreis über der jeweiligen Wertzahl stehen, sind in den Bekanntmachungen vom 4. November 1948 und 7. März 1949 fälschlich als »Ährengarben« bezeichnet. Die Pfennige wurden 1948 und 1949 in den vier Münzstätten, die dem Westen verblieben waren, in den großen Mengen des Bedarfs geprägt, die Stücke zu 5 und zu 10 Pfennig in den Jahren 1948 und 1949. Seither tragen die Münzen in der Bundesrepublik Deutschland die Münzzeichen der Münzstätten München (›D‹), Stuttgart (›F‹), Karlsruhe (›G‹) und Hamburg (›J‹), wie sie schon im Kaiserreich begründet worden waren.[11]

Das vierte Nominal der Bank deutscher Länder war das Fünfzigpfennigstück nach der Bekanntmachung vom 2. Dezember 1949.[12] Die Münze besteht aus Kupfernickel (750/1000 Kupfer, 250/1000 Nickel). Vorderseite mit Ausgeberbezeichnung und Wertseite sind bei ihr identisch (»Bank deutscher Länder – 50 Pfennig«); die Rückseite zeigt über der kleinen Jahreszahl »ein kniendes Mädchen..., das ein fünfblättriges mit 4 Wurzelfäden versehenes Eichenreis pflanzt«; »eine längere und vier kürzere leicht gekrümmte Linien deuten das Erdreich an«. Nicht geht aus der Beschreibung hervor, daß das Mädchen langes geknotetes Haar und ein kurzärmeliges Kleid bis zu den nackten Füßen trägt und nach rechts kniet; der Volksmund sah in der Zeit, als Lebensmittel, Tabakwaren und manches andere noch bewirtschaftet waren und viele Kleingärtner noch ihre eigenen Tabakpflanzen zogen, in dem Mädchen nichts anderes als eine ›Tabakpflanzerin‹.

Anders als die vorherigen Bekanntmachungen, die beim Münzbild die ›Jahreszahl‹ erwähnten, nannte die Bekanntmachung über das Fünfzigpfennigstück die Jahreszahl ›1949‹, war doch schon abzusehen, daß von 1950 an die Gründung der Bundesrepublik Deutschland neue Münzbilder bringen werde. Mit ›1949‹ wurde das Fünfzigpfennigstück wie die anderen Nominale in großen Zahlen geprägt. In der Münzstätte Karlsruhe (›G‹) unterlief nun aber der staatsrechtliche Irrtum, daß im Folgejahr 30000 dieser Stücke mit der Jahreszahl ›1950‹ geprägt wurden. Als man den Irrtum entdeckte, hielt man sie für ungültige Münzen, da die Bekanntmachung vom 2. Dezember 1949 ja nur Stücken mit der Jahreszahl 1949 Gültigkeit gegeben hatte. Daher mußte eine besondere Bekanntmachung diese Münzen ›legalisieren‹, ehe man sie ausgeben konnte.[13] Als sich später die Münzensammler den ersten Geprägen nach der Währungsrefom zuwandten, wurden diese Stücke, die unbeachtet geblieben waren, als Seltenheiten ›entdeckt‹, und es gibt bis heute Leute, die jedes Fünfzigpfennigstück in ihrer Hand daraufhin ansehen, ob es nicht ein solches sei.

Das Ausprägungsgesetz erging, wie erwähnt, am 8. Juli 1950, aber schon am 6. Mai 1950[14] machte die Bank deutscher Länder bekannt, daß aufgrund des Emmissionsgesetzes demnächst Münzen zu 1, 5, 10 und 50 Pfennig mit dem Ausgabejahr 1950 in Umlauf gesetzt (werden), die an Stelle der Umschrift ›BANK DEUTSCHER LÄNDER‹ die Umschrift ›BUNDESREPUBLIK DEUTSCHLAND‹ tragen . . .,

sich aber sonst nicht von denen mit ›Bank deutscher Länder‹ unterscheiden und wie diese gültig sein würden.

Diese Bekanntmachung bedeutete zweierlei: Einmal war die Bank deutscher Länder, als sie dies verfügte, immer noch staats- und münzrechtlich der Arm der Alliierten Hohen Kommission, so daß die ersten Stücke dieser Nominale auch noch Münzen der Militärregierungen waren, selbst wenn sie von den nach Inkrafttreten des Ausprägungsgesetzes hergestellten nicht zu unterscheiden sind. Zum anderen nannte nun auch diese Bekanntmachung mit ›1950‹ eine bestimmte Jahreszahl. Die Folge war, daß diese vier Nominale noch jahrelang mit ›1950‹ geprägt wurden, während die erst unter der Geltung des Ausprägungsgesetzes eingeführten weiteren Nominale 2 Pfennig, 1, 2 und 5 Deutsche Mark ab Beginn der Prägungen mit fortlaufenden Jahreszahlen versehen wurden, weil ihre Ausprägungsbekanntmachungen eben keine ›feste‹ Jahreszahl mehr enthielten.[15]

Seit die Bundesregierung mit dem Ausprägungsgesetz die Münzhoheit erlangte, hat sie sich bis heute nicht entschließen können, das Münzbild dieser vier Scheidemünzennominale durch Aufnahme des Bundesadlers oder eines anderen Staatssymbols zu ändern.[16]

Das Ausprägungsgesetz vom 8. Juli 1950[17] wird heute zuweilen als ›Münzgesetz‹ der Bundesrepublik bezeichnet. Das ist unrichtig: Als die Bundesrepublik mit diesem Gesetz ihre Münzhoheit ausübte und daran ging, die Scheidemünzen der Währung ihrer Deutschen Mark dauerhaft zu regeln, betrachtete sie sich selbst als ein Provisorium, dessen Entwicklung zum deutschen Gesamtstaat in der Nachfolge des Deutschen Reiches – in Erfüllung des Auftrags der Präambel zum Grundgesetz – anzustreben sei. Zwar ist die Geschichte, wie die Entwicklung des Verhältnisses zur Deutschen Demokratischen Republik zeigt, über diesen Anspruch hinweggegangen, doch war für das Münzrecht damals die Folge, daß man ein Münzgesetz dem künftigen gesamtdeutschen Gesetzgeber vorbehalten und auch mit dem Ausprägungsgesetz die Münzprägung nur vorläufig ordnen wollte. Daher beschränkte sich das Ausprägungsgesetz auf die unerläßlichen Vorschriften und beließ das alte Münzgesetz vom 30. August 1924[18] in Kraft: Als der Bundesgesetzgeber in Bestrebungen zur Rechtsbereinigung später daran ging, in einem Teil III des Bundesgesetzblatts fortgeltende alte Rechtsvorschriften zusammenzufassen, wurde darin auch das Münzgesetz von 1924 aufgenommen.[19]

Die Geltung des Ausprägungsgesetzes wurde 1955 auf Berlin und 1959 auf das Saarland erstreckt.[20]

Was nun den Inhalt des Ausprägungsgesetzes anlangt, so behielt § 1 die Nominale so bei, wie sie sich unter der Regierung Hitler für die Reichsmark-Währung bewährt hatten: Außer den bereits vorhandenen Nennwerten der Scheidemünzen der Bank deutscher Länder (1, 5, 10 und 50 Pfennig) sollten nun wieder das Zweipfennigstück und Stücke zu 1, 2 und 5 Deutsche Mark (DM) ausgeprägt werden. Die Annahmegrenze dieser gesetzlichen Zahlungsmittel (§ 2) für den Privatverkehr wurde mit 20 DM für die Mark-Nominale und mit 5 DM für die Pfennig-Nominale bestimmt. Der Kopfbetrag der Scheidemünzen sollte höchstens 30 DM betragen und nur mit Zustimmung des Zentralbankrats der Bank deutscher Länder überschritten werden (§ 5). § 6 ist die Ermächtigungsvorschrift für die Ausprägungsbekanntmachungen der einzelnen Gepräge mit Angabe von Gestalt (Münzbild), Gewicht und Material; die Bekanntmachungen kamen fortan von der Bundesregierung, die sich der Zustimmung (›Einvernehmen‹) des Zentralbankrats zu versichern hat.

Wie seit 1871/1873 blieb es dabei, daß »die Scheidemünzen ... im Auftrag und für Rechnung des Bundes in den Münzstätten derjenigen Länder ausgeprägt (werden), die sich dazu bereit erklären«. Die Münzstätten München, Stuttgart, Karlsruhe und Hamburg blieben also Erwerbsbetriebe der Bundesländer Bayern, Baden-Württemberg und Hamburg. Wenngleich das Münzrecht zum öffentlichen Recht gehört, so sind es der Sache nach doch Werkleistungsaufträge, die das Bundesfinanzministerium den Münzstätten erteilt, wenn es ihnen die Aufträge gibt, die von ihm beschafften Materialien (heute nur Plättchen, solange die Fünfmarkstücke aus Silber waren, auch Silber zur Herstellung der Fünfmark-Ronden in den Münzstätten selbst) gegen von ihm bestimmte Vergütungen zu Bundesmünzen auszuprägen (§ 7).

»Die Bundesmünzen werden von der Bank deutscher Länder« (heute: von der Deutschen Bundesbank) »in den Verkehr gebracht. Zu diesem Zweck ist die Bank deutscher Länder ... verpflichtet, die ... Münzen des Bundes von diesem gegen Gutschrift des Nennbetrags zu übernehmen« (§ 8). Die Münzstätten liefern ihre Prägungen also heute an die Deutsche Bundesbank in Frankfurt oder an eine ihrer Hauptverwaltungen (Landeszentralbanken) ab, von wo sie dann über Banken und die verschiedensten Kassen in den Umlauf kommen. Da es der Bund ist, der die Münzhoheit hat, muß die Deutsche Bundesbank die Münzen zum Nennwert übernehmen, d. h. dem Bund zum Nennwert abkaufen, und da beim Bund als Kosten nur die Kosten der Plättchen und die Vergütungen für die Münzstätten gegenüberstehen, erzielt der Bund damit einen Münzgewinn, der nach § 12 des Ausprägungsgesetzes »zur Finanzierung des Wohnungsbaus« zu verwenden war. Natürlich gibt es keinen Münzgewinn, wenn – heute bei den kleinen Nominalen zu 1 und zu 2 Pfennig – die Prägekosten höher sind als der Nennwert, doch nimmt die Bundesregierung diesen Prägeverlust auf sich im Interesse einer geordneten Münzversorgung, solange der Verkehr diese Sorten verlangt und das Ausprägungsgesetz sie anordnet.

§ 11 des Ausprägungsgesetzes erklärte »die auf Veranlassung der Bank deutscher Länder ausgeprägten Münzen vom Inkrafttreten dieses Gesetzes an« zu Bundesmünzen. Rückwirkend bis zur Währungsreform beanspruchte der Bund damit auch den Münzgewinn, denn die Bank deutscher Länder hatte dem Bund »den Gegenwert der ... bereits von ihr ausgegebenen Münzen« zu erstatten und erhielt in der Gegenrechnung die Herstellungskosten.

Und nun wurde mit den weiteren Nominalen das Münzsystem der Bundesrepublik so vervollständigt, wie es im Kern bis heute geblieben ist. Aufgrund der Bekanntmachungen vom 8. September 1950[21] wurden die Stücke zu 1 Deutschen Mark und zu 2 Deutschen Pfennig ausgegeben. Während man beim Zweipfennigstück an dem, wie gesagt bis heute nicht veränderten, Münzbild der kleinen Münzen der Bank deutscher Länder festhielt und nur die Umschrift der Vorderseite der neuen Münzhoheit anpaßte, erhielt das Markstück auf der ›Schauseite‹ (ein numismatisch untechnischer Begriff) »in der Mitte den Bundesadler, den Kopf nach rechts gewendet, die Flügel offen, aber mit geschlossenem Gefieder«. Auf der Bekanntmachung vom 14. Februar 1951[22] beruhte das Zweimarkstück, gestaltet entsprechend dem Markstück und wie dieses aus Kupfernickel, nur etwas größer. Die Münzserie schloß die Silbermünze zu 5 DM nach der Bekanntmachung vom 1. Dezember 1951[23] ab. Man wollte als repräsentative Hauptmünze der D-Mark-Währung aus psychologischen Gründen eine Silbermünze haben, obwohl der Wert des Metalls mit dem Geldwert der Münze – wie schon seit der Kaiserzeit – nichts mehr zu tun hatte. Diese Münze mit dem handlichen Durchmesser von 29 Millimeter und dem Gewicht von 11,2 Gramm wurde in der Hauptsache aus mexikanischem Silber hergestellt und mit der Feinheit von 625/1000 ausgebracht; wie schon erwähnt, wurde das Münzmetall in den deutschen Münzstätten selbst zurechtgeschmolzen und zu Ronden gestanzt. Das Münzbild nach Entwurf von Prof. Albert Holl besticht auf der Vorder- und Wertseite durch die Eleganz der reinen Schriftlösung; die Rückseite mit dem mager und dürr geratenen »Bundesadler, den Kopf nach rechts gewendet, die Flügel offen, mit je sieben auswärtsgebogenen Schwingen« rief manchen Spott hervor. Die Kursmünzen wurden nun nach dem Bedarf in den aus den Katalogen ersichtlichen hohen Zahlen geprägt und bestimmten das Bild des Münzumlaufs in den ersten Jahren der Bundesrepublik.

Das kürzeste Leben hatte das Zweimarkstück. Diese Münze mit dem Durchmesser von 25,5 Millimeter glich im Münzbild bis auf die Wertzahl dem Markstück von 23,5 Millimeter. Es gab Klagen, daß es zu oft mit dem Markstück verwechselt werde, und so entschloß man sich nach einigen Jahren, die Münze durch einen neuen Typ von deutlich anderem Aussehen zu ersetzen. Zum 1. Juli 1958 wurde das Zweimarkstück am 12. Juni 1958 aufgerufen,[24] am gleichen Tag das Nachfolgestück bekanntgemacht.[25] Größe und Metall waren gleich; die Vorderseite mit Adler und Umschrift ›Bundesrepublik Deutschland‹ war auch Wertseite, und die Rückseite brachte (nach links) das Kopfbild des Physikers Max Planck, des Schöpfers der Quantentheorie und Nobelpreisträgers von 1918, mit Namen und den Lebensdaten ›1858–1947‹. Es war die erste deutsche Kursmünze mit einem anderen Kopfbild als dem eines Staatsoberhaupts; der Austausch gegen das erste Zweimarkstück war so vorbereitet, daß dabei (1958) der Prägejahrgang 1957 ausgegeben werden konnte. Geprägt wurde der Typ bis 1971.

Der Anlaß zu einem neuen Wechsel des Münzbilds lag beim Zweimarkstück dann im technischen Bereich. Die wirtschaftliche Entwicklung brachte es mit sich, daß die Stücke zu 1 DM und 2 DM das wichtigste ›Futter‹ für Waren- und Leistungsautomaten, etwa für Zigarettenautomaten, wurden und daß damit die Versuchung für Fälscher wuchs, die Stücke nachzuahmen, wobei es für den Automatenmißbrauch genügte, Plättchen mit den gleichen Abmessungen und dem gleichen

Gewicht herzustellen.[26] Mit dem freizügigen internationalen Reiseverkehr verbreitete sich auch zur Bestürzung der Automatenaufsteller die Erscheinung, daß in Ausmaß und Gewicht gleichartige, aber vom Geldwert minderwertige ausländische Münzen in Automaten an Stelle der geforderten Stücke mißbraucht wurden. Sozusagen klassische Beispiele sind die Dreikronenstücke der Tschechoslowakei von 1965 bis 1969,[27] die technisch dem Stück zu 1 DM entsprachen, und die belgischen Zehnfrankenstücke seit 1969,[28] die dem Max-Planck-Zweimarkstück glichen. Ebenso leidet die Schweiz unter der Gleichartigkeit ihres Zwanzigrappenstücks und des Zehnpfennigstücks der Bundesrepublik, und dieser Tage (1985) geht durch die numismatische Presse, daß das französische Zehn-Centimes-Stück sich in den Vereinigten Staaten vorzüglich als ›Traffic Token‹ in den Zugangsautomaten bestimmter städtischer Verkehrsmittel verwenden läßt, bei einem Bruchteil des Wertes!

Nun waren der Verfeinerung der Prüfmechanismen der Automaten Grenzen gesetzt, und es mußte das Münzmaterial sein, das den Prüfmöglichkeiten entgegen kam. Auf der einen Seite stimmen sich heute die Münzverwaltungen vor Einführung neuer Münztypen ab (etwa in der Europäischen Münzdirektorenkonferenz oder auf Münztechnikertagungen), um solche Verwechslungsmöglichkeiten von vornherein zu vermeiden. Auf der anderen Seite paßte man die Münzmaterialien den technischen Möglichkeiten der Münzprüfung in Automaten an. So kam es in der Bundesrepublik zur Verwendung des Dreischichtenwerkstoffs ›Magnimat‹, zuerst für einen dritten Typ von Zweimarkstücken und dann auch für das Fünfmarkstück, als man später vom Silber als Münzmetall abging. Es handelt sich bei ›Magnimat‹ um Plättchen aus – herkömmlichem – Kupfernickel (750/1000 Kupfer, 250/1000 Nickel), die als Mittelschicht jedoch eine (magnetisch ansprechbare) Reinnickelschicht von 7 v. H. der Plättchenstärke aufweisen. Münzprüfer in Automaten können so eingerichtet werden, daß sie andersartige Stücke zurückweisen, wobei bei gleicher Größe und bei gleichem Gewicht schon eine Variation in der Stärke der magnetischen Mittelschicht genügen würde, verschiedene Münzen zu unterscheiden.[29]

So kam es zu den heutigen Zweimarkstücken der Bundesrepublik. Es gibt sie mit den Kopfbildern von Konrad Adenauer, Theodor Heuss und Kurt Schumacher; sie werden von den vier Münzstätten in jeweils gleichen Anteilen geprägt. Zunächst jedoch wurde – wiederum vorerst auch Vorrat – das Zweimarkstück mit dem Kopfbild Adenauers, des Mitbegründers und Vorsitzenden der Christlich-Demokratischen Union, Präsidenten des Parlamentarischen Rats des Vereinigten Wirtschaftsgebiets und ersten Bundeskanzlers der Bundesrepublik (15. September 1949 bis 11. Oktober 1963), ihres eigentlichen Begründers, geprägt. Die Münze hat als Kursmünze den Charakter einer Gedenkmünze auf das zwanzigjährige Bestehen des Grundgesetzes, wie auf der Rückseite mit dem Kopfbild (nach links) die Umschrift ›Bundesrepublik Deutschland 1949 1969‹ dartut; da die Vorderseite in ihren Elementen, wenn auch bei anderer Gestaltung, der der Max-Planck-Münze entspricht, weist sie den Staatsnamen zweimal auf. Aufgrund der Bekanntmachung vom 10. Dezember 1970[30] wurde sie ab 1971 ausgegeben und wird bis heute geprägt. Es waren nun politische Erwägungen, nämlich eine gleichmäßige Berücksichtigung der maßgebenden Politiker aus den drei bedeutenden Parteien der Anfangszeit der Bundesrepublik, die dazu führten, der Adenauermünze ein Zweimarkstück mit dem Kopfbild des ersten Bundespräsidenten Theodor Heuss (12. September 1949 bis 8. September 1959), der der Freien Demokratischen Partei angehörte, und später auch ein Stück mit dem Kopfbild des Oppositionsführers im Bundestag dieser Jahre, des Vorsitzenden der Sozialdemokratischen Partei Deutschlands Kurt Schumacher (verstorben 1952), beizugeben. Die Heuss-Münze unterscheidet sich nur im Kopfbild von der Adenauer-Münze und ist daher ebenfalls mit den Jahreszahlen 1949 und 1969 auf der Rückseite Gedenkmünze auf das zwanzigjährige Bestehen des Grundgesetzes. Kurt Schumacher hingegen mußte auf die Münzehre bis 1979 warten. Die Jahreszahlen ›1949 1979‹ der Rückseite mit seinem Kopfbild (wie auch bei Heuss nach links) weisen diese Münze als Gedenkgepräge auf den 30. Jahrestag der Verkündung des Grundgesetzes aus.[31] Die Heuss-Münze, erst ab 1973 ausgegeben, wurde schon seit 1970 geprägt; bei der Schumacher-Münze[32] stimmten das Jahr der Bekanntmachung und das Jahr des ersten Prägeauftrags (1979) überein. Der Grund liegt darin, daß man bei der Erstausgabe der Adenauer-Münze wie auch der Heuss-Münze glaubte, spekulativer Hortung dadurch entgegentreten zu müssen, daß man diese Münzen sogleich in hoher Zahl an die Bankschalter brachte. Tatsächlich hielten die Sammler am Anfang einzelne Jahreszahlen und Münzbuchstaben dieser Münzen für selten, weil sie zu Beginn des Umlaufs kaum auftauchten. Doch lag der Grund nur darin, daß die Bundesbank sich bei der Abgabe der Stücke aus ihren Tresoren nicht nach dem Bedürfnis der Sammler richten konnte und eben ›vom Stapel weg‹ die Posten auslieferte. So erzielten in den ersten Monaten der Gültigkeit manche Jahrgänge und Münzzeichen unter den Sammlern Überpreise, eine Erscheinung, die sich rasch legte und bei der Ausgabe der Schumacher-Münzen sich nicht wiederholte.

Erst als sich der Verkehr an die neuen Zweimarkstücke gewöhnt hatte, wurden die Max-Planck-Münzen, die man natürlich stillschweigend schon vorher zurückgehalten und eingezogen hatte, zum 1. August 1973 außer Kurs gesetzt.[33]

Die anderen Änderungen im Münzwesen bis zum Ende der silbernen Fünfmarkstücke waren ohne Bedeutung. Die Zweipfennigstücke[34] wurden ab 1968 nicht mehr aus Münzbronze, sondern – wie die Pfennige – aus kupferplattiertem Stahl hergestellt.[35] Die Fünfzigpfennigstücke aus Kupfernickel in der Art der Stücke der Bank deutscher Länder, die ab 1950 mit ›Bundesrepublik Deutschland‹ weitergeprägt worden waren,[36] hatten einen geriffelten Rand und werden seit 1972 mit glattem Rand hergestellt;[37] in beiden Fällen blieben die bisherigen Prägungen bis heute gültig. Das Ausprägungsgesetz vom 8. Juli 1950 war schon 1963[38] dahin geändert worden, daß die Grenze für die Summe an Scheidemünzen auf den Kopf der Bevölkerung von 30 DM aufgehoben wurde; die schon damals gegebene schleichende Inflation hatte nach der Begründung zu diesem Gesetz[39] den Kopfbetrag auf 28,40 DM steigen lassen und ließ weiteren Bedarf absehen. Außerdem wurde die Zweckbestimmung des Münzgewinns für den Wohnungsbau aufgehoben, da »diese Vorschrift ... durch die den Münzgewinn weit übersteigenden Haushaltsansätze für den Wohnungsbau überholt« sei. Kein Finanzminister sieht es gern, wenn er bei der Verwendung bestimmter Einnahmen im Rahmen des Staatshaushalts durch solche Vorschriften eingeengt ist.

Einschneidend für das Bild des Münzumlaufs wurde dann – nicht nur für die Bundesrepublik – die Entwicklung des Silberpreises in den Jahren 1979 und 1980. Seit Jahrzehnten hatte der Silberpreis – jedenfalls in Deutschland – mit dem Geld- und Münzwesen nichts mehr zu tun, war das Silber vom bedeutsamen Münzmetall zur Ware geworden.[40] Trotzdem hatten die Staaten, die im Münzwesen auf sich hielten, aus symbolischen Gründen – zuweilen wenigstens beim Spitzennominal der Scheidemünzen – am Silber als Münzmetall festgehalten. In der Schweiz war nur das Fünffrankenstück 1931 kleiner geworden; im übrigen hatte man an den Silbermünzen nach den Normen der Lateinischen Münzunion über den Ersten wie den Zweiten Weltkrieg hinweg festgehalten und die Stücke bis herab zum halben Franken in der alten Feinheit von 835/1000 in Silber geprägt.

1961 begann nun auf dem Silbermarkt eine Entwicklung, die 1969 die Schweiz zur Aufgabe ihrer Silberprägungen zwang. Zur Stützung ihrer Silberbergwerke hatte die Regierung der Vereinigten Staaten seit der Zeit des Verfalls des Silberpreises in den letzten Jahrzehnten des 19. Jahrhunderts Silber auf Lager genommen und war daher nach dem Zweiten Weltkrieg, als die Nachfrage das Angebot auf dem Weltmarkt zu übersteigen begann, in der Lage, aus ihren Beständen laufend Silber abzugeben. Als das amerikanische Schatzamt seine Silberverkäufe einstellte, begann der Silberpreis langsam, aber unaufhaltsam zu steigen. 1963 nahm die Regierung die Verkäufe wieder auf und stabilisierte so den Silberpreis, doch als die Bestände dahinschmolzen, stellte sie die Verkäufe am 18. Mai 1967 endgültig ein, um sie am 14. Juli 1967 nur gegen Marktpeise wieder aufzunehmen. Damals meinte man, das Silber werde auf lange Sicht knapp bleiben, da auch ein hoher Preis die Produktion nicht anreizen könnte, denn vier Fünftel der Produktion fielen als Nebenerzeugnis der Förderung von Nickel, Kupfer und Blei an. Anfang August 1967 erreichte der Silberpreis die kritische Höhe von 260 Schweizerfranken für das Kilogramm, bei der es gewinnbringend war, die schweizerischen Silbermünzen einzuschmelzen und das Silber als Material zu verkaufen. Man begann nun in der Schweiz, Silbermünzen zu horten, einzuschmelzen und auszuführen; der Eidgenossenschaft blieb nichts anderes übrig, als die Silbermünzen 1968 unter unerfreulichen Umständen – unter Einschmelz- und Ausfuhrverboten sowie Grenzkontrollen – einzuziehen und durch die heutigen Kupfernickelstücke zu ersetzen.[41] Ähnlich mußten auch andere Länder – wie die Niederlande, Frankreich und Schweden – verfahren, andere gingen für die repräsentativen Spitzennominale vom Silber ab oder erhöhten deren Nennwerte (Frankreich, Österreich).

In der Bundesrepublik zeigte sich das Problem etwas später. Hier mußte der Silberpreis auf 665 DM für das Kilogramm steigen, ehe das Einschmelzen lukrativ wurde: Das Fünfmarkstück enthielt bei seinem Gewicht von 11,2 Gramm und der Feinheit von 625/1000 7 Gramm Feinsilber. Als nach ein paar Jahren der Stagnation der Silberpreis nun ab 1972 weiter stieg und im ersten Vierteljahr 1974 einen Höhepunkt von etwa 52 Dollar für die Unze erreichte, begann auch in der Bundesrepublik die inflationserfahrene Bevölkerung, die Fünfmarkstücke zu horten.[42]

Schon 1972 war die Entscheidung gefallen, die Münze durch eine Münze ohne Silber zu ersetzen, wobei auch eine Rolle spielte, daß das Silberstück nicht ›automatensicher‹ war und man mit dem Dreischichtenwerkstoff bei den Zweimarkstücken inzwischen gute Erfahrungen gemacht hatte.

So kam es zur Prägung des jetzigen ›Magnimat‹-Fünfmarkstückes und zum Rückzug der Silbermünzen, ehe der Silberwert der Stücke den Nennwert übersteigen konnte. Im April 1974 war das Silber in der Münze immerhin erst 2,50 DM wert, wogegen man für das neue Stück mit Herstellungskosten von nur 0,40 DM rechnete.[43] Aus dem Wettbewerb für den Entwuf der neuen Münze ging 1973 der Stuttgarter Graveurmeister Wolfgang Doehm als Sieger hervor.[44] Sein Entwurf sah eine vierseitig ungleichmäßige Randgestaltung vor, die dann aus technischen Gründen nicht verwirklicht wurde. Auch wenn dadurch der Eindruck der Gestaltung nicht beeinträchtig worden wäre, die Deutschen brachten der Münze keine Sympathie entgegen und waren sich sehr wohl des Umstands bewußt, daß mit der Aufgabe der Silberprägung bei Kursmünzen eine Epoche zu Ende ging. Die neue Münze kam im Februar 1975 in den Verkehr;[45] die Silbermünze wurde zum 1. August 1975 außer Kurs gesetzt.[46] Obwohl mit dem ersten Jahr ›1975‹ mehr als 250 Millionen Stück geprägt wurden, ging der Austausch bis in den August schleppend voran.[47] Von den Silbermünzen waren – ohne die Gedenkmünzen – 264 Millionen Stück ausgegeben worden; bis 31. Oktober 1975 waren von ihnen nur etwa 151,4 Millionen Stück oder 57,3 v. H. umgetauscht worden; die Stücke werden bis heute von der Bevölkerung in riesigen Mengen gehortet.

Damals zog sich schon seit einigen Jahren (um einmal ein schiefes Bild zu gebrauchen) der Höhepunkt des spekulativen Münzensammelns hin, das, aus Wohlstand und Inflationsfurcht genährt, vom Staat selbst mit seinen exzessiven Gedenkmünzenausgaben und besonders mit den Zehnmarkstücken auf die Münchener Olympiade von 1972 mit angeheizt worden war (darüber unten). Eine hektische neue Sammlerschaft, die anders als die Sammler früherer Jahrhunderte an der eigentlichen Münzkunde und Geldgeschichte kein Interesse hatte, stürzte sich auf alle Neuerscheinungen. So wurden auch die Silber-Fünfmarkstücke zum Gegenstand des spekulativen Interesses. Im Juni 1975[48] kosteten die 73 Stücke mit den vorkommenden Jahreszahlen und Münzzeichen im Nominalwert von 365 DM in durchschnittlicher Erhaltung auf den Münzbörsen, die wie Pilze aus dem Boden schossen, gegen 1000 DM, in der besten Erhaltung ›Stempelglanz‹ gegen 7300 DM. Für die Stücke aus den vier Münzstätten mit ›1951‹, wie sie bis 1955 geprägt und zunächst nur von wenigen Sammlern beachtet worden waren,[49] mußte man mehr als 700 DM bezahlen. Ein Stempelglanz-Stück ›1958 J‹, von dem im ganzen nur 60 000 Stück hergestellt wurden, kostete 1500 DM, ›1959 G‹ (692 000) 250 DM und ›1964 D‹ (456 000) 160 DM, um nur einige weitere Beispiele zu nennen. Die stempelglänzenden Stücke der letzten Prägejahre hingegen waren von den zahlreich gewordenen Sammlern massenhaft aufgehoben worden und sind bis heute preiswert.

Als der Silberpreis in den folgenden Jahren immer weiter stieg und im Januar 1980 im Zusammenhang mit den Silberspekulationen der texanischen Brüder Hunt die Spitze von 46 Dollar je Unze erreichte, um sofort wieder derart zu stürzen, daß er sich letztlich bis heute nicht wieder erholt hat, hatte dies auf die Kursmünzen der Bundesrepublik keinen Einfluß mehr. Allerdings brachte diese Entwicklung dann das Ende der Gedenkmünzen aus Silber, worüber weiter unten zu lesen ist. Vorerst genüge hier der Hinweis, daß die Bundesregierung für die Gedenkmünzen zu 5 DM, die es neben den Kursmünzen seit 1953 gab, am Silber als Münzmetall festhielt. Da diese Gedenkmünzen wie die Kursmünzen gesetzliches Zahlungsmittel sind, ergab sich der kuriose Umstand, daß damit in der Bundesrepublik zwei Arten von Fünfmarkstücken Kurs haben, solche aus automatengängigem Dreischichtenwerkstoff und solche aus Silber, denen diese Verwendungsfähigkeit fehlt. Denn es wurden mit der Einführung der neuen Fünfmarkstücke zum 1. August 1975 zwar die vorherigen Fünfmark-Kursmünzen ungültig, aber nicht die Gedenkmünzen. Nun ist dies eine theoretische Erwägung, denn die Gedenkmünzen ruhen in den Kästen der Sammler und werden kaum je den Umlauf an Fünfmarkstücken ›verunreinigen‹.

Nach allem hat sich das System der Nominale der Scheidemünzen, wie das Ausprägungsgesetz von 1950 sie vom Pfennig bis zum Fünfmarkstück gestaltete, in der Bundesrepublik bis heute nicht geändert. Die Entwicklung des Geldwerts in der schleichenden Inflation hat auch bei uns die Frage aufgeworfen, ob hier Änderungen geboten seien. Staaten mit vergleichbaren Münzsystemen haben – freilich bei stärkerer Inflation – inzwischen die kleinsten Nominale aufgegeben, so die skandinavischen Staaten die Stücke zu 1 Öre, die Niederlande ihren Cent, Großbritannien den halben Penny und Frankreich die Centime; dabei ist von Bedeutung, daß alle diese kleinsten Scheidemünzen in der Herstellung weit teurer kamen als sie wert waren. Auch der Pfennig kostet an Material und Prägevergütung längst etwa 2,5 Pfennig. Die Bundesregierung hat es bisher abgelehnt, den Pfennig aufzugeben. Sie meint, daß dies die Inflation fördern könnte, weil im Kleinhandel dann die ›krummen‹ Preise auf volle 5 oder 10 Pfennig aufgerundet und so in die Höhe getrieben würden. Auch müßte folgerichtig dann auf das Zweipfennigstück verzichtet werden. Auf der anderen Seite hat sie es bisher auch abgelehnt, eine Zehnmark-Kursmünze einzuführen, wie es aus der Automatenindustrie wiederholt gefordert wurde. Hier ist von Bedeutung, daß der – in diesem Falle sehr hohe – Münzgewinn dem Bund zugutekäme und der Zehnmarkschein in seiner Bedeutung zurückginge, wenn nicht ganz verschwinden müßte, was zu Lasten der Deutschen Bundesbank ginge, die auch vom Banknotenumlauf lebt. 1980 waren es immerhin 3 v. H. des Notenumlaufs, die auf den Zehnmarkschein entfielen. So ist das Zehnmarkstück bisher am Widerstand der Deutschen Bundesbank gescheitert, zumal die Wirtschaft im ganzen es nicht für nötig hält und auch das Ausprägungsgesetz geändert werden müßte.[50] Abgelehnt hat die Bundesregierung bisher auch Anregungen des Automatengewerbes, die Markstücke künftig aus automatensicherem Material herzustellen, weil der Umtausch einer Milliardenzahl von Münzen weit mehr als 100 Millionen Mark kosten und zwei bis drei Jahre dauern würde. Keine Chance hatten auch Vorschläge aus denselben Kreisen, ein Dreimarkstück und eine Münze zu 25 Pfennig einzuführen.[51] Die Ausgabe der Olympia-Zehnmarkstücke war eine finanzpolitische Maßnahme und hatte mit solchen Erwägungen nichts zu tun. Immer waren es letztlich Befürchtungen, mit dem Fallenlassen oder der Einführung von Nominalen Inflationssignale zu setzen, die die Bundesregierung bisher davon Abstand nehmen ließen.

Schließlich sei noch auf einen technischen Aspekt der Prägung der Bundesmünzen hingewiesen. Die ›Urwerkzeuge‹ wurden zwischen 1948 und 1951 geschaffen. Von ihnen stammten alle Prägungen bis 1970 ab. Die Stempel mußten naturgemäß immer wieder überarbeitet werden, was bei den Senkvorgängen unvermeidlich zu feinen, kaum merklichen Änderungen von Einzelheiten der Münzbilder führte. Die Urwerkzeuge des ersten Zweimarkstücks und des Max-Planck-Zweimarkstücks blieben bis zu den Außerkurssetzungen unverändert. Nach zwei Jahrzehnten unablässigen Gebrauchs war es aber an der Zeit, die Urwerkzeuge, also die Originalstempel, von denen jeweils die Arbeitswerkzeuge der vier Münzstätten abgenommen werden, neu herzustellen. Dies geschah in den Jahren 1970 bis 1972 für die anderen Nominale, auch bei den Werkzeugen für die Randarabesken des Einmarkstücks und die Randschriften des Fünfmarkstücks, damals noch in Silber. Dabei ergaben sich – von numismatischen Spezialisten nicht übersehen – geringfügige Unterschiede in den Münzbildern, die sich ab 1971 mit der sukzessiven Einführung der neuen Werkzeuge in den Münzstätten bei den Prägungen zeigten. Am meisten fallen Änderungen bei der Gestalt der Münzzeichen der Münzstätten auf, aber bei den Kleinmünzen erschienen nun feinere und exaktere Zeichnungen der Körner und Grannen und bei allen Münzen eine schärfere Wiedergabe der Buchstaben. Bei den einzelnen Münzstätten wurden die neuen Werkzeuge nicht in einem Akt eingeführt; teilweise wurden sie neben den alten und unterschiedlich bei den Nominalen, auch in den verschiedensten Kombinationen von Vorderseite, Rückseite und Randwerkzeug benützt.[52]

b) Die Deutsche Bundesbank

Als die Bundesrepublik Deutschland mit der Verkündung des Grundgesetzes am 23. Mai 1949 entstand, fand sie die Bank deutscher Länder vor, die nun auf ihrem Gebiet und für West-Berlin die Notenbank war, jedoch weiterhin in der Gestalt arbeitete, die ihr das Militärregierungsgesetz über ihre Errichtung und das Emissionsgesetz gegeben hatten; nur die Münzhoheit war unter Zustimmung der Militärregierungen auf den Bund übergegangen.[53] Das bedeutete, daß »bei der Festsetzung der Politik der Bank ... der Zentralbankrat den gegebenenfalls von der Alliierten Bankkommission erlassenen Anordnungen« unterlag und ihr »die von dieser verlangten Berichte und Auskünfte zu geben« hatte (Artikel II des Militärregierungsgesetzes Nr. 60). Die Bank war damit zwar nicht von den Alliierten, aber von den Instanzen der jungen Bundesrepublik unabhängig. Wie immer sich die Zusammenarbeit auch in den ersten Jahren gestaltete, das Zentralbanksystem, wie es von den Alliierten verordnet worden war, ähnelte dem Federal Reserve System der Vereinigten Staaten[54] und war stark föderativ und dezentral gestaltet. Sie war die Bank der Landeszentralbanken, denen ihr Kapital zustand und die für ihre Länder bei

der damaligen wirtschaftlichen Lage echte Zentralbankfunktionen hatten: Die Verflechtung der großen Betriebe der Wirtschaft über die Ländergrenzen innerhalb der
Bundesrepublik hinweg war noch nicht weit fortgeschritten, und den Landeszentralbanken fehlte zur richtigen Zentralbank nur das Notenrecht. Die Ministerpräsidenten ernannten die Präsidenten ›ihrer‹ Landeszentralbanken, und diese wählten
den Präsidenten des Direktoriums der Bank deutscher Länder (Dr. Wilhelm Vocke)
und den Präsidenten des Zentralbankrats (Dr. h. c. Karl Bernard). Der Zentralbankrat bestand aus diesen sämtlichen Präsidenten und bestimmte die übrigen Mitglieder des Direktoriums, die ihrerseits aber dem Zentralbankrat – anders als heute
bei der Deutschen Bundesbank – nicht angehörten. Bestimmend waren also die
Länder; der Bund hatte in personeller Hinsicht keinen Einfluß.

Das entsprach den Verhältnissen vor Entstehen der Bundesrepublik, verlangte
danach aber nach einer Änderung, zumal Artikel 88 des Grundgesetzes dem Bund
die Zuständigkeit für die Zentralbank gab:

Der Bund errichtet eine Währungs- und Notenbank als Bundesbank.

In der Stufenfolge der Vereinbarungen, mit denen die Bundesrepublik nach und
nach die volle Souveränität erlangte,[55] war es der Deutschlandvertrag von 1952,
der den Weg zu einem neuen Notenbankgesetz freigab. Es gab im Bundestag ein
langes Tauziehen zwischen Zentralisten, die nach dem Vorbild der Reichsbank keinen Einfluß der Länder auf die neue Notenbank sehen wollten, und den Föderali-
sten, und es dauerte bis 1957, ehe die Deutsche Bundesbank die Bank deutscher
Länder ablösen konnte.

Nach dem Gesetz über die Deutsche Bundesbank vom 26. Juli 1957, das auch für
Berlin gilt,[56] ist die Deutsche Bundesbank ein einheitliches Rechtsgebilde:

§ 1 Die Landeszentralbanken und die Berliner Zentralbank werden mit der Bank deutscher
Länder verschmolzen. Die Bank deutscher Länder wird Deutsche Bundesbank.

Die Bank ist bundesunmittelbare juristische Person des öffentlichen Rechts; das
Grundkapital (290 Millionen Deutsche Mark) gehört dem Bund. »Die Bank hat
ihren Sitz am Sitz der Bundesregierung; solange sich dieser nicht in Berlin befindet,
ist der Sitz der Bank Frankfurt am Main« (§ 2). Die Landeszentralbanken wurden
bloße Unterorganisationen der Bank, ›Hauptverwaltungen‹, die sie in jedem Land
unterhält (§ 8); der Name ›Landeszentralbank‹ wechselte also völlig seine Bedeutung. Ein letzter Rest von Ländereinfluß hielt sich im personellen Bereich nur insofern, als die Präsidenten der Landeszentralbanken vom Bundespräsidenten auf
Vorschlag des Länderorgans Bundesrat bestellt werden, der wiederum dem betreffenden Land folgt, aber auch den Zentralbankrat zu befragen hat (§ 8 Absatz 4).
Das Direktorium (Präsident und Vizepräsident der Bank, acht weitere Mitglieder
›von besonderer fachlicher Eignung‹) schlägt die Bundesregierung dem Bundespräsidenten zur Ernennung vor (§ 7). Der Zentralbankrat, wie schon erwähnt, besteht
aus Präsident, Vizepräsident, den acht Direktoriumsmitgliedern und den Präsidenten der zunächst zehn, nach Rückkehr des Saarlands elf Präsidenten der Landeszentralbanken.

Das Verhältnis zur Bundesregierung ist nach §§ 12 und 13 des Gesetzes kompliziert: Die Bank soll »unter Wahrung ihrer Aufgabe die allgemeine Wirtschaftspolitik der Bundesregierung ... unterstützen«, ist aber »bei der Ausübung der Befugnisse, die ihr nach diesem Gesetz zustehen, von Weisungen der Bundesregierung unabhängig«. Sie hat die Bundesregierung in wichtigen Währungsfragen zu beraten und ist ihr auskunftspflichtig; Mitglieder der Bundesregierung können im Zentralbankrat Anträge stellen und Beschlüsse bis zu zwei Wochen verzögern, haben aber kein Stimmrecht. Umgekehrt kann die Bundesregierung den Bundesbankpräsidenten in Währungsfragen an ihren Beratungen beteiligen.

Mit diesen Einflußmöglichkeiten hatte die Bundesregierung freilich nicht so lange gewartet. Schon 1951 waren vom Bundestag das Gesetz Nr. 60 und die entsprechenden Vorschriften für die britische und die französische Zone dergestalt ergänzt worden, daß die eingefügten Vorschriften über das Verhältnis der Bank deutscher Länder den Wortlaut des späteren Bundesbankgesetzes wörtlich vorwegnahmen. Außerdem behielt sich die Bundesregierung damit auch vor, daß die Satzung der Bank ohne sie nicht mehr geändert werden durfte.[57] Zugleich regelte damals ein weiteres Gesetz zum ersten Mal die Gewinnverteilung entsprechend der neuen Situation, wobei die vorerst noch rechtlich selbständigen Landeszentralbanken als Kapitalträger zwar berücksichtigt wurden, im übrigen aber der Bund den Gewinn in Anspruch nahm.[58] Nach § 27 des Bundesbankgesetzes diente dann der Jahresgewinn außer der Stärkung von Rücklagen auch der Tilgung der Ausgleichsforderungen der Geschäftsbanken, die ihnen im Rahmen der Währungsreform als Ersatz des verlorenen Eigenkapitals zugewiesen worden waren;[59] der Rest fließt in den Bundeshaushalt.

Im übrigen entspricht das Gesetz in seinem Inhalt den bisherigen Notenbankgesetzen. Das Notenmonopol der Bank beruht auf § 14.[60] Das Gesetz beschreibt in herkömmlicher Weise den zulässigen Geschäftskreis der Notenbank; ihren Ausweis hat sie jeden Monat am 7., 15., 23. und am Letzten zu veröffentlichen. Ihre Bediensteten – Beamte, Angestellte, Arbeiter – gehören (wie die der Reichsbank) zum öffentlichen Dienst. Übergangsvorschriften regelten die Umgestaltung des Zentralbanksystems (§§ 38 ff.). Rechtlich noch vor der Umwandlung der Bank deutscher Länder in die Deutsche Bundesbank wurden die Landeszentralbanken von der Bank deutscher Länder aufgenommen; rechtlich entstand die Deutsche Bundesbank am 1. Januar 1957 (also ›rückwirkend‹), obwohl das Gesetz am 1. August 1957 in Kraft trat. Die Landeszentralbanken blieben, wie erwähnt, als Hauptverwaltungen der Bundesbank bestehen und firmierten jetzt z. B. ›Landeszentralbank in Bayern‹ statt vorher ›Landeszentralbank von Bayern‹. Mit den eher selbständigen ›Hauptstellen‹ und den unselbständigen ›Zweigstellen‹ der Landeszentralbanken, Erbschaft der Deutschen Reichsbank, übernahm die Deutsche Bundesbank das dichte Netz der Zweiganstalten, die sich bis hinab auf die Landkreisebene erstrecken. Während aber die Reichsbank keine Mittelinstanzen kannte, sorgen in dieser Eigenschaft jetzt die Landeszentralbanken für Nähe zur regionalen Wirtschaft, zumal bei den Landeszentralbanken Beiräte aus Vertretern der Landesregierung, der Wirtschaft, der Arbeitnehmerschaft und des Kreditwesens beratend bestehen.[61]

Eine wichtige Abweichung von den früheren Notenbankgesetzen vor dem Gesetz über die Deutsche Reichsbank von 1939 ist bedeutsam: Für die Notenausgabe der Deutschen Bundesbank gibt es keine Deckungsvorschriften. Der Notenumlauf richtet sich nach ihrer Diskont-, Kredit- und Offenmarktpolitik (§ 15), ihrer Mindestreserve-Politik (§ 16) und ihrer Einlagen-Politik (§ 17). Demnach ist die Währung der Deutschen Mark – wie schon unter der Bank deutscher Länder – eine manipulierte Währung, deren Wert sich allein aus den Ergebnissen der Notenbankpolitik im Rahmen der Programmvorschrift von § 3 des Gesetzes bestimmt. Eine Bindung der Währungseinheit an Goldreserven oder Devisenreserven gibt es nicht.

Was nun die Banknoten anlangt, besagte § 38 Absatz 5:

Die bei Inkrafttreten dieses Gesetzes gültigen Noten der Bank deutscher Länder bleiben als Noten der Deutschen Bundesbank bis zum Aufruf durch das Direktorium gültig. Die Bestände noch nicht ausgegebener Noten können weiterhin ausgegeben werden.

Das Gesetz übertrug der Bank, deren Direktorium die Stellung einer obersten Bundesbehörde hat, die Aufgabe, in Zusammenarbeit mit den Polizeibehörden zentral bei der Bekämpfung der Falschgeldkriminalität mitzuwirken, und zwar auch bei den Münzen. § 35 des Bundesbankgesetzes enthält – bei Androhung von Gefängnis und Geldstrafe in unbeschränkter Höhe – das Verbot,

unbefugt Geldzeichen (Marken, Münzen, Scheine oder andere Urkunden, die geeignet sind, im Zahlungsverkehr an Stelle der gesetzlich zugelassenen Münzen oder Banknoten verwendet zu werden) oder unverzinsliche Inhaberschuldverschreibungen (auszugeben), auch wenn ihre Wertbezeichnung nicht auf Deutsche Mark lautet,

und solche ›Gegenstände‹ zu Zahlungen zu verwenden. Damit ist – jedenfalls auf dem Papier – für die Bundesrepublik jeglichem Notgeld früherer Art ein Riegel vorgeschoben. § 36 ordnet an, alle derartigen ›Gegenstände‹ und alles Falschgeld (auch verdächtige Banknoten und Münzen) anzuhalten und Verdachtstücke der Bundesbank zur Prüfung vorzulegen. Eingezogene ›Gegenstände‹ nach § 35 und eingezogenes Falschgeld bewahrt die Bundesbank auf. Für diese Aufgaben unterhält die Bundesbank mit ihrer Falschgeldstelle im Rahmen ihres Geldmuseums eine Einrichtung, die mit den erforderlichen wissenschaftlichen Hilfsmitteln versehen ist und in einschlägigen Ermittlungs- und Strafverfahren Gutachter entsendet.

Mit Inkrafttreten des Gesetzes wurden die Bediensteten der Bank deutscher Länder und der Landeszentralbanken Bedienstete der Deutschen Bundesbank (§ 40). Mit der Umwandlung der Bank deutscher Länder war auch die Neubesetzung der Spitze verbunden. Aus Altersgründen schieden die Präsidenten Vocke und Bernard aus. Am 1. Januar 1958 wurden Kurt Blessing Bundesbankpräsident und Dr. Heinrich Troeger Vizepräsident. Folgendes sind die Amtsdaten der bisherigen Präsidenten der beiden Notenbanken:

Dr. iur. h. c. Karl Bernard[1]	1. 3. 1948–31. 12. 1957
Dr. iur. Dr. rer. pol. h. c. Wilhelm Vocke[2]	1. 3. 1948–31. 12. 1957

[1] Präsident des Zentralbankrates.
[2] Präsident des Direktoriums der Bank deutscher Länder.

Dr. h. c. Karl Blessing	1. 1. 1958–31. 12. 1969
Dr. iur. Karl Klasen	1. 1. 1970–31. 5. 1977
Dr. oec. publ. Otmar Emminger	1. 6. 1977–31. 12. 1979
Karl Otto Pöhl	seit 1. Januar 1980

Anfang November 1972 bezog die Frankfurter Zentrale der Deutschen Bundesbank ihr neues Haus im Frankfurter Stadtteil Ginnheim (Anschrift: Wilhelm-Epstein-Straße 14).[62] In Frankfurt beschäftigt die Bundesbank bei ihrer Zentrale gegen 2700 Bedienstete, bei den elf Landeszentralbanken mit ihren Zweigniederlassungen zählt man etwa 12300 Beschäftigte (Stand Anfang 1985).

c) Das Papiergeld

Als die Deutsche Bundesbank ihre Tätigkeit am 1. August 1957 aufnahm, war es keine Frage, daß sie die umlaufenden Noten ihrer Vorgängerin so rasch wie möglich durch Noten unter ihrem Namen ersetzen würde. Dieses ›so rasch wie möglich‹ mußte aber eine Spanne von mehreren Jahren bedeuten, denn im Augenblick war der Notendruck im Inland noch nicht möglich und die Entwicklung einer Notenserie von den ersten Entwürfen zu den Reinzeichnungen, über den Stich der Notenbilder und die Fertigung der Druckplatten bis zum Druck selbst nahm lange Zeit in Anspruch und konnte bei der Mehrzahl der Notenwerte nur nach und nach abgeschlossen werden.[63]

Bei den Nominalen entschied sich die Bundesbank für die seit den Zeiten des Kaiserreichs bei stabilen Verhältnissen üblichen Werte von 5, 10, 20, 50, 100 und 1000 DM und dazu für einen Schein zu 500 DM. Für den Fünfmarkschein bedurfte sie der Zustimmung der Bundesregierung (§ 14 Absatz 2 des Bundesbankgesetzes), weil dieser Wert mit dem Fünfmarkstück in Wettbewerb treten mußte, dessen Münzgewinn dem Bund zusteht. Trotz des hochentwickelten unbaren Zahlungsverkehrs entschied man sich, auch wieder – wie die Reichsbank – entsprechend den Wünschen der Wirtschaft einen Tausender herauszubringen und auch einen Fünfhunderter. Doch durften diese beiden Werte als letzte herauskommen, weil die Scheine bis zum Hunderter für die Lohnzahlungen (indirekt auch für die Bankabhebungen) viel wichtiger waren. Der Bedarf an Fünfmarkscheinen sank naturgemäß mit der zunehmenden Versorgung des Verkehrs mit den Münzen dieses Werts und war von 8,9 v. H. des Notenumlaufs nach Beträgen im Jahr 1948 (Jahresende) bis 1954 auf 0,9 v. H. und schon bis 1974 auf 0,5 v. H. gesunken.[64] Das Nominal wurde aber bis heute beibehalten (Anteil Ende 1984: 0,13 v. H.). Man kann annehmen, daß es für den Briefversand kleiner Beträge immer noch gesucht wird, und in einem Alters- und Pflegeheim sah der Verfasser kürzlich einen Stoß dieser Scheine und erfuhr, daß man sie sich hier für die Auszahlung des monatlichen Taschengelds der Insassen immer wieder bei der Bank verschaffe. Sicher wären die Fünfmarkscheine zu entbehren, aber das Interesse der Bundesbank, sie beizubehalten, ergibt sich einfach aus dem Umstand, daß sie, soweit sie sie im Umlauf halten kann, vereinfacht ausgedrückt, in der Höhe ihres Umlaufs daran ständig den Diskontsatz verdient.

Aus Gründen der Sicherheit vor Fälschung, auch vor Verfälschung in ein höheres Nominal, blieb man beim deutschen Herkommen, die einzelnen Werte in der Größe abzustufen, wobei der Fünfmarkschein eine Mindestgröße haben und der Tausender noch handlich sein mußte. Außerdem vereinfachen unterschiedliche Notengrößen die Geldbearbeitung in Banken und bei anderen Kassen. Der Fünfmarkschein mißt 60 mal 120 Millimeter, dann steigen die Maße jeweils in der Breite um 5 Millimeter und in der Länge um 10 Millimeter, so daß der Tausender 90 Millimeter breit und 180 Millimeter lang ist. Gleichwohl sind die Noten der Bundesbank kleiner als die letzten Noten der Reichsbank.

Bei der Gestaltung stand der Fälschungsschutz ebenfalls im Vordergrund. Man blieb bei der Tradition der sehr schwierig nachzuahmenden Kopfbildnisse und wählte schließlich Motive aus alten und anerkannten Gemälden, die schwerlich in politischer Hinsicht beanstandet werden konnten. Da bei einigen der Gemälde der Meister unbekannt oder nicht gesichert ist, sah man davon ab, auf den Noten dazu Angaben zu machen. Auch bei den Grundfarben der Noten hielt sich die Bundesbank an die Tradition der Reichsbank. Man blieb bei Grün für die Scheine zu 5 und zu 20 DM, bei Blau für 10 DM und 100 DM und bei Braun für 50 DM und 1000 DM. Für die neue Note zu 500 DM bot sich Rot an. Nur am Anfang gab es dann einige Klagen über Verwechslungen des Fünfmarkscheines mit dem Zwanziger.

Folgende Bildmotive wurden ausgewählt:

5 DM
»Junge Venerzianerin« (1505), Albrecht Dürer (Kunsthistorisches Museum, Wien)

10 DM
»Bildnis eines jungen Mannes« (1490 bis 1500), Albrecht Dürer (Privatsammlung Prinz Ludwig von Hessen und bei Rhein, Darmstadt)

20 DM
»Elsbeth Tucher« (1499), Albrecht Dürer (Staatliche Kunstsammlungen, Kassel)

50 DM
»Mann mit Kind« (um 1525), unbekannter schwäbischer Meister (Städelsches Kunstinstitut, Frankfurt am Main)

100 DM
»Sebastian Münster« (1552), Christoph Amberger (Staatliche Museen, Gemäldegalerie, Berlin-Dahlem)

500 DM
»Bildnis eines bartlosen Mannes« (1521), Hans Maler von Schwaz (Kunsthistorisches Museum, Wien)

1000 DM
»Älterer Mann« (1529), Lucas Cranach d. Ä. (Königlich-Belgische Museen der Schönen Künste, Brüssel)

Elsbeth Tucher war eine Nürnberger Patrizierin, der ›Mann mit Kind‹ ein Mitglied der bayerischen Patrizierfamilie der Urmiller. Sebastian Münster war in seinem Jahrhundert ein bekannter Kosmograph und Hebraist; in dem ›Älteren Mann‹ des Tausenders vermutet man nicht den Magdeburger Juristen und Theologen Dr. Johann Scheuring, den das Bild nach nachträglicher Aufschrift darstellen soll.

Auf der Grundlage graphischer und technischer Bedingungen wurden sechs in Banknoten- und Briefmarkengestaltung namhafte Künstler und die für die spätere Herstellung vorgesehenen Druckereien, die Bundesdruckerei in Berlin und das Typographische Institut Giesecke & Devrient GmbH in München, zu einem Wettbewerb gebeten. Die Entwürfe lagen Anfang 1959 vor. Ausgewählt wurden, übrigens unter Mitwirkung des Bundespräsidenten Theodor Heuss, die Entwürfe von Hermann Eidenbenz, Hamburg, die jedoch bei der endgültigen Gestaltung noch manche Änderung erfuhren. Die Entwürfe von Max Bittrof, Frankfurt, für die Scheine zu 10 DM, 20 DM, 50 DM und 100 DM liegen der ›Ersatzserie‹ zugrunde, die zu Ende dieses Abschnitts erwähnt ist.[65]

In der Folge wurde der Druck der Scheine zu 10 DM, 50 DM und 500 DM der Bundesdruckerei in Berlin übertragen, der der Nominale 5 DM, 20 DM, 100 DM und 1000 DM dem Typographischen Institut Giesecke & Devrient GmbH in München. Die Bundesdruckerei[66] führte die Tradition der Reichsdruckerei fort, die aus der 1852 gegründeten Königlich Preußischen Staatsdruckerei hervorgegangen und im Zweiten Weltkrieg weitgehend zerstört worden war. Nach dem Krieg wurde der Betrieb als ›Staatsdruckerei Berlin‹ wieder aufgenommen und 1949 zur ›Staatsdruckerei der Bundesrepublik Deutschland‹, 1951 dann als ›Bundesdruckerei‹ der Aufsicht des Bundespostministeriums unterstellt, nachdem offenbar der Briefmarkendruck die quantitative Hauptaufgabe geworden war. Die im Papiergelddruck erfahrene Wertpapierdruckerei Giesecke & Devrient in Leipzig wurde 1943 im Luftkrieg weitgehend zerstört. 1948 verlegte das Unternehmen seinen Sitz nach München und baute einen neuen, leistungsfähigen Betrieb auf.[67]

Die Gravierarbeiten für die neuen Noten besorgten in Berlin die Stecher Egon Falz und Hans-Joachim Fuchs und in München der Kupferstecher José Lopez.[68] Das Notenpapier (ein Papier von 80 Gramm auf den Quadratmeter) wurde anfangs aus Großbritannien und Frankreich bezogen.

Für die Beschreibung der Noten im einzelnen und die Druckverfahren muß auf ›Die Noten der Deutschen Bundesbank‹ verwiesen werden.[69] Ausgegeben wurden die Nominale wie folgt:

5 DM	ab 6. Mai 1963
10 DM	ab 21. Oktober 1963
20 DM	ab 10. Februar 1961
50 DM	ab 18. Juni 1962
100 DM	ab 26. Februar 1962
500 DM	ab Frühjahr 1965
1000 DM	ab 27. Juli 1964

Seither haben sich die Scheine einige Male geringfügig geändert. Die ersten Ausgaben zeigen als Datum des Ausgabebeschlusses des Bundesbankdirektoriums den

2. Januar 1960 und die Unterschriften des damaligen Bundesbankpräsidenten Blessing und des Vizepräsidenten Dr. Troeger. Datum und Unterschriften änderten sich jeweils mit dem Wechsel dieser Personen.[70]

2. Januar 1970	Klasen – Emminger
1. Juni 1977	Emminger – Pöhl
2. Januar 1980	Pöhl – Schlesinger

Den Wechsel von ›Blessing – Dr. Troeger‹ zu ›Klasen – Emminger‹ (2. Januar 1970) nahm man zum Anlaß, den Strafsatz auf der Rückseite der Noten (den traditionellen Hinweis auf die Strafbarkeit der Geldfälschung), dahin zu ändern, daß im Text das Wort ›Zuchthaus‹ durch ›Freiheitsstrafe‹ ersetzt wurde; mit der Strafrechtsreform von 1969[71] wurden die herkömmlichen Freiheitsstrafen des deutschen Strafrechts (Zuchthaus, Gefängnis, Einschließung und Haft; für die Geldfälschung, § 146 des Strafgesetzbuchs, war ›Zuchthaus‹ angedroht) durch die einheitliche ›Freiheitsstrafe‹ ersetzt, und dem trug die Änderung Rechnung.

Zuletzt wurden die Noten dadurch verändert, daß seit 1981 auf allen Scheinen am unteren Rand der Rückseite unter der linken Wertangabe der Urheberrechtsvermerk ›© Deutsche Bundesbank‹ angebracht wird. Die Noten mit den Unterschriften ›Pöhl – Schlesinger‹ gibt es also mit und ohne Urheberrechtsvermerk. Mit diesem Vermerk – ›C‹ steht für ›Copyright‹ – will sich die Bundesbank das juristische Vorgehen gegen den Mißbrauch der Notenbilder für Werbezwecke erleichtern: Als ›Blüten‹ versteht sie (anders als im alltäglichen Sprachgebrauch) im Gegensatz zu Fälschungen Druckerzeugnisse mit Notenbildern für Werbezwecke, deren Herstellung sie damit glaubt leichter von ihrer Genehmigung abhängig machen zu können.[72] Die Bundesbank folgte damit dem Vorbild der niederländischen und der schweizerischen Notenbank. Es ist bisher nicht bekanntgeworden, ob die Bundesbank damit schon vor einem Gericht Erfolg gehabt hat. Denn nach § 5 des Urheberrechtsgesetzes[73] genießen u. a. »amtliche Werke, die im amtlichen Interesse zur allgemeinen Kenntnisnahme veröffentlicht worden sind« (auch wenn die veränderte Wiedergabe verboten ist und die ›Quelle‹ erkennbar sein muß; §§ 62 und 63 des Urheberrechtsgesetzes) »keinen urheberrechtlichen Schutz«. Wer wollte bestreiten, daß dazu auch die Banknoten gehören?

1972 berichtete die Presse[74] über die ›Ersatzserie‹ der Noten der Deutschen Bundesbank, doch auch das amtliche Werk über ihre Noten erwähnt sie.[75] Es handelt sich um einen Vorrat an Noten zu 10, 20, 50 und 100 DM nach Entwürfen von Bittrof im Wettbewerb von 1959. Diese Noten der gängigen Nominale reichen in ihrer Menge aus, in kürzester Zeit sämtliche Noten des jetzigen Umlaufs der Bundesrepublik Deutschland in einem Notenumtausch zu ersetzen. Da die Vorbereitung einer neuen Serie von Banknoten für ein Land der Größe der Bundesrepublik zwei Jahre und mehr dauert, wäre die Bundesbank ohne einen solchen Vorrat nicht gerüstet, in einem Krisenfall rasch und zweckmäßig zu reagieren. Ein solcher Fall könnte darin bestehen, daß plötzlich von einem Nominal der Noten massiv qualitativ gute Fälschungen auftauchen oder daß in einem Konfliktfall der Gegner die Bundesrepublik mit solchen Fälschungen überschüttet, um ihr Geld- und Wirtschaftssystem aus dem Gleichgewicht zu bringen (so, wie es etwa während des Zweiten Weltkriegs von deutscher Seite zum Nachteil Großbritanniens mit den ›Toplitzsee-Fälschungen‹ versucht wurde[75a]). Es versteht sich, daß bei diesem Zweck der Ersatzserie das Aussehen geheim bleiben muß; gesagt werden kann im Hinblick auf den Anlaß der Bittrofschen Entwürfe nur, daß die Farben und die Kopfbilder wohl denen der gleichwertigen jetzigen Noten entsprechen.

d) Die Gedenkmünzen

Im Deutschen Reich waren seit dem »Gesetz, betreffend Änderungen im Münzwesen« vom 1. Juni 1900[76] Silberscheidemünzen zu 2 und zu 5 Mark, später auch zu 3 Mark, »als Denkmünzen in anderer Prägung« (als die Kursmünzen) geprägt worden, und auch die Weimarer Republik und die Regierung Hitler hatten diesen Brauch beibehalten. Als das Münzsystem der Bundesrepublik mit der Einführung der Silberscheidemünze zu 5 DM vollständig war und die Prägekapazitäten der Münzstätten es erlaubten, ging die Bundesregierung daran, auch von dieser Möglichkeit Gebrauch zu machen, die Staatlichkeit der Bundesrepublik darzustellen. Es ist hier nicht der Platz, die Gedenkmünzenpolitik der wichtigeren Staaten darzustellen; erwähnt sei nur, daß Frankreich und Großbritannien Gedenkmünzen, also Geldmünzen mit Gedenkgepräge, früher nicht kannten und erst in den letzten Jahren dazu übergingen; andere Staaten wie Dänemark und Schweden hatten sie nur gelegentlich auf dynastische Ereignisse. Staaten wie Italien, Spanien, Portugal und Norwegen hatten sie in der neuesten Zeit nur ganz vereinzelt oder überhaupt nicht; in der Zwischenkriegszeit fallen einige ›neue‹ Staaten wie Polen, Rumänien und die Tschechoslowakei mit einigen Gedenkgeprägen auf. Eine ganze Reihe von Gedenkmünzen auf geschichtliche Ereignisse und Personen sowie für Veranstaltungen weisen die Münzkataloge für die Vereinigten Staaten von Amerika seit 1900 aus, wobei – wie auch in Dänemark – die Münzen trotz ihres Nennwerts in Landeswährung das Publikum vielfach nur gegen Aufpreis erreichten. In den Vereinigten Staaten zum Beispiel war es üblich, die ganze Auflage zum Nennwert dem Veranstalter des Ereignisses zu überlassen, der mit dem Aufpreis bei der Weitergabe dann zur Deckung seiner Kosten beitragen konnte. In der heutigen Betrachtung der Sammlerschaft waren dies schon zwischen den Weltkriegen ›Pseudomünzen‹, Gepräge mit Nennwert, aber unter solchen Umständen ohne Bestimmung für den Geldverkehr, nur kommerzielle Produkte des Staates und als solche eigentlich Verstöße gegen den numismatischen Anstand. (Aber, ist hinzuzufügen, heute hat der Zeitablauf die amerikanischen und die dänischen Gedenkmünzen längst geheiligt, und bei ihren hohen Sammlerpreisen fragt niemand mehr nach den Umständen ihres Entstehens.)

Die Bundesregierung ging den Weg, die Gedenkmünzen zum Nennwert in den Verkehr zu bringen. Das Ausprägungsgesetz vom 8. Juli 1950 erwähnt sie nicht; sie beruhen auf dem Recht der Bundesregierung, ›die Gestalt‹ der Münzen zu bestimmen.[77] So ergeht seit dem ersten dieser Stücke zu jeder Ausgabe eine Ausprägungsbekanntmachung, die im Bundesgesetzblatt (Teil I) erscheint und den Gedenkanlaß, den Nennwert und technische Angaben, die Beschreibung beider Seiten und die Randschrift, den Künstler, der das Stück entworfen hat und den Tag der Ausgabe enthält und mit der Abbildung beider Seiten versehen ist.

Die ersten Stücke erschienen in unregelmäßiger Folge und in kleinen, nach den drei ersten Ausgaben nur langsam steigenden Auflagen. Eine Linie, was das Gewicht der Gedenkanlässe anlangt, war am Anfang nicht zu erkennen. Das erste Stück auf das hundertjährige Bestehen des Germanischen Nationalmuseums erhob immerhin einen gesamtdeutschen Anspruch: Schon 1833 hatte Freiherr Hans von und zu Aufseß, »ein ideal gesinnter, von Begeisterung für die deutsche Vergangenheit erfüllter Mann,«[78] in Nürnberg eine ›Gesellschaft für Erhaltung der Denkmäler deutscher Geschichte, Literatur und Kunst‹ gegründet und ihr seine Sammlung im Scheurlschen Haus an der Burgstraße übergeben. Die Gesellschaft ging bald wieder ein, aber Aufseß hielt an seinem Gedanken zäh fest, und am 18. August 1852 beschloß eine Versammlung deutscher Geschichts- und Altertumsforscher in Dresden, in Nürnberg ein ›Germanisches Nationalmuseum‹ zu gründen. Grundstock war die Sammlung Aufseß'. Als sich die Bestände so rasch entwickelten, daß der Tiergärtnertorturm mit seinem Mauerbereich im Nordwesten der Nürnberger Altstadt nicht mehr reichte, stellte der bayerische Staat den ganzen Komplex des ehemaligen Karthäuserklosters im Süden der Altstadt zur Verfügung, wo sich das Museum bis heute befindet und in seine überragende Bedeutung wuchs. Das Museum wurde im Luftkrieg teilweise zerstört; am Wiederaufbau und an der Modernisierung nahm der erste Bundespräsident Prof. Heuss großen Anteil, und 1953 wurde das Museum in die Trägerschaft von Bund, Land und Stadt Nürnberg überführt. Dies erklärt den Ausgabetag 15. September 1953 und die Jahreszahlen ›1852–1952‹ auf der Rückseite der Münze sowie die Umschrift ›Germanisches Museum Eigenthum der deutschen Nation‹. Die Adlerfibel aus dem Grab einer ostgotischen Prinzessin des 5. Jahrhunderts ist im Besitz des Museums und sein Wahrzeichen.

Im Jahr 1955 erschienen zwei solcher Fünfmarkstücke, auf den 150. Todestag von Friedrich Schiller (9. Mai 1955; an diesem Tag ausgegeben und in seinem Anlaß keiner Rechtfertigung bedürftig) und auf den 300. Geburtstag des Markgrafen Ludwig Wilhelm I. von Baden (katholische Linie Baden-Baden; 1655–1707). Der ›Türkenlouis‹ – und so heißt heute auch diese Gedenkmünze! – war Marschall des Reichs und kämpfte außer gegen Frankreich gegen die damals das Reich bedrohende Großmacht im Osten, das Türkische Reich (Belagerung von Wien 1683, Schlacht bei Salankamen 1691), so daß der hintergründige politische Bezug nicht leicht zu erkennen ist (1954: Pariser Verträge; 1956: Allgemeine Wehrpflicht in der Bundesrepublik). Die Randschrift lautet ›Schild des Reiches‹; auf der Hauptseite steht der Bundesadler vor der Ansicht des Schlosses von Rastatt, das der Türkenlouis erbaut hat. Die vierte Gedenkmünze erschien am 26. November 1957 auf den 100. Todestag des schlesischen Dichters Joseph Freiherr von Eichendorf (1788–1857) mit der Randschrift ›Grüss dich Deutschland aus Herzensgrund‹ (Schlußvers des Gedichts ›Heimweh‹).

Diese vier Stücke können als eine Serie für sich gesehen werden, da die nächste

Gedenkmünze erst 1964 herauskam (Fichte); von jeder wurden 200 000 Stück geprägt,[79] die den Banken keineswegs aus den Händen gerissen wurden. Sie kamen im Zahlungsverkehr vor, wie auch die Erhaltungsgrade der Stücke im Handel heute zeigen, und wurden von Unwissenden oft zurückgewiesen. Der Verfasser, damals schon als Sammler eher geldgeschichtlich interessiert und Gedenkmünzen gegenüber gleichgültig, erwarb ›sein‹ Germanisches Museum Jahre nach der Ausgabe am Schalter des Museums in Nürnberg, wo es für 6 DM angeboten und somit sozusagen eine Mark als Spende für das Museum erbringen sollte. Seinen Türkenlouis erhielt er von einem befreundeten Postbeamten, dessen Schalterkollege das Stück zurückweisen wollte und dem es der Freund für den Sammler abnahm – dieser wiederum gab dem Freund eher widerwillig 5 DM dafür, um ihn nicht zu enttäuschen und in der Hoffnung, daß dieser auch einmal etwas Vernünftiges bringe!

Heute (1985) kosten diese Stücke in Stempelglanz zwischen 1800 DM (Germanisches Museum) und 1100 DM (Eichendorf), in den Spiegelglanzausführungen gut das Dreifache; es sind unverhältnismäßig hoch bezahlte Seltenheiten geworden.[80] Drei Faktoren bestimmten nun die weitere Entwicklung:

Zum ersten nahm seit der Mitte der sechziger Jahre die numismatische Sammlerschaft in einem früher undenkbaren Ausmaß zu. Waren es seit Jahrhunderten gutgestellte Gebildete, die sich das Sammeln und das Studium der Münzen zur vornehmen Liebhaberei wählten, führten nun der Wohlstand breiter Schichten, die verbesserte Volksbildung und die durch Inflationen und Krieg begründete und durch die schleichende Inflation der Nachkriegsjahre genährte Flucht in die Sachwerte breite Schichten in die Welt der Sammler alter und vermeintlicher neuer Raritäten. Es entwickelte sich eine Hochkonjunktur auf dem Markt der Antiquitäten und anderer Sammlungstücke, dessen Teil der numismatische Markt ist und die zu schlimmen spekulativen Auswüchsen führte. In diesem Zusammenhang, der hier nicht zu vertiefen ist, entdeckte nun die Bundesregierung – zum zweiten –, daß sich die Ausgabe von Gedenkmünzen trefflich zur Erhöhung der Staatseinnahmen ausnützen lasse. Wenn frühere Münzgesetze die Scheidemünzenprägung der Münzherrschaft dem Bedarf des Zahlungsverkehrs entsprechend auf einen Betrag pro Kopf der Bevölkerung beschränkt hatten, dann aus der Furcht, die Ausgabe von stoffwertlosen oder stoffwertarmen Scheidemünzen könne zur Erzielung hoher Münzgewinne und mit der Folge geschehen, daß eine gefährliche Inflationswirkung entstehe. Kann man aber davon ausgehen, daß Gedenkmünzen samt und sonders von den Sammlern gegen normale Zahlungsmittel eingetauscht und dann, in den Kasten der Sammler verwahrt, den Zahlungsmittelumlauf nicht weiter belasten, so hat die Münzherrschaft den – beträchtlichen – Münzgewinn, ohne daß eine Inflationswirkung eintritt. Dabei konnte sich nun die Bundesregierung darauf verlassen, daß der Münzensammler, hatte er sich einmal diesen Gedenkmünzen zugewandt, schon wegen der Vollständigkeit seiner Sammlung, nicht aufhören werde, alle künftigen Ausgaben aufzunehmen. Im Ergebnis kommt die exzessive Ausgabe solcher Serien von Sammlungsstücken der Besteuerung der einschlägigen Sammler gleich, die sich dieser willig unterwerfen. In entsprechender Weise wurde schon früher und in noch größerem Ausmaß die weit umfangreichere philatelistische Sammlerschaft ›besteuert‹: Unter der Regierung Hitler diente auch die exzessive Ausgabe von Briefmarken, nicht selten mit Zuschlägen in mehr-, ja vielfacher Höhe des Frankaturwerts, der Abschöpfung inflationärer Kaufkraft. Heute erkennen und beklagen die Philatelisten, daß sie weit mehr als andere Steuerzahler mit Hilfe der Ausgabe von Zuschlagbriefmarken ›gezwungen‹ werden, etwa zur Finanzierung des Sports beizutragen.

Das dritte Moment ist das ideelle. Nachfrage nach Gedenkmünzen kam nicht nur von der Sammlerschaft mit ihrem Interessentenanhang von Händlern einschließlich der Banken, sondern auch von gesellschaftlichen Gruppen jeder Art, die – mit Recht – den Gedenkmünzen die ideelle, volksbildende Wirkung beilegen, Teilnahme an ›Anliegen‹ zu wecken. So wurde manche Gedenkmünze zur politischen Kundgebung, nicht selten von solchen Gruppen angeregt. Die Gedenkmünzen wurden zum Teil der Selbstdarstellung des Gemeinwesens nicht mehr nur im Hinblick auf geschichtliche Gedenktage, sondern auch in bezug auf aktuelle Anlässe.

Hinsichtlich der Einzelheiten der Motive und Darstellungen muß auf die Münzkataloge verwiesen werden. Von den Olympia-Münzen von 1969 bis 1972 handelt der nächste Abschnitt. Bei den Fünfmarkstücken genüge die folgende Übersicht. Sie zeigt, wie die Auflagen stiegen, an den Ausgabejahren aber läßt sich auch erkennen, wie die Bundesregierung an diesen Münzen Geschmack fand und die Sammlerschaft zunehmend damit beglückte, nach der erwähnten Eichendorff-Münze noch mit Unterbrechungen, später in drei Jahren (1968, 1975, 1978) gleich mit drei Geprägen und seit 1980 jedes Jahr mit zwei. Aufgenommen sind auch die Ausgaben nach der Planung bis 1987:

1952 (1953)	Germ. Museum (1852–1952)	D	200 000 Stück
1955	Schiller (1805–1955)	F	200 000 Stück
1955	Türkenlouis (1655–1955)	G	200 000 Stück
1957	Eichendorff (1857–1957)	J	200 000 Stück
1964	Fichte (1814–1964)	J	500 000 Stück
1966	Leibniz (1716–1966)	D	2 000 000 Stück
1967	W. und A. von Humboldt (1767–1967)	F	2 000 000 Stück
1968	Raiffeisen (1818–1968)	J	4 082 500 Stück
1968	Gutenberg (1468–1968)	G	3 030 000 Stück
1968	Pettenkofer (1818–1968)	D	3 030 000 Stück
1969	Fontane (1819–1969)	G	3 070 000 Stück
1969	Mercator (1594–1969)	F	5 004 000 Stück
1970	Beethoven (1770–1970)	F	5 000 000 Stück
1971	Reichsgründung (1871–1971)	G	5 000 000 Stück
1971	Dürer (1471–1971)	D	8 000 000 Stück
1973	Kopernikus (1473–1973)	J	8 000 000 Stück
1973	Frankfurter Nationalversammlung (1848–1973)	G	8 000 000 Stück
1974	Grundgesetz (1949–1974)	F	8 000 000 Stück
1974	Kant (1724–1974)	D	8 000 000 Stück
1975	Ebert (1925–1975)	J	8 000 000 Stück
1975	Denkmalschutzjahr (1975)	F	8 000 000 Stück
1975	Schweitzer (1875–1975)	G	8 000 000 Stück
1976	Grimmelshausen (1676–1976)	D	8 000 000 Stück

1977	Gauß (1777–1977)	J	8 000 000 Stück
1977	Kleist (1777–1977)	G	8 000 000 Stück
1978	Stresemann (1877–1977)	D	8 000 000 Stück
1978	Neumann (1753–1978)	F	8 000 000 Stück
1978	Archäologisches Institut (1829–1979)	J	8 000 000 Stück

Magnimat:

1979	Hahn (1879–1979)	G	5 350 000 Stück
1980	W. v. d. Vogelweide (1230–1980)	D	5 350 000 Stück
1980	Kölner Dom (1880–1980)	F	5 350 000 Stück
1981	Lessing (1781–1981)	J	6 850 000 Stück
1981	Stein (1831–1981)	G	6 850 000 Stück
1982	Umweltkonferenz (1972–1982)	F	8 350 000 Stück
1982	Goethe (1832–1982)	D	8 350 000 Stück
1983	Marx (1883–1983)	J	8 350 000 Stück
1983	Luther (1483–1983)	G	8 350 000 Stück
1984	Deutscher Zollverein (1834–1984)	D	8 350 000 Stück
1984	Mendelssohn (1809–1984)	J	8 350 000 Stück
1985	Jahr der Musik (1985)	F	8 350 000 Stück
1985	Eisenbahn in Deutschland (1835–1985)	G	8 350 000 Stück
1986	Universität Heidelberg (1386–1986)		
1986	Friedrich d. Gr. (1786–1986)		
1987	Gründung Berlins (1237–1987)		
1987	EWG-Vertrag (1957–1987)		

Diese Übersicht läßt erkennen, daß man sich bis 1970 darauf beschränkte, die Gedenkmünzen bedeutenden Deutschen im wesentlichen aus Kunst, Literatur und Wissenschaft zu widmen, von der ersten Münze auf das Germanische Nationalmuseum abgesehen. Dann erscheinen auch Gedenktage politischer Ereignisse (Reichsgründung, Nationalversammlung, Grundgesetz), Jubiläen von Institutionen (Archäologisches Institut, auch Kölner Dom, Zollverein) und schließlich Werbegepräge für Gegenwartsanliegen (Denkmalschutzjahr, Umweltkonferenz, Jahr der Musik).

Die Gestaltungen der Münzen, genauer: die Entscheidungen der Preisgerichte, haben immer Kritik hervorgerufen, besonders die Gestaltungen der Vorderseiten mit den freien Adlerdarstellungen. Eine Linie im Stil der Münzbilder wurde nicht erreicht und wurde wohl auch nicht angestrebt. Oft war die Entscheidung auch durch prägetechnische Erwägungen beeinflußt, etwa indem man größere freie Flächen des Prägeuntergrunds zu vermeiden sucht, unter denen das Münzmetall unter dem Prägedruck ›fließt‹, was dann den glatten Eindruck der Fläche stört. Im ganzen machen die Gestaltungen einen eher konventionellen Eindruck; einige Male war die Auswahl der Bildvorlagen sehr eng (z. B. Gutenberg) oder schon verbraucht. Von der Dürer-Münze (1971) an wagte man sich bei Personenmünzen daher an gegenständliche Darstellungen (Kopernikus, Grimmelshausen, Neumann, Hahn). Manche Stücke scheinen gut gelungen, bei anderen war die Kritik scharf, doch lassen sich in solchen Geschmacksfragen Urteile mit Anspruch auf Gültigkeit schwer fällen.

Für den ›Erfolg‹ der Gedenkmünzen war die künstlerische Qualität im Einzelfall ohne Bedeutung. Die geschilderte Ausdehnung der Sammlerschaft hat dafür gesorgt, daß die Auflagen jeweils wenige Tage nach der Ausgabe aufgenommen waren und kaum je eine solche Münze im Umlauf auftaucht. An den Auflagen läßt sich ablesen, wie die Sammlerschaft wuchs und die Münzverwaltung ihrem ›Bedarf‹ Rechnung trug. Natürlich waren die geringeren Auflagen der ersten Gedenkmünzen nicht mehr zu vermehren; an Nachprägungen hat man nie gedacht. Da viele der bis um etwa 1970 hinzugekommenen Sammler danach strebten, ihre Serie der Gedenkmünzen vollständig zu haben und darangingen, auch die älteren Stücke zu erwerben, ergaben sich dafür horrente Preise. Die Preise sind für die weiteren Ausgaben umso niederer, je näher das Ausgabejahr dieser Zeit des Höhepunkts des Massensammelns war. Seit die Auflage sich aber wieder jeweils auf 8 Millionen Stück beläuft, haben sich bei diesen Stücken spektakuläre Preissteigerungen nicht mehr ergeben. Auch die älteren der Acht-Millionen-Stücke sind heute im Münzenhandel zu Preisen zu haben, die über den Nennwert hinaus eher eine Behandlungsgebühr umfassen als eine Wertsteigerung darstellen. Das merkt der Sammler, wenn er solche Stücke verkaufen will.[81]

Als die Bundesrepublik bei den Kursmünzen 1975 zum unedlen Magnimat-Werkstoff überging, behielt man für die Gedenkmünzen zunächst die Silberlegierung der alten Fünfmarkstücke bei. Da sich die Automatenindustrie für die Kursmünzen auf das neue Material umstellte, sind die Gedenkmünzen – von denen die bislang geprägten nicht außer Kurs gesetzt wurden[82] – aus Silber bis heute gesetzliches Zahlungsmittel mit gleichsam beschränkter Verwendbarkeit, nachdem Automaten sie zurückweisen. Da sie im Zahlungsverkehr keine Rolle spielen, hat dieser Umstand keine praktische Bedeutung.

Daß man von der Otto-Hahn-Münze (1979) an auch bei den Gedenkmünzen zum Magnimat-Werkstoff überging, hatte seinen Grund in der weiteren Entwicklung des Silberpreises. Der Silberpreis war nach einem ersten Höhepunkt im Frühjahr 1974 mit über 5 Dollar für die Unze zunächst wieder gefallen, hatte bis Ende 1978 zwischen 4 und 5 Dollar geschwankt und war dann auf 6 Dollar gestiegen. Im Verlauf des Jahres 1979 wurde das Silber immer teurer; die Preiskurve stieg immer steiler an und überschritt Ende des Jahres die 28-Dollar-Grenze. Mitte Januar 1980 war die Silberunze mehr als 46 Dollar wert. Die wilde Spekulation brach dann zusammen und der Silberpreis sank ins Bodenlose. Urheber der Spekulation und hinterher deren Opfer waren die Gebrüder Hunt aus Texas, Kapitalisten, die im gigantischen Ausmaß auf Hausse setzten, ungeheure Mengen Silber in der Absicht aufkauften und lagerten, die Preise weiter hoch zu treiben und letztlich selbst zu diktieren. Offensichtlich waren sie aber in der Geldgeschichte zu wenig bewandert, um von den Hortungsbeständen zu wissen, die sich seit Jahrhunderten im Nahen, Mittleren und Fernen Osten aufgrund der beständig passiven Handelsbilanz des europäischen Westens gegenüber diesen Weltgegenden angesammelt hatten und die, waren die Preise nur hoch genug, hervortreten und sie wieder drücken mußten. Zudem nahm die Regierung der Vereinigten Staaten ihre Silberverkäufe wieder auf, und die Spekulation brach zusammen.[83]

Über den Entwurf für die Gedenkmünze zum 100. Geburtstag des Atomphysikers Prof. Dr. Otto Hahn (1879–1968) hatte das Preisgericht im Dezember 1978 entschieden[84] und die Staatliche Münze Karlsruhe prägte die Münzen. Die Bekanntmachung über die Ausgabe am Geburtstag, dem 24. Oktober 1979, war bereits im Bundesgesetzblatt veröffentlicht,[85] als sich das Bundesfinanzministerium entschloß, das Stück angesichts der Silberpreisentwicklung nicht in Verkehr zu bringen. Der Silberpreis war derart gestiegen, daß am 23. Oktober 1979 die 7 Gramm Feinsilber in dem Fünfmarkstück nicht weniger als 7 DM kosteten.[86] Die Münzen wurden von den Landeszentralbanken und den anderen Verteilungsstellen, wo sie zur Ausgabe am nächsten Tag schon bereit lagen, zurückgerufen und später in der Staatlichen Münze Stuttgart wieder samt und sonders eingeschmolzen.[87] Das Bundesfinanzministerium hielt es aus haushaltsrechtlichen Gründen nicht für vertretbar, der Sammlerschaft ein ›Geschenk‹ von 2 DM in Gestalt des Überwerts der Münze zu machen, stieß damit aber auf wenig Verständnis; die Angelegenheit bewegte die numismatische Welt und die Tagespresse ungemein.[88]

In der Folge ließ das Bundesfinanzministerium die Otto-Hahn-Münze aus Magnimat-Werkstoff nochmals prägen, so daß sie – verspätet – ab 24. September 1980 doch noch ausgegeben werden konnte.[89] Später gab es Gerüchte, das eine oder andere Stück sei der Einschmelzung entgangen und in unrechte Hände gekommen, doch wurde das nie zuverlässig bestätigt. Damals nahm das Bundesfinanzministerium an, der Silbergehalt der Gedenkmünzen, wie unbedeutend auch immer im Verhältnis zum Nennwert, habe dazu beigetragen, den Absatz der Auflagen von zuletzt jeweils 8 Millionen Stück zu sichern; man fürchtete, eine Gedenkmünze ohne Silber werde nicht mehr in diesem Maße aufgenommen. So wurde die Auflage der Magnimat-Ausführung auf 5,35 Millionen Stück zurückgenommen. Die Befürchtung erwies sich als unbegründet; die Nachfrage konnte nicht befriedigt werden, so daß die Auflagen bald wieder auf die alte Höhe gebracht wurden.

e) Die Olympia-Zehnmarkstücke

In den Bewertungstabellen für »Die Deutschen Reichsmünzen seit 1871« von 1965[90] gaben Kurt Jaeger und der Münzenhändler Erich B. Cahn der Sammlerwert der Gedenkmünzen vom ›Germanischen Museum‹ bis ›Eichendorff‹ in Spiegelglanz mit 60 DM bis 45 DM an, in ›sehr schön‹, also mit Gebrauchsspuren, mit nur 20 DM bis 18 DM. 1968 beliefen sich die Schätzungen Jaegers hierfür auf 80 DM bis 38 DM.[91] 1970 waren die Stücke auf 390 DM bis 300 DM gestiegen.[92] Es waren dies die Jahre, in denen sich die Sammlerschaft in einem Maß ausdehnte, das man früher für unvorstellbar gehalten hatte und in denen die Bundesregierung auch schon daran war, mit ihren weiteren Gedenkmünzen den Bedarf der Sammler an Sammlungstücken teils auszunützen, teils ständig weiter anzuheizen. 1968 waren drei solcher Münzen erschienen, und 1969 betrug die Auflage mit ›Mercator‹ erstmals 5 Millionen.

1972 sollten in München die XX. Olympischen Spiele stattfinden. 1970 schätzte man die voraussichtlichen Kosten auf 1,58 Milliarden Mark.[93] »Mit einem verblüffenden Einfall sprangen die Münchener Olympia-Organisatoren dem Bund der Steuerzahler bei: Statt der Staatskassen sollen Sammler bis 1972 die 800-Millionen-Lücke in München schließen«, nachdem sich Bund, Freistaat Bayern und Landeshauptstadt München nur mit 831 Millionen Mark (und den absehbaren Mehrkosten) beteiligen wollten. So kam es zu den Olympia-Zehnmarkstücken mit der Jahreszahl 1972 in fünf Mustern, die jedoch aufgrund eines Sondergesetzes von 1969 schon ab 1970 ausgegeben wurden.

Schon im Mai 1966 war »die Prägung einer Münze aus Anlaß der Olympischen Spiele 1972« Gegenstand einer mündlichen Anfrage im Deutschen Bundestag.[94] An die exzessive fiskalische Ausnützung des Münzregals dachte damals freilich niemand. Als sich das Sammlerinteresse aber ungeahnt entwickelte, fand sich der Bundestag zum »Gesetz über die Ausprägung einer Olympiamünze« vom 18. April 1969 bereit.[95] Eines besonderen Gesetzes bedurfte es, weil das Ausprägungsgesetz vom 8. Juli 1950 nur Bundesmünzen bis zu 5 DM zuließ und die Olympiamünzen Zehnmarkstücke sein sollten:

§ 1 Aus Anlaß der XX. Olympiade 1972 in Deutschland wird eine Bundesmünze von 10 Deutsche Mark – Olympiamünze – geprägt.
Der Bundesminister der Finanzen setzt die Anzahl der auszuprägenden Münzen mit Zustimmung der Deutschen Bundesbank fest.

Gestaltung und Auflage, das heißt auch der fiskalische Ertrag, blieben damit dem Bundesfinanzministerium und der Deutschen Bundesbank vorbehalten, wobei von vorneherein die Absicht bestand, bis zur Aufnahmefähigkeit des Marktes zu gehen:

Die Auflage der auszuprägenden Münzen richtet sich im wesentlichen nach dem Bedarf, der bei den letzten Gedenkmünzen bei zwei Millionen Stück lag. Die 10-DM-Olympia-Münze wird wegen der zu erwartenden starken Nachfrage mit einer weit höheren Auflage geprägt werden müssen . . .[96]

Dabei ging man davon aus, daß die Olympiamünzen von den Sammlern gehortet und den Zahlungsmittelumlauf faktisch nicht vermehren, somit keine Inflationswirkung nach sich ziehen würden; sie sollten sich eben darin erschöpfen, von den Sammlern gegen deren Zahlungsmittel aufgenommen zu werden, so daß dem Bund der Münzgewinn (zu verwenden für die Olympischen Spiele, neben normalen Haushaltmitteln und den Erträgen u. a. einer Olympia-Lotterie und von Sonderbriefmarken) zu Lasten der Sammler und Horter verbliebe.

Schließlich wurden 100 Millionen Zehnmarkstücke im Nennwert von einer Milliarde Mark geprägt, wobei der Münzgewinn gegen 700 Millionen Mark betrug. Anfangs war nur an eine Gedenkmünze mit einer Auflage von 6 Millionen gedacht. Doch da der erste Typ spielend abgesetzt werden konnte, wurde nach der ersten Auflage (Januar 1970) noch ein Prägeauftrag über 4 Millionen erteilt.

Diese Münze,[97] 15,5 Gramm schwer und in der Legierung der Fünfmarkstücke (somit mit 9,6875 Gramm Feinsilber), zeigt auf der Rückseite das Emblem jener Olympiade in Gestalt der Strahlenspirale. Sie wurde mit je 2,5 Millionen Stück in jeder der vier Münzstätten geprägt, so daß die Sammler sich zum ersten Mal bei einer Gedenkmünze der Bundesrepublik bewogen sahen, der Vollständigkeit halber einen ganzen ›Satz‹, vier Stücke mit allen Münzzeichen, zu erwerben.

Die Umschrift der Rückseite dieser ersten der Olympiamünzen lautet »Spiele der XX. Olympiade 1972 in Deutschland«. Gegen das ›in Deutschland‹ erhoben die Deutsche Demokratische Republik wegen des ›gesamtdeutschen Anspruchs‹ und daraufhin auch das Internationale Olympische Komitee Einspruch, da nach Nr. 4 von dessen Statuten »die Ehre, Olympische Spiele auszurichten, ... einer Stadt, nicht einem Land, zuteil« wird. Dies nahm das Bundesfinanzministerium zum willkommenen Anlaß, die Olympiamünze dieses Bildmotivs in gleicher Auflage nochmals prägen zu lassen, diesmal jedoch mit der Umschrift »Spiele der XX. Olympiade 1972 in München«.[98]

Da die Kosten für die Sportanlagen und die Verkehrsverbesserungen zur Olympiade in und um München alle Vorausberechnungen sprengten, kam es über diese beiden ersten Ausgaben hinaus bis 1972 noch zu vier weiteren Ausgaben, die ebenfalls in allen vier Münzstätten, aber in jeweils verdoppelter Auflage von 20 Millionen Stück (also 5 Millionen je Münzstätte) hergestellt wurden.

Als ›2. Motiv‹[99] wurden »vor einem fächerartigen Hintergrund ineinander verschlungene Arme als symbolische Darstellung der olympischen Idee« verwendet. Drittes Motiv für den vierten Satz[100] war »die figürliche Darstellung einer harmonisch komponierten Sportlergruppe, die von einem knienden Jüngling und einem knienden Mädchen gebildet wird«, einfacher beschrieben ein nacktes Paar mit Ball und Stab, das anders als die Europa auf dem Fünfmarkschein der Bank deutscher Länder von 1948 keine sittliche Entrüstung mehr hervorrief. Das vierte Motiv für den fünften Satz zeigt »aus der Vogelperspektive einen Teil der Sportstätten und der zeltartigen Überdachung des olympischen Geländes in München« (letzteres war besonders teuer gekommen)[101] und das fünfte Motiv für den sechsten Satz »eine Komposition aus dem Emblem der Spiele ... dem Olympischen Feuer und den fünf Olympischen Ringen«.[102] Die Elemente der Vorderseite, Bundesadler, Staatsname und Wertbezeichnung waren bei dem ersten und zweiten Satz (›in Deutschland‹, ›in München‹) gleich, bei den weiteren Sätzen jeweils anders und frei gestaltet; die Randschrift lautet bei allen Ausgaben ›CITIUS – ALTIUS – FORTIUS‹ (schneller, höher, stärker), was sich auf die Leistungsziele der Athleten bezieht, jedoch nicht die Moral dieser fiskalischen Münzenausgabe charakterisieren sollte.

Mit dem Essen kam weiterer Appetit. Für die ersten Olympiamünzen gab es stürmische Nachfrage. Der erste Satz mit dem Nenn- und Ausgabewert von 40 DM wurde Anfang April 1970 mit 70 DM bis 80 DM, vereinzelt bis 100 DM gehandelt.[103] Das ermutigte den Generalsekretär des Olympischen Organisationskomitees, Kunze, der Bundesregierung vorzuschlagen, auch ein 100-Mark-Goldstück prägen zu lassen.[104] Bei Gestehungskosten von 65 DM (Goldwert von 7,46 Gramm Feingold und Prägekosten) und einer Auflage von 30 Millionen Stück würde sich der Münzgewinn auf 1,05 Milliarden Mark belaufen haben; ›Fachleute‹ sollen geglaubt haben, daß im In- und Ausland bei den Sammlern bis zu 40 Millionen Stück abgesetzt werden könnten. Gegen den Widerstand der Deutschen Bundesbank und des Bundesfinanzministeriums gelang es der Münchener Olympia-Lobby, die Bundestagsfraktionen der CDU/CSU, SPD und FDP dazu zu überreden, im Bundestag den Entwurf eines »Zweiten Gesetzes über die Ausprägung von Olympiamünzen«[105] einzubringen, der auch gleich Olympiamünzen aus Silber zu 20 DM vorsah:

§ 1 (1) Aus Anlaß der Spiele der XX. Olympiade 1972 in München und in Kiel werden Bundesmünzen von 20 Deutschen Mark in Silber und 100 Deutschen Mark in Gold geprägt.

(2) Der Bundesminister der Finanzen setzt die Anzahl der auszuprägenden Münzen mit Zustimmung der Deutschen Bundesbank fest...

Die Begründung verwies auf die »Forderung der Öffentlichkeit nach einer Olympiamünze mit einem höheren Nennwert als 10 Deutsche Mark« und die Möglichkeit der »Senkung der olympiabedingten Ausgaben der öffentlichen Haushalte« sowie auf die Nachfrage nach den Zehnmarkstücken, »die besonderes Interesse erkennen läßt. ... Es entstehen keine Kosten«. Es kam zur Diskussion in der Öffentlichkeit und zu Anhörungen in Bundestagsausschüssen, in denen ›Sachverständige‹ aus der Beamtenschaft der Stadt München und dem Bankgewerbe sowie ein Hochschullehrer sich für das Vorhaben aussprachen.[106] Doch die Deutsche Bundesbank lehnte ab.[107] Die Prägung hätte den Scheidemünzenumlauf in der Bundesrepublik nicht weniger als verdoppelt, 450 Tonnen des Goldvorrats der Bundesbank (von damals 3500 Tonnen) beansprucht und den Verpflichtungen der Bundesrepublik gegenüber dem Internationalen Währungsfonds widersprochen, keine Goldmünzen in Umlauf zu setzen. Damit war die Sache erledigt – zur Genugtuung der ernsthaften Numismatiker.

Wie recht die Gegner hatten, bestätigte das weitere Schicksal der Zehnmarkstücke. Die 100 Millionen Stück waren einfach zuviel. Schon der vierte Satz wurde von den spekulierenden Sammlern nur noch beschränkt aufgenommen. Da die Bundesbank die Münzen nach den Vorschriften des Ausprägungsgesetzes übernehmen und dem Bund den Nennwert gutbringen mußte, erlangte der Bund zwar den Münzgewinn, aber als Scheidemünzenbestand der Bundesbank und damit als Teil des Zahlungsverkehrs erhöhten die Stücke den tatsächlichen Zahlungsmittelumlauf inflationär, soweit sie nicht in den Horten der Sammler verblieben und damit ihre Umlaufsgeschwindigkeit im Sinne der Tauschgleichung auf Null sank. Schon im August 1972 war mit den Zehnmarkstücken kein Geschäft mehr zu machen. Nur der erste Satz (›in Deutschland‹) erzielt heute im Münzenhandel und unter Sammlern ein wenig dramatisches Aufgeld, das den Zinsertrag nicht erreicht, den ein Anleger hätte, wenn er den Betrag um 1970 auf Konto gespart hätte. Die fünf weiteren Sätze haben überhaupt keine Wertsteigerung erfahren, sind bei den Banken oft noch heute zum Nennwert zu haben, und wenn ein Händler für eine solche Münze 12 oder 13 DM verlangt, hat er an ihr nur verloren, wenn er sie seit 1970 oder 1972 – unverzinslich – in seinem Lager hatte, oder nur eine kleine ›Behandlungsgebühr‹ und die Mehrwertsteuer verdient. Zuweilen erscheinen die Olympiamünzen tatsächlich im Zahlungsverkehr, besonders, was nicht verwunderlich ist, auf Münzbörsen!

f) Das Währungsgebiet

Die Rückkehr des Saarlands

Die Bundesregierung vertrat vom Entstehen der Bundesrepublik Deutschland an die Auffassung, die Frage der staatlichen Zugehörigkeit des Saarlands könne nur mit dem Friedensvertrag gelöst werden und nicht, ohne daß die Saarländer ihr Selbstbestimmungsrecht ausgeübt hätten. 1952 war Frankreich zwar noch nicht bereit, das Saargebiet aufzugeben, aber doch schon soweit, in der außenpolitischen Vertretung eine europäische Organisation an seine Stelle treten zu lassen. Die weiteren Verhandlungen zielten auf ein Saarstatut unter dem Dach der Montanunion von 1951 ab, das das Saarland in Währung, Wirtschaft und Steuersystem vorerst bei Frankreich belassen und erst nach und nach der Bundesrepublik annähern sollte. Drei Monate vor der Abstimmung am 23. Oktober 1955 wurden erst die bislang verbotenen ›deutschen‹ Parteien zugelassen, und nach kurzem, hartem Abstimmungskampf sprachen sich bei einer Beteiligung von fast 97 v. H. nicht weniger als 67,7 v. H. der Saarländer gegen das Saarstatut aus. Die Saarregierung Johannes Hoffmann trat noch in der Nacht des Abstimmungstags zurück und machte einer überparteilichen Regierung Platz. Frankreich war fair genug, mit der Bundesregierung über die Rückkehr des Saarlands zu Deutschland, d. h. zur Bundesrepublik, zu verhandeln. Am 27. Oktober 1956 wurde der »Vertrag zwischen der Bundesrepublik Deutschland und der französischen Republik zur Regelung der Saarfrage« in Luxemburg unterzeichnet.[108] Am 1. Januar 1957 trat das Saarland in staatsrechtlicher Hinsicht, am 5. Juli 1959 wirtschaftlich zur Bundesrepublik Deutschland. Dies ist bisher die einzige Änderung, die das Staatsgebiet der Bundesrepublik Deutschland (West-Berlin inbegriffen und von kleinsten Grenzbereinigungen abgesehen) nach ihrer Gründung erfahren hat, und auch die einzige Änderung des Währungsgebiets der Deutschen Mark.

In der ›Übergangszeit‹, in der das Saarland also weiter die französische Währung hatte und den französischen Zahlungsmitteln saarländische Scheidemünzen auf ›Franken‹ beigemischt waren,[109] beruhte das Geld im Saarland rechtlich auf den Vorschriften dieses Saarvertrags, der dazu sehr eingehende Bestimmungen enthielt. Artikel 4 besagte:

(1) Der französische Franken ist das gesetzliche Zahlungsmittel im Saarland.
(2) Die im Saarland bei Inkrafttreten dieses Vertrags geltenden französischen, den Franken betreffenden Vorschriften bleiben weiterhin in Kraft ...

Neue Vorschriften auf diesem Gebiet sollten durch saarländische Verordnung wortgleich übernommen werden, wobei, Eilsituationen vorbehalten, die Bundesregierung vorher konsultiert werden sollte.[110] Auch an den französischen Devisen- und Kreditwesenvorschriften änderte sich nichts; die zentralbankähnliche Funktion der ›Saarländischen Rediskontbank‹ als ›Korrespondentin‹ der Bank von Frankreich blieb ebenfalls bestehen, wobei die Regierung des Saarlands mittels einer Bankenkontrollkommission ein Mitwirkungsrecht erhielt.[111] Interessant ist nun, daß der Saarvertrag für die saarländischen Franken-Scheidemünzen eine umfangreiche Regelung aufwies, die ohne Bedeutung blieb, weil in der Übergangszeit tatsächlich keine mehr geprägt wurden (Artikel 5):

(1) Das Saarland gibt Scheidemünzen mit dem gleichen Nennwert wie die französischen Münzen aus. Hinsichtlich der Legierung, des Feingehalts und der Ausstattung (module) müssen die in Umlauf befindlichen saarländischen Münzen den französischen Münzen gleichen. Sie haben im Saarland ebenso wie die französischen Münzen und unter denselben Bedingungen gesetzlichen Kurs und sind gültiges Zahlungsmittel.

(2) Die für jeden Nennwert ausgegebene saarländische Münzmenge muß im Verhältnis zu der in Umlauf befindlichen französischen Münzmenge gleichen Nennwerts stehen.

(3) Die Höhe der Münzausgabe im Saarland wird zum 1. Januar eines jeden Jahres durch Übereinkunft zwischen den Finanzverwaltungen des Saarlands und Frankreichs festgelegt, wobei das sich nach Artikel 16 Absatz 3 dieses Vertrags[112] ergebende Verhältnis zu dem Betrag des französischen Münzumlaufs zu diesem Zeitpunkt zugrunde zu legen ist.

(4) Gibt Frankreich im Laufe eines Jahres Münzen einer neuen Art hinsichtlich der Legierung, des Feingehalts oder der Ausstattung oder Münzen mit neuen Nennwerten aus, so läßt das Saarland Münzen, die dieselben Merkmale aufweisen, prägen und zur gleichen Zeit ausgeben. Die Höhe der Ausgabe dieser neuen Münzen im Saarland wird für das schon laufende Jahr durch Übereinkunft zwischen den Finanzverwaltungen des Saarlands und Frankreich bestimmt, wobei das sich nach Artikel 16 Absatz 3 dieses Vertrags ergebende Verhältnis zu dem für den gleichen Zeitraum vorgesehenen Betrag der französischen Münzausgabe zugrunde zu legen ist.

Manchmal sind in der Münzgeschichte auch nichtgeprägte Münzen nicht ohne Interesse, wie der Leser bei der Olympia-Goldmünze gesehen hat. Dieser Artikel 5 hätte die Möglichkeit eröffnet, für die Übergangszeit saarländische Scheidemünzen mit neuem Gepräge auszugeben, etwa mit dem neuen Wappen des Saarlands oder auch mit dem Charakter einer Gedenkprägung auf die Rückgliederung des Saarlands. In diesem Zusammenhang ist zu erwähnen, daß damals erwogen wurde, für die Bundesrepublik eine Gedenkmünze zu 5 DM auf die Rückgliederung zu prägen, ein Vorhaben, das schließlich mit Rücksicht auf befürchtete französische Empfindlichkeit nicht ausgeführt wurde. Erhebliche Bedeutung hätte Artikel 5 des Saarvertrags allerdings erlangt, wenn Frankreich die Währungsreform noch vor dem Ende der Übergangszeit vorgenommen hätte, mit der dann ab 1. Januar 1960 der ›ancien franc‹ durch den ›nouveau franc‹ ersetzt und schließlich das gesamte Münzgut des Landes ausgewechselt wurde. Hinzuweisen ist auch darauf, daß die Bundesrepublik bei den Briefmarken durchaus ihre Souveränität dokumentierte und Marken mit dem – in der Bundesrepublik üblichen – Kopfbild des Bundespräsidenten Heuss und französischer Währungsbezeichnung für das Saarland herstellen ließ, wozu sie sogar verpflichtet war.[113]

Artikel 5 des Saarvertrags über die saarländischen Scheidemünzen war ergänzt worden durch einen Briefwechsel der Außenminister:[114]

Es besteht Einverständnis darüber, daß die saarländischen Scheidemünzen durch das Münzamt in Paris geprägt werden.

Es besteht ferner Einverständnis darüber, daß die Bestimmungen des Artikels 5 hinsichtlich der Münzen mit einem Nennwert unter 10 Franken erst dann Anwendungen auf das Saarland finden, wenn neue französische Münzen mit einem Nennwert unter 10 Franken ausgegeben werden.

Der zweite Satz wird verständlich, wenn man weiß, daß in Frankreich die Stücke zu 1 Franc und zu 2 und 5 Francs damals in der Masse noch die der Vorkriegszeit und des Vichy-Regimes waren und längst zur Erneuerung anstanden. Deswegen waren schon diese Nominale für das Saarland nicht geprägt worden. Auch diese Vereinbarung blieb ohne Auswirkung.

Auch die Währungsumstellung am Ende der Übergangszeit war im Saarvertrag bis ins einzelne geregelt; ihr war das Kapitel III (Artikel 55 bis 61) gewidmet. Die »französischen Geldzeichen, die am Ende der Übergangszeit gesetzliche Zahlungsmittel sind«, waren »bei den Ablieferungsstellen zum Umtausch in Deutsche Mark anzubieten und in Deutsche Mark umzutauschen«. »Die auf französische Währung lautenden Guthaben... werden in voller Höhe unverzüglich in Deutsche-Mark-Guthaben umgewandelt...« (Artikel 55, Absatz 1 bis 4). Absatz 4 lautete:

Die in Absatz 1 und 2 vorgesehenen Umtausch- und Umwandlungsmaßnahmen werden zum amtlichen Kurs der Deutschen Mark und des französischen Franken im Zeitpunkt des Endes der Übergangszeit vorgenommen.

Nach Artikel 56 waren »die französischen Geldzeichen, die aus dem Umlauf im Saarland gezogen werden... der Banque de France (zu) übergeben«. Die finanziellen Ausgleichsabsprachen können hier außer Betracht bleiben. Für die technische Durchführung wurde ein Paritätischer Währungsausschuß eingerichtet,[115] dem die Einrichtung der Umtauschstellen und ähnliches oblag.

Naturgemäß konnte der Umtauschkurs am Ende der Übergangszeit nicht schon im Saarvertrag vereinbart werden, da beide Währungen ja nicht im festen Verhältnis zueinander standen. Die Bundesrepublik befand sich im wirtschaftlichen Aufschwung des ›Wirtschaftswunders‹, und die Deutsche Mark war die Einheit einer stabilen Währung. Der Franc hingegen war eine schwache Währung. Es waren die Jahre der IV. Republik (Verfassung vom 24. Dezember 1946, Präsidenten Vincent Auriol und – 1953 – René Coty) mit wechselnden Regierungen und den finanziellen Belastungen des Algerien-Krieges (seit 1954; Umschwenken De Gaulles 1959, Vertrag von Evian 1962), was am 1. Juni 1958 zur Ministerpräsidentschaft von De Gaulle und mit der Verfassung vom 4. Oktober 1958 zur V. Republik und am 8. Januar 1959 zur Präsidentschaft De Gaulles führte. In diesen Jahren sank der Kurs des Franc beständig:[116]

100 Francs in DM (Jahresende)

1949	1,39
1950	1,33
1951	1,03
1952	0,86
1953	0,88
1954	0,93
1955	0,87
1956	0,82
1957	0,79
1958	0,74

So gehörte zum Saarvertrag auch ein Briefwechsel der Außenminister über die Feststellung des amtlichen Kurses beim Währungsumtausch:[117]

Als amtlicher Kurs des französischen Franken und der Deutschen Mark ist die Parität zu verstehen, die sich ergibt durch Vergleich der Parität der Deutschen Mark zum US-Dollar, wie sie dem Internationalen Währungsfonds gegenüber erklärt worden ist, und des entsprechenden Kurses des französischen Franken gegenüber dem US-Dollar, wie er durch den französischen Stabilisierungsfonds angewandt wird.

Dies bedeutete, daß der Devisenkurs maßgebend sein sollte und Gesichtspunkte etwa der Kaufkraftparität und von Sonderkursen im Rahmen der damaligen französischen Devisenbewirtschaftung keine Rolle spielten.

Bei solchen Vorbereitungen konnte die Währungsumstellung dann ohne Schwierigkeiten ausgeführt werden. Die Übergangszeit endete nach Vereinbarung der Außenminister mit dem 5. Juli 1959 um 24 Uhr.[118] Die Verordnung der Bundesregierung vom 20. Juni 1959 »zur Einführung der Deutschen Mark im Saarland«[119] bestimmte:

§ 1 (1) Mit Wirkung vom 6. Juli 1959 wird die Deutsche Mark als Währung im Saarland eingeführt.

   (2) Die auf Deutsche Mark lautenden Banknoten und Scheidemünzen sind die alleinigen gesetzlichen Zahlungsmittel.

§ 2 bestimmte den Umrechnungsatz mit 0,8507 DM für 100 (alte) Franken. Nach § 3 wurden die ›saarländischen Scheidemünzen‹ vom 13. Juli bis 12. August von den Banken und Postämtern zu diesem Kurs umgetauscht; gemeint waren damit – wegen des Hinweises auf Artikel 5 des Saarvertrags – nur die Münzen saarländischen Gepräges, wogegen das französische Geld (Noten und Münzen) nach Artikel 55 des Saarvertrags umgetauscht wurde und später ohne weiteres im Sortenhandel der Banken verkauft werden konnte. Für die Umstellung der Schuldverhältnisse erging die Verordnung vom 26. Juli 1959,[120] die denselben Umrechnungsatz zugrunde legte. § 4 der Einführungsverordnung führte im Saarland das Ausprägungsgesetz und § 3 des Währungsgesetzes von 1948 über die Wertsicherungsklauseln ein, ein »Gesetz zur Einführung von Bundesrecht im Saarland« vom 30. Juni 1959[121] u. a. das Gesetz über die Deutsche Bundesbank.

An französischen Geldzeichen wurden insgesamt 30,5 Milliarden Francs in 259 Millionen Deutsche Mark umgetauscht. Die Saarländische Rediskontbank wurde faktisch von der Bundesbank übernommen und zu ihrer elften Hauptverwaltung, der Landeszentralbank im Saarland.[122]

Zollausschlüsse und Zollanschlüsse

Zu einer deutschen Geldgeschichte gehört auch der Hinweis darauf, daß, wenn auch in der Bedeutung gering, mit wenigen kleinen Gebietsteilen das Währungsgebiet nicht mit dem Gebiet des Staates der Währung übereinstimmt. Bei der Deutschen Demokratischen Republik gibt es solche Abweichungen nicht; für die Deutsche Mark der Bundesrepublik Deutschland ist auf die Zollanschlüsse an der Grenze gegen Österreich und auf einen Zollausschluß an der Grenze gegen die Schweiz hinzuweisen. Nichts zu tun hat dies mit der Erscheinung, daß Zahlungsmittel der Deutschen Mark seit langem auch im Ausland gerne genommen werden; so lauteten schon Anfang der sechziger Jahre die Preisauszeichnungen in den Läden österreichischer Urlaubsgebiete mit starkem Besuch aus der Bundesrepublik auf österreichische und auf deutsche Währung, und der Fahrkartenautomat der Basler Straßenbahn nahe dem Badischen Bahnhof in Basel schluckt auch Münzen der Bundesrepublik. Jeder Auslandsreisende mit offenen Augen kann derartiges manchenorts beobachten, und besonders im Verkehrswesen gab es auch noch im späten 19. Jahrhundert für Grenzgebiete Vorschriften, die die Scheidemünzen des angrenzenden Auslands neben dem eigenen Geld zuließen.[123]

Das Gebiet der heutigen Gemeinde Mittelberg des österreichischen Bundeslandes Vorarlberg mit den Pfarrdörfern Riezlern und Hirschegg kam 1451 zu Habsburg. Das › *Kleine Walsertal* ‹ ist mit dem übrigen Vorarlberg weder durch Fahrstraße noch durch Bahn verbunden und wirtschaftlich nur durch das bayerische Allgäu über Oberstdorf zu erreichen. Als Bismarck 1878 sich vom wirtschaftspolitischen Liberalismus ab- und der Schutzzollpolitik zuwandte, führte die Verschärfung der Zollgrenzverhältnisse außer zu einem Handelsvertrag mit Österreich-Ungarn auch zu einer Vereinbarung, nach der das Kleine Walsertal ab 1. Mai 1891 dem Zollgebiet des Deutschen Reiches angeschlossen wurde. Dies gilt im Verhältnis zur Bundesrepublik Deutschland bis heute, und zugleich wurde der Zollanschluß de facto deutsches Währungsgebiet, in dem außer den deutschen Zollvorschriften auch das deutsche Devisenrecht gilt. Förmlich wurde dort aber das deutsche Währungsrecht nie eingeführt.[124] Staatsrechtlich gehört die Gemeinde unverändert zu Österreich, und wer dort je einen Urlaub verbracht hat, weiß, daß die österreichische Post ihre Briefmarken für Deutsche Mark verkauft und der Inlandstarif für Sendungen nach Österreich wie nach Deutschland gilt. Auf denselben Grundlagen beruht der Umlauf deutschen Geldes im Zollanschluß *Jungholz,* einer kleinen und weniger bekannten Gemeinde des Bundeslandes Tirol auf halbem Wege zwischen Immenstadt und Füssen in der Nähe von Hindelang.[125]

Auf der anderen Seite gehört – ebenfalls ohne daß dies förmlich vereinbart wäre oder im Währungsrecht zum Ausdruck käme – die *Gemeinde Büsingen* (Kreis Konstanz, Regierungsbezirk Freiburg des Landes Baden-Württemberg) zum Umlaufsgebiet des Schweizerfranken. Büsingen liegt am Hochrhein östlich von Schaffhausen und ist auf der Landseite vom Kanton Schaffhausen umgeben, jenseits des Rheins vom Kanton Thurgau. Büsingen gehörte früher zum habsburgischen Vorderösterreich und wurde im Verlaufe von Streitigkeiten zwischen Österreich und Schaffhausen im ausgehenden 17. und anfangs des 18. Jahrhunderts nicht wie benachbarte Gemeinden an Schaffhausen abgetreten. Seit 1770 war Büsingen Exklave und seit der napoleonischen Zeit bei Baden. Schon mit dem Beitritt Badens zum Deutschen Zollverein (1835) wurde Büsingen Zollausschluß.[126] Bis zum Ende des Zweiten Weltkriegs liefen in Büsingen deutsche und schweizerische Zahlungsmittel in gleichem Maße um, obwohl nur nach deutschem Geld gerechnet wurde. Doch danach benützte man nur noch das schweizerische Geld, und so ist es bis heute geblieben. Bis Ende 1946 gehörte Büsingen weder zum deutschen noch zum schweizerischen Zoll- und Verbrauchsteuergebiet, so daß dort z. B. Benzin zum Weltmarktpreis ohne Steueraufschläge verkauft wurde; Zollstellen unterhielten an den Zugangstraßen die Schweiz und Deutschland. Am 1. Januar 1947 hob die Schweiz ihre Zollposten auf, womit Büsingen faktisch zum schweizerischen Zollgebiet wurde. Besonders im Zusammenhang mit der Beschäftigung vieler Büsinger in Schaffhausen kam es zu unklaren und unerfreulichen Verhältnissen, die schließlich am 23. November 1964 zur Unterzeichnung des »Vertrags zwischen der Bundesrepublik Deutschland und der Schweizerischen Eidgenossenschaft über die Einbeziehung der Gemeinde Büsingen am Hochrhein in das schweizerische Zollgebiet« führten.[127]

Seither gilt in Büsingen nicht nur das schweizerische Zoll- und Verbrauchsteuerrecht, sondern auch das Landwirtschafts- und Gesundheitsrecht der Eidgenossenschaft. Vom Münzwesen sind nur erwähnt (Artikel 2 Absatz 10 des Vertrags) die Vorschriften über

Herstellung von Münzen (einschließlich Goldmünzen), die den schweizerischen Münzen in Gepräge, Gewicht oder Größe gleich oder ähnlich sind,

also münzpolizeiliche Vorschriften am Rand des Währungsrechts. Am ausschließlichen Umlauf des schweizerischen Geldes änderte sich bis heute nichts. Der Vertrag enthält eingehende fremdenpolizeiliche, arbeitsrechtliche, gewerbe- und wirtschaftsrechtliche Regelungen (auch solche über den Zugang vom deutschen Zollgebiet nach Büsingen), über den Behörden- und Rechtshilfeverkehr der deutschen und schweizerischen Stellen und über eine gemischte Kommission für auftauchende Fragen. Als Kuriosa seien erwähnt, daß Büsingen die einzige kreisangehörige Gemeinde der Bundesrepublik mit eigenem Kraftfahrzeugkennzeichen ist (»BÜS«) und die Büsinger ihre Kraftfahrzeugsteuer seit der Nachkriegszeit zwar an das zuständige deutsche Finanzamt Singen, aber nach den Sätzen des Kantons Schaffhausen zahlen. Ihre Personensteuern bezahlen die Büsinger an dieses Finanzamt nach den deutschen Sätzen, aber in Schweizerfranken. Da sie in Schweizerfranken verdienen, aber auch schweizerische Preise bezahlen müssen, fühlen sie sich dabei benachteiligt, seit der Wert des Franken den der Deutschen Mark übersteigt. So lange der Franken billiger war als die Mark, hörte man freilich keine Klagen.

g) Die Währung der Deutschen Mark: Kursentwicklung, schleichende Inflation und das Ende der Devisenbewirtschaftung

Die Währung der Deutschen Mark war von Anfang an eine manipulierte Papierwährung und in dem Wert ihrer Einheit nach dem Gesetz der Tauschgleichung[128] von der Menge der Umlaufsmittel einschließlich des Buchgeldes im Verhältnis zur Leistungsfähigkeit der Wirtschaft der Bundesrepublik in Bezug auf Warenproduktion und Dienstleistungen abhängig. Mit dem Streben nach Währungsstabilität die

Geldmenge damit im Einklang zu halten ist seit der Begründung dieser Währung die Aufgabe der Notenbank, seit 1957 der Deutschen Bundesbank.

Nach 36 Jahren ihres Bestehens ist heute (1985) zu sagen, daß die Wirtschaftskraft und die Geldpolitik der Bundesrepublik diese Währung zu einer der stabilsten der Welt gemacht haben. In der westlichen Welt und unter den konvertierbaren Währungen, also unter denen, die auf freiem Devisenmarkt verglichen werden können, wird die Deutsche Mark in langfristiger Betrachtung nur vom Schweizerfranken übertroffen, und nur der japanische Yen ist ihr noch gleichzuachten. Und doch ist die Geschichte der Deutschen Mark die Geschichte der ›schleichenden Inflation‹, der einmal mehr, einmal weniger merklichen Erosion des Geldwertes, die allen ›stabilen‹ Währungen der Zeit nach dem Zweiten Weltkrieg gemeinsam ist – es gibt daneben genug Länder, deren Geld immer wieder in galoppierende Inflation verfällt und Währungsreformen unterzogen werden muß.

Es ist schwer geworden, die Entwicklung des Wertes einer Währung objektiv darzustellen. Früher gab das Gewichtsäquivalent der Währungseinheit im Währungsmetall, etwa in Silber und seit den Jahren um 1871 in Gold[129] den wichtigsten Anhalt, obwohl schon die früheren Jahrhunderte der Metallwährungen angesichts der Zunahme der Metallmengen im Verhältnis zu den Produktionsverhältnissen selbst bei gleichbleibenden Münzfüßen die schleichende Geldentwertung kannten. Zu dieser geldgeschichtlichen Periode gehört auch die Zeit zwischen den beiden Weltkriegen, als sich der Dollar der Vereinigten Staaten zur maßgebenden Weltwährung aufgeschwungen hatte, war der USA-Dollar doch bis zur Lösung von seiner klassischen Goldparität im Jahre 1934[130] das Synonym für eine bestimmte Goldmenge. Dann wurde auch der Dollar trotz Beibehaltung einer rechnerischen Goldparität zur manipulierten Währung. Im ganzen Weltwährungssystem der Jahre von der Weltwirtschaftskrise bis in den Zweiten Weltkrieg verlor das Gold immer mehr seine Bedeutung als Rückhalt der Währungen, auch wenn es noch immer von Notenbanken untereinander zum Zahlungsausgleich verwendet wird. Mit dem Zweiten Weltkrieg wurde dann der Dollar zur wichtigsten Währung der Welt und durch das Abkommen von Bretton Woods für das Weltwährungssystem der Nachkriegszeit zum Ersatz des Goldes als Deckungsreserve der anderen Währungen. Der Dollar, immer noch als Feingoldmenge definiert, war für die Notenbanken damit als Grundlage ihrer Geldschöpfung dem Gold gleichwertig. Andererseits, selbst vom amerikanischen Zentralbanksystem, dem Federal Reserve Board,[131] ›manipuliert‹, war und ist der Dollar einer ständigen leichten Inflation unterworfen, insofern als er zwar die Währungseinheit für eine ungeheuer leistungsfähige Wirtschaft ist, aber auch eines Landes mit gigantischen Defiziten der öffentlichen Haushalte, hauptsächlich des amerikanischen Bundeshaushalts, die Jahr für Jahr mit Anleihen gedeckt werden, welche letztlich das Federal Reserve System finanzieren muß. Deutlicher: Die amerikanische Währung, die einzige der westlichen Welt, die selbst keiner Stütze durch ein anderes Reservemedium bedarf, wird vermehrt nach den Bedürfnissen der Volkswirtschaft und des Bundeshaushalts der Vereinigten Staaten. Dessen jährliches Defizit wird durch inflationäre Geldschöpfung (Geldzeichen und Buchgeld) gedeckt, und da immer mehr Dollars auf diese Weise entstehen, die wiederum von den Zentralbanken mehr oder weniger gerne aufgenommen werden und sich durch sie in Geld der jeweiligen Länder verwandeln, ist der Fehlbetrag des amerikanischen Bundeshaushalts die Hauptursache der schleichenden Inflation in den Staaten der heutigen Welt, die sich ›stabiler‹ Währungen rühmen können. Inflationen, die in ihrem Ausmaß darüber hinausgehen (hauptsächlich in Entwicklungsländern), können als ›hausgemacht‹ bezeichnet werden: sie beruhen auf übermäßiger Geldschöpfung, ohne daß der Dollar dabei eine entscheidende Rolle spielt.

Vor diesem Hintergrund ist verständlich, daß, nachdem das Gold – wie längst vorher das Silber – die Eignung als Wertmesser verloren hat und zur spekulativen Ware geworden ist, auch der Dollar keine Grundlage für die langfristige Wertbeurteilung einer Währung mehr abgibt, ist er doch selbst zu einer inflationären und bis in die Gegenwart immer wieder schwankenden Währung geworden. Um das Ergebnis vorwegzunehmen: Will man im Rahmen eines Buches wie diesem die Entwicklung der Währung der Deutschen Mark aufzeigen, bleibt als einziger Maßstab die Entwicklung ihrer Kaufkraft im Inneren, die Entwicklung des Gefüges der Preise und Löhne in der Bundesrepublik Deutschland von der Währungsreform von 1948 bis heute. Hierfür ist der Index der Lebenshaltungskosten die Grundlage, den das Statistische Bundesamt in Wiesbaden erarbeitet hat und Monat für Monat fortschreibt. Dem komplizierten Index liegt als Beobachtungs- und Wägungsschema eine Verbrauchstruktur in Gestalt eines Warenkorbes zugrunde, der sich nach den wandelnden Verbrauchergewohnheiten wiederholt geändert hat[132] und für die Zeit von 1950 bis 1958: 249, bis 1962: 434 und seit 1962: rund 700 bis 900 Waren und Leistungspositionen umfaßt. Beispielsweise sei erwähnt, daß u. a. 1958 die Preise für Kunsthonig und Rundfunkröhren wegfielen und Heizöl, Waschmaschine, chemische Reinigung, Gesellschaftsreisen und Kraftfahrzeuge hinzutraten; 1970 ließ man Geleegläser und 1980 Hüftmieder (!) weg, und 1962 kamen Bankgebühren, 1976 Tiefkühltruhen, Quarzarmbanduhren und Ferienwohnungen, 1980 Videorecorder hinzu. Die Preisindizes werden ermittelt für

a) alle privaten Haushalte,
b) Wohnungsmieten,
c) Vierpersonenhaushalte von Angestellten und Beamten mit höherem Einkommen,
d) Vierpersonen-Arbeitnehmerhaushalte mit mittlerem Einkommen,
e) Zweipersonenhaushalte von Renten- und Sozialhilfeempfängern und
f) die Einzelhandelspreise insgesamt.

Zur Zeit[133] liegen diese Indizes errechnet auf den Basen 1962, 1970 und 1976 gleich 100 vor. Wir begnügen uns mit dem »Index der Einzelhandelspreise insgesamt« und sehen, daß er auf der Grundlage 1962 gleich 100 für das zweite Halbjahr 1948 100,3 betrug und somit praktisch auch für die Währungsreform die Basis 100 hat. Seit 1938 (49,0) hatten sich die Preise verdoppelt, trotz Warenbewirtschaftung, Lohn- und Preisstopps und angesichts des Konsumstoßes nach der Währungsreform. Dann sanken sie auf den Tiefpunkt von 84,5 für 1950 (jeweils Dezember), um 1962 die Basis dieser Berechnung (100) zu erreichen. Dann setzte sich der latente inflationäre Prozeß bis 1971 langsam und mit Unterbrechungen fort: Ende 1971 hatte die Deutsche Mark zwar (Index: 118,3) ein knappes Fünftel ihrer Kaufkraft von 1948 verloren, aber bis Ende 1969 (Index: 109,0) war die Inflation kaum merklich gewesen. Sie verstärkte sich ab 1972 (Index: 125,1) und erreichte 1975 mit einer Preissteigerungsrate von 5 Prozentpunkten (auf 149,0) einen Höhepunkt, um sich dann wieder zu verlangsamen. Der Interessent muß auf das Zahlenwerk des Statistischen Bundesamts verwiesen werden. Im September 1983 überschritt der Index der Einzelhandelspreise die Marke von 200, und Ende 1984 war der Stand von 204,0 erreicht: Die Deutsche Mark hat mehr als die Hälfte ihrer Kaufkraft von 1948/1962 verloren.

Interessant ist auch der Baukostenindex, der gesondert erarbeitet und fortgeführt wird.[134] Die Entwicklung der Baupreise ist deswegen so aufschlußreich, weil ihre Darstellung – abgesehen von der Errechnung auch nach den Basisjahren 1936, 1950, 1958, 1962, 1970, 1976 und 1980 – auf der Entwicklung der Preise für Bau- und Baunebenleistungen seit dem Basisjahr 1913 beruht, dem letzten Friedensjahr vor dem Ersten Weltkrieg. Berücksichtigt man, daß die Inflation von 1923 mit der Rückkehr der Währungseinheit ›Reichsmark‹ zur Goldparität der ›Mark‹ der Vorkriegszeit endete und auch in der Währungsreform von 1948 Preise und Löhne im Grundsatz von der Reichsmark auf die Deutsche Mark im Verhältnis 1 zu 1 umgestellt wurden, so stehen die deutschen Währungseinheiten Mark, Reichsmark und Deutsche Mark in einer Linie, die es jedenfalls für die langfristige Betrachtung erlaubt, über die beiden Perioden galoppierender Inflation wegzusehen und von einer deutschen Währung seit 1876 zu sprechen (die sich freilich mit der deutschen Spaltung 1948 in zwei Äste geteilt hat). Andererseits sind die Arbeiten an einem Wohngebäude unseres Kulturkreises bei allem technischen Fortschritt, den höheren Ansprüchen und umgekehrt der höheren Arbeitsproduktivität im Jahre 1985 immer noch denen im Jahre 1913 vergleichbar, so daß sich bei allen Vorbehalten jedenfalls für eine grobe Schätzung anhand dieses Index die Kaufkraft der Mark von 1913 mit der von 1985 vergleichen läßt. Zu bemerken ist dabei auch, daß die Geschichte der Preise und der Löhne ohnehin das schwierigste Kapitel der Geschichte des Handels und der Volkswirtschaft darstellt und für Deutschland, von kleinen Teilbereichen abgesehen, brauchbare statistische Grundlagen erst seit etwa der Mitte des 19. Jahrhunderts vorliegen.

Unter diesen Umständen ist es schon interessant, daß sich der Baukostenindex – er wird vom Statistischen Bundesamt hauptsächlich für Bewertungszwecke im Zusammenhang mit der Gebäudeversicherung errechnet – für November 1984 mit 1416,6 Punkten auf der Grundlage 1913 und mit 1097,9 Punkten auf der Basis 1936 errechnete. Demnach wäre die Kaufkraft der ›Mark‹ seit der letzten ›guten alten Zeit‹ vor dem Ersten Weltkrieg auf ein Vierzehntel und seit den Friedensjahren vor dem Zweiten Weltkrieg auf ein Elftel gesunken.

Diese Indexzahlen lassen sich nun in Verbindung bringen mit der Erinnerung der älteren Generationen an die Preise von früher. Vor dem Zweiten Weltkrieg kosteten – bei wohl einheitlichen Preisen im Reichsgebiet – ein Vierpfünder Schwarzbrot 72

Pfennig, ein Viertelpfundpäckchen Butter 40 Pfennig und eine Straßenbahnfahrt wohl im allgemeinen 20 Pfennig (in Nürnberg, der Heimatstadt des Verfassers, am Sonntag nur 15 Pfennig; ein ›Heftchen‹ mit fünf Fahrscheinen 80 Pfennig). Für nur 5 Pfennig bekam man am Eisstand ein ›Schiffchen‹ Eis und für 10 Pfennig eine Kugel im Waffeltütchen. Die Monatsmiete für eine einfache Zwei- oder Dreizimmerwohnung belief sich auf 35 bis 60 Reichsmark, für eine einfache Altbauwohnung (Bau vor 1900) auf weniger als 20 Reichsmark. Den Volkswagen wollte man für etwa 1000 Reichsmark verkaufen, ein einfacher Rundfunkempfänger kostete weniger als 50 Reichsmark. Die Gehälter unterer Angestellter bewegten sich um 200 bis 300 Reichsmark, bei der Reichsbahn kostete der Kilometer in der 3. Klasse 4 Pfennig. Das Porto für den Fernbrief betrug 12 Pfennig, für den Ortsbrief 8 Pfennig, für die Postkarte 6 Pfennig bzw. 5 Pfennig, für die einfache Drucksache 4 Pfennig und für ein Päckchen 40 Pfennig. Dies möge genügen.

Es zeigt aber, daß unsere heutigen Münzen und Scheine trotz der gleichen Nominale und trotz der gleichen Größen mit den früheren nicht zu vergleichen sind. Um dem Enkel die Freude zu bereiten, die vor 1939 ein Hindenburg-Fünfmarkstück auslöste, muß die Großmutter heute schon einen Fünfziger oder einen Hunderter locker machen! Natürlich haben die heutigen Produktionsverhältnisse auch manches Erzeugnis relativ billiger werden lassen. Das gilt z. B. schon für das heutige einfache Briefporto, aber besonders auffallend auch für Eier (Vorkriegspreis 10 bis 14 Pfennig) und viele Industrieerzeugnisse. Der Preis für einen Liter Benzin schwankt heute um das ›nur‹ Dreifache. Der heutige weit höhere Lebenstandard drückt sich darin aus, daß die Einkommen relativ weit mehr gestiegen sind als die Preise für Waren und Dienstleistungen.

Nach diesen Hinweisen auf die Entwicklung des inneren Werts, der Kaufkraft der Deutschen Mark, kann die Geschichte der außenwirtschaftlichen Einflüsse und der äußeren Kursverhältnisse der Währung der Bundesrepublik zurücktreten, zumal es, wie erwähnt, einen brauchbaren Maßstab nicht mehr gibt.[135] Es genügen einige Bemerkungen.

Während in der Reichsmarkzeit für die amerikanischen Truppen der Kurs von 1 Dollar gleich 10 Reichsmark galt, legte die Joint Export Import Agency (JEIA) in der Zeit des Vereinigten Wirtschaftsgebiets dem Außenhandel den Kurs von 1 Dollar gleich 3,333 Reichsmark oder 1 Reichsmark gleich 30 Cents zugrunde. Dieser Kurs wurde für die Deutsche Mark zunächst beibehalten. Als Großbritannien sein Pfund am 19. September 1949 um 30,5 v. H. abwertete (auf 2,80 Dollar für das Pfund gegen 4,03 Dollar vorher) und rund 25 Länder mit teils geringeren Abwertungssätzen folgten, schloß sich die Bundesregierung nach einigem Hin und Her mit mehreren Tagen Verspätung am 28. September 1949 an. Der Abwertungsatz betrug 20,6 v. H. und der Dollar kostete jetzt 4,20 DM, die Deutsche Mark 23,8 Cents. Die Bundesrepublik trug damit dem Umstand Rechnung, daß sie nach der Währungsreform Zahlungsbilanzdefizite hatte; es waren – auch für die anderen Abwertungsländer – die Jahre der ›Dollarlücke‹. Von 1951 bis 1961 hingegen betrug der Überschuß der Zahlungs- und Leistungsbilanz rund 43 Milliarden Deutsche Mark, von denen mehr als 32 Milliarden sich in den Währungsreserven der Bundesbank niederschlugen. Ab 1955 führte dies zu Verzerrungen und 1957 zu Spekulationen über die Aufwertung der deutschen Währung, die sich 1960 und 1961 verschärften und am 3. März 1961 zum Aufwertungsbeschluß der Bundesregierung führten. Der Aufwertungsatz betrug 5 v. H.; der Dollar belief sich jetzt auf 4,– DM. Der Aufwertung der Deutschen Mark schloß sich damals nur der niederländische Gulden – ebenfalls um 5 v. H. – an.

Bis 1967 blieb es im internationalen Währungsleben ziemlich ruhig, soweit es die Deutsche Mark betrifft. Immerhin gab es im Frühjahr 1964 in Italien eine Währungskrise, und seit Herbst 1964 wankte das Pfund Sterling, bis es im November 1967 um 14,3 v. H. erneut abgewertet wurde. Darauf spitzte sich eine Dollar-Gold-Krise zu und führte im März 1968 zur Trennung der freien Goldmärkte vom Goldverkehr der Notenbanken; das Edelmetall Gold wurde zur spekulativen Ware. Die außenwirtschaftlichen Spannungen, nicht zuletzt durch die seit 1965 als Folge des Vietnam-Krieges in den Vereinigten Staaten aufkommende Inflation und die Schwäche des französischen Franc als Folge der Unruhen von 1968, zwangen in der Bundesrepublik zu einer ›Ersatzaufwertung‹ in Gestalt von Abgaben auf die Ausfuhren und Subventionen für die Einfuhren, ohne daß die Wechselkurse geändert wurden. Diese Ersatzaufwertung reichte aber nicht, um die spekulativen Devisenzuflüsse einzudämmen, und so kam es unter einigermaßen dramatischen politischen Streitigkeiten zuerst zu einer kurzen Periode des ›Floatens‹ der Deutschen Mark und am 23. Oktober 1969 zu ihrer Aufwertung um 9,3 v. H., was den Dollar auf 3,66 DM brachte.

Das Jahr 1971 verlief dann im Währungsgeschehen dramatisch. Der immer noch feste Wechselkurs der Deutschen Mark gegenüber dem Dollar mußte mit massiven Zuflüssen von Dollars, die in dessen inflationärem Überfluß ihre Ursache hatten, auch zu ungesunder Aufblähung der Umlaufsmenge an Deutscher Mark führen, mußte die Bundesbank doch unter diesen Umständen jede Dollarmenge in deutsche Zahlungsmittel umtauschen. Dem trat die Bundesrepublik im Mai 1971 mit der Freigabe des Kurses der Deutschen Mark entgegen, die somit wieder ›floatete‹, bis es dann im Dezember 1971 zu einer Neuordnung der Wechselkurse kam. In deren Rahmen wurde die Deutsche Mark um weitere 4,6 v. H. aufgewertet. Da der Dollar, während der Krise im August 1971 von seiner Goldgrundlage gelöst, gleichzeitig um 7,9 v. H. abgewertet wurde, beliefen sich die Aufwertung der Deutschen Mark gegenüber dem Dollar auf 13,6 v. H. und der neue Dollarkurs der Mark auf 3,222 DM.

Neue Zinsdiskrepanzen und gewichtige Zahlungsbilanz- und Inflationsgefälle, die – wie stets bei diesen Krisen – auch andere Währungen berührten, aber wiederum ihren Grund in der amerikanischen Inflation hatten, führten zur Krise von 1973. Am 1. März 1973 mußte die Bundesbank Dollars im Wert von rd. 7,5 Milliarden Deutsche Mark aufnehmen, nach Emminger den größten Betrag, den jemals eine Notenbank an einem Tag gekauft hatte. Nun gingen die Mitglieder des Europäischen Währungsverbundes Mitte März zum gemeinsamen Floaten gegenüber dem Dollar über; es begann das ›Block-Floating‹, das für die Deutsche Mark mit einer weiteren Aufwertung von 3 v. H. verbunden war. Der Dollar war mittlerweile nicht mehr als Goldmenge, sondern in Sonderziehungsrechten definiert, wobei sich nun rechnerisch die neue Dollarparität von 2,8158 DM ergab. Als der ›Leitkurs‹ der Deutschen Mark in der ›Schlange‹ im Juni 1973 zur Milderung von Spannungen in dieser nochmals aufgewertet wurde, sank der rechnerische Wert des Dollars auf 2,669 DM.

Damit war das System von Bretton Woods am Ende. Seither läßt sich der Außenwert einer jeden Währung und damit auch der Deutschen Mark in seiner Entwicklung nur noch durch Beobachtung des Verhältnisses zu anderen Währungen beurteilen. Dem entsprechen die Tabellen, die die Deutsche Bundesbank folgerichtig beginnend mit dem Jahr 1973 fortführt und laufend veröffentlicht.[136] Seither erschöpft sich die Geschichte der Währungen in den Schwankungen ihrer Kurse gegeneinander; Perioden der Stärken und Schwächen, die durch die Wirtschaftsentwicklung und die Geldpolitik der Notenbanken bedingt sind, folgen aufeinander. Der Dollar steigt und fällt, die anderen Währungen entwickeln sich je nach ihren Inflationsraten teils in stabileren Perioden, teils in ihren größeren oder kleineren Krisen immer wieder zu schleichenden oder offenen Abwertungen im System der Währungen. Nach wie vor aber gehört die Deutsche Mark zu den beständigsten Währungen, auch wenn die schleichende Erosion ihres Wertes unübersehbar ist. Es sei wiederholt, daß im gegenwärtigen Weltwährungssystem letztlich nur der Blick auf die inländischen Indizes – Lebenshaltungskostenindex und Baukostenindex – das Urteil über eine Währung und damit auch über die Deutsche Mark erlaubt.[137]

20. Die Deutsche Demokratische Republik

a) Die Kursmünzen

Anders als in der Bundesrepublik Deutschland, in der der Name der Währungseinheit seit ihrer Begründung in der Währungsreform unverändert blieb und der Bevölkerung bis heute kein Notenumtausch mehr zugemutet werden mußte, blieb den Deutschen in der Deutschen Demokratischen Republik eine weitere Währungsreform nicht erspart (1957). Die Scheidemünzen blieben davon aber unberührt, auch wenn sie sich in den Typen einige Male veränderten.

Wie schon ausgeführt,[1] blieben nach der Währungsreform von 1948 in der Sowjetischen Besatzungszone Deutschlands und im Sowjetsektor von Berlin zunächst die Scheidemünzen der Reichsmarkwährung, nach Sachlage die Münzen zu 1, 5, 10 und 50 Reichspfennig, als Pfennigscheidemünzen der östlichen Deutschen Mark im Umlauf; mit der »Anordnung« des Sekretariats der Deutschen Wirtschaftskommission vom 29. März 1949 »über die Einführung neuer Scheidemünzen im Werte von 5 Pf und 10 Pf in der sowjetischen Besatzungszone und der Stadt Berlin« erst wurden zu ihrem Ersatz neue Kleinzahlungsmittel eingeführt. Am 1. April 1949 wurden die neuen Münzen ausgegeben, und schon am 3. April waren die Stücke zu 5 und zu 10 Reichspfennig nicht mehr gültig.[2]

Die neuen Münzen waren aus Aluminium[3] und zeigten auf der Vorderseite über dem Wert ›5‹ bzw. ›10 Pfennig‹ das Wort ›Deutschland‹ und auf der Rückseite die auf dem Zahnrad liegende Ähre als Symbol des wirtschaftlichen Zweijahresplanes, den der Vorstand der Sozialistischen Einheitspartei Deutschlands (›SED‹) auf seiner 11. Tagung im Juni 1948 beschlossen hatte. Da die Deutsche Demokratische Republik (im folgenden ›DDR‹) erst am 7. Oktober 1949 proklamiert wurde, waren es Münzen der Sowjetischen Militäradministration. Mit dem Wort ›Deutschland‹ erhob sie ihren politischen gesamtdeutschen Anspruch. Als die DDR bereits entstanden war, wurden nach der Verordnung der DDR-Regierung vom 2. März 1950[4] Stücke zu 1 Pfennig in gleicher Gestaltung und ebenfalls aus Aluminium ausgegeben und die alten Reichspfennige und Rentenpfennige bis 31. März umgetauscht. Alle drei Nominale wurden mit den Jahreszahlen 1948, 1949 und 1950 in großen Zahlen in der Berliner Münze am Molkenmarkt mit dem Münzzeichen ›A‹ geprägt, die Stücke zu 10 Pfennig mit ›1950‹ auch in Muldenhütten, und Pfennige mit dessen Münzzeichen ›E‹ gibt es von 1949 und 1950. Das letzte der Serie der ersten Stücke war das Fünfzigpfennigstück von 1950.[5] Es ist aus einer messingähnlichen Kupfer-Aluminium-Legierung und im Durchmesser um einen Millimeter kleiner als das Zehnpfennigstück von 20 Millimeter. Während die Vorderseite in ihren Schriftelementen (›Deutschland‹, Wert und Münzzeichen) den Aluminiummünzen entspricht, wählte man für die Rückseite die Darstellung eines Hüttenwerks hinter einem Pflug, wiederum die symbolische Darstellung für Industrie und Landwirtschaft.

Die zweite Münzserie besteht aus Aluminiumstücken zu 1, 5 und 10 Pfennig mit der unveränderten Vorderseite und den Jahreszahlen 1952 und 1953, die wieder in den Münzstätten Berlin und Muldenhütten geprägt wurden und auf der Rückseite mit Zirkel und Hammer vor zwei Ähren das Symbol des Fünfjahresplans zur Entwicklung der Volkswirtschaft in den Jahren 1951 bis 1955 tragen, den der III. Parteitag der SED im Juli 1950 beschlossen hatte.[6] Die Muldenhüttener Prägungen dieser Stücke waren die letzten dieser traditionsreichen Münzstätte; sie stellte mit dem Jahrgang 1953 ihre Tätigkeit ein. Die für die Geschichte der Münztechnik wertvollen Einrichtungsgegenstände kamen in das Münzkabinett der Staatlichen Kunstsammlungen Dresden. Seither prägt in der DDR nur noch die Berliner Münze, die seit 1974 den Namen »VEB Münze der Deutschen Demokratischen Republik« trägt (wobei ›VEB‹ für ›Volkseigener Betrieb‹ steht).

Mit dem Wort ›Deutschland‹ auf diesen Münzen, also dem Verzicht auf den Staatsnamen, hielt die DDR noch immer an ihrem gesamtdeutschen Anspruch fest; die »Anordnung« der Deutschen Notenbank vom 24. März 1952 »über die Ausgabe von Scheidemünzen durch die Deutsche Notenbank«[7] steht im zeitlichen Zusammenhang etwa mit der Einrichtung der Sperrzone entlang der Grenze zur Bundesrepublik ab 26. Mai 1952 mit Schutz- und Kontrollstreifen, die nur noch mit Sondergenehmigung betreten werden durfte und die Verbindung der Bevölkerung mit der Bundesrepublik unterbrach. Die Teilung des Deutschland der vier Besatzungszonen war damit abgeschlossen; am 24. Juli 1952 richtete die DDR mit der Beseitigung ihrer fünf Länder und der Begründung von 14 Bezirken ihre Verwaltung neu ein. Steigender Druck auf das öffentliche Leben, Anfänge der Kirchenverfolgung und zunehmende Militarisierung führten zu Fluchtbewegungen und schließlich zum Volksaufstand vom 17. Juni 1953.

Was nun die Rechtsgrundlagen des Münzwesens der DDR anlangt, so ging sie von der deutschen Überlieferung ab, die Münzverwaltung dem Staat vorzubehalten und das Papiergeld der Notenbank zu überlassen. So, wie in der nachmaligen Bundesrepublik mit der Währungsreform zunächst die Bank deutscher Länder für das Münzwesen zuständig wurde, erhielt in der Sowjetischen Besatzungszone die Deutsche Notenbank diese Aufgabe.[8] In ihrer Satzung vom 20. Juli 1948 hieß es in § 3:[9]

(1) Der Bank obliegt die Regelung des Geldumlaufs ... Zur Erfüllung dieser Aufgaben hat sie das ausschließliche Recht, Geldzeichen auszugeben ...

Und in § 20:

Die Bank macht Einzelheiten über die Stückelung und die Unterscheidungsmerkmale der von ihr ausgegebenen Geldzeichen ... und den Aufruf von Geldzeichen öffentlich bekannt.

Die Verfassung der Deutschen Demokratischen Republik vom 7. Oktober 1949 sprach die Währungs- und Münzhoheit ›der Republik‹ zu:

Artikel 112
Ausschließliche Gesetzgebung durch die Republik

Die Republik hat das Recht der ausschließlichen Gesetzgebung über

...

das Währungs- und Münzwesen, Maß-, Gewichts- und Eichwesen;

...

Die Verfassung der DDR von 1968 und ihre Überarbeitung vom 7. Oktober 1974 änderten daran in der Sache nichts, obwohl es in der Verfassung seit 1968 keinen Katalog der Gesetzgebungszuständigkeiten der Volkskammer mehr gibt und es im Kapital 2 (»Ökonomische Grundlagen, Wissenschaft, Bildung und Kultur«) in Artikel 9 Absatz 4 (1974 unverändert) nur noch lapidar heißt:

Die Festlegung des Währungs- und Finanzsystems ist Sache des sozialistischen Staates. Abgaben und Steuern werden auf der Grundlage von Gesetzen erhoben.

Die Staatsbank der DDR ist in der Verfassung überhaupt nicht erwähnt.

1951 stellte die DDR die Deutsche Notenbank auf eine eigenständige gesetzliche Grundlage und erklärte sie zu ihrer ›Staatsbank‹, ohne ihr schon diesen Namen zu geben.[10] Die ›Anordnungen‹ über die erwähnten Münzausgaben stützen sich auf § 2 dieses Gesetzes. An seine Stelle trat dann das »Gesetz über die Deutsche Notenbank« vom 20. Dezember 1965.[11] Darin wurde die Deutsche Notenbank als »die Staatsbank der Deutschen Demokratischen Republik« (§ 1 Absatz 1) und als »das Emissionszentrum« der DDR bezeichnet; § 5 lautete im wesentlichen:

(1) Die Deutsche Notenbank hat im Rahmen der vom Ministerrat bestätigten Höhe des Bargeldumlaufs das alleinige Recht der Ausgabe von Geldzeichen (Banknoten und Münzen).
(2) Über die Neuausgabe von Geldzeichen entscheidet der Ministerrat.
(3) Die von der Deutschen Notenbank ausgegebenen Geldzeichen sind das gesetzliche Zahlungsmittel in der Deutschen Demokratischen Republik ...

Damit behielt die Deutsche Notenbank nicht nur die Aufgabe einer Notenbank, sondern auch die der Münzverwaltung der DDR. Die Münzen der DDR sind also ihre Ausgaben und nicht unmittelbar die des Staates und rechtlich ihren Banknoten gleich; ihr steht daher der Münzgewinn zu. Ein besonderes Münzgesetz ist nicht erlassen worden, das etwa die zulässigen Nominale festgelegt hätte. Alles, was zum Münzwesen gehört und in diesem Zusammenhang geregelt werden muß, ist Angelegenheit der Notenbank, soweit nicht der Ministerrat der DDR sich die Zuständigkeit vorbehalten hat.

Neugefaßt wurde das Recht der Währungsbank der DDR (der Begriff ›Notenbank‹ war nach allem von Anfang an zu eng) mit dem »Gesetz über die Staatsbank der Deutschen Demokratischen Republik« vom 1. Dezember 1967.[12] Es trat am 1. Januar 1968 in Kraft und gab der bisherigen Deutschen Notenbank den Namen »Staatsbank der Deutschen Demokratischen Republik«, ohne an ihren Befugnissen in Bezug auf die Ausgabe von Geldzeichen etwas zu ändern:

§ 5 (1) Die Staatsbank hat im Rahmen der vom Ministerrat bestätigten Höhe des Bargeldumlaufs das alleinige Recht der Ausgabe von Geldzeichen (Banknoten und Münzen) der Währung der Deutschen Demokratischen Republik. Der Präsident der Staatsbank unterbreitet dem Ministerrat Vorschläge für die Neuausgabe von Geldzeichen.

(2) Die von der Staatsbank ausgegebenen Geldzeichen sind das gesetzliche Zahlungsmittel in der Deutschen Demokratischen Republik ...

Anders als bei den Banknoten wirkte sich diese Entwicklung der Rechtsgrundlagen des Münzwesens bei den Münzen der DDR nicht unmittelbar aus. Die dritte Münzserie hatte ihren Anlaß vielmehr darin, daß sich die DDR mit dem »Gesetz über das Staatswappen und die Staatsflagge der Deutschen Demokratischen Republik« vom 26. September 1955 ihr heutiges Staatswappen gab:[13]

§ 1 Das Staatswappen der Deutschen Demokratischen Republik besteht aus Hammer und Zirkel, umgeben von einem Ährenkranz, der im unteren Teil von einem schwarzrotgoldenen Band umschlungen ist.

Staatsflagge (§ 2) war zunächst weiterhin die Flagge mit den Farben Schwarz-Rot-Gold, aber schon 1959 wurde dies dahin geändert, daß die Staatsflagge fortan »auf beiden Seiten in der Mitte das Staatswappen der Deutschen Demokratischen Republik« trägt.[14] Eine Verordnung vom selben Tag[15] führte dazu eine besondere Handelsflagge (für die Schiffahrt) ein, die das Staatswappen »an der dem Flaggenstock zugewandten Seite ... in der oberen Ecke auf rotem Grund« zeigt.

Ab 1956 begann man nun, die Kleinmünzen der beiden ersten Serien durch neue Prägungen zu ersetzen, die auf der Vorderseite das Wappen und als Umschrift den Staatsnamen zeigten. Zuerst erschienen die fehlenden Mark-Nominale. Das Stück zu 1 Deutschen Mark erschien 1956 und wurde auch 1962 und 1963 geprägt, bei dem Stück zu 2 Deutsche Mark blieb es beim einzigen Prägejahr 1957. 1960 kam der neue Pfennig, 1963 das neue Zehnpfennigstück und erst 1968 das Fünfpfennigstück. Die Pfennignominale werden bis heute mit Unterbrechungen hergestellt.[16] Bei allen Stücken blieb man beim Aluminium als Münzmetall; die Rückseiten tragen die Wertzahl und Eichenblattornamente.

1969 feierte die DDR ihr zwanzigjähriges Bestehen. In diesem Jahr ergänzte die DDR ihre Kursmünzenserie mit zwei neuen Nominalen, einem Zwanzigpfennigstück, bei dem sich die ›20‹ auf die Wertzahl beschränkte, aus Messing, und einem Fünfmarkstück aus einer Legierung von 900/1000 Kupfer und 100/1000 Nickel, die dem Stück einen leicht rötlichen Ton gibt.[17] Beide Münzen haben – mit Schriftunterschieden – die Wappenseite der dritten Serie, aber das Fünfmarkstück hat mit ›XX Jahre DDR‹ über der Wertangabe der Rückseite Gedenkcharakter.

Wie beschrieben wurden die Stücke aus Aluminium zu 1 und zu 2 Deutsche Mark bis 1963 bzw. nur 1957 geprägt. Im August 1964 änderte die DDR den Namen ihrer Währungseinheit von ›Deutsche Mark‹ in ›Mark der Deutschen Notenbank‹, um die Währungen der beiden deutschen Staaten auch in den Bezeichnungen besser voneinander abzugrenzen; die Mark der DDR wurde nun mit ›MDN‹ abgekürzt. Dies war der Grund, bei den weiteren Prägungen der Mark-Nominale ohne sonstige Veränderung des Münzbilds auf der Wertseite die Wörter ›Deutsche Mark‹ durch ›Mark‹ zu ersetzen (beim Markstück vom Prägejahr 1972 an und beim Zweimarkstück ab 1974).[18] Diese beiden Stücke könnte man zusammen mit dem vorgenannten Zwanzigpfennigstück als vierte Kursmünzenserie betrachten; sie werden bis heute geprägt.

Daß sich mit dem Inkrafttreten des Gesetzes über die Staatsbank der Deutschen Demokratischen Republik die Währungsbezeichnung nochmals änderte, brauchte sich auf diesen Marknominalen nicht mehr niederschlagen. Ab 1. Dezember 1967 heißt die Währungseinheit nicht mehr ›Mark der Deutschen Notenbank‹ (MDN), sondern ›Mark der Deutschen Demokratischen Republik‹ und wird nur noch mit ›M‹ abgekürzt.

Das folgende gehört zur Geschichte der Gedenkmünzen der DDR. Ab 1971 ergänzte sie ihr System der Umlaufmünzen mit Stücken zu 10 Mark und zu 20 Mark, die seither jedes Jahr – manchmal zwei im Jahr – mit Gedenkmotiven erscheinen und für die sich die Bezeichnung ›Kursgedenkmünzen‹ eingebürgert hat; ebenso verfährt man seither mit den Fünfmarkstücken. Die ersten Kursgedenkmünzen waren Zwanzigmarkstücke von 1971 zum 100. Geburtstag von Heinrich Mann und auf den 85. Geburtstag von Ernst Thälmann, das Zehnmarkstück von 1972 mit dem Buchenwald-Denkmal und das Fünfmarkstück von 1971 mit dem Brandenburger Tor und ›Berlin – Hauptstadt der DDR‹.[19] Die Stücke haben auf der Vorderseite stets das Staatswappen und meistens die Wertbezeichnung; sie sind aus einer Legierung von 620/1000 Kupfer, 200/1000 Zink und 180/1000 Nickel und haben die Durchmesser 29 Millimeter (5 M), 31 Millimeter (10 M) und 33 Millimeter (20 M). Von den Fünfmarkstücken abgesehen sind sie im Zahlungsverkehr wenig anzutreffen, zumal die Banknoten gleicher Nennwerte neben ihnen umlaufen.

Außer Kurs gesetzt wurden die ersten Kleinmünzen zu 1, 5 und 10 Pfennig beider Typen mit ›Deutschland‹ zum 31. Dezember 1969 mit der Anordnung über die Ausgabe der Zwanzigpfennigstücke;[20] die Fünfzigpfennigstücke mit dem Hüttenwerk waren schon im Zusammenhang mit der Ausgabe der Fünfzigpfennigstücke aus Aluminium zum 31. Juli 1958 zurückgezogen worden.[21] Ende 1980 wurden die Stücke zu 1 und zu 2 ›Deutsche Mark‹ ungültig, so daß heute von jedem Nominal der Stücke bis 2 Mark nur noch ein Typ umläuft.

b) Die Gedenkmünzen

Unabhängig von den sogenannten Kursgedenkmünzen seit 1969 begann die DDR schon 1966 Gedenkmünzen auszugeben, und zwar mit Stücken zu 10 MDN auf den 125. Todestag von Schinkel und zu 20 MDN auf den 250. Todestag von Leibniz.[22] 1967 folgten Stücke auf Käthe Kollwitz (10 MDN) und Wilhelm von Humboldt (20 MDN);[23] 1968 trat das Nominal von 5 Mark (inzwischen war die Währungsbezeichnung geändert) hinzu: auf Robert Koch (5 Mark), Johannes Gutenberg (10 Mark) und Karl Marx (20 Mark). In den Folgejahren bis 1973 waren es dann jeweils Stücke dieser drei Nominale; 1974 erschienen zwei Stücke zu 10 Mark: neben einer Gedenkmünze auf Caspar David Friedrich eine eindeutig politische Prägung auf das 25jährige Bestehen der DDR. Dies wiederholte sich 1975 mit einem zweiten Fünfmarkstück (neben Thomas Mann) auf das Internationale Jahr der Frau. Dann blieb man wieder beim Dreierrhythmus.

Diese Gedenkmünzen waren von Anfang an nicht für den Zahlungsverkehr bestimmt und dienten der kulturpolitischen Repräsentation des Staates, aber auch der Gewinnerzielung der Notenbank. Die Ausgaben zu 10 und zu 20 Mark der Jahre 1966 bis 1968 wurden aus einer Legierung von 800/1000 Silber und 200/1000 Zink hergestellt; bis 1976 verwendete man eine Legierung von 625/1000 Silber und 375/1000 Kupfer. Seither – für die einzelnen Ausgaben muß auf die Kataloge verwiesen werden – besteht das Metall aus 500/1000 Silber und 500/1000 Kupfer. Die Stücke zu 5 Mark bestehen aus Neusilber, einer Legierung aus Kupfer, Nickel und Zink. Die Durchmesser sind 29 Millimeter (5 Mark), 31 Millimeter (10 Mark) und 33 Millimeter (20 Mark), die Gewichte 12,2 Gramm, 17 Gramm und 20,9 Gramm.[24] Die Auflagen waren unterschiedlich. Sie betrugen 1966 je Ausgabe 50000 Stück und wurden 1967 auf je 100000 Stück erhöht. Beim Fünfmarkstück auf den 75. Todestag von Johannes Brahms von 1972[25] wurde die Herstellung allerdings nach 55000 Stück abgebrochen, als man darauf hingewiesen wurde, daß das Noten-Bildmotiv einen Fehler enthielt. Abweichend waren auch die Auflagen der Stücke zu 10 Mark ›Caspar David Friedrich von 1974‹ (75000)[26] und zu 5 Mark ›Internationales Jahr der Frau‹ von 1975 (250000).[27]

Von 1977 an verminderte man, angeblich auf Wunsch der Numismatiker, die Auflagen. Sie beliefen sich bei den Stücken zu 5 Mark jetzt auf 100000, bei den Stücken zu 10 Mark auf 75000 und bei den Stücken zu 20 Mark auf 45000. Seit 1979 werden von den Stücken zu 5 Mark nur noch 60000, von denen zu 10 Mark nur noch 55000 und von den Stücken zu 20 Mark nur noch 45000 Exemplare hergestellt. Dazu kommen freilich seit 1974 auch Ausführungen in polierter Platte in Stückzahlen von 200 bis 10000. Außerdem gibt es verschiedene Probeprägungen, die in den Handel gekommen sind. Tatsächlich werden sich die Prägezahlen der Normalausführungen den verminderten Absatzmöglichkeiten angepaßt haben.

Diese Gedenkmünzen, bei denen die einzelnen Anordnungen der Deutschen Notenbank bzw. der Staatsbank der DDR den von dem der Kursgedenkmünzen abweichenden Charakter nur bei der Angabe des Münzmetalls erkennen lassen (die Auflagenhöhe wird nicht angegeben und ist den kommerziellen Ankündigungen zu entnehmen), werden nämlich zum Mißvergnügen ihrer Urheber insofern nicht als numismatisch vollwertig anerkannt, als man sie als ›Pseudomünzen‹ bezeichnet, als ›Ausbeutemünzen‹. Ihr Entstehungszweck liegt auch darin – im ›Ausland‹, hauptsächlich in Hartwährungsländern (und hier wiederum vornehmlich in der Bundesrepublik Deutschland) zu weit über dem Gegenwert des Nennwerts liegenden Preisen vertrieben zu werden, mit anderen Worten, der DDR in erster Linie zur Devisenbeschaffung zu dienen. Dafür sprechen die hohen Preise, die im Münzenhandel der westlichen Staaten verlangt werden und die mit den Nennwerten zuzüglich angemessener Händleraufschläge wenig gemein haben, und der Umstand, daß bestimmten Münzenhändlern im Westen Alleinvertriebsrechte eingeräumt sind; Ausländer können sie in der DDR nur in bestimmten Devisenläden gegen ›harte Währung‹ erwerben. Dem wird entgegengehalten, daß die organisierten Münzensammler der DDR, die Mitglieder der Fachgruppen Numismatik im Kulturbund der DDR sind (den einzigen Sammlervereinigungen in der DDR), durchaus jeweils ein

Stück zum Nennwert erhalten könnten und daß zuweilen Stücke auch bei Lohn-
und Gehaltszahlungen zum Nennwert ausgegeben würden.[28] Tausch und Ausfuhr
durch Private in das Ausland sind außerordentlich eingeengt,[29] was mit der strengen Devisenbewirtschaftung in der DDR zusammenhängt.

Wie dem auch immer sei: So gut diese Gedenkmünzen zusammen mit den Kursgedenkmünzen die kulturpolitischen und politischen Bestrebungen und Tendenzen
der DDR dokumentieren und so interessant die Stücke – bei den Personenmotiven
oft mit symbolisch-abstrakten Darstellungen – gestaltet sind und so sehr sie technisch anspruchsvoll gefertigt sind, die Ausgabepraxis der DDR muß als exzessiv
bezeichnet werden; sind die Stücke bei der Vielzahl der Ausgaben von der Sammlerschaft nicht zum Nennwert oder nur wenig darüber zu erwerben, so sinkt ihr Interesse am lückenlosen Erwerb der Serie, besonders wenn die Münzen als unseriöse
Pseudoausgaben und damit der Sache nach als Medaillen beurteilt werden. Dann
legt auch der Sammler der deutschen Münzen keinen Wert mehr auf die Vollständigkeit seines Besitzes solcher Prägungen und begnügt sich mit dem Erwerb von
Stücken mit Bildmotiven, die ihn persönlich berühren, ganz so, wie man Medaillen
nach Motiven sammelt. Dementsprechend haben bestimmte Gedenkmünzen der
DDR auch größeres Interesse und höhere Preisnotierungen im Münzenhandel erlangt als andere.

c) Das Papiergeld

Sieht man von den Kuponmark-Scheinen der Währungsreform von 1948 ab, ist die
DDR bei der vierten Serie ihrer Banknoten angelangt.

Die erste Serie mit ›Berlin 1948‹ gehört zur Währungsreform der Sowjetischen
Besatzungszone und ersetzte die provisorischen Scheine der Klebemark.[30] Die zweite Serie mit ›Berlin 1955‹[30a] und ebenfalls von der Deutschen Notenbank ausgegeben unterschied sich von der ersten nur in den Nominalen und den Farben der
übereinstimmenden Nennwerte. Sie diente zum Ersatz der ersten Serie im über-
raschenden Notenumtausch, der am Sonntag, 13. Oktober 1955, in den zehn Stunden von 12 bis 22 Uhr ausgeführt wurde. Dies sah man in der DDR so:[31]

Auch nach der Währungsreform und der Bildung von zwei politisch wie wirtschaftlich voneinander vollkommen unabhängigen deutschen Staaten ließ der in der Bundesrepublik wie-
dererstarkende deutsche Imperialismus nichts unversucht, den unter der Führung der Arbeiterklasse und ihrer marxistisch-leninistischen Partei zielstrebig fortgeführten Aufbau des Sozialismus und der Friedenswirtschaft der DDR durch Sabotageakte und spekulative Transak-
tionen zu stören. Über die offene Grenze nach Westberlin wurde durch illegale Abwerbung
von Arbeitskräften aus der Republik sowie ein künstliches erzeugtes und hochgehaltenes Ge-
fälle zwischen den beiden Währungen der Versuch der ökonomischen Ausplünderung der
DDR unternommen. Auf illegalem Wege gelangten immer wieder Banknoten unserer Republik in die Hände von Währungsschiebern und Spekulanten, die damit gezielte Aktionen zur
Störung unserer fortschrittlichen Entwicklung finanzierten. Durch diese Machenschaften wurde das Ansehen unserer Währung geschädigt und für die Volkswirtschaft traten insgesamt
Verluste ein.

Um diesem gefährlichen Treiben ein Ende zu bereiten und gleichzeitig die außerhalb der Staatsgrenzen befindlichen Banknoten der Deutschen Notenbank zu entwerten, entschloß sich die Regierung der DDR zur Durchführung eines Geldumtausches. Auf der Grundlage der »Verordnung über die Ausgabe neuer Banknoten und die Außerkraftsetzung bisher gültiger Banknoten der Deutschen Notenbank« vom 13. Oktober 1957 erfolgte an diesem Sonntag in der Zeit von 12 bis 22 Uhr der Umtausch der alten Banknoten gegen Banknoten der neuen Ausgabe in einem Verhältnis 1:1.

Für die nichtsahnenden Währungsspekulanten und ihre Hintermänner kam dieser gezielte Schlag vollkommen überraschend ...

Demgemäß besagte der Vorspruch der Verordnung vom 13. Oktober 1957,[32] die in der Tat völlig überraschend verkündet wurde:

Die Regierung der Deutschen Demokratischen Republik hält es für erforderlich, die im Umlauf befindlichen Banknoten der Deutschen Notenbank gegen neue Banknoten im Verhältnis 1:1 umzutauschen.

Die Sparguthaben der Bürger der Deutschen Demokratischen Republik und des demokratischen Sektors von Groß-Berlin werden von dem Banknotenumtausch nicht berührt und sind wie bisher frei verfügbar. Dasselbe gilt für alle anderen eingezahlten Gelder der Bürger und aller Teile der Wirtschaft bei allen Geldinstituten.

Diese Maßnahmen werden getroffen, weil die Monopolisten und Militaristen in Westdeutschland gewisse Mengen von Banknoten in ihren Besitz gebracht haben mit dem Ziel zu spekulieren, Störungen in unserer Volkswirtschaft zu organisieren und Agenten- und Spionageorganisationen zu finanzieren.

Es liegt daher im Interesse der Bürger der Deutschen Demokratischen Republik und des demokratischen Sektors von Groß-Berlin diejenigen Banknoten, die im Besitz westdeutscher und Westberliner kapitalistischer Kreise und Agentenorganisationen sind, wertlos zu machen.

Da die westdeutschen Monopolherren, Militaristen und Agentenorganisationen versuchen werden, ihre nunmehr wertlos gewordenen Banknoten durch Zwischenmänner zu retten, fordert die Regierung alle Bürger auf zu helfen, daß nur eigenes und nicht fremdes Geld umgetauscht wird.

Die neuen Noten zu 5, 10, 20, 50 und 100 Deutsche Mark waren ab 13. Oktober, 20 Uhr, das alleingültige gesetzliche Zahlungsmittel; zugleich wurden die alten Noten zu 2, 5, 10, 20, 50, 100 und 1000 Deutsche Mark ungültig. Die kleinen Noten zu 50 Pfennig und 1 Deutsche Mark sowie die Münzen blieben unberührt (§ 1 der Verordnung). Von 12 bis 20 Uhr am 13. Oktober (um 12 Uhr begann der Umtausch) galten die alten und die neuen Noten nebeneinander. Alle Läden waren, sofern am Sonntag üblich, offenzuhalten; bei jeder Zahlung war der Personalausweis der DDR vorzulegen. Westdeutsche, West-Berliner und Ausländer, die sich befugt in der DDR aufhielten, hatten sich mit den entsprechenden Bescheinigungen auszuweisen; der Umtausch wurde in die Papiere eingetragen (§ 11), und nach dem Umtausch durfte nur noch mit neuem Geld bezahlt werden. Einzahlungen auf Konten jeglicher Art waren an diesem Tag untersagt (§ 4). Alle Guthaben und Schuldverhältnisse blieben von dieser Reform unberührt (§ 5). Natürlich waren zum Umtausch nur DDR- und Ost-Berliner Bürger sowie befugte Besucher berechtigt; DDR-Bürger auf Reisen in der DDR mußten das Mitgeführte am Ort umtauschen und die Beträge zu Hause erklären; sie konnten diese noch binnen dreier Tage nach der Rückkehr umtauschen. Reisende im Ausland konnten die Protokollerklärung bei der Rückkehr an der DDR-Grenze abgeben, Schiffsbesatzungen sofort nach Anlaufen eines Hafens der DDR. Es war an alles gedacht (§ 7).

Beim Umtausch wurden Beträge bis 300 Deutsche Mark sofort in neuen Noten oder in Münzen und den gültig bleibenden kleinsten Scheinen ausbezahlt, übersteigende Beträge auf Konto gutgeschrieben. Darüber konnte ab 19. Oktober frei verfügt werden, »wenn nicht der Verdacht besteht, daß sie spekulativer Herkunft sind«; in diesem Fall erfolgte »eine Überprüfung durch eine Prüfungskommission« (§ 8; deren Verfahren und die Verwendung der »Beträge spekulativer Herkunft«: § 9). Eingehend geregelt war auch die Behandlung der Geldbestände der Wirtschaftsbetriebe (§§ 12 bis 20). Wer fremdes Geld umtauschte oder im Zusammenhang mit dem Umtausch »falsche Eintragungen in die Geschäftsbücher« machte, war »wegen Betruges« strafbar. Dazu gab es drei Durchführungsbestimmungen.[33]

Der Bargeldumlauf der DDR hatte sich Ende 1950 auf 3 363 Millionen Deutsche Mark belaufen und war in den folgenden Jahren bis Ende 1956 auf 4 496 Millionen Deutsche Mark gestiegen. Ende September 1957 betrug er 5 543 Millionen Deutsche Mark. Mit diesem Geldumtausch wurden rund 1,5 Milliarden Deutsche Mark an Banknoten aus dem Verkehr gezogen, wobei naturgemäß nicht gesagt werden kann, welche Beträge in Gestalt von Beständen außerhalb der DDR wertlos wurden, wieviel von der Bevölkerung nicht zum Umtausch einbezahlt wurde und wieviel im Verlauf des Umtauschs auf Konten verlagert wurde und dort als Buchgeld verblieb. Ende Oktober 1957 liefen an Bargeld noch 4 056 Millionen Deutsche Mark um; bis Ende 1962 erhöhte sich der Umlauf wieder auf 4 413 Millionen Deutsche Mark. Die Spareinlagen beliefen sich Ende 1956 auf 6 062 Millionen Deutsche Mark (344,36 Deutsche Mark je Kopf) und Ende 1957 auf 8 970 Millionen Deutsche Mark (515,20 Deutsche Mark je Kopf).[34]

Die dritte Serie der Noten der Deutschen Notenbank erschien 1964. Gesetzliche Grundlage war eine Verordnung des Ministerrats »über die Erneuerung der Banknoten der Deutschen Notenbank« vom 30. Juli 1964:[35]

Im Gegensatz zu dem am 13. Oktober 1957 erfolgten Geldumtausch handelte es sich bei dieser Emission ausschließlich um eine infolge der natürlichen Abnutzung des umlaufenden Papiergelds erforderliche Erneuerung durch moderne, dem internationalen Trend folgende und dem Wesen unseres sozialistischen Staates entsprechend gestaltete Banknoten. Gleichzeitig erfolgte eine eindeutige Abgrenzung zwischen den Währungsbezeichnungen der beiden deutschen Staaten, in denen bis zu diesem Zeitpunkt gemeinsam die Bezeichnung ›Deutsche Mark‹ Verwendung fand. Die neuen Geldzeichen, die neben dem Staatswappen der Deutschen Demokratischen Republik erstmalig die ab August 1964 verbindliche Währungsbezeichnung »Mark der Deutschen Notenbank« tragen, zeigen auf ihren Vorderseiten Abbildungen bedeutender Persönlichkeiten der deutschen Geschichte und auf den Rückseiten Darstellungen aus dem Leben der Republik.

Dazu ist zu ergänzen, daß die Serien 1948 und 1955 in Moskau gedruckt worden waren und daß Anfang 1959 der Verdacht bestand, zumindest Noten zu 20 und zu 50 Deutsche Mark seien von den Originalplatten unbefugt nachgedruckt worden; es waren Noten aufgetaucht, die ›echt‹ waren, deren Nummern aber nicht dem Ziffernschlüssel entsprachen, der am 4. Oktober 1957 mit den Noten für den Umtausch vom 13. Oktober 1957 geliefert wurde.[36] Es ist verständlich, daß die Deutsche Notenbank hinsichtlich der Banknotenversorgung auf eigenen Füßen stehen wollte, zumal man die Noten nun auch in der DDR selbst drucken konnte.

Wie die vorhergehenden Noten seit 1948 und die heutige Serie ›1971‹ trägt die Serie ›Berlin 1964‹ keine Unterschriften. Die Nennwerte blieben unverändert 5, 10, 20, 50 und 100 Mark; für einen Tausender sah man angesichts der Entwicklung des unbaren Zahlungsverkehrs wiederum kein Bedürfnis. Das Staatswappen erschien auf der Vorderseite im Unterdruck und auf der Rückseite in der Bilddarstellung; der Text der Vorderseite lautete knapp »Banknote – (5) Mark der Deutschen Notenbank – DDR – Berlin 1964«. Als »bedeutende Persönlichkeiten der deutschen Geschichte« wählte man Alexander von Humboldt (5 MDN), Schiller (10 MDN), Goethe (20 MDN), Engels (50 MDN) und Marx (100 MDN); die Rückseiten zeigen, dazu teils passend, teils nicht, das Hauptgebäude der Humboldt-Universität in Berlin (5 MDN), die Zeiss-Werke in Jena (10 MDN), das Nationaltheater in Weimar (20 MDN), einen Mähdrescher bei der Arbeit (50 MDN) und das Brandenburger Tor in Berlin von der Ostseite (100 MDN). Die Scheine sind kleiner als die der vorherigen Serien und messen zwischen 135 Millimeter mal 65 Millimeter (5 MDN) und 155 Millimeter mal 73 Millimeter (100 MDN).[37]

Der Umtausch belastete diesmal die Bürger und Betriebe nicht; ab 1. Dezember 1965 waren die Scheine der Serie 1955 nicht mehr gültig. Dazu verloren auch die Noten zu 50 Pfennig und zu 1 Deutschen Mark der Serie 1948 ihren Wert; hierfür bestand angesichts der Münzen kein Bedürfnis mehr.

Die vierte, heutige Serie der Banknoten der DDR ist die Folge der Umbenennung der Deutschen Notenbank in »Staatsbank der Deutschen Demokratischen Republik« mit dem Gesetz vom 1. Dezember 1967 und der Währungsbezeichnung in »Mark der Deutschen Demokratischen Republik«. Wiederum blieb es bei den bisherigen Nominalen 5, 10, 20, 50 und 100 Mark.[38] Der Wortlaut ist »Staatsbank der DDR – (5) Mark der Deutschen Demokratischen Republik – 1971 (bzw. 1975)«. Die Scheine zu 10, 50 und 5 Mark (so die Reihenfolge der Ausgabe) tragen die Jahreszahl 1971, die zu 20 und 100 Mark die Jahreszahl 1975. Die Scheine wurden wiederum kleiner und messen 112 Milllimeter mal 50 Millimeter bis 144 Millimeter mal 61 Millimeter. Wie alle Scheine der DDR haben sie links den Schaurand; die Kopfbilder rechts stellen jetzt Thomas Müntzer (5 M), Clara Zetkin (10 M), Goethe (20 M), Engels (50 M) und Marx (100 M) dar. Den Bilddarstellungen fehlt der Zusammenhang mit diesen Personen: Landmaschinen bei der Ernte (5 M), Frau am Steuerpult einer Schaltanlage (10 M), Kinder verlassen eine Schule (20 M), Industrieanlage (50 M) und Palast der Republik am Marx-Engels-Platz in Ost-Berlin (100 M).

d) Die Währung

Der Zusammenhang der Münzen und Banknoten der DDR mit den Änderungen in ihrem Notenbankwesen und ihrer Währungsbezeichnungen – die DDR hat, wie gesehen, mittlerweile die dritte – zwang, auf deren Entwicklung schon bei der Schilderung der Münzen und Banknoten einzugehen. Trotz der Änderung der staatsrechtlichen Verhältnisse mit der Gründung der DDR im Jahre 1949 und des Geldumtausches im Jahre 1957 ist die Mark-Währung der DDR (wie man sie heute nennen muß) seit ihrer Begründung mit der Währungsreform als eine einheitliche anzusehen, blieben doch alle Änderungen in der Bezeichnung der – gleichbleibenden – Währungseinheit und der Notenbank sowie bei den Zahlungsmitteln ohne Bedeutung für den Zahlungsverkehr und den Bestand von Forderungen und des Buchgeldes. Die Entwertung der Banknoten in Auslandsbesitz mit dem Geldumtausch von 1957 ist dabei belanglos, war dieser Besitz doch nach dem Währungsrecht der DDR ohne rechtliche Grundlage.

Diese Währung hat zwei Gesichter. Einerseits ist sie die Währung der DDR insofern, als sie ihrer Volkswirtschaft des sozialistischen Systems eigen ist und darin ihre Aufgabe erfüllt, wobei ihre Stärken und Schwächen hinsichtlich des Wertes für die Bevölkerung der DDR, der Kaufkraft, die der Volkswirtschaft widerspiegeln: eine für den Westen unvorstellbare Preisstabilität bei – im Vergleich zum Westen – zurückgebliebener Warenversorgung. Andererseits steht die Mark der DDR im Spannungsverhältnis zur Deutschen Mark der Bundesrepublik Deutschland, von der aus sie (mit der Kristallisation in den Berliner Verhältnissen insbesondere bis zum Mauerbau von 1961) nach den Maßstäben beurteilt wird, die sich für ein Land mit relativ stabiler, im Rahmen der westlichen Welt voll konvertibler und auf der ganzen Welt angesehener Währung von selbst ergeben.

Es ist sehr schwer, der Geschichte der »Ostmark«, wie sie umgangssprachlich im Westen von Anfang an und bald auch amtlich genannt wurde, ausgewogen gerecht zu werden, zumal dem auch die Sprache der Veröffentlichungen im Wege steht, die als Quellen aus der DDR heranzuziehen sind. Die Sprache der Wirtschaftswissenschaft, der Politik und des Rechtswesens in der DDR hat sich von der Sprache des herkömmlichen deutschen Sprachraums – und damit der Bundesrepublik – derart wegbewegt, daß für das westliche Verständnis von Objektivität und Präzision des Begriffs sowie des Ausdrucks keine Rede mehr sein kann. Dies ist durchaus gewollt und entspricht den marxistisch-leninistisch-sozialistischen, anti-imperialistischen und anti-kapitalistischen, dabei bewußt parteiischen und jeden Objektivismus verabscheuenden Auffassungen des »zweiten deutschen Staates«, der in seiner wissenschaftlichen wie in der politischen Publizistik anderen Anschauungen keinen Raum mehr läßt. Einige Beispiele werden diese von Fremdwörtern, polemischen Schlagworten und Leerformeln durchsetzte Sprache zeigen, die tatsächlich mit der deutschen Sprache im Westen – wenigstens in diesen Bereichen – sozusagen nur noch die grammatischen Strukturen gemein hat.

Im folgenden soll zunächst versucht werden, die Währung der DDR aus deren Verständnis zu erläutern. Dann sei kurz auf deren Ausgestaltung als ›Binnenwährung‹ eingegangen, wie sie in den Vorschriften des Devisenrechts der DDR ihre Grundlage hat. Es folgen die Entwicklung der Umlaufsmenge und ihrer Kaufkraft in der DDR sowie die Rolle der Zahlungsmittel der Bundesrepublik in der DDR, und schließlich wird auf die Wertentwicklung gegenüber dem Westen, auf die Berliner Verhältnisse und den dortigen Wechselstubenkurs eingegangen, auch auf das Verhältnis der beiden deutschen Währungen im innerdeutschen Handel.

In der DDR haben die Kategorien des westlichen staatsrechtlichen Denkens wie Rechtsstaat, Gewaltenteilung und möglichst große Unabhängigkeit der Währungsbank von der Regierung keine Bedeutung mehr. In der Fassung von 1974 bezeichnet die Verfassung die DDR als »sozialistischen Staat der Arbeiter und Bauern« und als »die politische Organisation der Werktätigen in Stadt und Land unter Führung der Arbeiterklasse und ihrer marxistisch-leninistischen Partei« (Präambel). »Die Verfassung legt fest, daß die Regierung im Auftrage der Volkskammer die Durchführung der Staatspolitik einheitlich leitet«.[39] Demgemäß ist die Staatsbank nach dem »Gesetz über die Staatsbank der Deutschen Demokratischen Republik« vom 1. Dezember 1967 nicht nur Emissionsbank, sondern auch »das Organ des Ministerrats für die Verwirklichung der von der Partei- und Staatsführung beschlossenen Kreditpolitik in ihrer Gesamtheit. Die Staatsbank ist verantwortlich für die Planung des Geldumlaufs, die Bilanzierung der Kredite und Kreditquellen des Kreditsystems und die Ausarbeitung von Grundsätzen im volkswirtschaftlichen Maßstab auf den Gebieten des Kredits, des Zinses sowie des Zahlungs- und Verrechnungsverkehrs. Sie hat durch ökonomische Beziehungen auf vertraglicher Grundlage zu den anderen Kreditinstituten über die Anlage freier Mittel und die Refinanzierung auf die Erreichung der in der Bilanz des Kreditsystems festgelegten Ziele einzuwirken. Durch die Erfüllung dieser Aufgaben hat die Staatsbank die Ausarbeitung der Perspektiv- und Jahrespläne zur Erzielung eines hohen Nutzeffektes des gesellschaftlichen Reproduktionsprozesses zu fördern und gemeinsam mit den anderen Kreditinstituten zur kontinuierlichen Sicherung der Stabilität der Währung beizutragen. Die Staatsbank verwirklicht ihre Aufgaben in Durchführung der Gesetze und Beschlüsse der Volkskammer, der Erlasse und Beschlüsse des Staatsrates und der Verordnungen und Beschlüsse des Ministerrates (§ 2). Die Staatsbank wirkt an der Ausarbeitung von Prognosen der Entwicklung der Hauptfaktoren der Volkswirtschaft auf der Grundlage einer eigenen prognostischen Tätigkeit mit. Sie unterstützt die volkswirtschaftliche Prognostik zur Durchsetzung der effektivsten Struktur der Volkswirtschaft . . . (§ 3)«.

Belassen wir es bei so viel Prognostik. Eher faßbar ist, daß ihre Entscheidungen ausschließlich ihr Präsident trifft. Er unterbreitet dem Ministerrat Vorschläge, er erläßt Durchführungsbestimmungen und Anordnungen (§ 4), er unterbreitet dem Ministerrat Vorschläge für die Neuausgabe von Geldzeichen und regelt die Ersatzleistung für beschädigte Geldzeichen (§ 5), er allein setzt sogar die Umrechnungsätze »fremder Währungen zur Währung der Deutschen Demokratischen Republik fest und veröffentlicht sie« (§ 7). Er leitet die Staatsbank »nach dem Prinzip der Einzelleitung« und wird »vom Vorsitzenden des Ministerrats berufen und abberufen«; er »bestimmt die Arbeitsbereiche des Vizepräsidenten und der Direktoren«, er »organisiert die Erfüllung der Aufgaben der Staatsbank nach den Grundsätzen der sozialistischen Leitungswissenschaft unter Anwendung von modernen Leitungsmethoden und -instrumenten und legt das hierzu erforderliche Informations- und Weisungssystem fest . . .« (§ 11). Der ›Bankrat‹ ist nur ›kollektives Beratungsorgan‹, das den Präsidenten »in grundsätzlichen Fragen berät, . . . zu Lösungsvorschlägen Stellung nimmt« (also zu eigenen offenbar nicht befugt ist) und ›Hinweise‹ gibt zur »Einleitung geld- und kreditpolitischer Maßnahmen von volkswirtschaftlicher Bedeutung« (§ 12).

Diesen geschwätzigen Texten ist schwerlich etwas anderes zu entnehmen, als daß die Staatsbank weisungsunterworfenes Organ des Ministerpräsidenten ist und von ihrem Präsidenten nach dem aus der jüngeren deutschen Geschichte bekannten ›Führerprinzip‹ geleitet wird.

Die Staatsbank der DDR hatte anfangs, anders als die Deutsche Bundesbank, keine Zweigniederlassungen; ihre Kontenführung beschränkte sich auf Geld- und Kreditinstitute, staatliche Stellen und ›gesellschaftliche Organisationen‹. Die Zweigniederlassungen der Deutschen Notenbank gingen mit Inkrafttreten des Staatsbankgesetzes (1. Januar 1968) auf die neugegründete ›Industrie- und Handelsbank‹ über, die die Konten für die sozialistischen Betriebe und die Konten für Personen und Firmen mit Wohnsitz oder Sitz außerhalb der DDR (Ostmarksperrkonten) führte und Aufgaben im innerdeutschen Handel und im Devisenverkehr erfüllte. Ab 1. Juli 1974 wurde indessen die Industrie- und Handelsbank wieder in die Staatsbank eingegliedert, so daß sie seither auch wieder einen Unterbau im Lande hat.[40]

Die Währung der DDR ist die eines ›sozialistischen Landes‹ und dient nach dem Verständnis der DDR dazu, »die Ziele der sozialistischen Gesellschaftsordnung durchzusetzen. Währung, Währungssystem und Währungspolitik der DDR sind ein Mittel zur Verwirklichung der Wirtschafts- und Sozialpolitik unseres Staates, wie sie auf dem VIII. Parteitag beschlossen und vom IX. sowie X. Parteitag der SED bekräftig wurde«. Für die DDR steht »die Sicherung der Währungsstabilität im Mittelpunkt der Währungspolitik«, im Gegensatz zu den Währungssystemen in kapitalistischen Ländern, »in denen chronische und akute Währungskrisen Ausdruck und Faktor der allgemeinen Krise sind«.[41] Dementsprechend vollzieht sich die Geldemission planmäßig »und darf nur in Übereinstimmung mit der Entwicklung der Warenproduktion und -zirkulation erfolgen«; »für die Stabilität sozialistischer Währungen ist es von entscheidender Bedeutung, daß die Geldeinkommen der Wirtschaftseinheiten und der Bevölkerung sich hinsichtlich Umfang und Struktur sowie zum entsprechenden Zeitpunkt materiell realisieren müssen. Dies wird in der Literatur oftmals als ›Warendeckung der Währung‹ bezeichnet« und ist, was die Währung anlangt, Ziel der sozialistischen Planwirtschaft.[42]

Diese Planung kann nur gelingen, wenn der Staat in seinem Währungsgebaren Einflüsse außenwirtschaftlichen Ursprungs strikt ausschaltet. Die DDR bekennt sich daher dazu, eine ›Binnenwährung‹ zu haben, keine konvertierbare Währung, die nur mit anderen »sozialistischen Währungen . . . im nichtkommerziellen Bereich in einem bestimmten Umfang konvertierbar« sei.[43]

Diese Eigenschaft der Mark der DDR als Einheit einer Binnenwährung bewirkt und sichert das außerordentlich scharfe Devisenrecht der DDR mit seinen Verboten der Einfuhr und der Ausfuhr insbesondere der eigenen Zahlungsmittel. Die Geschichte dieser Abgrenzung ist die Geschichte der Abgrenzung gegen den Westen in Gestalt zunächst der westlichen Besatzungszonen und West-Berlins, besonders aber Berliner Währungsverhältnisse und des dortigen Währungsgefälles.[44]

Als die beiden Währungsreformen Tatsache waren und die Kommandanten der Westsektoren verhindert hatten, daß der Befehl Nr. 111 der Sowjetischen Militäradministration auch in den Westsektoren wirksam wurde,[45] schlossen sie West-Berlin zwar am 25. Juni 1948 an die westdeutsche Währungsreform an, stellten den Einwohnern der Westsektoren jedoch frei, den Geldumtausch sowohl nach der westlichen wie nach der östlichen Regelung vorzunehmen. Im Verordnungsblatt für Groß-Berlin (dessen Verwaltung noch ungeteilt war) waren in der Nummer vom 7. Juli 1948 beide Regelungen in ihrer Zeitfolge hintereinander abgedruckt.[46] Obwohl die Blockade am 24. Juni begonnen hatte, blieb der Magistrat dabei, die zwei Währungen nebeneinander als gesetzliche Zahlungsmittel zu betrachten; der Zahlende bestimmte, womit er zahlte, und Deutsche Mark Ost und Deutsche Mark West waren gleichwertig. Die westlichen Kommandanten unterstützten dies und wünschten sogar, daß die ›Westmark‹ vornehmlich für Geschäfte mit den westlichen Besatzungszonen verwendet werde. Aber die Wertschätzung der Ost-Währung sank rasch. So mußte der Magistrat im Juli ausdrücklich anordnen, daß Apotheken beide Währungen gleichwertig anzunehmen hätten.[47] Im August beschloß der Senat, daß für die öffentlichen Belange beide Währungen gleichwertig sein sollten. Nach der Durchführungsbestimmung Nr. 8 der westlichen Kommandanten zur Umstellungsverordnung[47a] waren beide Währungen für die Zahlung der Grundsteuer gleichermaßen zu verwenden.

Während die westlichen Kommandanten mithin der Ostwährung in den Westsektoren Berlins als Zweitwährung zunächst nichts in den Weg legten, forderte die sowjetische Seite die Anerkennung der Ostwährung als einziges Zahlungsmittel für ganz Berlin. Daher ließ sie den Besitz von Ost-Geld für West-Berliner ausdrücklich zu, ließ aber westliche Zahlungsmittel im Ostsektor beschlagnahmen.

Als ab August zwischen den Westmächten und der Sowjetunion in Moskau über die Berlinfrage verhandelt wurde, boten die Westmächte sogar an, für West-Berlin die Ostwährung zu übernehmen. Es scheiterte daran, daß die Ostseite nicht bereit war, die Westmächte an der Emissionskontrolle teilnehmen zu lassen. Deren Mißtrauen war dadurch geweckt, daß schon bald nach dem Umtausch der Kuponmark gegen die ersten Noten der Deutschen Notenbank Scheine mit demselben Wert und derselben Nummer bis zu fünfzig Mal aufgetaucht waren.[48]

So kam es dann, daß die West-Mark mit dem 20. März 1949 zum alleinigen gesetzlichen Zahlungsmittel für die Westsektoren wurde. Immerhin konnten vorher fällig gewordene Forderungen der Stadtverwaltung auch nachher noch mit Ostgeld beglichen werden. Seit November 1948 war die Stadtverwaltung gespalten; seit Herbst hatten die politischen Kräfte West-Berlins die Entscheidung für die westliche Währung verlangt.

Aber bis zum Mauerbau von 1961 war der Berliner Arbeitsmarkt nicht völlig gespalten: immer noch arbeiteten 13 000 Berliner aus dem Westen im Ostsektor (1949: 100 000). So kam es, neben den zum Teil bereits erwähnten Regelungen, im Westen zu Milderungen der Härten, die sich aus dem Kursverfall der Ostwährung im Westen ergaben. Schon am 27. Juli 1948 ließen die westlichen Kommandanten lizenzierte private Wechselstuben zu. Damit entstand der »Wechselstubenkurs«, der der östlichen Seite von Anfang an ein Dorn im Auge war. Er sank schon in den ersten Monaten auf 2,90 Deutsche Mark Ost für die Westmark und im März 1949 auf 4,70 Ostmark; er verbesserte sich im April 1949 auf 4,15 Ostmark und pendelte sich im groben Durchschnitt – bis heute – auf 4,50 Ostmark ein. Im Juni 1949 lag der Kurs bei 5,– Ostmark, im Frühjahr 1950 hatte er seinen tiefsten Stand mit 7,50 Ostmark. Kursverfall trat[49] auf Gerüchte über einen bevorstehenden Notenumtausch in der DDR hin bis zum Umtausch vom 13. Oktober 1957 mindestens zehn Mal ein. Nach diesem Umtausch war das vorherige Kursniveau schon nach einer Woche wieder erreicht. Langsam verbesserte sich der Kurs und war dann bis Frühjahr 1960 meistens etwas besser als 4,– Ostmark für eine Westmark.

Woher kamen und kommen die Beträge an DDR-Zahlungsmitteln im Westen? Seit dem West-Berliner Gesetz vom 20. Dezember 1951[50] über den Ostmarkumtausch, das den – damals fünfzig – Wechselstuben in West-Berlin eine deutsche Rechtsgrundlage gab und das zur Dämpfung der auffallend hohen Einkommen der Inhaber eine ›Ostmarkumtauschabgabe‹ in Höhe einer einprozentigen Umsatzsteuer auf den Tauschwert in Westwährung einführte, hatte man durch die Steuererklärungen einen Überblick über das Volumen dieses Wechselgeschäfts. 1952 wurden in West-Berlin etwa 2 Milliarden Deutsche Mark Ost umgesetzt, 1953 nur noch etwa 1,3 Milliarden. Dann stieg es wieder an, bis es mit dem Mauerbau von 1961 unbedeutend wurde (1966: unter 30 Millionen).

Zu Anfang kam das Ostgeld in der Hauptsache von Westberlinern mit Arbeitsstelle im Ostsektor, denen nur ein Teil ihrer Ostmarkeinnahmen durch die Lohnausgleichskasse[51] in Westgeld umgetauscht wurde. Dann spielten Bewohner des Ostsektors eine Rolle, die für Ostgeld in West-Berlin Güter einkauften, die im Osten nicht zu erhalten waren, ferner Rentner (seit der Wiederzulassung des Reise- und Besucherverkehrs von West-Berlin nach Ost-Berlin und in die DDR und umgekehrt im Jahre 1972). Schröder schreibt:[52]

Dennoch wird immer noch Mark der DDR in großen Summen druckfrisch angeboten. Ein nie verstummendes Gerücht will wissen, daß Volkseigene Betriebe zur kurzfristigen Beschaffung von Ersatzteilen Mark der DDR bei diskreten Schweizer Banken in der Zürcher Bahnhofstraße eintauschen. Nach anderen Vermutungen sollen Diplomaten in der DDR Ostmark gegen Westwährung eintauschen, die dort als Zahlungsmittel für Intershop-Läden begehrt ist. Eine weitere Vermutung geht dahin, daß ein Teil der in den Westen reisenden Rentner – insgesamt rund 1,5 Millionen Personen im Jahr – Mark der DDR bei westdeutschen Banken anbietet, da sie in der DDR für 30 Tage nur 15 Mark zum Kurs 1:1 eintauschen dürfen. Als Erwerber für die Rückführung der Ostwährung in die DDR kommen normale Reisende kaum in Betracht ... Die Rückführung soll heute vor allem durch Diplomaten erfolgen, die unkontrolliert in die DDR einreisen und günstig erworbene Ostmarkbeträge für Einkäufe in der DDR verwenden ...

Diese Wechselkursverhältnisse hat die DDR immer als politisch bedingt und als Angriff auf ihre politische und wirtschaftliche Ordnung empfunden und – ohne Erfolg – bekämpft und beschimpft. Eine beispielhafte Stimme:[53]

... ist der Wechselstubenkurs klassenpolitisch ein politischer Kurs, ein Schieberkurs, ein Instrument der Erzielung von Maximalprofit, ein Instrument des politischen Kampfes des Monopolkapitals von Westberlin aus, er gehört ebenso wie die Agentenzentralen und Sabotagenester usw. zu dem gesamten System der Kriegsvorbereitung ...

Tatsächlich ist nicht zu leugnen, daß das Währungsgefälle – die Diskrepanz zwischen dem Wechselstubenkurs und der wirklichen Kaufkraft der Ostmark – es westlichen Ostmarkbesitzern bis zur Abschließung des Ostsektors von den Westsektoren Berlins durch den Mauerbau von 1961 erlaubte, im Ostsektor auf das billigste einzukaufen, sofern es das dortige Angebot an Waren und Dienstleistungen erlaubte. Dazu ist zunächst zu sagen, daß – immer bezogen auf die normale Versorgung zu staatlich bestimmten Preisen – die Mark der DDR eine unglaubliche Beständigkeit ihrer Kaufkraft zeigt. Der »Index der Einzelhandelsverkaufspreise sowie der Leistungspreise und Tarife« nach statistischen Unterlagen der DDR[54] zeigt, daß es dabei Preissteigerungen in der Zeitspanne von 1960 bis 1982 so gut wie überhaupt nicht gegeben hat. Der genannte Gesamtindex belief sich bei der Basis 100 für 1970 für 1960 auf 100,9 und für 1982 auf 99,1. Wenn der Index der Wohnungsbaupreise bei gleicher Basis von 61 für 1960 auf 98 für 1979 stieg (auf den Kubikmeter umbauten Raumes: in Mark der DDR von 77 auf 125), so erklärt sich dies durch bessere Bauweise und Ausstattung. Zahlreiche Einzelpreise[55] haben sich nicht verändert, wurden entsprechend den Produktionsfortschritten gesenkt, oder es erklären sich Erhöhungen durch Qualitäts- und Produktionsänderungen, auch durch weltwirtschaftliche Einflüsse. Die Posttarife zum Beispiel sind seit 1954 im wesentlichen gleichgeblieben und wurden nur im Auslandsverkehr 1971 angehoben. Die Inlandspostkarte kostet noch immer 10 Pfennig, der Fernbrief bis 20 Gramm 20 Pfennig, die Einschreibegebühr ist 50 Pfennig.[56] Ähnlich ist es bei den Verkehrstarifen. In Berlin führte die Spannung in den Preisen zwischen Ostsektor und Westsektoren schon 1949 dazu, daß bestimmte Betriebe im Westen, beispielsweise Bäckereien, Absatzschwierigkeiten hatten und in Ost-Berlin die Nachfrage nicht befriedigt werden konnte. Es stimmt auch heute, wenn Schröder 1983 schrieb:[57]

Das Währungsgefälle bewirkt, daß für die Einwohner der Westsektoren im Osten Waren des täglichen Bedarfs und Dienstleistungen, beispielsweise der Friseure, die dort auf Grund der Preispolitik schon allemal sehr billig sind, zu einem übermäßig verringerten Preis zu erwerben sind. Ein Mittagessen in einem einfachen HO-Restaurant kostet heute 5 Mark und weniger. Das ist bei einem Wechsel 1:1 billig, bei Ausnutzung des Währungsgefälles mit einem Gegenwert von gegenwärtig höchstens 1,10 Deutsche Mark (d. h. Westmark!) spottbillig.

Wie immer man das politische System der DDR beurteilt, es kann keineswegs als abwegig betrachtet werden, wenn ihre Behörden die Ausnützung des Währungsgefälles von Anfang an als Ausplünderung ihrer Volkswirtschaft betrachteten. Bei allem Vorbehalt gegen das sprachlich-politische Beiwerk soll hier der DDR-Stand-

punkt nach Dr. Charles Dewey für die Zeit vor dem Mauerbau von 1961 und angesichts der damaligen Preisverhältnisse in West und Ost wiedergegeben werden:[58]

Aus dem Valutakurs kann man nicht ohne weiteres etwa auf die Kaufkraft der Werktätigen
schließen, da diese von der Höhe der Reallöhne abhängig ist. Der Valutakurs ist auch nicht zu
verwechseln etwa mit dem Lebensstandard der breiten Massen, der neben den Reallöhnen
noch durch eine Reihe anderer Faktoren beeinflußt wird.

Der Wechselstubenkurs hat mit alledem wenig zu tun. Er ist kein Valutakurs; die Kaufkraft
einer Westmark ist heute niedriger als die Kaufkraft einer DM der Deutschen Notenbank,
wenn man von dem Durchschnitt aller Preise für Konsumgüter, Produktionsmittel und
Dienstleistungen in den beiden Währungsgebieten ausgeht ...

Während für die Festsetzung des Valutakurses die Bedingungen in den betreffenden Währungsgebieten allseitig Berücksichtigung finden (Konsumgüter, Dienstleistungen, Produktionsmittel), ist der Bereich, für den das Monopolkapital durch den Wechselstubenkurs einen
»Wertvergleich« zwischen der DM West und der DM der Deutschen Notenbank vorzutäu-
schen versucht, von vornherein sehr stark begrenzt. Juristisch gibt es für die Verwendung von
DM der Deutschen Notenbank in Westberlin kaum irgendwelche Einschränkungen, man
kann entweder durch unmittelbare Zahlung von DM der Deutschen Notenbank oder nach
Umtausch in den Wechselstuben sowohl Produktionsmittel und Konsumgüter kaufen als auch
Dienstleistungen bezahlen. Praktisch jedoch ist der Westberliner Markt, auf dem DM der
Deutschen Notenbank Verwendung findet, eng begrenzt. Er beschränkt sich auf bestimmte
Industriewaren und Luxusgüter sowie einige Kategorien von Lebensmitteln, wo unsere Preise
über denen in Westberlin liegen. Nahezu sämtliche Dienstleistungen wie Strom, Gas, Wasser,
Mieten, auch der größte Teil der Dienstleistungen kultureller Art, Produktionsmittel, alle Industriewaren, die bei uns im Preis etwa gleich, zum Teil wenig über den Preisen in Westberlin
liegen oder zum Teil billiger als in Westberlin sind, alle die Lebensmittel, für welche die gleichen Bedingungen zutreffend sind, finden bei der Wechselstubenkursbildung keine Berücksichtigung. Dazu gehören z. B. auch alle Lebensmittel, die bei uns noch kartenrationiert sind.
Gerade die Preise dieser Waren liegen bei uns durchweg und zum Teil erheblich unter denen
in Westberlin ...

Lediglich bei uns gelegentlich noch auftretende vorübergehende Mängel in der Warenbereitstellung und Warenstreuung können sich geringfügig auf die Kursbildung auswirken. Dabei
ist zu berücksichtigen, daß solche Erscheinungen der Stockung in der Warenversorgung zu-
meist auf Warenschiebungen zurückzuführen sind, d. h. auf illegale Einkäufe im demokratischen Sektor, durch Verstoß gegen die gesetzlichen Bestimmungen über das Einkaufsverbot.
Der Markt in Westberlin, auf dem Waren an Bewohner der Deutschen Demokratischen Republik und des demokratischen Sektors verkauft werden, ist also relativ klein. Das Wechsel-
stubenkursverhältnis bezieht sich bezüglich der Seite der Nachfrage *nur auf die Waren dieses
Marktes* und ist in gewissem Umfang vom dementsprechenden Angebot an DM der Deutschen Notenbank abhängig ...

Dieser Markt unterliegt hinsichtlich seines Umfanges und hinsichtlich der Zusammensetzung
der gehandelten Waren besonderen Bedingungen. Der Umfang des Marktes ist mit zunehmenden wirtschaftlichen Erfolgen bei uns kleiner geworden. Das zeigte sich darin z. B., daß
im Verlaufe der Jahre die Nachfrage nach bestimmten Waren durch Bewohner unseres Wäh-
rungsgebietes in Westberlin nicht nur zurückgegangen, sondern zum Teil aufgehört hat, weil
diese Waren bei uns billiger und auch in vielen Fällen in besserer Qualität angeboten wurden.
Teilweise waren und sind die bei uns ständig gesenkten Preise zwar immer noch etwas höher
als in Westberlin, entsprechen aber bei weitem nicht mehr einer Relation 4:1 oder 5:1. Der
Markt in Westberlin unterliegt also auch ständigen strukturellen Veränderungen.

Die strukturelle Veränderung des Marktes und die Verminderung des Umfangs der Käufe auf diesem Markt braucht aber nicht unbedingt in jedem Fall zu entsprechenden Änderungen im Wechselstubenkurs zu führen, weil dieser u. a. in gewissem Umfang eben immer sich jeweils auf die Waren bezieht (und ihre Preisrelationen in Ost und West), für die es auf dem Westberliner Markt eine Nachfrage gibt. Es ist z. B. interessant festzustellen, daß nach Preissenkungen meist nur kurz und vorübergehend das Kursverhältnis zugunsten unserer DM sich änderte, dann sich aber wieder die bisherige Kurstendenz festsetzte. Im Zuge der Preissenkungen ergaben sich meist strukturelle Veränderungen des Marktes, es verminderte sich auch der Umfang, gleichzeitig verlagerte sich die Nachfrage durch Bewohner unseres Währungsbereichs in Westberlin auf andere, meist Luxuswaren. Die steigende Kaufkraft unserer Mark, die wachsenden Realeinkünfte der Werktätigen im Zusammenhang mit einer stetigen Verbesserung des Lebensstandards ermöglichen in zunehmendem Umfang die Verwendung gewisser Bargeldreserven der Bevölkerung zum Einkauf bestimmter Luxuswaren. Es gibt immer noch Bürger der Deutschen Demokratischen Republik, die nicht erkannt haben, welchen Schaden sie unserer Wirtschaft zufügen, wenn sie derartige Bargeldreserven zum Einkauf in Westberlin benutzen.

Diese Fragen stellen nur eine Seite des Wechselstubenkursproblems dar. Für die Kursbildung ist ferner der Markt im demokratischen Sektor, die Verwendung von DM der Deutschen Notenbank durch Westberliner von Bedeutung. Durch unsere verschiedenen gesetzlichen Bestimmungen wird die legale Verwendungsmöglichkeit unserer DM durch Westberliner stark eingeschränkt (Einkaufsverbot usw.). Die Nachfrage nach DM der Deutschen Notenbank in Westberlin erfolgt aber nicht nur mit dem Ziel, unsere Währungseinheit im demokratischen Sektor oder in der Deutschen Demokratischen Republik legal zu verwenden, sondern vermutlich häufiger noch in der Absicht, sie illegal zum Einkauf und zu anderen Zwecken (Unterstützungen, Bezahlung von Agenten usw.) zu benutzen. Für die Zwecke der Kursbildung ist es belanglos, ob die der Nachfrage nach DM der Deutschen Notenbank zugrunde liegende Absicht legale oder illegale Verwendung vorsieht . . .

Zu diesen objektiven Bedingungen zählt vor allem auch die Tatsache, daß die besondere Lage Berlins es nicht gestattet, die Anordnung über die Ein- und Ausfuhr unserer Zahlungsmittel vom 23. März 1949 auch gegenüber Westberlin mit allen Konsequenzen durchzusetzen. Das bedeutet also, daß das Valutamonopol unserer Arbeiter-und-Bauern-Macht, dessen einer wesentlicher Bestandteil das Verbot der Ein- und Ausfuhr unserer Zahlungsmittel in fremde Währungsbereiche ist, hinsichtlich Westberlin nicht uneingeschränkt zur Wirkung kommen kann. Im Hinblick auf die Besonderheiten der Lage in Berlin wurden jedoch durch unsere Staatsmacht eine Reihe wirkungsvoller Maßnahmen getroffen, welche die störenden Einflüsse aus Westberlin wesentlich einschränken . . . Es sind Kampfmaßnahmen zur Einschränkung störender Einflüsse auf unsere Wirtschaft und unsere Geldzirkulation.

Unter den politischen und ökonomischen Bedingungen in Groß-Berlin haben also die üblicherweise für die Währungskurse wichtigen Faktoren überhaupt keinen Einfluß auf den Wechselstubenkurs. Die Besonderheit besteht gerade darin, daß beide Währungseinheiten, Westgeld und DM der Deutschen Notenbank, nebeneinander zirkulieren, unter den Bedingungen der Existenz des Monopolkapitals, der Wirkungsweise des ökonomischen Grundgesetzes des modernen Kapitalismus. Das bedeutet auch, daß das Umlaufgesetz spontan den Umlauf reguliert, daß alle sich aus dem Wirken des Wertgesetzes als blind wirkenden Regulators ergebenden Widersprüche in der Geldzirkulation sowohl an Westgeld wie an Deutscher Mark der Deutschen Notenbank nicht nur zum Ausdruck kommen, sondern die Geldzirkulation diese Widersprüche verschärft. Das amerikanische und das deutsche Monopolkapital benutzen das Geld, und zwar die vom Dollar abhängige Westmark und die Deutsche Mark, um sich Maximalprofite anzueignen. Eine Reihe objektiver Bedingungen, wie z. B. die Schwierigkeiten bei der konsequenten Durchsetzung des Verbots über die Ein- und Ausfuhr unserer DM der Deutschen Notenbank in Berlin, die Existenz eines Marktes für bestimmte Waren in Westberlin (Einkauf durch Bewohner unseres Währungsbereichs) und des zum Teil legalen, zum Teil illegalen Marktes im demokratischen Sektor (Einkauf durch Westberliner), die blind regulierende Rolle des Wertgesetzes auf dem Westberliner Markt und andere Faktoren ermöglichen und erleichtern dem Monopolkapital die ökonomische und politische Ausnutzung der Zirkulation von zwei Währungseinheiten ...

Die politische Ausnutzung dient dem Ziel, unentwegt eine 4–5mal höhere Kaufkraft des Westgeldes vorzutäuschen, aus dem Wechselstubenkurs einen Valutakurs zu machen, aus der Begrenztheit des Marktes ein allgemeines Spiegelbild der Kaufkraftverhältnisse zu entwickeln, den Deutschen in Ost und West in betrügerischer Weise den Wechselstubenkurs als Veranschaulichung des unterschiedlichen Lebensstandards darzustellen ...

Deshalb ist der Wechselstubenkurs klassenpolitisch ein politischer Kurs, ein Schieberkurs, ein Instrument der Erzielung von Maximalprofit, ein Instrument des politischen Kampfes des Monopolkapitals von Westberlin aus; er gehört ebenso wie die Agentenzentralen und Sabotagenester usw. zu dem gesamten System der materiellen und ideologischen Kriegsvorbereitung. Es ist dringend notwendig, das ›Phänomen‹ des Wechselstubenkurses und seiner Zusammenhänge zu entlarven. Notwendig aus ideologischen Gründen, um den Feinden unserer Republik die Möglichkeit zu nehmen, die Massen irrezuführen, notwendig aus ökonomischen Gründen, um aus der sachlichen Kenntnis der materiellen Zusammenhänge, der objektiven und subjektiven Bedingungen, der Kenntnis der Wirkungsweise objektiver ökonomischer Gesetze die richtigen Kampfmaßnahmen gegen den Schieberkurs zu organisieren ...

Die aus dem Wechselkurs resultierenden Widersprüche wurden durch die Einrichtung der Lohnausgleichskasse in Verbindung mit einem ›Grenzgängersystem‹ weiter verschärft. Bewohner Westberlins, die im demokratischen Sektor arbeiten, erhielten 90% ihres Lohnes 1 : 1 in Westgeld umgetauscht, für in Westberlin arbeitende Bürger des demokratischen Sektors betrug dieser Satz 10%, wobei die Westberliner Betriebe den Lohn für diese Arbeiter zu 100% in Westgeld gegen Umtausch 1 : 1 in Deutscher Mark der Deutschen Notenbank an die Lohnausgleichskasse abzuliefern haben. Der klassenpolitische Inhalt dieser Maßnahme ergibt sich aus der Ermächtigung für den Westsenat, die Umtauschsätze zu ändern und den Personenkreis der Umtauschberechtigten zu erweitern bzw. einzuschränken, die Genehmigung der westlichen Militärregierungen vorausgesetzt.

Mit dieser Ermächtigung wird seitdem Politik gemacht. Die Umtauschsätze für beide Arten von ›Grenzgängern‹ wurden laufend erhöht. Dafür wurden viele Westberliner vom Lohnumtausch ausgeschlossen, so z. B. alle Mitglieder der SED, wie es im Terrorurteil (sogenanntes Grundsatzurteil) des Dritten Senats des Westberliner Oberverwaltungsgerichts heißt. Zu Lasten der für den Frieden kämpfenden fortschrittlichen Bürger, die man dem Hungertode preisgab, wurden andere mit Hilfe sogenannter ›Vorzugsumtauschsätze 1 : 1‹ korrumpiert. Die im demokratischen Sektor arbeitenden Westberliner wollte man durch höhere Umtauschsätze immun machen gegen die wachsende Erkenntnis, daß der Weg der Deutschen Demokratischen Republik zu Frieden und Wohlstand führt. Manche wurden durch solche ›Vorzugssätze‹ auch als Spione und Agenten gewonnen. Mit Hilfe höherer Umtauschsätze wollte man wichtige Facharbeiter dem wirtschaftlichen Aufbau im demokratischen Sektor entziehen und solchen Bürgern des demokratischen Sektors mit Hilfe derartiger ›Umtauschrationen‹ die westliche Lebensweise schmackhaft machen. Da manche dieser Bürger des demokratischen Sektors ihren 33⅓% betragenden Westgeldanteil in die Wechselstuben trugen, um ihr D-Mark-der-Deutschen-Notenbank-Einkommen zu vervielfachen, wurden sie zu Spekulanten statt zu Kämpfern für die Aktionseinheit der Arbeiterklasse, profitierten aus der Not der vom Lohnumtausch Ausgeschlossenen ...

Die ausführenden Organe bei der Manipulation und Spekulation entsprechend der politischen Zielsetzung der Kursgestaltung sind zur Zeit etwa 45 Wechselstuben ... Heute sind auch die Westberliner Banken am Umtauschgeschäft Ost-West beteiligt. Seit 1. Januar 1952 wurde die Kursspanne auf je 3%, vom Mittelkurs nach oben bzw. unten gerechnet, festgesetzt. Davon verbleiben 2% den Wechselstuben, 1% erhält der Westsenat. Die Ausbeutung der am Umtausch teilnehmenden Berliner wurde damit pro 1,– Westmark von –,20 DM der Deutschen Notenbank vor 1952 auf etwa –,23 bis –,30 DM der Deutschen Notenbank erhöht. In ihrem Streben nach Maximalprofiten bemächtigten sich seit einiger Zeit einige Berliner Konzerne sogar des Umtauschgeschäfts. Unter dem Vorwand der Bequemlichkeit für ihre Kundschaft haben solche Warenhauskonzerne wie Wertheim, Woolworth, Leiser usw. eigene Umtauschkassen eingerichtet, wo die Käufer nochmals betrogen werden. Die von diesen Konzernen vereinnahmten Beträge an DM der Deutschen Notenbank werden dann ›hinter dem Ladentisch‹ zu einem günstigeren Kurs eingetauscht ...

Ohne den Transfer unserer DM der Deutschen Notenbank nach Westberlin durch manchen dort einkaufenden Bewohner unseres Währungsbereiches, ohne die zeitweilige Verstärkung bzw. das zeitweilige Abebben dieses Käuferstromes und ohne die vorhandenen legalen und illegalen Einkaufsmöglichkeiten für Westberliner im demokratischen Sektor gäbe es wohl einen Währungskurs – wie es das Verhältnis 1:1 in Verrechnungseinheiten nach dem innerdeutschen Warenabkommen darstellt – aber keinen solchen Wechselstubenkurs ...

Zu den Fragen der indirekten Regulierung der Bargeldzirkulation in bezug auf Westberlin ist zusammengefaßt folgendes festzustellen:

1. Die Existenz der Westmark in Westberlin, der Zirkulation sowohl von DM der Deutschen Notenbank als auch von Westgeld in den Westsektoren ergibt sich historisch aus der Rolle, die Westberlin bei der Vorbereitung eines neuen Aggressionskrieges gegen die Völker der Sowjetunion seitens der Imperialisten unter Führung des amerikanischen Monopolkapitals zugedacht ist.

2. Die offiziell von den westlichen Besatzungsmächten zugelassene Zirkulation von zwei Währungseinheiten begünstigte in besonderem Maße die Erzielung von Maximalprofit und die Ausnutzung sowohl des Westgeldes als auch unserer D-Mark zur politischen Spekulation.

3. Eine solche Ausnutzung der unter den Bedingungen des Wirkens des ökonomischen Grundgesetzes des modernen Kapitalismus zirkulierenden Geldeinheiten wird durch eine Reihe von Voraussetzungen ermöglicht bzw. erleichtert. Dazu gehört, daß DM der Deutschen Notenbank relativ ungehindert in bar zwischen Ost- und Westberlin zirkulieren kann, daß DM der Deutschen Notenbank in ihrer Verwendung in Westberlin nur auf den Sektor des Bargeldzahlungsverkehrs beschränkt ist, daß mit baren DM der Deutschen Notenbank in Westberlin praktisch alles bezahlt werden kann, demgegenüber jedoch die Verwendung von DM der Deutschen Notenbank durch Westberliner im demokratischen Sektor starken Einschränkungen unterliegt (in der Deutschen Demokratischen Republik noch mehr!). Dazu gehört ferner, daß durch die gesetzwidrige Zurückhaltung der durch die Deutsche Notenbank an die Westberliner Bevölkerung ausgehändigten Kopfquotenbeträge durch die Zentralbank bei dem später erfolgten Umtausch der Noten der Deutschen Notenbank in Westgeld ein Manipulationsfonds angelegt werden konnte, der zusammen mit anderen Mitteln eine starke Beeinflussung von Angebot und Nachfrage ermöglicht.

4. Die Ausnutzung des Westgeldes im Interesse der Vertiefung der Spaltung der Hauptstadt Deutschlands, im Interesse der Erschwerung des Kampfes der patriotischen Kräfte um die Einheit Berlins zeigt sich besonders deutlich am System der Lohnausgleichskasse und der

sogenannten Grenzgänger, der Manipulation mit Umtauschsätzen zugunsten bestimmter Bevölkerungsschichten und zu Lasten der Werktätigen Berlins, insbesondere der aktiven Friedenskämpfer.

5. Der Wechselstubenkurs ist kein Valutakurs. Der Westberliner Markt, auf dem DM der Deutschen Notenbank angeboten wird, ist relativ eng begrenzt und bezieht sich nur auf solche Waren, die im Preis bei uns noch wesentlich über den Westberliner Preisen liegen bzw. auf Waren, die infolge illegaler Warenschiebungen nach Westberlin und infolge von Mängeln in der Warenbereitstellung und Warenstreuung bei uns vorübergehend nicht oder nicht in ausreichender Qualität vorhanden sind. Der Markt im demokratischen Sektor, auf dem Westberliner mit DM der Deutschen Notenbank bezahlen (Nachfrage nach DM der Deutschen Notenbank in Westberlin), ist ebenfalls relativ klein.

Diese Bedingungen ermöglichen und erleichtern dem Monopolkapital die ökonomische und politische Ausnutzung des Kurses und der Kursrelation. Die Erzielung von Maximalprofit durch Manipulation und Spekulation, der niederträchtige Versuch, die Kursrelation als das Spiegelbild der Kaufkraft- und Lebensstandardverhältnisse in Ost und West darzustellen, charakterisieren die Rolle dieses politischen Kurses, dieses Schieberkurses.

6. Die Besonderheit der Lage in Berlin gestattet keine konsequente Durchsetzung des Verbots der Ein- und Ausfuhr unserer DM im Raum von Groß-Berlin. Zur Abwehr der sich aus dieser Währungssituation ergebenden Störungen auf unsere Wirtschaft und Geldzirkulation wurden besondere Formen des Außenhandels- und Valutamonopols entwickelt, die den Bedingungen Berlins entsprechen. Die diesbezüglichen gesetzlichen Maßnahmen auf dem Gebiet des Warenaustauschs, des Einkaufs, der Geldzirkulation usw. sind die juristischen Voraussetzungen für die indirekte Regulierung des Geldumlaufs zwischen Ost und West. Sie haben zum Ziel, die Möglichkeiten der Ausnutzung des Schieberkurses immer mehr einzuschränken. Notwendig ist vor allem eine weitere Verbesserung unseres Warenangebotes, der konsequente Kampf gegen den illegalen Einkauf im demokratischen Sektor und die Warenschiebungen nach Westberlin, die Aufklärung und Erziehung der Bevölkerung mit dem Ziel, den Einkauf in Westberlin durch Bewohner unseres Währungsbereiches zu unterbinden, die aktive Mithilfe unserer Werktätigen bei der konsequenten Verwirklichung unserer Abwehrmaßnahmen und die allseitige Erhöhung der Wachsamkeit gegen die Tätigkeit Westberliner Spionageorganisationen.

Die bisher erzielten Erfolge kommen in der laufenden Einschränkung des Westberliner Marktes, auf dem der Tausch unserer DM gegen DM West und umgekehrt vollzogen wird, zum Ausdruck. Die Erfolge zeigen sich aber auch darin, daß die Manipulation und Spekulation mit unserer DM der Deutschen Notenbank die planmäßige Entwicklung und Festigung unseres gesamten Geldumlaufs nicht nennenswert beeinträchtigen konnte.

7. Die von uns durchgeführten Maßnahmen zum Schutz von Handel und Währung haben den Imperialisten auch die Ausnutzung des Kursgefälles und unseres Überweisungsverkehrs zur Bezahlung von Agenten und Saboteuren erheblich erschwert. Unsere DM wird hierbei also als wichtiges Machtinstrument in den Händen unserer Arbeiter-und-Bauern-Macht verwendet, um die Feinde der Demokratie und des Friedens niederzuhalten und ihnen Position um Position zu entreißen.

8. Das System der Planung und Regulierung unseres Geldumlaufes sowohl im Maßstab der Republik als auch im Maßstab der Bezirke gestattet im Zusammenhang mit einer Reihe anderer ungefähr bestimmbarer Faktoren wichtige Rückschlüsse auf den Umfang und die Umlaufgeschwindigkeit der in Westberlin und zwischen Ost und West zirkulierenden Bargeldmengen an DM der Deutschen Notenbank und dementsprechend geeignete konkrete Maßnahmen zur indirekten Regulierung.

Unmittelbar nach dem Ende des Systems der Doppelwährung in Berlin, nach der Blockade, erließ die Deutsche Wirtschaftskommission am 23. März 1949 das erste Verbot der Einfuhr und Ausfuhr für Zahlungsmittel der Deutschen Mark Ost; am 25. März verbot der Magistrat von Ost-Berlin für seinen Bereich den Besitz von Westgeld. Für die mittlerweile entstandene DDR wurde am 19. Juni 1950 angeordnet, daß alles Westgeld im Besitz von Bewohnern der DDR gegen Ostmarkzahlung an die Deutsche Notenbank abzuliefern sei.[59] Am 15. Dezember 1950 erging dann das »Gesetz zur Regelung des innerdeutschen Zahlungsverkehrs«,[60] das die Konvertierung der Ostmark im Verkehr mit dem Bundesgebiet nicht mehr zuließ und insofern an die alten Formen der Devisenbewirtschaftung anschloß, als Zahlungen aus der DDR nach West-Berlin und in die Bundesrepublik nur noch im Verrechnungsverkehr über die Deutsche Notenbank zulässig waren und das Eingehen von Verbindlichkeiten der Genehmigung bedurfte. Begrenzte Ausnahmen gab es für die Westmarkeinkünfte von Arbeitnehmern aus Ost-Berlin mit Arbeit in West-Berlin. 1956 trat neben diese Regelung für den innerdeutschen Verkehr ein allgemeines Gesetz über Devisenverkehr und Devisenkontrolle, das in Ost-Berlin mit einer gesonderten Verordnung übernommen wurde.[61] Bekräftigt wurde das Verbot der Einfuhr und der Ausfuhr von Zahlungsmitteln der DDR mit der »Verordnung zur Regelung des Geldverkehrs zwischen der Deutschen Demokratischen Republik einschließlich ihrer Hauptstadt und Westdeutschland (Geldverkehrsverordnung)« vom 20. September 1961, also nach dem Mauerbau vom 13. August 1961.[62] Als dann für die DDR die Idee eines Gesamtdeutschland keine Bedeutung mehr hatte und die Bundesrepublik Deutschland zunehmend als Ausland behandelt wurde, schlug sich das im Devisengesetz vom 19. Dezember 1973[63] insofern nieder, als darin der begriffliche Unterschied zwischen innerdeutschem Verkehr und Verkehr mit dem Ausland entfiel und die Bundesrepublik samt West-Berlin als Ausland betrachtet wird.

Die Behandlung der eigenen Währung als reine Binnenwährung kommt in diesem Devisengesetz darin zum Ausdruck, daß ihre Zahlungsmittel als ›Devisen‹ allen Verboten und Beschränkungen unterliegen, sobald sie zwischen Deviseninländern und Devisenausländern als Zahlungsmittel verwendet oder zur Ausfuhr oder Einfuhr über die ›Staatsgrenze‹ auch nur vorgesehen werden.[64] Ausfuhr und Einfuhr der Zahlungsmittel sind verboten.

Andererseits sind aber (§ 12 Abs. 1 des Devisengesetzes) die Einfuhr und die Ausfuhr von Deutscher Mark der Bundesrepublik erlaubt, wenn die West-Zahlungsmittel zur Zahlung in Einrichtungen verwendet werden sollen, die berechtigt sind, sie anzunehmen. Dies betrifft hauptsächlich die ›Intershops‹, ›Genex-Läden‹, ›Intertankstellen‹ und ›Interhotels‹, die dem ›internationalen‹ Reiseverkehr (einschließlich des innerdeutschen) dienen sollen, aber auch DDR-Deviseninländern offen stehen, sofern sie mit Westgeld bezahlen können: sein Besitz ist nicht verboten. Das Westgeld kann dem DDR-Bürger geschenkweise aus dem Westen zukommen; mit den Einkaufsmöglichkeiten im Intershop für hochwertige und Luxusgegenstände sowie mit dem Angebot an Leistungen, etwa in Gaststätten, die besser sind als sie der normale Versorgungsapparat anbieten kann, sucht die DDR auf diese Weise konvertierbare Devisen an sich zu ziehen. 1979 wurden dann die ›Forum-Schecks‹

eingeführt. Seither darf der DDR-Bürger im Intershop nicht mehr unmittelbar mit Westgeld bezahlen; er muß seine Zahlungsmittel der Deutschen Mark vorher gegen Schecks der ›Forum Außenhandelsgesellschaft m.b.H.‹ im Verhältnis 1:1 umtauschen und bezahlt dann mit diesen. Es soll sie [65] für 50 Pfennig, 1, 5, 10 und 50 ›Mark‹ geben, die mithin mit der Mark der DDR nicht vergleichbar sind und der Deutschen Mark entsprechen; der Wortlaut ist z. B.

Scheck über fünfzig Pfennig
zum Erwerb von Waren
Der Scheck ist vorgesehen für die Verrechnung
in Einrichtungen der ›Forum‹-Außenhandels-
gesellschaft m.b.H.

Rückseite:
Der Scheck ist nicht rücktauschbar
und nicht übertragbar

Die Größen der bildlosen, mehrfarbigen Scheine reichen von 10,9 mal 4,8 Zentimeter bis 13,3 mal 6,0 Zentimeter. Während der Ausländer sich beim Einkauf im Intershop als solcher ausweisen muß, braucht der DDR-Bürger dies nicht.[65a] Vielleicht war der Grund für die Einführung, zu zeigen, daß in der DDR nur eigene Zahlungsmittel gelten; doch wird damit auch – und vielleicht in erster Linie – erreicht, daß die Staatsbank der DDR seither im ganzen gesehen schneller in den Besitz der westlichen Zahlungsmittel kommt. Daran muß ihr liegen, handelt es sich doch bei den Waren im Intershop vielfach um Erzeugnisse aus dem Westen, deren Einfuhr vorfinanziert werden muß. Auch kann man mit ›eigenen Zahlungsmitteln‹ in Gestalt dieser Forum-Schecks jetzt Bürgern ohne Beziehungen zum Westen Prämien in Westmark-Kaufkraft geben, ohne sich durch Auszahlung in Westgeld eine wirtschaftspolitische Blöße zu geben.

Das ändert aber nichts daran, daß in der DDR die Deutsche Mark der Bundesrepublik zur begehrten Parallelwährung geworden ist,[66] für die man Waren kaufen kann, die gegen ›Mark der DDR‹ nicht oder nur mit Schwierigkeiten oder in schlechter Qualität zu erlangen sind. Zudem gibt es ›Exquisit-Läden‹ und ›Delikat-Läden‹, in denen solche Erzeugnisse zwar gegen ›Mark der DDR‹, aber zu überhöhten Preisen zu kaufen sind,[67] hauptsächlich Waren aus eigener Produktion, für die demnach die Preisfestsetzungen der sozialistischen Planwirtschaft nicht mehr gelten und die ein bedenkliches Licht auf die Stabilität der Währung der DDR werfen, wie die Statistik sie ausweist. Denn offensichtlich gibt es in der DDR den seit der Zeit der Regierung Hitler in Deutschland sogenannten ›Kaufkraftüberhang‹: Geldbestände in Privathand aus erarbeitetem Einkommen, denen im Einzelhandel und bei den Dienstleistungen ein entsprechendes Angebot zu den staatlich bestimmten Preisen nicht gegenübersteht.

Dies erklärt auch, weshalb die Ersparnisbildung der Bewohner der DDR so ungewöhnlich hoch ist und sich z. B. die Spareinlagen pro Kopf von 1976: 4784 Mark bis 1982 auf 6441 Mark erhöht haben.[68] So führt der Besitz von Westgeld in der DDR zu schnelleren Dienstleistungen, zu besseren Waren (insbesondere des geho-

benen Bedarfs) und es ist schwerlich übertrieben, wenn gesagt wird, die Deutsche
Mark sei in der DDR die privilegierte Währung, sie habe schon den Charakter der
ersten Währung und verwandle die DDR zum Zweiklassenstaat: mit Bürgern, die,
wie auch immer, ›Geld von nebenan‹ bekommen und damit natürlich nicht nur aus
dem Intershop besser leben können, und denjenigen, die keinen Zugang zu West-
devisen haben und darauf angewiesen sind, mehr oder weniger gelegentlich außerhalb der Devisenvorschriften für die erstere ›Klasse‹ gegen Westgeld zu arbeiten
oder an der staatlichen Warenlenkung vorbei zu liefern.[69] Dies ist der Hintergrund
des mittlerweile abgegriffenen Witzes, nach dem Staats- und Parteichef Honecker,
von einer Reise in die Bundesrepublik zurückgekehrt, gefragt wurde, was denn dort
anders sei als in der DDR, und antwortete: »Gar nichts. Für Westmark kann man
alles haben.«

Es versteht sich, daß unter diesen Umständen Berechnungen keine Bedeutung
mehr beizumessen ist, nach denen – gemessen für die DDR lediglich an den staatlich bemessenen Preisen der ›normalen‹ Versorgung – die Kaufkraftparität der beiden deutschen Währungseinheiten nahe beieinander liegt, ja die Mark der DDR
mehr Kaufkraft habe als die Deutsche Mark: Daß für eine Mark der DDR heute
(1985) fünf Inlandsbriefe bis 20 Gramm versendet werden können, in der Bundesrepublik beim Briefporto von 80 Pfennig nur 1,25 Briefe, ist eine schiefe Optik.[70] In
extremen Einzelfällen kann heute ein Preis in der DDR nominell ein Zehntel des
Preises in der Bundesrepublik betragen (etwa bei städtischen Verkehrsmitteln), aber
auch zehn Mal so hoch sein. Bei Nahrungsmitteln ist die Mark der DDR mehr wert,
bei Genußmitteln weit weniger als die Deutsche Mark, wobei die Warenkörbe der
Statistiker ganz unterschiedlich sind und für die DDR das die bestimmende Rolle
spielt, was man dort die ›zweite Lohntüte‹ nennt, die Subventionierung etwa der
Wohnungsmieten, des Jahresurlaubs und der Waren des Grundbedarfs.[71]

Daß es unter diesen Umständen der Mark der DDR an der Eignung fehlt, in den
internationalen Handels- und Wirtschaftsbeziehungen als Währungseinheit verwendet zu werden, liegt auf der Hand. Auf die Verflechtung der Wirtschaft der
DDR mit den Staaten des Ostblocks und deren Währungsbeziehungen untereinander kann im Rahmen dieses Buches ebensowenig eingegangen werden wie auf das
heutige Währungsleben im Rahmen der Europäischen Wirtschaftsgemeinschaft
und der westlichen Welt. Erwähnt sei nur, daß die DDR als Ostblockland Mitglied
des ›Rats für gegenseitige Wirtschaftshilfe‹ (›RGW‹) ist. Die ›sozialistische internationale Bank‹, deren sich die Mitglieder in ihren Finanzbeziehungen bedienen, ist
die »Internationale Bank für Wirtschaftliche Zusammenarbeit« mit Sitz in Moskau,
die ihre Tätigkeit 1964 aufnahm. Die Pflege der Kreditbeziehungen ist Aufgabe der
›Internationalen Investitionsbank‹ (IIB), ebenfalls in Moskau, die seit 1971 arbeitet. Beide Banken bedienen sich der Rechnungswährung des »transferablen Rubels«.[72] Er wird als die »kollektive Währung der Mitgliedsländer des RGW« bezeichnet, auf deren Grundlage sich die Währungsbeziehungen zwischen den RGW-
Staaten im Wege der mehrseitigen Verrechnung abspielen (multilaterales Clearing),
ein Verfahren, dessen Grundlagen 1957 gelegt wurden und das nach Vereinbarungen und Verträgen von 1962 und 1963 ausgebaut wurde.[73] Im Rahmen dieses Sy-

stems, in dem der zugrundeliegende Rechnungsrubel trotz seiner Bezeichnung keineswegs im Sinne des westlichen Verständnisses frei konvertierbar ist, sind den Währungseinheiten der Mitgliedsländer, auch der DDR, in Milligramm Feingold ausgedrückte Werte beigelegt, die jedoch nur fiktive Bedeutung haben und die Wertrelationen zwischen den RGW-Währungen ausdrücken sollen.

Die Währungsverhältnisse im Zusammenhang mit den Handels- und Wirtschaftsbeziehungen zwischen der Bundesrepublik Deutschland und der Deutschen Demokratischen Republik, die man früher als ›Interzonenhandel‹ bezeichnete und heute als ›innerdeutschen Wirtschaftsverkehr‹ sieht, haben einen anderen Charakter. In diesem Bereich gibt es seit bald nach der Währungsreform die (schon in dem langen Dewey-Zitat oben erwähnte) ›Verrechnungseinheit‹, die man als die dritte Währungseinheit auf dem Boden der beiden deutschen Staaten sehen kann. Diese ›Verrechnungseinheit‹ (VE) ist reine Rechnungseinheit und im Wert der Deutschen Mark der Bundesrepublik gleich; es gibt keine Geldzeichen, die auf sie lauten.

Die ›Verrechnungseinheit‹ ist auch nirgendwo beschrieben, hat sich aber im ›Interzonenhandel‹ und späteren ›innerdeutschen Wirtschaftsverkehr‹ eingebürgert und als unentbehrlich erwiesen. Es sei hier nur erwähnt, daß es nach der Berliner Blockade am 8. Oktober 1949 zum »Abkommen über den Handel zwischen den Währungsgebieten der Deutschen Mark der Deutschen Notenbank (DM-Ost) und den Währungsgebieten der Deutschen Mark (DM-West)« kam. Es war die Zeit, in der die Bundesregierung unter Adenauer in ihrem gesamtdeutschen Anspruch sich der Anerkennung der Deutschen Demokratischen Republik verschloß, die soeben auf dem Boden der Sowjetischen Besatzungszone entstanden war (7. September 1949). Als politisch neutrale Bezeichnung wählten die Unterhändler daher statt der Staatsbezeichnungen den Begriff ›Währungsgebiet‹, und da das Abkommen auch für West-Berlin wie für Ost-Berlin gelten sollte, jede Seite aber der anderen die Zugehörigkeit ihres Teils von Berlin bestritt, blieb es dabei nicht. Man wählte den Begriff ›Währungsgebiete‹ im Plural und ging formal davon aus, daß es davon vier gebe. Hinsichtlich von West-Berlin hatte das auch seine Berechtigung, hatten die westlichen Alliierten doch die Währungsreform in ihren Sektoren Berlins in Wahrnehmung ihrer Besatzungsgewalt durchgeführt und sich die Überwachung der Währungspolitik vorbehalten, ein Vorbehalt, der erst 1955 aufgegeben wurde.[74]

Nach diesem Abkommen,[75] soweit es hier interessiert, waren alle Zahlungen im Interzonenhandel über Verrechnungskonten bei den beiden Notenbanken zu leiten; jede der beiden Notenbanken schrieb der anderen die ihr zugehenden Zahlungen dem Betrag entsprechend in ›Verrechnungseinheiten‹ gut. Dabei ist es letztlich bis heute geblieben. Das erste (›Frankfurter‹) Abkommen lief am 30. Juni 1950 aus, und nach einem vertragslosen Zustand, während dessen sich nichts änderte, kam es nach Zwischenvereinbarungen zum Interzonenhandelsabkommen vom 20. September 1951 (›Berliner Abkommen‹)[76] und zahlreichen weiteren Vorschriften, die mehrfach geändert wurden. Nirgendwo darin ist die ›VE‹ definiert; stets heißt es nur »... wird in Verrechnungseinheiten gutgeschrieben«.

Daß die ›VE‹ faktisch der Deutschen Mark entspricht, erklärt sich daraus, daß die Mark der DDR als Einheit einer Binnenwährung für Verrechnungszwecke im

Außenhandel nicht geeignet ist, sind die Preise der Handelswaren, die im innerdeutschen Handel eine Rolle spielen, in der DDR doch vielfach staatlich festgesetzt und hinsichtlich ihrer Gestehungskosten subventioniert, in anderen Fällen auch aus verbrauchspolitischen Erwägungen höher als es den Marktverhältnissen im Außenhandel entspricht. Andererseits ist der Wechselstubenkurs für den Wertvergleich der beiden Währungen weder brauchbar, wie gesehen, noch fände er die Zustimmung der DDR. So hat sich die ›Verrechnungseinheit‹ bis heute gut bewährt. Zu den Einzelheiten der Entwicklung der Vereinbarungen und Vorschriften zum Interzonen- und innerdeutschen Handel und zur Entwicklung der zugehörigen Devisenvorschriften bis 1973 muß auf die Arbeit von Kühne verwiesen werden.[77]

Zum Abschluß seien noch die Folgen geschildert, die das Devisenrecht der DDR für diejenigen mit sich gebracht hat, die sich als Numismatiker mit der Dokumentation münz- und geldgeschichtlicher Vorgänge durch das Zusammentragen aussagekräftiger Belege aus dem Bereich der Münzen und Geldscheine befassen, aber auch für die Freunde der Medaillenkunst auf der einen Seite und für die eher spekulierenden Horter numismatischer Objekte auf der anderen. Das erwähnte Devisengesetz der DDR vom 19. Dezember 1973[78] hat seinen ›sachlichen Geltungsbereich‹, den Begriff des ›Devisenwertes‹, in der denkbar umfassendsten Weise bestimmt. Dazu gehören alle Vermögenswerte von DDR-Ansässigen mit Auslandsbezug, nicht nur Noten und Münzen fremder Währungen, Wertpapiere jeder denkbaren Art, Forderungen und Guthaben, Grundstücke und Vermögensbeteiligungen, sondern auch bewegliche Sachen wie »Briefmarken-, Münz-, Kunstsammlungen, Antiquariate oder Teile davon, Antiquitäten, Edelmetalle, Edelsteine, Perlen oder Erzeugnisse daraus, einzelne wertvolle Gemälde, Plastiken sowie ähnlich wertvolle Sachen«.[79] Der Auslandsbezug ist nicht nur gegeben, wenn solche Devisenwerte im Ausland (natürlich auch in der Bundesrepublik) einem DDR-Ansässigen gehören, sondern schon, wenn sie Gegenstand eines ›Devisenwertumlaufs‹ sind, nach dortiger Auffassung schon dann, wenn sie sich im Eigentum eines DDR-Ansässigen in der DDR befinden und für das Verbringen aus der DDR ›bestimmt‹ sind. Dies soll – jedenfalls für Edelmetalle – sogar gelten, wenn die Gegenstände im Ausland sind und einem Ausländer gehören, aber für das Verbringen in die DDR ›bestimmt‹ sind.[80] Dann unterliegen solche Gegenstände der Devisenkontrolle, etwa in Gestalt von Anmelde- und Anbietungspflichten, von Verboten mit Genehmigungsvorbehalt und absoluten Verboten, letztlich auch von äußerst scharfen Straf- und Verfallvorschriften.

Wie immer man dieses Devisenrecht eines ›sozialistischen‹ Staates beurteilt, das in der Schärfe seiner Verbote und Beschränkungen für den Privatmann keinen Vergleich mit den Devisenvorschriften totalitärer Staaten zu scheuen hat und in den hier interessierenden Bereichen keine Bagatell- und Kleinbetragsgrenzen kennt: Der Münzen- und Papiergeldsammler scheint der Arbeiter- und Bauernmacht für ihre Wirtschaftsordnung so gefährlich, daß Erwerb, Verkauf und Tausch solcher Sammlungstücke sowohl innerhalb der DDR als auch über die ›Zoll- und Staatsgrenze‹ hinweg Gegenstand kleinlichster bürokratischer Regelungen wurden. Dabei konnte der Einbezug des Verkehrs der Sammler in der DDR untereinander nur den

Sinn haben, auf der einen Seite das Entstehen eines privaten Münzenhandels von vornherein zu unterbinden und zum anderen zu verhindern, daß – und das gilt wohl auch für alle anderen Bereiche des Antiquitätenhandels – ein blühender Handel und Tauschverkehr mit numismatischen Sammlungsstücken auf der Grundlage von nach Nachfrage und Angebot bestimmten Marktpreisen zum Markt der Anlage von Geld aus dem Kaufkraftüberhang der Volkswirtschaft der DDR werde. Mit den Worten ihres Sprachgebrauchs: man wollte der ›Spekulation‹ entgegentreten. Im folgenden sollen Bestimmungen aus dem Devisenrecht der DDR für sich selbst sprechen, denen zur Beachtung durch die Sammler der Bundesrepublik beim Tauschverkehr mit Sammlern in der DDR das Merkblatt einer Bundesbehörde gewidmet ist:

BESTIMMUNGEN ÜBER DEN AUSLANDSTAUSCH[81]

Allgemeine Genehmigung Nr. 27

Ministerium für Außenwirtschaft   Berlin, den 23. Mai 1968
– Staatssekretär und 1. Stellvertreter des Ministers –   Unter den Linden 44–60

Auf Grund des § 20 Absatz 1 Ziffer 3 der 4. Durchführungsbestimmung zum Zollgesetz – Aus- und Einfuhrverfahren – vom 6. 11. 63 (GBl. der DDR, Teil II S. 785) und des § 35 Absatz 1 Ziffer 5 der Verordnung vom 9. 1. 1958 über die Durchführung des Außenhandels (GBl. der DDR, Teil I S. 89) wird folgendes allgemein genehmigt:

1.   Der Deutsche Kulturbund erhält für die Mitglieder der Fachgruppen Numismatik die Genehmigung zum Tausch von Geldzeichen (Münzen und Geldscheine) und Medaillen mit Partnern außerhalb des Zollgebiets der DDR und in der selbständigen politischen Einheit Westberlin.

1.1.   Als Tauschteilnehmer sind nur die Mitglieder der Fachgruppen Numismatik des Deutschen Kulturbundes zugelassen, die mindestens drei Monate Mitglied einer Fachgruppe Numismatik sind.

1.2.   Der Tausch ist nur im Rahmen der erteilten Genehmigung zulässig. Bedingungen und Verfahrensweg sind vom Tauschteilnehmer anzuerkennen.

2.   Der Tausch darf nur als äquivalenter Tausch von Geldzeichen (Münzen und Geldscheinen) und Medaillen durchgeführt werden. Der Preis als Wertmesser für den äquivalenten Tausch bemißt sich nach dem Zeitwert. Als Zeitwert ist der gegenwartsgültige Marktpreis anzusehen. Dabei muß ein erzielter Auktionspreis als »Höchstpreis unter besonderen Bedingungen« angesehen werden.

2.1.   Es ist nicht statthaft, zirkulationsfähige Geldscheine oder andere Waren zum Ausgleich von Differenzen beim äquivalenten Tausch anzunehmen oder abzugeben.

2.2.   Zirkulationsfähige Münzen dürfen nur so getauscht werden, daß der Erwerber höchstens je 2 Exemplare jeder zirkulationsfähigen Sorte erhält.

2.3.   Von Bürgern der DDR erworbene zirkulationsfähige Geldzeichen anderer Staaten sind entsprechend der Anordnung vom 5. 9. 1956 über die Bekanntmachung der Allgemeinen Genehmigung Nr. 1 bis 5 zum Gesetz über Devisenverkehr und Devisenkontrolle (GBl. der DDR, Teil I S. 734) bei der Staatsbank der Deutschen Demokratischen Republik, 108 Berlin, Charlottenstraße 33, anzumelden, die darüber eine Anmeldebescheinigung, die zum weiteren Besitz berechtigt, ausstellt.

3. Vom Tausch ausgeschlossen sind:

3.1. Geldzeichen (Münzen und Geldscheine) und Medaillen antihumanistischen oder antidemokratischen Charakters oder mit faschistischen Emblemen oder Sammlungsstücke, die gegen die Moral verstoßende Aufschriften oder Abbildungen tragen.

3.2. Geldzeichen und Medaillen, die in der Zeit vom 30. Januar 1933 bis 7. Mai 1945 durch die Deutschen Reichsmünzen verausgabt wurden.

3.3. Geldzeichen und Medaillen, die im Auftrag oder mit Zustimmung der Deutschen Reichsmünzen in den faschistischen Besatzungsgebieten oder von der Deutschen Militärverwaltung verausgabt wurden.

3.4. Platinmünzen, Goldmünzen (auch zirkulationsfähige), goldene Medaillen, zirkulationsfähige Geldscheine sowie solche Sammlungsstücke, die unter die Verordnung zum Schutze des deutschen Kunstbesitzes und des Besitzes von wissenschaftlichen Dokumenten und Materialien vom 2. April 1953 (GBl. der DDR, S. 522) fallen.

4. Die Kontrolle des Geldzeichen- und Medaillentausches obliegt den vom Zentralen Fachausschuß Numismatik des Deutschen Kulturbundes Beauftragten, die für die Einhaltung der Tauschbestimmungen verantwortlich sind.

5. Für die Durchführung und Kontrolle des Geldzeichen- und Medaillentausches gilt die Anlage zu dieser Allgemeinen Genehmigung.

6. Diese Allgemeine Genehmigung tritt am 1. 6. 1968 in Kraft und gilt bis zum 31. 12. 1969, wenn sie nicht vorher widerrufen wird. Sie kann auf Antrag verlängert werden.

gez. Scholtz

Anlage zur Allgemeinen Genehmigung Nr. 27

Bestimmungen über den Tausch von Geldzeichen (Münzen und Geldscheinen) und Medaillen mit Partnern außerhalb des Zollgebietes der DDR und in der selbständigen politischen Einheit Westberlin

1. **Bedingungen**

1.1. **Anmeldung**

1.1.1. Die Anmeldung für den Geldzeichen- (Münzen- und Geldschein-) und Medaillentausch erfolgt nur schriftlich durch Mitglieder der Fachgruppen Numismatik des Deutschen Kulturbundes bei den Beauftragten des Zentralen Fachausschusses Numismatik.

1.1.2. Die Anmeldung erfolgt auf einem vorgeschriebenen Vordruck (Vordruck 1 a und 1 b). Die Mitgliedschaft muß auf der Anmeldung vom Fachgruppenleiter und dem Kreissekretariat des Deutschen Kulturbundes bestätigt sein.

1.1.3. Das Mitglied hat die Tauschbestimmungen durch Unterschrift anzuerkennen.

1.1.4. Jedes Mitglied kann sich nur einmal anmelden. Doppelanmeldungen bzw. Anmeldungen über dritte Personen sind nicht zulässig.

1.1.5. Die Anmeldung muß für jedes Kalenderjahr von der Fachgruppe bzw. dem Kreissekretariat neu bestätigt werden.

1.2. **Art der Sendungen**

1.2.1. Tauschsendungen sind nur als Wertsendung (Wertkästchen oder Wertbriefe) zulässig. Die Wertangabe ist auf maximal 500,– M beschränkt. Wertsendungen müssen stets versiegelt sein.

1.2.2. In Wertbriefen dürfen keine Münzen und Medaillen, sondern nur Geldscheine befördert werden. Die Beifügung eines Inhaltsverzeichnisses ist möglich.

1.2.3. In Wertkästchen dürfen nur Münzen und Medaillen, aber keine Geldscheine befördert werden. Wertkästchen dürfen eine offene, auf die wesentlichen Angaben beschränkte Rechnung mit Stückangabe enthalten. Die Beifügung eines Inhaltsverzeichnisses ist nicht möglich.

1.2.4. Für den Versand von Wertkästchen und Wertbriefen gelten die Bestimmungen des Weltpostvertrages Wien 1964 (Wertbrief- und Wertkästchenabkommen) sowie die Zollbestimmungen der Bestimmungsländer, die vom Absender genau zu beachten sind.

1.2.5. Tauschsendungen in solche Länder, in denen besondere Tauschbestimmungen bestehen, können nur in Übereinstimmung mit den dort geltenden Regelungen versandt werden.

1.2.6. Der Tausch darf nur als äquivalenter Tausch von Geldzeichen und Medaillen im Sinne der Tauschbestimmungen durchgeführt werden. Gewerbsmäßiger Tausch, Tausch mit Händlern und Kollektivtausch sowie der Kauf und Verkauf von Geldzeichen und Medaillen oder der Tausch gegen andere Waren sind nicht zulässig.

1.2.7. Die Anzahl der Tauschpartner ist nicht begrenzt.

1.2.8. Vom Tausch ausgeschlossen sind:
Geldzeichen (Münzen und Geldscheine) und Medaillen antihumanistischen oder antidemokratischen Charakters oder mit faschistischen Emblemen oder Sammelstücke, die gegen die Moral verstoßende Aufschrift oder Abbildungen tragen.
Geldzeichen und Medaillen, die in der Zeit vom 30. Januar 1933 bis 7. Mai 1945 durch die Deutschen Reichsmünzen verausgabt wurden.
Geldzeichen und Medaillen, die im Auftrag oder mit Zustimmung der Deutschen Reichsmünzen in den faschistischen Besatzungsgebieten oder von der Deutschen Militärverwaltung verausgabt wurden.
Platinmünzen, Goldmünzen, goldene Medaillen, zirkulationsfähige Geldscheine sowie solche Sammlungsstücke, die unter die Verordnung zum Schutz des deutschen Kunstbesitzes und des Besitzes von wissenschaftlichen Dokumenten und Materialien vom 2. April 1953 (GBl. der DDR, S. 522) fallen.

1.2.9. Zirkulationsfähige Münzen dürfen nur so getauscht werden, daß der Erwerber höchstens 2 Exemplare jeder zirkulationsfähigen Sorte erhält.

1.2.10. Von Bürgern der DDR erworbene zirkulationsfähige Geldzeichen anderer Staaten sind entsprechend der Anordnung vom 5. 9. 1956 (GBl. der DDR, Teil I S. 734) bei der Staatsbank der DDR, 108 Berlin, Charlottenstraße 33, anzumelden, die darüber eine Anmeldebescheinigung, die zum weiteren Besitz berechtigt, ausstellt.

1.3. Wert der Sendungen

1.3.1. Der Wert der Tauschsendungen wird je Teilnehmer im Jahr auf 1000,– M Zeitwert begrenzt. Die Nutzung eines nicht voll ausgelasteten Limits eines Tauschpartners durch einen anderen ist nicht statthaft.

1.3.2. Dem Teilnehmer am Tausch, dem nach dem 30. 6. die Tauschgenehmigung erteilt wird, steht für das Anmeldekalenderjahr nur die Hälfte des unter 1.3.1. genannten Limits zur Verfügung.

1.3.3. Die erste Tauschsendung darf den Wert von 100,– M nicht überschreiten. Es dürfen nicht mehr als 2 Erstsendungen gleichzeitig unterwegs sein. Erstsendungen können nur vom Tauschpartner der DDR ausgehen, wenn nicht andere Vereinbarungen mit sozialistischen Ländern bestehen oder getroffen werden.

1.3.4. Der Tausch von Neuheiten der DDR darf erst 6 Monate nach Erscheinen der jeweiligen Ausgaben erfolgen und je Tauschpartner höchstens 1 Satz oder 1 Stück pro Sendung umfassen, soweit nicht Sonderbestimmungen für diese Neuheiten erlassen worden sind.

1.3.5. Alle Tauschsendungen nach Westberlin, Westdeutschland und dem europäischen Ausland sind innerhalb von 4 Monaten, nach allen anderen Ländern innerhalb von 6 Monaten mit der Rückmarke ›B‹ wertmäßig bei der Tauschstelle abzurechnen.

1.3.6. Der vollständige Jahresausgleich von Versand und Empfang hat spätestens bis Ende des II. Quartals des folgenden Kalenderjahres zu erfolgen.

2. Verfahrensweg und Kontrolle

2.1. Zur Durchführung und Kontrolle des Geldzeichen- und Medaillentausches wird durch das Bundessekretariat des Deutschen Kulturbundes und den Zentralen Fachausschuß Numismatik eine Tauschstelle eingerichtet, in der 1 Mitglied des Zentralen Fachausschusses und 2 weitere Bundesfreunde mit der Kontrollfunktion beauftragt werden.

2.2. Die Tauschteilnehmer legen gegen Quittung die versandfertigen und frankierten Tauschsendungen offen dem Leiter oder Tauschbeauftragten ihrer Fachgruppe zur Weiterleitung an die Tauschstelle vor.

2.2.1. Der Tauschsendung ist ein vorgeschriebenes Inhaltsverzeichnis bzw. eine Rechnung (Vordruck 3 a und b) in dreifacher Ausfertigung beizufügen. Eine Durchschrift verbleibt bei der Fachgruppe. Die zweite Durchschrift erhält die Tauschstelle und ist dort zu archivieren.

2.2.2. Das Inhaltsverzeichnis bzw. die Rechnung muß folgende Angaben enthalten: Namen und Anschrift des Absenders und des Tauschpartners, lfd. Nummer, Anzahl der Stükke, Materialart, stichwortartiger Hinweis auf Besonderheiten, Erhaltungsgrad, Währungsland, Prägejahr, Wertangabe des Stückes und Gesamtwert der Sendung.

2.2.3. Der Leiter oder Tauschbeauftragte der Fachgruppe hat zu kontrollieren, daß die Sendung vollständig ist und die Bedingungen eingehalten werden. Er bestätigt das auf der Durchschrift des Inhaltsverzeichnisses durch seine Unterschrift.

2.3. Alle Sendungen werden von der Tauschstelle mit numerierten Kontrollmarken (Vordruck 4) versehen, die vom Bundessekretariat des Deutschen Kulturbundes ausgegeben werden. Die Kontrollmarken bestehen aus den Teilen ›A‹ und ›B‹. Die Kontrollmarke ›A‹ wird von der Tauschstelle auf das Inhaltsverzeichnis aufgeklebt. Die Kontrollmarke ›B‹ (Rückkontrollmarke) wird der Sendung beigelegt und dient dem ausländischen Tauschpartner als Rückmarke für seine Tauschsendung an den Partner der DDR.

2.4. Der ausländische Tauschpartner schickt seine Tauschsendung mit dem Inhaltsverzeichnis (mit aufgeklebter Rückkontrollmarke ›B‹) an die Adresse der Zentralen Tauschstelle. Nach erfolgter Kontrolle leitet die Zentrale Tauschstelle die Sendung an den Tauschpartner der DDR weiter.

2.5. Der Versand aller Tauschsendungen erfolgt durch die Tauschstelle mittels Postauflieferungsbuch bei dem für die Tauschstelle zuständigen Postamt.

2.5.1. Die Tauschstelle des Zentralen Fachausschusses Numismatik entwertet durch Tagesstempelaufdruck die Kontrollmarken aller eingehenden und auszuliefernden Tauschsendungen.

2.5.2. Bei Verlust einer Kontrollmarke ist eine schriftliche Erklärung an die Tauschstelle abzugeben. Der Leiter bzw. Tauschbeauftragte der Fachgruppe hat die Angaben in der Erklärung zu prüfen und diese durch Stempel, Datum und Unterschrift zu bestätigen.

2.6. Bei Anwendung fremder Schriften muß die Empfängerangabe auf der Sendung noch in lateinischen Schriftzeichen angeführt werden.

2.7. Der Tauschteilnehmer der DDR ist verpflichtet, seinen auswärtigen Tauschpartner mit den in der DDR geltenden Bestimmungen vertraut zu machen und für deren Einhaltung Sorge zu tragen.

2.8. Mit den numismatischen Gesellschaften der sozialistischen Länder werden Freundschaftsverträge vorbereitet, in die auch die Bedingungen und Möglichkeiten des Tausches von Geldzeichen und Medaillen mit diesen Ländern aufgenommen werden.

2.9. Das Bundessekretariat des Deutschen Kulturbundes, der Zentrale Fachausschuß Numismatik sowie die Leiter und Mitglieder der Tauschstelle sind für die Kontrolle des Tauschverkehrs und die Einhaltung der Bedingungen und des Verfahrensweges verantwortlich.

2.9.1. Jeweils halbjährlich (bis 10. des darauffolgenden Monats) legt die Leitung der Tauschstelle dem Zentralen Fachausschuß und dem Bundessekretariat die Tauschunterlagen zur Überprüfung vor.

2.10. Die Leitung der Tauschstelle muß jederzeit den Organen der Zollverwaltung Einblick in die Tauschunterlagen gestatten.

3. Internationaler Tausch anläßlich von Sammlertreffen bzw. Tauschveranstaltungen

3.1. Sammler der DDR, die auf Sammlertreffen bzw. Münzbörsen im Ausland tauschen wollen, tragen in vorgeschriebenen Stücklisten (Vordruck 5a) die für den Tausch vorgesehenen Geldzeichen und Medaillen ein. Auf den Stücklisten müssen folgende Angaben ausgefüllt werden: Lfd. Nummer, Währungsland, Anzahl der Stücke, Wertangabe des Stückes, Prägejahr, Materialart, stichwortartiger Hinweis auf Besonderheiten und Erhaltungsgrad.

3.2. Die Stücklisten werden in vierfacher Ausfertigung dem Leiter bzw. Tauschbeauftragten der Fachgruppe zur Abstempelung und Gegenzeichnung mit Datumsangabe vorgelegt. 1 Exemplar verbleibt in der Fachgruppe, 3 Exemplare erhält die Tauschstelle zur Bestätigung und Vergabe der Kontrollmarken. Die Tauschzentrale sendet dem Sammler 2 bestätigte Exemplare und dazu die Kontrollmarke ›B‹ für die Rückmeldung nach erfolgtem Tausch wieder zurück.

3.3. Nach dem Tausch ist vom Sammler eine neue Stückliste (Vordruck 5b) in vierfacher Ausfertigung aufzustellen, die von der Leitung des Sammlertreffens bzw. der Tauschbörse mit Datum, Stempel und 2 Unterschriften zu bestätigen ist. Diese Stückliste muß folgende Angaben enthalten:

3.3.1. im Tausch abgegebene laufende Nummern der bei der Ein- bzw. Ausfuhr abgestempelten Stückliste,

3.3.2. im Tausch empfangene Stücke mit den unter 3.1. genannten entsprechenden Angaben.

3.4. Bei der Aus- und Einfuhr zum Tausch bestimmter bzw. getauschter Münzen, Medaillen und Geldscheine sind die von der Tauschstelle (3.2.) bzw. der Leitung des Sammlertreffens oder der Tauschveranstaltung (3.3.) bestätigten Stücklisten den Zollorganen der DDR beim Grenzübergang als Zollerklärung und zur Abstempelung in zweifacher Ausfertigung vorzulegen.

3.5. Nach erfolgtem Tausch übersendet der Sammler der DDR das von ihm mit der Kontrollmarke ›B‹ versehene, unter 3.3. genannte Exemplar der Stückliste an die Tauschstelle als Rückmeldung.

3.6. Die Aus- und Einfuhr von Geldzeichen und Medaillen in Ländern, in denen besondere Bestimmungen vorliegen, kann nur in Übereinstimmung mit den dort geltenden Bestimmungen erfolgen.

4. **Gebührenordnung**

4.1. Die Gebühren für die Teilnahme am Tausch außerhalb des Zollgebietes der DDR und in Westberlin sind folgende:
Die Anmeldegebühr (Grundanmeldung) beträgt 5,– M.
Die Anmeldegebühr für den Zusatzantrag beträgt 1,– M.
Die Gebühr für die Anmeldung zum Tausch auf Internationalen Sammlertreffen bzw. Münzbörsen beträgt 2,– M.

4.2.1. Die Anmeldegebühren sind mit der Anmeldung bzw. Zusatzmeldung in bar bei der Tauschstelle zu entrichten.

4.2.2. Anmeldungen ohne beigefügte Gebühr werden nicht bearbeitet und auf Kosten des Antragstellers zurückgeschickt.

4.2.3. Die Anmeldegebühr bzw. Gebühr für jede Zusatzmeldung ist nur einmal zu entrichten. Die jährliche Neubestätigung ist gebührenfrei.

4.3. Für jede Tauschsendung ist eine Bearbeitungsgebühr von 1,– M zu entrichten. Die Tauschstelle rechnet halbjährlich mit dem Tauschteilnehmer über Porto- und Bearbeitungsgebühren ab.

4.4. Alle Tauschsendungen unterliegen dem Freimachungszwang durch den Absender (Tauschteilnehmer). Ungenügend oder nicht freigemachte Sendungen werden nicht weiterbefördert.

4.5. Die Korrespondenz mit der Tauschstelle ist portopflichtig. Allen Anfragen an die Tauschstelle sind Freiumschläge mit Rückporto beizufügen.

4.6. Werden von Fachgruppen Sammelsendungen an die Tauschstelle geschickt, hat der Tauschteilnehmer seine anteiligen Portokosten bei der Fachgruppe zu entrichten.

5. **Schlußbestimmungen**

5.1. Bei Verstoß gegen diese Bestimmung kann – unabhängig von einer strafrechtlichen Verfolgung entsprechend den gesetzlichen Bestimmungen – der Ausschluß vom Tauschverkehr und bei schwerwiegenden oder wiederholten Verstößen auch der Ausschluß aus dem Deutschen Kulturbund erfolgen.

5.2. Diese Bestimmungen und der Verfahrensweg gelten ab 1. 6. 1968.

Deutscher Kulturbund
Bundessekretariat

ANHANG

Bestimmungen über den Tausch von Geldzeichen (Münzen und Geldscheinen) und Medaillen mit Partnern innerhalb des Zollgebietes der DDR

Tausch auf Münztauschbörsen

1. Geldzeichen und Medaillen sind bei einem Wert des Einzelstückes um 10,– M und höher mit der Preisangabe zu versehen. Nach Möglichkeit sollten alle Tauschstücke mit einem Wert unter 10,– M nach Preisgruppen geordnet zum Tausch angeboten werden.

2. Beim Inlandstausch ist ein Wertausgleich mit zirkulationsfähigem Geld zulässig.

3. Die Übervorteilung eines Tauschpartners ist nicht zu vereinbaren mit den Grundsätzen der sozialistischen Moral. Wird eine Übervorteilung festgestellt, so kann die Leitung der Fachgruppe den befristeten Ausschluß desjenigen Sammlers, der die Übervorteilung herbeige-

führt hat, für die Dauer bis zu 3 Monaten beschließen. Bei wiederholten oder schwerwiegenden Verstößen kann auch der Ausschluß aus dem Deutschen Kulturbund erfolgen.

4. Die Leitung der Fachgruppe kann auch Nichtmitgliedern der Fachgruppe und Nichtmitgliedern des Deutschen Kulturbundes die Teilnahme am Inlandstausch gestatten. Von diesen Nichtmitgliedern, die sich am Tausch beteiligen wollen, sind Spendenmarken des Deutschen Kulturbundes in Höhe von mindestens 2,– M (Jugendliche von 16–18 Jahren: 0,50 M) vor jeder Tauschveranstaltung zu erwerben. Die Fachgruppen verwenden diese Einnahmen zur Deckung ihrer Unkosten.

5. Bei allen Tausch- und Verkaufsveranstaltungen ist eine Anwesenheitsliste zu führen und aufzubewahren.

6. Die bei den Bestimmungen über den Tausch der Partner außerhalb des Zollgebietes der DDR und in der selbständigen politischen Einheit Westberlin unter 1.1.3., 1.2.8. bis 1.2.10. und 5.1. der Anlage zur Allgemeinen Genehmigung genannten Bedingungen gelten auch für den Tausch zwischen Partnern der DDR.

Deutscher Kulturbund
Bundessekretariat

2. Änderung der Allgemeinen Genehmigung Nr. 27

Ministerium für Außenwirtschaft   108 Berlin, den 30. Dez. 1969
– Der Staatssekretär –   Unter den Linden 44–60

Die Allgemeine Genehmigung Nr. 27 vom 23. 5. 1968 in der Fassung der 1. Änderung vom 21. 11. 1968 wird hiermit unter Vorbehalt des derzeitigen Widerrufs bis zum 31. 12. 1971 verlängert.
Alle übrigen Bedingungen der Allgemeinen Genehmigung bleiben unverändert.

Die Form, in der – unwesentlich abgeändert – diese Vorschriften noch heute gelten, gibt das Merkblatt wieder, das beim Gesamtdeutschen Institut (Bundesanstalt für gesamtdeutsche Fragen), Bonn, zu haben ist:

Numismatischer Tauschverkehr mit Partnern in der DDR und Berlin (Ost)

Der Tausch von Geldzeichen (Münzen und Geldscheinen) und Medaillen zwischen Sammlern in der DDR und Berlin (Ost) und Sammlern in der Bundesrepublik Deutschland und in Berlin (West) ist nach folgenden Bedingungen und Bestimmungen der DDR zugelassen:

1. **Als Tauschteilnehmer** werden in der DDR und Berlin (Ost) nur die Mitglieder der Fachgruppen Numismatik des Deutschen Kulturbundes zugelassen, die mindestens drei Monate Mitglied einer Fachgruppe Numismatik sind.
   Die Anmeldung für den Tausch erfolgt mit einem vorgeschriebenen Vordruck bei den Beauftragten des Zentralen Fachausschusses Numismatik. In der Anmeldung muß die Mitgliedschaft in einer Fachgruppe Numismatik vom Fachgruppenleiter und vom Kreissekretariat des Deutschen Kulturbundes bestätigt sein. Die Anmeldung muß für jedes Kalenderjahr neu bestätigt werden.

2. **Tauschsendungen** sind zugelassen als
   a) eingeschriebener Brief oder eingeschriebenes Päckchen, wenn der Wert der Sendung 40,– DM nicht übersteigt;
   b) versiegelter Wertbrief;
   c) versiegeltes Wertpaket.
   Die Wertangabe ist auf höchstens 500,– DM begrenzt.

3. Der **Tausch darf nur zwischen privaten Sammlern** auf der Basis gegenseitiger, gleichwertiger Sendungen erfolgen. Gewerbsmäßiger Tausch, Tausch mit Händlern und Kollektivtausch sowie der Kauf und Verkauf von Geldzeichen und Medaillen oder der Tausch gegen andere Waren sind nicht zulässig.

4. Jeder Sammler in der DDR und Berlin (Ost) darf **im Jahr bis zu einem Gesamtwert von 1000,– Mark der DDR** (Zeitwert) tauschen. Wer die Tauschgenehmigung erst nach dem 30. Juni erhalten hat, darf bis zum Ende des Jahres nur noch bis zum Gesamtwert von 500,– Mark der DDR tauschen.

5. Die erste Tauschsendung darf den Wert von 100,– Mark der DDR nicht überschreiten. Es dürfen nicht mehr als zwei Erstsendungen an zwei verschiedene Tauschpartner gleichzeitig unterwegs sein.

6. **Erstendungen** dürfen nur vom Tauschpartner in der DDR oder Berlin (Ost) ausgehen. **Ein Tauschverkehr darf also nur durch den Partner in der DDR oder Berlin (Ost) eröffnet werden. Eine Sendung nach der DDR oder Berlin (Ost) ist unzulässig, wenn sie nicht auf der Rückseite mit der Kontrollmarke ›B‹ versehen ist, die der vorhergehenden Sendung aus der DDR oder Berlin (Ost) beigelegen hat.**

7. Jeder Tauschsendung muß ein **Inhaltsverzeichnis** in dreifacher Ausfertigung beiliegen. Es muß folgende Angaben enthalten: Namen und Anschriften des Absenders und des Empfängers; eine Aufstellung der enthaltenen Tauschstücke mit lfd. Nr., Anzahl, Materialart, stichwortartigen Hinweisen auf Besonderheiten, Erhaltungsgrad, Währungsland, Prägejahr, Wertangabe für jedes Stück und Gesamtgewicht der Sendung.

8. Der **Tausch von Neuheiten der DDR** darf erst 6 Monate nach Erscheinen der jeweiligen Ausgabe erfolgen und je Tauschpartner höchstens 1 Satz bzw. 1 Stück je Sendung umfassen.

9. **Zirkulationsfähige (= noch gültige) Münzen** dürfen nur so getauscht werden, daß der Erwerber höchstens 2 Exemplare jeder zirkulationsfähigen Sorte erhält. **Zirkulationsfähige Geldscheine** sind vom Tausch ausgeschlossen.

10. Alle Tauschsendungen aus der DDR oder Berlin (Ost) sind innerhalb von 4 Monaten durch Gegensendungen wertmäßig auszugleichen.

11. **Sammler in der DDR und Berlin (Ost) dürfen Tauschsendungen weder unmittelbar absenden noch empfangen.** Der Tauschverkehr darf nur über eine Tauschstelle des Deutschen Kulturbundes abgewickelt werden.

12. Der Tauschteilnehmer in der DDR oder Berlin (Ost) legt die versandfertigen und frankierten Tauschsendungen unverschlossen dem Leiter seiner Fachgruppe vor, der sie nach Vorprüfung an die Tauschstelle weiterleitet. Der Tauschsendung ist ein Inhaltsverzeichnis in dreifacher Ausfertigung beizufügen (Vordrucke). Alle Sendungen werden von der Tauschstelle mit numerierten Kontrollmarken versehen. Die Kontrollmarken bestehen aus den Teilen ›A‹ und ›B‹. Die Kontrollmarke ›A‹ wird von der Tauschstelle auf die Sendung aufgeklebt. Die Kontrollmarke ›B‹ wird der Sendung beigelegt und dient dem Tauschpartner als Rückmarke für seine Tauschsendung in die DDR oder nach Berlin (Ost) (vgl. Nr. 6).

13. **Tauschsendungen für den Partner in der DDR oder in Berlin (Ost) dürfen nur an die Adresse der Zentralen Tauschstelle geschickt werden, die sie nach Kontrolle an den Empfänger wei-**

terleitet. Der Partner in der DDR oder in Berlin (Ost) muß seinem Tauschpartner die Adresse mitteilen.

14. Von Bürgern der DDR oder in Berlin (Ost) erworbene zirkulationsfähige Münzen und Geldscheine anderer Währungen sind bei der Staatsbank der DDR anzumelden, die darüber eine Anmeldebescheinigung ausstellt. Die Bescheinigung berechtigt zum weiteren Besitz der Sammelstücke.

15. Vom **Tausch ausgeschlossen sind**:
»Geldzeichen (Münzen und Geldscheine) und Medaillen antihumanistischen oder antidemokratischen Charakters oder mit faschistischen Emblemen oder Sammelstücke, die gegen die Moral verstoßende Aufschriften oder Abbildungen tragen;
Geldzeichen und Medaillen, die in der Zeit vom 30. Januar 1933 bis 7. Mai 1945 durch die Deutschen Reichsmünzen verausgabt wurden;
Geldzeichen oder Medaillen, die im Auftrag oder mit Zustimmung der Deutschen Reichsmünzen in den faschistischen Besatzungsgebieten oder von der Deutschen Militärverwaltung verausgabt wurden;
Platinmünzen, Goldmünzen, goldene Medaillen, zirkulationsfähige Geldscheine sowie solche Sammlungsstücke, die unter die Verordnung zum Schutz des deutschen Kunstbesitzes . . . fallen.«
Auch die erste Ausgabe der Olympiamünzen (»Olympiade in Deutschland«) darf in der DDR nicht gesammelt werden.

16. Für den internationalen Tausch anläßlich von Sammlertreffen oder Tauschveranstaltungen gelten zusätzliche Bestimmungen, über die im Bedarfsfall der Herausgeber dieses Merkblattes Auskunft gibt.

17. Wenn beim Versand von Münzen, Geldscheinen oder Medaillen die in diesem Merkblatt wiedergegebenen Bestimmungen der DDR nicht in allen Punkten sorgfältig beachtet werden, besteht die Gefahr, daß die Sendung in Verlust gerät und ihr Verbleib nicht ermittelt werden kann. In allen Fällen, in denen der Absender durch Nichtbeachtung einer oder mehrerer Bestimmungen der DDR ein erhöhtes Verlustrisiko eingeht, kann die Deutsche Bundespost im Verlustfall keinen Ersatz leisten.
Geldzeichen und Medaillen zu Sammlerzwecken dürfen nicht bei Reisen oder Besuchen über die Zollgrenze der DDR verbracht werden.

Dazu finden sich in der – einzigen – Münzsammlerzeitschrift der DDR folgende Erläuterungen,[82] wobei auch ein Edelmetallgesetz eine Rolle spielt:

In Foren und Gesprächen zu Rechtsfragen der Numismatik begegnet man mitunter der Ansicht, daß der Handel im Sinne des Edelmetallgesetzes[83] – nachfolgend EmG genannt – mit der numismatischen Tätigkeit eigentlich nichts zu tun habe. Aber ganz einheitlich sind die Auffassungen dazu wiederum auch nicht. Bringt man die Fragen auf einen Nenner, so lauten sie: Wodurch unterscheiden sich Inhalt und gesellschaftlicher Stellenwert der Numismatik vom ungenehmigten und rechtswidrigen Handel mit Gold- und Silbermünzen?
Zu dieser Frage gehen die Mitglieder der Fachgruppen Numismatik im Kulturbund der DDR von dem Standpunkt aus, der gleichermaßen gesellschaftlich wie rechtlich richtig ist, daß man zwischen dem Charakter der Numismatik und dem rechtswidrigen Handel prinzipiell unterscheiden muß, weil zwischen beiden grundlegende und für jeden Münzsammler erkennbare Gegensätze bestehen. Diese zeigen sich sowohl in der Grundeinstellung zur Numismatik selbst als auch in äußeren Verhaltensweisen. Die richtige Einstellung zum gesellschaftlichen Anlie-

gen der Numismatik als einer Wissensdisziplin, die eng verflochten ist mit anderen Aspekten vornehmlich politisch-kultureller, ökonomisch-technischer Art, widerspiegelt sich auch in der freiwilligen Einhaltung der sozialistischen Rechtsnormen. Dabei wird in zunehmendem Maße das gewachsene sozialistische Rechtsbewußtsein der Numismatiker der DDR auch von der Einsicht getragen, daß das sozialistische Recht als Ausdruck des Willens der herrschenden Arbeiterklasse und ihrer Verbündeten für die Förderung und Entwicklung der Numismatik von großer Bedeutung ist.

So, wie das Recht in seiner Gesamtheit der weiteren Gestaltung der entwickelten sozialistischen Gesellschaft in der DDR dient, fördern und schützen auch solche Gesetze wie das Edelmetallgesetz und das Devisengesetz im Interesse der Münzsammler eine vielseitige und interessante kulturelle Betätigung. Sie gewähren beachtliche Rechtsgarantien und -sicherheiten sowie im Rahmen der Gesetzlichkeit einen breiten Spielraum, der ihnen eine freie und schöpferische numismatische Tätigkeit ermöglicht. Man kann daher mit Fug und Recht sagen: Wer sich numismatisch im Sinne der Ziele und Aufgaben des Kulturbundes der DDR betätigt, befindet sich stets auch in grundsätzlicher Übereinstimmung mit den Zielen und Aufgaben des sozialistischen Rechts! Das sozialistische Recht fördert und schützt die geistig-kulturelle Entwicklung der Bürger und berücksichtigt dabei, daß unter sozialistischen Bedingungen die numismatische Tätigkeit eine gesellschaftsgemäße, sinnvolle und natürliche Freizeitbeschäftigung ist, die der Entwicklung sozialistischer Persönlichkeiten dient. Demgegenüber ist der rechtswidrige Handel mit Münzen oder Medaillen aus Edelmetallen gesellschaftswidrig, antisozial und unmoralisch, weil er grundlegende Gesellschaftsinteressen verletzt und den Numismatikern Schaden zufügt.

Aus dem Dargelegten folgt erstens:
Gesetzlichkeit einhalten und weiter festigen, heißt vor allem, den Charakter der Numismatik, ihren sozialen und humanistischen Gehalt zu wahren und zu pflegen! In diesem Sinne kann man mit Recht von der Einheit des sozialistischen Rechts und der Numismatik sprechen, da jeder Münzsammler gleichsam sozialistisches Recht verwirklicht, wenn er sich im numismatischen Sinne betätigt. Gerade die Übereinstimmung der vom Recht normierten Verhaltensforderungen mit dem gesellschaftlichen Anliegen der Numismatik ist ein besonderer Vorzug der sozialistischen Staats- und Gesellschaftsordnung, den im Gegensatz dazu kein bürgerlich-kapitalistischer Staat den Menschen bieten kann. Dafür spricht auch die Tatsache, daß sich die Münzsammler der DDR zu jeder Zeit und in jeder Lage eines hohen Maßes an Rechtssicherheit gewiß sein können, ohne sich in dem für kapitalistische Verhältnisse typischen Paragraphen->Gestrüpp‹ zu verfangen. Sie orientieren sich bei ihren Entscheidungen und Verhalten an numismatischen Grundsätzen und Zielen, und sie wissen dabei, daß sie sich mit ihrer Rechtsordnung im Einklang befinden. Diese Vorzüge sollten von allen Münzsammlern noch konsequenter genutzt werden.

Zweitens folgt daraus, daß jeder, der in umgekehrter Weise das Recht dem Sammeln von Münzen gegenüberstellt oder es in anderer Form mit der Pflege der Numismatik konfrontiert, beispielsweise das Recht als Hemmschuh oder Hindernis beim Erwerb, Tausch oder Verkauf von Münzen betrachtet, meistens zu falschen Schlußfolgerungen gelangen wird. Diese können sich auch in ungesetzlichem oder gar strafrechtswidrigem Verhalten äußern. Überdies ist es eine Erfahrungstatsache, daß eigentlich nur dann Fragen des Münzhandels (außerhalb des regulären Fachhandels) als spezifische Form von Rechtsverstößen eine besondere Rolle spielen, wenn von Normen und Gepflogenheiten der Numismatik abgewichen oder gegen sie verstoßen wird.

Wie bei jeder gesellschaftlichen oder moralischen Verwantwortlichkeit des Menschen, setzt auch das Recht voraus, daß der Mensch wissen muß, »was er tut«. Als Münzsammler muß er sich also auch im klaren sein, wann und wo er vom eigentlichen Sinn der Numismatik abweicht, ihre Grenzen überschreitet oder anderweitig dagegen verstößt – sich beispielsweise mit Münzen u. a. Edelmetallen aus eindeutig anderen als numismatischen Interessen befaßt. Hierbei würde er Gefahr laufen, gegen Rechtsnormen des EmG zu verstoßen, denn wer schlechthin einfach Münzen erwirbt, tauscht oder veräußert oder dabei mitwirkt, dürfte zumindestens für sich nicht oder nicht mehr das Prädikat eines soliden Numismatikers oder Münzsammlers in Anspruch nehmen können. In solchen Verhaltensweisen können sich bereits Momente des ungenehmigten Handels im Sinne des § 9 Abs. 1 Ziffer 3 EmG äußern; ob die Voraussetzungen einer Strafbarkeit vorliegen, bedarf weiterer Prüfung.

Jeder Münzsammler wird gut beraten sein, wenn er immer berücksichtigt, daß

von vornherein überhaupt kein Anlaß besteht, mit dem Recht zu kollidieren, wenn er bei allen sammlerischen Aktivitäten von den allgemein bekannten und anerkannten Grundsätzen der Numismatik ausgeht;

es in großem Maße an ihm liegt, sich in jeder Lage so zu entscheiden, daß er Verstößen gegen Recht und Numismatik konsequent entgegentritt und schon den Anfängen antinumismatischer Verhaltensweisen wehrt.

Einige numismatisch-rechtliche Einzelheiten

Im folgenden werden vornehmlich strafrechtliche Aspekte berücksichtigt, andere Rechtsfragen nur berührt, soweit es die Antwort erfordert.

1. **Benötigt ein Münzsammler eine besondere Genehmigung?**

    Wer als Münzsammler im Zusammenhang mit seiner numismatischen Tätigkeit Münzen oder Medaillen aus Edelmetall im Inland rechtmäßig erwirbt, tauscht oder veräußert, benötigt dazu keine besondere staatliche Genehmigung, vorausgesetzt, seine Sammlertätigkeit bewegt sich in dem genannten numismatischen Rahmen. Aus anderen Gründen können Münzen und Medaillen oder andere handelsübliche Erzeugnisse aus Edelmetall genehmigungsfrei zum Zwecke des persönlichen Bedarfs erworben oder besessen werden. Für diesen Zweck und auf diese Gegenstände findet die Genehmigungspflicht des EmG keine Anwendung, weil gemäß § 1 Abs. 2 EmG insoweit der Erwerb und Besitz »handelsüblicher Gegenstände aus Edelmetallen, Edelsteinen und Perlen in der DDR durch Personen für den persönlichen Bedarf« vom Geltungsbereich des Gesetzes ausgenommen wurde.

    Aus dem gesetzlichen Bestimmungszweck des ›persönlichen Bedarfs‹ und des für diese Bestimmung erfolgten Erwerbs wird der Sinn dieser Regelung deutlich, der keinesfalls im nachfolgenden Wiederverkauf bestehen kann, sondern der persönlichen Bedürfnisbefriedigung der Bürger dient. Wer solche Gegenstände zum persönlichen Bedarf entgeltlich und in Übereinstimmung mit den Rechtsvorschriften erwirbt, kann sein Bedürfnis nicht mit dem nachfolgenden Verkauf oder Einbeziehung desselben Gegenstandes in einen Tausch belegen. In diesem Falle entsteht eine andere Rechtslage, auf die sich der genehmigungsfreie Erwerb für den persönlichen Bedarf nicht erstreckt; ein möglicherweise ungenehmigter Handel kann dann meistens nicht ausgeschlossen werden.

2. **Devisenrechtliche Anmeldepflichten beachten!**

    Münzsammler, die nicht Mitglied einer Fachgruppe Numismatik des Kulturbundes der DDR sind, haben in jedem Falle und unabhängig vom Charakter und der Art ihrer Sammlung die dazu gehörenden kursfähigen Münzen anderer Währungen bei der für ihren Wohnsitz zuständigen Filiale der Industrie- und Handelsbank anzumelden. Die Anmeldung wird ihnen von der Bank bestätigt. Jeder Bürger, ob Sammler oder nicht, kann jedoch kursfähige Münzen anderer Währungen, wenn er sie rechtmäßig erworben hat, bis zum Gegenwert von 20 Mark genehmigungsfrei tauschen oder verschenken, jedoch nicht mit oder an Ausländer (§ 7 Abs. 3 der III. DB zum Devisengesetz, a.a.O.).

3. **Kann man von Besonderheiten beim strafbaren Handel mit Münzen sprechen?**

Im Grunde genommen nicht, denn seiner Natur nach unterscheidet sich dieser Handel nicht vom deliktischen Handel mit anderen Edelmetallen. Für seine strafrechtliche Verfolgung gibt es keine zweierlei Maßstäbe; deshalb gelten im vollen Umfange das Prinzip der Gleichheit vor dem Gesetz und die im Artikel 99 der Verfassung der DDR verankerten Grundrechte der Bürger. Danach ist strafrechtliche Verfolgung nur in Übereinstimmung mit den Strafgesetzen möglich, und strafrechtliche Verantwortlichkeit setzt voraus, daß der Täter schuldhaft gehandelt hat und die Schuld zweifelsfrei nachgewiesen ist. Die Frage hat eine gewisse Berechtigung. Lenkt sie doch die Aufmerksamkeit nochmals auf den bedeutsamen gesetzlichen Ausgangspunkt, daß alle sammlerischen Aktivitäten – einschließlich des Kaufs, Tausches, Verkaufs oder anderer Besitz- und Eigentumsübertragungen von Münzen – von ihren rechtlichen Erfordernissen her unverrückbar an Bedürfnisse, Aufgaben und Gepflogenheiten der Numismatik gebunden sind.

Diese enge Bindung ist es gerade, die überhaupt erst als der eigentliche gesellschaftliche und juristische Grund dem Handel mit Münzen den Boden entzieht und das Sammeln – als Numismatik betrieben – natürlich und sinnvoll erscheinen läßt. Auf das Problem der dabei vorhandenen Niveauunterschiede zwischen Numismatikern und anderen Münzsammlern kann hier nur hingewiesen, nicht aber näher eingegangen werden. Wer schlechthin und ohne für den persönlichen Bedarf bestimmt oder ohne Rücksicht auf numismatische Aspekte (respektive ungeeignete) Münzen oder Medaillen durch Kauf oder anderweitig rechtmäßig erwirbt, kann zwar rechtmäßig Eigentum daran erworben haben. Für die nach dem EmG erforderliche Genehmigungspflicht ist aber nicht die Besitz- oder Eigentumsbefugnis maßgebend, sondern allein die Frage des ungenehmigten Handels. Verstößt – wie im genannten Fall – der Erwerb gegen die erforderliche Genehmigung, so stellt dieses Verhalten, oder wenn diese Gegenstände wieder verkauft, vertauscht usw. werden oder bereits mit der Absicht der Veräußerung erworben wurden, eine Form des Münzhandels ohne staatliche Genehmigung dar. Die Schuldfrage bedarf einer gesonderten Feststellung, die nur das Gericht treffen darf.

Der vom EmG für den genehmigungsfreien Erwerb handelsüblicher Erzeugnisse gezogene Rahmen des persönlichen Bedarfs umreißt verhältnismäßig klar den möglichen Spielraum der zulässigen Verwendung und Nutzung (z. B. Verwendung bzw. Verarbeitung als Schmuck, als Zahngold u. ä.).

Deliktischer Handel mit Münzen oder Medaillen kann insbesondere in folgenden Fällen vorliegen:

3.1. Soweit Münzen oder Medaillen aus Edelmetallen, die eindeutig nicht von numismatischem Interesse sind, z. B. Nachprägungen, in Umlauf gesetzt werden, zu solchen Zwecken entgeltlich erworben, getauscht oder anderweitig weiterveräußert werden, die weder für den persönlichen Bedarf im Sinne des EmG noch einem diesem gleichzustellenden Bedürfnis bestimmt sind, wobei bereits der Erwerb mit dem Ziel der Veräußerung eine Tathandlung im Sinne des deliktischen Münzhandels nach § 9 Abs. 1 Ziffer 3 EmG ist.

3.2. Bei An- und Verkäufen oder Tauschhandlungen – vornehmlich zwischen Bürgern bzw. Sammlern – mit Sammlermünzen, die eindeutig nicht zur Befriedigung numismatischer Sammlerbedürfnisse erworben und veräußert werden, auch nicht anderen gesellschaftlich anerkannten Zwecken des persönlichen Bedarfs dienen.

3.3. Bei allen Erwerbs- und Veräußerungsformen mit Münzen oder Medaillen – sowohl numismatisch interessante Objekte als auch uninteressante Nachprägungen –, soweit dadurch ungerechtfertigte persönliche Vorteile finanzieller oder materieller Art im nicht
unwesentlichen Umfange erzielt werden oder werden sollten. Vorteile sind auch solche
für andere (Dritte).

3.4. Deliktischer Handel gemäß § 9 Abs. 1 Ziffer 3 EmG kann außerdem in der Kombination der unter 1. bis 3. genannten Verhaltensweisen, der Beteiligung und dem Zusam-
menwirken mehrerer oder auch dadurch begangen werden, daß unter Handelsverbot[84]
fallende Münzen und Medaillen antidemokratischen Charakters verkauft oder anderweitig veräußert und erworben oder illegal ein- oder ausgeführt werden.

4. **Können preisrechtliche Vorschriften dafür wichtig sein, ob Handel vorliegt?**
Diese Frage muß verneint werden, weil die Beachtung des geltenden Preisrechts für
Edelmetalle weder die erforderliche staatliche Handelsgenehmigung nach § 7 Abs. 1 Ziffer 2 EmG ersetzt noch in sonstiger Weise die Rechtswidrigkeit der Tat aufhebt. Das gilt
auch für vereinbarte Preise, soweit für bestimmte Erzeugnisse keine staatlichen Preisan-
ordnungen bestehen. Selbst im Falle eines gültigen Preises, wenn dieser von den Beteiligten unterschritten würde, können sie sich nicht rechtswirksam darauf berufen, daß bei
Einhaltung der an sich zulässigen Preishöhe der persönliche Vorteil noch größer gewesen wäre.

5. **Schließt ein An- und Verkauf unter Nutzung legaler Möglichkeiten deliktischen Handel
mit Münzen aus?**
Die genutzten Kommunikationsmöglichkeiten wie Zeitungsanzeige, Kataloge, Auktio-
nen und dgl. haben aufgrund der spezifischen Funktion, die sie im Interesse des numismatischen und auch teilweise kommerziellen Anliegens zu erfüllen haben, keinen Einfluß auf absolute Verhinderung des gezielten Mißbrauchs zu Zwecken des rechtswidrigen Handels. Wer mit Münzen aus Edelmetall handelt, kann sich nicht darauf berufen,
daß er dazu eine allen Bürgern zugänglich legale Möglichkeit zu seinem Mißbrauch aus-
genutzt hat. Es kann je nach Konstellation ein die Tat begünstigender, aber ebenso auch
als erschwerender Umstand sein. In keinem Falle schränkt er von vornherein die Schuld
ein.

Diese Vorschriften und ihre Erläuterungen (die als offiziös betrachtet werden
dürfen) stehen am Schnittpunkt von Wirtschaftssystem und Geldwirtschaft der
Deutschen Demokratischen Republik einerseits und der idealistischen wie der eher
kommerziell gesinnten Sammler sowie anderer Besitzer von numismatischen
Sammlungs- und Anlagestücken. Sie zeigen, wie wenig dem Bürger der Deutschen
Demokratischen Republik vom Recht geblieben ist, über persönliche Habe auch
nur einigermaßen frei zu verfügen, die weit davon entfernt ist, zu den ›Produktionsmitteln‹ zu gehören, deren Beherrschung dereinst das Ziel der Arbeiterbewegung
war. Die Vorschriften lassen aber auch – und darin besteht ihre geldgeschichtliche
Bedeutung – erkennen, wie sehr sich die Arbeiter- und Bauernmacht bemüht, den
volkswirtschaftlich letztlich unbedeutenden Bereich des seiner Natur nach weitgehend privaten Antiquitäten- und kleinen Edelmetallverkehrs als Indikator des
Geldwertes zu unterdrücken – den letzten Markt, auf dem der Private der latenten
Entwertung seines Ersparten entfliehen könnte. Besser als jede geldwirtschaftliche
Statistik verraten diese Reglementierungsversuche, was die Regierung der Deut-
schen Demokratischen Republik selbst von der Stabilität der ›Mark der DDR‹ hält.

Vorbemerkung zu den Anmerkungen

Die Anmerkungen enthalten die Quellenangaben und kleine Erläuterungen, in geringem Umfang auch Zitate. Die Anmerkungen sind für jedes Kapitel durchnumeriert. Bei den Quellenangaben sind die benützten Werke jeweils bei der ersten Erwähnung voll angegeben; bei wiederholtem Zitat ist auf diese erste Erwähnung – meistens – innerhalb des Kapitels verwiesen. Geschehnisse der allgemeinen (politischen) Geschichte sind nur belegt, wo sie als weniger bekannt angesehen werden können oder dies aus anderen Gründen geboten erschien. Für sachliche und persönliche Geschichtsdaten wurden benützt:

Dr. Karl Ploetz, Auszug aus der Geschichte; 27. Auflage, Würzburg 1968

Helmut Rönnefarth (Bearbeiter), Konferenzen und Verträge (Vertrags-Ploetz), Teil II: 1493–1952; Bielefeld 1954

Bertold Spuler, Regenten und Regierungen der Welt (Minister-Ploetz), Teil II, Band 4: 1917/18–1964; Würzburg 1964

Percy Ernst Schramm (Hrsg.), Die Niederlage 1945. Aus dem Kriegstagebuch des Oberkommandos der Wehrmacht; München 1962 (dtv 80/81)

Andreas Hillgruber/Gerhard Hümmelchen, Chronik des Zweiten Weltkriegs; Frankfurt 1966

Werner Hilgemann, Atlas zur deutschen Zeitgeschichte 1918–1968; München/Zürich 1984

Peter Young (Hrsg.), Der große Atlas zum II. Weltkrieg; Köln 1980

Großer historischer Weltatlas, III. Teil: Neuzeit (Bayerischer Schulbuch-Verlag); 3. Auflage, München 1967

Atlas zur Geschichte, Band 2: Von der Großen Sozialistischen Oktoberrevolution 1917 bis 1972; Gotha/Leipzig 1975

Atlas historique Larousse; Paris 1978

Die folgenden münzkundlichen und papiergeldkundlichen Katalogwerke sowie geldgeschichtliche Darstellungen und Quellensammlungen wurden vielfach mit Kurzangabe (in Klammern) benützt:

(Jaeger/Pusback)	Kurt Jaeger, Die deutschen Münzen seit 1871; 12. überarb. Auflage (Günter Pusback), Basel 1979
(Krause/Mishler)	Chester L. Krause/Clifford Mishler, World Coins; 1982 Edition, Iola, Wisc.
(Pick/Rixen)	Albert Pick/Uwe Rixen, Papiergeld-Spezialkatalog Deutschland 1874–1980; München 1982

(Jaeger/Haevecker)	Kurt Jaeger/Ulrich Haevecker, Die deutschen Banknoten seit 1871; 2. Auflage, Basel 1979
(Pick)	Albert Pick, Standard Catalog of World Paper Money; Third Edition, München 1980
(Seidel)	Karl-Dieter Seidel, Die deutsche Geldgesetzgebung seit 1871; München 1973
(Grasser)	Walter Grasser, Deutsche Münzgesetze 1871–1971; München 1975
(Rittmann)	Herbert Rittmann, Deutsche Geldgeschichte 1484–1914; München 1975
(Rittmann, Moderne Münzen)	Herbert Rittmann, Moderne Münzen; München 1974
(Gaettens, Inflationen)	Richard Gaettens, Inflationen. Das Drama der Geldentwertungen vom Altertum bis zur Gegenwart; München 1955
(Elster)	Karl Elster, Von der Mark zur Reichsmark. Die Geschichte der deutschen Währung in den Jahren 1914 bis 1924; Jena 1928
(Währung und Wirtschaft)	Deutsche Bundesbank (Hrsg.), Währung und Wirtschaft in Deutschland 1876–1975; Frankfurt 1976

Bedeutsam ist die Beschreibung des Lebens des großen Mitgestalters der deutschen Währung zwischen den beiden Weltkriegen:

Heinz Pentzlin, Hjalmar Schacht. Leben und Wirken einer umstrittenen Persönlichkeit; Berlin, Frankfurt, Wien 1980

Für wertvolle Hinweise zu den tatsächlichen Währungsverhältnissen, die sich bei Änderungen notwendig jeweils sofort im Postgebührenwesen niederschlagen, sei auf die gängigen Briefmarkenkataloge (für die Bundesrepublik auf die Michel-Kataloge des Schwaneberger-Verlags, München) aufmerksam gemacht.

Anmerkungen

Zu Kapitel 1:
Die Reichsgoldwährung von 1871

[1] Vgl. Rittmann, S. 745

[2] Vgl. Rittmann, Kapitel 26, 27, 32; Verträge bei Seidel, S. 415 ff.

[3] Vgl. Richard Gaettens, Inflationen. Das Drama der Geldentwertungen vom Altertum bis zur Gegenwart, München 1955 (Neudruck München 1982), S. 173 (Assignaten der Französischen Revolution); S. 199 (Inflationen im Gefolge der Napoleonischen Kriege: Österreich, Rußland, England, Preußen); Herbert Rittmann, Sächsische Geldgeschichte 1763 bis 1857, Frankfurt 1972 (Geldgeschichtliche Nachrichten, Sonderheft 2), S. 23 (Kassenbillets)

[4] Reichsgesetzblatt 1909, S. 507; Seidel, S. 49; Grasser, S. 135

[5] Reichsgesetzblatt 1871, S. 404; Seidel, S. 1; Grasser, S. 64

[6] Reichsgesetzblatt 1873, S. 233; Seidel, S. 11; Grasser, S. 71

[7] Vgl. Rittmann, S. 792; Vorschriften bei Seidel, S. 35 ff.; bei Grasser, S. 114 ff.

[8] Vgl. Rittmann, S. 774. Die kleinsten Münzen der deutschen Münzgeschichte waren Dukatenteilmünzen (bis zum Zweiunddreißigstel: ›Linsendukaten‹ von Regensburg und Nürnberg im 18. Jahrhundert); vgl. Herbert Rittmann, Deutsches Münzsammlerlexikon, München 1977, S. 183. Auch in anderen Staaten bewährten sich sehr kleine Goldmünzen und Silbermünzen nicht und wurden aufgegeben, so die Eindollarstücke in Gold der Vereinigten Staaten und die Penny-Nominale Großbritanniens (›Maundy Money‹). Als Nominalmünze der Reichsgoldwährung kann die private Prägung einer ›GOLD M‹ in der Inflationszeit aus Nürnberg betrachtet werden

[9] Anm. 5, oben

[10] Vgl. Rittmann, S. 764

[11] Allerhöchster Erlaß, betreffend die einheitliche Benennung der Reichsgoldmünzen, vom 17. Februar 1875 (Reichsgesetzblatt 1875, S. 72), Seidel, S. 32; Grasser, S. 96

[12] Vgl. Rittmann, S. 772. Die Stücke wurden stillschweigend ab 1881 eingezogen. Vgl. Dr. R. Koch, Die Reichsgesetzgebung über das Münz- und Notenbankwesen, Papiergeld, Prämienpapiere und Reichsschulden. 4. Auflage, Berlin 1900, S. 22; Prägejahre und Münzbilder vgl. Rittmann, Anm. 24 zu Kapitel 34 (nach Jaeger)

[13] Vgl. Literaturverzeichnis: Münzkataloge, Papiergeldkataloge

[14] Vgl. Rittmann, S. 774; Gesetz, betreffend die Ausprägung einer Nickelmünze zu zwanzig Pfennig, vom 1. April 1886 (Reichsgesetzblatt 1886, S. 67; Seidel, S. 35; Grasser, S. 114; bei Seidel auch Begründung zum Gesetz, S. 35, und Beschluß des Bundesrats über die Gestaltung, S. 36)

[15] Jaeger, S. 34, 71, 91 (Nr. 6, 14)

[16] Vgl. Rittmann, S. 774; das 25-Pfennig-Stück war in § 2 des Münzgesetzes vom 1. Juni 1909 (Reichsgesetzblatt 1909, S. 507; Seidel, S. 49; Grasser, S. 135) angeordnet. Prägedauer nach Jaeger, S. 34, 98 (Nr. 18)

[17] Jaeger, S. 34, 486 (Nr. 514) und Kapitel 20 a

[18] Vgl. Rittmann, S. 748

[19] Vgl. Herbert Rittmann, Deutsches Münzsammlerlexikon, München 1977, S. 149 (Hauptseite der Münze)

[20] Seidel, S. 10; Grasser, S. 68. Zum Münzgesetz von 1873: Seidel, S. 24, 26; Grasser, S. 80

[21] Gesetz, betreffend Änderungen im Münzwesen, vom 19. Mai 1908 (Reichsgesetzblatt 1908, S. 212); Seidel, S. 45; Grasser, S. 133

[22] Gesetz, betreffend Änderungen im Münzwesen, vom 1. Juni 1900 (Reichsgesetzblatt 1900, S. 250); Seidel, S. 38; Grasser, S. 120

[23] Vgl. Anm. 3, oben

[24] Vgl. Rittmann, S. 748, 813

[25] Vgl. im einzelnen: Übersicht über die Ausgabe von Staatspapiergeld (Status Oktober 1872); Anlage I zum Gesetzentwurf betr. die Ausgabe von Reichskassenscheinen (Nr. 70 der Drucksachen des Reichstags, 1874; abgedruckt bei Rittmann, Anhang 12, S. 1057); Vergleichende Zusammenstellung des Notenumlaufs und Barvorrats der deutschen Notenbanken (aus: Begründung zum Bankgesetz vom 14. März 1875, Anlage Nr. 27 der Drucksachen des Reichstags, 1874/1875; abgedruckt bei Rittmann, Anhang 13, S. 1064)

[26] Vgl. Rittmann, S. 798

[27] Reichsgesetzblatt 1874, S. 40; Seidel, S. 80

[28] Vgl. Otto Veit, Grundriß der Währungspolitik, Frankfurt 1961, S. 342

[29] Vgl. Rittmann, S. 808

[30] Reichsgesetzblatt 1875, S. 193; Seidel, S. 87

[31] Vgl. Rittmann, S. 808

[32] Vgl. im einzelnen Rittmann, S. 809; Vorschriften bei Seidel, S. 233, und Kapitel 10b

[33] Vgl. Pick/Rixen, S. 292 (Nr. A 88), S. 309 (Nr. A 256), S. 318 (Nr. A 364) für die 500-Mark-Scheine; im übrigen S. 280ff. für die Scheine der Bundesstaaten und der alten Notenbanken sowie für die anderen Nominale der Privatnotenbanken

[34] Vgl. Rittmann, S. 804

[35] Im Unterschriftsblock der Reichsbanknoten ist die erste Unterschrift die des Reichsbankpräsidenten. Kopfbilder der Reichsbankpräsidenten, in: Deutsche Bundesbank, Währung und Wirtschaft in Deutschland 1876–1975, Frankfurt am Main 1976

[36] Vgl. Rittmann, S. 778

[37] Vgl. Rittmann, S. 789, 831

[38] Vgl. Rittmann, S. 837

[39] Vgl. Rittmann, S. 790

[40] Vertrag mit dem Königreich Preußen vom 8. Februar 1842 (Gesetzsammlung für die Königlichen Preußischen Staaten 1842, S. 92); Reichsfinanzministerium, Gedenkschrift zum hundertsten Jahrestag der Errichtung des Deutschen Zollvereins, Berlin 1934, S. 15

[41] Vgl. Jutta Jaans-Hoche, Banque Nationale du Grand-Duché de Luxembourg 1873–1881, eine Episode in der luxemburgischen Währungsgeschichte, Luxembourg 1981, S. 21

[42] Jaans-Hoche, S. 80

[43] Vgl. Anm. 37, oben, und Kapitel 19f

[44] Vgl. Arnold Keller, Das Papiergeld der deutschen Kolonien, Münster 1967, S. 121. 1914 galt der Maria-Theresien-Taler 2 Mark. Vgl. auch Meinhardt, Kamerun, S. 10 (Anm. 50, unten)

[45] Franz Wehling, Die Entwicklung der Deutsch-Ostafrikan. Rupie, Münster 1929, S. 13, 16

[46] Gesetz vom 17. April 1886 (Reichsgesetzblatt 1886, S. 75); Neufassung: Bekanntmachung vom 19. März 1888 (Reichsgesetzblatt 1888, S. 75)

[47] Jaeger, S. 597 (Nr. 729, 730)

[48] Zusammenfassend: Meyers Großes Konversationslexikon, 6. Auflage, 11. Band, Leipzig und Wien 1905, S. 286 (›Kolonialrecht‹)

[49] Vgl. hierzu A. Hingston Quiggin, A Survey of Primitive Money, London 1949 (Reprint 1978); Paul Einzig, Primitive Money, London 1949

[50] Günter Meinhardt, Die Geldgeschichte der ehemaligen deutschen Schutzgebiete ›Kamerun‹, Hamburg 1978, S. 1

[51] Seidel, S. 160

Zu Kapitel 2:
Das deutsche Geld im Ersten Weltkrieg

[1] 26. Februar 1871. Inhalt beider: Vertrags-Ploetz, S. 184, 185

[2] Die Literatur über Vorgeschichte und Ausbruch des Ersten Weltkriegs ist unübersehbar; in den letzten Jahren hat sie sich unter Diskussion der Kriegsschuldfrage weiter vermehrt. Klassische Darstellung: Alfred von Wegerer, Der Ausbruch des Weltkriegs 1914, 2 Bände, Hamburg 1939

[3] Titel eines Buches des amerikanischen Historikers George W. Hallgarten über Vorgeschichte und Ausbruch des Ersten Weltkriegs

[3a] In der damaligen Diskussion über die wirtschaftliche Kriegsvorbereitung stand die Frage im Vordergrund, wie lange der zu erwartende Krieg dauern werde. Allgemein nahm man eine Kriegsdauer von wenigen Monaten an; erst langsam setzte sich der Gedanke durch, der Krieg könne auch ein Jahr dauern. Die finanziellen Anforderungen eines modernen Krieges wurden weit unterschätzt; in der Hauptsache befaßte man sich mit der Frage der Versorgung Deutschlands mit Lebensmitteln und mit Rohstoffen. Eingehend hierzu: Lothar Burchardt, Friedenswirtschaft und Kriegsvorsorge. Deutschlands wirtschaftliche Rüstungsbestrebungen vor 1914, Boppard am Rhein 1968. Auf die finanzielle Kriegsvorbereitung, die sich in den in diesem Buch geschilderten Maßnahmen erschöpfte, geht Burchardt nicht ein, erwähnt aber das in diesem Zusammenhang immer wieder angeführte Referat des Bankiers Max Warburg auf dem Bankiertag von 1907, in dem dieser die finanzielle Mobilmachung für wenigstens 12 Monate forderte (S. 20; wiedergegeben: Verhandlungen III. Bankierstag, S. 26)
Zur finanziellen Kriegsvorbereitung im geschilderten Sinne, aber im einzelnen auch zum Anziehen der Steuerschraube schon vor dem Krieg und zu den Finanzen des Deutschen Reichs während des Kriegs: Konrad Roesler, Die Finanzpolitik des Deutschen Reiches im Ersten Weltkrieg, Berlin 1967

[4] Reichsgesetzblatt 1906, S. 318; Seidel, S. 103. In der Begründung (Seidel, S. 103) war nur auf den Bedarf an kleinen Scheinen abgehoben, den die Reichskassenscheine nicht befriedigen könnten. Vgl. Pick/Rixen, S. 27 f. (Nr. 25, 26, 28, 29, 31, 32, 37, 40, 41, 46, 47)

[5] Gesetz zur Änderung des Gesetzes, betreffend die Ausgabe von Reichskassenscheinen, vom 5. Juni 1906 (Reichsgesetzblatt 1906, S. 730; Seidel S. 104, mit Begründung). Vgl. Pick/Rixen, S. 23 (Nr. 9)

[6] Reichsgesetzblatt 1909, S. 730; Seidel, S. 105, Begründung S. 107

[7] Das heißt, für öffentliche Kassen bestand keine Annahmepflicht. Das hatte die kuriose Wirkung, daß es nach §§ 244, 245 des Bürgerlichen Gesetzbuches einer besonderen Vereinbarung bedurfte (die natürlich bei Hingabe und Annahme von Reichsbanknoten zur Tilgung einer Schuld stillschweigend zustande kam), wenn nicht mit Reichsgoldmünzen, sondern mit Reichsbanknoten bezahlt wurde. Die beiden Vorschriften heben bis heute auf ›Münzen‹ und ›Münzsorten‹ ab

[8] Vgl. Rittmann, S. 792

[9] Reichsgesetzblatt 1913, S. 521. Die Geschichte der Reichssteuern kann hier nicht Gegenstand sein, ist seit der Jahrhundertwende aber ebenfalls durch die finanzielle Kriegsvorbereitung bestimmt. Überblick: Handbuch der Finanzwissenschaft, herausgegeben von Wilhelm Gerloff und Franz Meisel, Tübingen 1929, 3. Band, S. 13–52; vgl. auch Konrad Roesler (Anm. 3, am Ende) und Anm. 19 (unten)

[10] Reichsgesetzblatt 1871, S. 403. Mit der ersten Ausgabe von Reichskassenscheinen in gleicher Höhe bestand kein Zusammenhang

[11] Vgl. Artikel 2 des Versailler Präliminarfriedens vom 26. Februar 1871: Danach sollte Frankreich an ›den Deutschen Kaiser‹ 5 Milliarden Francs innerhalb von drei Jahren zahlen; von den Zahlungen war die sukzessive Räumung des besetzten Frankreich abhängig, bis 2. März 1874 war die Gesamtsumme zu bezahlen. Artikel 7 des Friedens von Frankfurt (10. Mai 1871) brachte weitere Bestimmungen über die Zahlungen. Vgl. hierzu: Ludwig Gieseke, Die Abnahme der französischen Kriegsentschädigung 1870/71 in Straßburg i. E., aufgrund der Materialien des dortigen Landesarchivs dargestellt, Berlin 1906, und: Die Große Politik der Europäischen Kabinette, Sammlung der Diplomatischen Akten des Auswärtigen Amts, Erster Band: Der Frankfurter Friede und seine Nachwirkungen 1871–1877, Berlin 1922

[12] Bekanntmachung über die Verwaltung eines außerordentlichen Silber- und Goldbestandes, vom 16. Juli 1913 (Reichsgesetzblatt 1913, S. 578)

[13] Deutsche Bundesbank: Deutsches Geld- und Bankwesen in Zahlen 1876–1975, Frankfurt 1976, S. 2 (nach den Verwaltungsberichten der Reichsbank)

[14] Elster, S. 432

[15] Elster, S. 37, 429

[16] Postscheckordnung vom 6. November 1908 (Reichsgesetzblatt 1908, S. 587). 1913 erledigten die Postscheckämter 141,6 Millionen Zahlungsvorgänge und setzten 41,6 Milliarden Mark um; es gab 103 000 Postscheckkunden (vgl. Karl Theisinger in: Deutsche Geldpolitik, Berlin 1941, S. 194)

[17] Festschrift, S. 15

[18] Vgl. Karl Helfferich, Der Weltkrieg, Berlin 1919, S. 146, 153; ferner: Heinz Habedank, Die Reichsbank in der Weimarer Republik. Zur Rolle der Zentralbank in der Politik des deutschen Imperialismus 1919–1933, Berlin (Ost) 1981, S. 24, mit Hinweis auf: Berliner Börsen-Courier 5. September 1907 und 27. Oktober 1920; in den Sachaussagen trotz der politischen Optik zuverlässig

[19] Vgl. Anm. 9 (oben). Einen Abriß dieser Steuergesetze gibt auch Fritz Neumark in: Deutsche Bundesbank: Währung und Wirtschaft in Deutschland 1876–1975, Frankfurt 1976 (»Die Finanzpolitik in der Zeit vor dem I. Weltkrieg«, S. 57)

[20] Zu den Kriegserklärungen eingehend v. Wegerer (Anm. 2, oben), Band 2; zur Reichstagssitzung: S. 393–397. Die Kriegsgesetze sind nicht erwähnt. Zu diesen: Roesler (Anm. 3 a), S. 37

[21] S. 259 (Nr. 46)

[22] S. 325 (Nr. 53). Die Würdigung in der Festschrift, S. 39

[23] S. 326; Seidel, S. 54; Grasser, S. 145

[24] S. 327; Seidel, S. 110

[25] Vgl. R. Koch, Die Reichsgesetzgebung über Münzen- und Notenbankwesen; 7. Auflage von Hjalmar Schacht, Berlin und Leipzig 1926, S. 391

[26] S. 325

[27] S. 347; Seidel, S. 114

[28] S. 340; Seidel, S. 111

[29] Bekanntmachung, betr. die Ausstellung von Darlehenskassenscheinen auf Beträge von 2 und 1 Mark, vom 31. August 1914 (Reichsgesetzblatt 1914, S. 393; Seidel, S. 116)

[30] Ausgaben im einzelnen bei Pick/Rixen (S. 34, Nr. 48–63)

[31] Reichsgesetzblatt 1914, S. 345

[32] Otto Veit: Grundriß der Währungspolitik, Frankfurt 1961, S. 488 (Fußn. 2; nach: Verwaltungsbericht der Reichsbank für 1914, S. 3)

[33] v. Wegerer (Anm. 2, oben), Band 2, S. 187

[34] Meyers Großes Konversationslexikon, 6. Auflage, 1906, Band 14, S. 8

[35] Die Zahlen für die anderen Kriegführenden: Franzosen, Briten, Belgier: 1,7 Millionen; Serben, Montenegriner: 240 000; Österreicher und Ungarn: 900 000 gegen Rußland, 270 000 gegen Serbien

[36] Helfferich (Anm. 18, oben), S. 147–152

[37] Mobilmachung und Aufmarsch galten am 16. August als beendet (Helfferich, Anm. 18, oben, S. 142)

[38] Festschrift, S. 47

[39] Festschrift, S. 48

[40] Festschrift, S. 48; vgl. Bekanntmachung vom 31. August 1914 (Anm. 29 oben)

[41] Bekanntmachung, betreffend die Ausprägung von Fünfpfennigstücken aus Eisen, vom 26. August 1915 (Reichsgesetzblatt 1915, S. 541; Seidel, S. 58, Begründung S. 56; Grasser, S. 146); desgl. von Zehnpfennigstücken, vom 22. Dezember 1915 (Reichsgesetzblatt 1915, S. 1844; Seidel, S. 60; Grasser, S. 147); für beide Nominale Bekanntmachung, betr. die Prägung von Zehn- und Fünfpfennigstücken, vom 11. Mai 1916 (Reichsgesetzblatt 1916, S. 379; Seidel, S. 60; Grasser, S. 147): Jaeger Nr. 297 (S. 306) – 5 Pfennig – und Nr. 298 (S. 308) – 10 Pfennig

[42] Bekanntmachung, betr. Prägung von Einpfennigstücken aus Aluminium, vom 23. November 1916 (Reichsgesetzblatt 1916, S. 1301; Seidel, S. 62; Grasser, S. 148): Jaeger, Nr. 299 (S. 310)

[43] Bekanntmachung, betr. die Prägung von Zehnpfennigstücken aus Zink, vom 22. März 1917 (Reichsgesetzblatt 1917, S. 282; Seidel, S. 63; Grasser, S. 151): Jaeger, Nr. 299 (S. 309)

[44] Vgl. Jaeger, Nr. 16 (S. 92)

[45] Bekanntmachung, betr. die Außerkurssetzung der Zweimarkstücke, vom 12. Juli 1917 (Reichsgesetzblatt 1917, S. 625; Seidel, S. 64; Grasser, S. 156)

[46] Bekanntmachung, betr. die Außerkurssetzung der Fünfundzwanzigpfennigstücke aus Nikkel, vom 1. August 1918 (Reichsgesetzblatt 1918, S. 990; Seidel, S. 66; Grasser, S. 161)

[47] Festschrift, S. 58–63

[48] Reichsgesetzblatt 1913, S. 521

[49] Zu Entstehung und Wesen der Gold-, Währungs- und sonstigen Wertsicherungsklauseln: F. A. Mann, Das Recht des Geldes, Frankfurt und Berlin 1960, S. 99–132 (Kapitel »Sicherungsmaßnahmen gegen die Folgen des Nominalismus«)

[50] Reichsgesetzblatt 1914, S. 417

[51] Reichsgesetzblatt 1914, S. 481

[52] Vgl. Bekanntmachung vom 19. Dezember 1919 (Reichsgesetzblatt 1919, S. 2126)

[53] Reichsanzeiger, Nr. 21 vom 26. Januar 1915

[54] Reichsgesetzblatt 1915, S. 763

[55] Reichsgesetzblatt 1916, S. 695. Die Verordnungen wurden erst 1922 aufgehoben (Verordnung vom 5. September 1922, Reichsgesetzblatt 1922, S. 757)

[56] Reichsgesetzblatt 1917, S. 117

[57] Aufgehoben durch Bekanntmachung vom 23. Juli 1919 (Reichsgesetzblatt 1919, S. 1356)

[58] Reichsgesetzblatt 1916, S. 883

[59] Dabei hatten sich auch Goldzahlungen Sowjetrußlands im Zusammenhang mit dem Frieden von Brest-Litowsk ausgewirkt; vgl. Festschrift, S. 63

[60] Siehe Tabellenanhang 1

[61] Siehe Tabellenanhang 2

[62] Vgl. Anm. 59

[63] Wenn bei Goldsachen nur der Materialwert bezahlt wurde, blieb der Wert der Verarbeitung (Fassonwert) unvergütet

[64] § 8 des Bankgesetzes; Festschrift, S. 41. Die Vorschrift galt für alle Notenbanken

[65] Siehe Tabellenanhang 1. Der Umlauf ist nicht zu verwechseln mit den Angaben im Wochenausweis der Reichsbank zum Bestand unter den Aktiven, der ihr zur Notendeckung diente

[66] Siehe Tabellenanhang 1 und Festschrift, S. 54; hier (S. 55) auch höchste und niedrigste Jahresstände

[67] Zugleich höchster Umlauf des Jahres

[68] 1915: 1690 Millionen Mark, 1916: 877 Millionen Mark, 1917: 212 Millionen Mark, 1918: 170 Millionen Mark (vgl. Tabellenanhang 1)

[68a] Festschrift, S. 55

[69] Pick/Rixen, S. 33 (Nr. 47); zu allen Typen S. 22

[70] Reichsgesetzblatt 1918, S. 1440; vgl. Pick/Rixen, S. 34 (nach Nr. 47)

[71] Umlauf Ende 1913: 148 Millionen Mark
        Ende 1914: 236 Millionen Mark
        Ende 1915: 327 Millionen Mark
        Ende 1916: 352 Millionen Mark
        Ende 1917: 350 Millionen Mark
        Ende 1918: 356 Millionen Mark

[72] Herbert Rittmann, Schweizer Münzen und Banknoten, München 1980, S. 25

[73] Rittmann, Kapitel 6a (S. 108–113)

[74] Rittmann, Kapitel 10 (S. 209)

[75] Friedrich Frhr. v. Schrötter, Wörterbuch der Münzkunde, Berlin und Leipzig 1930, S. 69 (›Belagerungsmünzen, -scheine‹)

[76] v. Schrötter (Anm. 75), S. 697 (›Token‹)

[77] Arnold Keller, Das Deutsche Notgeld 1914, 2. Aufl., München 1976, S. 3–48, mit einer Fülle von papiergeldkundlichen Einzelheiten

[78] Festschrift, S. 48

[79] Keller (Anm. 77), S. 13–13b

[80] Vgl. hierzu: Arnold Keller, Das Deutsche Notgeld – Kleingeldscheine 1916–1922, I.–III. Teil: Verkehrsausgaben; neubearbeitet von Albert Pick und Carl Siemsen, München 1979, desgl. IV. Teil: Serienscheine; desgl. neubearbeitet, München 1975
Vorwort zum I.–III. Teil, S. 1–35: Grundlegende Einführung mit zahlreichen Einzelheiten geldgeschichtlicher und papiergeldkundlicher Art

[81] Zu den Notmünzen: Peter Menzel, Deutsche Notmünzen und sonstige Geldersatzmarken 1873–1932; Berlin (Ost) 1982 (Gesamtkatalog, auf der Grundlage der sechs Arbeiten von Walter Funck, siehe im Quellen- und Literaturverzeichnis S. 556)

[82] Keller (Anm. 80, oben), I.–III. Teil, S. 4

[83] Festschrift, S. 64

[84] Keller (Anm. 80, oben), I.–III. Teil, S. 10

[85] Vgl. Tabellenanhang 1
[86] 1609–1680, kaiserlicher Feldmarschall; nach Richard Zoozmann, Zitatenschatz der Weltliteratur, Berlin und Hamburg 1954 (8. Auflage), S. 286, jedoch vom Marschall von Frankreich Gian-Giacomo Trivulzio (1436–1518)
[87] Vgl. für viele: Georg Obst, Geld-, Bank- und Börsenwesen, 28. Auflage, Stuttgart 1933, S. 9; 32. Auflage, 1948, S. 12; Otto Veit (Anm. 32, oben), S. 227
[88] Vgl. im einzelnen, auch für die Entstehung: Rittmann, S. 85 (Kapitel 4b)
[89] Veit (Anm. 32), S. 227
[90] Deutsche Bundesbank: Deutsches Geld- und Bankwesen in Zahlen, Frankfurt 1976, S. 6. Preisindex des Sozialprodukts 1876: 86,0; 1913: 100,0; der Verbraucherpreise 1876: 76,0; 1913: 100,0
[90a] Zur ›finanziellen Kriegführung‹ des Reichs allgemein: Roesler (Anm. 3a), S. 59ff.
[91] D. h. die aus außerordentlichen Deckungsmitteln bestrittenen Ausgaben; vgl. Elster, S. 91–93, 96. Der Monatsbetrag stieg bis Oktober 1916 auf über 3 Milliarden Mark, 1917 auf 4 Milliarden Mark.
[92] Statistisches Reichsamt: Finanzen und Steuern im In- und Ausland, Berlin 1930, S. 104
[93] Vgl. Anm. 24 und 28
[94] Elster, S. 99
[95] Reichsgesetzblatt 1914, S. 516. Erweitert u. a. durch Verordnung über die Enteignung von Gegenständen des täglichen Bedarfs, vom 23. Juli 1915 (Reichsgesetzblatt 1915, S. 467)
[96] Bekanntmachung zur Fernhaltung unzuverlässiger Personen vom Handel, vom 23. September 1915 (Reichsgesetzblatt 1915, S. 603)
[97] Bekanntmachung über die Errichtung von Preisprüfungsstellen und die Versorgungsregelung, vom 25. September 1915 (Reichsgesetzblatt 1915, S. 607)
[98] Verordnung über den Handel mit Lebens- und Futtermitteln, vom 24. Juni 1916 (Reichsgesetzblatt 1916, S. 581)
[99] Verordnung gegen den Schleichhandel, vom 7. März 1918 (Reichsgesetzblatt 1918, S. 112)
[100] Verordnung gegen Preistreiberei, vom 8. Mai 1918 (Reichsgesetzblatt 1918, S. 395)
[101] Elster, S. 83
[101a] Gerd Hardach, Der Erste Weltkrieg. Geschichte der Weltwirtschaft im 20. Jahrhundert, Band 2 (dtv 4122), München 1973, S. 119 (15. Kapitel: Ernährung im Krieg)
[102] Bekanntmachung über die Unverbindlichkeit gewisser Zahlungsvereinbarungen (Reichsgesetzblatt 1914, S. 99). Über die Entstehung und Bedeutung von Gold-, Goldwert- und Wertsicherungsklauseln: F. A. Mann, Das Recht des Geldes, Frankfurt und Berlin 1960, S. 99–132 (Kapitel »Sicherungsmaßnahmen gegen die Folgen des Nominalismus«)
[103] Vgl. Rittmann, S. 500 (Kap. 24d), S. 510 (Kap. 25a), S. 419 (Kap. 20f)
[104] Vgl. Rittmann, S. 755 (Kap. 33c)
[105] Bekanntmachung, betr. Verbot des Agiohandels mit Reichsgoldmünzen (Reichsgesetzblatt 1914, S. 981); Geltung bis Ende 1919, vgl. Bekanntmachung vom 19. Dezember 1919 (Reichsgesetzblatt 1919, S. 2126)
[106] Bekanntmachung, betr. Verbot der Ausfuhr und Durchfuhr von Gold, vom 13. November 1915 (Reichsgesetzblatt 1915, S. 763); Bekanntmachung, betr. Verbot der Ausfuhr von Goldwaren, vom 13. Juli 1916 (Reichsgesetzblatt 1916, S. 695)
[107] Bekanntmachung über die Goldpreise, vom 8. Februar 1917 (Reichsgesetzblatt 1917, S. 117)
[108] Festschrift, S. 85
[109] Verordnung, betr. die Mitteilungen über Preise von Wertpapieren usw., vom 25. Februar 1915 (Reichsgesetzblatt 1915, S. 111)

[110] Reichsgesetzblatt 1916, S. 49

[111] Reichsgesetzblatt 1917, S. 105. Der Verordnung waren Maßnahmen von Militärbefehlshabern im Rahmen der militärischen Zensur des Auslandspostverkehrs vorausgegangen, die den Postversand von Papiergeld unterbanden (Elster, S. 74)

[112] Bekanntmachung, betr. die Ein- und Ausfuhr von auf Rubel lautenden Geldzeichen, vom 17. März 1917 (Reichsgesetzblatt 1917, S. 235)

[113] Bekanntmachung über ausländische Wertpapiere, vom 22. März 1917 (Reichsgesetzblatt 1917, S. 260); ferner Bekanntmachung über schwedische, dänische und schweizerische Wertpapiere, vom 22. Mai 1917 (Reichsgesetzblatt 1917, S. 429)

[114] Bekanntmachung über die Anmeldung von Zahlungsmitteln in ausländischer Währung und von Forderungen auf verbündete und neutrale Länder, vom 31. August 1917 (Reichsgesetzblatt 1917, S. 737); Bekanntmachung betr. die Übertragung von Zahlungsmitteln und Forderungen in ausländischer Währung auf die Reichsbank, vom 31. August 1917 (Reichsgesetzblatt 1917, S. 741)

[115] Verordnung vom 22. Januar 1916 (Reichsgesetzblatt 1916, S. 54)

[116] Festschrift, S. 81–85

[117] Elster, S. 87–90

[118] Bei Elster (S. 450, Tabelle 15) die Ergebnisse für die einzelnen Anleihen nach Zeichnungen in Größenordnungen sowohl nach ihrer Zahl als nach den Zeichnungsbeträgen

[119] Vgl. Wilhelm Otto Burandt, Die Ursachen der interskandinavischen Valutadivergenzen im Zeitraum 1915–1924, Jena 1928, S. 69; G. J. van der Heyden, Der ausländische Zahlungsverkehr in Holland vor und während des Krieges bis Ende 1917, Im Haag 1919, S. 111

[120] Nach Festschrift, S. 89, 90

[121] Durch das Londoner Protokoll vom 19. April 1839

[122] Zur Lateinischen Münzunion und ihrem Zustand im Jahre 1914: Herbert Rittmann, Moderne Münzen, München 1974, Kap. III und XI (S. 45, 185); Herbert Rittmann, Schweizer Münzen und Banknoten, München 1980, S. 28

[123] Valery Janssens, Le franc belge, un siègle et demi d'histoire monétaire, Brüssel 1976, S. 154

[124] Ludwig von Köhler, Die Staatsverwaltung der besetzten Gebiete. Erster Band: Belgien (Reihe Wirtschafts- und Sozialgeschichte des Weltkriegs der Carnegie-Stiftung, Deutsche Serie), S. 4

[125] v. Köhler (Anm. 124), S. 145

[126] v. Köhler (Anm. 124), S. 56

[127] Inhaltsangaben und Fundstellen: Charles Dupriez, Monnaies et essais monétaires du Royaume de Belgique et du Congo Belge, Tome I, Bruxelles 1949, S. 387

[128] Vgl. Erich Weißkopf, Das schweizerische Münzwesen von seinen Anfängen bis zur Gegenwart, Bern 1948, S. 150:
»Deutschelnd trachtete danach, die durch seinen Feldzug erworbenen belgischen und französischen Silbermünzen, vornehmlich solche der Lateinischen Münzunion, in die Schweiz abzuschieben. In was für einem Zustand oft dieses Geld bei uns anlangte, verrät eine im Februar 1918 von der Eidg. Postverwaltung herausgegebene Bekanntmachung, in der es heißt . . .: Die eidgenössische Staatskasse weise von nun an durch Feuer und Rauch geschwärzte oder durch Blut oder sonstwie arg beschmutzte Fünffrankenstücke belgischer, italienischer oder französischer Herkunft zurück. Die weitere Annahme solcher Münzen sei daher von den Poststellen zu verweigern. Die Inhaber dermaßen verunstalteter Geldstücke seien zu veranlassen, die Münzen zu reinigen oder reinigen zu lassen.«

[129] Verordnungen des Generalgouverneurs vom 7. August 1915 und 20. Dezember 1917 (Dupriez; Anm. 127)

[130] Pick, Nr. 1–3 B und 16–20

[131] Jaeger, 11. Auflage (1976), Nr. N 612 a – N 616. Zu den belgischen Verhältnissen vgl. auch Georg Holzhauer, Barzahlung und Zahlungsmittelversorgung in militärisch besetzten Gebieten, Jena 1939, S. 51, 66

[132] Janssens (Anm. 123), S. 163

[133] Janssens (Anm. 123), S. 419

[134] Oben, Kapitel 1 c

[135] Pick, Nr. 4, 5; Raymond Weiller, 125 Jahre luxemburgisches Papiergeld, Luxemburg 1980 (Festschrift zum 125. Jahrestag der BIL); Nr. A 4, A 5. Der Umlauf betrug etwa 3 Millionen Mark, vgl. Christian Calmes, Une banque raconte son histoire. Histoire de la Banque Internationale 1856–1981. Luxemburg 1981, S. 273

[136] Pick, Nr. 6–8; Weiller, Nr. C 1–C 5; Gesamtbetrag: 5 Millionen Mark, vgl. Calmes (Anm. 135), S. 274

[137] Pick, Nr. 21–25

[138] Kurt Jaeger, Liechtenstein – Luxemburg, Basel 1963, Nr. 1, 4–7

[139] Jaeger (Anm. 138), Nr. 11, 12

[140] Die Darstellung folgt im westlichen: Georg Süß, Das Geldwesen im besetzten Frankreich, München 1920. Darauf stützt sich auch Holzhauer (Anm. 131), S. 59

[141] Pick, Nr. 431–437

[142] Jaeger/Pusback, Nr. 601–603

[143] Vgl. Georg W. Hanna, Das Land Ober Ost. Besetztes Gebiet des Oberbefehlshabers Ost und seine Währung im 1. Weltkrieg; in: Geldgeschichtliche Nachrichten 77/132 (Mai 1980)

[144] Vgl. hierzu: Karl Elster, Vom Rubel zum Tscherwonjez, Jena 1930, S. 39, 44. Ferner: Holzhauer (Anm. 131), S. 68 sowie 100: Im österreichischen Generalgouvernement Lublin, wo die Kronenwährung und die Rubelwährung nebeneinander bestanden, führte man folgende Umrechnungskurse ein, als sich der Rubel schneller entwertete als die Krone:

1. April 1917	260 K
18. September 1917	240 K
12. Dezember 1917	205 K
20. Dezember 1917	195 K
15. Januar 1918	220 K
28. Mai 1918	200 K

für 100 Rubel. Ähnlich verfuhr die deutsche Verwaltung in Warschau (Holzhauer, S. 69, mit weiteren Einzelheiten u. a. zum Notgeld. Im April wurde die Polnische Mark zum alleinigen gesetzlichen Zahlungsmittel erklärt, der Rubel mithin demonetisiert. Am 30. Juni 1918 liefen 504 Millionen Polnische Mark in Darlehenskassenscheinen um)

[145] Pick, Nr. 438–445

[146] Vgl. Helmut Carl, Kleine Geschichte Polens, Frankfurt 1960, S. 126. Dazu Helfferich (Anm. 18), S. 407

[147] So in Rumänien und Italien (siehe unten). Alexander Popovics, Das Geldwesen im Kriege, Wien 1925 (Carnegie-Stiftung; wie Anm. 124), S. 98 ff.

[148] Pick, Nr. 411–426

[149] Marian Gumowski, Handbuch der polnischen Numismatik, Graz 1960, S. 82

[150] Jaeger/Pusback, Nr. 604–607 Z

[150a] Juristische Wochenschrift 1922, S. 1689, Anmerkung: Rechtsanwalt Dr. Heinrich Freund, Berlin

[151] Zur Vorgeschichte der Kriegserklärung: Helfferich (Anm. 18), S. 193; Manfred Huber, Grundzüge der Geschichte Rumäniens, Darmstadt 1973, S. 106

[152] Holzhauer (Anm. 131), S. 72

[153] Pick, Nr. 451–458

[154] Vgl. im einzelnen Popovics (Anm. 147), S. 100

[155] Popovics (Anm. 147), S. 100

[156] Pick (Italien), Nr. M 1–M 9 (Datum: 2. Januar 1918)

[157] Popovics (Anm. 147), Tabelle VII im Anhang

[158] Abkommen und Erklärungen vom 29. Juli 1899, betr. die Gesetze und Gebräuche des Landkriegs (Reichsgesetzblatt 1901, S. 423); Entsprechendes galt für den Seekrieg: Abkommen und Erklärungen, betr. die Anwendung der Grundsätze der Genfer Konvention vom 22. August 1864 auf den Seekrieg (Reichsgesetzblatt 1901, S. 455). Dazu: Mayers Großes Konversationslexikon, 6. Aufl., 11. Band, Leipzig und Wien 1906, S. 666. Heute gilt: Geneva Convention relative to the Treatment of Prisoners of War, vom 12. August 1949 (Section IV, Articles 58–68)

[159] Arnold Keller, Das deutsche Notgeld. Das Notgeld der Gefangenenlager 1914–1918. Deutsches Reich, Österreich, Ungarn, München 1976, S. 7

[160] Keller (Anm. 159), S. 2

[161] Keller (Anm. 159) S. 1

[162] Vgl. Anm. 81

[163] Keller, Das deutsche Notgeld 1914 (Anm. 77)

Zu Kapitel 3:
Die Inflation

[1] Vgl. Gaettens, Inflationen (Anm. 3 zu Kapitel 1)

[1a] Eindrucksvolle Darstellung: Arminius (Pseud.), Feldherrnköpfe 1914/18, Leipzig 1932, S. 213; zu Marschall Ferdinand Foch, ›Commandant-en-Chef‹ der Alliierten Armeen an der Westfront ab 26. März 1918: S. 92

[2] So die vierte (letzte) Note von Präsident Wilson im Notenwechsel, vom 5. November 1918; vgl. Helmuth Rönnefarth, Konferenzen und Verträge, Teil II: 1493–1952 (Vertrags-Ploetz), Bielefeld 1954, S. 276

[3] Rönnefarht, S. 277

[4] Reichsgesetzblatt 1919, S. 687–1349; Zustimmungsgesetz vom 16. Juli 1919; in Kraft getreten 10. Januar 1920 (Reichsgesetzblatt 1920, S. 31)

[5] Reichsgesetzblatt 1919, S. 985 und 997

[6] Elster, S. 118–130

[7] Elster, S. 116

[8] Entsprechendes bestimmte Artikel 296 für die Regulierung von Vorkriegsschulden unter Angehörigen der kriegführenden Staaten, die wegen des Krieges unbezahlt geblieben waren. Durch den Friedensvertrag wurden alle deutschen Auslandswerte eingezogen.

[9] Festschrift, S. 93. Übergriffe im einzelnen bei Hjalmar Schacht, Die Stabilisierung der Mark, Berlin und Leipzig 1927, S. 41; Festschrift, S. 126. Es wurden auch Geldtransporte der Reichsbank beschlagnahmt und selbst Tageskassen von Reichsbankstellen in bankraubähnlicher Weise beschlagnahmt. Die Fertigstellung unfertiger Noten (wozu die Druckereien gezwungen wurden) und ihre Ausgabe ist als Falschmünzerei zu betrachten. Die beschlagnahmten Werte dieser Art beliefen sich auf knapp 1 Trillion Mark im Tageswert von 26 Millionen Goldmark; außerdem wurden Goldmünzen und Silbermünzen sowie ausländische

Noten für rd. 75 000 Goldmark beschlagnahmt. Separatisten entwendeten den Reichsbank-
stellen im Rheinland Zahlungsmittel für rund 400 000 Goldmark. Vgl. hierzu auch: Karl
Wachendorf-Berlin, Zehn Jahre Fremdherrschaft am deutschen Rhein, Berlin o. J. (1930;
Rheinische Schicksalsfragen, Schrift 22/24), S. 154

[10] Vgl. hierzu Kapitel 2 f

[11] Vgl. Elster, S. 137–200

[12] Festschrift, S. 127

[13] Reichsgesetzblatt 1919, S. 1361

[14] Elster, S. 131. Goldzollerhebung hatte es schon früher gegeben: Österreich 1858–1878
(»Gulden Zollwährung«; vgl. Rittmann, Kapitel 36 a, S. 815); USA 1862–1878 (in der Zeit
der Entwertung der ›Greenbacks‹), vgl. Arthur Nußbaum, Money in the Law National and
International, Brooklyn 1950, S. 583, 592; Johannes Scheffler, Das Geldwesen der Vereinigten Staaten von Amerika im 19. Jahrhundert, Straßburg 1908, S. 56

[15] Im einzelnen (mit Fundstellen): Elster, S. 131, 143, 183, 203–205; exakte Darstellung:
Deutschlands Wirtschaft, Währung und Finanzen, Berlin 1924, S. 80–94

[16] Belgier: Düsseldorf, Aachen bis zur niederländischen Grenze; Engländer: südlich bis zur
Linie Bonn – Grenze bei Malmedy; Amerikaner: anschließend etwa bis zur Linie Koblenz –
Saargebiet; im übrigen Franzosen, die 1923 auch die amerikanische Besatzungszone über-
nehmen. Räumung des Rheinlands: 30. Juni 1930

[17] Vgl. Gaettens (Anm. 3 zu Kapitel 1), S. 273 mit drastischen Beispielen

[18] Gaettens, S. 274

[19] Reichsgesetzblatt 1918, S. 1325

[20] Reichsgesetzblatt 1918, S. 1440

[21] Vgl. Kapitel 2 d; dort Anm. 70

[22] Reichsgesetzblatt 1919, S. 1539

[23] Festschrift, S. 130

[24] Vgl. Tabellenanhang 8

[25] Hjalmar Schacht, Die Stabilisierung der Mark, Berlin und Leipzig 1927, S. 31

[26] Übersicht der Goldankaufspreise bei Elster, S. 459

[27] Inhaltsangaben und Fundstellen: Festschrift, S. 94–102

[28] Gesetz über die Autonomie der Reichsbank, vom 26. Mai 1922 (Reichsgesetzblatt 1922, Teil
I, S. 135)

[29] Hierzu Elster, S. 132, 138, 152, 154, 161 (auch zum Anteil der Steuereinnahmen an den
Reichsausgaben), 169, 181, 186, 190, 196, 210, 211; S. 452 (Übersicht)

[29a] Elster, S. 477

[30] Vgl. Kapitel 4 f

[30a] Übersetzt von Michael Tocha nach dem Abdruck in: By-line: Ernest Hemingway. Selected
Articles and Dispatches of Four Decades. Ed. by William White, New York 1967, veröffentlicht in: Baden-Württemberg, Heft 3/1984 (Verlag G. Braun GmbH, Karlsruhe)

[31] Pick/Rixen, Nr. 70 (S. 40); Festschrift, S. 115, 117

[32] Pick/Rixen, Nr. 71

[33] Pick/Rixen, Nr. 72

[34] Pick/Rixen, Nr. 75

[35] Pick/Rixen, Nr. 74

[36] Pick/Rixen, Nr. 73

[37] Festschrift, S. 118. Später (ab 1926) stellte das Reichsgericht fest, daß bis Mitte August 1922
noch nach Mark gerechnet und immer noch auf die Besserung ihres Kurses gehofft wurde;
nach der Ermordung Rathenaus (24. Juni 1922), die auch das Vertrauen des Auslands in die

Republik schwer erschütterte, begann die ›galoppierende‹ Inflation (Entscheidungen des Reichsgerichts in Zivilsachen, Bd. 113, S. 136; Bd. 115, S. 198)

[38] Darlehenskassenscheine zu 1 und 2 Mark: Pick/Rixen, Nr. 59, 60 und Nr. 62, 63 (Daten 1. März 1920 und 15. September 1922)

[39] Pick/Rixen, Nr. 79, 84, 76

[40] Pick/Rixen, Nr. 82, 83

[41] Pick/Rixen, bis Nr. 142

[42] Festschrift, S. 121–124; Gaettens (Anm. 3 zu Kapitel 1), S. 270

[42a] Vgl. Rittmann, S. 801 (Kapitel 35c)

[42b] Reichsgesetzblatt 1921, S. 508

[42c] Reichsgesetzblatt 1921, S. 937

[42d] Pick/Rixen –

Badische Bank: Nr. 708 (100 Mark) bis Nr. 715 (100 Milliarden Mark),
Bayerische Notenbank: Nr. 719 (100 Mark) bis Nr. 735 (500 Milliarden Mark),
Sächsische Bank: Nr. 748 (100 Mark) bis Nr. 763 (10 Billionen Mark),
Württembergische Notenbank: Nr. 771 (100 Mark) bis Nr. 784 (500 Milliarden Mark)

[43] Jaeger/Pusback, Nr. 16 (S. 92–94)

[44] Georg Obst, Geld-, Bank- und Börsenwesen, Stuttgart 1933, S. 20, 29

[45] Jaeger/Pusback, Nr. 301; dazu Verordnung über die Ermächtigung des Staatenausschusses zur Anordnung von Münzprägungen, vom 1. August 1919 (Reichsgesetzblatt 1919, S. 1381; Seidel, S. 66; Begründung sowie Beschluß des Reichsrats, des Nachfolgeorgans des Staatenausschusses, vom 21. August 1919, betreffend die Prägung von Fünfzigpfennigstücken aus Aluminium: Seidel, S. 67)

[46] Jaeger/Pusback, Nr. 300

[47] Jaeger/Pusback, Nr. 297

[48] Jaeger/Pusback, Nr. 298

[49] Jaeger/Pusback, Nr. 299. Die Beschlüsse im einzelnen bei Seidel, S. 66–68

[50] S. 67–77

[51] Vgl. Kapitel 2c (dort Anmerkungen 51, 52); Bekanntmachungen vom 9. Dezember 1919 (Reichsgesetzblatt 1919, S. 1977) und vom 19. Dezember 1919 (Reichsgesetzblatt 1919, S. 2126)

[52] Mit Wirkung vom 20. April 1919; Reichsgesetzblatt 1920, S. 521; Seidel, S. 69 (auch Begründung)

[53] Reichsgesetzblatt 1920, S. 199

[54] Dieses Verbot gilt bis heute. Siehe § 56 Abs. 1, Nr. 2a und b, der Gewerbeordnung: Edelmetalle, Edelsteine und Perlen dürfen im Reisegewerbe (außerhalb der Räume einer gewerblichen Niederlassung) nicht gehandelt werden

[55] Jaeger/Pusback, S. 312

[56] Reichsgesetzblatt 1922, Teil I, S. 517; Seidel, S. 70 (auch Begründung); hierzu Beschluß des Reichsrats, betreffend die Prägung von Ersatzmünzen im Nennbetrage von 1, 3 und 5 Mark, vom 27. Juli 1922 (Seidel, S. 75)

[57] Jaeger/Pusback, Nr. 302

[58] Seidel, S. 75; Jaeger/Pusback, Nr. 303

[59] Reichsgesetzblatt 1923, Teil I, S. 118; Seidel, S. 75 (Begründung: Seidel, S. 76)

[60] Reichsgesetzblatt 1923, Teil I, S. 853; Seidel, S. 77

[61] Bekanntmachungen vom 12. März und vom 8. Mai 1923 (Reichsgesetzblatt 1923, Teil I, S. 191 und 286; Seidel, S. 76)

[61a] Jaeger/Pusback, Nr. N33, N34 (S. 646)

[61b] Nach Jaeger/Pusback (Nr. N9 – N28: S. 632–644) unter Hinweis auf Fritz Reissner, Die Notmünzen der Landesbank der Provinz Westfalen, in: Hefte für Geschichte, Kunst und Volkskunde, 25. Band (1940)

[61c] Karl Fischer in: Die Münze, Heft 8/1981, S. 7, und Peter Menzel: Deutsche Notmünzen und sonstige Geldersatzmarken 1873–1932, Berlin (Ost) 1982 (unter den Ortsnamen)

[62] Vgl. Anm. 80 zu Kapitel 2

[63] Reichsgesetzblatt 1922, Teil I, S. 693; Seidel, S. 71 (Begründung S. 73)

[64] Festschrift, S. 115

[65] Vgl. Arnold Keller, Das Deutsche Notgeld: Katalog Großgeldscheine 1918–1921, München 1976, zahlreiche interessante Einzelheiten S. 1–13

[66] Arnold Keller, Das Notgeld der deutschen Inflation 1922, München 1975, S. 2; vgl. hierzu Anm. 37

[67] Keller, 1922 (Anm. 66), abgedruckt S. 2

[68] Arnold Keller, Das Notgeld der deutschen Inflation: 1923, Teil I (Band 1–4), München 1975, S. 1

[69] Reichsgesetzblatt 1923, Teil I, S. 1065; hierzu Festschrift, S. 124

[69a] Vgl. Tabellenanhang 10

[70] Keller (Anm. 68), S. 9

[71] Deutschlands Wirtschaft, Währung und Finanzen (Anm. 15, oben), S. 66

[72] München (Battenberg), 1975

[73] Arnold Keller, Das Deutsche Notgeld. Das Notgeld besonderer Art. Scheine und Münzen ungewöhnlicher Art hinsichtlich des Materials, der Ausstattung oder des Inhalts, München 1977. Der Katalog umfaßt auch einschlägiges Notgeld anderer Länder aus allen Zeiten (in einem Einzelfall aus der Antike).

[74] Aufgeführt bei: Arnold Keller, Das Deutsche Notgeld. Katalog Großgeldscheine 1918–1921, München 1976

[75] Albert Pick, Briefmarkengeld, München 1970

[75a] Rudolf Wilhelmy, Geschichte des deutschen wertbeständigen Notgelds, Berlin 1962

[76] Der Darstellung folgt Arnold Keller, Das Deutsche Notgeld. Katalog Das wertbeständige Notgeld (Goldnotgeld) 1923/1924, München 1976. Zu den Schatzanweisungen im einzelnen: Jens-Uwe Rixen, Das wertbeständige Notgeld des Deutschen Reiches von 1923, in: Geldgeschichtliche Nachrichten 50/301 (November 1975)

[77] Hjalmar Schacht, Die Stabilisierung der Mark, Berlin und Leipzig 1927, S. 54. Später, im Zusammenhang mit der Aufwertung (vgl. Kapitel 4d), hat man den Goldmarkwert der wichtigsten Sachwerte festgesetzt (Durchführungsverordnung zum Aufwertungsgesetz, vom 29. November 1925, Reichsgesetzblatt 1925, Teil I, S. 392, Artikel 12):

1 Tonne Roggen	225,– Goldmark,
1 Tonne Weizen	264,– Goldmark,
1 Tonne Fettförderkohle des Rhein.-westfälischen Kohlensyndikats	15,– Goldmark,
1 Tonne gewaschene Fettnuß IV des Rheinisch-westfälischen Kohlensyndikats	17,50 Goldmark,
1 Tonne oberschlesische Flammstückkohle	16,75 Goldmark,
1 Tonne niederschlesische Stückkohle	22,30 Goldmark,
1 Tonne niederschlesische gewaschene Nußkohle I	22,30 Goldmark,
1 Doppelzentner Kalidüngesalz 40 vom Hundert	7,67 Goldmark

[78] Reichsgesetzblatt 1923, Teil I, S. 1065 (Wortlaut auch bei Keller – Anm. 76 –, S. 4). Vgl. auch Festschrift, S. 124, und Deutschlands Wirtschaft, Währung und Finanzen (Anm. 15, oben), S. 67

[79] Jaeger/Pusback, Nr. 35–37; Nr. 38, 39

[80] Jaeger/Pusback, Nr. 40–45

[81] Keller (Anm. 76), S. 6

[82] Siehe oben (dazu Anm. 9). Zum Folgenden: Deutschlands Wirtschaft, Währung und Finanzen (Anm. 15, oben), S. 79; Keller, 1923 (Bd. 1–4; Anm. 68, oben), S. 4, auch über Notgeld-behinderungen und -beschlagnahmungen

[83] Elster, S. 176–182. Die Zollgrenze fiel Anfang September 1924; vgl. Art. 4 des Londoner Abkommens, Reichsgesetzblatt 1924, Teil II, S. 289, 337)

[84] Keller, Wertbest. Notgeld (Anm. 76, oben), S. 11

[85] Zur Nachkriegsgeschichte des französischen Franken: Peter Oestergaard, Inflation und Stabilisierung des französischen Franc, Jena o. J. (1928)

[86] Schacht (Anm. 77), S. 98; Pick, S. 485: Nr. R1–R10 (France)

[87] Deutschlands Wirtschaft, Währung und Finanzen (Anm. 15, oben), S. 66

[88] Schacht (Anm. 77), S. 80

[89] Helfried Ehrend, Speyerer Münzgeschichte, Speyer 1976, S. 292, 320

[90] Keller, 1923 (Bd. 1–4; Anm. 68, oben), S. 19
Er nennt: Städte Andernach, Mayen; Kreise Bernkastel-Cues, Bingen, Düren; Städte Düren, Duisburg, Ems; Kreise Groß-Gerau, Mayen; Stadt und Kreis Kreuznach (gemeinsam); Kreisgemeinde Pfalz; Kreis St. Goarshausen

[91] Wachendorf-Berlin (Anm. 9), S. 204

[92] Max Springer, Loslösungsbestrebungen am Rhein (1918–1924), Berlin 1924, S. 107

[93] Keller, 1923 (Bd. 1–4; Anm. 68, oben), S. 17

Zu Kapitel 4:
Die Stabilisierung der Mark

[1] Reichsgesetzblatt 1975, S. 177; Seidel, S. 87

[2] Gesetz über die Autonomie der Reichsbank, vom 26. Mai 1922 (Reichsgesetzblatt 1922, Teil II, S. 135)

[3] Carl-Ludwig Holtfrerich, Reichsbankpolitik 1918–1923 zwischen Zahlungsbilanz- und Quantitätstheorie, in: Zeitschrift für Wirtschafts- und Sozialwissenschaften, 1977/3, S. 193–214

[4] Heinz Habedank, Die Reichsbank in der Weimarer Republik, Berlin (Ost) 1981

[5] Habedank, S. 76

[6] Habedank, S. 40. Damit wäre man im Grundsatz dem Vorbild der Nachfolgestaaten der österreichisch-ungarischen Doppelmonarchie gefolgt (Vorgänge der ›Währungstrennung‹; siehe Friedrich Steiner, Die Währungsgesetzgebung der Sukzessionsstaaten Österreich-Ungarns, Wien 1921)

[7] Habedank (Anm. 4), S. 50

[8] Vgl. Kapitel 2f

[9] Holtfrerich (Anm. 3), S. 193, 197 (mit Nachweisen)

[10] Helfferich, Das Geld, 5. Aufl., Leipzig 1921, S. 644; Holtfrerich (Anm. 3), S. 203 mit Hinweis auf die Verwaltungsberichte 1915 (S. 4), 1916 (S. 9) sowie 1919 bis 1923

[11] Holtfrerich (Anm. 3), S. 197

[12] Brief des Reichsbankdirektoriums an den Reichskanzler vom 29. Juli 1918: Holtfrerich (Anm. 3), S. 204

[13] Holtfrerich (Anm. 3), S. 206
[14] Brief des Reichsbankdirektoriums an das Reichsfinanzministerium vom 23. August 1923: Holtfrerich (Anm. 3), S. 208
[15] Habedank (Anm. 4), S. 37–99
[16] Berlin und Leipzig 1927
[17] 2. Auflage, München und Leipzig 1918 (1. Auflage: 1905)
[18] Karl von Lumm (Mitglied des Reichsbankdirektoriums 1903–1920), Karl Helfferich als Währungspolitiker und Gelehrter, Leipzig 1926
[19] Die wichtigsten und für die eingehende Beschäftigung mit der deutschen Münz- und Geldgeschichte des 19. und anfangs des 20. Jahrhunderts unerläßlichen Schriften:
Die Folgen des deutsch-österreichischen Münzvereins von 1857, Straßburg 1894 (Dissertation),
Zur Geschichte der Goldwährung, Berlin 1896,
Die Reform des deutschen Geldwesens nach der Begründung des Deutschen Reichs. 2 Bände, Leipzig 1898 (Habilitationsschrift),
Studien über Geld- und Bankwesen, Berlin 1900,
Das Geld, Leipzig 1903 (6., letzte Auflage: 1923),
Das Geld im russisch-japanischen Kriege, Berlin 1906,
Der Weltkrieg, 3 Bände, Berlin 1919
[20] Hierzu: Friedrich Löwenstein (Hrsg.), Der Prozeß Erzberger-Helfferich. Ein Rechtsgutachten, Ulm 1921
[21] Vgl. oben: Kapitel 2 g
[22] Hjalmar Schacht, Die Stabilisierung der Mark, Berlin und Leipzig 1927, S. 64
[23] Schacht, S. 88
[24] Schacht, S. 90
[24a] Nach dem Tod von Dr. Hjalmar Schacht schrieb Friedrich G. Helfferich, Sohn von Karl Helfferich, an die Neue Zürcher Zeitung (vgl. Fernausgabe vom 22. August 1970):
Ihr kurzer Nachruf in Ihrer Ausgabe vom 6. Juni (›NZZ‹ Nr. 256, Fernausgabe Nr. 153) zum Tod von Dr. Hjalmar Schacht enthält eine direkte Unrichtigkeit, die nicht ohne Widerspruch hingehen kann. Es handelt sich um die Bemerkung, Dr. Schacht habe »... durch Schaffung der Rentenmark 1923 die Inflation gestoppt«.
Es liegt mir fern, Sie der Urheberschaft an dieser irrtümlichen Auffassung zu zeihen, deren weite Verbreitung mir naturgemäß nicht verborgen ist. Gerade angesichts der vielen, oft einander widersprechenden Stimmen über den Ursprung der Rentenmark, deren Sachkenntnis wie politische Motivierung ein breites Spektrum überstreicht, ist es aber wohl angebracht, einmal die zu erster Hand Beteiligten zu Worte kommen zu lassen, nämlich den Verwaltungsrat der Deutschen Rentenbank. Zur Richtigstellung vielleicht besser als jedes andere Dokument geeignet erscheint mir ein Schreiben dieses Gremiums vom 3. Januar 1924 an meinen Vater, Dr. Karl Helfferich, in dem es unter anderem heißt:
»... daß es Ihnen (Helfferich) zu danken ist, wenn durch die Schaffung der Deutschen Rentenmark dem erschreckenden Verfall der deutschen Währung Einhalt geboten worden ist ...«
»... Die Deutsche Rentenbank führt ihre Entstehung auf die Vorschläge und Entwürfe zurück, die Euer Exzellenz ... vorgelegt haben und die unter Ihrer führenden Mitarbeit ... die Verordnung ... über die Errichtung der Deutschen Rentenbank gezeitigt haben.«
»... wenn auch verschiedene Ihrer Vorschläge nicht oder mit wesentlichen Aenderungen übernommen worden sind, so ist doch die tragende Grundlage Ihres genialen Plans geblieben.«

[25] Schacht (Anm. 22), S. 47

[26] Kapitel 4a (dazu Anm. 6)

[27] Schacht (Anm. 22), S. 54

[28] Vgl. Schacht (Anm. 22), S. 56; Elster, S. 215; veröffentlicht am 14. September 1923 in der Preußischen Zeitung (Kreuzzeitung), Nr. 425

[29] Eingehend Schacht (Anm. 22), S. 58, und Elster, S. 221

[30] Dies hebt Habedank (Anm. 4), S. 89, wohl zurecht, wenn auch polemisch, unter Angabe zahlreicher Einzelheiten aus seinen Quellen hervor

[31] Elster, S. 229

[32] Reichsgesetzblatt 1923, Teil I, S. 943

[33] Vom 8. Dezember 1923; Reichsgesetzblatt 1923, Teil I, S. 1179

[34] Reichsgesetzblatt 1923, Teil I, S. 963; endgültige Fassung durch Verordnung vom 13. Februar 1924, Reichsgesetzblatt 1924, Teil I, S. 66

[35] Hierzu Elster, S. 235–239

[36] Pick/Rixen, Nr. 156–163 (S. 130–133). Die Noten wurden offenbar eilig gestaltet und sind ohne Bildschmuck. Fortsetzungsserie mit Daten 20. März 1925 bis 6. Juli 1934 nur noch mit den Nominalen 5, 10 und 50 Rentenmark (Pick/Rixen, Nr. 164–167, S. 134–135). – Die Rentenbankscheine zu 1 und 2 Rentenmark mit Datum 30. Januar 1937 gehören zum Papiergeld des Zweiten Weltkriegs und damit in einen anderen Zusammenhang.

[37] S. 242

[38] »Goldmark ist der Wert von 1/2790 Kilogramm Feingold«

[39] Elster, S. 251. Zur Ausgabenminderung erließ die Regierung Marx (30. November 1923 bis 26. Mai 1924, zweites Mal 3. Juni 1924 bis 15. Dezember 1924) nicht weniger als 63 Notverordnungen

[40] Elster, S. 254; Tabellenanhang 7

[41] Der Vater des Verfassers z. B., ein Industrieangestellter, besaß noch nach dem Zweiten Weltkrieg einige hundert Schweizerfranken und mehrere Eindollarscheine, die er in den Inflationstagen als Gehaltsteil erhalten und ›gespart‹ hatte.

[41a] Vgl. Schacht (Anm. 22), S. 77. Die Bekämpfung des Notgelds stieß bei den Nutznießern auf erbitterten Widerstand, besonders im besetzten Rheinland, und brachte die Wirtschaft gegen Schacht auf

[42] Reichsgesetzblatt 1923, Teil I, S. 1099. Die Freigrenze, etwa im Reiseverkehr, betrug 10 Pfund Sterling. Zum Rheinland: vgl. Schacht (Anm. 22), S. 80

[43] Elster, S. 256; Schacht (Anm. 22), S. 81

[44] Schacht (Anm. 22), S. 87

[45] Reichsgesetzblatt 1923, Teil I, S. 1177; Schacht (Anm. 22), S. 87. Der Ausgleich des Reichshaushalts war das Verdienst von Dr. Luther

[46] Reichsgesetzblatt 1923, Teil I, S. 1205

[47] Reichsgesetzblatt 1923, Teil I, S. 1253

[48] Elster, S. 259

[49] Reichsgesetzblatt 1923, Teil I, S. 1065

[50] Schacht (Anm. 22), S. 99

[51] Festschrift, S. 154

[52] Einlagen bei den Sparkassen (Elster, S. 275):
Ende 1870:   801 Millionen Mark
Ende 1913: 19 689 Millionen Mark
Ende 1924:   608 Millionen Mark

[53] Habedank (Anm. 4), S. 104

[54] Habedank (Anm. 4), S. 106

[55] Elster, S. 281

[56] Elster, S. 295 (Zusammenfassung)

[57] Vgl. oben, Kapitel 3 a

[58] Einzelheiten und Hinweise auf Rechtsquellen (Reichsbahngesetz, Gesetz über die Londoner Konferenz, zur Dawes-Anleihe, Industriebelastungsgesetz, Aufbringungsgesetz) bei Elster, S. 303–309 (Reichsgesetzblatt 1924, Teil II, S. 235–358)

[59] Nach dem organisatorischen Vorbild der Bank von England

[60] Elster, S. 314

[60a] Hierzu: Festschrift, S. 155; Habedank (Anm. 4), S. 103; Elster, S. 262, 273

[61] Gesetz vom 19. März 1924 (Reichsgesetzblatt 1924, Teil II, S. 71)

[62] Pick/Rixen, Nr. 152 I, II (S. 130) und Albert Pick, Die Noten der Deutschen Golddiskontbank, in: Geldgeschichtliche Nachrichten 32/242 (November 1972)

[63] Vgl. hierzu: Handbuch der Finanzwissenschaft, 3. Band, Tübingen 1929, S. 94

[64] Reichsgesetzblatt 1924, Teil II, S. 235. Kommentar in: Richard Koch/Hjalmar Schacht, Die Reichsgesetzgebung über Münz- und Notenbankwesen. 7., neubearb. Auflage, Berlin und Leipzig 1926 (Guttentagsche Sammlung Deutscher Reichsgesetze, Nr. 26). Text auch bei Seidel, S. 200

[65] Vgl. Kapitel 1 b

[66] Reichsgesetzblatt 1924, Teil II, S. 246; Seidel, S. 215

[67] Reichsgesetzblatt 1924, Teil II, S. 254; Seidel, S. 215; Grasser, S. 185

[68] Dieser Aufruf erging am 5. März 1925 (Reichsanzeiger Nr. 54, vom 5. März 1925)

[69] Vgl. Kapitel 1 a; § 3 des Münzgesetzes vom 1. Juni 1909 (Reichsgesetzblatt 1909, S. 507); Seidel, S. 49; Grasser, S. 135

[70] Elster, S. 319

[70a] Dies geschah 1930; vgl. Seidel, S. 232

[71] Vgl. Schacht (Anm. 22), S. 129

[72] Reichsgesetzblatt 1924, Teil II, S. 252; Seidel, S. 224

[73] Kapitel III der Verordnung des Reichspräsidenten zur Sicherung von Wirtschaft und Finanzen, vom 1. Dezember 1930 (Reichsgesetzblatt 1930, Teil I, S. 517, 592; Seidel, S. 224)

[74] Klaus Peter Krause, Die Bank, die dem Billionen-Spuk ein Ende machte. Frankfurter Allgemeine Zeitung, 26. Oktober 1978. Vgl. Gesetz zum Abschluß der Währungsumstellung, vom 17. Dezember 1975 (Bundesgesetzblatt 1975, Teil I, S. 3123), §§ 1 und 8

[75] Reichsgesetzblatt 1914, S. 417

[76] §§ 293 ff., 372 des Bürgerlichen Gesetzbuches: Weigert sich der Gläubiger, angebotenes Geld in Gestalt gesetzlicher Zahlungsmittel anzunehmen, so ist der Schuldner von seiner Verpflichtung frei, wenn er den Geldbetrag bei Gericht hinterlegt

[77] Vgl. Rittmann, S. 739 (Kapitel 33); Arthur Nußbaum, Money in the Law National and International, Brooklyn 1950, S. 236–309, und F. A. Mann, Das Recht des Geldes, Frankfurt und Berlin 1960, S. 99–132 (allgemein zu Goldklauseln und Wertsicherungsklauseln)

[78] Die erste Auflage von Georg Friedrich Knapp, Staatliche Theorie des Geldes, ist von 1905

[79] Das Bürgerliche Gesetzbuch ist von 1896, in Kraft seit 1. Januar 1900. Das Handelsgesetzbuch, ebenfalls seit 1. Januar 1900 in Geltung, beruht auf dem Allgemeinen Deutschen Handelsgesetzbuch von 1861

[80] Im folgenden nach Nußbaum (Anm. 77), S. 206–215

[81] Juristische Wochenschrift, 1923, S. 459 und 522

[82] Entscheidungen des Reichsgerichts in Zivilsachen, Band 107, S. 78: Fall einer Hypothekenzahlung

83 Beim heutigen Bundesgerichtshof hat ein ›Großer Senat‹ zu entscheiden, wenn ein Senat in einer Rechtsfrage von der Entscheidung eines anderen Senats abweichen, d. h. die Rechtsprechung des Gerichts zu einer Rechtsfrage ändern will (vgl. §§ 132, 136, 137 des Gerichtsverfassungsgesetzes)

84 Urteil vom 13. März 1925 (Entscheidungen des Reichsgerichts in Zivilsachen, Band 110, S. 65)

85 Urteile vom 7. Mai 1927 (wie vor, Band 116, S. 313) und vom 11. Juni 1927 (Band 117, S. 226)

86 Urteil vom 30. Oktober 1928 (wie Anm. 84, Band 122, S. 200)

87 Urteil vom 11. Juni 1927 (vgl. Anm. 85)

88 Urteil vom 15. Dezember 1928 (wie Anm. 84, Band 123, S. 66)

89 Urteile vom 24. Oktober 1928 (wie Anm. 84, Band 122, S. 167) und vom 22. Juni 1925 (Band 111, S. 147)

90 Urteil vom 16. Januar 1926 (wie Anm. 84, Band 112, S. 324) und weitere Rechtsprechung bei Nußbaum, a. a. O. (Anm. 77), S. 207, Fußn. 22, mit Hinweis, daß der 2. Zivilsenat des Reichsgerichts vorübergehend den 15. August 1922 als Grenze betrachtete, wobei ihm die anderen Senate nicht folgten (Dollarstand: 1040 Mark; 1000 Mark erstmals überschritten).

91 Urteile vom 28. November 1923 (wie Anm. 84, Band 107, S. 78) und vom 21. Februar 1924 (Band 108, S. 83)

92 Rechtsprechung im einzelnen bei Nußbaum (Anm. 77), S. 208, 209, Fußn. 26–34

93 Nußbaum (Anm. 77), S. 209, Fußn. 37

94 Nußbaum (Anm. 77), S. 204

95 Rittmann, S. 246–256 (Kapitel 11 b)

96 Nußbaum (Anm. 77), S. 211

97 Sie war vorbereitet durch die Dritte Steuernotverordnung vom 14. Februar 1924 (Reichsgesetzblatt 1924, Teil I, S. 74)

98 Reichsgesetzblatt 1925, Teil I, S. 117

99 Interessante Parallele bei der Umstellung der Währung des Fürstentums Liechtenstein von der (entwerteten) österreichischen Krone auf den Schweizerfranken im Jahre 1921: Herbert Rittmann, Kleine Münz- und Geldgeschichte von Liechtenstein, Hilterfingen 1977, S. 54

100 Reichsbanknoten (auch Ausgaben vor dem Krieg): U. a. (zuletzt) Urteil vom 20. Juni 1929 (Juristische Wochenschrift 1929, S. 3491); Darlehenskassenscheine: Urteil vom 18. Februar 1929 (Entscheidungen des Reichsgerichts in Zivilsachen, Band 129, S. 115)

101 Reichsgesetzblatt 1925, Teil I, S. 137

102 Nußbaum (Anm. 77), S. 210

103 Vgl. Kapitel 18

104 Vgl. Ernst Rudolf Huber, Deutsche Verfassungsgeschichte seit 1789. Band VI: Die Weimarer Reichsverfassung, Stuttgart, Berlin, Köln, Mainz 1981, S. 193

105 Vgl. Anm. 100

Zu Kapitel 5:
Weimarer Republik: Die Münzen

1 Jaeger/Pusback, Nr. 302
2 Jaeger/Pusback, Nr. 324
3 Jaeger/Pusback, Nr. 354

[4] Jaeger/Pusback, Nr. 368

[4a] Reichsgesetzblatt 1923, S. 1086; Seidel, S. 157; Grasser, S.77

[5] Im deutschen Verwaltungssprachgebrauch bedeutet ›Einvernehmen‹ die erforderliche Zustimmung einer anderen Stelle, wogegen ›Benehmen‹ zwar Unterrichtung und Verhandlung, aber nicht die Zustimmung der anderen Stelle verlangt.

[6] Auf »zwei und eine halbe Rentenmark«; vgl. Verordnung über die Gleichstellung der Reichskupfermünzen mit den Rentenpfennigen und die Abänderung der Verordnung des Reichspräsidenten vom 8. November 1923, vom 11. Februar 1924; Reichsgesetzblatt, Teil I, S. 60; Seidel, S. 158; Grasser, S. 181

[7] Reichsgesetzblatt 1923, Teil I, S. 1091; Seidel, S. 158; Grasser, S. 179

[8] Jaeger/Pusback, Nr. 306, 307

[9] Jaeger/Pusback, Nr. 308–310 (Aluminiummessing: 91,5 Teile Kupfer, 8,5 Teile Aluminium). Messing ist ursprünglich – bekannt seit dem 1. Jahrhundert v. Chr. – eine Legierung von Kupfer und Zink. ›Tombak‹ – Rotguß – hat mehr als 80 v. H. Kupfer, ›Gelbguß‹ bis zu 50 v. H. Zink. Aluminiummessing war schon um 1900 sehr verbreitet. Vgl. Mayers Großes Konversationslexikon, 6. Auflage, 13. Band (1906)

[10] Vgl. Anm. 6 (§ 3 Nr. 3 der Verordnung)

[11] Reichsgesetzblatt 1924, Teil I, S. 291; Seidel, S. 159 (mit Begründung); Grasser, S. 182

[12] Vgl. Kapitel 4c

[13] Reichsgesetzblatt 1924, Teil I, S. 403; Seidel, S. 160 (Begründung S. 163); Grasser, S. 184

[14] Abgesehen von einigen Gedenkmünzen (Jaeger/Pusback, Nr. 107, Universität Berlin; Nr. 108, Universität Breslau; Nr. 109, 110, Befreiungskriege; Nr. 115, Mansfeld; ferner Nr. 88, Großherzogtum Mecklenburg-Schwerin); reguläre Wappen: Jaeger/Pusback, S. 100 (›großer‹ und ›kleiner‹ Adler: Kaiserwappen von Wilhelm I. und Wilhelm II.)

[15] Eingehend und mit Hinweisen auf Entwürfe: Walter Leonhard, Das große Buch der Wappenkunst, München 1976, S. 190–192, 196, 199

[16] Reichsgesetzblatt 1919, S. 1877:

»Auf Grund eines Beschlusses der Reichsregierung gebe ich hiermit bekannt, daß das Reichswappen auf goldgelbem Grunde den einköpfigen schwarzen Adler zeigt, den Kopf nach rechts gewendet, die Flügel offen, aber mit geschlossenem Gefieder, Schnabel, Zunge und Fänge von roter Farbe.

Wird der Reichsadler ohne Umrahmung dargestellt, so sind das gleiche Bild und die gleichen Farben, wie beim Adler im Reichswappen, zu verwenden, doch sind die Spitzen des Gefieders nach außen gerichtet.

Die im Reichsministerium des Innern verwahrten Muster sind für die heraldische Gestaltung des Reichswappens maßgebend. Die künstlerische Ausgestaltung bleibt für jeden besonderen Zweck vorbehalten.«

Die Flaggen wurden erst durch Verordnung des Reichspräsidenten vom 11. April 1921 endgültig geregelt (Reichsgesetzblatt 1921, S. 483); Erledigung des späteren ›Flaggenstreits‹: Zweite Verordnung über die deutschen Flaggen vom 5. Mai 1926, Reichsgesetzblatt 1926, Teil I, S. 217

[17] Reichsgesetzblatt 1924, Teil II, S. 254; Seidel, S. 160; Grasser, S. 185

[18] Vgl. Kapitel 4c. Daher Veröffentlichung des Münzgesetzes und der Bankgesetze in Teil II des Reichsgesetzblattes, in dem vor allem völkerrechtliche Verträge bekanntgemacht wurden

[19] Zweite Verordnung über das Inkrafttreten der Gesetze zur Durchführung des Sachverständigengutachtens, vom 10. Oktober 1924 (Reichsgesetzblatt 1924, Teil II, S. 383; Seidel, S. 167; Grasser, S. 193)

[20] Vom 10. Oktober 1924 (Reichsgesetzblatt 1924, Teil II, S. 383; Seidel, S. 167; Grasser, S. 193)

[21] Reichsgesetzblatt 1924, Teil I, S. 775; nicht bei Seidel; Grasser, S. 195. Ebenso verfuhren die Länder; Beispiel: Bayerische Verordnung über die Durchführung des Münzgesetzes, vom 25. November 1925 (Gesetz- und Verordnungsblatt, S. 265)

[22] Vgl. unten Kapitel 19 a und Bundesgesetzblatt, Teil III, S. 690

[23] Nach deutschem Sprachgebrauch bleiben Münzbezeichnungen in Verbindung mit Zahlwörtern in der Mehrzahl ungebeugt. Dem entsprachen seit 1871 alle Bezeichnungen auf den Münzen (vgl. Duden, Rechtschreibung, z. B. 17. Auflage 1973, S. 76, Abschnitt R 322). Danach heißt es ›Pfennige‹ nur bei Mehrzahl von Münzstücken (entsprechend ›Pence‹ und ›Pennies‹ im Englischen). Plural in § 1 und § 2 der Verordnung demnach nicht korrekt

[24] Jaeger/Pusback, S. 327, 328 (bei Nr. 311, 312)

[25] Bekanntmachung über die Ausprägung von Münzen im Nennbetrage von 1, 2, 5, 10 und 50 Reichspfennig, vom 4. November 1924 (Reichsgesetzblatt 1924, Teil I, S. 734; Seidel, S. 167; Grasser, S. 194); hier Plural im Titel richtig!

[26] Jaeger/Pusback, Nr. 313, 314, 316, 317, 318 (S. 329–337)

[27] Jaeger/Pusback, S. 337 (nach Berliner Münzblätter 1929, S. 565)

[28] Verordnung über die Außerkurssetzung der Fünfzig-Renten- und Reichspfennigstücke aus Aluminiumbronze, vom 5. Oktober 1929 (Reichsgesetzblatt 1929, Teil I, S. 151; Seidel, S. 179; Grasser, S. 217)

[29] Jaeger/Pusback, Nr. 324 (S. 343): Bekanntmachung über die Ausprägung von Reinnickelmünzen im Nennbetrage von 50 Reichspfennig, vom 15. Juli 1927 (Reichsgesetzblatt 1927, Teil I, S. 222; Seidel, S. 174; Grasser, S. 205)

[30] Bekanntmachung über die Ausprägung von Reichssilbermünzen im Nennbetrage von 1 und 2 Reichsmark, vom 17. April 1925 (Reichsgesetzblatt 1925, Teil I, S. 49; Seidel, S. 167; Grasser, S. 197); Jaeger/Pusback, Nr. 319, 320

[31] Jaeger/Pusback, Nr. 331; Bekanntmachung über die Ausprägung von Reichssilbermünzen im Nennbetrage von 5 Reichsmark, vom 21. Juli 1927 (Reichsgesetzblatt 1927, Teil I, S. 237; Seidel, S. 174; Grasser, S. 206)

[32] Siehe bei: Rudolf Schaaf, Die Proben der deutschen Münzen seit 1871, Basel 1979, Nr. 324 a ff.

[33] Jaeger/Pusback, S. 350

[34] Jaeger/Pusback, Nr. 349; Bekanntmachung über die Ausprägung von Reichssilbermünzen im Nennbetrage von 3 Reichsmark, vom 12. Dezember 1931 (Reichsgesetzblatt 1931, Teil I, S. 757; Seidel, S. 183; Grasser, S. 223)

[35] Jaeger/Pusback, Nr. 315 (S. 332); Vierte Verordnung des Reichspräsidenten zur Sicherung von Wirtschaft und Finanzen und zum Schutze des inneren Friedens, vom 8. Dezember 1931 (Reichsgesetzblatt 1931, Teil I, S. 699, 716; Seidel, S. 183) und Bekanntmachung über die Ausprägung von Reichskupfermünzen im Nennbetrag von 4 Reichspfennig, vom 1. Februar 1932 (Reichsgesetzblatt 1932, Teil I, S. 57; Seidel, S. 183; Grasser, S. 224); hierzu: Friedrich Wilhelm Böving, Über den Brüning-Pfennig, in: Geldgeschichtliche Nachrichten 73/250 (September 1979)

[36] Vgl. Rittmann, Kapitel 25 b (S. 521)

[37] Verordnung über die Außerkurssetzung der Vier-Reichspfennigstücke aus Kupferbronze, vom 25. Juli 1933 (Reichsgesetzblatt 1933, Teil I, S. 538; Seidel, S. 184; Grasser, S. 226)

[38] Jaeger/Pusback, Nr. 303

[39] Soweit in sechs Münzstätten geprägt wurde: Summen der Prägezahlen nach Jaeger/Pusback

[40] Lagerkatalog 29 der Münzhandelsfirma Spohr, Frankfurt. Auf dem Höhepunkt der Welt-

wirtschaftskrise war die Sammlerschaft nicht mehr in der Lage, größere Mengen zurückzulegen
[41] Im einzelnen siehe bei Seidel, S. 171–184, und bei Grasser, S. 198–225
[42] Das ist auch für diese Zeit nicht selbstverständlich, wurden doch z. B. in den Vereinigten
Staaten von Amerika und in Dänemark schon in jenen Jahrzehnten Gedenkmünzen gegen
Aufpreis abgegeben, wobei der Mehrbetrag einem guten Zweck zugeführt oder – in den
Vereinigten Staaten – zuweilen die Gesamtprägung von Stücken auf eine bestimmte Ge-
denkfeier deren Veranstaltern zum Vertrieb gegen Aufpreis überlassen wurde. Vgl. auch
S. 422
[43] Jaeger/Pusback, Nr. 344, und Peter Jaeckel, Die Münzprägungen des Hauses Habsburg
1780–1918 und der Republik Österreich seit 1918, 4. Auflage, Basel 1970, Nr. 432 (S. 171)

Zu Kapitel 6:
Weimarer Republik: Das Papiergeld

[1] Pick/Rixen, Nr. 170–174
[2] Pick/Rixen, Nr. 76, 78
[3] Pick/Rixen, Nr. 79
[4] Pick/Rixen, Nr. 175–179; Rückseiten abgebildet bei Jaeger/Haevecker, Nr. 123–128
(S. 116–121)
[5] In der Amtszeit von Reichsbankpräsident Dr. Hans Luther (vgl. unten, Kapitel 7b), dem
Dr. Hjalmar Schacht bei seiner zweiten Amtszeit folgte, wurden keine Reichsbanknoten beschlossen
[6] Vgl. oben, Kapitel 1b
[7] Badische Bank, 100 Jahre 1870–1970 (Jubiläumschrift, Karlsruhe 1970), Abbildung bei
S. 36: Druckprobe; bei Pick/Rixen: ›Ungültig‹ gestempelt (Nr. 716)
[8] Jubiläumschrift (Anm. 7), S. 34
[9] Jubiläumschrift (Anm. 7), S. 34
[10] Pick/Rixen, Nr. 736, 737
[11] Pick/Rixen, Nr. 738
[12] Pick/Rixen, Nr. 764, 765
[13] Pick/Rixen, Nr. 785–787

Zu Kapitel 7:
Weimarer Republik: Die Währung

[1] Vgl. Kapitel 4d; hierzu Karl Elster, Von der Mark zur Reichsmark, Jena 1928, S. 277
[2] Siehe Tabellenanhang 1
[3] Zum Folgenden: Deutsche Bundesbank, Währung und Wirtschaft in Deutschland
1876–1975, Frankfurt 1976, S. 260ff., 266; ferner Heinz Habedank, Die Reichsbank in der
Weimarer Zeit, Berlin 1981, S. 120–189. Habedank weist insbesondere hin auf den Kampf
der Reichsbank gegen die Schuldenaufnahme im Ausland und auf ihre außenpolitischen
Bestrebungen (Behinderung Polens, S. 132; Bemühung um eine Zollunion Deutsches Reich
– Litauen, S. 141; Kolonialbestrebungen, S. 146; Wirkungslosigkeit einer Beratungsstelle für

Auslandskredite; Probleme des Transfers von Reparationszahlungen; deutsche Vorbereitungen für eine neue Reparationskonferenz, 1928). Zur endgültigen Bereinigung der Reparationsfrage Pariser Sachverständigenkonferenz ab 9. Februar 1928 (eingehende Schilderung des Verlaufs)

[4] Hjalmar Schacht, Das Ende der Reparationen, Oldenburg 1931, S. 86

[5] Vgl. unten, Kapitel 7b

[6] Währung und Wirtschaft (Anm. 3), S. 276

[7] Reichsgesetzblatt 1930, Teil I, S. 207

[8] Währung und Wirtschaft (Anm. 3), S. 271

[9] Das Ende der Reparationen (Anm. 4)

[10] Währung und Wirtschaft (Anm. 3), S. 274, 275

[11] Reichsgesetzblatt 1930, Teil II, S. 355; in Kraft 17. Mai 1930 (Bekanntmachung vom 19. Mai 1930, Reichsgesetzblatt 1930, Teil II, S. 777)

[12] Reichsgesetzblatt 1930, Teil II, S. 691

[13] Vgl. Gesetz zur Änderung des Reichsbahngesetzes, vom 13. März 1930 (Reichsgesetzblatt 1930, Teil II, S. 359); Bekanntmachung über Inkrafttreten vom 19. Mai 1930 (Reichsgesetzblatt 1930, Teil II, S. 777)

[13a] Dazu die Gedenkmünzen zu 3 Mark und zu 5 Mark: Jaeger/Pusback, Nr. 345, 346. Vgl. Habedank (Anm. 3), S. 190

[14] Währung und Wirtschaft (Anm. 3), S. 290

[15] Habedank (Anm. 3), S. 240

[16] (entfällt)

[17] Habedank (Anm. 3), S. 244

[18] Vgl. u. a. Gesetz zum Schutz der Republik, vom 25. März 1930 (Reichsgesetzblatt 1930, Teil I, S. 91), (Not-)Verordnung des Reichspräsidenten auf Grund des Artikels 48 der Reichsverfassung gegen Waffenmißbrauch, vom 25. Juli 1930 (Reichsgesetzblatt 1930, Teil I, S. 352), (Not-)Verordnung des Reichspräsidenten zur Bekämpfung politischer Ausschreitungen, vom 28. März 1931 (Reichsgesetzblatt 1931, Teil I, S. 79) usw. – Vorzügliche, eingehende Darstellung der politischen Ereignisse und der verfassungs- und staatsrechtlichen Entwicklung: E. R. Huber, Deutsche Verfassungsgeschichte seit 1789. Band VII: Ausbau, Schutz und Untergang der Weimarer Republik, Stuttgart, Berlin, Köln, Mainz 1984, Teil D: Das Weimarer Präsidialregime (S. 731–1281)

[19] Währung und Wirtschaft (Anm. 3), S. 301

[20] Verordnung vom 31. Oktober 1924 (Reichsgesetzblatt 1924, Teil I, S. 729; auch Verordnungen vom 22. Februar und 7. November 1927 (Reichsgesetzblatt 1927, Teil I, S. 68 und 327)

[21] Karl Erich Born, Geld und Banken im 19. und 20. Jahrhundert, Stuttgart 1977, S. 456

[22] Nach der Deutschen Bank und Diskontogesellschaft (nach der Fusion von 1929; seit 1937 ›Deutsche Bank‹; vgl. Born, Anm. 21, S. 461)

[23] a. a. O. (Anm. 21), S. 489

[24] Verordnung des Reichspräsidenten über die Darmstädter und Nationalbank, vom 13. Juli 1931, mit Durchführungsverordnung hierzu (Reichsgesetzblatt 1931, Teil I, S. 359)

[25] Verordnung des Reichspräsidenten über Bankfeiertage, mit Durchführungsverordnung (Reichsgesetzblatt 1931, Teil I, S. 361)

[26] Bankdirektor; in der Regierung Scheidemann (13. Februar bis 20. Juni 1919, nach der Regierung des ›Rats der Volksbeauftragten‹) Finanzminister (19. April – 21. Juni 1919); vorher von Bedeutung als Staatssekretär des Reichskolonialamts (17. Mai 1907 – 9. Juni 1910), vgl. Hans Georg Steltzer, Die Deutschen und ihr Kolonialreich, Frankfurt 1984, S. 245f.

[27] Vgl. oben, Kapitel 4c

[28] Verordnung des Reichspräsidenten über die Wiederaufnahme des Zahlungsverkehrs nach den Bankfeiertagen, den Verkehr mit Devisen und über Kursveröffentlichungen, vom 15. Juli 1931 (Reichsgesetzblatt 1931, Teil I, S. 365)

[29] Verordnung über die Wiederaufnahme des Zahlungsverkehrs nach den Bankfeiertagen (Reichsgesetzblatt 1931, Teil I, S. 365)

[30] Zweite Verordnung über die Wiederaufnahme des Zahlungsverkehrs nach den Bankfeiertagen, vom 15. Juli 1931 (Reichsgesetzblatt 1931, Teil I, S. 369)

[31] Dritte Verordnung über die Wiederaufnahme des Zahlungsverkehrs nach den Bankfeiertagen, vom 18. Juli 1931 (Reichsgesetzblatt 1931, Teil I, S. 376)

[32] Fünfte Verordnung: 23. Juli 1931 (wie vor, S. 393), 10 v. H. des Guthabens bis 200 RM, von Sparkonten 30 RM;
Sechste Verordnung: 28. Juli 1931 (S. 405), 10 v. H. bis 300 RM;
nach der Siebten Verordnung (1. August 1931, S. 419) blieb ab 5. August 1931 nur die Beschränkung der Sparkontenabhebungen mit 50 RM;
nach der Verordnung über Sparguthaben, vom 6. August 1931 (Reichsgesetzblatt 1931, Teil I, S. 431) wurde die Abhebungsgrenze bei Sparkonten auf 300 RM erhöht; im übrigen verblieb es bei den Kündigungsvorschriften

[33] Born, a. a. O. (Anm. 21), S. 499

[34] Reichsgesetzblatt 1931, Teil I, S. 365

[35] Reichsgesetzblatt 1931, Teil I, S. 366

[36] Verordnung über die Veröffentlichung von Kursen, vom 15. Juli 1931 (Reichsgesetzblatt, Teil I, S. 368)

[37] Reichsgesetzblatt, Teil I, S. 373

[38] Verordnung des Reichspräsidenten über die Erhebung einer Gebühr für Auslandsreisen, vom 18. Juli 1931 (Reichsgesetzblatt 1931, Teil I, S. 376). An der Grenze waren 150 RM zu entrichten (Durchführungsbestimmungen vom 21. Juli 1931, Reichsgesetzblatt 1931, Teil I, S. 389); gebührenfrei blieben der kleine Grenzverkehr, die Auswanderung und Grenzübertritte des Verkehrspersonals, Dienstreisen u. ä. Aufhebung: Verordnung vom 22. August 1931 (Reichsgesetzblatt 1931, Teil I, S. 449), ab 26. August 1931

[39] Verordnung des Reichspräsidenten über die Anmeldung von Zahlungsverpflichtungen gegenüber dem Ausland, vom 27. Juli 1931, mit Durchführungsverordnung (Reichsgesetzblatt 1931, Teil I, S. 403)

[40] Reichsgesetzblatt 1931, Teil I, S. 421. Ergänzungen ohne grundsätzliche Bedeutung: Erste Durchführungsverordnung, vom 12. August 1931 (S. 437), Zweite Durchführungsverordnung, vom 20. August 1931 (S. 453)

[41] Dritte Durchführungsverordnung, vom 29. August 1931 (Reichsgesetzblatt 1931, Teil I, S. 461)

[42] Dritte Verordnung über die Veröffentlichung von Kursen, vom 9. September 1931 (Reichsgesetzblatt 1931, Teil I, S. 491)

[43] Vierte Verordnung über die Veröffentlichung von Kursen, vom 3. Oktober 1931 (Reichsgesetzblatt 1931, Teil I, S. 570); bis 12. April 1932: Fünfte Verordnung, vom 11. April 1932 (Reichsgesetzblatt 1932, Teil I, S. 179)

[44] Achte Durchführungsverordnung, vom 17. November 1931 (Reichsgesetzblatt 1931, Teil I, S. 682)

[45] Zehnte Durchführungsverordnung (Reichsgesetzblatt 1932, Teil I, S. 79)

[46] Reichsgesetzblatt 1932, Teil I, S. 231

[47] Richtlinien für die Devisenbewirtschaftung, vom 23. Juni 1932 (Reichsgesetzblatt, Teil I, S. 317–338)

[48] Reichsgesetzblatt 1930, Teil I, S. 517–603
[49] Reichsgesetzblatt 1931, Teil I, S. 537–568
[50] Reichsgesetzblatt 1932, Teil I, S. 121
[51] Währung und Wirtschaft (Anm. 3), S. 301
[52] Zu den Anfängen auch: Hjalmar Schacht, Abrechnung mit Hitler, Hamburg und Stuttgart 1949 (rororo-Ausgabe; Zeitungsdruck), S. 4

Zu Kapitel 8:
Das Geldwesen in den geräumten und abgetretenen Gebieten

[1] Vgl. oben Kapitel 2g. Zum Folgenden: Valery Janssens, Le franc belge, un siècle et demi d'histoire monétaire, Bruxelles 1976, S. 165 ff.
[2] Reichsgesetzblatt 1930, Teil II, S. 342
[3] Vgl. oben Kapitel 2g
[4] Manfred Veit, Luxemburg, Heroldsberg 1970, S. 45
[5] Kurt Jaeger, Die Münzprägungen der letzten überlebenden Monarchien des »Teutschen Bundes« von 1815: Liechtenstein – Luxemburg, Basel 1963, S. 44, 64
[6] Raymond Weiller, 125 Jahre Luxemburger Papiergeld, Luxemburg 1980 (Festschrift der Banque Internationale à Luxembourg; französisch, deutsch, englisch), Nr. C 6–C 14 (S. 99–117)
[7] Jaeger (Anm. 5), S. 54
[7a] Vgl. oben Kapitel 2g
[7b] Zum Folgenden: Raymond Haberkorn, Monnaies de nécessité 1870–1872, 1914–1918–1924, 1940, Paris (Société française de Numismatique) 1976, S. 90
[7c] Herbert Rittmann, Schweizer Münzen und Banknoten, München 1980, S. 33
[7d] Pick, S. 487 (Nr. M 1–M 3, France)
[7e] Dazu: Peter Oestergaard, Inflation und Stabilisierung des französischen Franc, Jena (1933)
[8] Vgl. Kapitel 2g. Zu den Vorgängen: Manfred Hellmann, Daten der polnischen Geschichte, München 1985 (dtv 3268), S. 179; Helmut Carl, Kleine Geschichte Polens, Frankfurt 1960, S. 128
[9] Friedensvertrag von 1919 mit dem Deutschen Reich: Artikel 27 über die Grenzen des Deutschen Reichs (Nr. 7 ›gegen Polen‹), Artikel 28 (Grenzen Ostpreußens), Artikel 87 (Anerkennung Polens), Artikel 88 (Volksabstimmung in Oberschlesien), Artikel 94 (Volksabstimmung in Süd-Ostpreußen: Marienwerder, Allenstein); ferner Artikel 100 (Freie Stadt Danzig). Abtretung Galiziens durch Österreich: Friedensvertrag von St-Germain-en-Laye (10. September 1919; wirksam 16. Juli 1920)
[10] Handbuch der Finanzwissenschaft, 3. Band, Tübingen 1929, S. 236; Elemér Hantos, Das Geldproblem in Mitteleuropa, Jena 1925, S. 24
[10a] Friedrich Steiner, Die Währungsgesetzgebung der Sukzessionsstaaten Österreich-Ungarns, Wien 1921, S. 371
[10b] Pick, Polen Nr. 17–41
[11] Steiner (Anm. 10a), S. 381
[12] Im einzelnen bei Steiner (Anm. 10a), S. 382–392; Devisenkontrollvorschriften: S. 416–438
[13] Handbuch der Finanzwissenschaft (Anm. 10), S. 236
[14] Bedeutet ›Gulden‹, die alte polnische Münzeinheit bis zum 18. Jahrhundert

[15] Vgl. Rittmann, Moderne Münzen, Kapitel III (S. 45–76) und S. 179; Herbert Rittmann, Schweizer Münzen und Banknoten (vgl. Anm. 7 c, oben), S. 33 (zur Lateinischen Münzunion); zur Begründung des Zloty: Feldman/Holtfrerich/Ritter/Witt (Hrsg.), Die Erfahrung der Inflation im internationalen Zusammenhang und Vergleich, S. 55 (Thomas A. Sargent)

[15a] Entscheidungen des Reichsgerichts in Zivilsachen, Band 103, S. 231

[16] Vgl. Kapitel 2 g

[17] Papiergeld bei Pick (Anm. 7 d): Erst Staatskassenscheine, dann Noten der Estnischen Bank (S. 453, ›Estonia‹)

[18] Die estnische Sprache ist der finnischen eng verwandt; die beiden Völker stehen einander nahe.

[19] Vgl. Anm. 15; Handbuch der Finanzwissenschaft (Anm. 10), S. 250

[20] Pick, S. 699 (›Latvia‹)

[21] Vgl. Manfred Hellmann, Grundzüge der Geschichte Litauens, Darmstadt 1976, S. 134

[22] Vgl. Kapitel 2 g

[23] Vgl. Kapitel 12 d

[24] Vgl. hierzu: Robert Ernst, Rechenschaftsbericht eines Elsässers, Berlin 1954, S. 114; Paul Schall, Elsaß gestern, heute und morgen? Filderstadt 1976, S. 19. Nach Artikel 74 des Friedensvertrags durfte Frankreich »alle Güter, Rechte und Interessen« deutscher Reichsangehöriger in Elsaß-Lothringen »einbehalten und liquidieren«; Deutschland hatte sie zu entschädigen. Viel Eigentum Reichsdeutscher wurde dabei verschleudert (Schall, S. 19). Hausrat und Möbel wurden später zurückerstattet (Ernst, S. 115)

[24a] Zu unterscheiden von der Linie Nassau-Saarbrücken-Usingen mit der Residenz Wiesbaden

[25] 1487,54 Quadratkilometer preußisches, 425,60 Quadratkilometer bayerisches Gebiet; mit 672500 Bewohnern (1920), davon 88 v. H. im preußischen, 12 v. H. im bayerischen Teil (vgl. hierzu Wirtschaft zwischen den Grenzen, 100 Jahre Industrie- und Handelskammer des Saarlandes, Saarbrücken 1963/64, S. 104)

[26] Kapitel 1 betraf die Verhältnisse der Saargruben im einzelnen

[27] Hierzu: Conseil de l'Europe, Le statut futur de la Sarre. Annexe au Rapport de la commission des Affaires Générales, Strasbourg 1954, S. 76

[28] Zu den Zollverhältnissen: Fritz Eichhorn, Die zollrechtliche Stellung des Saargebiets auf Grund des Versailler Vertrags, Berlin o. J. (um 1929); Wirtschaft zwischen den Grenzen (Anm. 25), S. 104

[29] Statut futur (Anm. 27), S. 46, zur Zeit des ›Streiks der hundert Tage‹ (Februar bis Mai 1923); 1924 auf 1800 Mann verringert, 1927 ganz zurückgezogen (755 deutsche Polizisten waren im Dienst)

[30] Pick/Rixen, Nr. 651, 652 (S. 241); das Muster entspricht, von der Farbe abgesehen, dem des Notgelds der Chambre de Commerce de Paris. Im Besitz des Verfassers ein Schein zu 1 Franc von 1919

[31] Wirtschaft zwischen den Grenzen (Anm. 25), S. 110. Vgl. Verordnung, betr. die amtliche Kursfestsetzung des Franken, vom 11. September 1920 (Seidel, S. 400), Verordnung betr. die gesetzliche Währung im Saargebiet, vom 18. Mai 1923 (Seidel, S. 400). Mit Rücksicht auf den ungefähren Gleichstand von Mark und Franc bei Kriegsende traten in allen Gesetzen Francs-Beträge in gleicher Höhe an die Stelle der Mark-Beträge. Übersicht der damals gültigen französischen Zahlungsmittel als gesetzliche Zahlungsmittel im Saargebiet: Seidel, S. 402

[32] Vgl. Wirtschaft zwischen den Grenzen (Anm. 25), S. 125

[33] Artikel XXV der Wiener Kongreßakte vom 9. Juni 1815: Kantone St. Vith, Malmedy, Kronenburg, Schleiden und Eupen

[34] Mit Bezug auf Neutral-Moresnet gibt es eine belgische Phantasie-Prägung von 1848 mit Januskopf Leopold I. von Belgien und Friedrich Wilhelm IV. von Preußen bzw. Schrift und Doppelwappen, Wertbezeichnung 2 Francs; vgl. Kurt Jaeger, Königreich Preußen 1786–1873, 2. Auflage, Basel 1970 (Die Münzprägungen der deutschen Staaten vom Ausgang des alten Reiches bis zur Einführung der Reichswährung, Band 9), S. 127

[35] In Löwen wurden die Bewohner ganzer Straßenzüge erschossen; heute steht fest, daß deutsche Truppenteile irrig aufeinander geschossen hatten (vgl. Wilfried Wagner, Belgien in der deutschen Politik während des Zweiten Weltkriegs, Boppard 1974, S. 57)

[36] Friedenspräliminarien vom 1. August 1864 und Friede zu Wien vom 30. Oktober 1864 (jeweils Artikel 1)

[36a] Die Abstimmungsklausel (Art. V des Prager Friedens) hoben das Deutsche Reich und Österreich in einem Vertrag vom 11. Oktober 1878 ohne Zustimmung Frankreichs (auf dessen Betreiben sie aufgenommen worden war) und Dänemarks auf (vgl. E. R. Huber, Deutsche Verfassungsgeschichte seit 1789, Band III, Stuttgart 1963, S. 577)

[37] Vgl. Rüdiger Ruhnau, Danzig – Geschichte einer deutschen Stadt, Würzburg 1971

[38] Knapp 197 Hektar: Stadtkreise Danzig und Zoppot, Landkreise Danziger Höhe, Danziger Niederung und Großer Werder. Bevölkerung am 31. August 1924: 384 000, in Danzig 220 000

[39] Kommentar: Georg Crusen, Der Pariser Vertrag, Danzig 1936

[40] Vgl. Ruhnau (Anm. 37), S. 88–108

[41] Vgl. Kapitel 3 a

[42] Also nach dem Abfall der preußischen Städte im Jahre 1454 vom Deutschen Orden

[43] Hierzu: F. A. Vossberg, Münzgeschichte der Stadt Danzig, Berlin 1852 (Neudruck)

[44] Vgl. Kapitel 8 a

[45] Siehe im einzelnen bei Crusen (Anm. 39), S. 515–525 (zu Artikel 36 des Pariser Vertrags und zum Warschauer – ergänzenden – Abkommen vom 24. Oktober 1921: Abkommen zwischen der Freien Stadt Danzig und Polen zur Ausführung und Ergänzung der Danzig-polnischen Konvention)

[46] Übereinkommen zwischen der Republik Polen und der Freien Stadt Danzig über die Währungsreform in der Freien Stadt Danzig, vom 20. September 1923 (Seidel, S. 375); Gesetz über eine wertbeständige Rechnungseinheit in Danzig, vom 20. Oktober 1923 (Seidel, S. 373); Gesetz zur Einführung der Guldenwährung im Gebiet der Freien Stadt Danzig, vom 20. November 1923 (Seidel, S. 374); Münzgesetz, vom 20. November 1923 (Seidel, S. 377); Notenbankgesetz, vom 20. November 1923 (Seidel, S. 378)

[47] Pick/Rixen, Nr. 623–627: Noten zu 10, 25, 100, 500 und 1000 Gulden, später auch Noten zu 20 und 50 Gulden (Pick–Rixen, Nr. 632, 633, 634)

[48] Jaeger/Pusback, Nr. D 2–D 10

[49] Pick/Rixen, Nr. 601–622

[50] Ruhnau (Anm. 37), S. 91

[51] Kurt Buhrow, Danzigs Finanzsystem, Berlin-Friedenau 1929, S. 45

[52] Bekanntmachung des Umwechslungskurses für Markforderungen, vom 31. Dezember 1923 (Seidel, S. 382)

[53] (entfällt)

[54] Im einzelnen muß auf die Kataloge von Dr. Arnold Keller verwiesen werden

[55] Gesetz, betreffend die Ausgabe von Notgeld, vom 22. November 1922 (Seidel, S. 373)

[56] Jaeger/Pusback, Nr. D 1 a, D 1 b (S. 605)

[57] Kreise Memel, Heydekrug, Teile der Kreise Tilsit und Ragnit; 2657 Quadratkilometer, 141 000 Einwohner (1924)

[58] Pick/Rixen, Nr. 641–649 (S. 237)

[59] Steiner (Anm. 10a), S. 377

[60] Vgl. im einzelnen die neuen Gesamtdarstellungen: Wilfried Westphal, Geschichte der deutschen Kolonien, München 1984; Karlheinz Graudenz, Die deutschen Kolonien, München 1982; Hans Georg Steltzer, Die Deutschen und ihr Kolonialreich, Frankfurt 1984; Robert Cornevin, Histoire de la colonisation allemande, Paris 1969

[61] Cornevin (Anm. 60), S. 105

[62] Seidel, S. 132; Grasser, S. 337

[63] Betreffend die Feststellung des Wertverhältnisses einiger fremder Goldmünzen zur deutschen Reichsmark (Seidel, S. 133; Grasser, S. 337)

[64] Seidel, S. 133; Grasser, S. 339

[65] Verordnung des stellvertretenden Gouverneurs von Kamerun, betreffend die Ausschließung außerdeutschen Geldes als gesetzliches Zahlungsmittel im Schutzgebiete von Kamerun (Seidel, S. 133, Grasser, S. 340)

[66] Vom 1. Februar 1905 (Seidel, S. 140; Grasser, S. 141)

[67] Arnold Keller, Das Papiergeld der deutschen Kolonien, Münster 1967, S. 118

[68] Verordnung, betreffend die Einführung der deutschen Reichsmarkrechnung und die Feststellung des Wertverhältnisses einiger fremder Goldmünzen zur deutschen Reichsmark (Seidel, S. 133; Grasser, S. 346)

[69] Verfügung, betreffend den Ausschluß außerdeutschen Geldes von den öffentlichen Kassen, vom 2. August 1893 (Seidel, S. 134; Grasser, S. 347)

[70] Verordnung des Kaiserlichen Gouverneurs von Togo, betreffend Verbot der Einführung von Maria-Theresien-Talern, vom 18. Mai 1899 (Seidel, S. 134; Grasser, S. 347)

[71] 3. Januar 1901 (Seidel, S. 135; Grasser, S. 349)

[72] Bekanntmachung des Gouverneurs von Togo, betr. den Umtausch von Nickel- und Kupfermünzen gegen Silbermünzen und die Annahme von englischen Gold- und Silbermünzen bei den öffentlichen Kassen im Schutzgebiet Togo, vom 1. Mai 1907 (Seidel, S. 142; Grasser, S. 351)

[73] Vgl. Verordnung des Gouverneurs von Togo, betreffend den Umlauf der Maria-Theresien-Taler im Schutzgebiet Togo, vom 2. Mai 1907 (Seidel, S. 142; Grasser, S. 352)

[74] Keller (Anm. 67), S. 121 (unter Berufung auf Meinhardt)

[75] Cornevin (Anm. 60), S. 88

[76] Verordnung, betreffend den Geldverkehr bei den öffentlichen Kassen des südwestafrikanischen Schutzgebietes, vom 1. August 1893 (Seidel, S. 135; Grasser, S. 352)

[77] Betreffend die Einführung der deutschen Reichsmarkrechnung (Seidel, S. 135; Grasser, S. 353)

[78] Keller (Anm. 67), S. 101

[79] Keller (Anm. 67), Nr. 164–168 (S. 101–104)

[80] Keller (Anm. 67), Nr. 169–262

[81] Keller (Anm. 67), Nr. 263–286

[82] Zur Geschichte: Otto von Weber, Geschichte des Schutzgebiets Deutsch-Südwest-Afrika, 2. Auflage, Windhoek 1979; Michael Silagi, Von Deutsch-Südwest zu Namibia, Ebelsbach 1977

[83] H. Blumhagen, Die Rechtsentwicklung in Deutsch-Südwestafrika unter dem Mandat der Südafrikanischen Union, Berlin 1939, S. 70

[84] Blumhagen (Anm. 83), S. 71, und Pick (Anm. 7d), S. 959

[85] Zur Währungsgeschichte Indiens: Anton Arnold, Das indische Geldwesen unter besonderer Berücksichtigung seiner Reformen seit 1893, Jena 1906. Zu Deutsch-Ostafrika: Franz Wehling, Die Entwicklung der deutsch-ostafrikanischen Rupie, Münster 1929

[86] Jaeger/Pusback, Nr. 710–714 (S. 577). Genehmigung des Kaisers, sein Bild zu verwenden: Grasser, S. 368; Seidel S. 148, 149. Zweirupienstücke hatte Indien allerdings nicht

[87] Verordnung, betreffend das Verbot der Einfuhr des Umlaufs fremder Kupfermünzen, vom 17. Januar 1893 (Seidel, S. 149; Grasser, S. 368)

[88] Verbot, betreffend Einführung von Maria-Theresien-Talern in Deutsch-Ostafrika, vom 18. September 1893 (Seidel, S. 150; Grasser, S. 369). Hierzu Anordnung des Kassenkurses für die Zweirupienstücke (13. März 1894): Grasser, S. 370

[89] Verordnung, betreffend den Umlauf der Maria-Theresien-Taler (Dollar), vom 29. September 1896 (Seidel, S. 150; Grasser, S. 371 – Runderlaß –, S. 372)

[90] Wehling (Anm. 85), S. 26

[91] Jaeger/Pusback, Nr. 720–722

[92] Verordnung, betreffend das Münzwesen des deutsch-ostafrikanischen Schutzgebiets, vom 28. Februar 1904 (Seidel, S. 151; Grasser, S. 373)

[93] Jaeger/Pusback, Nr. 715, 716

[94] Jaeger/Pusback, Nr. 717, 719

[95] Jaeger/Pusback, Nr. 718, ebenfalls mit Zentralloch

[96] Pick/Rixen, Nr. K 1–K 5 (S. 352–355); Keller (Anm. 67), Nr. 1–5

[97] Pick/Rixen, Nr. K 6–K 32; Keller (Anm. 67), Nr. 6–110, 118–145, 148–150, 154–163 b

[98] Pick/Rixen, Nr. K 33–K 37; Keller (Anm. 67), Nr. 114–117, 146–153

[98a] In Papiermark. Weitergehende Ansprüche (Einlösung in Silber oder nach dem Materialwert von Silberrupien) lehnte das Reichsgericht ab (Entscheidungen des Reichsgerichts in Zivilsachen, Band 107, S. 121)

[99] Jaeger/Pusback, Nr. 723–727 b

[100] Jaeger/Pusback, Nr. 708 a, 708 b. Eingehende Beschreibung der Prägevorgänge durch den Leiter der Prägung, Bergingenieur F. Schumacher in: Metall und Erz, Jahrgang 1918, S. 103–108. Vgl. auch Wehling (Anm. 85), S. 100

[101] Hergang bei Wehling (Anm. 85), S. 109. Münzen: Chester L. Krause/Clifford Mishler. Standard Catalog of World Coins; Iola, Wisc.-München (jährlich); »East Africa« (1982: S. 486). Papiergeld: Pick (Anm. 7 d), S. 424

[102] Vgl. Anm. 98 a

[103] Verordnung, betreffend die Reichsmarkrechnung und die gesetzlichen Zahlungsmittel (Seidel, S. 136; Grasser, S. 356)

[104] Jaeger/Pusback, Nr. 701–709

[105] Verordnung, betreffend die Ausprägung von Neu-Guinea-Münzen (Seidel, S. 136; Grasser, S. 357)

[106] Umfassend zum Primitivgeld: Paul Einzig, Primitive Money, its ethnological, historical and economic aspects, London 1949; A. Hingston Quiggin, A survey of Primitive Money. The Beginning of Currency, London 1949 (Reprint 1973). Vgl. Anm. 110 a

[107] Keller (Anm. 67), S. 137

[108] Vgl. Rittmann (Anm. 15), S. 91 ff., 107

[109] Seidel, S. 137; Grasser, S. 359

[110] Verordnung des Gouverneurs von Deutsch-Neuguinea, betr. die Außerkurssetzung der Neuguinea-Münzen, vom 15. September 1908 (Seidel, S. 143; Grasser, S. 361)

[110a] Vgl. hierzu Verordnung des Gouverneurs von Deutsch-Neu-Guinea, betreffend den Handel mit Muschelgeld (Diwarra) und Diwarra-Muscheln und den Gebrauch von Muschel-

geld im Handel im Schutzgebiete Deutsch-Neu-Guinea mit Ausschluß des Inselgebiets der Karolinen, Palau und Marianen, vom 18. Oktober 1900 (Grasser, S. 360) und Verordnung des Gouverneurs von Deutsch-Neu-Guinea, betreffend den Muschelgeldverkehr im Schutzgebiete Deutsch-Neu-Guinea mit Ausschluß des Inselgebiets der Karolinen, Palau und Marianen, vom 26. Juli 1901 (Grasser, S. 360): Verboten wurden der Gebrauch des Muschelgelds (Kaurimuscheln) im gewerblichen Handel und bestimmte Verschiffungen innerhalb des Schutzgebiets, mit der zweiten Verordnung der Gebrauch zwischen Europäern und Eingeborenen überhaupt

[111] Pick (Anm. 7 d), »German New Guinea«, Nr. 1–5; Keller (Anm. 67), S. 137; Pick/Rixen, Nr. 374. Ein Schein zu 100 Mark wurde 1979 in Australien gefunden

[112] Keller (Anm. 67), S. 139

[113] Verordnung, betreffend die Einführung der deutschen Reichsmarkrechnung, vom 1. Juli 1888 (Seidel, S. 138; Grasser, S. 363)

[114] Verordnung des Bezirkamtmanns von Saipan, betreffend den Umlauf des alten spanischen Silber- und Kupfergeldes und die Einfuhr fremder Münzen, vom 9. Januar 1900 (Seidel, S. 138; Grasser, S. 362)

[115] Verordnung des Kaiserlichen Gouverneurs von Deutsch-Neu-Guinea, betreffend Geldrechnung und gesetzliche Zahlungsmittel im Inselgebiete der Karolinen, Palaus und Marianen, vom 20. September 1900 (Seidel, S. 138; Grasser, S. 362)

[115a] Auch Savage Island, die westlichste der Cook-Inseln; 1901 an Neuseeland weitergegeben

[116] Verordnung des Gouverneurs von Samoa, betreffend das Geldwesen (Seidel, S. 139; Grasser, S. 364)

[116a] Schon 1876 hatte Bismarck mit dem König von Tonga einen Handels- und Freundschaftsvertrag geschlossen, als Antwort auf die Annexion der Fidschi-Inseln durch Großbritannien (vgl. Westphal – Anm. 60 –, S. 113). Mit Vertrag von 1899 kamen die Tonga-Inseln unter britische Schutzherrschaft

[117] Jaeger/Pusback, Nr. 729, 730

[118] Pick/Rixen, Nr. AB 1 – AB 23; Keller (Anm. 67), Nr. 294–350. Dazu: Maximilian Müller-Jabusch, Fünfzig Jahre Deutsch-Asiatische Bank 1890–1939 (Festschrift), Berlin 1940 (eingehende Darstellung auch der einschlägigen Vorgänge im Ersten Weltkrieg; Zahlenmaterial)

[119] Vgl. im einzelnen: Günther Meinhardt, Die Geldgeschichte der ehemaligen Schutzgebiete ›Deutschland in China‹, Hamburg 1978

Zur Vorbemerkung zu den Kapiteln 9 bis 15

[1] Richard Gaettens, Inflationen, München 1955, S. 127

[2] Gaettens, Inflationen, S. 147; Rittmann, Kapitel 19 (S. 383)

[3] Gaettens, Inflationen, S. 213

[4] Gaettens, Inflationen, S. 211; Rittmann, Kapitel 24 d, 25 (S. 500 ff.)

[5] Gaettens, Inflationen, S. 215

[6] Rittmann, Moderne Münzen, S. 46; André Neurisse, Histoire du Franc, 3. Aufl., Paris 1974, S. 37

[7] Ralph von Gersdorf, Portugals Finanzen, Bielefeld 1961, S. 83

[8] Jaeger/Pusback, S. 371; Grasser, S. 226; Seidel, S. 157; Pick/Rixen, S. 2; Jaeger/Haevekker, S. 102

[9] Diese letzten beiden Begriffe üblich in der Deutschen Demokratischen Republik; vgl. Grundriß der deutschen Geschichte, Berlin (Ost) 1979, S. 443 ff.

[10] Mit dem Gesetz über das Staatsoberhaupt des Deutschen Reiches vom 1. August 1934 (Reichsgesetzblatt 1934, Teil 1, S. 747) vereinigte die Reichsregierung auf den Fall des Ablebens des Reichspräsidenten von Hindenburg das Amt des Reichspräsidenten mit dem des Reichskanzlers. Hindenburg starb am 2. August 1934. Fortan führte Hitler amtlich den Titel ›Der Führer und Reichskanzler‹ (vgl. schon Reichsgesetzblatt a. a. O., S. 770). Ab 1941 war er ›Der Führer‹ (vgl. Reichsgesetzblatt 1941, Teil I, S. 571 und 591). Der Titel ging mit Hitlers Selbstmord unter. In seinem verlassungswidrigen amtlichen Testament vom 29. April 1945 ernannte er den Großadmiral Dönitz »zum Reichspräsidenten und Obersten Befehlshaber der Wehrmacht« und Dr. Goebbels zum Reichskanzler (vgl. Percy Ernst Schramm, Die Niederlage 1945, München 1962, dtv 80/81, S. 413). Die Reichsregierung Dönitz ist geldgeschichtlich ohne Bedeutung

Zu Kapitel 9:
Deutschland unter Hitler bis 1939: Die Münzen

[1] Vgl. Kapitel 5 a am Ende (oben)

[2] Verordnung des Reichspräsidenten über Maßnahmen auf dem Gebiete der Finanzen, der Wirtschaft und der Rechtspflege, vom 18. März 1933 (Reichsgesetzblatt 1933, Teil I, S. 109; Seidel, S. 184; Grasser, S. 226)

[3] Jaeger/Pusback Nr. 312; Reichsgesetzblatt 1934, Teil I, S. 594 (Seidel, S. 187; Grasser, S. 233)

[4] Vgl. Rittmann, S. 794

[5] Jaeger/Pusback, Nr. 349 (vgl. Kapitel 5 a, oben)

[6] Jaeger/Pusback, Nr. 331

[7] Jaeger/Pusback, Nr. 352, 353; Bekanntmachung vom 7. November 1933 (Reichsgesetzblatt 1933, Teil I, S. 820; Seidel, S. 185; Grasser, S. 228)

[8] Nach Jaeger/Pusback (S. 377) aus technischen Gründen. Die Umschrift der Vorderseiten enthält ein fehlerhaftes (rundes) ›s‹

[9] Summe der Prägezahlen der einzelnen Münzstätten nach Jaeger/Pusback

[10] Jaeger/Pusback, Nr. 355, 356; Bekanntmachung vom 16. März 1934 (Reichsgesetzblatt 1934, Teil I, S. 492; Seidel, S. 186; Grasser, S. 230)

[11] Jaeger/Pusback, Nr. 357; Bekanntmachung vom 11. Juni 1934 (Reichsgesetzblatt 1934, Teil I, S. 492; Seidel, S. 186; Grasser, S. 230). Gesamtauflage 1934: 35 Millionen, 1935: etwa 34 Millionen Stück

[12] Am 10. November 1934 (geboren 1759): Jaeger/Pusback, Nr. 358, 359; Bekanntmachung vom 7. November 1934 (Reichsgesetzblatt 1934, Teil I, S. 1111; Seidel, S. 187; Grasser, S. 234)

[13] Jaeger/Pusback, Nr. 360. Die Bekanntmachung vom 24. Juni 1935 (Reichsgesetzblatt 1935, Teil I, S. 754; Seidel, S. 188; Grasser, S. 240) sah auch entsprechende Zweimarkstücke vor, die jedoch nicht geprägt wurden

[14] Verordnung des Reichspräsidenten zum Schutz von Volk und Staat, vom 28. Februar 1933 (Reichsgesetzblatt 1933, Teil I, S. 83)

[15] Gesetz zur Behebung der Not von Volk und Reich, vom 24. März 1933 (Reichsgesetzblatt 1933, Teil I, S. 141). Das Ermächtigungsgesetz sollte bis 1. April 1937 und nur für die »ge-

genwärtige« Regierung gelten. Seine Geltung wurde wiederholt verlängert, zuletzt durch Erlaß des Führers vom 10. Mai 1943 »bis auf weiteres« (Reichsgesetzblatt 1943, Teil I, S. 295)

[16] Vorläufiges Gesetz zur Gleichschaltung der Länder mit dem Reich, vom 31. März 1933 (Reichsgesetzblatt 1933, Teil I, S. 153); 2. Gesetz gleichen Titels, vom 7. April 1933 (desgl., S. 173); Gesetz über den Neuaufbau des Reiches, vom 30. Januar 1934 (Reichsgesetzblatt 1934, Teil I, S. 75)

[17] Reichsgesetzblatt 1933, Teil I, S. 175

[18] Reichsgesetzblatt 1934, Teil I, S. 529:
»Die zur Niederschlagung hoch- und landesverräterischer Angriffe am 30. Juni, 1. und 2. Juli 1934 vollzogenen Maßnahmen sind als Staatsnotwehr rechtens.«

[19] Vgl. Anmerkung 10 zur Vorbemerkung zu den Kapiteln 9 bis 15

[20] Vgl. Reichsgesetzblatt 1941, Teil I, S. 571 und 591, wie erwähnt

[21] Vgl. Reichsgesetzblatt 1942, Teil I, S. 247

[22] Reichsgesetzblatt 1933, Teil I, S. 1016

[23] Vgl. oben; ab Jaeger/Pusback Nr. 355, 356

[24] Erlaß des Reichspräsidenten über die vorläufige Regelung der Flaggenhissung, vom 12. März 1933 (Reichsgesetzblatt 1933, Teil I, S. 103)
Die Vexillologie (Lehre von den Flaggen und Fahnen) unterscheidet zwischen ›Flaggen‹ als National- und anderen Symbolen ohne Individualität und ›Fahnen‹ als einmalige Zeichen etwa einer Militärgliederung oder eines Vereins. Die Reichsflagge der Weimarer Republik war Schwarz-Rot-Gold, die Handelsflagge (der Kauffahrteischiffe) Schwarz-Weiß-Rot; die ›Hakenkreuzfahne‹ war eine Parteiflagge. Es genüge, auf die Fundstellen hinzuweisen: Reichsgesetzblatt 1933, S. 133, 179, 217, 517, 1101 f; Reichsgesetzblatt 1935, S. 507

[25] Reichsgesetzblatt 1935, Teil I, S. 1145 (auf dem ›Reichsparteitag der Freiheit‹ in Nürnberg, auf dem auch das ›Reichsbürgergesetz‹ und das ›Gesetz zum Schutz des deutschen Blutes und der deutschen Ehre‹ verkündet wurden; damit begann die allgemeine Rassengesetzgebung, nach dem bis dahin die ›Nichtarier‹ schon aus zahlreichen Berufen ausgeschlossen worden waren)

[26] Reichsgesetzblatt 1935, Teil I, S. 1285. Reichsdienstflagge: Verordnung vom 31. Oktober 1935 (desgl. S. 1287). Weitere Flaggen: Postwimpel, Reichsgesetzblatt 1936, Teil I, S. 177; Wassersportfahrzeuge, desgl. S. 362; Dienstflaggen der Dienstkraftwagen, Reichsgesetzblatt 1937, Teil I, S. 23

[27] Vom 5. November 1935 (Reichsgesetzblatt 1935, Teil I, S. 1287)

[28] Vom 7. März 1936 (Reichsgesetzblatt 1936, Teil I, S. 145). Von einem ›Wappen‹ konnte man nicht gut reden, da es an einem Wappenschild fehlte

[28a] Vgl. Erlaß über Reichssiegel, vom 7. März 1936 (Reichsgesetzblatt 1936, Teil I, S. 147); desgl. vom 16. März 1937 (Reichsgesetzblatt 1937, Teil I, S. 307, mit unbedeutender Änderung über die siegelberechtigten Stellen)

[29] Zuletzt Jaeger/Pusback, Nr. 319 (1 Reichsmark der Jahre 1925 bis 1927)

[30] Jaeger/Pusback, Nr. 354. Proben: Rudolf Schaaf, Die Proben der deutschen Münzen seit 1871, Basel 1979, S. 351

[31] Jaeger/Pusback, Nr. 361–364, 366, 367

[32] Jaeger/Pusback, Nr. 324

[33] Jaeger/Pusback, Nr. 365

[34] Schaaf (Anm. 30, vorstehend), S. 358

[34a] Verordnung über die Außerkurssetzung der Reichssilbermünzen im Nennbetrag von 1 Mark, 1 Reichsmark und 5 Reichsmark, vom 29. Dezember 1936 (Reichsgesetzblatt 1936, Teil I, S. 1156; Seidel, S. 189; Grasser, S. 244)

[35] Verordnung über die Außerkurssetzung von Reichssilbermünzen im Nennbetrag von 2 Reichsmark, vom 14. November 1939 (Reichsgesetzblatt 1939, Teil I, S. 2234; Seidel, S. 191; Grasser, S. 260)

[36] Verordnung über die Außerkurssetzung der Reichssilbermünzen zu 10 und 20 Mark, vom 16. Juli 1938 (Reichsgesetzblatt 1938, Teil I, S. 901; Seidel, S. 190; Grasser, S. 252)

[37] Vgl. § 4 des Münzgesetzes vom 30. August 1924

[37a] Reichsgesetzblatt 1938, Teil I, S. 902; Seidel, S. 191; Grasser, S. 253

[38] Vgl. Kapitel 11 b

[39] Gesetz zur Änderung des Münzgesetzes; Reichsgesetzblatt 1934, Teil I, S. 574; dazu Durchführungsverordnung vom 6. Juli 1934 (desgl. S. 594, ohne sachliche Bedeutung; beides bei Seidel, S. 186, 187, und Grasser, S. 231, 233)

[40] Vgl. Heinz Fengler, 700 Jahre Münzprägung in Berlin, Berlin (Ost) 1976, S. 84. Ein von Fengler erwähntes Gesetz vom 2. Juli 1934 über den Neubau der Münze findet sich im Reichsgesetzblatt nicht

Zu Kapitel 10:
Deutschland unter Hitler bis 1939: Das Papiergeld

[1] Vgl. Kapitel 6 b: Pick / Rixen, Nr. 175–179

[2] Pick/Rixen Nr. 180: Rückseite »Gosausee mit Dachstein«. Ausgabe nach Jaeger/Haevecker (Nr. 131) erst im Februar 1945

[3] Pick/Rixen Nr. 168, 169

[4] Vgl. Kapitel 6 b

[5] Vgl. Rittmann, S. 798

[6] Reichsgesetzblatt 1933, Teil II, S. 1034; Seidel, S. 233

[7] Verordnung über den Aufruf, die Einziehung und Vernichtung von Noten der Privatnotenbanken (Reichsanzeiger 1935, Nr. 298; Seidel, S. 233)

[8] Vgl. Währung und Wirtschaft in Deutschland 1876–1975, Frankfurt 1976, S. 327

Zu Kapitel 11:
Deutschland unter Hitler bis 1939: Die Reichsmarkwährung

[1] Währung und Wirtschaft in Deutschland 1876–1975, Frankfurt 1976, S. 314

[2] Vgl. Otto Veit, Grundriß der Währungspolitik, 2. Aufl., Frankfurt 1961, S. 618 (Großbritannien), S. 645 (Schweiz), S. 661 (Frankreich), S. 677 (Vereinigte Staaten); Währung und Wirtschaft (Anm. 1), S. 303 (Goldblock)

[3] Währung und Wirtschaft (Anm. 1), S. 304

[4] Währung und Wirtschaft (Anm. 1), S. 307

[5] Vgl. hierzu Kapitel 11 b, unten

[6] Veit (Anm. 2), S. 561

[7] Veit (Anm. 2), S. 562

[8] Vgl. Währung und Wirtschaft (Anm. 1), S. 321

[9] Währung und Wirtschaft (Anm. 1), S. 320

[10] Reichsgesetzblatt 1932, Teil I, S. 425

[11] Vgl. Veit (Anm. 2), S. 565; Währung und Wirtschaft (Anm. 1), S. 320, 326

[12] So Währung und Wirtschaft (Anm. 1), S. 326; hierzu auch Veit (Anm. 2), S. 567, und Hjalmar Schacht, 76 Jahre meines Lebens, Bad Wörishofen 1953, S. 396. In einem Brief vom 4. September 1967 bestritt Schacht, daß die Einrichtung der Mefo-Wechsel geheimgehalten worden sei: »Merkwürdig ist, daß (man) auch ... von der Geheimhaltung der Mefowechsel spricht. Die ersten Mefowechsel wurden bereits im Januar 1934 ausgegeben und waren von Anfang an allen Banken bekanntgemacht ...« (Brombach/Ramser/Timmermann/Wittmann, Hrsg.: Der Keynesianismus II. Die beschäftigungspolitische Diskussion in Deutschland. Dokumente und Kommentare, Berlin, Heidelberg, New York 1976, S. 312)

[13] Vgl. Tabellenanhang 1

[14] Deutsches Geld- und Bankwesen in Zahlen 1876–1975, Frankfurt 1976, S. 18

[15] S. 566

[16] Fritz Reinhardt war Staatssekretär im Reichsfinanzministerium und der maßgebende Fachbeamte der Steuerpolitik der Regierung Hitler

[17] Vgl. Kapitel 7 b, oben

[18] Schacht, 76 Jahre (Anm. 12), S. 529

[19] Schacht, 76 Jahre (Anm. 12), S. 353

[20] Schacht, 76 Jahre (Anm. 12), S. 383; Ernennungsurkunde bei S. 440 (trägt die Unterschriften dreier jüdischer Bankiers, Mitglieder des Generalrats der Reichsbank)

[21] Verordnung zur Durchführung des Vierjahresplans, vom 18. Oktober 1936 (Reichsgesetzblatt 1936, Teil I, S. 887)

[22] Schacht, 76 Jahre (Anm. 12), S. 414

[23] Reichsgesetzblatt 1935, Teil I, S. 1146

[24] Sonderdruck, 19 Seiten (Großoktavheft); vgl. Schacht, 76 Jahre (Anm. 12), S. 440

[25] Veit (Anm. 2), S. 572; Schacht, 76 Jahre (Anm. 12), S. 494. Das Schreiben des Reichsbankdirektoriums ist in Währung und Wirtschaft (Anm. 1), S. 381–383 im Faksimile auszugsweise wiedergegeben. Den Entwurf fertigte in der Hauptsache das Mitglied des Direktoriums der Reichsbank Dr. jur. Wilhelm Vocke, der spätere Präsident des Direktoriums der Bank deutscher Länder und erste Präsident der Deutschen Bundesbank. Er wurde daraufhin zusammen mit Schacht und den Direktoriumsmitgliedern Ludwig Ehrhardt und Karl Blessing (dem Nachfolger Vockes in der Leitung der Deutschen Bundesbank, 1958) von Hitler entlassen. Vgl. Frankfurter Allgemeine Zeitung, 8. Februar 1986 (Wilhelm Seuß; zum 100. Geburtstag Vockes)

[26] Hierzu Schacht, 76 Jahre (Anm. 12), S. 529. Wortlaut des Urteils nach: Die Neue Zeitung, 1. Oktober 1946

[27] Vgl. Kapitel 4 c, oben

[28] Reichsgesetzblatt 1933, Teil II, S. 837

[29] Reichsgesetzblatt 1937, Teil II, S. 47

[30] Bis zum Autonomiegesetz; vgl. Kapitel 4 a, oben

[31] Reichsgesetzblatt 1939, Teil I, S. 1015; Seidel, S. 234

[32] Kapitel 7 b

[32a] Währung und Wirtschaft (Anm. 1), S. 306, 307. Zur rechtlichen Bindung auch Veit (Anm. 2), S. 552

[33] Reichsgesetzblatt 1932, Teil I, S. 231, 238

[34] Reichsgesetzblatt 1932, Teil I, S. 317

[35] Vgl. Deutsche Bundesbank: Deutsches Geld- und Bankwesen in Zahlen 1876–1975, Frankfurt 1976, S. 329

[36] Letzter veröffentlichter Ausweis: 7. Februar 1945; letzte Feststellung: 7. März 1945

[37] Währung und Wirtschaft (Anm. 1), S. 304, Fußnote

[38] Währung und Wirtschaft (Anm. 1), S. 308
Es sei hier darauf hingewiesen, daß das Reich auf der anderen Seite sich nicht scheute, Gewinne zu 75 v. H. für sich in Anspruch zu nehmen, die ein inländischer Schuldner im Kapitalverkehr dadurch rechnerisch erlangte, daß er bei der Tilgung der Forderung eines Ausländers in einem Abwertungsland (vgl. Anm. 2, oben) in dessen Währung nach der Abwertung nur noch den um den Abwertungsatz geminderten Betrag in Reichsmark (die ja als stabil galt) entrichten mußte. Vgl. hierzu das Gesetz über Abwertungsgewinne vom 23. Dezember 1936 und die Erste Verordnung zur Durchführung des Gesetzes über Abwertungsgewinne (Richtlinien für die Erfassung von Abwertungsgewinnen; Reichsgesetzblatt 1936, Teil I, S. 1126 und 1151). Zuständig waren die Devisenstellen bei den Landesfinanzämtern. Die ausländische Abwertung mußte sich auf mehr als 5 v. H. der vorherigen Reichsmarkparität belaufen haben

[39] Währung und Wirtschaft (Anm. 1), S. 312

[40] Reichsgesetzblatt 1935, Teil I, S. 105 (Richtlinien hierzu: S. 119)

[41] Vom 8. Februar 1935 (Reichsteuerblatt 1935, S. 261)

[42] Vom 4. Februar 1935 (Reichsteuerblatt 1935, S. 266)

[43] Reichsteuerblatt 1935, S. 1242

[44] Reichsgesetzblatt 1936, Teil I, S. 1021; Reichsteuerblatt 1936, S. 1220

[45] Reichsteuerblatt 1937, S. 394; Verzeichnis der Verrechnungskonten (auch der ausländischen Banken): S. 415

[46] Reichsteuerblatt 1937, S. 652

[47] Reichsgesetzblatt 1938, Teil I, S. 1733

[48] Reichsgesetzblatt 1938, Teil I, S. 1851

[49] Vgl. Reichsteuerblatt 1938, S. 1159

[50] Reichsteuerblatt 1945, S. 72

[50a] ›ASKI‹: Ausländer-Sonderkonten für Inlandszahlungen

[51] Aus der Literatur der Zeit: Kurt Urbanek, Das deutsche Devisenrecht, Berlin 1936

[52] Urbanek, S. 56. Zum Verrechnungsverkehr: Karl Kimmel in Deutsche Geldpolitik, Berlin 1941, S. 161

[53] Währung und Wirtschaft (Anm. 1), S. 305

[54] Reichsteuerblatt 1945, S. 69

Zu Kapitel 12:
Deutschland unter Hitler: Das Währungsgebiet

[1] Wirtschaft zwischen den Grenzen (100 Jahre Industrie- und Handelskammer des Saarlands), Saarbrücken 1963/1964, S. 125

[2] Wirtschaft (Anm. 1), S. 128. Über den Abstimmungskampf: Erinnerungsarbeit Die Saar '33-'35; Universität des Saarlandes, Ausstellungsschrift, Saarbrücken 1985

[3] Vgl. Bekanntmachung über Vereinbarungen und Erklärungen aus Anlaß der Rückgliederung des Saarlands, vom 26. Februar 1935 (Reichsgesetzblatt 1935, Teil II, S. 121)

[4] Reichsgesetzblatt 1935, Teil II, S. 127

[5] Verordnung über die Umstellung der Schuldverhältnisse im Saarland von französischen Franken auf Reichsmark, vom 22. Februar 1935 (Reichsgesetzblatt 1935, Teil I, S. 250; Seidel, S. 404), § 1 Absatz 2

[6] Verordnung über die Einführung der Gesetzgebung über die Devisenbewirtschaftung und den Zahlungsverkehr mit dem Ausland, vom 23. Februar 1935 (Reichsgesetzblatt 1935, Teil I, S. 278)

[7] Reichsgesetzblatt 1935, Teil I, S. 279

[8] Vgl. Kapitel 8 b

[9] Vgl. Conseil de l'Europe, Le statut futur de la Sarre. Annexe au Report de la Commission des Affaires Générales, Strasbourg 1954, S. 53, unter Hinweis auf eine deutsche, geheimgehaltene Studie

[10] Vgl. hierzu Rittmann, Kapitel 36 (für die Krone bis zum Ersten Weltkrieg) und Rittmann, Moderne Münzen, Kapitel X. Zur Nachkriegsinflation in Österreich und zum Übergang zum Schilling: Feldmann/Holtfrerich/Ritter/Witt (Hrsg.), Die Erfahrung der Inflation im internationalen Zusammenhang und Vergleich, Berlin, New York 1984, S. 42 (Thomas J. Sargent)

[10a] Im ganzen deutschen Grenzgebiet gegen Österreich war zum Beispiel das Einschmuggeln der Erzeugnisse der Österreichischen Tabakregie weit verbreitet

[11] Hjalmar Schacht, 76 Jahre meines Lebens, Bad Wörishofen 1953, S. 488

[11a] Staatssekretär im Reichswirtschaftsministerium

[12] Reichsgesetzblatt 1938, Teil I, S. 253; Seidel, S. 248

[13] Verordnung zur Übernahme der Österreichischen Nationalbank durch die Reichsbank (Reichsgesetzblatt 1938, Teil I, S. 254; Seidel, S. 248)

[14] Verordnung über die Errichtung der Devisenstelle Wien, vom 19. März 1938 (Reichsgesetzblatt 1938, Teil I, S. 263); dazu: Herausnahme der österreichischen Zahlungsmittel aus der Devisenüberwachung (11. Durchführungsverordnung zum Gesetz über die Devisenbewirtschaftung, vom 30. März 1938; Reichsgesetzblatt 1938, Teil I, S. 343)

[15] Verordnung zur Durchführung der Verordnung über die Einführung der Reichsmarkwährung im Lande Österreich und der Verordnung zur Übernahme der Österreichischen Nationalbank durch die Reichsbank, vom 23. April 1938 (Reichsgesetzblatt 1938, Teil I, S. 405; Seidel, S. 248)

[16] Zu den Prägungen Österreichs: Peter Jaeckel, Die Münzprägungen des Hauses Habsburg 1780–1918 und der Republik Österreich seit 1918, 4. Aufl., Basel 1970 (Band 3 der Reihe Kurt Jaeger, Die Münzprägungen der deutschen Staaten vor Einführung der Reichswährung)

[17] Jaeckel (Anm. 16), Nr. 424, 425; auch die gleichartigen Stücke zu 100 und 200 Kronen (Jaeckel Nr. 419, 420) aus der Zeit des Übergangs von der Kronenwährung zur Schillingwährung

[18] Jaeckel (Anm. 16), 436, 446 (25 Schilling); 437, 447 (100 Schilling). Prägezahlen: 1. Ausgabe 1 030 511 zu 25 Schilling, 388 251 zu 100 Schilling; 2. Ausgabe (nach der Abwertung, daher überwertige Handelsmünzen) 19 169 zu 25 Schilling (vom Jahrgang 1938 war jedoch ein Teil wieder eingeschmolzen worden), 17 737 zu 100 Schilling

[19] 2 Schilling: Jaeckel (Anm. 16), Nr. 430–435, 441–444; 5 Schilling Nr. 445

[20] Verordnung über die Außerkurssetzung der Bundesgoldmünzen im Nennbetrag von 100 Schilling und 25 Schilling sowie der Silberscheidemünzen im Nennbetrag von 5 Schilling und 2 Schilling des Landes Österreich, vom 25. Mai 1938 (Reichsgesetzblatt 1938, Teil I, S. 601; Seidel, S. 250; Grasser, S. 250)

[21] Verordnung über die Außerkurssetzung der Scheidemünzen (Teilmünzen) im Nennbetrag von 1 Schilling, 50 Groschen, 10 Groschen, 5 Groschen und 1000 Kronen des ehemaligen Landes Österreich, vom 11. August 1939 (Reichsgesetzblatt 1939, Teil I, S. 1390; Seidel, S. 251; Grasser, S. 254)

[22] Jaeckel (Anm. 16), Nr. 421 (1000 Kronen; aus der Zeit des Übergangs von der Kronenwährung in die Schillingwährung); Nr. 426, 427 (5, 10 Groschen); Nr. 440 (50 Groschen); Nr. 439 (1 Schilling)

[23] Reichsgesetzblatt 1939, Teil I, S. 1037; Seidel, S. 251

[24] Goldklauselgesetz; vgl. Schwarzer/Csoklich/List, Währungs- und Devisenrecht, 3. Aufl., Wien 1979, S. 99

[25] Abriß: Franz Huter, Alpenländer mit Südtirol (Handbuch der historischen Stätten, Österreich, 2. Band), Stuttgart 1966, S. 76

[26] Vgl. Herbert Rittmann, Kleine Münz- und Geldgeschichte von Liechtenstein, Hilterfingen 1977, S. 49 ff.

[27] Reichsgesetzblatt 1940, Teil I, S. 38

[28] Herbert Rittmann, Schweizer Münzen und Banknoten, München 1980, S. 37

[29] Vorschriften von 1919 und 1920 bei Friedrich Steiner, Die Währungsgesetzgebung der Sukzessionsstaaten Österreich-Ungarns, Wien 1921, S. 195–366. Im übrigen zur Geld- und Notenbankgeschichte: Čechoslovakische Nationalbank, Zehn Jahre Čechoslovakische Nationalbank. Die čechoslovakische Währung, die Tätigkeit der Čechoslovakischen Nationalbank, die Lage und Entwicklung der Nationalwirtschaft der Čechoslovakischen Republik (Festschrift); Prag 1937. Vgl. auch Feldman/Holtfrerich/Ritter/Witt (Anm. 10), S. 62

[30] Festschrift (Anm. 29), S. 513

[31] Zu den Münzen und zum Papiergeld: Kurt Jaeger/Albert Pick, Die Münzen und Banknoten der Tschechoslowakei, Basel 1970 (Band 14 der Reihe Mitteleuropäische Münzkataloge); Günter Graichen, Die Geldzeichen der Tschechoslowakei, Berlin (Ost) 1983

[32] Reichsgesetzblatt 1938, Teil I, S. 1331

[33] Reichsgesetzblatt 1938, Teil I, S. 1393; Seidel, S. 256

[34] Vom 15. Oktober 1938 (Reichsgesetzblatt 1938, Teil I, S. 1430; Seidel, S. 256)

[35] Durchführungsverordnung zur Zweiten Verordnung über die Einführung der Reichsmark in den sudetendeutschen Gebieten, vom 2. November 1938 (Reichsgesetzblatt 1938, Teil I, S. 1535; Seidel, S. 257)

[36] § 1 Absatz 2

[37] Dritte Verordnung über die Einführung der Reichsmarkwährung in den sudetendeutschen Gebieten (Reichsgesetzblatt 1939, Teil I, S. 33; Seidel, S. 259)

[38] Reichsgesetzblatt 1938, Teil I, S. 1641

[39] Reichsgesetzblatt 1939, Teil I, S. 75

[40] Reichsgesetzblatt 1939, Teil I, S. 485

[41] Reichsgesetzblatt 1939, Teil I, S. 555

[42] Vgl. im einzelnen Jaeger/Pick (Anm. 31), S. 57

[43] Jaeger/Pick (Anm. 31), Nr. 20–23 (S. 18)

[44] Prägungen und Papiergeld bei Jaeger/Pick (Anm. 31), S. 19, 166

[45] Am 14. Dezember 1935 (geb. 1850, gest. 1937)

[46] Vgl. oben, Kapitel 8 b

[47] Vgl. Hans Hellmann, Grundzüge der Geschichte Litauens, Darmstadt 1976, S. 166

[48] Reichsgesetzblatt 1939, Teil I, S. 559

[49] Reichsgesetzblatt 1939, Teil I, S. 565

[50] Verordnung über die Einführung der Devisengesetzgebung und den Zahlungsverkehr mit dem Ausland im Memelland (Reichsgesetzblatt 1939, Teil I, S. 640)

[51] Verordnung über das Zollwesen im Memelland, vom 28. März 1939 (Reichsgesetzblatt 1939, Teil I, S. 654)

[52] Erste Durchführungsverordnung zur Verordnung über die Einführung der Reichsmarkwährung im Memelgebiet (Reichsgesetzblatt 1939, Teil I, S. 877; Seidel, S. 247)

[53] Vgl. Anlage 1 zur Elften Verordnung zur Durchführung des Feststellungsgesetzes zugleich 13. Verordnung über Ausgleichsleistungen nach dem Lastenausgleichsgesetz (11. FeststellungsDV = 13. Leistungs-DV-LA); Bundesgesetzblatt (Teil I) 1962: S. 681, 1964: S. 857, 1973: S. 1737. Bei aller Fragwürdigkeit der Berechnung von Kaufkraftparitäten geben die Anlagen 1 und 2 dieser Verordnung aus einem abseitigen Rechtsgebiet wichtige geldgeschichtliche Anhaltspunkte; auf sie wird noch öfter zurückzukommen sein.

Zu Kapitel 13:
Der Zweite Weltkrieg: Das Geld im Reichsgebiet

[1] Jaeger/Pusback Nr. 368 (Kapitel 9, oben)

[2] Vgl. Kapitel 3 b, oben

[3] Verordnung über die Außerkurssetzung der Reinnickelmünzen im Nennbetrag von 1 Reichsmark, vom 20. Januar 1940 (Reichsgesetzblatt 1940, Teil I, S. 231; Seidel, S. 192; Grasser, S. 263)

[4] Verordnung über die Außerkurssetzung der Reinnickelmünzen im Nennbetrag von 50 Reichspfennig, vom 15. Juni 1940 (Reichsgesetzblatt, Teil I, S. 888; Seidel, S. 192; Grasser, S. 266)

[5] Vgl. Abschnitt b, unten

[6] Jaeger/Pusback Nr. 320: Verordnung über die Außerkurssetzung von Reichssilbermünzen im Nennbetrag von 2 Reichsmark, vom 14. November 1939 (Reichsgesetzblatt 1939, Teil I, S. 2234; Seidel, S. 191; Grasser, S. 260)

[7] Bekanntmachung vom 30. März 1940 (Reichsgesetzblatt 1940, Teil I, S. 584; Seidel, S. 192; Grasser, S. 264)

[8] Verordnung über die Außerkurssetzung der Kupfermünzen, vom 10. Feburar 1942 (Reichsgesetzblatt 1942, Teil I, S. 68; Seidel, S. 193; Grasser, S. 269)

[9] Vgl. Kapitel 12 b, oben

[10] Vgl. Kapitel 9

[11] Jaeger/Pusback, Nr. 372

[12] Geldgeschichtliche Nachrichten 4/122 (1966). Abbildung bei Rudolf Schaaf, Die Proben der deutschen Münzen seit 1871, Basel 1979, S. 369

[13] Reichsgesetzblatt 1938, Teil I, S. 257

[14] 8. Durchführungsverordnung zum Luftschutzgesetz (Reichsgesetzblatt 1943, Teil I, S. 521)

[15] Ab Michel Nr. 862 (800jähriges Bestehen der Hansestadt Lübeck); Ausnahmen: Nr. 863 (9. November 1923) und Nr. 888–893 (Kameradschaftsblock der Deutschen Reichspost). Bei den Kursmarken mit Kopfbild Hitlers hat nur der Ergänzungswert zu 42 Rpf (1944) die Aufschrift ›Großdeutsches Reich‹ (Nr. A 795)

[15a] Vgl. Werner Hilgemann, Atlas zur deutschen Zeitgeschichte, München/Zürich 1984, S. 131

[16] Vgl. Kapitel 10 a, oben

[17] Kapitel 11 a, am Ende

[18] Pick/Rixen, Nr. 180; Jaeger/Haevecker, Nr. 131

[19] Pick/Rixen, Nr. 181; Jaeger/Haevecker, Nr. 132

[20] Vgl. Percy Ernst Schramm, Die Niederlage 1945, München 1962 (dtv 80/81), S. 450–455

[21] Pick/Rixen, Nr. 186–191 II; Jaeger/Haevecker, Nr. RN 1 – RN 5

[22] Vgl. Kapitel 14 d, unten

²³ Pick/Rixen, S. 203

²⁴ Pick/Rixen, Nr. 168, 169; Jaeger/Haevecker, Nr. 129, 130

²⁵ Verordnung über die Änderung des Gesetzes über die Liquidierung des Umlaufs an Rentenbankscheinen und des Gesetzes über die Deutsche Reichsbank (Reichsgesetzblatt 1939, Teil I, S. 1694)

²⁶ Währung und Wirtschaft (Anm. 1 zu Kapitel 11), S. 390–394

²⁷ Rede auf dem 7. Allgemeinen Sparkassen- und Kommunalbankentag in Essen Ende September 1937 (Fränkische Tageszeitung, Nürnberg, vom 1. Oktober 1937)

²⁸ Vgl. Kapitel 11 a, oben

²⁹ Gesetz über die Finanzierung nationalpolitischer Aufgaben des Reichs (Neuer Finanzplan), vom 20. März 1939 (Reichsgesetzblatt 1939, Teil I, S. 561)

³⁰ Vgl. Währung und Wirtschaft (Anm. 1 zu Kapitel 11), S. 399 (Kriegszuschläge bei Steuern)

³¹ Währung und Wirtschaft (Anm. 1 zu Kapitel 11), S. 404; Veit (Anm. 2 zu Kapitel 11), S. 594

³² Währung und Wirtschaft (Anm. 1 zu Kapitel 11), S. 405; Wilhelm Dieben, Die innere Reichsschuld seit 1933 (Finanzarchiv 1949, S. 656–706)

³³ Dieser wurde im übrigen immer mehr vereinfacht: Man kam mit dem Ziel der Arbeitsersparnis mit der Zeit zum ›stückelosen Verkehr‹ (Dieben, Anm. 32, S. 658, 674, 696), den sogar das Ausland lobend beachtete (Währung und Wirtschaft, Anm. 1 zu Kapitel 11, S. 405)

³⁴ Vgl. Tabellenanhang 2

³⁵ Tabellenanhang 1

³⁶ Siehe Anm. 32. Dazu Währung und Wirtschaft (Anm. 1 zu Kapitel 11), S. 401

³⁷ Die militärische Wende des Krieges bezeichnen die Daten 23. Oktober 1942 (Beginn der Schlacht von El Alamein), 7. November 1942 (Landungen der Alliierten in Marokko und Algerien) und 19. November 1942 (Beginn der Schlacht von Stalingrad)

³⁸ Währung und Wirtschaft (Anm. 1 zu Kapitel 11), S. 407. Aus der propagandistischen Sicht der Hitler-Regierung: Ernst Wagemann, »Wo kommt das viele Geld her?«, Düsseldorf 1940

³⁹ Währung und Wirtschaft (Anm. 1 zu Kapitel 11), S. 409, 410; Verordnung zur Sicherstellung des Kräftebedarfs für Aufgaben von besonderer staatspolitischer Bedeutung, vom 22. Juni 1938 (Reichsgesetzblatt 1938, Teil I, S. 652):
Damit für besonders bedeutsame Aufgaben, deren Durchführung aus staatspolitischen Gründen keinen Aufschub duldet, rechtzeitig die benötigten Arbeitskräfte bereitgestellt werden können, muß die Möglichkeit geschaffen werden, vorübergehend auch auf anderweit gebundene Arbeitskräfte (!) zurückzugreifen ... (Vorspruch)
Deutsche Staatsangehörige können ... für eine begrenzte Zeit verpflichtet werden, auf einem ihnen zugewiesenen Arbeitsplatz Dienste zu leisten oder sich einer bestimmten beruflichen Ausbildung zu unterziehen (§ 1)
Damit war die freie Wahl des Arbeitsplatzes beseitigt, der Zwangsarbeit die Rechtsgrundlage geschaffen

⁴⁰ Nach Währung und Wirtschaft (Anm. 1 zu Kapitel 11), S. 416 (zusammengestellt nach dem Statistischen Handbuch von Deutschland 1928–1944)

⁴¹ Währung und Wirtschaft (Anm. 1 zu Kapitel 11), S. 415

Zu Kapitel 14:
Der Zweite Weltkrieg: Die annektierten und die besetzten Gebiete

¹ Rüdiger Ruhnau, Danzig – Geschichte einer deutschen Stadt, Würzburg 1971, S. 93, 100

² Jaeger/Pusback, Nr. D 4 (1923, 1928), D 5 (1923)

[3] Jaeger/Pusback, Nr. D 6 (1923, 1927), D 7, D 8 (1923), D 9 (1923, 1927)

[4] Jaeger/Pusback, Nr. D 12, D 13 (5, 10 Pfennig): Münzbild Flunder und Pomuchel (nordost-deutsch für Dorsch)

[5] Jaeger/Pusback, Nr. D 14, D 15, D 19, D 20 (½, 1, 5, 10 Gulden)

[6] Jaeger/Pusback, Nr. D 16; Nr. D 17, D 18 (1932). Vorschriften zu den Münzen nach vorstehenden Anmerkungen: Seidel, S. 385 ff.

[7] Pick/Rixen, Nr. 632, 633

[8] Pick/Rixen, Nr. 633, 634

[9] Reichsgesetzblatt 1939, Teil I, S. 1547

[10] Verordnung über die Einführung der Reichsmarkwährung in dem Gebiet der bisherigen Freien Stadt Danzig (Reichsgesetzblatt 1939, Teil I, S. 1567; Seidel, S. 396; Grasser, S. 256)

[11] Vgl. Anm. 53 zu Kapitel 12

[12] Verordnung über den Warenverkehr mit dem Gebiet der ehemaligen Freien Stadt Danzig, vom 1. September 1939 (Reichsgesetzblatt 1939, Teil I, S. 1620)

[13] Verordnung über die Bank von Danzig (Seidel, S. 397)

[14] Verordnung zur Übernahme der Bank von Danzig durch die Deutsche Reichsbank (Reichsgesetzblatt 1939, Teil I, S. 1621; Seidel, S. 397)

[15] Reichsgeseztblatt 1939, Teil I, S. 1691; Seidel, S. 397; Grasser, S. 257

[16] Zweite Durchführungsverordnung über die Einführung der Reichsmarkwährung in dem Gebiet der bisherigen Freien Stadt Danzig (Reichsgesetzblatt 1939, Teil I, S. 2093; Seidel, S. 398; Grasser, S. 260)

[17] Verordnung über die Außerkurssetzung der Nickelmünzen im Nennbetrag von 1 Gulden und ½ Gulden der ehemaligen Freien Stadt Danzig, vom 7. Juni 1940 (Reichsgesetzblatt 1940, Teil I, S. 887; Seidel, S. 399; Grasser, S. 265); Verordnung über die Außerkurssetzung der Münzen im Nennbetrag von 10, 5, 2 und 1 Pfennig der ehemaligen Freien Stadt Danzig, vom 17. September 1940 (Reichsgesetzblatt 1940, Teil I, S. 1331; Seidel, S. 399; Grasser, S. 267)

[18] Vgl. Seidel, S. 385, 391

[19] Vgl. Walther Hofer, Die Entfesselung des Zweiten Weltkriegs, Frankfurt und Hamburg 1960 (Fischer-Bücherei 323)

[20] Martin Broszat, Nationalsozialistische Polenpolitik 1939–1945, Stuttgart 1961

[21] Reichsgesetzblatt 1939, Teil I, S. 2042

[22] Verordnung zur Einführung deutscher steuerrechtlicher Vorschriften in den eingegliederten Ostgebieten, vom 18. November 1939 (Reichsgesetzblatt 1939, Teil I, S. 2258). Das Generalgouvernement blieb außerhalb der Zollgrenze

[23] Verordnung über die gesetzlichen Zahlungsmittel im besetzten ostoberschlesischen Gebiet (Reichsgesetzblatt 1939, Teil I, S. 1691; Seidel, S. 252)

[24] Seidel, S. 253

[25] Seidel, S. 254

[26] Seidel, S. 254

[27] Reichsgesetzblatt 1939, Teil I, S. 2291; Seidel, S. 255. Erwähnt die Noten der Bank Polski zu 500, 100, 50, 20, 10, 5 und 2 Zloty, die Staatsnoten zu 1 Zloty und die Münzen zu 10, 5 und 2 Zloty (Silber); vgl. Pick, S. 858 (Poland) und Krause/Mishler, S. 1482 (Poland)

[28] Verordnung zur Änderung der Verordnung über die Einführung der Reichsmarkwährung in den eingegliederten Ostgebieten, vom 12. September 1940 (Reichsgesetzblatt 1940, Teil I, S. 1309; Seidel, S. 255)

[29] Verordnung über die Währungsumstellung von Schuldverhältnissen in den in das Deutsche Reich eingegliederten Ostgebieten im Memelgebiet und im Reichsgau Sudetenland sowie über den Zahlungsverkehr (Reichsgesetzblatt 1940, Teil I, S. 873)

[30] Zu seiner Begründung vgl. Kapitel 8 a, oben

[31] Vgl. Kurt Buhrow, Danzigs Finanzsystem, Berlin-Friedenau 1929, S. 70; S. Szeps, Die Währungs- und Notenbankpolitik der Republik Polen, Basel 1926, S. 81

[32] Vgl. Anm. 53 zu Kapitel 12

[33] Ungarn grenzte seit dem Erwerb der Karpatenukraine mit dem Zerfall der Tschechoslowakischen Republik (31. März 1939) an Polen

[34] Reichsgesetzblatt 1939, Teil I, S. 2077

[35] Wir folgen Broszat (Anm. 20), S. 68

[36] Seidel, S. 261

[37] Verordnung über die Emissionsbank in Polen (Seidel, S. 265)

[38] Pick/Rixen, Nr. 563–575

[39] Pick/Rixen, Nr. 561, 562; Urnoten: Pick (Poland), Nr. 74, 75 (Poniatowski)

[40] Pick (Poland), Nr. 50 (das größte Nominal und dessen einzige Ausgabe)

[41] Vgl. Anm. 39 (dazu mit Datum 28. Februar 1919 – Pick, Nr. 57 – die keine Bedeutung mehr hatte)

[42] Verordnungen bei Seidel, S. 268

[43] Seidel, S. 269

[44] Verordnung über die Ausgabe von Münzen zu 50, 20 und 10 Groschen im Generalgouvernement (Seidel, S. 271): Jaeger/Pusback, Nr. 624–628 (S. 557)

[45] Vgl. Anm. 131 zu Kapitel 2

[46] Vgl. Kapitel 13 b

[47] Vgl. Kapitel 9

[48] Vom 23. September 1939 (Seidel, S. 261)

[49] Zum Folgenden: Kretzschmann, Reichskreditkassen, in: Deutsche Geldpolitik, Berlin 1941

[50] Bekanntmachung über die Errichtung von Reichskreditkassen in den besetzten ehemals polnischen Gebieten (Seidel, S. 263)

[51] Vgl. Anm. 50 und Bekanntmachung über die Errichtung von Reichskreditkassen im Generalgouvernement, vom 8. November 1939 (Seidel, S. 265). Orte: Bromberg, Gnesen, Graudenz, Hohensalza, Kalisch, Konitz, Krakau, Lissa, Lodz, Ostrowo, Posen, Preußisch-Stargard, Tarnow, Thorn, Tschenstochau; Rzeszow, Neu-Sandoz, Krakau, Lublin, Radom, Tarnow, Tschenstochau, Warschau. Nach Kretzschmann (Anm. 49), S. 120, auch Gotenhafen (Gdingen), Leslau, Sosnowitz, Kielce, Petrikau.

[52] Bekanntmachung über die Ausgabe von Reichskreditkassenscheinen in den besetzten ehemals polnischen Gebieten (Seidel, S. 264)

[53] Vgl. Anm. 43

[54] Bekanntmachung bei Seidel, S. 270

[55] Vgl. Kretzschmann (Anm. 49), S. 119, 123. In Gnesen, Gotenhafen, Graudenz, Hohensalza, Kalisch, Konitz, Leslau, Lissa, Ostrowo, Preußisch-Stargard, Thorn und Sosnowitz

[56] Reichsgesetzblatt 1940, Teil I, S. 743; vgl. Kretzschmann (Anm. 49), S. 126; Seidel, S. 271

[57] Reichsgesetzblatt 1940, Teil I, S. 770; Seidel, S. 273

[58] Reichsgesetzblatt 1940, Teil I, S. 774; Seidel, S. 275

[59] Reichsgesetzblatt 1940, Teil I, S. 771; Seidel, S. 274

[60] Wechselstellen teils in Regie der Wehrmacht, teils der Reichskreditkassen: Herbesthal, Vaalserquartier, Brüssel-Nordbahnhof, Homburg (Saar)-Hauptbahnhof, Homburg (Saar)-West, Luxemburg-Stadt, Maastricht, Metz, Mülhausen (Elsaß), Trier (Kretzschmann, Anm. 49, S. 130)

[61] Bekanntmachung über die Ausgabe von Reichskreditkassenmünzen, vom 20. Juli 1940 (Reichsanzeiger 1940, Nr. 175, S. 4; Seidel, S. 276): Jaeger/Pusback, Nr. 618, 619

[62] Prägung im Gesamtnennwert von 4362102,– RM:

	10 Rpf	5 Rpf
1940:	12548983	29182206
1941:	10120930	12720008

[63] Vgl. für das besetzte Frankreich: Bekanntmachung über gesetzliche Zahlungsmittel, vom 27. Juli 1940 (Seidel, S. 277)

[64] Dänemark: 1 Krone, 2 Kronen (Krause/Mishler, S. 473); Norwegen: 25, 50 Öre, 1 Krone, 2 Kronen (Krause/Mishler, S. 1406)

[65] Vgl. Albert Pick, ›Frimaerkepenge‹ – dänisches Briefmarkengeld, in: Geldgeschichtliche Nachrichten 20/246 (1970)

[66] Vgl. Raphael Lemkin, Axis Rule in Occupied Europe, Washington D. C. 1944, S. 212

[67] Rittmann, Moderne Münzen, S. 218

[68] Nach den Umrechnungssätzen im Reichsteuerblatt für Umsatzsteuerzwecke

[69] Vgl. Anm. 53 zu Kapitel 12

[70] Manfred Veit, Luxemburg, Heroldsberg 1979, S. 46

[71] Verordnung über die Einführung der Reichsmark als gesetzliches Zahlungsmittel in Luxemburg, vom 25. August 1940 (Seidel, S. 246) und Verordnung über die Außerkurssetzung des belgischen und luxemburgischen Franken und der Reichskreditkassenscheine in Luxemburg, vom 29. Januar 1941 (Seidel, S. 246)

[72] Vgl. Anm. 53 zu Kapitel 12

[73] Erlaß des Führers über die Ausübung der Regierungsbefugnisse in den Niederlanden (Reichsgesetzblatt 1940, Teil I, S. 778)

[74] Vgl. hierzu Werner Warmbrunn, The Dutch under German Occupation, Stanford, Cal. 1963; Lemkin (Anm. 66), S. 200

[75] Arnhem, Maastricht, Groningen, Hertogenbosch, Utrecht, Amsterdam, Den Haag, Rotterdam (Kretzschmann, Anm. 49, S. 131)

[76] Kretzschmann (Anm. 49), S. 131

[77] Reichsteuerblatt 1940, S. 934

[78] Runderlaß des Reichswirtschaftsministers vom 31. März 1941 (Reichsteuerblatt 1941, S. 255)

[79] Vgl. Reichsteuerblatt 1941, S. 194, 272

[79a] Vgl. Anm. 53 zu Kapitel 12

[80] Kretzschmann (Anm. 49), S. 117; Lemkin (Anm. 66), S. 488

[81] Zu den Münzen: Krause/Mishler (Netherlands), S. 1371–1379. Der Halbgulden aus Silber wurde nur bis 1930 geprägt und hatte keine Bedeutung mehr. Der halbe Cent (bis 1940) und der Cent (bis 1941) sowie das Stück zu 2½ Cents trugen zuletzt das Wappen; aus Kupfernickel war das quadratische Fünfcentstück (bis 1940); Silbermünzen zu 10 und zu 25 Cents mit dem Kopfbild der Königin. Münzen dieser Typen ließ die Regierung in London von 1940 an für die Geldversorgung der Überseegebiete in den Vereinigten Staaten herstellen; sie kamen nach dem Krieg auch in den Umlauf der Niederlande, und zwar wurden sie in den von den Deutschen schon vor Kriegsende geräumten Gebieten ausgegeben. Zum Papiergeld vgl. Pick

[82] In Brüssel, Lüttich, Charleroi (vorher Namur), Antwerpen, Gent (Kretzschmann, Anm. 49, S. 132)

[83] Kretzschmann (Anm. 49), S. 117; Wirtschaftshandbuch der Frankfurter Allgemeinen Zeitung 1944, S. 151

[84] Vgl. Anm. 53 zu Kapitel 12

[85] Vgl. Pick, S. 121. Die Scheine bis 50 Francs waren Staatsnoten

[86] Vgl. Krause/Mishler, S. 156 ff. Die Vorschriften im Auszug bei Charles Dupriez, Monnaies et essais monétaires du Royaume de Belgique et du Congo, Tôme I, Bruxelles 1949, S. 393. Zu den politischen und wirtschaftlichen Aspekten der deutschen Besetzung: Wilfried Wagner, Belgien in der deutschen Politik während des Zweiten Weltkrieges, Boppard 1974

[87] Reichsgesetzblatt 1940, Teil I, S. 771; dazu Durchführungserlaß vom 23. Mai 1940 (Reichsgesetzblatt 1940, Teil I, S. 803)

[88] Reichsgesetzblatt 1940, Teil I, S. 841; Seidel, S. 243

[89] In Paris (zuerst in St-Quentin), Epernay (zunächst in Châlons-sur-Marne), Nantes, Troyes. Im April 1941: Paris, Lille, Rouen, Tours, Bordeaux, Nantes, Rennes, Nancy, Dijon; in Elsaß-Lothringen: Kolmar, Metz, Mülhausen, Straßburg, Thionville, Saarburg, Hagenau, Schlettstadt, Zabern (Kretzschmann, S. 133)

[90] Vgl. im einzelnen: Philippe Héraclès, La loi nazie en France, Paris 1974, S. 211–238 (jeweils ›ordonnance‹ des Militärbefehlshabers in Frankreich bzw. der Hauptverwaltung der Reichskreditkassen in Brüssel und ›avis‹ in Kurzfassung)

[91] Wirtschaftshandbuch (Anm. 83), S. 154; Länderbank Wien, Die Währungen der Welt 1929–1941

[92] Vgl. Anm. 53 zu Kapitel 12

[93] Vgl. Henri Michel, Pétain et la régime de Vichy, Paris 1987, S. 61

[94] Währung und Wirtschaft (Anm. 1 zu Kapitel 11), S. 418

[95] Vgl. insbes. Jean de Mey/Bernard Poindessault, Münzkatalog Frankreich, München 1978, S. 376. Eine Kupfernickelmünze zu 5 Francs mit dem Kopfbild Pétains und der Jahreszahl 1941 wurde geprägt, aber nicht ausgegeben und wieder eingeschmolzen. Zwei Säcke dieser Münzen wurden von einem bei einem Luftangriff versenkten Lastkahn entwendet; hiervon rühren die Stücke in Sammlungen und im Münzenhandel.

[96] Pick (France), S. 478

[97] Vgl. hierzu: Fernand L'Huillier, Histoire de l'Alsace, Paris 1974, S. 118; Eugène Philipps, Les luttes linguistiques en Alsace jusqu'en 1945, Strasbourg 1975

[98] L'Huillier (Anm. 97), S. 119

[99] Siehe Anm. 89

[100] Verordnung über die Außerkurssetzung des französischen Franken im Elsaß (Seidel, S. 242)

[101] Anordnung über den Zahlungsverkehr in Lothringen, vom 9. August 1940 (Seidel, S. 244)

[102] Verordnung über die Außerkurssetzung des französischen Franken und der Reichskreditkassenscheine in Lothringen, vom 1. März 1941 (Seidel, S. 245)

[103] Um nur die wichtigsten zu nennen; bekanntgeworden sind auch Sark und Herm

[104] Héraclès (Anm. 90), S. 315

[105] S. 117

[106] Richard A. Bányai, The Legal and Military Aspects of German Money, Banking, and Finance 1938–1948, Phoenix, Ariz. 1971, S. 48

[107] C. W. Duret Aubin, Regarding Military Occupation Currency Rates of Exchange, in: Journal of Comparative Legislation an International Law, Vol. XXXI, Parts III and IV, 1949; S. 10. Übersetzung des Verfassers

[108] C. R. Josset, Money in Britain, London and New York 1962, S. 173

[109] S. 599, 563

[110] Vgl. Josset (Anm. 108); Seaby's Standard Catalogue British Coins (jährlich seit 1961)

[111] Vgl. Josset (Anm. 108), S. 169; F. Pridmore, The Coins of the British Commonwealth of Nations to the end of the reign of George VI 1952, Part 1: European Territories, London 1960, S. 32, 43

[111a] Die Vorgänge um die Toplitzsee-Fälschungen und das ›Unternehmen Bernhard‹ wurden vielfach dargestellt; hier genüge der Hinweis auf: Bernd Ruland, Vorsicht: Falschgeld, Zürich 1967, S. 253–303 (Kapitel XII ›Falsche Pfunde für Hitlers Sieg, Das größte Falschgeldunternehmen der Weltgeschichte‹); Steven A. Feller/Charles E. Hamilton, Operation Bernhard, the Ultimate Counterfeiting Scheme, in: The Numismatist 1985, S. 1766. Seit Jahren werden solche Fälschungen immer wieder aus dem Toplitzsee geborgen; letzte Notiz (soweit ersichtlich): Frankfurter Allgemeine Zeitung, 15. November 1984

[112] Reichsgesetzblatt 1940, Teil I, S. 743; Seidel, S. 271

[113] Verordnung zur Änderung der Verordnung über Reichskreditkassen (Reichsgesetzbl. 1940, Teil I, S. 770; Seidel, S. 273; Neufassung der Verordnung a. a. O., S. 774; Seidel, S. 275)

[114] Reichsgesetzblatt 1941, Teil I, S. 125, Seidel, S. 227

[115] Seidel, S. 260; Lemkin (Anm. 66), S. 582

[116] Teilabdruck (Übersetzung) bei Lemkin (Anm. 66), S. 583

[117] Rittmann, Moderne Münzen, S. 174

[118] Vgl. Anm. 53 zu Kapitel 12

[119] Lemkin (Anm. 66), S. 591. Bányai (Anm. 106), S. 53, erwähnt eine Verordnung über den Zahlungsverkehr in Serbien, wonach von Bankkonten nur kleine Monatsbeträge abgehoben werden durften und Geldhortung verboten war

[119a] Lemkin (Anm. 66), S. 622 (Auszug)

[120] Pick (Croatia), S. 382; Krause/Mishler, S. 2012. Vgl. Wirtschaftshandbuch (Anm. 83), S. 157

[121] Schwan/Boling, World War II Military Currency, Portage, Ohio und Camden, S. C. 1978, S. 255

[122] Wirtschaftshandbuch (Anm. 83), S. 157

[123] Lemkin (Anm. 66), S. 600

[124] Pick (Yugoslavia), S. 1070

[125] Krause/Mishler (Yugoslavia), S. 2014; Wirtschaftshandbuch (Anm. 83), S. 162

[126] Wirtschaftshandbuch (Anm. 83), S. 163. Zur Entstehung der Pengö-Währung nach der ungarischen Inflation nach dem Ersten Weltkrieg: Feldman/Holtfrerich/Ritter/Witt (Hrsg.), Die Erfahrung der Inflation im internationalen Zusammenhang und Vergleich, Berlin, New York 1984, S. 51 (Thomas A. Sargent) und S. 188 (Elizabeth A. Boross); Rittmann, Moderne Münzen, S. 178

[127] Wirtschaftshandbuch (Anm. 83), S. 152

[128] Wirtschaftshandbuch (Anm. 83), S. 158

[129] Wirtschaftshandbuch (Anm. 83), S. 150

[130] Krause/Mishler, S. 56; Pick, S. 45

[131] Wirtschaftshandbuch (Anm. 83), S. 156

[131a] Pick (Greece), S. 572; Schwan/Boling (Anm. 121), S. 136

[131b] Pick (Greece), S. 572; Schwan/Boling (Anm. 121), S. 137

[132] Pick/Rixen, Nr. 513–519

[133] Kretzschmann (Anm. 49), S. 135

[134] Kretzschmann (Anm. 49), S. 136: Wechselstellen
in Ungarn: Budapest, Neuhäusel (zuerst Galanta), Hegyeshalom, Maros Varsaheli, Neusatz, Szolnok, Szombathely
in Rumänien: Arad, Bacau, Botosami, Constanza, Giurgiu, Kronstadt (zuerst Razboieni), Turnu-Magurele, Vatra-Dornei, Bukarest-Nordbahnhof
Wechselstuben für den Truppenverkehr gab es in Cilli und Pettau (Südsteiermark) sowie Wien-Ostbahnhof

[135] Kretzschmann (Anm. 49), S. 136: Wechselstellen
in Jugoslawien: Belgrad, Agram, Marburg, Krainburg
in Griechenland: Athen, Saloniki
Die Wechselstelle Marburg wurde später Reichsbanknebenstelle
[136] Kretzschmann (Anm. 49), S. 136
[137] Wirtschaftshandbuch (Anm. 83), S. 149
[138] Alexander Dallin, German Rule in Russia 1941–1945, London 1957; deutsche Ausgabe: Deutsche Herrschaft in Rußland 1941–1945, Düsseldorf 1958. Zitate nach der deutschen Ausgabe, S. 137
[139] Vgl. im einzelnen Reichsteuerblatt 1941 ff.
[140] Wirtschaftshandbuch (Anm. 83), S. 149
[141] Vgl. Dallin (Anm. 138), S. 102
[142] Pick/Rixen, Nr. 581–588 (S. 222)
[143] Wirtschaftshandbuch (Anm. 83), S. 150
[144] Vgl. Anm. 53 zu Kapitel 12; Rittmann, Moderne Münzen, S. 120. Zur russischen Geldgeschichte: I. G. Spassky, The Russian Monetary System, Amsterdam 1967. Zum Rubel von der Revolution bis 1930: Karl Elster, Vom Rubel zum Tscherwonjez, Jena 1930
[145] Werner Hilgemann, Atlas zur deutschen Zeitgeschichte 1918–1969, München und Zürich 1984, S. 144–147
[146] Schaaf, S. 366: Plattierung mit ›Goldin‹, Kupfer, Messing, Tombak (Proben Nr. 371/M 1–M 5); Wiedergabe eines Schreibens des Münzdirektors an den Reichsminister der Finanzen vom 23. Mai 1941
[147] Hjalmar Schacht, Das Ende der Reparationen, Oldenburg 1931, S. 229
[148] Beispiele: Das Buch der deutschen Kolonien, Leipzig 1937; Hans Zache (Hrsg.), Das deutsche Kolonialbuch, Berlin-Schmargendorf und Leipzig 1926; Karl Fischer, Kolonien auf dem grünen Tisch – Deutschlands Weg nach Übersee, Berlin 1938; Richard Thurnwald, Koloniale Gestaltung, Hamburg 1939
[149] Aufstellung des Afrikakorps ab 6. Februar 1941; Einsatz in Libyen ab 31. März 1941; Ende nach wechselvollem Verlauf der Kämpfe am 13. Mai 1943 auf der Kap-Bon-Halbinsel (Tunesien)
[150] Anm. 49, oben
[151] Bányai (Anm. 106), S. 70
[152] Anm. 106, S. 72
[153] Vgl. Anm. 89
[154] Siehe Abschnitt o dieses Kapitels
[155] Siehe Abschnitt d dieses Kapitels
[156] Siehe unten
[157] Bányai (Anm. 106), S. 73
[158] Bányai (Anm. 106), S. 73
[159] Rittmann, Moderne Münzen, S. 58, 191
[160] Umrechnungskurse für Umsatzsteuerzwecke nach dem Reichsteuerblatt
[161] Vgl. Bányai (Anm. 106), S. 73; nicht im Reichsgesetzblatt, nicht bei Seidel
[162] Pick/Rixen, S. 205
[163] Pick/Rixen, Nr. 524–527 (S. 208); Jaeger/Haevecker, Nr. WM 8–11
[164] Vgl. Kapitel 13 b
[165] S. 204

Zu Kapitel 15:
Der Zweite Weltkrieg: Kriegsgefangenengeld, Notgeld, Lager- und Ghettogeld

[1] Vgl. Kapitel 2 g
[2] Pick/Rixen, Nr. 528–534 (S. 210); Jaeger/Haevecker, Nr. KL 1–KL 7 (S. 216)
[3] Pick/Siemsen, Das Notgeld des II. Weltkriegs; München 1979 (S. 8, zum Allgemeinen; S. 25, Katalog)
[4] Die Scheine der Sächsischen Bank und der Deutschen Reichsbank inbegriffen, vgl. Kapitel 13 b, oben
[5] Pick/Siemsen (Anm. 3), S. 7
[6] Pick/Siemsen (Anm. 3), S. 7
[7] Pick/Siemsen (Anm. 3), S. 9
[8] Pick/Siemsen (Anm. 3), S. 9
[9] Pick/Siemsen (Anm. 3), S. 67
[10] Pick/Siemsen (Anm. 3), S. 100
[11] Pick/Siemsen (Anm. 3), S. 103, 111
[12] Pick/Siemsen (Anm. 3), S. 65, 66
[13] Pick/Siemsen (Anm. 3), S. 11, 106
[14] Hierzu Richard A. Bányai, The Legal and Monetary Aspects of the Hungarian Hyper-Inflation 1945–1946, Phoenix, Ariz. 1971; und Kapitel 17 h, unten
[15] Pick/Siemsen (Anm. 3), S. 9, 59
[16] Umfassende und beste Darstellung noch immer: Eugen Kogon, Der SS-Staat, Frankfurt 1946 (zum Geld- und Postempfang in den Konzentrationslagern: S. 123). Zur Lage und Zahl der Konzentrationslager: Werner Hilgemann, Atlas zur deutschen Zeitgeschichte, München und Zürich 1984, S. 66, 67, 74, 75 (1933–1935), S. 98, 99 (1939), S. 114, 115 (1939–1945), S. 116, 117 (Sonderlager 1938–1945), S. 118, 119 (Fremdarbeiter- und Arbeitserziehungslager 1938–1945), S. 136, 137 (große Konzentrationslager 1942/1943), S. 150, 151 (Vernichtungslager), S. 152, 154 (Ghettos, Zigeunerviertel)
[17] Vgl. hierzu Pick/Siemsen, Das Lagergeld der Konzentrationslager und D.P.-Lager 1933–1945, München 1976, Abdruck S. 51
[18] Kogon (Anm. 16), S. 124
[19] Pick/Siemsen (Anm. 17), S. 17
[20] Pick/Siemsen (Anm. 17), S. 9
[21] Pick/Siemsen (Anm. 17), S. 21 und 19; heutige Schreibweise und Lage nicht festzustellen
[22] Pick/Siemsen (Anm. 17), S. 7, 19, 21
[23] Pick/Siemsen (Anm. 17), S. 25; Gastone Söllner, in: Journal of the International Bank Note Society, Vol. 15, No. 4 (1976)
[24] Vgl. Hinweis auf Scheine aus dem Ghetto von Warschau in Münzen-Revue, Dezember 1977, S. 885, die in einer Londoner Auktion auftauchten. Beispiel für die eingehende Untersuchung der Verhältnisse und Ausgaben in einem Lager: Paul Lauerwald, Das Konzentrationslagergeld des Konzentrationslagers Mittelbau-Dora in Nordhausen, in: Numismatische Beiträge 2/85 (Heft 36), S. 11

Zu Kapitel 16:
Kriegsende und Kontrollrat

[1] Vgl. Kapitel 13 a, oben
[2] Joseph Goebbels, Tagebücher 1945. Die letzten Aufzeichnungen, Hamburg 1977, S. 532
[3] Vgl. Deutsches Geld- und Bankwesen in Zahlen 1876–1975, Frankfurt 1976 (Deutsche Bundesbank), S. 329
[4] Vgl. Währung und Wirtschaft (Anm. 1 zu Kapitel 11), S. 381 (Faksimile)
[5] Schweizerische Nationalbank, Quartalsheft Nr. 1/1985; Frankfurter Allgemeine Zeitung vom 12. April und 4. Mai 1985, Neue Zürcher Zeitung (Fernausgabe) vom 13. April 1985
[6] Vgl. Anm. 33 zu Kapitel 13
[7] Gesetz über die Verwahrung und Anschaffung von Wertpapieren (Depotgesetz); Reichsgesetzblatt 1937, Teil I, S. 171
[8] Vgl. hierzu §§ 932, 935 des Bürgerlichen Gesetzbuchs und § 366 des Handelsgesetzbuchs
[9] Gesetzblatt des Vereinigten Wirtschaftsgebietes 1948, S. 295 (Änderungen: Gesetze vom 29. März 1951, Bundesgesetzblatt 1951, S. 211, und vom 20. August 1953, Bundesgesetzblatt 1953, S. 940)
[10] Vgl. Obst/Hintner, Geld-, Bank- und Börsenwesen, 37. Auflage Stuttgart 1980, S. 487; Baumbach/Duden/Hopt, Handelsgesetzbuch (Becksche Kurzkommentare), bis 24. Auflage: Anm. 3 zu § 367 HGB; Wertpapierbereinigungsschlußgesetz (4. Ergänzungsgesetz zum Wertpapierbereinigungsgesetz) vom 28. Januar 1964 (Bundesgesetzblatt 1964, Teil I, S. 45). Die Umstellung der Wertpapiere von Reichsmark auf Deutsche Mark war mit der Wertpapierbereinigung verbunden
[11] Vgl. hierzu Bereinigungsgesetz für deutsche Auslandsfonds, vom 25. August 1952 (Bundesgesetzblatt 1952, S. 553). Es muß auf die Spezialliteratur verwiesen werden
[12] Vgl. Abschnitt b, unten
[13] Vgl. Kapitel 4 c, oben
[14] Bundesgesetzblatt 1961, Teil I, S. 1165
[15] Zur verfassungsrechtlichen Frage vgl. Konrad Zweigert, Die Entschädigung der Reichsbank-Anteilseigner, in: Frankfurter Allgemeine Zeitung, 30. September 1960
[16] Vgl. Kapitel 18 b, unten
[17] Frankfurter Allgemeine Zeitung vom 2. Oktober 1961; zum Hergang: Frankfurter Allgemeine Zeitung, 28. April, 1. und 5. Mai, 15. Juni, 28. Juli, 12. August, 11. Oktober 1961
[18] Amtsblatt des Kontrollrats in Deutschland, Ergänzungsblatt Nr. 1
[19] Amtsblatt des Kontrollrats in Deutschland, Nr. 1, S. 4 (29. Oktober 1945)
[20] Amtsblatt (Anm. 19), S. 6 (20. September 1945). Mit Gesetz Nr. 2 (S. 19) wurden die NSDAP und alle Naziorganisationen aufgelöst
[21] Amtsblatt (Anm. 19), S. 8
[22] Doppelzonenabkommen vom 2. Dezember 1946, in Kraft seit 1. Januar 1947
[22a] Dem Wirtschaftsrat sind 171 Gesetze zu verdanken, die in der Hauptsache der Sicherung und Verbesserung der Versorgung der Bevölkerung dienen sollten. Gleichwohl wurde es mit der Bewirtschaftung immer schlechter. In dieser Lage wurde der erste ›Wirtschaftsminister‹, der Direktor der Verwaltung für Wirtschaft Dr. Semler, von den Besatzungsbehörden seines Amtes enthoben, weil er amerikanische Hilfslieferungen als Hühnerfutter bezeichnete. Am 2. März 1948 erhielt Prof. Ludwig Erhard das Amt. Vgl. Hans Roeper, Geschichte der D-Mark, Frankfurt 1968 (Fischer-Bücherei, Nr. 890), S. 10
[23] Bezogen auf das Reichsgebiet von 1944; vgl. Währung und Wirtschaft (Anm. 1 zu Kapitel 11), S. 418

[24] Eduard Wolf, Geld- und Finanzprobleme der deutschen Nachkriegswirtschaft, in: Die deutsche Wirtschaft zwei Jahre nach dem Zusammenbruch, Berlin 1947 (Deutsches Institut für Wirtschaftsforschung), S. 209, Übersicht: S. 210

[25] Vgl. unten und Wolf (Anm. 24), S. 212

[26] Wolf (Anm. 24), S. 219: Vernichtung von Reichsbanknoten einerseits, Zugang bei den Verwaltungen aus Reservebeständen der Deutschen Reichsbank bei ihren Zweigstellen, beim Buchgeld Abgang durch Stillegung von Einnahmeüberschüssen der öffentlichen Hand

[27] Karl Erich Born, Geld und Banken im 19. und 20. Jahrhundert, Stuttgart 1977, S. 580

[28] Peter Schmidt, Die Ausnutzung von Geld und Kredit beim Übergang vom Kapitalismus zum Sozialismus – zur Finanzgeschichte der DDR 1945–52, in: Berichte zur Finanzgeschichte des Kapitalismus und des Sozialismus, Heft 3/1982 (Humboldt-Universität zu Berlin), S. 59

[29] Born (Anm. 27), S. 580

[30] Währung und Wirtschaft (Anm. 1 zu Kapitel 11), S. 420; Obst/Hintner (Anm. 10), S. 115

[31] Rolf Kühne, Der Interzonale Zahlungsverkehr innerhalb Deutschlands in den Jahren 1945 bis 1973. Ein Bericht für die Deutsche Bundesbank (Privatdruck o. J.), S. 4

[32] Vgl. Anm. 24. Bestände einer Notenbank an ihren eigenen Noten sind nicht ›Geld‹ im Rechtssinne, sondern lediglich Papier mit dem bloßen Wert als Druckerzeugnis. Folglich erscheinen sie im Notenbankausweis nicht unter den Passiven der Notenbank, sondern allenfalls in der Bilanz der Bank mit ihren Herstellungskosten unter den Aktiven. Demnach ist die Notenbank bei Diebstahl nach richtiger Auffassung auch nur in Höhe der Herstellungskosten geschädigt. Zu dieser – umstrittenen – Rechtsfrage vgl. Arthur Nußbaum, Money in the Law National and International, Brooklyn 1950, S. 84 (zum ›Portugiesischen Banknotenfall‹ von 1925, mit Nachweisen)

[33] Vgl. Kapitel 11a

[34] Bányai (Anm. 106 zu Kapitel 14), S. 80 (nicht bei Seidel)

[35] Schwan/Boling (Anm. 121 zu Kapitel 14), S. 41

[36] Schwan/Boling (Anm. 121 zu Kapitel 14), S. 67. Ähnlich verfuhr man bei den jeweils ersten Briefmarkenausgaben

[37] Pick/Rixen, Nr. 192–199 (S. 147); Jaeger/Haevecker, Nr. 201–208

[38] Bányai (Anm. 106 zu Kapitel 14), S. 80

[39] Vgl. eingehend Schwan/Boling (Anm. 121 zu Kapitel 14), S. 72; Pick/Rixen, S. 147

[40] Wolf (Anm. 24), S. 212

[41] Wolf (Anm. 24), S. 217

[42] Währung und Wirtschaft (Anm. 1 zu Kapitel 11), S. 421 (mit Hinweis auf: G. Kaiser, Geldkapitalbildung und Kreditvolumen, in: Bankwirtschaft, 1944, S. 442)

[43] Vgl. Kapitel 13c

[44] Anm. 21, oben

[45] Währung und Wirtschaft (Anm. 1 zu Kapitel 11), S. 421. In der Französischen Zone: ›Officomex‹ (Office de Commerce extérieur)

[46] Zahlen nach Roeper (Anm. 22a), S. 7

[47] Roeper (Anm. 22a), S. 8

[48] Währung und Wirtschaft (Anm. 1 zu Kapitel 11), S. 422

[49] Währung und Wirtschaft (Anm. 1 zu Kapitel 11), S. 423

[50] Währung und Wirtschaft (Anm. 1 zu Kapitel 11), S. 424

[51] Vgl. Kapitel 17a, unten. Die Reichspfennige sind in Österreich formell bis heute noch nicht außer Kurs gesetzt (Schwarzer/Csoklich/List, Währungs- und Devisenrecht, 3. Auflage, Wien 1979, S. 10)

⁵² Vgl. Kapitel 17 i, unten
^{52a} Vgl. Kapitel 9, am Ende (oben)
⁵³ Jaeger/Pusback, S. 402 (zu Nr. 373 a)
⁵⁴ Vgl. Kapitel 9 (Anm. 27)
⁵⁵ Vgl. Anm. 20 zu Kapitel 16
⁵⁶ Jaeger/Pusback, Nr. 373 b: 1945 knapp 3 Millionen, 1946 zusammen vielleicht 3 Millionen
⁵⁷ Jaeger/Pusback, Nr. 374, 375 (mit Prägezahlen, soweit zu ermitteln. Heinz Fengler, 700 Jahre Münzprägung in Berlin, Berlin 1976, S. 91, gibt für Berlin an, die Münze habe der damaligen Zentralen Finanzverwaltung für die sowjetisch besetzte Zone Deutschlands unterstanden; nach Schätzungen seien 1947 etwa 6 Millionen Fünfpfennigstücke und etwa 6 Millionen Zehnpfennigstücke, 1948 jeweils etwa 5 Millionen von diesen Nominalen geprägt worden. Die Zehnpfennigstücke von 1947 seien aber wegen einer Beanstandung der Alliierten Kommandantur Berlin nicht ausgegeben und 1949/50 wieder eingeschmolzen worden)
⁵⁸ Vgl. Kapitel 18 b, unten
⁵⁹ Zum Folgenden: Arnold Keller, Das Deutsche Notgeld. Das Notgeld der deutschen Währungsreform 1947/1948, München 1977

Zu Kapitel 17:
Das Ende der Reichsmark in den geräumten und in den verlorenen Gebieten

¹ Vgl. Kapitel 12 b
² 30. Oktober 1918 bis 11. Juni 1920
³ Vgl. oben (Kapitel 12) und Schwarzer/Csoklich/List, Das österreichische Währungs- und Devisenrecht, 3. Auflage, Wien 1979, S. 4. Darin findet sich das gesamte Währungsrecht Österreichs seit 1945
⁴ Schwarzer/Csoklich/List (Anm. 3), S. 8
⁵ Pick, Nr. 102–111 (Austria); Schwan/Boling (Anm. 121 zu Kapitel 14), Nr. 56–68 (S. 74), hier Einzelheiten über Drucker, Nummern und Wasserzeichen; ferner: Pick/Richter, Österreich. Banknoten und Staatspapiergeld ab 1759, Berlin 1972, Nr. 258–267
^{5a} Pick, Nr. 112, 113; Schwan/Boling (Anm. 121 zu Kapitel 14), S. 104; Pick/Richter (Anm. 5), Nr. 268, 269
⁶ Schwarzer/Csoklich/List (Anm. 3), S. 558. Ausgabedaten: 29. Mai 1945 (5 Schilling: 4. September 1945); Pick, Nr. 121, 114, 116, 118, 120
⁷ Beibehalten wurde aber z. B. das deutsche Steuerrecht
⁸ Vgl. Kapitel 12 b
⁹ Schwarzer/Csoklich/List (Anm. 3), S. 230
¹⁰ Jaeger/Jaeckel, Die Münzprägungen des Hauses Habsburg 1780–1918 und der Republik Österreich seit 1918, 4. Auflage, Basel, 1970, Nr. 448
¹¹ Jaeger/Jaeckel (Anm. 10), Nr. 450, 451
¹² Jaeger/Jaeckel (Anm. 10), Nr. 455, 454
¹³ Vgl. Kapitel 16 c, oben
¹⁴ Schwarzer/Csoklich/List (Anm. 3), S. 22. Zum weiteren Gang: Fritz Grotius, Die europäischen Geldreformen nach dem Zweiten Weltkrieg, in: Weltwirtschaftliches Archiv, Band 63 (1949 II), S. 148
¹⁵ Schwarzer/Csoklich/List (Anm. 3), S. 235. Die Schwierigkeiten der Währungssanierung in Österreich waren vor allem darin begründet, daß man bei Kriegsende den Umfang des Reichsmark-Umlaufs im Lande nicht kannte. Zudem strömten auch danach noch erhebliche

und lange Zeit nicht kontrollierbare Reichsmark-Mengen aus von Deutschland besetzt gewesenen Gebieten ein (Grotius, Anm. 14, S. 145)

[16] Schwan/Boling (Anm. 121 zu Kapitel 14), S. 68; Pick, Nr. 49–58

[17] Schwan/Boling (Anm. 121 zu Kapitel 14), S. 24; Pick, Nr. 43–45

[18] Hierzu und zum Folgenden: André Neurisse, Histoire du Franc, 3. Auflage, Paris 1974, S. 85, 89

[19] Neurisse (Anm. 18), S. 86

[20] Zeitschrift für das gesamte Kreditwesen, 1956, S. 587

[21] Vgl. Kapitel 14m

[22] Vgl. Pick, S. 1078 (Zaire) und Krause/Mishler, S. 2016 (Belgian Congo)

[23] Valery Janssens, Le franc belge, un siècle et demi d'histoire monétaire, Brüssel 1975, S. 295

[24] Janssens (Anm. 23), S. 297

[25] Janssens (Anm. 23), S. 301, 312

[26] 1 Dollar: 43,827 Francs, 100 franz. Francs: 88,30 Francs, 1 niederl. Gulden: 16,52 Francs, 1 luxemb. Franc: 1 belg. Franc; dazu Grotius (Anm. 14), S. 111

[27] Janssens (Anm. 23), S. 322. Weitere Entwicklung bei Grotius (Anm. 14), S. 113

[28] Vgl. Kapitel 14i. Die zehn Gemeinden: Beho, Baelen, Gemmenich, Henrichapelle, Hombourg, Membach, Montzen, Moresnet, Sippenaeken, Welkenraedt (Peter Ramjoie, Die Abstempelung der deutschen Geldscheine in Ost-Belgien, Berlin 1973, S. 12)

[29] Ramjoie (Anm. 28), S. 13

[30] Anm. 28

[31] Ramjoie (Anm. 28), S. 94

[32] Ramjoie (Anm. 28), S. 104

[33] S. 86

[33a] Pick, Nr. 43–47; zum Papiergeld Luxemburgs eingehend: Raymond Weiller, 125 ans de papier-monnaie luxembourgeois, Luxembourg 1981 (Festschrift zum 125jährigen Bestehen der Banque Internationale à Luxembourg; französisch/deutsch/englisch)

[33b] Albert Pick, Papiergeld, Braunschweig 1967, S. 296

[33c] Kurt Jaeger, Liechtenstein – Luxemburg, Basel 1963, Nr. 19, 20. Hinweise auf die Vorschriften der Währungsreform: Raymond Weiller, La Circulation monétaire et les Trouvailles numismatiques du moyen age et des temps modernes au pays de Luxembourg, Luxembourg 1975, S. 227

[33d] Pick, Nr. 9–11 (vor dem Zweiten Weltkrieg), Nr. 12–14 (ab 1947)

[33e] Jaeger, Liechtenstein – Luxemburg (Anm. 33c), Nr. 27, 28 (25 Centimes, 1 Franc)

[34] Kapitel 14g

[35] Vgl. im einzelnen: Jacques Schulman, Handboek von de nederlandse Munten, Amsterdam 1962, S. 164 (Münzzeichen P, Philadelphia, und D, Denver)

[36] Schulman (Anm. 35), S. 162

[36a] Schulman (Anm. 35), S. 156. Eingeliefert wurden nur von den Stücken zu

2½ Gulden	2,7	v. H.
1 Gulden	10,0	v. H.
25 Cents	6,5	v. H.
10 Cents	5,25	v. H.
5 Cents	7,3	v. H.
2½ Cents	17,5	v. H.
1 Cent	9,8	v. H.

Die Gulden kamen hauptsächlich aus den öffentlichen Kassen, die sich schlecht wehren konnten, die Stücke zu 2½ Cents aus Gasautomaten

[37] Schulman (Anm. 35), S. 169

[38] ›Muntbiljetten‹ zu 1, 2½, 10, 25, 50 und 100 Gulden (Pick, Nr. 64–69; Datum 4. Februar 1943; Druck: American Bank Note Company)

[39] Noten mit Datum 7. Mai 1945: 10, 20, 25, 50, 100 und 1000 Gulden (Pick, Nr. 74–80; vgl. Grotius, Anm. 14, S. 131). Auch die Scheine zu 500 und 1000 Gulden, schon während der deutschen Besetzung aufgerufen, konnten unter bestimmten Bedingungen noch eingezahlt werden

[40] Pick, Nr. 70, 71 (Datum 18. Mai 1945)

[41] Grotius (Anm. 14), S. 132

[42] Schwan/Boling (Anm. 121 zu Kapitel 14), S. 93; Pick, Nr. 17–22. Scheine zu 500 und 1000 Kronen waren vorbereitet, wurden aber nicht ausgegeben (Pick, Nr. 23, 24)

[43] Schwan/Boling (Anm. 121 zu Kapitel 14); Pick, Nr. M 1–M 6; der Schein zu 100 Kronen wurde nicht ausgegeben

[44] Pick, Nr. 35–41: 5, 10, 50, 100 und 500 Kronen

[45] Grotius (Anm. 14), S. 138, auch zur weiteren Entwicklung bis 1949

[46] Grotius (Anm. 14), S. 141

[47] Pick, Nr. 25–29

[48] Schwan/Boling (Anm. 121 zu Kapitel 14), S. 102, 107; Pick, Nr. 104–122

[49] Pick, Nr. 216, 218, 220 (Staatsnoten zu 1, 2 und 3 Rubel), 225, 227, 229, 231 (Noten der Staatsbank der UdSSR zu 10, 25, 50 und 100 Rubel)

[50] Grotius (Anm. 14), S. 319

[51] Grotius (Anm. 14), S. 296

[52] Schwan/Boling (Anm. 121 zu Kapitel 14), S. 18; Pick, Nr. 58–65

[53] Schwan/Boling (Anm. 121 zu Kapitel 14), S. 105; Pick, 45–50

[54] Pick, Nr. 51–57

[55] Grotius (Anm. 14), S. 301

[56] Vgl. Kapitel 14q

[57] Schwan/Boling (Anm. 121 zu Kapitel 14), S. 70; Pick, Nr. 70–83

[58] Schwan/Boling (Anm. 121 zu Kapitel 14), S. 199; Notgeld: Pick, S. 569

[59] Pick, Nr. 135–140 (Bank von Griechenland: 50, 100, 500, 1000, 5000 Drachmen), Nr. 157–159 (Staatsnoten: 1 Drachme, 10, 20 Drachmen)

[60] Grotius (Anm. 14), S. 318

[61] Pick, Nr. 69–73

[62] Grotius (Anm. 14), S. 315

[63] Schwan/Boling (Anm. 121 zu Kapitel 14), S. 107; Pick, M 9–M 15 (1 Leu nicht sicher)

[64] Krause/Mishler, Nr. 77–87

[65] Pick, Nr. 63

[66] Pick, Nr. 66ff.

[67] Grotius (Anm. 14), S. 318

[67a] Schwan/Boling (Anm. 121 zu Kapitel 14), S. 106

[68] Pick, Nr. M 1–M 9

[69] Grotius (Anm. 14), S. 308; Richard A. Bányai, The Legal and Monetary Aspects of the Hungarian Hyper-Inflation, Phoenix, Ariz. 1971

[70] Schwan/Boling (Anm. 121 zu Kapitel 14), S. 171; Pick, S. 45

[71] Pick, Nr. 35 A–35 F (S. 1070)

[72] Schwan/Boling (Anm. 121 zu Kapitel 14), S. 124; Pick, S. 1074

[73] Pick, Nr. 42–55

[74] Pick, Nr. 56–63

[75] Grotius (Anm. 14), S. 299

[76] Pick, Nr. 53; neue Noten: Pick, Nr. 65 ff.

[77] Vgl. Kapitel 12 a, oben.
Die ›Saargegend‹ (so der Begriff der Heimatforscher) wurde im Laufe der Jahrhunderte wie folgt bezeichnet (Frankfurter Allgemeine Zeitung, 28. Oktober 1976, Leserbrief Klaus Bernarding):

Province de la Sarre (Reunionskammern Ludwigs XIV., 1680)
Département de la Sarre (Napoleon I.)
Petit Rhin (Napoleon III., um 1860)
Bassin géographique et minier de la Sarre (Briand, 1917)
Saarbecken (Friedensvertrag 1919)
Saargebiet (1919)
La Sarre (Frankreich, seit 1919)
Die Saar (Deutschland, besonders in Kampfzeiten, 1935 und 1955)
Saarland (amtlich seit 1946)

[78] Vgl. dazu Wirtschaft zwischen den Grenzen (Anm. 1 zu Kapitel 12), S. 141 ff.

[79] Statut futur (Anm. 9 zu Kapitel 12), S. 156, 160

[80] Wirtschaft zwischen den Grenzen (Anm. 1 zu Kapitel 12), S. 155

[81] Bundesgesetzblatt 1956, Teil II, S. 1587

[82] Statut futur (Anm. 9 zu Kapitel 12), S. 57

[83] Statut futur (Anm. 9 zu Kapitel 12), S. 63, 64, 68; zu den Nachkriegsereignissen anschaulich (auf Presseberichten beruhend): Doris Seck, Nachkriegsjahre an der Saar, Saarbrücken 1982

[84] Seidel, S. 406

[85] Seidel, S. 407

[86] Pick/Rixen, Nr. 653–658; Pick, S. 935

[87] Anm. 85; den Katalogverfassern offenbar unbekannt, denn sonst könnten sie nicht den ›Flußgott‹ als ›klassisches Kopfbild‹ bzw. ›bearded male‹ und die ›Büste der Pomona‹ als ›weibliche Allegorie mit Früchten‹ bzw. ›female Head‹ beschreiben. – Die Briefmarken des Saarlandes (die wie die der Länder der Französischen Zone deren einheitliche Marken ab Januar 1947 ersetzten) lassen die Währungsänderung nicht erkennen (vgl. Michel – Saar – Nr. 206–222; Michel – Französische Zone – Nr. 1–13)

[88] Vgl. Kapitel 16 c

[89] Seidel, S. 409

[90] Seidel, S. 410

[91] Seidel, S. 411

[92] Vgl. Kapitel 17 b

[93] Statut futur (Anm. 9 zu Kapitel 12), S. 157

Zu Kapitel 18:
1948: Währungsreform in Ost und West

[1] Vgl. Kapitel 16, insbesondere Abschnitt b

[2] Leonhard Miksch, nach: Währung und Wirtschaft (Anm. 1 zu Kapitel 11), S. 434

[3] Peter Schmidt (Anm. 28 zu Kapitel 16), S. 62–65

[4] Währung und Wirtschaft (Anm. 1 zu Kapitel 11), S. 439

[5] Vgl. Rittmann, S. 235

[6] Währung und Wirtschaft (Anm. 1 zu Kapitel 11), S. 441

[7] Währung und Wirtschaft (Anm. 1 zu Kapitel 11), S. 437, 440. Schon wegen des vorauszusehenden Zustroms von Altgeld bei der Reform aus dem vorangehenden Teil in den zurückbleibenden Teil blieb dem zurückbleibenden Teil (in der Folge der Sowjetischen Besatzungszone) gar nichts anderes übrig, als sofort nachzuziehen

[8] Währung und Wirtschaft (Anm. 1 zu Kapitel 11), S. 442. Der Vorschlag war der ›Homburger Plan‹

[9] Vgl. zu diesem Unternehmen Albert Pick, Papiergeld, Braunschweig 1967, S. 12, 13. 1943 zerstört, 1946 ›volkseigen‹, druckt der Betrieb heute als ›Deutsche Notendruckerei‹ das Papiergeld der Deutschen Demokratischen Republik. Im Westen Neugründung in München 1948 (vgl. Kapitel 19 c und Kapitel 20 c).

[10] Währung und Wirtschaft (Anm. 1 zu Kapitel 11), S. 443. Während die deutsche Steuerverwaltung seit der Erzbergerschen Finanzreform von 1919 eine Reichsverwaltung war (die Finanzämter mithin Reichsbehörden), sind die Steuerbehörden nach dem Grundgesetz in der Bundesrepublik heute Landesbehörden. Die Zollbehörden hingegen sind Bundesbehörden, so, wie sie seit 1919 Reichsbehörden waren

[11] Vgl. Abschnitt b, unten

[12] Währung und Wirtschaft (Anm. 1 zu Kapitel 11), S. 445 ff.

[13] Hans Roeper, Geschichte der D-Mark, Frankfurt und Hamburg 1968 (Fischer-Bücherei 890), S. 18

[14] Harmening/Duden, Die Währungsgesetze, München und Berlin 1949, S. 1 (mit den für die einzelnen Besatzungszonen unterschiedlichen Textstellen)

[15] Roeper (Anm. 13), S. 18; Währung und Wirtschaft (Anm. 1 zu Kapitel 11), S. 459

[16] Diese Erstausstattung war im Gesetz nur für Bahn und Post der Höhe nach geregelt (§§ 15, 16). Vgl. im übrigen: § 6 (Kopfquote), § 7 (Auszahlung durch die Lebensmittelkartenstellen), § 9 (Definition des ›Altgelds‹), §§ 10, 11, 12 (Altgeldanmeldung und Altgeldablieferung), § 17 (Geschäftsbetrag). Zur Sicherung der Reform: § 19 (Verbot der Einfuhr und Ausfuhr von Reichsmarkzahlungsmitteln)

[17] Vgl. Kapitel 16 d, oben

[18] Harmening/Duden (Anm. 14), S. 10 (Französische Zone: Verfügung Nr. 67 zur Durchführung der Verordnung Nr. 158)

[19] Michel-Katalog, vor Nr. 36 und Marken Nr. 36–68 (durch Überdruck für die neue Währung gültige Briefmarken; Verwendung der bisherigen Marken zu einem Zehntel des Nennwertes bis 22. Juni; dazu Neunte Durchführungsverordnung zum Währungsgesetz, Harmening/Duden, Anm. 14, S. 22). – Nach der Sechsten Durchführungsverordnung (Harmening/Duden, S. 17) galten vor der Reform gelöste Fahrkarten nur bis 31. Juli 1948 (was nur noch Jahreskarten betreffen konnte)

[20] Harmening/Duden (Anm. 14), S. 18

[21] Harmening/Duden (Anm. 14), S. 15, 23

[22] Zum Folgenden: Die Noten der Deutschen Bundesbank, Frankfurt o. J. (um 1965, hrsgg. von der Deutschen Bundesbank), S. 12; zur Erstausstattung: Anlage 4 (S. 127); Pick/Rixen, Nr. 209–216; Jaeger/Haevecker, Nr. 301–308

[23] Roeper (Anm. 13), S. 19 (›Selbstversorger‹ waren für die Lebensmittelbewirtschaftung die Bauern, die in dieser Zeit des Mangels am wenigsten zu entbehren hatten)

[24] Pick/Rixen, Nr. 219, 220; Jaeger/Haevecker, Nr. 311, 312

[25] Die Noten (Anm. 22), S. 13

[26] Die Noten (Anm. 22), S. 127

[27] Roeper (Anm. 13), S. 20

[28] Währung und Wirtschaft (Anm. 1 zu Kapitel 11), S. 462

[29] Vgl. Kapitel 16b, oben

[30] Harmening/Duden (Anm. 14), S. 426 (Fassung vom 1. November 1948); Seidel, S. 320; dazu: Währung und Wirtschaft (Anm. 1 zu Kapitel 11), S. 452

[31] Seidel, S. 324 (Schlußformel)

[32] Harmening/Duden (Anm. 14), S. 434

[33] Währung und Wirtschaft (Anm. 1 zu Kapitel 11), S. 446

[34] Harmening/Duden (Anm. 14), S. 25; Seidel, S. 285

[35] Anm. 26

[36] Pick/Rixen, Nr. 221; Jaeger/Haevecker, Nr. 313; Die Noten (Anm. 22), S. 14

[37] Ab Serie 7 A

[38] Die Noten (Anm. 22), S. 16: Pick/Rixen, Nr. 224, 225; Jaeger/Haevecker, Nr. 316, 317

[39] Die Noten (Anm. 22), S. 16: Pick/Rixen, Nr. 222, 223; Jaeger/Haevecker, Nr. 314, 315

[39a] Vgl. Gerhard Pfeiffer (Hrsg.), Nürnberg – Geschichte einer europäischen Stadt, München 1972, S. 115, 119, 257

[40] Vgl. Roeper (Anm. 13), S. 14

[41] Harmening/Duden (Anm. 14), S. 28. Zum ›Homburger Plan‹ vgl. Währung und Wirtschaft (Anm. 1 zu Kapitel 11), S. 464

[42] Harmening/Duden (Anm. 14), S. 41, 547

[43] Zweite Durchführungsverordnung (Bankenverordnung) zum Dritten Gesetz zur Neuordnung des Geldwesens (Umstellungsgesetz); Harmening/Duden (Anm. 14), S. 49

[44] Dritte Durchführungsverordnung (Anm. 43); Harmening/Duden (Anm. 14), S. 55

[45] Zwölfte Durchführungsverordnung (Anm. 43); Harmening/Duden (Anm. 14), S. 63

[46] Siebzehnte Durchführungsverordnung (Anm. 43); Harmening/Duden (Anm. 14), S. 71

[47] Vgl. §§ 10ff. der Ersten Durchführungsverordnung (Anm. 43); Harmening/Duden (Anm. 14), S. 41, 46

[48] Harmening/Duden (Anm. 14), S. 74

[49] Vom 14. Juli 1953 (Bundesgesetzblatt 1953, Teil I, S. 190; letzte Fassung vom 1. April 1959, Bundesgesetzblatt 1959, Teil I, S. 169. Vgl. dazu auch Gesetz über einen Währungsausgleich für Sparguthaben Vertriebener; Fassung vom 1. Dezember 1965, Bundesgesetzblatt 1965, Teil I, S. 2059)

[49a] Milderungen bei verbrieften Forderungen gegen das Deutsche Reich brachte das Allgemeine Kriegsfolgengesetz (Gesetz zur allgemeinen Regelung durch den Krieg und den Zusammenbruch des Deutschen Reiches entstandener Schäden, vom 5. November 1957, Bundesgesetzblatt 1957, Teil I, S. 1747, mit einigen späteren Änderungen)

[50] Roeper (Anm. 13), S. 23; Vgl. §§ 10–12 Umstellungsgesetz

[51] Bundesgesetzblatt 1950, S. 2

[52] Harmening/Duden (Anm. 14), S. 71

[53] Hierfür muß auf die steuerliche Literatur verwiesen werden

[54] Pfennigbeträge blieben außer Betracht, vgl. die Fünfte Durchführungsverordnung zum Umstellungsgesetz (Harmening/Duden, Anm. 14, S. 59), die nur diese Regelung enthielt

[55] Vgl. oben, Kapitel 16a. Altbesitzer erhielten durch das Altsparergesetz später die Umstellung 10 zu 2

[56] Roeper (Anm. 13), S. 25

[57] Roeper (Anm. 13), S. 25

[58] Gesetzblatt des Wirtschaftsrats 1949, S. 205

[59] Bundesgesetzblatt 1952, Teil I, S. 446. Dazu: Feststellungsgesetz, Reparationsschädengesetz, Flüchtlingshilfegesetz, Währungsausgleichsgesetz, Altsparergesetz und andere. Dazu:

Christoph Kleßmann, Die doppelte Staatsgründung (Schriftenreihe der Bundeszentrale für politische Bildung, Band 193), Bonn 1984, S. 240 (zur politischen Vorgeschichte und zum Grundsatzstreit ›sozialer‹ oder ›quotaler‹ Lastenausgleich: Breitere Streuungsleistungen oder Wiederherstellung der alten Eigentumstrukturen? Das Gesetz wurde ein Kompromiß)

[60] Roeper (Anm. 13), S. 26

[61] Vgl. Kapitel 2b, Anm. 50

[62] Vgl. Verordnung über wertbeständige Rechte, vom 16. November 1940 (Reichsgesetzblatt 1940, Teil I, S. 1521), in Verbindung mit § 14 Abs. 2 des Gesetzes über die Deutsche Reichsbank, vom 15. Juni 1939 (Reichsgesetzblatt 1939, Teil I, S. 1521)

[63] Vgl. Werner Dürkes, Wertsicherungsklauseln (Standardwerk, z. B. 6. Auflage, Heidelberg 1964, S. 18, Anm. 15)

[64] Dürkes, S. 19, Anm. 16

[65] Vgl. Außenwirtschaftsgesetz, vom 28. April 1961 (Bundesgesetzblatt 1961, Teil I, S. 481), § 49

[66] Vgl. Kapitel 19b, unten

[67] Zuletzt vom 9. Juni 1978 (Bundesanzeiger 1978, Nr. 109, vom 15. Juni 1978)

[68] Vgl. Anm. 63; Überblick bei: Palandt, Bürgerliches Gesetzbuch (Beck'scher Kurzkommentar), z. B. 37. Auflage München 1978, Anm. 5 zu § 245 BGB

[68a] Bundesgesetzblatt 1968, Teil I, S. 3123

[69] Außer den 300 von den Parteien und politischen Organisationen der Sowjetischen Besatzungszone ernannten Mitgliedern gehörten ihm auch 100 Delegierte der Kommunistischen Partei der Westzonen an

[70] Harmening/Duden (Anm. 14), S. 494

[71] Harmening/Duden (Anm. 14), S. 495

[72] Harmening/Duden (Anm. 14), S. 498; Satzung: S. 499. Befehl Nr. 122 auch bei Seidel, S. 352

[73] Harmening/Duden (Anm. 14), S. 504

[74] Harmening/Duden (Anm. 14), S. 505, Seidel, S. 350

[75] Harmening/Duden (Anm. 14), S. 509

[76] Harmening/Duden (Anm. 14), S. 513

[77] Bei Harmening/Duden (S. 513) elf Seiten

[78] Schmidt (Anm. 28 zu Kapitel 16), S. 62

[79] Vgl. Kapitel 20c, unten

[80] Pick/Rixen, Nr. 301–307; Jaeger/Haevecker, Nr. 401–407

[81] Vgl. Pick, Anm. vor Yugoslavia, Nr. 6; Hungary Nr. 118, 119

[82] Roeper (Anm. 13), S. 28

[83] Pick/Rixen, Nr. 308–316; Jaeger/Haevecker, Nr. 408–416. Der Tausender war nach Jaeger/Haevecker kaum im Umlauf, nach Pick/Rixen, »da offiziell der Besitz von mehr als 300 DM in bar untersagt war«. Das kann indes die Ursache nicht gewesen sein, da für Behörden und Betriebe ein solches Verbot schwerlich bestanden haben kann. Im übrigen drängte die Anordnung der Deutschen Wirtschaftskommission »über die Regelung des Bargeldumlaufs und des bargeldlosen Zahlungsverkehrs« vom 7. Juli 1948 (Harmening/Duden, S. 524) zwar auf unbaren Verkehr, enthielt aber keine solche Verbotsvorschrift

[84] Harmening/Duden (Anm. 14), S. 531

[85] Harmening/Duden (Anm. 14), S. 525

[86] Vgl. Kapitel 20c, unten

[87] Harmening/Duden (Anm. 14), S. 503

[88] Jaeger/Pusback, Nr. 502, 503

[89] Seidel, S. 353

[90] Michel-Katalog (Deutschland Spezial), vor Deutschland (Sowjetzone), Nr. 166

[91] Harmening/Duden (Anm. 14), S. 546

[92] S. 532

[93] »Anweisung über die Umwertung von Guthaben, die vor dem 9. Mai 1945 entstanden sind«, vom 23. September 1948 (Harmening/Duden, Anm. 14, S. 534)

[94] Anordnung über die Umwertung von Versicherungen, vom 14. Juli 1948 (Harmening/Duden, Anm. 14, S. 539, mit Ergänzungen)

[95] Anordnung über Bilanzwesen, vom 3. November 1948 (Harmening/Duden, Anm. 14, S. 542)

[96] Anordnung über die Behandlung von Umwertungsdifferenzen bei den Kreditinstituten, vom 3. November 1948 (Harmening/Duden, Anm. 14, S. 543)

[97] ›Feststellung‹ vom 5. Juni 1945 (Amtsblatt des Kontrollrats in Deutschland, Ergänzungsblatt Nr. 1, S. 11)

[98] Kühne (Anm. 31 zu Kapitel 16), S. 6. Aus dem Berliner Stadtkontor wurde für West-Berlin mit der Spaltung das ›Berliner Stadtkontor West‹; später ging daraus die heutige Berliner Bank AG hervor. Sie hat heute (1985) in West-Berlin 82 Geschäftsstellen (Handelsblatt, 7. Mai 1985)

[99] Hierzu: Kleßmann (Anm. 59), S. 193 (mit Nachweisen)

[100] Anm. 73

[101] Burkhard Hofmeister, Berlin. Eine geographische Strukturanalyse der zwölf westlichen Bezirke (Wissenschaftliche Länderkunden, Band 8 – Bundesrepublik Deutschland und Berlin – Teil I), Darmstadt 1975, S. 75

[102] Kleßmann (Anm. 59), S. 191

[103] Grundriß der deutschen Geschichte, 3. Auflage, Berlin 1979 (Herausgeberkollektiv, Autorenkollektiv), S. 555

[104] Harmening/Duden (Anm. 14), S. 446

[105] Zweiter Befehl zur Geldreform, vom 25. Juni 1948 (Harmening/Duden, Anm. 14), S. 447

[106] Harmening/Duden (Anm. 14), S. 447

[106a] Harmening/Duden (Anm. 14), S. 458

[107] Harmening/Duden (Anm. 14), S. 454

[107a] Vgl. Michel-Katalog Deutschland-Spezial unter ›Berlin (Westsektoren)‹ vor Nr. 1

[108] Harmening/Duden (Anm. 14), S. 459

[109] Harmening/Duden (Anm. 14), S. 460

[110] Harmening/Duden (Anm. 14), S. 460

[111] Harmening/Duden (Anm. 14), S. 461

[112] Durchführungsbestimmung Nr. 2: Harmening/Duden (Anm. 14), S. 471; Nr. 8: S. 476

[113] Durchführungsbestimmung Nr. 10: S. 477

[113a] Harmening/Duden (Anm. 14), S. 479

[114] Kühne (Anm. 31 zu Kapitel 16), S. 14 (vgl. auch Kapitel 20 d)

[115] Kühne (Anm. 31 zu Kapitel 16), S. 16 (mit Angabe der Vorschriften)

[116] Desgl. (Anm. 115), S. 17

[117] Harmening/Duden (Anm. 14), S. 486

[118] Kühne (Anm. 31 zu Kapitel 16), S. 115

[119] Kühne (Anm. 31 zu Kapitel 16), S. 115. Sie hatte ihre Grundlage im Fünften Abschnitt, Nr. 15, der Währungsverordnung (siehe Anm. 106)

[120] Pick/Rixen, vor Nr. 209, Abb. zu Nr. 211, 210; Jaeger/Haevecker, Anm. vor Nr. 301; Kühne (Anm. 31 zu Kapitel 16), S. 12

Zu Kapitel 19:
Die Bundesrepublik Deutschland

[1] Harmening/Duden (Anm. 14 zu Kapitel 18), S. 25
[2] Harmening/Duden (Anm. 14 zu Kapitel 18), S. 447
[3] Jaeger/Pusback, Nr. 376–379
[4] Artikel 73:
Der Bund hat die ausschließlich Gesetzgebung über
...
4. das Währungs-, Geld- und Münzwesen, Maße und Gewichte sowie die Zeitbestimmung,
...
[5] Vgl. Abschnitt b, unten
[6] Bundesgesetzblatt 1950, S. 323; Seidel, S. 299; Grasser, S. 285 (mit Anmerkung)
[7] Seidel, S. 298
[8] Seidel, S. 297; Grasser, S. 282, 283
[9] Rudolf Schaaf, Die Proben der deutschen Münzen seit 1871, Basel 1979, Nr. 371 M 1–M 4, Nr. 375 M 1
[10] Vgl. Anm. 9 zu Kapitel 5
[11] Vgl. Rittmann, S. 765. Die Jahreszahl der Bundesmünzen ist die der Erteilung des Präge-auftrags, nicht des Jahres der Ausprägung
[12] Jaeger/Pusback, Nr. 379
[13] Bekanntmachung über die Ausgabe von Bundesmünzen im Nennwert von 50 Deutschen Pfennig, vom 14. September 1950 (Bundesgesetzblatt 1950, S. 694; Seidel, S. 303; Grasser, S. 291). Dazu Jaeger/Pusback, S. 413
[14] Bekanntmachung über die Ausgabe von Münzen im Nennwert von 1, 5, 10 und 50 Pfennig, die an Stelle der Umschrift ›BANK DEUTSCHER LÄNDER‹ die Umschrift ›BUNDES-REPUBLIK DEUTSCHLAND‹ tragen (Bundesanzeiger 1950, Nr. 88; Seidel, S. 298; Gras-ser, S. 284)
[15] Vgl. Seidel, S. 298 (Anmerkung: Auskunft des Bundesministeriums der Finanzen). Es ist auch zu bemerken, daß die Bekanntmachung vom 6. Mai 1950 sich mit der Veröffentli-chung im Bundesanzeiger (nicht im Bundesgesetzblatt) nicht als zur Rechtsetzung des Bun-des gehörig ausgab
[16] Zur Heraldik der Bundesrepublik:
Die Bundesrepublik behielt im Grundsatz den Wappenadler der Weimarer Republik als Bundesadler bei (Bekanntmachung betreffend das Bundeswappen und den Bundesadler, vom 20. Januar 1950, Bundesgesetzblatt 1950, S. 26). Die Bundessiegel regelte der Erlaß über Dienstsiegel (desgl.). Die Bundesfarben hatte das Grundgesetz bestimmt (Artikel 22: »Die Bundesflagge ist schwarz-rot-gold«; vgl. dazu die Anordnung über die deutschen Flaggen, vom 7. Juni 1950. Bundesgesetzblatt 1950, S. 205)
[17] Vgl. Anm. 6; Begründung: Seidel, S. 300
[18] Vgl. Kapitel 5 a
[19] Bundesgesetzblatt Teil III, Gliederungsnummer 690–2
[20] Gesetz zur Erstreckung des Gesetzes über die Ausprägung von Scheidemünzen auf das Land Berlin, vom 6. Juni 1955 (Bundesgesetzblatt 1955, Teil I, S. 272); Verordnung zur Einführung der Deutschen Mark im Saarland, vom 29. Juni 1959 (Bundesgesetzblatt 1959, Teil I, S. 402; vgl. Abschnitt f, unten)
[21] Bekanntmachung über die Ausprägung von Bundesmünzen im Nennwert von 1 Deutschen Mark (Bundesgesetzblatt 1950, S. 685; Seidel, S. 303; Grasser, S. 290), desgl. ›von 2 Deut-

schen Pfennig‹ (Bundesgesetzblatt 1950, S. 686; Seidel, S. 303; Grasser, S. 290). Jaeger/ Pusback, Nr. 385 (1 DM), Nr. 381 (2 Pf); das Zweipfennigstück war aus Münzbronze (95 Teile Kupfer, 4 Teile Zinn, 1 Teil Zink)

[22] Bekanntmachung über die Ausprägung von Bundesmünzen im Nennwert von 2 Deutschen Mark (Bundesgesetzblatt 1951, Teil I, S. 172; Seidel, S. 304; Grasser, S. 292). Jaeger/Pusback, Nr. 386

[23] Bekanntmachung über die Ausprägung von Bundesmünzen im Nennwert von 5 Deutschen Mark (Bundesgesetzblatt 1951, Teil I, S. 953; Seidel, S. 304; Grasser, S. 293). Jaeger/Pusback, Nr. 387

[24] Bekanntmachung über die Außerkurssetzung der Bundesmünzen im Nennwert von 2 Deutschen Mark, vom 12. Juni 1958 (Bundesgesetzblatt 1958, Teil I, S. 418; Seidel, S. 308; Grasser, S. 300)

[25] Bekanntmachung über die Ausgabe von Bundesmünzen im Nennwert von 2 Deutschen Mark (Bundesgesetzblatt 1958, Teil I, S. 419; Seidel, S. 308; Grasser, S. 301)

[26] Automatenmißbrauch: Strafbar nach § 265a des Strafgesetzbuchs als ›Erschleichung von Leistungen‹ (eingefügt in das Strafgesetzbuch im Jahre 1935, seither mehrfach geändert. Das Verhalten fällt nicht unter den Betrugstatbestand nach § 263 des Strafgesetzbuchs, weil eine ›Maschine‹, kein ›Mensch‹ getäuscht wird)

[27] Krause/Mishler, S. 449 (1972 außer Kurs gesetzt)

[28] Krause/Mishler, S. 162

[29] Vgl. dazu: Werkstoffe für Münzen (Vereinigte Deutsche Metallwerke AG, Altena), März 1966

[30] Bekanntmachung über die Ausprägung von Bundesmünzen von 2 Deutschen Mark (Bundesgesetzblatt 1970, Teil I, S. 1632; Seidel, S. 314); Jaeger/Pusback, Nr. 406

[31] Heuss: Desgl. (Anm. 30), vom 15. Juni 1973 (Bundesgesetzblatt 1973, Teil I, S. 1602; Seidel, S. 318); Jaeger/Pusback, Nr. 407

[32] Schumacher: Desgl. (Anm. 30), vom 22. Januar 1979 (Bundesgesetzblatt 1979, Teil I, S. 120)

[33] Bekanntmachung über die Außerkurssetzung der Bundesmünzen im Nennwert von 2 Deutschen Mark (Max Planck), vom 9. Juli 1973 (Bundesgesetzblatt 1973, Teil I, S. 851; Seidel, S. 319)

[34] Vgl. Anm. 21

[35] Bekanntmachung über die Ausprägung von Bundesmünzen im Nennwert von 2 Deutschen Pfennig, vom 11. Dezember 1968 (Bundesgesetzblatt 1968, Teil I, S. 1316; Seidel, S. 312)

[36] Vgl. Anm. 14

[37] Bekanntmachung über die Ausprägung von Bundesmünzen im Nennwert von 50 Deutschen Pfennig, vom 12. September 1972 (Bundesgesetzblatt 1972, Teil I, S. 1726; Seidel, S. 317)

[38] Gesetz zur Änderung des Gesetzes über die Ausprägung von Scheidemünzen, vom 18. Januar 1963 (Bundesgesetzblatt 1963, Teil I, S. 55; Seidel, S. 308; Grasser, S. 204)

[39] Seidel, S. 309

[40] Vgl. Rittmann, S. 748

[41] Herbert Rittmann, Schweizer Münzen und Banknoten, München 1980, S. 38

[42] Vgl. dazu Frankfurter Allgemeine Zeitung, 16. Februar 1974, 14. September 1975. Zur Entscheidung von 1972 für den Magnimat-Werkstoff bei den Fünfmarkstücken: Frankfurter Allgemeine Zeitung, 24. August 1972

[43] Frankfurter Allgemeine Zeitung, 25. April 1974

[44] Geldgeschichtliche Nachrichten 38/260 (November 1973)

[45] Bekanntmachung vom 8. Januar 1975 (Bundesgesetzblatt 1975, Teil I, S. 127)

[46] Bekanntmachung vom 11. Juli 1975 (Bundesgesetzblatt 1975, Teil I, S. 1882)

[47] Frankfurter Allgemeine Zeitung, 8. August 1975

[48] Blick durch die Wirtschaft, 10. Juni 1975

[49] Vgl. oben und Anm. 15

[50] Vgl. Frankfurter Allgemeine Zeitung, 22. August 1972

[51] Badische Neueste Nachrichten, 30. Dezember 1977 (nach Associated Press)

[52] Jaeger/Pusback, S. 20; Einzelheiten mit Großaufnahmen: Geldgeschichtliche Nachrichten 40/78 (März 1974), 41/134 (Mai 1974), 42/190 (Juli 1974), 45/30 (Januar 1975)

[53] Vgl. oben (Anm. 7)

[54] Überblick: Otto Veit, Grundriß der Währungspolitik, Frankfurt 1961, S. 677

[55] Besatzungsstatut vom 12. Mai 1949, in Kraft 21. September 1949; Ruhrstatut vom 28. April 1949, Beitritt der Bundesrepublik am 30. September 1949; revidiertes Besatzungsstatut vom 6. März 1951; Vertrag über die Europäische Gemeinschaft für Kohle und Stahl vom 19. Oktober 1951; Deutschland- oder Generalvertrag vom 26. Mai 1952; Pariser Verträge vom Oktober 1954, in Kraft 5. Mai 1955

[56] Bundesgesetzblatt 1957, Teil I, S. 745

[57] Übergangsgesetz zur Änderung des Gesetzes über die Errichtung der Bank deutscher Länder, vom 10. August 1951 (Bundesgesetzblatt 1951, Teil I, S. 509)

[58] Gesetz über die Verteilung des erzielten Reingewinns der Bank deutscher Länder in den Geschäftsjahren 1950 und 1951, vom 10. August 1951 (Bundesgesetzblatt 1951, Teil I, S. 510)

[59] Vgl. Kapitel 18 b, oben

[60] Vgl. unten. Zur rechtlichen Seite des Notenrechts der Deutschen Bundesbank: Gero Pfennig, Die Notenausgabe der Deutschen Bundesbank, Berlin 1971 (Dissertation); Gerhard Prost, Geld und Scheingeld der Bundesbank (Juristenzeitung 1969, S. 786); F. A. Mann, Geld und Scheingeld der Bundesbank (Juristenzeitung 1970, S. 212). Die Arbeiten befassen sich u. a. mit der Frage, ob eine Note der Bundesbank ihren Geldcharakter (und damit ihren Geldwert) erst mit der Ausgabe durch die Bundesbank erhält und ob sie damit, solange sie im Besitz der Notendruckerei oder der Bundesbank ist, nur den Wert ihres Materials (Papier und Druckkosten) hat, mithin, ob die Bundesbank bei Notendiebstahl aus ihren Tresoren um den Geldwert oder nur um den Materialwert geschädigt ist. Zu dieser Frage grundsätzlich und mit Bezug auf den historischen ›Portugiesischen Banknotenfall‹ (1945–1931): Arthur Nussbaum, Money in the Law National and International, Brooklyn 1950, S. 84 (mit Literaturhinweisen); neuere Schilderung: Murray T. Bloom, Der Mann, der Portugal stahl, Wien und Hamburg 1967 (Übersetzung von: The Man who stole Portugal)

[61] Hierzu und zum notenbankspezifischen Inhalt des Gesetzes: Obst/Hintner, Geld-, Bank- und Börsenwesen, 37. Auflage, Stuttgart 1980, S. 119

[62] Beschreibung und Gebäudeabbildungen: Die Bundesbank (Hauszeitschrift), Heft 42, November 1972

[63] Die Noten (Anm. 22 zu Kapitel 18), S. 29 ff.

[64] Deutsches Geld- und Bankwesen in Zahlen 1876–1975 (Deutsche Bundesbank), Frankfurt 1976, S. 32

[65] Biographische Daten zu Eidenbenz: Die Noten (Anm. 22 zu Kapitel 18), S. 66

[66] Einzelheiten zu ihrer Geschichte: Die Noten (Anm. 22 zu Kapitel 18), S. 67

[67] Einzelheiten zu ihrer Geschichte: Die Noten (Anm. 22 zu Kapitel 18), S. 70

[68] Biographische Angaben: Die Noten (Anm. 22 zu Kapitel 18), S. 73

[69] S. 80, 94–107

[70] Pick/Rixen, Nr. 226–253

[71] Erstes Gesetz zur Reform des Strafrechts, vom 25. Juni 1969 (Bundesgesetzblatt 1969, Teil I, S. 645; vgl. hierzu Dreher/Tröndle, Strafgesetzbuch (Kurzkommentar), 42. Auflage, München 1985, S. LX, 2

[72] Geldgeschichtliche Nachrichten 84/191 (Juli 1981); Frankfurter Allgemeine Zeitung, 22. und 23. April 1981

[73] Gesetz über das Urheberrecht und verwandte Schutzrechte, vom 9. September 1965 (Bundesgesetzblatt 1965, Teil I, S. 1273; vgl. hierzu Fromm/Nordemann, Urheberrecht, 3. Auflage Stuttgart usw. 1973, S. 90)

[74] Z. B. Frankfurter Rundschau, Frankfurter Neue Presse, 20. Juli 1972

[75] Anm. 22 zu Kapitel 18, S. 58

[75a] Bernd Ruland, Vorsicht: Falschgeld; Zürich 1967, S. 253 (»Falsche Pfunde für Hitlers Sieg«)

[76] Reichsgesetzblatt 1900, S. 250; Seidel, S. 38; Grasser, S. 120

[77] § 6 des Ausprägungsgesetzes

[78] Karl Bröger, Nürnberg. Der Roman einer Stadt, Berlin 1935, S. 325

[79] Darin in Spiegelglanz vermutlich nur: Germanisches Museum 1240 Stück, Schiller etwa 1000 Stück, Türkenlouis 2000 Stück, Eichendorf etwa 2000 Stück (Jaeger/Pusback, Nr. 388–391)

[80] Vgl. Geldgeschichtliche Nachrichten 106/81 (›Preistrend‹; März 1985)

[81] Für die Preisentwicklung bei den Sammlermünzen muß auf die regelmäßigen Übersichten in den Sammlerzeitschriften und auf die – jährlich erscheinenden – einfacheren Sammlerkataloge verwiesen werden. Eine ausgezeichnete Darstellung der Preisbildung und der Gepflogenheiten des numismatischen Marktes gibt: Q. David Bowers, Wertvolle Münzen als Geldanlage, München 1975 (Übersetzung der amerikanischen Ausgabe, Los Angeles 1974: High Profits from Rare Coin Investment)

[82] So ausdrücklich die »Bekanntmachung über die Außerkurssetzung der Bundesmünzen im Nennwert von 5 Deutschen Mark (Umlaufmünzen aus Silber)« vom 11. Juli 1975 (Bundesgesetzblatt 1975, Teil I, S. 1882):
Um Zweifel auszuschließen, wird darauf hingewiesen, daß die Gedenkmünzen zu 5 Deutschen Mark von dieser Außerkurssetzung nicht betroffen werden.

[83] Vgl. die Pressenachrichten: Der Spiegel, 10. März 1980; Frankfurter Allgemeine Zeitung, 29. und 31. März, 12. April und 5. Mai 1980; Neue Zürcher Zeitung (Fernausgabe), 9. und 17. Januar, 18. Februar, 29. und 30. März, 2. Februar, 3. und 6. Mai 1980; Preiskurve: Coin World, 9. April 1980

[84] Geldgeschichtliche Nachrichten 73/238 (September 1979)

[85] Bundesgesetzblatt 1979, Teil I, S. 1507

[86] Frankfurter Allgemeine Zeitung, 23. Oktober 1979

[87] Die Metallschmelze der Karlsruher Münze war damals aus Umweltgründen bereits geschlossen. Der Verfasser, zu Besuch in der Stuttgarter Münze, konnte dem Einschmelzen einer Partie wehmütig zusehen

[88] Der Spiegel, 11. Februar 1980; statt vieler: »money trend« (Sammlerzeitschrift) 2/1980, S. 8; Geldgeschichtliche Nachrichten 77/160 (Mai 1980); Frankfurter Allgemeine Zeitung, 23. Februar 1980

[89] Bekanntmachung vom 28. Juli 1980 (Bundesgesetzblatt 1980, Teil I, S. 1134)

[90] 5. Auflage, Basel 1965, S. 53

[91] Kurt Jaeger, Bewertungstabellen, 7. Auflage, Basel 1968, S. 148

[92] Zeitschrift für das gesamte Kreditwesen 1970, S. 1173 (Heft 24)

[93] Frankfurter Allgemeine Zeitung, 4. September 1970; Der Spiegel, Nr. 24/1970, S. 129

[94] Geldgeschichtliche Nachrichten 13/51 (Januar 1969)

[95] Bundesgesetzblatt 1969, Teil I, S. 305; Seidel, S. 312; Grasser, S. 311

[96] Geldgeschichtliche Nachrichten (Anm. 94)

[97] Jaeger/Pusback, Nr. 401 a (dazu S. 444, besonders zu den technischen Mängeln der Prägung); Bekanntmachung vom 14. Januar 1970 (Bundesgesetzblatt 1970, Teil I, S. 35; Seidel, S. 313; Grasser, S. 313)

[98] Jaeger/Pusback, Nr. 401 b; Bekanntmachung vom 14. Juni 1972 (Bundesgesetzblatt 1972, Teil I, S. 887; Seidel, S. 317)

[99] Jaeger/Pusback, Nr. 402; Bekanntmachung vom 2. Juli 1971 (Bundesgesetzblatt 1971, Teil I, S. 870; Seidel, S. 314)

[100] Jaeger/Pusback, Nr. 403; Bekanntmachung vom 19. November 1971 (Bundesgesetzblatt 1971, Teil I, S. 1806; Seidel, S. 316)

[101] Jaeger/Pusback, Nr. 404; Bekanntmachung vom 18. April 1972 (Bundesgesetzblatt 1972, Teil I, S. 607; Seidel, S. 316)

[102] Jaeger/Pusback, Nr. 405; Bekanntmachung vom 1. August 1972 (Bundesgesetzblatt 1972, Teil I, S. 1299; Seidel, S. 317)

[103] Frankfurter Allgemeine Zeitung, 28. und 29. Januar, 7. April 1970

[104] Der Spiegel, Nr. 24/1970, S. 129

[105] Deutscher Bundestag, 6. Wahlperiode, Drucksache IV/743 vom 6. Mai 1970 (Grasser, S. 315, mit befürwortender Anmerkung; Walter Grasser war damals Stadtrechtsrat in München und vertrat das Anliegen vor einem Ausschuß des Deutschen Bundestags als ›Sachverständiger‹; vgl. Anm. 106, folgend)

[106] Süddeutsche Zeitung, 20./21. Februar 1971; Frankfurter Allgemeine Zeitung, 28. Juli und 4. September 1970; Neue Zürcher Zeitung, 4. September 1970; Handelsblatt, 21. Mai 1970 und 25. Januar 1971; dazu: Egon Beckenbauer, Goldmünzen für Olympia – trügerisch oder realistisch?, in: Berichte für den Münzen-, Medaillen- und Geldzeichensammler, April 1971

[107] Auszüge aus Presseartikeln (Deutsche Bundesbank), 28. Januar 1971

[108] Bundesgesetzblatt 1956, Teil II, S. 1587–1836

[109] Vgl. oben, Kapitel 17 p

[110] Art. 4 Abs. 3, Art. 41 des Saarvertrags (Anm. 108)

[111] Art. 6–10 des Saarvertrags (Anm. 108)

[112] Art. 16 betraf die Aufteilung der Zolleinnahmen der (fortbestehenden) Zollunion zwischen Frankreich und dem Saarland auf die beiden Teile nach der Bevölkerungszahl

[113] Michel-Katalog Deutschland (Saarland), Nr. 380–448

[114] Bundesgesetzblatt (Anm. 108), S. 1797

[115] Anlage 18 zum Saarvertrag (Bundesgesetzblatt, Anm. 108, S. 1761)

[116] Festlegung für steuerliche Bewertungszwecke im Saarland (Erlaß des Finanzministeriums des Saarlands vom 25. April 1960, Deutsche Steuerzeitung 1960, S. 194)

[117] Bundesgesetzblatt (Anm. 108), S. 1820

[118] Bekanntmachung vom 30. Juni 1959 über Briefwechsel (Bundesgesetzblatt 1959, Teil I, S. 401)

[119] Bundesgesetzblatt 1959, Teil I, S. 402; Seidel, S. 413

[120] Verordnung über die Umstellung von Schuldverhältnissen und dinglichen Rechten im Saarland (Bundesgesetzblatt 1959, Teil I, S. 403)

[121] Bundesgesetzblatt 1959, Teil I, S. 313; Seidel, S. 414

[122] Die Bundesbank (Hauszeitschrift), November 1964

[123] Vgl. Rittmann, Kapitel 34f, am Ende

[124] Vgl. Handbuch der historischen Stätten, 2. Band, Alpenländer und Südtirol, Stuttgart 1966, S. 398, 423; Schwarzer/Csoklich/List (Anm. 3 zu Kapitel 17), S. 326. Vertrag: 2. Dezember 1890 (Reichsgesetzblatt 1891, S. 59). Die Währung ist nur in Artikel 8 Absatz 2 des Vertrags erwähnt: »Die Abgaben sind in deutscher Währung zu entrichten . . .«; wegen der (bayerischen) Biersteuer und Essigsteuer wurde mit Bayern ein besonderer Vertrag geschlossen

[125] Jungholz wurde schon mit Vertrag vom 3. Mai 1868 dem bayerischen Zollgebiet angeschlossen. – Zur heutigen Behandlung dieser Zollanschlüsse bei der Umsatzsteuer: Abkommen vom 11. Oktober 1972 (Bundesgesetzblatt 1973, Teil II, S. 1282; Teil I, S. 32; Bundessteuerblatt 1973, Teil I, S. 404; Verwaltungsvorschriften dazu: Bundessteuerblatt 1973, Teil I, S. 31; 1974, Teil I, S. 407)

[126] Zur Geschichte: Philipp Daun, Büsingen am Hochrhein, eine deutsche Exklave in der Schweiz, in: Badische Heimat 1966, Heft 1/2, S. 187

[127] Bundesgesetzblatt 1967, Teil II, S. 2029

[128] Vgl. Kapitel 2f, oben

[129] Vgl. Kapitel 1, oben

[130] Vgl. Kapitel 11a, oben

[131] Vgl. Kapitel 19b und dort Anm. 54

[132] Dazu und zum Folgenden:

[133] Vgl. Tabellenanhang 25

[134] Vgl. Tabellenanhang 26

[135] Es wird auf die Darstellungen bei Roeper (Anm. 13 zu Kapitel 18, bis 1968, S. 63–144) verwiesen und in Währung und Wirtschaft (Anm. 1 zu Kapitel 11, bis 1975, S. 431ff.)

[136] In den Monatsberichten der Deutschen Bundesbank

[137] Zu den Indizes der Deutschen Bundesbank über den ›gewogenen Außenwert der D-Mark‹ seit 1973, wie sie sich in ihrer Berechnung im Hinblick auf die zugrunde gelegten fremden Währungen wiederholt geändert haben, grundlegend: Neuberechnung des Außenwerts der D-Mark und fremder Währungen, in: Monatsberichte der Deutschen Bundesbank, Januar 1985, S. 40.

Zu Kapitel 20:
Die Deutsche Demokratische Republik

[1] Kapitel 18d

[2] Seidel, S. 353; Grasser, S. 316

[3] Jaeger/Pusback, Nr. 502, 503

[4] »über die Einziehung und Ausgabe von Einpfennig-Münzen« (Seidel, S. 353; Grasser, S. 317; Jaeger/Pusback, Nr. 501)

[5] Jaeger/Pusback, Nr. 504 (Verordnung über die Ausgabe von Fünfzigpfennig-Münzen, vom 17. August 1950; Seidel, S. 354; Grasser, S. 318. Es gibt auch wenige Stücke mit der Jahreszahl 1949)

[6] Jaeger/Pusback, Nr. 505–507. Zu dem Symbol und zu den Zahlungsmitteln der DDR überhaupt: Günter Graichen, Die Geldzeichen der DDR, Berlin 1977 (zu dem Symbol S. 24)

[7] Seidel, S. 354; Grasser, S. 319

[8] Vgl. Kapitel 18c

⁹ Harmening/Duden (Anm. 14 zu Kapitel 18), S. 499

¹⁰ Charles Dewey, Die Planung und Regulierung des Bargeldumlaufs in der Deutschen Demokratischen Republik, Berlin 1956, S. 21 (Gesetz vom 31. Oktober 1951)

¹¹ Seidel, S. 356 (Auszug)

¹² Seidel, S. 359

¹³ Gesetzblatt der DDR, Teil I, Nr. 90/1955, S. 705. Vorher hatte die Deutsche Demokratische Republik offenbar kein Wappen, wie aus der Gestaltung ihrer Briefmarken zu schließen ist. Auf den Dienstbriefmarken wurde das Wappen schon seit August 1954 verwendet. Die angeführte Vorschrift über das Staatswappen ist wortgleich mit Artikel 1 Abs. 4 der Verfassung von 1968 (1974 unverändert)

¹⁴ Änderungsgesetz vom 1. Oktober 1959 (Gesetzblatt der DDR, Teil I, Nr. 54/1959, S. 691). Wortgleich mit Artikel 1 Abs. 3 der Verfassung von 1968 (1974 unverändert)

¹⁵ Verordnung über die Einführung einer Handelsflagge der Deutschen Demokratischen Republik (Änderungsgesetz, Anm. 14, S. 691). Entsprechend den Prestigeansprüchen ist das Flaggenwesen der DDR reichhaltig ausgebildet (Dienstflaggen, Dienstwimpel, Flaggen als Rangabzeichen, Kommandozeichen, eingehend geregelte Flaggenführung: Gesetzblatt der DDR, Teil I, Nr. 60/1957, Nr. 54/1959, Nr. 36/1960)

¹⁶ Jaeger/Pusback, Nr. 511 (1 Pfennig), Nr. 512 (5 Pfennig), Nr. 513 (10 Pfennig), Nr. 508 (50 Pfennig), Nr. 509 (1 Deutsche Mark), Nr. 510 (2 Deutsche Mark). Anordnungen: Seidel, S. 354 (1 Deutsche Mark), S. 355 (2 Deutsche Mark, 50 Pfennig), S. 356 (1, 10 Pfennig), S. 362 (5 Pfennig)

¹⁷ Jaeger/Pusback, Nr. 514a, 514b (ab 1972 mit ›A‹ und kleinerer Wertzahl); Anordnung: Seidel, S. 363, 364

¹⁸ Jaeger/Pusback, Nr. 530, 531

¹⁹ Jaeger/Pusback, Nr. 516, 517, 520, 518

²⁰ Anordnung vom 10. Juli 1969; Seidel, S. 363

²¹ Anordnung vom 15. Mai 1958; Seidel, S. 355

²² Jaeger/Pusback, Nr. 1531, 1532; Anordnung vom 21. Dezember 1966 (Seidel, S. 357)

²³ Jaeger/Pusback, Nr. 1533, 1534 (mit Randschrift-Abarten Nr. 1533 F, 1534 F); Anordnung bei Seidel, S. 358 ff. (bis 1973)

²⁴ Vgl. Münzen-Revue, Nr. 11/1982 (S. 876)

²⁵ Jaeger/Pusback, Nr. 1547

²⁶ Jaeger/Pusback, Nr. 1554

²⁷ Jaeger/Pusback, Nr. 1560

²⁸ Vgl. hierzu Blick durch die Wirtschaft, 20. Juni 1975: »Komplizierter Münzkauf in der DDR«; Helvetische Münzenzeitung, Juni 1969; money-trend Nr. 6/1977 (S. 20): DDR-Auflagezahlen; Münzen-Revue Nr. 10/1983: »Unterschiedliche Wertschätzung bei den DDR-Münzen«

²⁹ Numismatische Beiträge, Sonderheft 3/1976; Zusammenfassung: Reinhold Jordan, Der Münzensammler, Nr. 6/1979; Geldgeschichtliche Nachrichten 49/255 (September 1975)

³⁰ Vgl. Kapitel 18 c, oben; Pick/Rixen, Nr. 308–316 (50 Deutsche Pfennig bis 1000 Deutsche Mark)

³¹ Graichen (Anm. 6), S. 25

³² Gesetzblatt der DDR, Teil I, Nr. 73/1957, S. 603 (nicht bei Seidel)

³³ Vom 14., 16. und 19. Oktober 1957 (Gesetzblatt der DDR, Teil I, Nr. 74/1957, S. 611, 613)

³⁴ Statistisches Jahrbuch der Bundesrepublik Deutschland 1963, S. 379, 380 (DDR-Teil)

³⁵ Graichen (Anm. 6), S. 27

³⁶ Nürnberger Nachrichten, 19. Februar 1959

[37] Pick/Rixen, Nr. 322–326; Jaeger/Haevecker, Nr. 422–426

[38] Pick/Rixen, Nr. 327–331

[39] Grundriß (Anm. 103 zu Kapitel 18), S. 815

[40] Kühne (Anm. 31 zu Kapitel 16), S. 225; Recht in Ost und West 1975, S. 76 (15. März 1975)

[41] Ehlert/Kolloch/Schliesser/Tannert, Geldzirkulation und Kredit im Sozialismus, Berlin (Ost) 1982, S. 35

[42] Ehlert/Kolloch/Schliesser/Tannert (Anm. 41), S. 36, 37

[43] Ehlert/Kolloch/Schliesser/Tannert (Anm. 41), S. 37

[44] Vgl. Kapitel 18 c, oben

[45] Harmening/Duden (Anm. 14 zu Kapitel 18), S. 446 (Befehl der Kommandanten vom 23. Juni 1948)

[46] Das Folgende nach: Dieter Schröder, Die Abwehr von Nachteilen des Währungsgefälles in Berlin. Eine rechtspolitische Bestandsaufnahme, in: Recht in Ost und West, 1983, S. 191–200 (Heft 5)

[47] Schröder (Anm. 46), S. 193

[47a] Vom 27. August 1948 (Harmening/Duden, Anm. 14 zu Kapitel 18, S. 476)

[48] Schröder (Anm. 46), S. 195

[49] Schröder (Anm. 46), S. 196 (›nach östlicher Quelle‹)

[50] Vgl. Schröder (Anm. 46); Gesetz- und Verordnungsblatt 1951, S. 1119; Neufassung: 1. Juli 1954 (Gesetz- und Verordnungsblatt 1954, S. 381). Die Steuer bestand bis Ende 1967 (Gesetz vom 29. November 1967, Gesetz- und Verordnungsblatt 1967, S. 1681)

[51] Vgl. Kapitel 18 c, oben

[52] Schröder (Anm. 46), S. 194

[53] Dewey (Anm. 10), S. 149

[54] Statistisches Jahrbuch (Anm. 34), S. 619

[55] Statistisches Jahrbuch (Anm. 34), S. 620

[56] Übersicht seit 1946: Sammler-Expreß, Heft 3/1980 (S. 89)

[57] Schröder (Anm. 46), S. 194

[58] Schröder (Anm. 10), S. 145–166

[59] Schröder (Anm. 46), S. 195

[60] Gesetzblatt der DDR 1950, S. 1202; Kühne (Anm. 31 zu Kapitel 16), S. 50

[61] Gesetzblatt der DDR 1956, Teil I, S. 321; Verordnungsblatt (Ost-Berlin) 1956, S. 373

[62] Knappe Inhaltsangabe: Kühne (Anm. 31 zu Kapitel 16), S. 164

[63] Gesetzblatt der DDR 1973, Teil I, S. 1574 (später geringfügige Änderungen)

[64] Vgl. Schröder (Anm. 46), S. 196

[65] Numismatisches Nachrichtenblatt 7/1979 (S. 245); Geldgeschichtliche Nachrichten 72/175 (Juli 1979); Frankfurter Allgemeine Zeitung, 6., 9. und 17. April 1979, zum Intershop: Frankfurter Allgemeine Zeitung, 15. September 1977, 5. September 1978; Der Spiegel, Nr. 15/1979

[65a] Schon seit Dezember 1952 durften in Ost-Berlin Lebensmittel und ähnliches nur noch gegen Ausweisvorlage gekauft werden. Leistungen in Gaststätten, Hotels und an Imbißbuden waren ausgenommen. Am 19. Dezember 1954 wurde angeordnet, daß auch hier der Personalausweis vorzulegen sei und Bundesbürger einschließlich der West-Berliner in Westmark im Verhältnis 1 zu 1 zu zahlen hätten (Schröder, Anm. 46, S. 196)

[66] Neue Zürcher Zeitung (Fernausgabe), 1. April 1977; Der Spiegel, Nr. 41/1977

[67] In den ›Delikat-Läden‹ Nahrungs- und Genußmittel; vgl. Frankfurter Allgemeine Zeitung, 28. September 1977, 17. April 1979 (Preise zweieinhalb- bis viermal so hoch wie im normalen Einzelhandel)

[68] Statistisches Jahrbuch der Bundesrepublik Deutschland 1984, S. 611 (DDR-Teil)

[69] Der Spiegel (Anm. 66)

[70] Schröder (Anm. 46), S. 194

[71] Vgl. Frankfurter Allgemeine Zeitung, 21. Januar 1971

[72] Frankfurter Allgemeine Zeitung, 10. Juli 1977; Ehlert/Kolloch/Schliesser/Tannert (Anm. 41), S. 131

[73] Ehlert/Kolloch/Schliesser/Tannert (Anm. 41), S. 100, 105

[74] Schröder (Anm. 46), S. 198; im einzelnen bei Kühne (Anm. 31 zu Kapitel 16)

[75] Inhalt: Kühne (Anm. 31 zu Kapitel 16), S. 30

[76] Kühne (Anm. 31 zu Kapitel 16), S. 42, 53, 58; heutige Fassung: Beilage 54/83 zum Bundesanzeiger vom 13. Dezember 1983 »Regelungen des innerdeutschen Wirtschaftsverkehrs. Zusammenstellung amtlicher Texte, Stand: September 1983«, S. 8; zusätzlich: Vereinbarung der Notenbanken über die technischen Einzelheiten der Kontenführung und Zahlungsabwicklung, S. 12; Interzonenhandelsverordnung, vom 18. Juli 1951 (Bundesgesetzblatt 1951, Teil I, S. 463), in der Fassung vom 22. Mai 1968, S. 23

[77] Anm. 31 zu Kapitel 16. Als Episode ist zu betrachten, daß es aus Anlaß der Leipziger Frühjahrsmesse 1949 Geldscheine auf ›Valutamark‹ gab, über die die Zeitschrift für das gesamte Kreditwesen 1955 (24. Heft, S. 877) berichtete:
In der Nutzbarmachung des internationalen Zahlungsverkehrs für die bolschewistischen Ziele verfügen die Notenbankexperten des Kreml über viel Phantasie. Ein Beispiel hierfür bot die versuchsweise Einführung der sogenannten ›Valutamark‹ auf der Leipziger Frühjahrsmesse vom 6. bis 13. März 1949. Die Besatzungsmacht hielt den Zeitpunkt damals noch nicht für gekommen, die auf der Messe anfallenden Valuten unmittelbar und frei in DM-Ost umwechseln zu lassen. So kam es zur Zwischenschaltung der Valutamark, was allerdings der Einführung einer zweiten Währung gleichkam. Es wurden besondere Geldscheine in Stückelung bis zu 100 Valutamark gedruckt, die dem ausländischen Messebesucher im Umtausch gegen seine Valuta bei den Leipziger Zahlstellen der damaligen Emissions- und Girobank ausgehändigt wurden. Die Ausländer durften in Leipzig offiziell nicht in ihrer Valuta irgendwo irgendetwas bezahlen. Sie waren vielmehr gehalten, nur an Bankschaltern sowie an besonders bezeichneten Geldwechselstellen auf der Messe selbst die Valutamark zu erwerben, welche allein den Schlüssel für die Möglichkeit der Unterbringung, Verpflegung, Ausgaben aller Art darstellte. Da überall in der Messestadt Ausweiszwang bestand, sogar im Theater, in Kinos, in Gaststätten, hätte also ein Strom von ausländischen Sorten in die Valutamark fließen müssen. Daß dies in der Praxis nicht im gewünschten Umfange der Fall war, hing teils mit der Findigkeit der ausländischen Gäste, teils mit dem bereitwilligen Entgegenkommen der Leipziger Bevölkerung zusammen. Für den alten Leipziger war jede Messe ein echtes Volkserleben, der Dienst am Kunden ein Herzensbedürfnis.
Die Umrechnungskurse für die Valutamark auf der Leipziger Messe 1949 hingen an den Wechselstellen offiziell aus. Es erschien damals unter der Nummer M 196 Z 5870 bei der Leipziger Druckerei J. Bohn & Berger eine intervalutarische Tabelle mit den amtlichen Wechselkursen. Wenige Tage nach der Veröffentlichung wurde allerdings der gut angelaufene Verkauf der vielbegehrten Umrechnungstabelle verboten, ohne daß Gründe dafür bekanntgegeben wurden.
Vermutlich fühlte man sich bei der Emission der ›Edelwährung‹-Valutamark nicht wohl. Die Aktion der Valutamark von 1949 selbst verlief ungestört. Bei der Einmaligkeit ist es allerdings verblieben.
Die Tabelle sei im Auszug wiedergegeben:

Land	Währung	Valuta-mark März 1949	Land	Währung	Valuta-mark März 1949
Albanien	100.– Leks	6,67	Niederlande +	100.– hfl	125,88
Belgien +	100.– bfrs	7,62	Norwegen +	100.– nkr	67,37
Bulgarien +	100.– Lewa	1,17	Österreich +	100.– ö. S.	31,50
Canada +	1 can. $	3,33	Polen +	100.– Zloty	0,83
Dänemark +	100.– dkr	69,78	Rumänien +	100.– Lei	2,22
Finnland +	100.– fmk	2,46	Schweden +	100.– skr	92,74
Frankreich +	100.– ffrs	1,10	Schweiz +	100.– sfrs	77,42
Großbritannien +	1 £	13,45	Tschechoslowakei +	100.– Kc	6,67
Italien +	100.– Lire	0,59	Ungarn +	100.– Forint	28,67
Jugoslawien	100.– Dinar	6,67	USA	1 $	3,33

Scheine dieser Valutamark sind offenbar nicht überkommen.

[78] Gesetzblatt der DDR 1973, Teil I, S. 574 (mit fünf Durchführungsbestimmungen). Dazu umfassend: Gottfried Zieger, Das neue Devisengesetz der DDR, in: Recht der Internationalen Wirtschaft 1975, S. 1–8 (Heft 1)

[79] § 5 Devisengesetz; § 3 der 1. Durchführungsbestimmungen

[80] § 5 Absatz 3, Nr. 3 Devisengesetz

[81] Numismatische Beiträge 1970/I (Arbeitsmaterial für die Fachgruppen Numismatik des Deutschen Kulturbundes), S. 70

[82] Rommel, Sozialistisches Recht contra rechtswidrigen Münzenhandel, in: Numismatische Beiträge (Anm. 81) 1977/II, S. 28

[83] Gesetz über den Verkehr mit Edelmetallen, Edelsteinen und Perlen sowie Erzeugnissen aus Edelmetallen, Edelsteinen und Perlen (Edelmetallgesetz), vom 12. Juli 1973 (Gesetzblatt der DDR, Nr. 33/1973, S. 338)

[84] Vgl. die Anordnung über das Verbot des Handels mit Sammlerbriefmarken, Münzen, sonstigen Geldzeichen, Medaillen, Orden, Ehrenzeichen und Dokumenten und numismatischer und philatelistischer Fachliteratur faschistischen, antidemokratischen oder antihumanen Charakters, vom 3. Januar 1972 (Gesetzblatt der DDR, Teil I, Nr. 3/1972, S. 39)

Tabellenanhang

Deutsches Reich

Bank deutscher Länder und Bundesrepublik Deutschland

Deutsche Demokratische Republik

Bargeldumlauf 1876–1913 in Mio. M/RM

Tabelle 1

Stand Ende	Bargeld- umlauf insgesamt[1]	Banknoten		Staatspapiergeld und Rentenbankscheine			Münzen[2]	
		Reichsbank- noten	Privatbank- noten	Reichskassen- scheine	Darlehns- kassen- scheine	Rentenbank- scheine	Goldmünzen[3]	Scheidemünzen[4]
1876	3057	747	207	128	–	–	985	990
1877	2811	698	193	127	–	–	1040	753
1878	2791	650	187	130	–	–	1194	630
1879	2873	773	186	122	–	–	1224	568
1880	2872	786	179	122	–	–	1226	559
1881	2914	837	184	124	–	–	1198	571
1882	2835	812	189	133	–	–	1100	601
1883	2793	807	186	129	–	–	1052	619
1884	2834	826	192	130	–	–	1068	618
1885	2736	832	186	120	–	–	972	626
1886	2859	979	192	120	–	–	925	643
1887	2805	990	188	115	–	–	859	653
1888	2829	1072	186	114	–	–	788	669
1889	3026	1138	178	110	–	–	917	683
1890	2998	1078	179	106	–	–	962	673
1891	2962	1097	179	102	–	–	940	644
1892	3060	1113	178	102	–	–	1042	625
1893	3110	1089	178	100	–	–	1108	635
1894	3237	1185	182	101	–	–	1131	638
1895	3520	1292	188	103	–	–	1286	651
1896	3524	1238	183	103	–	–	1339	661
1897	3580	1295	186	103	–	–	1321	675
1898	3779	1328	182	103	–	–	1479	687
1899	3976	1343	186	104	–	–	1636	707
1900	4107	1389	184	102	–	–	1714	718
1901	4182	1445	161	100	–	–	1765	711
1902	4325	1494	154	98	–	–	1864	715
1903	4527	1540	153	101	–	–	2011	722
1904	4788	1583	142	100	–	–	2213	750
1905	5112	1642	141	102	–	–	2473	754
1906	5564	1762	140	68	–	–	2825	769
1907	5575	1871	133	44	–	–	2754	773
1908	5660	1951	139	62	–	–	2732	776
1909	5848	2049	142	63	–	–	2794	800
1910	6011	2061	138	68	–	–	2939	805
1911	6225	2232	142	89	–	–	2930	832
1912	6617	2496	142	104	–	–	2984	891
1913	6552	2574	147	148	–	–	2755	928

Tabelle 2

Bargeldumlauf 1914–1945 (Kriegsende) in Mio. M/RM

Jahr							
1914	8703	5046	134	236	446	–	2841
1915	10050	6918	143	327	972	–	1690
1916	12315	8055	158	352	2873	–	877
1917	18458	11468	163	350	6265	–	212
1918	33106	22188	283	356	10109	–	170
1919	50083	35698	257	328	13692	–	108
1920	81570	68805	233	316	11975	–	241
1921	122913	113640	334	198	8275	–	466
1922	1294748	1280095	1470	213	12970	–	·
1923[5]	·	496507425	77921	0	0	1049	·
1923[6]	2274[7]	497[6]	0	–	–	1835	·
1924	4274	1942	114	–	–		383
1925	5181	2944	179	–	–	1476	582
1926	5800	3710	176	–	–	1164	750
1927	6331	4538	184	–	–	716	893
1928	6653	4914	179	–	–	530	1030
1929	6602	5027	180	–	–	397	998
1930	6379	4756	182	–	–	439	1002
1931	6638	4738	188	–	–	422	1290
1932	5642	3545	183	–	–	413	1501
1933	5715	3633	174	–	–	392	1516
1934	5972	3888	174	–	–	385	1525
1935	6373	4281	150	–	–	398	1544
1936	6964	4980	9	–	–	373	1602
1937	7499	5493	–	–	–	391	1615
1938	10404	8223	–	–	–	382	1799
1939	14516	11798	–	–	–	957	1761
1940	16770	14033	–	–	–	1102	1635
1941	22313	19325	–	–	–	1252	1736
1942	27343	24375	–	–	–	1264	1704
1943	36538	33683	–	–	–	1019	1836
1944	53119	50102	–	–	–	1108	1909
28. 2. 1945	58229	55519	–	–	–	1120	1590
7. 3. 1945	59149	56425	–	–	–	1134	1590
Kriegsende	ca. 73 Mrd.[8]	–	–	–	–	–	–

[1] Ohne die Bestände der Reichsbank und Privatnotenbanken.
[2] Prägungen seit 1871 bzw. 1923 abzüglich Einziehungen und Notenbankbestände: Abgänge durch Einschmelzen u. ä. vom Stat. Reichsamt geschätzt.
[3] Im Ersten Weltkrieg von der Reichsbank weitgehend eingezogen, aber erst 1938 außer Kurs gesetzt.
[4] Silbermünzen und sonstige Scheidemünzen, bis 1907 einschl. Vereinstaler.
[5] Zahlen in kursiver Type in Billionen Mark.
[6] Umgerechnet auf der Stabilisierungsbasis 1 Billion Papiermark = 1 Reichsmark.
[7] Einschl. Notgeld in Höhe von 728 Mio. RM.
[8] Schätzung.

Stückelung der Banknoten und Münzen 1880–1940

Noten und Münzen zu M/RM	Mio. M						in % der Banknoten bzw. Münzen insgesamt					
	1880	1900	1913	1920	1930	1940	1880	1900	1913	1920	1930	1940
Banknoten im Umlauf[1]												
1000,–	268	383	395	21 208	187	96	26,6	23,8	14,3	30,7	3,5	0,6
500,–	131	24	21	45	1	0	13,0	1,5	0,8	0,1	0,0	0,0
200,–	–	–	–	14 337	–	–	0,1	–	–	20,8	–	–
100,–	606	1 199	1 655	30 192	1 054	2 651	60,1	74,6	60,1	43,7	19,5	17,5
50,–	–	–	261	3 255	1 748	5 499	–	–	9,5	4,7	32,4	36,4
20,–	–	–	421	1	1 433	4 661	–	–	15,3	0,0	26,5	30,8
10,–	–	–	–	–	969	1 424	–	–	–	–	18,0	9,4
5,–	–	–	–	–	7	391	–	–	–	–	0,1	2,6
2,–	–	–	–	–	–	136	–	–	–	–	–	0,9
1,–	–	–	–	–	–	277	–	–	–	–	–	1,8
Taler-Noten[2]	2	2	–	–	–	–	0,2	0,1	–	–	–	–
insgesamt	1 008	1 608	2 753	69 038	5 399	15 135	100	100	100	100	100	100
Münzen[3]												
Reichsgoldmünzen												
20,–	1 270	3 077	4 413	4 451[6]	–	–	47,6	66,0	68,9	66,9	–	–
10,–	449	606	706	705[6]	–	–	16,8	13,0	11,0	10,6	–	–
5,–	28	4	–	–	–	–	1,0	0,1	–	–	–	–
Scheidemünzen[4]												
5,–	72	121	274	277	302	1 033	2,7	2,6	4,3	4,2	30,1	63,2
3,–	450[5]	348[5]	161	172[7]	151	–	16,9	7,5	2,5	2,6	15,1	–
2,–	101	147	316	95[7]	160	261	3,8	3,2	4,9	1,4	16,0	16,0
1,–	152	198	312	369[7]	222	10	5,7	4,2	4,9	5,6	22,2	0,6
–,50	71	71	95	308	69	125	2,7	1,5	1,5	4,6	6,9	7,6
–,25	–	9	8	–	–	–	–	0,2	0,1	–	–	–
–,20	31	44	66	160	62	124	1,2	0,9	1,0	2,4	6,2	7,6
–,10	23	21	35	90	27	51	0,9	0,5	0,6	1,4	2,7	3,1
–,05	12	6	9	9	3	12	0,4	0,1	0,1	0,1	0,3	0,7
–,02	6	10	16	16	5	19	0,2	0,2	0,2	0,2	0,5	1,2
–,01	3	–	–	–	–	–	0,1	–	–	–	–	–
insgesamt	2 668	4 662	6 411	6 652	1 001	1 635	100	100	100	100	100	100

[1] Ohne Bestand der Reichsbank.
[2] In Mark umgerechnet.
[3] Bis 1920 Ausprägungen abzüglich Einziehungen; 1930 und 1940 ohne Bestand der Reichsbank.
[4] Einschl. Vereinstaler.
[5] Vereinstaler.
[6] Einschl. der während des Krieges an die Reichsbank abgelieferten Goldmünzen.
[7] Bereits aufgerufen und kaum noch im Umlauf.

Banknotenumlauf der Privatnotenbanken 1882–1935 in Mio. M/RM Tabelle 4

Stand am Jahresende	Zahl der erfaßten Institute	Banknoten-umlauf	Stand am Jahresende	Zahl der erfaßten Institute	Banknoten-umlauf
1882	17	203	1909	4	153
1883	17	201	1910	4	152
1884	17	208	1911	4	157
1885	17	203	1912	4	156
1886	17	206	1913	4	157
1887	16	197	1914	4	127
1888	15	195	1915	4	143
1889	13	190	1916	4	158
1890	12	192	1917	4	164
1891	8	191	1918	4	284
1892	8	188	1919	4	349
1893	8	187	1920	4	348
1894	7	191	1921	4	386
1895	7	198	1922	4	1 526
1896	7	192	1923	4	*358 561*
1897	7	199	1924	4	124
1898	7	194	1925	4	193
1899	7	208	1926	4	194
1900	7	200	1927	4	194
1901	6	172	1928	4	193
1902	5	162	1929	4	194
1903	5	162	1930	4	192
1904	5	153	1931	4	191
1905	4	151	1932	4	190
1906	4	154	1933	4	190
1907	4	142	1934	4	193
1908	4	151	1935	3	110

Zahlen in kursiver Type in Billionen   1935: Ohne Bayerische Notenbank

Umlauf an Darlehenskassenscheinen 1914–1922 in Mio. M Tabelle 5

Stand am Jahresende	Zahl		Darlehnskassenscheine	
	der Darlehnskassen	der Hilfsstellen	insgesamt ausgegeben*	davon im freien Verkehr
1914	99	127	1 317	446
1915	99	129	2 347	972
1916	99	129	3 408	2 873
1917	99	122	7 689	6 265
1918	99	122	15 625	10 109
1919	100	125	24 895	13 692
1920	97	119	35 526	11 975
1921	99	116	15 308	8 275
1922	100	115	252 043	12 970

* Ohne die Bestände der Reichsbank und der Privatnotenbanken sowie ohne die als Deckung für ausgegebene Reichskassen-scheine hinterlegten Beträge

Bargeldumlauf im letzten Vierteljahr 1923

Tabelle 6

„Mark" (Papiermark)

Stand am Monatsende/Stichtag	Ordentliche Papiermarkzahlungsmittel					Papiermark-Notgeld			Umlauf an Papiermark-zahlungsmitteln insgesamt:[2]
	in Mark	in Goldmark über Großhandels-index[1]	in Goldmark über Dollarmeßziffer[2]			zusammen	Reichsbahn-Notgeld	sonstiges	
			insgesamt	Reichsbank-noten	sonstige				
	Billionen Mark	Millionen Goldmark							
Oktober 7.	.	.	328,5	328,5	0,1	8,9	5,2	3,7	337,4
„ 15.	.	.	137,8	137,7	0,1	3,3	2,0	1,3	141,1
„ 23.	.	.	39,3	39,3	0,0	8,3	8,1	0,2	47,6
„ 31.	2 504 956	353,1	145,0	144,6	0,4	31,2	25,7	5,5	176,2
November 7.	.	.	127,8	127,7	0,1	29,4	24,4	5,0	157,2
„ 15.	.	.	154,8	154,7	0,1	18,4	14,3	4,1	173,2
„ 23.	.	.	224,0	223,9	0,1	39,3	34,8	4,5	263,3
„ 30.	400 338 326	551,7	400,3	400,2	0,1	118,2	114,8	3,4	518,5
Dezember 7.	.	.	390,1	390,0	0,1	116,3	112,9	3,4	506,4
„ 15.	.	.	414,3	414,2	0,1	114,0	110,7	3,3	528,2
„ 23.	.	.	474,7	474,6	0,1	111,6	109,4	2,2	586,3
„ 31.	496 585 346	393,6	496,6	496,5	0,1	111,3	109,1	2,2	607,9

Wertbeständiges Notgeld, Rentenmark, Goldanleihe: Mio Goldmark

Stichtag	Wertbeständiges Zahlungsmittel					Gesamtsumme
	insgesamt	Rentenmark	Goldanleihe	Reichsbahn-Notgeld	Goldanleihe-Notgeld	
Oktober 31.	124,1	–	78,0	–	46,1	300,3
November 7.	216,6	–	158,6	–	58,0	373,8
„ 15.	285,5	–	176,2	10,2	99,1	458,7
„ 23.	678,0	300,0³	206,3	10,2	161,5	941,3
„ 30.	969,3	501,3	216,4	35,4	216,2	1 487,8
Dezember 7.	1 304,3	785,3³	216,4	68,2	234,4	1 810,7
„ 15.	1 430,3	837,0³	240,0	118,7	234,6	1 958,5
„ 23.	1 544,8	928,3	240,0	141,9	234,6	2 131,1
„ 31.	1 665,7	1 049,1	240,0	141,9	234,7	2 273,6

¹ Monatsdurchschnitt.
² Errechnet über amtlichen Berliner Dollar-Mittelkurs am Monatsende/Stichtag.
³ Vom Statistischen Reichsamt geschätzte Zahlen.

Berliner Dollarkurse 1914–1923: Übersicht der Monatsdurchschnitte und Jahresdurchschnitte Tabelle 7

Monat	1914	1915	1916	1917	1918	1919	1920	1921	1922	1923
Januar	4,21	4,61	5,35	5,79	5,21	8,20	64,80	64,91	191,81	17 972
Februar	4,20	4,71	5,38	5,87	5,27	9,13	99,11	61,31	207,82	27 918
März	4,20	4,82	5,55	5,82	5,21	10,39	83,89	62,45	284,19	21 190
April	4,20	4,86	5,45	6,48	5,11	12,61	59,64	63,53	291,00	24 457
Mai	4,20	4,84	5,22	6,55	5,14	12,85	46,48	62,30	290,11	47 670
Juni	4,19	4,88	5,31	7,11	5,36	14,01	39,13	69,36	317,44	109 996
Juli	4,20	4,91	5,49	7,14	5,79	15,08	39,48	76,67	493,22	353 412
August	4,19	4,92	5,57	7,14	6,10	18,83	47,74	84,31	1 134,56	4 620 455
September	4,17	4,85	5,74	7,21	6,59	24,05	57,98	104,61	1 465,87	98 860[1]
Oktober	4,38	4,85	5,70	7,29	6,61	26,83	68,17	150,20	3 180,96	25 260[2]
November	4,61	4,95	5,78	6,64	7,43	38,31	77,24	262,96	7 183,10	2 193 600[2]
Dezember	4,50	5,16	5,72	5,67	8,28	46,77	73,00	191,93	7 589,27	4 200 000[2]
Jahresdurchschnitt	4,28	4,86	5,52	6,58	6,01	19,76	63,06	104,57	1 885,78	534 914[2]

[1] In Tausenden Mark.
[2] In Millionen Mark.

Berliner Dollarkurse 1920–1923: Übersicht der Tagesnotierungen

a) 1920

1. Kurs

Tag	Januar¹	Februar	März	April	Mai	Juni	Juli	August	September	Oktober	November	Dezember	Tag
1.	.	.	100,00	–	–	39,25	37,90	.	49,70	61,63	77,45	69,25	1.
2.	.	91,00	100,00	–	.	43,00	37,75	42,30	49,30	61,20	80,00	69,50	2.
3.	.	–	99,75	–	57,00	44,88	37,50	43,75	49,80	.	77,38	70,00	3.
4.	.	97,00	100,13	.	55,13	40,75	.	46,63	50,13	61,00	80,00	71,50	4.
5.	.	101,00	99,60	–	54,38	40,00	37,90	45,25	.	63,75	81,25	.	5.
6.	.	101,00	94,00	67,00	53,00	.	37,50	46,63	50,13	63,75	82,00	75,50	6.
7.	.	103,00	.	63,50	53,00	40,00	37,65	45,38	51,75	63,00	.	75,25	7.
8.	.	.	91,50	58,25	50,50	40,25	37,55	.	52,13	64,00	86,88	74,13	8.
9.	.	103,75	89,75	57,50	.	39,13	38,00	46,70	52,40	64,00	87,75	74,50	9.
10.	.	99,50	75,00	53,50	50,63	38,75	38,50	46,95	53,13	.	85,25	74,25	10.
11.	.	101,00	69,00	.	49,50	39,13	.	46,30	54,50	65,75	87,00	73,13	11.
12.	.	101,25	73,00	–	48,75	39,40	38,13	45,75	.	–	87,63	.	12.
13.	.	100,50	.	54,00	–	.	38,25	46,50	57,25	67,00	84,75	74,38	13.
14.	.	100,50	–	59,50	49,50	40,25	38,60	46,63	59,50	68,00	.	75,38	14.
15.	.	.	–	59,00	49,00	40,88	38,70	.	61,00	70,25	84,00	74,00	15.
16.	.	99,25	–	62,50	48,63	39,50	38,25	46,70	63,50	70,50	76,25	73,75	16.
17.	.	99,50	–	62,25	47,63	39,13	38,30	47,38	65,00	.	–	71,50	17.
18.	.	100,50	–	.	45,50	38,63	.	48,50	67,75	70,13	69,38	72,50	18.
19.	.	99,50	–	62,75	43,75	38,63	38,50	50,13	.	70,45	74,25	.	19.
20.	.	95,25	–	60,50	41,75	.	39,25	50,13	65,00	70,63	73,75	73,75	20.
21.	.	95,00	.	60,13	–	37,25	39,13	51,63	63,50	70,40	.	72,25	21.
22.	.	.	–	60,63	.	36,63	40,25	.	59,88	70,40	67,25	72,25	22.
23.	.	96,00	.	61,25	–	36,75	45,50	50,88	61,50	70,40	69,00	72,13	23.
24.	.	98,00	75,00	60,50	34,75	37,45	44,50	51,20	63,00	.	68,50	–	24.
25.	.	98,00	75,00	.	35,00	36,95	.	49,95	63,50	.	72,13	–	25.
26.	.	98,00	75,25	58,00	39,50	37,13	39,75	48,50	.	69,63	70,25	72,13	26.
27.	.	100,60	75,00	58,25	39,25	.	40,25	49,25	61,13	69,38	69,25	73,50	27.
28.	.	100,50	.	58,75	39,25	37,50	41,50	49,38	59,50	72,63	.	74,00	28.
29.	.	.	73,00	57,50	.	37,75	41,88	.	61,25	75,00	68,88	73,00	29.
30.	.	.	73,00	57,25	.	38,50	42,25	49,13	62,25	75,00	70,75	73,38	30.
31.	.	.	72,00		37,25	.	42,50	49,75		76,50	.	.	31.

2. Meßziffern (1 Goldmark = ... Mark; Parität 4,198 = 1).

	Febr.	März	April	Mai	Juni	Juli	Aug.	Sept.	Okt.	Nov.	Dez.	
1.	21,677	23,821	–	–	9,350	9,028	10,076	11,839	14,681	18,449	16,496	1.
2.	·	23,821	–	–	10,243	8,992	10,422	11,744	14,578	19,057	16,555	2.
3.	23,106	23,761	·	13,578	10,691	8,932	11,108	11,863	·	18,433	16,675	3.
4.	24,059	23,851	–	13,132	9,707	·	10,779	11,941	14,531	19,057	17,032	4.
5.	24,059	23,726	15,960	12,954	9,528	9,028	11,108	·	15,186	19,354	·	5.
6.	24,535	22,392	15,126	12,625	·	8,932	10,810	11,941	15,186	19,533	17,985	6.
7.	·	·	13,876	12,625	9,528	8,969	·	12,327	15,007	·	17,925	7.
8.	24,714	21,796	13,697	12,030	9,589	8,945	11,124	12,418	15,245	20,696	17,658	8.
9.	23,702	21,379	12,744	·	9,321	9,052	11,184	12,482	15,245	20,903	17,747	9.
10.	24,059	17,866	·	12,061	9,231	9,171	11,029	12,656	·	20,307	17,687	10.
11.	24,119	16,436	–	11,791	9,321	·	10,898	12,982	15,662	20,724	17,420	11.
12.	23,940	17,389	12,863	11,613	9,385	9,083	11,077	·	–	20,874	·	12.
13.	23,940	–	14,173	–	·	9,111	11,108	13,637	15,960	20,188	17,718	13.
14.	·	·	14,054	11,791	9,589	9,195	·	14,173	16,198	·	17,956	14.
15.	23,642	–	14,888	11,672	9,738	9,219	11,124	14,531	16,734	20,010	17,627	15.
16.	23,702	–	14,828	·	9,409	9,111	11,286	15,126	16,794	18,163	17,568	16.
17.	23,940	–	·	11,584	9,321	9,123	11,553	15,484	·	–	17,032	17.
18.	23,702	–	14,948	11,346	9,202	·	11,941	16,139	16,706	16,527	17,270	18.
19.	22,689	–	14,412	10,838	9,202	9,171	11,941	·	16,782	17,687	·	19.
20.	22,630	·	14,323	10,422	·	9,350	12,299	15,484	16,825	17,568	17,568	20.
21.	·	–	14,463	9,945	8,873	9,321	·	15,126	16,770	·	17,711	21.
22.	22,868	17,866	14,590	·	8,726	9,589	12,120	14,264	16,770	16,020	17,211	22.
23.	23,344	17,866	14,412	·	8,754	10,838	12,195	14,650	·	16,436	17,182	23.
24.	23,344	17,925	·	8,278	8,921	10,600	11,899	15,007	16,586	16,317	–	24.
25.	23,344	17,866	13,816	8,337	8,802	·	11,553	15,126	16,527	17,182	–	25.
26.	23,964	·	13,876	9,409	9,321	9,469	11,732	·	17,301	16,734	·	26.
27.	23,940	·	13,995	9,350	·	9,589	11,763	14,562	17,866	16,496	17,182	27.
28.	·	17,389	13,697	9,350	8,932	9,886	·	14,173	17,866	·	17,508	28.
29.	·	17,389	13,637	·	8,992	9,976	11,703	14,590	18,223	16,408	17,627	29.
30.	–	17,151	·	·	9,171	10,064	11,851	14,828	·	16,853	17,389	30.
31.	–	·	·	8,873	·	10,124	·	·	·	·	17,480	31.

¹ Für Januar liegen keine Notierungen vor, da erst ab 1. Februar 1920 an der Berliner Börse wieder notiert (Inkrafttreten des Friedensvertrags: 10. Januar 1920).

b) 1921

1. Kurs

Tag	Januar	Februar	März	April	Mai	Juni	Juli	August	September	Oktober	November	Dezember	Tag
1.	–	67,00	61,00	62,63	.	63,38	75,00	81,00	85,50	124,50	181,50	191,00	1.
2.	.	63,50	63,00	62,10	65,13	64,13	–	82,88	87,38	.	191,75	204,00	2.
3.	–	62,63	61,75	.	65,38	63,75	.	82,38	89,00	127,50	205,00	217,75	3.
4.	75,48	63,00	61,75	61,70	66,10	–	72,80	82,38	.	124,00	230,00	.	4.
5.	74,75	62,88	62,25	61,50	–	65,63	74,38	81,13	91,00	125,88	249,00	236,00	5.
6.	71,63	.	.	61,55	65,88	66,30	75,13	–	93,25	121,13	.	227,25	6.
7.	73,13	62,88	62,25	62,00	66,13	66,38	75,38	81,63	94,13	121,00	287,00	209,25	7.
8.	72,20	61,88	62,50	61,63	.	68,25	75,50	80,50	97,25	123,00	310,00	203,00	8.
9.	.	60,50	64,13	61,95	67,25	68,75	–	81,00	96,00	.	253,00	188,50	9.
10.	72,75	60,25	63,13	.	64,75	.	.	81,00	100,63	122,50	272,50	187,50	10.
11.	69,90	58,75	62,55	61,80	62,75	–	78,38	81,75	.	121,75	287,50	.	11.
12.	68,25	58,00	62,60	61,75	60,75	.	76,90	82,63	105,50	132,00	282,00	165,50	12.
13.	69,75	.	.	62,20	58,38	72,25	74,38	–	109,00	141,50	.	189,00	13.
14.	67,88	57,00	62,60	63,05	–	69,88	74,88	86,00	109,75	139,88	257,00	180,25	14.
15.	66,75	59,87	63,13	62,88	.	69,73	74,63	91,00	109,88	149,75	261,00	181,25	15.
16.	.	57,30	62,63	62,55	–	69,25	–	86,50	108,00	.	–	195,00	16.
17.	62,50	58,75	62,95	62,75	58,20	68,63	77,00	83,50	100,50	185,00	260,00	196,00	17.
18.	62,25	58,75	62,83	63,25	58,40	–	77,40	84,50	.	181,00	269,75	.	18.
19.	64,50	63,38	62,13	63,75	60,13	.	76,75	–	101,75	171,75	278,00	181,25	19.
20.	61,25	.	.	66,00	59,50	68,88	77,00	.	105,50	158,00	.	174,50	20.
21.	61,25	62,00	61,63	68,25	59,50	69,63	76,50	89,25	109,50	155,50	270,75	173,00	21.
22.	60,25	60,70	62,00	66,75	.	70,69	–	88,00	108,75	167,50	281,00	178,50	22.
23.	.	60,70	62,50	.	60,05	71,63	.	85,00	108,25	.	278,75	189,25	23.
24.	59,50	61,75	62,88	65,45	61,25	72,13	78,88	83,88	108,88	171,00	284,75	–	24.
25.	56,63	63,00	–	64,80	60,38	–	78,38	86,00	.	165,50	295,00	.	25.
26.	57,00	62,88	–	63,75	62,05	.	79,00		117,50	165,50	293,00	.	26.
27.	55,50	.	.	65,88	62,00	74,50	81,13		124,25	173,75	.	–	27.
28.	57,13	62,88	–	65,83	62,38	72,75	80,63	86,63	127,00	178,00	274,50	183,00	28.
29.	57,00	.	63,50	66,13	.	74,38	–	85,25	124,00	177,75	276,25	186,00	29.
30.	.	.	62,80	.	63,30	75,15	.	86,37	115,50	.	245,00	186,50	30.
31.	60,50	.	62,45	.	63,25	.	.		.	180,50		184,00	31.

2. Meßziffern (1 Goldmark = ... Mark; Parität 4,198 = 1).

	1	2	3	4	5	6	7	8	9	10	11	12
1.	—	15,960	14,531	14,919	15,098	15,518	17,866	19,295	20,367	29,657	43,235	45,260
2.	—	15,126	15,007	14,793	15,276	15,574	—	19,743	20,813	·	45,677	48,595
3.	—	14,919	14,709	14,697	15,186	15,746	17,342	19,624	21,201	30,372	48,833	51,870
4.	17,980	15,007	14,709	14,659	—	—	17,718	19,624	—	29,538	54,788	—
5.	17,806	14,979	14,828	14,662	15,634	15,693	17,897	19,326	21,677	29,985	59,314	56,217
6.	17,063	—	—	14,769	15,793	15,753	17,956	—	22,213	28,853	—	54,133
7.	17,420	14,979	14,828	14,681	15,812	16,020	17,958	19,445	22,421	28,823	68,366	49,845
8.	17,199	14,740	14,888	14,757	16,258	15,424	—	19,176	23,166	29,300	73,845	48,356
9.	—	14,412	15,276	—	16,377	14,948	18,671	19,295	22,868	—	60,267	44,902
10.	17,330	14,352	15,038	14,721	—	14,471	18,318	19,474	23,970	29,181	64,912	44,664
11.	16,651	13,995	14,899	14,709	17,211	13,907	17,718	19,683	—	29,002	68,485	—
12.	16,258	13,816	14,912	14,817	16,646	—	17,837	—	25,131	31,444	67,175	39,424
13.	16,615	—	—	15,019	16,610	13,864	17,778	20,486	25,965	33,707	—	45,021
14.	16,170	13,578	14,912	14,979	16,496	13,911	—	21,677	26,143	33,319	61,220	42,937
15.	15,900	14,262	15,038	14,900	16,348	14,323	18,342	20,605	26,173	35,672	62,172	43,175
16.	—	13,649	14,919	—	—	14,173	18,437	19,890	25,727	—	—	46,451
17.	14,888	13,995	14,995	14,948	16,408	14,173	18,283	20,129	23,940	44,069	61,934	46,689
18.	14,828	13,995	14,967	15,067	16,586	—	18,342	—	—	43,116	64,257	—
19.	15,364	15,098	14,800	15,186	16,839	14,304	18,223	21,260	24,238	40,912	66,222	43,175
20.	14,590	—	—	15,722	17,063	14,590	—	20,962	25,131	37,637	—	41,567
21.	14,590	14,769	14,681	16,258	17,182	14,383	18,790	20,248	26,084	37,041	64,495	41,210
22.	14,352	14,549	14,769	15,900	—	14,781	18,671	19,981	25,905	39,900	66,937	42,520
23.	—	14,459	14,888	—	17,747	14,769	18,818	20,468	25,786	—	66,401	45,081
24.	14,173	14,709	14,979	15,591	17,330	14,859	19,326	—	25,935	40,734	67,830	—
25.	13,490	15,007	—	15,436	17,718	—	19,207	20,636	—	39,424	70,272	·
26.	13,578	14,979	—	15,186	17,901	15,079	—	20,307	27,990	39,424	69,795	—
27.	13,221	—	—	15,693	—	15,067	—	20,574	29,597	41,389	—	·
28.	13,609	14,979	—	15,681	—	—	—	—	30,253	42,401	65,388	43,592
29.	13,578	—	15,126	15,753	—	—	—	—	29,538	42,342	65,805	44,307
30.	—	—	14,960	—	—	—	—	—	—	·	58,361	44,426
31.	14,412	—	14,876	—	—	—	—	—	27,513	42,997	·	43,830

c) 1922

1. Kurs

Tag	Januar	Februar	März	April	Mai	Juni	Juli	August	September	Oktober	November	Dezember	Tag
1.	.	204,00	230,00	298,00	282,00	272,50	402,00	644,00	1 300,00	.	4 550,00	7 650,00	1.
2.	186,75	203,75	239,75	.	291,50	271,75	.	777,50	1 350,00	1 815,00	4 937,50	8 250,00	2.
3.	188,00	204,62	251,75	320,00	304,50	-	420,00	830,00	.	1 887,50	6 175,00	.	3.
4.	193,50	201,75	252,00	326,25	288,75	.	-	762,00	1 460,00	2 130,00	6 025,00	8 350,00	4.
5.	201,50	.	.	315,75	285,75	-	426,50	789,00	1 425,00	2 140,00	.	8 375,00	5.
6.	188,50	203,00	261,50	311,00	290,50	287,50	455,00	.	1 250,00	2 160,00	6 425,00	8 412,50	6.
7.	185,75	202,00	261,00	306,50	.	287,38	527,50	752,50	1 300,00	2 245,00	8 450,00	8 100,00	7.
8.	.	199,00	260,00	307,25	297,50	278,00	523,00	763,00	1 425,00	.	9 150,00	7 900,00	8.
9.	168,50	191,75	250,00	.	288,50	289,25	.	780,00	1 370,00	2 600,00	7 800,00	8 350,00	9.
10.	175,25	197,75	254,00	298,25	283,50	297,00	528,50	867,50	-	2 970,00	7 675,00	.	10.
11.	176,75	200,00	256,25	281,50	285,25	.	481,00	870,00	1 540,00	2 600,00	8 200,00	8 470,00	11.
12.	181,00	.	.	296,00	287,25	318,50	447,50	782,50	1 495,00	2 470,00	.	8 440,00	12.
13.	189,75	203,00	263,50	300,00	288,75	313,00	440,00	.	1 600,00	2 725,00	8 125,00	8 087,50	13.
14.	180,75	199,50	275,00	-	.	312,00	457,50	825,00	1 555,00	2 725,00	7 050,00	7 675,00	14.
15.	.	200,00	271,00	-	286,25	311,25	439,00	1 040,00	1 460,00	.	7 515,00	7 425,00	15.
16.	184,25	200,75	271,50	-	282,50	316,75	.	1 012,50	1 487,50	2 880,00	7 525,00	6 350,00	16.
17.	186,25	204,50	277,75	.	289,25	322,00	454,50	1 040,00	.	2 850,00	6 625,00	.	17.
18.	189,25	209,50	283,50	292,00	294,00	.	481,50	1 160,00	1 492,50	2 900,00	7 000,00	6 100,00	18.
19.	190,50	.	.	291,50	296,50	326,00	490,00	1 252,50	1 475,00	3 200,00	.	7 312,50	19.
20.	197,25	216,75	305,00	281,50	303,50	319,50	499,00	.	1 465,00	3 560,00	6 775,00	6 687,50	20.
21.	200,00	220,00	288,50	273,63	.	325,25	485,00	1 170,00	1 395,00	4 430,00	6 175,00	6 750,00	21.
22.	.	213,00	304,50	266,88	313,75	328,50	508,50	1 300,00	1 390,00	.	-	6 775,00	22.
23.	204,25	215,00	327,00	256,00	301,50	331,50	.	1 440,00	1 407,50	4 085,00	6 287,50	6 925,00	23.
24.	210,00	219,25	331,50	252,50	293,00	345,00	503,00	1 975,00	.	4 420,00	7 062,50	.	24.
25.	203,00	222,75	321,50	.	-	.	500,00	1 850,00	1 407,50	4 477,50	7 225,00	-	25.
26.	199,75	.	.	279,75	290,50	349,00	514,00	1 800,00	1 460,00	4 460,00	.	-	26.
27.	201,50	228,50	338,50	282,00	289,25	-	520,50	.	1 655,00	4 150,00	8 025,00	7 337,50	27.
28.	200,25	227,50	339,00	282,75	.	350,50	551,00	1 450,00	1 667,50	4 137,50	8 775,00	7 570,00	28.
29.	.	.	329,75	283,00	280,50	374,50	606,00	1 425,00	1 630,00	.	8 375,00	7 500,00	29.
30.	203,75	.	324,50	.	271,50	374,50	.	1 550,00	1 650,00	4 187,50	7 650,50	7 350,00	30.
31.	201,13	.	305,00		277,00		670,00	1 725,00	.	4 500,00		.	31.

2. Meßziffern (1 Goldmark = ... Mark; Parität 4,198 = 1).

1.	·	48,595	54,788	70,986	67,175	64,912	95,760	153,406	309,671	·	1083,85	1822,30	1.
2.	44,485	48,535	57,111	·	69,438	64,733	·	185,207	321,582	432,35	1176,16	1965,22	2.
3.	44,783	48,742	59,969	76,227	72,535	—	100,048	197,713	·	449,62	1470,94	·	3.
4.	46,093	48,059	60,029	77,716	68,783	·	101,596	181,515	347,785	507,38	1435,21	1989,04	4.
5.	47,999	·	·	75,214	69,200	68,485	108,385	187,947	339,447	509,77	·	1995,00	5.
6.	44,902	48,356	62,292	74,083	70,867	68,455	125,655	·	297,761	514,53	1530,49	2003,93	6.
7.	44,247	48,118	62,173	73,011	·	66,222	124,583	179,252	309,671	534,78	2012,86	1929,49	7.
8.	·	47,404	61,934	73,190	68,723	68,902	·	181,753	339,447	·	2179,61	1881,85	8.
9.	40,138	45,677	59,552	·	67,532	70,748	·	185,803	326,346	619,34	1858,03	1989,04	9.
10.	41,746	47,106	60,505	71,048	67,949	75,869	125,893	206,646	·	707,48	1828,25	·	10.
11.	42,103	47,612	61,041	67,056	68,425	·	114,578	207,242	366,841	619,34	1953,31	2017,63	11.
12.	43,116	·	·	70,509	68,783	74,559	106,598	186,398	356,122	588,38	·	2010,48	12.
13.	45,200	48,356	62,768	71,463	68,187	74,321	104,812	·	381,134	649,12	1935,45	1926,51	13.
14.	43,056	47,523	65,507	—	·	74,142	108,980	196,522	370,415	649,12	1679,37	1828,25	14.
15.	·	47,642	64,555	—	67,294	75,453	104,574	247,737	347,785	·	1790,14	1768,70	15.
16.	43,890	47,820	64,674	·	68,902	76,703	·	241,186	354,335	686,04	1792,52	1512,63	16.
17.	44,366	48,714	66,163	—	70,033	77,656	108,266	247,737	·	678,89	1578,13	·	17.
18.	45,081	49,905	67,532	69,557	70,629	·	114,697	276,322	355,526	690,81	1667,46	1453,07	18.
19.	45,379	·	·	69,438	72,296	76,108	116,722	298,356	351,358	762,27	·	1741,90	19.
20.	46,987	51,632	72,654	67,056	74,738	77,477	118,866	·	348,976	848,02	1613,86	1593,02	20.
21.	47,642	52,406	68,723	65,180	·	78,252	115,531	278,704	332,301	1055,26	1470,94	1607,91	21.
22.	·	50,738	72,535	63,572	71,820	78,966	121,129	309,671	331,110	·	—	1613,86	22.
23.	48,654	51,215	77,894	·	69,795	82,182	·	343,021	335,279	973,08	1497,74	1649,60	23.
24.	50,024	52,227	78,966	60,981	69,200	83,135	119,819	470,462	·	1052,88	1682,35	·	24.
25.	48,356	53,061	76,584	60,148	—	·	119,104	440,686	335,279	1066,58	1721,06	—	25.
26.	47,582	·	·	66,639	68,902	—	122,439	428,776	347,785	1062,41	·	—	26.
27.	47,999	54,431	80,634	67,175	·	83,492	123,988	·	394,235	988,57	1911,63	1747,86	27.
28.	47,701	54,192	80,753	67,354	·	89,209	131,253	345,403	397,213	985,59	2090,28	1803,24	28.
29.	·	·	78,549	67,413	66,818	89,209	144,354	339,447	388,280	·	1995,00	1786,57	29.
30.	48,535	·	77,299	·	64,674	·	·	369,223	393,044	997,50	1822,30	1750,83	30.
31.	47,911	·	72,654		65,984		159,600	410,910		1071,94		·	31.

d) 1923

1. Kurs

Tag	Januar	Februar	März	April	Mai	Juni	Juli	August (in Tausenden)	September	Oktober	November (in Mill.)	Dezember (in Bill.)	Tag
1.	–	41 500	22 800	.	–	74 750	.	1 100	–	242 000	130 000	4,2	1.
2.	7 260	39 800	22 785	–	31 700	78 250	160 000	–	.	320 000	320 000	.	2.
3.	7 525	37 250	22 795	21 100	39 250	.	160 000	1 100	9 700	440 000	420 000	4,2	3.
4.	8 025	.	.	21 133	37 600	76 200	160 600	–	13 000	550 000		4,2	4.
5.	8 700	42 250	22 768	21 133	34 275	62 500	166 000	1 650	20 000	600 000	420 000	4,2	5.
6.	8 538	37 750	22 575	21 075	.	77 000	176 000	3 300	33 200	–	420 000	4,2	6.
7.	.	36 600	20 675	21 080	37 650	79 500	176 000	4 860	53 000		630 000	4,2	7.
8.	9 450	33 500	19 400	.	36 375	78 500	.	4 860	–	838 000	630 000	.	8.
9.	10 000	31 100	20 800	21 130	37 770	84 000	180 000	3 900	50 700	1 120 000	630 000	4,2	9.
10.	10 260	30 900	20 850	21 150	.	.	186 500	–	66 200	2 975 000	630 000	4,2	10.
11.	10 450	.	.	21 143	40 475	80 750	187 000	3 700	96 000	5 060 000		4,2	11.
12.	10 425	27 800	20 815	21 085	43 100	84 250	187 000	3 000	92 400	4 000 000	630 000	4,2	12.
13.	10 350	27 700	20 840	21 110	.	98 750	187 000	2 700	90 400	–	840 000	4,2	13.
14.	.	23 500	20 845	21 110	46 000	108 000	–	2 700	–	3 760 000	1 260 000	.	14.
15.	11 875	19 500	20 875	.	42 300	107 700	.	3 200	132 200	4 100 000	2 520 000	4,2	15.
16.	16 650	18 900	20 900	21 150	45 375	115 000	195 600	–	150 000	5 500 000	2 520 000	4,2	16.
17.	18 200	19 500	20 910	21 210	46 650	.	218 000	4 200	182 000	8 160 000	2 520 000	4,2	17.
18.	23 025	.	.	25 000	49 000	148 000	.	5 500	182 000	12 000 000		4,2	18.
19.	19 750	19 850	20 893	29 500	–	140 000	218 000	5 300	110 000	–	2 520 000	4,2	19.
20.	18 750	23 250	20 885	25 550	.	130 000	284 000	5 080	–		4 200 000	4,2	20.
21.	.	23 000	20 900	26 050		127 000	–	4 700		40 000 000	–	4,2	21.
22.	22 400	22 750	20 913	.	57 000	136 000	.	–	147 000	56 000 000	4 200 000	4,2	22.
23.	20 000	22 700	20 900	27 500	55 500	121 500	350 000	5 600	121 000	63 000 000	4 200 000	.	23.
24.	21 800	22 775	20 915	30 250	55 050	.	414 000	6 400	126 000	65 000 000	4 200 000	.	24.
25.	21 600	.	.	29 900	54 300	114 250	.	7 500	142 400	65 000 000		–	25.
26.	23 250	22 750	20 915	29 200	55 550	126 000	760 000	11 000	160 000		4 200 000	–	26.
27.	27 000	22 700	20 905	29 800	.	153 000	760 000	10 300	–	65 000 000	4 200 000	4,2	27.
28.	.	22 700	20 918	29 800	62 020	150 000	–		.	65 000 000	4 200 000	4,2	28.
29.	33 250	.	20 975	.	59 975	154 500	.		.	72 500 000	4 200 000	4,2	29.
30.	39 750	.	–	29 800	60 000	154 500	1 100 000		.		4 200 000	.	30.
31.	49 000	.	–	.	69 500		1 100 000						31.

2. Meßziffern (1 Goldmark = ... Mark; Parität 4,198 = 1[1]).

Tag								in Tausenden			in Mill.	in Bill.
1.	—	9 886	5 431	.	.	17 806	.	262	—	57 646	30 952	1
2.	1 729	9 481	5 428	.	7 551	18 640	38 113	—	2 311	76 227	76 191	.
3.	1 793	8 873	5 430	5 026	9 350	18 152	38 113	262	3 097	104 812	100 000	1
4.	1 912	.	.	5 034	8 957	14 888	38 256	.	4 764	131 015	.	1
5.	2 072	10 064	5 423	5 034	8 165	18 342	39 543	.	7 909	142 925	100 000	1
6.	2 034	8 992	5 378	5 020	.	18 938	41 925	393	12 625	—	100 000	1
7.	.	8 718	4 925	5 021	8 969	18 699	41 925	786	—	.	150 000	1
8.	2 251	7 980	4 621	.	8 665	20 010	.	1 158	12 077	199 619	150 000	.
9.	2 382	7 408	4 955	5 033	8 997	.	42 878	1 158	15 769	285 850	150 000	1
10.	2 444	7 361	4 967	5 038	.	19 235	44 426	929	22 868	708 671	150 000	1
11.	2 489	.	.	5 036	9 641	20 069	44 545	.	22 010	1 205 336	.	1
12.	2 483	6 622	4 958	5 023	10 267	23 523	44 545	881	21 534	952 835	150 000	1
13.	2 465	6 598	4 964	5 029	.	25 727	44 545	715	—	.	200 000	1
14.	.	5 598	4 965	5 029	10 958	25 663	—	643	31 491	895 665	300 000	.
15.	2 829	4 645	4 973	.	10 076	27 394	.	643	35 731	976 656	600 000	1
16.	3 966	4 502	4 979	5 038	10 809	.	46 594	643	43 354	1 310 148	600 000	1
17.	4 335	4 645	4 981	5 052	11 112	35 255	51 929	762	43 354	1 943 783	600 000	1
18.	5 485	.	.	5 955	11 672	33 349	.	—	26 203	2 858 504	.	.
19.	4 705	4 728	4 977	7 027	.	30 967	51 929	1 000	—	—	600 000	1
20.	4 466	5 538	4 975	6 086	.	30 253	67 651	1 310	35 017	.	1 000 000	1
21.	.	5 479	4 979	6 205	.	.	.	1 263	28 823	9 528 347	—	1
22.	5 336	5 419	4 982	6 551	13 578	32 396	.	1 210	30 014	13 339 686	1 000 000	1
23.	4 764	5 407	4 979	7 206	13 221	28 942	83 373	1 120	33 921	15 077 146	1 000 000	.
24.	5 193	5 425	4 982	7 122	13 113	.	98 618	—	38 113	15 483 564	1 000 000	—
25.	5 145	.	.	6 956	12 935	27 215	.	.	—	15 483 564	.	1
26.	5 538	5 419	4 982	7 099	13 232	30 014	181 039	1 334		15 483 564	1 000 000	1
27.	6 432	5 407	4 980	7 099	.	36 446	181 039	1 525		.	1 000 000	1
28.	.	5 407	4 983	.	14 774	35 731	.	1 787		15 483 564	1 000 000	1
29.	7 920	.	4 996	.	14 287	36 803	.	2 620		15 483 564	1 000 000	1
30.	9 469	—	—	7 099	14 293	36 803	262 030	2 454		15 483 564	1 000 000	1
31.	11 672	—	—	.	16 556	.	262 030			17 270 129	1 000 000	1

[1] Ab November Parität 4,20 = 1.

Die Werte der Reichsbanknoten in Goldmark an ihren Ausgabetagen
(errechnet über die Dollarkurse an den Ausgabetagen)

Tabelle 9

Nennwert der Papiermarkscheine	Ausgabetag	Goldwert am Ausgabetag (über Dollarkurs umgerechnet 1 $ = 4.20 GoldM)
Mark		GoldM
1.–	12. 8.14	1.–
	1. 3.20	0.04
	15. 9.22	0.003
2.–	12. 8.14	2.–
	1. 3.20	0.08
	15. 9.22	0.006
5.–	5. 8.14	5.–
	1. 8.17	2.95
10.–	6. 2.20	0.41
20.–	5. 8.14	20.–
	4.11.15	16.60
	20. 2.18	16.15
50.–	5. 8.14	50.–
	24. 6.19	16.74
	23. 7.20	4.61
100.–	1.11.20	5.42
	4. 8.22	0.55
500.–	27. 3.22	6.20
	7. 7.22	3.91
1000.–	15. 9.22	2.87
	15.12.22	0.56

Nennwert der Papiermarkscheine	Ausgabetag	Goldwert am Ausgabetag (über Dollarkurs umgerechnet 1 $ = 4.20 GoldM)
Mark		GoldM
5000.–	16. 9.22	14.12
	2.12.22	2.54
	19.11.22	3.–
10000.–	19. 1.22	220.47
	20. 2.23	3.63
20000.–	19.11.22	30.–
50000.–	9. 8.23	0.04
100000.–	1. 2.23	10.12
	25. 7.23	1.01
200000.–	9. 8.23	0.17
500000.–	1. 5.23	70.47
	25. 7.23	5.07
1000000.–	20. 2.23	180.64
	25. 7.23	10.14
	9. 8.23	0.86
2000000.–	23. 7.23	24.–
	9. 8.23	1.72
5000000.–	1. 6.23	280.93
	25. 7.23	50.72
	20. 8.23	5.–
10000000.–	25. 7.23	101.45
	22. 8.23	7.92

Nennwert der Papiermarkscheine	Ausgabetag	Goldwert am Ausgabetag (über Dollarkurs umgerechnet 1 $ = 4.20 GoldM)
Mark		GoldM
20000000.–	25. 7.23	202.90
	1. 9.23	8.15
50000000.–	25. 7.23	507.25
	1. 9.23	20.37
100000000.–	22. 8.23	79.25
500000000.–	1. 9.23	203.88
1000000000.–	5. 9.23	210.–
	20.10.23	0.35
5000000000.–	10. 9.23	414.20
	20.10.23	1.75
10000000000.–	15. 9.23	464.60
	1.10.23	173.55
20000000000.–	1.10.23	317.10
	10.10.23	70.59
50000000000.–	26.10.23	3.23
100000000000.–	5.11.23	6.46
200000000000.–	15.10.23	1.–
	26.10.23	223.40
500000000000.–	1.11.23	32.30
	5.11.23	32.30
1000000000000.–	1. 2.24	10.–
		1.–

Preise wichtiger Lebensmittel und Bedarfsgegenstände 1914–1919   Tabelle 10

Gegenstände	Einheiten	1914 Febr M.	1914 Juli M.	1914 Okt M.	1915 Febr M.	1915 Juli M.	1915 Okt M.	1916 Febr M.	1916 Juli M.	1916 Okt M.	1917 Febr M.	1917 Juli M.	1917 Okt M.	1918 Febr M.	1918 Juli M.	1919 Febr P.-M.	1919 Juli P.-M.
Rindfleisch	1 kg	1,80	1,80	1,70	1,85	–	2,32	2,75	4,34	4,50	3,60	3,77	3,65	3,70	3,70	3,70	4,68
Schweineschmalz	1 kg	1,75	1,60	1,65	2,42	–	4,12	4,60	4,55	6,40	5,10	5,10	5,10	5,10	4,60	5,10	5,36
Butter	1 kg	2,85	3,–	2,82	3,18	–	4,57	4,60	–	6,–	4,40	4,80	4,80	4,80	4,99	6,40	8,–
Eier	10 Stck.	–,93	–,80	1,05	1,05	–	1,77	1,73	2,60		3,10	3,10	3,10		3,10	3,60	3,40
Milch	1 Liter	–,23	–,23	–,21	–,22	–	–,22	–,25	–,30	–,30	–,30	–,30	–,30	–,36	–,38	–,45	–,55
Kartoffeln	50 kg	5,–	4,50	4,03	4,79	–	4,05	4,–	7,50	9,–	5,20	8,–	8,–	7,50	10,–	8,50	12,–
Weizenmehl	1 kg	–,37	–,37	–,46	–,54	–	–,54	–,52	–	–,72	–,52	–,52	–,52	–,52	–,58	–,62	–,78
Brot (Hausbrot)	1 kg	–,27	–,26	–,30	–,40	–,20	–,38	–,38	–,40	–,40	–,38	–,38	–,38	–,42	–,45	–,50	–,53
Kaffee, beste Qual.	1 kg	4,60	4,60	3,80	4,40	–	4,–	4,90	7,30	9,20	17,20	–	–	–	–	–	14,–
Zucker, gew.	1 kg	–,52	–,52	–,54	–,56	–	–,62	–,62	–,66	–,66	–,64	–,66	–,66	–,62	–,69	–,92	1,13
Salatöl	1 Liter		1,30			2,40			3,90								–
Porzellanteller	1 Stck.		–,25			–,25			–,60			1,60			3,50		3,50
Trinkglas	1 Stck.		–,10			–,20			–,80			1,50			2,–		2,–
Petroleum	1 Liter		–,36			–,50			–,50			–,55			–,55		–,55
Seife (Kernseife)	1 kg	–,68	–,68	–,68	1,08	–	1,52	2,60	–	–	2,50	4,–	2,50	3,50	3,75	5,40	6,60
Hausbrandkohle	50 kg	1,75	1,80	1,75	1,75	–	1,75	2,08	–	2,08	2,50	2,50	2,50	–	–	–	–
Herrenstiefel	1 Paar		12,50			12,50			25,–			30,–			45,–		200,–
Herrenanzug	1 Stck.		55,–			82,50			140,–			220,–			357,–		550,–
Herrenhemd	1 Stck.		5,–			5,50			11,–			13,–			15,–		40,–
Damenjackenkleid	1 Stck.		40,–			60,–			100,–			160,–			260,–		400,–

Tabelle 11

Preise wichtiger Lebensmittel und Bedarfsgegenstände 1920 – 1924

In jeder Zelle: obere Zahl = Papiermark (P.-M.), untere Zahl = Goldmark (G.-M.). Sept. (Ende) = Million. P.-M.; Okt. (Ende) = Milliard. P.-M.; Nov. (Ende), Dez. (Mitte) u. Frühjahr 1924 = G.-M.

Gegenstände	Einheiten	1920 Febr.	1920 Juli	1920 Okt.	1921 Juli	1921 Okt.	1922 Febr.	1922 Juli	1922 Okt.	1923 Febr.	1923 April	1923 Mai (Mitte)	1923 Juni (Mitte)	1923 Aug. (Mitte)	1923 Sept. (Ende) Mill.	1923 Okt. (Ende) Milliard.	1923 Nov. (Ende) G.-M.	1923 Dez. (Mitte) G.-M.	1924 Frühjahr G.-M.
Rindfleisch	1 kg	5,20 / –,22	17,60 / 1,87	24,– / 1,47	24,– / 1,31	26,– / –,72	34,– / –,68	100,– / –,85	409,95 / –,54	7800,– / 1,17	8800,– / 1,51	14800,– / 1,24	21000,– / –,80	840000,– / –,82	46 / 1,53	3 / –,20	2,60	1,60	1,40
Schweineschmalz	1 kg	13,60 / –,57	37,30 / 3,97	50,– / 3,21	36,– / 1,97	46,– / 1,28	70,– / 1,41	120,– / 1,02	1091,11 / 1,44	15000,– / 2,25	11000,– / 1,88	16000,– / 1,34	34000,– / 1,29	2000000,– / 1,96	80 / 2,66	20 / 1,33	3,50	2,20	1,76
Butter	1 kg	16,40 / –,69	30,– / 3,19	25,– / 1,54	33,20 / 1,82	50,– / 1,39	74,– / 1,49	142,– / 1,21	1006,14 / 1,32	11600,– / 1,74	15600,– / 2,67	20400,– / 1,72	27000,– / 1,03	2800000,– / 2,74	100 / 3,33	12 / –,80	6,–	5,40	4,40
Eier	10 Stck.	3,90 / –,16	8,– / –,85	25,– / 1,50	16,– / –,87	25,– / –,69	40,– / –,80	49,– / –,41	318,40 / –,42	2800,– / –,42	3600,– / –,61	5200,– / –,43	8000,– / –,30	500000,– / –,49	20 / –,66	19,5 / 1,30	3,–	2,50	2,–
Milch	1 Liter	1,10 / –,04	1,70 / –,18	1,50 / –,09	2,25 / –,12	2,85 / –,07	4,80 / –,09	8,80 / –,07	38,40 / –,05	360,– / –,05	680,– / –,11	820,– / –,07	2120,– / –,08	116800,– / –,11	8 / –,22	0,2 / –,01	–,34	–,34	–,34
Kartoffeln	50 kg	18,– / –,76	28,– / 2,98	32,50 / 2,–	48,– / 2,63	70,– / 1,95	115,– / 2,32	170,– / 1,45	657,– / –,86	4000,– / –,60	4000,– / –,68			5500000,– / 5,40	60 / 2,–	1,5 / 0,10	6,–	6,–	6,–
Weizenmehl	1 kg	1,40 / –,06	2,85 / –,30	2,90 / –,17	2,76 / –,15	8,40 / –,23	13,– / –,26	22,– / –,18	140,– / –,18	2700,– / –,40	2700,– / –,46	3000,– / –,25	6000,– / –,22	340000,– / –,33	20 / –,66	5,4 / –,36	–,47	–,33	–,33
Brot (Hausbrot)	1 kg	1,12 / –,04	2,50 / –,26	2,50 / –,15	2,50 / –,14	3,50 / –,09	3,50 / –,07	7,30 / –,06	17,– / –,02	1400,– / –,21	1400,– / –,24	2400,– / –,20		200000,– / –,19	2,16 / –,07	0,680 / –,04	–,58	–,35	–,35
Kaffee, beste Qual.	1 kg	34,70 / 1,47	64,– / 6,92	64,– / 3,94	60,– / 3,28		112,– / 2,26	350,– / 3,–	1200,– / 1,58	22500,– / 3,38	23000,– / 3,95	31200,– / 2,63	64000,– / 2,44			72 / 4,80	8,–	8,–	6,–
Zucker, gew.	1 kg	2,20 / –,09	4,20 / –,44	7,80 / –,48	8,– / –,43	8,– / –,22	14,– / –,28	21,– / –,18	80,– / –,10	850,– / –,12	2780,– / –,48	2780,– / –,23	3300,– / –,12	30000,– / –,02	2,52 / –,08	9,6 / –,64	1,30	1,36	1,36
Salatöl	1 Liter		28,45 / 3,03		25,25 / 1,38				410,– / –,54			11000,– / –,92	35500,– / 1,35	170000,– / –,16	190 / 6,–	20,7 / 1,38			1,20
Porzellanteller	1 Stck.		3,50 / –,37		3,50 / –,19		12,– / –,24	19,50 / –,16	45,– / –,05		1395,– / –,23		4000,– / –,15	50000,– / –,04	35 / 1,10	84 / 5,60	–,55	–,55	–,55
Trinkglas	1 Stck.		2,– / –,21		2,– / –,10			9,– / –,07	18,– / –,02	95,– / –,01	325,– / –,05		3000,– / –,11	40000,– / –,03	27,5 / –,91	8,5 / –,56			–,30
Petroleum	1 Liter		4,10 / –,48		6,65 / –,36			13,50 / –,11	65 / –,08	1800,– / –,27			3000,– / –,11	180000,– / –,17	16 / –,53		–,40		–,30
Seife (Kernseife)	1 kg	8,– / –,33	33,30 / 3,55	20,– / 1,23	10,– / –,54		28,80 / –,58	124,70 / 1,06	280,– / –,37	6000,– / –,90	9500,– / 1,63		11500,– / –,43	1950000,– / 1,90	60 / 2,–	12 / –,80	–,55	–,55	1,40
Hausbrandkohle	50 kg	15,45 / –,65	24,45 / 2,60	28,25 / 1,74	28,50 / 1,56	33,90 / –,94	58,65 / 1,18		609,20 / –,80	8329,– / 1,25	14743,– / 2,58	28200,– / 2,37	31340,– / 1,10				3,–	3,–	3,–
Herrenstiefel	1 Paar		280,– / 29,81		280,– / 15,35			650,– / 5,57	6700,– / 8,85	15500,– / 2,33	45000,– / 7,72		400000,– / 15,27		1050 / 35,–	230 / 15,30	25,–	18,50	14,50
Herrenanzug	1 Stck.		1300,– / 138,44		1375,– / 75,38			3500,– / 30,02	19500,– / 25,75	49000,– / 7,35	170000,– / 29,19		800000,– / 30,54		1750 / 58,33	645 / 43,–	90,–		95,–
Herrenhemd	1 Stck.		150,– / 15,97		110,– / 6,03			225,– / 1,92	1650,– / 2,17	4000,– / –,60	14000,– / 2,40		75000,– / 2,86		400 / 13,30	46,8 / 3,12	8,50		8,50
Damenjackenkleid	1 Stck.		1000,– / 106,49		1000,– / 54,82				20000,– / 26,42				720000,– / 27,11		1600 / 53,30		80,–		85,–

Untere Zahlen: Umrechnung der Papiermarkbeträge in Goldmark, berechnet nach dem Kurs des USA-Dollars im Durchschnitt des betreffenden Monats

Nominal- und Realwochenlöhne: Reichsbetriebsarbeiter (Eisenbahn), Hauer und Schlepper (Bergbau) im Ruhrgebiet, Buchdrucker (Handsetzer) 1913–1921: Beträge   Tabelle 12

Jahr bzw. Monat	Nominalwochenlöhne für				Realwochenlöhne umgerechnet über Indexziffer der Lebenshaltungskosten[5] für			
	gelernte Reichsbetriebsarbeiter in Ortsklasse III (Gr. III) M	ungelernte Reichsbetriebsarbeiter A[2] (Gr. VII) M	Hauer und Schlepper im Ruhrgebiet[3] M	Buchdrucker (Handsetzer[4]) Durchschnitt aller Ortskl. M	gelernte Reichsbetriebsarbeiter in Ortsklasse III (Gr. III) GoldM	ungelernte Reichsbetriebsarbeiter A (Gr. VII) GoldM	Hauer und Schlepper im Ruhrgebiet GoldM	Buchdrucker (Handsetzer) Durchschnitt aller Ortskl. GoldM
1913[1]	34,56	23,70	40,50	31,65	34,56	23,70	40,50	31,65
1914	34,56	23,70	33,88	31,65	33,59	23,03	37,80	30,76
1915	35,64	24,78	42,60	31,65	27,54	19,15	32,94	24,46
1916	40,56	29,70	51,12	32,55	23,90	17,50	30,12	19,18
1917	55,85	44,45	64,20	39,50	22,08	17,58	25,38	15,62
1918	90,20	74,06	80,88	53,59	28,80	23,65	25,80	17,11
1919	139,23	124,83	138,36	94,96	31,86	28,39	33,36	22,88
1920								
Januar	172,80	158,40	241,14	143,57	23,21	21,28	32,40	19,29
Februar	172,80	158,40	241,14	143,57	20,40	18,70	28,44	16,95
März	172,80	158,40	241,14	143,57	18,08	16,57	25,20	15,02
April	230,40	216,–	292,50	143,57	20,11	20,73	28,08	13,78
Mai	230,40	216,–	295,98	192,05	20,91	19,60	26,88	17,43
Juni	264,–	240,–	318,18	209,47	24,38	22,16	29,40	19,34
Juli	264,–	240,–	321,00	222,89	24,79	22,54	30,12	20,93
August	264,–	240,–	350,70	224,57	25,81	23,46	34,26	21,95
September	264,–	240,–	353,10	224,57	26,01	23,65	34,80	22,13
Oktober	264,–	240,–	396,90	224,57	24,65	22,41	37,08	20,97
November	264,–	240,–	400,38	244,57	23,61	21,47	35,82	21,88
Dezember	264,–	240,–	399,90	244,57	22,80	20,73	34,56	21,12
1921								
Januar	293,–	269,–	402,90	244,57	24,85	22,82	34,20	20,74
Februar	293,–	269,–	405,18	258,31	25,54	23,45	35,34	22,52
März	293,–	269,–	405,66	258,31	25,75	23,64	35,64	22,70
April	293,–	269,–	420,90	258,31	26,00	23,87	37,32	22,92
Mai	293,–	269,–	434,46	258,31	26,16	24,02	38,82	23,06
Juni	293,–	269,–	439,02	267,81	25,11	23,05	37,62	22,13
August	341,–	317,–	444,66	291,04	25,44	23,65	33,18	19,98
September	341,–	317,–	512,16	340,–	24,25	22,54	36,42	20,70
Oktober	485,–	446,–	517,38	365,–	31,20	28,69	33,30	21,87
November	485,–	446,–	741,–	476,–	26,82	24,66	39,48	20,18
Dezember	485,–	446,–	720,–		24,71	22,72	36,66	24,25

Anmerkungen siehe Tabelle 13

Tabelle 13

Nominal- und Realwochenlöhne: Reichsbetriebsarbeiter (Eisenbahn), Hauer und Schlepper (Bergbau) im Ruhrgebiet, Buchdrucker (Handsetzer) 1922, 1923: Beträge

Jahr bzw. Monat	Nominalwochenlöhne für				Realwochenlöhne umgerechnet über Indexziffer der Lebenshaltungskosten[5]) für			
	gelernte Reichsbetriebsarbeiter in Ortsklasse III (Gr. III) M	ungelernte Reichsbetriebsarbeiter A[2]) (Gr. VII) M	Hauer und Schlepper im Ruhrgebiet[3]) M	Buchdrucker (Handsetzer[4]) Durchschnitt aller Ortskl. M	gelernte Reichsbetriebsarbeiter in Ortsklasse III (Gr. III) GoldM	ungelernte Reichsbetriebsarbeiter A (Gr. VII) GoldM	Hauer und Schlepper im Ruhrgebiet GoldM	Buchdrucker (Handsetzer) Durchschnitt aller Ortskl. GoldM
1922								
Januar	521	482	732	496	23,94	22,15	33,66	22,79
Februar	521	482	822	553	20,24	18,73	31,92	21,49
März	521	482	942	582	17,08	15,80	30,90	19,08
April	754	708	1056	707	21,35	20,05	29,88	20,02
Mai	979	910	1230	860	26,02	24,18	32,70	22,85
Juni	1171	1094	1326	1013	27,10	25,32	30,66	23,45
Juli	1445	1349	1662	1224	24,49	22,86	28,14	20,74
August	2146	2021	2244	1537	22,91	21,57	23,94	16,41
September	4066	3826	4314	2480	28,82	27,12	30,60	17,58
Oktober	4781	4518	5418	4129	18,43	17,41	20,88	15,91
November	8352	7896	10602	6996	16,77	15,86	21,30	14,05
Dezember	13824	13128	18318	12207	19,02	18,06	25,20	16,79
1923								
Januar	22248	21096	28176	19763	15,26	14,47	19,32	13,56
Februar	46416	44016	85674	40981	16,58	15,73	30,60	14,64
März	58020	55020	98430	66516	20,60	19,53	34,92	23,61
April	58020	55020	98430	68981	19,08	18,09	32,34	22,68
Mai	78924	74724	124206	82494	17,93	16,98	28,20	18,75
Juni	207444	196548	309438	190784	19,18	18,26	28,68	17,70
Juli	859510	817451	1118664	671671	14,82	14,08	19,26	11,58
August	20,0 Mill.	18,9 Mill.	34,2 Mill.	22,7 Mill.	18,57	17,61	31,80	21,10
September	416,0 Mill.	393,0 Mill.	893,0 Mill.	359,0 Mill.	17,91	16,94	30,24	12,17
Oktober	196 Mrd.	185 Mrd.	441 Mrd.	162 Mrd.	15,23	14,41	32,88	11,30
November	10886 Mrd.	9533 Mrd.	19998 Mrd.	14958 Mrd.	16,04	14,69	22,56	17,09
Dezember	24,00 RentM	18,72 RentM	34,89 RentM	25,80 RentM	20,06	15,64	29,70	21,49

[1] 1913–1919: Durchschnittsbeträge.
[2] Von 1913 bis 1919 nach Angaben der Eisenbahndirektion Berlin einschl. der einmaligen und laufenden Teuerungszuschläge, vom Januar bis Mai 1920 nach dem Lohntarifvertrag zwischen der preuß.-hessischen Staatseisenbahnverwaltung und den Eisenbahnerverbänden, vom Juni 1920 ab nach dem Lohntarifvertrag für die Arbeiter der Reichseisenbahnverwaltung (ab 25. 1 l. Lohngebiet 2). Die Löhne betreffen Arbeiter der höchsten tarifmäßigen Altersstufe einschl. der Teuerungs- und Sozialzulagen für die Ehefrau und 2 Kinder von 6 bis 14 Jahren, ausschl. der Ortslohnzulagen.
[3] Von 1913 bis 1919 Barverdienst im Jahresdurchschnitt, von Januar 1920 bis November 1922 Barverdienst im Monatsdurchschnitt nach der amtlichen Lohnstatistik der Bergbehörden, vom Dezember 1922 ab tarifmäßiger Durchschnittslohn nach den Lohnordnungen für das rhein.-westfälische Bergbaugebiet (einschl. Sozialzulage für Ehefrau und 2 Kinder, ausschl. Kohlendeputat).
[4] Tarifmäßige Wochenlöhne der über 24jährigen verheirateten Handsetzer.
[5] Berechnet für 1914 bis Januar 1920 auf Grund der Calwerschen Indexziffern der Ernährungskosten und der vorliegenden Preisunterlagen, vom Februar 1920 ab auf Grund der durchschnittlichen Reichsindexziffer für die Lebenshaltungskosten in der Verbrauchszeit (8. des Berichtsmonats bis 7. des folgenden Monats), von September 1923 ab unter Berücksichtigung der Zahlungsweise.

Nominal- und Realwochenlöhne: Reichsbetriebsarbeiter (Eisenbahn), Hauer und Schlepper (Bergbau) im Ruhrgebiet, Buchdrucker (Handsetzer) — Tabelle 14

1913–1921: Steigerungssätze der Nominalwochenlöhne, Realwochenlöhne in von Hundert der Löhne von 1913

Jahr bzw. Monat	Steigerungssätze der Nominalwochenlöhne (1913 = 1) für				Realwochenlöhne in vH. des Vorkriegslohns umgerechnet über Indexziffer der Lebenshaltungskosten für			
	gelernte Reichsbetriebsarbeiter in Ortsklasse A (Gr. III)	ungelernte Reichsbetriebsarbeiter in Ortsklasse A (Gr. VII)	Hauer und Schlepper im Ruhrgebiet	Buchdrucker (Handsetzer) Durchschnitt aller Ortskl.	gelernte Reichsbetriebsarbeiter in Ortsklasse A (Gr. III)	ungelernte Reichsbetriebsarbeiter in Ortsklasse A (Gr. VII)	Hauer und Schlepper im Ruhrgebiet	Buchdrucker (Handsetzer) Durchschnitt aller Ortskl.
1913	1	1	1	1	100	100	100	100
1914	1,0	1,0	1,0	1,0	97,7	97,2	93,3	97,2
1915	1,0	1,1	1,1	1,0	79,7	80,8	81,3	77,3
1916	1,2	1,3	1,3	1,0	69,2	73,8	74,4	60,6
1917	1,6	1,9	1,6	1,3	63,9	74,2	62,7	49,4
1918	2,6	3,1	2,0	1,7	83,3	99,8	63,7	54,1
1919	4,0	5,3	3,4	3,0	92,2	119,8	82,4	72,3
1920								
Januar	5,0	6,7	6,0	4,5	67,2	89,8	80,0	61,0
Februar	5,0	6,7	6,0	4,5	59,0	78,9	70,2	53,6
März	5,0	6,7	6,0	4,5	52,3	69,9	62,7	47,5
April	6,7	9,1	7,2	6,1	64,0	87,5	69,3	43,5
Mai	6,7	9,1	7,3	6,6	60,5	82,7	66,4	55,1
Juni	7,6	10,1	7,9	7,0	70,5	93,5	72,6	61,1
Juli	7,6	10,1	7,9	7,1	71,7	95,1	74,4	66,1
August	7,6	10,1	8,7	7,1	74,7	99,0	84,6	69,4
September	7,6	10,1	8,7	7,1	75,3	99,8	85,9	69,9
Oktober	7,6	10,1	9,8	7,1	71,3	94,6	91,6	66,3
November	7,6	10,1	9,9	7,7	68,3	90,6	88,4	69,1
Dezember	7,6	10,1	9,9	7,7	66,0	87,5	85,3	66,7
1921								
Januar	8,5	11,4	10,0	7,7	71,9	96,3	84,4	65,5
Februar	8,5	11,4	10,0	8,2	73,9	98,9	87,3	71,2
März	8,5	11,4	10,0	8,2	74,5	99,7	88,0	71,7
April	8,5	11,4	10,4	8,2	75,2	100,7	92,2	72,4
Mai	8,5	11,4	10,7	8,2	75,7	101,4	95,9	72,9
Juni	8,5	11,4	10,8	8,2	72,7	97,3	92,9	69,9
Juli	8,5	11,4	10,9	8,2	67,3	90,1	86,5	64,8
August	9,9	13,4	11,0	8,5	73,6	99,8	81,9	63,1
September	9,9	13,4	12,7	9,2	70,2	95,1	89,9	65,4
Oktober	14,0	18,8	12,8	10,7	90,3	121,1	82,2	69,1
November	14,0	18,8	17,6	11,5	77,6	104,1	97,5	63,8
Dezember	14,0	18,8	17,8	15,0	71,5	95,9	90,5	76,6

Nominal- und Realwochenlöhne: Reichsbetriebsarbeiter (Eisenbahn), Hauer und Schlepper (Bergbau) im Ruhr-   Tabelle 15 gebiet, Buchdrucker (Handsetzer)

1922, 1923: Steigerungssätze der Nominalwochenlöhne, Realwochenlöhne in von Hundert der Löhne von 1913

Jahr bzw. Monat	Steigerungssätze der Nominalwochenlöhne (1913 = 1) für				Realwochenlöhne in vH. des Vorkriegslohns umgerechnet über Indexziffer der Lebenshaltungskosten für			
	gelernte Reichsbetriebsarbeiter in Ortsklasse A (Gr. III)	ungelernte Reichsbetriebsarbeiter A (Gr. VII)	Hauer und Schlepper im Ruhrgebiet	Buchdrucker (Handsetzer) Durchschnitt aller Ortskl.	gelernte Reichsbetriebsarbeiter in Ortsklasse A (Gr. III)	ungelernte Reichsbetriebsarbeiter A (Gr. VII)	Hauer und Schlepper im Ruhrgebiet	Buchdrucker (Handsetzer) Durchschnitt aller Ortskl.
1922								
Januar	15,1	20,3	18,1	15,7	69,3	93,5	83,1	72,0
Februar	15,1	20,3	20,3	17,5	58,6	79,0	78,8	67,9
März	15,1	20,3	23,3	18,4	49,4	66,7	76,3	60,3
April	21,8	29,9	26,1	22,3	61,8	84,6	73,8	63,3
Mai	28,3	38,4	30,4	27,2	75,3	102,0	80,7	72,2
Juni	33,9	46,2	32,7	32,0	78,4	106,8	75,7	74,1
Juli	41,8	56,9	41,0	38,7	70,9	96,5	69,5	65,5
August	62,1	85,3	55,4	48,6	66,3	91,0	59,1	51,9
September	117,7	161,4	106,5	78,4	83,4	114,4	75,6	55,6
Oktober	138,3	190,6	133,8	130,5	53,3	73,5	51,6	50,3
November	241,7	333,2	261,8	221,0	48,5	66,9	52,6	44,4
Dezember	400,0	553,9	452,3	385,7	55,0	76,2	62,2	53,1
1923								
Januar	643,8	890,1	695,7	624,4	44,2	61,1	47,7	42,8
Februar	1 343,1	1 857,2	2 115,4	1 294,8	48,0	66,4	75,6	46,3
März	1 678,8	2 321,5	2 430,4	2 101,6	59,6	82,4	86,2	74,6
April	1 678,8	2 321,5	2 430,4	2 179,5	55,2	76,3	79,9	71,7
Mai	2 283,7	3 152,9	3 066,8	2 606,4	51,9	71,6	69,6	59,2
Juni	6 002,4	8 293,2	7 640,4	6 034,8	55,5	77,0	70,8	55,9
Juli	24 870	34 492	27 621	21 232	42,9	59,4	47,6	36,6
August	577 836	799 156	844 187	717 000	53,7	74,3	78,5	66,7
September	12,0 Mill.	16,6 Mill.	22,1 Mill.	11,4 Mill.	51,8	71,5	74,7	38,5
Oktober	5,7 Mrd.	7,8 Mrd.	10,9 Mrd.	5,1 Mrd.	44,1	60,8	81,2	35,7
November	315,0 Mrd.	402,2 Mrd.	493,8 Mrd.	472,6 Mrd.	46,4	62,0	55,7	54,0
Dezember	694,4 Mrd.	789,9 Mrd.	862,0 Mrd.	815,2 Mrd.	58,0	66,0	73,3	67,9

Nominal²- und Realmonatsgehälter: Typische Besoldungsgruppen³ von Reichsbeamten (Großstadt¹, verheiratet) Tabelle 16

1913–1921: Monatsbeträge

Jahr bzw. Monat	Höhere Beamte (Gr. XI)			Mittlere Beamte (Gr. VIII)			Untere Beamte (Gr. III)		
	Nominal-Monatsgehalt M	Real-⁴ Monatsgehalt GoldM	Realgehalt in vH. des Vorkriegsgehalts	Nominal-Monatsgehalt M	Real-⁴ Monatsgehalt GoldM	Realgehalt in vH. des Vorkriegsgehalts	Nominal-Monatsgehalt M	Real-⁴ Monatsgehalt GoldM	Realgehalt in vH. des Vorkriegsgehalts
1913	608	608	100,0	342	342	100,0	157	157	100,0
1914	608	590,86	97,2	342	332,36	97,2	157	152,58	97,2
1915	608	469,86	77,3	342	264,30	77,3	157	121,33	77,3
1916	608	358,28	58,9	342	201,53	58,9	157	92,52	58,9
1917	660	260,97	42,9	420	166,07	48,6	213	84,22	53,6
1918	891	284,48	46,8	589	188,06	55,0	342	109,20	69,6
1919	1015	244,58	40,2	778	187,47	54,8	582	140,24	89,3
1920									
Januar	1183	158,92	26,1	954	128,16	37,5	765	102,77	65,5
Februar	1183	139,67	23,0	954	112,63	32,9	765	90,32	57,5
März	1183	123,74	20,4	954	99,79	29,2	765	80,02	51,0
April	2225	213,53	35,1	1713	164,40	48,1	1244	119,39	76,0
Mai	2225	201,91	33,2	1713	155,44	45,5	1244	112,89	71,9
Juni	2225	205,45	33,8	1713	158,17	46,2	1244	114,87	73,2
Juli	2225	208,92	34,4	1713	160,85	47,0	1244	116,81	74,4
August	2225	217,50	35,8	1713	167,45	49,0	1244	121,60	77,5
September	2225	219,21	36,1	1713	168,77	49,3	1244	122,56	78,1
Oktober	2325	217,09	35,7	1813	169,28	49,5	1344	125,49	79,9
November	2325	207,96	34,2	1813	162,16	47,4	1344	120,21	76,6
Dezember	2325	200,78	33,0	1813	156,56	45,8	1344	116,06	73,9
1921									
Januar	2602	220,70	36,3	2021	171,42	50,1	1490	126,38	80,5
Februar	2602	226,85	37,3	2021	176,20	51,5	1490	129,90	82,7
März	2602	228,65	37,6	2021	177,59	51,9	1490	130,93	83,4
April	2602	230,88	38,0	2021	179,33	52,4	1490	132,21	84,2
Mai	2602	232,32	38,2	2021	180,45	52,8	1490	133,04	84,7
Juni	2602	222,96	36,7	2021	173,18	50,6	1490	127,68	81,3
Juli	2602	208,16	34,2	2021	161,68	47,3	1490	119,20	75,9
August	2970	222,81	36,6	2310	173,29	50,7	1707	128,06	81,6
September	2970	216,16	35,6	2310	168,12	49,2	1707	124,24	79,1
Oktober	4900	325,80	53,6	3320	220,74	64,5	2285	151,93	96,8
November	4900	276,06	45,4	3320	187,04	54,7	2285	128,73	82,0
Dezember	4900	254,15	41,8	3320	172,20	50,4	2285	118,52	75,5

Anmerkungen siehe Tabelle 17

Nominal[2]- und Realmonatsgehälter: Typische Besoldungsgruppen[3] von Reichsbeamten (Großstadt[1], verheiratet)   Tabelle 17

1922, 1923: Monatsbeträge

Jahr bzw. Monat	Höhere Beamte (Gr. XI)			Mittlere Beamte (Gr. VIII)			Untere Beamte (Gr. III)		
	Nominal-Monatsgehalt M	Real[4] GoldM	Realgehalt in vH des Vorkriegsgehalts	Nominal-Monatsgehalt M	Real[4] GoldM	Realgehalt in vH des Vorkriegsgehalts	Nominal-Monatsgehalt M	Real[4] GoldM	Realgehalt in vH des Vorkriegsgehalts
1922									
Januar	5067	248,26	40,8	3487	170,85	50,0	2452	120,14	76,5
Februar	5067	206,90	34,0	3487	142,38	41,6	2452	100,12	63,8
März	5067	174,91	28,8	3487	120,37	35,2	2452	84,64	53,9
April	6222	181,08	29,8	4673	136,00	39,8	3524	102,56	65,3
Mai	7982	209,89	34,5	6015	158,16	46,2	4558	119,85	76,3
Juni	9755	235,23	38,7	7312	176,32	51,6	5501	132,65	84,5
Juli	12193	226,13	37,2	9095	168,68	49,3	6798	126,08	80,3
August	18622	239,82	39,4	13795	177,66	51,9	10218	131,59	83,8
September	35489	266,45	43,8	26229	196,93	57,6	19366	145,40	92,6
Oktober	48611	220,30	36,2	36428	165,09	48,3	24725	112,05	71,4
November	83695	187,61	30,9	62662	140,47	41,1	42459	95,18	60,6
Dezember	138487	202,15	33,3	103945	151,73	44,4	70766	103,30	65,8
1923									
Januar	226523	197,75	32,5	170093	148,49	43,4	115890	101,17	64,4
Februar	476211	181,79	29,9	357423	136,44	39,9	243324	92,89	59,2
März	595264	209,73	34,5	446779	157,41	46,0	304155	107,16	68,3
April	595264	203,79	33,5	446779	153,03	44,7	304155	104,13	66,3
Mai	830033	214,27	35,2	622496	160,69	47,0	423151	109,23	69,3
Juni	2,08 Mill.	249,57	41,0	1,56 Mill.	187,18	54,7	1,06 Mill.	127,18	86,1
Juli	8,65 Mill.	258,43	42,5	6,28 Mill.	187,62	54,9	4,00 Mill.	119,50	71,0
August	173,63 Mill.	280,09	46,1	126,33 Mill.	203,79	59,6	80,76 Mill.	130,67	83,0
September	4,18 Mrd.	270,81	44,5	3,04 Mrd.	196,95	57,6	1,94 Mrd.	125,69	80,1
Oktober	977 Mrd.	260,65	42,9	710 Mrd.	189,42	55,4	453 Mrd.	120,81	76,9
November	98879 Mrd.	193,26	31,8	71860 Mrd.	138,49	40,5	45827 Mrd.	87,34	55,6
Dezember	309,50 RentM	251,38	41,3	210,75 RentM	170,41	49,8	115,25 RentM	92,07	58,6

[1] Ortszuschlag nach Ortsklasse A.
[2] Mittleres Grundgehalt mit Orts- und Teuerungszuschlag einschl. der sozialen Zulagen für die Ehefrau und 2 Kinder von 6 bis 14 Jahren.
[3] Zum Vergleich mit den neuen Besoldungsgruppen sind die nachstehenden Typen des Besoldungsgesetzes vom 15. 7. 1909 ausgewählt worden: für Gr. III Eisenbahnschaffner (3a[1]), für Gr. VIII Oberpostsekretäre (35b[12]), für Gr. XI Mitglieder der dem Reichsamt des Innern nachgeordneten Behörden (63[2]).
[4] Berechnet für 1914 bis Januar 1920 auf Grund der Calwerschen Ernährungsindizes und der vorliegenden Preisunterlagen, von Februar 1920 ab auf Grund der durchschnittlichen Reichsindexziffer für die Lebenshaltungskosten in der Verbrauchszeit, vom Oktober 1923 ab unter Berücksichtigung der Zahlungsweise.

Übersicht der Devisengesetzgebung in den Jahren 1922 und 1923 — Tabelle 18

Nr.	Vorschrift	vom	Reichsanzeiger Nr.	Reichsanzeiger vom	RGBl. I: Seite
		1922		**1922**	
1.	Gesetz über d. Verkehr mit ausl. Zahlungsmitteln	3. Febr.	42	18. Febr.	195
2.	VO. gegen d. Spekulation in ausl. Zahlungsmitteln	12. Okt.	232	14. Okt.	795
3.	VO. z. Ausführung d. VO. gegen d. Spekulation in ausl. Zahlungsmitteln	12. Okt.	232	24. Okt.	797
4.	2. VO. z. Ausführung d. VO. gegen d. Spekulation in ausl. Zahlungsmitteln	27. Okt.	246	31. Okt.	809
5.	3. VO. z. Ausführung d. VO. gegen d. Spekulation in ausl. Zahlungsmitteln	9. Dez.	262	18. Dez.	922
		1923		**1923**	
6.	4. VO. z. Ausführung d. VO. gegen d. Spekulation in ausl. Zahlungsmitteln	12. Febr.	40	16. Febr.	119
7.	Notgesetz (Maßnahmen gegen d. Valutaspekulation)	24. Febr.	64	16. Febr.	147
8.	Valutaspekulations-VO.	8. Mai	111	15. Mai	275
9.	Ausführ.-Bestimmungen z. Valutaspekulations-VO.	8. Mai	111	15. Mai	279
10.	VO. betr. Außerkraftsetzung d. Devisenspekulations-VO.	8. Mai	111	15. Mai	279
11.	VO. auf Grund des Notgesetzes (Wechselstuben-VO.)	8. Mai	111	15. Mai	282
12.	VO. über d. Handel mit ausl. Zahlungsmitteln z. Einheitskurs	22. Juni	145	25. Juni	401
13.	Änderung d. Ausführ.-Bestimmungen z. Valutaspekulations-VO.	29. Juni	154	5. Juli	509
14.	VO. z. Änderung d. Valutaspekulations-VO. u. d. Kapitalfluchtgesetzes	29. Juni	154	5. Juli	507
15.	Ausführ.-Bestimmungen z. VO. über d. Handel mit ausl. Zahlungsmitteln z. Einheitskurse	30. Juni	156	7. Juli	549
16.	VO. über Termingeschäfte u. d. Handel mit Dollarschatzanweisungen zum Einheitskurse	3. Juli	153	4. Juli	511
17.	2. Änderung d. Ausführ.-Bestimmungen z. Valutaspekulations-VO.	24. Juli	171	25. Juli	748
18.	VO. betr. Außerkraftsetzung d. Bestimmung über d. Handel m. ausl. Zahlungsmitteln z. Einheitskurse	4. Aug.	181	6. Aug.	760
19.	VO. betr. Verbot d. Verkaufs v. Reichsmark ins Ausland	9. Aug.	193	22. Aug.	765
20.	VO. d. Notgesetzes (Wechselstuben-VO.)	15. Aug.	189	17. Aug.	–
21.	Ausführ.-Bestimmungen z. VO. betr. d. Verbot des Markverkaufs ins Ausland	17. Aug.	193	22. Aug.	830
22.	3. Änderung d. Ausführ.-Bestimmungen z. Valutaspekulations-VO.	24. Aug.	196	25. Aug.	835
23.	VO. des Reichspräsidenten über Devisenerfassung	7. Sept.	208	8. Sept.	865
24.	Durchführ.-Bestimmungen z. VO. des Reichspräsidenten über Devisenerfassung	7. Sept.	208	8. Sept.	865
25.	Bek. d. Kommissars für Devisenerfassung betr. Bestandsaufnahme v. Edelmetallen	11. Sept.	211	12. Sept.	–
26	Devisenbanken-VO.	12. Sept.	211	12. Sept.	–
27.	VO. d. Kommissars für Devisenerfassung betr. d. Anmeldung von Edelmetallen	14. Sept.	215	17. Sept.	–
28.	Notgesetz (Maßnahmen z. Schutze d. Währung)	17. Sept.	220	22. Sept.	934
29.	VO. auf Grund d. Notgesetzes (Maßnahmen z. Schutze der Währung)	17. Sept.	221	24. Sept.	934
30.	Bek. über Umtausch von Devisen in Sorten	17. Sept.	217	19. Sept.	–

Fortsetzung S. 550

Übersicht der Devisengesetzgebung in den Jahren 1922 und 1923 Tabelle 18 Forts.

Nr.	Vorschrift	vom	Reichsanzeiger Nr.	Reichsanzeiger vom	RGBl. I: Seite
		1923		1923	
31.	Devisenmakler-VO.	17. Sept.	218	20. Sept.	902
32.	Weitere Ausführ.-Bestimmungen z. VO. betr. d. Verbot d. Markverkaufs ins Ausland	17. Sept.	218	20. Sept.	903
33.	Bek. betr. Zulassung bisheriger Devisenbanken als Wechselstuben	17. Sept.	217	19. Sept.	–
34.	Ausführ.-Best. z. VO. auf Grund d. Notgesetzes u. z. d. Durchführ.-Bestimmung d. Reichspräsidenten über Devisenerfassung vom 7. 9. 1923	22. Sept.	221	24. Sept.	–
35.	Änderung d. VO. über Devisenbanken	27. Sept.	225	28. Sept.	–
36.	VO. über d. Handel mit wertbeständiger Anleihe des Deutschen Reichs (Goldanleihe) zum Einheitskurse	2. Nov.	256	3. Nov.	1071
37.	VO. über Änderungen der Devisengesetzgebung	2. Nov.	–	–	1072
38.	VO. über Ausfuhrdevisen	2. Nov.	–	–	1074
39.	Durchführ.-Best. z. VO. über Ausfuhrdevisen	2. Nov.	259	7. Nov.	1074
40.	VO. betr. zeitweise Verweigerung von Leistungen auf Grund eines außerdeutschen Kurses der Reichsmark	5. Nov.	–	–	1082
41.	VO. über d. Verpflichtung z. Annahme von Reichsmark bei Inlandsgeschäften	7. Nov.	–	–	1081
42.	VO. über Ausdehnung d. Devisengesetzgebung auf Rentenmark, Goldanleihe u. wertbeständiges Notgeld	16. Nov.	263	17. Nov.	1099
43.	VO. über Annahme ausl. Zahlungsmittel im Inlandsverkehr	23. Nov.	269	26. Nov.	1020
44.	VO. über Annahme ausl. Zahlungsmittel im Inlandsverkehr	21. Dez.	292	22. Dez.	–

Umlauf an Rentenbankscheinen 1923–1945   Tabelle 19

Mio. RM

Stand am Jahresende	Umlauf an Rentenbankscheinen	Stand am Jahresende	Umlauf an Rentenbankscheinen
1923	1242	1935	409
1924	1980	1936	409
1925	1609	1937	409
1926	1172	1938	409
1927	740	1939	1083
1928	607	1940	1335
1929	480	1941	1400
1930	447	1942	1550
1931	427	1943	1550
1932	427	1944	1550
1933	409	1945	1550
1934	409		

Umlauf an Scheinen und Münzen der Reichskreditkassen 1942–1944   Tabelle 20

Mio. RM

Stand am Jahresende	Noten und Münzen im Umlauf
1942	2664
1943	2898
1944[3])	2631

[3]) 1944: Stand 30. September

Bargeldumlauf 1948–1974   Tabelle 21

Stand am Jahresende	Bargeldumlauf			Bargeldumlauf ohne Kassenbestände inländischer Kreditinstitute
	insgesamt	Banknoten	Scheidemünzen	
1948	6641	6641	–	6385
1949	7738	7698	40	7463
1950	8414	8232	182	8105
1951	9713	9243	470	9310
1952	11271	10509	762	10805
1953	12435	11547	888	11956
1954	13296	12350	946	12751
1955	14642	13641	1001	14040
1956	15591	14511	1080	14876
1957	17273	16133	1140	16461
1958	18858	17661	1197	17940
1959	20324	19046	1278	19384
1960	21840	20471	1369	20821
1961	24488	22992	1496	23191
1962	25760	24147	1613	24230
1963	27152	25427	1725	25501
1964	29545	27692	1853	27877
1965	31453	29456	1997	29647
1966	32906	30770	2136	30871
1967	33829	31574	2255	31507
1968	34943	32499	2444	32587
1969	37275	34617	2658	34689
1970	39488	36480	3008	36889
1971	43159	39494	3665	40292
1972	48945	44504	4441	45767
1973	50975	46247	4728	47429
1974	55401	50272	5129	51524

Banknoten- und Münzumlauf 1948–1964   Tabelle 22

Stand am Jahresende

Banknoten und Münzen zu DM	1948		1954		1964	
	Mio. DM	%	Mio. DM	%	Mio. DM	%
Banknoten						
1 000,—	–	–	–	–	640	2,3
500,–	–	–	–	–	–	–
100,–	983	15,6	2 807	22,7	13 951	50,4
50,–	2 434	38,5	6 117	49,5	8 852	32,0
20,–	1 673	26,5	2 416	19,6	2 581	9,3
10,–	287	4,5	872	7,1	1 426	5,1
5,–	564	8,9	110	0,9	242	0,9
2,–	122	1,9	8	0,0	–	–
1,–	162	2,6	10	0,1	–	–
–,50[1])	94	1,5	10	0,1	–	–
Zusammen	6 319[2])	100	12 350	100	27 692	100
Münzen						
10,–	–	–	–	–	–	–
5,–	–	–	372	39,3	543	29,3
2,–	–	–	138	14,6	285	15,4
1,–	–	–	235	24,9	517	27,9
–,50	–	–	86	9,1	222	12,0
–,10	–	–	77	8,1	183	9,9
–,05	–	–	24	2,5	57	3,1
–,02	–	–	2	0,2	14	0,7
–,01	–	–	12	1,3	32	1,7
Zusammen	–	–	946	100	1 853	100

[1] Einschl. Kleingeldzeichen.
[2] Ohne B-Noten.

Baupreisentwicklung für Wohngebäude nach verschiedenen Basisjahren Tabelle 23
(Bauleistungen am Bauwerk; einschl. Mehrwertsteuer)

Jahr	Basisjahr							
	1913	1936	1950	1958	1962	1970	1976	1980
				= 100				
1949	249,9	193,8	106,0	69,4	50,9	35,7	26,4	19,4
1950	235,9	182,9	**100**	65,5	48,0	33,7	24,9	18,3
1951	280,6	217,5	118,9	77,9	57,1	40,1	29,6	21,8
1952	307,2	238,0	130,1	85,2	62,5	43,8	32,4	23,8
1953	299,0	231,6	126,6	83,0	60,8	42,6	31,5	23,2
1954	301,1	233,3	127,6	83,5	61,3	43,0	31,8	23,4
1955	320,4	248,2	135,8	88,9	65,2	45,7	33,8	24,9
1956	334,5	259,2	141,8	92,8	68,1	47,8	35,3	26,0
1957	348,7	270,2	147,8	96,7	71,0	49,8	36,8	27,1
1958	360,4	279,3	152,7	**100**	73,3	51,4	38,0	28,0
1959	377,3	292,4	159,0	104,7	76,8	53,9	39,8	29,3
1960	411,2	318,7	174,2	114,1	83,7	58,7	43,4	31,9
1961	452,4	350,6	191,7	125,5	92,1	64,6	47,7	35,1
1962	491,3	380,8	208,2	136,3	**100**	70,1	51,8	38,1
1963	517,5	401,1	219,3	143,6	105,3	73,9	54,6	40,2
1964	543,7	421,4	230,3	150,9	110,7	77,6	57,3	42,2
1965	569,4	441,3	241,2	158,0	115,9	81,3	60,0	44,2
1966	578,2	448,1	244,9	160,5	117,7	82,6	61,0	44,9
1967	552,9	428,5	234,2	153,4	112,5	78,9	58,3	42,9
1968	567,5	439,8	240,4	157,4	115,5	81,0	59,8	44,0
1969	604,8	468,8	256,2	167,8	123,1	86,3	63,7	46,9
1970	700,6	543,0	296,8	194,4	142,6	**100**	73,9	54,3
1971	767,0	594,4	324,9	212,8	156,1	109,5	80,9	59,5
1972	816,6	632,9	345,9	226,5	166,2	116,6	86,1	63,4
1973	875,5	678,5	370,8	242,9	170,2	125,0	92,3	67,9
1974	918,0	711,5	388,8	254,7	186,8	131,0	96,8	71,2
1975	923,6	715,8	391,2	256,2	188,0	131,8	97,4	71,7
1976	948,5	735,1	401,8	263,1	193,1	135,4	**100**	73,6
1977	991,2	768,2	419,8	274,9	201,7	141,5	104,5	76,9
1978	1 059,0	820,7	448,6	293,8	215,6	151,1	111,7	82,2
1979	1 159,3	898,4	491,0	321,6	236,0	165,5	122,2	89,9
1980	1 288,7	998,7	545,9	357,5	262,3	183,9	135,9	**100**
1981	1 348,9	1 045,4	571,4	374,2	274,6	192,5	142,3	104,7
1982	1 357,6	1 052,2	575,1	376,6	276,3	193,8	143,1	105,3
1983	1 377,9	1 067,9	583,7	382,2	280,4	196,7	145,3	106,9
1984	1 414,3	1 096,2	599,1	392,3	287,9	201,9	149,1	109,7
1985 (Febr.)	1 411,4	1 093,9	597,9	391,5	287,3	201,5	148,8	109,5

Banknoten- und Münzumlauf 1971–1978

Tabelle 24

Stand am Jahresende

Noten zu DM	1971		1972		1973		1974	
	Mio. DM	%	Mio. DM	%	Mio. DM	%	Mio. DM	%
1000	2756,81	6,98	3491,13	7,85	3742,33	8,09	4595,47	9,14
500	2303,90	5,83	2847,97	6,40	3114,53	6,73	3614,92	7,19
100	21203,16	53,69	24082,61	54,11	25369,81	54,86	27670,74	55,04
50	8360,71	21,17	8935,51	20,08	8826,85	19,09	9003,33	17,91
20	2900,80	7,35	3069,36	6,90	3083,88	6,67	3157,47	6,28
10	1774,39	4,49	1883,82	4,23	1932,74	4,18	2000,78	3,98
5	193,99	0,49	193,13	0,43	176,72	0,38	229,78	0,46
Zusammen	39493,76	100,00	44503,53	100,00	46246,88	100,00	50272,49	100,00

Münzen zu DM	1971		1972		1973		1974	
	Mio. DM	%	Mio. DM	%	Mio. DM	%	Mio. DM	%
10,–	455,51	12,43	950,79	21,41	952,38	20,14	952,29	18,57
5,–	1131,13	30,86	1272,44	28,65	1424,11	30,12	1665,01	32,48
2,–	501,76	13,69	516,27	11,62	569,56	12,05	623,61	12,16
1,–	767,38	20,94	854,92	19,25	895,73	18,95	949,11	18,51
–,50	360,80	9,84	387,82	8,73	405,14	8,57	428,26	8,35
–,10	282,13	7,70	281,12	6,33	290,37	6,14	306,54	5,98
–,05	86,97	2,37	91,13	2,05	96,03	2,03	101,25	1,97
–,02	31,88	0,87	35,83	0,81	40,07	0,85	44,69	0,87
–,01	47,73	1,30	50,92	1,15	54,27	1,15	58,01	1,13
Zusammen	3665,29	100,00	4441,24	100,00	4727,66	100,00	5128,77	100,00

Banknoten- und Münzumlauf 1971–1978

Tabelle 24 Fortsetzung

Stand am Jahresende

Noten zu DM	1975 Mio. DM	%	1976 Mio. DM	%	1977 Mio. DM	%	1978 Mio. DM	%
1000	5787,48	10,49	6912,78	11,71	7166,77	10,93	9574,34	12,80
500	4290,70	7,78	4755,01	8,05	6341,44	9,67	7816,52	10,45
100	30191,96	54,75	32067,85	54,32	35915,00	54,78	40115,25	53,63
50	9317,25	16,90	9568,65	16,21	10138,60	15,46	10867,96	14,53
20	3291,67	5,97	3406,29	5,77	3572,51	5,45	3838,34	5,13
10	2082,33	3,78	2174,43	3,68	2286,93	3,49	2446,08	3,27
5	181,79	0,33	153,31	0,26	146,20	0,22	140,66	0,19
Zusammen	55143,18	100,00	59038,32	100,00	65567,45	100,00	74799,15	100,00

Münzen zu DM	1975 Mio. DM	%	1976 Mio. DM	%	1977 Mio. DM	%	1978 Mio. DM	%
10,–	951,30	17,60	949,33	16,66	950,63	15,59	953,03	14,49
5,–	1818,82	33,64	1971,44	34,59	2188,60	35,89	2433,26	36,99
2,–	651,82	12,06	684,32	12,00	740,24	12,14	805,85	12,25
1,–	993,55	18,38	1044,59	18,33	1093,85	17,94	1176,43	17,89
–,50	447,24	8,27	468,90	8,23	498,10	8,17	533,18	8,11
–,10	324,81	6,01	346,25	6,07	373,97	6,13	403,17	6,13
–,05	107,36	1,98	114,34	2,01	121,95	2,00	131,20	1,99
–,02	49,31	0,91	54,21	0,95	59,25	0,97	64,86	0,99
–,01	62,12	1,15	66,44	1,16	71,03	1,17	76,53	1,16
Zusammen	5406,33	100,00	5699,82	100,00	6097,62	100,00	6577,51	100,00

Banknoten- und Münzumlauf 1979 – 1984   Tabelle 25

Stand am Jahresende

Noten zu DM	1979		1980		1981	
	Mio. DM	%	Mio. DM	%	Mio. DM	%
1000	10862,47	13,68	11986,50	14,31	12054,10	14,39
500	8676,06	10,93	9278,20	11,08	9215,30	11,00
100	42128,31	53,07	44222,70	52,82	44250,60	52,81
50	11080,77	13,96	11334,00	13,54	11255,10	13,43
20	3965,11	4,99	4142,90	4,95	4224,70	5,04
10	2536,79	3,20	2639,50	3,15	2674,00	3,19
5	136,06	0,17	126,50	0,15	116,50	0,14
Insgesamt	79385,57	100,00	83730,30	100,00	83790,30	100,00

Münzen zu DM	1979		1980		1981	
	Mio. DM	%	Mio. DM	%	Mio. DM	%
10,–	953,36	13,64	957,30	12,83	960,30	12,29
5,–	2624,08	37,55	2857,00	38,29	3044,20	38,95
2,–	873,36	12,50	938,00	12,57	984,70	12,60
1,–	1241,30	17,76	1319,60	17,69	1364,60	17,46
–,50	567,73	8,12	604,90	8,11	630,10	8,06
–,10	434,31	6,21	466,70	6,25	494,20	6,32
–,05	141,50	2,03	152,20	2,04	161,30	2,06
–,02	70,65	1,01	76,70	1,03	82,20	1,05
–,01	82,42	1,18	88,60	1,19	94,90	1,21
Insgesamt	6988,71	100,00	7461,00	100,00	7816,50	100,00

Tabelle 25 Fortsetzung

Banknoten- und Münzumlauf 1979–1984

Stand am Jahresende

Noten zu DM	1982		1983		1984	
	Mio. DM	%	Mio. DM	%	Mio. DM	%
1000	14614,90	16,50	17563,40	18,28	19475,40	19,35
500	10179,90	11,49	11542,70	12,01	12328,90	12,25
100	45455,50	51,32	48070,50	50,04	49431,70	49,12
50	11230,40	12,68	11551,60	12,02	11793,40	11,72
20	4277,70	4,83	4430,10	4,61	4590,80	4,56
10	2699,60	3,05	2795,40	2,91	2890,60	2,87
5	116,70	0,13	119,30	0,13	125,20	0,13
Insgesamt	88574,70	100,00	96073,00	100,00	100636,00	100,00

Münzen zu DM	1982		1983		1984	
	Mio. DM	%	Mio. DM	%	Mio. DM	%
10,–	960,10	11,82	992,00	11,51	988,60	11,04
5,–	3227,70	39,75	3461,40	40,16	3676,20	41,05
2,–	1006,20	12,39	1064,50	12,35	1122,40	12,53
1,–	1402,20	17,27	1469,00	17,04	1509,80	16,86
–,50	655,20	8,07	709,40	8,23	703,20	7,85
–,10	513,60	6,32	548,80	6,37	566,30	6,32
–,05	167,70	2,07	176,70	2,05	183,30	2,05
–,02	86,80	1,07	91,00	1,06	94,50	1,05
–,01	100,70	1,24	106,50	1,23	111,80	1,25
Insgesamt	8120,20	100,00	8619,30	100,00	8956,10	100,00

Tabelle 26

Preisindex für die Lebenshaltung und Index der Einzelhandelspreise im langfristigen Vergleich: Originalbasis 1962 bzw. 1970 bzw. 1976 und umbasierte Reihen für die Jahre 1938, 1948 bis 1979

Jahr Monat	Preisindex für die Lebenshaltung																	Index der Einzelhandelspreise insgesamt		
	aller privaten Haushalte					4-Personen-Haushalte von Angestellten und Beamten mit höherem Einkommen			4-Personen-Arbeitnehmerhaushalte mit mittlerem Einkommen					2-Personen-Haushalte von Renten- und Sozialhilfeempfängern					
	Gesamtindex			darunter Wohnungsmiete															
	1976=100	1970=100	1962=100	1976=100	1970=100	1976=100	1970=100	1972=100	1976=100	1970=100	1962=100	1958=100	1950=100	1976=100	1970=100	1962=100	1976=100	1970=100	1962=100
---	---	---	---	---	---	---	---	---	---	---	---	---	---	---	---	---	---	---	---
1938 D (Durchschnitt)	–	–	–	–	–	–	–	–	29,6	41,4	50,5	54,5	64,1	–	–	–	32,2	43,9	49,0
1948 2. Hj. D	–	–	–	–	–	–	–	–	49,8	69,7	85,1	91,8	108,0	–	–	–	66,0	89,9	100,3
1949 D	–	–	–	–	–	–	–	–	49,2	68,9	84,0	90,7	106,7	–	–	–	61,7	84,0	93,7
1950 D	–	–	–	–	–	–	–	–	46,2	64,5	78,8	85,0	**100,0**	–	–	–	55,7	75,8	84,5
1951 D	–	–	–	–	–	–	–	–	49,7	69,6	84,9	91,6	107,8	–	–	–	60,8	82,8	92,4
1952 D	–	–	–	–	–	–	–	–	50,8	71,0	86,7	93,5	110,0	–	–	–	60,6	82,5	92,0
1953 D	–	–	–	–	–	–	–	–	49,9	69,8	85,1	91,9	108,1	–	–	–	58,0	79,0	88,1
1954 D	–	–	–	–	–	–	–	–	50,0	69,9	85,3	92,0	108,2	–	–	–	57,7	78,5	87,6
1955 D	–	–	–	–	–	–	–	–	50,8	71,0	86,7	93,5	110,0	–	–	–	58,3	79,3	88,5
1956 D	–	–	–	–	–	–	–	–	52,1	72,8	88,9	95,9	112,9	–	–	–	59,2	80,6	89,9
1957 D	–	–	–	–	–	–	–	–	53,2	74,4	90,7	97,9	115,2	50,5	71,5	90,1	60,8	82,7	92,2
1958 D	–	–	–	–	–	–	–	–	54,3	75,9	92,7	**100,0**	117,7	51,6	73,0	92,0	62,0	84,4	94,1
1959 D	–	–	–	–	–	–	–	–	54,8	76,7	93,6	101,0	118,8	52,1	73,8	93,0	62,4	84,9	94,7
1960 D	–	–	–	–	–	–	–	–	55,6	77,8	94,9	102,4	120,5	52,9	74,9	94,4	62,8	85,5	95,4
1961 D	–	–	–	–	–	–	–	–	56,9	79,6	97,1	104,7	123,2	54,3	76,8	96,8	64,1	87,2	97,3
1962 D	58,1	81,6	**100,0**	44,5	61,9	58,5	82,2	**100,0**	58,6	81,9	**100,0**	107,9	126,9	56,1	79,3	**100,0**	65,9	89,7	**100,0**
1963 D	59,8	84,0	102,9	47,0	65,3	60,0	84,3	102,5	60,3	84,4	103,0	111,1	130,7	58,0	82,1	103,5	66,8	91,0	101,5
1964 D	61,2	85,9	105,4	49,6	68,9	61,1	85,9	104,4	61,8	86,4	105,4	113,7	133,8	59,7	84,4	106,4	67,6	92,0	102,6
1965 D	63,2	88,7	108,7	52,4	72,8	62,7	88,1	107,2	63,8	89,3	109,0	117,5	138,3	62,0	87,8	110,7	68,9	93,8	104,6
1966 D	65,4	91,9	112,7	56,6	78,6	64,8	91,0	110,7	66,1	92,4	112,8	121,7	143,1	64,6	91,4	115,2	70,3	95,7	106,7
1967 D	66,5	93,4	114,6	60,4	83,9	66,2	93,0	113,1	67,0	93,8	114,4	123,4	145,2	65,5	92,7	116,8	70,7	96,2	107,2
1968 D	67,6	94,9	116,4	64,8	90,0	67,7	95,1	115,7	67,9	95,0	115,9	125,0	147,1	66,5	94,0	118,5	70,5	96,0	107,1
1969 D	68,9	96,7	118,6	68,9	95,7	68,9	96,8	117,7	69,3	96,9	118,3	127,6	150,1	68,4	96,8	122,0	71,2	97,0	108,2
1970 D	71,2	**100,0**	122,6	72,0	**100,0**	71,2	**100,0**	121,6	71,5	**100,0**	122,1	131,7	154,9	70,7	**100,0**	126,0	73,5	**100,0**	111,5
1971 D	74,9	105,3	129,0	76,3	106,1	75,1	105,4	128,2	75,2	105,1	128,3	138,4	162,8	74,0	104,7	131,9	76,8	104,6	116,7
1972 D	79,1	111,1	136,1	80,8	112,3	79,1	111,1	135,2	79,2	110,7	135,1	145,8	171,5	78,1	110,6	139,4	80,4	109,5	122,1
1973 D	84,6	118,8	145,7	85,5	118,8	84,5	118,7	144,3	84,6	118,2	144,3	155,7	183,1	83,8	118,5	149,4	85,7	116,6	130,1
1974 D	90,5	127,1	155,8	89,7	124,6	90,5	127,1	154,6	90,3	126,3	154,1	166,2	195,5	89,3	126,3	159,2	91,9	125,1	139,5
1975 D	95,9	134,7	165,1	95,3	132,4	95,9	134,7	163,8	95,8	134,0	163,5	176,4	207,5	95,2	134,7	169,8	96,9	131,9	147,1
1976 D	**100,0**	140,4	172,1	**100,0**	138,9	**100,0**	140,4	170,8	**100,0**	139,9	170,6	184,1	216,6	**100,0**	141,5	178,3	**100,0**	136,1	151,8
1977 D	103,7	145,6	178,5	103,4	143,6	103,7	145,6	177,1	103,5	144,8	176,6	190,5	224,2	103,5	146,5	184,6	103,7	141,5	157,8
1978 D	106,5	149,5	183,3	106,4	147,8	106,7	149,8	182,2	106,1	148,4	181,1	195,3	229,9	105,7	149,6	188,5	106,4	144,8	161,5
1979 D	110,9	155,7	190,8	109,8	152,6	111,1	156,1	189,9	110,2	154,0	188,0	202,7	238,6	109,3	154,7	194,9	110,1	149,9	167,2

Originalbasis 1980 und umbasierte Reihen für die Jahre 1980 bis 1984 getrennt nach Lebenshaltung und Einzelhandel

1. Preisindex für die Lebenshaltung

Jahr / Monat	aller privaten Haushalte							4-Personen-Haushalte von Angestellten und Beamten mit höherem Einkommen				4-Personen-Arbeitnehmerhaushalte mit mittlerem Einkommen						2-Personen-Haushalte von Renten- und Sozialhilfeempfängern			
	Gesamtindex				darunter Wohnungsmiete																
	1980 =100	1976 =100	1970 =100	1962 =100	1980 =100	1976 =100	1970 =100	1980 =100	1976 =100	1970 =100	1962 =100	1980 =100	1976 =100	1970 =100	1962 =100	1958 =100	1950 =100	1980 =100	1976 =100	1970 =100	1962 =100
1980 D (Durchschnitt)	**100,0**	116,9	164,1	201,1	**100,0**	115,3	160,2	**100,0**	117,2	164,6	200,2	**100,0**	115,9	162,1	197,9	213,4	251,1	**100,0**	115,2	163,1	205,5
1981 D	106,3	124,3	174,5	213,8	104,4	120,4	167,3	106,6	124,9	175,4	213,4	106,3	123,3	172,3	210,4	226,8	266,9	106,1	122,3	173,0	218,0
1982 D	111,9	130,8	183,7	225,1	109,7	126,5	175,7	112,2	131,5	184,7	224,6	112,0	129,8	181,5	221,5	239,0	281,2	112,1	129,1	182,7	230,3
1983 D	115,6	135,1	189,7	232,5	115,6	133,3	185,2	116,0	135,9	191,0	232,2	115,6	134,0	187,4	228,8	246,6	290,2	115,9	133,5	188,9	238,1
1984 D	118,4	138,3	194,3	238,1	120,0	138,4	192,2	118,7	139,1	195,5	237,7	118,4	137,2	191,9	234,2	252,5	297,2	118,7	136,8	193,6	242,0

2. Index der Einzelhandelspreise

Jahr / Monat	1980 = 100	1976 = 100	1970 = 100	1962 = 100
1980 D	**100,0**	115,9	157,7	175,9
1981 D	105,3	122,0	166,1	185,3
1982 D	110,3	127,8	174,0	194,0
1983 D	113,2	131,1	178,5	199,1
1984 D	115,6	133,9	182,3	203,3

DDR: Geldumlauf 1950–1982 — Tabelle 27

Jahr	Stand Ende				
	März	Juni	September	Dezember	
	insgesamt				je Einwohner
	Mill. DM				DM
1950	3229	3052	3182	3363	*183*
1957	5103	5314	5543	3479	*200*
1958	4063	3983	4080	3756	*217*
1959	4209	4354	4562	4161	*241*
1960	4729	4898	5081	4543	*264*
1961	5296	5236	4741	4225	*248*
1962	4714	4767	4867	4413	*258*
1963	4975	5016	5071	4512	*263*
1964	5064	5168	4981	4503	*265*
1965	5099	5285	5563	5162	*303*
1966	5649	5882	6072	5466	*320*
1967	6042	6260	6380	5844	*342*
1968	6924	6856	6882	6428	*376*
1969	7597	7387	7651	7045	*413*
1970	8101	7972	7975	7407	*434*
1971	8572	8520	8425	7634	*451*
1972	8972	8627	8473	8778	*515*
1973	9870	9666	9684	9181	*541*
1974	10486	10257	10356	9581	*566*
1975	11052	10672	10865	10139	*602*
1976	11411	11154	11188	10488	*625*
1977	11966	11856	11913	11313	*675*
1978	12447	12388	12450	11909	*711*
1979	13096	13013	13050	12372	*739*
1980	13576	13243	13102	12250	*732*
1981	13441	13072	12953	12315	*736*
1982	13565	13333	13285	12534	*751*

DDR: Spareinlagen* 1950–1982 Tabelle 28

Jahresende	Spareinlagen			
	bei Sparkassen und übrigen Kreditinstituten	bei Post- und Reichsbahn-sparkassen	insgesamt	je Einwohner
	Mill. DM			DM
1950	1234	36	1270	*69*
1957	8623	347	8970	*515*
1958	10765	479	11244	*650*
1959	13391	619	14010	*810*
1960	16281	772	17053	*992*
1961	18755	900	19654	*1151*
1962	20068	932	21000	*1226*
1963	22604	1095	23699	*1379*
1964	26091	1283	27374	*1609*
1965	29809	1466	31275	*1835*
1966	33421	1610	35030	*2051*
1967	37198	1778	38976	*2282*
1968	41348	1971	43319	*2535*
1969	45883	2166	48049	*2814*
1970	49845	2304	52149	*3057*
1971	53206	2515	55721	*3270*
1972	64212	2756	59970	*3519*
1973	62085	3038	65123	*3835*
1974	66914	3304	70218	*4157*
1975	71752	3563	75315	*4477*
1976	76988	3222**	80210	*4784*
1977	82611	3472	86083	*5137*
1978	88354	3692	92046	*5495*
1979	93076	3882	96958	*5792*
1980	95734	3996	99730	*5958*
1981	98882	4078	102960	*6153*
1982	103372	4201	107573	*6441*

* Einschl. Giro-, Lohn- und Gehaltskonten.
** Diese Spalte ab 1976: Postscheckämter

Wechselkurs für eine DM-West in Mark* (Wechselstubenkurs) 1950–1969 Tabelle 29

Jahr	Durchschnitt	
	Juni	Dezember
1950	6,25	5,60
1957	4,14	3,94
1958	4,06	3,82
1959	3,66	4,05
1960	4,64	4,61
1961	4,48	3,98
1962	3,22	3,88
1963	3,05	3,03
1964	2,58	3,22
1965	3,24	3,55
1966	3,16	3,42
1967	3,16	3,90
1968	3,35	3,70
1969	3,64	3,68

* Vom Landesfinanzamt, ab 1963 vom Senator für Finanzen in Berlin mitgeteilter Durchschnittskurs.

Kleines Glossar geldgeschichtlicher Begriffe

Für die Erläuterung münzkundlicher, papiergeldkundlicher und geldgeschichtlicher Begriffe sei auf die folgenden, im deutschen Sprachraum erhältlichen Wörterbücher hingewiesen:

Heinz Fengler/Gerhard Gierow/Willy Unger, Lexikon der Numismatik, Berlin (Ost) 1976 (Lizenzausgabe: Innsbruck, Frankfurt 1976)

Tyll Kroha, Lexikon der Numismatik, Gütersloh 1977

Herbert Rittmann, Deutsches Münzsammlerlexikon, München 1977

Friedrich Frhr. von Schrötter, Wörterbuch der Münzkunde, Berlin, Leipzig 1930 (Nachdruck)

Abwertung – Verminderung des Werts einer Münze oder der Währungseinheit, bezogen auf ihren Wert etwa in dem zur Zeit maßgebenden Währungsmetall (Gold, Silber), in anderer Währung, etwa einer Leitwährung von bekannter oder angenommener Stabilität (Dollar, Pfund) oder – neuerdings – in einer internationalen Rechnungseinheit (Sonderziehungsrechte, ECU), Absinken mithin der Parität. Die Abwertung kann vom Staat, je nach Währungsrecht auch von der Notenbank, angeordnet sein oder als Folge von Inflation sich durch Marktvorgänge (Börsenentwicklung) ergeben, aber auch eine Maßnahme wirtschaftspolitischer Natur (Förderung der Ausfuhr) sein.

Aufwertung – Erhöhung des Werts einer Münze oder der Währungseinheit. Als wirtschaftspolitische Maßnahme soll die Aufwertung zur Bekämpfung von Ungleichgewichten im Außenhandel und in den Währungsrelationen die Einfuhr fördern, die Ausfuhr dämpfen und fremde Währungen verbilligen. – In der deutschen Geldgeschichte (vgl. Kapitel 4d) kraft Richterrechts und nach dem Aufwertungsgesetz von 1925 die Teilkorrektur der Vernichtung bestimmter Geldforderungen durch die Inflation nach dem Ersten Weltkrieg.

Außerkurssetzung – Für bestimmte Münzen oder Geldscheine der Entzug ihrer Eigenschaft als gesetzliches Zahlungsmittel oder die Aufhebung des Kassenkurses, und zwar durch Anordnung der Währungsbehörde oder – bei Banknoten – der ausgebenden Notenbank.

Banknote – Ursprünglich aus Depositenscheinen (Quittungen über verwahrte Münzen oder Edelmetalle) hervorgegangen und seit dem 17. Jahrhundert zum Umlauf bestimmte Inhaberschuldverschreibungen von Notenbanken über runde Summen, die auf Sicht einzulösen waren. Seit dem 19. Jahrhundert wachsende Bedeutung als Papiergeld neben den Münzen und in dieser Eigenschaft neben dem Staatspapiergeld im Umlauf; im 20. Jahrhundert mit dem Wegfall der Metallwährungen und der Einlösungspflicht der Notenbanken ›definitives‹ Geld als gesetzliches Zahlungsmittel aufgrund des staatlichen Währungsrechts.

Bargeld – Geld in Gestalt der Geldzeichen (Papiergeld, Münzen), die das Währungsrecht als gesetzliche Zahlungsmittel bezeichnet; Barzahlung: Tilgung einer Geldschuld durch Hingabe solcher Zahlungsmittel. Unbare Zahlung: Zahlung durch Überweisung, Scheck, Abbuchung oder Verrechnung ohne Verwendung von Geldzeichen.

Berlin – Wichtigste Münzstätte von Brandenburg-Preußen, seit 1750 Prägungen mit dem Münzzeichen ›A‹, dies 1871–1945 für Münzen des Deutschen Reichs und, da im Ostsektor gelegen, nach dem Zweiten Weltkrieg für Münzen der Sowjetischen Besatzungszone und der Deutschen Demokratischen Republik; deren einzige Münzstätte seit der Schließung der Münzstätte in Dresden-Muldenhütten (1953).

Binnengeld, Binnenwährung – Im Gegensatz zur ›konvertiblen‹ Währung die Währung eines Staates, der mit seinem Devisenrecht Einfuhr und Ausfuhr seiner Zahlungsmittel verbietet, den Zahlungsverkehr im außenwirtschaftlichen Verkehr scharf überwacht und sich dafür anderer Währungen bedient, so daß die Währung nur für den inländischen Geldverkehr bestimmt ist.

Blüte – Im Volksmund ein Falschgeldschein, im technischen Sinn ein Druckerzeugnis, meist zu Werbezwecken, mit Verwendung des Bilds eines Geldscheins, das nicht dazu hergestellt ist, mit einem Geldschein verwechselt zu werden.

Bretton Woods – Ort im Staat New Hampshire, USA. Hier fand 1944 die Finanz- und Währungskonferenz von 44 alliierten Staaten statt, die mit zwei Abkommen und einer Schlußakte (Schaffung des Internationalen Währungsfonds und der Weltbank) die Grundlagen schuf für das Währungssystem der westlichen Welt und die Finanzierung des Wiederaufbaus nach dem Zweiten Weltkrieg.

Briefkurs – An der Börse der Verkaufspreis von Börsenwerten, auch von Devisen (ausländischen Zahlungsmitteln, Geldpapieren), im Gegensatz zum Geldkurs (Ankaufspreis). Der Unterschied zwischen Ankaufspreis und Verkaufspreis ausländischer Noten kann besonders bei ›weichen‹ Währungen am Bankschalter beträchtlich sein.

Deflation – Prozeß der Verminderung der Zahlungsmittel (des Geldvolumens) in einer Volkswirtschaft im Verhältnis zum Volumen der Warenproduktion und der Dienstleistungen im Sinne der Tauschgleichung (vgl. Kapitel 2f). Die Deflation senkt das Preisniveau, führt zu Verlusten der Unternehmer, ist die Vorstufe von Wirtschaftskrisen und daher wirtschaftspolitisch im Grundsatz unerwünscht, sofern sie nicht herbeigeführt wird, um eine überbordende Konjunktur zu dämpfen.

Demonetisierung – Dasselbe wie Außerkurssetzung.

Denkmünzen – Altertümlicher Begriff, der die Medaillen (Gedenkprägungen ohne Münzcharakter) und die Gedenkmünzen (Münzen mit Geldcharakter und Gedenkmotiv im Münzbild) umfaßt.

Devisen – Früher Bezeichnung für Handespapiere, insbesondere Handelswechsel, in ausländischer Währung. Heute versteht man darunter auch ausländische Zahlungsmittel einschließlich der Forderungen in ausländischer Währung.

Devisenbewirtschaftung – Summe der staatlichen Maßnahmen mit dem Ziel, den Zahlungsverkehr mit dem Ausland nicht nur zu überwachen, sondern zu beeinflussen und im Extremfall ausschließlich im staatlichen Interesse zu lenken und zu gestalten; notwendiger Bestandteil einer staatlichen Wirtschaftslenkung.

Dresden – Alte Münzstätte des Kurfürstentums Sachsen. Seit 1871 für das Deutsche Reich tätig, 1887 nach Muldenhütten bei Dresden verlegt (Münzzeichen ›E‹). Von 1949 bis zur Schließung 1953 für die Sowjetische Besatzungszone bzw. für die Deutsche Demokratische Republik tätig.

Falschgeld – Erzeugnis der Falschmünzerei oder Geldfälschung: Herstellung von Zahlungsmitteln (Münzen, Papiergeld) ohne Zustimmung der Münzherrschaft bzw. der Währungsbehörde oder der Notenbank (also beispielsweise auch mit echten Präge- oder Druckwerkzeugen und authentischen Materialien in einer staatlichen Münzstätte oder befugten Wertpapierdruckerei, jedoch ohne Auftrag der zuständigen Behörde im Einzelfall).

Firmengeld – Zahlungsmittel nichtstaatlichen Ursprungs und Charakters zur ausschließlichen Verwendung in privaten Einrichtungen (Unternehmen, Kantinen, im Verkehr mit Kunden, etwa in Kaufhäusern auch zur Auszahlung bei Warenumtausch, damit der Kunde nur beim Verkäufer einen Ersatzgegenstand erwerben kann). Ähnlich soll Anstaltsgeld Anstaltsinsassen Geldbesitz ermöglichen, sie aber hindern, Geld außerhalb der Anstalt auszugeben. Zu dieser Gruppe gehört auch das Kriegsgefangenenlagergeld.

Gedenkmünze – Im Gegensatz zur Kursmünze, der massenhaft geprägten Geldmünze zum Umlauf, eine Münze mit Geldcharakter, aber mit besonderem Münzbild zum Gedenken an einen Anlaß oder eine Person. Neuerdings haben verschiedentlich auch massenhaft geprägte Umlaufsmünzen den Charakter von Gedenkprägungen, z. B. die derzeitigen Zweimarkstücke der Bundesrepublik.

Geld – Das für Zahlungen bestimmte Gut, Gegenleistung und Ausgleichungsmittel für Lieferungen und Leistungen, von allgemeiner Geltung zur Tilgung von Geldschulden und allgemeiner Wertmesser. Geld ist seit dem Altertum ein Geschöpf des Staates, sei es, daß er es selbst schafft, sei es, daß er von dritter Seite geschaffene Zahlungsmittel ausdrücklich anerkennt oder duldet. Geld kann körperlicher Natur sein und stoffwertabhängig (aus Edelmetall) oder nicht (Papiergeld), es kann – Giralgeld – unkörperlich aus Forderungen auf Auszahlung von Zahlungsmitteln bestehen (Buchgeld: Kontenguthaben bei Banken).

Geldkrisen – Störungen im Geldwesen: Inflationen und Deflationen. Seit es Geld gibt, ist die Geldgeschichte die Geschichte des fortwährenden langsamen oder schnelleren Verfalls des Geldwertes (der Kaufkraft der Währungseinheiten). In Zeiten der Metallwährung war es die langsame, oft unmerkliche stufenweise Verminderung des Edelmetallgehalts der Münzen. Bei den heutigen ›manipulierten‹ Papierwährungen ist dieser Prozeß mit dem Begriff der ›schleichenden Inflation‹ verbunden, die sich zuweilen zur ›galoppierenden Inflation‹ beschleunigen kann.

Geldzeichen – Münzen und Papiergeld als Mittel des baren Zahlungsverkehrs.

Goldwährung – Ein Währungssystem, bei dem die Währungseinheit (Münzeinheit) als Wert einer bestimmten Gewichtsmenge Feingold definiert ist und entsprechende Goldmünzen umlaufen, wobei der Münzumlauf für kleinere Beträge durch (unterwertige) Scheidemünzen ergänzt und das Papiergeld (Banknoten, Staatspapiergeld) in Goldmünzen eingelöst wird. Nachdem das Geldwesen seit seinen Anfängen vom Silber beherrscht war (ungeachtet des Umstands, daß immer auch Gold zu Münzen ausgeprägt wurde), führte die zunehmende Entwicklung der Goldvorkommen dazu, daß Großbritannien im 18. Jahrhundert zur Goldwährung kam und die Industriestaaten darin im wesentlichen bis zum Ende des 19. Jahrhunderts folgten, das Deutsche Reich unmittelbar nach seiner Gründung (Münzgesetze von 1871 und 1873). Die Zeit der Goldwährung gilt als ›die gute alte Zeit‹ des Geldwesens; in Deutschland endete sie mit dem Ausbruch des Ersten Weltkriegs.

Hamburg – Münzstätte der Freien und Hansestadt Hamburg seit dem Mittelalter; seit 1873 tätig für das Deutsche Reich (Münzzeichen ›J‹; nach der alphabetischen Reihenfolge der Münzzeichen eigentlich ›I‹) und heute für die Bundesrepublik Deutschland.

Handelsmünzen – Münzen außerhalb des Münzsystems eines Umlaufsgebietes, die wegen ihres Metallwerts in diesem mit oder ohne Zustimmung der Münzherrschaft (Währungsbehörde) als Geld verwendet werden, ohne gesetzliches Zahlungsmittel zu sein, ohne Kassenkurs haben zu müssen und ohne daß sie notwendigerweise mit der Rechnungseinheit des Landes übereinstimmen. Beispiele: Maria-Theresien-Taler in orientalischen Ländern, westeuropäische Taler in Rußland vor Peter d. Gr., spanische Piaster (Achtrealenstücke) in weiten Teilen von Mittel- und Nordamerika sowie von Ost- und Südostasien bis zur Einführung eigenständiger Münzsysteme, z. T. erst im 20. Jahrhundert. Heute kann man als Handelsmünzen Hortungsgepräge wie den Krügerrand bezeichnen, und eine sehr ähnliche Funktion haben z. B. die Dollar-Zahlungsmittel der USA in weiten Teilen der Welt.

Homogenität der Zahlungsmittel – Zustand des Geldwesens in einem Land, wenn nur die Zahlungsmittel des eigenen Geldsystems verwendet werden. Gegensatz ist der ›gemischte Geldumlauf‹, bei dem auch fremdes Geld im Verkehr ist oder in einem jungen Staat die Zahlungsmittel seiner Teilstaaten noch nicht durch ein einheitliches Münzsystem ersetzt sind. So erlangte das Deutsche Reich die Homogenität der Zahlungsmittel erst 1878 mit dem Abschluß der Münzreform von 1871/1873, die Schweiz 1926 mit der Beseitigung der bis dahin umlaufsberechtigten Münzen sämtlicher anderer Mitgliedstaaten der im Ersten Weltkrieg zerfallenen Lateinischen Münzunion. Luxemburg, wo auch belgisches Geld umläuft, Staaten wie die Dominikanische Republik und Haiti, wo der USA-Dollar neben der einheimischen Währung anerkanntes Zahlungsmittel ist, haben sie bis heute nicht; in den Ostblockstaaten, in denen Zahlungsmittel von Westwährungen besessen und in Devisenläden verwendet, auch auf Devisenkonten gehalten werden dürfen (Jugoslawien, Polen, Ungarn), ist sie jedenfalls in Frage gestellt.

Inflation – Prozeß der Vermehrung der Zahlungsmittel (des Geldvolumens) in einer Volkswirtschaft im Verhältnis zum Volumen der Warenproduktion und der Dienstleistungen im Sinne der Tauschgleichung. In der Inflation bewirken die Marktkräfte, daß die Preise und Löhne steigen, weil zunehmend mehr Währungseinheiten (Geldbeträge) den Güter- und Leistungseinheiten gegenübertreten. Die Kaufkraft der Währungseinheit und damit der Realwert aller Geldvermögen sinkt, die Besitzer von Sachwerten und Produktionsmitteln sind begünstigt. Leichte Inflation kann die Wirtschaft anregen, ›galoppierende‹ Inflation zu schwersten Erschütterungen von Staat und Wirtschaft führen.

Karlsruhe – Münzstätte des Großherzogtums Baden (gegründet 1826), seit 1871 für das Deutsche Reich tätig (Münzzeichen ›G‹), heute eine der vier Münzstätten der Bundesrepublik Deutschland.

Kassenkurs – hat ein Zahlungsmittel, wenn es zwar nicht gesetzliches Zahlungsmittel ist, aber kraft Anordnung von den staatlichen Kassen angenommen werden muß. Daß man ein Zahlungsmittel zu Steuerzahlungen verwenden kann, genügt, daß es dann auch unter Privaten anstandslos genommen wird und dem Zahlungsverkehr dient.

Kaufkraft – Wert einer Münze oder einer Währungseinheit, verglichen nicht mit einer Edelmetallmenge (Silberparität, Goldparität) oder einer anderen Währung (z. B. Dollarkurs), sondern gemessen an einer bestimmten Menge an Waren oder Dienstleistungen, die dafür nach statistischer Beobachtung zu erhalten ist (Warenkorb, Berechnungen des Index z. B. der Einzelhandelspreise, der Großhandelspreise, der Lebenshaltungskosten typischer Familien). Im Sinken der Kaufkraft zeigte sich in der Inflation seit jeher der Wertverlust des Geldes; da heute in der Welt auch stabile Währungen der Werterosion durch schleichende Inflation unterliegen und die Edelmetalle bei ihren Wertschwankungen zur Paritätsbestimmung nicht mehr geeignet sind, bleibt die Kaufkraft einer Währungseinheit die einzige Möglichkeit, den Wert der Währung objektiv zu beurteilen.

Kaufkraftparität – In Abweichung vom Devisenkurs oder anderen Kursen der Wert einer Währungseinheit gemessen an der Kaufkraft einer anderen Währung, wobei zugrunde gelegt wird, wie viele der beiden Währungseinheiten in beiden Ländern zum Erwerb des gleichen Warenkorbs aufzuwenden sind. Es kann sich ergeben, daß man mit dem nach dem Notenkurs erworbenen Betrag in anderer Währung im anderen Land ›billiger‹ oder ›teurer‹ lebt als im eigenen Land. Dabei spielen Überbewertungen oder Unterbewertungen der Währungen und unterschiedliche Belastungen des Warenkorbs mit Verbrauchsteuern eine Rolle.

Kurs – Der Preis in Geld, zu dem Edelmetalle, Handelsmünzen, fremde Währungen, Geldsorten oder Wertpapiere im Börsenverkehr oder unter ähnlichen Verhältnissen gehandelt werden (an einem bestimmten Tag: Tageskurs; Zwangskurs: angeordneter Kurs; Börsenkurs, Schwarzmarktkurs, freier Kurs, Militärumrechnungskurs usw.).

Kursmünze – Umlaufsmünze zum allgemeinen Gebrauch, im Gegensatz zur Gedenkmünze.

Manipulierte Währung – eine Währung, bei der die Währungseinheit nach Währungsrecht (Münzgesetz, Notenbankgesetz) nicht in ihrem Wert durch eine Gewichtsmenge Edelmetall, eine Summe in anderer Währung (Leitwährung: z. B. USA-Dollar) oder in sonstiger Weise fest bestimmt ist, sondern von der Währungsbehörde (Staat, Notenbank) mit den Lenkungsmitteln des modernen Notenbankwesens gelenkt wird (Beeinflussung der Geldmenge, Diskontpolitik, Offenmarktpolitik, Devisenbewirtschaftung, Außenhandelspolitik, Wechselkursinterventionen).

Mark – Münz- und Währungseinheit des Deutschen Reiches von 1871 und seiner Nachfolgestaaten. Ursprünglich nordgermanisches Gewicht von zwei Drittel des römischen Pfundes, in Deutschland seit dem 11. Jahrhundert Edelmetallgewicht (örtlich unterschiedlich und seit dem 16. Jahrhundert für das Münzwesen als ›kölnische Mark‹ einheitlich, im 19. Jahrhundert mit 233,855 Gramm festgestellt). Daneben in den deutschen Seestädten der Hanse und zugewandten norddeutschen Münzständen Silbermünze (von 16 Schilling zu 12 Pfennig). Zuletzt Währungseinheit von Hamburg und Lübeck; aus ›Courtoisie‹ gegenüber diesen Hansestädten wählte der Gesetzgeber des Münzgesetzes des Deutschen Reichs von 1871 den Begriff zum Namen der Münzeinheit der Reichswährung.

Marke – Ein wie eine Münze hergestelltes Gepräge, das für eng begrenzte Zwecke wie eine Münze verwendet wird, etwa für Automatenzahlung, als Quittung, als Geldersatz beim Spiel, in eng umgrenzten Gemeinschaften, aber auch zur Werbung oder als Legitimations- oder Erkennungszeichen. Oft fließender Übergang zur Münze, etwa beim Privatgeld. Das Wissen um Marken ist ein Sondergebiet der Münzkunde.

Medaille – Münzähnliches Erzeugnis (meistens geprägt, oft auch gegossen) ohne Geldcharakter, Träger bildlicher, berichtender und/oder schriftlicher Darstellung zur Erinnerung an ein Ereignis oder eine Person und damit zur dauernden Aufbewahrung. Vorformen bereits bei den Römern, dann Kunstform seit Beginn der Renaissance. Ursprung des Worts ital. ›medaglia‹, von lat. ›metallum‹. In den letzten Jahrzehnten Verfall des künstlerischen Anspruchs, heute oft nur eine Form des Edelmetallvertriebs.

Metallwährung – Währung, in der die Münzeinheit als Menge Edelmetall bestimmt ist und in der Papiergeld – seit es dies gibt – in solchen Edelmetallmünzen eingelöst wird (Kurantmünzen; im Gegensatz zu den unterwertigen Scheidemünzen für den kleinen Verkehr).

München – Alte Münzstätte des Kurfürstentums und späteren Königreichs Bayern, seit 1872 für das Deutsche Reich tätig (Münzzeichen ›D‹) und heute für die Bundesrepublik Deutschland.

Münze – Begriff von drei Bedeutungen: a) Erzeugnis von handlicher Größe, meistens aus Metall (es kommen auch keramische und andere Stoffe vor), meistens geprägt (manchmal gegossen, selten bemalt), dazu bestimmt, meistens als Zahlungsmittel (Tauschmittel) von Hand zu Hand zu gehen oder aufbewahrt zu werden; damit sind staatliche und nichtstaatliche Erzeugnisse, Geldmünzen, Medaillen und Marken eingeschlossen; b) Geldmünzen (Zahlungsmittel wie Kursmünzen, aber auch Gedenkmünzen); c) schließlich wird das Wort auch für ›Münzstätte‹ gebraucht.

Münzfuß – Inhalt der münzrechtlichen Vorschrift über das Gewicht einer Geldmünze und in der Zeit der Metallwährung damit über ihren Wert: Bei Edelmetallmünzen Angabe des Feingewichts (oder des Rauhgewichts mit Angabe der ›Legierung‹, des Zusatzes von unedlem Metall zur Erzielung einer härteren Metallzusammensetzung); im 18. und 19. Jahrhundert besonders bei deutschen Münzen oft auf der Münze angegeben (sog. Aufzahl: z. B. ›30 ein Pfund fein‹ bei deutschen Silbertalern von 1857 bis 1871; bei überseeischen Münzen des 19. Jahrhunderts manchmal Angabe in Gramm).

Münzzeichen – Unterscheidungszeichen auf der Münze (meistens ein Buchstabe) für ihre Herkunft aus einer bestimmten Münzstätte, besonders in Ländern mit mehreren Münzstätten. Anfänglich Anfangsbuchstabe des Ortsnamens, dann (Frankreich seit dem 16. Jahrhundert, Preußen seit 1750, Österreich seit 1766) System mit ›A‹ für die erste Münzstätte (Paris, Berlin, Wien). Manchmal ganzer Ortsname (›LIMA‹, ›MEXICO‹), manchmal auch in Ländern mit nur einer Münzstätte (›B‹: Bern; ›R‹: Rom), manchmal anderes Zeichen (Merkurstab: Utrecht; gekreuzte Hämmer: Kongsberg, Norwegen); in USA heute: ›S‹: San Francisco, ›D‹: Denver, ohne Münzzeichen: Philadelphia (Hauptmünzstätte). Die Münzzeichen dienen der Kontrolle richtiger Prägung (besonders in den Metallwährungen) und haben ihre Vorgänger in den alten Münzmeisterzeichen und – in Byzanz – in den ›Emissionszeichen‹ der einzelnen Werkstätten der Münzstätte. Die Reihenfolge der Münzbuchstaben der heutigen Münzstätten auf dem Boden des Deutschen Reiches von 1871 (im Falle Dresden-Muldenhütten: bis 1953) beruht darauf, daß die Buchstaben den Münzstätten der Bundesstaaten nach dem Rang des Bundesfürsten (Reihenfolge der Aufzählung in der Reichsverfassung) zugeteilt wurden (›A‹ bis ›C‹: Preußen, ›D‹: Bayern, ›E‹: Sachsen usw., mit ›J‹ für Hamburg am Ende).

Nominalmünze – Die Münze einer Währung, die die Währungseinheit (Münzeinheit) unmittelbar darstellt: In der Reichswährung von 1871 und in der Bundesrepublik wie in der Deutschen Demokratischen Republik das Einmarkstück, in den USA das Stück zu 1 Dollar. Eine Nominalmünze fehlt, wenn die Währungseinheit für eine Umlaufmünze zu klein geworden ist (z. B. Lira Italiens) oder – wie in Großbritannien zwischen Verschwinden des Sovereign aus dem Umlauf und Einführung der Pfundmünze – zu groß ist.

Notenbank – Eine Bank, die Banknoten ausgeben darf; in den meisten Ländern heute nur noch eine Bank, die ›Zentralbank‹ oder ›Zentralnotenbank‹ (in der Bundesrepublik die Deutsche Bundesbank); in der Regel eine staatliche Einrichtung oder vom Staat beherrscht. Notenbanken entstanden seit dem 17. Jahrhundert. Es gab sie zunächst als Privatunternehmen mit staatlichem Notenprivileg in großer Zahl; private Notenbanken bestehen noch heute in Luxemburg, Nordirland, Schottland und Hongkong. Mit dem Erstarken der Staatsgewalt im Wirtschafts- und Währungswesen stieg der Staatseinfluß und entwickelte sich das heutige Notenbank- und Papiergeldwesen.

Notenkurs – Der Kurs für ausländisches Papiergeld bei Ankauf und Verkauf durch die Banken. Im Gegensatz zum Devisenkurs, dem Kurs für Handelspapiere, z. B. Wechsel, in fremder Währung.

Notgeld – Ersatzgeld, das in Zeiten wirtschaftlicher, politischer oder geldwirtschaftlicher Krisen von gemeindlichen oder anderen nichtzentralen Behörden, von Banken und anderen Privatunternehmen mit Genehmigung oder Duldung der Währungsbehörde, zuweilen auch entgegen dem Währungsrecht ausgegeben wird, weil die Versorgung des Zahlungsverkehrs mit regulären Zahlungsmitteln gestört ist. Zum Notgeld gehört das in der älteren Geldgeschichte wiederholt aufgetretene Belagerungsgeld (Münzen, Papiergeld; zuerst 1483 in Spanien); Bedeutung erlangte Notgeld u. a. in der Französischen Revolution, im Kaisertum Österreich 1848/49, im amerikanischen Bürgerkrieg und besonders dann in und nach dem Ersten Weltkrieg vor allem in Deutschland, Österreich, Frankreich und Belgien. Um 1977 kam es in Italien wegen Münzenmangels zur umfangreichen Ausgabe der ›Assegni Circolari‹ durch Banken in Form von Inhaberschecks auf kleine Beträge.

Papiergeld – Banknoten und Staatspapiergeld, im Gegensatz zum Münzgeld.

Papierwährung – Währung, in der das Papiergeld die gesetzlichen Zahlungsmittel darstellt. Früher in Zeiten der Metallwährung bei Krisen und im Krieg, wenn in der Metallwährung vorübergehend die Einlösung des Papiergelds in Währungsmetall aufgehoben war und das Papiergeld den ›Zwangskurs‹ hatte; heute gleichbedeutend mit ›manipulierter Währung‹.

Parität – Das Wertverhältnis der Währungseinheit zur Einheit einer anderen Währung, durch das sie nach Anordnung der Währungsbehörde bestimmt ist, in der Metallwährung (›Goldparität‹, ›Silberparität‹) das Edelmetallgewicht, dem die Währungseinheit nach dem Münzgesetz gleichwertig ist.

Pfennig – Deutsches Wort für den Denar, lat. ›denarius‹, seit den Karolingern die einzige (Silber-)Münze des deutschen Mittelalters. Der Pfennig verminderte sich in seinem Wert mit der Zersplitterung des Münzwesens in den Territorien des Heiligen Römischen Reichs immer mehr und sank zur kleinen Kupfermünze herab; heute die deutsche Kleinmünze.

Pseudomünze – Heute eine Edelmetallmünze, der eine münzrechtliche Vorschrift zwar den Charakter als gesetzliches Zahlungsmittel beigelegt hat, die aber in der Zeit der manipulierten Währung nur zum Vertrieb an Münzensammler und Edelmetallhorter hergestellt worden ist, über Banken für einen höheren Preis als den Gegenwert ihres Nennwerts in der Währung des ausgebenden Staats verkauft wird und meistens nur in einer besonderen Ausführung für Sammler (›Spiegelglanz‹, ›polierte Platte‹) hergestellt wird. Viele Staaten vertreiben ihre Gedenkmünzen gegen Aufpreis über dem Nennwert (nicht die Bundesrepublik bei den Normalausführungen ihrer Gedenk-Fünfmarkstücke); solche Pseudomünzen haben trotz der Angabe eines Nennwerts eher den Charakter von Medaillen und stellen eine moderne Form des Edelmetallhandels dar.

Rekurrenter Anschluß – Bei Währungsänderungen das Zahlenverhältnis, in dem die Einheit der neuen Währung zur Einheit der vorhergehenden Währung steht. So entsprach die Mark der Reichswährung von 1871 einem Drittel des vorhergehenden preußischen Talers, und der vorhergehende süddeutsche Gulden wurde in der Reform $1\frac{5}{7}$ Mark gleichgeachtet. Der rekurrente Anschluß der Rentenmark von 1923/24 an die entwertete Papiermark nach der Inflation betrug 1 Billion Mark gleich 1 Rentenmark, der des österreichischen Schilling von 1924 an die entwertete Krone der Doppelmonarchie 14 400 Kronen gleich 1 Schilling.

Reservewährung – In der manipulierten Währung eine ausländische Währung, in der die Notenbank die Deckung ihrer ausgegebenen Noten halten darf. Während die Notenbank in der Zeit der Metallwährung für die Einlösung der Noten Währungsmetall oder gleichwertige Werte als Notendeckung bereitzuhalten hatte, werden heute für Zwecke des internationalen Zahlungsausgleichs Währungsreserven benötigt. Nach dem Zweiten Weltkrieg wurde der USA-Dollar zur wichtigsten Reservewährung, wogegen das britische Pfund an Bedeutung verlor.

Scheidemünze – In der Metallwährung eine unterwertige (nicht entsprechend dem Münzfuß der Währungseinheit vollwertige) kleinere oder kleine Münze mit der Aufgabe, Gläubiger und Schuldner bei der Begleichung kleiner Beträge ›zu scheiden‹, für die die kleinsten ›Kurantmünzen‹ (vollwertige Münzen) zu hochwertig waren. In der Reichsgoldwährung von 1871 waren schon die Silbermünzen vom Fünfmarkstück abwärts unterwertig und daher Scheidemünzen; in der heutigen Zeit der Papierwährung sind alle Münzen Scheidemünzen.

Silberwährung – Währung, in der die vollwertigen Münzen (Kurantmünzen) aus Silber bestehen und die Münzeinheit den Wert ihres Feinsilbergehalts hat; in der Silberwährung wird das Papiergeld in Silbermünzen eingelöst. Das Silber verlor im 19. Jahrhundert mit der Entwicklung der großen Goldfunde als Währungsmetall an Bedeutung; das Deutsche Reich führte mit der Reichswährung von 1871 die Goldwährung ein. Als letzter Staat ging China 1935 von der Silberwährung ab.

Staatsbank – Bank im Eigentum oder unter beherrschendem Einfluß des Staats, oft bloße Geschäftsbank; Notenbank nur, wenn das Währungsrecht ihr die Notenausgabe übertragen hat.

Staatsbankrott – Höhepunkt einer Geldkrise, zu dem der Staat es ablehnt, seinen Geldverpflichtungen nachzukommen und sich ihrer einseitig, ganz oder zum Teil, entledigt, insbesondere, indem er in einer Inflation das Geld sich entwerten läßt und seine Verbindlichkeiten in entwertetem Geld oder gar nicht mehr begleicht. Im Deutschen Reich gingen die Forderungen gegen den Staat nach den beiden Weltkriegen in der Inflation von 1923 und mit der Währungsreform von 1948 weitgehend unter; historische Staatsbankrotte gab es u. a. 1811 in Österreich und 1813 in Dänemark.

Staatspapiergeld, Staatsnoten – Papiergeld, das der Staat – anders als bei den Banknoten der Notenbanken – selbst ausgibt, in der Regel von seiner Finanzverwaltung (Staatskasse, ›Tresorerie‹ im frankophonen Bereich, ›Currency Boards‹ im Commonwealth-Bereich, Staatsschuldenverwaltung u. ä.). Staatsnoten sind heute u. a. die Geldscheine von Luxemburg und die Scheine von 50 Francs und weniger von Belgien sowie die Scheine zu 1 Dollar von Hongkong. Umgekehrt werden die Münzen heute meistens vom Staat ausgegeben und nur in wenigen Fällen von der Zentralbank (wie u. a. in der Deutschen Demokratischen Republik und in Peru).

Strafsatz – Auf Geldscheinen der Hinweis, daß das Fälschen von Papiergeld strafbar ist.

Stuttgart – Alte Münzstätte des Herzogtums, Kurfürstentums und Königreichs Württemberg; seit 1872 für das Deutsche Reich tätig (Münzzeichen ›F‹) und heute für die Bundesrepublik Deutschland.

Valuta – Lat. ›Wert‹; unter Kaufleuten soviel wie ›Gegenwert‹, früher auch gleichbedeutend mit ›Devisen‹, heute in der Deutschen Demokratischen Republik gebräuchlich für ›ausländische (auch westdeutsche) kovertible Zahlungsmittel‹ im Gegensatz zu den Zahlungsmitteln der Binnenwährungen des Ostblocks.

Verrufung – Alter Begriff für Außerkurssetzung einer Münze, für ein Umlaufsverbot.

Währungseinheit – Die Münze oder Papiergeldeinheit eines Landes, die seiner Währung den Namen gibt und in der die Geldbeträge dieser Währung ausgedrückt werden.

Wien – Seit dem Mittelalter wichtigste Münzstätte Österreichs in jeder Staatsform, in der Republik Österreich ab 1918 und wieder ab 1945 einzige Münzstätte. Als Österreich von 1938 bis 1945 zum Deutschen Reich gehörte, wurden in der Wiener Münze Reichsmünzen mit dem Münzzeichen ›B‹ geprägt.

Zentralnotenbank – Eine Notenbank, die die einzige im Währungsgebiet ist.

Zwangskurs – Älterer Begriff für die Eigenschaft eines Papiergelds, nicht in Metall eingelöst werden zu können, sei es, daß in einer Metallwährung die Einlösung in einer Geldkrise vorübergehend aufgehoben wurde, sei es, daß in einem Land in der Zeit der Metallwährungen eine solche nicht bestand und Papierwährung herrschte.

Zu den Bildtafeln

Die abgebildeten Münzen und Geldscheine können nur Beispiele für die vielfältigen Zahlungsmittel sein, die im zeitlichen und räumlichen Bereich dieses Buches im Umlauf waren und sind. Die Münzen sind in ihrer Originalgröße abgebildet, die Geldscheine auf drei Fünftel verkleinert.

Tafel I Deutsches Reich: Erster Weltkrieg

1 Deutsches Reich, 1 Mark (Silber); letztes bedeutsames Prägejahr (1915)
2 Reichsbank, 20 Mark; Vorkriegsmuster der Banknote
3 Gemeinde Moosch (Elsaß), 10 Mark, Notgeld unter französischer Besetzung
4 Deutsches Reich, 1 Pfennig (Aluminium); Kriegsprägung
5 Fürstlich Plessische Bergwerks-Direktion, 1 Mark; Notgeld in den Ostprovinzen aus den ersten Kriegswochen
6 Darlehenskassenschein, 1 Mark; Ersatzpapiergeld für Silberscheidemünzen
7 Deutsches Reich, 5 Pfennig (Eisen); Kriegsprägung
8 Württembergische Notenbank, 100 Mark; Vorkriegsschein einer Privatnotenbank

Tafel II Besetzungsgebiete im Ersten Weltkrieg

1 Großherzogtum Luxemburg, 2 Francs; Staatsnote unter deutscher Besetzung
2 Société Générale de Belgique, 1 Franc; Note der von der deutschen Besatzung mit dem Notenrecht beliehenen Bank
3 Gemeinde Vielsalm (Luxemburg), 10 Centimes; Notgeld unter deutscher Besetzung
4 Königreich Polen, 10 Pfennig (Eisen); Kriegsmünze unter deutscher Besetzung
5 Polnische Landesdarlehenskasse, 5 poln. Mark; Note des Noteninstituts der deutschen Besatzung
6 Banca Generala Romana, 100 Lei; Note der von der deutschen Besatzung mit dem Notenrecht beliehenen rumänischen Bank

Tafel III Deutsche Inflation: Noten der Reichsbank und der Privatnotenbanken, staatliche Ersatzmünzen

1 Deutsches Reich, 50 Pfennig (Aluminium); Ersatzmünze
2 Reichsbank, 20 Milliarden Mark; Inflationschein
3 Reichsbank, 200 000 Mark; Inflationsschein
4 Deutsches Reich, 3 Mark (Aluminium); Ersatzmünze mit Gedenkcharakter
5 Deutsches Reich, 500 Mark (Aluminium); Ersatzmünze
6 Reichsbank, 10 Billionen Mark; Übergangsnote im Zuge der Stabilisierung: Wert von 10 Rentenmark

7 Hamburgische Bank von 1923, Verrechnungsmarke 5/100 (Aluminium); wertbeständiges Notgeld: 5 Pfennig der Goldmark
8 Sächsische Bank, 1 000 000 Mark; Inflationsschein einer Privatnotenbank

Tafel IV   Deutsche Inflation: Notgeld

1 Kreis Ziegenhain, 2,10 Goldmark; wertbeständiges Notgeld
2 Stadt Ettlingen, 100 Milliarden Mark; Bedarfsnotgeld
3 Stadt Osterfeld, 50 Pfennig; zwei Serienscheine
4 Stadt Wildungen, ¼ Festmeter Buchennutzholz; wertbeständiges Notgeld
5 Stadt Baden-Baden, 10 Pfennig; Kleingeldschein
6 Stadt Bad Ems, 10 Milliarden Mark; Separatistenschein

Tafel V   Deutsche Kolonien

1 Kaiserreich Indien, 1 Rupie (Silber); Währungsmünze in Deutsch-Ostafrika
2 Deutsch-Ostafrikanische Bank, 50 Rupien; Vorkriegsnote
3 Deutsch-Ostafrika, 1 Rupie (Silber); Währungsmünze
4 Deutsch-Ostafrikanische Bank, 50 Rupien; Kriegsnote
5 Swakopmunder Buchhandlung, 2 Mark (Karton); Notgeld aus Deutsch-Südwestafrika
6 Deutsch-Ostafrika, 10 Heller (Kupfernickel); Vorkriegsscheidemünze
7 Deutsch-Ostafrikanische Bank, 1 Rupie; sog. Buschnote
8 Deutsch-Ostafrika, 20 Heller (Kupfer); Kriegsprägung (aus Tabora)

Tafel VI   Stabilisierung der Mark

1 Deutsches Reich, 1 Mark (Silber); Scheidemünze zur Rentenmark
2 Reichsbank, 100 Billionen Mark; Übergangsnote im Zuge der Stabilisierung: Wert von 100 Rentenmark
3 Deutsches Reich, 1 Reichsmark (Silber); Scheidemünze der Reichsmarkwährung
4 Deutsche Rentenbank, 5 Rentenmark; Übergangsnote
5 Deutsches Reich, 10 Rentenpfennig (Kupferaluminium; Vorderseite); Scheidemünze zur Rentenmark
6 Deutsches Reich, 5 Reichsmark (Silber); größte Scheidemünze der Reichsmarkwährung (Kursmünze)
7 Deutsches Reich, 10 Reichspfennig (Kupferaluminium; Vorderseite); Scheidemünze der Reichsmarkwährung
8 Reichsbank, 10 Reichsmark; Banknote

Tafel VII   Abtretungsgebiete: Danzig, Memelgebiet

1 Freie Stadt Danzig, 1 Gulden (Silber); Scheidemünze
2 Handelskammer des Memelgebietes, 100 Mark; Notgeld unter alliierter Besetzung
3 Freie Stadt Danzig 5 Gulden (Silber); Scheidemünze
4 Freie Stadt Danzig, 1 Gulden (Kupfernickel); Scheidemünze
5 Danziger Zentralkasse, 1 Pfennig; Kleingeldschein des »Zwischengulden«
6 Stadt Danzig, 50 Pfennig; Notgeld vor der Errichtung der Freien Stadt
7 Freie Stadt Danzig, 10 Pfennig (Kupfernickel); Scheidemünze

8 Freie Stadt Danzig, 5 Gulden (Silber; Rückseite); Scheidemünze
9 Bank von Danzig, 100 Gulden; Banknote

Tafel VIII Abtretungsgebiete und besetzte Gebiete: Polen, Baltikum; Rheinland, Saargebiet

1 Estland, 5 Mark (Kupfernickel); Scheidemünze
2 Polnische Landesdarlehenskasse, 100 poln. Mark; Note der von der Polnischen Republik übernommenen Notenbank
3 Lettland, 1 Rubel; Staatsnote
4 Französische Verwaltung der Saarbergwerke, 1 Franc; Firmengeld im allgemeinen Umlauf
5 Estland, 1 Mark; Staatsnote
6 Französische Eisenbahnverwaltung im Rheinland, 10 Francs; Firmengeld im allgemeinen Umlauf

Tafel IX Böhmen und Mähren, Slowakei

1 Protektorat Böhmen und Mähren, 50 Heller (Zink); Scheidemünze
2 Protektorat Böhmen und Mähren, 20 Kronen; Staatsnote
3 Protektorat Böhmen und Mähren, 1 Krone; Stempelaufdruck auf Staatsnote der CSR
4 Slowakei, 1 Krone (Kupfernickel); Scheidemünze
5 Tschechoslowakische Republik, 20 Kronen (Silber); Gedenkmünze
6 Slowakische Nationalbank, 100 Kronen; Banknote (Muster)
7 Slowakei, 10 Kronen (Silber); Gedenkmünze
8 Slowakei, 5 Kronen; Staatsnote

Tafel X Deutsches Reich: Zweiter Weltkrieg

1 Deutsches Reich, 50 Reichspfennig (Aluminium); Scheidemünze (»1935«, ausgegeben 1939)
2 Reichsbank, 100 Reichsmark; Banknote
3 Reichskreditkassen, 20 Reichsmark; Note für Militär- und Auslandsumlauf
4 Deutsches Reich, 1 Reichsmark (Nickel); Scheidemünze, nach Kriegsbeginn eingezogen
5 Deutsches Reich, 5 Reichsmark (Silber); nach Kriegsbeginn aus Umlauf verschwunden, Scheidemünze
6 Wehrmacht, 10 Reichsmark; Kriegsgefangenen-Lagergeld
7 Deutsches Reich, 10 Reichspfennig; Vorderseiten der Vorkriegsprägung (Kupferaluminium) und der Kriegsprägung (Zink), Rückseite beider Prägungen
8 Reichskreditkassen, 10 Reichsmark; »Verrechnungsschein« für Militärumlauf

Tafel XI Besetzungsgebiete im Zweiten Weltkrieg: Generalgouvernement, Rußland

1 Polen, 10 Zloty (Silber); Vorkriegs-Umlaufsmünze (Scheidemünze)
2 Sowjetunion, 5 Rubel; Staatsnote
3 Zentralnotenbank Ukraine, 5 Karbowanez (Rubel); Note des Noteninstituts der deutschen Besetzung

4 Sowjetunion, 5 Kopeken (Aluminiumbronze); Scheidemünze
5 Emissionsbank in Polen, 1 Zloty; Note des Noteninstituts der deutschen Besetzung
6 Generalgouvernement, 50 Groschen (Eisen); Scheidemünze mit unverändertem polnischen Münzbild
7 Emissionsbank in Polen, 50 Zloty; Note des Noteninstituts der deutschen Besetzung

Tafel XII   Besetzungsgebiete im Zweiten Weltkrieg: Balkan

1 Serbische Nationalbank, 500 Dinar; Banknote
2 Jugoslawien, 2 Dinar (Aluminiumbronze); Vorkriegsscheidemünze
3 Kroatien, 2 Kuna (Zink); Scheidemünze
4 Kroatien, 10 Kuna; Staatsnote
5 Serbien, 1 Dinar (Zink); Scheidemünze
6 Bank von Griechenland, 1000 Drachmen; Banknote (Inflation)
7 Italien (für die Jonischen Inseln), 1 Drachme; Staatsnote der Besetzung (1940)
8 Mittelmeer-Kreditkasse für Griechenland, 5 Drachmen; Note des Noteninstituts der italienischen Besetzung

Tafel XIII   Besetzungsgebiete im Zweiten Weltkrieg, Währungsreformen: Westeuropa, Nordeuropa, Österreich

1 Niederlande, 10 Cents (Zink); Kriegsscheidemünze
2 Niederländische Bank, 10 Gulden; Banknote
3 Dänemark, 1 Krone (Aluminiumbronze); Scheidemünze
4 Österreich, 20 Schilling; Besatzungsgeld der alliierten Besetzung (Staatsnote)
5 Norwegen, 50 Öre (Zink); Kriegsscheidemünze
6 Nationalbank von Dänemark, 10 Kronen; Banknote
7 Bank von Norwegen, 2 Kronen; Banknote (Kleingeldersatzschein)
8 Luxemburg, 5 Francs; Staatsnote (nach der Befreiung)

Tafel XIV   Kriegsende, Kontrollrat, Saarland

1 Kontrollrat, 10 Reichspfennig (Zink); Vorderseite mit »adaptiertem« Reichsadler
2 Deutsches Reich, 20 Reichsmark; regionale Staatsnote (»Kassenschein«)
3 Saarland, 100 Franken (franz. Francs; Kupfernickel); Scheidemünze
4 Alliierte Militärbehörden, 50 (Reichs-)Mark; Besatzungsgeld (Staatsnote)
5 Alliierte Militärbehörden, 1 (Reichs-)Mark; Besatzungsgeld (Staatsnote)
6 Alliierte Militärbehörden, 5 Lire; Besatzungsgeld (Staatsnote) für Italien
7 Land Baden, 10 (Reichs-)Pfennig; Notgeldschein
8 Frankreich (für das Saarland), 50 Mark (»Saarmark«); Staatsnote

Tafel XV   Bank deutscher Länder, Bundesrepublik Deutschland

1 Bundesrepublik Deutschland, 5 DM (Silber); Scheidemünze (Kursmünze)
2 Bank deutscher Länder, 1 DM; Währungsreform, Erstausstattung
3 Bank deutscher Länder, 50 Pfennig (Kupfernickel); Scheidemünze (Vorderseite)

4 Bank deutscher Länder, 10 Pfennig (Eisen, tombakplattiert); Scheidemünze (Vorderseite)
5 Bundesrepublik Deutschland, 2 DM (Kupfernickel); erste Ausgabe (Rückseite)
6 Bank deutscher Länder, 10 DM; Währungsreform, Erstausstattung
7 Bank deutscher Länder, 10 DM; zweite Ausgabe (amerikanischer Druck)
8 Strafsatz der Banknoten der Deutschen Bundesbank, erste Fassung (»Zuchthaus«)
9 Bank deutscher Länder, 50 DM; dritte Ausgabe (französischer Druck)

Tafel XVI   Deutsche Demokratische Republik

1 Sowjetische Militäradministration, 50 Deutsche Mark; Schaurand der Note der Deutschen Reichsbank zu 50 Reichsmark mit »Spezialkupon« (»Klebemark« der Währungsreform)
2 Deutsche Demokratische Republik, 10 Pfennig (Aluminium); Rückseiten der ersten und der zweiten Ausgabe, Vorderseite beider Ausgaben
3 Deutsche Notenbank, 5 Deutsche Mark; Banknote
4 Deutsche Demokratische Republik, 2 Deutsche Mark (Aluminium); Scheidemünze (erste Ausgabe)
5 Deutsche Notenbank, 10 MDN; Banknote
6 Deutsche Demokratische Republik, 10 Mark (Kupfer-Nickel-Zink-Legierung); Rückseite einer Gedenkmünze (25. Jahrestag der Gründung der DDR)
7 Staatsbank der DDR, 100 Mark; Banknote

1

2

3

4

5

6

7

8

1

2

3

4

5

6

1

2

3

4

5

6

7

8

1

3

2

5

4

6

1

2

3

4

5

6

7

8

1

2

3

4

5

6

7

8

1

2

3

4

6

5

7

8

9

1

2

3

4

5

6

1

2

3

4

5

6

8

7

1

2

3

4

5

6

7

8

1

2

3

4

5

6

7

1

2

3

4

5

6

7

8

1

2

3

4

5

6

8

7

1

2

3

4

5

6

7 8

1

2

3

4

5

6

7

8

9

1

2

3

4

5

6

7

Münznamenverzeichnis

Nicht berücksichtigt sind die allgemeingeschichtlichen und geographischen Angaben, Personen ohne Bezug zur Münz- und Geldgeschichte und die Begriffe der Inhaltsgliederung des Buches. Das Münznamenverzeichnis *umfaßt die amtlichen wie die nichtamtlichen Bezeichnungen von Münzen und Währungseinheiten, nicht jedoch Gattungsbezeichnungen bei Münzen und Papiergeld,* das Sachstichwortverzeichnis *alle übrigen Sach- und Personenstichworte.*

Sachstichwortverzeichnis